中国民办教育通史

CHINESE NON-GOVERNMENTAL EDUCATION HISTORY

古代卷

ANCIENT VOLUME

主编／胡大白　　副主编／杨雪梅　樊继轩　张忠泽

樊继轩◎著

社会科学文献出版社
SOCIAL SCIENCES ACADEMIC PRESS (CHINA)

图书在版编目（CIP）数据

中国民办教育通史：全 3 卷 / 樊继轩，杨雪梅，胡
大白著. -- 北京：社会科学文献出版社，2019.5
（中国民办教育史丛书）
ISBN 978 - 7 - 5201 - 4005 - 8

Ⅰ.①中… Ⅱ.①樊… ②杨… ③胡… Ⅲ.①社会办
学 - 教育史 - 中国 Ⅳ.①G522.74

中国版本图书馆 CIP 数据核字（2018）第 277493 号

中国民办教育史丛书
中国民办教育通史（全 3 卷）

著　　者 / 樊继轩　杨雪梅　胡大白

出 版 人 / 谢寿光
责任编辑 / 陈晴钰

出　　版 / 社会科学文献出版社·皮书出版分社（010）59367127
　　　　　　地址：北京市北三环中路甲 29 号院华龙大厦　邮编：100029
　　　　　　网址：www. ssap. com. cn
发　　行 / 市场营销中心（010）59367081　59367083
印　　装 / 三河市龙林印务有限公司

规　　格 / 开　本：787mm × 1092mm　1/16
　　　　　　印　张：95.75　字　数：1449 千字
版　　次 / 2019 年 5 月第 1 版　2019 年 5 月第 1 次印刷
书　　号 / ISBN 978 - 7 - 5201 - 4005 - 8
定　　价 / 498.00 元（全 3 卷）

主要编撰者简介

胡大白 女，汉族，教授，中国当代教育名家，享受国务院特殊津贴专家，黄河科技学院创办人、董事长。现任中国民办教育协会监事会主席，河南民办教育协会会长，毕业并曾任教于郑州大学。1984年创办黄河科技学院，1994年2月该校成为全国第一所实施学历教育的民办高校，2000年3月成为全国第一所民办本科普通高校。

从事民办高校管理工作，致力于民办高等教育领域研究，创办了首个全国公开发行的学术专业期刊《黄河科技大学学报》并任主编。近年来出版《民办高校现代大学制度建设》《民办高校内涵式发展战略研究》等专著6部，主编《河南民办教育发展报告》（蓝皮书）等著作（丛书）10余部（套），主持省部级以上课题10余项，发表论文60余篇，负责的民办教育研究所被中国高等教育学会授予"全国优秀高等教育研究机构"。2010年2月5日，作为全国民办高等教育的唯一代表，到中南海参加关于《国家中长期教育改革和发展规划纲要》的座谈会，提出多条建议。

先后当选第十届全国人大代表，第九届河南省人大代表，河南省第七次、第八次、第九次、第十次党代会代表，荣获"中国十大女杰"、"全国三八红旗手"、"中国好人"、河南省"劳动模范"、河南省"十大女杰"、"河南省十大新闻人物"、河南省"道德模范"、河南省"优秀共产党员"、"60位新中国成立以来感动中原人物"等荣誉称号。新华社、《人民日报》《光明日报》、中央电视台《东方之子》《半边天》《对话》栏目、新浪网、《中国教育报》《瞭望》《中国青年报》、中国教育电视台等各大媒体都曾做过专题报道。

杨雪梅 女，黄河科技学院校长，教授，硕士生导师，武汉大学博士、北京大学博士后。从事民办高校管理工作，致力于民办高等教育领域理论研究和管理实践。撰写或主编出版专著 10 部，主持参与"民办高校应用型人才培养模式创新与实践"等省部级以上课题 20 余项，发表论文 40 余篇。曾荣获高等教育国家级教学成果二等奖 1 项，河南省高等教育教学成果特等奖一项，河南省社会科学优秀成果一等奖 1 项、二等奖 2 项。被授予首批"2012 年度河南省学术技术带头人""河南省十大科技领军人物"等荣誉称号。

先后当选第十二届、十三届全国人大代表，第十届河南省政协常委，民建中央委员，民建河南省委常委，全国青联常委，河南省青联副主席，中国民办教育协会副会长，河南省民办教育协会副会长兼秘书长，河南省高校创新创业协会会长，中华职教社河南分社副主任，河南省政府督学，河南省教育评估中心首批评估专家。荣获"全国五一劳动奖章""全国五一巾帼奖章""全国青年五四奖章""全国三八红旗手"等荣誉称号。

樊继轩　男，汉族，黄河科技学院教授，民办教育研究所副所长，势科学与信息动力学研究中心副主任，河南省儒学文化促进会常务理事，原《黄河科技大学学报》副主编，教育部中国教育报刊社培训中心特聘讲师。毕业并曾任教于郑州大学，参与和主持的科研课题获得过国家发明奖、国家发明专利优秀奖等国家级奖项，其提出和参与承担的国家发明专利项目是国家"七五"计划期间攻关项目，列入"国家科技成果重点推广计划"，是中国专利局、农业部推荐首批用于农业方面的专利技术项目之一。2002 年以后，发表民办高等教育和人才培养方面研究论文及文章 50 余篇，主持部级、省级社科科研项目 5 项，并承担、参与国家级、部级、省级社科科研项目 10 项，出版专著 5 部。

张忠泽　男，汉族，山西闻喜人，中共党员，本科学历。原中国民办教育协会监事会副主席，曾任《山西教育》编辑部主任等职。现任山西省民办教育协会副秘书长，中华教育研究会副会长，中国民办教育协会学前教育专业委员会常务理事，《素质教育潮》杂志总编，《中国民办教育》编辑部总编，山西工商学院特聘教授。

中国民办教育的绵延发展与嬗变
（代序）

《中国民办教育通史》（古代卷）、《中国民办教育通史》（近代卷）、《中国民办教育通史》（当代卷）撰述的是远古至 2016 年，从古代、近代到当代中国民办教育的产生、形成与绵延发展的历史。

习近平总书记指出："历史是最好的教科书，也是最好的清醒剂。""文化自信是更基本、更深沉、更持久的力量。"[①] 文化自信源于历史自信。绵延几千年的中华文化，是中国特色哲学社会科学成长发展的深厚基础。[②] 历史是记载和解释一系列人类活动进程的一门学科。历史学作为一门古老的学问，在人类文明的历史进程中曾经发挥过知识变革、经验总结、资政育人、思想先导的作用，是认识人类社会发展规律，推动人类社会前进发展的重要助力。因此，对历史的正确认识，标志着一个民族、一个国家的理性认识高度，也标志着一个民族和国家的成熟度。

"欲通今者则必先知古。"历史与现实的区分仅仅是相对的，人类社会属于广义的历史科学。历史是昨天的现实，今天是历史的发展，总结历史的教训可以作为今天国家治乱兴亡的鉴戒。"惟殷先人，有册有典"[③]，这种重视历史、把历史作为现实社会教材的思想，我们祖先在 3000 多年以前即已产生，这就成为我们民族的一笔精神财富。清代著名学者龚自珍认为："灭

---

① 郑承军：《文化自信：更基本更深沉更持久的力量——学习贯彻习近平总书记"七一"重要讲话精神》，《深圳特区报》2016 年 7 月 5 日。
② 赵馥洁：《传统文化：构建中国特色哲学社会科学的宝贵资源》，《西安交通大学学报》（社会科学版）2016 年第 5 期，第 45～50 页。
③ 《尚书·多士》。

人之国，必先去其史；隳人之枋，败人之纲纪，必先去其史；绝人之材，湮灭人之教，必先去其史；夷人之祖先，必先去其史。"① 我国历史记载的长期绵延连续，体现出古代儒家经典所概括的"生生不已""天行健，君子以自强不息"，奋发图强、不屈不挠的精神，这也是保证我们民族虽然历经劫难，却能衰而复兴，蹶而复振的原因。②

中国教育史是研究中国教育发生、发展的历史。一部中国教育史也是教育随着人类社会文明的发展与进步，逐步从宗教、社会政治、礼乐制度等复杂交错的母体中孕育、成熟到脱离母体开始走向独立发展的过程。③ 中国古代和近代的民办教育源远流长，古代和近代的民办教育史遗产是中国教育史最丰富、最珍贵的组成部分。中国民办教育的发展需要对真实可信的古代、近代和当代民办教育史以科学的研究和系统的学术论证。中国古代、近代和当代民办教育是中国教育史的不可缺少的一页，探寻民办教育产生、发展及其演进的历程，挖掘历代民办教育思想的丰富内涵，总结前人认识民办教育现象、指导民办教育实践的成功经验和失败教训，揭示民办教育的起源、发展的客观规律，对深化中国教育史的研究具有重要的理论价值和现实意义。因此，系统整理挖掘中国民办教育史料文献，揭示中国民办教育发展的内在规律，意义深远，尤其对当代民办教育的转型发展具有一定的借鉴作用。

一

古人云："以铜为鉴，可以正衣冠；以古为镜，可以知兴替。"④ 历史是确定无疑的事实，是过去发生的事。历史学家的任务，是找到这些横跨数千年距离的事，确定它们发生过，描述它们发生的过程，并把它们联系起来，由此而恢复历史的本来面貌。人类数千年的历史现象虽然差别巨大，缤纷而

---

① 《龚自珍全集·古史钩沉论》。
② 陈其泰：《史学传统与民族精神》，《北京师范大学学报》（社会科学版）1996 年第 3 期，第 11～19 页。
③ 董坤玉：《中国古代教育史分期新探》，《河北师范大学学报》（教育科学版）2013 年第 5 期，第 25～29 页。
④ （宋）《新唐书·卷一一零·列传第二十二·魏征》。

复杂，但它们之间又有着内在的联系和发展规律，而历史学家的强势是将常人不能联系起来的历史现象紧密地联系起来。[①] 翻开教育史的篇章，遍布城乡山野的私塾曾是中国古代和近代基础教育的主力军，就民办高等教育而论，无论是古代的孔孟私学、稷下学宫、宋代书院，还是近代私立的复旦大学、南开大学、厦门大学、焦作工学院都曾经创造了历史的辉煌。

浏览读秀、百度、中国知网等，可以说中国教育史学科形成的百余年来，有关中国古代、近代教育史的论著、论文和研究史料缤纷多彩。

1902 年京师大学堂师范馆创立，首次将教育史列入课程。1910 年，黄绍箕、柳诒徵撰写了中国人自编的第一部《中国教育史》。辛亥革命胜利后，随着中国颁布了第二个新学制"壬子癸丑学制"，新式学堂的数量、规模、类型有了进一步发展。这一时期，不断有教育学者涉足中国教育史的研究著述和教材编写这一领域，如杨游的《教育史》（商务印书馆 1914 年版）、李步青的《新制教育史》（中华书局 1915 年版）等。最值得注意的是1914 年留美学者郭秉文于哥伦比亚大学完成的博士论文 The Chinese System of Public Education，论文由周槃译述，以《中国教育制度沿革史》之名由商务印书馆于 1916 年出版。该书虽为教育制度通史，重点却在研究中国近代教育制度的建立和发展，第一次将中国近代教育纳入教育史研究范围之内，可谓开中国近代教育史研究之先河。随着 1922 年"壬戌学制"的颁行，中国教育史学科的发展进入一个空前繁盛的阶段，最具代表性的成果有：王凤喈的《中国教育史大纲》（商务印书馆 1925 年版）、陈青之的《中国教育史》（1926 年出版上卷，1934 年完成中、下卷，1936 年商务印书馆出版全书）、陈东原的《中国教育史》（商务印书馆 1935 年版）。此外，还有周谷城的《中国教育小史》（上海泰东书局 1929 年版）、黄炎培的《中国教育史要》（商务印书馆 1930 年版）、余家菊的《中国教育史要》（中华书局 1934 年版）。1929 年上海世界书局出版的杨贤江著《教育史 ABC》是一部史论性的教育史著作，独具特色，被公认为中国第一部以马克思主义理论为指导

---

① 李德昌：《信息人教育学：势科学与教育动力学》，科学出版社，2011，第 71 页。

编著的教育史论著。①

正是在这一时期，中国近代教育史的研究也引起了更多关注，形成中国教育史学科研究中的一个热点，并大量涌现出一批专门研究中国近现代教育史的著述。其中最具代表性的成果是中华书局出版的舒新城的《近代中国教育史料》（1928 年版）、《近代中国教育思想史》（1929 年版）、《中华民国教育史料》（1931 年版）、《近代中国留学史》（1927 年版）、《中华民国之教育》（1931 年版），以及周予同的《中国现代教育史》（上海良友图书印刷公司 1934 年版）及其书中所附之"中国现代教育纪事年表"。此外，还有陈翊林的《最近三十年中国教育史》（上海太平洋书店 1930 年版），庄俞、贺圣鼎的《最近三十五年之中国教育》（上海良友图书公司 1934 年版），丁致聘的《中国近七十年来教育纪事》（南京国立编译馆 1934 年版），还有大量有关近代学制、教育思潮、教育行政、女子教育、地方教育等专题研究和论著。1937 年之后，日伪的破坏和时局的混乱，使中国教育遭受严重损失，中国教育史学科的发展也几乎陷入停滞不前的状态。② 新中国成立前的四十年间，经过几代人的努力，中国教育史学科曾经取得可贵的进展和丰硕的成果，积累了学科建设的丰富经验，奠定了良好的基础。

新中国的诞生，标志着中国的社会性质发生了根本的变化，中国教育也进入了一个崭新的阶段，但由于多种原因，涉猎中国教育史的研究成果较少。"文革"结束后，中国教育史学科的发展揭开了新篇章。一批 20 世纪60 年代初编写的教材相继在 70 年代末和 80 年代初出版。③ 80 年代中国教育史学科成果相当丰富，最突出的是毛礼锐、沈灌群主编的《中国教育通史》（六卷本，山东教育出版社 1986 年版）和沈灌群、毛礼锐主编的《中国教育家评传》（三卷本，上海教育出版社 1988 年、1989 年版）。此外，顾树森

---

① 王炳照：《五十年来的中国近代史研究（教育史）》，http://www.pep.com.cn/xgjy/jyyj/fzxk/zgjys/201101/t20110110_1013924.htm。
② 王炳照：《五十年来的中国近代史研究（教育史）》，http://www.pep.com.cn/xgjy/jyyj/fzxk/zgjys/201101/t20110110_1013924.htm。
③ 李国均、王炳照：《中国教育制度通史》第七卷（总序），山东教育出版社，2000，第6页。

编著的《中国历代教育制度》（1981 年版），杨荣春的《中国封建社会教育史》（1985 年版），王越等撰写的《中国古代教育史》（1988 年版），曲士培的《中国大学教育发展史》（1997 年版），孙培青的《中国教育史》（2009 年版），喻本伐、熊贤君的《中国教育发展史》（1999 年版），李国钧、王炳照总主编的八卷本《中国教育制度通史》（2000 年版），高奇的《中国高等教育思想史》（2001 年版），姜国钧的《中国教育周期论》（2005年版），史仲文的《中国全史（教育卷）》（2011 年版），朱永新的《滥觞与辉煌：中国古代教育思想史（第 2 卷）》（2011 年版），陈汉才的《中国古代幼儿教育史》（1996 年版）等从古代高等教育、古代教育制度、古代教育思想、古代职业教育、古代小学教育、古代幼儿教育等不同角度展示了中国古代教育的宏伟历史进程。我国著名教育史学家陈学恂、张瑞璠为总主编，从先秦、秦汉魏晋南北朝、隋唐、宋元、明清到近代、现代各分卷，集孙培青、周德昌、王炳照、郭齐家、江铭、张惠芬、田正平等教育史名家之大成，撰写成堪称中国教育史鸿篇巨制的《中国教育史研究》七卷本，成就了中国教育史研究和出版的一项伟业。2015 年，郭齐家的《中国教育史》（上、下册）更是教育史学界在沉寂了数年后的一部力作，它全面阐述了中国教育发展的历史进程，内容涉及源远流长的教育制度，丰富多彩的教育活动，博大精深的教育思想，并对历史上诸多著名教育家进行了全面而深入的介绍和评析。

作为植根于中国文化与社会境域中的中国近代教育史，其主要研究对象是自鸦片战争开始后到 1949 年中华人民共和国成立前中国教育的发展进程。舒新城、周予同、陈翊林、庄俞、贺圣鼎、丁致聘等学者早在 20 世纪 30 年代就已致力于中国近代教育史的研究与探索。80 年代以来，更多的学者专家进入了中国近代教育史的研究领域。1979 年人民教育出版社出版了陈景磐编著的《中国近代教育史》、陈元晖编著的《中国现代教育史》。舒新城的《中国近代教育史资料》三卷本（1981 年版），陈学恂的《近代中国教育大事记》（1981 年版），琚鑫圭的《中国近代教育史资料汇编：鸦片战争时期教育》，吴家莹的《中华民国教育政策发展史》（1990 年版），熊明安的《中华民国教育史》（1999 年版），王予霞的《中央苏区文化教育史》

（1999 年版），陈景磐的《中国近代教育史》（2007 年版），田正平的《中国高等教育百年史论》（2006 年版），陈元晖和陈学恂的《中国近代教育史资料汇编》（十卷本）（2007 年版），周谷平的《中国近代大学的现代转型》（2012 年版）等均对中国近代教育史进行了深入细致的研究。

与教育史学名家多部鸿篇巨制的中国教育史相比，令人遗憾的是无论论文、课题，还是学术专著，中国古代和近代民办教育的系统研究较少进入教育史学者的研究视域。经查询，仅有毕诚的《中国古代家庭教育》（1993 年版），王炳照的《中国古代私学与近代私立学校研究》（1997 年版），吴霓的《中国历代私学教育》（2003 年版），金忠明、王冠等的《中国民办教育史》（2003 年版），邓洪波的《中国书院史》（2004 年版），宋秋蓉的《近代中国私立大学发展史》（2006 年版），王炳照的《中国古代书院》（2009 年版）等从不同角度对中国古代私学史、书院史、近代民办教育史方面有所研究。有关古代、近代民办教育的高水平论文则屈指可数。

民办教育在我国有着辉煌悠久的历史，但至今学术界尚缺乏对其深入系统的全方位研究。近年来，随着一批教育史学名家大师的相继仙逝，除了2015 年郭齐家的《中国教育史》（上、下册）横空出世之外，从 2012 年至今，已鲜有教育史专著问世。因此，系统挖掘和整理中国古代和近代民办教育的起源、兴起、发展和转型，形成一部较系统完整并有一定的学术理论深度的中国古代、近代和当代民办教育发展的专著，将具有一定的学术理论价值。本书拟在上述专家学者研究硕果的基础上，系统梳理、挖掘、深化中国古代、近代和当代民办教育的起源、社会转型、盛衰历史成因和发展脉络，进一步展现中国古代、近代和当代民办教育跌宕起伏的画卷。

二

教育是人类特有的社会现象，是人类社会区别于动物界的重要标志。教育是民族振兴、社会进步的基石。2013 年 4 月，习近平同志在给清华大学的贺信中指出："教育决定着人类的今天，也决定着人类的未来。人类社会需要通过教育不断培养社会需要的人才，需要通过教育来传授已知、更新旧知、开掘新知、探索未知，从而使人们能够更好认识世界和改造世界、更好创造人类的美好未来。"教育是人类传承文明和知识、培养年青一代的根本途径。对一个国家来说，教育兴则国家兴，教育强则国家强。[1]

民办教育，在我国古代被称为"私学"，在国外称为"私立教育"（Private Education），在我国改革开放初期，即 20 世纪 80 年代和 90 年代初期，又称为"社会力量办学"。实际上，三种称谓都反映了学校是由非政府部门投资或举办，但表述的内容侧重点各有不同。"私立"突出了学校法人资格的确立，"社会力量办学"则注重强调社会的广泛参与，"民办"强调的是办学主体的非政府性。就目前现实来看，"民办"这一称谓更能反映中国非政府办学的独特性和复杂性，因为经济的多元化也必然导致教育举办形式的多元化。民办教育的举办主体不仅有民主党派、校友会、教授会、企业集团及其他社会团体和个人，而且包括中学、普通高校、事业单位等非政府组织，有的民办学校是由个人和非政府组织联合创办。因此，这也是我国民办学校产权归属变得模糊而难以划分，导致很多民办学校的法人资格和地位并没有确立的主要因素，而国外私立学校从获得审批开始就确立了法人资格，赋予了法人义务和权利。从上述意义上讲，"民办"是我国非政府办学发展的一个阶段性称谓。[2]

在我国古代、近代和当代教育史上，实际上直至 1952 年，都将非国家投资举办的教育通称为私立教育。1978 年以后，将非国家投资举办的教育称为"社会力量办学"，1993 年才有了"民办教育"这一称呼。所以，私立教育和民办教育是不同历史时期表述相同概念的同义语。所谓"私立"，是相对于"公立"，亦即历史上的"官办"或当今的"国家办学"而言。笔者认为：不论是古代"私学""学宫""书院""私塾"、近代"私立小学、中学、大学"，还是当代"民办小学、民办中学、民办大学"，都是不同历史时期我国对非政府教育办学机构的称呼。由于《中国民办教育通史》

① 瞿振元：《深入学习贯彻习近平同志关于教育工作的重要论述》，《人民日报》2014 年 9 月 10 日。

② 刘莉莉：《中国民办高等教育发展的研究》，吉林人民出版社，2002，第 3 页。

（古代卷）、《中国民办教育通史》（近代卷）、《中国民办教育通史》（当代卷）互为姊妹篇，构成为中国民办教育史系列丛书，为了尊重历史形成的事实，三本书的内容中，凡是涉及 1949 年以前由非国家机构投资举办的教育仍然称为"私立教育"。凡是涉及 1949 年以后由非国家机构投资即社会其他组织、个人举办的教育称为"民办教育"。① 三本书的二级标题则一律用"民办教育"的称呼。

依据上述关于民办教育和私立教育的概念界定和时间阶段的划分，《中国民办教育通史》（古代卷）、《中国民办教育通史》（近代卷）是研究中国古代、近代民办教育发生、发展的历史；从时间上讲，《中国民办教育通史》（古代卷）、《中国民办教育通史》（近代卷）是指原始社会至 1949 年新中国成立，这一漫长历史时期的民办教育历程与实践。《中国民办教育通史》（当代卷）则是指 1949 年新中国成立至今这一历史时期的民办教育历程与实践。

中国的民办教育经历了先秦、秦汉、唐宋、明清、近代、当代六个历史转型时期，与官学（公办教育）一起构成了中国古代、近代和当代教育的整体。系统整理挖掘中国古代、近代和当代的民办教育史料，揭示中国古代、近代和当代民办教育转型发展的内在规律，可以从不同角度展示古代、近代和当代民办教育的宏伟历史进程。因此，从不同朝代、时期的政权更迭交替和社会政治经济的变革中，研究不同时期民办教育的起源、转型和发展的历史成因和发展脉络，探寻中国古代、近代和当代民办教育发展的盛衰周期律是本书研究欲求突破的重点。但如何从不同版本的中国教育史学专著和古代、近代史籍中尽可能完整查寻梳理民办教育史料，去粗取精，去伪存真，这是一项浩繁复杂的系统工程，其艰难程度可想而知。

传统的《中国通史》"分期"撰写是根据中国汉民族发展大势，参考旁近各民族盛衰而分四期叙述的。所谓"分期"讲授，就是将"中国通史"分为"中国上古史""中国中古史""中国近古史"和"中国近世史"四个

---

① 樊继轩：《从古代学宫、书院到近代私立大学的转型》，《中国成人教育》2016 年第 3 期，第 129～132 页。

时期讲授。在各大学当中，最早采用"上古""中古""近古""近世"等时间概念来分期讲授"中国通史"的，从现有资料来看，应是20世纪20年代初的北京大学史学系。第一，"上古期"为"汉族增势时代"，"谓自太古至秦统一之间也"；第二，"中古期"为"汉族盛势时代"，"谓自秦统一至唐之亡"；第三，"近古期"为"蒙古族最盛时代"，"谓自五代至清之兴"；第四，"近世期"为"欧人东渐时代"，"自清初至今日"。① 这一分期法，虽有不完善之处，但其要点是把中华民族的历史看作多民族相互融合、认同的历史。这是因为民族是一个想象的共同体，中华民族的形成过程，其实是各民族记忆结构性重组的过程，还是一个再"认同"的过程。近年来，有研究者再次提出，应当用"上古""中古""近古"和"近世"等时间概念来划分历史时期，以"说明中国社会发展的阶段性和形态特征"。这是因为"上古""中古""近古"和"近世"是一套时间概念，一般的社会历史总是从古代发展到近代，而古代又可依据其不同的内容划分为若干阶段，因此，"上古""中古""近古"和"近世"概念本身是没有社会性质内涵的。这些概念用于不同的社会形态分析，就会有不同的性质界定。② 考虑到中国古代和近代史的发展特征，本书参考了"分期"撰写的通史体系。所谓"分期"，就是将"中国民办教育史"分为"中国上古民办教育史""中国中古民办教育史""中国近古民办教育史""中国近世民办教育史""中国近代民办教育史""中国当代民办教育史"六个时期撰写。

基于这一"分期"撰写的通史体系，《中国民办教育通史》（古代卷）由三部分、八章组成：上古民办教育发展史，即原始社会教育的起源到春秋战国时期的民办教育；中古民办教育发展史，即秦汉时期到隋唐五代时期的民办教育；近古民办教育发展史，即宋辽金元时期到明代清初时期的民办教育。《中国民办教育通史》（近代卷）由近世民办教育发展史、近代民办教育发展史和新民主主义教育史三部分、八章组成：即1840～1911年晚清鸦

---

① 尚小明：《由"分期"史到"断代"史——民国时期大学"中国通史"讲授体系之演变》，《史学集刊》2011年第1期，第56～68页。
② 张国刚：《论"唐宋变革"的时代特征》，《江汉论坛》2006年第3期，第89～92页。

片战争时期到洋务运动和清末新政时期的民办教育；1911～1949年中华民国时期的民办教育和中国共产党领导的新民主主义教育。《中国民办教育通史》（当代卷）记叙了从1949年新中国成立到2017年的民办教育发展史，由当代民办教育发展史、民办教育专题发展史两部分、十二章组成。

从"五四"运动到中国共产党成立，以及随后中国共产党领导的红色苏区、抗日根据地、解放区根据地的新民主主义教育究竟属于民办教育，还是划归到公立教育？长期以来，所有的教育史专著对此问题均避而不谈。我们认为这是一段不能回避的历史，由于中国共产党在1949年10月1日成立中华人民共和国之前，属于在野党范畴，并没有取得执政党的地位，按照上述对民办教育、私立教育的概念界定，我们把中国共产党这一阶段的新民主主义教育仍归类到民办教育的类型中。以此类推，1949年以前毛泽东在新民主主义阶段的教育实践和大众化教育思想的形成也应归类到民办（私立）教育的类型中。因此，"新民主主义教育史"作为一编也编撰到本书中。至于是否合适，留待世人评说。

基于上述思考，在教育史学界前辈大师的鸿篇巨制、专家学者的研究基础上，在编著本套丛书的过程中，我们力求做到：一是对中国古代、近代和当代民办教育发展史的总体发展脉络进行宏观把握，研究力求突出中国古代、近代和当代民办教育的本土特色；二是处理好私立教育与政治、经济、思想和文化发展的关系，在史书体例和篇目结构上力求科学合理，规范行文体例，保证课题的真实准确性和权威性；三是资料的收集和研究要贯穿编撰过程的始终，并重点写好古代、近代和当代民办教育各个发展时期的教育代表人物；四是以史带论，论从史出，力求揭示出中国古代、近代和当代民办教育发生发展的特点、规律以及经验教训，依据历史事实进行恰如其分的分析和评论。

本书以历史研究常用的文献分析法、内容分析法、历史比较分析法和个案研究法来研究古代和近代的民办教育发展历史，通过私立教育现象起源、发展和演变的历史事实，加以系统客观的分析研究，从而揭示中国古代和近代、当代民办教育的发展规律。史料是本书研究的出发点，作者通过对国内古代、近代、当代教育史资料的文献收集、梳理、分析、比较和归纳，从茫茫中国教育史海中提炼梳理出中国古代和近代、当代民办教育发展的脉络和主线。

在《中国民办教育通史》三卷本的撰写中，本书运用个案研究法研究古代、近代和当代从事民办教育教育家的教育思想和各个历史时期的私立教育制度，以史带论，论从史出，在《中国民办教育通史》（近代卷）、《中国民办教育通史》（当代卷）中设立了专题篇列章立史，用科学数据和历史事实阐述中国民办教育发展的实践和规律。《中国民办教育通史》以不同时代的社会变革为历史背景，用典型的历史人物、典籍等进行个案分析，力求使专著不仅具有可读性，还具有一定的学术理论价值。

三

《中国民办教育通史》三卷本是《中国民办教育史丛书》的重要组成部分。《中国民办教育通史》全景式地再现了中国民办教育从先秦时期到当代的发展历程，系统梳理、挖掘、深化中国古代、近代和当代民办教育的起源、盛衰历史成因和发展脉络，进一步展现了2500多年来中国民办教育跌宕起伏的历史画卷。

以社会变革为背景，以转型发展为主线，突破了以往教育史常用的研究方法是《中国民办教育通史》的一大特点。丛书集中各历史时期、各层面、各类型丰富厚重的中国民办教育史料之大成，从古代学宫、书院到近代私学、当代民办教育的转型，构建了融历史文献、考古学成果、传统文化遗存为一体的中国民办教育史结构体系。《中国民办教育通史》从中国民办教育史的连续性、典范性特点出发，首次从浩渺的历史史料中系统梳理民办教育的文献资料，将数千年来的民办教育发展实践予以全景式、客观真实地反映，构建一个具有独特的史学价值、学术价值和文化价值的教育史学研究系统，填补了教育史学领域尚无一部全面系统的中国民办教育发展史专著的这一遗憾和缺陷。

（一）《中国民办教育通史》（古代卷）总体框架

从历史上看，先秦时期是中国传统教育的形成、奠基时期；秦汉至宋明时期是中国传统教育的发展、辉煌时期；清代开国直至近代，中国传统教育出现了衰微的倾向。中国古代民办教育大致经历了先秦、秦汉、魏晋南北朝、隋唐、宋元、明代清初六个基本阶段。依据这一教育发展的历史规律，本书按照编年史，将《中国民办教育通史》（古代卷）的总体框架结构由上古时期（含远古时期）、中古时期、近古时期的民办教育发展史三部分、八章组成。

第一编　上古民办教育史

第一章　教育的起源与学校教育的创立——原始社会和夏商西周时期的教育（远古 ~ 公元前 771 年）；第二章　官学的衰落与民间私学的勃兴——春秋战国时期的民办教育（公元前 770 ~ 公元前 221 年）；第三章　战国时期"诸子百家"的教育学说——春秋战国时期的民办教育（公元前 770 ~ 公元前 221 年）。

第二编　中古民办教育史

第四章　统一国家中私学的停滞与复兴——秦汉时期的民办教育（公元前 221 ~ 公元 220 年）；第五章　动荡时代儒学的转型与私学的昌盛——魏晋南北朝时期的民办教育（公元 220 ~ 589 年）；第六章　隋唐私学的多元化和书院的萌芽——隋唐五代时期的民办教育（公元 581 ~ 960 年）。

第三编　近古民办教育史

第七章　私学的繁荣与名扬天下的书院——宋辽金元时期的民办教育（公元 960 ~ 1368 年）；第八章　明清时期私学的繁荣、普及与嬗变——明代与清代前期的民办教育（公元 1368 ~ 1840 年）。

（二）《中国民办教育通史》（近代卷）总体框架

1840 年鸦片战争直至 1949 年中华人民共和国成立的这一时期的教育史则可划归为近代教育史的范围。中国近代教育历史是新教育代替旧教育的历史，也是中国教育走向现代化的历史，其演变趋势，是由传统教育向现代教育的转型。[1] 本书将从鸦片战争到 1949 年的中国近代民办教育发展

---

[1]　杜成宪：《20 世纪关于中国教育史分期问题的探索》，《华东师范大学学报》（教育科学版）2000 年第 3 期，第 85 ~ 90 页。

史划分为近世（1840~1911年）与近代（1911~1949年）两个阶段。晚清官学的沉沦与私学书院的衰落和清末传统私立教育向近代私立教育的转型，辛亥革命后的近代私立学校的设立与变革，近代私立大学的产生与嬗变，中国共产党的新民主主义教育展示了百余年来近代民办教育的主旋律。

《中国民办教育通史》（近代卷）的总体框架结构由近世时期（1840~1911年）、近代时期（1911~1949年）的民办教育发展史和新民主主义教育史三部分、八章组成。

第一编　近世民办教育史

第一章　晚清官学的沉沦与书院的衰落——鸦片战争时期的民办教育（1840~1862年）；第二章　清末传统教育向近代教育的转型——洋务运动和清末时期的民办教育（1862~1911年）；第三章　晚清和清末时期的教育思潮——晚清和清末时期的民办教育（1840~1911年）。

第二编　近代民办教育史

第四章　民国近代私立学校的设立与变革——中华民国时期的民办教育（1911~1949年）；第五章　近代私立大学的产生与嬗变——中华民国时期的民办高等教育（1911~1949年）；第六章　近代多元化的教育思潮及实践——中华民国时期的民办教育（1911~1949年）。

第三编　新民主主义教育史

第七章　中国共产党的新民主主义教育——红色革命根据地的民办教育（1919~1949年）；第八章　新民主主义时期的教育思想及实践——红色革命根据地的民办教育（1919~1949年）。

（三）《中国民办教育通史》（当代卷）总体框架

当代中国民办教育发展史，是一部波澜壮阔、举世瞩目的教育改革与发展实践史，特别是改革开放后，我国的民办教育日渐构成了一个丰富多彩、充满生机和活力的教育体系，成为我国教育事业的重要组成部分。从1949年中华人民共和国成立到21世纪的2017年为止，共60多年的中国民办教育史以怎样清晰、合理的框架结构表现出来，是研究者和编撰者颇费心思之难题，经过十多位业内专家、学者的反复商讨，最后形成了本书的两个基本框架——编年史部分和专题史部分。编年史部分由第一章到第六章组成。专题史部分由第七章到第十二章组成。

第一编 当代民办教育史

第一章 当代中国民办教育的顿挫与复苏——新中国成立后到改革开放初期的民办教育（1949～1982年）；第二章 当代中国民办教育的起步与发展——改革开放后的民办教育（1982～1992年）；第三章 当代中国民办教育的壮大与繁荣——邓小平南方谈话后的民办教育（1992～2003年）；第四章 当代中国民办教育的规范与创新——《民办教育促进法》颁布后的民办教育（2003～2010年）；第五章 当代中国民办教育的转型与发展——《教育规划纲要》颁布后的民办教育（2010～2016年）；第六章 当代中国台港澳地区的民办教育（1949～2016年）。

第二编 当代民办教育专题史

编年史部分是以时间的顺序记述中国当代民办教育发展的历程及概况，而我国当代民办教育从复苏到不断发展壮大，历经数十年，涉及学前教育、培训教育、基础教育、中等职业教育、普通高等教育、非学历教育和继续教育、终身教育等，涵盖了整个国民教育体系。如果仅仅以编年史来反映民办教育发展的方方面面显然是不够的。故而本卷的第二编以专题史的方式单独建章立节，即第七章 民办教育法规政策的形成与演进；第八章 中国共产党对民办教育的领导；第九章 民办教育政府管理机构与行业组织建设；第十章 当代中国不同区域民办教育的发展；第十一章 当代中国民办学校倒闭个案追思；第十二章 中国民办教育国际化的构建与发展。

在充分认识我国民办教育发展的时代性、规律性、创造性的同时，依据阶段性特征和主要问题专列了以上几部分专题内容，作为民办教育发展实践中的主要专题列史立论，希望在一定程度上能够反映当代民办教育的多元概貌。

四

综上所述，从历史上看，先秦时期是中国传统教育的形成、奠基时期，远古至夏商周的家庭教育可视为民办教育的萌芽时期，而春秋战国时期则是中国民办教育的形成、奠基和繁荣时期；秦汉至宋明时期即中国传统教育的发展、辉煌时期，两汉至魏晋南北朝、隋唐、两宋也是中国民办教育的发展、辉煌时期；元至明代私学继续发展，书院虽有官学化倾向，明代并有盛衰，但毕竟还可与官学平分秋色；清代直至近代，中国传统教育出现了衰微的倾向，明代后期至清代，书院已沦为科举的工具。19 世纪末至 20 世纪以来"西学东渐"，"重建教育"成为中国教育的重大课题，民办教育也经历了由私塾到学堂到近代学校，书院到近代私立大学的重构和转型时期。到了近代，随着西方教育科学的传入与引进，中国的教育面貌发生了一系列变化。辛亥革命和"五四"运动后，平民教育、乡村教育实践等教育思潮和中国共产党的新民主主义教育则成为推动近代民办教育发展的主旋律。一部中国近代民办教育史是中西教育全面接触、冲突、吸收和融合的教育史，也是交织着被迫接受和主动探索的矛盾与痛苦的历史，近代的中国传统民办教育往往与民族救亡相联系。

中国民办教育史是中华民族长期形成的、已定型的教育遗产，是已经成为实际的教育历史实体，是中华民族文明进化过程的重要教育渊源。儒家教育思想体系构成了中国古代和近代民办教育的主流，而道家与佛教的教育思想起辅助作用。中国传统民办教育对于世界教育的贡献是多方面的。以教育制度为例，中国古代有丰富的办官学、私学的经验，有按行政区设置教育网络、多渠道多层次办学的经验，有自学成才、自学考试的经验，古代还有博士制度，唐宋以后还有科举考试制度、书院制度以及推行社会教育、家庭教育的传统，这些不仅在当时的世界上处于领先地位，而且其内容和形式也多有独到之处。

以教育思想和教育的价值取向为例，中国古代和近代民办教育一代又一代的教育家关于教育与政治、经济关系的认识，关于教育与法治关系的认识，关于德育与智育关系的认识，关于知识与才能关系的认识，关于教与学、教师与学生关系的认识，关于学校教育与社会教育、家庭教育关系的认识，以及形成的一系列具有独特风格的道德教育与提升道德修养的手段，如立志有恒、克己内省、改过迁善、身体力行、潜移默化、防微杜渐等，形成的一系列具有独特风格的知识教育与教学的手段，如格物致知、读书进学、温故知新、学思并重、循序渐进、由博返约、启发诱导、因材施教、长善救失、教学相长、言传身教、尊师爱生等，这些不但是中国传统教育中的精华，也是对世界人类教育宝库和世界教育史的重要贡献。[①]

追溯中国民办教育发展的历史进程，从先秦到近代，随着社会的政治和经济变革，中国古代和近代曾创造了以私学为主旋律的民办教育的辉煌，尤其是高等教育，经历了"私学—学宫—精舍—书院—私立大学"的五个转型阶段。因此，从私塾、蒙学、学堂到近代私立学校，从学宫、书院到近代私立大学的转型虽然是"西学东渐"的产物，但也是两千五百年来中国民办教育传统的绵延和拓展。

1949 年至今的当代中国民办教育发展史，更是一部波澜壮阔、举世瞩目的教育改革与发展实践史。1949 年以来，我国的民办教育走过了改造接办（1949~1952 年）、恢复起步（1978~1991 年）、积极探索（1992~1996年）、繁荣发展（1997~2002 年）、规范提高（2003 年至今）的发展历程。尤其是改革开放以来，我国的民办教育从无到有、由弱到强，实现了办学水平的整体提高和健康发展，民办教育已成为新时代具有中国特色社会主义教育的重要组成部分。2010 年 7 月，国家颁布了《国家中长期教育改革与发展规划纲要》指出：民办教育是我国教育事业发展的重要增长点和促进教育改革的重要力量，发展民办教育是各级政府的重要工作职责。"十二五"期间，民办教育发展的国家顶层制度设计已经建立，民办教育的战略地位和政治、经济地位提升到一个新的高度，民办教育是我国建设人力资源强国的重要力量已成共识，民办教育的全面改革也真正进入了攻坚期，民办教育迎来了前所未有的发展机遇。民办教育在促使我国从人口大国向人力资源大国转变的历史进程中，将继续发挥不可忽视的作用。

《中国民办教育通史》是一部大型的学术著作。在本书的撰写过程中，参阅梳理了学界先贤及其他专家学者的前期研究成果和大量的教育史资料，

---

① 凤凰国学：《郭齐家论传统教育："三观"奠定中国特色》，http://culture.gog.cn/system/2016/10/11/015156595.shtml。

从中获得了许多有益的启示。为此，本书尽可能把引用文献资料的作者和出处一一标注出来，并在此向有关作者深表谢意。此外，在《中国民办教育通史》的编撰过程中，中国教育学会会长、北京师范大学原校长钟秉林教授，中国社会科学院《中国社会科学》原副主编周溯源博士，国家社科基金学科评审组专家、《新华文摘》原总编辑张耀铭编审，中国教育科学研究院的杨润勇博士、吴霓博士，人民教育出版社文化教育分社社长刘立德博士，黄河科技学院李高申教授、张锡侯教授、袁伟博士等均提出了宝贵的修改建议。社会科学文献出版社的领导，尤其是陈晴钰编辑，对此书的出版给予了大力的支持，并付出了辛勤的劳动，在此，一并致以谢意。

全书由胡大白任主编，杨雪梅、樊继轩、张忠泽任副主编。各卷的承担者依序为：《中国民办教育通史》序言由胡大白撰写；《中国民办教育通史》（古代卷）由樊继轩构思和统稿，全书由樊继轩、贾全明、陈冠玉撰写；《中国民办教育通史》（近代卷）由杨雪梅、樊继轩构思和统稿，全书由杨雪梅、樊继轩、贾全明、王铁成撰写；《中国民办教育通史》（当代卷）由张忠泽构思并列出目录大纲，由胡大白、张忠泽、樊继轩统稿，樊继轩对全书进行了调整、补充、校对和修改，张忠泽、丁富云、孙倩男、许玄音、周柯、汤保梅、王道勋、李维民、余拱焰、鲁家升等多位老师撰写了本卷。吕金梅、李储学、欧阳建业参加了三卷书的校对工作。

本书的撰著出版，是各位老师和学者历时多年通力合作的结晶。由于编者和作者学力不足，学术水平有限，内容难免会有种种疏漏、错误，相对于几千年中国民办教育发展史的缤纷复杂的历程，还有很多问题有待深入研究。然而，本套丛书的出版毕竟使《中国民办教育通史》的专题研究初见成效，并将为今后的研究打下一个较好的基础。学术的研究和探索也许永远就是一件带有遗憾的工作，一些观点和见解是否正确，还有待各位专家、学者和同人不吝赐教。

胡大白

2019 年 3 月

本卷导言

《中国民办教育通史》由《中国民办教育通史》（古代卷）、《中国民办教育通史》（近代卷）、《中国民办教育通史》（当代卷）三卷本组成。本卷是《中国民办教育通史》三卷本的古代卷，由"上古民办教育史""中古民办教育史""近古民办教育史"三编组成。按照史学界的划分，从远古的原始社会时期到夏商周、春秋战国是上古时期，秦汉、魏晋南北朝到隋唐是中古时期，宋元明到清朝中叶（至1840年）是近古时期，这几个阶段均划归为古代教育史的范畴。本卷描述了原始社会教育到明代清初时期数千年来私立教育发展历程的历史画卷。

一 上古民办教育史

中华文明源远流长，中国教育发展的起点可追溯到远古的原始社会。原始社会时期，中华民族的远古先民由采集经济到渔猎经济，进而到种植（农业）经济，教育也由教民"钻木取火"到"教民以猎"，进而"制耒耜，教民农作"，并由"结绳而治"到"易之以书契"。文字的出现促进了萌芽状态教育机构的诞生，标志着教育由自发形态上升为自觉活动，同时也标志着人类社会已经由蒙昧状态进入了文明时代。[①]

从公元前21世纪到公元前476年，华夏民族步入了奴隶制社会时期。夏代是中国青铜文化时代的开端，也是奴隶制社会初始时期，夏代已出现庠、序、校等学校的称谓。商代是中国奴隶制高度发展的时期，也是中国青铜文化鼎盛的时代，商代的瞽宗、学、庠等文化机构已初步具有了学校形态。西周是我国古代教育发展的一个重要时期，已经出现了相对独立的学校

---

① 王炳照、阎国华：《中国教育思想通史》（第一卷），湖南教育出版社，1994，第1页。

教育机构。西周时期已逐步形成了一个以"礼、乐、射、御、书、数"为主体的"六艺"教育体制。夏、商、西周的教育是"礼不下庶人"的"造士"教育。"学在官府"的体制引导着教育朝着更健康有益的方向发展，完成了从原始教育向专门的学校教育的过渡，并且为春秋时代私立教育的兴起和儒家教育思想的创立奠定了基础。商周时代，中国教育已有相当的积累，知识体系大体具备规模，这就为学校教育的兴盛发展创造了条件。到了春秋战国时期，中华文明的果实成熟了，中国教育进入了"古典"时代，产生了私学和专门从事教育工作的教师群体。

春秋时期是社会大动荡、大分化的时代，也是教育剧变的时代。随着诸侯争霸、周室衰微、封建经济的确立，西周"金字塔"式的宗法制社会形态的瓦解，"学在官府"的教育体制走上了穷途末路。学术开始挣脱了官府的樊篱向民间扩散。① 私立教育正是在夏商周三代官学的衰落、文化下移的废墟上建立起来的。春秋时期，士阶层的产生促进了私学发展，养士成风又促进了私学繁荣昌盛。孔子开创了具有高等教育雏形的儒家私学，改变了"学在官府"的局面，其儒家教育思想至今还对中国和世界教育产生着重要影响。

战国时期，各国先后完成了封建化的过程，为了寻求更为合适的安邦治国之道，以求在激烈的兼并战争中生存和发展，各国诸侯竞相养士用士，养士之风愈演愈烈。由私学发展起来的学宫成为各国统治阶级养士用士、培养"治国平天下"高级专门人才的重要基地。受不同阶级利益的驱使和对学术价值不同取向的影响，诸多私学百家争鸣，私学更加繁荣昌盛，形成了"诸子百家"等不同的学术流派，如儒家、墨家、道家、法家等。这些学派在培育众多的杰出人才的同时，明确提出了自己的哲学、政治和社会学说，并出现了百家争鸣的繁荣学术景象。这些私学性质的学宫改变了孔子时代"游学"的办学模式，既有固定场所，又有固定教师和学生，如达到万人规模并具有教学和学术研究性质的稷下学宫就是我国古代第一所"民办公助"的私立大学。稷下学宫的学术与社会职能和管理制度、组织结构已具有现代

---

① 李国钧、王炳照：《中国教育制度通史》（第一卷），山东教育出版社，2000，第2页。

大学的雏形。

春秋战国时期诸子百家的私学大师从教育理论和教育思想上均对中国古代教育有重大贡献，奠定了中国古代教育的理论思想基础。尤其是孔子提出的学习—教育—政治的社会实践过程，倡导的学习—思索—行动的求知路径，全面奠基了以人文主义、群体意识和实践理性为特征的中国传统教育思维模式。墨家教育思想期望通过广泛的教育以实现社会平等，并且其科学技术和逻辑学教育卓有成效，已超越了六艺教育的范围。道家教育思想主张背离社会发展而顺应人的自然本性，其对中国文化发展有隐形影响作用。法家教育主张"以吏为师"，结束了诸子对教育做理想主义理解的思想状况，最先明确教育在专制政治体制中的实际地位。① 如果把中国教育思想的历史发展比喻成一条长河，那么它的源头就在春秋战国时期的私立教育。不仅《论语》《墨子》《孟子》《荀子》《礼记》《管子》《吕氏春秋》等典籍中记载了大量的教育资料，而且儒家后学总结了这一时代的教育思想和教育经验，撰写了《学记》《大学》《中庸》《劝学》《弟子职》等教育专著，阐述了教育的作用、学制的体系、道德教育体系、教学原则和方法、教师的地位等方面的理论，成为世界上最早的、自成体系的教育著作。这些在私学起源和勃兴发展基础上撰写的教育专著是春秋战国时代丰富的教育经验和教育思想的总结，同时也奠定了中国传统教育的理论基础。

春秋战国时期的私学存在着较强的地域性，如儒家在齐鲁，墨家在中原，道家在荆楚，法家在三晋，但丝毫不影响各学术流派的流动性和交融性。春秋战国时期是民间办学、私立教育一统天下的辉煌时代，私学的繁荣昌盛和发展不仅为中国古代教育奠定了深厚的基础，对中国当代教育也具有可吸收借鉴的重要价值。

二 中古民办教育史

公元前 221 年，秦始皇统一六国，废分封，改郡县，书同文，行同伦，

---

① 孙培青、李国钧：《中国教育思想史》（第一卷），华东师范大学出版社，1997，第 2 页。

中国从初期封建制走向专制主义的封建制。秦代私学、官学俱废，"以吏代师"的法家思想在教育中占据统治地位。短命的秦代是教育大倒退的年代，教育从春秋战国的鼎盛时期跌落到谷底。秦亡汉兴，汉代统治者吸取了秦朝覆灭的教训，实行清静无为的黄老之术，不仅取得了与民休息、复苏经济的效果，而且使民间的学术活动得以全面恢复。① 汉初强调顺应自然法则，以先秦道家思想为核心的"黄老之学"成为汉初政治的指导思想，并认为教育应建立在人性的自然发展基础上。西汉时期，由于私人传授儒家经学的繁荣，产生了以大师讲评为辅、弟子自学为主，而被称为精舍的私立高等教育机构。两汉精舍一般由当时精通儒学的名家所建，一些经师鸿儒，如董仲舒、郑玄等所教授的门生弟子多达数千甚至上万人，其讲学已初具学术讨论与研究性质。以官方太学为代表的今文经学和以民间私学为代表的古文经学的争鸣又进一步促进了私学的繁荣兴盛。东汉时期，随着今文经学与古文经学的争鸣和融合，私学比西汉更加兴旺，一个教师的学生可多达成千上万。蔡玄"学通五经，门徒常千人，其著录者万六千人"。② 张兴"声称著闻，弟子自远方至者，著录且万人，为梁丘家宗"。③ 牟长"诸生讲学者常有千余人，著录前后万人"④。两汉时期，家庭教育已成了一个不可忽视的领域，许多经学流派及其他学术、技艺，家世传授一直是主线，这也是中国私立教育的一个特点。

秦汉教育作为中国封建教育的成型时期，涌现出一批杰出的教育家，其教育思想颇为宏富，对后世的影响也较为广泛和深远。贾谊吸收了儒家、法家、道家等诸家典籍中的优秀部分，冲破文帝时道家、黄老之学的束缚，将儒家学说推到政治前台，他对古代胎教和早期教育做了较为全面的论述，是我国古代胎教学说和提倡早期教育的奠基人之一。贾谊的"任贤""敬士"主张，对后来董仲舒的文化教育思想有极大的影响。西汉扬雄反神学的儒学

---

① 李国钧、王炳照：《中国教育制度通史》（第一卷），山东教育出版社，2000，第 3 页。
② 《后汉书》卷七十九下《蔡玄传》。
③ 《后汉书》卷七十九上《张兴传》。
④ 《后汉书》卷七十九上《牟长传》。

教育思想、东汉王充坚持唯物主义立场，认为天地之间没有生而知之的人，学习是获得知识的唯一途径。他指出："人才有高下，知物由学，学之乃知，不问不识。"王充极具批判精神的教育思想，对于中国唯物主义教育思想的发展有其积极的影响。

公元 220～589 年的魏晋南北朝时期，战火连绵、狼烟四起，当政政权的短暂使官学几乎被废，官学教育制度只能在乱世和动荡中风雨飘摇。学校教育时兴时废，官学已难以担负起教育发展的社会任务，它也不再能够成为社会的教育中心。此一时期，教育多赖私学维持和传承，于是私学发展更加鼎盛，具体特点为：私学不仅是儒、道、佛、玄的主要传播阵地，而且学习吸收外来文化更加主动，并以培养经世济国的人才为主导，此时期的私学担当起传承教育和文明的重任。魏晋南北朝时期，名儒聚徒山林讲学，生徒常有几百或几千人。如雷次宗在庐山，顾欢在天台山，沈德威在太学当博士，回家还要授课讲学，许多贵族、士子也纷纷到此授业解惑。北魏时期的徐道明讲学 20 余年，学生先后多至万人。隋唐时期的大部分贤相皆出自此一时期的私学。从构成要素和总体形态来看，此期的私学实可直接视为唐宋书院的萌芽。与汉代不同，这一时期教育的中心已由官学向私学转移，而私学担负了义无反顾的教育发展的主要社会责任，从而形成了中国教育史上又一次"学在四夷"的私学繁荣局面。①

魏晋南北朝是中华民族多民族大融合的时代，更是中华民族历史文化的更新时期，这一时期形成了玄学、儒学、宗教等三大教育思潮，宗教教育思潮又含道、佛两教。玄学强调自然主义，注重理论的思辨性；儒学强调继承自身的历史传统，注重理论的实用性；宗教强调方内与方外的协调，注重理论的严密性。玄、佛、道思想相互交融、广为流行，并渗透到儒家思想之中，不仅促进了私学的繁荣昌盛，彼此相反又相成，构成了这一时期教育思想的多样性和丰富性。如嵇康越名教而任自然的教育思想，颜之推的家庭教育思想，傅玄的尊儒教育思想，还有佛、道、玄学的教育思想，等等，使这

---

① 孙培青、李国均：《中国教育发展史》，华东师范大学出版社，1997，第 4 页。

一时期教育思想呈现繁荣昌盛的局面。①

从公元 581 年隋朝建立，到公元 907 年唐朝灭亡，是我国历史上著名的隋唐盛世。唐代在文化上、政治上、经济上都是中国的黄金时代，可与汉代媲美，在很多方面又超过了汉代。② 隋唐时期，官学强盛至极，科举制也日臻完善，政府在发展官学的同时，也鼓励支持私学的发展。唐朝经济繁荣，政治开明，文化教育发达。无论是官方教育还是私立教育都很有成就。尤其是私学，作为古代国家教育的一种补充形式，为教育力量的增长注入了新的活力。隋唐时期的职业教育开始纳入官学教育体系，而私学家传、佛道人士传艺、经师兼授实科知识、训练手工匠人的私人艺徒制也是隋唐五代时期职业教育的重要组成部分，并培养造就了实科职业人才。魏晋南北朝和隋唐时期私学的一大特征是许多名儒隐居山水胜地，开学馆、设学宫。唐末五代时期，以编书、藏书为主的唐代书院开始转型为以教学和学术研究为主，此时书院应为宋代书院的起源。这一时期以家族私学和蒙学为特色的私学发展迅速，分布于城乡山水之间。

隋唐五代时期儒、佛、道的教育思想在社会竞争中发展，又相互吸收对立方面的思想主张，并融进自身的教育理论之中。③ 主张重新复兴儒学和主张三教调和教育思想的唐代著名的文学家、思想家和教育家韩愈、柳宗元，分别是这两种教育思想的杰出代表。韩愈在《师说》中规定了教师的基本任务就是"传道授业解惑"，重提"人非生而知之者""古之学者必有师"的论点，并强调尊师重道的文化传统。柳宗元提出"交以为师"的主张，即师生之间应和朋友之间一样，相互交流、切磋、帮助，在学术研讨上是平等的，而不是单纯的教导与被教导的关系。

三 近古民办教育史

公元 960 年，中国封建社会在经历了五代时期 60 多年的分裂割据之后，

---

① 史仲文、胡晓林：《中国全史·教育卷：魏晋南北朝分卷》，中国书籍出版社，2011，第 376 页。

② 冯友兰：《中国哲学简史》，北京大学出版社，2013，第 253 页。

③ 孙培青、李国钧：《中国教育思想史》（第一卷），华东师范大学出版社，1997，第 7 页。

后周诸将发动陈桥兵变，赵匡胤黄袍加身，称帝定都开封，建立了宋朝。在宋王朝的北方又先后出现了以契丹族为主体的辽朝和女真族的金朝。两宋时期直到元、明、清，学馆、书院继承了两汉、南北朝时期重视私人讲学的传统，承担起文化传承、学术发展和人才培养方面的主导作用，成为封建社会高等教育的重要形式。宋辽金元时期，进一步发展创新了唐代产生的一项新的教育组织形式：书院制度。宋元时期的书院制度是中国教育史、教育制度史研究的主要内容之一，它集萃了宋代理学文化，是宋元民族矛盾融合、繁荣得疑似资本主义商业经济和高度军事集权专制政治体制下的特殊产物。尤其是宋代，以教学和学术研究为主旨的六大书院更是名扬天下。书院建制及其教育体系的确立被人们视为我国古代私学的制度化进入成熟期的标志。宋代是中国书院教育形成和发展的奠基阶段。书院相对自主的办学形式，注重学术型人才的培养方向，独特灵活的教学风格，所倡导的不附利禄、明辨通达的学风，对我国后期的高等教育也产生了深刻的影响。

宋辽金元时期的私立教育是在直接继承隋唐文化教育遗产，并广泛取鉴历朝文教的优劣得失，经过反复探讨和变革损益后逐步定型的。描述和探究这一格局形成和演变的总体进程，是阐明宋辽金元私立教育特征的首要环节。辽代私学教育模式灵活多样，既有以家庭为背景的家学教育、以庠校为依托的私塾教育，也有以私人组织为核心的讲学教育和以士人为主体的自学教育。金代私学分为家学、女真贵族官僚家塾、学者自设私塾、官宦私塾和自学等五大类型。与其他朝代私学相比，金代私学具有类型多样化、设置早于官学、教育对象比官学更加广泛等自身特色。元代的私学虽然十分兴盛，但在办学形式和教学内容上与宋、金时没有什么大的差别。元代的私学一般有家长督课、学生自学、私塾授课、名师传授等多种形式，教学内容则侧重于儒家经典，又以朱熹等人注疏的《四书》《五经》为基本教材。元朝时期，官府虽然仍旧鼓励民间私学的创办，但对书院派任山长，书院逐步走向官学化。

在宋辽金元时期，朱熹、陆九渊、吕祖谦是南宋理学三派主要代表人物。"三家同时，皆不甚合。朱学以格物致知，陆学以明心，吕学则兼取其长……"①，而学术上造诣最深、影响最大的是宋朝朱熹。他总结了以往的思想，尤其是宋代理学思想，建立了庞大的理学体系。朱熹认为，宇宙万物是由理和气两种基本因素构成的，理是万物的本原，气是构成万物的材料。理体现在人类社会中，"仁义礼智"之人伦就是天理的反映。教育的目的就是要恢复人固有的良善的本性，"革尽人欲，复尽天理，方始之学"，"存天理，灭人欲"，就是教育的根本任务。朱熹主张学校教育的目的在于"明人伦"，严厉抨击以科举为目的的学校教育。朱熹主张把教育分成"小学"和"大学"两个阶段。"各因其所长而教之"的"因材施教"原则，经朱熹再三强调和提倡，被后世教育家所重视并在教学中经常运用。②

公元 1368 年，明王朝正式成立，将中国古代的教育带入一个重新整理并发展的阶段。明代书院的发展，更多地依赖于个人对书院教育的信心和兴办书院的力量。也因为如此，书院的兴办方式，往往带有较强的个人色彩。③ 明代清初之际，从设于城镇的"社学"课堂到乡村的简陋教室，从"义学"的翻开书本、"私塾"的默记成诵到"书院"的师生对答，私立教育在明与清前期的发展中达到了我国传统教育最为完备的状态。传统文化的核质——儒家文化及其经典，在此期的私立教育中做到了文化的同质同构。儒家文化经过义学、私塾、书院等载体的吸收和加工、改造和创作，又传递给社会，使社会具有新的现实的文化精神和文化内容。明朝与清朝的私立教育，尤其是书院教育，虽然颇具规模，但随着社会和政局的变革和控制，随闭随续，由探讨儒家精义的场所逐步沦落到为生徒准备科举的场所。

明中叶以后，读书人日益不满于程朱理学一统天下的局面，希望有新的声音出现。王阳明创立了以知行合一、致良知为主要内容的学说，世称阳明心学。湛若水讲学以"随处体认天理而涵养之"为主。也就是说，人的本性充满了善意，无限仁义，这就是天理。由于王阳明、湛若水等人创新的新

---

① 李才栋：《江西古代书院研究》，江西教育出版社，1993，第 179 页。
② 王炳照：《简明中国教育史》，北京师范大学出版社，1997，第 172 页。
③ 李国钧、王炳照：《中国教育制度通史》（第四卷），山东教育出版社，2000，第 5 页。

学说——陆王心学在非官方的书院中传播，这也是书院得以兴盛的思想方面的重要原因。① 东林之学的集大成者孙慎行认为，儒家求学的方法，不应从顿悟处入手，而应当终日勤学、好问、审思、明辨、笃行，以获得真才实学。这一学说，纠正了阳明之徒不下苦功读书求学，而轻浮好辩的弊病，很有针对性。②

清代的书院虽然具有很浓的官学化趋势，但书院毕竟不是完全化的官学。以黄宗羲、王夫之、颜元为代表的清初经世致用学派对传统的书院教育也有重大的改革。清初黄宗羲提出"天下为主，君为客"的民主思想，他认为学校中也要析讲时事时政，要明是非之理，也要对政府行为有所监督。王夫之反对"生而知之"，主张"学而知之"。并且主张在教学过程中，要学思结合。颜元极力批判了自汉以来两千年的重文轻实的教育传统，包括玄学、佛学、道学以及宋明理学。主张"习动""实学""习行""致用"几方面并重，培养文武兼备、经世致用的人才，猛烈抨击宋明理学家"穷理居敬""静坐冥想"的主张。在五经之外兼习水、火、工、虞、兵诸法，而将自然科学和军事学引入书院教育，是颜元经世致用学派的重大发展，已具有西方教育的某些特点。

四　结语

中国民办教育史的研究，是对中国教育史研究的延伸与加强，而不是对中国教育史研究中有关民办教育史料的简单堆积和诠释，应有新的挖掘和创新。研究两千五百年来的民办教育发展史，需对中国民办教育的总体发展脉络有宏观上的把握。在此基础上要尽可能充分展示出各个朝代不同历史阶段民办教育发展的历史全过程和历史特点、地域特色。其研究的对象、范畴与方法，与中国教育史研究相比，既有相同之处，又有相异之处。它既要反映中国教育发展的一般规律和共性，又要揭示中国民办教育发展的特殊性与个

---

① 史仲文、胡晓林：《中国全史·教育卷：明代分卷》，中国书籍出版社，2011，第757页。

② 《孙慎行传》，http://www.xiexingcun.com/baihua24shi/24/mydoc685.htm。

性。从这个意义上讲，紧紧抓住"民办教育"四个字和其特色是研究的关键。

本卷由樊继轩教授构思和统稿，黄河科技学院贾全明老师、陈冠玉博士参与了本卷的写作。其中：《中国民办教育通史》序言由胡大白撰写，《中国民办教育通史》（古代卷）本卷导言、第一章、第二章、第三章、第四章、第五章，第六章的第二节、第四节的三、四部分，第七章的第一节由樊继轩撰写；第六章的第一、三、四节，第七章的第二、三、四、五、六节由陈冠玉撰写；第八章由贾全明撰写。在撰写过程中，我们参阅了有关专家学者已问世的教育史专著及文献，特此向有关作者深表谢意。

目　录

第二编　中古民办教育史

第四章　统一国家中私学的停滞与复兴

第三编　近古民办教育史

第一编

上古民办教育史

第一章
教育的起源与学校教育的创立

——原始社会和夏商西周时期的教育（远古至公元前771年）

中国是世界上文明发达最早的国家之一，也是世界上少有的历史文化从未间断一直延续至今的国家。从公元前200万年前，我们的祖先就生活在这片土地上。在漫长的历史进程中，中华民族创造了辉煌灿烂的文明，曾经长时期走在世界前列，对人类社会发展做出了不可磨灭的巨大贡献。

我国的原始社会分为原始人群和氏族公社两个阶段。距今十万年至二三十万年的旧石器时代中、晚期，远古社会由原始人群阶段进入母系氏族社会。氏族制度是人类第一个正式的社会组织形式，氏族是由类人猿的群体转化而来的。在原始社会中，教育和人们的社会生产及社会生活密切结合，无专门的场所和专职人员，教育公平，学在民间，其手段也限于言传身教。

大约5500年前，母系氏族社会为父系氏族社会所取代，我国远古人类进入父系氏族社会。父系氏族社会是一种新的社会文化体系，也是人类历史发生的最深刻的变革之一。正是在父系氏族公社末期，产生了"成均"和"庠"具有学校萌芽性质的教育机构。先秦史籍中已有不少关于学校和教育的传说，这些教育传说也意味着中国古代教育思想的发端。①

---

① 孙培青、李国均：《中国教育思想史》（第一卷），华东师范大学出版社，1997，第1页。

自公元前 3000 年至公元前 21 世纪是中国文明初期的时代。此一时期，由于社会生产的发展和私有财产的形成，出现了阶级分化，原始社会开始解体，逐渐向奴隶社会过渡，而已考古发现中国最早的文字就大约出现在五千年前。从公元前 21 世纪到公元前 476 年，华夏民族步入奴隶制社会时期。夏代是中国青铜文化时代的开端，也是奴隶制社会初始时期，随着阶级的出现、生产力的发展，人类生活日益丰富，教育由原始社会的言传身教发展到学校教育。商代是中国奴隶制高度发展的时期，也是中国青铜文化鼎盛的时代，商代的瞽宗、学、庠等文化机构已初步具有了学校形态。西周已出现了相对独立的学校教育机构，还形成了以礼乐为核心的教育内容。西周的"学在官府"体制引导着教育朝着更健康有益的方向发展，并且为春秋时代私立教育的兴起和儒家教育思想的创立奠定了基础。

家庭教育是私立教育不可缺少的组成部分，在春秋时期的教育史籍文献，就已记载了家庭教育的有关情况。《礼记·内则》记述了西周时期贵族家庭教育的一些基本准则："子能食食，教以右手；能言，男唯女俞。男鞶革，女鞶丝。六年，教之数与方名。七年，男女不同席，不共食。八年，出入户门，及即席饮食，必后长者，始教之让。九年，教之数日。"可见家庭教育从幼儿基本的生活技能和生活习惯入手，随着年龄的增长，教以基本的礼仪，这是私立教育的早期形态。因此，夏商周（西周）时期的贵族家庭教育可视为私立教育的早期萌芽。

第一节　教育的起源和学校的萌芽

教育是形成文明、发展文明的基础。教育起源于人类为满足自身生存和发展需要的社会生活和生产实践中，是人类特有的社会活动和现象。无论从远古的原始社会旧石器文化向新石器文化的演变，还是从新石器文化向青铜器文化的升华，都意味着人类智慧一次新的质变。在这一过程中，教育渗透到人类文明和智慧活动的每一个层面，发挥着积累、传播知识并使人类智慧再生的伟大作用。①

教育一词始见于《孟子·尽心上》："君子有三乐，而王天下不与存焉。父母俱存，兄弟无故，一乐也；仰不愧于天，俯不怍于人，二乐也；得天下英才而教育之，三乐也。"许慎在《说文解字》中解释，"教，上所施，下所效也"；"育，养子使作善也"。

教育是一种培养人的社会活动，产生于人类的生产劳动，是传承社会文化、传递生产经验和社会生活经验的基本途径。教育有广义和狭义之分。从广义上说，凡是增进人的知识和技能、发展人的智力与体力、影响人的思想观念的活动，都可以称作教育。广义的教育包括社会教育、学校教育和家庭教育，还包括幼儿时期所受到的启蒙教育，在为人处世的生活中，甚至阅读中所获得的经验、教训，等等。狭义的教育则指以影响人的身心发展为直接目标的社会活动，主要指学校教育。学校教育是教育者根据一定的社会要求，有目的、有计划、有组织地通过学校教育的工作，对受教育者的身心施加影响，促使他们朝着期望方向变化的活动。学校教育由专职人员和专门教育机构承担。

一 三种不同的教育起源论说

教育的起源既是社会发展史问题，也是世界性的教育理论问题。它需要借助考古发现提供的实际材料，利用现代科技测定的结果，通过实证研究，实事求是地获得合理的结论。现在已有多种教育起源的学说，但还没有公认的最终结论。社会生活是推动教育活动的力量，则是客观的事实。在教育史上关于教育的起源主要有以下三种不同的理论。

（一）生物起源论

生物起源论是第一个有关教育起源的学说，这是达尔文生物进化理论的流变。其代表人物有 19 世纪法国的社会学家利托尔诺（Charles Letourneau,

---

① 史仲文、胡晓林：《中国全史·教育卷：远古暨三代分卷》，中国书籍出版社，2011，第3页。

1831～1902)、英国的沛西·能（Sir Thomas Perey Nunn，1870～1944)。利托尔诺在所著《动物界的教育》一书中认为，教育是一种生物现象，教育起源于一般的生物活动。他说："动物尤其是略为高等的动物，完全同人一样，生来就有一种由遗传而得到的潜在的教育。"沛西·能于1923年在不列颠协会教育科学组大会上的主席演说词《人民的教育》中指出：教育从它的起源来说是一个生物学的过程，不仅一切人类社会有教育，不管这个社会如何原始，甚至在高等动物中也有低级形式的教育。生物起源论认为人类教育起源于动物界中各类动物的生存本能活动，认为动物界就有教育活动。其基本错误是混淆了动物的本能活动与人类社会教育活动的界限。

（二）心理起源论

美国心理学家孟禄（Paul Monroe，1869～1947）是心理起源论的代表人物。孟禄在其所著《教育史教科书》中，从心理学的观点出发，根据原始社会没有学校、没有教师、没有教材的原始史实，判定教育应起源于儿童对成人无意识的模仿。教育的心理起源论者避免了生物起源论的错误所在，提出模仿是教育起源的新说。模仿作为一种心理现象，作为一种学习方式，可视之为教育的诸种途径之一。这种观点淡化了生物性，突出了人的主体地位，奠定了教育必须具备心理前提的理论。①

教育的生物起源论和心理起源论从不同角度揭示了教育的起源，但它们的共同缺陷是都否认了教育的社会属性和目的性，否认了教育是一种自觉有意识的活动，把动物本能和儿童无意识的模仿同有意识的教育混为一谈，因而都是不正确的。

（三）劳动起源论

劳动起源论的代表人物主要是苏联米丁斯基、凯洛夫等教育史学家和教育学家。劳动起源论者在批判生物起源论和心理起源论的基础上，运用恩格斯在《劳动在从猿到人转变过程中的作用》中阐述人和人类社会起源的观点。从恩格斯的"劳动在一定意义上创造了人类本身"这一基本命题出发，

---

① 喻本伐、熊贤君：《中国教育发展史》，华中师范大学出版社，2005，第4页。

推断出教育起源于劳动，起源于劳动过程中社会生产需要和人的发展需要的辩证统一。

马克思主义教育学在关于教育起源问题上，不是武断地判定上述两种观点的错误，而是在肯定它们这种有益的尝试和提出问题的基础上，通过科学分析人类祖先的产生及开始制造工具前后的历史，认为教育起源于劳动，起源于劳动过程中社会生产需要和人的发展需要。

我国学者杨贤江在《新教育大纲》中，用历史唯物主义观点阐述教育起源的理论，正确解释了教育起源问题，他说："自有人生，便有教育。"认为原始的教育活动起源于使社会成员适应群体社会生活和群体生产活动的需要，也是人类自身身心发展的需要，教育是在生活实践过程中进行的。

二 原始社会时期的教育传说

中华民族素以文明古国、礼仪之邦著称于世。大量出土文物、历史文献和考古资料都足以证明，"从很早的古代起，我们中华民族的祖先就劳动、生息、繁殖在这块广大的土地之上"，而且"中华民族的发展，和世界上别的许多民族同样，曾经经过了若干万年的无阶级的原始公社的生活"。①

1965年，在云南省元谋县上那蚌村西北小山岗上发现了两颗猿人的门齿化石，关于元谋人的时代，古地磁方法测定为距今170万年左右，这是迄今在中国发现的最早的人类遗存之一。② 距今约50万年的北京周口店中国猿人文化遗址，堪称中国人类社会初期的典型遗址。山西芮城西侯度遗址火烧骨的发现，则把中国古人类用火的历史推进到180万年前。这里虽然没有发现人类的遗骸，但出土的石制品、鹿角、烧骨及大量动物化石表明这里已经有了人类的足迹，根据对西侯度遗址的地质地貌、动物化石和文化遗物的

---

① 中共中央文献编辑委员会：《毛泽东选集》（第二卷），人民出版社，2003，第621～622页。
② 《旧石器时代早期考古学文化（早更新世时期）》，刘庆柱编《中国考古发现和研究（1949～2009）》，人民出版社，2010。

相关学术研究，确立了西侯度遗址是目前我国乃至东亚地区最先发现的早更新世初期人类文化遗址……人类文明第一把圣火，就这样从黄河岸边开始燃起。①

我国的原始社会大体上经历了三个阶段：原始人群时期，约从 200 万年前至 5 万年前；母系氏族公社时期，从 5 万年前至 5000 年前；父系氏族公社时期，从 5000 年前至公元前 21 世纪。关于母系氏族组织的存在和流行，在中国古文献中有不少传说："神农之世，卧则居居，起则于于，民知其母，不知其父，与麋鹿共处，耕而食，织而衣，无有相害之心。"② 类似的记述，亦见于《绎史》、《白虎通》、《吕氏春秋》、《春秋公羊传》、《路史》注、《汉书人表考》、《帝王世纪》、《史记》、《三代世表》诸书中，这些传说，为研究认定中国古代母系氏族公社组织的存在提供了重要的旁证。

（一）传说中的原始社会教育活动

中国古代的教育活动在原始社会已经发端，可从流传下来的远古的神话、传说中得到证明。据《古史考》记载：

"太古之初，人吮露精，食草木实，山居则食鸟兽，衣其羽皮，近水则食鱼鳖蚌蛤，未有火化，腥臊多，害肠胃。""上古之世，人民少而禽兽众，人民不胜禽兽虫蛇。有圣人作，构木为巢以避群害，而民悦之，使王天下，号曰有巢氏。民食果蓏蚌蛤，腥臊恶臭而伤害腹胃，民多疾病。有圣人作，钻燧取火以化腥臊，而民说之，使王天下，号之曰燧人氏。"③ "燧人之世，天下多水，故教民以渔。""伏羲氏之世，天下多兽，故教民以猎。"④

---

① 《山西古文化"三个一"之西侯度遗址》，http：//shanxi. sina. com. cn/news/report/2016 - 05 - 12/detail - ifxsenvn7087648. shtml。

② 《庄子·盗跖》。

③ 《韩非子·五蠹第四十九》。

④ 《尸子·卷下》。

随着原始农业的产生，教民农作的教育也相应产生，古籍对此记载颇多。《白虎通》载："古之人民皆食禽兽肉。至于神农，人民众多，禽兽不足，于是神农因天之时，分地之利，制耒耜，教民农耕。"《易经·系辞下》载："包牺氏没，神农氏作。斫木为耜，揉木为耒，耒耨之利，以教天下。"《孟子·滕文公上》也载："后稷教民稼穑，树艺五谷，五谷熟而民人育。"说明原始人类已经掌握了一定的农作技术，并成为重要的教育内容。这些远古神话和传说中的记载，反映出古代贤哲对于教育起源及其形态的种种判断与思考，说明在漫长的原始社会，教育是在人类的生活和劳动实践过程中进行的，并随着劳动生产力的发展而发展。

处于原始人群时期的北京猿人，不仅能制造和使用粗糙的石器，而且知道利用火。他们依靠集体的力量战胜各种困难，进行采集和狩猎活动，来满足全体社会成员的需要。进行这些活动，就需要成年人对儿童进行指导，以便掌握制造和使用工具的方法；而人们在集体生产劳动和社会生活中积累的一些经验，加上语言和思维的发展，为儿童进行看、听、说、练习提供了条件。这种初始的教育活动虽然十分原始，却是一种有目的、有意识的自觉活动。

远古社会教育的产生，与人们所处的自然生态环境直接相关。它直接发源于上古先民最切近的谋生方式之中，故其内容涉及社会生活的各个领域。将传说中的远古教育与谋生技术的传播与应用结合在一起，有助于说明远古教育的特征。同时，传说中的远古教育也反映了当时区域性氏族文化的主要特征，以及氏族部落之间、氏族内部知识文化传播交流的主要形式。由此我们可以说，教育直接起源于人类传授社会生活经验和生产经验的需要。

（二）母系氏族公社时期的教育活动

中国在史前文化时期，就已孕育了学校的胚胎。原始人群经过和大自然长期的艰苦斗争，伴随着生产力的提高，他们的生活逐渐发展得更有组织，于是母系氏族公社开始出现。母系氏族是以母系血缘为纽带组成的社会生产和生活单位，在生产资料公有制度下，人们共同劳动、共同消费，过着人人平等的生活。例如，以西安半坡村为代表的母系氏族公社阶段，生产工具和劳动技能都在进步，除渔猎和采集外，原始农业和畜牧业是取得生活资料的重要手段。

生产工具主要是磨制石器，也有骨器、木器等。这时已大量制造陶器，有些陶器的造型和花纹图案都很优美，有的上面还刻有记事符号，这与文字的发明又接近了一步。不仅如此，当时，人们已知道用兽皮和麻布缝制衣服，还有耳坠等装饰品，由此可见手工技术已有提高，出现了初步的社会分工，并有专人承担比较复杂的工作。另外，人们的居住较稳定，并有固定的葬俗，几百人或上千人组成"部落"，"部落"中心有一个公共活动的大房子，周围是氏族成员居住的小房子；凡氏族首领的选举、氏族会议、节日庆典和宗教活动都在大房子举行，它不仅是老人和未成年人的住所，也是对氏族成员和后代进行教育的重要地方。

大房子周围环集着若干小房子，构成一个亲族单位的居住群。这种大房子即氏族老人与孩子的集体居所。由于老人与孩子常居一所，因而教育儿童的责任更多的是老人承担。在河南郑州大河村发现的氏族房屋遗址中，长达6.64米、宽5.2～5.39米的大房子主体建筑东北角，还有两个约8平方米和2平方米的储藏室，这一发现印证了文献中有关"米廪"的记载。这些遗址的发现，使我们有理由推断出：文献中的"庠"、"米廪"及"公堂"，相当于氏族部落里的"大房屋"，而"成均"则相当于氏族聚落的大广场。明确这种关系，正是描绘原始社会学校雏形的主要线索。①

（三）父系氏族公社时期的教育活动

大约在五千年前，中国进入父系氏族公社时期。其主要文化遗存代表有龙山文化、齐家文化、大汶口文化和良渚文化等。此时在考古学上属于新石器晚期阶段。父系氏族公社时期，石器更加锋利，并开始使用铜器，进入了铜石并用时代；轮制陶器和冶金技术是工艺发展的突出标志；农业、畜牧业和手工业之间的社会分工进一步扩大；器物和装饰品显著增多，爱美观念大为发展。人们更加崇拜祖先、迷信鬼神，占卜盛行，并出现了掌握一定文化知识的"巫"。社会生活方面，道德规范、风俗习惯初步形成，语言和思维

---

① 李国均、王炳照：《中国教育制度史》（第一卷），山东教育出版社，2000，第44页。

有明显发展，歌谣、谚语、神话等艺术形式陆续出现并多样化。所有这些，都使得这个时期的教育活动更加自觉，教育目的更显明确，教育内容和教育形式也更为丰富、多样。

在我国古籍中，关于远古教育的传说屡见不鲜，虽然有想象或后人附会的成分，但很多都符合社会历史发展进程和教育发生发展的规律。比如，"尧其导民也，水处者渔，山处者木，谷处者牧，陆处者农"①。这些记载都帮助我们得以了解或推测原始社会教育的一些情况。除此之外，从新中国成立后对一些少数民族的研究中，也可以看出原始社会教育的一些迹象。如通过对鄂温克人的调查研究证明，东北解放前还处于父系氏族公社阶段的鄂温克族儿童，七八岁时就开始接受狩猎教育，掌握有关经验技能，并进行相关的体能训练，如跳高、跳远、射箭、打靶比赛。这种现象不仅在中国少数民族，在非洲、美洲、印第安等氏族部落中均有不同程度的存在，充分说明教育与生产劳动和社会生活实践密切相关。

综上所述，原始社会教育的特点是：教育是处于萌芽状态中的。一是内容贫乏、形式简单，仅仅限于口耳相传，并结合实际动作的示范和模仿，没有文字和书本；二是主要在劳动实践中进行，教育同生产生活相融合，教育内容主要为生产和生活经验，人们在劳动过程中创造和使用工具，并创造语言，创作神话、记事方法等；三是教育过程是终身的，"出世便是破蒙，进棺材才算毕业"（陶行知语），是人类早期教育的又一个显著特征；四是教育是平等的，教育目的一致，具有全民性而没有阶级性，教育目的是为生产斗争和社会生活服务。集体的社会性的教育活动是为了培养合格的氏族成员，人人都具有平等受教育的权利。

三　原始社会末期学校的萌芽

教育作为一种社会现象，是与人类社会同时出现的。所谓"有人斯可

---

① 《淮南子·齐俗训》。

教，有教斯可学，自开辟则既然矣"。① 而学校教育则是人类社会发展到一定历史阶段的产物。一般说来，学校的产生应具备的条件是：生产力有较大发展，使得一部分人得以脱离生产劳动专门从事教育和学习活动；脑力劳动和体力劳动有了明显分工，有了专门从事文化活动的知识分子，其中一部分是学校教师；文字的产生使文化知识和学习内容更丰富，学习条件更便利。学校的产生和其他社会现象一样，经历了漫长的发展过程。

（一）仓颉造字和文字演变的过程

汉字是中国古老文明的生动见证与象征，它的产生和演变记录了上古先民创造历史财富的基本进程，并包含了他们的智慧与灵性，同时也是探寻原始氏族社会末期教育状况的重要线索。

文字的发明是学校萌生的直接条件。古代的埃及、巴比伦和印度等国家，创办了世界上最早的一批学校。这些国家又是最早产生文字的国度。考古发现，距今约7000年的仰韶遗址中的长方形骨板刻画，已具有"图形文字的萌芽"。山东大汶口的图画文字和四川大凉山耳苏人的图画文字，是萌芽状态文字发展的不同阶段。仓颉造字是中国黄帝时代最早关于文字的传说，距今已有5000多年的历史。许慎在《〈说文解字〉序》中也记载："仓颉之初作书，盖依类象形，故谓之文；其后形声相益，即谓之字。"说明在早期文字改进规范化工作中，仓颉应当是在汉字发展中具有特别重大贡献的人物，在文字产生的初期，他是整理汉字的集大成者。

汉字有长达数千年的发展和演变的历史过程。汉字源于图画，由原始的图画演变而成。其似画非画，似字非字，我们称为图画文字。图画文字经过了3000多年的逐渐演变，由象形文字→甲骨文→大篆→小篆→隶书……到楷书，大致是：商代之前为起源期，殷商甲骨文为成熟期。此后出现一系列演化，特别是到了汉代，隶书取代小篆成为主要字体，中国文字发展历史就脱离古文字阶段进入隶楷阶段；楷书到隋唐基本定型，在宋朝刻印的书籍中

---

① 《文献通考·学校上》。

被美术化成为宋体字。文字的产生不仅对学校的产生起到重要作用，对后世的文化科学及社会发展也有重大的促进作用。

（二）原始社会末期传说中的学校萌芽

一般认为，学校产生于原始社会末期。据古籍记载："成均，五帝之学。"五帝指黄帝、颛顼、帝喾、尧、舜，他们是传说中中国原始社会末期部落联盟的首领。董仲舒认为成均是五帝时期的大学。"成均"，郑玄注："均，调也，乐师主调其音。"在部落联盟时期，凡宗教仪式和公众集会，都必有音乐，部落显贵重视音乐修养，他们的子弟均受乐教，可见，成均是习乐的地方。按照古代字书的解释，"成均"的本义是指经过人工加工的平坦、宽阔的场地，是原始氏族部落居住区内的广场。传说五帝时期宗教思想盛行，氏族公社注重祭祀天地鬼神，因而在祭祀中辅以音乐来维系民心。先王在"成均"用酒款待地位低贱的"郊人"，并宣讲教令，举行一些集体性的祭祀活动。古籍记载"大司乐掌成均之法"①，就是指掌管祭祀活动中有关音乐的事宜，这就说明当时的宗教和教育活动并没有严格的界限，只能说明"成均"具有教化作用而已。成均不是劳动场所，所进行的教育是生产过程之外进行的独立性活动，教者和学者都已脱离了生产劳动，已具有古代学校萌芽的条件。②

上古时代教育与社会生活尚未分开，因而可将上古先民的一系列有助于文明开化的社会活动看作社会教化的形式，并将举行这类活动的场所称为"大学"。事实上这种远古时代的所谓"大学"，既不是儒家所褒扬的那种完美无缺的"大学"，也不是专门意义上的学校，但它确是引导上古先民步入文明开化时代的重要途径，其中形成的某些传统，也被文明开化时代的中国古典教育所继承，并成为后世追述三代教育的理想化身。

古籍上还有"虞氏之学名庠"的记载；"米廪，有虞氏之庠也"。关于"庠"，据《说文》注解"庠"字由"广"和"羊"两部分构成。前者的意

---

① 《周礼·春官·大司乐》。
② 孙培青：《中国教育史》，华东师范大学出版社，2000，第9页。

思是房舍，后者指牛羊的羊。原始社会中后期，人类已逐渐过上以饲养、种植为主的定居生活。"庠"在原始公社的初始含义即指饲养牛羊等牲畜的场所。养老是氏族社会的传统，生产和社会生活经验丰富的老人由集体敬养，他们不仅负责饲养牲畜，而且看管儿童，专门从事教育下一代的工作。"庠"逐渐从单纯的饲养牲畜的场所演变为敬养老人、教育儿童的场所。氏族社会末期，最初的等级已形成，老人有国老、庶老之分，敬养的场所也不同，有"上庠""下庠"之别。《礼记·王制》载："有虞氏养国老于上庠。养庶老于下庠。"郑玄注："上庠，右学，大学也，在西郊；下庠，左学，小学也，在国中王宫之东。"这些记载都认为，早在五帝和虞舜时期就有了不同等级的学校，但是根据社会发展的历史和学校产生的条件，当时还不可能有专门的教育机构。

综上所述，我国古籍中记载的"成均"和"庠"，还不是正式的学校，不过，和原始社会前期的教育活动相比，通过这些相关场所产生更有组织、分工的教育活动，相对于无定居时代那种落后的教育状态而言，无疑是一种进步，也为后来专门教育机构的诞生奠定了基础。因此，可以认为"成均"和"庠"是我国古代学校的萌芽。

第二节　夏、商、西周的"造士"教育

公元前 21 世纪，随着社会生产力的发展，我国的历史进入了第一个阶级社会——奴隶社会。我国的奴隶社会包括夏（前 21 世纪～前 16 世纪）、商（前 16 世纪～前 11 世纪）、西周（前 1066 年～前 771 年）和东周时的春秋时期（前 770 年～前 476 年）。这是一个社会意识形态产生重要变革的时期。

在奴隶社会，奴隶主阶级占有社会物质生产资料，政治上居统治地位，成为脱离生产劳动的劳心者。奴隶制的产生，促使了脑力劳动和体力劳动的分离，使人们的教育活动最终从社会生产和社会生活这两个母体中独立出来，进而出现了学校。古人云："学校，所以养士也。然古之圣王，其意不

仅此也，必使治天下之具皆出于学校。而后设学校之意始备。"① 也就是说，学校不仅仅是培养人才也是储备人才的机构，而且是国家议政的政治场所。

夏、商和西周均是推行领主贵族政治，并垄断文化教育，即"学在官府"，教育对象是贵族子弟，礼、乐、射、御、书、数的"六艺"教学内容，是统治阶级成员应该掌握的"礼不下庶人"的"造士"教育，教育的阶级性、等级性十分鲜明。

一 "以射造士"的夏代学校教育

中国的学校教育最早产生于夏代，它首先以官学的面目出现，而私学约在之后的一千五百年才出现。夏代已出现庠、序、校等学校称谓。

（一）奴隶制创建初期的夏代社会

以黄河中下游为中心，其腹心之地位于今天豫西和晋南一带的夏代（前21世纪～前16世纪），是一个与以往相比文明程度相当高的社会。夏代国家是从父系氏族社会蜕变而来的，蜕变有一个漫长的历史过程。据历史传说，夏部落首领禹执政时期，已为废除推选的"禅让"制，实施传子的"世袭"制铺平了道路。他的儿子夏启取得政权，正式揭开了奴隶社会的序幕，开始组建军队，修筑城池，对外扩张掠夺，对内镇压平民和奴隶，从此形成了中国历史上第一个奴隶制国家。夏代建立了较为规范的国家行政管理机构，贫富尊卑、贵贱高下的等级制度已经形成，"各亲其亲，各子其子，货力为己，大人世及以为礼"② 成为人们相互处世的共同行为。

根据《史记·夏本纪》和《左传》所引用的《夏书》以及其他历史文献来看，夏代的生产力有较大发展。在夏朝，除了传统的石器、木器、骨器等农业生产工具，及陶器、漆木器等生活用器仍大量使用外，初步的青铜器的冶炼技术已经被掌握，而且出现了象征政权和等级次第的鼎（礼器之一）和维护等级制度的兵器。所谓夏禹"以铜为兵"和夏铸九鼎等传说就是证

---

① 黄宗羲：《明夷待访录·学校》。
② 《礼记·礼运》。

据。由于青铜器的应用和水利灌溉的实施，农业生产有所发展，并促进了畜牧业和手工业的繁荣。此外，出现的较为成熟的被后人称为"夏历"的历法，也对农业的发展起到指导作用。社会的变化和生产力的进步是夏朝学校教育产生的重要基础和条件。

在文化方面，从已发现的 16 块带有钻痕的卜骨来看，当时已出现了脱离生产劳动而专门从事文化活动的"巫"。此外，天文历法知识在农业生产领域有了广泛的应用，艺术上也取得了一定的成就。夏代已进入了有文字记载的文明时代。《礼记·礼运》说孔子曾到杞做历史调查，获得《夏时》，说明春秋末期还能看到《夏时》这本夏代有关天文历法的书籍。① 这些事实充分表明，夏朝已经具备了产生学校的各种条件。

（二）夏代学校和"以射造士"的教育

文字是文明社会的重要标志，也是学校萌生的必要条件。有了文字就可以记录人类的社会和思想活动，积累知识经验，并突破空间和时间的限制，通过学校教育和家庭教育把知识传授给下一代。

关于夏代的学校，先秦典籍有较为详细的记载。

"设为庠序学校以教之。庠者，养也。校者，教也。序者，射也。夏曰校，殷曰序，周曰庠。学则三代共之，皆所以明人伦也。"②"凡养老，有虞氏以燕礼，夏后氏以飨礼，殷人以食礼，周人修而兼用之。五十养于乡，六十养于国，七十养于学，达于诸侯……夏后氏养国老于东序，养庶老于西序。""夏后氏设东序为大学，西序为小学。"③

从这些文献记载来看，夏在王都设有"序"，夏"序"除教射之外，还兼有养老敬老教育。"序"还不是独立的教育机构，教育只是它的重要职能之一。养老敬老本是原始社会的遗俗，但夏代使之发生了本质的变化。"凡

---

① 孙培青：《中国教育史》，华东师范大学出版社，2000，第 12 页。
② 《孟子·滕文公上》。
③ 《礼记·王制》，《四书五经》（中），中国书店，1985，第 78 ~ 79 页。

养老，有虞氏以燕礼，夏后氏以飨礼"。据《毛诗传》解释："燕，安也。其礼最轻，升堂行一献礼毕而说（脱）履，升堂坐饮，以致醉也。"夏代则不同，其养老之礼为飨礼，要求"体荐而不食，爵盈而不饮，依尊卑而为献取数毕而已"。显然，尊卑等级的伦理观念，已成为夏代养老之礼，也是序进行孝教育的重要内容。这种"学校"的设置及其职能，与商周两代的学校具有前后因果的历史关联，都具有养老、习射、视学、合乐、释奠、择士、讲武、望气治历等职能。

孟子认为，序就是射的意思。从文字学角度来解释，"序"从"广"，金文的"序"字，像人在宽广的场地射箭的样子，以表示习射之所。当时弓箭是重要的武器，成为教练的主要项目，故《文献通考·学校考》说："夏后氏以射造士。"军事教育是夏序的重要教育内容，这与古籍中某些记载也是相符的。《山海经·海外西经》曰："大乐之野，夏后启于此舞九伐。"这是说夏后启曾在大乐原野上，教授人们操练"九伐"舞。《礼记》曾解释道："一击一刺为一伐。"夏朝由于战争不断，"为政尚武""以射造士"，故设"序"，以之作为教习射箭的场所，兼亦进行议政、祭祀和养老等活动。

校是夏代学校的又一名称，是设于地方的学校。《孟子》中说："校者，教也"，"乡里有教，夏曰校"。《说文》解释说："校，从木，交声。"其原义为"木囚"，即用木头或竹子围成栏格作为养马之所，后来逐渐演变成为习武和比武的场所。在这里，奴隶主贵族及其子弟不仅受到内容相当广泛的军事训练，而且还要经过相当严格的各项考试。据考证，"校"的出现在时间上要比"序"晚一些。所以，夏朝的"校"，实际上是一种发展比较完备的军体性质的教育机构。

"校"还有对民众进行人伦教育的职能，也就是教导人们认识社会规范，处理社会关系。关于"校"的教育内容，孟子说："明人伦。"朱熹解释道："校，教民以义"；又说，"伦，序也。父子有亲，君臣有义，夫妇有别，长幼有序，朋友有信，此人之大伦也"。① 由此可以说，"校"是以教

---

① （宋）朱熹：《四书集注》，凤凰出版社，2005，第274页。

化、习武为主要目的的场所。

"以射造士"是夏代教育的重要特征。奴隶主贵族为了扩大和巩固奴隶制统治,一方面要镇压本国奴隶的反抗;另一方面又要不断征伐、掠夺其他部族,因此,军队起到决定性作用。夏朝"为政尚武",实际是"武人专政"。为适应这种政治需要,教育的目的就是要把本阶级的成员及其后代培养成能射善战的武士。夏代是我国文明时代的开端,奴隶制学校教育的萌生是这个开端的重要标志之一,在教育发展史上具有深远意义。

二 "以乐造士"的商代学校教育

公元前 16 世纪,黄河下游的商部落强盛起来,约公元前 1600 年商部落首领商汤率诸侯国于鸣条之战灭夏后在亳(今商丘)建立商朝。商朝(约前 1600 年~约前 1046 年),是中国历史上的第二个朝代。商朝国都频繁迁移,至其后裔盘庚迁殷(今安阳)后,国都才稳定下来,在殷建都达 273 年,所以商朝又称为"殷"或"殷商"①。商代已出现了"庠""序""学""瞽宗"四种学校。商代的学校教育已出现根据不同年龄和不同的教育要求,来实际划分教育阶段的大学、小学、右学、左学,地方也有教化民众的专门场所。

(一)奴隶制发展时期的商代社会

商代是我国奴隶制的发展时期,其统治区域主要在黄河中下游地区。商代的政治和生产力及社会文明,较之夏朝更有所发展。从已有的文物史料来看,商代比夏代更加完备,加强了奴隶主贵族的统治。农业上井田制的实施,畜牧业上六畜的饲养,以及手工业上织麻、制陶、冶铜等技术的显著发展,促进商代的社会经济呈现了空前繁荣的局面。河南安阳出土的后母戊鼎重 875 公斤,是当时世界上最大的青铜器,便是商代青铜技术发展的标志。

---

① 张衡在《西京赋》中说:"殷人屡迁,前八后五。"这是指商代在汤建立商王朝前有八次迁徙,汤建商王朝以后又有五次迁都。一说是因为水患,《通鉴前编》载:"河亶甲立,是时嚣有河决之患,遂自嚣迁于相。"

较之夏代，商代的学校不仅有古籍记载，而且有丰富的地下发掘的文物作证。由于商代已经有了比较成熟的文字系统——陶文、甲骨文、金文等，因此，历史上有"信史起于商"的说法。"殷人尊神，率民以事神，先鬼而后礼。"① 在商代，几乎无事不占，无事不卜，而在这种占卜活动中，乐又是不可缺少的，故商代有"以乐造士"之说。《左传》有"国之大事，唯祭与戎"的追记。由于在宗庙祭祀与占卜的活动中，借助载歌载舞渲染气氛必不可少，所以乐舞有专能的巫师，并有专业的培训，"以乐造士"具备了逻辑的依据。②

（二）商代学校和"以乐造士"的教育

商代教育是夏代文化教育传统的革新和深化。商代教育既有本族文化的传统，又保留并吸收了夏代文化多方面的成就，但商代教育的起点高于夏代，因为商代已有了成熟、系统的文字以及成文的典册和历史，因此商代教育的内容比夏代更为丰富。在我国史籍中，有关商朝学校的记载比较丰富详尽。除"庠""序""学"等学校名称外，又出现了"瞽宗"这种学校形式。

"庠"是从原始氏族社会传承下来的，但教育的作用更加突出。商代的"庠"同夏代一样以养老为主要职能，进而向各阶层人实施孝悌教化。所谓"上老老而民兴孝，下长长而民兴悌"，基本上反映了商朝"庠"的教育目的。

"序"是从夏代直接继承下来的，但在商代增添了新的内容。商代的"序"也是讲武习礼的场所，据《礼记·射义》载："故射者，进退周还必中礼，内志正，外体直……此可以观德行矣。"这就是说，当时"序"尽管也进行军事训练，但更强调品德培养，习射是一种形式，通过习射达到"明君臣之礼"，"明长幼之序"，这才是真正的目的。

"学"是商朝设立的一种新型教育机构。据《礼记·明堂位》载，商朝

---

① 《礼记·表记》。
② 喻本伐、熊贤君：《中国教育发展史》，华中师范大学出版社，2005，第14页。

的"学"分"右学"与"左学","右学"是大学,在安阳殷墟出土的甲骨文中已出现"学"字。甲骨文中还有一些关于建校、上学的卜辞。如:"□乍学于□,若?""□学于人□,若?"是问建校于某处是否吉祥的卜辞。①随着古文字学家对甲骨文的认识不断增多,还发现了"大学"字样的存在,商代的大学有祭祀学礼的职能,商代是否已有完整意义上的大学教育机构?清代金愕在《求古录礼说·学制考》中考证商代大学认为:"所谓大学在郊者,即郊学,对小学而言大矣。"相对于小学而言,大学只是商代一种较高层次的教育。从有大学、小学或右学、左学之分,表明商代已根据不同的年龄,提出了不同的教育要求,并实际划分了不同的教育阶段。②

"瞽宗"是商代的一种学校名称,"殷学瞽宗"原为乐师的宗庙,是用作祭祀的场所。祭祀中礼乐相附,瞽宗逐步演变为对贵族子弟传授礼乐、造就士子的高级教育机构,这也是中国最早的音乐学校。据《江陵项氏松滋县学记》中讲,殷人"以乐造士,故其学为瞽宗"。《礼记·明堂位》亦云:"瞽宗,殷学也;泮宫,周学也。"这说明瞽宗即祭祀乐祖的神庙,也是商代的学校。根据先秦文献的记载,商学瞽宗位于国都南郊明堂西门之外,故也称为"西学"。《礼记·文王世子》谓"周承殷制,世子求学,礼在瞽宗,书在上庠"。《周礼·春官·大司乐》亦云:"凡有道者、有德者,使教焉。死则以为乐祖,祭于瞽宗。"从这些记载中可以窥见瞽宗大致有以下几个特征:其一,以礼乐教育为主,传授有关宗教祭祀方面的礼仪知识;其二,依附于宗庙之侧,是宗庙的组成部分;其三,教育中虽也包含道德因素,但未分解出纯粹意义上的伦理道德教育,只在于强化顺从天命和先祖意旨的观念行为。

(三)商代学校的教师和教育内容

商代已有教师。卜辞中可看到"学多□父于教。"清代学者王引之考证:父师即《周官》之"师氏之属,掌以微教国子以三德三行,父与大通,

---

① 王贵民:《从殷墟甲骨文论古代学校教育》,《人文杂志》1982年第2期,第21~26页。
② 孙培青:《中国教育史》,华东师范大学出版社,2000,第15页。

父师即大师"。亦即《礼记·父王世子》之"乐正司业,父师司成",即太子的师傅,掌国学之教,并主持成年人的大学教育。

商代学校的教育内容主要有习礼乐和习武两方面。从甲骨文的卜辞中发现习礼乐的内容主要是学习祭祀和乐歌。习武的内容主要是习射,而教官往往是一些大将。由于殷商教育发达,当时已有邻国子弟前往游学,此事也见于甲骨卜辞:"丁酉卜,其呼以多方小子小臣,其教戒。"其意在讲商代学校已有多方子弟来学"戒"。"戒"在卜辞中像人手持戈之形,教"戒"即教授警戒、舞蹈的技能技巧,属于军事技术和习乐方面的教育。甲骨文字还表明商代已进行读、写、算的教学。甲骨文中的"聿"字即手握笔的形状。出土的甲骨文字,单字已达 3500 个左右,虽然大多属于象形文字,但形声、会意、假借等进步的方法也已普遍运用,说明商代文字已发展到很成熟的地步。① 在这种情况下,自然就会出现较长篇幅的文字记录。

商朝已有典册可做教材,《尚书·多士》云:"唯殷先人,有典有册。"甲骨文中有"册"字,像许多书写材料穿在一起的形状。典册等教学工具的出现,标明商代学校已有读书习字的教学条件,这些典册可能就是商代学校教育的教材。

商代在天文、历法方面已有很大进步。天文、历法都离不开数学,从甲骨文的卜辞中看,最大的数字已达到 8 万。② 出土文物还表明,商代已能进行一般的算术运算,并能绘制较复杂的几何图形,所以算学必然也已成为学校教学的内容。

从古文献记载和出土文物来看,商代的学校有固定的校舍,通过选拔德高望重的人为师来传授礼、乐等典章文化,以培养奴隶主贵族的接班人,尤其是商代的"学"和"瞽宗",已经初步具备了现代学校的某些专门特点,标志着我国学校的正式形成。③

总之,甲骨文卜辞中所记载的有关史料,可以使我们了解到殷商时期学

---

① 沈灌群:《中国古代教育和教育思想》,湖北人民出版社,1956,第 4 页。
② 赵文秋:《古代教育》,河南大学出版社,2005,第 6 页。
③ 谢长法、彭泽平主编《中国教育史》,西南师范大学出版社,2012,第 5 页。

校教育的一些特点：其一，甲骨文字中已发现"大学"的名称，这是一种较高层次的教育，大学内要举行祭祀活动，显然是贵族子弟学习的场所；其二，在甲骨文字中，虽没明确提出教师情况，但是，从习射以大将为教官、教官由官吏兼任来看，殷商教育是"学在官府"，可知当时的文字也掌握在官府中，因此，只有贵族子弟才具备学习条件；其三，甲骨卜辞中，记载建学地点、上学日期等情况，说明了当时对学校教育的重视；其四，由于商代神权政治体系宗庙祭祀活动的需求，在习礼和习武教育的基础上，更重视"以乐造士"的教育，比经验型的"以射造士"的夏代教育更上升到一个新高度。

三 "以礼造士"的西周学校教育

公元前 11 世纪，在渭水流域发展起来的周人灭掉殷商，建立起奴隶制的周朝。周建立至平王迁都洛邑，近三个世纪，史称西周（前 1046 年～前 771 年）。西周时期，学校教育进入了较为完备的阶段，并形成相当发达的官学制度，而此时，欧洲古希腊的正式学校教育还无从谈起。官学是国家办的贵族学校，学校设在宫廷之中，即"学在官府""官师合一"，教育内容主要包括礼、乐、射、御、书、数的"六艺"知识。西周时，学校教育形成了典型的官学体制：学校分为两类、两级，学校有国学、乡学之分，在国学中又分为大学、小学两级。

（一）奴隶制全盛时期的西周社会

西周是中国奴隶制社会的全盛时期，在分封制、井田制基础上实行宗法世袭禄位制是其重要特征。由于采用了分封制，全部土地和人民都属于周王所有，"普天之下，莫非王土；率土之滨，莫非王臣"，① 就是这一体制的反映。周王把土地和人民分封给诸侯，建立了大小不一的 71 个诸侯国。诸侯又在自己的领地，把土地和人民分封给卿、大夫。卿、大夫委派士来帮助管理领地里的家业。西周的社会经济以农业为主，统治者把成片土地按一定的

---

① 《诗经·小雅·谷风之什·北山》。

亩制和灌溉及道路系统规划成井田形状，由奴隶主支配奴隶耕种方块土地，以贡税的形式榨取奴隶们劳动的成果。①

西周是中国古代教育发展的一个重要时期，在继承夏商教育传统的基础上，形成了独具特色的教育模式。宗法制度是西周社会最主要的特征，宗法制的实质是一种专制家长制，因而教育权、受教育权被奴隶主贵族掌握，学校教育也被奴隶主阶级独占，使得西周的教育具有极强的阶级性，进而造成"学在官府"的教育体制。同时，西周统治者吸取商朝灭亡的教训，提出要"敬天保民""以德配天""明德慎罚"，由此开创了用礼制进行统治的先河。

西周宗法制是按照等级尊卑原则建立起来的血缘组织，因此，在其教育中更重视礼制。周礼又是以父权亦即君权为基础的。"贤于事父以事君，而敬同。""资于事父以事母，而爱同。"故云："天无二日，士无二王，国无二君，家无二尊，以一治之也。"② 等级制对西周一代思想文化以及教育的发展影响十分深刻，以至形成了以"尊礼"为特点的教育。

礼制是宗法制和等级制相结合的反映，它的实质是等级制。因此礼是一种巩固宗法制度和规范人们言行并使君统和宗统相结合、亲亲与尊尊相统一的统治手段。由此，西周教育基于尊礼，实行"以礼造士"的政策。

（二）西周学校和"以礼造士"的教育

在商代学校发展的基础上，西周的学校有了新的发展，其教育可谓集前代之大成。根据地域和主办者，西周的学校分为"国学"和"乡学"两类，"国学"有小学和大学两级，"乡学"有塾、庠、序、校之别。

一是京城由中央政府办理的"国学"。其中，国学中的小学有两种，分别是设在宫廷附近的贵胄小学和设在郊区的以一般贵族子弟为教育对象的小学。西周天子所设的大学有辟雍和泮宫两种。"大学在郊，天子曰辟雍，诸侯曰泮宫。"③ 蔡邕在《明堂月令论》中说："辟雍之名，乃'取其四面周水，圆如璧'。"桓谭在《新论·正经》中也言："王者作圆池如璧形，实水

---

① 孙培青：《中国教育史》，华东师范大学出版社，2000，第16页。
② 《礼记·丧服四制》。
③ 《礼记·王制》。

其中，以环雍之，故曰辟雍。言其上承天地，以班政令，流传王道，周而复始。"那么，辟雍的作用主要是什么呢？汉班固认为："天子立辟雍何？所以行礼乐宣德化也。辟者，璧也，像璧圆，又以法天，于雍水侧，像教化流行也。"① 可见辟雍是奴隶主贵族成员推行礼乐、宣传道德教化等的场所。

辟雍虽承大学之名，并有天子承师问道、行礼乐教化等职，但同时也是王室举行大祭、朝觐、养老、飨射、献俘、治历望气、告朔、布政等国事活动的场所。这是西周国家典型的"官师合一"在学校设置及职能方面的例证。辟雍中的"四学"，成均习乐，上庠习书，东序习干戈羽籥，瞽宗习礼。四学之制，也有分科设教的含义。诸侯泮宫取辟雍半制，东西南方有水，形如半璧。泮宫的性质职能与辟雍相同，是诸侯国政教活动的中心。《诗·鲁颂·泮水》记鲁僖公"既作泮宫"，在那里观饮酒，宣讲治国善道，献馘献囚，并宣扬明德，处理政务。这是有关周代泮宫最翔实的记载。

二是设于地方的由地方政府办理的"乡学"。这是地方上普通贵族及致仕退居乡里的绅士乡官，于余暇时聚会论谈的场所。这类乡校于农闲之时，也对一般的平民子弟进行一些有关道德礼仪及农事方面的教育。《尚书大传·略说》："大夫、士七十而致仕，老于乡里，大夫为父师，士为少师。覆锄已藏；祀乐已人，岁时已毕，余子皆入学。"何休《春秋公羊经传解诂》卷七所记父老里正"十月事讫"，"教于校室"，当即这种情况。② 乡学的设置，是按照当时地方行政区域规划的。每25家为一"闾"设有"塾"；每20闾为一"党"设有"庠"；每5党为一"州"设有"序"；每5州为一"乡"设有"校"。乡学是为近郊或远郊的一般奴隶主贵族开设的，奴隶没有享受教育的权利。

西周统治者对文化教育极度重视并高度垄断，形成了"学在官府"的管理体制。在西周，由于"政教合一""政教不分""学术官守"，使得民

---

① 《白虎通·辟雍》。
② 赵文秋：《古代教育》，河南大学出版社，2005，第7页。

间不可能有学术文献，也就不可能产生私学，即"惟官有书""惟官有器""惟官有学"，人们如果想要学习为官必须掌握的知识技能，只能学于官学。黄绍箕曾分析说：

> 古代惟官有学，而民无学。其原：一则惟官有书，而民无书也，典、谟、训、诰、礼制、乐章，皆朝廷之制作，本非专为教民之用……一则官有其器，而民无其器也，古代学术如礼、乐、舞、射诸科，皆有器具，以资实习，如今之学校试验格致器具，非一人一家所能毕备。①

官学教育的教授者和管理者，均由政府官员兼任。如大司徒、乡师、乡大夫、州长、党正、乐师、师氏、保氏、大胥、小胥、大师、少师等，既是政府的官吏，又是官学的教师。"大司徒之职，掌建邦之土地之图与其人民之数，以佐王安扰邦国……而施十有二教焉。"②

西周官学的管理制度也比较完善。据《礼记·文王世子》载，国学教官有大司乐、乐师、师氏等，乡学教官有大司徒、乡师、乡大夫等，他们各自掌权较为分明。西周的统治者对学校教育比较重视，据史籍记载，天子或其他重要官员每年都要到学校视学。视学往往与敬老活动结合，行养老之礼，其目的在于彰明天子"尊年敬德""尊德重教"，进而以"孝悌之道"的礼教维系人心。

学生的入学年龄，史籍记载不一。一般来说，王太子 8 岁入小学，15岁入大学；公卿之子和大夫元士之嫡子 13 岁入小学，20 岁入大学。入学后，重视对学生的考核与奖惩。据《礼记·学记》记载："比年入学，中年考校。一年视离经辨志，三年视敬业乐群，五年视博习亲师，七年视论学取友，谓之小成。九年知类通达，强立而不反，谓之大成。"可见，将对不听教导者，则会通过"夏楚二物"，"收其威也"。③ 考核分为"小成"和"大

---

① 谢长法、彭泽平主编《中国教育史》，西南师范大学出版社，2012，第 6 页。
② 《周礼·地官司徒》。
③ 谢长法、彭泽平主编《中国教育史》，西南师范大学出版社，2012，第 7 页。

成"两个阶段，分别有不同标准，从而形成了官学分年考核的办法。

西周学校教育的基本内容是六艺，即礼、乐、射、御、书、数六种技艺才能。按其内容的性质，礼、乐是政治教育的范畴，礼主要是道德规范和各种礼节，礼的学习是六艺的核心；乐主要包括诗歌和舞蹈等。射和御是军事教育方面的内容，也是贵族子弟必须掌握的最基本的军事技能。书与数是基础文化知识的学习。《周礼·地官司徒》有"大司徒以乡三物教万民而宾兴之"的记载，其中，乡三物是指六德、六行和六艺。"六德"是知、仁、圣、义、忠、和六种道德规范，"六行"是孝、友、睦、姻、任、恤六种道德行为，"六艺"即礼、乐、射、御、书、数。

综上所述，"惟官有书，而民无书；惟官有器，而民无器；惟官有学，而民无学"正是贵族子弟享受教育的权利、庶人和平民没有受教育权利的写照。同时，"学在官府"的管理体制形成了西周教育行政体制的特点：一是政教合一、官师不分，教育行政依附于普通行政，尚未形成专门的教育行政机构；二是形成了理想化的从中央到地方的较为完善的学校教育体制；三是形成了以培养治术人才为目的，以礼、乐、射、御、书、数"六艺"为基本的教学内容。"学在官府"完成了从原始教育向专门学校教育的过渡。西周教育培养君子，开创了中国历史上"储才"为出仕目的之先河。

"学在官府"是西周教育制度的高度概括，也是我国奴隶社会教育制度的重要特征。学术和教育为官方所把持，国家有文字记录的法规、典籍文献以及祭祀典礼的礼器全部掌握在官府。以"化民成俗"为旨归的西周社会教化制度代代相袭，这是中国古代教化之源，对中国几千年的封建教育产生了深远的影响。随着奴隶制社会的衰落，私学代替官学，西周的"学在官府"结束了历史使命，揭开了"百家争鸣"的历史序幕。

第二章
官学的衰落与民间私学的勃兴

——春秋战国时期的民办教育（公元前 770～公元前 221 年）

从公元前 770 年周平王东迁洛邑到公元前 221 年秦统一中国的 500 多年，中国历史上称为东周，史学界也称之为春秋战国时期和先秦时期。春秋时期，我国奴隶制崩溃而转向封建制，经济、政治的大变革，也变革在教育上。为旧经济旧政治服务的受贵族垄断的"学在官府"的教育走向没落。春秋战国周天子权威尽失，列国纷争，旧的传统秩序完全被打乱，原来的官学教育体制趋于崩溃。学术由官府走向了民间。

这一时期既有孔子开创的注重教育为本的儒家私学，也有墨子倡导的以民为本、注重职业技术教育的墨家私学。所谓私学，指的是私家学派和私人讲学。两者是密切相关的，私家学派往往是由私人讲学而形成的。每个学派往往都是由一著名大师讲学而形成的以他的学说为中心的学派。春秋战国时期是中国历史上第一个大动荡、大变革的时代，也是教育转型的时代。这是中国教育发展史上的一大转折。

公元前 475 年，进入战国时期。这是一个烽烟四起、战乱频仍、政治多元化的时代。各国王侯征战不休，学派林立、百家争鸣，私学兴起，多家学派争相办学，养士盛行。儒、墨、道、法等诸子百家站在不同的阶级或阶层的立场上，各抒己见，相互辩驳，相互争鸣，而又相互吸收、补充，促进了私立教育的发展。尤其是汇聚不同学派大师，融教学与学术研究为一体的齐国稷下学宫，使得这一时期的教育思想呈现出前所未有的广度和深度，构成了中国教育思想史上最为丰富多彩的一页。

如果把中国教育思想的历史发展比喻成一条长河，那么它的源头就在春秋战国时期的私立教育。这是民间办学、私立教育一统天下的时代，私学的繁荣昌盛和发展不仅为中国古代教育奠定了深厚的基础，对中国当代教育也有可吸收借鉴的重要价值。

第一节　官学的失修与民间私学的兴起

春秋战国时期东周王室日衰，诸侯争霸，七国争雄，这是我国古代社会从奴隶制社会迈向封建制社会的社会大变革的时期。伴随着这一变革，教育也发生了重大变革，其主要标志就是官学失修和私学的兴起并一统天下。

一　私学起源于官学失修与学术下移

春秋战国时期，战火绵延，诸侯恣行，官学衰落。周天子的一统天下陷于崩溃，政治、经济下移。《诗·大序》曰："王道衰，礼义废，政教失，国异政，家殊俗。"就是对这一时期的真实写照。

（一）东周王权的衰落导致了官学失修

春秋时期，由于铁制工具和牛耕、铁犁的结合使用，田间耕作和垦辟荒地的生产效率大大提升。随着生产力的提高，许多贵族不限于利用奴隶为他们耕种"公田"，还往往强迫奴隶们在"公田"之外，另辟"私田"。随着私田的不断增加，出现了"私门富于公室"的现象。在这种情况下，许多诸侯国的贵族为增加收入，逐渐废除公田，允许土地买卖，征收实物地租，这就在实际上承认了土地私人占有制，为封建制度发展开拓了道路，加速了封建制生产关系的形成。西周昔日"普天之下，莫非王土；率土之滨，莫非王臣"的土地国有制名存实亡，这就是所谓"经济下移"的现象。

随着经济的下移，周王室的统治力量逐渐衰弱，各诸侯国的力量日渐强大，诸侯国内部的公卿大夫的势力也得到膨胀，对周王室和诸侯国的统治产生着威胁，形成了诸侯争霸、天下大乱的局面。"礼乐征伐自天子出"的政治局面被"礼乐征伐自诸侯出"所取代。周王室非但不能驾驭诸侯，反而受到诸侯的欺凌。如郑庄公大败王师、晋文公召周襄王会于践土、楚庄王问周鼎轻重等事件相继发生。这种政权逐步下移的现象，说明新旧势力的交替，体现着当时新的封建势力向前发展的趋势。

王权衰落，礼崩乐坏，使"学在官府"的垄断形式失去了经济支柱和政治依据。官学的衰败势所难免。西周晚期统治者由于政治上的没落而丧失了进取精神，迷恋于腐朽奢侈的生活，失掉了学习兴趣。据史书记载，当时"官学失修"为普遍现象，鲁僖公立泮宫，郑子产"不毁乡校"，为当时仅有的事。"不悦学"的情绪在贵族中相当流行。[①] 这些现象说明了西周晚期统治者再不能维持他们对学校的垄断地位，也说明了"学在官府"的教育已不能适应新的时势。

（二）诸侯争霸打破了旧的文化垄断

周平王东迁以后，王室衰落、诸侯争霸、战火蔓延、天下大乱，奴隶起义、"国人"暴动等造成了人员的流离失所。尤其是春秋时期诸侯国之间的争霸战争，周王室和诸侯国内部争夺统治权的内战连年不断。周王室内部的权力之争也导致了学术文化的下移。在周惠王和周襄王期间，先后发生了争夺王位的事件。世代掌管周史的司马氏离开周室去了晋国，以后又分散到卫、赵、秦诸国，导致官守的学术流落民间。另外，在周景王死后，王子朝起兵争夺王位，未果，便率领一部分宗室和百工，携带着王室所藏的典籍逃亡到楚国，造成当时文化上一次最大的迁移。在这种情况下，士阶层或投奔诸侯，或流落民间。"礼失求诸野"，官府之中的"书""器"也随之散落在诸侯和民间；而文化的下移为民间私立学校教育组织的出现做了师资和教育内容上的准备。

宫廷中许多掌管文化的官吏都相继流散到各地谋生，如周王室的大乐师

---

① 《左传·昭公十八年》。

挚去了齐国，二乐师干去了楚国，三乐师缭去了蔡国，四乐师缺去了秦国，打鼓的方叔去了黄河之滨，摇小鼓的武去了汉水附近。① 这些人将携带出来的书籍典章加以整理改造，成为历史上第一批靠出卖知识为生的士，从而打破了"学术官守""学在官府"的局面，使古代文化在民间广泛传播。学术文化的下移也打破了"学术官守"的局面。《诗·郑风·子衿》被认为是"刺学校废也"的诗篇，表明"乱世则学校不修"。《左传·昭公十八年》也记载了贵族子弟"不悦学"，他们认为"可以无学，无学不害"②。

（三）学术下移民间形成了私学萌生

在西周官学走向衰败的过程中，随着学术文化向民间下移，私人办学悄然萌生。《淮南子·卷二·俶真训》说："周室衰而王道废，儒墨乃始列道而议，分徒而讼。""学在官府"也演变成"学在四夷"（指东夷、西戎、南蛮、北狄所处之地）。在孔子之前和孔子的同时期，已有一批有识之士开办私学，如鲁国的柳下惠（姓展，名获，字禽），有关史料记载：

> "公元前 667，鲁庄公二十七年，禽五十四岁，在鲁教育门人。"
> "公元前 657，鲁僖公三年，禽六十四岁，教育门人日众。""九十岁，从游者逾众，担簦负笈而来者，百余人。"③

由此来看，柳下惠创办的私学已有一定的规模。柳下惠是我国春秋时期一位著名的历史人物，"至圣"孔子和"亚圣"孟子皆对柳下惠推崇备至。据记载，柳下惠辞去鲁士师后"在鲁教育门人"，似应在民间教育门人。特别是柳下惠 85 岁食邑柳下后，由于他的德高望重，从游求学的门生越来越多。90 岁那年，正式上门求学的就有上百人，这应该完全是"私学"了，规模能达百余人，这在古代教育史已经是一大盛举了。柳下惠创下了 90 岁

---

① 《论语·微子》。
② 樊继轩：《感悟大学——对民办（私立）高等教育的思考》，陕西人民出版社，2010，第 36 页。
③ 周洁、王炜民：《孔子并非私学的首创者》，《天中学刊》2011 年第 3 期，第 112~115 页。

高龄仍在从事私学的历史奇迹。因此，孔孟推崇的柳下惠应是目前有文字记载的中国创办私学第一人。①

在孔子之前授徒讲学的还有周室的老子、卫国的蘧伯玉②、齐国的晏婴、楚国的老莱子、伯昏无人，郑国的列御寇、子产、壶丘子林、鲁国的孟公绰、晋国的叔向等③；与孔子同时讲学的，则有郑国的邓析、鲁国的少正卯。据《吕氏春秋·离谓》记载，在孔子之前，邓析著《竹刑》，创办私学教人打官司。"民之献衣，襦袄而学讼者，不可胜数。"邓析的讲学是专门教人怎样打官司的，参加者只需交纳一定的学费便可。邓析常"以非为是，以是为非"，敢于同郑国的旧势力作对。因此，跟他学习打官司的人"不可胜数"。像这种类似今天讲习班式的讲学，在当时很普遍。④ 由于文化学术的下移扩散民间，为私学的兴起创造了条件。据古籍记载，各阶级、各阶层的士子聚徒讲学，宣传其政治主张，竞相扩大自己的势力，成为春秋时期比较普遍的一种社会现象。有一次，孔子向来鲁国朝贡的郯子求教，回来后对人说："吾闻之，天子失官，学在四夷，犹信。"⑤ 这句话，很形象地说明了当时私人讲学已成为教育发展的新潮流。

孔子办学即出现在这一时期。孔子出身贫寒，他的学问就是在这种环境下获得的。仅史书记载，他的老师就有五六个之多。这只有在私人讲学之风极盛的条件下，才有可能四处求学。孔子办私学时，可以与孔门私学竞争的就有少正卯办的私学。据说，少正卯的讲学名声很大，甚至常把孔丘的学生

① 柳哲：《中国"私学"先驱柳下惠》，http：//www.txljr.com/newsinfo.asp? id=509&big=4，2015/9/12。
② 蘧伯玉，名瑗，生卒不详，事卫三公（献公、襄公、灵公），因贤德闻名诸侯。春秋末卫国大夫。孔子几次适卫，多居蘧伯玉家，可见孔子与伯玉相交之厚。伯玉笃行不倦，慎德深思。孔子曾称赞蘧伯玉是真正的君子：君王有道，则出什辅政治国；君王无道，则心怀正气，归隐山林。
③ 赵文秋：《古代教育》，河南大学出版社，2005，第17页。
④ 王越：《论先秦私人讲学之风不始于孔子》，见《孔子教育思想论文集（1949~1980）》，教育科学出版社，1984。
⑤ 《左传·昭公十七年》。

吸引过去，造成孔门"三盈三虚"①。可见当时私人讲学和拜师求教已成为一时的风尚。稍晚于孔子的墨子，也是一位颇有成就的私学大师。

春秋时期的私学，是在官学衰颓的废墟上和学术下移民间，形成了私人讲学的基础上产生的。开始的相当多数的私人讲学，没有固定的组织，没有明确的教育目标，也没有明确的教学常规。

二　士阶层的产生促进了私学发展

私立教育能够在春秋战国时期兴起并走向繁荣昌盛，其根本原因是由于生产力的发展而引起了社会政治、经济制度发生了深刻的变革。随着社会的变革，文化教育不再是奴隶主贵族的特权。"学在官府"的局面被打破，原来的"官师"和受过"六艺"教育的贵族子弟等"文化人"流落民间，形成了一个新的社会阶层，即士阶层。

（一）士阶层促进了私学的萌发和兴起

士阶层的产生是私学萌发和兴起的助推器。所谓"士"，本来是各级官府中的普通办事人员，其身份介于大夫与庶民之间，与农、工、商并为"四民"。春秋以后，战火蔓延、征伐不断，一部分原属王室官府的知识人士流入诸侯之采邑，或者一些本是贵族的文化人家族因社会动乱而衰颓降为士；另一部分则是下层平民中受过教育的人或进入诸侯大夫的机构，或独立于社会，这两部分人在当时形成了一个不拥有政治权力却拥有文化权力的知识人阶层。因此当时人们多把社会上一批不狩不猎、不农不工、不贾不商、脱离生产劳动的人称为"士"。如孔子——出身鲁国的一个破落的奴隶主贵族家庭。而中国道家创始人老子则是东周洛阳都城为周天子掌管图书的官员。他是由于东周天子驾崩，其子弟争夺王位使图书流失而失去了官职流落民间的，进而著书立说、授徒讲学而自成道家的学派体系。当时有些学派首领大多拥有大量书籍。当时还无纸张，书籍用竹简串成，因此，他们周游列国，四处游说，且用牛车载书而行。《墨子·贵义》称墨子"南游。使卫，

---

① 王充：《论衡·讲瑞篇》。

关（扃）中载书甚多"；《庄子·天下》说，"惠施多方，其书五车"。《战国策·秦策》云，苏秦出游，"乃夜发书，陈箧数十"等均说明了士阶层外出游学的盛况。这表明书籍从官府流入民间，有利于文化的传播，从而使庶民读书受教育的机会增多，受教育的面得以扩大。①

春秋初期，在邹、鲁地区还出现了一批"缙绅"先生，他们穿戴着峨冠博带，常在贵族交际酬酢以及举行冠、婚、丧、祭等礼仪时出面。他们熟悉"六艺"知识和各种礼仪，号称"师儒"，其中有些人逐渐带徒授业，转化为私学的教师。士除了给统治者出谋划策外，也以自己的知识传授他人换取生活费用，这就使相当一部分士担当起了教师的职能。《左传·襄公五年》记晋国事："其大夫不失守，其士竞于教，其庶人力于农穑，商工皂隶，不知迁业。"这些文化官吏由于失去了世袭的职守，流落于社会之后，便成了历史上第一批专靠出卖知识文化糊口的士。②

受过"六艺"教育的贵族分子没落以后，进入"士"的队伍，这类人更多地出现于旧文化根基最深而封建制改革又进行较早的邹、鲁等国。《庄子·天下》曰："其在于诗、书、礼、乐者，邹鲁之士缙绅先生多能明之。"随着社会的发展，士的来源更趋复杂，具有平民身份的人以及获得解救的奴隶，也逐渐加入士的队伍中来。这时期个体农业劳动者和私营工商业者也成为士滋长的土壤，如孔子及其弟子绝大部分都出身于"贫且贱"的个体农业生产者，墨子及其弟子大都属于从事劳役的小手工业者。

士阶层多掌握着一定的文化知识或一技之长，把学问和智慧作为谋生的手段，是社会上的自由民，也是社会上最为活跃的分子之一。他们或四处游说于各诸侯国，寻求进身之阶和生存的空间。或招收弟子，聚众讲学，成为私学的教师。乘着社会动乱之机，他们更是大显身手，依靠自身的知识和技艺谋生，择贤而事。而且，他们把"书"和"器"带到了民间，这就为私立教育提供了教材和教具。他们具有较充分的人身自由和独立的意志与思

---

① 张惠芬、金忠明：《中国教育简史》，华东师范大学出版社，2003，第44页。
② 郭齐家：《中国古代学校》，商务印书馆，1998，第43页。

想。他们或精通历法，或擅长刑名，或长于论辩，或熟习礼乐，成为当时社会上异常活跃的一股势力，形成了一个庞大的士阶层。而当时有眼光的诸侯、大夫，为了发展自己的势力，也亟须网罗一批人才，让他们周游诸侯，内议朝政，出谋献策。因而贵族争相养士，以至出现了"得士则昌，失士则亡"的局面。① 由于士成为一种职业，而且身价提高，所以不少人以此作为进身的捷径，迫切要求读书，希望能有一技之长，以便跻身士的行列，私学兴起的市场就产生了。

（二）儒家私学、墨家私学与办学养士

孔子正是在这股讲学之风的影响下，借鉴了贵族养士的经验，办起了正规的儒家私学。自由讲学之风的兴起，表示一部分拥有文化权力的知识人开始有了独立发表思想的空间。当时兴起的自由讲学之风和贵族养士之风给了孔子以启示。当时的私人讲学虽然还不规范，也不成规模，却也常常造成了聚众讲学的效果。而贵族养士有规模，然而所养之士素质参差不齐，各人目标莫衷一是。无权无财的孔子只有一条路可走，就是集二者之长，以办学养士。这样既可规范人才素质，又可集结力量作用于社会。因此孔子的私学较之其他的私人讲学，具有明确的政治目标，有较为固定的组织，有较完整的教材，有较正规的教学，因而超过了他的前人和同时代人。《史记·孔子世家》中记载："孔子以诗、书、礼、乐教弟子，盖三千焉，身通六艺者七十有二人。"特别是由于他教育有方，其弟子学成之后，"大者为师、傅、卿、相，小者为教士大夫，或隐而不见"，成绩是很显著的。尤其是他的弟子遍布卫、陈、楚、魏、齐等国创办私学，进一步扩大了私学的影响。从这一意义上讲，孔子堪称春秋时期创办私学的最成功者。②

当时与孔子儒家私学齐名的有墨翟创办的墨家私学，也是办学养士的典范。墨子早年曾"学儒者之业，受孔子之术"，后因不赞同儒家的某些主张，便另立学派。墨家私学有弟子三百人，代表着"农与工肆之人"的利

---

① 王建军：《中国教育史新编》，广东高等教育出版社，2003，第15页。
② 樊继轩：《感悟大学——对民办（私立）高等教育的思考》，陕西人民出版社，2010，第37页。

益，所以非常重视实用科技的传授。战国以后，儒墨两家私学继续发展，"儒分为八""墨离为三"，他们的门生弟子从不同方面、不同方向上继承和发展他们所开创的事业。《吕氏春秋·有度》中说："孔、墨之弟子徒属，充满天下，皆以仁义之术教导天下。"另外，名家、法家、纵横家、道家、农家等学派也都聚徒讲学，多者数千人，少者亦数十百人，私学更加繁盛。

当然，这时的私学还不是一个纯粹的教育团体，而是带有浓厚政治集团色彩的学派。它们的创办者，或代表奴隶主贵族利益，或代表新兴地主阶级利益，或代表农工商利益，因而所宣扬的政治主张不一。他们创办私学，就是借此扩大自己的势力和影响，以便通过学生去影响社会，推行他们的治国理想。因此在私学内部立法比较严，帮会色彩比较重。比如在儒家私学内，老师称为夫子、先生，学生则有弟子、门人、小子之别，含有一定的等级差别。学生对老师承担服役的义务。先生出门，学生要充当车夫。学生入学，要穿上儒家规定的服装，举行拜师礼。又如墨家私学是一个结义集团，有一定的立法，违者处罚。学生入学，要先考验一段时间，合格者才收为弟子。平时生活艰苦，纪律严明，遇有困难，皆便"赴火蹈刃，死不旋踵"。这种政治集团的色彩，反映了私学脱离官府，趋于独立，但还不十分成熟。[1]

综上所述，春秋以来，官学衰败，私学兴起，乃是社会变革所致。人类社会的发展离不开教育，当旧的教育不能适应新时代的需要时，一种新的教育便会应运而生。私学的兴起正是为适应春秋战国的政治经济变革而产生的。

三 "养士成风"促进了私学繁荣昌盛

私立教育兴起和发展的另一个原因是战国时期的"百家争鸣"和各诸侯国的"养士成风"。战国时期政治形势的基本特征是七雄并立，也是我国历史上有名的"百家争鸣"和"养士成风"的时代。

---

[1] 王建军：《中国教育史新编》，广东高等教育出版社，2003，第17页。

（一）战国时期的"百家争鸣"时代

儒、墨、道、法、兵、农、阴阳、纵横等各家流派为让各诸侯国的统治者采纳他们自创的体系思想，为扩大本学派的知名度和影响，都按照各自门派的理想，积极创办学校，授徒讲学，而人们对教育在人的成长过程、治国安邦中将发挥的重要作用，有了明确的认识。乐于求学上进，寻求进身之阶。社会对教育作用的充分估价是私立学校发展的思想基础。私学在战国中期达到了鼎盛时期。儒、墨、道、名、法、兵、农、阴阳、纵横、栾、名家学者，都招收弟子，授徒讲学，创办私学，形成了中国历史上著名的"百花齐放，百家争鸣"的盛况。

"百家争鸣"和私学的昌盛也带来了学术上的繁荣。这批先秦时期的私学大师不仅论著流传后世，而且在教育思想上各有建树，这是"百家争鸣"和私人自由讲学带来的成果。不仅《论语》《墨子》《孟子》《荀子》《管子》《吕氏春秋》等典籍中记载了大量的教育资料，而且还出现了《礼记·学记》《礼记·大学》《荀子·劝学》《管子·弟子职》等教育专著。其中《学记》与《大学》就是这时代丰富的私立教育经验与教育理论的总结，这也是世界上最早出现的自成体系的古典教育学专著。这一时期出现的私学大师孔子不仅为中国古代教育思想奠定了基础，在世界教育史上也产生了重大影响。①

（二）招贤纳士的需要成就了"养士成风"

战国时期，士已发展成为一个新兴的有强大生命力的阶层。在七雄并立的形势下，各国统治者为实现富国强兵，图存谋霸，无不注重招纳贤才，为自己出谋划策。在社会激烈变革动荡的过程中，争雄的各诸侯逐渐认识到人的智谋和才能的特殊作用，悟出了欲争天下者必先争人才的道理。为了称霸争雄，他们冲破奴隶主贵族的世卿世禄制度，争相用士养士，并委以重任，其中这些士阶层中优秀者享受相当优厚的待遇而充当智囊。从士的来源看，

---

① 樊继轩：《感悟大学——对民办（私立）高等教育的思考》，陕西人民出版社，2010，第39页。

一是没落贵族沦为士人，纵横家张仪出身于"魏氏余子"，商鞅原是"卫之诸庶孽公子也"①，韩非出自"韩之诸公子"② 等。贵族官宦的庶孽、后裔大部分落入了士这个阶层。另一个来源就是由庶民上升而来的。这种情况在春秋已出现，到了战国更为普遍。《荀子·王制》说："虽庶人之子孙也，积文学，正身行，能属于礼义，则归之卿相士大夫。"《史记·甘茂列传》载："甘茂起下蔡闾阎。"秦王政的谋臣姚贾为"梁监门子"③。纵横家苏秦也是由学而为士，由士而为卿，乃至"执六国相印"的。

各诸侯用士养士，使士人受到举世青睐。如秦国早期变法的商鞅和帮助秦始皇统一中国出谋划策的丞相李斯都不是秦国的贵族，而是从异邦他国谋名而来的士阶层，而李斯则是吕不韦的"门客"。"士"成为职业，自然也就成为择业的对象。不仅一些贵族及子弟竞相跻身"士"的阶层，就连一些田夫牧子、经商贸易者也弃田园、弃商贾而学为"士"。从而就出现了培养"士"的大师和养"士"的集团。于是，社会上人人争相改行从学，使私学有了广泛的生源，因而极大地促进了私学的发展。可以说，社会变革对人才的需求，是私立教育产生发展的内在驱动力。

各诸侯国的统治集团为了扩张势力，维护并巩固自身的地位，迫切需要网罗一批能干的人才为己效劳，这就使用人原则由以往的"亲亲"转向"贤贤"。不仅"选士"以择才。而且"养士"以备才。士在行动上有较大的自由，成为统治者竞相争夺的对象，于是兴起了养士与用士之风。如齐桓公"养游士八十人"，采用"匹夫有善，可得而举之"的政策④，后成为春秋五霸之首。齐国的政治经验，反映了"得士则昌，失士则亡"的社会规律，这一做法自然引起了其他统治者的注意并起而仿效。到了春秋末期，私门和公室争斗，公室养士，私门也争相养士。所谓公室，指的是各诸侯国的国君。所谓私门，指的是各诸侯国的大夫权豪之门。如鲁国执政大夫季昭子

---

① 《史记·张仪列传》。
② 《史记·老庄韩申列传》。
③ 《战国策·秦策五》。
④ 《国语·齐语》。

有权有势，他"养孔子之徒"，和孔子的学生商讨如何发展自己的势力，削弱鲁国国君的势力。士的智能和才干在政局中起着举足轻重的作用。《战国策·秦策一》讲苏秦合纵之策得用之时，不费一兵一卒，使秦不敢出关东向，由此作者论道："夫贤人在而天下服，一人用而天下从。"《孟子·滕文公下》这样估计士的作用："公孙衍、张仪岂不诚大丈夫哉？一怒而诸侯惧，安居而天下熄。"说明智能计谋在竞争中具有决定性作用。①

当战国的养士成风达到高潮时，国君如秦穆公、魏文侯、齐威王、齐宣王、梁惠王、燕昭王等都一度"尊贤使能"，争取人才。卿相如齐国的孟尝君（田文）、赵国的平原君（赵胜）、楚国的春申君（黄歇）、魏国的信陵君（魏无忌）及秦相吕不韦等，养士都以千计。他们对士恭谨有礼。如秦王对范雎，"敬执宾主之礼"②，邹衍"适梁，梁惠王效迎，执宾主之礼"③。信陵君结交隐士侯嬴，侯嬴当时的身份是大梁（魏国国都，今河南省开封市）夷门的一个看门者，信陵君以贵公子而任魏相，却随车骑从迎侯嬴，并亲为侯嬴执辔成为千古美谈。同时，士从自身的利益和政治立场出发，择主而从，以谋求发展，这又反过来促进了养士之风的高涨。统治者既为养士而竞争，自由民又为争取成为士而竞争。这在客观上成为推动教育发展的强大力量。同时，能否成为一名合格的士，特别是一个能受统治集团欢迎的士，在一定程度上取决于士本身具有的文化知识水平和实际工作能力。所谓"士不可以不弘毅，任重而道远，仁以为己任，不亦重乎？死而后已，不亦远乎？"当时社会舆论已经用"士"的聚散来衡量一国政治的兴衰，所以有人说："得士者存，失士者亡。"说明当时士的阶层，虽然无权无势，却能以一个新生的力量纵横于天下。这表明"士"已成为一种现实的社会力量，他们是中国第一代知识分子和第一代教师群。④ 要成为一名负重远行的士，就需要相应的教育方式加以培养。然而，当时官学已日趋衰落，难以担当培

---

① 李国钧、王炳照：《中国教育制度通史》（第一卷），山东教育出版社，2000，第169页。
② 《战国策·秦策三》。
③ 《史记·孟子荀卿列传》。
④ 郭齐家：《中国古代学校》，商务印书馆，1998，第45页。

养士的大任，于是，类似私立大学的学宫——一种新型的高等教育形式便应运而生了。

四 私学兴起对教育发展所起的作用

春秋战国时代是一个百家争鸣的时代，是一个属于思想家的时代，亦是一个属于教育家的时代，是一个需要巨人而又产生了巨人的时代。那是一个波涛汹涌的求真时代，又是一个清醒的严酷的时代，人们从蒙昧的传说中一旦觉醒过来，不再迷信过去的任何传说而只相信自己的认识，这就是百家争鸣的时代精神，也是私学兴起的精神。

中国的"士"阶层是在奴隶制向封建制过渡的激流中出现的。它的历史使命主要是在文化学术下移中起桥梁和先锋作用。可以说"士"阶层的崛起、私学的产生、文化学术下移是三位一体的，最后形成了诸子百家。

私学的兴起，实际上是中国古代历史上的一次空前的启蒙运动，其规模之广泛，其影响之深刻，几乎波及了此后两千多年。这个时代在中国古代教育史上，写下了异彩纷呈的新篇章，它以崭新的姿容在奔腾澎湃的历史激流中绰约闪耀。

私学兴起对教育发展所起的作用主要如下。

一是兴起了自由讲学之风。私学冲破了"学在官府"的旧传统，学校从宫廷、官府移到民间，向民间开放，教师以私人身份随处讲学，学生可以自由择师，教学内容与社会现实生活发生了较为广泛的联系，一变官学僵化死板、远离实际的学风。思想解放、尊重理性、重视对真理的探求，由此推动了学术的发展，形成了百家争鸣的盛况，为人才的培养创造了极为有利的条件。

二是扩大了教育对象。孔子首创"有教无类"并付诸实践，这是中国古代教育史上具有划时代意义的大事。"有教无类"的实质，是要求将教育对象从贵族扩大到广大的平民。春秋战国时期私学的学生主要是来自平民。这就扩大了学校教育的社会基础和人才的来源。

三是春秋战国时期私学在教育史上更为出色的贡献，还在于造就了一批闪烁着智慧光芒的私学大师，如孔丘、墨翟、李耳、庄周、孟轲、荀况、商鞅、韩非等，他们在文化教育理论上都有所成就，这是自由讲学带来的成果。不仅《论语》《墨子》《老子》《庄子》《孟子》《荀子》《管子》《吕氏春秋》《礼记》《韩非子》等典籍中保存了大量的教育资料，而且还出现了像《大学》《学记》《劝学》《弟子职》等这样的教育专著。《学记》和《大学》就是这一时代丰富的教育经验和教育思想理论的总结，成为世界上最早出现的自成体系的教育学专著，奠定了中国古代教育的理论基础。

四是春秋战国时期私学的兴起，使学校从王宫、官府中解放出来，从政治活动中分离出来，教师不再由政府的官吏兼任，而是单纯的脑力劳动者，这使得中国古代的教育才真正完成其独立化和专门化，这是教育史上的又一次分离、又一次革命，是教育史上的又一次新的质的飞跃。从此，在中国古代教育史上便出现了两种教育制度，一是官学制度，一是私学制度。此后中国古代私人讲学之风连绵不绝，成为中国古代教育史上的一个优良传统。由于中国古代各个王朝的官学时兴时废，或有名无实，私学一直肩负着传授文化知识、培养人才的重任，它为中国古代的文化教育事业做出了重大的贡献。

第二节　孔子创办的私学及儒家学说

孔子是中国历史上伟大的教育家、思想家、政治家和哲学家，也是历代统治者推崇的、顶礼膜拜的"至圣先师"。以孔子为代表的儒家是春秋战国时期最有影响也最重视教育的学派之一。孔子及其后继者，提出了许多颇有价值的教育管理思想。毫无疑问，春秋战国时期的儒家私学是办得最为成功的。当时的儒家大师孔子、孟子、荀子在教育理论上的建树也极富特色，对后世的影响十分深远。《大学》《中庸》《学记》等鸿篇巨制，对儒家的教育管理思想进行了理论概括和总结。不仅在中国教育界，而且在世界教育史上也占有一定的地位。此外，儒家投身教育实践，创办私学，成为当时最有成就的私立教育学派。

一 孔丘生平与教育活动

（一）孔丘的生平

孔子（前551~前479年），名丘，字仲尼，春秋末期鲁国陬邑（今山东曲阜市东南）人。我国古代著名的思想家、教育家、儒家学派创始人。相传有弟子三千，贤弟子七十二人，孔子曾带领弟子周游列国十四年。晚年潜心致力于古文献整理，修《诗》《书》，定《礼》《乐》，序《周易》，作《春秋》。其思想以"仁"为核心，"仁"即"爱人"，倡导推行"仁政"，且应以"礼"为规范，"克己复礼为仁"；提出"正名"主张，以为"君君、臣臣、父父、子子"，都应实副其"名"；注重"学"与"思"的结合，所谓"学而不思则罔，思而不学则殆"；首创私人讲学风气，主张因材施教，"有教无类"，"学而不厌，诲人不倦"，强调"君子学道则爱人，小人学道则易使也"。自西汉以后，孔子学说成为两千余年封建社会的文化正统，影响极其深远。现存《论语》一书，记载有孔子与门人的问答，是研究孔子学说的主要资料。

孔子早年丧父，家境衰落。他曾说过："吾少也贱，故多能鄙事。"年轻时曾做过"委吏"（管理仓廪）与"乘田"（管放牧牛羊）。虽然生活贫苦，孔子十五岁即"志于学"。他善于取法他人，在《论语·述而》曾说："三人行，必有吾师焉。择其善者而从之，其不善者而改之。"他学无常师，好学不厌，乡人也赞他"博学"。

孔子"三十而立"，并开始授徒讲学。凡带上一点"束脩"的，都收为学生。如颜路、曾点、子路、伯牛、冉有、子贡、颜渊等，是较早的一批弟子。连鲁大夫孟僖子、其子孟懿子和南宫敬叔都来学礼，可见孔子办学已闻名遐迩。私学的创设，打破了"学在官府"的传统，进一步促进了学术文化的下移。①

鲁国自宣公以后，政权操在以季氏为首的三桓手中。昭公初年，三家又

---

① 《儒家学派的创始人——孔子》，中国曲阜网，http://www.dzwww.com/2014/wlmr/bj/201409/t20140908_10980374.htm。

瓜分了鲁君的兵符军权。孔子曾对季氏"八佾舞于庭"的僭越行为表示愤慨。[①] 昭公二十五年（前517年），鲁国内乱，孔子离鲁至齐。齐景公向孔子问政，孔子说："君君，臣臣，父父，子子。"又说："政在节财。"齐政权操在大夫陈氏，景公虽悦孔子言而不能用。

孔子在齐不得志，遂又返鲁，"退而修诗书礼乐，弟子弥众"，从远方来求学的，几乎遍及各诸侯国。其时鲁政权操在季氏，而季氏又受制于其家臣阳货。孔子不满这种"政不在君而在大夫""陪臣执国命"的状况，不愿出仕。他说："不义而富且贵，于我如浮云。"

鲁定公九年（前501年），阳货被逐，孔子才见用于鲁，被任为中都宰，是年孔子五十一岁。"行之一年，四方则之。"遂由中都宰迁司空，再升为大司寇。鲁定公十年（前500年），齐鲁夹谷之会，鲁由孔子相礼。孔子认为"有文事者必有武备，有武事者必有文备"，早有防范，使齐君想用武力劫持鲁君之预谋未能得逞，并运用外交手段收回被齐侵占的郓、灌、龟阴之田。定公十二年（前498年），孔子为加强公室，抑制三桓，援引古制"家不藏甲，邑无百雉之城"，提出"堕三都"的计划，并通过任季氏宰的子路去实施。由于孔子利用了三桓与其家臣的矛盾，季孙氏、叔孙氏同意各自毁掉了费邑与后邑。但孟孙氏被家臣公敛处父所煽动而反对堕成邑。定公围之不克。孔子计划受挫。

孔子仕鲁，齐人闻而惧，恐鲁强而并己，乃馈女乐于鲁定公与季桓子。季桓子受齐女乐，三日不听政。孔子政治抱负难以施展，遂带领颜回、子路、子贡、冉有等十余弟子离开"父母之邦"，开始了长达十四年之久的周游列国的颠沛流离生涯。是年孔子已五十五岁。先至卫国，始受卫灵公礼遇，后又受监视，恐获罪，将适于陈。过匡地，被围困五天。解围后原欲过蒲至晋，因晋内乱而未往，只得又返卫。曾见南子，此事引起多方的猜疑。

---

① "八佾舞于庭"出自《论语·八佾篇》："孔子谓季氏，'八佾舞于庭，是可忍也，孰不可忍也'。"佾是奏乐舞蹈的行列，也是表示社会地位的乐舞等级、规格。一佾指一列八人，八佾八列六十四人。按周礼规定，只有天子才能用八佾，诸侯用六佾，卿大夫用四佾，士用二佾。季氏是正卿，只能用四佾，他却用八佾。孔子对于这种破坏周礼等级的僭越行为极为不满，因此，在议论季氏时说："在他的家庙的庭院里用八佾奏乐舞蹈，对这样的事情，季家都忍心做了，还有什么事情不忍心去做呢！"

卫灵公怠于政，不用孔子。孔子说："苟有用我者，期月而已，三年有成。"后卫国内乱，孔子离卫经曹至宋。宋司马桓魋欲杀孔子，孔子微服过宋经郑至陈，是年孔子六十岁。其后孔子往返陈蔡多次，曾"厄于陈蔡之间"。据《史记》记载：因楚昭王来聘孔子，陈、蔡大夫围孔子，致使绝粮七日。解围后孔子至楚，不久楚昭王死。卫出公①欲用孔子。孔子答子路问曰，为政必以"正名"为先。返卫后，孔子虽受"养贤"之礼遇，但仍不见用。鲁哀公十一年（前484年），冉有归鲁，率军在郎战胜齐军。季康子派人以币迎孔子。孔子遂归鲁，时孔子年六十八。②

（二）孔丘的教育活动

孔子一生中有一大半的时间，是从事传道、授业、解惑的教育工作。他创造了卓有成效的教育、教学方法，总结、倡导了一整套正确的学习原则，形成了比较完整的教学内容体系，提出了一系列有深远影响的教育思想，树立了良好的师德典范。

孔子的教育活动大致可以分为三个阶段。

第一阶段：自开始办学到去齐国求仕之前，有七八年时间。这一阶段他的门徒还不太多，但是办学有成效，在社会上已经有了较大的名声。在这一时期，孔子的学生中有比他只小六岁的颜路（颜回之父），有比他只小九岁的子路。子路几乎是终生陪伴着孔子。

第二阶段：自三十七岁（鲁昭公二十七年，前515年）从齐国返回鲁国，到五十五岁（鲁定公十三年，前497年）周游列国之前。这一阶段共计十八年的时间。这十八年中，孔子虽然有四年多的时间在做官从政，但并没有停止授徒。这一阶段是孔子教育事业大发展的阶段，他的教育经验越来越丰富，教育水平越来越高，名气越来越大，所收的弟子越来越多。除了鲁国的学生之外，他的学生中还有来自齐、楚、卫、晋、秦、陈、吴、宋等国

---

① 卫出公，姬姓，卫氏，名辄。卫国第29代国君，前492～前481年、前476～前456年在位。他是卫灵公之孙、卫后庄公之子，卫悼公之侄。

② 《儒家学派的创始人——孔子》，中国曲阜网，http://www.dzwww.com/2014/wlmr/bj/201409/t20140908_10980374.htm。

的求学者。孔子的威望已经树立起来。他的一些有名的弟子，如颜回、子贡、冉求、仲弓等，大都是这一时期进入孔门的。这些弟子中的一部分人后来跟随他周游了列国，一部分从了政。

第三阶段：自六十八岁（鲁哀公十一年，前484年）周游列国结束回到鲁国，到他去世，共五年时间。这时，他虽然被季康子派人迎回鲁国，但鲁哀公、季氏最终并没有任用他。他虽然有大夫的身份，有时也发表一些政见，但没有人听从他的意见。他把精力集中到办教育与整理古代文献典籍上了。这一时期他的学生也很多，并培养出了子夏、子游、子张、曾参等才华出众的弟子。这几个人后来大都从事了教育事业。对儒家学派的形成与发展，对孔子思想的传播起到了重要作用。

孔子在周游列国的十四年中，也没有停止过教育活动。他在卫国、陈国先后住了数年的时间并没有从政，弟子就在身边，师生之间不可能不进行学术研讨。他带着弟子到列国去周游，本身就开阔了这些学生的眼界，他们的意志也受到了磨炼。这可以说是一种特殊的教育活动。孔子一生从事教育事业，相传有弟子三千，贤弟子七十二人，在德行方面表现突出的有颜渊、闵子骞、冉伯牛、仲弓，在语言方面表现突出的有宰予、子贡，办理政事能力较强的有冉有、子路，熟悉古代文献的有子游、子夏。在孔子的弟子中，有不少人都干出了一番成就，对于当时政治，尤其是对于孔子思想的传播，对于儒家的形成和发展，起到了重要作用。

纵观孔子的一生，他对他的学生的影响，一部分是通过言传，通过学习古代文献、传授各种技艺，而更多的、更为深刻的则是身教。他的勤奋好学，他对真理、对理想、对完美人格的追求，他的正直、善良、谦虚、有礼，他对国家的忠诚与对老百姓的关心，都深深地感染着他的学生与后人。严格要求自己，以身作则，既是孔子的高尚师德，也是孔子提出的一条教育原则。孔子爱教育、爱学生，诲人不倦，他能平等对待学生，做到教学相长，严格要求自己，以身作则。孔子是具有高尚师德的一代宗师。

孔子归鲁后，鲁人尊以"国老"，初鲁哀公与季康子常以政事相询，但终不被重用。孔子晚年致力于整理文献和继续从事教育。鲁哀公十六年（前479年），孔子卒，葬于鲁城北泗水之上。①

二　孔子私学及儒家教育学说

（一）孔子的政治和教育主张

孔子在政治上主张以德治国。他说："其身正，不令而行；其身不正，虽令不从。"② 同时，他也非常重视民众道德自觉的作用。"道之以政，齐之以利，民免而无耻；道之以德，齐之以礼，有耻且格。"（《论语·为政》）孔子又说："性相近也，习相远也。"（《论语·阳货》）孔子认为人的先天素质差别不大，后天的差别是习染即教育的结果。他认为包括尧、舜、周公这样的圣人也都是学而知之者。在孔子看来，有德行的人都是教育的结果，绝大多数人通过教育都可以成为有德行的、有用的人才。

孔子在《论语·子路》中认为治理一个国家，除了考虑人的基本生存需要以外，第一考虑的就应该是教育。在如何教育的问题上，孔子提出了以"仁"为核心的道德教育。通过教育，培养仁人、君子。所谓"仁人""君子"，是对他人充满仁爱之心，具备做人的一切美德并能齐家治国平天下的人。儒家一向认为，做一个德行完善的人是治国平天下的基础和前提，因此教育要首先教人做一个让人肃然起敬的人。

孔子并不隐讳他兴办私学的目的，是为了培养官吏。他说："学也，禄在其中矣。"（《论语·卫灵公》）他的弟子子夏的一句传世名言"仕而优则学，学而优则仕"（《论语·子张》）从另一个角度反映了孔子教育的培养目标。为官者有宽裕时间就要学习，以不断提高自身修养，学习优秀者就要去做官。

英国剑桥大学前校长、英国当代著名教育家阿什比（Erie Ashby）在《科技发达时代的教育》中曾谈到中世纪牛津和剑桥大学的培养目标："牛

---

① 《儒家学派的创始人——孔子》，中国曲阜网，http://www.dzwww.com/2014/wlmr/bj/201409/t20140908_ 10980374. htm.

② 《论语·子路》。

津和剑桥两校很明显地认为设立大学是为给教会和政府培养服务人员，即培养有教养的人，而不是知识分子，就大学毕业生而言，具有教养比具有高深学识更为重要。"[1] 而孔子的这一教育思想的提出要早于西欧中世纪大学1600多年。[2]

《史记·仲尼弟子列传》以及《论语·雍也》等篇曾记载：孔子所培养的弟子，很多人学而有成之后，到各诸侯国的各级政府中做官。例如：冉有曾"为季氏宰"；子路曾"为季氏宰""为蒲大夫"；宰予曾"为临淄大夫"；子贡曾出使齐、吴、越、晋诸国；子游曾"为武城宰"；子羽"从弟子三百人，设取予去就，各施于诸侯"；子夏曾"为魏文侯师"，等等。可见，孔子所培养的弟子，有许多人确实被当时各国的执政者任命为各级政府的官吏。

（二）孟子、荀子和儒家的教育观

孟子（约公元前372年~约公元前289年），名轲，字子舆，邹（今山东邹城市）人。他是孔子之孙孔伋的再传弟子。相传他是鲁国姬姓贵族公子庆父的后裔，父名激，母仉（zhǎng）氏。孟子是战国时期伟大的思想家、教育家，儒家学派的代表人物。与孔子并称"孔孟"。代表作有《鱼我所欲也》、《得道多助，失道寡助》、《生于忧患，死于安乐》、《王顾左右而言他》和《寡人之于国也》等。孟子继承、发展了孔子的思想，在政治上主张法先王、行仁政；学说上，推崇孔子，反对杨朱、墨翟；在人性问题上持"性善论"，认为人人可以成尧舜。他指出：善政不如善教之得民也。善政民畏之，善教民爱之。善政得民财，善教得民心。孟子把教育看成得民心、得天下最好的手段。

荀子（约公元前313年~公元前238年），名况，字卿，战国末期赵国人。著名思想家、文学家、政治家，时人尊称"荀卿"。曾三次出任齐国稷下学宫的祭酒，后为楚兰陵（位于今山东兰陵县）令。作为孔子思想的又

① 〔英〕阿什比：《科技发达时代的大学教育》，滕大春等译，人民教育出版社，1983。
② 樊继轩：《感悟大学——对民办（私立）高等教育的思考》，陕西人民出版社，2010，第40页。

一主要继承人，在人性问题上主张"性恶论"，他主张积极通过教育去改变人的恶性，使人改恶向善。对那些无法教育之人，他则主张处以刑法。其学说常被后人拿来跟孟子的"性善论"比较，荀子对重新整理儒家典籍也有相当显著的贡献。《荀子》是荀况的著作，围绕着如何治国平天下而展开的，他思考的问题和提出的应对之策，对今人也有启发和借鉴意义。总之，在春秋战国时期的诸子百家中，儒家最为重视教育，把教育看成治国平天下的重要手段。

综上所述，我们简要地概括儒家教育观，其要点不外三点：其一，为了施行"仁政"或"礼治"，儒家十分强调教育在社会发展和人格形成上的作用。其二，儒家主张教育的任务就是培养统治人才，主张教育就应该传授"何为则民服"的统治本领，而轻视和排斥专门技术的学习。其三，儒家主张教育的核心是道德教育，希望所培养的学生能够具有完美的道德境界和独立的道德人格，希望学生能够依据这些道德准则"修己""安人"，这就是道德教育所要达到的目标。[①]

三　儒家私学的教育教学管理

（一）儒家私学关于学制的构想

儒家认为应该普遍设立学校，《学记》以托古的方式构想了一个按家、党、术、国的行政建制设置学校的蓝图："家有塾，党有庠，术有序，国有学"，并提出了一个九年制大学教育的计划。《学记》提倡帝王要亲自视学，以示国家尊师重教。并主张教育行政要有视学制度，每隔一年进行一次教育视察。《学记》中指出：

> 古之教者，家有塾，党有庠，术有序，国有学。比年入学，中年考校。一年视离经辨志，三年视敬业乐群，五年视博习亲师，七年视论学取友，谓之小成。九年知类通达，强立而不反，谓之大成。夫然后足以

---

① 王建军：《中国教育史新编》，广东高等教育出版社，2003，第54页。

化民易俗，近者悦服，而远者怀之，此大学之道也。

即是说，古时候教学的地方，一家中设有"私塾"，一党中设有"庠"（五百家为党），一个遂中设有"序"（一万两千五百家为遂），一国之中设有"学"。学校要年年招生，隔年进行一次考查。第一年考查学生的阅读能力和学习志向；第三年考查学生能否专心学业和与同学和谐相处；第五年考查学生能否广泛涉猎知识，尊师重道；第七年考查学生学术研究的能力和识别选择良友的能力。如果均考查合格，就可谓小有所成了。第九年考查学生对知识的学习和掌握能否触类旁通，是否能对所学之道坚信不移。如果能够达到这一标准，就可谓大器已成。这样的人去从政做官，就可以"化民易俗"，并受到民众的爱戴。这一九年制的大学教育计划也是督导性视学所要达到的目的。①

（二）儒家私学的办学指导思想

孔子的教育思想，如有教无类"自行束修以上，吾束尝无诲焉"。② 因材施教"求也退，故进之；由也兼人，故退之"，③ 启发式教学"不愤不启，不悱不发，奉一隅不以三隅反，则不复也"，④ 循循善诱"夫子循循然善诱人"⑤ 等教育方法，以及他关于学与思"学而不思则罔，思而不学则殆"，⑥ 善与行"君子欲讷于言，而敏于行"，⑦ 质与文"质胜文则野，野胜文则质，文质彬彬，然后君子"，⑧ 故与新"温故而知新，可以为师矣"⑨ 的一系列精辟论述，还有关于立志与苦学的箴言"君子居无求饱，食无求安，敏于

---

① 樊继轩：《感悟大学——对民办（私立）高等教育的思考》，陕西人民出版社，2010，第42页。
② 《论语·述而》。
③ 《论语·先进》。
④ 《论语·述而》。
⑤ 《论语·子华》。
⑥ 《论语·为政》。
⑦ 《论语·里仁》。
⑧ 《论语·雍也》。
⑨ 《论语·为政》。

事而慎于言，就有道而正焉，可谓好学也已"。① "士志于道而耻恶衣恶食者，未足与议也"，② 树立良好的学风"知之为知之，不知为不知，是知也"③ ……孔子及其儒家兴办私学的指导思想和办学实践，表明他是中国历史上前无古人的伟大教育家和思想家。这些充满哲理的治学警世名言，对我们弘扬当代的大学人文教育仍具有一定深远的意义。④

（三）儒家私学的教育教学管理

孔子及其儒家在兴办私学的管理上，也是颇具特色的。在招生方面，儒家创办的私学，遵循"有教无类"的教育公平原则，对投师门下者，不论贵贱、贫富，不论地域、族类，来者不拒，都给予同样的教育。孔子的学生，来自齐、鲁、卫、晋、秦、蔡、宋、薛、吴、越、荆、楚等地，他的学生中大部分是平民阶层。

在教学的常规管理上，儒家十分重视入学教育，入学时要奉行隆重的典礼，使学生明确学习目的，懂得尊师重教。上课之前，要击鼓警示，以保证教学秩序。教室要备有戒尺一类的器具，以起威慑和训诫作用。

在教学管理上，孔子根据"志于道，据于德，依于仁，游于艺"⑤ 的课程设置原则，在教学中删订了《诗》《书》《礼》《乐》《易》和《春秋》六书作为教材。孔子教学不仅重视书本知识的传授，而且强调身体力行，所谓"子以四教：文行忠信"。⑥ 在教学中，孔子尤其注重道德教育。注重对学生的人文精神的培养。孔子所编辑整理的六书，一直是儒家私学的主要教材。如荀子教育弟子要"始乎诵经，终乎读礼"⑦。

在教育教学的方法上，儒家主张要注意课内教学与课外学习，知识的学

---

① 《论语·学而》。

② 《论语·为政》。

③ 《论语·里仁》。

④ 樊继轩：《感悟大学——对民办（私立）高等教育的思考》，陕西人民出版社，2010，第42页。

⑤ 《论语·述而》。

⑥ 《论语·述而》。

⑦ 《荀子·劝学》。

习与技能的训练相辅相成；要根据学生心理特点、接受能力等情况因材施教；要注意启发诱导，调动学生的学习积极性和主动性。提倡学生经常质疑问难，师生之间，同学之间经常研讨、切磋，并注意记录，整理研讨成果，使教学颇具学术水平。[1]

（四）儒家私学的办学经费和教师管理[2]

办学经费管理。儒家私学经费和我国当代民办教育有着同样的处境，没有固定的经费来源，主要来自诸侯的馈赠。而学费（束修）的收取在办学经费中只占有很小的比例，儒家是积极参政的，所以，私学的创办者在授徒讲学的同时，常游说大小诸侯，咨政、议政。特别像孔、孟这样的私学大师，都有周游列国讲学的爱好。他们所到之处，都给予很高的礼遇，并有馈赠。在春秋战国时期，各诸侯国因为强国立业，重才爱才，用士养士形成了一种时尚。如楚昭王曾"将以书社之地七百里封孔子"[3]；孟轲在齐，齐王表示："我欲中国而授孟子室，养弟子以万钟，使诸大夫国人皆有所矜式。"[4] 孟子在宋，"馈七十镒"，在薛，"馈五十镒"。[5] 可见，我们中华民族早在2500多年前就有捐资、集资办学的优良传统。

在教师管理上，儒家私学注重教师的言传身教，以身作则。孔子主张教师要有"学而不厌，诲人不倦"的精神，要对学生充满仁爱之心。荀子主张要特别重视教师的地位和作用。他说："天地者，生之本也；先祖者，类之本也；君师者，治之本也。"[6] "礼者，所以正身也，师者，所以正礼也。"[7] 他甚至认为是否尊师，直接关系到国家的治乱兴衰。同时，他对教师的知识水平，道德修养和教学能力也提出了很高的要求。

---

[1] 樊继轩：《感悟大学——对民办（私立）高等教育的思考》，陕西人民出版社，2010，第43页。

[2] 樊继轩：《感悟大学——对民办（私立）高等教育的思考》，陕西人民出版社，2010，第44页。

[3] 《史记·孔子世家》。

[4] 《孟子·公孙丑上》。

[5] 《孟子·公孙丑下》。

[6] 《荀子·礼论》。

[7] 《荀子·修身》。

孔子及其儒家弟子兴办私学，宣告了奴隶制度下"学在官府"制度的彻底破产，是中国教育制度史上的一场重大变革。儒家私学的兴办，是春秋战国时期出现的又一新生事物。而且，这种办学形式和途径，被中国封建社会沿用了两千多年之久，这是孔子对中国教育史也是对世界教育史发展的伟大功绩。

第三节　墨子创办的私学及墨家学说

春秋战国时期，最著名的两大学派是儒家和墨家。墨家的创始人墨子有许多独到的教育管理思想，创立了不同于儒学的墨家学派，并由此揭开了百家争鸣的序幕。

一　墨翟生平与教育活动

（一）墨翟的生平

墨翟，世称墨子（公元前 468～前 376 年）。东周春秋末期战国初期宋国人，后长期住在鲁国。墨子的先祖是殷商王室，他是宋国君主宋襄公的哥哥目夷的后代，后家室衰落，到了墨子一代，其身份已由贵族降为平民。墨子出身卑贱，自称是"北方之鄙人"，是中国历史上唯一一个出身于平民的哲学家。因此墨子从小就承袭了木工制作技术、精通手工技艺，当过制造器具的工匠，在军事技术方面高于其他诸子，堪称博学多才。墨子作为中国战国时期著名的教育家、思想家、政治家、军事家、社会活动家和自然科学家，有许多独到的教育管理思想。提出了"兼爱""非攻""尚贤""尚同""天志""明鬼""非命""非乐""节葬""节用"等观点。墨子是墨家学派的创始人。

墨子在宋昭公时曾做过宋国大夫，西汉太史公在《史记·孟子荀卿列传》的末尾提道："盖墨翟宋之大夫，善守御，为节用。或曰并孔子时，或曰在其后。"对此，墨子曾自诩说"上无君上之事，下无耕农之难"。墨子曾经从师于儒者，学习孔子之术，称道尧舜大禹，学习《诗》《书》《春秋》等儒家典籍。但后来逐渐对儒家的烦琐礼乐感到厌烦，最终舍掉了儒学，形成自己的墨家学派。

墨家是春秋战国时期和儒家对立的最大的一个学派，并称为"孔墨显学"。孟子曾说："杨朱、墨翟之言盈天下，天下之言，不归杨则归墨。"墨子所办私学，以培养贤士为目标，并重视劳动技能和自然科学知识的传授，整理撰写了以几何学、物理学、光学为突出成就的一整套科学理论。在当时的百家争鸣中，有"非儒即墨"之称，深受"农与工肆之人"的欢迎，其弟子众多。

（二）墨翟的教育活动

与儒家不同，墨家代表着当时独立生产者"农与工肆之人"的利益，对宗法社会做出激烈的、彻底的批判。墨子认为，天下大乱的根源在于人们"不相爱，交争利"。人们多为私利考虑，不肯为他人出力，不肯将多余的财物资助他人，不肯用正确的道理开导他人，因而造成了"饥者不得食，寒者不得衣，乱者不得治"。要消除这些社会弊端，唯有推行"兼爱"："有力者疾以助人，有财者勉以分人，有道者劝以教人。"[1] 如果能使天下人都兼相爱，做到"爱人若爱其身"[2]，天下就可以治平了。面对诸侯争霸、战争相继的局面，墨子热望能够出现一个"大不攻小也，强不侮弱也，众不贼寡也，诈不欺愚也，贵不傲贱也，富不骄贫也，壮不夺老也"[3] 的社会。

为推行"兼爱"的社会理想，墨子坚决反对一切非正义的战争。他认为窃人桃李，取人牛马，谓之不义；攻人之国，导致百姓饥寒冻馁而死者不可胜数，更为不义。由是他提出了"非攻"的主张：

> 杀一人谓之不义，必有一死罪矣。若以此说，往杀十人，十重不义，必有十死罪矣。杀百人，百重不义，必有百死罪矣。当此天下之君子，皆知而非之，谓之不义。今至大为不义攻国，则弗知非，从而誉之

---

① 《墨子·尚贤下》。
② 《墨子·兼爱上》。
③ 《墨子·天志下》。

谓之义。①

墨子认为，这种是非颠倒的现象应坚决反对。因而墨子在政治上力主"尚贤"，主张"虽在农与工肆之人，有能则举之"；"官无常贵，民无终贱，有能则举之，无能则下之"，坚决反对"无故富贵"②。在思想上，墨子主张"尚同"，他认为天下的乱源在于人们思想的混乱，在于人们各有其义，因此主张选择天下贤良圣智之人举为天子，然后"一同天下之义"，做到"天子之所是，皆是之；天子之所非，皆非之"③。墨子的这些政治主张根本目的是要为"农与工肆之人"创设民主安定的社会环境。

墨子"好学而博""士志于道"，以天下为己任、立志救民于水火中。孟子十分赞扬他这种精神，"墨子兼爱，摩顶放踵利天下，为之"④；庄子也由衷地称赞："墨子真天下之好也，将求之不得也，虽枯槁不舍也，才士也夫！"⑤ 墨学在中国古代思想史上无疑占据着极重要的位置。

墨家同时也是一个有着严密组织和严格纪律的团体。纪律十分严明，特别类似一个信仰坚定，组织严密的宗教集团。墨家最高的领袖被称为"巨子"，墨家的成员必须服从巨子的领导，听从指挥，可以"赴汤蹈刃，死不旋踵"。战国时，秦国巨子的儿子犯法，秦王顾念他年老而饶恕了他的儿子，但巨子却以墨家的律法将儿子处死了，这足见墨家的纪律非常严格。但是，墨家并不是出身于侠的武士团体，而主要是一个学术团体，他们所从事的是一般游士的共同事业：完成学业，然后四处游说，用自己的观点和辩才去影响诸侯各国，并争取出仕实现自己的政治主张以建功立业。

墨子一生的活动主要在两方面：一是广收弟子，积极宣传自己的学说；

---

① 《墨子·非攻》。
② 《墨子·尚贤上》。
③ 《墨子·尚同中》。
④ 《孟子·尽心上》。
⑤ 《庄子·天下》。

二是不遗余力地反对兼并战争。为宣传自己的主张，墨子广收门徒，一般的亲信弟子达到数百人之多，形成了声势浩大的墨家学派。墨子行迹很广，东到齐，西到郑、卫，南到楚、越。鲁阳文君要攻打郑国，墨子知道后又前去说之以理，说服鲁阳文君停止攻郑。他"南游使卫"，宣讲"蓄士"以备守御，又多次访问楚国，献书楚惠王。惠王不能"听其道，行其义"，却表示"乐养其人"，要封给他书社五里，他不受而去。越王翁中派车五千乘，答应封地五百里，使公尚过到鲁国迎接墨子，墨子得知越王不是一个能实行自己政治主张的人，便拒绝到越国去，说：

> 意越王将听吾言，用吾道，则翟将往，量腹而食，度身而衣，自比于群臣，奚能以封为哉！抑越不听吾言，不用吾道，而吾往焉，则是我以义粜也。钧之粜，亦于中国耳，何必于越哉！①

说明墨子奋斗一生，都是为了推行自己的学说，而不是谋求禄位。②

公元前 376 年，墨家创始人墨子卒，墨家弟子将其遗体从简安葬于狐骀山下的苍松翠柏之中。墨子生前对为之奋斗终生的事业、自己的学说非常自信，曾经慨然而呼："天下无人，子墨子之言犹在。"墨子死后，墨家分为相里氏之墨、相夫氏之墨、邓陵氏之墨三个学派。三个学派分别以谈辩、从事、说书为主要思想，其中谈辩即辩论，从事即研究科学，说书即教书和研究各种典籍。他们各自以为是正宗，不相上下，谁也不服谁，甚至互相倾轧窝里斗，致使墨家元气大伤。到了战国后期，墨家三派又汇合成两支：一支转化为秦汉社会的游侠；另一支则注重认识论、逻辑学、数学、光学、力学等学科的研究，是谓"墨家后学"，亦称"后期墨家"。其弟子根据墨子生平事迹的史料，收集其语录，在西汉时由刘向整理成七十一篇，完成了《墨子》一书传世。

---

① 《墨子·鲁问》。
② 张岂之：《中国思想史》，西北大学出版社，1996，第29页。

二　墨家私学的教育内容和教育思想

儒墨两家在当时并称显学，两个学派的弟子甚多，遍布各地。但两派立场显然不同。孔丘旨在维护没落的奴隶主贵族的统治，墨翟则反映正在上升的"农与工肆之人"即小生产者的要求。彼此利益相反，所以两派形成对立面。由于儒墨两家立场不同，社会政治思想亦背道而驰。儒家主张"爱有差等"，墨家则主张"兼爱"；儒家信"命"，墨家则"非命"；儒家鄙视生产劳动，墨家则强调"不赖其力者不生"；儒家"盛用繁礼"，墨家则俭约节用；儒家严义利之辨，墨家则主张"义，利也"；儒家的格言是"穷则独善其身，达则兼善天下"，墨家则"摩顶放踵，利天下为之"，等等。因此，这两家的教育思想和实践也各有特点。

（一）墨家私学的教育目的与教育内容

墨家的教育在于培养"贤士"或"兼士"，以备担当治国利民的职责。墨翟认为贤士或兼士是否在位，对国家的治乱盛衰有决定性的影响。作为贤士或兼士，必须能够"厚乎德行，辩乎言谈，博乎道术"。在这三项品德中，德行一项居于首位，因为"士虽有学，而行为本焉"，这与儒家的说法颇为类似。但墨家所强调的是"有力者疾以助人，有财者勉以分人，有道者劝以教人"，则又与儒家有所区别。关于言谈，墨家认为在学派争鸣时代，立论能否言之成理，持之有故，能否具有说服力，关系到一个学派势力的消长，因此作为贤士或兼士，必须能言善辩，能够奔走说教，转移社会的风气。兼士还必须"好学而博"，而且所学不仅是墨家的中心思想，并且包括技术的掌握。总的说来，墨家所要培养的贤士或兼士，必须具有"兼爱"的精神，长于辩论，明辨是非，又是道术渊博、有益于世的人才。

墨翟以"兼爱""非攻"为教，同时重视文史知识的掌握及逻辑思维能力的培养，还注重实用技术的传习。禽滑釐要学习战守之术，墨翟即教以战略战术和各种兵器的使用。《备城门》以下多篇，显示墨翟对于这方面的工艺有湛深的研究。更重要的是墨翟的教导不仅是坐而言，而且是起而行。他为了实现非攻的主张，就反对楚王攻宋，并且派禽滑釐统率门徒300人帮助宋国坚守都城，使楚王不得不中止其侵略计划。

墨翟卒后，后学继承其业。当时物质生产有所改进，文化水平有所提高，百家争鸣亦有利于学术的繁荣。墨家门徒多出身于"农与工肆"，在社会经济发展与生产中积累了多方面的经验，增长了不少科学知识。《经上》《经下》《经说上》《经说下》以及《大取》《小取》等篇，大抵是墨家后学在百家争鸣中，进行研讨辩论，不断总结提高的结晶，其中所涉及的认识论、名学、几何学、力学、光学等，其造诣都达到了当时的先进水平，也丰富了墨家的教育内容。

（二）墨家私学的教育和教学思想

关于知识的来源，《经上》指明："知：闻、说、亲。"《经说上》又解释为："知：传受之，闻也；方不障，说也；身观焉，亲也。"就是说，人的知识来源有三种：①亲知，即亲身经历得来的知识，又可分"体见"（局部的）与"尽见"（全面的）两种。②闻知，即传授得来的知识，又可分为"传闻"与"亲闻"两种。③说知，即推论得来的知识，这种知识不受方域语言的障碍。这三种知识来源中，以"亲知"及"闻知"中的"亲闻"为一切知识的根本，由于"亲知"往往只能知道一部分，"传闻"又多不可靠，所以必须重视"说知"，依靠推理的方法，来追求理性知识。这对于人们的认识事物，做了明确的分析。

墨翟关于认识客观事物的方法与检查认识的正确性问题，还提出了有名的三表或三法。他在《非命上》先提出"言有三表"，在《非命中》和《非命下》又提出"言有三法"。二者内容基本相同。三表或三法是"有本之者，有原之者，有用之者"。墨翟认为，判断事物的是非，需要论证有据，论据要有所本，"上本之于古者圣王之事"，就是本于古代圣王的历史经验。但仅凭古人的间接的经验来证明还是不够的，必须"有原之者"，即"下原察百姓耳目之实"，就是考察广大群众耳目所接触的直接经验。第三表是"有用之者"，"于何用之？废以为刑政，观其中国家百姓人民之利"。就是当这一言论或判断当作政策法令实行之后，还要看它是否切合国家和人民的利益。这三表或三法是墨家判断事物是非、辨别知识真伪的标准。这也是墨家的逻辑学。儒墨都讲逻辑学。孔子主张"正名"，就是以"礼"为标准来判断是非利害；墨子主张用"本""原""用""三表法"，就是上考历史，下察百姓耳目所实见实闻，再考察政令的实际效果是否对国家、百姓人民有利。对比起来，墨家的方法是较有进步意义的。①

墨家重视思维的发展，注意逻辑概念的启迪。他们为了与不同的学派或学者论争，为了劝告"王公大人"勿做不义之事，必须辩乎言谈，以加强说服力。因此，墨翟创立了一些逻辑概念如"类"与"故"，应用类推和求故的思想方法进行论辩，以维护他的论点。例如"好攻伐之君"反对"非攻"，列举禹、汤、武王从事攻伐而皆立为圣王，以这些例子质问墨翟，他答曰："子未察吾言之类，未明其故者也。彼非所谓攻，谓诛也。"这里，墨翟指出"攻"与"诛"是不同类的概念，不容混淆。墨翟还嘲笑儒家用"同语反复"的答问方式。墨翟问儒家："何故为乐？"答曰："乐以为乐。"墨翟认为这等于问"何故为室"而答以"室以为室"。以同样的东西解释同样的东西，正是逻辑学所指出的下定义时的典型错误。只有答以冬避寒、夏避暑，又可以为男女之别，才是正确回答为室之故。由于墨翟重视逻辑思维，辨析名理，不仅运用于论辩，而且运用于教学。

墨翟长于说教，其学说多取材于日常社会生活和工农业生产的经验，或直称其事，或引作比喻，具体生动，较能启发墨门弟子的思想，亦较易为其他人所接受。例如他以分工筑墙为喻，教弟子能谈辩者谈辩，能说书者说书，能从事者从事，然后义事成。又如，有二三弟子再向墨翟请求学射，他认为国士战且扶人，犹不可及，告诫弟子不可同时"成学"又"成射"。这些例子也说明，墨翟教学注意量力，既要求学生量力学习，也要求教者估计学生"力所能至"而施教。只有根据学生的具体情况，使能力不同的学生，在不同的基础上，做到可能"成学"者成学，可能"成射"者成射。对教师讲，这也是"因材施教"。至于不允许学生同时既"成学"又"成射"，

---

① 樊继轩：《感悟大学——对民办（私立）高等教育的思考》，陕西人民出版社，2010，第44页。

也具有使学生学习要"专心致志"的意义。

墨翟还特别重视"强说人"的积极教育态度。一方面，就一般的"上说下教"而论，他的"遍从人而说之"，与儒家的"礼闻来学，不闻往教"恰成对比。另一方面，在教育教学问题上，他对儒家所采取的"君子若钟，击之则鸣，弗击不鸣"以及"叩之以小者则小鸣，叩之以大者则大鸣"的被动答问的教学态度坚决反对。墨翟主张教师要采取主动积极的态度，不仅有问必答，并须"不叩必鸣"。

（三）墨家私学的道德品德教育

关于道德品德教育，墨翟把道德修养放在教育工作的第一位。他重视劳动，反映了劳动人民的一些思想意识和道德品质。他主张"赖其力者生，不赖其力者不生"。他提倡勤劳和节俭，反对"恶恭俭而好简易，贪饮食而惰从事"。他说："俭节则昌，淫佚则亡。"

道德教育的进行在于言传身教，在于感化。墨家门徒弟子之众，成材之多，是这一学派成为显学的重要因素。《淮南子》赞叹墨家门徒"皆可使赴火蹈刃，死不旋踵"，其原因是墨翟"化之所致"。所谓"化"，即是感化，亦即言传身教，潜移默化。墨翟本人粗衣粝食，胼手胝足。他的弟子禽滑釐师事他三年，面目黧黑，手足也生老茧，役身给使，不敢提出什么要求，这种艰苦作风，得到墨翟的嘉许。严师出高徒，禽滑釐经过长期的熏陶，终成为墨家的巨擘。墨翟抑强扶弱，见义勇为，有人劝其不要"自苦而为义"，他却认为天下莫为义，所以自己更急于为义。身为学派之首，出处进退，以义自处，起示范带头的作用。在他的陶冶和感化之下，大多数门弟子笃守"兼爱""非攻"以及"赖力而生""以自苦为极"的准则，极端重视言行一致，往往闻风而动，不避艰险。这是墨家品德教育的重要特点。

墨家的品德教育、论辩教育和科学教育虽都有其一定的局限性，但有共同的积极因素，即重视实践（行）和联系实际。墨翟强调"言足以迁行者常（尚）之，不足以迁行者勿常（尚），不足以迁行而常（尚）之，是荡口也"。这段话的要义是言必信，行必果，言行一致，说到做到。墨家反对

"言过而行不及"，认为话说得多与说得漂亮而不实行，就得不到好效果。只有"以身戴行"，也就是说，只有用"兼爱交利"的道理指导实践，见诸行动，才能成为"兼士"，才能通过实际行动来教人。

墨家重行，重视实践，但并不是一般功利论者的观点。他们在重视功效或结果的同时，并不忽视行为的动机，而是要求把"志"（动机）与"功"统一起来考察。鲁君凶选择太子而请教墨翟，他建议鲁君"合其志功而观焉"。就是在判断一个人的道德行为的同时，要把动机与结果结合起来。

墨学曾经是显学，《非儒》一篇对儒家做了严厉抨击。儒家孟轲则攻击墨翟兼爱是"无父""禽兽"，但孟轲亦不得不肯定墨翟牺牲自我以救世的精神，说他"摩顶放踵，利天下为之"。墨翟及其后学所倡导的学说和学风，在古代产生过巨大影响。但后来一则由于儒家的反对，二则由于后期墨家内部分裂，并卷入反时代潮流的政治活动，信誉丧失，其学派就趋于衰落了。墨家的一些含有唯物主义因素的、功利主义的、钻研科技的教育思想以及言必信、行必果的学习，是值得称道的。

三 墨家私学的教育管理制度

墨子有许多独到的教育管理思想，并有一套严密的组织管理制度。墨子所办私学，以培养贤士为目标，并重视劳动技能和自然科学知识的传授，深受"农与工肆之人"的欢迎，因此，其弟子众多。《吕氏春秋·当染》云："从属弥众，弟子弥丰，充满天下。"可见墨家私学当时的繁荣昌盛的景象。

（一）墨家的教育管理思想

在文教政策思想方面；墨家代表"农与工肆之人"，其信徒多系直接从事劳作的下层群众，尤以手工业者为多。在政治上提出尚贤、尚同、节用、薄葬、非乐、非命、天志、明鬼、兼爱、非攻等十大主张，其最高的政治理想就是要"兴天下之利，除天下之害"，[①] 最终实现"刑政治，万民和，国

---

① 《墨子·兼爱中》。

家富，财用足，百姓皆得暖衣饱食"①的理想社会。而要实现这一政治理想，墨家和儒家一样，认为最重要的途径就是教育。但是，由于墨家和儒家所代表的社会阶层不同，所勾画的理想社会的蓝图有差异，因此在教育的具体主张上也有所不同。墨家提倡"有道者劝以教人"，及对"隐匿良道而不相教诲"。②墨家不赞成儒家"叩则鸣，不叩则不鸣"的消极等待的施教原则，主张要以"强说人"的精神，积极主动地对施教对象进行说教。培养"为义"的"兼士"或"贤士"，由他们去"兴天下之利，除天下之害"，从而实现"兼相爱"、"交相利"、国泰民安、国富民强的理想社会。③

墨家的文教政策思想反映了一种"以民为本""强本节用"的朴素思想，在政治上提出的十大主张，典型地反映出小生产者、小私有者等下层人民群众的利益，所以墨家学说在下层群众中颇受欢迎。孟轲说："杨朱，墨翟之言盈天下。"④韩非说："世之显学，儒、墨也。"⑤足见墨家学派在战国时期影响深远。尤其在中国历代农民暴动和起义时有关公平、至爱及至鬼神、符命的宣传中，经常贯穿着墨家学派的政治主张。

在墨家私学的教育内容方面，因为墨家所要培养的"兼士"，既要有以"兼爱"为核心的道德品质，又要有履行墨家道义的实际才能和本领，所以墨家不仅重视"知义""为正"的道德教育，而且重视生产劳动职业技能知识的教育，主张通过教育使社会上的人都"各从事其所能"，⑥铲除"不与其劳获其实"的不合理现象。⑦

---

① 《墨子·天志中》。
② 《墨子·尚贤下》。
③ 樊继轩：《感悟大学——对民办（私立）高等教育的思考》，陕西人民出版社，2010，第45页。
④ 《孟子·腾文公下》。
⑤ 《韩非子·显学》。
⑥ 《墨子·天志下》。
⑦ 樊继轩：《感悟大学——对民办（私立）高等教育的思考》，陕西人民出版社，2010，第45页。

（二）墨家私学的组织管理制度

墨家私学以培养"兼士"（或称"贤士"）为目标。兼士有三条标准："厚乎德行""辩乎言谈""博乎道术"，即兼士要能吃大苦耐大劳，爱人利人，有牺牲精神，能竭尽其能去教育人，有实际才干能大有所为。可见，墨家在重德的同时，更为注重培养人的实际才能。

墨子主张"上说王公大人，次匹夫徒步之士"，① 即教育不仅局限于王公贵族，而且要深入社会下层之人。"农与工肆之人"是墨家的主要教育对象，在墨家的教育思想中已含有教育大众化的因素。所以说，墨家把"有教无类"发挥得更淋漓尽致。儒家弟子入学要行束修礼；墨家弟子入学则要先服苦役，能经受住考验，坚守墨家"道义"，才能成为正式弟子。可见，墨子招生授徒带有浓厚的手工业技师的收徒色彩。

墨家私学有严密的组织管理制度。墨家私学的领袖称为"巨子"，门徒要绝对服从。墨子是第一代巨子，下代巨子由上代指定。墨家的制度，巨子和门徒必须共同遵守。墨家门徒的政治活动和经济生活受巨子控制，门徒出任做官是巨子安排和推荐的，而且必须践行墨家学说，否则就要辞官。可见，墨家与儒家虽然并称"显学"，管理体制却别具特色。笔者认为，这可能与墨家招收的门徒多是"农与工肆之人"，提倡职业教育大众化有关，由于墨家的招生生源相对来说文化层次要低于儒家私学，所以说，用严密的组织管理制度去管理私学，更容易出人才。这一现象和我国的民办普通高校针对生源文化层次较低，而实行半封闭化的严格管理有异曲同工之处。②

（三）墨家的自然科学教育和职业教育

墨家私学在教学内容的安排上颇具职业技术教育的特点。墨子对儒家的教学内容择善而用，选《诗》《书》《春秋》为其教学内容的一部分。同时，围绕培养"各从事其所能"的兼士的目标，特别重视劳动技能和自然科学知识的传授，而且这些教育主要是在生产劳动的实践中进行的。

---

① 《墨子·鲁问》。
② 王炳照：《中外教育管理史》，湖南师范大学出版社，2000。

墨家重视科学技术的研究，以帮助"农与工肆之人"。在墨家后学所著的《墨经》中，涉及几何学、物理学、光学、数学等方面的知识，例如在机械方面，谈到了低速、高速、有穷、无穷等问题；在数学方面，提出了无限小、无穷大的观念，发现了零的概念，几何学上的点、线、面问题；在力学方面，阐明了杠杆、天平、秤、滑车、斜面的理论；在光学方面阐明了倒影、平面镜、凹面镜、凸面镜的原理，这些都为我国科技发展史和科技教育史写下了极为难得的光辉篇章。此外，墨家还注重辩论学、逻辑学。这些都说明了墨家的教育内容大大突破了儒家"六经"的范畴。

在墨子的著作中，有相当一部分学说涉及自然科学，如力学、光学、声学等。小孔成像原理还是墨子最早发现的。他的微分学原理，也比西方要早。因此，他被西方科学界称为东方的德谟克利特。早在两千多年前墨家便已有对光学的研究，如光沿直线前进，并讨论了平面镜、凹面镜、球面镜成像的一些情况，尤以说明光线通过针孔能形成倒像的理论原理。在数学方面已科学地论述了圆的定义，在力学方面提出了力和重量的关系等自然科学的探讨。在这种带有职业技能教育性质和自然科学性质的教育中，墨家创造了许多科技成果，在几何学、光学、力学和机械制造等方面均有突出的成就，这是春秋战国时期其他各家私学无法相比的。可以这样说，墨家是开创自然科学教育和创办职业教育的教育先驱。①

第四节　"官私联营"的高等学府：稷下学宫

稷下学宫是战国时期齐国设立的一所著名的高等学府，所谓"稷下"是指齐国都城临淄（今山东省淄博市淄川区）的稷门（城西南首门）附近地区。《史记·田敬仲完世家集解》引刘向《别录》："齐有稷门，城门也。谈说之士，期会于稷下也。"唐代司马贞《史记索隐》亦说："稷，齐之城

---

① 樊继轩：《感悟大学——对民办（私立）高等教育的思考》，陕西人民出版社，2010，第46页。

门也。或云：稷，山名。"《索隐》引《齐地记》云："齐城西门侧系水，左右有讲室，址往往存焉。"《索隐》又引虞喜曰："齐有稷山，立馆其下，以待学士。"可见，"稷"或为城门名，或为山名，地处齐国都城临淄西郊，依山傍水，环境幽静，是进行学术研究或聚徒讲学的理想场所。所谓"稷下"，是指临淄西城门之下或稷山之下的"馆""讲室"而言。

一 从"养士用士"到稷下学宫

（一）稷下学宫产生的政治经济条件

战国时期的封建化改革是从魏国开始的。魏文侯师事子夏、田子方、段干木，重用李悝等人，开创战国时期封建国君礼贤学士、重视学术研究和培养人才的风气。齐国也是实现封建化较早的国家。公元前481年，齐国新兴地主阶级代表田恒（田成子）发动武装政变，杀死齐简公，自为齐相；公元前386年，田氏取代姜姓成为齐国君主，标志着封建制度在齐国确立。为了适应对内政治和经济的变革，对外争霸称雄的需要，齐国统治者不仅要招纳、网罗天下贤才，而且还想培养、训练新一代贤士。因此，创办稷下学宫就成为田氏代齐后历代齐国统治者的明确意识。

齐国具有兴办稷下学宫的经济条件。齐国地处东方，偏离征战频繁的中原，加之四境都有天然防御屏障，被称为"四塞之国"。因此，虽处战争年代，却有比较安定的生产环境。当时齐国的农业、手工业和商业都较发达，境内人烟稠密，是一个富强大国。国都临淄在各国城市中最大也最繁华。城中人口众多，市民殷实，娱乐活动无所不有，如此繁华的大都市就成为设立学宫的理想处所。[①]

稷下学宫的始建时间，在田氏齐桓公在位期间。据《中论·亡国》记载："昔齐桓公立稷下之宫，设大夫之号，招至贤人而尊宠之。"《新序》云："邹忌既为相，稷下先生淳于髡之属七十二人轻邹忌。"邹忌于齐威王

---

① 樊继轩：《感悟大学——对民办（私立）高等教育的思考》，陕西人民出版社，2010，第58页。

九年任齐相，齐威王继齐桓公为齐国国君，《新序》的这一记载证明《中论·亡国》关于稷下学宫创设于田氏齐桓公（即田午，公元前375～前357年在位）在位期间的说法是可信的。

稷下学宫与古希腊柏拉图在雅典创立的"逍遥学院"时间不相上下。学宫创立后始终与齐国政治发展息息相关。齐桓公之子齐威王虽任用邹忌实行法治，也注意发展文化教育，招徕和培养人才。各国学者愿来稷下著书讲学者皆礼遇之，愿留者均称为"稷下先生"，并给予优厚的待遇。故此，各国学者来稷下游学者络绎不绝。稷下学宫初盛，成为闻名于各国的文化、教育、学术中心。①

（二）稷下学宫是养士之风的教育组织

稷下学宫又是养士之风的教育组织。养士而强，士多而霸，愈益成为战国时期各国公室和私室的共识。招揽有识、有才之士而礼遇之蔚然成风。齐国田氏向来重养士，田氏为大夫时就采取减轻剥削和礼贤下士的手段，以得士民之心，结果士民"归之如流水"。田氏势力由此而大，终至取得齐国政权。成为国君后，田氏就能凭借国家的力量扩大养士规模，并加以组织化、制度化。稷下学宫也就应运而生。②

刘向《别录》说："方齐宣王、威王之时，聚贤士大夫于稷下，号曰列大夫。"《史记·田敬仲完世家》说："齐宣王喜文学游说之士……是以稷下学士复盛，且数百千人。"《风俗通义·穷通》亦云："齐威宣王时，聚天下贤士于稷下。"③ 齐宣王、齐湣王时稷下学宫达到鼎盛，齐宣王欲与魏秦争霸，有统一天下的雄心，因此，更广泛罗致各国人才，扩建学宫，开府第以居学士，兼容各家，鼓励争鸣。来游学者达数百上千人，被赐为"上大夫"的著名学者有76人。稷下各派在此展开热烈的学术论辩，使稷下学宫成为诸多学派进行思想交锋的园地，既展现了学术发展的成就，也表现了齐国政治的极盛。

---

① 樊继轩：《感悟大学——对民办（私立）高等教育的思考》，陕西人民出版社，2010，第59页。
② 孙培青：《中国教育史》，华东师范大学出版社，2000，第56页。
③ 黄中业：《战国盛世》，河南人民出版社，1998，第308页。

齐湣王时稷下师生一度多至数万人，但齐湣王好用权谋且独断专行，诛杀大臣、连年用兵、国库空虚，不能对稷下先生的见解从善如流。于是，到齐湣王后期，无论稷下学宫还是齐国都呈现颓势，荀况等一批稷下先生纷纷离去。公元前 284 年，齐湣王被燕赵韩魏秦联军打败，临淄失陷，稷下学宫也遭破坏，陷于停顿达五六年之久，元气大伤。

湣王之子齐襄王复国当政时，恢复稷下学宫，招回和招聘了一批稷下先生，使学宫仍成为学术争鸣和传播场所。荀况是当时的德高望重者，三次被尊为祭酒。尽管传统依旧，但因国力不济，稷下已盛况不再。

襄王死后，齐王田建在位 40 余年，面对秦国咄咄逼人之势采取退让保守政策，政治上无所作为且拒谏妒贤，也使稷下学宫缺乏生气，江河日下。公元前 221 年，秦军攻入临淄，田建投降，齐国亡而稷下终。[①] 稷下学宫经历了战国中期与后期，前后达 150 年左右。[②]

二　稷下学宫的办学特色

稷下学宫的创建意味着先秦士阶层发展的登峰造极，也表现了养士之风的制度化。作为特殊历史条件下的产物，稷下学宫与之前的官学，与同时代的一般私学，与以后时代的官、私学校相比，都显得独具特色。

（一）稷下学宫是人才聚集的学术中心[③]

稷下学宫的初创是出于田齐政权"招贤纳士"的目的。齐宣王曾说："寡人忧国爱民，固愿得士以治之。"[④] 齐政权为这些稷下先生们"开第康庄之衢，高门大屋，尊崇之。览天下诸侯宾客，言齐能致天下贤士也"[⑤]。齐

---

① 孙培青：《中国教育史》，华东师范大学出版社，2000，第 57 页。
② 樊继轩：《感悟大学——对民办（私立）高等教育的思考》，陕西人民出版社，2010，第 59~60 页。
③ 樊继轩：《感悟大学——对民办（私立）高等教育的思考》，陕西人民出版社，2010，第 60~61 页。
④ 《战国策·齐策四》。
⑤ 《史记·孟子荀卿列传》。

国 "立淳于髡为上卿。赐之千金，革车百乘，与平诸侯之事"①，完全是一方诸侯的宏大气势。孟子离齐时，齐威王曾 "馈兼金一百"，齐宣王也以 "养弟子以万锺"② 为条件来挽留孟子。不仅如此，田骈 "设为不宦"，齐为他 "訾养千锺，徒百人"③；孟子出门时 "后车数十乘，从者数百人"④。齐国君视他们为 "瑰宝"，把他们看成光照千里的人物，是金银明珠无可伦比的宝贵财富。这不仅防止了人才的外流，而且吸引着天下名士纷至沓来，使稷下成为当时人才聚集的学术中心和教育场所。

齐宣王时 "盖齐稷下先生，千有余人"⑤。如果再加上学生，学宫在当时就是拥有数千人规模的高等学府了。齐宣王时，正值齐国鼎盛之时，曾大败魏于马陵，出兵伐燕，仅用了五十天的时间就攻入燕都，齐国国威大震诸侯。而这时也是稷下学宫发展的高峰，二者珠联璧合，相映生辉。反过来，兴旺发达的稷下学宫作为封建官吏养成所，也为齐统治者进行改革和整顿吏治，源源不断地输送大批有真才实学的官吏做了准备。例如，"淳于髡一日而见（荐）七人于宣王"⑥；齐宣王在稷下先生王斗的劝说下，"举士五人任官，齐国大治"⑦；邹忌更是从稷下学宫走上仕途，官至齐相，并成功地实施了其法治思想的代表人物。⑧ 像稷下学宫这种凡游学者皆来者不拒的 "包下来" 做法，非由官办而不能行。这种规模的养士使任何国家公室和私门的养士都相形见绌。所以，从主办者和办学目的来看，稷下学宫是官学。

（二）养士制度演变而成的教育机构⑨

稷下学宫是由养士制度发展演变而成的教育机构，它保持了充分尊重士

---

① 《说苑·尊贤》。
② 《孟子·公孙丑下》。
③ 《战国策·齐策四》。
④ 《孟子·滕文公下》。
⑤ 《盐铁论·论儒》。
⑥ 《战国策·齐策三》。
⑦ 《战国策·齐策四》。
⑧ 刘捷：《简论稷下学宫与我国尊师重道传统》，《管子学刊》2001 年第 3 期，第 17~22 页。
⑨ 樊继轩：《感悟大学——对民办（私立）高等教育的思考》，陕西人民出版社，2010，第 61~62 页。

人之所学、不加干涉与限制的风范。稷下的教学和学术活动，由各家各派自主，齐国官方并不多加干预。稷下学宫的内部教学结构，则是由各家私学所构成，当时各学派名人，大都自办私学，带着学生来稷下，如淳于髡"诸弟子三千人"，孟子"从者数百人"，田骈"有徒百人"，宋钘、尹文"率其群徒，辩其谈说"①。这些学者名流所随弟子多者数千、数百人，少者也有几十人或数人，他们成为稷下学宫的基本成员。各家来去自由，齐王不仅不阻挡，而且还采取来者不拒、去者赠送路费的政策，对去而复归者仍表示欢迎。所以，从稷下学宫的教学和学术活动及其内部教学结构来看，稷下学宫又具有私学的性质。由于稷下学宫兼备官、私两种性质，英国的李约瑟在《中国科学技术史》中将之称为"稷下书院"②。

稷下学宫的重要特色之一是容纳百家、思想自由。当时稷下曾先后存在过儒家、道家、法家、名家、阴阳家，还可能存在过墨家、农家，以及博学而无所归属的学者。各家各派都在稷下得到过比较充分的发展，先后称雄一时。这一事实说明，齐国统治者只是为稷下的学术活动创造了物质条件，各家各派在学术上的发展则都是各学派自己的事。正因为学派自主，才会有百家之学的竞呈。一是不以统治者的好恶独尊一家而压制其他各家，或以一家为标准统一各家；再是充分允许各家"各著书言治、乱之事，以干世主"③。齐国统治者的这种措施，就保证了稷下各家各派在学术和教学活动中的私学性质。④

稷下学宫虽由官方投资，但打破了奴隶主贵族的等级制，不仅学生"有教无类"，而且教师也不分贵贱择优聘请，连出身家奴、身为赘婿的淳于髡都成了著名的"稷下先生"和"祭酒"，学宫的首领也不是官方任命，而是由师生公推，任期也不固定，如荀子曾经是"最为老师"，以至三次连任"祭酒"，即学宫首领（相当于校长）。从此意义上又可以说稷下学宫

---

① 《荀子·正论》。
② 李约瑟：《中国科学技术史》（第1卷第1分册），科学出版社，1975，第199页。
③ 《史记·孟子荀卿列传》。
④ 孙培青：《中国教育史》，华东师范大学出版社，2000，第57页。

是私学。正是因为稷下学宫在学术上的私学性质才保证了它在学术上的繁荣。

三 稷下学宫的学术与社会职能

（一）稷下学宫的学术研究职能①

稷下学宫的另一重要特色是学术性，首先在于它是一个庞大的研究与传授学术的中心。稷下学宫兼容并蓄各个学派，是研究学术、自由辩论的争鸣场所。它向各国有识之士敞开大门，使天下学者之精英云集稷下学宫。齐国提供了优厚的物质条件和学术环境，既是论坛，又是齐国的学术研究院。从学派来看，有儒家、道家、法家、阴阳家、兵家、农家、名家等，任何一家都只能暂时取得相对优势，而不能永久占据绝对统治的地位，各个学派为了适应竞争、避免淘汰而存在下去，也都需要特别积极地发展思想理论，因此稷下学宫创建了学术繁荣的局面。②

据《史记·田敬仲完世家》和《孟荀列传》的记载，当时来到稷下的各国著名学者有邹衍、淳于髡、田骈、接子、慎到、环渊、荀况等 8 人。此外，据《史记·鲁仲连传正义》引《鲁连子》，知徐劫、鲁仲连、田巴亦为稷下先生；又据《庄子·天下篇》，知彭蒙、季真为稷下先生；近人又据《战国策》的记载，提出王斗、倪宽为稷下先生；孙以楷先生又"据《战国策》《说苑》《韩非子》诸书记载，认为……唐易子、公孙固、田过、列精子高、匡倩、告子、黔娄子、孔穿、能意、闾丘先生等人可能是稷下先生"。在《稷下学宫考述》中，孙先生还依据《盐铁论·论儒》的有关记载，论证了孟轲应列入稷下先生之列，同时指出"墨子的弟子及后学中有不少是齐国人……在可以查知国别的墨子后学中，齐人占了很大比重……实际上，著名的稷下先生宋钘就有明显的墨家倾向"。③

---

① 樊继轩：《感悟大学——对民办（私立）高等教育的思考》，陕西人民出版社，2010，第 62～63 页。
② 郭齐家：《中国古代学校》，商务印书馆，1998，第 69 页。
③ 孙以楷：《稷下学宫考述》，文史，第 23 辑。

上列孟轲、荀况、邹衍、淳于髡、慎到、宋钘、尹文、田骈、接子、环渊、鲁仲连、徐劫、田巴、彭蒙、季真、王斗、倪宽、唐易子、公孙固、田过、列精子高、匡倩、告子、黔娄子、孔穿、能意、间丘先生等 29 人先后前来齐国稷下讲学或著书立说。①

学术性一方面表现为各家各派的讲学和思想交锋；另一方面就表现为著书立说。稷下学者留下的著作堪称丰富。仅据《汉书·艺文志》记载，与稷下有关的子书就有：《孙卿子》《公孙固》《蜗（环）子》《田子》《捷（接）子》《邹子》《邹子终始》《慎子》《尹文子》《宋子》等，分属儒、道、阴阳、法、名诸家。除了学术风格鲜明的各家子书外，稷下还留下了一些集体劳动的学术成果。如《管子》托名管仲所作，实则是一部以法家为主的稷下先生的论著汇集，故人称"稷下丛书"；记述春秋末晏婴遗闻逸事的《晏子春秋》，柳宗元认为"非齐人不能具其事"②，完全有可能是经稷下先生整理而得以流传；受齐威王之命整理的军事论著——《司马兵法》是出自众"大夫"之手。③

西汉时期，传授《易》学的田何、施雠、孟喜、梁丘贺、费直、高相、服光等人皆为齐学或受齐学的影响；传授《尚书》学的伏生以及欧阳和伯、夏侯胜、夏侯建三派均为齐学；传授《诗》学的《齐诗》以及《毛诗》《鲁诗》都与稷下学宫有关；传授《礼》的后仓及其弟子戴德、戴圣、庆普，后仓治《礼》采鲁学，治《诗》《孝经》采齐学；传授《论语》的在汉初有《齐论》《鲁论》《古论》三家；传授《孝经》的在汉初有齐学一派。可见，在汉初的儒学中，齐学往往被立于学宫，居于官学的地位。这种情况，显然与稷下学宫在当年曾是中原各国的学术中心有关。④

战国中后期大批著名学者在稷下著书立说的诸多记载，还有西汉初年齐学在传授《六经》的官学中居于主导地位的大量事实表明，战国至汉初的

---

① 黄中业：《战国盛世》，河南人民出版社，1998，第 313 页。

② 《辩晏子春秋——柳河东集》，上海人民出版社，1974，第 70 页。

③ 《史记·司马穰苴列传》。

④ 黄中业：《战国盛世》，河南人民出版社，1998，第 314 页。

中国学术之盛，实与稷下学宫有着密不可分的联系。凡此种种，表明了稷下学术研究的活跃。稷下先生积极著书立说，与讲学、争鸣互为因果、互为表里，从又一个方面展现了稷下学宫作为学术研究型高等学府的特色。①

（二）稷下学宫的社会服务职能②

稷下学宫还有一个显著特点，即它同战国社会实际的联系，为当时的社会服务的特色。稷下学宫汇聚了一大批有谋略的知识分子，使其成为一个政府的智囊和咨询机构。著名学者授予"上大夫"的职位，但不做行政官吏，而参与议论政事，充当高级顾问，"不任职而论国事"，并专设讲坛，"各抒己见"，陈述利害，纵论天下大事。他们不仅是齐国的谋士，也率徒游学，往来各国，"上说下教"，"合则留，不合则去"，拥有充分的学术自治权。

稷下学宫中的先生和学士，并非一些"两耳不闻窗外事，一心只读圣贤书"、不问世事的书生。他们关心天下时事，特别是齐国的政治。所谓"不治而议论""各著书言治乱之事，以干世主"，恰恰说明齐国政府出资创设稷下学宫，终归还是为着使它服务于齐国的政治和经济。此外，其他如孟轲，据《孟子·梁惠王》记载，他在齐国游学期间，曾多次就国事向齐宣王进言。刘向《别录》一书，亦有关于"齐使邹衍过赵"的记载。可见，稷下先生们不仅关心时事，而且有些人为兴盛齐国曾做出了自己的贡献。③ 这一特色，与当代倡导为社会服务理念的欧美大学体制颇为相似。

稷下先生中虽然有人较多地参与了齐国的政治活动，但这并不能改变稷下先生们的学者身份。即便是淳于髡本人，亦不曾在齐国政府中担任任何官职，更不必说其他人了。他们的议政和参政，充其量不过是"不任职

---

① 樊继轩：《感悟大学——对民办（私立）高等教育的思考》，陕西人民出版社，2010，第64页。

② 樊继轩：《感悟大学——对民办（私立）高等教育的思考》，陕西人民出版社，2010，第64~65页。

③ 黄中业：《战国盛世》，河南人民出版社，1998，第311页。

而论国事"而已。"邹忌既为相，稷下先生淳于髡之属七十二人轻邹忌"一事表明稷下先生们是以不到政府中担任官职而自视为清高的。稷下先生们一般并不改变其学者身份的事实说明，稷下学宫是名副其实的学术研究中心。

综上所述，稷下学宫是一所兼具官、私两种性质，更显示私学特色，把学术研究和当时的社会政治经济紧密结合起来的学术研究型大学。[①]

第五节　稷下学宫的管理制度和组织结构

稷下学宫是世界上第一所由官方举办、私家主持的特殊形式的高等学府。中国学术思想史上这场不可多见、蔚为壮观的"百家争鸣"，是以齐国稷下学宫为中心而展开的。它作为当时百家学术争鸣的中心园地，有力地促成了天下学术争鸣局面的形成。稷下学宫的管理制度和组织结构也具有十分鲜明的特色。

一　稷下学宫的"民办官助"办学体制[②]

稷下学宫可以说是首开"民办公助"办学模式的典范，它的教育体制是一种民办官助的体制，它的一切教学设施及教学、生活所需经费，都是由齐国官方资助的。养士用士始终是齐王创办学宫的目的。齐王要亲自召见游说而来的名士，如对其认可便分别授予上卿、客卿、上大夫、大夫等名誉头衔，并给予优厚的待遇，让他们"不治而议论"，充当齐王的智囊。稷下学宫的经费是齐国资助的，但是学宫的管理、讲学、研讨则由私人主持，官方并不干预。凡是稷下学宫讲学者，均被尊为"稷下先生"。而他们的学生被称为"稷下学士"。稷下先生之首，由公众推举，称为"祭酒"。祭酒虽享

---

① 樊继轩：《感悟大学——对民办（私立）高等教育的思考》，陕西人民出版社，2010，第65页。

② 樊继轩：《感悟大学——对民办（私立）高等教育的思考》，陕西人民出版社，2010，第65～66页。

有崇高荣誉并颇具影响，但不具有行政上的领导权力。如荀子在稷下因
"最为老师"，曾多次被推为"祭酒"。各位稷下先生都有自己的门第，互不
相属，各自直接从齐国政府领取经费。至于稷下学士，则各自分属于他们的
导师即稷下先生。每位稷下先生的门第之中，亦是他们属下弟子们学习、生
活的场所。所以说从内部的教学管理上，稷下学宫又是私学的集合体。这一
组织系统表明：当年在齐国稷下地方，每位稷下先生的府第，犹如今天的一
所大学的二级学院（系），整个稷下学宫，则是由几十座二级学院所组成的
一个庞大的学府。齐国的统治者对各家讲学的内容采取择善而从的态度，从
不加以干涉和限制，各家在教学上仍保持着私学的传统，按自家的制度管理
学生，按各家的学说去讲学和进行学术研讨。

　　稷下学宫办学实行门户开放、学术自由的原则。稷下学宫为天下学者提
供优越条件和天下学者云集稷下的盛况，使稷下学宫成为汇集古今学术的渊
海。当时，来自各国的知名学者，分别属于儒、墨、道、法、阴阳、黄老、
名辩、纵横、兵家以及农家等不同的学术流派。在这里没有门户之见，各家
各派都可以自由来去，自由讲学。因此，稷下学宫学派林立，诸子百家，无
所不包，最盛时曾会集数千学者，70 多位大师。据历史资料记载：淳于髡
死，"诸弟子三千人为缞绖"。淳于髡是稷下学宫中公认的首领人物，死时
"诸弟子三千人"为他服丧，可见稷下学士的人数之众。而且，游学稷下的
各家私学，也实行门户开放，欢迎其他学派的弟子前来听讲，也允许自家弟
子到其他学派门户去听讲。稷下学宫还实行"期会"，即定期举行学术研讨
会，稷下所有师生和游学之士都可参加，或一人去讲，然后辩论，或提出题
目，大家讨论，总之，师生之间，学派之间，自由论辩蔚然成风。在辩论中
各派学者吸取对方的长处，弥补自己的短处，从而完善了自己的观点和学
说，并多有著述传于后世。

　　例如孟轲于齐威王、齐宣王在位期间，曾两度来到齐国，参与稷下不同
学派的学术研讨与辩论。《孟子》书中很大一部分篇幅与稷下及齐国有关。
今传世的《荀子》一书，事实上大部分是荀况在稷下任"祭酒"时从事教
学活动和学术研究的结晶。

据文献记载及古今学者的考证，成书于稷下学者或齐人战国时期的典籍，有管仲学派所撰写的《管子》，墨家学派所编写的《晏子春秋》，孟子学派所撰写的《公羊传》，兵家学派所撰写的《孙膑兵法》《司马穰苴兵法》，纵横家学派所撰写的《战国纵横家书》，黄老学派尹文所著的《尹文子》，由孟子学派、荀子学派所编写的《孝经》，以及由稷下学者撰写的《考工记》等有关自然科学如天文、医学、数学、力学等方面有关论著。①

二 《弟子职》是稷下学宫的学生守则②

稷下学宫门户开放，学术自由，为学者提供了宽松的环境和氛围。但是，并不是毫无规矩。《管子》中有一篇《弟子职》，据考证"当是齐稷下学宫之学则"。这也是中国最早的学生守则。

《弟子职》对稷下学士在学习、生活中应遵守的行为规范做了全面、详细的规定。《弟子职》开篇就说："先生施教，弟子是则。温恭自虚，所爱是极，见善从之，闻义则服。"首先，要求学生虚心受教，尊敬老师。接着又提出："先生将食，弟子馔馈，摄衽盥漱，跪坐而馈，置酱错食，陈膳勿悖。"对如何悉心、恭敬地服侍老师的饮食起居规定尤为细致。还规定："先生乃坐，出入恭敬"，"师出皆起"，"若有所疑，奉手问之"。其次，要求学生饮食起居要有良好习惯，言谈举止、待人接物要有修养。如学生要"温柔孝悌，毋骄恃力，志毋虚邪，行必正直，游居有常，必就有德。颜色整齐，中心必式。夙兴夜寐，衣带必饰"。总之，要求学生"凡言与行，思中以为纪"。并且规定了学习的规则。如"朝益暮习，小心翼翼，一此不解（懈）""受业之纪，必由长始，一周则然，其余由否""先生即息，各就其友，相切相磋各长其仪"。

---

① 樊继轩：《感悟大学——对民办（私立）高等教育的思考》，陕西人民出版社，2010，第48页。
② 樊继轩：《感悟大学——对民办（私立）高等教育的思考》，陕西人民出版社，2010，第49页。

《弟子职》的这些守则说明了稷下学宫的管理松而不散、自由而有序，为后世提供了高等学府管理的范例。

三 稷下学宫的大学组织结构模式

稷下学宫的办学实践，不仅开创了民办官助的私立高等教育模式，还繁荣了战国时期的学术。战国时期学术界的百家争鸣、群星灿烂，虽然有其深刻的社会历史根源，但它毕竟同稷下学宫的存在与繁荣有着密不可分的联系。稷下学宫虽然设在齐国，但它招纳的天下众多学者在这里传授弟子、著书立说的事实说明，战国时期的百家争鸣及其成就和学校之属多荟萃于此。稷下学宫实为战国时代百家争鸣、学术繁荣的缩影，是当时全中国名副其实的最高、最大的研究与传授学术的中心，最高学府。在某种意义上说，没有稷下学宫的长期存在，战国时期的百家争鸣、学术（包括自然科学诸学科）繁荣便不可能达到那样的规模和高度。稷下学宫的教育管理思想和办学模式对后世封建社会时期的高等教育影响深远，战国时代学术界的群星灿烂，同稷下学宫的繁荣昌盛是浑然一体的。稷下之学在历史上是有功于中国乃至于全人类文化教育事业的一大丰碑。

（一）稷下学宫的分权组织结构

关于稷下学宫的组织结构，从现有的材料来看，各位稷下先生都有自己的门第，互不相属，各自直接从齐国政府那里取得经费。在这些被称为"上大夫""列大夫"的众多稷下先生之中，有一位公认的首脑人物，被称为"祭酒"，他德高望重，学识渊博，虽享有崇高的荣誉并颇具影响，但不具有行政上的领导权力。齐威王、齐宣王时期，所谓"淳于髡之流""淳于髡之属"的一类提法表明，淳于髡是当时稷下先生中的首脑人物。在"齐襄王时，而荀卿最为老师，齐尚修'列大夫'之缺，而荀卿三为祭酒"（《史记·孟子荀卿列传》）的记载表明，齐襄王时期，荀况是稷下先生中的首脑人物。至于稷下学士，则各自分属于他们的导师即稷下先生。每位稷下先生的门第之中，亦是他们属下弟子们学习、生活的场所。可见，稷下学宫的组织系统是：从后勤经费管理上：齐国政府—稷下先生—所属稷下学士。从教学和学术管理上：

祭酒—各位稷下先生—所属稷下学士。而各位稷下先生及其所属学士，彼此间不存有隶属关系。这一组织系统表明：当年在齐国稷下地方，每位稷下先生的府第，犹如今天的一个大学的学院或学系，整个稷下学宫，则是由若干个学院或学系所组成的一所综合型大学校区。①

此外，几乎每个稷下先生都有不同的学派，他们所从事的学术研究各有千秋，所讲授的课程各具特色、各不相同。稷下之学几乎包揽了当时社会上的各个学科流派，如：注重德治的儒家私学，含有哲学思想的黄老道家私学，注重法制之术的法家私学，注重自然科学、生产技术、逻辑学的墨家私学，名家之学、农家之学、兵学、阴阳学，可以说，无所不包，无所不学。这些不同的学科和学派大师云集稷下学宫，使稷下学宫成为一所延揽天下学者之精英，汇集古今学术之渊海，融合各种学科之流派的多学科、多层次的综合型大学。

从系统角度讲，大学是社会、经济系统的亚系统，不同的政治、经济体制，就会形成不同的大学组织结构。体制与大学组织结构具有一种直接的关系，这种直接关系就是体制决定大学组织结构。假如是集权的体制，那么就会形成集权的大学组织结构。反之亦然。集权体制的国家，大学几乎是类似于政府的组织，而不可能是学术组织。②

实行分权体制的国家，大学组织结构学术化、自治性特点非常明显。政府与大学在职能定位上比较明确：政府办校，学校办学。即政府主要通过制定法律、法规、制度、政策、拨款等手段，为大学办学创造一个更为宽松而规范的社会环境，而不直接干预大学的具体办学。作为学术组织的大学，以传播和促进学术繁荣和进步为己任，这是大学组织的重要特征。无论是教学，还是科研，都是以学术为核心而展开的。即使社会服务，也不会像经济组织一样，是劳力、产品和技术的服务，而是一种知识、智力的服务。

---

① 樊继轩：《感悟大学——对民办（私立）高等教育的思考》，陕西人民出版社，2010，第65~66页。
② 樊继轩：《感悟大学——对民办（私立）高等教育的思考》，陕西人民出版社，2010，第66页。

既然学术性是大学组织的本质特性，那么与之对应的大学组织结构应是分权模式。①

从上述关于大学组织结构的论述中，我们可以看出，先秦时期的齐国政府与稷下学宫在职能定位上比较明确，是一种政府投资办校、学者办学的分权组织结构模式。精英化阶段的大学组织结构一般由大学—若干个不同学科的院系而组成。稷下学宫的大学组织结构：稷下学宫—若干个不同学派的稷下先生府第—所属稷下学士，若干个稷下先生及府第就相当于现代大学若干个不同学科的院系。所以说，稷下学宫是一所具有政府办校、学校办学的分权模式，相当于现代大学精英化阶段的大学组织结构的多学科、多层次的综合型大学。②

（二）稷下学宫的大学组织机构体系

综上所述，中国古代的私立大学是在西周时期奴隶制社会趋于崩溃瓦解，在"学在官府"的废墟和"学术扩散"的新基石上兴起并得到发展的。春秋时期，具有游学性质的孔墨私学已初具高等教育的雏形，而养士用士之风则对春秋末期战国初期私立大学的兴起起到了推波助澜的作用。从教育意义上说，养士用士的公室或私门，都像是一所私学或一些私学的集合体，而每一个学派开办的私学均是从事高等教育的场所。可以说，养士用士是中国古代私立大学形成的源泉。春秋末期战国初期由孔墨私学、养士用士之风形成的私立大学只是一种较简单的高等教育的体制，而稷下学宫的出现意味着先秦时期养士用士之风达到了登峰造极的地步。稷下学宫已发展成一所具有政府办校、学校办学的分权模式，相当于现代大学精英化阶段的大学组织结构的多学科、多层次的综合学术型大学。稷下学宫的种种职能，充分显示了它作为一所高等学府的存在价值，也表明了"高等学府"应当具备的基本内涵。

大学理念是大学的时代精神，它总是伴随时代的发展和大学制度的变迁

---

① 郭石明：《社会变革中的大学管理》，浙江大学出版社，2004，第 25 页。
② 樊继轩：《感悟大学——对民办（私立）高等教育的思考》，陕西人民出版社，2010，第 67 页。

而发生变革。大学理念是明确对大学"应该做什么"和"应该怎么做"作出价值判断，使大学的整体行为具有自觉性和目的性。从传授知识的场所、教学与科研相结合，再到为社会服务，这是欧洲中世纪大学到现代大学理念发展的轨迹。①

从大学理念的发展来看，其"传授知识的场所、教学与科研相结合"理念是基于大学内部的教学、教学与科研的关系上来认识大学组织的，"为社会服务"理念是基于大学与社会关系上来认识大学组织的。从大学组织职能结构分析，为社会服务的理念，使大学原有的两个职能（教学和科研）向第三个职能（社会服务）拓展和延伸，使大学组织形成了比较合理和完善的职能体系。同时，为社会服务理念的确立，使大学从根本上突破了大学组织的封闭性，在为社会服务过程中，与社会融为一体。现代大学与传统大学本质不同的是，传统大学可以在封闭的环境里求生存求发展，而现代大学则不能，离开了社会的支持和关心，大学必将一事无成。现代大学不仅是传授知识的场所，而且大学成了高精尖技术研究和开发的基地，成了政府的智囊，企业信息库、技术库、人才库。而各种各类的课题小组、技术攻关小组、社会问题研究组织，比比皆是。因而，大学组织中有政府、企业的科研组织，而在政府、企业组织中有大学教授和学者的身影，你中有我，我中有你，大学组织变成了一个与政府、社会企业互相渗透、共同合作的开放型组织。②

在悠久的文明发展历程中，中国呈现的是一种与欧洲国家截然不同的学术价值体系。无论是中国先秦时期的孔墨私学、稷下学宫，还是唐宋明清的书院，中国古代的私立大学不仅是传授知识的场所，而且其教学与学术研究、著书立说始终是紧密结合的。先秦时期中国古代的私立大学则把符合国家、社会的利益和需求作为大学发展的首要宗旨。

纵观中国大学教育的发展，可以看出中国大学理念总体是以政治论为基

① 樊继轩：《感悟大学——对民办（私立）高等教育的思考》，陕西人民出版社，2010，第67~68页。
② 郭石明：《社会变革中的大学管理》，浙江大学出版社，2004，第49页。

础的。虽然中国古代大学，有官学和私学两种形式，但在古代中央集权统治的制度下，官学和私学均强调大学为国家培养人才。尤其是以孔墨私学和养士用士起源的稷下学宫为代表的中国先秦时期的私立大学，其为当时的政治和社会服务的职能更为明显。如儒家私学的"修身、齐家、治国、平天下""建国君民，教育为先""学而优则仕""大学之道，在明明德，在亲民，在止于至善"的办学理念；墨家私学以自然科学、生产技术和逻辑学为主要内容的职业教育；道家私学以其深远的思想和哲学体系，与儒、墨三足鼎立；法家学派则异军崛起，短时间内就以其"霸术"思想得到各国统治者的青睐，对战国末年的社会发展以及秦王朝的统一都产生了决定性影响。

　　稷下学宫则融合了儒、墨、道、法等不同的学派，使其服务于齐国的政治和经济。稷下学宫汇聚的这一大批有谋略的知识分子，使其成为齐国政府的一个咨询机关和学术研究院，而在齐国政府中又有稷下先生的身影，你中有我，我中有你，稷下学宫变成了一个与政府、社会互相渗透、共同合作的开放型组织。所以说，稷下学宫已涵盖了传授知识、教学与学术研究相结合、为齐国的政治和社会服务这三项大学的基本职能，是一所类似于现代大学组织结构模式的综合型大学。[1]

---

① 樊继轩：《感悟大学——对民办（私立）高等教育的思考》，陕西人民出版社，2010，第 68 ~ 69 页。

第三章
战国时期"诸子百家"的教育学说
——春秋战国时期的民办教育（公元前 770～公元前 221 年）

战国时期是社会的转型时期，生产力大发展为更多的人脱离物质生产从事脑力劳动，为思想、科学、文化、教育的发展提供了更丰富的物质产品和更宽广的活动舞台。战国时期又是一个大动荡大变革时期，各阶级矛盾尖锐，构成了战国时期思想学术、文化教育发展的社会基础。战国还是一个思想科学文化大繁荣时期，战国时期各政治集团为了加强自己的势力竞相网罗招致士人，由于士需要经过一定的学习与训练才能造就，因此人们拜师求学，促进了私学的大发展。百家争鸣，各家各派为了传播自己的思想，进行施教，促进了私学的发展与兴盛。

春秋战国时期的私学，除儒、墨学派之外，还有道家、法家、名家等诸子学派，他们从教育理论上均对中国古代教育有重大贡献。尤其是儒家后学，总结了这一时代的教育思想和教育经验，撰写了《学记》《大学》《中庸》，阐述了教育的作用、学制的体系、道德教育体系、教学原则和方法、教师的地位等方面的理论，成为世界上最早的、自成体系的教育著作，奠定了中国古代教育的理论基础。

第一节　战国时期的道家和法家教育学派

从春秋战国时期看，办教育最成功的是儒家和墨家，并称为"孔墨显学"，他们的教育思想也最为系统丰富。此外，对中国古代教育产生重大影响的还有道家、法家等不同学派的教育思想。尤其是道家、法家，其教育成就虽然不及儒家和墨家，但它们的教育主张却很有特色。这些理论与儒家教育观共同作用，交相辉映，对后世产生了重大影响，奠定了中国古代传统教育理论的基础。

一 老子、庄周与道家的教育主张

老子（约前 571 ~ 前 471 年）：字伯阳，谥号聃，又称李耳（古时"老"和"李"同音；"聃"和"耳"同义），楚国苦县厉乡曲仁里人（今河南鹿邑太清宫镇）。① 曾做过周朝"守藏室之官"（管理藏书的官员），是中国最伟大的哲学家和思想家之一，被道教尊为教祖。老子乃世界文化名人，世界百位历史名人之一，存世有《道德经》（又称《老子》），其作品的精华是朴素的辩证法，思想主张无为而治，其学说对中国哲学发展具有深刻影响。《道德经》分为上、下两册，共 81 章，前 37 章为上篇道经，第 38 章以下属下篇德经，全书的思想结构是：道是德的"体"，德是道的"用"。全文共计五千字左右。《老子》以"道"解释宇宙万物的演变，"道"为客观自然规律，同时又具有"独立不改，周行而不殆"的永恒意义。

道家的创始人为老子，以后发展为两派：一派集中在齐国稷下，因抬出黄帝来发明老子之术而称为稷下黄老学派，其中有宋钘、尹文、接子、环渊、田骈、慎到等人。他们发展了《老子》书中对社会实践成败、得失的研究。另一派是以庄子为代表。他们都继承了老子的思想。稷下黄老学派的学说经过荀子、韩非子改造后，向唯物论方向发展，产生了积极的意义。以庄子为代表的道家学派，认为教育是桎梏人性的，应该取消。庄子对魏晋时期的教育产生了深刻的影响。

（一）培养"上士"是道家的教育目标

道家在教育目标上，主张培养"上士"或"隐君子"。老子说"上士闻

---

① 李水海：《老子国籍考辨》，中国老子网，2013 年 1 月 23 日［引用日期］2014 年 3 月 3 日。

道，勤而行之"，这里说的"上士"就是能体会自然之道的人。在老子看来，世界万物的总根源是"道"。道的本质特征就是自然，道家又称之为"自然无为"。老子说："道恒无为，而无不为。侯王若能守之，万物将自化。"所以道家的理想就是要"道法自然"，回到自然中去，过着"小国寡民""甘其食，美其服，安其居，乐其俗。邻国相望，鸡犬之声相闻，民至老死不相往来"的生活。因此，道家对孔子提出的积极有为的"仁"，采取了否定态度，认为其不合自然之道。教育应视为将种种人为影响逐渐消减的过程，"为学日益，为道日损，损之又损，以至于无为"。提醒人需注意教育的负面作用，在教育中减少人为干预，遵循自然发展。道家教育的培养目标是"能辅万物之自然与弗敢为"的人。这些人能帮助老百姓归真返璞，回到原始的自然状态中去。

（二）教育是促进人自然本性的展现

在道家看来，天地万事万物之外存在着天然的"道"。老子曰："有物混成，先天地生，寂兮寥兮，独立而不改，周行而不殆，可以为天下母，吾不知其名，字之曰道。"① 其意思为：其一，道是先天地而生的混成之物，即强调道的本质是自然的，而不是任何主观意志强加的。故老子有言："人法地，地法天，天法道，道法自然。"其二，道"独立而不改，周行而不殆"，即道是一种独立存在的、永恒运动着的客观规律。其三，道"为天下母"，即道是天地万物之根源、宇宙之本体，它体现于万事万物之中。故老子又说："道生一，一生二，二生三，三生万物。""道"就是宇宙间的客观规律，世界就统率于这一客观规律之下。②

既然世界的本质是自然的，人性的本质也就是自然的。道家认为，人性无所谓善恶，善恶是一切社会道德的产物，而这些产物本身就是对人性的背叛。老子认为，人具有"素朴"的本性，出于自然，人性的本然状态犹如婴儿一般"无知无欲"。庄子进而指出人性即自然，它与天地万物为一，与

---

① 《道德经·二十五章》。
② 王建军：《中国教育史新编》，广东高等教育出版社，2003，第 63 页。

自然是混同一体的。因此，道家认为，教育的作用就应该是促进人的自然本性的充分展现，而不应该是相反。人类社会的发展也只能是保证人的自然本性的发展。道家对社会文明的批判并不是简单地全盘否定教育的作用，而是从反礼教的虚伪性出发，反对儒家以仁义道德为核心的教育，提出"绝圣弃知"。认为在"礼崩乐坏"的环境中，要保全人自然本性的话，必须以道为教，以道为师。

（三）"德兼于道"是道家的伦理思想

道家认为，要发展人的自然本性，就必须反对将外在的、人为的所谓知识去教育人们。这些强加给人们的准则、原则或规范，本身就是违背自然的产物。"大道废，有仁义。智慧出，有大伪。六亲不和，有孝慈。国家昏乱，有忠臣。"① 就是说，儒家所宣扬的所谓仁义道德，本身就是自然法则遭到破坏之后才滋生的。如今社会伦理道德的下降，人们机巧日生，文饰益伪，就是由于儒家更起劲地宣扬仁义礼智所导致的。"法令滋彰，盗贼多有。" 就是说法家所宣扬的繁冗彰明的法律条文有悖人性，造成社会上犯罪增多。② 庄子认为："夫六经，先王之陈迹也。" 所以今天"君之所读者，古人之糟粕已夫"③，就是说，儒家所崇奉的六经，不过是些过时的糟粕而已。

道家认为，要发展人的自然本性，就应该从现实生活的种种困扰中摆脱出来，回归自然无为的状态。老子要求人们"绝仁弃义""绝圣弃智""绝巧弃利"，一切顺乎自然，达到"无知""无欲""无事""无情""无争"的"无为"境界。庄子也要求人们不要以有限的生涯去追求无尽的知识，这样只会使人的心灵疲惫不堪。只有顺从自然之道，才能达到"保身""全生""养亲""尽年"的"天乐"之境。道家并不是否认一切道德，而是认为道德的极致便是自然无为。"德兼于道，道兼于天。"④ 就是说"德"是

---

① 《道德经·十八章》。
② 《道德经·五十七章》。
③ 《庄子·天运》。
④ 《庄子·天地》。

配合"道"的，人的思想、行为必须合乎自然法则。因此，"天下有道，则与物皆昌；天下无道，则修德就闲"。就是说，如果现实世界一切都合乎自然法则，自己就与万物共同繁昌，否则便自己修德闲居，与世俗同浮沉，逍遥自适。①

二 道家学派的政治主张和处世哲学

（一）"无为而治"是道家的政治主张

道家还认为，要发展人的自然本性，社会就不应该对人过多干预，强作妄为，将违逆自然法则的"有为"来损害人的自然本性。道家由此提出了"无为而治"的政治主张，要求统治者能顺乎自然，因循"道"的发展变化而行动。道家向世人展示"小国寡民"的理想社会，就是一个带有原始素朴风味的自然经济社会。在那种"鸡犬之声相闻，民至老死不相往来"的环境中，人从自然的学习体验中受到教育，就可以更好地获得自由的生存发展。如果人人能如此，社会便能走向安宁。

道家猛烈抨击儒家积极入世的圣王人格，追求近乎出世的具有超越和放达的品格，教人身处人世间而不"与人为徒"，能适意、遂情、安性，使身心达到最大限度的放松，把真人、至人、神人视为理想人格的典范。老子主张无为，主张顺应自然，提倡"不争"和"知足"。庄子则提倡"独与天地精神相往来"，提出"齐物论"，把是非、善恶、美丑看淡，追求一种精神超然、心志高远的境界。尽管道家关于理想人格的教育目标追求具有一定的非现实性，但它在精神上的虚构，却满足了被现实功利之争所困扰的人们的希望超越的心理欲求。它所表达的追求独立人格，渴望人身自由的愿望，对封建士大夫的人生观产生了深刻的影响。②

（二）"贵柔尚弱"是道家的处世哲学

道家的认识论中含有不少朴素的辩证法思想，他们看到天地万物都是

---

① 王建军：《中国教育史新编》，广东高等教育出版社，2003，第64页。
② 王建军：《中国教育史新编》，广东高等教育出版社，2003，第65页。

变化的，因而认识到对立的双方不是孤立存在的，而是相互依存，并在一定条件下向相反的方向转化。"祸兮福之所倚，福兮祸之所伏。"① 其原因在于"反者，道之动"，这就把事物的转化当作一条重要规律提出来了。由此，老子依据"柔弱胜刚强"的观点，提出了"贵柔尚弱"的处世哲学，主张人们要经常保持柔弱的姿态，不能太满、太盛、太强，才会尽享天年。

道家的教育主张是针对当时社会弊端和儒、墨、法三家主张的弊端而阐发的。在道家看来，人虽然不必离开社会，但可不必通过社会而各自独立地去发展和完善自我。其意思是想解决统治阶级教育原则与人的个性发展所形成的矛盾与冲突，并试图以自然法则来解释教育的本质，表达了一种要求教育按自身规律来发展的朦胧意向。而且，道家针对儒家教育目标论在追求人格的自我完善、自我实现中所表现出的日益禁锢自我、丧失自我的弊端进行了抨击，起到了纠偏救弊的作用。道家力图超脱人世间一切关系的束缚，甚至把衣食住行都视为约束人的东西，主张"身如槁木，心如死灰"，自然无为，归于朴素，追求完全自然的人和逍遥、忘我境界，并以此作为人的自我完善与自我实现。这种非功利主义的思想倾向，注重人的个性发展和独立人格的构建，从一个侧面揭示了教育发展的规律。这对于丰富中国传统教育理论无疑是具有积极意义的。②

从先秦教育理念看，儒、道、墨、法诸家基于对自然与社会的不同理解，提出了各具特色的人生境界与教育理想。尽管各家观点不甚相同，甚至明显对立，但归纳起来，其学理不外乎两大流派：儒、墨、法三家都强调整体利益至上，主张在遵守共同的文化秩序下发展自我；而道家则强调人格的独立，主张依据自然法则追求人格的完满。而在儒、墨、法三家中，儒家的教育理论最为丰满，教育实践最为成功，因而在先秦教育理论中形成了儒、道互斥互补的格局。儒道两家都重视教育与修养对实现理想境界和理想人格

---

① 《老子》第五十八章。
② 王建军：《中国教育史新编》，广东高等教育出版社，2003，第66页。

的重要作用，都把人的修养看成一个不断递进的永恒过程，并各自提出了达到人生境界、理想人格的一系列原则和方法，以利于各自的教育目标能落到实处。儒家理想人格的培养通过遵守必要的社会规范来实现，注重调整人与人之间的社会关系，重视人格的社会责任感，提倡以理节情，人为努力，乐观进取。道家的理想人格主要是通过超功利的直观内化过程来实现的，重视人格的独立性，重视与社会和自然的协调，力图解除任何情感因素的束缚，倾向于人格的自然发展，教人无为而无不为，富有超越精神。儒道的教育理想共同体现了中国传统教育的终极价值追求。[1]

三 法家学派的以法治国和教育主张

商鞅（约前 395 ~ 前 338 年），战国时期的政治家、改革家、思想家，法家代表人物，卫国（今河南省安阳市内黄县梁庄镇）人，卫国国君的后裔，姬姓公孙氏，故又称卫鞅、公孙鞅。后因在河西之战中立功获封商于十五邑，号为商君，故称之为商鞅。[2][3] 商鞅通过变法使秦国成为富裕强大的国家，史称"商鞅变法"。政治上，商鞅改革了秦国户籍、军功爵位、土地制度、行政区划、税收、度量衡以及民风民俗，并制定了严酷的法律；经济上，商鞅主张重农抑商、奖励耕织；军事上，商鞅作为统帅率领秦军收复了河西。公元前 338 年，秦孝公逝世，其子秦惠文王继位。秦孝公去世的同年，商鞅因被公子虔诬陷谋反，战败死于彤地，其尸身被带回咸阳，处以车裂后示众。

法家的渊源可以上溯到春秋时郑国执政者子产和齐国的管仲。最早从学者立场、以法理为依据论法的法家人物是魏国人李悝（约前 450 ~ 前 390 年），他曾为魏相，著有中国第一部刑法法典——《法经》。真正使法家思想与儒家思想趋于对立的是李悝的学生商鞅。商鞅在秦执政 20 年，

① 王建军：《中国教育史新编》，广东高等教育出版社，2003，第 67 页。
② 司马迁：《史记·卷六十八·商君列传·第八》，鞅少好刑名之学，事魏相公叔座为中庶子。
③ 司马迁：《史记·卷六十八·商君列传·第八》，商君者，鞟之诸庶孽公子也，名鞅，姓公孙氏，其祖本姬姓也。

先后两次实行变法，为秦统一中国打下了基础。商鞅有《商君书》存世，其中也掺入了商鞅一派法家后学的著作。商鞅提倡"耕战"，非议"诗书"，排斥"礼乐"，主张"燔诗书而明法令"，以官吏"为天下师"，"学读法令"。

商鞅死后将近60年，韩非（约前280～前233年）出生，当时已是战国末期。韩非是韩国都城新郑（今河南省新郑市）人，战国末期杰出的思想家、哲学家和散文家。韩非被誉为最得老子思想精髓的两个人之一。是荀况的学生，但他学法家各派，融商鞅的法、申不害的术、慎到的势三派为一炉。提出了"明主之国无书简之文，以法为教；无先王之语，以吏为师"[①]。韩非是法家思想之集大成者。其"法后王"、倡"耕战"、禁游说之士、非诗书礼乐之教的理论，成为秦始皇和李斯据以完成统一大业的思想武器，并为此后历代封建统治者所不同程度地信奉。韩非是韩王之子，李斯的同学。著有《韩非子》一书，共五十五篇、十万余字。在先秦诸子散文中独树一帜，呈现韩非极为重视唯物主义与效益主义的思想，积极倡导君主专制主义理论，目的是为专制君主提供富国强兵的思想。

韩非深爱自己的祖国韩国，但他的政治主张并不被韩王所重视，而秦王嬴政却为了得到韩非而出兵攻打韩国。李斯因嫉妒韩非的才能，将韩非害死在秦国。但是，韩非的法家思想却被秦王嬴政所重用，帮助秦国富国强兵，最终统一六国。韩非的思想深邃而又超前，对后世影响深远，是毛泽东最佩服的中国古代思想家。毛泽东曾经说过："中国古代有作为的政治家，基本都是法家。"

从商鞅到韩非，他们之间的思想是一脉相承的：从进化的历史观引出"法后王"的主张，又走向轻视传统文化的极端；从富国强兵的愿望导出对"耕战"的倡导，又流于否定文化教育活动的偏颇……这些就是先秦法家教育思想的轨迹。

---

① 《韩非子·五蠹》。

（一）以法治国，提倡"耕战"和变法革新

在春秋战国的动荡年代，法家锐意提倡"耕战"，战国时期趋向统一，统一要靠实力。韩非认为："力多则人朝，力寡则朝于人。"① 力就是军事与经济实力，又最终落实在人民是否积极参加"耕战"上。法家主张严刑峻法，强调以法治国，反对儒家的"仁义道德"和墨家的"兼爱"等说教，也反对道家的"恍惚之言，恬淡之学"②。因而在教育方面他们要求能"服之以法"③，以培养"法术之士"为教育目的。《韩非子·孤愤》中说，这种"士"，能"远见而明察"，"刚毅而劲直"，能反对那种"无令而擅为，亏法以利私，耗国以便家，力能得其君"的行为，以帮助封建君主实行专制集权统治为己任。

先秦时期的法家学派把封建专制制度看成理想的社会形态。面对当时处士横议、百家争鸣的动乱局面，法家坚持历史进化论观点，明确指出"废先王之教"的主张。法家认为，历史是不断变化的，社会是不断变迁的，所以治理国家不能循礼守旧。商鞅指出："治世不一道，便国不法古。"明确反对儒家"法先王"的观点。韩非子也说："世异则事异，事异则备变。"④ 时代不同了，社会的政治、经济、文化教育都必须随之而变革。

商鞅指出："苟可以强国，不法其故；苟可以利民，不循其礼。"⑤ 故而积极提倡变法革新。他们认为儒家所鼓吹的"先王之教"为过时之政，无益于国计民生。韩非子举"守株待兔"的故事说："今欲以先王之政，治当世之民，皆守株之类也。"⑥ 法家还认为，要治理国家必须要"不务德而务法"。他们认为儒家鼓吹的仁义道德是不切实际的，是一种空谈，于耕于战无丝毫关系，与富国强兵背道而驰。"凡人主之所以劝民者，官爵也。国之所以兴者，农战也。今民求官爵，皆不以农战，而以巧言虚道，此谓劳民。

---

① 《韩非子·显学》。
② 《韩非子·忠孝》。
③ 《韩非子·说疑》。
④ 《韩非子·五蠹》。
⑤ 《商君书·更法》。
⑥ 《韩非子·有度》。

劳民者其国必无力。无力者其国必削。"① 韩非也在《有度》中强调:"国无常强,无常弱。奉法者强则国强,奉法者弱则国弱。"因此他们坚决主张以法治国,主张"法不阿贵,绳不挠曲"。

（二）法家的伦理规范"去私心行公义"

法家并不否定仁义道德。他们衡量仁义道德的尺度是建立在"去私心行公义"的基础上。"夫仁义者,忧天下之害,趋一国之害,不避卑辱,谓之仁义。"② 又说:"忘民不可谓仁义。仁义者,不失人臣之礼,不败君臣之位者也。"就是说,仁义乃是君臣忧国忧民尽心尽责、为国为民各尽本分的体现。如果视国家利益而不顾,行惠求名,不可谓之仁。如果视人民利益而不顾,隐居而非上,不能称为义。如果危害国家利益,不按法律办事,即使是爱自己的父母,也不能算是有道德。所以,他们从维护封建国家的所谓公利出发,提出区分善恶的标准,区分道德与不道德的标准只能有一个准则,那就是"明于公私之分"。如果人臣居官修身洁白而公正无私,则为有德;如果人臣居官污行从欲,安身利家,则为不德。同样,如果国家将不事力而衣食谓之能,将不战功而尊谓之贤,其后果便是兵弱而地荒,私行立而公利灭。法家根据这一原则,认为建立在宗法制和井田制基础之上的并由儒家极力宣扬的传统道德规范,都是从私心出发的,都是损害公利的,因而都是不道德的。③

在这个基础上,韩非提出了新的伦理规范:"臣事君,子事父,妻事夫,三者顺则天下治,三者逆则天下乱。此天下之常道也。"④ 这一伦理观较之儒家的伦理观,进一步强化了臣对君、子对父、妻对夫的绝对服从,适应了地主阶级意欲建立封建专制统治的需要。后来被汉代儒家发展成"三纲",成为维护封建专制制度的伦理纲常。因此,法家认为,道德教育必须寓于法治教育之中。韩非指出,要使人为善去恶,行公去私,仅靠道德感化

① 《商君书·农战》。
② 《韩非子·难一》。
③ 王建军:《中国教育史新编》,广东高等教育出版社,2003,第59页。
④ 《韩非子·忠孝》。

是无效的。他在《六反》中说:"母厚爱处,子多败,推爱也。父薄爱教笞,子多善,用严也。"他举例说,有一不才之子,以父母之爱心感染,乡邻之善行感化,师长之道理教诲,都未使之转化。当其触犯法律而被官府缉拿后,变其节,易其行矣。因此他在《显学》中阐述说:"夫严家无悍虏,而慈母有败子,吾以此知威势之可以禁暴,而德厚之不足以止乱也。"道德的培养只有在遵守法律的前提条件下才可能实施。国家只有坚持法治,坚持"法不阿贵,绳不挠曲",采用重刑威慑,才能使"民莫敢为非",才能取得"一国皆善"的社会效果。如果按儒家重德教、轻用刑的主张办事,则只会助长罪恶。只有"以杀刑之返于德",才是教育民众具备道德的有效办法。①

(三)法家的教育主张"以法为教"

在法家看来,凡人之情,无论贵贱,皆是得其所欲则乐,逢其所恶则忧;安其利者就之,危其害者去之。也就是说,人人都有趋利避害之心。韩非在《孤愤》中以君臣关系为例:"主利在有能而任官,臣利在无能而得事;主利在有劳而爵禄,臣利在无功而富贵;主利在豪杰使能,臣利在朋党用私。"又在《反》中以父子关系为例说:"父母之于子也,产男则相贺,产女则杀之。此俱出父母之怀衽,然男子受贺,女子查之者,虑其后便,计之长利也。故父母之于子也,犹用计算之心以相待也,而况无父子之泽乎!"至于社会上一般人之间的关系更是如此。韩非在《备内》中说:"舆人成舆,则欲人之富贵,匠人成棺,则欲人之夭死也。非舆人仁而匠人贼也,人不贵则舆不售,人不死则棺不买,情非憎人也,利在人之死也。"既然人与人的各种关系都是以利害之心往来的,因此要维护国家公利,法家认为在教育上必须坚持两个原则:一是"因人情",二是"反民性"。"因人情"是说教育必须顺应人的"趋利避害"本性,使赏罚建立在民众觉得确实有利可图的驱策上。法令的赏罚让人们觉得有利可图,事实上也在一定程度上给他们以私利的满足,才称得上"因人情",从而获得"得民心"的效

---

① 王建军:《中国教育史新编》,广东高等教育出版社,2003,第60页。

应。但"因人情"并不是不加任何限制地放纵私利私欲，而是要求民众首先要满足公利，努力为国家去耕去战，去吃苦去受难，才谈得上对私利的满足。这就是"反民性"。①

为了贯彻以法治国的方针，法家主张以普遍的社会法治教育来确保社会向法治方向发展，使人人都成为"尽力守法""循令而从事""明法""行法"之人。如何在全国建立一套适应封建专制统治的国家教育机制？法家不赞成儒家的道德教育主张，而认为应将"以法治国"的模式引进教育领域，以实现统治阶级的意志。《管子》一书最早提出了"以法治国"的观点。它认为将法引进教育不但可以"兴功惧暴""定分止争"，而且可以使得"下之事上也，如响之应声也；臣之事主也，如影之从形也"②。

商鞅注重耕战政策，非议诗书，以为诗书"无益于治"。他排斥礼乐，要求"更礼以教百姓"，要求"燔诗书而明法令"。他把儒家与游食者并称，以为"学者成俗，则民舍农从事于谈说"，③ 他们的"高言伪议"是"贫国弱兵之教"，坚决主张"禁游宦之民而显耕战之士"④。韩非则认为儒家私学是"二心私学"，儒家的仁义道德说教是"无法之言"和"无用之教"，只会肥私毁公，破坏法制，陷国家于危乱。他说："举先王言仁义者盈廷，而政不免于乱。"⑤ 为此，他坚决主张采取专政的手段取缔儒家私学，即"禁其行""破其群""散其党"。韩非高度总结了法家各派关于教育改革的主张，在《五蠹》一文中完整地阐述了法家的教育方针："明主之国，无书简之文，以法为教；无先王之语，以吏为师。"这一方针后来成为法家关于建立封建国家教育机制的基本国策。

法家的这些教育主张，从法治主义立场阐述了教育在治国中的作用，在一定程度上揭示了教育的社会功能。但这些主张也有很大的片面性。它忽视

---

① 王建军：《中国教育史新编》，广东高等教育出版社，2003，第 61 页。
② 《管子·任法》。
③ 《商君书·农战第三》。
④ 《韩非子·和氏》。
⑤ 《韩非子·五蠹》。

了历史文化传统对人类社会发展的重要作用，否认了学校教育的重要作用，否定了人的个性发展和主体精神，渗透了封建的文化专制主义精神。这些观点为封建专制主义教育的推行提供了思想基础。

第二节　战国时期的其他教育学派

春秋时代王室衰微，诸侯争霸，学者们便周游列国，为诸侯出谋划策，到战国时代形成了"百家争鸣"的局面。传统上关于百家的划分，最早源于司马迁的父亲司马谈。他在《论六家要旨》中，将百家首次划分为"阴阳、儒、墨、名、法、道"等六家。后来，刘歆在《七略》中，又在司马谈划分的基础上，增"纵横、杂、农、小说"等为十家。今人吕思勉在《先秦学术概论》一书中再增"兵、医"，认为："故论先秦学术，实可分为阴阳、儒、墨、名、法、道、纵横、杂、农、小说、兵、医十二家也。"其中影响最大的是前述的儒、墨、法、道。战国时期其他的教育学派如下。

一　辩论名实问题为中心的名家学派

名家是战国时期的重要学派之一，因从事论辩名（名称、概念）实（事实、实在）为主要学术活动而被后人称为名家，当时人则称为"辩者"、"察士"或"刑（形）名家"。代表人物为春秋末年郑国人邓析、战国时期的宋国惠施和赵国人公孙龙。

"名家"以辩论名实问题为中心，并且以善辩成名的一个学派，又称"辩者""刑（形）名家"。按，"名"就是指称事物的名称，用今天的话说，就是"概念"；"实"就是"名"所指称的事物。名家之所以被称为"名家"，就是因为他们同样是在"思以其道易天下"的过程中，为了播其声、扬其道、释其理，最先围绕"刑名"问题，以研究刑法概念著称；以后逐渐从"刑名"研究，延伸到"形名"研究、"名实"研究。围绕"名"和"实"的关系问题，展开论辩并提出自己的见解。

名家第一人是邓析。其生卒年月约公元前560～前501年，是春秋末年郑国人。由于邓析从事的制作刑法活动是晋国法治文化的流韵所及，并且郑国在战国时代并入韩国版图，所以，邓析的思想与三晋文化思想具有深刻的渊源关系，学者多认为中国逻辑史的开创者是邓析而不是孔子。据《汉书·艺文志》记载，邓析著有《邓析子》两篇，但经考证系后人伪托。不过，我们认为《邓析子》还是保留了邓析思想的原意。①

惠施（前390～前317年）即惠子，战国中期宋国（今河南商丘）人，战国时期著名的政治家、辩客和哲学家，是名家思想中"合同异"的主要代表人物。惠施是合纵抗秦的最主要的组织人和支持者，他主张魏国、齐国和楚国联合起来对抗秦国，并建议齐、魏互尊为王。在《庄子·天下篇》中，惠施学派还提出了"鸡三足""火不热""矩不方，规不可以为圆""白狗黑"等21个命题。学者认为先秦名家的发展如果没有被打断，中国是可以发展出逻辑学的。

公孙龙（约前325～前250年）是战国末年赵国人，是名家在战国末年的代表人物。作为一位善于论辩的游士、谋士，公孙龙常年活跃于政治舞台上，曾在赵国平原君家中当了几十年门客。在政治观点上，公孙龙同惠施一样，也是主张"偃兵"的和平主义者，他曾数次力劝诸侯国君停止相互之间无谓的战争。

名家流传下的代表著作《邓析子》《尹文子》《惠子》《公孙龙子》等，今仅存《公孙龙子》《邓析子》《尹文子》。《庄子》一书曾有许多惠子和庄子的对话。在秦朝以后名家之地位下滑并最终退出政治舞台，名家后世传人的影响均不及儒、墨、道、释、易、兵、法家等诸家影响面广，名家在不同程度地被融入诸家文化的精髓中。名家在战国中期却是一个非常活跃的学派，标志着中国古代人思想学与逻辑学大融合也是达到了相当的高度。

---

① 张晓芒：《奇谈怪论说名家》，湖北人民出版社，2011，第207页。

二 提倡阴阳五行学说的阴阳家学派

阴阳家是战国时期重要学派之一，因提倡阴阳五行学说，并用它解释社会人事而得名。阴阳家是盛行于战国末期到汉初的一种哲学流派，这一学派当源于上古执掌天文历数的统治阶层，齐国人邹衍是其创始人，是稷下学宫著名学者，因他"尽言天事"，当时人们称他"谈天衍"，又称邹子。他活动的时代后于孟子，与公孙龙、鲁仲连是同时代人。邹衍著有《邹子》一书，阴阳家的学问被称为"阴阳说"，其核心内容是"阴阳五行"，阴阳学说是汉民族最重要的哲学思维之一。

司马迁在《史记》中称阴阳家的学问"深观阴阳消息，而作迂怪之变"。《吕氏春秋》《淮南子》《春秋繁露》则直接受到邹衍学说的影响。古代大家与近代学者多认为阴阳家源于道家，近代出土竹简《三十时》等证实早期阴阳家著作其中有大量道家色彩。[①] 值得注意的是《周易》没有提出阴阳与太极等概念，讲阴阳与太极的是被道家与阴阳家所影响的《易传》。

阴阳思想作为抽象概念，主要源于《老子》《文子》《黄帝四经》《列子》《庄子》《易传》，是百家思想的发源之地，上古时期的先哲们脑海里只有天地、阴阳、昼夜、四季、晴明，地球的另外一面是对立的，对立的结果则必有阴阳，我为阴则对立为阳，我为阳则对立为阴，寻找道的过程就是寻找人类起源的过程。

在自然观上，利用《老子》经传的阴阳观念，阴阳家提出了宇宙演化论；又从《尚书·禹贡》的"九州划分"进而提出"大九州"说，九州只是整个宇宙世界的一部分，认为中国为赤县神州，内有小九州，外则为"大九州"之一（胡适曾在其《中国中古思想史长编》中，大为赞叹阴阳家的这一地理观念）；在历史观上，则把《尚书·洪范》的五行观改造为"五德终始"说，认为历代王朝的更替兴衰均由五行所主运；在政治伦理上，

---

① 叶山：《论银雀山阴阳文献的复原及其与道家黄老学派的关系》，刘乐贤译，《简帛研究译丛第二辑》，湖南人民出版社，1998。

亦"止乎仁义节俭,君臣上下六亲之施"。同时强调"因阴阳之大顺",包含若干天文、历法、气象和地理学的知识有一定的科学价值。

阴阳家思想将自古以来的数术思想与阴阳五行学说相结合,并进一步发展,建构了规模宏大的宇宙图式,尝试解说自然现象的成因及其变化法则。华夏民族的天文学、气象学、化学、算学、音律学和医药学,都是在阴阳五行学说的基础上发展起来的。

三 纵横捭阖之策的纵横家学派

创始人是鬼谷子(前400~前320年),主要言论传于《战国策》。纵横家是中国战国时以纵横捭阖之策游说诸侯,从事政治、外交活动的谋士,列为诸子百家之一,主要代表人物是苏秦、张仪等。鬼谷子,姓王,名诩,又名王禅、王利,号微子启。一说春秋战国时期卫国朝歌(今河南省鹤壁市淇县)人;一说是战国时期魏国邺(河北省邯郸市临漳县)人。鬼谷子是春秋战国时期道家代表人物、纵横家的鼻祖,鬼谷子常入山采药修道。因隐居鬼谷,故自称鬼谷先生,为老子弟子。在文化史上,他是与老子、孙子、孔子、孟子、庄子、荀子、墨子、韩非子等先哲齐名的学术大家。

他们的出现主要是因为当时割据分争,王权不能稳固统一,需要在国力富足的基础上利用联合、排斥、威逼、利诱或辅之以兵之法不战而胜,或以较少的损失获得最大的收益。他们的智谋、思想、手段、策略基本上是当时处理国与国之间问题的最好办法,是世界史上独一无二的历史阶段,其在历史条件下所创造的智慧是后世任何一个朝代都无法超越的。

纵横家人物多出身贫贱,他们以布衣之身庭说诸侯,可以以三寸之舌退百万雄师,也可以以纵横之术解不测之危。苏秦合纵六国,联六国逼秦废弃帝位;张仪雄才大略,以片言得楚六百里;唐雎机智勇敢,直斥秦王存安陵君封地;蔺相如虽非武将,但浩然正气直逼秦王,不仅完璧归赵,而且未曾使赵受辱。纵横之士智能双全,又不乏仁义之辈,其人其事若鉴于当代,亦必可使受益者匪浅耳。

"一战"后,德国著名学者斯宾格勒在《西方的没落》一书中高度赞扬中国的纵横家，认为具有实际的借鉴作用。20 世纪 70 年代，美国著名外交家就深受《西方的没落》一书的影响。甚至有人称基辛格是现代的苏秦、张仪。当今世界形势颇似春秋战国，虽不能出现以纵横术主宰世界历史发展，但也可为辅，影响世界格局。用之无害，不用可惜。日本学者、企业家大桥武夫把《鬼谷子》用到经营活动中，写出了一部鬼谷子应用实例，取名《"兵法"与"鬼谷了"》，可见《鬼谷子》不仅在世界范围内受到重视，而且已从单纯的外交领域走入更广泛的社会各领域。

《鬼谷子》作为纵横家游说经验的总结，它融汇了鬼谷子毕生学术研究的精华。《鬼谷子》共二十一篇，该书作为纵横家的代表著作，为后世了解纵横家的思想提供了不少的参考。纵横家的道家思想体现在其纵横"捭阖"的社会活动之中；纵横策士们在道家思想的指导下，力求"变动阴阳"，从而达到"柔弱胜刚强"的目的。

四 《杂家》《兵家》和其他学派

（一）"兼儒墨、合名法"的杂家学派

杂家是中国战国末至汉初的哲学学派，其代表人物是吕不韦。因"兼儒墨、合名法"，"于百家之道无不贯综"① 而得名。以博采各家之说见长。杂家的出现是统一的封建国家建立过程中思想文化融合的结果。杂家著作有《盘盂》二十六篇、《大禹》三十七篇、《伍子胥》八篇、《子晚子》三十五篇、《由余》三篇、《尉缭》二十九篇、《尸子》二十篇、《吕氏春秋》二十六篇、《淮南内》二十一篇、《淮南外》三十三篇等。② 其中以战国《尸子》、秦代《吕氏春秋》、西汉《淮南子》为代表，分别为战国时期商鞅门客尸佼、秦相吕不韦和汉淮南王刘安招集门客所集，对诸子百家兼收并蓄，但略显庞杂。又因杂家著作皆以道家思想为主，故有人认为杂家实为新道家学派。秦相吕不韦聚集门客编著的《吕氏春秋》，是一部典型的杂家著作集。

① 《汉书·艺文志》及颜师古注。
② 《汉书·艺文志·诸子略》。

（二）荟萃先秦军事思想的兵家学派

兵家是中国先秦、汉初研究军事理论、从事军事活动的学派，是古代汉族军事思想的精华，诸子百家之一。关于兵家的起源，有人认为兵家源自道家，有人认为兵家源自法家。兵家主张运用武力通过战争来达到统一国家的目的，兵家集大成者是孙武的《孙子兵法》。中国自古以来兵家一直是受到重视的。兵书在中国的发展源远流长，兵书产生于西周，成熟于春秋。如何从宏观上把握战争，是兵法的关键。战争是政治的继续，关系到一国或一民族的生死存亡或被人奴役的大事。兵法也可以将它看成既是一部如何统治国家、制定国家战略的指引，又是一部如何领兵打仗、制定战争战略与策略的书本。兵家又分为兵权谋家、兵形势家、兵阴阳家和兵技巧家四类。

兵家主要代表人物，春秋末有孙武、司马穰苴；战国有孙膑、吴起、尉缭、魏无忌、白起等。今存兵家著作有《黄帝阴符经》《六韬》《三略》《孙子兵法》《司马法》《孙膑兵法》《吴子》《尉缭子》等。这些著作均是当时战争和治兵经验的总结，其中提出了一系列战略战术原则，包含有丰富的军事辩证法思想以及治兵作战的哲理。

（三）主张劝耕桑、足衣食的农家学派

农家是战国时期重要学派之一，因注重农业生产而得名。此派出自上古管理农业生产的官吏，他们认为农业是衣食之本，应放在一切工作的首位。农家又称"农家流"，是先秦时期反映农业生产和农民思想的学术流派，奉神农为祖师，祖述神农，主张劝耕桑、足衣食。由于儒家轻商农，汉朝中期以后农家迅速衰落。《汉书·艺文志》列为"九流"之一。许行（约前390～前315年），与孟子是同时代人，其事迹和主张见于《孟子·滕文公上》。他依托远古神农氏之言来宣传其主张，是战国时代农家的代表人物。《汉书·艺文志》有《神农》二十篇，当是许行的著作，可惜早已失传。关于农家的记载，见于《吕氏春秋》的《上农》《任地》《辩土》《审时》《爱类》等篇，以及《淮南子·齐俗训》。

由稷下学者们集体编撰的《管子》一书包含各家的思想学说，一般认为，其中《地员》一篇就是农家的著作，而《牧民》《权修》《五辅》《八

观》等篇重点记述了农家思想。由于当时的平民绝大多数都从事农耕,所以"重农"就是"重民",重农倾向必然会发展为民本思想。《管子》中有关农家的内容着重体现着农家的民本主义思想,成为农家思想中最重要的一环。农家著作有《神农》二十篇,《野老》十七篇,《宰氏》十七篇,《董安国》十七篇,《尹都尉》十七篇,《赵氏》十七篇,等等,均已佚。农家没有一部完整的著作保存下来,他们的思想和活动散见在诸子的著述中,虽星星点点但仍然值得重视。

(四)记述民间街谈巷语的小说家学派

据班固所著《汉书·艺文志》曰:"小说家者流,盖出于稗官;街谈巷语,道听途说者之所造也。"意即小说家所做的事以记述民间街谈巷语并呈报上级等为主,然而小说家虽然自成一家,但被视为不入流者,故有"九流十家"之说。小说家者能代表平民社会之四方风俗。然亦因其之小道,而不为世人所重,终致弗灭。小说家的代表人物为虞初,西汉河南洛阳(今河南洛阳市)人。其事迹多已散佚。

(五)中医理论形成阶段的医家学派

医家泛指所有从医的人。代表人物是扁鹊,春秋时代齐国卢邑人,也有记载为渤海郡州人。"扁鹊"并非真名实姓。人们把他和黄帝时的扁鹊相比,并且称呼他"扁鹊先生"。连史书也以扁鹊称呼他。扁鹊原姓秦氏,名越人。由于扁鹊是卢人,所以人们又称他为"卢医"。扁鹊是中国历史上一位著名医学家,也是历史上第一个有正式传记的医学家。扁鹊能够采取实事求是的态度研究医学,并能吸取民间的医疗经验,在医学上取得了很大成就,在人民群众中享有很高的声望。扁鹊长期在民间行医,走遍齐、赵、卫、郑、秦诸国。公元前310年,忌妒他贤能的秦太医令李谧派人在崤山设伏,刺杀扁鹊,终年九十七岁。

中国医学理论的形成,是在公元前5世纪下半叶到公元3世纪中叶,共经历了七百多年。公元前5世纪下半叶,中国开始进入封建社会。从奴隶社会向封建社会过渡,到封建制度确立,在中国历史上是一个大动荡的时期。社会制度的变革,促进了经济的发展,意识形态、科学文化领域出现了新的形式,其中包括医学的发展。

第三节 《大学》《中庸》《学记》的教育主张

战国末年，在经过了500多年的割据与征战之后，建立一个封建专制主义的中央集权的全国性政权已成为大势所趋。与此相适应，总结先秦时期思想学术界的百家争鸣随着社会变革的需要应运而生。当时的几大学术派别都纷纷依据自己的立场与观点著书立说。教育在经过了春秋战国时期的大发展、大变革之后，也积累了丰富的材料，因此，战国末年开始出现了一批集中论述教育问题的教育理论著作。这些私学大师的论著几乎囊括了中国古代教育的所有基本问题，对此后中国封建教育的发展影响深远，形成了中国古代教育理论发展的一个高峰。

就教育理论阐发的集中与其历史影响而言，当推《礼记》中的《大学》《中庸》《学记》等篇。《礼记》是儒家私学论述"礼"的著作。它是对孔丘删定的周代典籍《仪礼》各篇的传解，故名之曰"记"。《汉书·艺文志》认为是孔丘"七十子后学者所记也"。《大学》提出了进行大学教育的完整体系，从目的到程序，特别在政治教育和道德教育方面提出了详细的要求。《中庸》包含哲学、政治、伦理、教育等多方面的思想。而《学记》则是中国教育史和世界教育史上最早的一部教育专著。[①]《大学》、《中庸》和《学记》中有关古代高等教育的论述，形成了相当完整的古代高等教育思想体系。可以说，中国古代的高等教育思想体系是由春秋战国时期的私学大师所开创的，由这些私学大师形成的高等教育思想不仅对我国封建社会高等教育体系的建设起着奠基石的作用，而且对我国当代的高等教育思想建设也有一定的借鉴意义。

一 教育专著：《大学》《中庸》《学记》

（一）《大学》：阐述古代大学理念的教育经典

《大学》被认为是与论述大学教育之方法的《学记》互为表里之作，始

---

① 孙培青主编《中国教育史》，华东师范大学出版社，2000，第88页。

尊为儒家的教育经典,据考证是孔子的学生曾子(曾参)所作。① 郑玄注:"大学者,以其记博学可以为政也。"(《经典释文》)《大学》提出了三纲领(明明德、亲民、止于至善)、八条目(格物、致知、诚意、正心、修身、齐家、治国、平天下),着重阐明"大学之道"——古代大学教育的理念。朱熹在注解中说:

> "大学者,大人之学也。""古之大学所以教人之法也",人生八岁,则自王公以下,至于庶人之子弟,皆入小学,而教之以洒扫、应对、进退之节,礼乐、射御、书数之文;及其十有五年,则自天子之元子、众子,以至公、卿、大夫、元士之适子,与凡民之俊秀,皆入大学,而教之以穷理、正心、修己、治人之道。②

《大学》一书对孔子、孟子、荀子的儒家文教政策思想做了进一步的概括。《大学》开篇写道:"大学之道,在明明德,在亲民,在止于至善。"明明德、亲民、止于至善,此三者,大学之纲领也。简言之,儒家认为:古代大学的培养目标和办学理念,就是"明明德",通过教育发扬天赋在人性中本来的善,革旧鼎新,修己及人,使整个社会达到"至善"的理想境界。第二个目标"亲民"是儒家德政、仁政思想的体现。第三个目标是"止于至善",就是达到尽善尽美。《大学》阐述的大学培养目标和办学理念对中国古代的大学,乃至近现代的中国大学的发展都产生过深远的影响。

《大学》在宋代受到理学家的高度重视。朱熹亲加整理,编定为"经"一章和解释经文的"传"十章,并与《中庸》一起从《礼记》中抽出,与《论语》《孟子》合称《四书》,成为宋以后中国封建教育的基本教科书。《大学》揭示了"古人为学次第",故"学者必由是而学焉,则庶乎其不差矣"③。而《大学》也确实对大学教育的目的、程序和要求做了完整、扼要、

---

① 钱世明:《儒学通说·说"大学""中庸"》,京华出版社,1999,第6页。
② 《大学·章句序》。
③ 《大学章句集注》。

明确的概括。① 中国古代大学的理念主要在于贯彻自《大学》以来的儒家伦理，传承、深思和体验儒学的内涵与精神，将"学以致用"拓展和光大，满足历朝历代与社会发展对人才的需求。

（二）《中庸》：论述儒家人生处世哲学的教育经典

司马迁认为是孔丘之孙子思"作《中庸》"②。《中庸》主要阐述了先秦儒家的人生哲学和修养问题，提出了"中庸之道"的人生哲学和"修道之为教"的教育思想，与《大学》互为阐发。到宋代，经朱熹整理，亦列为《四书》之一，对后世中国知识分子、一般民众的个人修养、精神生活和为人处世之道，均有深远的影响。③

《中庸》包含哲学、政治、伦理、教育等多方面的思想。对后来教育理论发展影响较大的有：一是"唯天下至诚为能尽其性""天命之谓性，率性之谓道，修道之谓教"的命题；二是"中和"的最高准则；三是"尊德性、道问学"的途径；四是"生而知之，学而知之，困而知之"的个别差异；五是"博学、审问、慎思、明辨、笃行"的学习过程。

何谓中庸？汉代郑玄认为："名曰《中庸》者，以其记中和之为用也。"说明了所谓中庸就是以中和为用。朱熹《中庸章句》则采程颐说："中者，不偏不倚，无过无不及之名；庸，平常也。"这样，中庸成为折中的同义语。中庸的思想首先由孔丘提出。他曾说："中庸之为德也，其至矣乎！"④明确地把中庸作为最高的美德准则。

中和，中是目的性；和是目的性与外在实况的统一，是实践得到了正确的结果。《中庸》说："喜怒哀乐之未发，谓之中；发而皆中节，谓之和。中也者，天下之大本也；和也者，天下之达道也。致中和，天地位焉，万物育焉。"喜怒哀乐一类情感是人性的外发表现，当其未发时，人性就处在无情欲之蔽的"无所偏倚"状态，这是中。当情感一旦外现，就要使之合乎

---

① 孙培青主编《中国教育史》，华东师范大学出版社，2000，第88页。

② 《史记·孔子世家》。

③ 孙培青主编《中国教育史》，华东师范大学出版社，2000，第90页。

④ 《论语·雍也》。

节度，处于和谐状态，这是和。《中庸》以为，这种不偏不倚与和谐的状态，是天下根本和共同的法则，如果能发扬本性的不偏不倚以达于和谐，不仅个人的道德品质能达于理想境界，还能推而广之，使"天地位焉，万物育焉"（天地安宁了，万物茂盛了）。

因此，中庸既是世界观，又是方法论，在此是一种道德修养、为人处世的准则与方法。《中庸》反复强调应"择乎中庸"，"中立而不倚"，以为"君子中庸，小人反中庸"，要求君子时时处处不偏不倚，做与自己身份地位相称的事，不有非分之想，既不犯上，也不凌下。这样就能像孟轲所言："中道而立，能者从之。"① 君子执中了，不仅贤能者会来追随，民众也会拥戴，平天下有何难矣？

中庸的准则要求人们行事最大限度地妥帖；中庸之道，就是致中和，做到发而中节，恰到好处；中庸是稳定平衡的要道。中庸作为一种美德，指能恰当、合宜地表达情感和处理事务。中庸作为一种方法，指能使目的与效应完好地统一。故《中庸》乃论述儒家人生哲学的处世之道也，亦即大学教育中的伦理学、政治学。

（三）《学记》：世界最早的教育学专著

《学记》也是《礼记》中的一篇，《学记》郑玄注："名曰《学记》者，以其记学教之义。"《学记》指出教育是"建国君民"的工具，其作用在于"化民成俗"。记述了古代乡学与国学的设置，分年的教学程序与内容。概括了"教学相长"、及时、顺序、观摩、开导、长善救失等教学经验。

《学记》是中国古代最早的一篇专门论述大学教育、教学问题的专著，是中国也是世界教育史上第一部教育学专著，它比捷克大教育家夸美纽斯的《大教学论》早面世一千八九百年。因此，有人认为它是"教育学的雏形"。《学记》的成书年代为公元前4世纪至前3世纪，据郭沫若先生考证，其作者可能是孟子的学生乐正克。《学记》和《大学》都论及教育的目的和作用，但《大学》的主要内容是政治和道德教育，而《学记》则主要论述了

---

① 《孟子·尽心上》。

大学教育的作用与教育目的，教育制度与学校管理，教育、教学的原则与方法，偏重于说明教学过程的各种关系。①《学记》是先秦时期儒家教育和教学活动的理论总结。

儒家名著《学记》提出了"建国君民，教学为先""化成民俗，其必由学"的精辟论断，而且以首尾呼应的方式，巧妙地提出了儒家治国平天下要以"教育为本"的宝贵思想。这些精辟论断对当代大学理念和大学人文精神的重建是一笔宝贵的精神财富。《学记》为中国教育理论的发展树立了典范，其历史意义和理论价值十分显著。它的出现意味着中国古代教育思维专门化的形成，是中国古代高等教育理论发展的良好开端。可以说，《大学》《中庸》《学记》是中国古代的大学之道，为中国古代高等教育规划了一幅理想的蓝图。

二 《大学》《中庸》《学记》中的办学理念

（一）春秋战国时期私学的社会职能

《学记》本着儒家的德治精神，认为"建国君民""化民成俗"是中国古代大学的社会职能。《学记》曰："玉不琢，不成器；人不学，不知道。是故古之王者，建国君民，教学为先。"如同对玉的雕琢一样，教育通过对人有目的、有计划的培养，使每个人都形成良好的道德和智慧，懂得去维护国家利益和社会安定。同时，从儒家的"德治""仁政"的治术出发，认为只有统治者受到良好的教育和有好的道德修养，做之君，做之师，上行下效才能对人民起到教化的作用。即所谓："发虑宪（发布政令），求善良，足以谇闻（获得一些声誉），不足以动众；就贤体远，足以动众，未足以化民。君子如欲化民成俗，其必由学乎！"② 所以大学的社会职能，就是培养修己以安人、修己以安百姓的统治者人才及其辅佐，为当时的国家政治社会服务。

---

① 孙培青：《中国教育史》，华东师范大学出版社，2000，第93页。
② 高时良：《学记评注》，人民教育出版社，1982，第1页。

《学记》的作者以托古改制的方式，用格言式的精美语言阐发了教育在移风易俗和建国君民中的作用，强调了教育为社会政治服务的目的，从而把教育与个人发展与社会进步密切相连，尤其突出了教育的政治功能，形成了中国古代教育的突出特色。

（二）春秋战国时期私学的教育任务

如何完成古代大学的社会职能？"修道"是大学教育的主要任务。《中庸》提出："天命之谓性，率性之谓道，修道之谓教。"意谓：天所赋予人的就叫作性，循性而行就叫作道，修治此道就叫作教。首先，它指出人性是与生俱来的禀性，既然说要循性而行，就表示这种天赋禀性具有某种趋向性，或者可以说就是趋善性，即如孟轲所说"人性之善也，如水之就下"，或者如《大学》所说的，这是一种"明德"。因此，所谓"率性"也就是要遵循人性中潜在的本然之善，使之得以发扬和扩充。其次，《中庸》继而提出"修道之谓教"——教育与人性发展的问题。从"修道"一词可见，《中庸》以为人性的真正得到保存与发扬，还要靠教育来修治。因此，对《中庸》开宗明义的篇首语就可以作此理解：人生来就有善的本性，人应当对此加以保存和发扬，人的善性的真正保存和发扬有待于教育的作用。[1] 这基本上是孟子性善论的观点。在"人性"问题上儒家学派中存在着不同的观点，但高等教育的任务是培养劳心者，培养掌握治道、治术的统治者或其辅佐，以道德教育为中心，培养修道的士君子，这一点都是一致的。

《中庸》进而提出修道的五个步骤是：博学之、审问之、慎思之、明辨之、笃行之。《中庸》把学习过程具体概括为"学、问、思、辨、行"五个先后相续的步骤。这一表述概括了知识获得过程的基本环节和顺序。

《中庸》强调，五个步骤是一个完整的过程，只有每个步骤的充分实现，才能有个人学习的进步。"有弗学，学之弗能弗措也"，意谓不学则已，学就一定要学透，不然就不能中止。问就必须知，思就必须得，辨就必须明，行就必须笃。如果这样，"虽愚必明"，所以《中庸》强调了人的造就

---

① 孙培青主编《中国教育史》，华东师范大学出版社，2000，第91页。

必须借助于学习的过程。

如果将《中庸》的五步骤与《大学》的八条目做一比较，那么可以看出：学、问、思、辨、行主要着重于阐述求知意义上的学习过程，列举了知识获得过程中一些基本的学习环节。而八条目则着重说明为学、为人、处身、立命的完整过程，内涵更为丰富，过程更为漫长，要求更高。但两者也有共同点，即都把学习过程视为学习、思索和行动诸环节前后相续、缺一不可的完美过程，反映了中国古代大学学习理念的基本特征。

《中庸》的基本精神与《大学》是一致的，即要求从人的天赋善性出发，借助学习与修养，充分发挥这种本性，进而由己及人，推行于天下，即所谓："知所以修身则知所以治人，知所以治人则知所以治天下国家矣。"[1]

三　《大学》《中庸》《学记》的人才培养目标

"大学之道在明明德，在亲民，在止于至善"，这是儒家对大学教育目的和为学做人目标的纲领性表达，"明明德""亲民""止于至善"被称之为"三纲领"。高等教育的培养目标，就是把天生的"明德"发扬光大，推己及人，修己治人，达到思想行动上的至善。《大学》对此的解释是："为人君止于仁，为人臣止于敬，为人子止于孝，为人父止于慈，与国人交止于信。""至善"即为人君，止于仁；为人臣，止于敬；为人子，止于孝；为人父，止于慈；与人交，止于信。"大学"就是指自己学习为人之道，"大学之道"就是正己律己的为人之道。[2]

这种达到至善的人，也就是儒家学派所要培养的士君子，即大学教育的终极目标。"明明德"是每个人为学做人的第一步。儒家学派认为个人的完善从来就不是儒家的目标，他们要求凡事都须由己及人，把个人自身的善转化为他人尤其是民众的善，于是高一步的目标是"亲民"。使人们去其"旧

---

① 孙培青主编《中国教育史》，华东师范大学出版社，2000，第92页。
② 高奇：《中国高等教育思想史》，人民教育出版社，2002，第47页。

染之污”，也臻于善的境界。

《大学》三纲领从“明明德”到“亲民”到“止于至善”，是一个要求由低到高、内涵由简单到复杂、活动由自身到他人以至群体社会的过程，表现了很高的道德要求，较强的逻辑性和易解性、可行性：人的“止于至善”需要“明明德”和“亲民”做铺垫，而唯有“止于至善”，“亲民”和“明明德”才能真正得到实现。三纲领虽是三步要求，但又是层层递进、浑然一体的整体要求，舍一而不能完成其他。三纲领表达了儒家以教化为手段的仁政、德治思想。①

如何实现止于至善的培养目标？《大学》认为人的完善是一个过程，所以进一步提出了一系列具体步骤，即“格物、致知、诚意、正心、修身、齐家、治国、平天下”八个子项目。

> 古之欲明明德于天下者，先治其国；欲治其国者，先齐其家；欲齐其家者，先修其身；欲修其身者，先正其心；欲正其心者，先诚其意；欲诚其意者，先致其知，致知在格物。格物而后知至，知至而后意诚，意诚而后心正，心正而后身修，身修而后家齐，家齐而后国治，国治而后天下平。

（一）格物、致知：“为学入手”的认知过程

格物、致知被视为“为学入手”或“大学始教”，尤其是格物，《大学》将八条目作为环环相扣的完整过程做了顺推和逆推，即“……致知在格物”（逆推）。“格物”，物，指事物。格，察检、考究。格物就是深入事物中，通过实践，了解究竟。“格物者：格，尽也，须是穷尽事物之理。”②格物才能致知，实践才能获取知识。格物是感性认识过程。因此，格物就是学习儒家“六德”“六行”“六艺”之类的知识。“致知”就是得到知识、

---

① 孙培青主编《中国教育史》，华东师范大学出版社，2000，第88页。
② 《大学章句·补传》。

见识、智慧。"知"同"智"字，"致"是招致、获取的意思。致知，是理性思维，是认识的结果。致知则是在格物基础上的提高，是一种"以积蓄学问开始引导出豁然贯通的最后阶段的方法"①，"即从寻求事物的理开始，旨在借着综合而得到最后的启迪"。"物格而后知至……"（顺推），事物被你格了，即你研究了事物之后，知识才被你得来。至，来到也。

格物致知，不但指身体力行的实践，也包含了读书求学、从书本上得到知识的过程。强调格物致知，就是强调学习知识、掌握知识的重要性。从认识论而言，"格物致知"正确揭示了人的认知过程。"格物"与"致知"就是一个完整的认知过程的两个阶段。所以，格物、致知不仅是对先秦儒家学习起点思想和知识来源思想的概括，也是古代儒家学者对认识论的正确把握而提出的光辉论断。它标志着我国古代教育哲学的高度发展。

（二）诚意、正心、修身：君子的修身之道

《大学》指出"欲正其心者，先诚其意……意诚而后心正，心正而后身修"。可见要实现身修，诚意是关键。诚意，就是诚实其意。诚意主要指人的意念、动机的纯正；《大学》明确其义云："所谓诚其意者，毋自欺也！"诚其意者，必然心术正而不邪，必然成为仁人君子，实现了修身的目的。意不诚，则心不正。小人无诚，所以不仁不义，坑、蒙、拐、骗，什么缺德事都干，"小人闲居为不善，无所不至"。小人外示其善，内怀不善，以为如此就可以瞒人。其实，"人之视己，如见其肺肝然，则何益矣！"所以，要做一个有德君子，必修身，修身的关键就首先得有诚意，做一个"毋自欺也"的诚实之人。《大学》继而解释："毋自欺也，如恶恶臭，如好好色，此之谓自谦。故君子必慎其独也！"诚实不欺，如同厌恶臭味、喜好漂亮一样，是不违心意的。"慎独"是诚意的一种表现，在通常情况下，诚意是不难的，而处于独知、独处的情况下，不自欺就不易做到了。慎独者必然是诚

① 钱世明：《儒学通说·说"大学""中庸"》，京华出版社，1999，第6页。任时先：《中国教育思想史》（上册），商务印书馆，1937，上海书店1984年影印，第6页。钱世明：《儒学通说·说"大学""中庸"》，京华出版社，1999，第16页。

实不自欺者，君子是有道德的，有道德的人尚且要慎独，何况少德者呢？所以，人即使闲居独处，也要像有"十目所视，十手所指"一样，谨慎小心，不敢有一念之差。

诚意、慎独是古代大学培养君子的修身之道。小人不修身，故小人无诚意、慎独之念。小人知诚意、慎独，可成君子。君子不诚意、慎独，可变小人。诚意是美德，诚意则心可正。意，志也。意诚则志坚。心，思也，心即思维活动。针对具体活动进行思考、推理。心正，即思维的途径正确。正心即纠正思路。所谓正心，就是不受各种情绪的左右，始终保持认识的中正。它们的共同特点在于：都是行为发生前的心理活动。作为个人的学习活动，诚意与正心还局限于自我。意诚则不虚不假，不骗不欺，故意诚而心思不邪。诚其意，正其心，是自我修养之必须。修身是为了德才兼备，诚意便是通向这个目标的必由之路。如果说格物、致知的功夫着重于对客观准则的体会与把握，诚意就更进了一步，深入人的意志与情感中了。

修身，是一个人进入社会实现为国家做出贡献的基础。孔子曰："德之不修，学之不讲，闻义不能徙，不善不能改，是吾忧也。"① 就是在讲修身的内容。人要成人，必得修身。修，修理、修治、修养。修身，把缺点和不足之处去掉，增长优点、才能，使自己达到德才兼备的地步。修身，既包括品德的提高，也包括才智的提高。修身是一种主观努力学习和提高的过程，修身有了进步，才能为人榜样去正人。故孟子云："天将降大任于斯人也，必先苦其心志，劳其筋骨，饿其体肤，空乏其身，行弗乱其所为——所以动心忍性，曾（"增"）益其所不能。"② 这也是讲磨炼修身。磨炼也是一种学习，在艰苦中磨炼，既可培养品格，又能学到许多本领，增强克服困难的心理承受能力和处理事物的才能。③ 修身就要学习，读书是学习，实践躬行也是学习，聘受师友指教是学习，一切求知的行为都是学习。

《大学》认为，人们往往会因为偏憎偏爱而不能公允地处事待人。修身

---

① 《论语·述而》。
② 《孟子·告子下》。
③ 钱世明：《儒学通说·说"大学""中庸"》，京华出版社，1999，第9页。

与正心的不同在于它是"由内及外,由己及人,由'明明德'到'亲民'的转折点"。[①] 作为一种学习,修身不再局限于个人内心的自省与自律,开始走出自我,在与他人的相互关系中再认识、要求和提高自我。《中庸》假孔丘之口说:"好学近乎知,力行近乎仁,知耻近乎勇。知斯三者,则知所以修身。"可见修身是人在大学的一种综合修养过程,是人格品质的全面养成,也是齐家、治国、平天下的基础。

(三)齐家、治国、平天下:君子完善的最高境界

齐家、治国、平天下是个人完善的最高境界。"齐家",治理家。家是组成国、组成社会的基本单位。家庭是否健康,关系着整个社会的健康。持家的家长注意修身,则可以己之正去齐理家庭成员。齐家是从修身自然引出的,因为修身的主要内容是正确处理人我关系,而齐家无非完善起码的人际关系。齐家是一个施教过程,即成为家庭与家族的楷模,为人效法。所以,朱熹云:"身修,则家可教矣。孝、悌、慈,所以修身而教于家者也。"[②] 只有自己做到了,然后才可以去责人做到;只有自己不做,然后才可以责人不做。齐家重复了儒家的一贯主张:教人不过是学在人先,善在人先。而且,齐家这种教育是"成教于国",实现为政的准备,所谓"宜其家人而后可以教国人"。在儒家思想中,个人的学习、教人、政治等几个过程非常自然地联系、转换和发展着,使得八条目实际上成为一个过程和整体。

"身修而后家齐,家齐而后国治,国治而后天下平。"在一个国家,每人都注意修身,每个家庭就能安定和睦。每个家庭安定和睦,这个国家也就安定平和了。每个国家都达到大治,整个天下也就平安了。古之欲平天下者,就要引导人们修身,要求每个人家都齐整,以求国内大治。治国者,要求国治天下平,关键在教育百姓,使民风趋正。治国者自己首先要修身,身正则不令而行,身不正则虽令不行。"齐家、治国、平天下"的根本环节在

---

① 任时先:《中国教育思想史》(上册),商务印书馆,1937,上海书店 1984 年影印,第 66 页。

② 《大学章句·集注》。

于"修身","自天子以至于庶人,一是皆以修身为本"。社会是人组成的,民为邦本也。无民哪有国?治国就是管理人、教化人,故修身是本。① 治国无非齐家的扩大和深化,而平天下又无非治国的扩大。其基本精神一以贯之,即为政以德,以孝悌、仁恤、忠恕之道治国。

《大学》的特点首先在于强烈的伦理性色彩。无论是作为"大学之道"的三纲领,还是作为"为学次第"的八条目,都着眼于人伦,以个人道德和社会政治的实现为目的,而社会政治的实现也被看成道德过程。《大学》能对中国古代知识分子和一般国民的处世立命产生深远的影响,原因就在于此。② 所以,中国先秦时期的大学就是通过格物、致知、正心、诚意、修身、齐家、治国、平天下来明明德,实现培养止于至善的君子及统治阶层的目标。

第四节 《学记》中的教育制度与教学管理

《学记》不仅提出了先秦时期的大学理念、大学之道、大学的社会职能和教育任务、培养目标,而且对大学的教育制度和学校管理,大学教学的原则与方法、对教师的要求进行了系统的阐述,形成了相当完整的古代高等教育思想体系。先秦时期私学大师形成的高等教育思想不仅对我国古代高等教育体系的建设起着奠基石的作用,而且对我国当代的高等教育思想建设也有一定的借鉴意义。

一 私学的教育制度和学校管理

《学记》在强调教育的作用、阐明了教育目的的同时,还规划了学校教育制度,并提出了学校管理的具体措施。

(一)春秋战国时期私学的教育制度

关于学校教育制度,《学记》的作者首先以托古改制的方式,规划了古

---

① 钱世明:《儒学通说·说"大学""中庸"》,京华出版社,1999,第 11 页。
② 孙培青主编《中国教育史》,华东师范大学出版社,2000,第 90 页。

代的教育体系。"古之教者，家有塾，党有庠，术有序，国有学。"家、党、术、国是从地方到中央的行政区划。《学记》的作者提议，在不同的地方行政机构中建立不同等级的学校，在中央建立国立大学和小学以形成纵横交错的教育网络，塾、庠、序、学就是设在家、党、术、国的学校。这一提议产生于古代学校制度的传说，对中国封建社会教育体制的形成影响极大。汉代以后，逐渐形成了中央官学和地方官学、私学并立的教育体制。

其次，提出了确立学年编制的设想。《学记》把大学教育的年限定为两段、五级、九年。第一、三、五、七学年毕，共四级，为一段，七年完成，谓之"小成"。第九学年毕为第二段，共一级，考试合格，谓之"大成"。这是古代学校教育中确立年级制的萌芽。[1]

中国古代没有中学这个阶段，《学记》中虽未明确提出各年的学习科目，但大学的教学内容为《诗》《书》《易》《礼》《春秋》这些经书是无疑的。荀子时已经提出这些古书难解，他认为："礼、乐法而不说，诗、书故而不切，春秋约而不速，思想隐于其中。"[2] 即只有结论原则没有详细说明，写的是前代典故不接近现实，不能使人迅速了解。所以学习九年是合乎需要的。后来唐代国子监规定除律学外学习年限均为九年。[3]

（二）春秋战国时期私学的学校管理

关于学校管理的具体措施，《学记》十分重视大学开学的入学教育和日常管理，《学记》提出：

> 大学始教，皮弁祭菜，示敬道也。宵雅肄三，官其始也。入学鼓箧，孙其业也。夏楚二物，收其威也。未卜禘不视学，游其志也。时观而弗语，存其心也。幼者听而弗问，学不躐等也。此七者，教之大伦也。

---

① 孙培青主编《中国教育史》，华东师范大学出版社，2000，第93页。
② 《荀子·劝学》。
③ 高奇：《中国高等教育思想史》，人民教育出版社，2002，第48页。

大学开学这天，天子率百官亲临学宫，参加开学典礼，天子让负责的人穿戴皮制弁帽的朝服，让他用菜蔬来祭祀先圣先师，向学生表示对于教师和学术的尊重。学习并歌唱《诗·小雅》中的《鹿鸣》《四牡》《皇皇者华》三首反映君臣宴乐和相互慰劳的诗歌，使学生在开学时就明确为日后从政做官而学习的目的。入学时要击鼓召集学生，并打开箱箧（拿出书籍做功课），这样做是为了让学生恭顺自己的学业。用夏、楚两种木条做的鞭棒（是老师用来打罚不上进的学生的，使他们有所畏惧），收得整肃的威仪。夏天还没有祭祀以前，天子就不到学校去视察考察，使学生能够优游宽缓地用心学习。老师要时常静观默察，不必多说话，使学生在内心自觉地受到启发。年幼的学生只能听讲，不要乱发问，那是因为学习只能一级一级地上升。这七项，是教学管理的大道理。

此外，《学记》的作者提倡大学必须建立严格的成绩考核制度，学习过程中，规定每隔一年考查一次，以表示这一阶段学业的完成。考查常由主管学校的官员亲临主持。考查内容包括学业成绩和道德品行，不同年级有不同要求。《学记》曰：

> 比年入学，中年考校：一年视离经辨志，三年视敬业乐群，五年视博习亲师，七年视论学取友，谓之小成。九年知类通达，强立而不反，谓之大成。夫然后足以化民成俗，近者说服而远者怀之，此大学之道也。

第一年"视离经辨志"考查阅读能力方面能否分析章句，思想品德方面是否确立高尚的志向。

第三年"视敬业乐群"，考查对学业的态度是否专心致志和与同学相处能否团结友爱。

第五年"视博习亲师"，考查学识的广博程度和对老师是否亲密无间。

第七年"视论学取友"，考查学术见解和交游择友。合格者为"小成"。

第九年要求"知类通达，强立而不反"，考查学术上的融会贯通和志向上的坚定不移。合格者为"大成"。

由上可知，大学修业年限为九年，分为两段。第一段七年，基本要求是读懂经书，并扩大知识面，从思想上认识学习的目的，能主动地从师学习与友切磋，谓之"小成"。第二段为两年，基本要求是能够掌握道理，做到触类旁通、举一反三、闻一知十；在政治立场和思想修养上达到成熟，能够坚定不移，谓之"大成"。由此可见，《学记》的作者所提倡确立的成绩考核制度具有循序渐进、智德并重的特点，反映了中国古代教育重德重智的传统。[①]

《学记》不仅提出了大学的学习程序，而且提出了修学与游息应有的关系："大学之教也，时教必有正业，退息必有居学。"在大学的教学中，学生的课业有正式课程和课外作业两类，"正业"指课内学习，"居学"指课外学习。

《学记》又曰："故君子之于学也，藏焉、修焉、息焉、游焉。夫然，故安其学而修其师，乐其友而信其道，是以虽离师辅而不反也。"所谓藏、修、息、游，就是要求学生在学习、生活中感到快乐，感到学习的乐趣，感受到老师、同学的可亲可爱，有张有弛，使学习成为学生的一种内在需要。[②]

二 私学的教学原则与教育方法

《学记》中总结和提出许多教学原则和方法："大学之法，禁于未发（防患于未然）之谓预，当其可（抓住时机，因势利导）之谓时；不陵节（循序渐进）之谓孙；相观而善（互相观摩学习）之谓摩。"如果不这样做，"发然后禁，则扞格（抵制、抗拒）而不胜；时过然后学，则勤苦而难成；杂施而不孙，则坏乱而不修；独学而无友，则孤陋而寡闻。燕朋逆其师（与表现不好的同学结伴为非违背师教），燕辟废其学（安于与同学做不好之事，荒废学业）。此六者，教之所由废也"。归纳之，其中重要的有以下几点。

（一）《学记》中的教育教学原则

1. 预防性原则

《学记》说："禁于未发之谓预。""预"的意义是预先做准备，要求教

---

① 孙培青主编《中国教育史》，华东师范大学出版社，2000，第94页。
② 高奇：《中国高等教育思想史》，人民教育出版社，2002，第48页。

师对教学工作有预见性，要求事先估计到学生可能会产生的种种不良倾向，预先采取防范措施。否则，"发然后禁，则扞格而不胜"，会降低教学效果，浪费时间和精力。当不良倾向已经发生甚至积习已深时再做教育引导，就会格格不入而倍感困难。

2. 及时施教原则

"当其可之谓时"，掌握学习的最佳时机，适时而学，适时而教。否则，"时过而后学，则勤苦而难成"，达不到教学的预期效果。这已涉及教学中学生的年龄特征、心理准备、教学内容和顺序等问题，要求寻找诸因素的最佳结合点，使教学显见成效。

3. 循序渐进原则

《学记》主张循序渐进。"不陵节之谓孙"，教学必须遵循一定的顺序（"孙"）。孙，可以理解为内容的顺序和年龄的顺序。如果"杂施而不孙"，杂乱施教而无合理的顺序，其效果将适得其反。因此要"学不躐等"。

4. 学习观摩原则

"相观而善之谓摩"，学习中要相互观摩，相互学习，取长补短，在集体中学习，借助集体的力量进行学习。否则，"独学而无友，则孤陋而寡闻"。

5. 长善救失原则

《学记》认为："学者有四失，教者必知之。人之学也，或失则多，或失则寡，或失则易，或失则止。此四者，心之莫同也。知其心，然后能救其失也。"指出了学生学习中存在的四种缺点，即贪多务得、片面专精、浮躁轻心、畏难不前。这四种缺点又是"心之莫同"——个体的心理差异造成的。因此，教师要掌握学生的心理差异，认识到它的两重性，即"多、寡、易、止，虽各有失，而多者便于博，寡者易于专，易者勇于行，止者安其序，亦各有善焉，救其失，则善长矣"。① 所以《学记》揭示了学生学习中长短、得失的辩证关系，要求"教也者，长善而救其失者也"。教师要注意学生的个别差异，帮助他们发扬优点、克服缺点。

---

① 《礼记章句·学记》。

6. 启发诱导原则

"君子之教，喻也。"教学要注重启发。一味让学生死记硬背，或者频繁发问，只顾赶进度，而不顾学生的兴趣、接受能力和学习效果，学生就会以学习为苦差事，甚至怨恨老师，并很快地把所学东西丢弃得一干二净。因此，教学要重启发诱导，注意"道（导）而弗牵"，教师引导，但又不牵着学生鼻子走；"强而弗抑"，督促勉励，又不勉强、压抑；"开而弗达"，打开思路，但不提供现成答案。《学记》以为，懂得启发的教师，才算是懂得教学的教师。

（二）《学记》中的教学方法

《学记》对一些教学方法也有精辟的阐述。①讲解法：《学记》提出："约而达"，语言简约而意思通达；"微而臧"，义理微妙而说得精善；"罕譬而喻"，举少量典型的例证而使道理明白易晓。②问答法：教师的提问应先易简，后难坚，要循着问题的内在逻辑。而答问则应随其所问，有针对性地做答，恰如其分，适可而止，无过与不及。③练习法：如学诗须多诵读吟唱，学乐则须多操琴拨弦，学礼则多按规矩去做。"不学操缦，不能安弦。""不兴其艺，不能乐学。"根据学习的内容，来安排必要的练习，练习需要有规范，并且应逐步地进行。

三　教师的自我提高和应有素质

《学记》继承了先秦儒家，尤其是孔子和荀子重视教师问题的优秀传统，认为教学成败的关键在教师。有了好的教师，不合理的规章制度可以得到斧正，不科学的内容体系可以获得调整，不明确的教育目标可以被明确、被突出出来。所以教师是提高教育质量的关键。关于教师的作用，《学记》用"善歌者使人继其声，善教者使人继其志"来形象地说明教师在教育过程中的主导作用。由于人才的成长离不开教师，社会的进步亦离不开教师，所以《学记》提出了尊师的主张。《学记》中非常强调尊师及慎于择师，因为教师是传授道的人，提出师严而后道尊。《学记》曰："三王四代唯其师。"夏、商、周都非常重视择师。首先，社会上每一个人，从君到民都是教师教出来的，尤其是以教育为治术就离不开好老师。所以要能够"师严"——尊师，"师严然后道尊，道尊然后民知敬学"。社会要尊师，君主应当带头。当人成为教师时，君主就不能以臣下之礼待之。其次，《学记》以为："能为师然后能为长，能为长然后能为君"，把为师、为长、为君视为一个逻辑过程，使为师实际上成为为君的一种素质、一项使命，就使尊师具备了更加丰富的内涵，而与《大学》的"三纲领""八条目"取得了一致。

教师的作用既然如此重要，《学记》对教师也提出了一些要求，除上述种种教学原则与方法，对教师自我提高的规律和教师应具备的素质提出了以下要求。

（一）教师能力的提高在于"教学相长"

> 虽有嘉肴，弗食不知其旨也；虽有至道，弗学不知其善也。是故学然后知不足，教然后知困。知不足，然后能自反也；知困，然后能自强也。故曰教学相长也。

《学记》认为，一个积极好学的人，应在学习中认识自己的不足，努力学习以补自己的不足；一个循循善诱的教师，应在教学中遇到困难时，自强不息，积极钻研，扩大自己的知识面，提高知识水平，这就叫作"教学相长"。[1]

"教学相长"是指教这一方的以教为学。它说明了教师本身的学习是一种学习，而他教导他人的过程更是一种学习。正是这两种不同形式的学习相互推动，使教师不断进步。因此《学记》引《尚书·兑命》说："学（教）学半。""教学相长"的概括是《学记》对教育理论的一大贡献。

（二）私学教师应具备的政治道德素质

一是教师应具有很高的政治素质和道德觉悟，因为"师也者，所以学为君也"。二是教师要有广博的知识。"记问之学，不足以为人师，必也其听语乎"[2]，只靠事先备好的课，然后照本宣科，背诵现成的答案，是当不

---

① 毛礼锐、瞿菊农、邵鹤亭编《中国古代教育史》，人民教育出版社，2001，第 132 页。

② 《礼记·学记》。

好老师的，做一名合格的教师，必须有广博的知识基础，且精通自己所教授的专业知识，做到博大精深，能够随时回答学生所提出的问题，形成合理的知识结构。三是教师要懂得教育规律。知道"教之所由兴，又知教之所由废"的道理，"然后可以为人师也"；要灵活地运用教育原则和方法，在教学过程中能够做到"博喻"，即善于启发教学，《学记》说："君子知至学之难易而知其美恶，然后能博喻。能博喻然后能为师。"既了解所传授知识的重点、难点，又洞悉学生资质方面的差异，并在此基础上进行有针对性的教学是一个合格教师必须具备的基本条件之一。四是要求教师必须具备良好的语言表达能力，"其言也，约而达，微而臧，罕譬而喻"。其意为，教师在讲解问题的时候，应该做到语言简明而透彻、精微而稳妥，举例不多但具有典型性，能够充分地说明问题。

第二编

中古民办教育史

第四章
统一国家中私学的停滞与复兴

——秦汉时期的民办教育（公元前221～公元220年）

公元前221年，秦统一了六国，结束了长期以来诸侯割据称雄的分裂局面，建立了君主专制的高度中央集权的封建国家。为了铲除六国残余贵族兴家复国的思想基础，秦废黜诸子百家，对儒家学说和其他私家学说采取禁止传授的政策，以致走向"焚书坑儒"的道路。秦代推崇法家学说，焚书禁学，以法为教，以吏为师，结果迅速激化社会矛盾，导致王朝覆灭。公元前206年，秦被农民起义推翻，为刘邦建立的汉王朝（前206～220年）所取代。

"前车之鉴，后事之师。"汉初的统治者吸取了秦王朝覆灭的教训，去秦苛政，推行道家的无为而治，有效地恢复了经济和民间学术文化。政府解除了对各种学派的钳制，各家学说重新得到了自由发展的机会。汉初，儒家五经的教学十分活跃，在齐、鲁、燕、赵等地已形成具有声势和影响的私家学派。此外，道、法、刑名、方术都有私学的传授。

公元前141年，汉武帝即位，采纳了董仲舒的建议，罢黜百家，独尊儒术，兴学校，行选士，确立起封建统治阶级的官方意识形态，也成为此后延续两千余年的文教政策。儒学作为汉代政治的指导思想，教育被提高到"治国之本"的地位。从此以后，对儒家经典的研究和教育便开始兴盛起来，学习儒经成为人们进入仕途的重要途径。由于中央官学只有太学，名额有限，选送有一定之规，地方官学未得到普遍发展，无法满足读书人的要求，于是经师宿儒私人讲学之风大为盛行。

新莽末年（8～23 年），爆发绿林赤眉起义，汉朝宗室出身的刘秀趁势而起。公元 25 年刘秀称帝，定都洛阳，仍沿用汉的国号，并息兵养民开创了"光武中兴"，史称东汉（25～220 年），东汉是中国历史上继西汉、新朝之后的大一统王朝。东汉时期，随着今文经学与古文经学的争鸣和融合，不少大师名儒不愿卷入统治集团内部的斗争，或政治上不得志，则避世隐居山林，收徒讲学，私学比西汉更加兴盛。

秦汉教育确立了中国封建教育的雏形，特别是汉代教育的宗旨、官学和私学的设施、教育的内容、组织形式和教学方法等各方面均为后世整个封建时代的教育奠定了坚实的基础，在中国教育史中占有关键的地位。[1]

第一节 "废黜百家"和"以吏为师"的文教政策

公元前 221 年，秦灭齐，嬴政称始皇帝。中国的历史，从此时起进入秦代，从这一时代起，中国从初期封建制走向专制主义的封建制。秦统一六国之后，在政治结构上，废除了分封制，在全国范围内施行郡县制；在文化上，统一了文字，采用以小篆为标准的官用文字；在经济领域内，统一货币，统一度量衡；实施了一系列果断的变革，强化了中央集权制。公元前 210 年，始皇卒。赵高、李斯立胡亥为秦二世。次年，由于秦始皇和秦二世的残暴统治，终于酝酿成了官逼民反的政局，陈胜、吴广和刘邦、项羽发动的农民起义，动摇了秦国的根基。公元前 207 年 8 月，赵高杀二世，立子婴为秦王，取缔帝号，秦帝国名亡。公元前 207 年 10 月，刘邦军至霸上，子婴降，秦实亡。秦仅存 15 年。[2]

秦是中国历史上第一个统一的中央集权的封建国家。秦代统治者，为了加强中央集权制度，采取了一系列有利于统一的文教政策，主要有：改化黔

---

[1] 史仲文、胡晓林：《中国全史·教育卷：秦汉分卷》，中国书籍出版社，2011，第 195 页。
[2] 喻本伐、熊贤君：《中国教育发展史》，华中师范大学出版社，2005，第 94 页。

首，匡饬异俗的政策；书同文字，经纬天下的政策；颁挟书令，别黑白而定一尊的政策；还包括：行同伦，设三老以掌教化，禁私学以吏为师等政策。① 秦朝的教育政策遵循着一个中心原则，即维护国家的统一和君主集权的封建统治制度，秦代私学、官学俱废，"以吏代师"的法家思想在教育中占据统治地位。

一 废黜诸子私学与"焚书坑儒"

战国时期的秦国国策，可用"崇法尚武"给予概括。天下初定后，对尚武精神的提倡不利于秦长治久安的统治目标，始皇收集民间兵器，铸 12 个各重 24 万斤的铜人即是明证。"崇法尚刑"的国策取代了尚武，由进取嬗变为维护，万里长城的修筑充分说明了秦处心积虑维护其统治的目的。在此国策下，高压强制的促进一统的政令纷纷出台并成为教育的宏观指导思想。

（一）百家争鸣教育学术盛世的终结

始皇之初，非不好儒。在秦代的统治阶层中有不少名儒。郑樵的《通志·校雠略》说到陆贾为秦之巨儒，郦食其为秦之儒生，叔孙通秦时以文学待诏博士。秦之初的博士常常参与国家大事的讨论，秦始皇出游巡行郡县往往有博士陪同。例如，始皇二十八年（前 219 年）东行郡县，就曾与鲁诸生议刻石颂秦德，议封禅望祭山川之事。三十四年始皇置酒咸阳宫，博士七十人前为寿。② 说明博士是近臣，可以与始皇共议国家大事。由于秦始皇在政治、经济上实行的改革并不一帆风顺，尤其分封制和师古还是师今的两次儒法之争，导致了秦始皇废黜诸子私学与"焚书坑儒"一系列措施的实施。

秦统一之初，就在要不要分封诸子为王的问题上发生了一场争论。以丞相王绾为首的一批官吏，请求秦始皇将诸子分封于占领不久的燕、齐、楚故地为王，认为这样有利于巩固秦的统治。但廷尉李斯则坚持反对态度，认为

---

① 史仲文、胡晓林：《中国全史·教育卷：秦汉分卷》，中国书籍出版社，2011，第 199 页。
② 《史记·秦始皇本纪》。

春秋战国诸侯之所以纷争，完全是西周分封制造成的恶果。只有废除分封制，才可免除祸乱。

始皇三十四年（前213年），在秦始皇于咸阳宫举行的宫廷大宴上，又发生了一场师古还是师今的争论。博士淳于越针对法家国策，提出了恢复分封制的主张："事不师古而能长久者，非所闻也。"丞相李斯明确表示不同意淳于越的观点。他反驳说：三代之争，何可法也。儒生不师今而学古，道古以害今，如不加以禁止，则主势降乎上，党羽成乎下，统一可能遭到破坏。始皇支持李斯，下令废黜诸子百家私学，独以法家为"定一尊"的标准，使文化、教育纳入官方的轨道。废黜诸子百家之举，终结了战国时期的百家争鸣教育学术盛世。这种剪灭异己的手段，一直为历代君王视为治国利器，极不利于理论和学术的繁荣。[①]

（二）"定一尊""挟书令"与"焚书坑儒"

在"定一尊"的思想指导下，李斯再度向秦始皇提出了焚书建议：

> 史官非秦记皆烧之；非博士官所职，天下敢有藏《诗》、《书》、百家语者，悉诣守、尉杂烧之；有敢偶语《诗》、《书》者，弃市；以古非今者，族、吏见知不举者与同罪；令下三十日不烧，黥为城旦。所不去者：医药、卜筮、种树之书。若欲有学法令，以吏为师。[②]

秦始皇批准了李斯的建议，颁"挟书令"。在宫廷大宴散后第二天，就在全国各地点燃了焚书之火。不到30天时间，中国秦代以前的古典文献，都化为灰烬。仅存留皇家图书馆内的一套藏书。在焚书的第二年，又发生了坑儒事件。坑儒不是焚书的直接继续，而是由于一些方士、儒生议论诽谤秦始皇引起的。方士侯生、卢生迎合秦始皇梦想长寿的需要寻找长生的仙丹妙药，但自知弄不到长生不死药，不但逃之夭夭，而且诽谤秦始皇天

---

① 喻本伐、熊贤君：《中国教育发展史》，华中师范大学出版社，2005，第95页。
② 《史记》卷六《秦始皇本纪》。

性刚愎自用，专任狱吏，事情无论大小，都由他一人决断，贪于权势，等等。秦始皇听后，盛怒不可抑止，以妖言惑众的罪名下令追查，并亲自圈定460余人活埋于咸阳，这即历史流传的"坑儒"事件。与焚书合称"焚书坑儒"。

焚书的原意为愚民，但它恰恰暴露了始皇和李斯之流之愚。后人章碣有《题焚书坑儒》诗："竹帛烟消帝业虚，昔年曾是祖龙居。坑灰未冷山东乱，刘项原来不读书"；萧冰崖也有一首《咏秦》诗："焚书初意欲民愚，民果俱愚国未墟，无奈有人愚不得，夜深黄石读兵书。"这些都是对焚书辛辣的讽刺。[①]

"焚书"使秦始皇摧毁了大量先秦典籍，数千年中国所收藏的海量文献几乎损失殆尽，对中国文化、中国先秦历史研究等都造成了不可弥补的恶果。在思想上对国民形成了禁锢，是一种愚民政策。在教育上，使春秋战国的诸子百家的私学盛世毁于一旦。

秦始皇虽然采取了禁私学、焚书坑儒等极端措施，但私学并未被禁绝，一批儒生学者隐匿民间，继续以私学教育私相传授，尤其是齐鲁一带仍保留着私人讲学的传统。史料记载的种种事实表明，秦朝一直有人在齐鲁一带私人教学。在秦末战乱之时，私人教学仍然在继续。汉初，统治者尚无暇顾及兴学设教，文化教育事业更依赖私人教学维持，而汉初在文教事业的恢复和建设中做出重要贡献的许多名儒学者，有不少就是秦朝以来隐匿民间的私人讲学大师及其弟子门徒。

二 "以法为教，以吏为师"的文教政策

秦统一六国以前各国文字很不统一。正如汉朝许慎所言："言语异声，文字异形。"这种现象与战国时期诸侯割据以及由此而造成的各地区间文化发展不平衡有着密切的关系。国家统一后，这种文字混乱状况严重阻碍了统一政令的推行，而且也阻碍了各地区间的文化交流。

---

① 史仲文、胡晓林：《中国全史·教育卷：秦汉分卷》，中国书籍出版社，2011，第202页。

（一）秦代的"书同文字"与蒙童教材

文字改革是秦朝推行共同文字，促进共同文化形成的措施，亦即历史上著名的"书同文"。战国时期，由于各诸侯国地理条件和文化传统不同，所用文字也存在很大差异，即使同一国内也往往几种文字杂相使用。一般说来，当时流行着古、籀、篆三种字体，这些异形字的出现，反映了我国文字的不断发展，是化繁为简、推陈出新的结果。事实上，随着生产的发展和社会生活的变化，自然需要新文字的产生。因此，在一定历史阶段内，新旧文字同时并存并不奇怪，何况分裂割据的战国时期。正如许慎指出的，战国时期田畴异亩，车涂异轨，律令异法，衣冠异制，言语异声，文字异形。[①] 这种现象的存在，妨碍了秦统一政令的施行和政权的巩固。所以，秦统一中国后，为了实行统一法度，力求文字的简化和字形的接近。

为顺应客观需要，秦始皇采纳了李斯的建议，进行了文字的整理和统一工作，下令"书同文字"。李斯以秦国字形为基础，吸收六国字形，总结出一种新的字体——小篆（又称秦篆），编成字书颁发全国。秦统一后，李斯根据大篆和古文两种字体加以改造，使笔画更为简单易写，称小篆，也称秦篆，狱吏程邈又依据小篆再简化而创新的字体，称隶书，就成为以后通行的方体字楷书的雏形。正是在这种条件下，才出现了以小篆为字体的蒙学教材，如李斯编写的《苍颉篇》，中车府令赵高编写的《爰历篇》，太史令胡毋敬编写的《博学篇》。这三本蒙童教材的中心内容，是教学书法、识字、书写姓名、熟悉语法和识认名物等。这些教材的编写，既是推行"书同文"的基础要求，也是普施明法、经纬天下的政治任务。这些蒙童课本的编写，巩固了文字统一改革的成果。[②]

（二）秦代"以吏为师"的文教政策

为了达到思想的高度统一，使法家思想深入人心，同时也是为了培养一大批知法、执法的封建官吏实现以法治国的目的，秦采取了"以法为教、

---

① 《说文解字·序》。
② 史仲文、胡晓林：《中国全史·教育卷：秦汉分卷》，中国书籍出版社，2011，第 199 页。

以吏为师"的教育政策。韩非说过："明主之国，无书简之文，以法为教，先王之语，以吏为师"①，这是秦制定教育政策的思想基础，李斯曾明确地说："今天下已定，法令出一，百姓当家则力农工，士则学习法令辟禁。"②政府规定教育的内容限于法令，直接目的是使人成为知法守法、服从统治的顺民，为了保证这项规定不致落空，李斯在提出"焚书"的主张之后，接着提出"若有欲学法令，以吏为师"的建议，得到了秦始皇的认可并付诸施行。政府机关附设"学室"，由吏对弟子进行教训，以培养刀笔小吏。不言而喻，私学的禁止和"吏师制度"的执行必然会使教育上出现一种法律之外无学、官吏之外无师的局面。夏、商、西周时期的教育官师是合一的，后来由于私学的发展，才出现了专门以传授文化知识为职业的教师。专职教师的出现，是教育发展史上的一大进步。秦又一次人为地将官与师结合起来，取消了专职教师，无疑是教育发展史上的一次大倒退。

以法为教不仅把矛头指向儒学，也指向诸子百家，它把战国时期按照学术自由的原则建立起来的私学，通通予以取缔，这在韩非笔下，已经提得相当尖锐。如果说，韩非这一主张仅仅是一种舆论准备，李斯则以政府代言人的身份宣示非予取缔不可，"人善其所私学，以非上之所建立"；"闻令下，则各以其学议之，入则心非，出则巷议"③。秦代颁行以法为教政策，有其深刻的历史根源。首先是灭了六国，并不意味着从此天下太平无事。始皇在"堕名城、杀豪俊，收天下之兵，聚之咸阳，销锋镝，铸以为金人十二"④的同时，还徙天下豪富于咸阳加以集中管理、管制。由于始皇二十九年出现秦始皇东游至博浪沙第一次遇刺，三十一年在首都咸阳第二次遇刺，凶手一直不曾逮捕归案，更使执政者感到，不实行严刑峻法，如连坐法、奖励告讦等，并使上自官吏、下至老百姓一体知法和守法，不足以保证始皇个人的安全和秦政权的巩固。⑤

---

① 《韩非子·五蠹》。
② 《史记·秦始皇本纪》。
③ 《史记·秦始皇本纪》。
④ 《新书·过秦上》。
⑤ 史仲文、胡晓林：《中国全史·教育卷：秦汉分卷》，中国书籍出版社，2011，第200页。

此外，为了移风易俗，巩固统一政权，秦统治者还利用行政权力制定了一些"行同伦"的新法令，以形成新的道德习俗，"尊卑贵贱，不逾次行。奸邪不容，皆务贞良"①。这种凭借法令进行的社会教育，在实现"黔首改化，远迩同度"的政治要求方面有重大的社会效果。②

三 融合诸子百家学说的《吕氏春秋》

秦帝国政治的大统一催促着思想的大融合。几乎就在汉初学术复苏并逐步走向繁荣的同时，学术界本身也呈现一种前所未有的整合态势。在经历了长期的争鸣、辩难与颉颃之后，各家学说、学派又开始相互吸纳、彼此兼容。这种态势几乎从战国后期就已露出端倪，到秦汉形成一股强大的洪流。

（一）以道家学说为基础的《吕氏春秋》

《吕氏春秋》是在秦国丞相吕不韦主持下，集合门客们编撰的一部黄老道家名著。成书于秦始皇统一中国前夕。《吕氏春秋》"集论以为八览、六论、十二纪，二十余万言"，目的就是要"备天地、万物、古今之事"③，整合百家之言、寻求思想一统的雄心之大、气魄之高，似乎已跃然纸上。

> 听群人之议以治国，国危无日矣。何以知其然也？老聃贵柔，孔子贵仁，墨翟贵廉，关尹贵清，子列子贵虚，陈骈贵齐，阳生贵己，孙膑贵势，王廖贵先，儿良贵后。有金鼓所以一耳也，同法令所以一心也……故一则治，异则乱。一则安，异则危。夫能齐万不同，愚智工拙，皆尽力竭能，如出乎一穴者，其唯圣人矣乎！④

《吕氏春秋》的思想主干是道家，《老子》对它的影响是最大的。譬如，《吕氏春秋》最高的哲学范畴——"道"或称"一"、"太一"，就直接来源

① 《史记·秦始皇本纪》。
② 《史记·秦始皇本纪》。《汉书》卷八十八《儒林传序》。
③ 《史记·吕不韦列传》。
④ 《吕氏春秋·审分览·不二》。

于《老子》。《老子》以为天道是自然无为的，"万物作焉而不辞，生而不有，为而不恃，功成而弗居"；在《吕氏春秋》中，则有："天无私覆也，地无私载也。日月无私烛也，四时无私行也。"①《老子》提出，"圣人处无为之事，行不言之教"；而《吕氏春秋》则主张，"有道之主，因而不为，责而不诏"，"知百官之要，故事省而国治"②，等等，不一而足。此外，庄子对《吕氏春秋》的影响也有稽可证。

《吕氏春秋》的背景是秦在统一六国方面已经取得了诸多成就，对秦王法家政治实践的理论总结。所以，法家无疑会对《吕氏春秋》产生一定影响。如《察今》一篇所强调的"举事必循法以动、变法者因时而化"，来自商鞅、韩非。《慎势》专论权力，与慎到、荀子及韩非的主张相一致。不过，《吕氏春秋》也反对法家治国专恃威势、法术、刑律的主张，而提倡德法相济、恩威并施、赏罚俱行。同时，也拒绝韩非所提出的那种树立绝对专制君权、以利害定是非的观点。③

（二）融合诸子百家学说的《吕氏春秋》

墨子思想在《吕氏春秋》中所占的比重也比较大。《仲春纪·当染》一篇几乎全部转录了《墨子·所染》。墨学的宗旨是兼爱、交利、尚贤、重义、节葬、辩察，《吕氏春秋》的《听言》《离俗》《用民》《适威》篇，讲的也是爱利之道。人主君王不能只谈仁义礼教，还应该"以民为务""忧民之利，除民之害"④，这在一定程度上纠正了儒家离开民利而奢论仁爱的偏向。《吕氏春秋》中的《审己》《谨听》《本味》《先识》《观世》等都反复声张了墨家"尚贤"的重要思想。当然，《吕氏春秋》对墨学的吸纳也是有所取舍的，如不谈天志，对明鬼、非乐、偃兵的批评，似乎已与墨子的主张相悖逆。

阴阳之学在秦汉，几乎一直就没有衰落过，它对《吕氏春秋》思想体

---

① 《吕氏春秋·孟春纪·去私》。
② 《吕氏春秋·审分览·知度》。
③ 余治平：《汉初时代：学术的复苏与繁荣——百家争鸣之后的思想大融合》，《求索》2004年第6期，第235～239页。
④ 《吕氏春秋·开春论·爱类》。

系的形成曾发生过重要的作用。《吕氏春秋》用阴阳、五行的思想构造起一个辉煌庞大的理论框架，把天文、岁时、农事、政教、职官、乐律、祭祀等，几乎人们日常生活的全部都囊括进去。应该说，这一理论框架的系统性和严密性都超出了《管子》。《吕氏春秋》继承了邹衍、《易传》的阴阳思想。其《应同》篇所宣扬的"五德终始说"和"感应说"，堪称邹衍思想的转述。

《吕氏春秋》对儒家也予以了一定的重视。"凡为治必先定分，君臣父子夫妇，六者当位……贵贱之别，长少之义，此先王之所慎，而治乱之纪也"①，就是对儒家宗法伦常思想的继承。《吕氏春秋》的《孝行》篇与《礼记·祭义》，都将孝道作为治国之本，可能均出于孔门学生曾子一派之手。尽管《吕氏春秋》重视了儒家，但总的说来，《吕氏春秋》对儒学的兼取是极为有限的。另外，《吕氏春秋》的《论威》《荡兵》《振乱》《禁塞》《怀宠》《决胜》《贵卒》等篇章，应该是先秦孙子、孙膑军事思想在秦汉之际的延伸，反映出秦国在兼并六国、统一天下过程中所积累起来的作战经验。而《上农》《任地》《辩土》《审时》等篇章，可看作先秦以来最系统的农学著作。其中不乏农业技术和农业政策，似乎可以说明秦政对发展农业生产早就予以了重视，从中也可窥得秦之所以能够获取天下的又一秘密。

《吕氏春秋》通过对先秦诸子的修正，形成了自己的特色，在管理思想的全局性、整体性和深刻性上，都有自己的建树。从阴阳五行的理论架构，到经验主义的具体论证；从养生和贵己的"内圣"，到君臣之道和善治天下的"外王"；从个人和国家、社会和政权之间的关系调适，到自然之道支配下的生理、物理、事理和心理的互相配套，形成了一个完整的体系。《吕氏春秋》总括先秦诸子，开启秦汉先声，在管理思想史上具有重要地位。

《吕氏春秋》虽然对诸子百家的思想都做了不同程度的吸收，但这并不是简单的原封照搬或生吞活剥，而是有主题、有指导、有核心的整合。《吕氏春秋》对诸子之学的态度可以概括为：有所采撷，有所摒弃；有所承接，

---

① 《吕氏春秋·似顺论·处方》。

也有所扬弃；有所批评，也有所褒扬。它更能够结合自己时代的特色，做出适当的总结和发挥。《吕氏春秋》是中国历史上第一部有组织按计划编写的文集，上应天时，中察人情，下观地利，以道家思想为基调，坚持无为而治的行为准则，用儒家伦理定位价值尺度，吸收墨家的公正观念、名家的思辨逻辑、法家的治国技巧，加上兵家的权谋变化和农家的地利追求，形成一套完整的国家治理学说。[①]

第二节　私学的复苏与今古文经学争鸣

公元前 206 年，农民起义推翻了秦王朝的统治，刘邦获得了楚汉战争的胜利，中国历史跨进了汉朝。从汉朝的建立到汉武帝即位，前后经历了高祖、惠帝、吕后、文帝、景帝等几朝君主，前后 60 多年时间，在历史上称为汉初，汉初统治者重视总结秦二世而亡的历史教训，他们认为，频繁的战争、大兴土木和严刑峻法是秦灭亡的主要原因。

秦王朝垮台后，禁私学的苛政自然失去约束力。济南伏生将私藏在墙壁中的《尚书》挖掘出来，进行教学。西汉初年，儒家和各个学派均开办私学。尤其是汉武帝开创太学、确立"独尊儒术"的文教政策以后，教育被提高到"治国之本"的地位，官学有很大发展。但中央官学只有太学，名额有限，选送有一定之规，地方官学未得到普遍发展，无法满足读书人的要求，于是经师宿儒和其他学派讲学之风大为盛行。随着今古文经学的争鸣，东汉时私学规模更加庞大，不少大师名儒不愿卷入统治集团内部的斗争，或政治上不得志，则避世隐居，收徒讲学。

一　汉初的"无为而治"与私学的复苏

汉代统治者吸取秦朝迅速灭亡的教训，认识到民间学术活动是不可能用

---

① 余治平：《汉初时代：学术的复苏与繁荣——百家争鸣之后的思想大融合》，《求索》2004年第 6 期，第 235～239 页。

高压的手段加以控制的。因此，汉代统治者从一开始就对私学采取宽容乃至鼓励的政策。例如，汉高祖刘邦讨伐项羽，举兵过鲁时，"高皇帝诛项籍，引兵为鲁，鲁中诸儒者尚讲诵习礼，弦歌之音不绝"。① 汉军并未干预诸儒的修其经书、讲习大射乡饮之礼的活动。叔孙通因制定朝廷礼仪为其弟子请官："诸弟子儒生，随臣久矣，与共为仪，愿陛下官之。"② 刘邦遂将他们全部任为郎官。这种举措无疑对私学教学起到劝导作用。至汉惠帝时正式废除"挟书律"，从此在法律层面上最终消除了私学发展的障碍。

在文教政策上，汉汲取亡秦的教训，不蹈秦代严刑峻法的覆辙。大致说来，汉代的文教政策可分为两个阶段：一为杂霸阶段——倚重黄老之学或刑名之术；二为罢黜百家阶段——独尊儒术，这是一条由宽松走向大一统的路线。

（一）倚重黄老之学的治国指导思想

汉代初年，处在秦末农民大起义之后的历史转变时期，如何总结秦二世而亡的教训，如何确立治国的指导思想，这是巩固新建政权所面临的重大课题。当时卓越的思想家、政治家陆贾，对仍然沉溺于胜利得意之中的刘邦，率先提出警告：研讨治国之策是当务之急。他告诫汉高祖马上得天下不能马上治之，必须将指导思想由打天下转变为治天下，并总结了秦亡的教训在于举措暴重而用刑太极③，而主张文武并用，无为而治。陆贾在朝廷上对刘邦的建议，与齐相曹参的研讨不谋而合。曹参继萧何任汉相国之后，继续推行黄老之术，取得了显著的成效，受到老百姓的拥戴。以后文帝、景帝、窦太后、陈平、汲黯等汉初著名君臣，都坚持以黄老之术为治国的指导思想，造成了这一学派在汉初大盛的局面。④

鉴于秦灭亡的教训，汉初统治者以道家的"清静无为"作为政治指导思想，在汉初实际流行的是一种改造过的道家学说，称为"黄老之学"。黄老之学是除老庄学派之外道家的最大分支，学派思想尚阳重刚，产生于中国

---

① 《汉书·儒林传序》。

② 《汉书·叔孙通传》。

③ 《新语·无为》。

④ 史仲文、胡晓林：《中国全史·教育卷：秦汉分卷》，中国书籍出版社，2011，第211页。

战国时代（前 5 世纪至前 3 世纪）。该流派尊传说中的黄帝和老子为创始人。作为一种广为流传的社会思潮，则是在齐国稷下与楚国时期，这一派的代表们以道家思想为主并且采纳了阴阳、儒、法、墨等学派的观点。它依托传说中的黄帝，而本于老子，实质上以道家思想为核心，融合了先秦各家的学说。道家思想的精髓是"无为"，任其自然，认为"无为而无不为"。表现在统治政策上，就是尽量减少对百姓日常生活、生产事务的干预，任其发展，停止不必要的土木工程和军事活动。这种政策，顺应了汉初亟须恢复发展社会经济和人民渴望从频繁的战乱中摆脱出来过安定生活的客观要求。上述主张在汉朝初期曾经产生了一定的影响，结果出现了中国历史上"文景之治"的盛世。随着政治思想的转变，汉初文教政策也与秦朝截然不同。

黄老之学对于汉初的政局曾经发挥了积极的作用，但是，由于它提倡无为、放任，虽然使老百姓得到了一定的休养生息，却也纵容诸侯王骄恣不法，从而加剧了贫富两极分化，激化了阶级矛盾，削弱了中央集权。吴楚七国之乱，宣告了黄老之学在政治上的破产，促使一代英主汉武帝不得不改弦易辙，采取了"独尊儒术"的文教政策。

（二）废除"挟书律"提高了知识分子的地位

由于战争依靠武力，知识分子的作用并不明显，汉高祖刘邦在战争年代和建国初年，信用武功之辈，鄙薄知识分子，尤其讨厌儒生。后来在陆贾等名臣的劝谏下，刘邦才渐次重视知识分子在政治中的作用，下《求贤诏》，征召贤士，封官赏禄，给予优厚的待遇，让各学派知识分子都有参与政治的机会。汉初几位皇帝对知识分子都比较重视，汉文帝尤为突出。他把全国有名的学者集中到都城长安并封以博士的官衔，如有经博士、传记博士等。同时，还下令举贤良文学，采用地方推荐与中央考试相结合的办法吸收统治人才。知识分子的地位提高了，在政治上也有了施展宏图的机会。

秦朝禁止人们收藏、携带《诗》《书》等书籍，所以法律中"挟书律"一项规定对拥有书籍者进行惩处。公元前 191 年，汉惠帝废除了此项法律，允许人们自由收藏、携带、讨论《诗》《书》。由于秦"焚书"的结果，汉初藏于官府、流传于民间的书籍很少，"挟书律"解除后，热情的学者开始传写、抄录书籍。政府也采用给予献书者一定奖赏的办法鼓励私人将图书献给国家或借给官府抄录。一时间，社会拥有的图书量渐增。废除"挟书律"，从法律上为汉初学术的繁荣和教育的发展撤除了一道人为的障碍。

（三）宽松的政治环境促进了私学的复苏

私学在秦朝受到严厉禁止。秦亡汉兴，朝代更迭，自然地解除了秦朝对私学的禁令。汉朝建国伊始，政治尚不稳定，未能顾及建立正式的学校教育制度，官学未创立，私学实际上就承担起培养人才、传播文化、发展学术的任务。私人讲学活动不仅没有受到统治者的干预，相反，朝廷对其中一些著名学者的礼遇，加上皇帝接连不断颁发的求贤诏书。实际上是对私学的一种无声鼓励，私学因此蓬勃地发展起来。

汉初，统治者放松了对文化教育的钳制，为教育的发展、学术的繁荣提供了一种较为宽松的环境。这一时期诸子百家之学已开始复苏，私学中传授的学术也不限一家一派。首先是儒学得到了恢复和传播，伏生以《尚书》教授于齐。韩婴在燕、赵一带教授《诗》和《易》，孝文时为博士，景帝时至常山太傅，"燕赵间言诗者由韩生。韩生亦从《易》授人"。① 申公辕固，在齐地授《诗》，是《诗》学大师，孝景时为博士，"诸齐以《诗》显贵，皆固之弟子也"②。齐人胡毋生则以教授《春秋》闻名，孝景时为博士，"齐之言《春秋》者宗事之，公孙弘亦颇受焉"③。陈平，"好读书，治黄帝、老子之术"④。汉初，法家依然据有相当势力，传授法律、刑名之学的学者也为数不少。

文景之世，政清治平，隐贤逸才相继复出。这些人多是长年在民间从事私人教学颇有成绩者，不少人还继续从事私人教学。汉初，私人教学不仅有儒家学派，黄老、道、法、刑名之学也有私人传授。此时，法家有相当势

---

① 《史记》卷一百二十一《儒林列传·第六十一》。
② 《汉书·辕固传》。
③ 《汉书·胡毋生传》。
④ 《汉书·陈平传》。

力，传授法律、刑名之学者为数不少。文景之世，晁错、韩安国均以学刑名闻世，黄霸、路温舒、赵禹、张汤，皆少习法令。这些人对汉代刑法律令建设起过重要作用。此外，田蚡学杂家，主父偃学纵横术，司马季子以卜筮带弟子。特别值得注意的是，汉初算学历律也颇有人私相传授。传授卜筮学的学者也包括一部分自然科学内容。史料表明，在私人教学中颇有重视自然科学教育的传统，后世自然科学知识的传授也多通过私人教学或家学。张苍，"自秦时为柱下御史，明习天下图书计籍，又善用算律历"，故"汉家言律历者本张苍，苍好书，无所不观，无所不通，而犹邃律历"。① 他们都受到当时学者的尊敬和朝廷的礼遇。

汉初以黄老学术作为政治指导思想，因此道家思想流传甚广，黄老之学的学习和传授者甚众。如曹参、陈平、直不疑等均以黄老之学身居要职，显名于世。另外，汉初因学习法家、刑名之学等其他私家学说而受朝廷重视的也为数不少。在文化教育上所采取的这种宽容的态度，使各种学派都得到了发展机会，其中特别是儒家学派更为突出地发展起来，这同后来汉武帝时代儒学能取得"定于一尊"的地位有密切的关系。② 汉初的私人教学，还保留着战国时期百家争鸣的遗绪，又显示出各学派相互吸收、融合的趋势。有的人既学儒学，也学黄老、律令，这是汉初私人教学的重要特点。

汉初私人教学发展的主要原因有以下两个方面。

一是封建统治者由武力征讨逐步转入政治、经济、文教事业的恢复和建设，建立日益庞杂的各级官僚机构，因此急需大批治术人才，然而又来不及兴学设教立即培养，只能大力搜集吸引民间的隐贤逸才，一批从事私人教学的学者及其弟子得到仕进之机，如叔孙通及弟子百余人皆得为仕，在客观上激发了私人教学的积极性，促进了私人教学的发展。

二是汉初经过休养生息，政治清平，经济渐有复苏，特别是中小地主阶

---

① 《汉书·张苍传》。

② 孙培青：《中国教育史》，华东师范大学出版社，2000，第 103 页。

层和城乡富户愿迁子弟入学受教，谋求进一步发展，但国家尚无力办学，正如皮锡瑞《经学历史》所言："所以如此盛者，汉人无无师之学，训诂句读，皆由口授，非若后世之书，音训备具，可视简而诵也。书皆竹简，得之甚难，若不从师，无从写录。非若后世之书，购买极易，可兼两而载也。"于是靠私学来满足这一要求，成为一种必然的趋势。①

二　汉武帝对策与董仲舒"独尊儒术"

（一）汉武帝求贤若渴的"贤良对策"

公元前 140 年，汉武帝即位。当时，汉朝经过几十年的"休养生息"，经济上得到恢复和发展，政治上出现了汉景帝平息"七国之乱"后的安定局面。不安于现状的汉武帝，立志要把汉初那种"无为"政治转变成一种具有进取精神的政治，为了实现其远大抱负，他渴望寻求一种新的政治指导思想，历来强调"文事武备"的儒家学说则可达到与汉武帝的政治愿望相契合的需求。

汉武帝即位之后不久，就下令举贤良。开始采用对策的方法，选拔优秀知识分子来充实官吏队伍。所谓对策，就是应荐者回答皇帝提出的有关经文、政治、经济、文化以及其他方面问题的策问。汉初的私学虽然繁荣，但培养的人才规格各异、思想不一，显然很难满足封建集权国家对统治人才的要求，所以汉武帝在策问中悲叹人才"所由异术，所闻殊方"，可见其求贤心切。因为汉朝采用这种形式来选拔贤良之士，所以对策又称"对贤良策"或"贤良对策"。

（二）董仲舒的"抑黜百家，独尊儒术"

汉朝首先提出"独尊儒术"思想的是董仲舒。他是汉朝最负盛名的儒家学者之一。汉武帝亲自拟定题目，亲自阅卷，他十分欣赏董仲舒在对策中阐发的思想主张，反复策问董仲舒有关治理国家的方针大计。董仲舒前后三次回答汉武帝的策问，其中提出的三条建议，后来成为政府施行的三大文教政策。董仲舒依据儒家"大一统"思想论证了汉代统一集权政治的天经地义和皇权至上，首先提出"抑黜百家，独尊儒术"的建议。董仲舒站在儒家的立场上，从《春

---

① 史仲文、胡晓林：《中国全史·教育卷：秦汉分卷》，中国书籍出版社，2011，第 238 页。

秋》大一统的观点出发，论证了儒学在封建政治中应居独一无二的统治地位："《春秋》大一统者，天地之常经，古今之通谊也。今师异道，人异论，百姓殊方，指意不同，是以上亡以持一统，法制数变，下不知所守。臣愚以为诸不在六艺之科孔子之术者，皆绝其道，勿使并进，邪僻之说灭息，然后统纪可一而法度可明，民知所从矣。"① 其次是兴太学以养士。通过立五经博士，将《诗》《书》《礼》《易》《春秋》定为官方学说，并兴太学，专为设置博士弟子，既可培养行教化的贤才，也可保证儒术嬗递。董仲舒明确指出："养士之大者，莫大乎太学，太学者，贤士之所关也，教化之本原也。""愿陛下兴太学，置明师，以养天下之士。"② 实际上，兴办太学，政府直接操纵教育大权，决定人才的培养目标，也是整顿学术，促进儒学独尊的重要手段之一。最后是重视选举，任贤使能。通过建立察举制度以儒家德才贤能标准选才任官，扩大统治基础。以儒经求官取士的教育与政治模式由此形成。

汉武帝"罢黜百家，表章六经，独尊儒术"之后，儒学取得定于一尊的地位，带来了儒家经学教育与研究的繁荣局面，出现了众多的传授儒学的经师。在为数众多的儒学流派中，可以归结为两种大的学术流派，这便是今文经学和古文经学。汉朝今文经学先于古文经学得以发展，而且得到统治者的扶持。古文经学多以私学为阵地，在和今文经学的论战中培养了众多门徒，形成自己的学派集团，学术势力由弱转强。

儒学取得一尊的地位，是因为除了汉武帝加强中央集权、要求统一思想意识的政治抱负以外，还和汉初儒家学说的广泛传播以及儒家学者的进取精神密不可分。儒学受秦朝的高压而低落之后，在汉初得到了良好的发展、传播机会。教授于地方的经生鸿儒比比皆是，他们不仅受到王侯和郡守的尊敬，同时也受到朝廷的礼遇。值得说明的是，秦、汉同是定于一尊，但汉代的儒术独尊远较秦代崇法尚刑宽松而又宽厚。

---

① 《后汉书·郑玄传》。
② 《后汉书·郑玄传》。

汉武帝时期，根据董仲舒等人的建议，立太学、置明师，开始兴办和发展官学。但私学并未因此而停顿，反而在官学发展的影响下得到进一步繁荣。这是因为：第一，西汉官学主要设在中央，地方官学未得到发展，直到平帝元始三年（3年）王莽当政时才开始建立地方学校系统，郡县比较普遍建立学校。第二，中央官学设在京师，路途遥远，入学困难，并且名额十分有限，难以满足众多读书人的入学要求。私人教学容纳的学生人数远比太学为多。实际全国大部分教育任务仍然靠私学来承担。官学和私学相辅相成，相互促进，这一历史现象十分值得认真总结。

三 今古文经学争鸣与私学的繁荣

汉武帝"罢黜百家，表章六经，独尊儒术"之后，儒学取得定于一尊的地位，带来了儒家经学教育与研究的繁荣局面，出现了众多的传授儒学的经师。在为数众多的儒学流派中，可以归结为两种大的学术流派，这便是今文经学和古文经学。以官方太学为代表的今文经学和以民间私学为代表的古文经学的争鸣又进一步促进了私学的繁荣勃兴。

（一）今文经学与古文经学的争鸣

古今文经学之争，起于西汉末，至东汉更加尖锐。西汉时期，博士传授弟子的经书是用当时通行的文字——隶书写成的，后人把这样的经书称为今文经。今文经学多为汉初凭经学大师的记忆、背诵，并采用当时流行的隶书记录下来的六经旧典，发展在先。西汉初期，刘向、刘歆父子在长期的校书过程中逐渐发现了一些用古文字写的经传，如《春秋左氏传》《毛诗》等，这些经传是由秦将文字统一为小篆以前的大篆和六国使用的文字书写的，大篆和六国的文字对于当时的人来讲，是古文字，因此用古文字写成的经传就叫作古文经。古文经学依据汉武帝时从地下或孔壁中挖掘出来，或通过其他途径保存下来的儒经藏本。初本是先秦的古文字，发展在后。按照日本学者本田成之的说法，古文学派源于荀子，因大师多为鲁人，又叫"鲁学"；今文学派源于孟子，因大师多为齐人，又称为"齐学"。

今古文经学者在治经立场和观点上表现出不同的学术风格。今文经学和古文经学的治经的立场、观点不尽相同，对经传的解释也有许多分歧，这主要表现在如下一些方面：今文经学家认为六经是孔子政治思想所托，是其关于政治之道的论述，六经中的古史资料，都是孔子托古改制之作。因此，他们研究和传授六经，偏重于阐述大义微言，旨在从六经中寻求治国安邦之道。古文经学家则尊奉孔子为史学家，而且认为六经皆史，他们研究和传授六经，主张遵循孔子信而好古、述而不作的原则。今文经学家竭力迎合统治者的政治需要，将儒学中渗入了大量阴阳五行思想，宣传并相信灾异、谶纬迷信。古文经学家则反对灾异之说，斥纬书为诬妄，他们讲求实学，研究经籍中的名物训诂。今文经学家认为孔子是政治教育家，传授六经有普通科（《诗》《书》《礼》《乐》）与专门科（《易》《春秋》）之分，他们也依这个顺序排列六经。古文经学家则把六经视为历史，因此，按他们考证六经产生的先后顺序加以排列，即《易》《书》《诗》《礼》《乐》《春秋》。它们各自所依学统也不同，今文经学以《公羊传》为主，古文经学以《周礼》为主。由于两派占有的材料不同、治经的观点不同，因此对六经的解释、对史实的看法也有许多分歧。例如对分封制、官制等，今、古文经学都有所不同。①

总而言之，今文经学"其特色为功利的，而其流弊为狂妄"；古文经学"其特色为考证的，而其流弊为烦琐"。它们对我国文化学术的发展都有重大的贡献："因今文经学的产生而后中国的社会哲学、政治哲学以明，因古文经学的产生而后中国的文字学、考古学以立。"②

汉朝今文经学得到统治者的扶持。朝廷从政治出发，专招属于今文经学的学者为太学博士，形成了今文经学独霸太学讲坛的格局。今文经学以阴阳灾异思想贯穿经学研究，阐述天人之道，建立了一个以天人感应思想为特征的今文经学体系。至东汉元帝、成帝时期，基本实现了对经学的全面改造，达到今文经学的鼎盛。今文经学在发展演变中，逐渐走向谶纬化。也称谶

---

① 史仲文、胡晓林：《中国全史·教育卷：秦汉分卷》，中国书籍出版社，2011，第217页。
② 周予同：《经学历史·序》，中华书局，1959。

语、谶记等，被认为是上帝或神用来预告人世间吉凶祸福的隐语，纬是相对经而言，是假托孔子对儒家经典的神学解释。

今文经学与谶纬的结合改变了儒学的发展方向，必然遭到以恢复传统儒学精神自居的古文经学家的反对。同时古文经学者为了争得自己的学术地位和博士席位，也不断和今文经学展开争论，这便是今古文经学之争。今古文经学之争从西汉末年到东汉末年持续了 200 多年之久。在今文经学据有太学讲坛优势的情况下，古文经学多以私学为阵地。由于古文经学直接溯源于先秦古籍，长期处在民间传授的私学地位，政治气味不浓，学风相对自由。古文经学家又大都是一些学无常师、打破学派樊篱、贯通百家的学者，如恒谭"博学多通，遍习五经。皆诂训大义，不为章句。能文章，尤好古学"①，扬雄"少而好学，不唯章句、训诂通而已，博览无所不见"②，王充"好博览而不守章句，一博通众流百家之言"③，班固"博贯载籍，九流百家之言，无不穷究。所学无常师，不为章句，举大义而已"。④在争论中，不同学派的学者积极了解对方的学说，以便在经学讨论和争辩中扬己之长，攻彼之短，这样便打破了学术上固执己见、互不交流的封闭局面。

东汉时期，出现了众多兼通数经，包括兼通今古文经学的学者，促使今古文经学最终走向融合。其中为打破宗派门户之见，实现今古文融合并走向统一做出重大学术贡献的是东汉后期著名的经学大师郑玄。今古文经学最终走向融合使以私学传播为主的古文经学得到了长足的发展，在今古文经学之争中也进一步促进了私学的繁荣。

（二）今古文经学争鸣促进了私学的繁荣⑤

随着经学的不断发展，太学中的博士之学也发生分化，古文经学不断与

---

① 《后汉书·植谭传》。
② 《后汉书·植谭传》。
③ 《汉书·王充传》。
④ 《汉书·班固传》。
⑤ 胡海涛：《汉代私学教育及特点》，青海师范大学中国古代史硕士学位论文，2012。

今文经学辩难，扩大自己的学术影响，争取政治上的地位。而经学对社会生活的影响不断扩大，希望通经入仕的人日益增多，加上造纸术的改良和书肆的出现，这些都为私学发展提供了坚实的人员和物质基础。东汉时期，私学比西汉更加兴盛。

范晔曾描述东汉私学的盛况：自光武中兴以后，干戈稍戢，专事经学，自是其风世笃焉。其服儒衣，称先王，游庠序，聚横塾者，盖布之于邦域矣。若乃经生所处，不远万里之路，精庐暂建，赢粮动有千百，其著名高义开门受徒者，编牒不下万人，皆专相传祖，莫或讹杂。① 此时的私学已经布满天下各处，其规模也相当之大，求学于著名大师的门徒往往成千上万。西汉之时，只有申公、吴章二人弟子超过千人之外，其余经师弟子多的也不过百余人而已。申公，"归鲁退居家教，终身不出门。复谢宾客，独王命召之乃往。弟子自远方至受业者千余人"②；吴章，"章为当世名儒，教授尤盛，弟子千余人"③。可见到了东汉，许多著名经师家居授业，弟子之多便远远胜于西汉，东汉有二十八家受业弟子达到千人。如杜抚"少有高才。受业于薛汉，定《韩诗章句》。后归乡里教授。沈静乐道，举动必以礼。弟子千余人"，④ 杨伦辞官归乡后，"讲授于大泽中，弟子至千余人"。⑤

东汉私学还有弟子万人以上者三家。即蔡玄"学通五经，门徒常千人，其著录者万六千人"⑥，张兴"声称著闻，弟子自远方至者，著录且万人，为梁丘家宗"，⑦ 牟长"诸生讲学者常有千余人。著录前后万人"，⑧ 由此足见东汉私学规模之大。郝建平所编制成的《两汉私家教授分布表》反映出："西汉的私家教授分布共计 42 郡国，占全国郡国的百分之四十以上；东汉

---

① 《后汉书》卷七十九下《儒林列传论》。
② 《汉书》卷八十八《儒林传》。
③ 《汉书》卷六十七《云敞传》。
④ 《后汉书》卷七十九下《杜抚传》。
⑤ 《后汉书》卷七十九上《杨伦传》。
⑥ 《后汉书》卷七十九下《蔡玄传》。
⑦ 《后汉书》卷七十九上《张兴传》。
⑧ 《后汉书》卷七十九上《牟长传》。

私学分布于 54 郡国，占全国郡国的百分之五十强。东汉除继承西汉的绝大部分教育区外，还向更为边远的地区开辟了施教区域。"①

东汉时期，除了西汉时冀州、青州、兖州、豫州、徐州、司隶私学仍有广泛设立之外，出现一些新的施教区域，如荆州的江夏、南郡，扬州的会稽、豫章、九江，益州的犍为、牂柯，并州的太原，凉州的安定、武威、敦煌，幽州的辽东等边远诸郡和僻陋蛮夷之地的私学教育也发展起来。1940年 4 月在青海省乐都县发现的《三老赵掾之碑》记载了碑主赵宽身为将门之子、弃武从文、献身河湟教育事业的事迹。赵宽以县三老的身份办学，虽带有地方官学的色彩，但性质还是私学。赵宽教育青年学生 100 余人，都学有所成，不少人在州、府做官。赵宽"教诲后生，百有余人，皆成俊艾，仕入州府"的史料是乐都县以至青海省有关教育的最早文字记载。应该说赵宽是河湟地区文化教育的奠基者。② 私学已经广布全国各地。此种私学发展盛况使柳诒徵先生发出"汉代私家传授之盛，古所未有也"③ 的感叹。侯外庐先生也称，当时全国"到处有经师讲学，到处有生徒聚集"。④

（三）私学教育从复苏走向繁荣的原因

汉武帝时期，根据董仲舒等人的建议，立太学、置明师，开始兴办和发展官学。但私学并未因此而停顿，反而在官学发展的影响下得到进一步繁荣。这是因为：一是西汉官学主要设在中央，地方官学未得到发展，直到平帝元始三年（3 年），王莽当政时才开始建立地方学校系统，郡县比较普遍建立学校；二是中央官学设在京师，路途遥远，入学困难，并且名额十分有限，难以满足众多读书人的入学要求。私人教学容纳的学生人数远比太学为多。实际全国大部分教育任务仍然靠私学来承担。官学和私学相辅相成，相互促进，这一历史现象值得认真总结。

---

① 郝建平：《教育与两汉社会的整合研究》，中华书局，2014，第 74 页。
② 张得祖：《〈三老赵掾之碑〉的史料价值和艺术价值》，《青海师范大学学报》（哲学社会科学版）2011 年第 2 期，第 58～60 页。
③ 柳诒徵：《中国文化史》（上），中国大百科全书出版社，1988，第 316 页。
④ 侯外庐：《中国思想通史》（第 2 卷），中国人民出版社，1957，第 353 页。

西汉在武帝之后，私人教学相当发达，一些硕学名儒在未从政或任博士之前一直从事私人教学。西汉官学立博士充满着斗争，未立为博士的经学大师，仍坚持私人传授，逐渐发展成今古文经学的长期激烈论争，从而更促进了私学的发展。有些人一面做官，一面收徒讲学，罢官后仍然继续从事私人讲学。

东汉时期，私学从复苏走向繁荣。其原因如下。

第一，统治集团内部斗争日益激化。大师名儒政治上不得势，或被当权者排斥，或不愿卷入政治风浪，或中途退隐，或征召不就，皆避世隐居，私人收徒讲学。

第二，古今文经学之争更趋尖锐激烈。古今文经学之争，起于西汉末，至东汉更加尖锐。学派论战是统治集团内部斗争的反映。随着不同政治势力的消长，古今文经学之争更趋尖锐激烈，古今文经学的地位也不断变化。但终汉之世，在官学中占统治地位的学派主要是今文经学，而古文经学家多以私人讲授的方式进行研究和传播，因此，古今文经学之争常常表现为私学与官学的斗争。

第三，官学管理不善，行不修，学不实，师生关系也不融洽。一些学者不愿去官学任教，甘愿私人收徒讲学；读书士子也不愿进官学习业，宁愿自择名师求教。王充对汉代学风和学校教育进行过尖锐的抨击，他终生居家讲授，致力著述。郑玄亦是私学大师。汉代官学最高额达三万人，可谓甚众，然而私人讲学，一名师著录弟子最多者达一万六千人，所以受教于私学者当数倍于官学。

第四，汉代兴办官学，无论中央太学，还是郡国学校，都以讲授经学为主，其他学问，特别是自然科学，东汉时仍极发达，乃全赖私学和家学传授。

第五，汉代官学无蒙学教育阶段，初识文字、术数和基本行为规范又是进一步学习或为人处世所不可缺的，所以，启蒙教育的任务主要由私学或家教承担。东汉时期的私学除了讲习专经的精舍之外，还有大量初等教育性质的书馆，这是汉代私学的重要组成部分，而且私人施教的书馆已相当普遍。①

---

① 史仲文、胡晓林：《中国全史·教育卷：秦汉分卷》，中国书籍出版社，2011，第238页。

综上所述，可见从秦末到汉初，由西汉到东汉，私人教学始终长盛不衰。在官学建立之前，私人教学成为教育事业的主体；在官学建立之后，私学教育仍继续存在，并有进一步发展，承担着相当繁重的教育任务，成为官学教育的重要补充和汉代教育制度的有机组成部分。官学和私学也是有斗争的，但又是相辅相成、相互补充、相互促进的。这是汉代教育制度的一个特点，也是整个古代教育制度的一个重要的特点。

第三节　汉代私学的结构与家世传授

经过汉代的经济恢复和社会发展，汉代私学在发展过程中，根据学习内容和学习目标的不同，私学教育可划分为三种基本类型，或三种不同层次，也可以说，有低、中、高三种程度。这就是以书馆为主要形式的蒙学教育，以乡塾为主要形式的一般经书学习，以"精庐"或"精舍"为主要形式的专经研习。汉代私学已形成从儿童启蒙教育阶段和初级教育阶段到大学教育阶段的较为完整的私立教育体系。此外，家世传授也是汉代的重要教育形式，而汉代的选士制度对私学的发展起到了推波助澜的促进作用。

一　汉代启蒙初级阶段的私学

汉代的"书馆""乡塾"属于启蒙教育和初读教育的小学教育阶段。两汉时期是中国古代小学教育的初步发展期。

（一）以识字、习字为主的蒙学教育

蒙学是指从事儿童初等教育的学校。《汉书·食货志》叙先王教人之制："八岁入小学，学六甲五方书计之事，始知室家长幼之节。"可见古代启蒙教育始自幼童八岁左右，以识字、习字为主要学习内容。汉代启蒙阶段的教育，除了有条件的人家自行教导子弟外，主要是在私学"书馆"进行。由于古代"小学"一词有多种含义，既可以指初等教育，也可以专指文字训诂学，学小学者也不见得都是儿童，所以使用"蒙学"的称谓，可避免

产生歧义。蒙学的入学年龄史无定例，一般为六岁至十岁。先秦和汉初之际已有蒙学，如孔鲋隐居授徒于嵩山，子夏讲学于西河，都是从蒙学开始的。蒙学的识字是从教史书开始的，史书是字书的通称。[①]

蒙学教师称为"书师"。"书师"由从事私人教学的蒙师担任。"书馆"又分为两种类型：一种是教师在家执教或在公共场地开馆施教，学生都是附近人家的子弟；另一种是富裕家庭聘任教师上门为本家或本族的适龄学童授课，也可称之为"家馆"。无论是"书馆"还是"家馆"学习的主要内容都是识字、习字。教学以识字、习字为主，并且有了比较适用的教材。汉代启蒙教育阶段的私学除学习识字、习字为主外，兼习算术。《九章算术》为书馆的通用教材。启蒙教育犹重品德伦常和日常行为规范的培养，并且寓于书算教材和教学之中，以收课程简化、重点突出之效。

中国最早的一部字书是《史籀篇》，相传是西周时太史籀所作，不过久已失传。秦代实行"书同文"，重视字书编写，李斯做《苍颉篇》7 章，赵高做《爰历篇》6 章，胡毋敬做《博学篇》7 章，其文字多选自《史籀篇》，用秦篆写成，作为学习的课本。汉朝建立后，塾师将秦时三种字书合编在一起写成《苍颉篇》，"汉兴，闾里书师合《苍颉》《爰历》《博学》三篇，断六十字以为一章，凡五十五章，并为《苍颉篇》"。[②] 随后，汉武帝时司马相如做《凡将篇》，元帝时史游做《急就篇》，成帝时李长做《元尚篇》。王莽当政时，扬雄做《训纂篇》，都是汉代常用的字书。后世蒙学的识字教材，如《千字文》《百家姓》《三字经》等，也均是在汉代识字教材的基础上发展而成的。保存到现在的只有《急就篇》，并被广为流传，童子皆读。

《急就篇》为综合性教材，以识字为主，介绍各方面常识，包括陈说姓名，介绍丝织、植物、动物、农产品、自然常识、疾病药物、身体器官、乐舞礼器、官职名称、各种杂物品类，指导进一步学习的方向，像一部小百科

---

① 王日新、蒋笃运：《河南教育通史》（上），大象出版社，2004，第 215 页。
② 《汉书》卷三十《艺文志》。

全书。此书主要供儿童识字使用，内容包括天文、自然、历史、地理、建筑、社会、文化、伦理道德、人身修养以及语言等各方面知识。唐宋以后一直沿用。并被译成满蒙文字，传到日本。据王国维研究：

> 汉时教初学之所名曰书馆，其师名曰书师，其书用《苍颉》《凡将》《急就》《元尚》诸篇，其旨在使学童识字习字。"汉人就学，首学书法，其业成者，得试为吏，此一级也。"[①] 王充在《论衡·自纪》中也对书馆的学习记载说："六岁教书，父未尝笞，母未尝非，闾里未尝让。八岁出于书馆，书馆小僮百人以上。"[②]

诚如柳诒徵先生所言：

> 汉人小学文字之书，盖有二体。一取便于记诵，《凡将》、《训纂》之类是也；一取详于解说，许慎《说文解字》是也。后世童蒙读本，以三字、四字或七字为句，皆源于汉。[③]

汉代蒙学除学习识字习字外，也学习算术。柳诒徵先生认为："汉时小学，兼重书算。"史书上记载郑玄，"通《九章算术》"。《九章算术》是当时通用的算术教材。[④]

（二）初读经书阶段的小学基础教育

儿童在接受完蒙学教育之后，进入初读经书教育的教育阶段，并在"乡塾"学习。汉平帝时，在乡间建设学校，称为乡塾，"乡塾"是脱离启蒙阶段的高一级的古代乡间学堂。"乡塾"的教师称"塾师"或"孝经师"。学童经过识字、习字修业之后，进入乡塾，主要学习《孝经》和

---

① 王国维：《观堂集林》，中华书局，1959，第179页。
② 《论衡》卷三十《自纪》。
③ 柳诒徵：《中国文化史》（上），中国大百科全书出版社，1988，第325页。
④ 《后汉书》卷三十五《郑玄传》。

《论语》的内容。这一阶段的教育，一方面巩固"书馆"的识字成果；另一方面为专经研习做准备，同时让学童学会做人。《论语》和《孝经》这两本是儒家重要的经典著作，"盖《孝经》、《论语》，汉人所通习，有受《论语》、《孝经》而不受一经者，无受一经而不先受《孝经》、《论语》者"①。《论语》是孔子及其弟子日常生活的语录体文本，篇章分明，适于人们诵读。《孝经》比较集中地阐发了儒家的伦理思想，与汉代"以孝治国"的思想相吻合。《孝经》将孝亲与忠君联系起来，对维护传统的宗法等级关系和道德秩序起着重要作用。此外，也有选学《尚书》《诗经》或《春秋》的。

史料记载说明：在识字、习字教育完成后，诵读《论语》《孝经》等一般经书已成为一个相对独立的教育阶段，出现了专门教授一般经书的私学和比较固定的教师。

西汉末地方官学相继建立，平帝元始三年（3年）立学官。光武帝后地方官学比较普遍，但数量毕竟有限，地方教育仍靠私学承担。有些地方官、私学校并无严格界限，还曾出现公众办理的义学，章帝时，许多诵读《论语》《孝经》等一般经书的乡塾，实际是个人或公众办理的私学。这个阶段的教学要求是对经书粗知文意或略通大义，不要求有精深的理解，所以主要方式是诵读。王充所谓日诵千字，准确地反映了当时的教学情况。诵读一般经书作为一个独立的教育阶段逐步分化出来，找到了由大量集中识字到专经研习的过渡桥梁，这在教育制度发展上有重要意义。②

通过这一阶段的学习，学生巩固了识字、习字的教育成果，又为更高阶段的学习做准备。学童经过这一阶段的学习后，一部分可入仕为吏，或在社会上谋求职业；另一部分则进入专经研习阶段，除极少数可入太学深造外，更多的则是投入私家经师门下，专攻一经或数经。这些传统在后来的魏晋南北朝和隋唐一直得到延续。

---

① 吴承仕：《经典释文序录疏证》，中华书局，1984，第108页。

② 史仲文、胡晓林：《中国全史·教育卷：秦汉分卷》，中国书籍出版社，2011，第240页。

二　汉代专经研习阶段的私学

汉代教育的基本内容是经学教育。"遗子黄金满籯，不如教子一经"①，逐步成为汉代相当流行的教子法则，也是当时的一种社会时尚。只要通达经术，即可飞黄腾达，得到高官厚禄。通达经术成为士子受教育所追求的主要目的，无论官学，还是私学，概莫能外。

（一）"次相授受"的"精舍""精庐"

在通过初读经书阶段的学习之后，学生开始转向专经或数经的学习。汉代的"精舍""精庐"等多属专经研习阶段的私学，是属于古代大学一类的教育机构。东汉专经阶段的私人教学，逐渐确立了稳定的组织形式，建立了治学、讲学的基地，多取名为"精舍"或称"精庐"。

"精舍"一词系源出于《管子·内业》："定在心中，耳目聪明，四肢坚固，可以为精舍。故心者，精之所舍。"陆象山在《致门人杨敬仲函》中也略作诠解："精舍二字，语出后汉包咸传，儒者讲习之地，甚为无歉。"就史脉而言，远在汉代的一些经学家就已自称所住之处为"精舍"。简要言之，"精舍"在汉代是儒者设帐讲解经学精义处。②"精庐"即学舍，读书讲学之所。《后汉书·姜肱传》："盗闻而感悔，后乃就精庐，求见徵君。"李贤注："精庐即精舍也。"《魏书·儒林传·平恒》："乃别构精庐，并置经籍于其中。"清瞿鸿禨《与缪荃孙书》："钟山既已蝉联，精庐又较南菁为胜。"③

"精舍"和"精庐"的建立，或在大师家乡，或选山水胜地，均带有避世隐居的性质。这类私学，有的设在经师家里，也有经师带领弟子在外传授的。由于今古文经学的争鸣，使此类私学并不亚于太学的教学水平。有的大师名气很大，很多人慕名欲拜为师，但又难于亲往门下直接受教，于是只在大师门下著录其名，是"著录弟子"，其实就是注个册而已，但同样具有弟

---

① 《汉书·韦贤传》。
② 曾春海：《朱熹的教育理念：人文教化是根本教材教法很重要》，http://guoxue.ifeng.com/a/20160406/48366269_0.shtml。
③ 百度百科：《精庐》，http://baike.baidu.com/view/6597351.htm。

子的身份。亲身前往教师处受教的则称为"及门弟子"。

"精舍""精庐"常筹集大量资财,供求学者食宿。不少生徒远道而来,有人在"精舍"附近,择地而居,朝夕请益。如张楷（霸子）通《严氏春秋》《古文尚书》,"隐居弘农山（今河南灵宝西南）中,学者随之,所居成市,后华阴山南遂有公超市"①,门徒常百人,宾客聚之,车马填街。"精舍""精庐"讲学已初具学术讨论与研究性质,经师边讲边说,边著述。有人据此认为专经讲授的私人教授,极似后世的书院,有人直接把"精舍""精庐"视为最早的学院。当然,"精舍""精庐"还不等于书院,因为当时还不具备大量藏书的条件。不过,"精舍""精庐"的建立和发展对书院的产生和教学确有重要的影响。

汉代私学当与太学类似,以自学为主,日常教学多为师生之间的答问和质疑,如现存的记录郑玄教学活动的《郑志》片断看,基本上是弟子对经文不大明白的内容提问,而郑玄逐一予以解答。私学也有集体教学的措施。例如成帝时清河宿儒胡常的私学定期举行"大都授"。翟方进"候伺常大都授时,遣门下诸生至常所,问大义疑难,因记其说,如是者久之"。颜师古注:"都授,谓总集诸生大讲授也。"② 可见此类大课是开放型的,不是自己的弟子也可以前来听课、求教,体现了当时私学自由式的教学风格。③

只带少数弟子的私学,教师可以较为方便地对全体学生实施教学和对每个弟子进行个别指导。规模较大的私学,教师则不大可能顾及所有的学生。汉代私学颇具规模,学生较多。经学大师的弟子能多至万人,但同时在教师门下受教的至多不过数百人。这么多的弟子教师仍然难以遍教,于是采取先由教师教给先来的高足弟子,再由高足弟子分头去教其他弟子的方式,可以二传、三传乃至更多,这就叫"次相授受"或"转相传授"。

（二）私学大师的"下帷讲诵,次相授业"

"下帷讲诵"指放下室内悬挂的纱帐,私学讲师坐在纱帐内讲学的一种

---

① 《后汉书·张霸传》。
② 《汉书·翟方进传》。
③ 李国钧、王炳照:《中国教育制度通史》（第一卷）,山东教育出版社,2000,第432页。

方式。董仲舒为较早使用"下帷讲诵"这种方式的经师，史称他"下帷讲诵，弟子传以久次相授业，或莫见其面，盖三年董仲舒不观于舍园，其精如此"。① 三国魏应璩在《与侍郎曹长思书》中是这样描述自己离群索居、讲授私学的情状的："德非陈平，门无结驷之迹；学非扬雄，堂无好事之客。才劣仲舒，无下帷之思；家贫孟公，无置酒之乐。"《搜神记》曰："董仲舒下帷讲诵，有客来诣，舒知其非常客。"即教师先教给部分弟子，再由这些弟子转教给其他的弟子。这样，即便学生人数再多，也可以有效地将师说传递到每一个学生。可见这是一种接力、递进式教学，只是排在后面的学生，有的甚至连老师的面也见不到。次相授受使一个教师可以通过逐次相传的方式教授众多弟子，大大扩展了教育范围和成效，缺点是弟子难以直接得到教师教诲，有的弟子甚至长期见不到教师一面，转相传授的过程中也难免走样，降低教学质量。

东汉马融采用这种教学方式的记载较为具体。《后汉书·马融传》说他"常坐高堂，施绛纱帐，前授生徒，后列女乐。弟子以次相传，鲜有入其室者"。《后汉书·郑玄传》言郑玄师从于马融："融门徒四百余人，升堂进者五十余生。融素骄贵。玄在门下，三年不得见，乃使高业弟子传受于玄。玄日夜寻诵，未尝怠倦。"传授次序的排列，当以入学时间长短为准，即先入学的教后入学的，即董仲舒以"久次相授业"。但似乎又不完全如此，如郑玄就是等上三年还升不了堂。直到有一次马融集会诸生考论图纬，诸升堂生都拙于计算。有人介绍郑玄善算，马融立即召见他。经郑玄一算，问题遂迎刃而解。从此郑玄就获得了直接向马融请教的待遇。由此看，只有为师所欣赏、器重的高足弟子，才能进入次相授业的核心圈子。②

由于私学大师们所精经学并不相同，因而在传授中出现了不同的情况。有一经传授的，如丁宽，"梁项生从田何受《易》，时宽为项生从者，读《易》精敏，才过项生，遂事何"。③ 甄宇"习《严氏春秋》，教授常数百人……传业子普，普传子承，承尤笃学，未尝视家事，讲授常数百人。诸儒

---

① 《汉书·董仲舒传》。
② 李国钧、王炳照：《中国教育制度通史》（第一卷），山东教育出版社，2000，第433页。
③ 《汉书》卷八十八《丁宽传》。

以承三世传业，莫不归服之"。① 还有数经兼授的，如程曾，"著书百余篇，皆《五经》通难，又作《孟子章句》"。② 许慎，"少博学经籍，马融常推敬之，时人为之语曰：'《五经》无双许叔重。'"③ 郑玄，"造太学受业，师事京兆第五元先，始通《京氏易》《公羊春秋》《三统历》《九章算术》。又从东郡张恭祖受《周官》《礼记》《左氏春秋》《韩诗》《古文尚书》。以山东无兄问者，乃西入关，因涿郡卢植，事扶风马融"。④ 因汉代官学重视"家法""师法"，博士们只能传授所担任的一个科目，一些为了兼通数家之学的儒生，多到这类私学中求学受业。

三 汉代私学的家世传授和教学内容

家学是私学教育的一种特殊形式，也是更为普遍的启蒙教育。家学中不仅传授知识、技能，而且讲究治学态度和方法，尤其重视为人处世、待人接物等伦理道德教育。历律、天文、数学、医学等自然科学知识和专门技术也成为家学的重要内容。

（一）汉代私学的家世传授

家世传授主要指的是一个家族世代相传的学业。家庭教育是私学教育的一种特殊形式，也是更为普遍的教育形式。汉代儒家经学成为占统治地位的官方学术，也是士人谋取功名富贵的进身之阶，故经学传授成为家庭教育的重点。汉代产生了许多著名的经学世家。如：桓荣精通《欧阳尚书》，曾为光武帝讲经，又为明帝师。荣子桓郁传父业，教授门徒常数百人，先后授两代太子（章帝、和帝）经。郁子桓焉亦明经笃行，授安帝经，又为太子（顺帝）少傅。焉孙桓典复传其家业，教授门徒数百人，献帝时官至光禄勋。"伏氏自东西京相袭为名儒，以取爵位。中兴而桓氏尤盛，自荣至典，

---

① 《后汉书》卷七十九下《甄宇传》。
② 《后汉书》卷七十九下《程曾传》。
③ 《后汉书》卷七十九下《许慎传》。
④ 《后汉书》卷三十五《郑玄传》。

世宗其道，父子兄弟代作帝师，受其业者皆至卿相，显乎当世。"①

东汉时出现不少经学世家，他们不仅是学术团体，也在一定程度上形成了政治团体。也就是说，在学术上他们传承家业，使之后继有人；在政治上数代居于显赫地位，如沛国桓氏、弘农杨氏、汝南袁氏等。他们成了魏晋南北朝时期门阀士族集团的源头。经学家通常都开门招收大批门生，但自家之子总是被视为正传，尤其是自立一家之学的，家法自然要由子孙来继承。如欧阳歙因罪入狱，弟子礼震上书求情说："歙门单子幼，未能传学，身死之后，永为废绝。上令陛下获杀贤之讥，下使学者丧师资之益。"② 请求代其师去死。按说欧阳歙有门徒上千，不应有绝学之患。当是其经学关键性内容，只能传给自家子孙，由此可见家传的重要地位。

其他学术技艺的家传也很常见。如司马谈、司马迁"父子相继撰其职"③。东汉郭躬父子精通法律，"父弘，习《小杜律》，太守寇恂以弘为决曹掾……躬少传父业，讲授徒众常数百人"④。楼护"父世医也，护少随父为医长安，出入贵戚家。护诵医经、本草、方术数十万言，长者咸爱重之"⑤。

（二）家世传授中的教育教学

家学中不仅传授知识、技能，而且还通过家书、家训等途径，对子弟的生活经验、道德品质以及为人处世等方面进行教育和告诫。汉代在家教方面堪称典范的是西汉前期的石奋，石奋特别注重身教，举止严守礼教，四子皆官至两千石，连同他本人在内，获得"万石君"的美称。石奋的家教在当时影响很大，"万石君家以孝谨闻乎郡国，虽齐鲁诸儒质行，皆自以为不及也"⑥。由于官场险恶、祸福无常，所以关于谨慎从事的教导在家庭教育中占有重要位置。如刘歆，年少为黄门侍郎，其父刘向即写信告诫："今若年

---

① 《后汉书》卷三十七《桓荣传论》。
② 《后汉书》卷七十九上《欧阳歙》。
③ 《汉书》卷六十二《司马迁传》。
④ 《后汉书》卷四十六《郭躬传》。
⑤ 《汉书》卷九十二《楼护传》。
⑥ 《汉书》卷四十六《石奋传》。

少，得黄门侍郎，要显处也。新拜，皆谢贵人。叩头。谨战战栗栗，乃可必免。"① 孔臧给儿子孔琳写信，鼓励他"与诸友生讲肄书传，孜孜昼夜，衍衍不怠"②。又传授治学之道说："人之进道，惟问其志，取必以渐，勤则得多。山溜至柔，石之为穿，蝎虫至弱，木为之弊。夫溜非石之凿，蝎非木之钻，然而能以微脆之形，陷坚刚之体，岂非积渐之致乎？"马援写信给两个侄子，劝告他们不要随意议论别人长短，要学做"敦厚周慎，口无择言，谦约节俭，廉公有威"者，而不要学"豪侠好义，忧人之忧，乐人之乐，清浊无所失"者③。由于言真意切，故家书往往可以发挥巨大的教育作用。

在古代女子的职责基本上是生儿育女、料理家务。特别是封建礼教讲究男女大防，力图将女子束缚在家庭中，剥夺女子参与社会公共活动的机会。女子只有在家庭内接受教育，在内容上与男子教育有很大区别。女子的伦理道德教育以"三从""四德"为核心。汉代独尊儒术后，出现了专门的女子教材。最早的是刘向撰写的《列女传》，讲述历史上有代表性的女子的事迹，目的在于为女子树立榜样。

汉代有的贵族家庭还设置专门的女师对女子进行教育。东汉班固之妹班昭多次被汉和帝召入宫中，命皇后、妃子们向班昭学习。虽然古代女子无法获得与男子平等的教育权，但在经学教育昌盛的影响下，出现了女子攻读儒经的事例。如和熹邓皇后，"六岁能《史书》，十二通《诗》《论语》。诸兄每读经传，辄下意难问。志在典籍，不问居家之事"。顺烈梁皇后，"好《史书》，九岁能诵《论语》，治《韩诗》，大义略举"。④ 皇甫规之妻，"妻善属文，能草书，时为规答书记，众人怪其工"。⑤ 此类女子多出于文化气息浓厚或身份地位显赫的家庭中，一般家庭的女子，很难有机会和条件学习文化知识。

---

① 翟博：《中国家训经典》，海南出版社，1993，第25页。
② 《后汉书·班固传》卷四十。
③ 《汉书·艺文志》。
④ 《后汉书·卷十下·皇后纪第十下》。
⑤ 《后汉书·列女传·皇甫规妻》。

第四节　贾谊、王充的教育学说

秦汉教育作为中国封建教育的成型时期，涌现出一批杰出的教育家，其教育思想颇为宏富，对后世的影响也较为广泛和深远。秦代是独尊法家，汉代则把法家教育思想从台前拉到幕后。汉武帝之前，"法"就渗入黄老派道家教育思想中。自汉武帝起，儒家被抬出来作为正宗思想，处于独尊地位，"法"就渗入儒家思想中。"法"仍有一定势力，为统治者所信奉。因此在汉代，就形成了黄老派道家教育思想、儒家教育思想和法家教育思想三派的矛盾对立。①

贾谊冲破文帝时道家、黄老之学的束缚，将儒家学说推到了政治前台，他对古代胎教和早期教育做了较为全面的论述，是我国古代胎教学说和提倡早期教育的奠基人之一。贾谊的"任贤""敬士"主张，对后来董仲舒的文化教育思想有极大的影响。汉代教育思想中，对后世影响最大的首推董仲舒的教育思想。他把培养人才与选拔人才结合起来，把儒学与仕途结合起来，从而使学校成了专门学儒的场所，士人也都变成了儒生，对后世产生了重大影响。西汉扬雄反神学的儒学教育思想、东汉王充极具批判精神的教育思想，对中国唯物主义教育思想的发展有其积极的影响。东汉郑玄教授经典重视正音读、通训诂、考制度、辨名物、逆其源、涉其流。他的经学教授对后世的经学讲习有很大影响。②

一　贾谊生平及教育主张

贾谊是西汉初期重要的思想家、政治家、文学家，同时也是一位教育理论家。在其短暂的三十三个春秋中，担任太傅长达八年之久，积累了丰富的教育经验。贾谊的教育思想有对秦朝灭亡的反思，也有对西汉初期社会矛盾

---

① 史仲文、胡晓林：《中国全史·教育卷·秦汉分卷》，中国书籍出版社，2011，第280页。
② 史仲文、胡晓林：《中国全史·教育卷·秦汉分卷》，中国书籍出版社，2011，第286页。

的思考。贾谊吸收了儒家、法家、道家等诸家典籍中的优秀部分，结合其教育实践活动，形成了独具特色的教育思想体系。

（一）贾谊的生平和教育活动

贾谊（前200～前168年），洛阳（今河南洛阳）人，西汉初年杰出的政治评论家、文学家。贾谊少有才名，师从荀况的学生张苍。贾谊在少年时代就表现出过人的才华，"年十八，以能诗书属文称于郡中"，《汉书·贾谊传》记载，河南郡守吴公将其召至门下，对他非常器重，在贾谊辅佐下，吴公治理河南郡成绩卓著，社会安定，时评天下第一。汉文帝即位，吴公因政绩卓著被朝廷征为廷尉，贾谊也在吴公的推荐下被召为博士。在博士中，贾谊以年少才高著称。出任博士期间，每逢皇帝出题让他们讨论时，贾谊每每有精辟见解，应答如流，获得同侪的一致赞许，汉文帝对其非常欣赏，破格提拔，一年之内便升任太中大夫。

贾谊初任太中大夫，就开始为汉文帝出策。汉文帝元年（前177年），贾谊提议进行礼制改革，上《论定制度兴礼乐疏》，以儒学与五行学说设计了一整套汉代礼仪制度，主张"改正朔、易服色、制法度、兴礼乐"，以进一步代替秦制。由于当时文帝刚即位，认为条件还不成熟，因此没有采纳贾谊的建议。

文帝二年（前178年），针对当时"背本趋末"（弃农经商）、"淫侈之风，日日以长"的现象，贾谊上《论积贮疏》，提出重农抑商的经济政策，主张发展农业生产，加强粮食贮备，预防饥荒。汉文帝采纳了他的建议，下令鼓励农业生产。政治上，贾谊提出遣送列侯离开京城到自己封地的措施。鉴于贾谊的突出才能和优异表现，文帝想提拔贾谊担任公卿之职。绛侯周勃、灌婴、东阳侯、冯敬等人都嫉妒贾谊，进言诽谤贾谊"年少初学，专欲擅权，纷乱诸事"。汉文帝亦逐渐疏远贾谊，不再采纳他的意见，最终调贾谊远离中央，出任长沙王太傅。

贾谊28岁时，文帝因思念他而把他召回中央，"拜谊为梁怀王太傅"①。

---

① 《汉书·贾谊传》。

后来，梁怀王刘胜因坠马身亡，贾谊陷入极度的悲痛和自责之中，年余竟郁积而死，年仅 33 岁。两度共 8 年的太傅生活是贾谊教育思想的实践基础。所著今存有《新书》，是研究他教育思想的重要依据。

贾谊建议统治者在政治上采取积极有为的政策，正视诸侯王日益膨胀的野心，他主张"众建诸侯而少其力"①。对于匈奴贵族的侵扰不可采取退避忍让和听之任之的态度，主张采取军事反击和德化并行的方法分化瓦解匈奴单于的臣民，使其处于一种"无臣之使，无民之守"的境地。贾谊的这些建议，实际上成为后来汉武帝在政治上由"无为"转向"有为"的思想先导。特别是他关于"众建诸侯而少其力"的思想以及防范地方割据势力颠覆中央政权的具体建议，为汉统治者所采纳，在维护中央集权的斗争中起了积极的作用。②

（二）贾谊论教育的社会政治作用

西汉初期，贾谊冲破文帝时道家、黄老之学的束缚，将儒家学说推到了政治前台，制定了仁与礼相结合的政治蓝图，得到了汉文帝的重视，在历史上留下了深刻的影响。

贾谊认为秦亡在于"仁义不施"，认识到"取与守不同术""并兼者高诈力，安危者贵顺权。"③认为秦之所以二世而亡，其根本原因就在于统一六国之后一味"专威定功""其道不易，其政不改"，④建议汉统治者在夺取政权之后，应当及时改变统治策略。贾谊认为要使汉朝长治久安，必须施仁义、行仁政。同时，贾谊的仁义观带有强烈的民本主义的色彩。贾谊从秦的强大与灭亡中，看到了民在国家治乱兴衰中所起到的至关重要的作用。以这种民本主义思想为基础，贾谊认为施仁义、行仁政，其主要内容就是爱民，"故夫民者，弗爱则弗附"，只有与民以福，与民以财，才能得到人民的拥护。以爱民为主要内容的施仁义、行仁政的思想是贾谊政治思想的基本内容。毛泽东认为贾谊的《治安策》是西汉一代最好的政论，全文切中当

---

① 《新书·藩强》。
② 孙培青：《中国教育史》，华东师范大学出版社，2000，第 113 页。
③ 《新书·过秦中》。
④ 《新书·过秦中》。

时事理。

　　贾谊的政论散文说理透辟，逻辑严密，感情充沛，气势非凡，全面地阐述了深刻的政治思想和高瞻远瞩的治国方略，鲜明地体现了汉初知识分子在大一统封建帝国创始时期积极用世的人生态度和昂扬向上的精神风貌，标志着中国散文发展的一个新阶段，代表了汉初政论散文的最高成就，对后代散文影响很大。鲁迅曾说，他与晁错的文章"皆为西汉鸿文，沾溉后人，其泽甚远"。

　　贾谊基本上继承了先秦儒家的民本和礼治思想。他说："民无不为本也。国以为本，君以为本，吏以为本。"① 国家的安危和君主的荣辱，全在于统治者是否能够正确处理与人民之间的矛盾，是否能够与民相安无事："自古至于今，与民为仇者，有迟有速，而民必胜之。"② 贾谊是在民本思想的基础之上进而强调礼治和教化的。他并不否定刑罚的必要性，但认为严刑峻法容易造成人民与统治集团的对立。"刑法积而民怨背，礼义积而民和亲"，贾谊认为"礼者禁于将然之前，而法者禁于已然之后"。③ 因为教化不如刑罚那样能够起到立竿见影的政治效果，而为大多数君主所忽视。教化的作用在于"使民日迁善远罪而不自知"，④"绝恶于未萌"，断绝人民犯上作乱的思想根源。所以他得出结论说："教者，政之本也"，"有教，然后政治也"⑤。

　　贾谊主张封建政府通过精选一批能够"为民之师"的官吏作为推行教化的骨干，认为官吏应该作为人民道德的榜样。由此出发，贾谊进一步强调"任贤""敬士"，这对后来董仲舒的文化教育思想有极大的影响。

（三）贾谊论品德修养教育

　　德教是我国古代教育的重心，儒家强调"修身、齐家、治国、平天下"，即是品德修养的过程。贾谊在个体品德修养方法上强调以下几点。

---

① 《新书·大政上》。
② 《新书·大政上》。
③ 《汉书·贾谊传》。
④ 《汉书·贾谊传》。
⑤ 《新书·大政上》。

所谓"品善之体",是指具体的道德概念。要使人向善,就必须有善的标准,要使人避恶,也必须有恶的标准。不明白孰是孰非,行动就会无所适从。因此,他十分注意对道德观念的理解和把握。在《道术》篇中,他不厌其烦地对诸如慈与嚚、孝与孽、忠与倍、惠与困等六十二对正反相偶的道德概念进行解释。

品行的发展从萌芽状态开始,由小而大,"善不可谓小而无益,不善不可谓小而无伤","当大轻始而傲微,则其流必至于大乱也"。① 对于品德中极细微的闪光点,应及时地引导其发扬光大,行为中的小疵则应及时克服制止。再者,人品行优劣的社会印象不正是在对无数细微小事的表现中积累而成的吗?对于品格中的不良现象,初露端倪的时候不予过问,必然要发展到欲加制止而无能为力的地步,"焰焰不灭,炎炎奈何;萌芽不伐,且折斧柯"②。

在谈到环境对人的教育影响时,贾谊认为中人之性"似练丝,染之蓝则青,染之瑙则黑"③。他在谈论太子培养问题时,论述了环境的教育作用。负责太子教育的三公和与太子朝夕相处的三少要"明孝仁礼义",服侍保护太子生活的宿卫应该是"孝悌博闻有道术者"。原因是:"习与正人居之,不能无正也……习与不正人居之,不能无不正也。"④ 贾谊还认为环境中不仅有人的因素,也有物的因素。环境的布置应富于教育意义,在特定的场合使环境构成特定的教育情景,让人在不知不觉中受到一种潜移默化的教育。⑤

(四)贾谊论教学方法

贾谊关于教学方法有一段非常精辟的论述:"人主太浅则知暗,太博则业厌;二者异失同败,其伤必至。故师傅之道:既美其施,又慎其齐;适疾徐,任多少;造而勿趣,稍(稽)而勿苦,省其所省,而堪其所堪,故力

---

① 《新书·审微》。
② 《新书·审微》。
③ 《新书·连语》。
④ 《新书·保傅》。
⑤ 孙培青:《中国教育史》,华东师范大学出版社,2000,第115页。

不劳而身大盛，此圣人之化也。"① 教育要紧随学生的接受能力和发展水平，教学内容过少过浅则不能最大限度地发展学生的智力；过博过深，学生无法接受，则又容易养成一种对学习不感兴趣的情绪。作为一个好的教师，既要主动地对学生进行道德和知识教育，又要身体力行，为人师表。教学的快慢要适合学生的发展水平，内容的多少要根据学生的接受能力，既要引导学生前进，但又不能强制。对学生应有严格的要求、适时的检查，但又不至于使其感到压力过重。贾谊并不主张消极地适应学生的接受水平，指出教给"学生能够理解的知识，更重要的是省其所省"，教给学生能够理解的知识，更重要的是"堪其所堪"，只要学生经过最大努力能够承担得了的就要教给他，这是一种最大限度地发挥学生智力潜能的教学原则。

这里，贾谊实际上已经涉及教学内容的选择和搭配，教学内容深浅多少和学生接受能力之间的关系。贾谊是汉初对社会矛盾有明确认识、主张政治上进取有为的儒家代表。他的教育思想极大地影响了后来汉武帝时代经董仲舒倡导并实施的文教政策。他关于胎教的经验和理论以及早期教育的主张有不少合乎科学的思想因素，给后人以重要的启发。

二 贾谊的胎教和早期教育学说

贾谊对古代胎教和早期教育做了较为全面的论述，是我国古代胎教学说和提倡早期教育的奠基人之一。贾谊在总结前人经验和思想的基础上，主张人生的教育应从胎教开始，并做了专门论述。贾谊认为，人的早期人格培养是非常重要的，是人格品行陶冶的最重要的时期，这个时期儿童思想单纯，受外界影响小，容易进行教育，接受正确思想的熏陶。

（一）贾谊的胎教学说

贾谊认为胎儿是人生之本，是生命的起点，胎儿发育是否良好，素质如何，将决定他未来的发展前途。正因为胎儿是生命的起点，"失之毫厘"则"差以千里"，因此应该特别重视。他的胎教思想包含了先辈遗传和发育环

---

① 《新书·容经》。

人感应论形成对立之势。他以事实验证言论，弥补了道家空说无着的缺陷，是汉代道家思想的重要传承者与发展者。《论衡》是王充的代表作品，也是中国历史上一部不朽的无神论著作。

（一）王充生平和教育活动

王充（27～约100年），字仲任，浙江上虞人，出生于农人兼小商贩家庭。王充6岁开始识字，8岁入书馆学习，后离开书馆，学习《论语》《尚书》，又进入太学学习。他不满于太学学风，厌弃章句之学，不肯严守师法家法。在京师，他曾拜班彪为师。因家贫无钱购书，他常到洛阳书肆里读书。记忆力特强，过目成诵，因此，博通了"众流百家之言"[1]。

王充祖上曾因"从军有功，封会稽阳亭"，但时间不久。后来他的先世"以农桑为业"，他的祖父王汎、父亲王涌"以贾贩为事"，因与豪家丁伯结怨而迁居上虞，所以，他自称出身于"细族孤门"，接近一般人民群众生活，属于下层社会，被人讥讽为"宗祖无淑懿之基，文墨无篇籍之遗"（《论衡·自纪》）。他一生"仕路隔绝，志穷无如"，晚年"发白齿落，日月逾迈，寿伦弥索，鲜所恃赖，贫无供养，志不娱快"，处境相当困难。

离开太学后，王充曾两次出任过小官，都因为人耿直，又不愿趋炎附势、同流合污，60岁时曾被扬州刺史董勤辟为从事，后转治中，"岁即辞官归家"，著书、教授，以对"世书俗说""考论虚实"的精神著书立说，希望将自己的思想留给后人，以垂教后世。王充一生，绝大部分时间在教书、思考、写作中度过，生活始终清贫，到了晚年，依然"贫无一亩庇身，贱无斗石之秩"。[2]

王充著有《讥俗》《政务》《论衡》《养性》等书。但流传至今的只有《论衡》一书，其他都已失传。王充以道家的自然无为为立论宗旨，以"天"为天道观的最高范畴。以"气"为核心范畴，由元气、精气、和气等

---

[1] 《后汉书·王充传》。
[2] 《论衡·自纪》。

自然气化构成了庞大的宇宙生成模式，与天人感应论形成对立之势。其在主张生死自然、力倡薄葬，以及反叛神化儒学等方面彰显了道家的特质。他以事实验证言论，弥补了道家空说无着的缺陷。是汉代道家思想的重要传承者与发展者。

王充思想虽属于道家却与先秦的老庄思想有严格的区别，虽是汉代道家思想的主张者但与汉初王朝所标榜的"黄老之学"以及西汉末叶民间流行的道教均不同。《论衡》是王充的代表作品，也是中国哲学史上一部划时代的著作，用道家的自然主义攻击儒家的天人感应说，使中国哲学史上掀起了一大波澜。

（二）王充《论衡》的思想特征

具有强烈的批判精神是王充思想的一个明显特征。《论衡》一书实际上是一部针对当时盛行的谶纬神学和浮妄虚伪的世书俗说，论其是非、辨其真伪的书籍。王充认为他的著作"折衷以圣道，析理于通材，如衡之平，如鉴之开"，这大概就是他将书取名《论衡》的原因。他自己解释说："《论衡》，论之平也。"又说："《论衡》者，所以铨轻重之言，立真伪之平也。"① 对儒家的经典，包括孔丘、孟轲的言论，王充也不迷信，所以在《论衡》一书里有《问孔》《刺孟》这样的篇目。

据《后汉书》记载，《论衡》共八十五篇，内《招致》一篇有录无文，实际上只有八十四篇，是他用了30年心血写成的一部哲学政论巨著。由于《论衡》直指官方神学化的儒学，因此被列为禁书，不得流传。正因为如此，王充和他的书籍一直遭到正统儒家学者的贬斥，认为《论衡》是"异书"，《论衡》中所阐发的思想是异端思想。东汉政权瓦解后，才重见天日，但这已是王充死后百年的事了。

在《论衡》中，王充提出了几个与董仲舒所创立的儒家神学明显对立的论点。

"天道自然"——他认为无论是天、地，都是自然的物质实体，没有意

---

① 《论衡·对作》。

志。人不能用自己的行动来感动天，天也不能用自己的意志来支配人，天与人之间不存在精神上的联系。

万物自生，万物一元——世界上的万事万物都是自然而然生成的，天没有意志，所以不可能创造万物。天不仅不可能创造万物，而且它本身和世界上其他任何事物一样，都是由"元气"构成的。"元气"不生不灭，是组成一切事物的基础。人也是由"元气"构成的，皇帝和老百姓都一样，没有任何区别。

人死神灭——王充认为所谓的灵魂，就是人的精神。精神是依赖于人的形体而存在的。当人身体强健时，人的精神就饱满；当人身体有疾病时人的精神就比较衰弱、颓废；人死了，形体失去了活力，人的精神也就消散了。所以他不相信人死后变成鬼的说法。他是一位坚定的无神论者。王充通过《论衡》对董仲舒的"天人感应""君权神授"等思想做了针锋相对的批判。①

（三）王充论教育对人性的作用

王充对人性形成过程有自己的看法。他认为决定人性的因素有三个方面，它们分别是：正性，随性，遭性。

"正者，察五常之性也。"② "五常"即"仁、义、礼、智、信"，是社会人应具备的五种道德品质。王充把察有"五常之性"作为人类区别于其他物种的标志。不过"五常之性"不等于"五常"，是指"五常之气"。应视为王充对人类种族属性的一种认识。

"随者，随父母之性也。"③ 五常之气。人人皆有，但是每个具体的人又体现出不同的特征。王充认为这与各人所受五常之气中各种不同类型的气的比例和多少有关，是受父母影响的结果，属人性的祖先遗传方面。

"遭者，遭得恶物象之故也。"④ 母亲怀孕期间，母体内、外界环境的变

---

① 孙培青：《中国教育史》，华东师范大学出版社，2000，第121页。
② 《论衡·命义》。
③ 《论衡·命义》。
④ 《论衡·命义》。

化也可以改变五常之气的比例，甚至使其中的某个方面残缺不全。如孕妇受外界环境不良刺激的影响，使胎儿受损伤，不能正常发育，以致造成将来的"喑聋跛盲"等，就属于此种因素。

王充把人性分为三种：有生来就善的人，是中人以上的人；有生来就恶的人，是中人以下的人；有无善无恶，或善恶混杂的人，是中人。但人性的善恶，并非受命于天，而是由自然的"气"构成的，人性"秉气有厚薄，故性有善恶"。他认为生来就善或恶的人很少，绝大多数是中人，中人之性可以通过教育使之定型。生来就恶的人也可以通过教育使恶为善。总之，在他看来，人的善恶在于教育。因此，他特别强调统治者应该重视教育，发挥教育在治国化民中的重要作用。

王充充分肯定了教育的作用。首先他强调胎教。在影响人性的三个因素中，"遭性"是一个最易人为控制的因素。孕妇应该做到"席不正不坐，割不正不食，非正色目不视，非正声耳不听"。保证胎儿发育阶段内外环境的和谐，让出生后的幼儿在走向自身发展的道路之前有个良好的起点。

教育的作用还在于决定人性的发展方向。人初生之时，由于影响人性的三个因素的共同作用，人性有优劣之分，虽有优劣之分，但不是一成不变，而是可以改变的，对于劣质的人仍然可以教育，"其恶者，故可教告率勉，使为善也"①。性恶不过是所受的五常之气组合不协调，有的部分多或厚，有的部分少或薄，并不是绝对没有。例如："残则受仁之气泊，而怒则禀勇渥也。仁泊则戾而少慈，勇渥则猛而无义。"② 个体因禀受所得的发展条件，可以因环境教育和主观努力程度的不同，向不同的方向转换。优势的可以变为劣势。劣势的也可以变为优势，在劣质的人性上同样可以发展完美的个性品质和优良的心智能力。"人之性，善可变为恶，恶可变为善。"③ 人的善恶，关键就在于后天人为努力的结果。就道德而言，先天禀赋的差异在强大的社会教育力量面前，几乎显得微不足道，"初生意于善，终以善；初生意

① 《论衡·率性》。
② 《论衡·率性》。
③ 《论衡·率性》。

于恶，终以恶"①。在把握不同个性特点的前提下，通过教育和个人的主观努力，人人都可以得到良好的发展。"人之善恶，共一元气；气有少多，故性有贤愚。西门豹急，佩韦以自缓；董安于缓，带弦以自促。"② 由于他们能够根据自己本性中的弱点进行自我完善，故都"成为完具之人"。

教育不仅可以改造人性，更是人类实现自身价值的必然途径。"集五常之性"，具有心智能力，这是人类区别于其他物种（"辨于物"）的本质属性，也是人类高于其他物种的标志。"倮虫三百，人为之长。天地之性，人为贵，贵其识知也。"③ 如果人类放弃学习，"闭暗脂塞，无所好欲"，等于是将天赋特有的优越条件摒弃不用，就和一般的动物没有什么差别。"圣贤言行，竹帛所传，练人之心，聪人之知。"④ 因此教育是使人实现其天赋价值，使人成为真正人的手段。⑤

（四）王充论教育对改造社会的作用

王充认为，世界上存在着各种各样的力量，其中最容易被人忽视的力量，便是知识的力量。"人有知学，则有力矣"⑥，良医掌握"百病之方"，并可"治百家之病"，"大才怀百家之言。故能治百族之乱"；"萧何入秦，收拾文书，汉所以能制九州，文书之力也"。⑦ 凡此种种，都是知识力量的表现。在筋骨之力和知识的力量面前，王充更重视知识的力量，"筋骨之力，不如仁义之力荣也"⑧。所谓"仁义之力"便是指道德和知识的力量，它是教育和学习的结果。

王充还认识到教育在发挥社会作用时所表现的隐效性。他认为有些事本身好像不产生任何效益，但它是那些直接产生效益的事业赖以存在和发展的

---

① 《论衡·率性》。
② 《论衡·率性》。
③ 《论衡·别通》。
④ 《论衡·别通》。
⑤ 孙培青：《中国教育史》，华东师范大学出版社，2000，第 122 页。
⑥ 《论衡·别通》。
⑦ 《论衡·别通》。
⑧ 《论衡·效力》。

基础。"事或无益而益者须之,无效而效者待之。"① 教育便是这样一种事业。"夫道,无成效于人;成效者须道而成。""儒生,耕战所须待也。"正是因为教育的社会效益是间接的,往往被一些缺乏远见的政治人物忽视,视教育事业"为无补而去之",最后导致国家的"乱患"。这里,王充极其深刻地揭示了教育作为其他事业基础的作用。

四 王充论教育的目标和内容

(一)培养"文人"和"鸿儒"的教育目标

王充理想的培养目标是"鸿儒"。他把人才分为四个层次:第一是"鸿儒",能独立思考,著书立说;第二是"文人",独立思考能力略逊,但文才尚佳,善于写一般的奏章公文;第三是"通人",文笔谈不上,但能博览古今,知识渊博;第四是"儒生",连博览也谈不上了,只能掌握一门专业(一经),从事教学而已,这是人才的最低档次,只比没文化的俗人强一点。可见王充特别推崇研究能力和创新意识,其次是文才,再次才是知识的渊博程度,最看不起专经传授的教师。王充讥讽这类人是鹦鹉学舌,就像"门人""邮者"一样,毫无自己的创意成果。这固然是出于他对当时经学教育的强烈不满,但轻视一般传授知识的教师,也是片面的。

王充在考察现实社会人才的基础上,提出了培养理想人才的教育目的。王充认为文吏受过识字教育,但"无篇章之诵,不闻仁义之语",长大以后,或依靠自己的门第,或攀援权贵,入仕成吏。这些人不入仕,和一般的俗人没有区别,起用这种人不利于国家实行德治的政策,故他对这种人持批判否定的态度。鸿儒是知识分子中最高级的一层。他们最明显的特征是能够"精思著文,连结篇章","兴论立说"②,具有创造性的理论思维能力。他们不仅系统地掌握了现存的社会知识,而且不受前人思想框框的束缚,创新知识,是不可多得的理论学术人才。王充的培养目标是后两种人,即文

---

① 《论衡·非韩》。
② 《论衡·超奇》。

实的真相。

王充认为，分辨知识真伪的一个行之有效的方法是坚持"效验""有证"的原则，要使立论成立，不仅要有雄辩的推理，更要有事实的根据，有实践的检验，"事莫明于有效，论莫定于有证"①。这是王充在打破圣人崇拜心理后以避免个人主观偏见的良方，也是王充重视实证的认识论思想在学习论上的反映。

3. "问难"与"距师"

王充对当时儒者"好信师而是古"的盲从、迷信学风进行了尖锐的批评。他强调治学一定要有"问难"精神。要获得真正的知识，必须打破唯师是从、唯书是从的心理。"学问之法，不唯无才，难于距师，核道实义，证定是非也。"② 问难不同于一般不明白时的提问，而是质问，提问者是经过个人思考，有自己看法的。问难的对象没有限制，甚至可以是圣贤。他认为："苟有不晓解之问，造难孔子，何伤于义？诚有传圣业之知，伐孔子之说，何逆于理？"③ 他撰写了《问孔》《刺孟》等文章，列举若干例证，说明圣贤也不可能事事正确，也并非每句话都无懈可击。而弟子当时不知问难，后人又盲目附和，使义理不明，损害的正是圣贤之道。为此，王充感叹："凡学之道，距师为难。"距师即与师保持距离，也就是不能完全附和老师，要有自己的思考和见解。距师并不是拒师，王充更没有彻底否定孔子等圣贤的意思，他提倡的是追求学术真谛的精神，是勤于思索、实事求是的态度。在当时独尊儒术及师道尊严盛行的环境下，更具有反潮流的突出意义。

为了使学生深入透彻地理解学习内容，师生双方在教育过程中必须创造可以充分激发思维的学习情境。其中"师弟子相诃难"的学风便是对这一学习思想的适用。通过激烈辩论充分调动师生双方的思维积极性，不仅有利于学生深刻领会学习内容，教师亦会在学生的启发下推陈出新，对原有知识

---

① 《论衡·薄葬》。
② 《论衡·刺孟》。
③ 《论衡·刺孟》。

产生新的理解（"不发苦诘，不闻甘对"），使学术因此"激而深切，触而箸明"①。

王充的教育思想以鲜明的批判精神为特征，尤其是他"不避上圣"的风格具有强烈的学术民主精神，在章句和谶纬神学弥漫整个社会的时候，他敢于破除传统，批判权威，给人以耳目一新之感，在一定程度上起到了思想解放的作用。

① 《论衡·问孔》。

第五章
动荡时代儒学的转型与私学的昌盛

——魏晋南北朝时期的民办教育（公元 220～589 年）

东汉中平六年（189 年）初春，灵帝驾崩。灵帝之死导致了东汉外戚与宦官矛盾的总爆发。各地军阀借此机遇，"大兴义兵，名豪大侠，富室强族，飘扬云会，万里相赴"①。由此，拉开了中国历史上长达近四百年分裂割据的序幕。汉献帝元康元年（220 年），在曹操统一北方的基础上，其子曹丕废汉献帝自立，国号魏，立都洛阳。次年，刘备称帝于成都，国号蜀。公元 222 年，孙权自称王，自此三分天下，史称三国。公元 263 年魏灭蜀。265 年，司马炎废曹奂自立为帝，国号晋（西晋）。公元 280 年晋灭吴，三分天下重归统一。公元 316 年，匈奴的前赵攻入长安，俘晋愍帝，西晋灭亡。此后，北方建立了许多割据政权，一场混战长达百余年，史称"五胡乱华""十六国之乱"。公元 317 年，偏安江南的司马睿称帝于建康，国号东晋。公元 420 年，东晋亡。在江南相继建立的朝代为宋、齐、梁、陈，史称"南朝"。公元 439 年，北魏统一北方后，经历了北齐、北周两个朝代，史称"北朝"。公元 581 年，杨坚称帝，国号隋，北周亡。公元 589 年，隋灭南朝陈，南北重归统一。②

---

① 《三国志·魏书·文帝纪》注引《典论》。
② 喻本伐、熊贤君：《中国教育发展史》，华中师范大学出版社，2005，第 138 页。

魏晋南北朝时期，战火连绵、狼烟四起，连绵不断的战争和当政政权的短暂，使官学教育制度只能在乱世和动荡中风雨飘摇。学校教育时兴时废，官学已难以担负起教育发展的社会任务，它也不再能够成为社会的教育中心。与此同时，私学教育和家族教育异军突起，外来佛教的引入和肇始于东汉末年清议之风的玄学应运而生，形成了教育流派和教育思想的多元化，并促使了以崇儒读经为特征的儒学教育的转型。教学内容的多样化和办学形式的多样化，成为这一时期私学发展的显著特征。官学的颓废无为和民间私学顽强而炽盛的成长形成了鲜明的对比。与"时兴时废，若有若无"的官学教育相比，魏晋南北朝私学发展可以用"生机勃勃"一词来描述。与汉代不同，这一时期教育的中心已由官学向私学转移，而私学义无反顾地担负起教育发展的主要社会责任，从而形成了中国教育史上又一次"学在四夷"的私学繁荣局面。①

魏晋南北朝是中华民族历史文化更新时期，并形成玄学、儒学、宗教等三大教育思潮，不仅促进了私学的繁荣昌盛，而且彼此相反又相成，内容非常丰富，对后世教育的影响颇为深远，是传统教育理论发展中重要的一环。

第一节　儒学的转型与私人讲学之风

两汉私学在独尊儒术文教政策指导下，发展方向只有一个，那就是崇儒读经，而魏晋南北朝的私学发展却不同。它正好处于封建教育发展转型的一个十字路口，独尊儒术的教育模式已经为实践证明不是最理想的封建教育模式。而魏晋南北朝社会的动乱与变革，在客观上使学术思想获得了相对自由的条件。尽管社会变动给这个时代的教育带来种种影响，但从宏观上看，它并不背离中国古代教育发展的大模式，它在融合，在蜕变，在更新。在这种多元化学术思潮的氛围中，私学的发展也就获得多向选择的机会。这不仅给魏晋南北朝私学的发展提供了较好土壤，而且促成了魏晋南北朝私学发展的

---

① 孙培青、李国均：《中国教育发展史》，华东师范大学出版社，1997，第4页。

多元格局。这是魏晋南北朝私学发展的一个显著特点。

由两汉私学的儒学独尊向魏晋南北朝私学教育多元化的转型，首先是社会发展的变革引起了思想学术的嬗变，并体现在私学办学形式的多样化。"隐居山林"的私人讲学之风和家族私学教育的异军突起，以及儒、道、佛三家私学并存，使魏晋南北朝私学办学方式呈现千姿百态的多元化格局。与两汉私学有所不同，两汉私学在独尊儒术文教政策指导下，形式显得正统而单调，而魏晋南北朝时期的私学却五彩缤纷、特色各异。

一　思想与制度博弈中儒学的转型

魏晋南北朝是我国历史上分裂割据最为持久的时期。这时期豪族在经济上占有大量的土地，在政治上处于统治的地位。豪门士族为了保证它们在政治上和经济上的特权，创立了九品中正选举制（见九品中正制）。这个制度根据门第选拔士子做官，以致贤愚不分，形成了"上品无寒门，下品无士族"的现象。在这漫长的动乱岁月里，社会政治、经济处于一种不稳定状态，民族矛盾与阶级矛盾相互交错，十分尖锐，不仅阻碍了社会政治、经济的发展，而且使汉代以来大一统局面下正常的官方学校教育被打破，社会文化教育事业举步维艰。

（一）两汉经学的衰落与玄学的萌生

两汉经学的发展，无论是对古老文化的承继与发扬，还是对汉代社会文化的创造与建构，都曾起到不容置疑的积极作用。但由于经学在此后的发展中，其自身又走上严守师训"家法"，寻章摘句，烦琐考证，以致发展到"一经说至百万言"，"致令学者难晓，虚诵问答，唇腐齿落而不知益"。如孟喜曾从田王孙受《易》，后被人指出其改师法，时逢"博士缺，众人荐喜，上闻喜改师法，遂不用喜"。① 这种用人制度不仅导致经学支离破碎，而且还严重束缚了读书人的思想，导致学者头脑空虚，思想僵化，治学陷入了例证烦琐、知识面狭窄的泥潭，再加上其他诸家学说，此时难以与之抗

---

① （东汉）班固：《汉书》卷 88《儒林传》，中华书局，1964，第 3599 页。

衡，儒学失去了与外界竞争的压力。从"儒学"变为"经学"，一字之差就可看出这一时期儒学的发展已经失去了生机和活力，这也预示着儒学发展将要迎来巨大的变革。[①]

魏晋之际，随着汉代经学的衰败，肇始于东汉末年清议之风的玄学应运而生。玄学是"三玄之学"的简称，是指以《老子》《庄子》《周易》几部古代经典为基础，结合当时社会的现实政治而发展成为一种不同于汉代经学的新理论，这种理论不仅注重对个体生命的人文关怀，而且综合了儒、道思想，探究体用、有无、本末等一些比较抽象的形而上思维的理论。它在中国学术发展史上，以其思维范式的转换和理论创新为一大特色，是从汉代的"天人合一"宇宙论到魏晋的"有无""本末"本体论的转变。一大批魏晋名士中的风流人物如何晏、王弼、嵇康、向秀、郭象等，力图从形上思辨的角度去观察和解释现实社会。他们一方面以"越名教而任自然"的那种悠然潇洒的名士姿态，提倡"贵无"；另一方面，他们又必须面对现实社会而"崇有"，并在继承、改造汉代经学的同时，吸收发展了道家思想，以改造儒学，这种在特定历史环境下融合儒道的思想形态，风靡整个魏晋，影响直至南北朝。[②] 魏晋玄学是杂糅道、儒的唯心主义哲学，是士族腐朽生活在意识形态上的反映。同时，才性论也是魏晋之际的中心议题。

（二）教育多元化促进了儒学的转型

在这种思想的影响下，产生了与儒家相对立的自然放任的教育思潮。如嵇康反对儒家的礼乐名教，他在《难自然好学论》中认为，礼乐从各方面对人限制干涉，是违反自然的。他把六经、仁义等都当作污秽腐朽的东西。与玄学家相反，儒家重视教育的作用。傅玄认为人性是积极活动的，容易受教育。葛洪在他的基本属于儒家思想的外篇中也强调教育的作用和努力的必要，他说："才性有优劣，思理有修短"，但成功还在于自身的努力。

总之，这一时期学术思想自由，儒、道、佛三者互相争鸣又互相吸

[①] 周洁：《魏晋南北朝时期私学教育研究》，包头师范学院硕士学位论文。

[②] 鲁凤：《北朝私学研究》，曲阜师范大学硕士学位论文，2008年4月，第6~7页。

取，天文、数学、医药在私学中广为传授，学术与文化都有一定的发展。教育的发展也起了继汉开唐的作用。长期的动乱影响了学校的正常秩序。九品中正制使士族有了做官特权而不再需要认真读书，然而皇室需要利用学校来培养官吏。因此，这时期的教育特点是中央官学衰微，呈现时兴时废状态。

东晋元帝即位，于建武元年（317 年）设立了太学。但东晋国学的办学效果也不容乐观。国子祭酒殷茂在要求整顿学校的奏疏中指出："自学建弥年，而功无可名。惮业避役，就存者无几，或假托亲疾，真伪难知，声实浑乱，莫此之甚。"① 针对这一弊病，他建议内外群臣、清官子侄，普遍应当入学，制定有关学习的课程和任务。古文经学得以立于学宫是在魏初，而东汉的十四博士都是今文经学。自董卓之乱，博士流散，到魏初重立太学时，博士所传授课程已不是汉末的今文经学而已被古文经学取代。经学虽退居次要地位，但在政治上仍有它的重要作用，学校的教学内容也主要还是经学。其经学的特点是由汉代的注重章句训诂变为注重义理，经学从两汉师法家法的束缚中解放出来，而称为"魏晋经学"。实质上这已是儒、佛、道混合后，经过改良转型后的经学。流传至今的重要经书，其中魏晋人注的占了一半。他们注经的特点是广采众说，自出新意，其成就超过了汉代经师。官学和私学的教育内容也有了变化。南朝儒生开始有讲疏、义疏之学。口头讲经的记录称为讲疏或讲义，义疏是阐发经义比经注更详尽的著作。义疏之学是受了佛教讲经的影响。

这种思想学术的变迁，致使儒学在意识形态中的正统地位受到严重冲击，但却为其他思想的发展提供了土壤。儒学吸收了其他学派的观念而逐渐转型。于是，自两汉之际就已传入中国的佛教，及时抓住了这一有利契机，从起初依附黄老转为依附玄学，借用玄学的概念、义理以翻译佛经，阐释佛理，并使其很快站稳脚跟，逐渐发展壮大起来。

思想学术领域中这种多元化价值取向，致使儒、道、佛各家思想学说相

---

① （梁）沈约：《宋书》卷十四《礼志一》，中华书局，1974，第 365 页。

互激荡，造就了我国学术思想史上的第二次"百家争鸣"的新时代。在这一时期，儒家的伦理济世之学、玄学的宇宙本体之论、道教的养生成仙之说，佛家的因缘彼岸、空性佛性、善恶业报之说等，皆错综复杂地活跃于这一历史舞台，交相辉映，组成一幅丰富多彩的思想画图。这种多元化的文化价值取向，为私学的发展提供了丰沃的社会土壤，教育在思想与制度搏动中获得了新生。

二 "隐居山林"的私人讲学之风

魏晋南北朝时期中央官学和地方官学处于时兴时废的状态，但是私学却颇为兴盛。无论在规模上抑或学术思想、教育方式与方法上都超过了两汉。由于朝代更迭频繁、社会动荡不安，学者无意仕途、"隐居山林"的私人讲学之风成为魏晋南北朝教育的一大特色。私学家们或教于乡里，或教于都市，或教于山林，或教于寺庙、道观，他们许多人不慕名利、绝意仕途，以传播文化为己任，为社会培养了大批人材，也为学术的绵延培养了大批接班人。

（一）魏晋十六国时期的私人讲学之风

魏蜀吴三国鼎立时期，社会政局不稳，但封建士大夫的办学热情不减、弦歌不绝。魏国的隗禧"年八十余，以老处家，就之学者甚多"①。乐详"至正始中，以年老罢归于舍，本国宗族归之，门徒数千人"②。这些都是年老退休后居家授徒的例子。蜀国的向朗因"与马俊善，俊逃亡，朗知情不举，亮恨之，免官还成都"，免官后，向朗"潜心典籍，孜孜不倦"，同时"开门接宾，诱纳后进"。东吴的步骘代陆逊为相，"犹诲育门生，手不释书，被服居处有如诸生"③。这是居官不忘教授的典型例子，一个"犹"字将步骘办学的神往之情刻画得淋漓尽致。东吴的虞翻性格耿直，得罪孙权，贬官交州。虞翻虽处罪放，而讲学不倦，门徒常数百人。还有更多的学者则远

---

① 《三国志》卷十三《钟繇华歆王朗传》注引《魏略》。
② 《三国志》卷一六《杜畿传》注。
③ 《三国志》卷五十二《步骘传》。

离政治旋涡，避地山林，聚徒讲学。如魏国的邴原、国渊、管宁、王烈等人，避难于辽东，招徒讲学，形成一时私学之盛。① 据《三国志·魏书》卷一一介绍：邴原，在辽东，一年中往归原居者数百家，游学之士，教授之声不绝；国渊"笃学好古，在辽东常讲学于山岩，士人多推慕之，由此知名"②。

魏晋时期，私人开馆授徒的多是钻研经术的硕儒，教学内容基本上是儒学《五经》。建安初年，长安宿儒栾文博开馆，有门徒数千，贫寒出身的石德林投其门下学习，然后精《诗》《书》。③ 西晋刘兆，安贫乐道，潜心研究《周易》《周礼》《春秋》，从受业者数千人④；有的儒生隐居不仕，专事教授。前凉宋纤，隐逸不出，明究经纬，弟子受业三千余人。⑤ 西晋杜夷世以儒学称，在家乡闭门教授，生徒千人⑥。前凉祈嘉博通经传，精究大义，在朝卿士、郡县守令彭和正等受业独拜床下者两千余人。郭瑀，精通经义……作《春秋墨说》《孝经错纬》，弟子著录千余人。⑦ 这些大儒开办的以讲授经学为主的私学，规模往往成百上千，甚至数千人，超过了官学，所以，儒学在魏晋私人教育中的影响远较官学广泛。

两晋时期，因门阀政治黑暗，士人官场失意、仕途坎坷，一大批名儒绝意仕途、辞官归里，潜心学术、闭门教授，致力于聚徒讲学。如西晋的束晳见赵王伦担任相国，便"称疾罢归，教授门徒"⑧。东晋的蔡谟"既被废，杜门不出，终日讲诵，教授弟子"⑨。东晋的王裒因父被冤杀，"博学多能，痛父非命，未尝西向而坐，示不臣朝廷也。于是隐居教授，三征七辟皆不就"⑩。

① 《三国志》魏书《袁张凉国田王邴管传》。
② 《三国志·魏书》卷十一《管宁传》。
③ 李国均、王炳照：《中国教育制度通史》，山东教育出版社，2000，第106页。
④ 新疆维吾尔自治区博物馆：《吐鲁番县阿斯塔那——哈拉和卓古墓群发掘简报（1963～1965）》，《文物》1973年第10期。
⑤ 新疆博物馆考古队：《吐鲁番哈喇和卓古墓群发掘简报》，《文物》1978年第6期。
⑥ 《晋书》卷九十一《儒林传》。
⑦ 《晋书》卷九十四《隐逸传》。
⑧ 《晋书》卷五十一《束晳传》。
⑨ 《晋书》卷七十七《蔡谟传》。
⑩ 《晋书》卷八十八《王裒传》。

杜夷"少而恬泊，操尚贞素，居甚贫窭，不营产业，博览经籍百家之书，算历图纬靡不毕究。寓居汝颍之间，十载足不出门。年四十余，始还乡里，闭门教授，生徒千人"。刘兆"博学洽闻，温笃善诱，从受业者数千人。武帝时五辟公府，三征博士，皆不就。安贫乐道，潜心著述，不出门庭数十年"。①

公元 317 年，晋室南迁，北方沦为诸多少数民族政权相争之地，十六国的私学更是以隐居山林者为多。宋纤"隐居酒泉南山，明究经纬，弟子受业三千余人"；张忠于"永嘉之乱，隐于泰山"，开门授徒②；《晋书·郭瑀传》载：东晋人郭瑀曾"东游张掖……隐于临松薤谷、凿石窟而居，服柏实以轻身，作《春秋墨说》《孝经错纬》，弟子著录千余人"；而祈嘉则是"西游海清，教授门生百余人"。当然，十六国时期有些政权为振兴教育，也鼓励学者在京城办学。如祈嘉后来就被前凉的张重华征为儒林祭酒，在京城办学，"在朝卿士、郡县守令彭和正等受业独拜床下者二千余人"③。

（二）南朝时期的私人讲学之风

晋元熙二年（420 年），刘裕代晋，建立宋政权，此后的 170 年里，又历齐、梁、陈三朝，合称为南朝。由于政治环境依然不稳定，南朝学者无意仕途的情绪依然如故，所以南朝的私学主要盛行于山林郊外。例如，顾欢"隐遁不仕，于剡天台山开馆聚徒，受业者常近百人"；臧荣绪"纯笃好学，括东西晋为一书，纪、录、志、传百一十卷。隐居京口教授"；关康之亦隐居京口，不应州府辟，朝廷征通直郎，也不就，甚至"不通宾客，弟子以业传受"；杜京产闭意荣宦，"郡召主簿，州辟从事，称疾去。除奉朝请，不就。与同郡顾欢同契，始宁中东山开舍授学"；明僧绍"隐长广郡崂山，聚徒立学"④；何胤"虽贵显，常怀止足。建武初，已筑室郊外，号曰小山，恒与学徒游处其内"⑤。

---

① 《晋书》卷九十一《儒林传》。
② 《晋书》卷九十四《隐逸传》。
③ 李国均、王炳照：《中国教育制度通史》，山东教育出版社，2000，第 107 页。
④ 《南齐书·明僧绍传》。
⑤ 《梁书》卷五十一《处士传》。

就社会影响而言，南朝经学不如玄学、佛学，但在私人教育中，仍以传授儒学的居多。儒士沈麟士，早年家贫，编织竹帘为生，手里劳作而口中诵书，口手不息，乡邻们称他为织帘先生。后来，隐居吴差山，讲经教授为业，门徒数十百人，先生贫寒，无深屋广厦供学生学习、住宿，学生们便各营屋宇，依址其侧，幽静的深山竟因此喧嚣起来，当地有民谣道：吴差山中有贤士，开门教授居成市①。齐永元末年，少好《三礼》的何佟之常集诸生讲论，孜孜不怠②。梁朝，由于梁武帝尊重儒术，经学教育大振。大儒们纷纷聚徒讲学，严植之"遍治"诸经，开馆在潮沟，生徒常百数……听众千余人。③ 贺场于《礼》尤精，馆中生徒常百数。④

（三）北朝时期的私人讲学之风

北朝风尚纯朴，受两汉经学影响较大，在私人教学内容中，经学占主要地位，玄学没有地位。北朝私学的发展曾经一度受到北魏道武帝"禁立私学"的干扰，但始终并未曾停止过。张伟"学通诸经，讲授乡里，受业者常数百人"；常爽不事王侯，独守闲静，讲肆经典 20 余年，时人号为"儒林先生"，"爽置馆温水之右，教授门徒七百余人，京师学业，翕然复兴"；张吾贵"每一讲唱，门徒千数"；刘献之"著录数百而已，皆经通之士"；徐遵明"讲学十外二十余年，海内莫不宗仰"⑤。正是靠着这些私学大师的讲学，北魏的文化教育才得以复苏和振兴。尤其是在北魏的孝文帝迁洛后至宣武帝时期，史家称北魏中期"天下承平，学业大盛。故燕、齐、赵、魏之间。横经著录，不可胜数。大者千余人，小者犹数百。州举茂异，郡贡孝廉，对扬王庭，每年逾众"，主要是得力于私学。⑥ 在统治者的大力倡导下，官、私学业大盛，经术弥显。

---

① 《南史》卷七十六《隐逸传下》。
② 《梁书》卷四十八《儒林传》。
③ 殺羊、石声汉：《齐民要术选读本》，农业出版社，1961，释为黑羊；陈维稷主编《中国纺织科学技术史》，科学出版社，1984，释为山羊。今从后说。
④ 沙比提：《从考古发掘资料看新疆古代的棉花种植和纺织》，《文物》1973 年第 10 期。
⑤ 《魏书》卷八十四《儒林传》。
⑥ 李国钧、王炳照：《中国教育制度通史》（第二卷），山东教育出版社，2000，第108页。

北齐、北周时期虽然官学衰败，反汉化倾向日益严重，社会经济亦不景气，官学教育已折峰下落，但私学发展的势头依然未减。"幸朝章宽简，政纲疏阔，游手浮惰，十室而九。故横经受业之侣，遍于乡邑，负笈从宦之徒，不远千里"①。求学之风并未偃息。而北周武帝礼聘名儒沈重，亲访名儒熊安生等重儒的举措，又重振了北朝的负笈求儒学的风气。于是，"衣儒者之服，挟先王之道，开簧舍，延学徒者，比肩；励从师之志，守专门之业，辞亲戚，甘勤苦者，成市。虽通儒盛业，不逮魏晋之臣，而风移俗变，抑亦近代之美也"。②

绵延不绝、弦歌不断的私人讲学之风劲吹，历经 400 年动荡灾难并保持传统学术文化于不坠，完全得力于魏晋南北朝众多隐居山林、聚徒讲学的私学大师们的前赴后继。而莘莘学子负笈千里、求师问学，学成之后还乡授业，便成为一大教育文化景观。沈峻"遍游讲肆，遂博通'五经'，尤长'三礼'"③；冯元兴随名儒张吾贵、房秋学习，颇有文才，"年二十三，还乡教授，常数百人"④；张雕负笈从师，不远千里，遍诵五经，尤明三传，弟子远方就业者百数；邢峙"少好学，耽玩坟典，游学燕、赵之间，通三礼、《左氏春秋》"；刘昼"少孤贫，爱学，负笈从师，伏膺无倦"⑤；唐彬受学于东海阎德，"随师受业，还家教授，恒数百人"⑥。《北史》卷八一及卷八二《儒林传》中也多有这方面的事例。如沈重"专心儒学，从师不远千里"，如樊深"弱冠好学，负笈从师于河西，讲习五经，昼夜不倦"，如马敬德"少好儒术，负笈随徐遵明学《诗》《礼》"。这些求学受业、返乡授徒的事例，组合成一幅多姿多彩的魏晋南北朝私学发展的历史画卷。⑦

---

① 《北史》卷八十一《儒林传上序》。

② 吴震：《介绍八件高昌契约》，《文物》1962 年第 7、8 期。

③ 《梁书》卷四十八《儒林传》。

④ 《魏书》卷七十九《冯元兴传》。

⑤ 《北齐书》卷四十四《儒林传》。

⑥ 《晋书》卷四十二《唐彬传》。

⑦ 李国钧、王炳照：《中国教育制度通史》（第二卷），山东教育出版社，2000，第 109 页。

三 家族式教育促进了私学的繁荣

（一）家族式教育异军突起的原因

魏晋南北朝的家族教育相当兴盛，这是魏晋南北朝私学教育的一个重要特点。体现这一特点的突出标志，便是诫子书的层出不穷。三国的诸葛亮有诫子书，王祥有训子孙遗令，嵇康有诫子书，夏侯湛有昆弟诰，陶潜有命子十章、责子书、诫子书、与子疏等，南朝的雷次宗有与子侄书，颜延文有庭诰文，张融、王僧虔、徐勉皆有诫子书……梁元帝《金楼子》有戒子篇，颜之推有《颜氏家训》，北魏的张烈有家诫，甄深有家诲，刁雍有教戒。凡此种种，反映了当时人们对后代的特别关注之情。关注之所以要特别，是门阀制度和社会动荡剧烈所导致的。①

魏晋南北朝是门阀显贵垄断政权的时代，由于门阀政治的垄断，朝代的更迭多是以宫廷上层的权力集团更换的形式进行，于门阀士族的既得利益并无损害。世代相传的家族私学就成为魏晋南北朝时期许多世族兴起维系的重要凭借手段，故主位虽改，臣任如初，贵仕素资，皆由门庆。这一社会现实导致人们观念的一个变化，便是殉国之感无因，保家之念宜切。如果丧失门第，则家族的一切利益全部丧失。门第乃门阀士族之命根。因此，如何巩固门第，便成为家族教育的直接动力和根本目的。而家族教育中最重要、最普遍的便是儒学。家传儒学的特点是世代传授先辈擅长的儒学中的一个或若干方面，累世相传、发展，形成优势。

（二）盛行私人讲学的家族式教育

吴范平，家世好学，其三子奭、咸、泉及泉子蔚，并以儒学至大官。徐苗，自曾祖徐华至苗，魏晋间，累世相承，皆以博士为郡守，西晋时，徐苗为当世儒宗。两晋儒宗杜夷，家为庐江著姓，世以儒学称，杜夷居家教授，生徒千人，东晋元帝曾三遣太子至夷家，执经问义。② 南朝，伏曼容，刘宋

---

① 李国钧、王炳照：《中国教育制度通史》（第二卷），山东教育出版社，2000，第 118 页。
② 《晋书》卷九十一《杜夷传》。

大儒；子暅，幼传父业，梁五经博士；孙挺，家学薰陶，七岁通《孝经》、《论语》，梁武帝时，任中军参军事，居宅讲《论语》，听者倾朝。伏氏三世同时聚徒教授，罕有其比①。

贺场，"晋司空循之玄孙"，"世以儒术显"。祖道力"善《三礼》有盛名"，"父损亦传家业"，而贺场于《礼》尤精，为梁武帝的首任五经博士，他的两个儿子革、季与侄子琛，并传场业②。

司马筠，博通经术，尤明《三礼》，梁武帝时任尚书祠部郎，子寿传父业，亦仕位至尚书祠部郎；沈文阿，字国卫，吴兴武康人也，文阿少习父业，研精章句，祖舅太史叔明、舅王慧兴并通经术，而文阿颇传之，又博采先儒异同，自为义疏，治《三礼》《三传》，梁武帝时任五经博士；贺德基字承业，其家世传《礼》学，三世儒学，俱为祠部郎；顾越，家传儒学，并专门教授，梁武帝时任五经博士③。

在战乱不止的年代，在世家大族发展的时期，聚族或依附强族而居的趋势有所加强，官学教育地位下降，家庭、家族教育的重要性就增加了。家庭教育有时也兼及乡邻。与家庭教育不同的是，家族教育重视传授儒学基础知识、道德规范。

西晋，华廙为人正直，得罪权贵，罢官家居，教诲子孙讲诵经典④；西晋末年，王延昼则佣赁，夜则诵书，遂究览经史，皆通大义，农闲时，训诱宗族，侃侃不倦⑤。南朝，顾越，字思南，吴郡盐官人，所居新坡黄冈，世有乡校，由是顾氏多儒学焉⑥；沈峻，家贫无力负笈投师，少时，师从族人大儒沈麟士，遂博通《五经》⑦；垣昙深妻郑氏，年轻居孀，子文疑四岁时，

---

① 《南史》卷七十一《儒林传》。
② 《南史》卷六十二《贺玚传》。
③ 《南史》卷七十一《儒林传》。
④ 《晋书》卷四十四《华表传》。
⑤ 《晋书》卷八十八《孝友传》。
⑥ 《南史》卷七十一《儒林传》。
⑦ 《南史》卷七十一《儒林传》。

便亲教经礼，训以义方①；谢贞母王氏，授贞《论语》《孝经》②。北魏裴敬宪，抚训诸弟，专以读诵为业③；太学博士房景先，幼孤贫，无资从师，其母自授《毛诗》《曲礼》。④

（三）重视孝悌培养的家族式教育

家风是维系家门的纲。家风看起来是个无形的东西，却是靠着家族内部的血缘关系和价值取向所形成的文化秩序。能不能让家族成员认同这一文化秩序并传承这一文化秩序，这是门第能否延续的根本。门阀士族重孝悌之风是由血缘宗法的社会基础所决定的。不讲血缘关系，便不可能有家族的基础；不讲宗法等级，也不可能有门第的张扬。家门孝悌之风盛行，必然带来家门和睦、兄弟手足的家风。这是门第鼎盛、福禄永昌之基础，也是儒家学说虽遭毁誉而终不致坠地的生命力所在。⑤

东晋的王羲之在给谢万的一封信中这样介绍："顷东游还，修植桑果，今盛敷荣。率诸子，抱弱孙，游观其间。有一味之甘，剖而分之，以娱目前，虽植德无殊邈，犹欲教养子孙以敦厚退让，戒以轻薄。庶令举策数马，仿佛万石之风。"这是王羲之家祖孙三代的一次相聚。王羲之的主观意识很明确，儒家的孝悌之教是维系良好门风的法宝，而要陶冶家门敦厚礼让的好风气，就要从日常生活小事着手，不可忽略了一个微小的教育机会。从这一事例可以看到，魏晋南北朝家族教育是把家风的培养摆在相当重要的地位的。竹林七贤中的阮籍崇尚老庄，不修名教，然其母死却依然悲痛欲绝，饮酒两斗，举声一号，吐血数升，毁瘠骨立，可谓至孝。南朝梁代刘孝仪幼孤，与兄弟相励勤学，并工属文。孝仪为人宽厚，内行尤笃。其二哥早卒，孝仪事寡嫂甚谨。家内巨细，必先咨决。与妻子朝夕供事，未尝失礼。⑥ 像

---

① 《南史》卷二十五《垣护之传》。
② 《陈书》卷三十二《孝行传》。
③ 《魏书》卷八十五《文苑传》。
④ 《魏书》卷四十三《房景先传》。
⑤ 李国钧、王炳照：《中国教育制度通史》（第二卷），山东教育出版社，2000，第122页。
⑥ 《梁书》卷四十一《刘孝仪传》。

这类孝于亲友于兄弟的事例，在魏晋南北朝史不绝书。①

这一时期贵族豪门势雄财大，重视文化者多请大学者为师，于府第中开馆，教授子弟。为了家族利益，他们多择硕学鸿儒传授重视忠孝节义的儒学，而不是提倡放纵自己、不理世事的玄学，或无父无君、弃国弃家的佛学。

北朝，把持东魏朝政的齐高祖高欢，很重视用儒学教育子弟，东魏天平年间，高欢先后聘北魏博士、经明行著、学综绪经的卢景裕和李同轨两人至府中，教诸公子②；李同轨死后，高欢聘名儒李铉、刁柔授皇太子诸王经术③。北齐时，兼通礼传的鲍长暄，"恒在京教授贵游子弟"④。西魏时，硕儒徐遵明的高足乐逊，被太尉李弼请去教授诸子。⑤

家族教育通行的做法是人生教育的第一门课便是读《孝经》。上至帝王之家，下至平民百姓，几无例外。魏国钟会自幼丧母，其母遗言要求钟会4岁便应开始读《孝经》，南朝梁代昭明太子3岁便开始读《孝经》，南朝陈代谢贞自小便由其母传授《孝经》，北齐的马元熙以《孝经》授皇太子。社会上下有如此一致的教育取向，是因为人们普遍认为，于童稚之时便诲以孝道，是端正其人生起点的正宗。也正因为如此，魏晋南北朝时期为《孝经》作注者十分踊跃。据《隋书》卷三二《经籍志一》载，整个魏晋南北朝《孝经》注疏本达18部合63卷。如果通计亡失之数，合59部114卷。

重视孝行培养是孝悌培养的另一个方面。小自平日的言行举止、待人接物、动由礼度，大至为官仕宦、传承家业、光宗耀祖，都属于孝道范围。其根本在于自小养成的循礼习惯。《宋书》卷五八《谢弘微传》说，谢弘微自小过继给叔父，"性严正，举止必循礼度，事继亲之党，恭谨过常。伯叔二母，归宗两姑，晨夕瞻奉，尽其诚敬。内或传语通讯，辄正其衣冠。奴婢之前，不妄言笑，由是尊卑小大，敬之若神"。孝悌教育针对家族中的女性成

---

①　李国钧、王炳照：《中国教育制度通史》（第二卷），山东教育出版社，2000，第123页。

②　《魏书》卷八十四《儒林传》。

③　《北齐书》卷四十四《儒林传》。

④　《北齐书》卷四十四《儒林传》。

⑤　《周书》卷四十五《儒林传》。

员便是妇道教育。魏晋南北朝家族教育并未排除女性。《世说新语·贤媛篇》中说，王浑的妻子钟琰出身高门，王浑弟弟的妻子郝氏出身寒门。两人皆有俊才女德，雅相亲重。钟琰不以贵傲视郝氏，郝氏不以贱依附钟琰。女性本为家族成员，家风熏陶当然不应排除在外。她们一旦出嫁，其举手投足便代表着一家门风，影响很大。况且一旦身为人母，便自然承担着儿童早期教育的责任。这些因素决定了门阀士族必须重视女子教育。①

门阀士族强调家族教育并不仅限于家法的传承，门第的巩固与家族的学术地位也有直接关系。自东汉以来，在"劝以官禄"文教政策指引下，治经成为入仕的捷径之一。而家族的累世经学自然带来了累世公卿的结果，门第便由此产生。同样，有了门第于是又有了累世之学业，家学便成为炫耀门第之法宝。因此，使家学发扬光大、声名远播，便成为魏晋南北朝时期家族教育的重要任务。

第二节　儒、道、佛私学的兼容和争鸣

魏晋南北朝时期，社会动荡不安，朝代频繁更替，国家残破不堪，政治朝令夕改，官学时兴时废，使历代统治者不可能像秦王朝那样严禁私学。于是，各种学说思潮乘虚而入并自由发展，各传其道，相互争鸣，促进了私学的再度繁荣。

一　魏晋南北朝时期的儒家私学

魏晋南北朝时期，官学时兴时废，儒、道、佛各家思想学派林立，但受汉儒私家讲学风气的影响，儒家私学仍延绵不绝，儒学在私人教育中仍占有重要地位。

（一）以讲授经学为主的儒家私学

魏晋南北朝时期，私人开馆授徒的多是钻研经术的硕儒，教学内容基本

---

① 李国钧、王炳照：《中国教育制度通史》（第二卷），山东教育出版社，2000，第124页。

上是儒学《五经》。如有儒宗之称的贾洪，好学有才，对《春秋左传》特精，三任县令，所在辄开除厩舍，亲授诸生。另一儒宗隗禧，致仕返乡已年八十余，前来求学的人仍然甚多。① 有的儒生隐居不仕，专事教授。建安初年，长安宿儒栾文博开馆，有门徒数千，贫寒出身的石德林投其门下学习，然后精《诗》《书》②；西晋刘兆，安贫乐道，潜心研究《周易》《周礼》《春秋》，从受业者数千人③；前凉宋纤，隐逸不出，明究经纬，弟子受业三千余人。④ 这些大儒开办的以讲授经学为主的私学，规模往往成百上千，甚至数千人，超过了官学，儒学在魏晋私人教育中的影响远较官学广泛。

北朝风尚纯朴，受两汉经学影响较大，在私人教学内容中，经学占着主要地位，玄学没有地位。尤其是在北魏的孝文帝迁洛后至宣武帝时期，天下承平，在统治者的大力倡导下，官、私学业大盛，经术弥显。在北齐，虽然反汉化倾向日益严重，社会经济亦不景气，但求学之风并未偃旗息鼓，"横经受业之侣，遍于乡邑，负笈从宦之徒，不远千里。伏膺无怠，善诱不倦。入间里之内，乞食为资，憩桑梓之阴，动逾十数。燕赵之俗，此众尤甚焉"。⑤

（二）儒家私学的办学特点和特色

魏晋南北朝时期，儒家私学办学上有如下特点和特色：经费方面，有的免费入学，有的酌收束修，有的还为学生备衣备食，有的还接受帝王的"资助"和"馈赠"。招生方面，寒门弟子入学率呈现上升趋势，如"家贫早孤"而无钱资的邴原，亦入学肆习，学生还可根据自身情况择师。学习内容方面，仍是儒家经典，但不再偏重训诂考据，而是注重阐发义理，并出现了兼授天文学或其他自然知识的私学。还有的儒家私学兼授道、玄之学，说明在教学内容上已有多家融合的趋势。⑥

---

① 《晋书》卷六十五《王导传》。
② 《三国志·魏书》卷十一《管宁传》注。
③ 王小燕：《魏晋南北朝隐逸现象分析》，《焦作师范高等专科学校学报》2010 年第 1 期，第 18～21 页。
④ 《晋书》卷九十一《刘兆传》。
⑤ 《北齐书》卷四十四《列传第三十六·儒林》。
⑥ 喻本伐、熊贤君：《中国教育发展史》，华中师范大学出版社，2005，第 152 页。

二 魏晋南北朝时期的道家私学

东汉末年的黄巾起义失败后，道教曾一度转入沉寂。后经过葛洪、寇谦之、陶弘景等人的努力，将民间道教改造为迎合统治阶级需要的官方道教，道教于东晋又兴盛起来，道教教育从"神"转向"人"，从虚无缥缈的彼岸世界转向世俗的现世世界，强调生道相保治身治国，故而在东晋南北朝获得广泛的社会基础。魏晋南北朝的道教教育大致经历了两个发展阶段。

（一）道教师承关系较为松散的阶段

第一阶段为师承关系较为松散的阶段。东晋道教的重新抬头，是由于当时许多的名门望族对其发生了兴趣，魏晋玄学的流行，使他们对老庄的逍遥哲学十分向往。由此生发开去，对于那种追求长生不死，脱俗离世，闲散放浪，游历名山大川，采药炼丹，或者诵经礼拜于静室，海阔天空地冥思幻想的神仙道教，门阀望族更是十分神往。但这种神往，只是一种思想情趣的追求，并没有上升到宗教的狂热。况且，他们对那种经典不备、教义简单、方术仪式粗俗的早期民间道教怀有一种本能的轻蔑和反感。

他们只是追随某些道士往来于名山洞室，寻找仙馆，采药炼丹服食，师承关系相当松散。葛洪辞官不就，"欲炼丹以祈遐寿"，后居广东罗浮山炼丹，"在山积年，优游闲养，著述不辍"。郗文"辞家游名山，历华阴之崖，以观石室之石函。洛阳陷，乃步担入吴兴余杭大辟山中穷谷无人之地。倚木于树，苦反其上而居焉，亦无壁障。时猛兽为暴，入屋害人，而文独宿十余年，卒无患害"。王羲之"既去官，与东土人士尽山水之游，弋钓为娱。又与道士许迈共修服食，采药石不远千里，遍游东中诸郡，穷诸名山，泛沧海"[①]。许迈，字叔玄，一名映，丹阳句容人也。家世士族，而迈少恬静，不慕仕进。许迈"于是立精舍于悬溜，而往来茅岭之洞室，放绝世务，以寻仙馆，朔望时节还家定省而已。父母既终，乃遣妇孙氏还家，遂携其同志

---

① 《晋书》卷八十《七羲之传》。

遍游名山焉"①。鲍靓学兼内外，明天文、河洛书，靓尝见仙人阴君，授道诀，百余岁卒。②

以上都是门阀士族个别求道的例子。在当时，也有召集门徒集体授道的私学。如张忠，字巨和，中山人也。永嘉之乱，隐于泰山。"恬静寡欲，清虚服气，餐芝饵石，修导养之法。冬则蕴袍，夏则带索，端拱若尸，无琴书之适，不修经典，劝教但以至道虚无为宗"。"其居依崇岩幽谷，凿地为窟室。弟子亦以窟居，去忠六十余步，五日一朝。其教以形不以言，弟子受业，观形而退。立道坛于窟上，每旦朝拜之。食用瓦器，凿石为釜。左右居人馈之衣食，一无所受"。③

道教既然为门阀士族所垂青，封建统治阶级必然要求其为封建统治服务，道教的改革就势在必行。北魏初期，出身贵族的嵩山道士寇谦之在北方大族崔浩支持下，革除了旧天师道中原始粗俗的巫鬼道术、斋仪制度和鼓动造反的教义，把国家的纲常伦理列为道教戒规的内容，吸收佛教轮回思想为道教教义，主张立坛宇，修功德，诵经持戒。而东晋南朝的葛洪、陆修静、陶弘景等人则以神仙方术为底本，逐步形成了以神仙养生之术为内、以儒术应世为外、儒道兼修的修炼长生理论。并对天师道的组织制度进行了改革，以纯宗教的道师弟子关系取代了祭酒统领道民的政教合一制度，以道馆教育取代了简陋的靖庐。至南北朝时期，道教已经成为具有相对完整的经典、教义、戒律、方术仪式和教会组织的成熟宗教。它从分散的民间宗教团体转变为官方正统宗教，具备了与儒佛并立的实力与地位。

（二）道教步入规范化的馆舍教育阶段

第二阶段则因道教馆舍的出现而形成了道馆制度，道教教育开始步入规范化。道馆是出家道士集体进行宗教教育活动和集体生活的场所。修筑道馆主要靠地方官府及富豪之家的资助，也有以国家名义筑馆以优礼道士的做

---

① 《晋书》卷八《许迈之传》。
② 《晋书》卷九十五《艺术·鲍靓传》。
③ 《晋书》卷九十四《隐逸传·张忠》。

法。南朝刘宋时期，著名道士陆修静原在庐山筑简寂馆，众多门徒随之受业修行。据《云笈七签》卷五《经教相承部》载：宋明皇帝袭轩辕淳风，欲借古化俗，虚诚致礼，至于再二，先生固称幽优之疾，曾莫降丐。天子乃退斋筑馆，恭肃以迟之，不得以在焉。此为国立道馆之首创。陆修静入主崇虚馆，首先便是完善规章制度。"先时，洞真之部真伪混淆，先生刊而正之，泾渭乃判，故斋戒仪范至于今典式焉。"这样做，使道馆制度打上官方烙印，进一步促进了道教教育的发展。

在道馆中，道师与弟子的关系纯属宗教教育的师徒关系。道门弟子受业，必须遵守道教的戒律和清规。陆修静继承整理了魏晋时期的上清、灵宝派的理论，编著了道教斋戒仪范等书，基本上完善了道教的科仪制度。道教十分注重"修斋"。所谓斋者，简单讲，就是要求修道者保持清虚恬静、谦卑恭敬之心，怀着战战兢兢如履冰谷的态度求道。所行斋法大致可分三种，一者设供斋，二者节食斋，三者心斋，其中以心斋最为重要。"夫无思无虑则专道，无嗜无欲则乐道，无秽无拱则合道。"[1] 为了强制道门弟子修斋，道馆教育强调持戒。陆修静认为："受持八戒，思真行道，通而无穷，显验必速，皆如所期也。"陆修静的《受持八戒斋文》中，将八戒定义为："一者不得杀生以自活，二者不得淫欲以为悦，三者不得盗他以自供，四者不得妄语以为能，五者不得醉酒以恣意，六者不得杂卧高广大床，七者不得普习香油，以为华饰，八者不得耽著歌舞以作倡伎，今日善男子善女人等，若不犯此之八事，则八败无从以起，则八戒自然而立。"八戒和佛教所定的八戒极其相似，可以说这是道教对佛教在伦理道德实践方面的学习和发展，这些戒律的制定为道馆教育的规范化奠定了良好的基础。

道馆之馆主皆由著名道士担任。他们废除了原道宫祭酒的世袭制度，代之以儒家"唯贤是举"原则，推举馆主领袖。道馆事务由馆主、监斋等高级道士主持，而道馆的社会声望在很大程度上取决于馆主的学术地位。当时著名道士孙游岳先是在崇虚馆拜陆修静为师，虚心求教，学有所成，为世所

---

[1] 《云笈七签》卷三十七《说杂斋法》。

重。"齐永明二年，诏以代师，并任主兴世馆。于是搜奇之士，知袭教有宗，若凤萃于桐，万禽争赴矣。孔德璋、刘孝标等争结尘外之好。后频谢病归山，朝命未许。至永明七年五月内，以挥神托化，沐浴称疾，怡然而终。门徒弟子数百人，唯陶弘景入室焉。"[1] 他出任馆主在于他本身的"袭教有宗"，才有了"若凤萃于桐，万禽争赴"的效应。在他的门下有弟子数百人，然能够入室请业者唯有陶弘景一人。

著名道士不仅具有较高的学术地位，而且在社会上享有极高的声望。由于道教以养生之术、神符秘诀为标榜，因而不仅朝廷官僚、高门望族争相与他们拉关系，而且深得帝王倚重，甚至让他们直接参与朝廷重大决策。这对于推动道教教育的发展无疑是有利的。南朝著名道士陶弘景在当时就有"山中宰相"之称。《南史》卷七六《陶弘景传》载：陶弘景辞官归隐，朝廷公卿大臣齐集大路相送，造成了"供帐甚盛，车马填咽"的景观。陶弘景率弟子隐居茅山，筑华阳馆施教。国家每有吉凶征讨大事，无不前以咨询。月中常有致信，时人谓为"山中宰相"。北魏著名道士寇谦之在朝廷支持下改革道教，太武帝于平城东南为其设天师道场，重坛5层，并按其新经之制供给120名道士衣食，供其斋肃祈请，六时礼拜，每月还为其提供数千人的厨会经费。据《北史》卷二《魏本纪第二》载，太平真君三年（442年），太武帝亲至道坛受符箓，并封寇谦之为国师。至此，道教首次获得国家宗教的地位。

三 魏晋南北朝时期的佛家私学

魏晋时期，玄学盛行，玄风昌炽，为佛教和道教在中国的立足和传播提供了很好的条件。封建士大夫，尤其是门阀士族对佛教、道教的兴趣日增，甚至连大多数政权统治者也陷溺其中。乱世之中，人们绝望于现实，只好把希望寄托于神灵与来世。东汉末传至中国的佛教，似乎给苦海中的芸芸众生送来了福音。如果说玄学主要吸引了社会的上层或文化层，那么佛教则更多

---

① 《云笈七签》卷五《经教相承部》。

吸引的是社会的下层人民。统治者也需要用佛教来麻醉人民，用暮鼓晨钟、诵经吟唱来掩饰他们的凶残与暴虐。佛教鼓吹出世，抛弃家国，礼佛诵经，与儒家主张入世、忠君孝亲等基本观点形成尖锐的对立。佛教的盛行，意味着儒学在社会中影响力的大大下降。

封建士大夫热衷于佛教和道教，倒并不是因为轻视儒教，而是为了从三教中找寻精神追求的契合点。古代意识形态上三教融合历史主题的确立，在客观上助长了佛教和道教的发展，由此而推动了宗教教育的独立开展。魏晋南北朝佛教教育的发展，大致经历了两个阶段。

（一）佛家私学的个别传授阶段

第一阶段是个别传授阶段，知识僧侣为追求佛教义学，长途跋涉，拜师求学。随着佛教僧祇戒律的广泛传入，中国的僧团组织和制度也逐渐正规化。完善僧制，促进僧侣教育，寻求一部较完整的律书就成为当务之急。后秦弘始元年（东晋隆安三年，399 年），法显与慧景、道整、慧应、慧嵬一同从长安出发，到天竺寻求戒律。他们的足迹遍及西域诸国及北天竺、中天竺，返途经南洋，历时 15 年。一路上法显努力学习梵书梵语，抄写经本。随同他去的人死的死，留的留，但他决心要让戒律流通汉地，坚持独自返国。连当地人都为他的这种为道求佛法的精神所惊叹。法显所带回的《摩诃僧祇律》《僧祇律大比丘戒本》《僧祇尼戒本》及其他大小三藏的佛教经典，都成为当时风行的读本。①

"为道求佛法"精神在当时的知识僧侣中很有影响。如世居敦煌的竺法护坚信佛经深祖在国外，于晋武帝时期随天竺沙门竺高座游历西域各国，翻译《赞般若经》30 卷、《正法华经》10 卷等共 175 部。高阳人于法兰出家后经常感叹："大法虽兴，经道多缺，若一闻圆教，夕死可矣！"乃至西域求学。凉州人智严出家后立志协访名师，广求众经，多次游历西域。雍州人智猛常听外僧讲印度有方等众经，非常向往。后秦弘始六年（404 年）与沙门 15 人从长安出发，于华氏国得《大泥洹经》《僧祇律》等经律梵本。这

---

① 李国钧、王炳照：《中国教育制度通史》（第二卷），山东教育出版社，2000，第 135 页。

种求法留学的举动，在南北朝时还得到朝廷的支持。如南朝的刘宋，北朝的北魏、北齐都派遣了知识僧侣西行求经。它不仅大大丰富了佛教教育的内容，而且改变了印度佛教教育"师师口传"的方式，使讲学者有本可执，受学者有书可读。

（二）佛家私学的寺院教育阶段

随着佛教僧祗戒律的大量传入，促进了僧团组织和制度的建立，最终促成了寺院教育的发展，这就是佛教教育的第二阶段。中国佛教的寺院建设较早，相传在东汉明帝十年（67 年）在洛阳建成的白马寺就是供僧尼居住和安置佛像经典之用的。随着佛教传学的扩大，僧团组织逐渐定型，其教育活动和众多弟子的受教生活都需要有较稳定的场所，于是，建寺讲学便成为必然趋势。加上封建统治者和门阀士族的支持，在东晋南北朝时期，佛教寺院建设形成高潮。寺院教育便逐渐形成规摸。

魏晋南北朝寺院教育的最早倡导者，当推东晋后赵时期的佛图澄和道安师徒。西域僧人佛图澄授徒讲学。"受业追随者，常有数百，前后门徒，几且一万；所历州郡，兴立佛寺八百九十三所。"① 安顿这一组织并使其教育活动正规化，便是寺院教育的最早起因。佛图澄死后，其高足道安（312～385 年）自立门户，建寺传学。道安重视般若学，一生研讲此系经典最力，同时重视戒律，搜求戒本至勤，又注意禅法，对安世高所译禅籍注释甚多。由于道安综合整理了前代般若、禅法、戒律等系佛学，遂使原本零散的佛典以较完整的面目呈现于世。因此，道安大师被视为汉晋间佛教思想的集大成者。为进一步推动寺院教育发展，道安检查了佛图澄戒法欠缺的不足，为僧团制定了"僧尼轨范"。《高僧传》卷五《道安传》记载："安既德为物宗，学兼三载，所制僧尼轨范，佛法宪章，条为三例：一曰行香定座上经上讲之（即讲经仪式），二曰常日六时行道饮食唱时法（即六时课诵二时斋粥仪式），三曰布萨差使悔过等法（即道场忏法仪式）。"道安在这一轨范中制定了日夜六时的修行及食住规范，制定了半月举行一次的说戒忏悔仪式。制定

---

① 《高僧传》卷九《晋邺中佛图澄传》。

了夏安居结束时举行的检举忏悔集会规约，还制定了讲经说法的仪式与方法。此"轨范"为寺院教育规范化奠定了良好的基础。特别是道安为扩大佛教的影响，先后分散徒众东移，遍及长江流域，继续建寺传学。他所制定的"僧尼轨范"也就随着其门徒的传播而流传开来，故而有"天下寺舍，遂则而从之"①的说法。

寺院教育规范化促进了寺院教育的进一步发展，促使东晋十六国时期形成了佛教讲学的南北中心。南方佛教讲学中心是由慧远主持的庐山东林寺。慧远乃道安之高足，受道安派遣移居庐山授徒讲学，得江州刺史祖伊相助，于庐山脚下建东林寺，从此便率众说佛，培养了众多弟子，著名者不下百人。慧远在庐山30余年，集聚沙门上千人，罗致中外学僧123人结白莲社，译佛经、著教义，进一步完善了寺院教育规程，制定了《社寺节度》《外寺徽节度》《比丘尼节度》等章程，将佛学中的中规、戒律、禅教诸典流播于南方，东林寺成为佛教净土宗的发祥地之一。与东林寺这个南方佛教讲学中心遥相对应的是鸠摩罗什在长安建立的北方讲学中心。鸠摩罗什是一位外僧，他来到中国后得到后秦主姚兴的敬重，待以国师之礼。他在译经之暇，还常在逍遥园澄玄堂及草堂寺讲说。罗什在长安系统介绍了大乘性空缘起之学，组织800人在长安草堂寺重译经本。罗什与众沙门共相提挈，发明幽致。诸深大经论十有余部，更定章句，辞义通明，至今沙门共所祖习。沙门自远而至者多达5000余人。在寺院教育规程建设上，罗什通过佛经的翻译，强调了法师即是佛的现世代理人的重要地位。教导众门徒崇敬法师就是崇敬佛，侵毁法师就是侵毁诸佛。这种对法师地位的强调，也对佛教教育产生了深远的影响。

寺院教育制度的一个重要特色，在于对女僧的教育。佛教出家不分男女。佛教中的女僧，在7岁至20岁受过十戒的称沙弥尼，20岁以后要修学2年的"六法戒"，待依法受具足戒后，称比丘尼。西晋时彭城（江苏铜山）女子净检先在洛阳听法始传佛，后听智山讲解成法，并随之受戒出家。

---

① 《高僧传》卷五《道安传》。

与净检同时出家的女子有 24 人。她们专立竹林寺，拜净检为师，学习佛法。东晋咸康时，净检等 4 人受戒，成为中国佛教中最早的比丘尼。随着比丘尼的增多，各地寺庵纷纷兴起，比丘尼正式讲经传学教育逐步开展。比丘尼教育制度日渐完善。

随着魏晋南北朝寺院教育的发展，寺院与僧人数量激增。据统计，西晋时有佛寺 180 所、僧尼 3700 余人，东晋时有寺 1768 所、僧尼 2.4 万人。南朝全盛期梁代寺院已达 2846 所、僧尼 8.27 万人。北朝全盛时，北魏寺庙多达 3 万余所，各地僧尼 200 余万人。

魏晋南北朝寺院教育的影响，不仅表现在对佛教徒的有效教育，更主要的功效还是体现在它所产生的社会效应上。如《宋书》卷九七《夷蛮传》中所载："佛道自后汉明帝，法始东流，自此以来，其教稍广，自帝王至于民庶，莫不归心，经诰充积，训义深远。别为一家之学焉。"此话并无夸张之嫌。整个魏晋南北朝，上自帝王，下至百姓，对佛教的兴趣始终居高不下。东晋孝武帝"立精舍于殿内，引诸沙门以居之"[①]。这是封建统治者推崇佛教的一个例证。而门阀士族对此也是推崇备至。据《宋书》卷九三《隐逸传》中介绍，周续之闲居读《老》《易》，入庐山事沙门释慈远。任孝恭"少从萧寺云法师读经论，明佛理，至是疏食持戒，信受甚笃"[②]。经封建统治集团的推波助澜，又引发了民众百姓对佛教的狂热。十六国时期，鸠摩罗什讲学长安，"事佛者十室而九矣"。魏晋南北朝的这股佛教热，使名僧的声望大大提高。例如，东晋名僧支道林就备受门阀士族推崇。他无论是在吴地建支山寺，在会稽住持灵嘉寺，还是在石城山立栖光寺，皆成为诸士大夫、名流学者的公开讲论之所。哀帝时还被征请到建康住持东安寺，继续讲经传学。这些都是魏晋南北朝佛教教育发达的明证。北魏、北周一时的禁止佛教，则是当时佛教教育发达的反面证明。

---

① 《晋书·孝武帝纪》。
② 《梁书·文学传下·任孝恭》。

第三节　玄风劲吹的魏晋南北朝私学

东汉末年至两晋，是两百多年的乱世，随着东汉大一统王朝的分崩离析，统治思想界近四百年的儒家之学也开始失去了魅力，士大夫对两汉经学的烦琐学风、谶纬神学的怪诞浅薄，以及三纲五常的陈词滥调普遍感到厌倦，于是转而寻找新的"安身立命"之地，醉心于形而上的哲学论辩。这种论辩犹如后代的沙龙，风雅名士，聚在一起，谈论玄道，当时人称之为"清谈"或"玄谈"。

玄学至东晋后不减反增更是风行，王弼《周易注》在南朝立于学官，南朝宋齐两代的官方四学都包括玄学，梁、陈两代又盛行讲论"三玄"之风，故而东晋南朝都应当是玄学的流行期。玄学是魏晋南北朝时期出现的一种崇尚老庄、研究幽深玄远问题的哲学与学说，是那个时代的一种学术主潮。总的来说，玄学是当时一批知识精英跳出传统的思维方式（修齐治平），对宇宙、社会、人生所做的哲学反思，以在正统的儒家信仰发生严重危机后，为士大夫重新寻找精神家园。特别是老庄玄学的自然主义哲学与人生态度以及儒家的心性学说水乳交融般的结合在一起，形成了独特的哲学理论与修行解脱观。①

一　魏晋南北朝玄学的内涵和渊源

（一）魏晋南北朝时期玄学的内涵

玄学是魏晋南北朝时期的主要哲学思潮。此处的"玄"字，起源于《老子》中的一句话"玄之又玄，众妙之门"。玄学本来是哲学上的一个用语，指的是魏晋时期出现的一种以《老子》为研究核心的哲学思潮。在近代泛指一切研究不可知本体的学说。在科学与玄学的论战中，其内涵被扩充到了极致，一切不可知的、不可思议的、科学不能解释不能涉及的，似乎都

---

① 吕思勉：《魏晋南北朝史》，上海古籍出版社，1983，第 1384～1385 页。

可以被包揽进玄学的范畴。

玄学义称新道家，是对《老子》、《庄子》和《周易》的研究和解说，产生于魏晋。玄学是中国魏晋时期到宋朝中叶之间出现的一种崇尚老庄的思潮。也可以说是道家之学以一种新的表现方式，故又有新道家之称。其思潮持续时间自汉末起至宋朝中叶结束。玄学是魏晋时期取代两汉经学思潮的思想主流。魏晋时期，相当一部分士人，重视研究道家经典《老了》、《庄子》和儒家经典中最具神秘色彩的《易经》，这三本书都着重探讨宇宙或万物的本源，内容深奥玄远，时人略称三书三玄，称研究三玄的学问为玄学。玄学即"玄远之学"。

《晋书陆云传》载有陆云转而谈玄的故事：一次，陆云外出访友，夜晚迷路，不知所往，忽然看见林木深处透出灯火。陆云赶紧摸过去，来到灯火处，原来是一户人家。当晚，陆云借宿于此。他看见宅中一少年，风度翩翩，在执书夜读，便过去与少年攀谈。少年在读《老子》，谈起《老子》来，少年口若悬河，言辞优美，而旨意玄远，陆云听了，十分佩服。次日晨，陆云醒来，欲寻主人辞行，却不见什么房屋，面前只有孤冢一座，冢前碑上刻着魏故尚书郎王弼之墓字样。陆云原来对玄学无甚兴趣，返家后，自此热衷谈玄。

（二）魏晋南北朝时期玄学的渊源

汉末战乱，大一统国家彻底垮台，证明汉代的今文经学、儒家的仁义礼法不是统治者长治久安的唯一思想统治工具，他们要另找一种工具以为儒学的补充。《老子》的无为思想、《易经》的神秘色彩、《庄子》蔑视礼法的批判精神与不论是非的颓废意识，满足了统治集团、门阀世族和一部分士人的需要，因而玄学诞生，并很快发展成为魏晋南北朝的主要思想潮流。

玄学清谈风气形成于魏齐王曹芳的正始年间（240～249 年），所以后世称玄学清谈为正始之音，玄学的倡导人为何晏、王弼。何晏著《道德论》，王弼著《周易注》和《老子注》。他们祖述老庄，天地万物皆以无为本，笃守无为既能恃以成德，又可以恃以免身，即是说，以道家逍遥的态度，避免卷入权力争斗的旋涡，才能保全身家性命。这种"贵无论"经过何、王两人的倡导，很快发展成为当时主要的哲学思潮。

进入西晋，嵇康、阮籍、刘伶等竹林七贤，常聚云台山，口谈浮虚，不遵礼法，饮酒作乐，放荡形骸。经过他们身体力行式的提倡，玄风更盛。玄学渐渐从一种哲学思潮发展成为一种流行的社会风尚。东晋时期，崇尚玄学的名士们主要追求放任不羁的生活，行为背礼违节，学术上却无甚建树。名士光逸避乱南渡，投友胡毋辅之。到那里，胡毋辅之与几位名士赤身裸体，闭室酣饮已有数日，光逸要推门进去。侍者不允许，光逸就在院子里把衣服脱了，从狗洞中伸头进去，看见胡毋辅之等人便大声呼叫。胡毋辅之说：别人决不会这样豁达，一定是我友光逸，快快请他进来。光逸进去后，又和他们喝个通宵达旦。世族子弟们竟相仿效这些名士，他们敷粉施朱，手摇麈尾，行步顾影，自比神仙。玄学的品格在下降，玄风的影响却在扩大。

至南朝，尽管出现了周弘正、张讥等玄宗领袖，但他们在玄学上并无突出成就，420～479 年的刘宋时期，特设玄学馆，让玄学与历史悠久的儒学、史学、文学并立学林，虽然玄学馆在促进玄学研究上并无显著成效，大半程度上成为刘宋粉饰太平、装点门面的花瓶，但由此可知，玄学作为一门学问已得到统治者与社会的普遍承认。

二 魏晋南北朝时期玄学兴盛的特征

魏晋玄学是杂糅道、儒的唯心主义哲学，是士族腐朽生活在意识形态上的反映。玄学兴盛后，对中国古代传统的教育产生了重大冲击，并具有不同于汉代传统经学的特征。

一是在教育思想上，玄学以自然放任思想，猛烈抨击乃至全面否定儒家的礼乐名教。玄学对两汉君权神授的儒学思想、对汉儒烦琐章句学问的冲击是具有积极意义的。但玄学家往往进而全面否定儒学，甚至要人们放弃学习、抛弃文字。这是不利于教育发展的。如嵇康说：世俗以六经为太阳，不学为长夜，而他则反其道而行之，以明堂为丙舍（墓前小舍），以讽诵为鬼语。以六经为芜秽，以仁义为臭腐。睹文籍则目焦，修揖让则变伛，袭章服则转筋，谈礼典则齿龋，于是兼而弃之，与万物为更始。①

二是贵游子弟多无学术，在教育实践中，矜高浮诞的玄风形成后，许多士人对儒学失去兴趣，即便入学，也不愿埋首读书。魏正始以后，更尚玄虚，公卿士庶，罕通经业。东晋成帝时，时局稍安，成帝同意国子祭酒袁瑰的意见，准备振兴中央官学，但当时已形成世尚庄、老，莫肯用心儒训的风气。②几年振兴努力，不见成效，后来战事重开，太学竟因此而停办。宋齐之时，儒学仍然不振，乡里莫或开馆，公卿罕通经术，大儒只肯独善其身，后进徒拥经书，而无处求学讲习。③ 而士族子弟则可以依靠九品中正制依流平进，俯拾青紫。玄风盛行又为他们提供了一件高雅的外衣。

梁朝全盛之时，贵游子弟多无学术，但颇会借用玄风之皮毛，逍遥放纵，平时，他们无不熏衣剃面，敷粉施朱，驾长檐车，跟高齿屐，列器玩于左右，从容出入，望若神仙。考试时，明经求第，则雇人答策；宴会交际时，则假手赋诗。当此时，他们可称作快士，一旦遇到离乱之后，身无一技之长，求诸身而无所得，施之世而无所用，只有束手待毙，鹿独戎马之间，转死沟壑之际。④ 西晋玄学领袖王衍，神情明秀，风姿详雅。虽然能口中雌黄，却救不了自己，他为石勒所杀，临死前叹息说：呜呼，吾曹虽不如古人，向若不祖尚浮虚，勠力以匡天下，犹可不至今日。⑤

三是"学者习虚玄"。玄学盛行后，有许多学者不仅专治《老》《庄》《易》，而且投身教育实践，与经学家一样，教授门徒，弟子也曾多至数百人。在教育阵地上，开始改变立学专以儒为宗的一边倒的局面。西晋的杨轲，"少好《易》"，"悠然自得，疏宾异客，音旨未曾交也"。但"学业精微，养徒数百，教授不绝"。⑥ 南朝的伏曼容，善《老》《易》，聚徒教授以

---

① 汤其领：《试论魏晋士人的狂放风貌》，《苏州大学学报》1994 年第 4 期，第 108～115 页。
② 周一良：《中外文化交流史》，河南人民出版社，1987，第 267～268 页。
③ 周一良：《中外文化交流史》，河南人民出版社，1987，第 250 页。
④ 颜之推：《颜氏家训·勉学第八》。
⑤ 《晋书·王衍传》。
⑥ 《晋书》卷九十四《杨轲传》。

自业，生徒常数十百人①；杜京产，专修黄、老，齐永明十年（492 年），于会稽日门山聚徒教授。②

四是玄学之人"皆以为谈辩之资"。玄学的表现形式是清谈，即所谓"清谈雅论，剖玄析微，宾主往复，娱心悦耳"③。当时，父兄师友之所讲求，专推究《老》《庄》，五经中唯崇《易》理，以为口舌之助，许多人钻研玄学，目的不是阐扬玄学而是为了清谈，所学亦正以供谈资。④ 所以，工玄学者，或被人推崇为谈宗或自称谈士。⑤

玄学以清谈见长，清谈风靡士林，所以"经学者，亦皆以为谈辩之资"⑥。本来两汉教育中就有诘难的传统，如西汉宣帝曾召集诸儒讲五经异同，宣帝亲临决；东汉章帝召集博士及儒生聚会白虎观，讲论五经异同，章帝亦称制临决。但诘难、辩论是因各家师说互有异同而起，并非以此而决胜负。在清谈风气影响下，教师教学与学生学习时，互相诘难、自由辩论蔚为风气，并常常以此决分高低。在南朝梁武帝时代，儒学重建在教育中的宗主地位，但儒学的讲授方法深受玄学清谈影响。虽事文于经义，亦皆口耳之学，开堂升座。以才辩相争胜，与晋人清谈无异。⑦ 如梁武帝令朱异执《孝经》诵《士孝》章，岑之敬升讲座阐释，梁武帝亲自诘难，岑之敬应声而答，纵横剖释。⑧ 梁武帝时，太学博士鲍皭因病不能讲课，请太学生纪少瑜代讲，只因纪少瑜善谈吐，辩捷如流。⑨

梁陈时期学者周弘正与张讥论辩事颇典型。张讥甚有辩才，梁简文帝做太子时，在士林馆以《孝经》发问，张讥议论往复，甚见嗟赏；大儒周弘

① 《梁书》卷四 九十八《儒林传》。
② 《南齐书》卷五十四《杜京产传》。
③ 《颜氏家训·勉学篇》。
④ 赵翼：《廿二史札记·六朝清谈之习》。
⑤ 《晋书》卷九 九十《潘京传》、《南齐书》卷三十三《王僧虔传》。
⑥ 赵翼：《廿二史札记·六朝清谈之习》。
⑦ 赵翼：《廿二史札记·六朝清谈之习》。
⑧ 《陈书》卷三十三《岑之敬传》。
⑨ 《南史》卷七 九十二《纪少瑜传》。

正亦一能言善辩之士，精《易经》，讲课时，听者倾朝野。① 但他辩不过张讥。陈天嘉年间，周弘正任国子博士，张讥任国子助教，周弘正在国子学讲《易经》，其四弟周弘直亦在讲席就座，张讥即席与周弘正辩论，周弘正不敌而词穷，周弘直危坐厉声，救援兄长，助其申理。张讥脸色一整，对周弘直说：今日群贤会萃，辩论大道至理，并非意气相争，你虽然明知兄长窘迫坐困，也不能出言相助。周弘直一怔，旋即振声而答：我作为学生，帮助老师，天经地义，有何不对？话音一落，举座欢笑。周弘正后来对别人说：吾每登座，见张讥在席，使人懔然。②

五是儒玄双修。以世家大族为支柱的两晋及南朝统治者，一方面需要用儒学礼教去维护既定的统治秩序，另一方面又讴歌纵情任性的玄学，以证明他们享受的合理性。统治阶级的这种双重需要，决定了儒学与玄学的并行融合。玄学在形式发展过程中，在旨趣上有贵无、崇有的区别，还有名实、才性、言意之分辨，但实际上只有以道释儒和以儒释道的区别。

三　亦儒亦玄、儒玄双修的玄学

玄学从诞生伊始，就走上了亦儒亦玄、儒玄双修的道路。玄学的开山祖师之一的王弼，本通儒术，再研《易经》《老子》，"好论儒道"③；玄学大师阮籍早年志尚诗书，推崇儒术，中年时才转而用道家思想去解释儒学，主张名教本之于自然；④ 西晋玄谈领袖乐广，善清言，但并不抛弃名教，说：名教内自有乐地；⑤ 西晋的玄学理论家郭象，好老庄，谈辩如悬河泻水，注而不竭，他在《庄子注》中提出了玄学的独化论，但仍然强调儒家君臣上下、尊卑贵贱等封建等级观念；而裴頠的《崇有论》则是极力调和玄学与

---

① 新疆维吾尔自治区博物馆：《"丝绸之路"上新发现的汉唐织物》，《文物》1972 年第 3 期。
② 武敏：《新疆出土汉——唐丝织品初探》，《文物》1962 年第 7、8 期。
③ 《南齐书》卷五十四《高逸传》。
④ 罗宏曾：《魏晋南北朝文化史》，四川人民出版社，1989，第 102 ~ 104 页。
⑤ 《晋书》卷四十三《乐广传》。

儒学的矛盾①；东晋的江惇儒玄并综，著《通道崇检论》，极力调和儒玄②；南齐的杜京产虽专修黄、老，却学遍玄、儒③；梁武帝多才多艺，又重视儒学教育，但他洞达儒玄，既注儒经，又撰玄论④。

在主要从事儒学教育的学者中，不少兼通儒玄。在教课中，或儒玄并举，或有所侧重。吴苞，通儒学，也好老庄，南齐时，却与刘瓛分别讲《论语》《礼》；伏曼容乃齐梁间大儒，却善《老》《易》，常年聚徒讲授玄学；梁五经博士贺玚对儒学《礼》和三玄经典皆有研究，在儒学五馆中主持《礼》学馆，馆中生徒常有数百。

陈朝，官至尚书的孙玚，常于山斋设讲肆，集玄儒之士。⑤ 曾与周弘正辩论的张讥，少年时便通儒家的《孝经》与《论语》，但又笃好玄儒，在陈文帝时，他任国子助教，教授儒学；至陈宣帝时，他任东宫学士，又讲《庄》《老》。

学生学习往往亦兼学儒玄。有神童称号的谢几卿，幼年入补南齐国子生，入学时，已以长玄理而出名，齐文慧太子让硕儒国子祭酒王俭以经义访之，谢几卿随事辩对，谈吐如流⑥，可见他不仅长于玄学，同时也有扎实的儒学功底；周弘正十岁时，已有玄学基础，通《老子》《周易》，入国子学后，专学《周易》，少年成名⑦；颜之推出身于儒学世家，家传《周礼》《左氏》，梁朝湘东王萧绎自讲《庄》《老》时，年方 12 岁的颜之推便被收为门徒。

南朝时，学生兼习玄、儒，甚至兼学佛教，已成一种时尚，梁朝王褒作《幼训》，作为子女的童蒙教材，其中说他自己从幼时发蒙至年届知命，一直是"既崇周、孔之教，兼行老、释之谈"，要求孩子们继承他的学风。陈

---

① 罗宏曾：《魏晋南北朝文化史》，四川人民出版社，1989，第 114～120 页。
② 《晋书》卷五十六《江统传》。
③ 《南齐书》卷五十四《高逸传》。
④ 《梁书》卷三《武帝纪》。
⑤ 《陈书》卷二十五《孙玚传》。
⑥ 《梁书》卷五《谢几卿传》。
⑦ 《陈书》卷二十四《周弘正传》。

代的徐孝先，少年入国子学，专攻《易经》，兼及老庄，能谈玄理，以后又遍通五经。

纵观整个魏晋南北朝社会，教育在一条艰难的道路上迂回。其间虽有曲折，但更有蜕变和创新。从整体上讲，它不同于大一统的汉唐宋明，但也绝非完全衰落。问题还在于我们着眼于什么样的角度和态度去看待它。如果客观地从历史的全局和实际考察来分析，当时教育的光明一面应占主导，而黑暗是暂时的。甚至可以说，没有这四百年的教育历程，就不会有隋唐文化教育的鼎盛。这是各族人民共同努力的结果。

第四节 魏晋十六国私学的发展历程

与"时兴时废，若有若无"的官学教育相比，魏晋南北朝私学发展可以用"生机勃勃"一词来描述。在前后 400 年时间内，无论时局如何变幻，战争的硝烟如何此起彼伏，私学的发展不仅是香火不断，而且在组织形式、教学内容、教学方式、社会影响等方面有着长足的进步。魏晋南北朝私学发展的意义不同于两汉，两汉私学受到独尊儒术文教政策的控制，尽管它十分发达，但只是起着维护汉代教育体制的作用。而魏晋南北朝的私学却是依据社会发展的需要和学者的学术专长多元化发展，在客观上对独尊儒术的官学体制起着一种瓦解作用，促使魏晋南北朝教育体制最终突破了独尊儒术的樊篱。这种瓦解作用，在历史发展进程中是具有创新和进步意义的。

一 三国时期私学的发展历程

东汉末是一个世局动荡、天下纷争、群雄割据的时代，在诸多的割据势力中，形成了三股较大的势力。从公元 220 年起，在我国历史上先后建立了曹魏、蜀汉、东吴三个国家，它们三分东汉州郡之地，各霸一方，称王称霸，互相对峙，这种政治局面称为"三国鼎立"。曹操独霸中原，后其子曹丕代汉建立魏政权；刘备居蜀，建蜀汉政权；孙权割据江东，建立了吴政权。三国鼎立的局面持续了约 60 年。由于频繁的征战，政局的极度不稳定和社会经济文化的凋蔽、残破，此一时期的学校教育已脱离两汉的正常轨道，处于时兴时废的状态。

（一）曹魏国私学的发展历程

曹魏承汉代私学发达之余波继续发展。不少著名的学者，也同是私学家。如既明经又善天文的学者隗禧流寓他乡，不以荒扰，担负经书，常诵习之，他曾对曹魏国郎中鱼豢说：欲知幽微莫若《易》，人伦伦纪莫若《礼》，多识山川草木之名莫若《诗》，《左氏》直相斫书耳，不足精意也，反映了他对经书的独到见解；他还说《诗》齐、鲁、韩、毛四家义，不复执文，有如讽诵。又撰作诸经解数十万言。[①] 这样的学者来办私学，无疑是高水平的。被鱼豢称为魏儒的董遇、贾洪、邯郸淳、薛夏、隗禧、苏林、乐详等人，都为私学的发展做出过贡献。如董遇精通《老子》和《左传》，人有从学者，遇不肯教，而云："必当先，读百遍！言：读书百遍而义自见。"从学者云："苦渴无日，遇言：当以三余，或问三余之意。遇言冬者岁之余，夜者日之余，阴雨者时之余。"[②] 这种严格要求与官学"博士选轻，诸生避役"形成了鲜明对比。又如乐详，曾拜太学博士，以学术广博而擅名远近，年老罢归，犹招生徒数千人。再如郭恩有才学，善《周易》《春秋》，又能仰观。（管）辂就义博（郭恩）读《易》，数十日中，意便开发，言难逾师。[③]

曹魏国不少私学家于战乱之际，潜心学术，乃至一生献身于私学教育。北海管宁与平原华歆、同县邴原游学他乡，因战乱而避乱于辽东，往见公孙度，"诘惟经典，不及世事"，当时"越海避难者，皆来就之而居，旬月而成邑。遂讲《诗》《书》，陈俎豆，饰威仪，明礼让，非学者无见也"[④]，至魏文帝时才浮海返乡，兴办私学达 37 年之久。与管宁齐名的王烈"以典籍娱心，育人为务，遂建学校，郭崇庠序。其诱人也，皆不因其性气，诲之以道，使之从善远恶。益者不自觉，而大化隆行，皆成宝器。门人出入，容止

① 《魏书》卷七《高祖记》。
② 《魏书》卷八《世宗记》。
③ 《三国志·魏书》卷二十九《管辂传》注引《辂别传》。
④ 《三国志·魏书》卷十一《管宁传》注引《傅子》。

可观，时在市井，行步有异，人皆别之。州间成风，咸竞为善"①。

特别是北海邴原的求学和兴学给我们提供一幅私学的生动图景：史载邴原 11 岁丧父，家贫，早孤。邻有书舍，原过其旁而泣。师问曰："童子何悲？"原曰："孤者易伤，贫者易感。夫书者，必皆具有父兄者，一则羡其不孤，二则羡其得学，心中恻然而为涕零也。"师亦哀原之言而为之泣曰："欲书可耳。"答曰："无钱资。"师曰："童子苟有志，我徒相教，不求资也。"于是遂就书。一冬之间，诵《孝经》《论语》，此后单步负笈，苦身持力，至陈留则师韩子助，颍川则宗陈仲弓，汝南则交范孟博，涿郡则亲卢子干，战乱之后，避祸辽东一年中，往归原居者数百家，游学之士、教授之声不绝。自返国土，原于是讲述礼乐，吟咏诗书，门徒数百，服道数十。② 邴原求学的经历既反映了汉末魏初私学普遍设立，成为学术的中心，又反映了私学家不求名利、有教无类、勤奋育人的精神，这远胜于当时的官学。魏国的私学教学内容以经学为主，继承两汉之学风，但玄风已掺杂其间，如董遇为老子作训注，作《周易章句》，邴原娱心于黄老等。

（二）蜀国、吴国私学的发展历程

蜀国私学名家为向朗。向朗少师司马德操（荆州名士，有人伦识鉴），因马谡事件而被诸葛亮免官，在此后的 30 年（裴注为 20 年），乃潜心典籍，孜孜不倦。年逾八十，犹手自校书，刊定谬误，积聚篇卷，于时最多。开门接宾，诱纳后进，但讲论古义，不干时事，以是见称。上自执政，下及童冠，皆敬重焉。③

吴地方学校教育虽无建树，但在私学方面却出现一些人物。如唐固亦修身积学，称为儒者，著《国语》《公羊》《谷梁传》注，讲授常数十人。④ 虞翻："翻性疏直，数有酒失"。权与张昭论及神仙，翻指昭曰："彼皆死人，而语神仙。世岂有仙人邪？""权积怒非一，遂徙翻交州。虽处罪放，而讲学不

---

① 《三国志·魏书》卷十一《王烈传》注引《先贤行状》。
② 《三国志·魏书·邴原传》。
③ 《三国志·蜀书》卷十一《向朗传》。
④ 《三国志·吴书》卷八《阚泽传》。

倦，门徒常数百人。又为《老子》《论语》《国语》训注，皆传于世。"① 交州还有一位私学家刘熙，他的详情已不可知，但经学家薛综、程秉皆受业于他。吴私学以经学传授为主，尤重古文，天文易象、星历算数也有传授。

三国私学中，魏较吴、蜀更为发达。究其原因：其一，魏的经济、政治发展程度高于两国；其二，当时的文化中心仍在北方，蜀、吴的教育及学术仍需从北方传来。而分裂则使文化交流更为困难。

二 两晋时期私学的发展历程

魏晋南北朝时期，虽历经战乱，王朝更迭频仍，但以儒学为核心的私学却一直保存下来，这对中国历史文化的发展做出了积极的贡献。尤其这一时期许多私学大师，甘于寂寞，淡泊人生，以培育人才为己任，是值得崇敬的。他们在中国古代教育史上也占有重要的地位。

（一）恬静谦退、不重功利的私学名师

两晋中央和地方官学如前所述，始终处于时兴时废的状况，但学术及教育发展并未彻底荒废，其中私学发挥了很大作用，在很大程度上弥补了官学的不足。西晋的束晳、李密、王褒、范平、虞溥、刘兆、氾毓、徐苗、杜夷、续咸、霍原、郭琦，东晋的孔衍、范宣皆为著名的私学家。

这些私学家自身都有很高的学术造诣。如"范平，字子安，吴郡钱塘人也。其先铚侯馥，避王莽之乱适吴，因家焉。平研览坟素，遍该百氏，姚信、贺邵之徒皆从受业"②。续咸（约221～约317年），字孝宗，上党（治今山西潞城）人，五胡十六国时期后赵文臣，文帝石弘师傅。③ 续咸好学、师事京兆杜预，专《春秋》《郑氏易》，教授常数十人。博览群言，高才善文论。又修陈杜律，明达刑书。他还著《远游志》《异物志》《汲冢古文释》，各十卷，行于世④，他已是一个集经学家、法学家、文学家于一身的

---

① 《三国志·虞翻传》。
② 《晋书》卷九一《儒林·范平传》。
③ 《晋书》卷一百零五《载记第五》。
④ 《晋书》卷九十一《续咸传》。

人物。又如杜夷（258～323 年），字行齐，晋时庐江灊（潜）人，学问渊博，是位道家隐士，著书甚多。"夷少而恬泊，操尚贞素，居甚贫窘，不营产业，博览经籍百家之书，算历图纬靡不毕究。寓居汝颍之间，十载足不出门。年四十余，始还乡里，闭门教授，生徒千人"①。杜夷学问非常渊博，以至东晋初年国有大政时，每每咨询于杜夷。再如郭琦少方直，有雅量，博学，善五行，作《天文志》《五行传》，注《谷梁》《京氏易》百卷，晋武帝非常看重他，欲用他为佐著作郎，但遭到郭彰的诋毁，武帝回答说："若如卿言，乌丸家儿能事卿，即堪为郎矣。"②

两晋私学家恬静谦退、不重功利、安贫乐道，致力于教育事业。如王裒博学多能，痛父非命，未尝西向而坐，亦不臣朝廷也。于是隐居教授，三征七辟皆不就。③ 济南人刘兆博学洽闻，温笃善诱，从受业者数千人。武帝时五辟公府，三征博士，皆不就。安贫乐道，潜心著述，不出门庭数十年。④ 不少私学家生活也很贫困，但却矢志不移，前举刘兆即如此。又如氾毓家贫，不蓄门人但对来求学的人亦倾怀开诱。⑤ 徐苗家贫，昼执鉏耒，夜则吟诵，但仍潜心教授。一些私学家在政治上失意后，却不沉沦，致力于教育。如东晋孔衍因得罪王敦而遭排挤，时人为之寒心，而衍不形于色。虽郡邻接西贼，犹教诱后进，不以戎务废业。⑥

（二）两晋的私学规模和教授内容

两晋的私学规模较大。如王裒门徒千余人。杜夷有学生千余人。刘兆竟有学生数千人。甚至有的私学家还办起了私人图书馆，如范平之子范蔚，家世好学，有书七千余卷。远近来读者恒有百余人，蔚为办衣食。⑦ 如此规模的私学在前代是罕见的。我们所应注意的是两晋与两汉时代的差别。两汉私

---

① 《魏书·释老志》。
② 《晋书》卷九十四《列传第六十四》。
③ 《三国志·吴书·刘繇传》。
④ 《魏书·释老志》。
⑤ 《洛阳伽蓝记》卷五之末。
⑥ 《晋书》卷九十一《孔衍传》。
⑦ 《晋书》卷九十一《范平传》。

学也很发达，但是那时通经可以致仕，可以光耀门庭，私学家的社会地位也很高。两晋却是一个动荡的社会，内战和外乱交织在一起，加上门阀地主阶级掌握政权，寒门庶族的仕途被阻隔了，士人的地位是极其低下的。《王衷传》里写到王衷门人为本县所役，告衷求属令，衷曰："卿学不足庇身，吾德薄不足以荫卿，属之何益！且吾不执笔已四十年矣。"乃步担干饭，儿负盐豉草履，送所役生到县，门徒随从者千余人，活脱脱地反映了一个知识分子的地位形象和心态。因此私学家在这样一个时代学而不厌、诲人不倦，确是一种奉献精神在支持着他们。

两晋私学教授的内容以儒家经学为主，经学中尤重《礼》《易》和《春秋》三传。如果我们比较私学家和当时所谓名士的传记就可看到，这些私学家是没有那些放诞的魏晋风度的。如范宣言谈未尝及《老》《庄》①，被人嘲讽为太儒，但这个太儒的范宣却为地方教育做出了很大贡献。如果说玄风对私学家产生了什么影响的话，也主要是从学术方面。私学家是把玄学作为学术去研究的。前举范宣虽不谈《老》《庄》，但是并非一无所知，如客有问人生与忧俱生，不知此语何出。宣云：出《庄子·至乐篇》。私学家在著述上重《周易》研究也反映了这一点。

三 十六国时期私学的发展历程

十六国时期虽然战乱频仍，王朝更迭频繁，北方绝大部分地区为少数民族所统治，但私学依然保存下来，甚至还较发达。十六国时期的私学家大多在中原失守之后，流寓一方，隐居山林，在极端困难的情况下聚徒讲学。他们一方面对保存中华传统文化做出了积极贡献，另一方面对进入中原各少数民族的汉化起到极大的推动作用。

（一）淡于名利、安于穷困的私学名师

十六国的私学家淡于名利、安于穷困，热心于教育事业。前赵杨轲学

---

① 汤用彤：《汉魏两晋南北朝佛教史》（第512页），据《魏书·释老志》整理；转引自范祥雍《洛阳伽蓝记校注·原序》，上海古籍出版社，1978，第10页。

业精微，养徒数百，常食粗饮水，衣褐缊袍，人不堪其忧，而轲悠然自得。他有一套自己的教学方法，虽受业门徒，非入室弟子，莫得亲言。欲所论授，须旁无杂人，授入室弟子，令递相宣授，后赵时返归乡里仍教授不绝。[1] 郭瑀精通经义，雅辩谈论，多才艺，善属文，后隐于临松薤谷，凿石窟而居，服柏实以轻身，作《春秋墨说》《孝经错纬》，弟子著录千余人。[2]

一些私学家由办私学出名而入仕，但依旧以学术为重心，为统治者培养了大批人材。如前凉名儒祁嘉因办私学而名重敦煌，被张重华征为儒林祭酒，依然教授不倦，依《孝经》做《二九神经》。在朝卿士、郡县守令彭和正等受业独拜床下者二千余人。[3] 李暠私署，征为儒林祭酒、从事中郎。[4]

（二）渗入了宗教因素的十六国私学

十六国私学中渗入了宗教因素。如隐于东阳谷的王嘉，凿崖穴居，弟子受业者数百人，亦皆穴处[5]，这显然是一个道教私学。张忠永嘉之乱后，隐于泰山，无琴书之适，不修经典，劝教但以至道虚无为宗。其居依崇崖幽谷，凿地为窟室。弟子亦以窟居，去忠六十余步，五日一朝。其教以形不以言，弟子受业，观形而退。立道坛于窟上，每旦朝拜之[6]，这也是一个道教私学家。宋纤的私学也具有道教嫌疑，史载他明究经纬，弟子受业三千余人。虽然他曾注《论语》，写诗颂数万言，但他的生活方式却具有道教徒的特点，如心慕太古，住高楼重阁，不食而死后又曰玄虚先生（不食而死是道教辟谷之术）。[7] 鸠摩罗什在后凉和后秦的讲学具有私学的性质，而他传授的是佛学。佛教私学在北方还有很多。

十六国时期北方私学的发展较为兴盛，私学的范围也很广泛，除传统的

---

① 罗哲文等：《佛教寺院》，《中国古建筑学术讲座文集》，中国展望出版社，1986。

② 《晋书·郭瑀本传》。

③ 《晋书》卷九十四《祁嘉传》。

④ 《魏书》卷五十二《刘兰传》。

⑤ 《晋书》卷九十五《王嘉传》。

⑥ 《晋书》卷九十四《张忠传》。

⑦ 《晋书》卷九十四《宋纤传》。

经学外，天文、历算、占卜、风水，乃至佛、道二教均渗透到私学中，这无疑使中国传统文化中又增添了新的内容。

第五节　南北朝时期私学的发展历程

南朝和北朝私学在东晋和十六国私学的基础之上，继续发展，呈现较为繁荣的局面，一方面一大批私学家勤于教育，淡于功名；另一方面南朝和北朝私学内容也极广博，除儒家私学外，还有佛、道、玄私学，甚至是多元化兼容的私学。

一　私学家"隐居山林，乡居不仕"

420～589 年的南朝，是中国南北朝时期存在于南方的四个朝代的总称。继公元 420 年东晋灭亡，在中国南方地区相继出现了宋、齐、梁、陈四个汉人政权，与鲜卑人在北方建立的北魏、东魏（北齐）、西魏（北周）等政权对峙。南朝各代的存在时间都较短。其中最长的不过 59 年（刘宋），最短的仅 23 年（萧齐），是中国历史上朝代更迭较快的一段时间。从 420 年刘裕夺位建立宋朝开始到 589 年隋灭陈之战统一为止。

南朝时期，政权频繁更迭，政局不稳，致使南朝不少私学家逃隐山林，乡居不仕，但热心于教育。如刘宋的沈道虔隐居乡里，州郡府多次让他做官，他皆不应命，却出资使乡里少年相率受学。[①] 南朝宋学者关康之精通《左氏春秋》，隐居山林传授弟子。又如南朝齐臧荣绪纯笃好学，括东、西晋为书，记录志传百一十卷。隐居京口教授。[②] 南朝徐伯珍和娄幼瑜亦聚徒教授，不应征辟。[③] 诸葛璩"性勤于海诱，后生就学者日至"，以至屋狭难

---

① 彭安玉：《六朝私学的兴盛及其背景探析》，《南京晓庄学院学报》2006 年第 1 期，第 25～29 页。

② 《南史》卷七十五、卷七十六《沈道虔传》《臧荣绪传》《吴苞传》《沈麟之传》《徐伯珍传》。

③ 《南史》卷七十六《诸葛璩传》。

容。南朝还有不少官吏也重私学教育，虽身在官场，但也聚徒授业。如宋中散大夫伏曼容家在建康瓦官寺东，施高坐于听事，有宾客，辄升高坐为讲说，生徒常数十百人。梁中军参军事伏挺"居宅在潮沟，于宅讲论语，听者倾朝。挺三世同时聚徒教授，罕有其比"[①]。齐骠骑司马何佟之常集诸生讲论，孜孜不怠。崔灵恩虽身为国子博士，却仍然聚徒讲授，听者常数百人。[②] 陈国子助教沈德威，每自学还私室讲授，道俗受业数百人，南朝私学兴办得相当普遍，规模也较大，动辄数百上千人，兴办私学者的层次也较复杂，有隐逸之士、官吏等。私学的教学内容也很丰富，其中以经学为主，特别是对礼学尤为重视；《老》《庄》在私学中也有讲授。甚至包括天文历算、风水占卜、音律、医学等。私学家根据自己研究和喜爱的重点不同而各有差异，如濮阳吴苞偏重于《论语》《孝经》；沈麟士，字云祯，吴兴武康人，麟士重陆机《连珠》，每为诸生讲之[③]；臧荣绪的私学则偏重于史学。这种突破儒学一统教育的私学，对文化发展是有益的。

二 "兼容并蓄"的南朝私学

除儒家私学外，南朝道教私学也有发展。经过东晋葛洪对五斗米道的改革和重新解释，使道教不仅在庶族中广为传播，而且风行到上层士族乃至皇室之中，道教在南朝非常流行。[④]《宋书·自序》说杜子恭传道，东土豪家及京邑贵望，并事之为弟子，执在三之敬，以至于愚者敬之如神，皆竭财

---

① 《南史》卷七十一《伏曼容传》及附《伏挺传》《何佟之传》《崔灵恩传》。
② 《南史》卷七十一《伏曼容传》及附《伏挺传》《何佟之传》《崔灵恩传》。
③ 《洛阳伽蓝记》卷二。晋太康寺，北魏重建后更名灵应寺。塔仍为三级。在东汉顺帝时，张陵学道于蜀郡鹄鸣山，招徒传教，信道者出米五斗，故称五斗米道。其孙张鲁保据汉中多年，后又与最高统治当局合作，使得五斗米道的影响从西南一隅播于海内，遂为道教正宗。两晋南北朝时期，随着炼丹术的盛行和相关理论的深化，道教获得了很大发展。同时道教也吸取了当时风行的玄学，丰富了自己的理论。东晋建武元年（317年），葛洪对战国以来的神仙家理论进行了系统的论述，著作《抱朴子》，是道教理论的第一次系统化，丰富了道教的思想内容。
④ 罗哲文：《中国古塔》，《中国古建筑学术讲座文集》，中国展望出版社，1986。

产，进子女，以求福庆。① 在这种浓烈的气氛下，道教私学的出现也就不足为奇了。又如张讥性恬静，不求荣利，常慕闲逸。所居宅营山池，植花果，讲《周易》《老》《庄》而教授焉。吴郡陆元朗、朱孟博、一乘寺沙门法才、清云寺沙门慧拔、至真观道士姚绥，皆传其业。② 他的私学也属于道教私学性质。

佛教私学在南朝也有出现，这是因为佛教在南朝传播十分迅速，特别在梁武帝一朝甚至达到了国教的地位。如徐孝克居于钱塘之佳义里，与诸僧讨论释典，遂通《三论》。每日二时讲，早讲佛经，晚讲《礼》《传》，道俗受业者数百人。他的私学至少有一半是佛学性质。又如赵僧岩，北海人。寥廓无常，人不能测，与刘善明友。善明为青州，欲岸为秀才，大惊，拂衣而去。后忽为沙门，栖迟山谷，常以一壶自随。一旦谓弟子曰："吾今夕当死。壶中大钱一千，以通九泉之路，蜡烛一挺，以照七尺之尸。"至夜而亡，时人以为知命。③ 又如马枢，字要理，扶风郿人。梁邵陵王纶为南徐州刺史，素闻其名，引为学士。令枢讲《维摩》《老子》《周易》，同日发题，道俗听者二千人。④

南朝私学在教学内容上大都兼容并蓄，教学或讲学时不重派别，而关键是看是否有新意，立论是否站得住脚。前举马枢，同日跨三个学科讲授，萧纶还要听众发问，并对听众说：与马学士论文，必使屈伏，不得空立主客⑤，由于马枢确实学识广博，众人才不得不服。这种学术争论的空气在南朝较浓，梁武帝和诸多王公并不服范缜的《神灭论》，但是并未用政治势力来压他，而是数次与他辩论。徐伯珍，是一个地道的儒者，但却好释《老》《庄》，兼明道士。⑥ 周续之通《五经》《五纬》，号称通十经，既而闲居读

---

① 《南史》卷七十一《张讥传》。
② 《陈书》卷二十六《徐孝克传》。
③ 《南史·列传·卷七十六》。
④ 《陈书》卷十九《马枢传》。
⑤ 《陈书》卷十九《马枢传》。
⑥ 《南史》卷七十六《徐伯珍传》。

《老》《易》，入庐山事沙门释慧远①，后开馆讲学，被称为"名通"，很显然他的学校是儒佛并重的。

这种自由的学术空气，是我国历史上少见的，也是中国传统文化中的精华，值得继承。就学术渊源来说，隋唐尊崇儒术、兼重佛老的文教政策，受南方学术影响较大。而这种风气，主要在南朝的私学中盛行，故其意义不可低估。

三　北朝时期私学繁荣兴旺的原因

自386年拓跋珪建立北魏政权始，至581年北周外戚杨坚废周静帝建立隋朝止，历经北魏、东魏、西魏、北齐、北周五个政权，前后约196年的时间。史称"北朝"。它上承秦汉，下启隋唐，是我国历史上一个特殊的历史时期。

北朝政权虽多由胡人或胡化之汉人建立，但是他们终究走了汉化的道路，并且有后来居上的趋势，这是因为他们努力学习汉文化，并且在一定程度上摒弃了其中痼疾。就学校教育而言也莫不如此。但从整体上看，北朝官学也是处于时兴时废的状态，教育的重任落在私学家的身上，就人数和规模而言，北朝私学超过了南朝，这对当时文化的传播和各少数民族政权的汉化起了极大作用。

北朝私学繁荣兴旺原因之一，是北方尊崇儒学的传统学风所致。赵翼曾说："六朝人虽以辞藻相尚，然北朝治经者尚多专门名家。盖自汉末郑康成以经学教授，门下著录者万人，风流所被，士皆以通经绩学为业，而上之举孝廉，举秀才，亦多于其中取之，故虽经刘、石诸朝之乱，而士习相承，未尽变坏"②。北方士人以通经为业，学而优则仕的思想非常深厚。加上各少数民族政权能迅速改弦易辙，尊崇儒学，故其学风沿习下来。

北朝私学繁荣兴旺原因之二，与统治者的提倡和重视有关。北朝私学明

---

① 《南史》卷七十五《周续之传》。

② 李金河：《魏晋南北朝经学述论》，《山东大学学报》1997年第1期，第49～55页。

显以经学为核心，重师承，学风纯朴，不杂玄风。首先，私学家教授以经书为本，不做虚妄的解释。如张伟，字仲业，太原中都人也。学通诸经，讲授乡里，受业者常数百人。儒谨泛纳，勤于教训，虽有顽固不晓，问至数十，伟告喻殷勤，曾无愠色。常依附经典，教以孝悌，门人感其仁化，事之如父。① 又如刘献之善《春秋》《毛诗》，每讲《左氏》，尽隐公八年便止，云义例已了，不复须解。时中山张吾贵与献之齐名，海内皆曰儒宗。吾贵每一讲唱，门徒千数，其行业可称者寡。献之著录，数百而已，皆经通之士。于是有识者辨其优劣。魏承丧乱之后，《五经》大义虽有师说，而海内诸生多有疑滞，咸决于献之。② 张伟的依附经典，刘献之的不复须解都是重经义，不用经学之外的东西来附会。重经义不等于无创新，而是在尊重原著的基础上创新。其次，私学家多为经学名家，以通一经或数经而名重当时，如梁祚，北地泥阳人。祚笃志好学，历治诸经，尤善《公羊春秋》、郑氏《易》，常以教授。陈奇爱玩经典，博通坟籍，马融、郑玄解经失旨，志在著述《五经》。③ 私学大师徐遵明为北朝儒宗，他青年时代四处求学，17岁到上党（今山西长治）师王聪学《毛诗》《尚书》《礼记》。一年之后又转从张吾贵，因对张吾贵讲学不满意，又转而求学于孙买德，有人说他如此下去，恐怕一事无成，徐遵明手指心说，我现在才知道真师在何处，正在于此，此后他居于蚕舍，不出门院，凡经六年，时弹筝吹笛以自娱慰，终成一代大师。他讲课有自己的独特方式，即先讲清经、疏，再加以阐述，他的这套方法被学生继承和传播。史载遵明讲学于外，二十余年，海内莫不宗仰。④

北朝私学繁荣兴旺原因之三，是因为北朝私学重师承，风格直承两汉。如李铉从李周仁受《毛诗》，从刘子猛受《礼记》，从房虬受《周官》、《仪礼》，从鲜于灵馥受《左氏春秋》，又受业徐遵明 5 年。杨汪受《礼》于沈

---

① 《魏书》卷八十四《列传·儒林第七十二·张伟传》。
② 《魏书·儒林传·刘献之》。
③ 《魏书》卷八十四《列传·卷七十二》。《魏书》卷八十四《列传·儒林第七十二》。
④ 《隋书》卷七十五《列传·卷四十》。

重，受《汉书》于刘臻。刘焯受《诗》于刘轨思，受《左氏传》于郭懋，问《礼》于熊安生，又因刘智海家多坟籍，就之读10年。萧该、包恺为北朝末年精通《汉书》的宗匠。经学除师肇外还有家传，房晖远，字崇儒，恒山真定人也。世传儒学。晖远幼有志行，明《三礼》《春秋之传》《诗》《周易》，兼善图纬。恒以教授为务，远方负笈而从者，动以千计。① 晖远入隋后太常卿牛弘称他为《五经》库。有的学者虽很博通，但只讲授自己最精的一部分，如熊安生，字植之，长乐阜城人也。少好学，励精不倦。初从陈达受《三传》，从房虬受《周礼》，事徐遵明，服膺历年，后受《礼》于李宝鼎，遂博通《五经》。然专以《三礼》教授，弟子自远方至者千余人。②

北朝私学繁荣兴旺原因之四，是因为北朝私学家勤于著述，他们每有心得不像南朝学者那样去清谈，而是笔之于书。北朝私学家很勤奋，著述甚多，成果累累。如刘献之著《三礼大义》4卷，《三传略例》3卷，《注毛诗序义》1卷；李铉撰《孝经》《论语》《毛诗》又疏，及《三传异同》《周易义例》，合30卷；沈重著《周礼义》31卷，《仪礼义》35卷，《礼记义》30卷，《毛诗义》28卷，《丧服经义》5卷，《周礼音》《仪礼音》各1卷，《礼记音》《毛诗音》各2卷，可谓著作等身；樊深著《孝经问疑》《丧服问疑》各1卷，又著《七经异同》3卷；乐逊著《孝经》《论语》《毛诗》《左氏春秋》序论十余篇，又著《春秋序义》。北朝私学家在经学研究上的贡献是不可磨灭的。北朝私学以经学为核心，但在一部分私学中也传授其他方面的内容。如沈重学业广博，为当世儒宗。至于阴阳图纬、道经、释典，无不通涉③，他讲课时朝士、儒生、道士都来听讲，这说明他的私学课程儒、释、道兼而有之。又如樊深，既专经，又读诸史及《仓》、《雅》、篆、籀、阴阳、卜筮之书。④ 这

---

① 《周书·熊安生传》。《北史·列传·卷七十》。
② 《北史·列传·卷七十》。
③ 《隋书》卷七十五《列传·卷四十》。
④ 《隋书》卷七十五《列传·卷四十》。

说明北朝私学内容较为广博。甚至书学也是私学的重要内容，如冀俊，字僧俊，北朝孟县人，善隶书，工模写，曾教授明帝及宋献公写隶书。

四 北朝时期私学规模和办学特色

（一）北朝时期私学的办学规模

北朝私学规模较大，首先北朝私学人数很多，动辄数百上千，甚至数千。如包恺聚徒教授者数千人。① 马光，字荣伯，武安人也。少好学，从师数十年，昼夜不息，图书谶纬，莫不毕览，尤明《三礼》，为儒者所宗。初教授瀛、博间，门徒千数，至是多负笈从入长安。② 李铉，字宝鼎，渤海南皮人也。生徒恒数百人，燕、赵间能言经者，多出其门。北朝私学的规模不仅超过了南朝，北朝私学的设置也较普遍。李铉，年二十七，归养二亲，因教授乡里。③ 房晖远也是就乡里而教学，远方负笈而从者，运以千计。有的人开馆办私学，如常爽置馆温水之右，教授门徒七百余人，京师学业，翕然复兴。④ 他的私学馆推动了学术的发展，也教出了一批高才生，如北魏尚书左仆射远赞、平原太守司马真安、著作郎程灵虬都出自他的门下。一些王公贵族和官吏也兴办带有家教性质的私学，如张思伯以二经教授齐安王廓。⑤ 樊深被于谨引为府参军事，令在馆授教子孙，周文置学东馆，教诸将子弟，以深为博士。乐逊曾先后被太尉李弼和周文召请教授诸子。更多的私学是各地的游学之士兴办的，主要在山东、河北一带，具有明显的地域色彩。

（二）北朝时期私学的办学特色

一是教师巡游讲学，学生也负笈而随，这种方式便于学术的传播。如马敬德，少好儒术，负笈随徐遵明学《诗》《礼》，略通大义，而不能精。遂留意于《春秋左氏》，沈思研求，昼夜不倦。教授于燕、赵间，生徒随之者

① 《北齐书》卷四十四《列传》。
② 《魏书·列传·卷七十二》。
③ 《北齐书》卷四十四《列传》。
④ 《北史》卷八十一《马敬德传》《张雕武传》《孙惠蔚传》《董征传》《李铉传》。
⑤ 《北史》卷八十二《熊安生传》《刘焯传》。

甚众。张雕武，因好学，精力绝人，负卷从师，不远千里，遍通《五经》，尤明《三传》。弟了远方就业者以百数。① 樊深也游学于汾、晋之间。熊安生在山东时，岁岁游讲，从之者倾郡县。刘焯优游乡里，专以教授著述为务，孜孜不倦，并且天下名儒后进，质疑受业，不远千里而至者，不可胜数。② 北朝普遍游学的情况，反映了地方官学教育不发达，学术重师承这样一个历史事实。教师巡游讲学，学生也负笈而随。因为，游学学生有的是家乡无书可读而不得不转徙求师。

二是北朝私学虽然重师承，但无门户之见，自由择师的情况极为普遍。徐遵明数次换师，终成一代大儒。孙惠蔚十八，师董道季讲《易》；十九，师程玄读《礼经》及《春秋之传》。前引刘焯、李铉皆曾就学多人。董征年十七，师清河监伯阳受《论语》《毛诗》《春秋》《周易》，河内高望崇受《周官》，后于博陵刘献之遍受诸经。由此可见，北朝的私学师承重的是学问本身，而不是老师的名气。学生也有很强的独立思考能力，李铉之所以敢对贾、马、王、郑所传章句，多所是非③，正是因为他在师承多家的基础上比较出来的。

张吾贵从郦诠学《礼》，牛天佑学《易》后，随即开馆授徒，竟然世人竞归之，后来张吾贵聚徒千数，而不讲《传》。生徒窃云："张生之于《左氏》，似不能说。"吾贵闻之，谓曰："我今夏讲暂罢，后当说《传》，君等来日，皆当持本。"生徒怪之而已。吾贵诣刘兰，兰遂为讲《传》。三旬之中，吾贵兼读杜、服，隐括两家，异同悉举。诸生后集，便为讲之，义例无穷，皆多新异，兰仍伏所，学者以此益奇之。④ 张吾贵虽有活学活用之嫌，但竟能使刘兰转而听他讲《传》，足见他确有不少创新，这与汉代皓首不能穷一经有天壤之别。在这种学术风气下，青出于蓝而胜于蓝的远不止张吾贵一人。又如李谧初师事小学博士孔璠，几年后璠还就谧请业，时人传诵：青

① 《北史·列传·卷六十九》。
② 《北史·列传·卷六十九》。
③ 《隋书·列传·卷四十》。
④ 《魏书·列传·卷七十二》。

成蓝，蓝谢青，师何常，在明经。① 这种教学相长的风气是我国古代教育的优秀传统，对后世影响很大。

三是私学教授中除可自由择师外，还可自由讨论，在课堂上自由发问。如孙惠蔚族曾孙孙灵晖得惠蔚手录章疏，研精寻问，更求师友，《三礼》《三传》，皆通宗旨。然始就鲍季详，熊安生质问疑滞，其所发明，熊、鲍无以异也。② 李业兴，上党长子人也。志学精力，负帙从师，不惮勤苦。时有渔阳鲜于灵馥亦聚徒教授，而遵明声誉未高、著录尚寡。业兴乃诣灵馥黉舍，类受业者。业兴问其大义数条，灵馥不能对。于是振衣而起曰："羌弟子正如此耳！"遂便径还。③ 于是灵馥的学生也因此去灵馥而归徐遵明。学生对教师的要求很高，教师不仅要博通和专精，而且要会讲课，如沈重讲课，辞义优洽，枢机明辩，凡所解释，咸为诸儒所推④，相反，樊深学虽博赡，但讷于辞辩，故不为当时所称。⑤

四是北朝私学家中很多人淡于名利，绝意仕途，致力于教育事业。私学家和学生刻苦学习的精神也令人敬佩。如常爽州郡礼命，皆不就⑥，但他的私学馆却培养出很多人才。冯伟，字伟节，中山安喜人也。身长八尺，衣冠甚伟，见者肃然敬惮。少以李宝鼎学，李重其聪明，恒别意试问之。多所通解，尤明《礼》《传》，后来齐赵郡王出镇定州（今河北定县），以礼迎接，命书三至，县令亲至其门，犹辞疾不起。王将命驾致请，佐吏前后星驰报之，县令又自为其整冠履，不得已而出。王下厅事迎之，止其拜伏，分阶而上，留之宾馆，甚见礼重。王将举充秀才，固辞不就。岁余请还，王知其不愿拘束，以礼发遣，赠遗甚厚。一无所纳，唯受时服而已。及还，不交人事，郡守县令，每亲至其门，岁时或置羊酒，亦辞不纳。门徒束皙，一毫不

① 《北史》卷三十三《李孝伯传》附《谧传》。
② 《北史》卷八十一《张吾贵传》《孙惠蔚传》附族曾孙《灵晖传》《李业兴传》。
③ 《北史》卷八十一《张吾贵传》《孙惠蔚传》附族曾孙《灵晖传》《李业兴传》。
④ 《南齐书》卷十八《祥瑞志》。
⑤ 《北史》卷八十二《列传第七十》。
⑥ 《魏书》卷八十四《列传·儒林第七十二》。

受。蚕而衣，耕而饭，箪食瓢饮，不改其乐。① 冯伟把一生都献给了私学教育。崔廓，遂博览书籍，多所通涉，山东学者皆宗之。既还乡，不应辟命。② 再如刁冲被征为功曹主簿，但非所好也，受署而已，不关事务，唯以讲学为心。四方学徒就其受业者，岁有数百。③ 北朝私学家中这种不慕荣利、唯以学术为上的人还有很多。他们的精神不仅使他们自己的学问卓然可观，而且带动了一大批后学者竞相仿效。

五是北朝私学家师生学习之刻苦努力也给人留下了深刻的印象。如刘兰，武邑人。年三十余，始入小学，书《急就篇》。家人觉其聪敏，遂令从师，受《春秋》《诗》《礼》于中山王保安。家贫无以自资，且耕且学。④ 李铉用心精苦，曾三秋冬不畜枕，每睡，假寐而已。⑤ 冯伟曾经闭门不出，苦读30年。平恒勤学不辍，不营资产，衣食至常不足，妻子不免饥寒。⑥ 刁冲虽家世贵达，乃从师于外，自同诸生，他虽有仆隶，不令代己，身自饮爨。每师受之际，发情精专，不舍昼夜，殆忘寒暑。学通诸经，偏修郑说，阴阳、图纬、算数、天文、风气之书莫不关综，当世服其精博。⑦ 勃海刁氏为北方名门大族，而刁冲却不以门贵放弃学业，这与南朝贵游子弟熏衣剃面、敷粉施朱、高唱士庶天隔，真是天壤之别。许多学子负笈远游，不远千里求师问经，更是寻常之事。这种刻苦学习的精神也是中国古代教育史上的优良传统之一。

综上所述我们可以看到，在历史纷繁复杂的魏晋南北朝时代，在社会巨大的变动中，私学艰难而又兴盛地发展起来了。无论在数量上、规模上，还是在教学内容和教学方法上，都有扩大和更新。与两汉通经致仕不一样，这一时期的许多私学家仅以传播文化为己任，淡泊名利，不求闻达，其精神极

---

① 《北齐书》卷四十四《列传第三十六》。
② 《北史》卷八十八《崔廓传》。
③ 《魏书》卷八十四《列传·儒林第七十二·刁冲传》。
④ 《魏书·本纪·卷七十二》。
⑤ 《北史》卷八十一《刘兰传》《李铉传》。
⑥ 《魏书》卷八十四《平恒传》《刁冲传》。
⑦ 《魏书》卷八十四《平恒传》《刁冲传》。

为可贵。

在思想界儒、释、道、玄合流的大背景下，不仅儒家私学继续发展，而且出现了佛家和道家私学。私学的发展也因各王朝政治、经济、文化、地理的差异带有明显的地域色彩。这些极大地丰富了中国古代私学教育的内容。在当时官学颓废的情况下，私学的发达培育了一大批人才，对社会起了极大的补充和推动作用，同时也证明私学的发展是有益于社会进步的。

第六节　傅玄、颜之推的教育学说

考察魏晋南北朝的教育思想须用历史的观点和发展的观点。从历史的观点来看，魏晋南北朝的教育思想在根本上还是继承了汉代以儒学为核心的教育思想。无论是官学、私学，还是门第、宗族家庭教育，都把经学、儒家的伦理道德放在重要位置。从发展的眼光看，以儒学为核心的教育思想并非一成不变，随着时代的发展，思想的变化和地主阶级的局部更新，教育思想也在发生着变化，魏晋南北朝就是这样一个历史时期。从思想上看，儒家思想受到很大冲击，玄、佛、道思想广为流行，并渗透到儒家思想之中。因此，在这样一个时代里，君主专制遭到削弱，思想界也活跃起来，教育思想也随着时代的变化而发生着变化，如嵇康越名教而任自然的教育思想，田畴、庾衮等的社会教育思想，傅玄的尊儒教育思想，还有佛、道、玄学的教育思想，颜之推的家庭教育思想等，使这一时期教育思想呈现繁荣昌盛的局面。[1]

一　傅玄生平及教育主张

（一）生平与教育活动

傅玄（217～278年），字休奕，北地泥阳（今陕西铜川市耀县东南）人。西晋思想家、文学家、教育家。傅玄出身于官宦家庭，其祖父为汉末傅

---

[1]　史仲文、胡晓林：《中国全史·教育卷：魏晋南北朝分卷》，中国书籍出版社，2011，第376页。

燮，北地灵州人，以镇压黄巾起义有功而知名，为汉阳太守，战死。其父傅
干，曾为曹操参军，魏扶风太守。幼时，父被罢官，同逃难河南，"专心诵
学"。[①] 玄博通众学，善于文词，精通乐律。魏末，举为秀才，任郎中，因
博学、善于写文章，被挑选参与《魏书》的撰写，从此步入学术界，声名
渐著。魏时他曾为弘农太守兼典农校尉，傅玄性刚直，晋武帝时为谏议官，
屡陈政见，要求重农轻商、尊儒尚学，以儒道为治国之本，深受重视。在西
晋官至司隶校尉。

傅玄性刚直峻急，不能容人之短，屡上书言事，极力反对慕虚无与贵刑
名的风气，上疏力陈魏贵刑名、尚玄虚的危害，认为魏之风气无异于亡秦之
病复发，要求西晋改弦更张，提倡尊儒重教。傅玄有关教育与政治、经济等
关系的论述，颇有精当之处。傅玄一生喜爱读书、写书。虽显贵，而著述不
废，撰论经国九流及三史故事，共四部、六录，一百四十卷，数十万言，起
名《傅子》，刊行于世，现仅存24篇。它是研究傅玄教育思想的主要依据。
《傅子》一书中批判了当时盛行的玄学空谈，具有唯物主义思想。原书已
佚，现存辑本五卷。他擅长乐府，今存诗约百首，十之八九为乐府体。其
《马先生传》记述了三国时机械制造家马钧的事迹，如改进织梭机，发明龙
骨水车，制造指南车等，在我国科技史上有重要意义。本传称其有文集百余
卷，《隋书·经籍志》仅著录十五卷，已散佚。278 年，卒于家中，年 62
岁，谥号"刚"，追封"清泉侯"。[②]

（二）论学校教育的地位与作用

傅玄从人性论与治国安邦两方面论述教育的地位与作用。人性的塑造是
一种知识内化的过程，而不是简单地触及皮毛的诵经，"论经礼者，谓之俗
生，说法理者，名为俗吏"[③]。不能打动人心的诵经活动不是真正的教育活
动，因而无益于塑造人性。傅玄认为人性既有善的因素，即所谓"好善尚

---

① 辛志凤：《傅玄及其〈傅子〉研究简述》，《古籍整理研究学刊》2005 年第 6 期，第 18 页。
② 王茂福：《傅玄家世生平考》，《宁夏大学学报》（社会科学版）1997 年第 3 期，第 78 ~
　79 页。
③ 《丛书集成·傅子》卷三。

德之性",又有恶的因素,即所谓"贪荣重利之性",有善有恶,才是人性的完整含义。傅玄认为,人性是可以培养的,"人之性如水焉,置之圆则圆,置之方则方,澄之则淳而清,动之则流而浊"。① 环境对人性的形成有至关重要的影响,"故近朱者赤,近墨者黑"②,这样就肯定了教育对塑造人性的可能性和必要性。变性是人性的最大特点。后天的因素包括环境与教育两因素。教育对人性的作用则表现在因善与攻恶两方面,教育就是扬善抑恶的日长日消的过程。人在接受教育后,就能为道义赴汤蹈火在所不辞。傅玄又认为,为防止教育过程发生偏差,确立一定的法度是必要的,只有以教育为主导,以法度为调节因素,教育才能达到教育者所要求的目标。

从治国安邦的角度,傅玄继承德威并举的政治思想。认为治国应备有两手,一为赏,二为罚,"赏者,政之大德也,罚者,政之大威也"③,只有德威相济,两手并举,方能"使其民可教可制"④。但在德威两者之间,又应以德治为主,必须弘扬德教,"笃乡间之教,则民存知相恤,而亡知相救"⑤。通过教育,养成礼义之德,最终才能达到上安下顺、国家长治久安的目的。他把教育看成政治的一部分,是统治的辅助手段,这种观点与传统的"化民成俗"的儒家思想是完全一致的。

(三)论学校教育的内容和途径

振兴国家,人才是关键。而人才的造就主要得力于学校。傅玄列举了九种社会所需要的人才:德才、理才、政才、学才、武才、农才、工才、商才、辩才,这些统治人才的培养都应成为学校教育的目标。然而不论何种人才,都必须以崇德修行为先。否则,"道德不修,虽有千金之剑,何所用之"⑥。而道德的养成,要依靠学校教育来达到,"宣德教者,莫明乎学"。⑦

---

① 《丛书集成·傅子》卷三。
② 《傅鹑觚集·太子少傅笺》。
③ 《傅子·治体》。
④ 《傅子·治体》。
⑤ 《傅子·安民》。
⑥ 《傅鹑觚集·剑铭》。
⑦ 《傅子·阙题》。

但是自东汉末年以来，学校衰废，儒学为人所鄙，魏时玄风兴起，"虚无放诞之论盈于朝野"①。天下之人不再拘于传统的伦理道德，傅玄对此现象深为不满，要求晋武帝整顿纲维时，应该以尊儒尚学为首务，学校以儒学教育为首位。他说："儒学者，王教之首也。"② 傅玄的目的在于复兴儒学。

傅玄以先王为士以上子弟设置太学，并选明师以教之，且各随才能优劣而用之的历史为理论依据，要求西晋统治者设立太学。革除自汉魏以来学校虽设，空有学校之名而无教学之实的弊端，采取定名分的措施，使士农工商各就其业、各司其职，清除社会上游手好闲的人员。对于一些无职事的冗散官员，也应采取督其就学或使其耕稼的措施，不使其坐食百姓。值得一提的是，傅玄把尊儒尚学与贵农贱商同样看成事业之要务，振兴教育与发展农业相协调，同是治国要策中不可分割的两部分，这与抛开经济的发展而一味侈谈发展教育是不同的。

傅玄认为太学的招生对象应为士以上的百官子弟，设学的目的在于培养候补的文武官吏，而社会对官吏的需求量是有限的，因此，学校的发展规模应在考察、统计社会需求量的基础上拟定，学生的数量需加以控制，以使供需平衡，且以不妨碍农业生产的发展为前提。他说："计天下文武之官足为副贰者使学，其余皆归之于农。"③ 傅玄兴学不妨农事，有计划地发展教育的思想，已开始涉足教育经济学的领域，实发前人之未发。

傅玄认为既以儒学为治国之道，就应注重传授以儒家经典为主的学校教育，尊重儒者，严格选拔好儒之士入学受教，慎重聘用学官。他说："尊其道者，非惟尊其书而已，尊其人之谓也。贵其业者，不妄教非其人也。重其选者，不妄用非其人也。"④ 只有以"尊其道、贵其业、重其选"为急务，才能振兴衰弱已久的学校教育。

---

① 《晋书·傅玄传》。
② 《晋书·傅玄传》。
③ 《晋书·傅玄传》。
④ 《晋书·傅玄传》。

二 傅玄论道德教育

傅玄认为人的华丽的衣裳只能饰其外表，高尚的德行则能修其心灵，内外兼备方为君子之德。就个人而言，只有加强德行修养，才能获得地位报酬，为稳定统治只有以德为上，申之以德教，则百姓"知耻"，才能"上安下顺，而无侵夺"①。就整个国家而论，他说："中国所以常制四夷者，礼义之教行也。"② 若失德教，则中国也同于"夷民"，近于禽兽。

傅玄认为要正确了解教育对象，不能依其表面的言辞而定其善恶，必须进行仔细观察，透过现象看其本质。他提出对于不同对象，应采取不同方法。对于沉默寡言者应观其行为，对于高谈阔论者应分析其旨义所在，对于入仕者应察其政绩，对于处家者应究其所学。了解对象的总原则是"听言不如观事，观事不如观行"③。总之，听言必考察其动机，观事必检校其效果，观行必查考其轨迹。"参三者而详之，近少失矣"④。能用这些方法了解人，就很少有差错。

关于道德教育的内容，他承袭了传统的观点，认为礼义之教是不可缺少的，因为它是维护统治的屏障。由于礼义之教存于三纲之义中，因此，进行礼义教育必须由近及远，自立君臣、定父子、别夫妇的伦理道德教育开始；又西晋统治者标榜以"孝"治天下，故孝义之教颇受重视，傅玄也认为"有能行孝之道，君子之仪表也"⑤。道德教育内容当然应包括孝义之教。此外，仁、信、廉耻等也是道德教育内容中不可缺少的部分。节欲也是修身的重要方面。

傅玄在道德教育的方法与原则方面，强调"内省法"，注重自我修养的必要性。他认为修心是修养的关键，因为心乃神明之主，万理之统，有正心

---

① 《傅子·贵教》。
② 《傅子·贵教》。
③ 《傅子·通志》。
④ 《傅子·正心》。
⑤ 《晋书·何曾传》。

必有正德，所以立德的根本在于正心。所谓正心，即以儒道正己，使忠正仁理等时刻存于心中。在傅玄看来，一个人只有自正心开始，才能修身、齐家、治国、平天下，他说："心正而后身正，身正而后左右正，左右正而后朝廷正，朝廷正而后国家正，国家正而后天下正。"① 所以古之君子欲修身治人，必先正心。因此，傅玄反复强调修养只在求之于心而已。如其心正于内，则不论外界如何变化，都能保其心性而不迷惘。②

"因善恶以训诫"是道德教育中另一个重要的原则与方法。傅玄认为："贵其所尚，故礼让兴。抑其所贪，故廉耻存。"③ 但从道德的培养计，因善以训表现出更大的效用。他认为人有避害从利之性，故教育者应因势利导，使利出于礼让，则人们趋向修礼让，礼让之德亦易于养成，他说："因善教义，威而礼行，因义立礼，设而义通。"④ 如此，人性之善端就不至于埋没。

值得注意的是，傅玄认为道德教育必须以经济的发展为基础，经济的发展能促进道德的培养。他说："家足食，为子则孝，为父则慈，为兄则友，为弟则悌。天下足食，则仁义之教可不令而行也。"⑤ 傅玄的经济决定论在当时有着积极的意义。由于傅玄所处地位显赫，他的主张对晋初经济的繁荣、文教的发达是有影响的。但是随着晋统治的腐朽、玄风的盛行，傅玄大部分主张只能作为一种良好的愿望留于史上。

三 颜之推生平及教育主张

（一）生平与教育活动

颜之推（531~约595年），字介，梁朝金陵（今江苏南京）人，祖籍琅琊临沂。颜之推出身于士族家庭，父亲颜协，仕南梁至咨议参军。颜氏有家学传统，世代相传《周官》《左氏春秋》等儒家专门学术，颜之推少时即

---

① 《傅子·正心篇》。
② 史仲文、胡晓林：《中国全史·教育卷：魏晋南北朝分卷》，中国书籍出版社，2011，第378页。
③ 《傅子·戒言》。
④ 《傅子·贵教》。
⑤ 《晋书·傅玄传》。

传家业。由于早年时受家传儒学的熏陶，奠定了他整个学术思想的基础，使他在本质上始终是一位儒家思想的代表。但由于他处于兵祸连连的动乱年代，儒学早已失去了往日独尊的地位，玄学、佛学则大为兴盛，世人以博学广闻为能事，而以专守章句为鄙陋。这种社会现实给他的思想发展以重要的影响。早年他就倾慕名士风度，稍长又博览群书，无不该洽，且善为词章。北齐时曾待诏文林馆，并主持馆事，晚年转而笃信佛教，宣扬因果报应，主张儒佛调和，认为佛学为主体，儒学为附庸。可见，颜之推不是一位纯粹的儒者。

颜之推自 20 岁步入仕途，历官四朝，凭自己的学问在仕途上曲折前进。由于他身处社会动荡之时，并多次成为亡国之人，耳闻目睹了许多士大夫身亡家破的现实，因此，又使他看到了社会的险恶及其士族统治的危机。从士族地主的立场出发，为保持自己家族的传统与地位，他根据自己的经历和体验，写出了我国封建社会第一部系统完整的家庭教科书——《颜氏家训》，用以训诫其子孙。这部著作是我们了解颜之推教育思想的主要依据。它不仅有助于我们研究颜之推在儿童教育、学习方法等方面某些真知灼见，而且也向我们展示了一幅封建士族教育腐败的漫画。[1]

（二）教育的目的、作用和教育内容[2]

1. 教育的目的和作用

颜之推把人性分为三等，即上智之人，下愚之人和中庸之人。他说："上智不教而成，下愚虽教无益，中庸之人，不教不知也。"他认为上智之人是无须教育的，因为上智是天赋的英才，不学自知、不教自晓。其次，下愚之人"虽教无益"，尽管教他，都是无效果的，因为"下愚"是无法改变的。颜之推强调中庸之人必须受教育，因为不受教育就会无知识，陷于"不知"的愚昧状态。教育的作用就在于教育中庸之人，使之完善德性，增长知识。关于教育的目的，颜之推指出："古之学者为人，行道以利世也；

---

① （南北朝）颜之推著，张霭堂译注：《颜之推全集译注》，齐鲁书社，2004。
② （南北朝）颜之推著，曾德明注：《中华国粹经典文库——颜氏家训》，崇文书局，2007。

今之学者为己，修身以求进也。"行道的"道"自然是儒家之道，即儒家宣扬的那一套政治理想和道德修养的内容；"修身以求进"思想源于孔子的"修己以安人"，善于"为己"（有良好的道德修养）才能更有效地"利世也"（治国平天下）。从这一教育目的出发，颜之推批判当时士大夫教育的腐朽没落，严重脱离实际，培养出来的人庸碌无能，知识浅薄，缺乏任事的实际能力。他认为传统的儒学教育必须改革，培养的既不是难以应世经务的清谈家，也不是空疏无用的章句博士，而是于国家有实际效用的各方面的统治人才，它包括：朝廷之臣、文史之臣、军旅之臣、藩屏之臣、使命之臣、兴造之臣。从政治家到各种专门人才，都应培养。这些人才应专精一职，具有"应世任务"的能力，是国家实际有用的人才。颜之推的这种观点，冲破了传统儒家的培养比较抽象的君子、圣人的教育目标，而以各种实用人才的培养作为教育的重要目标。

2. 教育的内容

为了培养"行道以利世"的实用人才，颜之推提倡"实学"的教育内容。他认为培养出来的人才必须"德艺同厚"。所谓"德"，即恢复儒家的传统道德教育，加强孝悌仁义的教育。所谓"艺"，即恢复儒家的经学教育并兼及"百家之书"，以及社会实际生治所需要的各种知识和技艺。

"艺"的教育，当然是以五经为主。他认为学习五经，主要是学习其中立身处世的道理，"夫圣贤之书，教人诚孝，慎言检迹，立身扬名，亦已备矣"。但读书不能只限于《五经》，还应博览群书，通"百家之言"。此外，他还重视学习"杂艺"。他认为在社会动荡的非常时期，学习"杂艺"可以使人在战乱"无人庇荫"的情况下"得以自资"，保全个体的生存和士族的政治、经济地位。颜之推倡导的"杂艺"内容相当广泛，主要包括文章、书法、弹琴、博弈、绘画、算术、卜筮、医学、习射、投壶等，这些技艺在生活中有实用意义，也有个人保健、娱乐的价值。但这些"杂艺""可以兼明，不可以专业"。值得注意的是，颜之推强调士大夫子弟要"知稼穑之艰难"，学习一些农业生产知识，这与孔子轻视农业生产的态度有所不同。

（三）学习态度和方法①

1. 虚心务实

颜之推提倡虚心务实的学习态度，反对妄自尊大、骄傲浮夸的学风。

2. 博习广见

颜之推指出："观天下书未遍，不得妄下雌黄。"他认为只有尽可能地扩大获取知识的范围，并把所学的知识进行比较、鉴别，才能更接近客观的真理。他提倡既要博览群书，又要接触世务，借以培养自己的独立思考能力，所谓"博学求之，无不利于事也"。

3. 勤勉惜时

颜之推强调学习要刻苦钻研，勤勉努力，他罗列了历史上许多动人事例，说明即使迟钝的人，只要勤学不倦，也可以达到精通和熟练的程度。同时，他认为人的一生都要学习，应珍惜时光，年幼"固须早教"，少年也不可"失机"，晚年如果"失之盛年，犹当晚学，不可自弃"。他说早年学习"如日出之光"，前途无量；而"老而学者"，虽然如"秉烛夜行"，但总比"瞑目而无见"要好得多。

4. 相互切磋

颜之推赞赏《尚书》中的"好问则裕"和《学记》中的"独学而无友，则孤陋而寡闻"的说法，提倡师友之间相互切磋、相互启明，认为只有在学习上好问求教与切磋交流，才能较快地增进知识而避免错误。

四　颜之推的家庭教育思想②

（一）提倡尽早施教

颜之推认为家庭教育要及早进行，有条件的还应在儿童未出生时就实行胎教。儿童出生之后，便应以明白孝仁礼义的人"导习之"。稍长，看他"识人颜色，知人喜怒"之时，就该加意"教诲"，该做的事就引导他去做，

---

① （南北朝）颜之推著，张霭堂译注：《颜之推全集译注》，齐鲁书社，2004。
② （南北朝）颜之推著，曾德明注：《中华国粹经典文库——颜氏家训》，崇文书局，2007。

不该做的就不让他做。如此教育下去，到 9 岁以后，自可"少成若天性，习惯如自然"。颜之推认为早期教育之所以重要，至少有两个原因：其一，幼童时期学习效果较好，得益较大。他说："人生小幼，精神专利。长成以后，思虑散逸，固须早教，勿失机也。"他根据幼童阶段与成年以后的不同心理特征，说明幼年时期受外界干扰少，精神专注，记忆力旺盛，能保持长久的记忆。而成年人思想复杂，精神不易集中，记忆力逐渐衰退。其二，人在年幼时期，心理纯净，各种思想观念和行为习惯尚未形成，可塑性很大。颜之推认为这个时期，儿童受到好的教育与环境影响，抑或坏的教育与环境影响，都会在儿童心灵上打上很深的烙印，长大以后也难以改变。①

（二）提倡严格教育

颜之推认为家庭教育应当从严入手，严与慈相结合，不能因为儿童弱小而一味溺爱和放任，父母在子女面前要严肃庄重，有一定威信。他说："父母威严而有慈，则子女畏慎而生孝矣。"他认为善于教育子女的父母，能把对子女的爱护和教育结合起来，便会收到良好的效果。相反，如果没有处理好两者关系，"无教而有爱"，让孩子任性放纵，必将铸成大错。

（三）注重环境习染

颜之推继承孔子、孟子等儒家学者关于"慎择友"的教育思想，十分重视让儿童置身于比较优良的社会交往的环境之中。他认为家庭教育要注意选邻择友，是因为儿童的心理处于发展阶段，尚未定型，而儿童的好奇心和模仿性都很强，总在观看模仿别人的一举一动，无形之中，周围人的为人处世给儿童以"熏渍陶""潜移暗化"。因此，邻友对于儿童的影响，有时甚至比父母的作用还大。这就是"必慎交游"的道理。孔子说："无友不如己者"，择友确实不是一件易事，贤人是难以找到的，但有优于我者，便很可贵的了。对他就应景仰向慕，与之交游，向他学习。

（四）重视家庭的语言教育

他认为语言的学习应该成为儿童教育的一项重要内容。在家庭教育中，

---

① 史仲文、胡晓林：《中国全史·教育卷：魏晋南北朝分卷》，中国书籍出版社，2011，第 388 页。

子女学习正确的语言，是做父母的重要责任。一事一物，不经查考，不敢随便称呼。学习语言应注意规范，不应强调方言，要重视通用语言。

（五）注重道德教育①

颜之推承袭了孔孟以孝悌仁义等道德规范为主要内容的传统，十分注意对子女道德的教育。他认为士大夫子弟的教育应该"德艺周厚"，以德育为根本。他指出知识教育是道德教育的基础，并为道德教育服务。由于德艺二者关系的密切，因此有可能也有必要通过阅读记载前人道德范例书籍的途径来进行道德教育。

颜之推根据自己积累的经验与当时的现实，还特别重视为人之道的教育。他所强调的为人之道，首先是"厚重"。他认为"自古文人，多陷轻薄"，历史上许多文人都由"轻薄"而终为败累，惨遇杀祸。他认为要吸取这个惨痛的教训，就必须养成忠君、孝顺、谦恭、礼让这些"厚重"的道德品质。其次，他主张"少欲知足"。如果"不知其穷"的情性任其发展，不加以限制，就是如秦始皇、汉武帝"富有四海，贵为天子"的大人物，也会自取败累，至于一般士庶更不用说了。再次，"无多言""无多事"。颜之推欣赏"无多言，多言多败；无多事，多事多患"的铭言，认为"天道"原来如此。所以，"论政得失""献书言计"等，都属于多言性质。同理，也不应该多做事。如果不是你分内的事，你就不必想它，不必做它。至于主持公道，打抱不平，"游侠之徒，非君子之所为也"。由此可见，颜之推所传授给子女的为人之道，是他历官四朝的经验总结，在政治腐败、朝政多变的封建专制社会里，不失为一种在丧乱之世明哲保身，以免"杀身之祸"的处世哲学。然而，在今天看来，这种为人处世的方法是不足为训的，它反映了消极遁世、利己主义的思想情绪，与先秦儒家的积极入世的态度也有很大的距离。

---

① （南北朝）颜之推：《中华国粹经典文库——颜氏家训》，崇文书局。

第六章
隋唐私学的多元化和书院的萌芽

——隋唐五代时期的民办教育（公元 581~960 年）

源远流长的中国古代文化，到了隋唐五代时期，发展到一个全面繁荣的新阶段。从 581 年隋朝建立，到 907 年唐朝灭亡，是我国历史上著名的隋唐盛世。581 年，杨坚灭北周建立了隋朝，589 年又灭南朝的陈，中国经过数世纪分裂之后，又实现了南北的统一。隋文帝杨坚恢复了中央集权，加强了封建专制，经济回升，文化发展，其文教政策有效地促进了中国教育事业的发展。但是，隋也是一个短命的王朝，604 年，杨广弑父自立。618 年，杨广在江都被宇文化及所杀，隋亡。历时不久，618 年，李渊在长安称帝，国号唐，隋朝又被唐朝（618~907 年）取代。684 年，武则天临朝称制，690 年，将国号改为周。705 年，李显复唐。907 年，朱全忠废唐皇自立，唐亡。[①] 唐朝最终为后梁取代。五代十国，是唐末藩镇割据的延续。中原相继建立了梁、唐、晋、汉、周五个朝代，后晋又引来辽兵南下。后周世宗思求致治，功志未就而逝。环绕中原另有前蜀、吴、吴越、闽、楚、南汉、南平、后蜀、南唐、北汉等十国先后割据。除相互吞灭外，最终都归于北宋政权。

唐朝是一个强大的高度集中的皇朝。唐代在文化上、政治上、经济上都

---

① 喻本伐、熊贤君：《中国教育发展史》，华中师范大学出版社，2005，第 171 页。

是中国的黄金时代，可与汉代媲美，在很多方面又超过了汉代。[①] 唐初的统治者接受了隋朝灭亡的教训，从农民起义中看到了人民的力量，以朴素的"水能载舟，亦能覆舟"历史唯物主义道理，重新确立"民贵君轻"的人本主义理念。以生产建设为中心，笼络民心，缓和社会矛盾，减轻赋税，整顿吏治，呈现了历史上有名的"贞观之治"的局面。唐朝经济繁荣，政治开明，文化教育发达。无论是官方教育还是私立教育都很有成就。尤其是私学和书院的发展，作为古代国家教育的一种补充形式，为教育力量的增长注入了新的活力。对于古代社会后期学术文化的发展，也有着不可替代的作用。

在短命的隋朝，曾经产生了一项重大的文化教育制度——科举制，此项制度对世界文化的影响都是巨大的。英国借鉴此项制度产生了公务员考试选拔制度。科举制影响以后的中国文化教育的发展直到今天。此项制度又被唐太宗发扬光大，他以儒家经典为考试内容，又"从前代浩繁的注释中选出标准的注释，再为标准注释作疏"并以此"确立为国家的官方教义"。作为一项选拔官员的考试制度，对中国的官方教育和私学教育影响巨大。隋、唐、五代时期是中国古代社会走向鼎盛的时期，政治、经济、文化空前繁荣，教育事业也得到了蓬勃发展，而教育作为一种特殊的社会活动，又反过来有力地促进了当时的政治、经济的繁荣和文化的发展，促进了整个社会的文明进步。

第一节　隋唐五代私学的发展和办学类型

封建教育的两大组成部分就是官学、私学。官学重在以经学为教学内容，培养官僚后备人才为国家所用。私学不受学术派别、学科、专业等的限制。政府对私学的要求也较为宽松。凡是社会所需要的知识技术，都会有人教。因此，私学的分布面更广，适应性更强。在社会发生动荡、战争破坏或改朝换代时，官学会受到较大的冲击而停滞或荒废，而私学虽受影响但可以

---

① 冯友兰：《中国哲学简史》，北京大学出版社，2013，第 253 页。

在政治动荡的时候担负民族文化传承发展中的历史责任。

隋唐时期，官学强盛至极，科举制也日臻完善，政府在发展官学的同时，也鼓励支持私学的发展。尤其是唐代，政治安定，经济繁荣，为民间私学发展奠定了基础，因此，官学繁荣的同时私学也颇为发达。唐代道教极盛，每一个道观实际就是一个私立道教学校，儒家则以家族、门徒的形式举办私学。

一 隋唐五代时期私学的发展历程

隋唐私学遍布城乡，制度不一，程度悬殊，既有名士大儒的传道授业，也有村野启蒙识字的私立小学。

（一）隋朝民间私学的发展历程

隋承北周而立国。虽然隋朝仅存 38 年，在三十多年的时间里，政治、经济、文化教育各个方面的改革并没有完成，但它在客观上为唐朝的继续改革探索了道路，奠定了基础，初步构成了基本的思路和规模框架。

隋朝初期的教育曾振兴一时，国子监隶属的"五学"师生逾千，地方教育也有"讲诵之声，道路不绝"的记载。[①] 但是，好景不长，隋末，由于政治腐败和战乱频仍，官学不兴，学校废弛，许多儒士转入乡间山林进行私家讲学。私学在隋唐朝代更迭的战乱时期，又一次担当起主流教育的重任。

当时名士大儒，多聚徒讲学，传授经业。如隋代大儒王通，长期聚徒讲学，同门弟子遍及郡国，为唐代培养出几位有名的卿相。[②] 王通的哥哥王绩，隋末亦称大儒，聚徒河、汾间，仿古作《六经》，又作《中说》，并以此教授学生。[③] 曾宪精通诸子百家和文字之学，在隋时聚徒数百人，公卿以下，多从之受业。被后来的唐太宗征为弘文馆学士，曾老先生以"年老不

---

① 喻本伐、熊贤君：《中国教育发展史》，华中师范大学出版社，2005，第 173 页。
② 王通（580～617 年）字仲淹。隋彰河东郡龙门（今山西省万荣县）人，经学家、教育家，家学渊源深厚，20 岁时到长安，向隋文帝献《太平十二策》，文帝虽然称赞，但不实行，王通见不被重用，不久弃官回家，专心著述和讲学。王通生逢隋末乱世，仅活了 37 岁，但他却是继孔子之后最有影响的教育家之一。
③ 《新唐书》卷一百九十六《王绩传》。

仕，乃遣使就家拜朝散大夫"。以考订五经著名的颜师古，在未显达时"以教授为业"。与颜师古同撰《五经正义》的大儒孔颖达，在未显达时也"以教授为务"。刘焯，字士元，信都昌亭（今冀州市）人，隋代著名的经学家、天文学家，在国子学与诸博士论学，每次升座，"论难锋起"，舌战群儒，不为所屈，镇定自若，后来回到家乡，不为名利所扰，孜孜不倦，专门从事著述和讲学。"尹知章尽通诸经精义，诸师友北面授业，睿宗时拜国子博士，虽居吏职，归家仍讲授不辍。"① 大量史料说明了唐代私学之昌盛。

（二）唐朝民间私学的发展历程

唐代开元二十一年（733 年）以前，政府对于私学的设立曾有所限制，以后则不做任何限制，相反，唐代私学倒是十分兴盛。办私学的有在职官吏和无意仕宦的及政治上失意的儒士，也有借此换取斗筲之资的知识分子。他们精于经学，通晓文史，在地方上被奉为名师大儒，自行在民间聚徒讲学。唐代对私学的政策客观上也鼓励了私学的发展，使之成为一种重要的教育形式。尤其是中唐以后，由于官学衰微，私学在数量和质量上都有压倒官学之势。②

唐宋八大家之一的韩愈，从独孤及、梁肃之徒习古文学，锐意钻研，遂成一代文豪并开关收徒，韩愈门下有李翱和张籍等名士。柳宗元被贬柳州，"江岭间为进士者，不远数千里皆随宗元师法，凡经其门必为名士"③。此其时也，很多名师大儒开关收徒，一时蔚然成为风气。隋唐时代私学之盛可见一斑。当时，不仅大文豪学问家私人授徒讲学，乡下私立小学也很普遍。白居易的好友元稹为《居易集》作序："予常于水平市见村校诸童竞习歌咏，召而问之，皆对曰：'先生教我乐天、微之诗。'"④ 可见，当时乡下的私立小学非常普遍，其学诗的风气已深入乡村。

---

① 王炳照：《简明中国教育史》，北京师范大学出版社，1997，第 118 页。
② 史仲文、胡晓林：《中国全史·教育卷·隋唐五代分卷》，中国书籍出版社，2011，第 395 页。
③ 毛礼锐：《中国古代教育史》，人民教育出版社，1983，第 260 页。
④ 毛礼锐：《中国古代教育史》，人民教育出版社，1983，第 260 页。

"蒙学课本，除汉代《急就篇》，梁代的《千字文》之外，唐代李瀚的《蒙求》，无名氏的《太公家教》，杜嗣先的《兔园册府》等，在当时私学中很流行。"①《太公家教》多用韵语杂述封建社会日常生活的道德要求和待人处世的格言，唐中叶后颇为流行，后曾译成女真文和满文，在北方及东北少数民族地区多为采用。《蒙求》亦称《李氏蒙求》，全书以历史典故为主要内容，每句四字，上下两句成对偶，各讲一个历史人物或传说人物的故事，如"匡衡凿壁，孙敬闭户，孙康映雪，车胤聚萤"。唐宋以后广为流传，还远传到日本、朝鲜。后世陆续出现的各种"蒙求"和同类读物，如《十七史蒙求》《广蒙求》等在体例上或在内容上都以《李氏蒙求》为范本。②

二　隋唐时期对私学的教育政策

隋朝末年和唐朝的初期，由于战争、改朝换代引起的社会动荡，官学教育严重停滞，几乎荒废，而私学比较机动灵活得以存在和发展。政府对私学的管理相当宽松，只要不触犯禁令，就听任私学自由发展。因此，私学在办学形式、办学规模、课程设置、经费筹集和教师选聘上，都由办学主体根据自己的实际情况自主确定。私学除了承担基础教育教儿童启蒙识字外，不受学术派别、学科专业的限制，凡社会所需要的知识技术都要传授。私学到了一定阶段，成绩优秀者可以转入官学，可以参加科举考试。但大部分学生直接走向社会，从事不同的职业。

隋唐私学发展的原因：一是社会需要。由于地方官学设置仅限州县所在地一所，名额有限，广大民众子弟受教育的需求不能满足，于是就尽可能利用各种条件，挖掘社会教育资源，开办私学。二是政府政策的倡导与支持。隋文帝实行德治，以孝行治天下，重视教化民众，强调劝学行礼，对私学的发展起了推动作用。唐初对私学也采取鼓励政策。唐高祖武德七年（624

---

① 王炳照：《简明中国教育史》，北京师范大学出版社，1997，第 118 页。
② 郝菁：《唐代的学校教育》，http：//guoxue. k618. cn/xxjy/201412/t20141208_ 5765104. htm。

年）二月，颁布《置学官备释奠礼诏》："州县及乡里，并令置学。官僚牧宰，或不存意，普更颁下，早遣修立。" 政府只负责州学县学的办理，乡以下学校则放开由民间自行办理，不加限制。唐玄宗开元二十一年五月，《每年铨量举送四门俊士敕》申明："许百姓任立私学。"开元二十一年五月，政府还规定："天下州县，每一乡之内，里别各置学，仍择师资，令其教授。"政府负责监督，民间自主办学，所以，民间私学很有发展。三是雄厚的经济基础支持。隋唐经济的繁荣，政治安定，社会和平，农业经济的长足发展为民间私学的发展奠定了雄厚的物质财力基础。①

三 隋唐五代时期私学的办学类型

隋唐五代时期民间私学的办学类型情形大致如下。

（一）隋唐五代时期的初级私学

乡学：或称乡校，以乡为办学主体。一是往往由当地官绅富户发起，集资捐献，筹建学校，要本乡子弟入学。二是有许多名流学者，不涉世务，开设学馆，从事著述和讲学活动。如《旧唐书·苗晋卿传》记载，苗晋卿，上党壶关人。为魏郡太守兼河北采访处置使，请假归乡里，大会乡党，为乡学出奉钱三万，以教子弟。②《太平广记》卷四十四"田先生"条："（田先生）元和中，隐于饶州潘亭村，作小学以教村童十数人。"③

村学：以村为办学主体，不仅招收本村子弟，邻村的儿童也可要求入学。学校规模比乡学小，数量比乡学多。《因话录》卷六载：窦易直幼时家贫，受业于村学，一日近暮，风雨骤至，学生归家不得，宿于漏屋之下。④漏屋显然是学生学堂。又据《玄怪录》卷三"齐饶州"条，知田先生所建校舍为草堂，他每日要到学生家"传食"以糊口。学校设施简陋，教师

---

① 孙培青：《中国教育史》，华东师范大学出版社，2009，第 169～170 页。

② 孙培青：《中国教育史》，华东师范大学出版社，2009，第 170 页。

③ 李畴：《太平广记》，中华书局，1961，第 274 页。

④ 赵磷：《因话录》，上海古籍出版社，1979，第 112 页。

"戴破帽、曳木屐"，穷困潦倒之极。①

私塾：由塾师自己办学，自己招生教授。据《太平广记》卷四九四修武县民条："村中有小学，时夜学，生徒多宿。"②《太平广记》卷一五七记载，李生者，居洛城徽安门内，其所居，有学童十数辈。③私塾一般设在塾师家里，也可以异地设塾。

家塾：以一家或家族为办学主体。一般不接受外人，只教授自家子弟，仅个别例外。据《旧唐书》一七七卷记载：李德裕设家塾以教授诸子。润州句容人刘邺七岁能赋诗，受到李德裕特别怜爱，就让刘邺在家塾与诸子同砚而学。④《南唐书》载："江州陈氏，长幼七百口，上下雍睦。建家塾聚书，延四方学者，优胜皆资焉。"⑤

家学：因家庭环境的特殊条件，家学渊源丰厚，父母或家长学有专攻，可以自己教授子弟。有的因家庭贫困，无力求学，就由父母或兄长担任家庭教师。唐代元稹、李绅，幼年时都由母亲在家教授学习，自幼奠定学问基础，后来参加科举考试，一举成名。五代时期的贾馥，家聚书三千卷，手自校刊，以鸿胪卿致仕，退休后结茅于家乡，一边耕牧，一边教育儿孙，自得其乐。⑥元稹曾在《同州刺史谢上表》中自言"臣八岁丧父，家贫无业，母兄乞丐以供资养。衣不布体，食不充肠；幼学之年，不蒙师训。因感邻里儿稚，有父兄为开学校，涕咽发愤，愿知诗书，慈母哀之，亲为教授"⑦。

随唐时期官学中的小学在正常的社会秩序下是常设的，但是数量极其有限，往往不能满足各阶层子弟求学的需要。一旦政局动荡，而随之衰废。因

---

① 牛僧孺：《玄怪录》，中华书局，1982，第63页。

② 赵璘：《因话录》，上海古籍出版社，1979，第112页。

③ 孙培青：《中国教育史》，华东师范大学出版社，2009，第170页。

④ 孙培青：《中国教育史》，华东师范大学出版社，2009，第170页。

⑤ 史仲文、胡晓林：《中国全史·教育卷·隋唐五代分卷》，中国书籍出版社，2011，第395页。

⑥ 史仲文、胡晓林：《中国全史·教育卷·隋唐五代分卷》，中国书籍出版社，2011，第395页。

⑦ 邹志勇：《唐代蒙学述略》，《山西大学学报》（哲学社会科学版）2001年第6期，第44～47页。

而私学往往具有广泛的基础。其中乡学遍布乡间村野，学生数量多少不等，大多是家境贫寒、社会地位低下的子弟；教书先生也多为穷困潦倒的小知识分子，或是"未显达"时的学术大师。富人和官宦子弟一般在家中就学，或由父兄亲授，或延师设馆，随家庭经济状况而各有不同。① 毋庸置疑，私学对于隋唐五代官学而言，不仅是一个重要的补充，更是私学初级教育的主体部分。特别是到了唐末五代，官学不兴，私学是最好的补充。一些好学之士隐居乡里，为当时、当地培养出一批很有学识和见地的人才。

（二）隋唐五代十国时期的高级私学

高级私学的教育对象，是受过初级私学教育，有一定文化基础的要求进一步提高而受专业教育的青年。隋唐时期的高级私学精舍以教师为中心，自由设置。学门敞开，随时接受学生个别入学。学生较为自由，可以长期，可以短期，可以函授。如史料载"林藻，字纬乾，小名遂奴，福建莆田县人。唐贞元四年（788 年）登明经第。七年（791 年）中进士，是闽举进士之第一人。少有奇志，刻苦业文，读书于灵岩精舍"。② 私学教师资源类别也比较多：一是学有专长的知识分子，有一定的政治抱负，在未获得入仕机会时，就先以讲学来扩大社会影响，等待时机；二是在职官员，公事之余，聚徒讲学；三是失职官员，在过渡期间，暂以教授为生，待机再起；四是退休官员，归乡教书；五是避世隐居的学者，但声名显赫，许多学生慕名而来。

此外，唐末至五代期间，战乱频繁，官学衰败，许多读书人避居山林，遂模仿佛教禅林讲经制度创立精舍、书院，形成了中国封建社会特有的教育组织形式。书院是实施藏书、教学与研究三结合的高等教育机构。对中国封建社会教育与文化的发展产生了重要的影响。书院分官、私两类。私人书院最初为私人读书的书房，唐贞观九年（635 年）设在遂宁县的张九宗书院，为较早的私人书院。

---

① 邹志勇：《唐代蒙学述略》，《山西大学学报》（哲学社会科学版）2001 年第 6 期，第 44 ~ 47 页。

② 《林藻〈深慰帖〉：笔断意连萧疏古淡》，http://vie w. inews. qq. com/a/RUS201506170438 1302。

唐代有不少私人创建的书院。起初，一些学者将个人读书治学之所称为书院，后来逐步发展成聚书建屋，授徒讲学的书院。《全唐诗》中提到书院有十一处，如李宽中秀才书院、沈彬进士书院和杜中丞书院等。这些书院多以人命名，还不像是稳定的正式名称，反映了书院初建时期的特点。

"书院出现于唐代，这是一个不争的事实。但究竟出现于唐代何时，却是一个有争议的问题。"袁枚《随园随笔》所记"书院之名，起唐玄宗时丽正书院、集贤书院，皆见于朝省，为修书之地，非士子肄业之所也"。丽正集贤书院"为修书之地"，与"士子肄业"的学校性质的书院，名称虽同，却性质不同。因此，具有学校性质的书院，应该起源于唐玄宗以前的民间书院。①

（三）隋唐五代十国时期私学的办学形式

隋唐时期的私立教育主要有以下几种形式。

1. 民间私家讲授

有些名流学者，涉猎经史，不交世务，开设学馆，从事著述和讲学活动。如张士衡，仕隋为余杭令，以老还家，大业兵起，诸儒废学，唐兴，士衡复讲教乡里。② 又如李德裕，以器业自负，特达不群。好著书为文，奖善疾恶。虽位极台辅，读书不辍……东都于伊阙南置平泉别墅，清流翠筿，树石幽奇，初未仕时，讲学其中。③ 王恭，每于乡里教授。弟子自远方至者数百人。贞元年间，胡珦在献陵市置田宅，务种树为业，教授弟子。④

唐代不少名儒显宦幼时就是在这种学校接受启蒙教育的。如柳宗元在《与太学诸生书》中自称少时不敢去上太学，只得就学于乡间私塾。又如马怀素，寓居江都，少师事李善。家贫无灯烛，尽采薪苏，夜燃读，遂博览经史，善属文。举进士，又应科举，登文学优瞻科，拜郿尉，四迁左台监察御史。⑤ 再如窦群学《春秋》于啖助之门人卢庇者，著书三十四卷，号《史记

---

① 邓洪波：《中国书院史》，东方出版中心，2004，第 1 页。

② 《新唐书》卷一百九十八《列传第一百二十三·儒学传》。

③ 《旧唐书·李德裕传》。

④ 史仲文、胡晓林：《中国全史·教育卷：隋唐五代分卷》，中国书籍出版社，2011，第 447 页。

⑤ 《旧唐书·马怀素传》。

名臣疏》。①

家学是私学的一种重要形式，不少人从庭训、家学渊源中得到教育。一些名士，也都担任过私学教师。贞观初，著名训诂学家颜师古在得到太宗赏识前，"窭甚，资教授为生"。与颜师古同撰《五经正义》的孔颖达，在入仕前也以宿儒开门授业。②

扬州的曹宪在隋时已聚徒讲学，学生常数百人，当时公卿以下官员都曾向曹宪学习。隋亡后，曹宪继续在扬州办私学，唐太宗曾打算征其为弘文馆学士，但因为他年纪大了，不能出来，遣使就家拜为大夫，对之极其尊重。此外还有善文达、张士衡、啖助、李邕等，都是当时著名的私学授学的名儒，培养了不少名人。著名医学家孙思邈，唐太宗、高宗都曾召见过，并要授他官职，他固辞不受，辞疾请归。当时知名之士宋金文、孟诜、卢照邻等都执师之礼焉。

2. 隐居山林讲学

隐居山林讲学的风气从东汉以来就已存在，但兴盛则是唐中叶以后的情景。如阳城，字亢宗，北平人也。代为宦族。家贫不能得书，乃求为集贤写书吏，窃官书读之，昼夜不出房，经六年，乃无所不通。既而隐于中条山。远近慕其德行，多从之学。③ 卢鸿庐于嵩山，玄宗征拜谏议下大夫，固辞，许还山，官为营草堂，鸿到山中，广学庐，聚徒至五百人。④ 贞观初年，退隐白鹿山的马嘉运，少为沙门，还治儒学，长议论，退隐后，诸方来授业至千人，孙思邈也曾长期隐居太白山。

有人统计，唐代隐居山林讲学，主要分布在终南、华山及长安南郊区，嵩山及其近区诸山，中条山、太行山、泰山及其近区诸山，庐山，衡山，罗浮山，四川诸山，九华山，浙江诸山，福建诸山。

名儒讲学山林与士子就学山林的主要原因，除了以上均为南北东西名

---

① 《旧唐书·列传·卷一百零五》。
② 《新唐书·儒学列传》。
③ 《旧唐书·卷一百九十二·列传·第一百四十二·隐逸传》。
④ 《新唐书·列传·卷一百二十一·隐逸传》。

山，交通便利，人文繁盛，对士子颇有吸引力外，还因为唐中叶以后科举考试资格逐渐放宽，贫民寒士也可以参加，而居家多缺少必备典籍，不少名山中则藏有丰富的典籍，易于学习。①

3. 僧徒寺院讲学

唐代佛教兴盛。张籍《送朱庆余及弟归越》诗云"有寺山皆通"，可为佐证。僧徒中亦多第一流学者，不仅精通佛典，亦精通经史，不少官吏、名士都乐于与僧侣交游。许多寺院设有义学院，有丰富的藏书，吸引了不少士子前往就学，促进了寺院教育的发达。

《旧唐书》裴休传：家事奉佛，休尤深于佛典，太原凤翔过名山，多僧寺，视事之隙，游践山村，与义学僧讲佛理。朝官视事之余还入寺与僧人讲求佛理，可见当时的风气。

据日本人那波利贞考证，甘肃敦煌佛寺中，设有寺塾，并断言：寺塾所教所学为普通教育，非佛家教育，此种情形非当敦煌一地之特殊现象，而可视为大唐天下各州之共同现象。近代发现的敦煌千佛洞藏书中，除一部分是佛典外，还有相当的经史子籍书，这也可以说明，寺院教育，至少在相当程度上为普通教育。

据史料记载，《白氏长庆集》共有五本，其中三本藏于寺院——一本在庐山东林寺经藏院；一本在苏州南禅寺经藏内，一本在东都胜善寺钵塔院解库楼（白居易《白氏长庆集后序》）。可见寺院藏书范围是十分宽泛的。

一些寺院还传授实用医学知识。据记载，著名唐代历算天文家僧一行，先后在嵩山、天台山学习佛教经典和天文数学。"寻该算术，不下数千里，知名者往询焉，未至天台山国清寺。"在国清寺他看到院僧聚徒讲授算术，即向院僧求得算法而归。② 据《医学总纲》记载，吐蕃医师老玉脱云丹贡布率弟子往五台山求学，受到僧人的热情接待，最后携《体腔内部洞察法》等医书而归。

---

① 史仲文、胡晓林：《中国全史·教育卷：隋唐五代分卷》，中国书籍出版社，2011，第448页。

② 《旧唐书·一行传》，《佛祖历代通载》。

　　唐政府对私学采取鼓励和支持的政策，官学与私学教材相对一致，官私学学生学成后均可经过考试予以承认，成为国家的工作人员，这使得私学在唐代教育体系中的地位十分突出。初唐和盛唐时期，它是官学的补充形式，中晚唐以后，在官学衰败的情况下，它起着继承、沿续的作用。官私学的诸种传播方式混杂在一起，相互影响，构成了唐代教育的完整面目。

　　唐末五代战乱时期，官学不兴，私学成为最好的补充。在民间，私人传习、聚书讲学和家庭教育很有生命力，仅从《旧五代史》中，我们就可以看到许多民间研读经书，习学儒术的实例。后唐张宪从小就喜儒学，励志横经，不舍昼夜，尽通诸经，尤精《左传》。长成后与马郁、王缄等燕中名士交游，其沉静寡欲，喜聚图书，家书五千卷，视事之余，手自校刊。后晋张希崇从小通《左氏春秋》，刘晞从小以儒学称于乡里。京兆人郑玄素曾因战乱避难在鹤鸣峰下，汇萃古书千卷，采薇蕨而弘诵自若，善谈名理。

　　后梁人罗绍威，工笔札，晓音律，性复精悍明敏。服膺儒术，明达吏理。好招延文士。聚书万卷，开学馆，置书楼……颇有情致。范阳人窦禹钧，于宅南构一书院，四十间，聚书数千卷。礼文行之儒，延置师席，凡四方孤寒之士无所供需者，公咸为出之。无问识不识，有志于学者，听其自至。到后汉时，有郭忠恕，七岁童子及第，精通文学，尤工篆隶、子史。龙敏，少学为儒。张允，幼学为儒，后仕本州为参军。后周时，和凝，汶阳须昌人。幼而聪敏，少好学，书一览著咸达其大义。[1] 年十七即举明经的司徒诩，少好读书，通《五经》大义。翟光邺好聚书，重儒者，虚斋议论，唯求理道。张沆，少力学，攻词赋登进士第，虽久居禄位，家无余财，只有图书。沈遘幼孤，以苦学为志，弱冠登进士第，为人谦和，每有文士投奔，必择其贤者而加以推荐，故当时后进之士之归焉。[2]

① 《旧五代史·后周列传七》。
② 史仲文、胡晓林：《中国全史·教育卷：隋唐五代分卷》，中国书籍出版社，2011，第448~449页。

由此可见，整个五代时期的尊经崇儒之风在民间还是颇有影响的，由此形成了儒学发展变化的广阔的社会基础，官学不兴，但私学一遇时机便可迅速发展。

第二节　隋唐时期私学中的职业教育

我国古代实用科学技术的发展长期居于世界领先地位，培养造就了大批一流的科学家、发明家和工匠，在我国古代人才群体中大放异彩。广大科技工作者在改造自然、传授实用科学知识技能和实践活动中，创造并积累了培养、训练实用人才的宝贵经验，大大丰富了古代教育遗产。职业教育在隋唐以前，主要在民间进行。隋唐时期的职业教育开始纳入官学教育体系，我国古代职业教育制度，在这一时期也得以创建。

在职业教育方面，隋朝的贡献就是在官学教育体制中建立了较为完备的职业教育制度，主要表现为立足于魏晋南北朝专科学校的发展基础，建立起专科学校教育系统。唐朝时期，专科学校得到了进一步的发展，形成规模宏大的专科学校教育制度，包括卜筮、兽医、天文、历法、漏刻等专业。① 此外，私学家传、佛道人士传艺、经师兼授实科知识、训练手工匠人的艺徒制也是隋唐五代时期职业教育的重要组成部分。

一　隋唐时期的实科职业教育

唐代政府鼓励职业教育的发展。隋唐五代职业教育不仅设立了文科性质的专业学校，如律学、书学，而且设立了实科性质的专业学校，如算学、天文历学和医学等。除教育行政直属系统之外，在某些行政部门，如太乐署、太仆寺、太医署、太仆署、司天台等，亦设博士，招收学生，采取带徒弟的办法，学生一面学习，一面工作，进行职业训练，把教育、研究和行政三者结合起来。在职业教育体系中，接受职业教育的学生大多是贫苦人家子弟，

---

① 米靖：《中国职业教育史研究》，上海教育出版社，2009，第76页。

他们在所隶属的官衙中边学习，边实践，业成后有的就地参加工作，有的则分配到对口部门。

（一）唐代职业教育的政策和措施

这一时期特别值得一提的是，唐代李世民为发展职业教育采取的政策和措施。

一是奖掖实科职业人才。当时在天文历算方面，名家如流。祖孝孙"博学，晓历算"，傅仁均"善历算"，傅奕"尤晓天文历数"，李淳风"尤明天文，历算，阴阳之学"，崔善为"好学，兼善天文算历"，等等。李世民对他们恩礼有加，封官赐爵，并给以奖掖。李淳风在贞观初为修订《戊寅历》提出七条宝贵意见，很受李世民器重，"授将士郎，直太史局"。贞观二十二年（648年），李世民又拜他为太史令。①

二是兴办实科职业学校，培养实科职业人才。当时的太医署是世界上最早的医学院，医学分科很细，招收各种生徒。太史局也设立了天文学校、历学学校，培养这方面的人才。这在当时的世界上是领先的。这些实科职业人才的广泛培养，为贞观以后许多重大的闻名于世的科学发明奠定了基础。

三是重视使用科技新成果。李世民很重视科技成果，并加以推广应用。天文学家李淳风在贞观七年（633年）研制成了一部精密的天文仪器"黄道浑仪"，李世民十分高兴，当即下令把它放置凝晖阁，"以用测候"，使这部新仪器能够立即为当时的天文历算科学发挥作用。②

在唐初的一百多年时间里，科学技术得到了朝野人士的普遍重视。唐朝的武后、玄宗、德宗都分别著有农书和医书，在朝的文武大臣有不少从事过医药、化学、建筑、水利、农业、机械制造等方面的工作。据《唐六典》及新、旧《唐书》记载，人们凭借自己的科学知识和技术可以参加科举考试。获得职位，甚至可以官拜尚书，这也促使科学技术在民间受到重视。中

---

① 《旧唐书·李淳风传》。
② 史仲文、胡晓林：《中国全史·教育卷：隋唐五代分卷》，中国书籍出版社，2011，第478页。

唐以后，国家离乱，战事频繁，学校不存，科学技术的传播主要由私学承担。中晚唐时期，朝廷预求科技人才往往是到民间访求。[①]

（二）实科职业学校办学的类型

隋唐五代的实科学校主要有两种类型。一是属于国家教育行政系统的正规学校：医学和算学，医学又有中央医学和地方医学。二是属于职官性质的学校，主要有京师药园和太仆寺的医药弟子，以及太史监、司天台系统的天文历法生培养。

1. 医学专科学校

据《隋书·百官志》记载，隋代在太常寺下设太医署，除专门的医官，还有专门从事医学教育的学官，即博士二人，助教二人，按摩博士二人，咒禁博士二人。也就是说，建立起明确的医学教育制度，开始在太医署安置了与医学教育有关的人员。《隋书》卷二十八《百官志》记有："太医署有主药（二人）、医师（二人）、按摩博士（二人）、祝（咒）禁博士（二人）等员。"从中可见，隋代的医学教育已设置了医博士、按摩博士、咒禁博士等固定的人员，出现了专门化的雏形。

唐代的医学校，分中央与地方两级。

中央医学校继承隋制，仍然设在太医署，这是世界上最早的规模最大的医学院。培养掌握传统中医药知识技能的人才。医学分医、针、按摩、药等四个专业。医学专业包括五科：体疗（七年，相当于内科）；疮肿（五年，相当于外科）；少小（五年，相当于儿科）；耳目口齿（四年，相当于五官科）；角法（三年，拔火罐等疗法）。针学专业教学生了解经脉和穴位，熟识各种症候，掌握九种针法的运用。按摩专业教学生消息导引的方法，学会治疗风、寒、暑、湿、饥、饱、劳、逸等八项疾病，并兼习正骨术。药学专业与药园设在一起，教学生识别各种药物，掌握药材的种植和收采、贮存、制造等项技术，教学与劳动相结合。总之，医学重视精读医经，教学联系实

---

① 路宝利：《论唐代职业教育自觉意识》，《长春工业大学学报》（社会科学版）2011年第1期。

际，注重实习，根据成绩和疗效来决定工作分配，这是优良的教育方法。①

唐代还建立了地方医学教育制度："贞观三年，置医学，有医药博士及学生。开元元年，改医药博士为医学博士，诸州置助教，写《本草》《百一集验方》藏之。未及，医学博士、学生皆省，僻州少医药者如故。二十七年，复置医学生，掌州境巡疗。永泰元年，复置医学博士。"② 从这段记载可知，唐自贞观三年（629 年）创立地方医学。③

2. 算学专科学校

算学是官学中最高等级的"唐六学"之一，在隋朝时已有设置。隋朝初年设置："算学博士二人，算助教二人，学生八十人，隶属于国子寺。"④《旧唐书·职官志》载："隋始置算学博士二人于国庠。"算学博士的官衔为"从九品下"⑤。算学列为国学之一，说明它的专门化程度已得到社会公认，具备了设立专科学校的基础。唐初，从龙朔二年（662 年）起，"东都初置国子监，并加学生员等，均分于两都教授"。⑥

算学训练天文历法、财经管理、土木工程方面的人才。有博士二人，助教一人，学生 30 人，入学身份同律学，年龄限在 14～19 岁。算学学生入学有资格限制，限"文武官八品以下，及庶人之子"⑦，品级要求比国子、太学、四门等馆宽。分两个专业：一是以学古典算术为主，如《九章算术》《孙子算经》等；二是以学当代算术、实用性强的算术为主，如《缀术》《缉古算经》等。各学习七年，在学时间以九年为限。

尤其应当提出的是，李淳风与梁述、王真儒等编定和注释了历史上一批数学名著，统称《算经十书》，唐高宗把它规定为国子监的算学教材。这十

---

① 郝菁：《唐代的学校教育》，http://guoxue.k618.cn/xxjy/201412/t20141208_ 5765104.htm。
② 《新唐书·百官志》。
③ 史仲文、胡晓林：《中国全史·教育卷：隋唐五代分卷》，中国书籍出版社，2011，第 480 页。
④ 《隋书·百官志》。
⑤ 《唐六典》卷二十一注。
⑥ 《旧唐书·高宗纪上》。
⑦ 《旧唐书·职官志》。

部算经，不仅成为唐代以后算学和科举明算科的教材，而且介绍了一些重要的科研成果，成为了解我国古代数学发展史的重要文献。

唐代算学教育注重考试，要求学生做到"明数造术，详明术理"，也就是既要掌握运算规则，具有运算能力，又必须通晓数学的基本原理。这种考试原则兼顾知识与智能两个方面，在一千多年前是先进的，在今天也是可取的。唐代创立了科举制，并设有明算科，其考试方式有贴经和问答两种。明算科及第之后，送吏部授官："书、算学生从九品下叙。"[①]

3. 天文、历法专科学校

在朝廷的天文、历法机构太史监中设立专科学校始于隋朝，其前身可以追溯到北魏太史博士的设立。[②] 唐代的天文学是集行政机关、教育机构、研究单位三位一体的政府职能部门，既进行日常事务性工作，又培养学生。分三科教学：天文、历法、漏刻。学生由博士带领参加业务实践，重视观测，边实践边教学。学生毕业后的方向是在本部门就职或在其他部门从事本专业工作，不参加科举考试，属职业教育性质。

隋唐天文、历法学校，保留着较多的"官学"性质。在教育管理上，不如医学、算学完善，传授知识也不够系统，比较重视实用性。在教学方法上，继承了我国"天官"的优良传统，注意观察与验证，创立了我国古代实科职业教育一项重要的教学方法。

4. 其他类型的专科学校

律学：培养熟识唐朝律令的行政官员。有博士三人，助教一人，学生50人。八品官以下子弟或庶民中的俊秀青年可入学，入学年龄放宽至25岁。课程以现行的律令为主要内容，学习年限为六年。

书学：训练通晓文字并精于书法的官员。有博士二人，助教一人，学生30人。入学身份、年龄同算学。课程以《石经》《说文解字》《字林》为主，其他字书也兼习之，在学以九年为限。

---

① 《新唐书·选举志》。
② 《历代职官表》卷三。

兽医学：教授治疗牲畜疾病的知识和技术，边学习边参加治疗，考试合格者补为医。

音乐学校：由乐博士对长期常备的乐工和短期轮番的乐工分批教学，每批再按所习乐曲的难易分三档进行教练，每年考课，根据演奏功夫的熟练程度，评定优劣，然后累计成绩，决定升退。

工艺学校：由技艺最高的巧手任师傅来教授生徒，各种工艺难易不一，训练期限也不同。学精细雕刻镂花的四年，学制造车轿、乐器的三年，学制作大刀长矛的二年，学制箭及竹工、漆工、屈柳的各一年，学做礼帽头巾的九个月。制造的器物上刻上工匠的姓名，作为鉴定考核的依据。

以上的专门学校，范围广、门类多，有的与行政或业务部门结合，有的则分离设置，其设置的形式呈现多样化。这是世界上最早出现的实科学校，而欧洲这类实科学校的出现，是在资本主义已相当发达的 17～18 世纪，比唐代晚了 1000 余年。[①]

二 隋唐时期的私学职业教育

隋唐时期，不仅通过官办的实科学校培养科技人才，而且私学家传、佛道人士传艺、经师兼授实科知识、训练手工匠人的艺徒制，以及社会性的科普教育，等等，都曾培养造就了实科职业人才。特别是隋末、中唐以后及五代，官学衰败，教育与科学研究的维持和发展基本上仰仗私学，使私人职业教育成为官方职业教育的最好补充。

（一）私学家传的实科职业教育

私学传授实科职业知识，始于先秦，后世不绝如缕。至隋唐，凡身怀绝技之人，大多有门徒，例如，隋朝著名天文学家耿询，在陈隋之际沦为王世积的家奴，有幸就教于隋太史局官员高智宝，学习掌握了丰富的天文历法知识，并研制成功著称于世的水运浑天仪，炀帝时任太史丞。这是国家科技官员授徒施教的一个实例。唐代名医孙思邈曾收徒传医术，如孟诜和卢照邻等

---

① 郝菁：《唐代的学校教育》，http：//guoxue. k618. cn/xxjy/201412/t20141208_ 5765104. htm。

人都曾"师事之"①，后来孟诜也成为唐代著名医家。孙思邈传授医术时，注重直观。他精心制作了三幅大型彩色针灸挂图，称《明堂图》。当时朝廷虽然禁止民间研讨天文、历法，但是这方面的传授活动却禁而不绝，例如，宋璟曾师事于李元恺，学习"天普历算"；又如，崔良佐撰写过《历像》《浑仪》等论著，并隐居授徒。据《畴人传四编》记载："卢肇，宜春，举进士第一。肇始学浑天之术于王轩，轩以王番之术授之。后因演而成图，又法浑天作《海潮赋》及图。轩，太和进士。"这段话记载了天文知识转相传授的情况，其中卢肇和王轩都是唐朝的进士，说明当时士人也很注意学习实科知识。

家传是私学传授的特殊形式，实科人才获益于世传家学的很多，生活在陈隋之际的名医徐之才，就是这方面的典型。他生长在一个世代名医之家，六代之中有十一个著称于世的医生。唐代药物学家李珣出生在一个世代经营香药的波斯商人家庭，从小就有机会学习外国药物学知识，加之他有较高的文化修养，博览药典，终于写成了著名的《海药本草》。古代的史官，特别是其中的天官，多是官学与家传相结合，俗称"畴人子弟"。隋唐也继承了这一传统，如唐太史令庾俭，就出身于天文占星世家，李淳风与之类似，祖上四代都长于天文历算。阎立德是唐代杰出的建筑工程师，曾参加建造昭陵、翠微宫、玉华宫等大型工程，官至工部尚书。其父擅长工艺，家传得法。世业家传的方式，由于适应以家族为单位的封建自然经济，因而在古代成为实科职业教育传授的一种重要形式。但是，它具有很强的保守性和封闭性，不利于科学技术的交流和发展。诚如孙思邈所指出的："各承家传，始终循旧。"这种传习方式的保守性，归根结底是由宗法制度和小生产所决定的。②

五代动乱，官学衰亡，文教科技事业的发展更依赖于家传私学。"陈玄，京兆人也。家世为医，初事河中王重荣。"③乾符中，后随唐武帝出征

---

① 《新唐书·隐逸传》。

② 史仲文、胡晓林：《中国全史·教育卷：隋唐五代分卷》，中国书籍出版社，2011，第483页。

③ 《旧五代史·陈玄传》。

做侍医，深得器重。"赵延义，字子英，秦州人，曾祖省躬，以明术数为通州司马，遇乱避地于蜀。祖师，黔中经略判官。父温珪，仕蜀为司天监。温珪长于袁、许之术，兼之推步。延义少以家法仕蜀，由荫为奉礼部翰林待诏。蜀亡入洛，时年三十。天成中，得蜀旧职。延义世为星官，兼通三式，尤长于袁、许之鉴。"① 由于他"善交游，达机变，兼有技术"，所以深得朝廷信任，在五代的晋、汉诸朝中皆拜官司天监。②

（二）佛道传艺的实科职业教育

隋朝是我国佛道昌盛的时代，和化学杂糅在一起的炼丹术，自秦汉之际开始，就是道教方士的数术；和医学交织在一起的咒禁，也是他们的绝技。至于占星与天文，勘舆与地质，等等，关系都十分密切。加之宗教人士研究天文、历法等"中秘之物"不受律令的限制，只听"道格处分"，因此，隋唐两代的道教人士中，多有传授这些知识的，例如，对传习天文知识起过重大作用的《步天歌》，就出自道士之手。③

再如，李淳风的父亲李播"弃官为道士，号黄冠子"④，曾撰写过《大象元机歌》三卷及《大象历》等，据清人黄钟骏称"皆《步天歌》之类也"⑤，也是为传天文知识所用。此外，向道教人士学习天文知识而有所成者，还有隋代太史令薛颐；向道教学习炼丹与咒禁的则有著名医学家孙思邈等。

佛教传经，同时也要传授有关的实证知识，这与佛经的内容有关。占星是佛学的组成部分，如《大藏经》中就收有《七曜星辰别行法》等天文历算书籍。佛教输入也带来了天竺（今为印度）、波斯（今为伊朗）、狮子国（今为斯里兰卡）等国的实科知识。当时研究天竺历法的有三家，即迦叶氏、瞿昙氏和拘摩罗。这三家天文历算家都是佛学大师，他们在中国期间，曾任太史阁，传授天竺的天文历法知识⑥。据说瞿昙罗担任太史令达三十年

---

① 《旧五代史·周书·赵延义传》。
② 赵文秋：《古代教育》，河南人民出版社，2005，第80页。
③ 《新唐书·艺文志》。
④ 《新唐书·方伎列传》。
⑤ 《畴人传四编》卷四。
⑥ 李约瑟：《中国科学技术史》（第4卷第1分册），科学出版社，1975，第75页。

之久，对传播印度等国的天算知识做出了杰出贡献。他的后代瞿昙譔曾编撰著名的《开元占经》，促进了我国天文知识的传授。唐代天文学家一行编撰《大衍历》，李淳风修定《麟德历》，都曾受到以上三位大历法家的影响。此外，唐代佛教的密宗首领不空和尚，曾翻译了《文殊列利菩萨及诸仙所说吉凶时日善恶宿曜经》二卷，详细介绍了天竺国当时的天文星历知识，由他的中国弟子杨景风为之作注。唐代著名天文家张遂，循入空门后称一行僧，他学数学曾以嵩山普寂为师。为穷大衍之术，遍访全国各地有历法算学专长的名家，他登天台山国清寺就教，并亲见"僧于庭布算"的场面。《旧唐书·一行传》载："一行求访师资，以穷大衍，至天台山国清寺，见一院，古松十数，门有流水。一行立于门屏间，闻院僧于庭布算声"，"一行承其言而趋入，稽首请法，尽受其术焉，而门前水果却西流"。① 唐代律宗高师鉴真和尚通晓"五明"，认真学习了道岸律师高起的建筑技艺，还亲睹道岸监造长安小雁塔的过程。后来，鉴真又从弘景律师具足戒，并学到了丰富的药物学知识，掌握了奇效丸的配制密方，鉴真的经历，是唐代佛门传授实科知识的典型实例。②

（三）经师兼授实科职业知识

在汉代经学教育中，已具有兼容实科知识的特点。隋唐之世，结束了自汉以来儒学多门、章句繁杂的局面，建立了统一的经学。有几位对经学统一曾起重大作用的经学大师，都兼传实科知识。史称"刘焯于《九章算术》《周髀》《七曜历书》十余部，推步日月之经，量度山海之术，莫不覆其根本，穷其秘奥。著《稽极》十卷，《历书》十卷，《五经述议》，并行于世"。又称刘炫"与术者修天文律历"，曾编《算术》一卷。③ 他还修订了《周髀》关于每百里日影差一寸的说法，后世僧一行在此基础上进行了人类历史上最早的子午线实测工作。二刘在讲经的同时兼

---

① 赵文秋:《古代教育》，河南人民出版社，2005，第 80 页。
② 史仲文、胡晓林:《中国全史·教育卷：隋唐五代分卷》，中国书籍出版社，2011，第 484 页。
③ 《隋书·刘焯刘炫列传》。

传科技知识，孔颖达就是刘焯的门人。这是经学大师传习科技知识的实际
事例。

（四）手工作坊的艺徒制

唐代训练手工匠人有官营作坊的徒艺制和世业家传等形式。我国在商周
时代就已有了百工之制。唐代继承发展了古制，专设少府监（或称内府、
尚方）负责管理百工技巧"掌百工技巧之政"和将作监"掌土木工匠之
政"。少府监负责天子和后妃的器物、服饰及祭祀用品、朝会仪仗等，将作
监负责土木建筑工程。两监都有训练艺徒的职责，少府监还订有培训制度，
一边生产，一边训练工人。艺徒训练由少府监（从三品）负总责，少府监
训练工徒，有一套管理制度：细镂之工，教以四年；东路乐器之工，三年；
平漫刀稍之工，二年，矢镞竹漆屈柳之工，半焉；冠冕弁帻之工，九月。教
作者传家技，四季以令丞试工，岁终以监试之，皆物勒工名。[①]

从这一记载可知，唐朝宫廷作坊，所收艺徒有四个工种："细镂之工"，
这是用金翠珠宝等制成各式花朵的首饰工；"车路（即人君所乘坐的车）乐
器之工"，这是制作车辆、乐器的工种；"平漫刀稍之工"与"矢镞竹漆屈
柳之工"，这是制造大刀、长矛（矛长八尺曰稍）、弓箭的兵器工；"冠冕弁
帻之工"，这是制作衣冠的工种。少府丞（从六品下）根据不同工种所传授
技术的难易，确定出徒时间，例如，首饰工，需要掌握难度较大的刻镂、雕
花等工艺技术，学徒时间最长，为四年；"冠冕弁帻"工，其技艺容易学
会，规定只用九月时间就可出徒。官营作坊训练工徒，十分重视考核，季试
由令丞负责，年终的岁试则由少府监亲自主持。为考核艺徒所制产品的优
劣，还规定在制品上标明制作者姓名（"物勒工名"）。唐朝官营作坊，借用
皇权威力征用全国的工艺名师来训练艺徒，并指令他们拿出家传绝技教授，
即所谓"教作者传家技"。这种传习方式，有助于突破家传技艺的封闭性和
保守性，在当时不失为一种比较先进的艺徒培训形式。

在民间，广泛存在着世业家传的教育活动，凡名牌产品的制作技艺，在

---

① 《新唐书·百宫三》。

古代几乎都是依靠家传继承发展的。例如，北京故宫博物馆现存的唐代名琴绝品"九霄环珮"、"松雪"、"响泉"、"春雷"、忘味、百纳等，就是唐代西蜀成都雷威和雷氏一家制作。雷氏家族以制琴为世业，所制古琴被人们赞誉为"雷公琴"，数百年间一直颇享盛名。雷氏之所以能取得卓越成就，是由于付出了艰辛的劳动。他们在世代制琴实践中，总结出一套选材、制作、审验的成功经验和独特技术。为使技艺常新不衰，他们广泛吸取各家之长。据《贾氏说林》记载，雷威在制琴的过程中曾得到谙熟音律的老人指点。在古代，世袭技艺关系到家族的经济生活与发展，为保持"独家经营"的优势，往往采取一种封闭的内循环方式，对技术的传播加以限制，可见这种传习的顽固性，它拒绝了技术上的竞争，是妨碍生产技术发展的。[1]

三 唐朝的实科职业教育教材

我国自唐代开始，由国家颁定统一的实科职业教育专业教材，这与实科学校的建立是相适应的。朝廷对于当时的算学、医学都规定了必修与选修的教材，这些教材或由朝廷诏令编审而成，或选用高水平的专业书籍代之。

由国家主持编定统一的实科教材，标志着实科教育地位的提高和进步，当时在这方面我国又居世界领先地位。欧洲最早由国家颁定的药物学专书，是意大利的佛罗伦斯药典，颁定于 1494 年，比我国晚八百多年。

实科教材，除由国家诏令颁定者外，在专科学校中还选用一些内容全面、先进的专业善本书。例如，天文学专业，就选用《步天歌》为入门者的必修教材；唐代李石编著的我国最早的兽医教科书《司牧安骥集》，以及当时著名的医学专著《甲乙经》，也都被选作教材。私学家传的实科教育也使用教材，不过其灵活性大大超出官办专科学校，多随大师的所专所好加以选择。

唐代颁定的实科教材，大致具有如下特点。[2]

---

① 史仲文、胡晓林：《中国全史·教育卷：隋唐五代分卷》，中国书籍出版社，2011，第 484 页。

② 史仲文、胡晓林：《中国全史·教育卷：隋唐五代分卷》，中国书籍出版社，2011，第 486 页。

一是荟萃集成。就教材内容而言，囊括了当时最新的科技成就。《算经十书》集以往古算之大成，其中《九章算术》是最重要的一部，它对以后中国古代数学发展所产生的影响，正像古希腊欧几里德《几何原本》对西方数学所产生的影响一样，是非常深刻的。这十部算书中不少内容在数学上的成就具有世界意义：联立一次方程的解法，早于欧洲一千五百多年；《孙子算经》的"物不知数"解法，已包含了现代数论中著名的剩余定理的基本形式；《缀术》又记载了早于欧洲一千余年的祖冲之的圆周率。医学教材的内容也是汇集了当时之精萃，属于高水平的。就教材版本而言，所选用的都是经过认真校勘的善本，从内容到形式，都是高质量的。这不仅保证了我国实科职业教育的教学水平，而且远传外国，对其他国家科学技术发展和科技人才成长都有着积极影响。

二是编定教材和研究相结合。唐代实科教材能做到荟萃集成，不仅由于借助了当时已有的研究成果，而且还由于选派了第一流的科学家。他们在编撰过程中，进行认真的科学研究，所编教材本身就是最新的科研成果。如《新修本草》就是经过药物学家们集体钻研，在广泛吸取了以往本草药书的成果的基础上，又新增加了药物114种，所载入药物竟达844种，堪称一部恢宏的药典。李淳风编《算经十书》，也正是由于进行了深入的研究，才能超过前人，纠正了"南北两地相距千里则日影长相差一寸"等错误结论，为我国古代算学做出了新贡献。唐代选派第一流科学家，将编定教材与科学研究相结合以保证教材的高质量，这经验值得借鉴。

三是具有独特的体例。唐代颁定的教材都是注释本，既保留了前人的原著，使学生能知其源，又通过注释立了新意，创立了新说，做到及时更新教材内容，使学生能知其流，学到新知识；而且有的还是集注本，有利于学生借以了解各家的见解，开阔眼界，活跃学术思想。所以，这种体例的实科教材，易于学生自学。

四是图文并茂，形象生动。唐代《新修本草》包括药图和图经，称得上是图文并茂，通俗易懂，这是前所未有的，很有利于采药和教学。被称为天文学入门的教材《步天歌》，首次刊印天文图像。《畴人传四编》赞道：

"历代天文志，徒有其书，而无载象，学者但识星名，无从仰观。自丹元子著《步天歌》，见者可以观象。"运用诗歌、韵文记述科学知识，在唐代是十分普遍的，就连严肃的医理，医师们也要精心撰文，使其具有一定的韵律，读来朗朗上口。这种生动活泼的实科教材，对后世颇有影响。

第三节　书院的起源和唐诗中的书院

唐代自"安史之乱"以后，社会由盛转衰，中央大权旁落，形成了藩镇割据的局面。各地方节度使拥兵自重，相互征伐，局部战争内乱不断，严重地危害了学校教育的发展。造成官学日趋衰落，士子失学的状况。为此，一些笃学之士便在山林名胜之地建屋立舍，藏书授书，聚徒讲学。正如朱熹在《衡州石鼓书院记》中所记述的那样："前代庠序之教不修，士病无所于学，往往相与择胜地，立精舍，以为群居讲习之所。"新的教育组织形式——书院适应时代需要而产生，对民族文化的发展和传承起到很大作用。

一　唐代书院的起源和发展

（一）唐代书院的起源

书院之名，肇始于唐代，最早的书院是集贤殿书院。它是官立书院，主要职能是为政府修书。据《新唐书·百官志》和《唐六典》载，开元五年（717年），收集天下典籍，在乾元殿整理，设各种专职整理和管理人员。开元六年（718年），乾元殿更号丽正修书院，改修书官为丽正殿直学士，并于光顺门外亦设一丽正修书院。开元十三年（725年）大明宫光顺门外，东都明福门外两所丽正修书院均改为集贤殿书院。①

根据各方面的材料来看，唐代集贤书院除了具有收藏整理图书、荟萃才

① 史仲文、胡晓林：《中国全史·教育卷：隋唐五代分卷》，中国书籍出版社，2011，第449页。

俊、纂辑著述、侍讲顾问等职能外，还兼有聚徒设教的职能，有其特定的教学内容和教学对象。书院从其名称诞生的早期便与教学活动紧密地联系在一起了。

根据史书记载，唐代有两种场所被称为书院：一种是中央政府设立的藏书修书校书刊书的机构，主要职责是"掌勘缉古今之经籍，以辨明邦国之大典，而备顾问应对，凡天下图书之遗逸，贤才之隐滞，则承旨而征求焉"，①相当于今天的国家图书馆和出版社，如丽正书院和集贤书院。还有一种是由民间设立创办的供士子读书治学的地方，这才是真正意义上的作为新的教育组织形式和教育机构，有学校性质的书院。它起源于私人的著书讲学。有的学者说：书院是私学的高级表现形式（杨荣春《中国封建社会教育史》）。从孔墨私学、经稷下学宫、汉代书馆和精舍，到书院制度，代表着古代私学教育发展不同阶段的典型形态。书院制度堪称私学教育发展的最高形态。

书院产生的主要原因在于：社会动乱，官学衰微，士子失学，很多知识分子被边缘化。为此，一些饱学之士，退居林泉，而又有忧国之心，便在山林名胜之地建屋立舍，聚徒讲学，以解决社会士子求学需要，并传承文化。

（二）唐代书院的三个发展阶段

第一个发展阶段，自唐初至唐代中叶。自发生于民间，数量不多，开始有个别读书人逃避社会，隐逸林泉，读书治学，进而发展为聚徒讲学，吸引那些官学不能满足而又立志科举的士人读经修学的需要，最后形成具有学校性质的书院。

第二个发展阶段，自唐中叶至唐末五代时期。中央政府开始注意民间性质的书院，对这种新型的教育形式给予实际的肯定和支持，使民间书院有了相当的发展，由原来的几所发展至 44 所。

第三个发展阶段，为五代十国时期。此时天下大乱，国家斯文扫地，无暇顾及教育。一部分被边缘化的知识分子，逃避社会而又不甘寂寞，据江湖

---

① 邓洪波：《中国书院史》，东方出版中心，2004，第 49 页。

之远而又心系天下，政府一些有识之士与民间贤人合力保留了总共十三所民办官助的书院。这些书院，"犹如黑色天幕中的闪耀之星，让乱世中的读书人看到了希望，也终于托斯文于不坠。历经磨难而不灭，真所谓潜德幽光，宜乎书院必大兴于两宋之世"。①

二　唐代初年的民间书院

唐朝初年，有不少私人创建的书院。起初，将个人读书治学之所称为书院，后来逐步发展成聚书建屋，授徒讲学的书院。邓洪波先生认为："从现在掌握的文献资料来看，攸县光石山书院和陕西蓝田的瀛洲书院，山东临朐的李公书院，河北满城的张说书院一起，要算中国历史上最早的书院了。"②

（一）湖南攸县光石山书院

"名山福地世应希，楼观巍峨倚翠微。"中国最早的书院——光石山书院就建在今湖南攸县司空山中。南齐永泰四年（498 年），司空张岜灰心于朝政，决定退隐林泉，走到湘东郡攸县麒麟山，醉心于其"云岫回合，松萝蓊郁，泉源清冷"的环境，"倾家南来"，再次读经修道。后人将麒麟山改名司空山。

唐玄宗于天宝七年（708 年），下旨兴建了司空山的朱阳观。邓洪波教授在其编著的《中国书院史》一书中，引用了光绪《湖南通志》《古今图书集成》中记载的唐朝苏师道《司空山记》为证：公元 498 年，南齐老臣司空张岜大人，挂冠退隐。沿湘江，溯洣水，巡攸河，倾家南来，至麒麟山，筑坛朝斗，结庐修道，早晚诵《太洞真经》39 章，得其妙旨，养神育气。至梁天鉴末年（519 年）八月十五日，全家八十余口白日升举、冲天而去。麒麟山后亦改名为司空山。天宝七年（708 年），唐玄宗下旨兴建了司空山朱阳观（后宋徽宗改名阳升观）。建观七年后，潭州（攸县古属潭州）刺史

---

① 邓洪波：《中国书院史》，东方出版中心，2004，第 51 ~ 52 页。

② 邓洪波：《中国书院史》，东方出版中心，2004，第 4 页。

苏师道奉旨前来祭拜，他专门察看了张司空的生活遗迹，并在《司空山记》一文中详细记录了位于张司空宅左的石山书院。"……司空宅在山之西，去观十一里，今殿宇有像，坛井基图，宛然在焉。宅左右光石山书院，故基尚存。北一里有惠光寺，前有洗药池，池水冬温夏冷，异香袭人，掬饮可以愈疾。"①

现存司空山惠光寺遗址，上有乾隆二十九年（1765年）刻写的碑文："大觉寺系张公书院，为司空常读书之所。"光石山书院的故址在大觉寺的左侧。

（二）陕西蓝田的瀛洲书院

关中地区最早的书院同全国一样也是萌芽于唐朝。据清雍正《陕西通志》卷二十七记载，"瀛洲书院在（蓝田）县治南，唐学士李元通建。明弘治时，知县任文献重修"。② 李元通，蓝田县人。隋时为鹰扬郎将，归唐后拜定州总管。查嘉庆《清一统志》卷二三三及光绪《蓝田县志》卷十四，唐高祖时，李元通拜定州总管，与刘黑闼作战，兵败被俘，长叹："大丈夫抚方面而不能保所守，尚何惕息耶！"乃溃肠死节。刘黑闼为隋末农民起义首领，唐武德四年（621年）反唐，称汉东王，两年后兵败被杀。故瀛洲书院当创建于武德六年（623年）之前。③

（三）山东临朐的李公书院

据嘉靖《青州府志》记载，"李公书院在（临朐）县西南，唐李靖读书处。一云靖从太宗征闾左，于此阅司马兵法"④。李靖（571～649年），陕西人。曾任隋马邑郡丞。后归唐，遂太宗南征北战，为大唐的统一立下汗马功劳，深得李世民赏识，官至兵部尚书。这与《山东教育通志》记载的"早在唐末，山东临朐就有李公书院的设立"有出入，以《青州府志》记载为确。

---

① 刘洁琼：《湖大教授论证：中国第一所书院当属攸县石山书院》http://news.sina.com.cn/o/2012－07－16/173024784500.shtml。
② 邓洪波：《中国书院史》，东方出版中心，2004，第4页。
③ 邓洪波：《中国书院的起源及其初期形态》，《湖南大学学报》（社会科学版）1995年第1期，第45～48页。
④ 邓洪波：《中国书院史》，东方出版中心，2004，第5页。

又据今人王新生考证，李公书院位于今临朐一中校园内，规模不详。由于时值战乱，存留时间可能不长，以后改为县儒学。宋绍圣五年（1089年），临朐县令李敬将其迁至临朐县粮食局所在地一带，民国时被毁。

（四）河北保定的张说书院

张说书院，又名张相公堂，坐落在今河北保定（唐玄宗时称满城）花阳山中。据吴洪成等著的《河北书院史》，其中引用了邓洪波先生《中国书院史》的文字，说满城抱阳山远在唐朝确有"张说书院"。江西李才栋也曾著文说及"张说永乐（满城）花阳山书院"。满城过去叫过永乐，花阳山就是抱阳山。不管称张说书院还是称花阳山书院，其实是一处。

另据《保州抱阳圣教院重修相公堂记》载，宋神宗赵顼元丰三年（1080年）的石碑明确记载了相公堂。相公，就是张燕公张说。他是唐朝开元年宰相，还是布衣平民时，曾在此读书，位置就是圣教院东岩的书院。碑记还记载这里有石室三间，一曰五经堂，一曰进士堂，另一佚名。石室与山同生，绝非人力而为。张燕公后来念此为"生平为学之所"，并想"以广寺地"，不肯多占土地，叠石为岸，就山镌室。南北百步廊下又得三泉，凿成石室以蓄之。石廊之东，又造一堂，雕了石像，人们旦夕奉之。百姓还塑了张燕公的像，一起供奉，所以这里也叫相公堂。①

有宋人滕中《张说相公堂记》，称张说"未遇时，至满城花阳山，因见风景异常，花木蓊郁，筑室于此，以为读书之处。后人修葺完好，更名相公堂"②。张说（667~730年），洛阳人。唐朝政治家、文学家。前后三度拜相，并兼集贤书院学士，执掌文坛三十年，为开元前期一代文宗。

三　唐代诗人所描绘的书院

唐代民间书院，是一种新生的文化组织和教育形式，它一出现就得到了当时朝野和文人墨客的积极响应和广泛参与，这在唐诗中有生动具体的记录。

① 郑新：《中国最早的书院之一满城花阳书院》，http：blog. sin. com. cn，2012 年 3 月 19 日。
② 邓洪波：《中国书院史》，东方出版中心，2004，第 5 页。

题玉真观李泌书院

韩 翃

白云斜日影深松，玉宇瑶坛知几重。

把酒题诗人散后，华阳洞里有疏钟。[①]

　　韩翃，字君平，河南南阳人，天宝十三年（754 年）中进士，后官至驾部郎中。韩翃诗笔法轻巧，写景别致，在当时流传很广。韩翃与钱起、卢纶等人号称"大历十才子"。他作诗兴致繁富，一篇一咏，朝野珍之。李泌（722～789 年），京兆人。与韩翃同一时代。中所题李泌书院，可能是在道观的基础上扩建的。此处风景秀美，斜日白云，松影婆娑，文人儒士，相聚一起，把酒题诗，很是惬意。

同耿拾遗春中题第四郎新修书院

卢 纶

得接西园会，多因野生同。

引藤连树影，移石（一作柏）间花丛。

学就晨昏外，欢生礼乐中。

春游随墨客，夜宿伴潜公。

散帙灯惊燕，开帘月带风。

朝朝在门下，自与五侯通。[②]

　　卢纶（739～799 年），字允言，唐代诗人，大历十才子之一，河中蒲（今山西省永济县）人。本诗中具体描绘了书院的教学活动。再现了一帮性情志趣相投的墨客文人相聚一起，灯前月下，讲诗论文情景。

---

① 《全唐诗》卷二四五。
② 《全唐诗》卷二七八。

宴赵氏昆季书院因与会文并率尔投赠

卢 纶

诗礼挹余波，相欢在琢磨。

琴尊方会集，珠玉忽骈罗。

谢族风流盛，于门福庆多。

花攒骐骥枥，锦绚凤凰窠。

咏雪因饶妹，书经为爱鹅。

仍闻广练被，更有远儒过。①

　　诗中生动再现了诗朋文友在书院讲学品诗的场面，可以感受到当时书院生动活泼相对自由的学术气氛。

杜中丞书院新移小竹

王 建

此地本无竹，远从山寺移。

经年求养生，隔日记浇时。

嫩绿卷新叶，残黄收故枝。

色经寒不动，声与静相宜。

爱护出常数，稀稠看自如。

贫来缘（一作原）未有，客散独行迟。②

　　王建（约767～约831年），唐代诗人。字仲初。颍川（今河南许昌）人。门第衰微，早岁即离家寓居魏州乡间。王建的乐府诗和张籍齐名，世称"张王乐府"。王建的著作，《新唐书·艺文志》《郡斋读书志》《直斋书录解题》等皆作10卷，《崇文总目》作2卷。今传刻本有：《王建诗集》10

---

① 《全唐诗》卷二七九。
② 《全唐诗》卷二九九。

卷，南宋陈解元书棚本；1959 年中华书局上海编辑所以此为底本，并参照其他刊本校补排印。《王建诗集》8 卷，明汲古阁刻本。《王建诗》8 卷，《唐六名家集》本。《王司马集》8 卷，清胡介祉刊本。《王建诗集》10 卷，《唐诗百名家全集》本。《宫词》1 卷，有单刻本及明顾起经注本。从诗中"此地本无竹""远从山寺移"可以看出，当时初期书院与佛家山寺的紧密关系。在唐朝初期甚至以后，很多书院都是在寺庙和道观的基础上扩建而成的。

题宇文裔山寺读书院

于 鹄

读书林下寺，不出动经年。
草阁连僧院，山厨共石泉。
云庭无履迹，龛壁有灯烟。
年少今头白，删诗到几篇。①

于鹄，约唐代宗大历年间至唐德宗贞元年间前后在世，诗人。隐居汉阳，尝为诸府从事。其诗语言朴实生动，清新可人；题材方面多描写隐逸生活，宣扬禅心道风的作品。此诗同样显示了书院和佛家寺院的关系。还指出了初期书院已有除读书教学外，还有研究著述的功能。

题五老峰下费君书院

杨巨源

解向花间栽碧松，门前不负老人峰。
已将心事随身隐，认得溪云第几重。②

---

① 《全唐诗》卷三十一。
② 《全唐诗》卷三十三。

杨巨源，字景山，河中人。贞元五年（789 年）擢进士第，为张弘靖从事，由秘书郎擢太常博士、礼部员外郎，出为凤翔少尹。复召除国子司业，年七十致仕归，时宰白以为河中少尹，食其禄终身。事迹见《唐诗纪事》《唐才子传》。诗中书院景色优美，花间、碧松、老人峰，环境幽静。所表现的情绪非常消极、避世、隐逸，寄情山水，赢得很多落魄文人心理上的共鸣。

同恭夏日题寻真观李宽中秀才书院

吕　温

闭院开轩笑语阑，江山并入一壶宽。

微风但觉杉满香，烈日方知竹气寒。

披卷最宜生白室，吟诗好就步虚坛。

愿君此地攻文字，如炼仙家九转丹。

吕温（771～811 年）字和叔，又字化光，唐河中（今永济市）人。德宗贞元十四年（798 年）进士，次年又中博学宏词科，授集贤殿校书郎。与吕温同时代的柳宗元、刘禹锡、元稹等人，都曾给他以极高的评价，因他既是唐代中期一位有成就的文学家，又是王叔文政治革新集团的重要人物。此诗所题当为石鼓书院。据《湖南通志》卷六十九记载，石鼓书院，"旧为寻真观，唐判史齐映建合江亭于山之右，元和中州人李宽结庐读书其上，刺史吕温尝访之"[①]。又据《国朝石鼓志》卷一记载与《湖南通志》基本一致："石鼓之有书院肇自唐时，初为会真观，唐刺史齐映建合江亭于山之右麓。元和年间，士人李宽读书其上，刺史吕温尝访之，有题寻真观李秀才书院，是特宽一人之私业而已。"[②] 而吕温此诗所题为"李宽中秀才书院"。石鼓书院创始人究竟是李宽还是李宽中，

---

① 邓洪波：《中国书院史》，东方出版中心，2004，第 12 页。

② 李国钧、王炳照：《中国教育制度通史》（第三卷），山东教育出版社，2000，第 235 页。

至今不能定论。

南溪书院

杨　发

茅屋住来九，山深不置门。
草生垂井口，花发接篱根。
入院捋雏鸟，攀萝抱子猿。
曾逢异人说，风景似桃源。①

　　杨发，唐代著名诗人。约公元 844 年前后在世，字至之，父遗直始家于苏州。工于诗。太和四年（830 年），登进士第。历太常少卿，出为苏州刺史。后为岭南节度，严于治军。军人遂怨起为乱，囚发于邮舍。坐贬婺州刺史，卒于任。杨发为诗清新流畅，传世颇多。此诗有陶渊明意蕴，说南溪书院"风景似桃源"，远离尘世烦嚣，草垂井口，花拥篱笆，鸟语猿声。

书院二小松

李群玉

一双幽色出凡尘，数粒秋烟二尺鳞。
从此静窗听细韵，琴声常伴读书人。②

　　李群玉（808～862 年），字文山，唐代澧州人。澧县仙眠洲有古迹"水竹居"，旧志记为"李群玉读书处"。李群玉极有诗才，他"居住沅湘，崇师屈宋"，诗写得十分好。《湖南通志·李群玉传》称其诗"诗笔妍丽，才力遒健"。李群玉，"旷逸不乐仕进，专以吟诗自适，诗笔艳丽，才力迈

---

① 李国钧、王炳照：《中国教育制度通史》（第三卷），山东教育出版社，2000，第 13 页。
② 《全唐诗》卷五一七。

健"。晚年才任弘文馆校书郎，未几解任归，两年后去世。段成式以诗哭之①"明时不作弥衡死，傲尽公卿归九泉"。此诗所题书院不详，书院所处环境却很有诗韵，松声琴声读书声，超俗脱尘。

田将军书院

贾　岛

满庭花木半新栽，石自平湖远岸来。

笋迸邻家还长竹，地经山雨几层苔。

井当深夜泉微上，阁入高秋户尽开。

行背曲江谁到此，琴书锁著未朝回。②

贾岛早年出家为僧，号无本。元和五年（810 年）冬，至长安，见张籍。次年春，至洛阳，始谒韩愈，以诗深得赏识。后还俗，屡举进士不第。贾岛诗在晚唐形成流派，影响颇大。

据传贾岛骑驴访李凝幽居，于驴背上得诗句"闲居少邻并，草径入荒园。鸟宿池中树，僧推月下门。过桥分野色，移石动云根。暂去还来此，幽期不负言"。但又觉得"僧敲月下门"似乎比"僧推月下门"更能衬托环境的幽静。贾岛一时拿不定主意，便在驴背上边吟诗边举手做推敲之状，反复品味，结果又无意中碰撞了京兆尹韩愈的仪仗队。于是乎贾岛便被众卫士拥至韩愈跟前，贾岛具实禀报事情原委后，韩愈不但不怪罪，反而建议他改"僧推月下门"为"僧敲月下门"。于是二人又并辔而行，共论诗道，结为布衣之交，后来韩愈又劝他还俗应举，并赠诗"孟郊死葬北邙山，日月风云顿觉闲，天恐文章浑断绝，再生贾岛在人间"。贾岛为此名声大著。贾岛与田将军有交往。其书院依山傍水，平湖远岸，满庭花木，风景优美，在此以琴书为伴，方可修身养性。

---

① 邓洪波：《中国书院史》，东方出版中心，2004，第 14 页。

② 《全唐诗》卷五七四。

题子侄书院双松

曹 唐

自种双松费几钱，顿令院落似秋天。

能藏此地新晴雨，却惹空山旧烧烟。

枝压细风过枕上，影笼残月到窗前。

莫教取次成闲梦，使汝悠悠十八年。①

曹唐，字尧宾，桂州人。初为道士，工文赋诗。大中间举进士，咸通中，为诸府从事。诗中所题书院主人亲手植松，秋荫藏晴雨，空山绕炊烟，枝丫微风，影笼残月，在此处，只读书，不求官，岂不快哉！

宿沈彬进士书院

齐 己

相期只为话篇章，踏雪曾来宿此房。

喧滑尽消城漏滴，窗扉初掩岳茶香。

旧山春暖生薇蕨，大国尘昏惧杀伤。

应有太平时节在，寒宵未卧共思量。②

据《全唐诗》卷七四三记载：沈彬，字子久，高安人。唐末应进士不第，浪迹湖湘，尝与僧虚中，齐己为诗友。年八十余，南唐李璟依旧恩召见，赐粟帛，官其子。又据《湖南历代名人辞典》：齐己，家贫早孤，出家为僧，酷爱山水，云游江南，能诗能文，有《白莲集》十卷传世。二人互为师友，经常互相唱答。《全唐诗》卷八三八所记齐己《寓居岳麓谢进士沈彬再访》："去岁来寻我，留题在藓痕。又因风雪夜，重宿古松门。玉有疑休泣，诗无主且言。明朝此相送，披褐如桃源。"③

---

① 《全唐诗》卷六十四。
② 《全唐诗》卷八四四。
③ 邓洪波：《中国书院史》，东方出版中心，2004，第15页。

书院无历日问路侍御六月大小

李 益

野性迷尧历，松窗有道径。

故人为柱史，为我数阶蓂。[①]

李益（748～827年），字君虞，"大历十才子"之一。甘肃武威人，后迁至河南郑州，初授郑县尉。以久不升迁弃官，北游河朔，从军幽燕，作诗自娱，与李贺齐名。宪宗时，为两任集贤殿学士。诗中所题书院当为集贤殿书院。诗人如陶渊明一样，"少无适俗韵，性本爱丘山"，野性不改，不合世俗，不知尧历，无论魏晋，松窗道径，读书自乐。

第四节　韩愈、柳宗元的教育学说

早在魏晋，玄学已经将三教的思想进行了一次融合。魏晋玄学上承先秦西汉以来的道家哲学思想，并把儒家的政治伦理思想和道家哲学思想有机地结合在一起，形成了一种不同于先秦西汉的新道家学说。隋朝儒学家提出"三教合归儒"的主张，又称"三教合一"。隋唐时期儒、佛、道的教育思想在社会竞争中发展，又相互吸收对立方面的思想主张，并融进自身的教育理论之中。[②] 主张重新复兴儒学和主张三教调和教育思想的唐代著名的文学家、思想家和教育家韩愈、柳宗元，分别是这两种教育思想的杰出代表。

一　韩愈生平及教育活动

韩愈（768～824年）字退之，河南河阳（今河南省孟州市）人，祖籍郡望昌黎郡（今河北省昌黎县），自称昌黎先生，世称韩昌黎；历经唐代宗大历三年至穆宗长庆四年，年五十六。晚年任吏部侍郎，又称韩吏部。卒谥

---

① 《全唐诗》卷二八三。

② 孙培青、李国钧：《中国教育思想史》（第一卷），华东师范大学出版社，1997，第7页。

文，世称韩文公。唐代文学家，与柳宗元共同倡导中唐古文运动，合称韩柳。苏轼称赞他"文起八代之衰，道济天下之溺，忠犯人主之怒，勇夺三军之帅"。

韩愈，贞元八年（792年）进士，唐宋八大家之一。唐宪宗时，曾随同裴度平定淮西藩镇之乱。在刑部侍郎任上，他上疏谏迎佛骨，触怒了宪宗，被贬为潮州刺史。后于穆宗时，被召为国子监祭酒，历任京兆尹及兵部、吏部侍郎。著作有《昌黎先生集》。

韩愈在人性论上发展了荀子的性恶论，提出性情说，接受并修正了董仲舒的性三品理论，借以说明教育的作用并规定人人接受教育的权利。后经弟子李翱修正发展为性善情恶的复性说。在教育上继承荀子尊师重教的传统，极力倡导师道运动，敢于打破习俗偏见，带头收授弟子，发表《师说》为其宣言，以期转变社会风气。①

二　韩愈的教育思想

（一）论人性与教育的作用

先秦以来，战争频仍，社会"争于气力"，孟子"性善论"显得很乏力，荀子批其"无辨合符验"，是没有得到实际验证的理论。荀子指出，孟子的根本错误在于不懂得"人之性伪之分"，把属于"伪"的东西归之于人的本性。荀子认为，人性就是与生俱来的天然属性。后天通过人为努力而使之发生变化的叫"伪"。

凡性者，天之就也，不可学、不可事。礼仪者，圣人之所生也，人之学而能，所事而成者也。不可学、不可事而在人者，谓之性；可学而能，可事而成之在人者，谓之伪，是性伪之分也。②

排除一切人为培养的因素，还原人与生俱来的本然素质，呈现人最自然最本真的状态，"今人之性，生而有好利焉，顺是，故争夺生而辞让亡

---

① 孙培青、杜成宪：《中国教育史》，华东师范大学出版社，2009，第188页。
② 孙培青、杜成宪：《中国教育史》，华东师范大学出版社，2009，第73页。

焉"。① 趋利避害，人之本能。荀子认为人性是恶的。人的本性中不存在道德理智，如不加以节制听任发展，必将产生暴力，社会将呈现无序状态。为此，必须要有教育。这就是教育的初衷和最终目的。

韩愈在荀子性伪论的基础上，提出了性情说。"性也者，与生俱生也；情也者，接于物而生也。"他接受并修正了董仲舒的性三品理论，既反对任情纵欲，也反对绝情禁欲，为其教育学说提供了理论基础。

人性决定教育所起的作用。人性存在差别，教育对不同的人性发挥不同的作用。由人性而规定教育的权利。由人性而决定教育的内容，教育的根本任务就是去除人的恶性，使人人向善，教育的内容就是仁、义、礼、智、信。

（二）韩愈为发展学校教育采取的措施

韩愈把仁、义、礼、智、信作为教育的主要内容，继承儒家以德治国，并辅以政刑的治国思想，注重道德思想教育，重视学校教育。

韩愈把学校视为宣传儒家伦理的重要基地和培养训练政府管理人才的重要机构。极力主张发展学校教育，并采取了一定措施。

第一，强调德育，注重封建礼教。韩愈是儒家德治思想的忠实继承者。教育的目的就是阐明发扬儒家道统，教化人民。他在《潮州请置乡校牒》中明确阐述了办学的原因：孔子曰"道之以政，齐之以刑"，韩愈认为不如"以德礼为先，而辅以政刑。夫欲用德礼，未有不由学校师弟子者"。② 以德礼为先，而辅以政刑。把教育视为国家政治统治的工具，十分强调教育的意识形态地位，强调道德思想的灌输。

第二，明确学校的任务就是培训官吏。把学校作为宣扬封建道德的重要基地，把学校当作封建官吏的培训机构。学校的任务就是选取优秀学生集中学习，把他们培养成"纯信之士，骨鲠之臣，忧国如家，忘身奉上"的标准的封建官吏，忠心为封建统治者效劳。

第三，改进招生制度。德宗贞元十四年（798年），韩愈针对国子监式

---

① 孙培青、杜成宪：《中国教育史》，华东师范大学出版社，2009，第73页。
② 沈文凡、刘文宙：《论韩愈与法治》，《吉林师范大学学报》（人文社会科学版）2013年第4期，第43~46页。

微，生徒流散、弦诵之声不闻的现实，发现了封建等级制影响生源公正性的弊端，力求改革，上疏德宗"请复国子监生徒状"建言："国家典章，崇重庠序，近日趋竞，未复本源，至使公卿子孙，耻游太学。工商凡冗，或处上庠。今圣道大明，儒风复振，恐须革正，以赞鸿猷。"① 当时的贵族官僚子弟，依靠门阀祖荫而世袭官僚，不愿读书，轻视学习。而有钱人家富商大贾之工商子弟，则用钱开路，取得入学资格，借以装潢门面，提高其社会地位，从而打通参政道路，想方设法挤进官僚队伍。面对如此恶劣的社会风气，韩愈决心调整国家招生制度，但又不敢彻底得罪权贵阶层，只能稍微放宽入学的等级限制，太学有文武五品之子放宽为八品之子可以入学，四门学由七品之子改为有才能艺业者也可以入学。在保留封建等级制，依然维护贵族官僚的教育特权的前提下，稍有改进，尽量放宽入学的等级，争取平民子弟入学受教育的资格。

（三）韩愈的教学经验

韩愈有丰富的教学实践经验。在讲课过程中，教学方式灵活多样，教学方法生动活泼，能打动学生心弦，能活跃课堂气氛，教学效果很好。"讲评孜改，以磨诸生，恐不完美，游以诙笑啸歌，使皆醉义望归"②，对实际教学有很多独到的见解。韩愈认为，教学要生动有趣，既要严肃又要活泼，教学要有生动性，同时并不影响教学内容的思想性。

（四）韩愈的师道理论

韩愈的《师说》主要论述师道理论，是很重要的教育理论论著。为改变当时不以师传为荣，而以求师为耻的社会风气，重提"人非生而知之者""古之学者必有师"的论点，并强调尊师重道的文化传统。

韩愈在《师说》中规定了教师的基本任务就是"传道授业解惑"。在他那个时代，韩愈主张的道，是儒家伦理之道。"传道"，就是传儒家仁义礼智之道。所谓"授业"，就是传授儒家的"六艺经传"。所谓"解惑"，就

---

① 孙培青、杜成宪：《中国教育史》，华东师范大学出版社，2009，第191页。廖健琦：《试论唐代国子监生徒的教育管理》，历史教学问题，2006年第3期，第76~80页。

② 王炳照：《简明中国教育史》（修订本），北京师范大学出版社，1994，第131页。

是解决在传道授业具体过程中的疑问和难点。此论既出，很快流传，影响至今，为很多教师和广大教育理论工作者所接受。韩愈还同时主张"教学相长"，教师与弟子之间要互相学习，"弟子不必不如师，师不必贤于弟子"，主张平等的师生关系，具有一定的进步性，值得今人参考。

三 柳宗元生平及教育活动

（一）柳宗元的生平

柳宗元（773～819年），字子厚，原籍河东（现山西运城永济一带）人，[①] 唐宋八大家之一，唐代文学家、哲学家、散文家和教育家，世称"柳河东""河东先生"，因官终柳州刺史，又称"柳柳州"。柳宗元资质聪慧，勤奋好学，青年时开始显露杰出的才华，受到时人重视，赞为"精明绝伦"[②]。柳宗元与韩愈并称为"韩柳"，与刘禹锡并称"刘柳"，与王维、孟浩然、韦应物并称"王孟韦柳"。

柳宗元一生留诗文作品达600余篇，其文的成就大于诗。骈文有近百篇，散文论说性强，笔锋犀利，讽刺辛辣。游记写景状物，多所寄托，有《河东先生集》，代表作有《溪居》《江雪》《渔翁》[③] 等。

其父柳镇曾任侍御史等职。柳宗元的母亲卢氏属范阳卢氏，祖上世代为官。773年，柳宗元出生于京城长安。四岁时，母亲卢氏和他住在京西庄园里，母亲的启蒙教育使柳宗元对知识产生了强烈的兴趣。柳宗元的幼年在长安度过，因此对朝廷的腐败无能、社会的危机与动荡有所见闻和感受。九岁时遭遇建中之乱，建中四年（783年），柳宗元为避战乱来到父亲的任所夏口。年仅12岁的柳宗元在这时也亲历了藩镇割据的战火。785年（贞元元年），柳镇到江西做官。柳宗元随父亲宦游，直接接触社会，增长了见识。

---

① 《旧唐书·柳宗元传》。
② 孙培青、李国钧：《中国教育思想史》（第一卷），华东师范大学出版社，1997，第565页。
③ 溪居·柳宗元 | 注释 | 翻译 | 赏析 | 讲解，习古堂国学网 [引用日期 2014－03－09]；渔翁·柳宗元 | 注释 | 翻译 | 赏析 | 讲解，习古堂国学网 [引用日期 2014－03－09]。

他参与社交，结友纳朋，并受到人们的重视。不久，他回到了长安。① 父亲柳镇长期任职于府、县，对现实社会情况有所了解，并养成了积极入世的态度和刚直不阿的品德。能诗善文的父亲和信佛的母亲为他后来统合儒佛思想的形成奠定了基础。

792 年，柳宗元被选为乡贡，得以参加进士科考试。793 年，21 岁的柳宗元进士及第，名声大振。不久，柳宗元的父亲柳镇去世，柳宗元在家守丧。796 年，柳宗元被安排到秘书省任校书郎。798 年，26 岁的柳宗元参加了博学宏词科考试，并中榜，授集贤殿书院正字（官阶从九品上）。801 年，柳宗元被任命为蓝田尉（正六品）。803 年 10 月，柳宗元被调回长安，任监察御史里行。从此与官场上层人物交游更广泛，对政治的黑暗腐败有了更深入的了解，逐渐萌发了要求改革的愿望，成为王叔文革新派的重要人物。

（二）柳宗元的教育活动

柳宗元的教育活动从集贤殿正字开始。他是年青的社会名士，当时京师的青年学子多至门下求教，在他的指导下，有不少青年在文学上取得了成就。柳宗元贬到永州及后来到柳州任刺史期间，亲手创办了很多学堂。并有许多青年慕其才学，冒着可能受牵连的风险，或寄书信请教，或不顾路途遥远亲赴他的住处拜师求教，史称"江岭间为进士者，不远数千里皆随宗元师法；凡经其门，必为名士"。② 这些史料反映出他不仅从事过教育实践活动，而且由于他知识渊博、教学得法，教学效果非常显著。

柳宗元非常关心青年学生，并积极支持教育的发展。如贞元十四年（798 年），国子司业阳城因同情太学生薛约言事遭谪，被以党罪人之名，贬为道州刺史。太学生几百人请愿挽留司业阳城。在封建专制的淫威下，太学生聚众请愿是违法的事情，而身为集贤殿正字的柳宗元却写信给太学生们，对阳城整顿太学学风和太学生们大义凛然的正义之举给予高度的评价。

---

① 柳宗元等：《柳河东集》，吉林出版社集团有限责任公司，2005，第 5 页。
② 《新唐书》卷一百六十八《柳宗元传》。

柳宗元任柳州刺史的几年里，他把教育活动扩展到岭南地区，"南方为进士者走数千里从宗元游，经指授者，为文辞皆有法"。^①凡来者，皆不拒。他大力提倡文化教育，主持修复了文庙，恢复州学，以使"人去其陋，而本于儒，孝父忠君，言及礼义"。柳宗元提倡传授儒家文化，对于改变落后地区人民群众的愚昧迷信思想是有积极意义的。

总之，柳宗元不仅在文学和哲学方面取得卓越的成就，而且以他的教育实践活动和对教育理论的研究，关心和支持教育事业的发展，更是难能可贵的。

四 柳宗元的哲学和教育思想

柳宗元的论说包括哲学、政论等文及以议论为主的杂文。笔锋犀利，论证精确。《天说》为哲学论文代表作。《封建论》《断刑论》为长篇和中篇政论代表作。《晋文公问守原议》《桐叶封弟辩》《伊尹五就桀赞》等为短篇政论代表作。

柳宗元的哲学思想中具有朴素的唯物论成分，在《天说》《天对》《非国语》《封建论》中集中反映了他的唯物主义思想：（1）否定神秘的天，宇宙是混沌的、运动的元气构成的，所谓的天是大自然构成的元素，根本不存在至高无上可以支配人的命运的天，天地万物的变化都是元气运动的结果。不存在神秘的外在力量。（2）天人不相预说。在天人关系上他认为天和人是互不相干涉的，主张重视人事而不空谈天命鬼神。（3）对鬼神迷信从认识论的根源上做出了解释，人们迷信鬼神是力量弱的表现。如果人们掌握了规范和规律，人力足以支配自然，就不会相信鬼神了。

其政治思想主要表现为重"势"的进步社会历史观和儒家的民本思想。但也受佛教影响，尤是政治失意时，往往向佛教寻找精神上的解脱。柳宗元认为天下万物的生长，都有自身的发展规律，顺木之天，以致其性。必须顺应自然规律，否则不仅徒劳无益，还会造成损害。柳宗元认为，育人和种树

① 《新唐书》卷一百六十八《柳宗元传》。

的道理是一样的，育人同样要顺应人的发展规律，而不能凭着主观愿望和情感恣意干预和灌输。

柳宗元赞赏韩愈的《师说》之论，也钦佩韩愈不顾流俗、勇于为师的精神，对当时社会上层士大夫耻于相师的风气感到痛心。他说：举世不师，故道益离。但他在师道观上又有自己的见解和实施方式。他写下了《师友箴》《答韦中立论师道书》《答严厚舆秀才论为师道书》等文章，阐述了自己的师道观。其核心观点就是交以为师。

柳宗元充分肯定教师的作用。他认为无师便无以明道，要明道必从师。但是，对韩愈不顾世俗嘲骂而抗颜为师的做法，他表示自己没有勇气这样做，但他又不是完全放弃为师，而是去为师之名、行为师之实。

柳宗元谢绝的是结成正式师生关系的名分，不敢受拜师之礼。但对来向他请教问道者，无不尽其所知给予解答，诚恳地指导后学者，确有为师之实。他提出"交以为师"的主张，即师生之间应和朋友之间一样，相互交流、切磋、帮助，在学术研讨上是平等的，而不是单纯的教导与被教导的关系。柳宗元的"师友"说是传统师道观中有很大影响的一种学说，尤其是在高层次的教学活动中，更有借鉴意义。

近古民办教育史

第三编

第七章
私学的繁荣与名扬天下的书院
—— 宋辽金元时期的民办教育（公元 960 ~ 1368 年）

960 年，中国封建社会在经历了五代时期 60 多年的分裂割据之后，后周诸将发动陈桥兵变，赵匡胤黄袍加身，称帝定都开封，建立宋朝。赵匡胤为避免晚唐藩镇割据和宦官专权乱象，采取重文抑武的施政方针，一方面加强了中央集权，另一方面"杯酒释兵权"，削弱了武将的权力。宋朝（960 ~ 1279 年）是上承五代十国下启元朝的朝代，分北宋和南宋两个阶段。宋太宗继位后至宋真宗时期与北方辽国缔结"澶渊之盟"后逐渐步入治世。1032 年西夏政权立。1115 年金国立。1125 年金灭辽，西辽立。1127 年，金国大举南侵，虏徽、钦二帝北去，导致了靖康之耻，北宋覆灭。赵构在南京应天府（今河南商丘）继位，史称南宋。

1206 年，成吉思汗建国于漠北，号大蒙古国，后连年征战，蒙古族统治了亚洲和欧洲的广大地区。1260 年，忽必烈继位，定都北京，1271 年，改国号为元，1276 年元朝攻占临安，崖山海战后，南宋灭亡，蒙元政权完全统一了中国。[①] 崖山海战这一事件也标志着古典意义中华文明的衰败与陨落。元朝征服者从草原带入的制度具有明显的中世纪色彩，意味着"唐宋变革"开启的近代化方向发生了逆转。王夫之说："二汉、唐之亡，

---

① 喻本伐、熊贤君：《中国教育发展史》，华中师范大学出版社，2005，第 201，257 页。

皆自亡也。宋亡，则举黄帝、尧、舜以来道法相传之天下而亡之也。"[1] 宋朝之亡，不仅是一个王朝的覆灭，更是一次超越了一般性改朝换代的历史性巨大变故。

唐宋时期，是中国古代历史上商品经济、文化教育、科学创新高度繁荣的时代。大众喜闻乐见的真正体现民族气派的唐诗宋词，在中国韵文学文化史上，占有一席很显要的位置。但我们不能只倘佯在伟岸宏阔壮美的唐宋诗词之华美辞藻和意境之中，只会分析词意和句子结构，应当感悟其背后那宏大深远的历史与制度环境。思想的独立才能带来文化的繁荣。如此光辉灿烂的唐宋文化，其教育成就也颇为可观。尤其两大制度：科举制和书院制度的形成，推动了教育的大发展，无论官学还是私学，在这一历史时期，都可圈可点。

宋辽金元时期，进一步发展创新了唐代产生的一项新的教育组织形式：书院制度。宋元时期的书院制度是中国教育史教育制度史研究的主要内容之一。在漫长的中国教育历史长河中，宋元时期的书院制度，是个重镇，又是一大亮点，也是教育史学工作者迈不过去而又乐意倘佯的门坎，同时也是个难点。它集粹了宋代理学文化，是宋元民族矛盾融合，繁荣的疑似资本主义商业经济和高度军事集权专制政治体制下的特殊产物。宋辽金元时期的私立教育是在直接继承隋唐文化教育遗产，并广泛取鉴历朝文教的优劣得失，经过反复、活跃的思想探讨和变革损益后逐步定型的。描述和探究这一格局形成和演变的总体进程，是阐明宋辽金元私立教育特征的首要环节。

第一节　宋辽金元时期的私学和办学类型

宋代教育的格局就内容构成而言，经过宋代三次大规模兴学，逐步形成

---

[1]　吴钩：《为什么说宋朝的灭亡是"文明的断裂"?》，http://guoxue.ifeng.com/a/20170409/50908940_0.shtml。

了以中央太学、国子监为中心，诸多专科学校及地方学校成龙配套的全国性官学系统。除此之外，宋代及北方辽代、金代其他的教育形式，诸如私学、家学也多与官学并存于世，互为补充，此消彼长，形成了多元纷呈的繁荣局面。①

一　宋代"尊孔崇儒"的文教政策

两宋是中国封建社会持续发展的时期，在其 300 余年的历史中，中国封建教育经历过一系列调整、重建与变革之后，出现了继盛唐以来的又一次繁荣局面。在这一调整变革的进程中，中国封建教育的基本模式逐步形成，基本定型，并且在教育的方针、政策、法规及观念诸方面，为其后历朝封建教育的发展提供了范本。

北宋王朝是在结束唐末五代近百年的分裂割据之后，建立起来的中央集权国家。宋代皇帝是武将出身，从晚唐和五代十国政权更迭的历史教训中，深知"马上可以得天下，马上不能治天下"的道理。为了长治久安，建国之初就有"杯酒释兵权"之举。太平兴国七年（982 年），宋太宗曾明确指出："王者虽以武功克定，终须用文德致治。"② "宰相须用读书人"逐成定制。这种"兴文武，抑武事"国策的实施，刺激了民间读书考科举的热情，有利于文化教育的发展。③

北宋建国伊始，面临着国力凋蔽、百业待举的局面，人民备尝动乱之苦，渴望和平安定，休养生息。因此，北宋政府在采取一系列政治、经济、军事等措施，革除前朝贻弊、阻塞浊乱之源的同时，也采取了一系列恢复纲常伦理、促进文化教育建设的政策措施。这些政策与措施，为宋代文化教育的繁荣发展奠定了基础。

首先，尊孔崇儒，整饬纲常伦理，加强经学教育。宋初尊孔崇儒的首要

---

① 史仲文、胡晓林：《中国全史·教育卷：宋辽金夏分卷》，中国书籍出版社，2011，第 511 页。

② 毕沅：《续资治通鉴》（卷十一），岳麓书社，2008，第 142 页。

③ 喻本伐、熊贤君：《中国教育发展史》，华中师范大学出版社，2005，第 202 页。

步骤，是在全国范围内恢复重修被战乱毁坏的各地文宣王庙，其中影响最大的当然是东京、长安、曲阜三地的文宣王庙。宋太祖即位的当年（960年），即诏令增修开封文宣王庙祠宇，并亲撰赞文，表彰孔、颜。重建东京开封、京兆长安及兖州曲阜的文宣王庙，对于全国各地孔庙的修复工作和文教活动，具有政策导向和示范性的作用，为恢复儒学的正宗统治，进一步实施尊孔崇儒的文教政策，奠定了象征性的物质基础。宋初尊孔崇儒的政策，还体现为：在教育、科举考试中强化经学的地位。

其次，宋代文教政策的第二个方面是重用文臣，鼓励世人读书仕进。宋朝建国之初，鉴于唐末五代藩镇割据、祸乱天下的教训，又迫于急需大量文治人才分理庶务的要求，采取了一系列措施提高在职官员的文化素养，并通过逐步扩大科举录取名额的办法，广求才俊于科场，以补益吏员之不足。这些措施，成为促使宋初文化教育和私学隆盛的直接动因。

改善科举制度，扩大科举录取名额，抑制势家子弟，广开寒俊仕进之途，是宋初鼓励士人读书进取的重要措施。宋初科举自太祖建隆元年（960年）恢复以来，开始对科举考试、取士的制度及形式，进行了一系列改革和调整。调整的内容包括废除公荐；禁止称考官为师门、恩门，自称门生；确定殿试制度，实行糊名、弥封、誊录、锁院、别试、唱名及进士同保连坐等制。科举程式变化有利于寒俊布衣之士，是宋初历朝皇帝着意期求的后果。

最后，宋初文教政策的第三个重要内容是大力兴办图书文化事业，积极赞助地方州县及个人办学。宋初历朝皇帝常以经籍图书赐于地方书院或学宫，以此鼓励学业。除赐经籍图书之外，赐学田也是宋朝政府赞助并控制地方学校及私学、书院的有效措施。宋太祖乾德四年（966年）八月，即诏求亡书。凡献书者，经学士院试问吏理，凡堪任职官者，多委官任职，或赐以科名。宋初国子监藏书，不过4000卷，到宋真宗景德二年（1005年），阅书库中藏书已达10余万卷，45年间增加了25倍。图书文化事业的繁荣，为教育的发展普及创造了有利的条件。

正是这一系列的文教政策和宽松的社会环境，在恢复发展官学的同时，也促进了私学的发展。在庆历兴学之前，北宋官办的地方学校数量极少，但无论中央还是地方，重视文教的风气都很盛行，各种形式的私学活动也很活跃。其类型一为书院；二为州县官员自设的学校；三为民间学者所办的学舍、乡塾；四为依托于寺院庙观的寺学与庙学；五为一般的家庭教育活动。教育内容大体以诗赋、经义为主，乡间村舍学塾则多为初级性的蒙养识字课程，而寺院之学或兼授佛道文章。[①]

二 "乡党之学"与私学办学类型

（一）庆历兴学之前的"乡党之学"

在庆历兴学之前，宋代地方私人办学风气盛行。"未有州县之学，先有乡党之学"[②] 即是这一时期教育活动的写照。所谓"乡党之学"，大体是指尚未纳入官学体制之内的地方学校，其类型、分布及课业程度，均无定制，往往随遇而设，因地制宜，或据州郡都会，或据穷乡僻壤，或据山林峡谷，或据官宦人家，或据寺院庙舍，其渊源之深、流布之广，远非一两所官办学堂所能望及。在官学体制尚未建立之前，无疑是州县地方传播、推广文化知识的主要途径。即使在庆历兴学之后，其存在的价值也难以被官学大量取代。

宋初"乡党之学"兴盛的原因大体有四。

其一，唐末五代，割据战乱，仕途险恶、衣冠零落，官学废弛，学术文化离散于民间，民间乡党之学应运而生。

其二，宋初雕版印刷术推广应用，图书经籍得以大量印制发行，流布浸广。民间有书，便具备了办学的基本条件。

其三，朝廷对民间办学多予奖励，赐书、赐田、赐额，加以表彰资助，对隐居民间聚徒讲学的名师硕儒，也多加褒荣。如开封名儒王昭素笃学不仕，居乡里聚徒教授以自给，开宝年间召赴朝中，赐座讲《易》，宋太祖及宰相薛居正以下大臣恭听讲论，遂拜国子博士致仕，赐钱 20 万缗，遣归故里。[③] 如

---

① 史仲文、胡晓林：《中国全史·教育卷：宋辽金夏分卷》，中国书籍出版社，2011，第515页。

② 《宋会要辑稿》选举6之48；《宋史》卷一百五十六《选举志》二。

③ 《宋史·列传第一百九十·儒林一》。

陈州万遵、历城田浩、郑州杨璞、荆南高怿等民间学师，均曾被皇帝召见，赏赐有差。①

其四，宋初从太宗太平兴国二年（977年）开始大幅度增加科举录取名额，鼓励寒庶布衣读书仕进，也是刺激乡党之学活跃的直接动因之一。同样，民间学师倘能精通科举之学，师门登第入仕者较多，也是吸引四方学子的重要条件。楚丘（今河南商丘）人戚同文筑室聚徒，因精通科举之学，门人登第者五十六人，位践台阁者近十人，故四方学子辐辏其门，请益之人不远千里而至。②

（二）宋初私学的办学类型

宋初的私学已相当发达，私人聚徒讲学风气很盛。以北宋为例，仁宗、神宗二朝为北宋文化教育事业最为活跃的时期。朝野人才济济，涌现出一大批诸如范仲淹、欧阳修、王安石、司马光、苏氏父子、曾巩、周敦颐、邵雍、张载、二程等杰出的政治家、文学家、教育家，其中不乏绝世的英才，而这些人的幼年或少年几乎都在庆历兴学之前，他们的成长或幼承庭训，或寄读僧舍，或游访私学大师，是在官学和书院之外的私立教育活动中培养成才的。

就办学的形式、目的及场所的区别而言，宋初私学大体有以下几种类型。

其一，布衣硕儒隐居乡里，聚徒讲学。如前述王昭素、戚同文均属此类。这类私学教师大多有学业专长，治学内容不出经学范围，且以教学为业，靠束修自养。但也有学者是为了辨明学理、倡明经义，热衷于讲经论学。如真宗朝的冯元，幼从崔颐正、孙奭修习《五经》大义，后与乐安孙质、吴县陆参、谯夏侯圭善，往来论辩，群居讲学，乐不计酬，或达旦不寝，时人号为"讲学四友"③。荆南高怿，博通经史百家之书，仰慕种放盛

① 史仲文、胡晓林：《中国全史·教育卷：宋辽金夏分卷》，中国书籍出版社，2011，第516页。
② 《宋史·列传二一六》。
③ （清）稽璜、刘墉等奉敕撰，纪昀等校订《钦定续通志·卷三百二十八·列传一百二十八》。

名，筑室终南山豹林谷，与种放师友相待，并同张荛、许勃共以学问著称，号为"南山三友"，后以私学擅名，宋仁宗景祐元年（1034 年）被荐为京兆府学教授。①

其二，在任官员于所职州县兴资办学。宋初以科举入仕的官员，大多重视文治，且以兴办学校为重要的政绩。每有办学举动，往往刻石立碑，铭为功德，或被乡绅颂为圣明。朝廷考绩州县外官，也往往以之作为叙迁官职的重要依据。故州县官办学兴资，往往不惜自出俸钱。诸如：宋太祖建隆三年（962 年），王彦超知永兴军，自出俸财，整修长安孔子庙学。真宗咸平元年（998 年），赵昌知昭应县（今陕西省临潼县），召集乡绅，募集资金 50 万缗，重建孔庙及讲书堂，乡绅均为其立碑铭记。陈尧佐于咸平四年（1001 年）坐贬潮州通判，因痛感潮州荒远地僻，民俗陋鄙，遂修建孔庙和韩愈祠堂，召秀民年少者入学，潮人便以之比德韩愈。类似州县官办学的事例，还有很多。②

其三，寺院僧舍也多为士子、生徒就业寄读的场所。宋初寺院上承汉唐以来数百年经营之规模，太祖、太宗、真宗三朝，虽主儒业，兼崇道教、兴佛法，真宗继位以来更是大兴土木，遍修群祀，金田之列刹崇矣，神仙之灵宇修矣。③仁宗、英宗二朝虽未大事兴建，但据宋人方勺统计：至神宗熙宁末年，天下寺观宫院总数已达 40613 所，其中仅东京开封就达 913 所。④

宋初许多布衣寒门出身的著名学者或大臣，多有寄读寺观的经历。如范仲淹于真宗大中祥符二年至四年（1009～1011 年）寄读于长白山醴泉寺（位于山东省邹平南），苦习科举之业；苏轼、苏辙兄弟幼居乡间，读书于天庆观。真宗时官至宰相的吕蒙正，少时寄读于洛阳龙门利涉院；参知政事钱若水，少时寄读于嵩山佛寺；仁宗时任过参知政事的冯京，曾寄读于潜山

---

①《宋史·列传第二百一十六·隐逸上》。

② 史仲文、胡晓林：《中国全史·教育卷：宋辽金夏分卷》，中国书籍出版社，2011，第 517 页。

③《金石萃编》卷一二五《大宋重修兖州文宣王庙碑铭》。

④（宋）方勺撰，许沛藻、杨立扬点校《泊宅编》（卷一）中华书局，1983，第 16 页。

僧舍（今属安徽）；仁宗朝的重臣韩亿、李若谷、王随少年贫贱时，曾同寄嵩山法王寺读书。历仕仁宗、英宗、神宗三朝，官至宰相的富弼，也曾寄读于洛水南天宫寺。

这些出身贫寒的士子，为科举荣禄所激励，往往刻苦异常，忍受着饥寒酷暑的折磨，在十分简陋的条件下修习举业，故而多能在事业上做出超出势家纨绔子弟的成就。如范仲淹，在长白山僧舍读书时，日作粥一器，分为四块，早暮各取二块，断齑数茎，入少盐而啗，三年一概如此。冯京寄读潜山僧舍时，竟因饥饿难耐，偷烹僧犬而食，遭僧人起诉后，作《偷狗赋》赠县令方幸免治罪。吕蒙正寄读洛阳龙门利涉院时，因无钱购买西瓜，尾随卖瓜者之后，其人偶失一枚于地，怅然取食之。[①] 以后官至宰相，便在洛阳买园，临伊水筑"噎瓜亭"，以示不忘贫贱之义。

由此可见，寺院宫观在州县官学尚未普遍建立之前，确为一般贫寒有志的学子提供了读书寄居的场所，因而构成宋初地方私学的一种特殊的形式。

（三）辽代、金代的私学教育

1. 辽代的私学教育

辽国是中国北方地区少数民族契丹族于947年创建的政权。契丹统治者在辽代初期确立"尊孔崇儒"文教政策后，官学教育得到迅速发展，但仍不能满足各族民众的需求，而没有统一教学管理规章制度、教育内容因需而宜的私学教育在契丹社会向慕华风的历史背景下获得较大发展。辽代私学教育模式灵活多样，既有以家庭为背景的家学教育、以庠校为依托的私塾教育，也有以私人组织为核心的讲学教育和以士人为主体的自学教育。与官学教育相比，私学教育对象面向契丹社会各族各阶层，使更多的普通民众有接受教育的机会，为儒家文化以及医学、天文等诸学在我国北方游牧地区普及、提高发挥了重要作用。[②]

契丹统治者在建国伊始就推行"尊孔崇儒"文教政策，把儒家思想作

---

① 《邵氏闻见录》卷七。
② 高福顺：《辽朝私学教育初探》，《求是学刊》2010年第4期，第137~144页。

为治国安邦的主体思想，不仅逐渐建立起完整的官学教育体系，而且还特别重视私学教育诸学的发展。辽朝各族士人也十分重视私学教育诸学，邢简妻陈氏"亲教以经"，令六子皆通儒术。① 辽朝翰林学士邢抱朴在应州建"龙首书院"②，使不能进入官学的普通民众有机会接受儒学教育。③

医巫闾山早年是辽太祖之长子耶律倍读书的地方。史载："倍初市书至万卷，藏于医巫闾绝顶之望海堂。"④ 另外，著帐郎君之后裔耶律良也曾"读书医巫闾山"。说明医巫闾山在辽国皇帝离开后便成为辽朝讲习经史的重要私立教育场所。道宗朝王鼎"居太宁山数年，博通经史"。耶律良"学既博，将入南山肄业，友人止之曰：'尔无仆御，驱驰千里，纵闻见过人，年亦垂暮。今若即仕，已有余地。'良曰：'穷通，命也，非尔所知。'不听，留数年而归"⑤。总之，求学士人为了寻求幽静的读书环境，往往入书院、入山读书，从而使龙首书院、医巫闾山、南山、太宁山等处都成为以私人组织为核心的讲学教育场所。⑥

2. 金代的私学教育

金朝（1115～1234 年）是以一个肇兴于东北的少数民族女真族建立的政权，金朝历代统治者都以中华文化的正统继承者自居，表现出对中华传统文化的强烈认同。私学是金代教育的重要组成部分，也是金代官学的一种必要补充。金代"学而优则仕"的传统学习观念和人才选拔思想，辽、宋的私学传统以及私人刊刻、印卖书籍的普遍现象，构成金代私学发展的重要因素。在长期的发展过程中，依据教学内容、创办者、办学目的的不同，金代私学分为家学、女真贵族官僚家塾、学者自设私塾、官宦私塾和自学等五大类型。与其他朝代私学相比，金代私学具有类型多样化、设置早于官学、教育对象比官学更加广泛等自身特色。

---

① 脱脱：《辽史》，中华书局，1974。
② 《辽史拾遗》，丛书集成初编本。
③ 高福顺：《辽朝私学教育初探》，《求是学刊》2010 年第 4 期，第 137～144 页。
④ 《辽史·列传第二·宗室》第七十二卷《义宗倍传》。
⑤ 《辽史·列传第二·宗室》第九十六卷《耶律良传》。
⑥ 高福顺：《辽朝私学教育初探》，《求是学刊》2010 年第 4 期，第 137～144 页。

金代私学是在辽、宋私学传统基础之上发展起来的，它产生和存在的时间较官学更为长久，分布的范围也更为广泛，接受各种形式私学教育的学生数量也更多，是金代教育的重要组成部分。① 金朝建国伊始就重视文化教育，太祖时其言已文，太宗时兴学校，设科举，中经熙宗、海陵，到世宗、章宗时，"修崇学校，议者以为有汉文景风"②。崇文养士，庠序日盛。金代学校分汉人学校、女真学校和官学、私学。

金代私学除进行儿童的启蒙教育以外，也有专门研究学问的高等教育。金继辽及北宋设家塾。如王去非、赵质、曹珪、薛继先都因为科举不第或隐居，而"家居教授""教授为业""课童子读书"③。史天倪祖伦于"金末，中原涂炭，乃建家塾，招徕学者"④。另外，也有的以其专业和专学而执教的，如耶律固皆金之名士，置馆门下传教。一些名士大夫出其门下。高仲振入居嵩山，以《易》及《皇极经世》学授弟子，王汝梅以法学和经学教诸生，杜时昇隐居嵩、洛山中，以"伊洛之学"教后进。⑤

金朝学校大发展在世宗、章宗时期。当时办学思想，从世宗的一段话中可知："经籍之兴，其来久矣，垂教后世，无不尽善；今之学者，既能诵之，必须行之，然知而不能行者多矣，苟不能行，诵之何益？女直旧风最为纯直，虽不知书，然其祭天地，敬亲戚，尊耆老，接宾客，信朋友，礼意款曲，皆出自然，其善与古书所载无异。汝辈当习学之，旧风不可忘也。"⑥ 说明世宗主张教育重在实学，学则必用，学汉文化与学女真旧俗并重。

金代私学对于金代文化知识的传播和发展，科学文化教育的普及、交流，以及各民族文化素质的提高，均起到重要的促进作用。

---

① 兰婷：《金代私学教育》，《史学集刊》2010 年第 3 期，第 40~46 页。
② 刘祁：《归潜志》卷七。
③ 刘祁：《归潜志》卷十二。
④ 《遗山文集》卷三十二《寿阳县学记》。
⑤ 《金史》卷一百二十七《王去非传》《赵质传》《薛继先传》。
⑥ 《金史》卷一百二十七《高仲振传》《王汝梅传》《杜时昇传》。

三　遍及乡野的私立蒙学教育

"蒙学"，即启蒙教育。中国封建社会，一般规定 8～15 岁儿童为"蒙养"教育或称"小学"教育阶段。我国历来非常重视儿童启蒙教育，《周易》上说"蒙以养正，圣人之功也"。宋元时期蒙学教育得到较大发展。

两宋时期，中央多次下令在中央和地方设立小学。据《宋史·选举制》记载："凡诸王属尊者，立小学于其宫。其子孙，自八岁至十四岁皆入学，日诵二十字。"元朝也非常重视小学教育，建国之初即下令在县学内设小学。《元史·选举志》也记载：至元二十八年（1291 年），"令江南诸路学及各县学内，设小学，选老成之士教之，或自愿招师，或自受家学与父兄者，亦从其便"。[①] 但官方设立的小学数量毕竟有限，满足不了大量农家和贫家子弟入学读书的需求，办理蒙学一般所需经费不多，所以，宋元时期民间设立的私学非常发达，尤其在中小城镇和乡村偏远地区，私立蒙学，或称"乡校""家塾""私塾""蒙馆"，非常普遍。赵璘《因话录》中所记，"窦相易直，幼时名秘，家贫就业私学"。苏东坡在《东坡志林》也自传曰："吾八岁入小学，以道士张易简为师，童子几百人。"又见陆游诗："儿童冬学闹比邻，举案愚儒却自珍。授罢村书闭门睡，终年不着面看人。"并自注："农家十月乃遣子入学，谓之冬学。"宋代私学之盛，就此可见一斑。[②]

（一）宋元蒙学教育的内容和方法

宋元时期蒙学教育的基本内容，有道德礼仪文化和如何待人接物行为规范训练，即"教人以洒扫应对进退之节，爱亲敬长隆师亲友之道"。有基础文化知识培养，蒙学每日的功课主要是教孩子识字习字读书背书和简短作文。"教授每日讲说经书两三纸，授诸生所诵经书文句音义，题所学字样，出所课诗赋题目，撰所对诗句，择所记故事。诸生学课分三等：第一等，每日抽签问听经义三道，念书二百字，学书十行，吟五七言古律诗一首，三日

---

① 孙培青、杜成宪：《中国教育史》，华东师范大学出版社，2009，第 221 页。
② 毛礼锐、瞿菊农、邵鹤亭：《中国古代教育史》，人民教育出版社，1983，第 297 页。

试赋一首，看史传三五纸；第二等，每日念书约一百字，学书十行，吟诗一绝，对属一联，念赋二韵，记故事一件；第三等，每日念书五七字，学书十行，念诗一首。"① 以及生活基本技能即"礼乐射御书数之文"的训练。

宋元蒙学教育非常注重培养儿童的行为和学习习惯。在日常生活礼节方面，要求小学生居处必恭，步立必正，视听必端，言语必谨，容貌必庄，衣冠必整，饮食必节，堂室必洁。朱熹在《童蒙须知》中，甚至对孩子们的衣服冠履，语言步趋，一举手一投足都做了详细的规定。这种严酷的理学思想教育，严重压抑儿童个性自由的发展。但在从小培养孩子规矩的生活习惯，还是有益处的。在培养学生学习习惯方面，要求读书要字正腔圆，"不可误一字，不可少一字，不可多一字，不可倒一字"，并要熟读成诵；写字要一笔一画，不可潦草；"凡读书，须整顿几案，令洁净端正。将书册整齐顿放，正身体，对书册，详缓看书，仔细分明读之"②；还要求读书要心到眼到口到。规定虽过于严酷苛刻，但对培养儿童的学习习惯，还是有可取之处。同时，这些理学教育家还非常重视儿童的心理特点，重在激发孩子的学习兴趣。程颐主张要尊重孩子的学习兴趣，让孩子在乐中学。"教人未见意趣，必不乐学。"③ 朱熹也提倡要用诗歌和讲故事的形式，在娱乐活动中激发学生的学习乐趣，"习与智长，化与心成"，着重培养小学生的学习自觉性。

（二）蒙学教材《三字经》《百家姓》

宋元时期的蒙学教材，大致分为五类：第一类是识字书，如《三字经》《百家姓》之类。第二类是有关道德修养方面的，如吕本中《童蒙训》，吕祖谦《少仪外传》，程端蒙《性理字训》，除了教孩子如何待人接物，为人处世，从小就对孩子灌输"三纲五常"封建道德教育。第三类是有关历史方面的书籍，如宋王令《十七史蒙求》，胡寅《叙古千文》，黄继善《史学提要》之类，选辑一些历史故事和历史人物的言行，对儿童传授历史知识，

---

① 孙培青、杜成宪：《中国教育史》，华东师范大学出版社，2009，第221页。
② 朱熹：《童蒙须知》。
③ 孙培青、杜成宪：《中国教育史》，华东师范大学出版社，2009，第222页。

同时进行封建思想道德教育。第四类是选取一些适合儿童的诗歌，如朱熹《训蒙诗》，陈淳《小学诗札》，给小学生以文辞和美感教育。第五类是自然常识类，如《名物蒙求》，给儿童传授一些天文地理鸟兽虫鱼之类的名物常识。[1] 这些教材适合儿童心理特点，以韵文的形式，朗朗上口，文字简练而又通俗易懂，有一定的词汇量，并融知识与思想道德教育于一体，有很多可借鉴之处。

第二节　宋代时期书院的发展与嬗变

书院是中国古代特有的教育组织形式。它以私人创办和组织为主，将图书的收藏和校对、教学与研究合为一体，是相对独立于官学之外的民间学术研究和教育机构。在宋元明清诸朝，书院逐步发展成为官学之外最主要的私学综合性教育研究组织。[2]

一　北宋时期书院的兴起和发展

任何理念或思想以及制度的形成都取决于当时的经济形态（生产方式）和政治状态。有什么样的经济生活方式就有什么样的政治生态，有什么样的经济生活方式和政治形态就有什么样的文化思想形式。北宋时代的书院制度，作为一种特殊的教育现象，与它那个时代的精神之花——理学直接相关。要透彻了解宋代的书院制度，不仅涉及宋代的经济生产方式，更重要地必须把控那个时代的精神成果——理学哲学，才能清楚认识宋代的书院制度。

唐末五代时期，由于连年战乱，官学废弛，教育事业多赖私人讲学维持。宋初新政权成立，尚未使海内归于一统，周边形势非常吃紧，北方强辽压境，幽燕十六州尚未收复，西南大理吐蕃也各自为政，不来臣服，西夏政

---

① 孙培青、杜成宪：《中国教育史》，华东师范大学出版社，2009，第 222 页。

② 赵文秋：《古代教育》，河南大学出版社，2005，第 111 页。

权崛起，兵迫西北。宋初的统治者忙于军事征讨，因连年战争消耗了大量的财力，统治者无暇顾及兴学设教。中央官学和整个地方教育系统几乎处于瘫痪状态。① 此时，忧国忧民有识之士自觉承担起发展教育的重责。他们退居山林，聚徒讲学。私人讲学的书院遂得以进一步发展，形成影响极大、特点突出的教育组织。正如朱熹在《衡州石鼓书院记》中所描述的情形：予惟前代庠序之教不修，士病无所于学，往往相与择胜地，立精舍，以为群居讲习之所，而为政者乃或就而褒之，若此山，若岳麓，若白鹿洞之类是也。②

宋吕祖谦在《白鹿洞书院记》中说：国初斯民，新脱五季锋镝之厄，学者尚寡。海内向平，文风日起，儒生往往依山林，即闲旷以讲授，大率多至数十百人。嵩阳、岳麓、睢阳及是洞为尤著，天下所谓四书院者也。宋初最著名的书院，除公认的白鹿洞岳麓睢阳（应天府）、嵩阳之外，还有茅山、石鼓等。这些书院一般是由私人隐居读书发展为置田建屋，聚书收徒，从事讲学活动；设置地点多在山林僻静处，后世认为这是受了佛教禅林精舍的影响。

当其时也，读书人受到统治者空前的重视。饱读诗书的士子文人"挟开拓万古心胸豪气，凭借经济恢复和渐次的发展带来的社会繁荣，依靠印刷技术带来的丰富藏书，纵观古今，横论百家，将我国古代的文化学术事业推进到了一个空前发达的黄金时期"。③ 这期间，作为新的特殊的教育组织形态——书院总数达到 720 余所。

纵观宋元时期，书院作为教育教学新的组织形式，得到社会普遍认同和空前发展。当时的国学大师张栻、朱熹、吕祖谦、陆九渊等在书院的讲学活动，为当时的教育和文化繁荣做出了相当的贡献。朱熹《白鹿洞书院揭示》起到典范的作用。书院，作为一种新型的教育组织形式，为中国民办教育的发展历史竖起了一道绕不过去的丰碑。

---

① 邓洪波：《中国书院史》，上海东方出版中心，2004，第 73 页。
② （宋）朱熹：《衡州石鼓书院记》，转引自邓洪波《中国书院史》，东方出版中心，2004，第 88 页。
③ 邓洪波：《中国书院史》，东方出版中心，2004，第 60 页。

二　北宋兴学运动与书院的嬗变

继盛唐之后，北宋晚期的农业手工业都有相当的发展，呈现一派繁荣的局面。外国学者对此有很高的评价。比如英国汉学家伊懋可认为，唐宋之际发生了一场经济革命，包括农业革命、水运革命、货币和信贷革命、市场结构与都市化的革命和科学技术革命；日本学者斯波义信也提出宋代经济革命说，并列举了宋朝的农业革命、交通革命、商业革命以及都市化方面的重大变迁；《全球通史》的作者斯塔夫里阿诺斯也说，宋朝时期值得注意的是，发生了一场名副其实的商业革命，对整个欧亚大陆有重大的意义。美国学者郝若贝则认为宋代中国出现了煤铁革命。仿佛不用"革命"一词，不足以强调宋代文明与之前时代的深刻差异。法国汉学家谢和耐说道："13 世纪的中国，其现代化的程度是令人吃惊的：它独特的货币经济、纸钞、流通票据，高度发展的茶、盐企业，对外贸易的重要（丝绸、瓷器），各地出产的专业化等等。国家掌握了许多货物的买卖，经由专卖制度和间接税，获得了国库的主要收入。在人民日常生活方面，艺术、娱乐、制度、工艺技术各方面，中国是当时世界首屈一指的国家，其自豪足以认为世界其他各地皆为化外之邦。"①

社会经济的繁荣，为教育的发展提供了丰厚的物质条件。自隋唐以来，至北宋科举制的弊端日益显露，科举的腐败愈演愈烈。一些有识之士纷纷站出来，要求政府振兴国家教育，整顿科举制度。从宋仁宗开始，遂于全国出现了三次兴学运动。

第一次兴学运动是由范仲淹发起的，史称"庆历兴学"。范仲淹对当时"不教而择人"，士人贪图名利，不求实学，"不务耕而求获"的科举制弊端给予猛烈抨击，开明的仁宗皇帝从其议，诏令兴学。这就是历史上有名的"庆历兴学"运动。庆历兴学的重点"一是整顿国子监，并令州县皆立学，建立从中央到地方的完整的学校教育系统；一是规定士必须在学三百日，才

---

① 吴钩：《宋：现代的拂晓时辰·自序》，广西师范大学出版社，2015。

能参加科举考试，以确保学校教育的权威性"。①

第二次兴学运动的发起人是王安石。嘉祐三年（1058年），王安石《上仁宗皇帝言事书》，提出教育救国，全面改革教育的设想。熙宁二年（1069年），王安石开始变法运动，积极实施改革科举，兴办学校的教育改革措施，进一步加强了学校教育的地位。

第三次兴学运动的发动者是蔡京，目的是加强国家对官学教育的领导。崇宁元年八月，蔡京下令全国兴学，十月建辟雍，可容纳生员3000人。崇宁三年（1104年）续增州县生员名额，规定大县50名，中县40名，小县30名。有的县竟多达1000余人。地方官员兴学有功者受奖。如建州蒲城县县学生员达千人，县丞徐秉哲因此受奖，特升一级。办学不力者即受罚，因此便多处发生强行向民众摊派入学名额，称作聚学粮的事件。陆游在《老学庵笔记》卷二中记载：崇宁间初兴学校，州郡建学，聚学粮，日不暇给。士人入辟雍，皆给券，一日不可缓，缓则谓之害学政，议罚不少贷。

崇宁兴学，在中央官学基本上仍沿袭王安石的太学"三舍法"，进一步扩大中央官学的规模，增加生员数额。崇宁兴学的重点在发展地方官学。府、州、县学普遍设立，并且形成比较稳定的体制和规模。但由于地方官员办理不认真、不得力，更由于经费有限，许多地方官员以兴学为名，科敛民财，强行摊派学额，索取粮钱，遭到强烈反对，最终地方兴学也多流于形式。②

三次兴学运动的目的是恢复和发展官方学校教育体系，确立学校教育的权威性，以改革科举制度的弊端。这就意味着书院替代官学的作用的完成。书院的官学化大势已去，衡阳石鼓书院，应天府书院纷纷改为州学。石鼓书院创建不久即改为衡州州学。宋乾道九年（1173年）二月，著名诗人范成大"谒石鼓书院，实州学也"③。"当时衡阳尚未设立州学，即以石鼓书院为州学。"④《国朝石鼓志》卷一还记载：石鼓之有书院肇自唐时，初为会真

---

① 邓洪波：《中国书院史》，东方出版中心，2004，第103页。
② 王炳照：《中国古代书院》，中国国际广播出版社，2009，第53页。
③ 李国钧、王炳照：《中国教育制度通史》（第三卷），山东教育出版社，2000，第235页。
④ 孙培青、杜成宪：《中国教育史》，华东师范大学出版社，2009，第216页。

观，唐刺史齐映建合江亭于山之右麓。元和年间，士人李宽读书其上，刺史吕温尝访之，有题寻真观李秀才书院，是特宽一人之私业而已。以书院之题名者，当时书院不皆官主之业。……景祐二年，集贤校理刘沆来守衡，请于朝，遂与嵩阳、白鹿、岳麓称四大书院。其时天下未立教署，即以此为州学。① 应天府书院也于"景祐二年（1035 年）……改为应天府学，给学田十顷"。② 名列天下四大书院之首的岳麓书院，在大兴官学运动中同样受到很大冲击。"官府以一种特殊的方式，实现了岳麓与州学的'合二而一'。"③

历经三次轰轰烈烈的大兴官学运动，宋初几所名列天下的书院，"或被废弃，停办，或被改作他用，或被僧道所占，或被改为州府之学，几乎全军覆灭，惟岳麓书院以天下书院之首的地位灵光仅存"。但也难逃脱和州学"合二而一"、公私合营的命运。④ 然而，书院的发展历程并未就此中断，恰恰相反，在北宋后期，书院的发展反而比前期更加快速。据曹松叶先生统计，自庆历至北宋末年，创建与修复书院的总数达 25 所，超过前期的两倍还多。⑤ 事实证明，庆历兴学以后，书院的发展并未停滞，官学化运动的冲击，书院暂时失去了政府的支持，表面上趋于冷落，但书院的总体数量实际上在悄悄地增长。尽管书院发展的路径非常曲折，而民间的力量一直在实实在在地默默无声地支持并推动着北宋后期书院缓慢而艰难地向前发展。

三 程朱理学与南宋书院的发展

（一）南宋程朱理学的兴起与发展

南宋时期，理学兴起，思想文化进入成熟的阶段。思想的发展并未因民

---

① 邓洪波：《中国书院史》，东方出版中心，2004，第 82 页。
② 孙培青、杜成宪：《中国教育史》，华东师范大学出版社，2009，第 216 页。
③ 邓洪波：《中国书院史》，东方出版中心，2004，第 105 页。
④ 邓洪波：《中国书院史》，东方出版中心，2004，第 106 页。
⑤ 邓洪波：《北宋书院的发展及其教育功能的强化》，《河南大学学报》1996 年第 1 期，第 48 ~ 52 页。

族间的战争和社会的动荡而停滞。理学的兴起与发展，推动了书院——这一特殊的文化教育制度产生与发展。要说明这一现象及其背后的原因，用传统的机械历史唯物主义很难解释得清楚，必须从思想独立发展的规律和文化教育历史本身的独立发展中找寻。

思想独立发展的规律不可忽视。南宋后期书院的辉煌与理学及其特殊的书院制度之关系，不能以传统的历史唯物主义而论，而应以作为理学自身发展史和书院这一特殊历史时期的特殊的教育形式进行独立的研究，才能说明问题。吕思勉先生指出：

> 吾国哲学，有三大变：邃古之世，本有一种幽源玄远之哲学，与神教相混，为后来诸子百家所同本？……两汉、魏、晋诸儒，不过发挥先秦诸子之学，更无论矣。此一时期也，佛教东来？……此又一时期也。佛学既敝，理学以兴？……此又一时期也。①

在中国古代哲学的三次重大转型中，理学的兴起并确立为统治思想，是一个具有重要历史意义的大事件。在中国政治史上，南宋时代无疑是比较黑暗的，但在思想史上，却有它特殊的意义和价值。在这个时期，理学被尊为国家的主流意识形态，统治中国思想界七百多年。②

著名理学家吴澄在《岳麓书院重修记》中，曾将讲道和读书概括为南北宋时期岳麓书院的特点，其称："开宝之肇创也，盖惟五代乱离之余，学正不修，而湖南僻远之郡，儒风未振，故俾学者于是焉而读书。乾道之重兴也，盖惟州县庠序之教沉迷俗学，而科举利诱之习蛊惑士心，故俾学者于是焉而讲道。"③

---

① 张栻主教岳麓书院，曾被日本学者看作新儒学即理学书院运动的开始。参见邓洪波《中国书院史》，上海东方出版中心，2004，第128页。吕思勉：《理学纲要》，东方出版社，1996，第30页。

② 张金岭：《宋理宗研究》，人民出版社，2008，第244~245页。

③ 陈谷嘉、邓洪波：《中国书院史资料》，浙江教育出版社，1998，第321页。

在时代乱离、儒风未振之时，至南宋儒学重归正统，并确立了官方意识形态的统治地位。南宋的理学家们，以其特有的社会责任感，承担着复兴儒学，"讲道""传道"的历史使命，推动了书院复兴建设运动。

（二）南宋时期的书院兴学风潮

南宋时期，战火连绵，北宋时期创建的书院，大多随战争的炮火灰飞烟灭，一片废墟。整个社会世风日下，道德沦丧。南宋一代理学家们如朱熹、张栻、吕祖谦、陆九渊等，以天下为己任，希望重建社会价值观，以收拾人心，重建伦常，以新的价值观念维系世道民心。他们为了传播宣扬自己的新儒学理论——理学，纷纷修复和创办书院，并亲临书院讲学布道，兴起了一场绵延数十年之久的书院兴学风潮。

以书院为依托，讲学传道，最早将理学与书院结合在一起的是湖湘学派。乾道三年（1167 年），理学大家朱熹听说张栻在岳麓书院阐讲湖湘之学，不远千里而来访学，这就是历史上有名的"朱张会讲"。传说二位大师以"中和"为主题，就当时理学普遍关注的太极、乾坤、心性、察识及持善秩序等问题，辩说讲论两月有余，"学徒千余，舆马之众，至饮池水立竭，一时有潇湘洙泗之目焉"。[①] 这次学术活动以及后来的朱熹与陆九渊兄弟的"鹅湖之会"，开辟了书院会讲、自由讲学、各学术流派互相交流的学术风气。

南宋理学集大成者朱熹，经历了理学书院运动的全过程。他年轻时曾有过经营县学的经历，他从岳麓书院、城南书院到处讲学，苦心经营白鹿洞书院，为白鹿洞书院亲订学规——《白鹿洞书院揭示》，还为石鼓书院作记，终其一生，为南宋书院的辉煌历史倾注了毕生心血。据史志记载，朱熹与数十近百所书院有关。其中朱熹创建的 4 所，修复的 3 所，读书的 6 所，讲学的 20 所，曾经讲学而后人创建的 21 所，撰记题诗的 7 所，题词题额的 6 所。[②] 理学集大成者朱熹，在中国书院史上，对书院情结最重，贡献最大。

淳熙十四年（1187 年），朱熹为石鼓书院作记：

① 邓洪波：《中国书院史》，东方出版中心，2004，第 128 页。
② 方彦寿：《朱熹书院与门人考》，华东师范大学出版社，2000，第 35 页。

予惟前代庠序之教不修，士病无为学，往往择胜地，立精舍，以为群居读书之所。而为政者，乃成就而褒表之：若此山、若岳麓、若白鹿洞之类是也。逮至本朝庆历熙宁之盛，学校之官遂遍天下。而前日处士之庐无所用，则其旧迹之芜废，亦其势然也。不有好古图旧之贤，孰能谨而存之哉？抑今郡县之学官，置博士弟子员，皆未尝试考德行道义之素。其所受授，又皆世俗之书，进取之业，使人见利而不见义，士之有志为己者，盖羞言之。是以常欲别求燕闲清旷之地，以共讲其所闻而不可得。此二公所以慨然发愤于斯役，而不敢惮其烦，盖非独不忍其旧迹之芜废而已也。故特为之记其本末，以告来者。使知二公之志所以然者，而无以今日学校科举之意乱焉。又以风晓在位，使知今日学校科举之害，将有不胜言者，不可以是为适然，而莫之救也。若诸生之所以学，而非若今之人所谓，则昔吾友张子敬夫所记岳麓者，语之详矣。顾于下学之功有所未究，是以诵其言者不知所以从事之方，而无以蹈其实，然今亦何以他求为哉！亦曰：养其全于未发之前，察其几于将发之际，善则扩而充之，恶则克而去之，其亦如此而已，又何俟于予言哉！

南宋理学家们深深厌恶科举制度之害，匡正之路就在于"别求燕闲清旷之地"创建书院，"以俟四方有志于学，而不屑于课试之业者居之"，借以修正沉迷于科举官学颓废的学风。理学与南宋书院融为一体，理学借书院得以发扬光大，书院有理学家的推动才得以发展。书院对理学的发展，对中国传统思想文化在南宋时期形成前所未有的发展高峰，功不可没。二者相辅相成，互为表里，互为内在，同时共存，共同发展。

第三节　名扬天下的宋代著名书院

书院萌芽于唐朝，但作为一种教育制度形成兴盛于宋朝。宋代的著名书院，有四大书院之称，为岳麓书院、白鹿洞书院、应天府书院、嵩阳书院；也有六大书院之称，即上述四大书院外，再加上石鼓书院、茅山书院。这些著名书院代表了宋代书院教育的最高水平，并且在宋代教育领域中占有极其重要的地位。

一 岳麓书院

岳麓书院坐落在南岳衡山之麓，岳麓山。岳麓山"近市而不喧""心远地自偏"，一入秋"层林尽染"，林深处有白沙泉——萌芽于唐代的书院教育，至北宋开始形成一种独特完备的教育组织——书院制度，并出现了很多著名的书院。

西晋时佛教传入，泰始四年（268年）建麓山寺。据南宋岳麓书院副山长[1]欧阳守道《赠了敬序》记载，唐末五代时期，僧人智璇等"念唐末五季湖南偏僻，风化陵夷，习俗暴恶，思见儒者之道，乃割地建屋，以居士类"。"时经籍缺少，又遣其徒市之京师，而负以归"，使得"士人得屋以居，得书以读"，形成了一个略具规模的教育场所，后在此基础上扩建岳麓山书院。[2]

北宋大中祥符五年（1012年），湘阴人周式"学行兼善，尤以行义著称"，任岳麓书院第一位山长。周式是一个研究笺注训诂的经学家。他主持书院期间，成绩卓著，风闻天下。大中祥符八年（1015年），受到宋真宗召见。真宗欲委任周式为国子监主簿，周式却坚持回岳麓执教。宋真宗赐给其对衣鞍马并内府书籍，又亲赐"岳麓书院"匾额，始称岳麓书院。北宋后期，岳麓书院实际上已成为地方的高等学府。

天下"四大书院"，尽管众家说法不一，唯有岳麓书院为诸家共推。无论就其历史渊源，规模建制还是办学成效及其影响，岳麓书院都在北宋书院前列。

南宋时期，岳麓书院走向鼎盛期，这与理学的思潮影响有关。南宋乾道

---

[1] 据《岳麓志》记载，当时有"潭州三学"：即潭州州学、湘西书院、岳麓书院。学生通过考试，以积分高下逐级安排升舍。官办的州学学生考试成绩优良者，可升湘西书院，湘西书院学生考试成绩优良者，方可升岳麓书院，可见，岳麓书院实际上成为地方高等学府。参见朱汉民主编《岳麓书院》，湖南大学出版社，2005，第62页。

[2] 邓洪波：《中国书院史》，东方出版中心，2004，第89页。

年间，与朱熹吕祖谦并称"东南三贤"之一的理学大家张栻主持岳麓书院教事。张栻亲自撰写《岳麓书院记》，明确了新的教育宗旨。

张栻极力反对以应付科举考试为目的，反对以经学传注为教学内容，他亲自对学生讲，你们来这里学习的目的，"岂特使子群居佚谈，但为决科利禄计乎？岂使子习为言语文辞之工而已乎？盖欲成就人才，以传道而济斯民也"。① 张栻不希望学生成为科举棒杀的奴隶，不希望学生成为只攻言语文辞的书生，他主张书院教育的目的是要培养和造就能"传道济民"的对社会有用的人才。

张栻极其厌恶那种以应付科举考试，只注重传习传注汉儒经学，只注重文辞章句，僵化呆板单一的教学方法。真正使四方前来就学的学子得以"传道授业解惑"。主张灵活多样的教学方法，解答学生在学习中遇到的疑难问题，并通过问难论辩师生互动共同解决问题。这样的教学理念和教学方法至今还有一定的借鉴作用。

学院在搞好教学的基础上，应加强学术研究。张栻主张在教学过程中，老师和学生共同探讨学术上的重点和疑难问题，从而推动学术研究。全国各地不同的学术流派和学术大师可以在书院公开"会讲"，展开学术讨论，开创了岳麓自由讲学的风气。岳麓书院就此成为闻名全国的重要学术基地。不仅湖湘学子纷纷来此研习理学，还邀请著名的理学大师朱熹来到岳麓山下，共聚讲学，这就是历史上有名的"朱张会讲"。

朱熹集理学之大成，建立了"天理论、心性论、格物致知等完整的理学思想体系"。他的《四书集注》被封为科举必读书和标准答案，他的理学被封为国家哲学。乾道三年（1167 年），朱熹从千里之外的福建崇安来到长沙岳麓山下，来听讲人很多，可谓盛况空前。"一时舆马之众，饮池水立涸。"②

朱张会讲，气氛非常热烈，以致"三日夜而不能合"。朱熹与湖湘学派主张以心为已发，性为未发，所以应"先察识后持养"。朱张会讲展开了激

---

① 朱汉民主编《岳麓书院》，湖南大学出版社，2005，第 64 页。
② 朱汉民主编《岳麓书院》，湖南大学出版社，2005，第 66 页。

烈的讨论，尚未达成共识。两年后，朱熹的一些学术观点有所改变，张栻的很多观点渐次接近朱熹。闻名遐迩的"朱张会讲"在中国哲学史教育史上一时传为佳话。

绍熙五年（1194 年），朱熹任湖南安抚使，着手振兴岳麓书院教育。先为岳麓置学田 50 顷，并请皇帝赐九经御书，还事无巨细，对书院的斋舍、几案、床榻之类都一一亲自过问，并在公务之外，不时过江讲学。

朱熹亲自手书"忠孝廉节"四个大字于堂上，还亲自颁布"朱子书院教条"，亲订"夜读且莫晏起"等正式学规，严格学院的规程章法，以规范约束学生行为习惯。淳熙六年（1179 年），朱熹兴复白鹿洞书院，曾制定中国教育史上很有名的学规《白鹿洞书院揭示》，和"朱子书院教条"精神基本一致，对书院教育的方针、培养目标、治学原则以及学生日常作息生活细则都有详细的规定。

朱熹把儒家纲常伦理作为书院的主要教学目标。在教学方法上，一改官学中"务记览，为辞章，钓声名，取利禄"的流弊，树立了一种注重修养心性的新学风。注重生活教育，教学生如何"修身""处事""待人接物"。提倡人格教育，要言行一致，克己为人，加强道德自律和自身道德修养。朱熹规定了"博学之，审问之，慎思之，明辨之，笃行之"治学次序：一要博采众长，兼收并蓄；二要刨根问底，认清问题的实质；三要辩证思考，把握规律；四要明辨是非，判定真伪；五要践履所学，学以致用。这种提倡独立思考、问难论辩、学思并重、知行合一的学风，至今仍有借鉴意义。

岳麓书院经历了二十五年（1165～1189 年）的蓬勃发展时期。后遭遇"庆元党禁"（1195～1200 年），理学衰微，书院随之渐趋冷落。嘉定（1208～1224 年）以后，"党禁"解除，岳麓书院再次出现办学热潮。

元统一全国，政府对书院采取保护政策。延佑元年（1314 年），再次重修岳麓书院。① 承继宋代确立的"成就人才以传道济民"的教育思想，摒弃

---

① 见吴澄《重建岳麓书院记》一文，重新确立宋代张栻提出的"造就人才以传道济民"的教育方针，和朱熹"审问于人，慎思于己，明辨而笃行"的教育思想。

只重背诵、工辞章、以科举考试为目的的官学化教育，坚持"审问于人，慎思于己，明辨而笃行"的治学方法，一时称誉海内。[①]

二　白鹿洞书院

钟灵毓秀的赣北大地，有东襟浩渺鄱阳湖，北枕滔滔长江水，一山飞峙，雄浑远阔，风云际会，气象万千……著名的白鹿洞书院就坐落在这里。胡俨在《重建书院记》中记载了白鹿洞书院的来由：

> 白鹿洞在南康庐山之阳，五老峰下，山川环合，林谷幽邃，远人事而绝尘氛，之足以怡情适兴，养性读书，宜乎君子之所栖托，士大夫之所讲学焉。唐贞元中，李渤与兄俱隐于此，尝养白鹿以自娱，故洞因以为名。宝历中，李渤为江州刺史，即洞建台榭，环流水，植花木，其盛概遂有闻于时。南唐升元中，立学馆，设主领，赐经书，给廪食，聚生徒常数百人，在当时谓之白鹿洞庠。

胡俨还详细记述了朱熹重建振兴白鹿洞书院的过程：

> 宋初，天下止有四书院，曰白鹿，曰岳麓，曰嵩阳，曰睢阳，学者宗焉。后罹兵燹，栋宇消落。淳熙六年，紫阳朱文公先生来为郡守，亲访其处，怅然兴怀，与荒凉废坏之余，重为作兴，堂庑斋塾，顿复旧观。给田聚书，招延士类，表揭教条，以为洞规。又上奏状，请赐敕额，一时文风士习之盛济济焉，彬彬焉。

白鹿洞书院经朱熹修复重建，名声大噪，许多文人墨客，达官贵人慕名前来，求教讲学，一时"盛闻于人"，为天下书院之首。[②] 朱熹的足迹遍及

---

① 朱汉民主编《岳麓书院》，湖南大学出版社，2005，第72页。
② 王昶：《天下书院总志序》。

宋代各大书院，以白鹿洞书院待的时间最长。朱熹不仅重修了白鹿洞书院，而且还建立了严格的书院规章制度。《白鹿洞书院教条》不但体现了朱熹以"格物、致知、诚意、正心、修身、齐家、治国、平天下"等一套儒家经典为基础的教育思想，而且成为南宋以后中国封建社会七百年书院办学的样式，也是教育史上最早的教育规章制度之一。

他那循循善诱孜孜不倦的教育家精神，影响了宋代和后世。他的复性教育理论，醇儒人格模式的设想，"居敬"的道德教育理论，"穷理"的知识教学论，以及著名的朱子读书法，都对后世产生了极为深广的影响。朱熹亲手订立的《白鹿洞书院揭示》，将教学要求，学术研究，学习方法，文化人格培养融为一体，在中国文化教育史上占有重要位置。

朱熹不持门户之见，延请陆九渊到白鹿洞讲学，成就了中国教育史哲学史上的一段佳话。淳熙八年（1181年），陆九渊访朱熹于南康军，朱请陆登白鹿洞书院讲堂。陆以"君子喻于义，小人喻于利"发论，深为朱熹钦佩。认为陆九渊的言论"切中学者以为隐微深痼之病"。[1]

庆元党禁解除以后，白鹿气脉赖以不绝，追随朱熹的一大批高足弟子在洞中讲学聚会，发扬师说，光大门户，使白鹿洞成为闽中以外朱子学派的一个重要学术重镇。[2] 南宋末年，白鹿洞因僻处山中，免于战火，兴学不断。只可惜在元至元二十四年（1287年）白鹿洞书院毁于火灾。

三　应天府书院

应天府书院又名睢阳书院，位于商丘旧城之东，原址在县城南门外东侧，其规制相当完备，人才甚众，是有着重大影响的北宋四大书院之一。应天府书院的前身是后晋时杨悫所办的私学，后经其学生戚同文的努力，得以发展，应天府书院扩建以后，戚同文主持修订了书院学规。学子们"不远千里"而至，"远近学者皆归之"。北宋政权开科取士，应天府书院人才辈

---

① 邓洪波：《中国书院史》，东方出版中心，2004，第181页。
② 邓洪波：《中国书院史》，东方出版中心，2004，第187页。

出，百余名学子在科举中及第的竟多达五六十人。

据《河南书院教育史》记载，起初应天府书院是后晋时杨悫所办的私学，后经曹诚私人出资300万两添置设备，书院得以扩大发展。之后，曹诚将其院舍藏书及设备一并捐出，书院全部由官府接管。景祐二年（1035年）改为应天府府学，又于庆历三年（1043年）改为南京国子监，与东京（开封）和西京（洛阳）国子监三足鼎立，交相辉映。[①]

宋真宗时，因追念太祖自立为帝，应天顺时，将宋太祖赵匡胤发迹之处宋州（今商丘）于1006年改为应天府，1014年又升为南京，处陪都地位。大中祥符二年，州人曹诚愿以学舍入官，并请戚同文主持。1009年，应天府知府把这一请求上报朝廷，宋真宗大为赞赏，立即批准，并使端明殿学士盛度著文评记其事，前参政事陈尧佐题写匾额，正式赐额为"应天府书院"。因戚同文称睢阳先生，应天府曾改名南京，所以应天府书院又称睢阳书院或南京书院。宋仁宗时，又于1043年将应天书院这一府学改为南京国子监，使之成为北宋的最高学府之一。

宋人徐度记载了应天府书院的缘起：

> 五代之乱，天下无复学校。皇朝受命，方削平四方，故于庠序之事，亦未暇及。宋城富人曹诚者，独首捐私钱，建书院城中。前庙后堂，旁列斋舍，凡百余区。既成，邀楚丘戚先生主之。先生名同文，生唐天佑中，历五代入本朝，皆不仕，以文学行义为学者师。及是，四方士子争趋之。曹氏复买田市书，以待来者。先生乃制为学规，凡课试讲

---

① 刘卫东、高尚刚：《河南书院教育史》，中州古籍出版社，1991，第230页。
　 嵩阳书院原名太乙书院，五代周世宗时所建。宋至道二年（990年）七月，赐院额，及印本九经书疏。大中祥符三年（1010年），皇帝又增赐九经。景祐二年（1035年）九月，敕西京（河南府洛阳）重建书院，诏以"嵩阳书院"为额。宝元元年（1038年），赐田十顷。庆历兴学以后，一度荒废。王安石改革时，司马光及程颢程颐弟兄以政见不同，退朝讲学于此。范仲淹也曾在嵩阳书院开讲，一时名流聚会，相当规模，其时院中学生常有数十百人。许梦瀛、孙顺霖：《嵩阳书院理学教育窥探》，《河南师范大学学报》1997年第4期。安国楼：《嵩阳书院与二程理学》，《郑州大学学报》2005年第5期。

肆，劝督赏罚，莫不有法；宁亲归沐与亲戚往还，莫不有时。而皆曲尽人情，故士尤乐从焉。由此书院日以浸盛，事闻京师，有诏赐名"应天府书院"。①

该书院在曹诚等人尤其是应天知府、著名文学家晏殊的支持下，得以大大扩展。著名的政治家、文学家范仲淹等一批名人名师在此任教，更是人才辈出，显盛一时，后人还立有《范文正公讲院碑记》以兹纪念。

天圣五年（1027 年），范仲淹应南京留守晏殊之聘，主持应天府书院。范仲淹亲做《南京书院提名记》。

> 皇宋辟天下，建太平，功揭日月，泽注河汉，金革尘积，弦诵风布。乃有睢阳先生赠礼部侍郎戚公同文，以奋于丘园教育为乐。门弟子由文行而进者，自故兵部侍郎许公骧而下，凡若干人。先生之嗣，故都官郎中维、枢密直学士纶，并纯文浩学，世济其美，清德素行，贵而能贫。
>
> 祥符中，乡人曹氏，请以金三百万，建学于先生之庐。学士之子，殿中丞舜宾，时在私庭，俾干其裕；故太原奉常博士渎，时举贤良，始掌其教；故清河职方员外郎吉甫，时以管记，以领其纲。学士画一而上，真宗皇帝为之嘉叹，面可其奏。今端明殿学士，盛公侍郎度文其记，前参子政事陈公侍郎尧佐题其榜。
>
> 由是风乎四方，士也如狂，望兮梁园，归于鲁堂。辛甫如星，缝掖如云。讲义乎经，咏思乎文。经以明道，若太阳之御六合焉；文以通理，若四时之妙万物焉。诚以日至，义以日精。聚学为海，则九河我吞，百谷我尊；淬词为锋，则浮云我决，良玉我切。然则文学之器，天

---

① 据有关文献记载，戚同文为应天府书院制定的学规，后来为宋代国子监太学所鉴取，这说明应天府书院的办学经验和规章制度，对宋代的中央官学也产生了一定影响。见李国钧、王炳照《中国教育通史》（第三卷），山东教育出版社，2000，第 234 页。李国钧、王炳照：《中国教育制度通史》（第三卷），山东教育出版社，2000，第 233 页。

成不一。或醇醇而古，或郁郁于时；或峻于层云，或深于重渊。至于通《易》之神明，得《诗》之风化，洞《春秋》褒贬之法，达礼乐制作之情，善言二帝三王之书，博涉九流百家之说者，盖互有人焉。若夫廊朝其器，有忧天下之心。进可为卿大夫者，天人其学，能乐古人之道；退可为乡先生者，亦不无矣。

观夫三十年间，相继登科，而魁甲英雄，仪羽台阁，盖翩翩焉，未见其止。宜观名列，以劝方来。登斯缀者，不负国家之乐育，不孤师门之礼教，不忘朋簪之善导。孜孜仁义，惟日不足。庶几乎刊金石而无愧也。抑又使天下庠序规此而兴，济济群髦，咸底于道，则皇家三五之风，步武可到，戚门之光，亦无穷已。他日门人中绝德至行，高尚不仕，如睢阳先生者，当又附此焉。①

在范仲淹主持期间，书院人才辈出，声名远扬。"督学者皆有法度，勤劳恭谨以身先之，由是四方从学者辐辏，其后以文学有声名于场屋者，多其所教。"②

明正德六年迁城，应天书院也迁往今地——城内中山东二街路北。现存有大成殿、明伦堂、月芽池等建筑。原大成殿内立有孔子和其弟子的牌位，明伦堂为学堂。这两座建筑均为歇山式建筑。大成殿为祭孔之地，明伦堂为应试地。

四 嵩阳书院

嵩山为五岳之中，位于河南登封北，北瞰黄河，东望汴郑，西邻洛崤，自古是逐鹿中原的战略要地。其山东为太室，西为少室，群峰耸立，奇石突兀。太室山南麓，距禅宗第一古刹少林寺数十里，嵩阳书院就坐落在这里。它背依嵩山主峰峻极峰，面对清澈缓流双溪河，东傍林泉深幽的逍遥谷，西

---

① 陈谷嘉、邓洪波：《中国书院史资料》，浙江教育出版社，1998，第57页。
② 《范文正公年谱》，见李国钧《中国书院史》，湖南教育出版社，1994，第63页。

望如凤飞舞的少室山，景色清幽、环境宜人。在宋"六大书院"中，嵩阳书院因其独特的地理位置和政治因素，北宋理学大家相继在这里讲坛论道，嵩阳书院向来受世人尊重。

嵩阳书院初为嵩阳寺，始建于北魏太和八年（484年），原是一处佛教活动场所，僧徒曾经达数百人。隋朝时期更名为嵩阳观，开始被道教占据。五代时期，天下大乱，社会动荡，许多有识之士把办教育、传授儒学视为己任，纷纷聚集于嵩山开课授徒，后周皇帝柴荣将嵩阳观更名为太乙书院，嵩阳观逐渐成为一个儒家思想传播场所。北宋之后，文风大行，著名学者吕蒙正、滕子京以及理学的奠基人程颢、程颐、朱熹先后在这里聚徒讲学、传播儒家理学思想，这里成为"洛派理学"（亦称程朱理学）的诞生地。宋至道二年（990年），宋仁宗亲赐匾额更名为嵩阳书院。王安石改革，司马光及程颢程颐弟兄以政见不同，退朝在此聚徒讲学，著书立说，嵩阳书院名噪一时。司马光的伟大巨著《资治通鉴》其中九至二十一卷就是在这里写就的。范仲淹也曾在此讲学，一时名流聚会，相当规模。

书院大门前有一仪门，上书"高山仰止"四字。接着映入眼帘的是东魏时期的一块石碑，也是嵩山地区保留下来历史较早的石碑之一。从石碑上我们可以很明显地看出当时这里作为一处佛教寺院的兴旺程度。石碑上有许多佛教造像，保留有北魏时期造像"曹衣带水"的风格。另一处是嵩阳书院三宝之一的"大唐嵩阳观纪圣德感应之颂碑"，刻立于唐天宝三年（744年）。碑文记载的是唐玄宗李隆基游览嵩山，身患疾病。嵩阳观道士孙太冲为他献上了一颗九转金丹，治好了皇帝的病，李隆基下令为孙太冲立石碑进行表彰。碑文为李隆基的幸臣李林甫所写，石碑上的字为唐代著名书法家徐浩所书。

在嵩阳书院的教育史上，儒学教育更占有特殊的历史地位。北宋洛学名家程颢、程颐在这里讲学期间，融合儒、佛、道三家思想，开创了理学发展的新阶段。众所周知，儒家思想统领了中国传统伦理思想几千年，而真正发挥其成熟效益的是北宋理学诞生后，而程朱理学也叫洛派理学的诞生地就在这里。可以说，嵩阳书院在中国传统文化的继承和发展方面占有极其重要的地位。

嵩阳书院的教学特点：第一，嵩阳书院当时不仅是一个教学机构，同时也是一个学术研究机关，实行教研结合；第二，实行会讲制度，允许不同门派、不同见解的人士来此开坛辩论；第三，实行门户开放，不受地域限制，全国各地的学子都可以来这里进行交流；第四，主张因材施教和素质教育，不主张"苦读死书"；第五，嵩阳书院里面的师生关系非常融洽，不像我们平时理解的旧私塾里那样的师道尊严。在这里老师不仅以自己渊博的学识教育学生，同时还以自己的高尚品质和情操感染与熏陶学生。

有关嵩阳书院的历史，记载都很简略，如王应麟《玉海》，仅记："至道二年七月甲辰，赐院额，及印本九经书疏。祥符三年四月癸亥，赐太室书院九经。景祐二年九月十五日己丑，西京（河南府）重修太室嵩阳书院，诏以嵩阳书院为额。有至道三年五月戊辰，河南府言甘露降书院讲堂。"①《玉海》简略地记述了官府赐书、赐额之事。清代专修的《嵩阳书院志》，也是语焉不详。最近发现的宋人李廌《嵩阳书院诗》一首，对书院历史多有涉及。

嵩阳书院诗

宋　李廌

束发从政事，佩缓曳长裾。

守令有民社，裂地皆分符。

问之尔何由，必曰因业儒。

自致或世赏，因儒升仕涂。

一朝希斗禄，辄与故步殊。

佞夫专媚灶，要路事驰驱。

俗夫抗尘容，勾校迷墨朱。

自谓尚市道，不若效贾区。

---

① 邓洪波：《中国书院史》，东方出版中心，2004，第97页。

何必念故业，易地有蘧庐。

嵩阳敞儒宫，远自唐之庐。

章圣旌隐君，此地构宏居。

崇堂讲遗文，宝楼藏赐书。

赏田逾千亩，负笈昔云趋。

劝农桑使者，利心巧阿谀。

飞书檄大农，鬻此奉时须。

垣墙聚蓬蒿，观殿巢鸢乌。

二纪无人迹，荒榛谁扫除。

桑羊固可烹，县令亦安乎。

今主尚仁政，美利四海敷。

仁贤任阿衡，天地一朝苏。

已责复蠲敛，肉骨生膏腴。

疲民悉按堵，此地尚荒芜。

淮西高夫子，为政多美誉。

百里政肃雍，民不困追胥。

愤彼释老子，遗宫遍山隅。

吾儒一何衰，废迹可嗟吁。

连牍叩洛尹，移文讽使车。

义有子衿耻，功将泮水俱。

兴衰虽在天，此意良可书。

却思鬻此者，於儒与何诛。

又思昔县令，亦昔儒之徒。

兴儒有美意，无忘高大夫。①

---

① 陈谷嘉、邓洪波：《中国书院史资料》，第 59～61 页。转引自邓洪波《中国书院史》，东方出版中心，2004，第 98～99 页。

五 石鼓书院和茅山书院

（一）石鼓书院

石鼓书院位于中南重镇衡阳石鼓山，是湖湘文化发源地，唐元和五年（810 年），时李宽李泌来南岳，见石鼓山林木葱郁，湘江、蒸水、耒水三江环绕，遂结庐读书其上，创建中国古代最早的书院——石鼓书院。

宋至道三年（997 年），衡州人李士真拓展其院，作为衡州学者讲学之所。宋景祐二年（1035 年），朝廷赐额"石鼓书院"。石鼓之名，远不可稽，说法不一。一曰：石鼓四面凭虚，其形如鼓。如郦道元《水经注》所载：山势青圆，正类其鼓，山体纯石无土，故以状得名。二曰：石鼓三面环水，水浪击石，其声如鼓。山上绿树成荫，风光秀美，亭台楼阁，飞檐翘角相得益彰。江面帆影点点，渔歌唱晚。

宋乾道九年（1173 年）二月，著名诗人范成大游石鼓书院，因其地为山水名胜，又有其家兄所建武侯庙，即兴写了一段游记：

> 十四日泊衡州，谒石鼓书院，实州学也。始，诸郡未名教时，天下有书院四：徂徕，金山，岳麓，石鼓。石鼓，山名也。州北行，冈垅将尽，忽山石一峰起，如大石矶，浸江中。蒸水自邵阳来，绕其左，潇湘自零陵来，绕其右，而皆汇于合江亭之前，并为一水以东去。合江亭见韩文公诗，今名绿净阁，亦取文公诗中"绿净不可唾"之句。退之贬潮阳时，盖自此横绝取路以入广东，故衡阳之南皆无诗焉。西廊外石蹬缘山，谓之西溪，有窪尊及唐李吉甫、齐映题刻。书院之前有诸葛武侯新庙，家兄至先为常平使者时所建。①

唐代中期一位有成就的文学家，又是王叔文政治革新集团的重要人物吕温（771～811 年）字和叔，又字化光，唐河中（今永济市）人。元和三年

---

① 邓洪波：《中国书院史》，东方出版中心，2004，第 82 页。

（808 年）秋，因与宰相李吉甫有隙，贬道州刺史，后徙衡州，甚有政声，世称"吕衡州"。与吕温同时代的柳宗元、刘禹锡、元稹等人，都曾给予极高的评价。

吕温曾作诗一首"同恭夏日题寻真观李宽中秀才书院"：

> 闲院开轩笑语阑，江山并入一壶宽。
>
> 微风但觉杉满香，烈日方知竹气寒。
>
> 披卷最宜生白室，吟诗好就步虚坛。
>
> 愿君此地攻文字，如炼仙家九转丹。

此诗所题当为石鼓书院。据《湖南通志》卷六十九记载，石鼓书院，"旧为寻真观，唐判史齐映建合江亭于山之右，元和中州人李宽结庐读书其上，刺史吕温尝访之"①。又据《国朝石鼓志》卷一记载与《湖南通志》基本一致："石鼓之有书院肇自唐时，初为会真观，唐刺史齐映建合江亭于山之右麓。元和年间，士人李宽读书其上，刺史吕温尝访之，有题寻真观李秀才书院，是特宽一人之私业而已。"以书院之题名者，当时书院不皆官主之业。……②而吕温此诗所题为"李宽中秀才书院"。石鼓书院创始人究竟是李宽还是李宽中，至今不能定论。

《国朝石鼓志》卷一还记载：景祐二年，集贤校理刘沆来守衡，请于朝，遂与嵩阳、白鹿、岳麓称四大书院。以上可见，石鼓书院最早列入"天下四书院"中，后来，唯独让石鼓出局，似乎可惜。实际上，与"四书院"并行的还有"三书院"的说法。石鼓书院都名列其中。

淳祐六年（1246 年），南昌郡守吴泳作《御书宗濂精舍跋记》记载：

> 臣尝考国朝见建立书院隶于今职方者三，潭曰岳麓，衡曰石鼓，南

---

① 邓洪波：《中国书院史》，东方出版中心，2004，第12页。

② 李国钧、王炳照：《中国教育制度通史》（第三卷），山东教育出版社，2000，第235页。

康曰白鹿洞，皆籙上方表赐敕额，盖所以揭圣范崇道规也。道术既裂，圣真无统，士各阿其所好而立之师门，各尊其所授而名其学，刊山结庐，互相标榜，书院精舍之名几遍郡国，殆失古者天子命之教然后为学之义。①

实际上，早在吴泳之前，石鼓书院就列于"三书院"中，嘉定年间，楼钥曾作为建宁府紫芝书院作记，就提道"或曰郡既有学，而复有书院，不即多乎？是又不然。潭之岳麓，衡之石鼓，南康之白鹿，皆比比也。古之家有塾，党有庠，术有序，国有学"。②

石鼓书院在宋朝有一定影响，并起到了榜样典范的作用。淳熙十四年（1187 年）朱熹作为书院运动的倡导者曾亲自为石鼓书院作记："予惟前代庠序之教不修，士病无所于学，往往想与择胜地，立精舍，以为群居讲习之所，而为政者乃或就而褒之，若此山，若岳麓，若白鹿洞之类是也。"③

在"天下四书院"中，石鼓书院曾两次被列入，在"三书院"说中，行列第二，可见，其在宋初有相当大的知名度。今特记之。

（二）茅山书院

从上述范成大《石鼓山游记》中所言："天下有书院四：徂徕，金山，岳麓，石鼓。"金山就是茅山，宋仁宗时处士侯遗④所建，院址在江宁府三茅山后侧，故称茅山书院。侯氏在此教授生徒，并自营粮食十余年。仁宗天圣二年（1024 年），经江宁知府王随奏请，朝廷赐给田亩，充书院经费。南宋咸淳七年（1271 年），迁至金坛县顾龙山之麓。

---

① 陈谷嘉、邓洪波：《中国书院史资料》，第 29 页。转引自邓洪波《中国书院史》，东方出版中心，2004，第 87 页。

② 陈谷嘉、邓洪波：《中国书院史资料》，第 150 页。转引自邓洪波《中国书院史》，东方出版中心，2004，第 87 页。

③ （宋）朱熹：《衡州石鼓书院记》，转引自邓洪波《中国书院史》，东方出版中心，2004，第 88 页。

④ 侯遗，字仲遗（《金陵诗徵》卷五。《至顺镇江志》卷一九作仲逸），句容（今属江苏）人。隐居茅山，创书院，教授生徒，积十余年，自营粮食。仁宗天圣二年（1024 年），王随知江宁府，奏请于茅山斋粮所剩庄田内给三顷充书院赡用，从之。明弘治《句容县志》卷六有传。

侯遗亲作"茅山书院"诗一首：

> 精舍依岩壑，萧条自卜居。
>
> 山花红踯躅，庭树绿栟榈。
>
> 荷锸朝芸陇，分镫夜读书。
>
> 浮云苍狗纪，一笑不关余。①

后人巫伋又作"茅山书院谒侯处士像"一首赞曰：

> 斋粮资讲舍，遗像拜山中。
>
> 不尚神仙术，特存儒者风。
>
> 斯文真未丧，吾道岂终穷。
>
> 为忆皋比拥，庭前古木丛。②

第四节　南宋时期的书院及书院制度

1127 年，金国大举南侵，虏徽、钦二帝北去，北宋覆灭。宋室南迁，偏安江南，书院及理学发展的中心南移，张栻、朱熹、陆九渊、吕祖谦等理学家们纷纷以书院为阵地，潜心研习并传播儒学及理学，致使书院的教学活动异常活跃。吕祖谦、朱熹等率先颁定书院学规，确立了明德亲民、传道济民、学而优则仕等三大教学目标。除向弟子传授经学内容外，还着重"最切实用"的日用知识传授和备战科举考试。宋代书院普遍订立了比较完备的条规，这是书院制度化的重要标志，其中朱熹亲自拟订的《白鹿洞书院揭示》，成为书院学规的典范。

---

① 《金陵诗徵》卷五。
② 《金陵诗徵》卷七。

一　南宋书院的兴起及其原因

南宋是书院发展史上一个很重要的时期。正如元代理学家吴澄在《岳麓书院重修记》中所言，"开宝之肇创也，盖为五代乱离之余，学正不修，而湖南偏远之郡，儒风未振，故俾学者于是焉而读书。乾道之重兴也，盖惟州县庠序之教沉迷俗学，而科举利诱之习蛊惑士心，故俾学者于是焉而讲道"。① 书院自唐代出现以后，历经五代战乱，官方无暇顾及教育，很多有识之士退居山野，重振儒风，传统文化得以延续。南宋的理学大师们，怀着很强的历史使命感和社会责任感，"对抗俗学与科举利诱"，纠正科举制度所造成的偏差，以宣扬圣人之道为己任，专心讲道、传道，掀起了轰轰烈烈的书院复兴运动。南宋书院振兴的原因有以下几个方面。

（一）官学衰微为书院复兴提供了机会

南宋时期，政府对官学的投入相当大，国家划拨大量的田产用于各级官学的经费支出，各级地方官学的数量和规模已相当可观，但是，各级官学基本上围绕科举的大棒转悠，几乎沦为科举的附庸，教学完全成为科举的利禄之学，教学内容僵化，学术风气败坏。对此，遭到了当时有识之士的严厉批评。

朱熹在《学校贡举私议》中批评："所谓太学者，但为声利之场。而掌其教事者，不过取其善为科举之文，而尝得隽于场屋者耳。士之有志于义礼者，既无所求于学，而奔趋辐辏而来者，不过为解额之滥、舍选之私而已。"② 叶适也指出："今州县学，宫室廪饩，无所不备，置官立师，远过于汉唐甚矣。惟其无所考察而徒以聚粮，而士之俊秀者不愿意学矣。"③ 官方学府虽办学条件优越，物质待遇丰厚，正常的教学活动完全流于形式，而无教学之实。

正是因为官学的衰落，为民间书院的发展提供了机会。具有较高的教学质量、灵活自由的办学方式，学术气氛浓厚的民间书院，才有了很好的发展空间。

---

① （元）吴澄：《岳麓书院重修记》，见陈谷嘉、邓洪波《中国书院史资料》，第321页。
② 李国钧、王炳照：《中国教育制度通史》（第三卷），山东教育出版社，2000，第251页。
③ 李国钧、王炳照：《中国教育制度通史》（第三卷），山东教育出版社，2000，第252页。

（二）新儒理学促进了民间书院的复兴

南宋理学家以天下为己任，不合流俗，专研学术，继孔孟之道，讲义理之学，为生民立命，为国家建政教大本。正如钱穆先生所说："宋儒所以自立其学，亦异于进士场屋之声律，与夫山林释老之独善其身者也"，"盖自唐以来之所谓学者，非进士场屋之业，则释、道山林之趣，至是而始有意于为生民建政教之大本，而先树其体于我躬，必学术明而后人才出，题意深长，非偶然也"。①

南宋理学家为广泛传播自己的思想，十分热心，积极倡导兴办民间书院。朱熹先后主持修复岳麓书院和白鹿洞书院，还为石鼓书院的修复撰写碑文，曾在几处书院讲学，亲定书院学规。张栻长年主持岳麓书院教席，陆九渊创建象山书院，还到白鹿洞书院讲学。一大帮热心民间书院教育的理学大师，是推动书院发展的主要动力。

（三）科举制度腐败催生了书院的勃兴

科举制度经历了数百年的运行，其弊端日渐显露，渐趋腐败，败坏了学风和学术风气以及整个社会风气。一些不甘随社会一同沉沦的志趣高洁之士，厌恶仕禄功利之学，兴办书院，自由讲学，专心学问，研讨义理，以求社会生存发展之道。

他们兴办书院的宗旨，就是为了弘扬圣人之学，摒弃科举之途，唯有志于社会建设而学习，有志于学术精进的广大士子提供读书学习的机会和场所。朱熹在《衡州石鼓书院记》中非常明确地指出，石鼓书院的重建，"将以俟四方之士有志于学，而不屑于课试之业者居之"。他主持修复岳麓书院的目的"凡是为学者，知所当务，不专在于区区课试之间"。科举记诵之学，文辞章句之法，不应该是"国家之所以取士与士之所以为学"的用意真正目的。朱熹在白鹿洞书院的招生广告中宣称：

惟国家以科举取士，盖修前代之旧规，非以经义诗赋策论之区区者，

---

① 钱穆：《中国近三百年学术史》，商务印书馆，1993，第3页。

为足以尽得天下之士也。然则，士之所以讲学修身以待上之选择者，岂当自谓止于记诵缀集无根之语，足以应有司一旦之求而遽已乎？①

书院的办学目的和士子的学习目的是一致的：追求真正的学问，成为对国家社会的有用之才。南宋另一位理学大家张栻也指出创建岳麓书院的目的，"岂特士子群居佚谈，但为决科利禄计乎？亦岂使子习为言语文辞之工而已乎？盖欲成就人才，以传道而济斯民也"。② 而是让广大学子摆脱科举利禄的泥潭，成为社会可用之才。南宋书院复兴的直接原因，就是纠正科举制度造成的社会偏差，匡正社会意识形态，复兴传统儒家文化。

二　书院的基本功能与规制

书院制度在唐时发萌，至北宋规模显赫，其间经受住了三次官学运动的冲击，至南宋发展成熟。书院的基本规制（研究学问、教学传道、藏书刻书、祭祀学派祖师、经营田产）已大体形成；内部组织管理结构（研究教学、行政管理、财务后勤、学生自治等）已臻完善。

（一）学术研究

研究学问，辨析义理，发学探微，集成理学，是书院建设的首要任务。在讲学的基础上和过程中，进行学术研究，使所讲之学更加缜密完善，形成系统的理论体系，才更具说服力、感染力。当年的学术大师张栻、吕祖谦、陆九渊、朱熹都躬于其事，在讲学的过程中，潜心研究学问。朱熹的一系列重要学术理论著作《四书集注》《论语精义》《孟子精义》《太极图说解》等都是在书院完成的。岳麓书院的"朱张会讲"共同研讨中国哲学的一些根本问题，如中和、太极、乾坤。朱熹、陆九渊、吕祖谦"鹅湖之会"主要讨论治学方法问题，陆九渊在白鹿洞书院讲义利问题，也涉及理学中的重大问题。书院的学术研究，可以促进和提高讲学的质量。

---

① 李国钧、王炳照：《中国教育制度通史》（第三卷），山东教育出版社，2000，第252页。
② 李国钧、王炳照：《中国教育制度通史》（第三卷），山东教育出版社，2000，第253页。

（二）讲学

讲学作为教育教学功能无疑是书院的基本也是最主要的功能。它有助于学术的研究，而学术研究的成果还需要通过实际的讲学活动才能得到转化，才能将各学派的思想理论向广大士人学子和普通民众加以传播灌输和普及，理论不能被群众掌握，就是苍白无力且无用的。普及文化是书院的基本任务，讲学传道传播学术是理学家赋予书院的神圣责任。每一位理学大师的主讲，和各个学派思想大师的会讲、讨论和辩难质疑，都是为了阐发儒家学说之精义。将深奥的理论，用平实的言辞，浅显易懂的语言表达出来，让一般民众可以理解，并实化在民众的日常行为和生活实践当中，形成整个社会良好的生活习俗和社会秩序，这就是宣传教化的作用。

（三）藏书

书院是读书人围绕着书开展文化教育活动的公共场所，藏书则是书院一种永恒的事业追求。[①] 皇帝在给各大书院，如岳麓书院、白鹿洞书院、嵩阳书院赐额的同时，都要赐经史典籍，加上一大批理学大家朱熹、张栻，书院运动的推动者，创建者和修复者们孜孜不倦的辛苦努力和追求，结合书院讲学和学术研究的实际需要，终于使得各大书院中纷纷林立起可观的藏书楼阁，成为每处书院的一道亮丽的风景，皇皇数万乃至十万卷院藏之书，与官府藏书、私人藏书、寺观藏书一起，为中国文化的积累和保存，立下了不朽的功勋。书院丰富的藏书，供广大士子学生阅读，有助于讲学活动和学术研究。藏书成了书院的一项基本功能。

（四）刻书

南宋以后，随着雕版印刷技术的发明和推广，刻书也就成了书院的基本功能和任务。刻书是为讲学活动和学术研究服务的。书院经常刊刻本学派学术大师的理论著作，供院中大师讲授和院中诸生学习阅读。登其堂必读其书，正像马光祖在其《程子序》中所称："登程子之堂，则必读程子之书。读其书，然后能明其道，而存于心，履于身，推之国家天下，则天地万物，

---

① 邓洪波：《中国书院史》，东方出版中心，2004，第 156 页。

皆于我乎赖。"① 大师要明道传学，必须由书院自己刻书。如此，理学大师的言论著作才得以流传，书院与学派思想才得以结合，达到书院的繁盛和书院学术研究的共同繁荣。"书院还刊刻师生的学术成果，如宋淳熙年间，衡州石鼓书院山长戴溪'与诸生集所闻'而成《石鼓论语问答》三卷。"② 书院刻书是为了大师的讲学传道和学术研究以阐发和宣扬理学思想，积累和保存学术研究的成果，从而提高教学水平，并能扩大书院和理学家的社会影响。

（五）祭祀

祭祀是书院规制中的重要组成部分。在书院中祭祀的主要目的，是标举其学术追求和表达其学术理想，借书院中所供奉的人物以确立其道统和学统一其学派和学术思想渊源，即所谓"正道脉而定所宗也"。书院是新儒家理学学派的思想阵地，理所当然地要供奉入学的祖师孔子及其门下贤者等世所公认的儒家先圣贤师，同时，书院还要供奉本学派本书院开山祖师及其各个时期的代表人物，以象征书院的道统学统和精神血脉，以显示书院的学术渊源。

书院祭祀的另一个重要目的就是对院中广大士子实施教育，尊前贤而励后学。书院中供奉的先贤，就是为书院诸生树立尊严而又亲切的典范和榜样，令其见贤思齐，让诸生时常与先贤相伴，瞻仰其音容笑貌，观其人读其书，遵循其道德言论，模范其行为规范，日日观摩琢磨体会实践，内化其精神，日积月累，必能进德修业，成为和先贤大师一样的被历史敬仰纪念，对国家社会有用的人才。

书院的祭祀活动一般简单而隆重。严格依照儒家礼乐制度和程序进行，以达尊师重道崇贤尚礼的目的。"整个活动实际上是一个向院中诸生展示儒学礼仪的过程，实为形象而生动的教育形式。不仅如此，透过庄严神圣的祭祀礼仪，院中诸生还可感知先贤先儒的人格魅力，感生成圣

---

① 陈谷嘉、邓洪波：《中国书院史资料》，浙江教育出版社，1998，第190~191页。
② 邓洪波：《中国书院史》，东方出版中心，2004，第157页。

成贤之志。"① 书院的整个祭祀活动显示的就是人格教育和道统学统教育的功能。

（六）学田

书院赖以生存和发展的主要经济来源和经济基础就是学田。士人自古多贫寒。在中国古代，农民有恒产有土地，商人有资本，读书人是最穷的。"有屋以居，有田以养"是书院活动和基本生活基础，也是书院创建修复者所追求的目标。学田的来源，除早期朝廷的恩赐以外，还有地方政府的划拨土地、拨钱拨物、置田以及政府官员的捐俸和民间私人捐田捐助。书院对田产的经营和接受社会捐赠，成为书院赖以长久生存和发展的可靠的经济保障。

书院经营学田非常重要。"养士无赀"，则书院"甫兴施废"，难以持久。正如清代蒋励宣《重建清湘书院并置学田记》中所言："院有田则士集，而讲道者千载一时，院无田则士难久集，院遂以废，如讲道何哉？"学田是书院一切活动的前提和经济保障，正所谓"书院不可无田，无田是无书院也"。②

三　书院的学规与管理制度

（一）南宋的书院学规

南宋的书院学规，最早的是南宋书院的主要领导者吕祖谦的《丽泽书院学规》。学规的大致内容，一是明确办学宗旨和书院总的教育方针，为诸生学者树立志向高远的学习目标和正确的人生理想。二是为诸生提供立德立品、如何修身养性的方法以及日常生活行为规范。三是教给诸生读书治学的方法。吕祖谦曾先后两次（分别于乾道四年和乾道五年）颁布学规。《乾道四年九月规约》提出了"以孝弟忠信为本"的教育思想；《乾道五年规约》"以讲求经旨，明理躬行为本"。《丽泽书院学规》堪称书院倡导的行为规范，为书院的制度化建设做出了一定贡献。特录如下，以供参考。

---

① 邓洪波：《中国书院史》，东方出版中心，2004，第159页。
② 邓洪波：《中国书院史》，东方出版中心，2004，第160页。

乾道四年（1168 年）九月规约：

凡预此集者，以孝弟忠信为本。其不顺于父母，不友于兄弟，不睦于宗族，不诚于朋友，言行相反，文过饰非者，不在此位。既预集而或犯，同志者，规之；规之不可，责之；责之不可，告于众而共勉之；终不悛者，除其籍。

凡预此集者，闻善相告，闻过相警，患难相恤，游居必以齿相呼，不以丈，不以爵，不以尔汝。

会讲之容，端而肃；群居之容，和而庄。（箕踞、跛倚、喧哗、拥并，谓之不肃；狎侮、戏谑，谓之不庄。）

旧所从师，岁时往来，道路相遇，无废旧礼。

毋得品藻长上优劣，訾毁外人文字。

郡邑正事，乡闾人物，称善不称恶。

毋得干谒、投献、请托。

毋得互相品题，高自标置，妄分清浊。

语毋亵、毋谍、毋妄、毋杂。（妄语，非特以虚为实，如期约不信，出言不情，增加张大之类，皆是；杂语，凡无益之谈皆是。）

毋狎非类。（亲戚故旧或非士类，情礼自不可废，但不当狎昵。）

毋亲鄙事。（如赌博、斗殴、蹴踘、笼养朴淳、酣饮酒肆、赴试代笔及自投两副卷、阅非僻文字之类，其余自可类推。）

乾道五年规约：

凡与此学者，以讲求经旨，明理躬行为本。

肆业当有常，日纪所习于簿，多寡随意。如遇有干辍业，亦书于簿。一岁无过百日，过百日者同志共摈之。

凡有所疑，专置册记录。同志异时相会，各出所习及所疑，互相商榷，仍手书名于册后。

怠惰苟且，虽漫应课程而全疏略无叙者，同志共摈之。

不修士检，乡论不齿者，同志共摈之。

同志迁居，移书相报。[1]

淳熙七年（1180年），白鹿洞书院重建，朱熹以南康军长官的身份，率僚属参加了开学典礼，并以《中庸》第一章内容开头，做了精彩的演讲。这就是理学家高扬的书院精神《白鹿洞书院揭示》，或称《白鹿洞书院学规》《白鹿洞书院教条》。特全文录下：

父子有亲。君臣有义。夫妇有别。长幼有序。朋友有信。右五教之目。尧、舜使契为司徒，敬敷五教，即此是也。学者学此而已。而其所以学之之序，亦有五焉，其别如左：博学之。审问之。慎思之。明辨之。笃行之。右为学之序。学、问、思、辨四者，所以穷理也。若夫笃行之事，则自修身以至处事、接物，亦各有要，其别如左：言忠信。行笃敬。惩忿窒欲。迁善改过。右修身之要。正其谊不谋其利。明其道不计其功。右处事之要。己所不欲，勿施于人。行有不得，反求诸己。右接物之要。熹窃观古昔圣贤所以教人为学之意，莫非使之讲明义理，以修其身，然后推己及人。非徒欲其务记览，为词章，以钓声名，取利禄而已也。今人之为学者，则既反是矣。然圣贤所以教人之法，具存于经。有志之士，固当熟读、深思而问、辨之。苟知其理之当然，而责其身以必然，则夫规矩禁防之具，岂待他人设之，而后有所持循哉？近世于学有规，其待学者为已浅矣。而其为法，又未必古人之意也。故今不复以施于此堂，而特取凡圣贤所以教人为学之大端，条列如右，而揭之楣间。诸君其相与讲明遵守，而责之于身焉。则夫思虑云为之际，其所以戒谨而恐惧者，必有严于彼者矣。其有不

---

① （宋）吕祖谦：《丽泽书院学规》，见邓洪波编《中国书院学规》，湖南大学出版社，2000，第31~32页。

然，而或出于此言之所弃，则彼所谓规者，必将取之，固不得而略也。
诸君其亦念之哉！①

　　这篇致辞，《白鹿洞书院学规》，开篇以儒家核心伦理价值观立意，提
出了教育的目标和基本方针与指导思想。望其学生加强个人道德修养，并能
传扬道德以济乱世拯斯民。这是对科举制弊端"务记览为辞章，以钓声名、
取利禄"现实的反动，呈现了理学的教育理念和书院精神。

　　教育和学习的目标确定之后，朱熹又提出了"博学之，审问之，慎思
之，明辨之，笃行之"的学习方法。接着又从如何修身"言忠信、行笃敬、
惩忿窒欲、迁善改过"；怎样处事"正其谊不谋其利。明其道不计其功"；
如何待人接物"己所不欲，勿施于人。行有不得，反求诸己"三个方面，
教导学生为人处世的原则。

　　这一学规，深含经世济民、学以致用的理学精神，成为书院精神的象
征。淳祐元年（1241年），宋理宗手书《白鹿洞书院学规》赐示太学诸生。
此学规，自此从江南湖湘大地乃至传向全国，传向东北亚的朝鲜和日本，影
响深远至今。

　　淳熙二年（1175年），建康知府刘珙以北宋理学家明道先生程颢曾任上
元县主簿摄理县政，始建祠奉祀于学宫。淳祐元年（1241年），正式创建以
程颢为名的"明道书院"。宋理宗景定二年（1261年），明道书院山长周应
合奉命修《建康府志》，将明道书院的文献资料备录其内。被称为"纲领性
文件"的《明道书院规程》具体规定了书院的教学、招生、祭祀、考试、
考勤、处罚、言行举止等方面的细则，共十一条，现抄录于下：

　　一、春秋释菜，朔望谒祠，礼仪皆仿白鹿书院。

　　二、士之有志于学者，不拘远近，诣山长入状帘，引疑义一篇，文

---

① （宋）朱熹：《白鹿洞书院揭示》，见邓洪波编《中国书院学规》，湖南大学出版社，2000，
　　第114~115页。

理通明者请入书院，以杜其泛。

三、每旬山长入堂，会集职事生员授讲、签讲、覆讲如规。三八讲经，一六讲史，并书于讲簿。

四、每月三课，上旬经疑，中旬史疑，下旬举业。文理优者，传斋书德业簿学田。

五、诸生德业修否，置簿书之，掌于直学，参考黜陟。

六、职事生员出入，并用深衣。

七、请假有簿，出不书簿者罚。

八、应书院士友，不许出外请谒投献，违者议罚。有讼在官者给假，事毕日参。

九、请假逾三月者，职事差替，生员不复再参。

十、凡谒祠、听讲、供课，若无故而不至者，书于簿，及三，罢职住供。

十一、凡职事生员犯规矩而出者，不许再参。①

其中涉及考试者有三条："士之有志于学者，不拘远近，诣山长入状帘，引疑义一篇，文理通明者请入书院，以杜其泛。"这就是说，学生入院前要进行考试，合格者才许入学，不是什么人都可进院学习的，表明了录取的标准。"每月三课，上旬经疑，中旬史疑，下旬举业。文理优者，传斋书德业簿学田。"这是学业考试的规定，规定一个月要进行三次考试，而每次考试的内容也不一样，通过评选记录在册，并予以保存。对学生违反考试纪律者，先要进行德行评定，以作奖惩的重要根据之一"诸生德业修否，置簿书之，掌于直学，参考黜陟"。对生员的考勤、请假手续，规定非常具体，处罚也相当严厉。同时，对教学也有相应的规定：如教学方法应该是"授讲、签讲、覆讲"连环相配，讲经、讲史分开进行，以三六八日交叉轮讲等。《明道书院规程》，无论从学风还是教风都非常严谨。

---

① 邓洪波：《中国书院史》，东方出版中心，2004，第178页。

（二）南宋书院的管理制度

正如邓洪波先生所言："南宋是书院管理体制形成并得以确立的重要时期。"① 南宋理学家作为书院运动的推动者和建设者，为书院的制度化管理做了大量辛苦的工作，形成了比较完备的书院管理制度。内容大体上有以下几个方面：一是山长和堂长两级管理负责制，有一整套组织管理系统，以保证书院管理有序进行。二是师资的聘用与管理，以确保书院的学术研究和教学水平。三是学生管理。四是教学管理。五是日常经费管理。

1. 山长与堂长负责制

山长负责制是一种确立山长为书院领导核心的管理模式。山长之外，有堂长、学长、斋长等，大型书院如岳麓书院，除山长外，还设有副山长、堂长、讲书、将书职事、司录、斋长，形成科层化管理体制。山长即书院的主持人，主要负责讲学、主持祭祀、管理书院等任务。作为书院的核心人物，山长的学识水平和道德修养直接影响着书院的学风好坏，因而必须是学识和道德俱佳的人才有资格担任山长。作为岳麓书院第一任山长的周式就受到了宋真宗亲自召见。山长就任主要有两种形式：其一是有名望的学者自己创建书院并担任山长；其二则是聘请名师做山长。而在不同时期不同书院山长负责制又有不同的表现形式，如韩山书院和白鹿洞书院，由一级地方行政长官担任洞主，书院由洞主领导，山长负责，这一管理模式也被后世采用。②

2. 教学管理制度

书院的教学范式，及教学计划，规定书院一定时期的教学内容和讲课时间以及考试课目等，如《明道书院规程》中所记：每旬山长入堂，会集职事生员授讲、签讲、覆讲如规。三八讲经，一六讲史，并书于讲簿。每月三课，上旬经疑，中旬史疑，下旬举业。文理优者，传斋书德业簿。明确规定了经、史各自的讲授时间，每月课程安排，并规定了考核方式。

书院教学管理。在教学内容上，以理学教育为主。许多书院都是理学大

---

① 邓洪波：《中国书院史》，东方出版中心，2004，第 167 页。
② 徐春霞：《试论宋代的书院管理制度》，《兰台世界》2013 年第 5 期，第 142～143 页。

师为阐扬自己的学术思想而创办，而理学是为重振儒学光辉在融合佛、道各教精髓的基础上发展而来，其教学目的不在科举进士，而是振兴和传承儒学。因而四书五经成为书院必备、通用的教材，理学的研究和讲授也是宋代书院授课的重要内容。

在教学方法上。书院的教学原则和方法。一是实行"门户开放"，互相交流，自由讲学，互相精进。宋代官学招生非常严格，多数招收一定官级官员的子弟，而且对户籍和人数还有限制。而书院则相对较为宽松，不受地域学派的限制，可以自由流动，向广大读书者统一开放。不同学术见解和政治主张的学者都可以在同一书院讲学，他们分立不同学派，或定期举行集会讲学，引经据典，激烈辩论，自由阐述自己的观点，百家争鸣。如历史上有名的"朱陆白鹿洞之会"。朱熹以学生身份听陆九渊的讲学，并将其讲义刻于石碑之上。体现了书院学者宽阔的胸襟和书院"门户开放"的教育原则。

二是注重自学思考和质疑问难。书院虽有学者讲学，但仍以学生自主钻研为主，这也得益于书院素有的藏书，程颢、程颐兄弟经常以"学贵乎自得气"来勉励学生。如何自得，程颐则认为要将学习和思考结合起来，一边学习一边思考，正如他说的"为学之道，必本于思，思则得之，不思则不得也"。张载也认为只有深刻思考才能参悟书中的道理，他还通过论述记忆与思维、学与思的关系揭示了朴素的心理学规律，这也充分体现了书院学者们善于思考的学习品质。书院丰富的藏书为生徒自学、教师研究提供了便利条件，自学也是宋代书院教学的一个重要特点，自学与共同研习以及教师指导结合。他们提倡启发式教学，因而，经常采用师生、生生之间自由辩论、问难释疑的方式展开教学，在此过程中生徒思维受到启发，善于发现问题和解决问题。

三是因材施教。因材施教是现代教育中的重要教学原则和规律，大儒学家孔子就提倡这种方法。张载认为世界上的事物千差万别，人与人各不相同，教学只有人尽其才，才不至于误人子弟。因而，宋代书院授课特点是因人而异，因材施教，教学方法灵活多变。如书院设有经、史、理、文四舍，分舍教学；还有五经学习，学生可以自由循环听课，不懂者随时可以提问，由明白者或经长、洞主解答释疑，这种释疑方式也是不一而足的，形式多样。

还有一种日记教学法。具体操作方法是：设立日记册和日记簿，发给生徒，用以记录考察诸生每日课业。以日志的方式记录和考察生徒日常学习情况。而且，书院学习并不局限在书院内，考察名山大川、体察民情、外出踏青也是书院重要的教育方式，意在开阔学生视野，培养学生热爱大自然的美好情趣。

考试与考核是书院对学生进行德行评定与学业考核，评定优劣，确定升降，给予奖惩的一种管理制度。[1]

德行评定是对学生一贯的道德品行和日常行为举止进行检查，按照既定的标准给予等级评定。设立德业簿和劝善规过簿，将学生的日常表现一一记录下来，学期末总结时按考核标准，以学生的实际表现进行评定。有很强的可操作性，并能收到良好的德育效果。

学业考试主要是学业水平的测试与考试。如《明道书院规程》规定："每月三课，上旬经疑，中旬史疑，下旬举业。文理优者，传斋书德业簿。"优者给予一定奖励，劣者给予一定惩罚。奖励有精神鼓励也有物质刺激，有月课奖赏，依据每次考试成绩而定，还有积分升级的奖励机制。

3. 书院的经费管理制度

第一，书院经费及其来源。

书院经费是指为了保证书院开展正常的活动而投入和消费的人力、物力、财力的总和。书院的经费，往往来自四大部分，一是田租地租，二是书院其他经营的收入，三是社会捐赠，四是官府朝廷的赐田和拨款。

以下列示江西古代书院的经费来源。

（1）学田田租、地租。学田是书院的经济命脉。朱熹兴复白鹿洞书院，第一件事情就是筹集购置学田的资金。南宋绍熙间，朱熹安抚湖南时，岳麓书院已有学田五十顷。

（2）出租山塘坡坝。书院靠山，拥有山产，书院将山地出租，收取山租。据邓洪波先生统计，岳麓书院有水塘41口。白鹿洞书院也一直有山有塘，但具体出租金额不详。

---

① 邓洪波：《中国书院史》，东方出版中心，2004，第173页。

（3）民众捐献派费集资。

（4）朝廷与地方政府的赏赐、拨田、增款。宋代初年，朝廷因南方初定，国内形势不怎么安定，一时还没有力量花大量的财力兴办教育，转而鼓励私人举建书院，采取赐额、赐金、赐田、赐书等方式对书院给予支持。宋至道三年（997 年）赐河南登封"太室书院"名，颂九经子史。景祐二年（1035 年）又给田一顷以供膳食。[①]

第二，书院经费的日常管理。

书院的经费支出，以南宋建康明道书院为例，所有田产钱粮，皆钱粮官掌其出纳，所支供奉有差，实行供给制。院中开支分月奉、日供和寒炭三大类，见表 7－1。

表 7－1　南宋建康明道书院经费支出一览

开支 / 职称	月俸		日供			备注
	钱（贯）	米（石）	贴（造）钱（文）	灯油钱（文）（两）	炭（斤）	
山长	100	—	700	—	5	（1）寒炭供应自十月初一至次年正月底；（2）山长至斋长日贴食钱，执事生员叫造食钱；（3）日供部分凭青书食簿、宿斋簿支取
钱粮官	20	—	—	—	—	
堂长	100	2	700	油 2 两	5	
堂录	60	1.5	500	2	3	
讲书	50	1.5	500	2	3	
堂宾	26	1.2	200	钱 200	2	
直学	24	1.2	200	200	2	
讲宾	17	1.2	200	200	2	
司会	15	1.2	200	200	2	
掌书	15	1.2	200	200	2	
掌祠	14	1.2	—	—	—	
斋长	10	1	200	200	2	
正供生员	5	—	—	—	—	
医谕	—	0.7	—	—	—	
执事生员	—	—	300	200	2	

[①] 奚云美：《书院经费管理经验及其对当代民办高校财务管理的启示》，《会计师》2013 年第 5 期，第 70～72 页。

从表 7-1 可以看出，山长、堂长为管理高层，但不经常住院，所以没有米和灯油钱，书院的实际事务由堂长住斋掌理。堂录、讲书属中层管理者，直学及斋长为基层管理者，钱粮官和医谕，可能是兼职，数额很少。①

第五节　元代民间私学与书院官学化

13 世纪初，蒙古民族以金戈铁马之势，将南宋政权送入南海；以只识弯弓射大雕的落后的游牧部落，征服了横跨欧亚大陆，文明程度远远超过自己的民族和国家。摆在元王朝统治者面前的首要课题，就是如何维持和稳定统治秩序。元王朝统治者认识到必须吸收先进的汉族文明，对儒家文化给予相当的尊重，尊孔崇儒，以文治国，这才是元朝应奉行的基本国策。因此，元朝统治者建国之初就推崇理学，发展理学教育，并对中国唐宋以来的文化教育组织书院相当重视。

元代的私学十分兴盛，它继承了宋、金的私学传统而又有新的发展，但在办学形式和教学内容上与宋、金时没有什么大的差别。元代的私学一般有家长督课、学生自学、私塾授课、名师传授等多种形式，教学内容则侧重于儒家经典，又以朱熹等人注疏的《四书》《五经》为基本教材。此外要注意的一个现象是，地处北中国的蒙古族、女真族、契丹族和西域各少数民族，其权贵、官吏和富有者都十分重视传授儒术的私学，这在宋以前是比较罕见的。②

一　官学的萎缩与民间私学的发展

一般来说，官学衰微，而私学兴盛，这似乎是历史上私学发展的规律。元代私学的兴衰，基本上是沿着这一规律而演变的。蒙古灭金后，经过多年战乱的北方地区趋于平静。北方地区的经济得到恢复和发展，人民

---

① 邓洪波：《中国书院史》，东方出版中心，2004，第 176 页。

② 史仲文、胡晓林：《中国全史·教育卷·元代分卷》，中国书籍出版社，2011，第 625 页。

生活也逐渐得到改善，流离失所的儒士也回到家乡。作为礼仪之邦，人们一向重视对子女的教育。社会安定是发展教育的首要条件。由于诸路学校久废，无以作成人才。^① 南宋境内的民办书院教育已是相当繁荣，而北方书院尚无一所。在这种情况下，北方地区的民间私学和书院开始发展起来。

元朝统治者对私学采取鼓励、支持的态度，在兴办地方官学的同时，规定或自愿招师，或自受家学于父兄者，亦从其便。事实证明，通过私学这种教育形式，的确培养出大批有用的人才。如元初杰出的政治家、思想家耶律楚材，他就得益于家学。据史书记载，耶律楚材的父亲耶律履，为契丹族贵族，是辽太祖耶律阿保机的八世孙，在家学渊源的影响下，从小聪慧异常，5岁即能作诗，长大后才华横溢，金章宗时考取进士，任尚书右丞，在金朝《辽史》的修撰上做出了很大贡献。耶律履发挥家学所长，他的几个儿子耶律辨材、耶律善材、耶律楚材后来都成为博学多才之士，其中耶律楚材的表现尤为特出。楚材生三岁而孤，母杨氏教之学。及长，博极群书，旁通天文、地理、律历、术数及释老、医卜之说，^② 成为当时著名的学者。他19岁时就通过科举考试进入仕途。耶律楚材之所以能成才，除了他本身天资好、家里有优越的学习条件外，主要是家学渊源的影响，特别得益于幼年时母亲杨氏的教子有方。此外，元代杰出的科学家郭守敬，生有异操，不为嬉戏事。大父荣，通《五经》，精于算数、水利。时刘秉中、张文谦、张易、王恂，同学于州西紫金山，荣使守敬从秉中学。^③ 可见，郭守敬的成才，与家学和名师传授也是分不开的。

由于官学萎缩，学校教学质量普遍下降，即使很有地位的官僚也不得不求助于私学教授其子女，私人讲学之风大盛。当时，有不少儒士被官员聘入家塾。如金元之际的北方文坛领袖元好问，在金亡后，曾于河

---

① 陈高华：《元代地方官学》，《元史论丛》第5辑，中国社会科学出版社，1993。转自杨天石《元代私学初探》，现代中国研究，http://jds.cass.cn/Article/20051029094558.asp。

② 《元史·耶律楚材传》。

③ 《元史·郭守敬传》。

北的万户张柔家，教授张氏子弟。他还受东平（今属山东）汉人世侯严实之聘，教授严氏子弟。张寓斋相公，少与孙德谦于严侯府从元遗山读书。①

（一）元代私学的办学形式

元代私学的教育教学方式非常灵活，不受官府统一规定的限制，教学效果显著，保证了教学质量。讲学者大多是当世名儒，入元后不愿奉仕新朝，退而以讲学为事，在民间发挥了传播学术，延续文化，推动教育事业发展的积极作用。② 元代私学主要有以下办学形式。

1. 家塾与义塾

当时，私学主要的办学形式多为儒士教习生徒，私相传授，即私塾的形式。如后来成为忽必烈幕僚的姚枢，入仕前"携家来辉州（今河南辉县），作家庙，别为室奉孔子及宋儒周敦颐等象，刊诸经，惠学者，读书鸣琴"③。与姚枢同时的许衡初在家乡河内（今河南沁阳）授徒，后从辉州姚枢处，将在各地的弟子召到京城"就录程、朱所注书以归，谓其徒曰：'曩者所授受皆非，今始闻进学之序。'既而尽室依枢以居"。许衡以后回乡，以倡其乡人，学者浸盛。④ 战乱之后，被社会边缘化而绝意仕进的广大儒士退居乡野，通过教书授徒谋生是很常见的现象。

这类私学一般由富有的家族出资兴建，以教育家族及乡邻子弟。由于元代官学教育质量普遍低下，故"民有千金之产，犹设家塾延馆客"以教子弟。如江西庐陵万安县富户刘氏，五子俱务学，"仲子桂平，喟然慨叹，谓昔也此地儒风彬彬，而今也或至惰弃其业，非有他也，无所于学，无以教之而然耳。乃设塾延师，凡堂里子弟童蒙以上，悉许来学"。⑤

除私塾以外，元前期还大量出现义塾。一些蒙古权贵或朝廷重臣热心创

---

① 杨天石：《元代私学初探》，现代中国研究，http：//jds. cass. cn/Article/20051029094558。
② 李国钧、王炳照：《中国教育制度通史》（第三卷），山东教育出版社，2000，第 528 页。
③ 《元史》卷一百五十八，《列传》第四十五。
④ 《元史》卷一百五十八，《许衡传》。
⑤ 李国钧、王炳照：《中国教育制度通史》（第三卷），山东教育出版社，2000，第 529 页。

办家塾义学，招聘名儒，一来教育家族子弟，二来交为师友，广纳贤才。①较有影响的义塾有：江西庐陵的儒林义塾、丰城的蓿冈义塾、无锡的梁谿义塾、崇德的吴氏义塾、德兴的银峰义塾、嘉定的东阳义塾等。义塾一般多由权贵之家出资创办，有专门的塾田用于开支，乡里中贫穷子弟亦可以免费入学。如蒙古贵族千奴，延祐五年（1318 年），"退居濮上，筑先贤宴居祠堂于历山之下，聚书万卷，延名师教其乡里子弟，出私田百亩以给养之"。②义塾对元代教育的发展起到了不小的作用。

2. 私人讲学形式

元代出现了一些专业以教学为谋生手段的自由职业者。他们不依附于富绅权贵的家塾义塾，隐居乡野，招览生徒，开门办学。

如金末进士李孟"博学强记，通贯经史，善论古今治乱"，很有学问，入元后不愿仕进，"开门授徒，远近争从之③。安熙，既承其家学，及闻保定刘因之学，心向慕之。熙家与因所居相去数百里，因亦闻熙力于学己之学，深许与之。他不屑仕进，家居教授垂数十年，四方之来学者，多所成就。④ 李孝先，少博学，笃志复古，隐居雁荡山五峰下，四方之士，远来受学，泰不华以师事之。⑤ 后官至秘书监丞。孙辙，幼孤，母蔡氏教之，知警策自树立。比长，学行纯笃，事母甚孝。家居教授，门庭萧然，而考德问业者日甚。郡中俊彦有声者皆出其门。⑥ 终生隐逸不仕"。

只必，元太师木华黎的后裔，幼嗜读书，习翰墨。至元十四年监东平，官少中大夫，多善政，以清白称。尝出家藏书二千余卷，置东平庙学，使学徒讲肄之。⑦ 后官至江南、湖北、浙西道提刑按察使。千奴，伯牙吾台氏和

---

① 李国钧、王炳照：《中国教育制度通史》（第三卷），山东教育出版社，2000，第529页。
② 李国钧、王炳照：《中国教育制度通史》（第三卷），山东教育出版社，2000，第529页。
③ 《元史》卷一七五《李孟传》；李国钧、王炳照：《中国教育通史》（第三卷），山东教育出版社，2000，第530页。
④ 《元史·安熙传》。
⑤ 《元史·李孝先传》。
⑥ 《元史·孙辙传》。
⑦ 《元史·木华黎传·附塔塔儿台》。

尚之后，曾任大都路总管，兼大兴府尹。晚年，退居濮上，筑先圣宴居祠堂于历山之下，聚书万卷，延名师教其乡里子弟，出私田百亩以给养之。[①] 康里脱脱，曾任右丞相、御史大夫等职。尝即宣德别墅延师以训子，乡人化之，皆向学。[②] 伯颜，哈剌鲁氏人，六岁，从里儒授《孝经》《论语》，即成诵。早丧父，其兄曲出，买经传等书以资之，日夜诵不辍。稍长，受业宋进士建安黄坦。伯颜自弱冠，即以斯文为己任，其于大经大法，粲然有睹，而心所自得，每出于言意之表。乡之学者，来相质难，随问随辩，同解其惑。于是中原之士，闻而从游者日益众。至正四年（1344 年），以隐士征至京师，授翰林侍制，预修《金史》。既毕，辞归。及还，四方之来学者，至千余人。[③]

综上所述，我们对元代私学发展的情况，可得出以下几点基本看法：其一，私学的兴办，除主要是汉族外，还有蒙古族、畏兀族、契丹族、女真族、党项族、西域各少数民族，以及阿拉伯等民族，它表现了各民族间文化的广泛交流，从而有力地促进了中华民族的大融合。这是元代私学所独具的最鲜明的特色。其二，从教学形式上看，有矢志自学，刻苦攻读者；有家学渊源深厚，受教于父兄或祖母、母亲者；有由家庭延请名师授业者；有儒生亲自访求名儒或名师，得之口传心授者，形式不拘一格。其三，私学的学习内容，一般都以儒家经典为主，即以《四书》《五经》和程、朱的注疏为基本教材，但也兼及天文、地理、律历、算数、医学等有很高实用价值的自然科学的内容。其四，当学有所成后，大部分儒生通过各种方式踏入仕途，为世所用，在功业上有所建树；也有相当一部分的儒生耻事权贵，不屑仕进，或闭门教诲子弟，或在乡里设学授业，或隐居山林讲学传道，他们为保存、继承和发展以汉族儒学为主体的华夏文化，普及文化教育，培养各方面有用的人才，做出了积极有益的贡献。[④]

---

① 《元史·和尚传·附千奴》。

② 《元史·康里脱脱传》。

③ 《元史·伯颜传》。

④ 史仲文、胡晓林：《中国全史·教育卷·元代分卷》，中国书籍出版社，2011，第 631 页。

（二）元代私学的教育内容及其变化

元朝是一个横跨欧亚大陆的庞大帝国，中西文化交流非常广泛，扩展了私学的教学内容。除了儒家的经史之学之外，凡天文、地理、数术、历法以及医道卜筮，皆为可求之学。如元代著名的科学家郭守敬，其"大父荣，通五经，精于算数、水利。时刘秉忠、张文谦、张易、王恂学于州西紫荆山，荣使守敬从秉忠学"。[①] 即使一些程朱理学大家，此时也不再拘泥于一家一派之学，而是博采众家之长，同时对自然科学和实用科技教育也非常重视，大大地扩展了教育的内容。

但是，到了元朝后期，情况出现了巨大变化。这就是科举制度的重新恢复，严重影响了私学教育内容的改变和私学的发展。元仁宗下诏恢复科举。两年后，进行了元代第一次殿试，录取进士 56 人。尽管辽阔的大元版图才56 个幸运者，但是所带来的冲击波是巨大的。它强烈地刺激路、府、州学、书院的发展，出现了学校遍地开花的局面。

科举促进了学校的发展，而学校的发展使私学无法获得学校学生所能享受的廪膳和资历文凭。科举制度中对资格的认定和考试科目，又与州县学的学制和教学内容相符。于是学校生员逐年扩大，私学出现萎缩的趋势。这一时期，私学在教学内容方面也受到官学的影响很大。尤其是在朱学被独尊后，与官学一样，私学的教学内容也是以朱学为主。元人虞集抨击了这种举国一致的学朱学的现象：

> 国家提封之广，前代所无，而自京师通都大府，至于海表穷乡下邑，莫不建学立师，授圣贤之书，以教乎其人。群经、《四书》之说，自朱子折衷论定，学者传之，我国家尊信其学，而讲诵授受，必以是为则。而天下之学，皆朱子之书。书之所行，教之所行也；教之所行，道之所行也。[②]

---

① 李国钧、王炳照：《中国教育制度通史》（第三卷），山东教育出版社，2000，第 533 页。
② （元）虞集：《考亭敢重修文公祠记》，见邓洪波《中国书院史》，东方出版中心，2004，第176 页。

检索《元史》所著录的这一时期有过私学经历的人物，接受的基本上是朱学教育。如元顺帝时期的翰林学士承旨欧阳玄，幼岐嶷，母李氏，亲授《孝经》《论语》《小学》诸书，八岁成诵，始从乡先生张贯之学，日记数千言，即知属文。① 早年因丧父，家贫，依靠私学而成才的元统进士成遵说过："四书""五经"，吾师也。②

正如元代学者程端礼在《程氏家塾读书分年日程》一书序言中记载：

> 今制取士，以德行为首，经术为先，词章次之，盖因之也。况今明经一主朱子说，使理学与举业毕贯于一，以便志道之士，汉、唐、宋科目所未见有也。诚千载学者之大幸。③

总之，元代后期的私学的教育内容多为经朱熹注释过的"四书""五经"等儒家经典。这一时期的私学对于培养多种的人才方面，远无法与前期相比。早期学校尚未发展，客观上出现了私学教育多元化的局面，有利于培养各类人才。可以说，元代一些著名的天文学家、数学家、医学家、水利工程专家等，几乎都出在前期。后期由于学校的发展，私学逐渐萎缩。而且私学一旦被绑在科举考试的战车上，也就使其走入歧途。

二　元代时期书院的扩展及嬗变

（一）元代对书院的重视和多方扶持

元朝建立后，一大批汉儒理学家依然坚持忠孝节义价值观，深深怀念故国之心不泯，排斥异族统治，身在元土，虽食周粟，却心系南宋。他们绝意仕进，归依山林，退避书院讲学，成了他们的共同选择。面对如此形势，马上得天下的元朝统治者，不得不放弃落后的游牧民族的生活方式，改变其落后的生产方式和与之相适应的意识形态，推崇理学，以"汉化来重铸文

---

① 杨天石：《元代私学初探》，现代中国研究，http：//jds. cass. cn/Article/20051029094558。
② 杨天石：《元代私学初探》，现代中国研究，http：//jds. cass. cn/Article/20051029094558。
③ 杨天石：《元代私学初探》，现代中国研究，http：//jds. cass. cn/Article/20051029094558。

明"。忽必烈较为重视发展文化教育，曾多次颁布法令保护书院，对研究传播理学的书院采取了保护政策，恢复建立地方官学和书院。

元朝对书院相当重视，多方扶持。从现有的史料来看，金、西夏、西辽基本上没有建过书院。元朝统治者承袭宋代的传统，对书院采取利用和控制的方针，积极地加以提倡、扶持并给予奖励，使之朝官学化的方向演变，从而使元代的书院较之宋代又有了进一步的发展。元亡宋以后，汉、蒙之间的民族矛盾加剧，不少汉族的儒家学者，不愿到元朝的政府部门做官，也不愿到元朝所设的官学中去任教，甚至不愿让自己的子弟到官方所设立的学校去就读，于是他们就退而自立书院，招收生徒讲学。如安徽歙县的汪维岳，入元不仕，自比陶渊明，建友陶书院，在此读书讲学；江西婺源的胡一桂，隐居于婺源湖山书院授徒讲学；安徽休宁的汪一龙，宋亡不仕，自元世祖至元年间起，即在婺源的紫阳学院讲授程朱理学。面对这种情况，元朝统治者汲取辽、金两朝的统治经验，采用了较为开明的文教政策，因势利导，对各地书院的建立和恢复加以鼓励和提倡，并将书院与地方上路、府、州、县官学同等看待，归官府统一管理。①

然而，元朝统治阶级内部也有人对承认和鼓励、扶持设立书院的政策不够理解，甚至加以反对。据《元史·许有壬传》载：有壬之父熙载仕长沙日，设义学，训诸生。既殁，而诸生思之，为立东冈书院，朝廷赐额设官，以为育才之地。南台监察御史木八刺沙，缘睚眦怨，言书院不当立，并构浮辞，诬蔑有壬，并其二弟有仪、有孚。可见书院的建立和发展并不是一帆风顺的。虽然书院的建立和发展存在波折和斗争，但由于最高统治者的大力提倡和奖励，元代各地书院发展很快，到元末顺帝时更是遍地开花，数量大大超过了宋代。②

（二）元代时期书院的扩展与嬗变

在中国书院发展史上，有"书院之设，莫盛于元"的历史记录，据统

---

① 史仲文、胡晓林：《中国全史·教育卷·元代分卷》，中国书籍出版社，2011，第635～636页。

② 史仲文、胡晓林：《中国全史·教育卷·元代分卷》，中国书籍出版社，2011，第636页。

计，元代书院最高达到 408 所。① 其中南方的浙江行省 169 所，江西行省 79 所，湖广行省 42 所，三者合计 290 所，占到总数的 71% 以上。元代书院总数为 406 所，建设年平均数为 4.142 所，远高于南宋的 2.888 所。故而，元代承南宋蓬勃之势，仍然处在整个书院史上的上升发展阶段。②

南宋很多著名书院渐次恢复办学。未能幸免于战火的岳麓书院，房舍倒塌，墙垣剥落，几乎化为废墟。至元二十三年（1286 年），谭州学正刘必大主持重建岳麓书院，恢复宋代旧观。延祐元年（1314 年），长沙郡别驾刘安仁"董理学事"，"睹其敝圮，慨然整治"，于是请善化县主簿潘必大董理工程，更新书院。此次工程浩大，"门厩庖馆，宫墙四周，靡不修完"，"木之朽者易，壁之墁者坊"，上瓦下壁，彻底整修更新，再次重修后的岳麓书院，规制宏整，所谓"前礼殿，旁四斋，左诸贤祠，右百泉轩，后讲堂，堂之后阁曰尊经，阁之后亭曰极高明"。讲学有堂，藏书有阁，祭祀有祠殿，游息则有亭轩，基本上恢复了宋代旧观。③

元朝后期，皇庆二年（1313 年），元仁宗下诏恢复科举制度。这一政策的改变，对于北方书院的发展起到很大的促进作用。北方州、县各级官学发展的同时，民间出资兴办书院很踊跃。仅延祐几年间，修复的不算，新建名气较大的书院有 13 所，北方地区占了 7 所。元泰定的四年间，著录有名的新建书院 8 所，北方地区占 5 所。不仅是汉人建书院，一些蒙古、色目官僚也出资兴办书院。如中书平章蒙古人千奴，延祐五年（1318 年）致仕后，退居濮上，筑先圣宴居祠堂于历山之下，聚书万卷，延名师教其乡里子弟，出私田百亩以给养之。有司以闻，赐额历山书院。④ 元代科举制的恢复，虽然推动了书院的发展，但同时也导致书院的官学化趋势。

---

① 王颋：《元代书院考略》，《中国史研究》1984 年第 1 期。转引自邓洪波《中国书院史》，东方出版中心，2004，第 189 页。

② 邓洪波、兰军：《书院：传承千年的中华文脉》（下），《中国纪检监察报》2016 年 3 月 28 日，第 5 版。

③ （元）吴澄：《岳麓书院重修记》，转引自邓洪波《中国书院史》，东方出版中心，2004，第 213 页。

④ 杨天石：《元代私学初探》，现代中国研究，http://jds.cass.cn/Article/20051029094558。

三　元代时期书院的官学化

邓洪波先生认为，书院的官学化问题凸显于元代，但其端倪则始于南宋，其主要表现在两个方面：一是州府教官兼任山长的情况时有所见；二是南宋常以地方行政官员兼任书院的领导之职。①

元朝建立初期，各地出现一些民办的书院。尤其是江南，民办书院恢复和发展很快。但是，随着元朝统治者加强对教育领域的统治，民间书院迅速官学化。当时，针对书院制定的相关政策，如列入学官、委派山长、申报赐额、划拨学田、统一教材等，都迫使民办官学化。民办书院要生存和发展也积极主动向官府靠拢，以取得名分和财力支持。特别是元朝实行科举之后，民办书院基本都被纳入国家统一的学制体系，与官学已无太大差别。②

元代书院的官学化也是逐步实现的。

一是严格报批手续，以严格而烦琐的申报制度控制书院的创办。元代为了笼络和争取旧宋朝知识分子的归顺，政府曾倡导和鼓励创建书院。但到了元朝后期，兴办书院需要层层申报，先上报官府、有司会议、中书省审批等一系列程序，③批准后才能动工，建成后还得报官，请设山长等教官管理。

二是委派山长，并将其纳入学官体制，是元朝政府实施学院官学化的最重要措施。当时规定，"凡师儒之命于朝廷者，曰教授，路府上中州置之。命于礼部及行省及宣慰司者，曰学正、山长、学录、教谕、路州县及书院置之"。④将山长的任免权牢牢掌控在礼部、行省、宣慰司手中，政府通过山长的任命可以直接控制书院的一切事务。将山长纳入学官系统，并置书院于

---

① 邓洪波：《中国书院史》，东方出版中心，2004，第225页。
② 杨天石：《元代私学初探》，现代中国研究，http://jds.cass.cn/Article/20051029094558。
③ 申报创建书院的公文需经县、州、府、廉访司、都使者、路、行省、宣慰使、中书省、吏部、礼部、集贤院、国子监等各级职能部门审查核准，逐级上报，批准之后，又要次第返回，其间是一个漫长的历程。甚至还要通关节走后门，因此，拿到批文并不容易。——见邓洪波《中国书院史》，东方出版中心，2004，第227页。
④ 邓洪波：《中国书院史》，东方出版中心，2004，第228页。

官学体制之中。

三是拨置学田，设官管理钱粮，直接控制书院的经济命脉。元世祖至元二十三年（1268年），诏令江南各路学田"复给本学，以便教养"，官府直接拨置田产给书院。元世祖至元二十八年，政府令各地书院在山长以下，"设直学以掌钱谷"。"直学"的职责是"掌管学库、田产、屋宇、书籍、祭器、一切文簿，并见在钱粮，凡有收支，并取教官、正、录公同区处，明立案验，不得擅自动支"。① 这些政策在南北各地都得到了执行。书院学生的出路直接纳入科举仕途。书院生徒和官学学生一样，有资格参加科举考试，进入仕途。

各级政府直接创办书院，也是元代书院官学化的重要标识。元代书院的官学化，就其积极方面，一是扩增了书院的数量，维持了书院的正常运作；二是书院的财产成为官府财产的一部分，客观上保护了书院的财产；三是将书院纳入国家统一的学制体系，保证了书院师生的权益。

但是书院的官学化有很多弊端，严重影响书院的发展。书院的官学化，虽使"书院之设日加多"，扩增了书院的数量，但"其弊日加甚"。正如吴澄所言："今日所在，书院鳞比栉密，然教之之师，官实置之，而未尝甚精于选择，任满则去矣；养之之费，官虽总之，而不能尽塞其罅漏，用匮则止矣。是以学于其间也，往往有名无实，其成效之藐也固宜。"② 政府任命山长，置钱粮官，任满则去，不负责任。将书院财产纳入官府，容易滋生腐败；教学疏于管理，教学质量下降，表面上增加了书院的数量，但生徒质量"有名无实"，貌似成功，实则为一败笔。

综上所述，元代书院虽然有官学化的弊端，但元代私人办学的兴盛，开明、清家塾、义塾之先河。元代对书院采取提倡、鼓励、支持和保护的政策，并使之向官学化的方向演变，这对普及教育、培养人才、活跃学术、缓和民族矛盾均起到较好的作用。此外，元代私立教育呈现"远被遐荒"的

---

① 邓洪波：《中国书院史》，东方出版中心，2004，第229~230页。
② （元）吴澄：《儒林义塾记》，见邓洪波《中国书院史》，东方出版中心，2004，第232页。

前所未有的盛况，培养了一大批才华横溢的各民族知识分子，促进了中华民族的大融合和中外文化的交汇。①

第六节　朱熹的儒家理学教育思想

在宋朝，学术上造诣最深、影响最大的是朱熹。他总结了以往的思想，尤其是宋代理学思想，建立了庞大的理学体系，成为宋代理学之大成，其功绩为后世所称道，其思想被尊奉为官学，而其本人则被世人与孔子圣人并提，称为"朱子"。

一　朱熹生平及教育活动

朱熹（1130~1200 年），字元晦，号晦庵。祖籍江西婺源，生于福建尤溪县。他十八岁中举，十九岁进士，曾先后任泉州同安县主簿，知江西南康军，提举浙东常平茶盐，知漳州、潭州。熙宁五年（1194 年），在他六十五岁时，被任命为焕章阁待制，为宁宗侍讲仅四十日，从此结束其仕途生涯。

朱熹是一位理学家，亦称"朱子"，是一位精思明辨，能代表国家哲学，堪称"东方黑格尔"的大哲学家。而后数百年中，直到西方哲学传入之前，朱熹的理学思想在中国思想界一直占据统治地位。科举制以"四书"为国家考试的主课。"中国的皇朝政府，通过考试后制度来保证官方意识形态的统治。参加国家考试的人，写文章都必须根据儒家经典的官版章句和注释。"② 儒家的基本经典《论语》《孟子》《大学》《中庸》合称"四书"。宋朝为四书作注的是朱熹。朱熹对经典的解释，得到朝廷的认可。参加国家考试的人，都必须遵照朱熹的注解来解释儒家经典。明清两朝也一直沿用这一做法，直到 1905 年废科举行学校为止。③

---

① 史仲文、胡晓林：《中国全史·教育卷：元代分卷》，中国书籍出版社，2011，第 638 页。
② 冯友兰：《中国哲学简史》，北京大学出版社，2013，第 279 页。
③ 冯友兰：《中国哲学简史》，北京大学出版社，2013，第 279 页。

朱熹是一个教育家。他前后为官不过十年，从事教育活动长达四十年，就在他从政为官的十年间，每到一处，政务之余，经常关注州、县教育，提倡设立书院并亲自讲学。他长期在福建崇安"寒泉精舍""武夷精舍"授徒讲学。熙宁二年（1191 年），建"竹林精舍"，聚徒讲学。熙宁五年（1194 年）扩建为"沧州精舍"，并以"永弃人间事，吾道付沧州"而言志。在知南康军时，他主持修复白鹿洞书院，自任山长，亲临讲学，并制定著名的《白鹿洞书院揭示》。这一重要学规，绍熙年间被移植到岳麓书院，嘉定五年（1212 年）国子监司业曾奏请颁示太学，到淳祐元年（1241 年），终于由理宗皇帝亲书颁行太学。成为天下书院官学所共同遵守的教育方针，影响着南宋及其后世书院的发展。在知潭州时，他还主持修复岳麓书院，亲自规制擘画，增学田，扩校舍，将岳麓书院作为传授理学的重要场所。据《朱子年谱》记载："先生穷日之力，治郡事甚劳，夜则与诸生讲论，随问随答，略无倦色。多训以切记务实，毋厌卑近，而慕高远，恳恻至到，闻者感动。"①

朱熹一生教育活动的一个重要方面，就是编撰教材。熙宁二年（1175 年），他与吕祖谦合作，精选周敦颐、张载、程颐、程颢语录 622 条，编成《近思录》一书。淳熙十四年（1187 年），朱熹辑录"古圣先贤"的言行，共六卷，分内篇（《立教》《明伦》《敬身》《稽古》）和外篇（《嘉言》《善行》），编成《小学》一书。对后世影响最大的还是朱熹的《四书章句集注》。他的主要教育著作有《大学章句序》《白鹿洞书院揭示》《学校贡举私议》等。

二　朱熹论教育的目的和作用

朱熹的教育思想建立在其客观唯心主义的理学基础之上。朱熹认为，宇宙万物是由理和气两种基本因素构成的，理是万物的本原，气是构成万物的材料。理体现在人类社会中，"仁义礼智"之人伦就是天理的反映。

---

① 王炳照：《简明中国教育史》，北京师范大学出版社，1997，第 165 ~ 166 页。

朱熹继承和发挥了二程和张载的人性论学说，认为人和万物都是理气相结合的产物，"性者，人之所以得于天理也"，"性即理也"。人性有两种："天命之性"和"气质之性"。"天命之性"完全禀受天理，至清至善而完美无缺；"气质之性"则理气杂陈，气有清明、混浊之辨，"气质之性"就有善有恶。一个人所禀之气清纯，"气与理一"，"理"在其中，则清明至善；反之，若所禀之气混浊，则失去光泽。教育的作用就是要变化人的气质，去蔽明善，人性本善，恻隐之心，羞恶之心，辞让之心，是非之心人人本然具有，只为嗜欲所迷惑，教育的目的就是要恢复人固有的良善的本性，"革尽人欲，复尽天理，方始之学"，"存天理，灭人欲"，就是教育的根本任务。

朱熹主张学校教育的目的在于"明人伦"。"古之圣王，设为学校，以教天下之人必皆有以去其气质之偏，物欲之蔽，以复其性，以尽其伦而后已焉。"① 所以，他强调"父子有亲，君臣有义，夫妇有别，长幼有序，朋友有信，此人之大伦也。庠序学校皆以明此而已"。② 朱熹在《白鹿洞书院揭示》中，明确把以上五伦列为"教之目"，放在教育的首位，"学者，学此而已"。

朱熹把儒家伦理思想作为教育的根本目的，严厉抨击以科举为目的的学校教育。"古昔圣贤所以教人为学之意，莫非使人讲明义理以修其身，然后推己及人，非徒欲其务记览，为辞章，以钓声名利禄而已。"而当时的士人学子"所以求于书，不越乎记诵训诂文辞之间，以钓声名，干利禄而已"，完全违背"先王之学以明人伦为本"的本意。这样的学校教育，"师之所以教，弟子之所以学，则皆忘本逐末，怀利去义"，最终导致"风俗日敝，人才日衰"③。因此，朱熹强烈要求改革科举，整顿教育。

---

① 《朱文公文集》卷十五，见孙培青、杜成宪《中国教育史》，华东师范大学出版社，2009，第 234 页。
② 《孟子集注》卷五，见王炳照《简明中国教育史》，北京师范大学出版社，1997，第 165 ~ 166 页。
③ 《朱文公文集》卷十五，见孙培青、杜成宪《中国教育史》，华东师范大学出版社，2009，第 234 页。

三　朱熹论"小学"与"大学"教育

朱熹主张把教育分成"小学"和"大学"两个阶段。不同的年龄段要有相应的教学内容。"大学者，大人之学也。古之为教者，有小子之学，有大人之学。"① 这两个阶段是有机联系的，"其道一而已"。小学是事，如事君事父兄等事。大学是发明此事之理。② 小学阶段的教学内容是"学其事"，主要让小学生在日常生活上，学会洒扫应对，养成伦常礼乐的自觉习惯。在小学的基础上，进入大学，"教之以穷理正心修己治人之道"，在"学其事"的基础上，"明其理"，按照格物致知正心诚意修身齐家治国平天下，最后达到"止于至善"的境界。朱熹在《答吴晦叔书》中说：

> 盖古人之教，自其孩幼而教之以孝悌诚敬之实，及其少长，而博之以《诗》《书》《礼》《乐》之文，皆所以使之即夫一事一物之间，各有以知其义理之所在，而致涵养践履之功也。（此小学之事，知之浅而行之小者也。）及其十五成童，学于大学，则其洒扫应对之间、礼乐射御之际，所以涵养践履之者，略已小成矣。于是不离乎此而教之以格物以致其知焉。致知云者，因其所已知者推而致之，以及其所未知者而极其至也。是必至于举天地万物之理而一以贯之，然后为知之至。而所谓诚意、正心、修身、齐家、治国、平天下者，至是而无所不尽其道焉。（此大学之道，知之深而行之大者也。）③

四　朱熹论教学的原则和方法

朱熹在长期的教学实践活动中，感悟出"道有定体，教有成法"的体会，并积累和总结出许多教学的原则和方法。

---

① 《朱子文集》卷十五，见王炳照《简明中国教育史》，北京师范大学出版社，1997，第168页。
② 《小学辑说》，见王炳照《简明中国教育史》，北京师范大学出版社，1997，第169页。
③ 毛礼锐：《中国古代教育史》，人民教育出版社，1983，第339页。

（一）居敬穷理

朱熹在程颐"涵养需用敬，进学则在致知"的基础上，提出"致知必须穷理，持敬则须主一"的原则。"居敬"就是诚心正意，入静专一，才能体察"天理"。"穷理"就是通过格物致知以达穷尽事物之理目的。"为学之道，其先于穷理，穷理之要必在于读书；读书之法莫贵于循序而致精；而致精之本则在于居敬而持志，此不易之理也。"[①]

（二）学思力行

朱熹摘句《中庸》："博学之，审问之，慎思之，明辨之，笃行之"，放在《白鹿洞书院揭示》之中，规定为教学五步法和为学之序。先要格物穷理，然后笃行。这里反映的就是朱熹的知行观。也是他所主张的教学原则。"行为重，知为先"，二者互相依赖，缺一不可。朱熹更注重"行"，要求学者不能满足于知识的广博，用来沽名钓誉，而是要用来"修己治人"。

（三）因材施教

朱熹通过他的教学实践，深切体会到先秦儒家因材施教教学方法的实用性和理性。他非常赞同孔子教人，各因其材，孟子有成德者，有达材者，这是各因其所长而教之者也，朱熹注曰：圣贤施教，各因其材，小以成大，大以大成，无弃人也。他把这种因材施教的方法，比喻为草木之生，播种封植，人力以至，而未能自化。所少者，雨露之滋耳，及此时而雨之则其化速矣，教人之妙，亦犹是也。各因其所长而教之的因材施教原则，经朱熹再三强调和提倡，被后世教育家所重视并在教学中经常运用。[②]

（四）循序渐进

朱熹在《四书集注》中多次提到无论教和学，都要"循序渐进"。"君子教人有序，先传以小者近者，后传以远者大者"。要"反己自修，循序渐进"，"圣人之道，大而有本，学之者必以其渐，才能至也"。他极力反对才

---

① 《性理精义》卷七，见王炳照《简明中国教育史》，北京师范大学出版社，1997，第171页。

② 王炳照：《简明中国教育史》，北京师范大学出版社，1997，第172页。

高志广，好高骛远的学风，学要以诚为贵，积少成多，"学问虽不可安于小成，而不求造道之极致；亦不可骛于虚远，而不察切己之实病也"。①

五　朱熹与张栻、陆九渊的会讲

（一）"朱张会讲"

南宋乾道年间，与朱熹吕祖谦并称"东南三贤"之一的理学大家张栻主持岳麓书院教事。朱熹和张栻一致反对以应付科举考试为目的，反对以经学传注为教学内容，提倡济世拯民、学以致用的学风。学生不能成为科举棒杀的奴隶和只工言语文辞的书生，教育的目的就是要培养和造就能"传道济民"的对社会有用的人才。

张栻主张在教学过程中，老师和学生共同探讨学术上的重点和疑难问题，从而推动学术研究。全国各地不同的学术流派和学术大师可以在书院公开"会讲"，展开学术讨论，开创了岳麓自由讲学的风气。岳麓书院就此成为闻名全国的重要学术基地。不仅湖湘学子纷纷来此研习理学，还邀请著名的理学大师朱熹来到岳麓山下，共聚讲学，这就是历史上有名的"朱张会讲"。

乾道三年（1167 年），朱熹从千里之外的福建崇安来到长沙岳麓山下，来听讲的人很多，可谓盛况空前。"一时舆马之众，饮池水立涸。"②

朱张会讲，气氛非常热烈，以至于"三日夜而不能合"。朱熹与湖湘学派主张以心为已发，性为未发，所以应"先察识后持养"。朱张会讲展开了激烈的讨论，尚未达成共识。两年后，朱熹的一些学术观点有所改变，张栻的很多观点渐次接近朱熹。闻名遐迩的"朱张会讲"在中国哲学史教育史上一时传为佳话。

（二）"鹅湖之争"

有关朱陆"鹅湖之争"，在中国教育史哲学史上也是一件大事。朱熹、

---

① 王炳照：《简明中国教育史》，北京师范大学出版社，1997，第 173 页。
② 王炳照：《简明中国教育史》，北京师范大学出版社，1997，第 66 页。

陆九渊、吕祖谦是南宋理学三派主要代表人物。"三家同时。皆不甚合。朱学以格物致知，陆学以明心，吕学则兼取其长……"①

吕祖谦与陆九渊有"场屋之知"，陆九渊于乾道八年（1172 年）进士及第，实为吕祖谦所拔识。吕祖谦和朱熹早相友善。朱陆虽不相识，却互相慕名甚久，"恨未识之"，早有结交之意。

淳熙二年（1175 年）春末夏初，吕祖谦访朱熹于寒泉精舍，相与读周敦颐、张载二程之书，采六百余条，编《近思录》。五月，吕祖谦见朱、陆平日操论有所不同，盼能有所折中，故借机遣人致信，约陆氏兄弟会于鹅湖寺。②

朱熹、陆氏兄弟、吕祖谦相聚鹅湖，与会者多人。鹅湖之会长达数日，虽然几经商榷，"但各持己见，不合而罢"。二者的主要分歧在于：陆氏主张"先存心而易简自高"。朱熹主张"先致知而后存心"。这就是两家的"门户之见"，即"性即理和心即理"的根本分歧。

鹅湖之会的中心议题是"论及教人"。朱熹的主要意思是"欲令人泛观博览而后归之约"。陆九渊、陆九龄则主张"欲先发明人之本心而后使之博览"。"朱以陆之教人太简，陆以朱之教人为支离，此颇不合。"陆九渊曾质问朱熹："尧舜之前，何书可读？"搞得不欢而散。

朱熹认为二陆的主要错误在于"其却病在尽废讲学而专务践履，却于践履之中要人提撕省察，悟得本心。此为病之大者"。③ 一派重知识，另一派重实践。

朱陆鹅湖之争，从教育理论角度看，他们的主要分歧是在教学方法论方面，而对教育的根本目的则并不矛盾。淳熙八年（1181 年），陆九渊访朱熹于南康军，朱请陆登白鹿洞书院讲堂。陆以"君子喻于义，小人喻于利"发论，深为朱熹钦佩。认为陆九渊的言论"切中学者以为隐微深痼之病"。④

---

① 李才栋：《江西古代书院研究》，江西教育出版社，1993，第 179 页。
② 李才栋：《江西古代书院研究》，江西教育出版社，1993，第 179 页。
③ 李才栋：《江西古代书院研究》，江西教育出版社，1993，第 179 页。
④ 李才栋：《江西古代书院研究》，江西教育出版社，1993，第 181 页。

后来，黄宗羲说得很明白："二先生同植纲常，同扶名教，同宗孔孟，即使意见终于不合，亦不过仁者见仁，智者见智，所谓学焉而得其性之所近，原无背于圣人。"①

总之，朱陆在扶植"纲常""名教"，培养"忠君""爱亲""敬长"的"端人""良臣"等教育目的论方面，主张是基本一致的。单从教学方法论的角度看，二者却是各执一端，把教学过程中某一方面、某一环节的经验，片面地加以夸张，从而走向极端。各自作为教育经验的本身，还是有一定价值的。今天我们在处理教学中的读书和践履，知与行，理论知识和实践试验课的比例关系；博览和专精，基础知识和专业科比例；直接经验和间接经验，传授知识和发展智力等关系时，均有一定借鉴作用。

---

① 李才栋：《江西古代书院研究》，江西教育出版社，1993，第 182 页。

第八章

明清时期私学的繁荣、普及与嬗变

—— 明代与清代前期的民办教育（公元 1368~1840 年）

1368 年，朱元璋夺取了元大都，统一了天下，结束了元末近 20 年的战争，国号明，定都于南京；1420 年明成祖朱棣迁都至北京。明初历经洪武之治、永乐盛世、仁宣之治等，政治清明、国力日渐强盛。明中期经土木之变由盛转衰，晚明因东林党争和天灾外患，导致国力衰退。1644 年，李自成率农民起义军攻入北京，崇祯帝于煤山自缢身死，明亡。

明代极盛时期，疆域囊括汉地，东北抵日本海、外兴安岭，北达戈壁沙漠一带，西北至新疆哈密，西南临孟加拉湾，国土面积达 1000 多万平方公里。明代手工业和商品经济繁荣，已出现商业集镇和资本主义萌芽，文化艺术也呈现世俗化趋势。明朝是继汉唐之后长治久安的大一统王朝。清朝官方评价明朝为"治隆唐宋""远迈汉唐"。

1616 年，努尔哈赤建立后金。1636 年，皇太极改国号为大清。1644 年，李自成率大顺军攻占明朝国都北京。吴三桂引清军入关，败李自成，清逐步掌握全国。后经康雍乾三朝发展至鼎盛，这一时期统一的多民族国家得到巩固，奠定了近现代中国的领土主权，1759 年的国土面积约达 1316 万平方公里。① 清朝中后期由于政治僵化、文化专

① 姜公韬：《中国通史明清史·第五章明清之际》，九州出版社，2010，第 110~121 页。

制、闭关锁国、思想禁锢、科技停滞等因素逐步落后于西方。1840
年，爆发了中英鸦片战争，自此之后中国多遭列强入侵，主权和领土
严重丧失。

明清之际，从设于城镇的"社学"课堂到乡村的简陋教室，从"义
学"的翻开书本、"私塾"的默记成诵到"书院"的师生对答，私立教育
在明与清前期的发展中达到了我国传统教育最为完备的状态。传统文化的
核质——儒家文化及其经典，在此期间的私立教育中做到了文化的同质同
构，私立教育以占主导地位的儒家文化作为价值观、理想轴和参照系，其
教育内容是对儒家传统文化精神的阐述，是一种转换了文化领域的价值宣
扬。儒家文化将社会文化价值观念灌输到私立教育中，经过义学、私塾、
书院等载体的吸收和加工、改造和创作，又传递给社会，使社会具有新的
现实的文化精神和文化内容。这种特有的文化现象，适应了以农业生产、
家庭手工业为主的中国社会。书院则由探讨儒家精义的场所逐步沦落至为
生徒准备科举的场所。

第一节　明清的义学、私塾和蒙学教育

明至清中叶，由于家庭手工业和农产品加工业的逐渐发展，义学、私
塾、书院渐呈星罗棋布之势，由城镇向农村扩展。由地方集资，接受私人捐
款、献产而举办的学习场所"义学"遍布城乡。义学的学生免缴学费，招
收学生数十名不等。义学内有少数田地供老师自种以做茶炭之资。由于处于
中国传统社会由盛向衰的发展过程中，私塾文化的建设，达到了定型并臻于
完善，成为一种自觉和自发的文化活动。

一　明代的初级私学：义学和私塾

明清之际是私塾发展的鼎盛阶段。明初，明太祖朱元璋建立明朝后，极
为重视教育的作用，"治国以教化为先，教化以学校为本。京师虽有太学而
天下学校未兴。宜令郡县皆立学校，延师儒，授生徒，讲论圣道，使人日渐

月化，以复先王之旧"。①② 明初，除了在中央设立国子监，在各府、州、县也普设学校，以兴教化。同时，明太祖借鉴元代时推行教化的方法，于城镇乡村中广设社学，力图将皇权触角延伸至社会的最底层，以实现对全国的有效控制。③

他认为："治天下当先其重其急而后极其轻且缓者。今天下初定，所急者衣食，所重者教化。衣食给而民生遂，教化行而习俗美。足衣食者在于劝农，名教化者在于兴学校。"④ 自此，确立了"治国以教化为先，教化以学校为本"的文教政策。由于明代政治、经济、文化、制度的发展，私学发展出许多具体形式，如小学、家塾、私塾、蒙馆、义学、社学、蒙学程度的书院等。这些由私人办理的蒙学阶段的私塾学校，是广大儿童接受启蒙教育的主要形式。

明代的私学：一是启蒙性质的小学教育；二是跟随名师学习某一学说，相当于高级研修性质的私人讲学授徒。当时河南地区的私学教育比较发达，专经教学之纲相当兴盛。许多名儒大师，设立精庐或精舍，教授的学生成百上千，著录的弟子上万。如河南商丘人王国祯，明万历三十四年（1606 年）举人。讲阳明之学，弟子从之者千余人。柘城人窦如珠，明万历时诸生，明末教授，讲学于家，一时学者翕然宗师，称为筼峰先生。⑤

关于启蒙性质的私学，包括义学、乡塾、家塾、私塾等名目。前两者一般为有钱富户或乡人合作聘请塾师，教授本家族或本村的子弟；后两者一般为富家大户聘请本地名士到自己家中，专门教授自家的子弟。

（一）明代的义学和乡塾

义学产生于北宋时期，始于名相范仲淹，是一种专为民间孤寒子弟所

---

① 《明史》卷六十九《选举志一》，中华书局，1974，第 1686 页。

② 注：据《明史》记载，明太祖时期，洪武元年（1368 年）创立南京国子监。到明成祖时期，即永乐元年（1403 年）创建北京国子监。因此，明代国学有南北两监之分。

③ 《中国古代"私塾"的发展与分类》，http：//www.qb5200.com/content/2016 - 01 - 02/320615. html。

④ （明）董伦、王景彰等：《明太祖实录》卷二十六。

⑤ 刘增丽：《明清时期中原私学的辉煌》，http：//tieba.baidu.com/p/3342865410。

设立的学校。这类学校，有的是一些官员、地主出资在家乡所开办，也有以祠堂地租或私人捐款而设。长沙地区自宋代开始，已有了义学的记载。宋真宗天禧年间（1017～1021 年），湘阴人邓咸"创义学于县南，以训族子弟及四方游学"。元代中后期，中书左丞许有壬之父许熙载，号东冈，曾仕宦长沙，在长沙县东梨镇"设义学，训诸生"。明嘉靖《夏邑县志·学校》载：

> 阳城知县为令之治阳城也，溪田马氏问令得人焉，曰有王海者，义士也。何如，曰其为人事亲孝恭，乡邻子弟宜学而未能者，为延师教之。爰义学焉，立舍数间，延儒士殷孟学教乡间俊秀子弟，免其供给，名：义学。

义学之创立，由所在地官民义捐创立，或由官司创建，或单殊属个人私设；学生年龄为六岁至十一岁，学习读书写字，为地方的基础教育。义学一般都免收学费，有的还提供学习用品，因而为家境贫寒的学子提供了就学的机会，对于普及民间教育和从社会下层培养人才是具有一定作用的。义学是为同族子弟，或为同一乡里子弟设立的启蒙学校，带有扶助同族、同一乡里穷人子弟的性质。如明名儒吴与弼的门人郑伉，参加乡试，名落孙山后，兴办慈善事业，"设义学，立社仓，以惠族党"[1]。

乡塾，或称村塾、村学、村校、乡学等，是由一个村或几个村的村民联合开办，塾师由村民合请，塾舍由村民提供，开办所需费用由村中公共财政支出，或由村民联合交纳，或者由村中专门的学田支付。一些并不太富裕的家庭也可以出一部分束修，让子弟入学，接受教育。如王阳明的门人王艮，"七岁受书乡塾，贫不竟学"，[2] 村塾属于民众集体合力开办的私塾，是家塾的一种具体体现。村塾的设立依托于乡村经济的发展，民业兴，则教化之事

---

① 《明史》卷二八二，《儒林一·郑伉》，中华书局，1974，第 7242 页
② 《明史》卷二八二，《儒林二·王艮》，中华书局，1974，第 7274 页。

兴。所读之书仅为《孝经》《论语》《大学》数种。古代学者对明清乡塾的就学时间、性质及教化内容均有描述：

> 明时乡塾，正月朔六日开馆，十二月二十四日解馆。① 学之大小各有次第，乡塾散置民间，为贫家子弟而设，由地方官集资经理。②
>
> 始乡村子弟未入塾时，喧乱鄙野，无规矩可观。一入塾，则心志收敛，身体顿有检束意。此理甚显，若更得其教之之道，不且更进乎。今粗揭数则，以与同志者共守。始入学，先师位前、师前行跪拜礼毕，次同学友相对行礼如仪；每日早起，先师位前三揖，师前一揖，日暮亦如之；朔望至先师位前、师前行礼，如始入学，次同学友以齿序东西对立，各三揖；寻常出馆，或有故他出，皆一揖，揖毕拱立师侧，命出，然后出，归亦如之；师他出经时归，必起立离坐，经宿必就揖，寻常出入则否；每腊月散馆，俱行跪拜礼，如始入学；会坐、会立、会出、会入，必以齿揖，必屈身低首；至立要直、坐要正、行要稳、视要平、听要专、语言要寡要详缓。皆养德之方，在为师者随时规正，参以朱子《童蒙须知》、屠提学《童子礼》，自无大过。其余居家居乡杂细礼仪，皆随时讲解，而其要在为父兄师长者能以身先之，则为弟子者自不令而从。③

（二）明代的私塾和家塾

私塾是我国古代社会一种开设于家庭、宗族或乡村内部的民间幼儿教育机构。它是旧时私人所办的学校，以儒家思想为中心，是私学的重要组成部分。明代富家巨室往往开办家塾、私塾，聘请当地名师食宿家中，专门教育自己的子弟。这种情况在当时较为普遍。如著名理学家胡居仁，孩提时就在自己的家塾中接受启蒙教育，因言语、行事都合乎礼法，很受塾师的青睐。

① （清）俞樾：《茶香室续钞·朔六日》。
② （清）郑观应：《盛世危言·学校》。
③ （清）李江：《乡塾正误幼学篇》。

私塾的学生多六岁启蒙。学生入学不必经过入学考试,一般只需征得先生同意,并在孔老夫子的牌位或圣像前恭立,向孔老夫子和先生各磕一个头或做一个揖后,即可取得入学的资格。私塾规模一般不大,收学生多者二十余人,少者数人。私塾对学生的入学年龄、学习内容及教学水平等,均无统一的要求和规定。

家塾是私塾种类的一种,明代请老师到家里来教授自己子弟的私塾,指塾师在自己家里或借用祠堂庙宇开馆设学,学生交纳一定束修入学就读的称"家塾",也称"门馆"。明嘉靖《尉氏县志》载曰:尉氏之民,为士者有儒学、有社学、有家塾,以业之天下之通制也。关于家塾的具体情况,明末小说《三刻拍案惊奇》中有较为详尽的描述,从中可以窥见其一斑。

明弘治年间,江苏苏州府昆山县儒学生员陆容与寡母相依为生,家境清贫,但他仪容俊逸,举止端庄,勤于问学,经史百家,无不贯通。当地一富家大户谢度琛有子谢鹏已经十一岁了,还不肯读书。谢度琛以十二两银子作聘礼,将陆容延至家中教书,并提供优越的食宿条件。陆容于是白天教书,晚上习学举子业。陆容是位刻板的人,教诲生徒一以举子业为准。有一次,谢鹏拿着姐姐所作的诗给老师看,陆容却批评说:"这诗是戴了纱帽(即朝廷命官),或是山人墨客作的。我们儒生,只可用心在八股头上,脱有余工,当博通书史。若这些吟诗、作赋、弹琴、着棋,多一件是添一件累,不可看它。"这番教训,使谢鹏十分扫兴,他的姐姐也感叹道:"怎么小小年纪这样腐气?"这样一心一意学习八股文、教授八股文的塾师,在当时是十分普遍的,也是主人所希望的。

有钱有势的富室大家,虽请得起塾师,但往往不能使子弟很好学习。该书第七回介绍了一位沈姓土财主,他的儿子整日游荡,结交恶少,管家劝沈财主让儿子好好读书,沈财主却心疼儿子,道:"我独养儿子,读出病来怎样?好歹与他纳个监吧。"这句话,反映了当时富家大户们的共同心态,在这种心态的支配下,家塾的教育是很难有所成就的。[1]

---

[1] 史仲文、胡晓林:《中国全史·教育卷:明代分卷》,中国书籍出版社,2011,第752页。

（三）义学与私塾的教育内容

就教材而言，全祖望记载："其教之业，以百家姓氏、千文为首，继及经史律算。"① 带有启蒙性质的义学、乡塾、私塾、家塾的教育内容，均以传统的小学教材《千字文》《百家姓》《三字经》《孝经》等为主，学生进一步则读"四书五经"、《古文观止》等，并兼习书算和八股文等举子业。其教学内容以识字习字为主，还十分重视学诗作对。此外，明代开始流行杂字书。其编法有所创新，有分类词汇、分类韵语、分类杂言等，多连属成文，押韵通俗，针对性强。② 塾师中文化水平悬殊，他们当中既有像吴与弼、胡九韶那样的文化名人，也有不少粗通文墨的腐儒。私学的教师主要是本地的儒学生员、乡村学究，学问很一般，因而教育质量也很一般。一旦所聘请的教师不得其人，就会贻误子弟，得不偿失了。

义学与私塾除了少数由官僚、地主、商人等富贵人家所开设的以外，教舍大多十分简陋，教师束修微薄，仅能糊口，就学子弟也多出自贫苦人家，大多只求粗识文字而已。中国古代曾有不少吟咏这类学校的小诗，反映了其中的一些情况。如宋代诗人刘克庄有诗云："短衣穿结半瓠空，所住茅檐仅蔽风。久诵经书皆默记，横挑史传亦能通。青窗灯下研孤学，白首山中聚小童。却羡安昌师弟子，只谈《论语》至三公。"清代著名诗人袁枚也有诗吟道："漆黑茅庐屋半间，猪窝牛圈浴锅连。牧童八九纵横坐，天地玄黄喊一年。"③

义学与私塾历来实行个别教学，塾师根据不同人的学习基础、接受能力安排课业，体现了因材施教的原则。私塾对学生背书的要求特别高，读书是私塾学生的主要活动。至于私塾的教学原则和方法，在蒙养教育阶段，十分注重蒙童的教养教育，强调蒙童养成良好的道德品质和生活习惯。如对蒙童的行为礼节，像着衣、叉手、作揖、行路、视听等都有严格的具体规定。在教学方法上，先生完全采用注入式。讲课时，先生正襟危坐，学生依次把书

---

① 全祖望：《鲒埼亭集·外编》卷二二《明初学校贡举事宜记》。
② 喻本伐、熊贤君：《中国教育发展史》，华中师范大学出版社，2005，第281页。
③ 互动百科：《义学》，http://www.baike.com/wiki/。

放在先生的桌上，然后侍立一旁，恭听先生圈点口哼，讲毕，命学生复述。其后学生回到自己座位上去朗读。凡先生规定朗读之书，学生须一律背诵。另外，私塾中体罚盛行，遇上粗心或调皮的学生，先生经常揪学生的脸皮和耳朵、打手心等。

可以说，从孔夫子开始，私塾在中国历史上就是最重要的教育载体。两千多年来，中国的大部分读书人的青少年时期是靠私塾而非政府的学校培养出来的。

二 明代的私人结庐授徒

明朝中后期，私人讲学之风很盛行，有一大批名儒乐此不疲，讲学之人很多，仅《明史·儒林传》中所载就有梁寅、陈谟、薛瑄、周蕙、胡居仁、蔡清、吴与弼、胡九韶、郑伉、吕柟、邵宝、刘观、魏校、王敬臣、崔铣、何瑭、陈献章、娄谅、湛若水、邹守益、钱德洪、王畿、欧阳德、程文德、许孚远、张后觉等人。如梁寅"世业农，家贫，自立于学，淹贯《五经》百氏"，后"结庐五门山，四方士多从学"。[1] 又如蔡清曾进士及第，后乞假归乡讲学，父死，"家居授徒不出"。[2] 这些私人讲学的，绝大多数为明中后期人，明初仅有数人，这表明明中后期私人讲学很发达。这是一种和书院教育类似的较为高级的私学类型，主要招收民间学有所成者。

（一）师生关系

当时讲学授徒之人，多为当地名儒。盛名所在，人们争先拜他为师。这些人或对程朱理学有很高造诣，个人修养很好，如吴与弼等；或传播了一种新学说，如王畿、钱德洪等人。因而，私学的教育内容因师而异，没有什么规定，但总体上看，明正德年间（1506～1521年）以前，以教授程朱理学为主；而在明代中后期却是以传播"陆王心学"为宗。尽管私学也受科举内容的制约，但相对于官学而言，所学内容却广而博。

---

① 《明史·梁寅传》。
② 喻本伐、熊贤君：《中国教育发展史》，华中师范大学出版社，2005，第281页。

讲学的名儒，大多数人亦官亦师，在为官公务之暇、守丧期间、致仕以后，从事讲学授徒；还有一些人，如吴与弼、陈献章，终身未曾入仕，以布衣的身份长期从事教学活动。他们的弟子多少不等，如王敬臣从事教学活动，门下弟子多至四百余人，其他名儒如王阳明、湛若水等人门徒多至上千人。关于师生关系，我们以周蕙为例，予以说明。

周蕙，字廷芳，泰州人。曾师事著名理学家薛瑄的门人段坚，躬行孝悌，对程朱理学很有研究，名声很大。恭顺侯吴瑾慕名聘请他为儿子的塾师，但周蕙认为老师是不能招致的，因此倨傲不赴吴府。吴瑾无奈，只得恭恭敬敬地送两个孩子至周家就学，奉上束修。周蕙的弟子以薛敬之等人较为著名，薛氏在求学时，每天早晨起得很早，当鸡叫周家大门打开后，就开始打扫房间，安排座位，恭恭敬敬地向老师请教。这种师生关系，很好地说明了私学的教学活动。①

（二）讲学名师

讲学之风是明代学术最突出的特点。包括朱子学、阳明学在内的明代理学，皆以讲学为其传播学说、交流讨论及学派建构的关键性机制。此风气发端于明初曹端、薛瑄诸人，而盛行于明代中后期湛若水、王阳明之后。阳明以不世之功业、澄彻之学问，演畅良知之学，激起讲学之风，延续百年。②

明代私人讲学多为名儒，但其中尤为著名的则有吴与弼、陈献章等人。吴与弼（1391～1469年），字子傅，号康斋，江西崇仁县人，学者称之为康斋先生。幼年时在乡塾读书，十九岁时到北京，投奔做国子监司业的父亲，并跟大学士杨溥学习《伊洛渊源录》等宋儒著作，深为叹服，乃下定决心，一意学习圣贤之道，放弃了科举之业。于是独自住在小楼上，谢绝一切人事往来，夜以继日地攻读"四书五经"及宋儒的语录，竟然两年多未曾下楼。他用心之专，可以想见了。由于吴与弼学有所成，名气很大，不久回到崇仁，开始了长达五十余年的教学生涯。

---

① 史仲文、胡晓林：《中国全史·教育卷：明代分卷》，中国书籍出版社，2011，第753页。
② 陈时龙：《明代中晚期讲学运动》，复旦大学出版社，2007，第5页。

吴与弼家境清贫，中年以后生活更为艰难，但也不肯寄食于他人，所以一生与学生躬亲耕稼，自食其力。他的教学活动，是在农业劳作的过程中进行的。据记载，吴与弼每天都一边率领门人弟子耕田，一边因势利导，进行教育活动。即使天气不好，下着毛毛细雨，他也身披蓑衣，头戴斗笠，手扶耒耜，与弟子们在雨中耕作，在耕作中畅谈诗书，讲解八卦。耕罢回家，与门人吃同样的粗茶淡饭。在耕田、教学的活动中，吴与弼忘却了劳苦与贫贱，而充分享受耕读之乐。由是可以看出吴氏个人修养极高，可以说享受着"孔颜之乐"了。

耕、读结合，躬亲琐事是吴与弼教育活动的显著特点，他率领弟子躬耕南亩，是为了进行刻苦自励的教育。虽然吴与弼教育活动很有特色，但他的教育思想却固守程朱理学，没有什么新意。他厌恶日益烦琐的注经活动，不轻于著述，即使所撰《日录》，也只是铺陈旧说，写下自己的体会。但是，他的教学活动，是对当时读书人只背诵程朱的陈言，忽视身体力行等现象的反动，有纠正当时轻浮学风、追求实学的倾向。[1]

陈献章（1427~1500 年），字公甫，广东新会人，因住在新会白沙里，当时学者称之为白沙先生。正统十二年（1447 年）参加广东省乡试，考中举人，第二年会试落榜。二十六岁时离开北京，前往江西崇仁，从学于吴与弼，数月后回到了广东老家，刻苦学习儒家经典及宋儒著作，在静中求得真知，学问大有进益。宪宗成化二年（1466 年）就学于国子监，以和宋代杨时《昔日不再得》 诗为国子监祭酒邢让所赏识，被认为是真儒复出。于是，名满京城，士子纷纷上门求教，陈献章的教育活动由此开始了。

不久，陈献章回到了广东新会，以讲学授徒为生。他的讲学很有影响，全国各地学者纷纷投到他的门下，当时任给事中的贺钦，仰慕陈氏的学问，乃辞官家居，将陈献章的画像挂在房中，朝夕瞻拜，奉为宗师。

陈献章教育门徒，首先要求他们静坐，在静坐中体认圣贤之道。这种教育手法，是以他自己求学经验为基础的。他曾自述自己求学的经过，他说：

---

[1]　史仲文、胡晓林：《中国全史·教育卷：明代分卷》，中国书籍出版社，2011，第 753 页。

我二十七岁时，开始发愤跟随吴康斋学习，然而吴氏对圣贤垂训之书无所不讲，但不知从何处入门。后来我回到新会白沙里，又废寝忘食地读书，以寻求入门之路，花费了几年的时间，始终未曾找到入门的方法。于是舍繁就约，在静坐中求之。过了很长时间，心中突然明朗起来，体认物理，考之圣训，都有头绪，日用间种种应酬，随心所欲而不越轨。因此才非常自信地认为：作圣贤的门径，就在静坐求理之中。从此，凡是向他求教的，陈献章都以静坐之法相告。这不是高谈阔论，而是有着切身的体会。[①]

这种教学方法即首先要求门徒静坐，在静坐之中排除杂念，显出本心，然后才去随处体认天理，考之圣训，创新了传统教学法，吸收、借用了禅宗的修养方法，将佛教禅宗融入儒教之中，形成了自己的教育方法。

三　清代的蒙学教育和社学教育

清代的蒙学和社学都属于官学的学前教育，其共同特点是以进入官学为最高培养目标。其区别在蒙学是以识字为起点，主要是对儿童进行识字教育、知识教育和思想品德教育。社学是以读书为起点。蒙学是完全的民间教育，社学是半官方教育，民办官管。蒙学和社学的教师都是平民身份，官学教师则享受国家待遇，有成效者可晋升为国家官员。

（一）清代的蒙学教育

蒙学，是对我国传统的幼儿启蒙教育的一个统称。与小学、大学并列，是我国传统教育中的一个重要阶段。目前，学术界所称的蒙学有狭义和广义之分，广义上讲，泛指古代启蒙教育，包括其教育体制、教学方法、教材等内容；狭义上讲，专指启蒙教材，即童蒙读本。

清代的蒙学教育主要是对儿童进行识字教育、知识教育和思想品德教育。义学是我国古代为贫寒子弟和少数民族子弟建立的免费教育。清代是义学和蒙学教育的发展繁荣时期，义学的发展为蒙学教育扩大了范围，蒙学又是义学教育的主要内容。两者为完善清代的基础教育体系，提高民众教育文

---

① 史仲文、胡晓林：《中国全史·教育卷：明代分卷》，中国书籍出版社，2011，第 754 页。

化素质，做出了重要贡献。①

蒙学有多种办学形式。一种形式是民间知识分子设馆授徒，其中有长年设馆的，教师以教书为业，收取束修；也有季节性开馆的，于农隙之间召集本村和邻村子弟入学，教师过着半耕半教的生活。另一种形式是村中大户人家出资建馆聘师，本村子弟免费入学，称为义学。同义学相似的还有族学，即同宗之人聚族而居，有严密的家族组织，家族的族长支用族产兴办学校，供本族子弟入学就教。此外还有所谓家塾，即大户人家用高薪聘用有学问的教师到家塾教授本户子弟读书。

《童蒙须知》是朱熹《小学》之外的另一部重要的蒙学著作。是古代蒙学教育阶段具体从穿衣戴帽、言行举止、扫洒清洁、读书写字以及各种杂事五个方面详细说明了入小学前的孩子应当遵守的行为规范，涉及生活方方面面的细节。其开篇即道：

> 夫童蒙之学，始于衣服冠履，次及言语步趋，次及洒扫涓洁，次及读书写文字，及有杂细事宜，皆所当知。今逐目条列，名曰童蒙须知。若其修身，治心，事亲，接物，与夫穷理尽性之要，自有圣贤典训，昭然可考。当次第晓达，兹不复详著云。

在如何读书学习方面，也有规范要求：

> 凡读书，须整顿几案，令洁净端正，将书册整齐顿放，正身体，对书册，详缓看字，仔细分明读之。须要读得字字响亮，不可误一字，不可少一字，不可多一字，不可倒一字，不可牵强暗记，只是要多诵遍数，自然上口，久远不忘。古人云，读书千遍，其义自见。谓熟读，则不待解说，自晓其义也。余尝谓读书有三到，谓心到，眼到，口到。心不在此，则眼不看仔细。心眼既不专一，却只漫浪诵读，决不能记，

---

① 郭晓灵：《清代的义学与蒙学教育》，《青年与社会》2014 年 1 月第 3 期。

记，亦不能久也。三到之法，心到最急，心既到矣，眼口岂不到乎。

《童蒙须知》种种行为规范的背后，蕴含着儒家思想"仁恕之道"的精华。所以，《童蒙须知》虽为小学，却时刻不离大学的高度，一方面，让孩子从生活细节做起，端正行为，养成良好的生活习惯；另一方面，又要为孩子阐明生活规范背后的深意，结合其他儒学典籍，进行融会贯通的传统文化教育。[①]

蒙学教育一般分两个阶段，第一阶段以识字为主。首先是读《三字经》《百家姓》《千字文》等识字入门书籍。其后陆续讲授《小学》《圣谕广训》等文学、伦理书籍，开设浅近的历史、地理、博物常识课，如《高厚蒙求》《史学提要》《名物蒙求》等，以扩展知识面；开设通俗诗教育课，如《神童诗》《千家诗》等，用以陶冶性情。多数村学学馆的蒙学教育到这一阶段就停止了。有一些义学和族学将蒙学教育发展到第二阶段，即以读书为主的阶段。教学内容主要是与官学的招生考试相衔接，如"四书"、《孝经》以及政书、史书及著名的诗词、文范篇，同时还要学做制艺，即八股文。在第二阶段中便不断有人出馆，或考取官学，或进入社学，或学业中辍改而务农、经商、从幕、投考吏员等。[②]

（二）清代的社学教育

社学是元、明、清三代的地方小学。创立于元二十三年（1286）。元制50家为一社，每社设学校一所，择通晓经书者为教师，施引教化，农闲时令子弟入学，读《孝经》《小学》《大学》《论语》《孟子》，并以教劝农桑为主要任务。明承元制，各府、州、县皆立社学，以教化为主要任务，教育15岁以下之幼童；教育内容更包括御制大诰、本朝律令及冠、婚、丧、祭等礼节，以及经史历算之类。清初令各直省的府、州、县置社学，每乡置社学一所，社师择文义通晓，行宜谨厚者充补。凡近乡子弟，年12岁以上，20岁以下，有志学文者，皆可入学肄业，入学者得免差役。

---

① 《关于〈朱子童蒙须知〉》，http://www.mala.cn/thread-8511199-1-1.html。

② 史仲文、胡晓林：《中国全史·教育卷：清代分卷》，中国书籍出版社，2011，第807页。

社学是当时农村启蒙教育的一种形式，明清两代，社学成为乡村公众办学的形式，带有义学性质，多设于当地文庙。社学的办学经费由官府筹集。雍正元年（1723 年）又令各省将明代的书院和魏忠贤党徒所修建的魏忠贤生祠改为社学。其后各地的社学相继出现。如苏州社学和义塾的经费，由当地士绅捐田、捐款资助。清初的苏州六门义学就是靠士绅捐助银两和田产筹建的，知府觉罗雅尔哈善特地刻石予以表彰。正如《苏郡义学记》碑所载："计田廛氧气入之息，脯修豪火有备，乃择塾师、选子弟之秀者从游其中，立课定规，随时省察，务在讲求立教之意。"又据明史应选《重建娄门社学记》说："凡里中之子弟不能具束修者，皆可往而句读焉。"清代的义塾也是这样，石韫玉在《义学记》中说："凡贫不能具束修者，皆就学焉。"学生入学不需要经过考试，也不受名额限制。

社学和义塾的师资，由地方政府经民间选择"有学行者以教"，也有的从府州县学生员中选择，聘为社学教师，他们的工资，在社学、义塾的经费中支出，政府不负担任何费用。社学的教师享受生员待遇，免除差役、领取廪饩，办学成绩卓著者由地方官保荐，通过议叙的途径入仕为官。考核标准自然是视其培养的学生能否考取官学，对那些不是凭资格而是凭才学考取官学者，其教师将受到特殊的奖赏。

社学教育从蒙学教育的第二阶段开始，主要学习"四书五经"及史政、诗文、掌故等。对学生的管理纳入官学的统一管理体制中。社学学生考列第一等者，可以升入官学取得廪生资格，廪生无缺额，则以增广生员的资格入学，待廪生有出学者递补；增广生员无缺额者，以附学生员资格入学，依次递补。未考取一等者，可以免除县试和府试，直接参加院试。府、州、县学的生员因学业不佳而受到处分时，其中有一种处分名为"发社"，即开除生员资格，降为社学学生。降为社学学生后，只要发愤读书、提高成绩还是有机会恢复生员资格。社学与蒙学相比，更接近于官学，是官学名副其实的预备学校。①

---

① 史仲文、胡晓林：《中国全史·教育卷：清代分卷》，中国书籍出版社，2011，第 808 页。

第二节　明代书院的盛衰、繁荣及嬗变

明代书院的发展经历了由衰而兴再衰的山峰形过程的三个阶段：明初百余年来官学较为兴盛，私学与书院处于冷寂期，正德至隆庆年间为书院的鼎盛期，万历以后，书院发生了显著的变化，为书院的更新期。明中叶以后，官学开始衰败，私学、书院则逐步兴盛，这中间虽然遭到朝廷的四次限制与禁毁，但书院的发展并未被遏止。

一　明初的文教政策与书院的沉寂

明代书院的发展与明代的文教政策有密切关系。明代初年，结束了元末以来社会动荡不安的混乱局面，经过近百年的努力，经济得以复苏和发展，政治和社会相对稳定，出现了所谓"洪永"盛世。在此期间，朝廷坚持"世治宜用文"的文教政策，集中精力发展官学和强化科举考试，并且取得明显的成效，官学教育得到空前的发展。据《明史·选举志》称：

> 明，天下府州县卫所皆建儒学，教官四千二百余员，弟子无算，教养之法备矣？盖无地而不设之学，无人而不纳之教，庠声序音，重规叠矩，无问于下邑荒徼、山陬（zou 邹）海涯。此明代学校之盛，唐宋以来所不及也。

明代中央官学"规制之备，人文之盛，自有成钧，未之尝闻也"。地方各级官学也普遍设立，并采取一系列措施，调动入官学读书的积极性，一度形成"家有弦诵之声，人有青云之志"的社会风气。[1]

（一）明初官学的兴盛与书院的沉寂

明太祖朱元璋起于草莽、文化程度不高，但在明初为了收揽人心，表示

---

① 王炳照：《中国古代书院》，中国国际广播出版社，2009，第 122 页。

对学术的重视，争取士子对新建政权的认同，曾下令修复山东的洙泗书院与曲阜尼山书院。可是，明初发展教育的基本国策是提倡官学，首先是各级官办学校的建设与发展。洪武元年（1368 年），明政府即于南京建国子监，"规模之广，东汉以降，未能或先"。① 其后，各地府、州、县各级政府按照中央命令"皆立学校，延师儒，授生徒，讲论圣道"。正是在明中央政府提倡官学、强化科举考试的政策引导下，遂使书院教育为宋以来之最低潮。近代学者、书院史研究专家柳诒征先生在《江苏书院志初稿》一书中指出："明初教士，一归学校"，而"讲学书院之风一变，其存者徒以崇祀先儒耳"。清代学者黄以周也曾说过："学校兴，书院自无异教；学校衰，书院所以扶其弊也。"② 综合史料，明初洪武、建文、永乐、洪熙、宣德五朝 68 年中，修复、重建前代书院 40 所，新建书院 37 所，合计 77 所。③ 而元初仅元世祖至元年间（1271～1294 年）就有书院 100 余所。南宋 150 年间，有书院 500 余所。④

不仅如此，在宋、元时即闻名于世的书院，也因元末战乱而遭毁弃，在明初相当长的一段时间内仍未恢复。如著名的白鹿洞书院，自元末毁于兵火，一直无人问津，竟然"昔日规制不可见，惟闻山鸟相呼，山鸣谷应，余音悠扬，恍类弦歌声"。⑤ 著名的岳麓书院在明初也处于荒废状态："破屋断垣，隐然荒榛野莽间。"当时有人留下一首《书院废迹》诗："峨峨岳麓山，前贤读书处。世远人亦亡，遗基尽荒秽。犹存北海碑，尚有南轩记。公暇一来过，徘徊发长喟！"少数书院虽得以保留，主要是用作祭祀之所，如洙泗、尼山书院只为祭祀孔子及其弟子，不复有讲学之举了。⑥

又如，宋代修建的另一著名书院——岳麓书院，也在元末战争中毁坏，破屋断垣，掩隐于草莽荆棘之间，院址、食田被僧侣、势家所侵占。宣德七

---

① 民国《首都志》卷七。
② 王炳照：《中国古代书院》，中国国际广播出版社，2009，第 123 页。
③ 马晓春：《王阳明在中国书院史上的地位》，《江西教育学院学报》2010 年第 4 期，第 111～114 页。
④ 王炳照：《中国古代书院》，中国国际广播出版社，2009，第 59 页。
⑤ 《白鹿洞志》卷十二《游鹿洞记》。
⑥ 王炳照：《中国古代书院》，中国国际广播出版社，2009，第 123 页。

年（1432年），富户周辛甫父子倡议修复了讲堂等处。成化五年（1469年）长沙知府钱公澍再次修建，也仅修复了礼殿、岳麓山碑等建筑。这两次修复，都没有招收生徒，恢复讲学。直到孝宗弘治年间，又经长沙府通判陈纲、府同知杨茂元的先后修建，才具备了招收生徒、讲学授业的条件，于是聘请善化县学训导叶性主持书院事宜，恢复了书院的教学活动。

再如，吉安的白鹭洲书院，也是宋代创建的著名书院，自元至正二年（1432年）毁于水灾之后，一直到嘉靖五年（1526年）才逐步恢复。上述这些著名书院，被毁弃百余年后才逐步恢复，反映了明初百余年间书院沉寂无闻、不受重视的现实。①

（二）明初书院沉寂衰败的原因

明初书院沉寂无闻，与学校、科举的发达及书院的讲学内容的陈腐有关。明朝建立后，为选拔大批官僚，很快恢复了科举制度，广泛搜罗读书人。而各种读书人，为了功名富贵，也争赴科举考场。明代的科举必由学校，士子要想参加科举考试，一般都要进入国子监及地方儒学学习，学有所成经初步考选，才有资格应试。因此，学校教育受到重视，全国各地，从中央到偏僻的边疆卫所，都建有学校。而且学校制度完备，管理严格。生员学有所成，只要进入国子监，取得毕业资格，就可以直接入仕。所有这些，使学校吸引了大批读书人，从而冷落了书院。同时，明初思想统治很严，自永乐年间颁布《五经四书大全》后，程朱理学成为占统治地位的学术思想，读书人不敢越雷池一步。在这种情况下，各地书院的教学内容也是传播程朱理学，与各地官学相似，这使书院在教学上没有什么吸引力。在待遇上，官学生员享有免役权，享有免费食宿权，而这些书院都无法与之相比，这就使书院在物质上也失去了吸引力。②

明初不仅书院数量骤减，而且由于文字狱的盛行，书院的文化活动受到严重抑制。像福建，自有书院以来，就以其数量多，文化教育活动兴盛而著

---

① 史仲文、胡晓林：《中国全史·教育卷：明代分卷》，中国书籍出版社，2011，第755页。
② 史仲文、胡晓林：《中国全史·教育卷：明代分卷》，中国书籍出版社，2011，第755页。

称。可当时不少书院如崇安梓翁书院、龙溪芗江书院却以祭祀先贤、名儒或自己先祖为活动内容。其余如江苏丹阳的漆溪书院、江西鄱阳的白云书院……无不如此。即或有些书院进行一些文化活动，也是以个人藏修为内容。如江西新余石门书院，系洪武初乡人梁寅所建。"结庐石门山，聚书遗子孙，名曰书庄。"① 至于吉水竹庄书院，则为邑人陈秉献、陈秉哲读书之所。更多的书院是士大夫或缙绅的私人家塾。如福建龙溪书院为洪武时乡人苏廷龙"延邑中宿儒教子弟于此"。② 江西星子龙潭书院为邑人查琛教其族中子弟之处，万载绿阳书院是永乐年间邑人郭正彦所建用来"课其子弟"的私塾。③

书院成私塾，主要是受科举影响所致。学校与科举是构成当时明代教育制度的主干。"明制，科目为盛，卿相皆由此出，学校则储才以应科目者也。"④ 所以《明史·选举志》记载："科举必由学校，而学校起家不可不由科举"，"诸生入国学者，乃可得官，不入者不能得也"。可见，以官本位为是的社会中，士子的出路除此别无二途。总之，在文字狱的打击下，科举与官学的挤对下，在明代初期书院是不可能得到发展的。

二 明代中叶书院的繁荣及发展

明初百余年间官学教育较发达，科举制度也很完善，这使书院相对处于冷寂衰败阶段。明中后期，随着学校、科举逐渐败坏，新的学术思想——阳明心学的兴起，书院由沉寂走向兴盛，至嘉靖朝书院达到了极盛。明代正德年间（1506～1521年），书院进入极盛时期。

（一）明代中叶书院的复苏与发展

英宗正统年间（1436～1449年），书院开始了它的初步恢复而渐有生气，尤其是到了宪宗成化、孝宗弘治年间（1465～1505年），各地陆续兴建

---

① 光绪《江西通志》卷八十一。
② 嘉靖《龙溪县志》卷六。
③ 雍正《江西通志》卷二十一、二十二。
④ 《明史·选举志》卷一。

了一些书院。到中叶的正德（1506～1521 年）、嘉靖（1522～1566 年）时，书院进入极盛时期。"缙绅之士，遗佚之老，联讲会，立书院，相望于远近。"其直接原因是王阳明、湛若水等一批名流大师倡书院以聚徒讲学。据《明史·王守仁传》赞称："正嘉之际，王守仁聚徒于军旅之中，徐阶讲学于端揆之日，流风所被，倾动朝野。"沈德符在其所著《野获编》中也说："自武宗朝（武宗朱厚照，年号正德），王新建（王阳明被封为新建伯，故称王新建）以良知之学，行江浙两广间，而罗念庵、唐荆川诸公继之，于是东南景附，书院顿盛。"湛若水是一位"志笃而力勤"的教育家，55 年间无日不授徒，无日不讲学。①

正统、景泰、天顺、成化、弘治王朝 69 年间，修复、重建前代书院 86 所，新建书院 154 所，总计 240 所。与明初王朝相比，时间基本相等，可书院是那时的 3 倍多。其中成化朝修复、重建前代书院 30 所，新建书院 48 所；弘治朝修复、重建前代书院 20 所，新建 75 所，两朝合计 173 所。占五朝书院总数的 71.2%。两朝新建书院 123 所，是同时修复、重建书院的 2.5 倍稍弱。说明成化以后，书院建设步伐显著加快，何况重建就物质上说实同新建。

据学者统计，正德、嘉靖两朝修复、重建前代书院 74 所，新建书院 672 所，总计 746 所。② 其中嘉靖朝修复、重建前代书院 46 所，新建 550 所，几乎占这一时期总数的 80%。有人统计，明代共建书院近 1600 所，其中正德年之前所建约 500 所，正德年之后所建约 1100 所。就是说，从朱元璋建明至正德元年（1368～1506 年）近 140 年，所建书院，仅占明代书院总数的 30%，正德之后同样不足 140 年（1506～1644 年），所建书院占明代书院总数的 70%。而正德、嘉靖两朝（1506～1566 年）共 60 年，却建书院达 634 所，占总数的近 40%，超过正德前 140 年所建书院的总和。在王阳明、湛若水等人及其弟子门人讲学活动的主要地区，书院增设更盛，如江西

---

① 王炳照：《中国古代书院》，中国国际广播出版社，2009，第 125 页。
② 马晓春：《王阳明在中国书院史上的地位》，《江西教育学院学报》2010 年第 4 期，第 111～114 页。

书院达 265 所，浙江也达 173 所，广东（含海南）149 所。三省之和近 600 所，占全国书院的 1/3 以上。连西北、西南等边远地区，如甘肃、宁夏、贵州、云南等省区，也创建了不少书院，而且绝大部分为正德年之后所建。①

江苏省内各地的书院，从成化年间起兴建得逐步多了起来。成化年间扬州知府王恕创建了资政书院、江阴知府谢廷桂创建了延陵书院。弘治年间（1488～1505 年），常熟知县叶宗道创建了虞溪书院，江浦人严纮创建了石洞书院，宜兴邑人创建了东坡书院。值得注意的是，弘治年间出现了布衣创建的书院。正德年间（1506～1521 年）常州知府陈实创建了道南书院，邵宝在无锡创办了二泉书院，丹徒知县李东创建了清风书院，督学张鳌山在淮安创建了仰止书院，在嘉定创建了练川书院，巡抚成英在淮安修建忠孝书院，金坛知县刘天和创建了龙山书院。到了嘉靖年间（1522～1566 年），创建的书院就多了起来，包括江宁的崇正书院、新泉书院，高淳的高淳书院，句容的南轩书院，江浦的新江书院，苏州的金乡书院，盐城的正学书院，扬州的维扬书院，徐州的彭东书院、彭西书院、养正书院，丰县的华西书院，沛县的仰圣书院，通州的崇川书院、崇正书院、文会书院，石港的文正书院、溧阳的嘉义书院等。②

从以上资料可以看出：从成化至嘉靖年间江苏省共创建了 30 所书院，其中成化年间创办了 2 所，弘治年间创办了 3 所，正德年间创办了 7 所，嘉靖年间创办了 18 所。广东省书院创建的情况也是如此。洪武年间创办了 2 所书院，永乐年间创办了 3 所书院、宣德年间创办了 1 所，正统、天顺、成化、弘治年间各创办了 3 所，正德年间创办了 8 所，嘉靖年间创办了 78 所。这一统计结果也显示出：广东省书院的创办，正德年间开始兴盛，到了嘉靖年间达到了极盛。

从时间上看，明代书院在嘉靖年间达到了极盛。那么，从空间上看，书院的分布情况如何呢？据统计，明代各省书院以江西、浙江两省最为发达，广东

---

① 王炳照：《中国古代书院》，中国国际广播出版社，2009，第 125 页。

② 史仲文、胡晓林：《中国全史·教育卷：明代分卷》，中国书籍出版社，2011，第 756 页。

省次之。从地域上看，长江流域居首位，珠江流域次之，黄河流域居第三位。①

明中叶盛况空前的书院形势，对明代中后期学术文化，尤其是学术气氛的活跃产生了不容忽视的催化作用。理学思潮的变化从陈献章到王阳明"心学"的定格，不能不说是得益于成化以来书院发展的大好形势。没有这一阶段书院文化的活跃，"心学"只怕还难以广泛传播，拥有那么多的士人。这里，我们还需回答的是：为什么这一阶段书院能以如此规模的速度雨后春笋般涌现，遍地开放，布及城乡四野？分析起来不外乎与科举之弊孔炽及学者讲学的推进有关。

（二）科举之弊孔炽，官学之制渐衰

自明宪宗成化年间至孝宗弘治年间（1465～1505 年），由于宦官势力膨胀，政治日渐腐败，社会矛盾加剧。官学教育和科举考试弊端丛生。官学学生"但取食廪年深者"，"只有资格""不讲学力"，"士风浇漓""不胜其滥"。在这种情况下，一部分朝臣和读书士子担心文教事业每况愈下，强烈要求朝廷采取措施，"颁布明诏，广开言路，以振作鼓舞天下士气"②。同时着手恢复书院讲学，以弥补或纠正官学和科举之弊。如成化元年（1465 年）南康太守李龄在白鹿洞书院旧址增建房舍，招郡人子弟相约其中，聘著名理学家胡居仁掌教事，"名士弦诵其间，而风教始著"，并立规约六条，"正趋向以立其志，主诚敬以存其心，博穷事理以尽致知之方，审查几微以为应事之要，克治力行以尽成己之道，推己及物以广成物之功"。吸引"四方英明豪杰之士，相与讲论，切磋于其间"。③ 又如，1469 年（成化五年），长沙知府钱澎再次兴复书院，使"百数十年丘墟之地，顿靓大观"。明代岳麓书院的真正兴复，是在 1494 年（弘治七年）长沙府通判陈钢手中实现的。这次复建书院 5 间。1496 年，长沙府同知杨茂元和知府王又在陈钢重建基础上，"辟道路，广舍宇，备器用，增公田，储经书"，以便"振文教于湖南，

---

① 史仲文、胡晓林：《中国全史·教育卷：明代分卷》，中国书籍出版社，2011，第 756 页。
② 《明通鉴》卷三十三。
③ 冯会明：《胡居仁的〈续白鹿洞学规〉及其教育思想》，《江西教育学院学报》2010 年第 2 期，第 112～115 页。

流声光于天下"。①

明洪武年间实行八股取士，科举制度的"合理内核"虽继续存在，然而由于考试内容的重大变化，促使科举制度迅速蜕变、异化。明初专制政权的进一步强化，要求与科举相联系的学校教育与其相应保持一致，形成"一条龙"。于是专制政权创办、管理的官学必须以全部物质的、意识的力量培养专制政权所需要的驯服的合格官吏后备军，保证后继有人。所以，明代的官学除一般管理的学规外，皆设置"卧碑"，揭示禁令，禁止生员讥议时事，违者重罚除名，其苛酷的程度为前代所无。因此，学校的教材、教学内容被彻底限制在八股取士的朱子之学范围内。故时人说：

> 我太祖高皇帝即位之初，首立太学，命许存仁为祭酒，一宗朱子之学。令学者非五经、孔孟之书不读，非濂、洛、关、闽之学不讲。成祖文皇帝，益光而大之，令儒臣辑"五经、四书"及《性理大全》颁布天下。②

其危害性正如顾炎武所说："八股之害等于焚书，而败坏人材有甚于咸阳之郊所坑者。"③ 受官场风气所染，官学诸生还未进入官场，即已学坏，道德全无，鲜廉寡耻，"即思把持上官，侵噬百姓，聚党成群，投牒呼噪"。④ 如此下去，吏治何得清明？国家政治何会有起色？尤其是明中叶以后，学校教育开始败坏，科举考试日益受到重视，以至于科举控制了学校教育。各级学校教官的考察，以乡试中试人数的多少为依据。因此，教官教育生徒，即以科举考试的内容——八股文为主，而于经史反而不甚留意了。这种抱定一经，白首苦读的士子，毫无经世实学，成为毫无学识的学

---

① 《元明岳麓书院的几度衰微和繁荣》，http://www.changsha.cn/gb/content/2002-06/07/content_139951.htm。
② 姜海军：《〈五经四书性理大全〉的编纂与文化传承》，《五邑大学学报》（社会科学版）2016年第1期，第48~52页。
③ 《日知录》卷十六。
④ 《日知录》卷十七。

究了。学校教育败坏到这种地步，已经没有什么吸引力了。明人叶向高指出：

> 明兴，设科罗才，虽取词章，而学宫功令载在卧碑者，一本于德兴，至以明伦额其堂。其大指与三代同。而末流之弊，逐功利而迷本真，乃反甚于汉唐。贤士大夫欲起而维之，不得不复修廉洛关闽之余业，使人知所自往。于是通都大邑，所在皆有书院。①

正是有鉴于此，一些有见识的官员，认识到真学问的传授不在官学而在书院，纷纷在自己权力所辖范围内兴办书院，而明中央政府在这股力量的推动下也改变了立国之初的政策，不再抑制书院反而予以提倡。一些地方对此多有所述，如民国《名山新志》卷十一记载："正统九年，诏改生徒肄业之所为书院"，嘉靖《建宁方志》卷十记载："正统、成化间，历奉礼、兵二部勘合，官为修理名贤书院。"

在学术思想上，明中叶以后，读书人日益不满于程朱理学一统天下的局面，希望有新的声音出现。这种状况，明末清初学者傅维鳞指出：

> 盖自程朱殁，自是且数百年矣，诸廉洛之微言大义既绝，占毕循习者非心到自得，徒空言。乃言理烂然，即童子谙之。又俗日渐于文，而异时所崇尚《性理》《或问》诸书，日久而厌，颇以为朴学弗好也。②

程朱理学日益不受欢迎，人们渴望新的学术思想。而这时王阳明、湛若水等人创新的学说——陆王心学，不断传播，这些学者的学说不可能在官学的讲坛上公开传播，只能在非官方的讲坛——书院中传播，这也是书院得以兴盛的思想方面的重要原因。③

---

① （清）傅维鳞：《明书》卷六十二《学校志》，国学基本丛书本，第 1241 页。
② （清）傅维鳞：《明书》卷六十二《学校志》，国学基本丛书本，第 1242 页。
③ 史仲文、胡晓林：《中国全史·教育卷：明代分卷》，中国书籍出版社，2011，第 757 页。

（三）学者讲学推进了书院的兴盛

在上述书院兴起的有利社会大环境中，明代名儒湛若水、王阳明等人的讲学活动，传播了新的学术思想，并直接推动了明代书院的兴盛。湛若水、王阳明皆生于成化年间，卒于嘉靖年间，此时士子的生存环境优于明初。

湛若水（1466~1560年），字元朗，号甘泉，广东增城人，享年九十四岁。湛若水是著名学者陈献章（白沙）的学生。他于弘治十八年（1505年）中进士，选为翰林院庶吉士，擢为编修，累官至南京吏、礼、兵三部尚书。自四十岁至逝世前的55年中，他无日不讲学，无日不授徒。四十岁以后，他在京城讲学，五十岁以后，他在广东老家讲学，七十岁以后，周游列郡，四处讲学。到了九十岁高龄的时候，他还从广东增城出发，前往南京，一路不停地讲学。他一生讲学55年，广建书院，门人众多。《明儒学案·甘泉学案一》记载："平生足迹所至，必建书院以祀白沙，从游者殆遍天下。"他在南京任职的几年，就在南京城建新泉书院，在江浦（今南京市属县）建新江书院。仅广东一省即有：正德十二年（1517年）在云樵山建云谷书院，两年后又在此地建大科书院。嘉靖十六年（1537年）在罗浮朱明洞建甘泉精舍；二十九年（1550年）在广州城东建天关书院，三十一年（1552年）在增城建明诚书院，三十八年（1559年）又于增城建龙潭书院。此外嘉靖年间还在增城建独冈书院、莲洞书院。湛若水活了九十五岁，一生所建书院颇多。受老师的影响，他的学生也建书院。蒋信在嘉靖初，拜湛为师，后任贵州提学使，任上建书院两所。①

王阳明（1472~1528年），名守仁，字伯安，浙江余姚人，学者称之为阳明先生。明孝宗弘治十二年（1499年），中进士，时已二十八岁。三十四岁时与湛若水定交，两人都痛恨当时读书人诵习八股文的恶习，讨厌官场上争名趋势之人，以倡明圣学为志。经过长时期的苦心求学，他继承发展了陆九渊心学，创立了以知行合一、致良知为主要内容的学说，世称阳明心学。

弘治十八年（1505年）王阳明开始了讲学活动，他平生所到之处，都

---

① 《明史·蒋信传》。

广招门徒，宣扬自己的学说。从正德三年（1508 年）三十四岁谪至龙场，即开始广招门徒讲学书院，历时 23 年之久。1509 年，又于贵阳书院讲学，开始提倡知行合一的学说，在学术上已对程朱理学有所突破。正德十一年（1516 年）后，王守仁以右金都御史的身份巡抚南安、赣州等地，在江西修建濂溪书院讲学，四方学者闻名而来，致使讲堂都容纳不下。

嘉靖三年（1524 年）王守仁在浙江建立稽山书院，亲临讲学，湖广、广东、南直隶及赣州、安福、泰和等远方学者不远千里前来听讲。①

王阳明一生勤于讲学，他的讲学活动，直接推动了书院的发展。万历时人沈德符指出："自武宗朝王新建（即王守仁，曾因平叛被封为新建伯）以良知之学行江西、两广间，而罗念庵、唐荆川诸公继之，于是东南景附，书院顿盛。"②《明史》亦认为："正嘉之际，王守仁聚徒于军旅之中，徐阶讲学于端揆之日（即为内阁大学士之时），流风所披，倾动朝野。于是缙绅之士，遗佚之老，联讲会，立书院，相望于远近。"③

王阳明一生所建书院颇多，较有名的就有龙岗书院、濂溪书院、稽山书院、敷文书院等，并在文明书院、岳麓书院、白鹿洞书院讲学。他死后，其弟子大建书院以为纪念，如溧阳的嘉义书院、安福的复古书院、青田的混元书院、辰州的虎溪书院、万安的云兴书院、韶州的明经书院、宣城的志学书院，还有水西书院、复初书院、崇正书院以及琪山、文湖、寿宕等处的书院无一不与其弟子有关。④

王阳明门徒众多，分布范围甚广。这些门徒主要活动于嘉靖年间，因此，明代书院以嘉靖年间为多。他们的分布范围包括江西、福建、浙江、湖广、广东、山东、江苏等地。明末思想家黄宗羲将他们分为浙中王门、江右王门、南中王门、楚中王门、北方王门和闽粤王门等六大派系。王阳明的众多门徒都热衷于讲学，传播王阳明的心学，其中以钱德洪、王畿二人尤为著

---

① 史仲文、胡晓林：《中国全史·教育卷：明代分卷》，中国书籍出版社，2011，第 757 页。
② 沈德符：《万历野获编》卷二十四，《书院》，中华书局，1959，第 608 页。
③ 《明史》卷二百三十一，《顾宪成等传赞》，中华书局，1974，第 6053 页。
④ 《王文成公年谱》。

名。钱德洪从事讲学活动达三十余年，几乎无日不讲学，足迹遍布江西、浙江、湖广、广东等地。王畿从事教学活动四十余年，也是无日不讲学，自南、北两京至吴、楚、闽、粤、江、浙都有他的讲舍。他们的教学活动，大大推进了各地书院的发展。著名学术大师到处设书院讲学，对于明中叶以后讲学之风的兴起、书院的迅速发展起到了直接的推动作用，使之在嘉靖朝达到了极盛。

明代虽然前期有过近百年的沉寂，但在王阳明和湛若水的学说重新结合以后，带着冲破长久压抑的力量，书院得到了突飞猛进的发展，数量增加，总数达 2000 所左右，其中新创建的就有 1699 所。明代书院的分布总体上是由先进发达地区向边远落后地区推进，读书种子已经撒向神州边陲和发达省份的穷野之地，这标志着书院的发展进入了成熟的推广阶段。更有甚者，乘学术辉煌之势的读书人，不仅涉足地方文化建设，在民间规范百姓，移风易俗，使书院具有了平民化特色，而且以同志相尚，品评人物，讽议朝政，使书院又具有了社团化的倾向。

据邓洪波《中国书院制度研究》统计，明代创建书院 1699 所，分布在今全国 25 个省区，其中北京 6 所、河北 70 所、山西 61 所、辽宁 7 所、河南 112 所、山东 69 所、安徽 99 所、江苏 66 所、上海 5 所、浙江 199 所、福建 107 所、江西 287 所、湖北 69 所、湖南 102 所、广东 156 所、广西 71 所、海南 17 所、四川（含重庆）63 所、贵州 27 所、云南 66 所、陕西 28 所、甘肃 8 所、青海 1 所、宁夏 2 所、香港 1 所，江西、浙江、广东、河南居前 4 位。①

从以上数据，我们可知明代书院的地域分布特色有二：一是向西北、东北地区推进，甘肃、青海、宁夏、辽宁等边远地区第一次出现了书院。二是各地书院密度加大，尤其是西南地区的云贵川三省，成效明显。这时期的书院有三个显著的特点，一是书院所传授的学问，已很少程朱理学的内容，而陆王心学成为书院传授的主要内容；二是书院以学术交流为主，是研究、商

---

① 《中国历代书院分布图传》，http://tieba.baidu.com/p/3036871098。

讨学问的地方；三是书院推崇某一位大师，往往设有专门建筑以奉祀他们，所以祭祀活动，也是书院的一项重要内容。[①]

三　明代禁毁书院导致书院的渐衰

书院不是官办，在办学目的与办学经费等方面，都不同于官学，不是官办的，自然不在官学系统之内。如前所析，书院的兴盛恰恰是因为官学的渐隳，科举的孔炽。可以说，书院的讲学内容正是对官学的反动。它的教学内容与讲学方式都不是应试教育，不是围绕科举中仕这根指挥棒转，虽然并不排除它有这方面的内容（而且也是中后期了），但这毕竟不是书院的主流。书院的本质不是科举的附庸，它是普及和提高文化素养的基础教育，是一种素质教育。书院没有衙门作风、官场陋习。更由于它不是应试教育，故尤为重视专门的学术和文化的传承，形成了官学所不具有的学术师承关系和学术传统。

阳明心学的出现便是例证，说明了书院教育对学术自由、学术进步有重要意义。这样就导致了一个问题：书院教育的发展与普及对培养驯服奴才的官学构成威胁，而不利于思想控制，甚至动摇专制体制的根基。更令统治集团不安的是一些不满现实政治、政策的士子往往会利用书院这块相对自由、游离于体制外的阵地发表自己的独立见解，进而影响到朝野舆论，造成中央政府威信软化。最突出的事例便是明末的东林书院。这种状况当然不为当政者所容，从嘉靖中期到明末天启五年（1625 年）之间，明代书院四遭劫难也就不足为奇了。[②]

明代的限制和禁毁书院共有四次，其中嘉靖朝发生过两次，即嘉靖十五年（1537 年）和十七年（1538 年）各发生一次；万历七年（1579 年）张居正整顿教育，也严令禁毁书院；天启五年（1625 年）魏忠贤专权，也发生过禁毁书院之事。

（一）明代嘉靖年间书院的两次毁禁

嘉靖十五年（1537 年）二月，御史游居敬弹劾王阳明、湛若水"伪学

---

① 史仲文、胡晓林：《中国全史·教育卷：明代分卷》，中国书籍出版社，2011，第759页。
② 王炳照：《中国古代书院》。

私创"。疏中说："南京吏部尚书湛若水倡其邪学，广收无赖，私创书院，乞戒谕以正人心。"① 明世宗虽慰留若水，却令有司毁其书院，这是明世宗毁书院之始。第一次毁废书院虽仅限于湛若水所创之书院，未株连其他书院，然而，毁书院的理由却是明明白白的，是湛若水"倡其邪学"。所谓"邪学"，实乃湛、王（阳明）之学。自南宋以来，程朱理学始终是官方意识形态，是统治全体臣民的正统思想，而这时湛、王之学提倡的"心学"，依然是推崇周、程，他们在热心书院建设的同时，曾反复向朝廷表示"圣学无妨于举业"，但终究不是官方意识形态。这也就是毁废书院之理由与深层次原因之所在。

第二次毁书院是次年五月，吏部尚书许赞对上年毁书院仅限于湛若水所建书院，而未能彻底达到禁止"邪学"的目的深感不满，遂上疏要求将禁绝范围扩大到所有书院，疏称："抚按司府多建书院，聚生徒，供亿科扰，亟宜撤毁，诏从其请。"② 并在疏中一再强调上年拆毁书院人心称快，深得拥护。然而，由于官学几近完全腐败，无法适应社会的需要，所以，这次拆毁书院的命令也未造成太大的声势，书院发展的势头仍未受限。进入明后期，修复、重建前代书院 22 所，新建书院 330 所，合计为 352 所。③ 不过，需要说明的是，两次书院遭毁，这是一个信号，其后书院为了生存，不得不顺应现实环境，其教学内容开始了逐渐"变质"，已有悖于书院建立之初衷了。明中叶书院变化之一就是它的教学内容已向科举靠拢，到明后期，书院已基本取代官学而成为主要的教育阵地。这也是为什么书院一方面被拆毁，另一方面又不断修复、重建、新建的原因，但并不意味着书院讲学之独立精神已荡然无存。

（二）明代后期书院的两次劫难

明后期书院被毁亦有两次。一次是明神宗万历七年（1579 年）张居正当政时。从隆庆到万历初，王阳明的"心学"与程朱理学已并驾齐驱，同

---

① 《续文献通考》卷五十。
② 《续文献通考》卷五十。
③ 白新良：《中国古代书院发展史》，天津大学出版社，1995，第 84 页。

为官方哲学思想。由此，"心学"的诟病也就出来了。大凡一种学术思想，与权力、利禄相结合而成为官方意识形态，这是它的幸运，因为这样它可以得到最大限度的传播而兴盛。但也是它的不幸，因为从此它就可能被虚伪化，甚至异化，从而也就失去它原有的青春活力，并且逐渐远离社会进步，与民生无关。孔子之学如此，宋明以来程朱理学的发展轨迹如此，王阳明的心学从它发展的变化看，其轨迹亦如此。但是，我们在史料中仍还发现，这时在一些书院的讲学中，王学与朱学之争仍未停止，并且因主持书院讲学者的学术观点与性格的刚愎而异常激烈尖锐。于是，这就构成了张居正毁废书院的一个学术原因，不同学术见解的争论不休干扰了他的改革。

张居正改革，其措施无可避免地损及许多富豪权贵、士大夫的政治利益和物质利益，尤其是推行均平赋役更是开罪了一大批官僚地主。正如后来的顾炎武所指出的：其改革是"利于下而不利于上，利于编氓，不利于士夫"①。因而招致了统治阵营中相当一批人的激烈反对。这批反对者或在中央唆使言官上疏，或在地方利用书院讲学，对张本人及其推行的政策进行抨击。牵涉到对现实政治的不满，张居正是不会忍让的。早在万历三年（1575 年），张居正就提出不许别创书院，群聚党徒。反对者当然不会就此罢休，继续我行我素，终于酿成万历七年（1579 年）的毁废书院案。是年正月，张居正以原任常州知府施观民"科敛民财，私创书院"为由，以万历帝名义下旨毁废天下书院。虽遭到抵制，应天等府仍有64 所书院被拆毁。②

另一次书院遭毁发生在天启（1621 ~ 1627 年）魏忠贤擅权时。当时士大夫不满宦官擅权、阉党为祸，于书院内讲学兼论国事，即所谓"讽议朝政，裁量公卿"。其中以顾宪成的东林书院、邹元标的首善书院尤为有名。万历三十二年（1604 年）吏部郎中顾宪成罢官南归，与高攀龙等人讲学其中。天启初年，邹元标和冯从吾又在北京宣武门内建首善书院，用为京师士

①　《天下郡国利病书》卷八十。
②　《明通鉴》卷六十七。

子讲学之处。参与这两个书院的多为谔谔之士，谈性理之外，"讽议朝政，裁量公卿"，而"士大夫抱道忤时者""闻风响附"。① 不满魏忠贤专擅的朝中官员"多遥相应和"。东林书院因此成为反对阉党斗争的大本营。天启五年七月，魏忠贤决计剪除异己，矫旨"毁首善书院"，八月"拆毁天下书院"。② 遭此劫难，各地书院大多被毁。直到崇祯帝继位，魏忠贤垮台，公论始明，书院始得陆续恢复。明后期两朝，修复、重建、新建书院共 107 所，其中 86 所为崇祯朝所建。③ 经此次大毁，明代书院元气大伤，风光不再。

明代的四次毁废书院，前两次是纯属学术关系。第三次既有学术关系，亦有政治因素且大于学术关系。第四次则完全是政治关系，是为明末著名的东林党案。毁废书院的具体起因虽然不尽相同，但均同当时统治阶级内部的矛盾斗争紧密相关，其实质是为了加强封建专制的统治。明代当权者先后四次禁毁书院，严重地戕害了学术思想的发展。尤其是"洞学科举"的创设，使书院、官学、科举逐渐融为一体，导致了书院的渐衰。

第三节 明代书院的讲学内容与教学法

明代书院的教育内容，也是以儒家经典为主，兼习历史等方面的内容。但是，对儒家经典的解释的不同，也使书院的教育内容有一个明显的变化过程。明初的百余年间，书院的教育内容与地方儒学相似，都以程朱理学为主；明中叶以后，王阳明心学兴起，书院的教育内容以王阳明心学为主，但湛若水所倡导的江门之学也很有影响；明后期，书院教育内容以东林学派所倡导的实学为主。同时，书院在教材和教学方法上，也有自己的特色，值得我们重视。明代书院的教育内容，以明中后期最有特色。

---

① 《明史·顾宪成传》，《明儒学案·东林学案》。
② 《明史·熹宗本纪》。
③ 白新良：《中国古代书院发展史》，天津大学出版社，1995，第 93 页。

一　王阳明、湛若水的讲学内容

明中叶书院兴盛，书院的讲学内容以陆王心学为主，有以王阳明为首的姚江学派与湛若水（字元明，号甘泉）领导的江门学派并行于世。王阳明与湛若水学问之旨趣大体相同，都标榜一种自得自成之学，认为心即是理，涵养体认的功夫唯在心上做，从而都把自己的学问称为"心学"。但是，这只是基本立场的一致，在某些具体的问题上，二者仍存在许多不容不辩的区别。黄宗羲《明儒学案》之《湛若水传》中，简略而又精要地指出了二者之间的不同："阳明宗旨致良知，先生宗旨随处体认天理。"对"天理"与"良知"之理解问题，可以说是湛、王论学的根本问题之一，两人学说的其他方面之区别，几乎均可由此而展开来。①

（一）王阳明的姚江之学

王阳明继承和发展了陆九渊的心学，形成了自成体系的学说。姚江，又称舜江、舜水，发源于浙江省宁波市县级余姚市大岚镇夏家岭村东的米岗头东坡。由于姚江畔王阳明等学者形成的姚江学派所秉持的心学成为中国古代主观唯心主义哲学的最高峰，江右一带，王门弟子众多，故王阳明之学又称为姚江之学。黄宗羲曾说："姚江之学，惟江右得其正传，东廓（邹守益）、念庵（罗洪先）、两峰（刘文敏）、双江（聂豹）其选也，再传而为塘南（王时槐）、思默（万廷言），皆能推原阳明未尽之意。"②

王阳明本人为学有三次大的变化，早年学习辞章、时文，对程朱理学没有深入细致的研究。后来又学习佛经、道藏，直到被贬到贵州龙场驿后，在困顿中悟出为学之道，即作圣人之道在于自己本性之中，根本无须向外寻求，也就是发挥出陆九渊心学的妙处了。他教育弟子，也有三次大的变化，在贵阳时发明"良知"之旨，以"知行合一"的学说教育子弟；在江西濂溪书院时，专以"存天理，去人欲"的学说教育子弟；在江西稽山书院和

---

① 郭晓东：《致良知与随处体认天理——王阳明与湛若水哲学之比较》，http：//blog. sina. com. cn/s/blog_ a6eb92f00102wths. html。

② 《明儒学案·江右王门学案》。

敷文书院讲学时，把自己的学说概括为"致良知"，并以此教育弟子。

王阳明心学的基本观点是，"心即理"——"心外无理，心外无物"。也就是说，心是万物、天地的本原，宇宙间的一切事物都是心的体现。这个心，就是他所谓的"天理""良知"。他认为，心是知的本体，心自然而然会知，见到父母知道孝，见到兄弟知道悌，看见孺子落井知道恻隐，这就是"良知"。"良知"人人先天具有，所谓"致良知"，就是反观自身而得；所谓格物致知，就是"致吾心之天理于事事物物"。这一解释，很明显不同于朱熹的解释。朱熹的格物，要认真研究事物本身，而王阳明的格物，乃是"正念头"，无须下功夫学。

王阳明反对朱熹"先知后行"的观点，主张"知行合一"。他认为，"行"是意念的发动，是由心产生的；"知"也是由心产生的，因此，"知"和"行"是一个东西。"行之明觉精察处，便是知；知之真切笃实处，便是行。"王阳明的这一学说，突破了程朱理学的旧框框，很有新意，在人们对程朱理学习久而厌的氛围中，传播心学，自然产生了较大的效应。

（二）湛若水的"江门之学"

江门之学是指以陈献章、湛若水和其弟子形成的学派。陈献章（1428～1500年）是广东新会县白沙里人氏，所以亦称陈白沙或白沙先生。又因白沙里地近江门，其弟子湛若水等人大部分是岭南和江门附近人，故后世学人遂称其学为"江门之学"。江门学派以自然为宗，提倡"学贵自得"，主张从"静坐"中养出端倪来，讲究独立思考，反对人云亦云。陈献章说："学贵知疑，小疑则小进，大疑则大进，疑者觉悟之机也"①；"自得者，不累于外物，不累于耳目，不累于造次颠沛。鸢飞鱼跃，其机在我"②。陈献章、湛若水的"江门之学"的出现，意味着明初以来朱学一统天下局面的结束，开始明中叶心学盛行的转化，所以近代学者有人认为：上承宋儒理学的影响，下开明儒心学的先河，在中国哲学思想史的发展上，具有承先启后

---

① 《陈献章集·与张廷实主事》。
② 《陈献章集·赠彭惠安别言》。

的地位和作用。①

湛若水提出了"随处体认天理"的命题。他在南京讲学时，曾做了一幅《心性图说》，批评王阳明关于心的解说。他认为，心没有内外的区别，它体认万物而没有遗漏。也就是说，心不仅是人体的一个器官，不是在人体的器官以外，而是与天地万物一体并存的。宇宙间只是浑然一气充塞流行，这种浑然一气，就是心。它没有内外，没有终始，内中没有一物，也不遗漏一物，所以与天地万物同体。因此，心有着无限的生意，生生不息，流行不已。这就是性，性与心其实为一物，都是至善至明的。但是世俗之人的心为物欲所遮蔽，只要一朝觉悟，把物欲灭去，则心的本体就可以复现出来了。

基于上述认识，湛若水讲学以"随处体认天理而涵养之"为主。也就是说，人的本性充满了善意，无限仁义，这就是天理。天理存于人心，所以要随时体认，体认出来后要善加涵养。体认天理，要顺其自然，不可忘也不可帮助。

从以上叙述可以看出，王阳明、湛若水的认识有很大不同，而他们的教学、讲学，就是传播自己的学说，因此讲学内容也存在很大的不同。这种不同，反而促进了讲学活动的发展。王阳明、湛若水一生勤于讲学，门人弟子都很多，学于王阳明的人或卒业于湛若水，学于湛若水之人或卒业于王阳明，他们经常改换门庭，各择所好。因而，当有人问吕柟："今之讲学，多有不同者，如何？"吕柟则回答说："不同乃所以讲学，既同矣，又安用讲耶？"② 这一问一答，很好地说明了书院教学内容的不同，及因主讲者观点不一而各具特色的事实。

王阳明、湛若水等人的讲学，培养出一大批弟子。但是门徒们对师说理解不一，互相纷争，更有甚者徒尚空谈，近于禅学，不读书，不行事，对后世产生了极坏影响。如王阳明的弟子王畿公开说："学当致知见性而已，应

---

① 章沛：《陈白沙哲学思想研究》，广东人民出版社，1984。
② 黄宗羲：《明儒学案》卷八，引《吕泾野先生语录》，载《黄宗羲全集》第七卷，浙江古籍出版社，1992，第153页。

事有小过，不足累。"结果，他本人在南京兵部郎中任上，因"小过"——受贿而被罢。从此他更加勤于讲学，足迹遍布东南各地，吴、楚、闽、越等地都有他的讲舍，听众很多，影响很大，以至于"士之浮诞不逞者，率自名龙溪（即王畿）弟子"。① 他对明中后期士风的败坏，产生了很大的影响。再如，嘉鱼人李世箕，曾师事陈献章，深服陈氏"习静"之说，认为"静则心虚，心虚则理见，故视'六经'若土苴，视形骸若仇敌，视圣人所立礼义之防若缠束捆缚，欲撤去之"②。因此，他隐居大崖山上，既不读书，又不出仕，整日习静。明中后期士风败坏已很严重，对此，《明史·何廷仁传》有很好的总结："守仁倡良知为学的，久益敝，有以揣摸为妙语，有以纵恣为自然者。"士风败坏到如此严重的地步，必然引起一些有社会责任感的人的不满，这就引起了东林学派的兴起，书院的教育内容以批评心学末流的空疏，提倡实学为主。

二 东林学派的实学讲学内容

东林学派在万历朝后期影响很大，他们提倡气节，崇尚实学，希图以讲学挽回世道人心，纠正"矫诬不学，任性自适"的不良士风。他们讲学不忘时政，而且常常以时政为讲学的材料。讲学之人也不时出仕，居官论政。因此，东林书院在朝廷中形成了一定的势力，为世人所瞩目。万历末年，神宗长期不理朝政，小人势力日长，党争激烈。东林学派目睹如此黑暗的现实，往往发出颇为激烈的言辞，强烈抨击当权小人，从而被称为"东林党"。东林书院所讲的学问，从总体上看，是对王阳明心学的反动，而又重新拥护程朱理学，但也不是完全赞同程朱理学，他们有自己独立的见解，可以称为一个独立的学派。明末人刘宗周指出："东林之学，泾阳（即顾宪成）导其源，景逸（即高攀龙）始入细，至先生（指孙慎行）而集其成矣。"③ 但

---

① 《明史》卷二百八十三，《王畿传》，中华书局，1974，第7274页。
② 傅维鳞：《明书》卷一百十二，《周瑛传》，国学基本丛书本，第2255页。
③ 黄宗羲：《明儒学案》卷五十九，《东林学案二》，载《黄宗羲全集》第七卷，浙江古籍出版社，1992，第814页。

是，就这三位代表性人物而言，他们的学说也各具特色，因而他们的讲学也多有不同。

（一）顾宪成及其《东林会约》

顾宪成（1550～1612 年），字叔时，号泾阳，江苏无锡人。万历四年（1576 年）中举人，八年（1580 年）中进士，授户部主事之职，从此开始了他一生坎坷不平的政治生涯。顾宪成正直敢言，不怕得罪权贵。万历十五年（1587 年）因上疏为御史辩护，得罪了执政大臣，被贬为判官，后以政绩升为吏部考功司主事。但他说话仍无顾忌，万历二十二年（1594 年）又因触怒万历皇帝，而被削籍家居。

顾宪成因直言被罢斥，削籍后名声更高。于是利用在野的身份和充足的时间，四处讲学，以挽救日益衰败的时局。万历三十二年（1604 年）与其弟顾允成倡议修复东林书院，与同志高攀龙等人在书院中讲学，评论时政。顾宪成十分关心时政，平日讲学也以实用为目的，不尚空谈。他曾说："官辇毂，志不在君父，官封疆，志不在民生，居水边林下，志不在世道人心，君子无取焉。"① 因此，在讲学之时他经常讽议朝政得失，评品人物的善恶好坏，由此而声名大振，也招致了很多不肖之徒的忌恨。在讲学时，顾宪成也极力反对王阳明"无善无恶心之体"的说法，他认为所谓本体，只是"性善"二字。性与善是一致的，善没有什么特别的含义，不过是万德的总和；性是纯粹的天理，万德兼备。因此说性善。而心根源于性，心也是善的，但是心有时为私欲所诱，多趋于恶。

从上述可以看出，顾宪成的讲学，批评陆王心学落于禅宗，主张讲学要有助于世道人心，反对空谈心性，无补于社会。在性善问题上赞成程朱学说，反对王阳明的观点。

《东林会约》是顾宪成为东林书院的讲学活动所制定的章程。高攀龙在序中说：先生复为约，指示一时从游者修持之要。这个约由其弟允成参修，后学门人高攀龙、刘元珍、史孟麟、安希范四人合订为一卷，收入《顾端

① 《明史》卷二百三十一，《顾宪成传》，中华书局，1974，第 6032 页。

文公遗书》中。《东林会约》的根本指导思想是欲持程朱以矫王学流弊。它阐述了讲学的基本原理、原则，规定了书院讲学的制度、程序、方法等，集中地反映了东林书院的讲学精神和东林诸子的为学宗旨。《东林会约》以朱熹制定的《白鹿洞规》为基础，除以五教为学之序、修身之要、处事之要、接物之要为基本规约外，再由顾宪成增修饬四要、破二惑、崇九益、屏九损及具体规章制度而成，其主旨是要书院师生继承杨时的学术精神。上承周敦颐、二程、朱熹等理学大师，以纠正王学末流的陋习。《东林书院志》说：

> 泾阳先生爰作会约，以谂同志，而景逸先生（高攀龙）为之序。首列孔颜曾思孟，明宗统也；次白鹿洞学规，定法程也。申之以饬四要、破二惑、崇九益、屏九损，卫道救时，周详恳到。其间阐提性善之旨，以辟阳明子天泉证道之失，尤见一时障川回澜之力。

东林的讲会，是东林诸子研究学术，进行舆论宣传的一种重要的组织形式。《东林会约》对讲会的程式做了具体规定，其基本内容是：每年一大会，或春或秋，每月一小会；会各三日。小会在每月九、十、十一三日。大会之首日诣圣像前行礼，礼毕入讲堂。东西分坐，先各郡各县，次本郡本县，次会主，各以齿为序。大会每年推一人为主，小会每月推一人为主。每会由主讲人说《四书》一章。此外，有问则问，有商量则商量，各虚怀以听，即有所见，须俟两下讲论已毕。会日久坐之后，宜歌诗一二章。每会设茶点，不布席。各郡各县同志，临会午、晚饭四人一席；同志会集宜省繁文以求实益。①

（二）高攀龙的讲学内容

高攀龙（1562～1626 年），初字云从，后改为存之，别号景逸，江苏无锡人。万历十七年（1589 年）中进士，授行人司行人。不久，四川按察佥事张世则进呈所著《大学初义》一书，极力诋毁宋儒程朱的学说，并奏请颁行全国。高攀龙于是上疏指责《大学初义》一书中的谬误，维护程朱的

---

① 《顾宪成〈东林会约〉》，https：//www.douban.com/note/454364630/？type＝like。

旧说，使张世则希望颁行天下的想法化为泡影。后为因上疏而被黜落的大臣鸣不平，诋毁内阁大学士王锡爵等人，得罪了当权大臣，被谪为揭阳添注典史。至揭阳七个月后，丁忧归家，从此家居长达近三十年的时间。这期间与同乡顾宪成等人讲学于东林书院。讲学时间之长，远远超过了顾宪成。天启初年，又做了五年京官，因与朝中奸党不和，被削籍。

高攀龙的讲学，以复性为宗，以格物为要，以居敬、静坐为修养的功夫。他认为，性为人的本体，即天理，是完善无缺、至善的，也就是说，人的本性是善的。但本性往往为私欲所蒙蔽，所以要恢复人生下来就具有的本性。因此，他以复性为教育的宗旨。那么，怎样才能恢复本性呢？高攀龙认为，复性须下格物、穷理的功夫，把天理搞明白了，私欲就可以自然而然地去掉了，本性就可恢复了。他所说的格物穷理，要从自身开始，略异于程、朱的方法。至于静坐、居敬的功夫，他认为初学之人，"神短气浮"，需要下数十年的功夫习静，使神完气培，才能居敬，即心中无一点杂念，毫无牵挂，浊气自清，一片清澈空明，本性自然呈现，达到了修养的极限。高攀龙的讲学，维护和发展了程朱理学，对当时人们普遍服膺的阳明心学却很不以为然，因他分析入微，言之成理，受到当时士大夫的普遍称颂。①

（三）孙慎行的讲学内容

孙慎行（1565～1636 年）字闻斯，号淇澳。江苏武进人。明朝开国功臣燕山忠愍侯、全宁侯之后。外祖父是明代著名文学家、军事学家唐顺之。明万历二十三年（1595 年）朱之蕃榜进士第三人。授翰林院编修。累官至礼部侍郎。韩敬科场事发，孙慎行主张罢黜韩敬，遭到韩敬同党的攻击。辞官。熹宗继位，召回孙慎行，拜为礼部尚书。红丸事起，孙慎行上疏无效，遂以病辞官。魏忠贤组织纂修《三朝要典》，在红丸之案中，将孙慎行定为罪魁祸首。熹宗下诏将其革职，遣戍宁夏，还未起行，崇祯帝继位，才得赦免，命以原官协理詹事府事，孙慎行力辞不就。享年 74 岁。著有《困思

---

① 《高攀龙的人生境界》，http：//www.niubb.net/a/2015/04-28/323650.html。

抄》《玄晏斋集》等。①

孙慎行是东林之学的集大成者。他认为，儒家求学的方法，不应从顿悟处入手，而应当终日勤学、好问、审思、明辨、笃行，以获得真才实学。如果舍弃这五种功夫，而去追求一种漠然无心的境界，追求"静存动察"的功夫，没有不落于禅学中的。这一学说，纠正了阳明之徒不下苦功读书求学，而轻浮好辩的弊病，很有针对性。②

当时学者普遍认为，天命除理义之命外，还有气运之命，人性有理义之性与气质之性的分别，人心亦有理义之心与气质之心两种。孙慎行却反对这一看法，他认为天命只有一种，没有不一致的；人性只有一种，没有不善的；人心也只有一种，没有不善的，理义之命与气运之命都是齐一的，并不是人们所认为的，理义之命是齐一的，而气运之命是杂糅不齐的。从表面上看，自然界有寒暑往来，四季更替，社会有治乱兴衰，人有生死得失，但是天道降福于善，降祸于恶，却是一致的，万古都是如此，这种一致性是世界的真正主宰。所谓性、气、质都是天命的体现形式，全是至善的。一般人将理义之性与气质之性分为二，不但支离，而且根本错误。这种错误在于，误将孔子所谓"习"当成气质之性，于是有了气质之性是恶的说法。既然理义之性外没有气质之性，理义之心外也没有形气之心，而性与心都是天命所赋有的，没有不善的。人性中所有不善，都来自后天习染。因此，人们要痛下一番学问思辨行的功夫，去掉恶习，达到至善的境界。

孙氏哲学以"独"为特色，"独"在他而言是一、是太极。在孙氏"慎独"哲学体系中，由天命的纯一至善下贯到人性上，即表现出性善论的坚定与纯一：一方面，他极力批判宋儒将一完整的性割裂为"天命之性"与"气质之性"的观点，而坚守孟子性善一脉，从而使得道德实践成为可能；另一方面，他又从现实中觅得"习"作为不善之由，又使得人秉善去恶的道德实践成为必要。"率性"便是"慎独"思想的具体展开进路，于此他又

---

① 互动百科：《孙慎行》，http://www.baike.com/wiki/孙慎行。

② 《孙慎行传》，http://www.xiexingcun.com/baihua24shi/24/mydoc685.htm。

反对宋儒将"道心"与"人心"、"未发"与"已发"以及"中和"进行二分的思路,而坚持以"诚""戒慎恐惧""慎独"来弥合罅隙。在"修道"的归宿上,他亦是不分"成己"与"成物",达到独而不独的合内外的高度与深度。对于成己,孙氏更多地关注内在,即个人在道德修养上如何成圣、成贤;此外他还秉持传统儒家成圣与成天下的双重责任担当,既有成己复有成物,如此才使得孙氏"慎独"学说更为完彻,亦通过此"慎独"便可达到"完性命之精采于一身,畅道教之光辉于天下"的境界追求。①

总之,孙慎行的讲学,也是以实学为主,维护程朱理学,批评王阳明末流不务实学的弊病,提出了切实可行的修养功夫。

综上所述,明代书院的教育内容,因讲学者的学术观点的不同,而各不相同。但是纵观明代书院教育内容可以看出:虽然明代书院的教育内容以儒家经典为主,但对这些经典的解释,明初以程朱理学为主,明中叶以陆王心学为主,明末以东林书院派实学为主。尤其是明末的东林书院既是教育、学术交流的机构,又是制造舆论的中心;它既不是政府"德意"的传声筒,也不是科举考试的预备机关,它是明末初步民主主义或启蒙主义思潮萌生的温床。

三　明代书院的教材与教学方法

明代书院所使用的教材都是以儒家经典为主。与地方学校不同的是,书院的教学方法灵活多样,很有特点。

(一)明代书院的教材

明代书院的教材,主要是儒家的经典,但在读书的次序上有自己的特色,我们以明中叶湛若水主持的广东西樵大科书院为例,略作介绍。

湛若水在大科书院讲学时规定,生徒所研习的教材为"四书""五经"等,并规定了生徒的读书次序,即生徒先读《论语》《大学》,次读《中庸》《孟子》。书院中的生徒,也是人专一经,在熟读本经、"四书"的基础

---

① 王芳义:《孙慎行慎独思想研究》,华东师范大学硕士学位论文,2013,第6~9页。

上，还提倡旁通其他四部经书及《性理大全》《史记》《五伦书》等著作。大科书院鼓励生徒参加科举考试，又因科举考试以宋儒朱熹所著《大学章句》一书为《大学》的标准解释，所以书院鼓励生徒习读《大学章句》。同时，朱熹的解释不可能尽如《大学》一书的原意，因此书院也鼓励生徒研读古本《大学》。

此外，大科书院要求生徒躬亲细事，凡兵、农、钱、谷、水利、马政之类，以及综理家务，都要认真讲求，以备他日为官、行政之用。大科书院也禁止生徒读某些著作，如仙、释、《庄子》、《列子》一类著作。他们认为这类著作，扰乱儒家的伦理名教，败坏世人的心术，分散诸生求道明德的精神，因此诸生不可泛读。

关于书院生徒每日的功课，不同的书院有不同的规定。王阳明讲学时把生徒每天的课程分为五部分，一为明德，二要背书、诵书，三为习礼或作课艺，四要复诵书、讲书，五为歌诗。湛若水在大科书院讲学时，也将生徒每日功课分为五部分，一为诵书，二为看书，三为作文，四为默作思索，五为温书。从每日功课来看，书院的教学活动较为丰富多彩。

有明一代的书院以教育生徒的书院为主，这类书院是有教材的，已如上述。此外，还有一些讲会式的书院。这类书院平时并没有固定的生徒，只是到了会讲之期，学者从各地会集在一起，听主讲的名儒讲说、问难。因此，这类书院并没有固定教材，一般预先标出自己主讲的"话头"，然后就"话头"开讲，阳明心学等为明中叶会讲的主要内容。

（二）明代书院的教学特点和特色

明代书院所使用的教材虽仍为儒家经典，但明中后期对儒家经典的解释，已超越了程朱理学的俗套，有新的内容，能够吸引对程朱理学不满的学者。不仅如此，书院的教学方法也比较灵活多样，能够调动生徒的学习积极性，很有特色。

第一，书院是新的学术思想的传播场所，也是一个教学场所，学术研究、传播在教育生徒中自然而然地进行。这一特点，既有利于新的学术思想的传播，又促使生徒掌握、继承新的学术思想。

　　明代书院的兴起、发展，与新的学术思想的产生、传播密切相关。明中叶王阳明心学兴起，克服了死记硬背程朱理学的弊病，使沉闷的学术思想界、教育界产生了新的思想火花，并很快形成了燎原之势，以至于明中后期很少有人仍笃信程朱理学。新的学术思想的传播，使明代书院的教学充满生机和活力，吸引了大批生徒，这也促进了书院的发展。

　　同时，与官学相比，书院的教学相对自由些，不同的学术思想在此交流、辩难，既活泼了教学的气氛，也使生徒学到不同的学说。明代的书院一般为著名学者讲学的地方，他们欢迎其他学者在本人主讲的书院中讲学。如著名学者湛若水在广东大科书院讲学时规定，凡远方及附近有德行道艺先觉之人，可以充作人师的，一定要恭恭敬敬地聘请他们登堂讲书，以使生徒增进学问，闻前所未闻的道理。①

　　第二，书院广泛接纳全国各地的学者，生徒可以不受地域和学派的限制，自由听讲。这就调动了生徒学习的积极性和主动性，使他们对自己感兴趣的学说认真听讲、学习。

　　一般来说，书院中教学、讲学的人都是当时的著名学者，有较高的学术造诣。因此，每当他们讲学时，其他书院儒学的师生、学者往往自愿前来听讲、问难。如王守仁在巡抚南安、赣州等地任内，讲学于濂溪书院，四方学者前来听讲，以至于讲堂都容纳不下。讲学于稽山书院时，远在湖广、广东、直隶、江西等地的学者，也前往听讲，听众多达300余人。嘉靖时，大学士徐阶在京师灵济宫组织讲会，轰动了朝野，前来听讲的官员、儒士多达5000余人。顾宪成讲学于东林书院，得到了四方学者的广泛响应，前往听讲的学者、师生多至讲堂容纳不下。书院的这种自由听讲之风，使生徒们能够及时了解各种学说，掌握最新的学术研究成果，既增加了生徒的知识，又提高了生徒学习和研究的兴趣。②

　　明代的书院，一般来讲，都欢迎、鼓励各地学者、师生前来听讲。如东

①　史仲文、胡晓林：《中国全史·教育卷：明代分卷》，中国书籍出版社，2011，第767页。
②　史仲文、胡晓林：《中国全史·教育卷：明代分卷》，中国书籍出版社，2011，第767页。

林书院所制定的会约中就有"崇九益"之条文，就是要提倡、发扬书院讲学的九大好处：讲学可以使各地学者以道义相切磨，人人都可以做圣贤，强调不论是宿学硕儒，还是草野平民，乃至于总角童子，都可以前往听讲。湛若水在广东大科书院讲学时，为大科书院所定学规也规定，四方儒士、儒学生员前来听讲，书院并不反对，并提供必要的食宿条件。

正是由于书院的师生有较为自由讲学、听讲的权利（相对于当时官学而言），教师是当时著名的学者，有着广泛的社会影响与号召力，能够引起书院中的生徒及其他儒士、学者前来听讲，而生徒、儒士和学者既然自愿而来，自然对主讲人及演讲内容感兴趣，所以教学效果相对要好些。书院教学效果与明中后期官学的教学效果恰成鲜明的对比。明中叶以后，官学教官的选授，"不论德行，不问道艺，卒然而命之，持牒而来，据座而坐……夫人不服其心，则一日不能安处而为之长。而犹能使相承相邀者，徒以上之命耳，岂其心哉！豪杰之士，于是舍去，别求所谓德行道艺者而师之，徘徊于山林之中，栖迟于佛、老之宫，所托甚高，而所服甚固，回视黉序若浼已也"。[①]

第三，书院采取了灵活多样的教学方法，提高了学生的学习兴趣，培养了学生的能力，这比一般儒学只注重背诵、习作八股文要高明多了。

（三）王阳明、湛若水的教学方法

明代著名学者王阳明就很注重教学方法。关于儿童教育，他认为：当时教育儿童只是每天督促他们读书习字，严加管束；稍有过误，则严加体罚，鞭打绳缚，像对待囚徒一样。这就使儿童把学校看成牢狱，不愿意上学读书；把老师看成仇敌，唯恐逃避不及。这种教学方法是不会成功的。他提出教育儿童要根据儿童心理、生理特点，采用灵活多样的教学方法：根据儿童乐于游戏、害怕拘束的特点，采用"歌诗"的教育方法，使儿童高兴，乐于学习；根据儿童灵活好动的特点，训练他们礼仪行为，既可以锻炼儿童的筋骨，又可以严肃学校的威仪；劝导儿童读书，可以使儿童增加聪明才智，

---

① 叶春及：《重师儒策》，《明经世文编》卷三百六十六，中华书局，1962，第3945页。

也可以使儿童表达自己的志向。这样"歌诗""习礼""读书"交替进行，教学形式、内容灵活多样，自然容易提高学生的学习兴趣，收到较为满意的教学效果。关于教学的程序，王阳明指出：每天首先要参揖行礼；其次是教读，在教读时老师要先提出问题，让学生回答，然后再进行讲授、启发；最后让学生复习巩固。①

王阳明在书院讲学中，也根据生徒的特点因材施教。凡是来求学的人，王阳明先让大弟子钱德洪、王畿对他们进行启蒙教育，疏通大旨，然后才亲自讲授。王阳明在讲学中，根据学生理解能力的高下，采用了不同的教育方法。在王阳明生前最后一次出征思田前，弟子钱德洪、王畿亲送老师于天泉桥上，并请教师门教育之法，他们分别提了四句偈语，以就正于老师。钱德洪的偈语是：无善无恶心之体，有善有恶意之动；知善知恶是良知，为善去恶是格物。钱氏认为这四句话是师门的定法，不能稍微改变。王畿却认为，这只是权宜之法，师门的定法则是：体用显微，只是一机；心意知物，只是一事。若悟得心是无善无恶之心，意亦是无善无恶之意，知亦是无善无恶之知，物亦是无善无恶之物。

这两种说法，即是天泉证道所留下的著名偈语，即四有说与四无说。对这两种说法，王阳明都分别予以肯定，认为它们都含有至理。王阳明进而指出，他的教育方法本来也有两种：四无之说，是为上根之人（即聪慧之士）创立的教育方法，乃是顿悟的教育方法；四有之说乃是对中根以下的人（即普通的读书人）创立的教育方法，要使用为善去恶的修养功夫，逐渐恢复心的本体。这表明了王阳明注意因材施教，他的教学是很有针对性的。

与王阳明同时期的另一著名学者湛若水，也很注意教育方法。他在讲学时，先令弟子们习礼，然后再听讲。在大科书院的堂训中规定：生徒读书肄业厌倦之时，即使强迫自己坚持读书习字，也不会进步；不如登山玩水，以陶冶性情。游山玩水，也同读书一样，只要方法合理，也可以处处得宜。这

---

① 史仲文、胡晓林：《中国全史·教育卷：明代分卷》，中国书籍出版社，2011，第768页。

种劳逸结合，读书与郊游结合，自然充满了乐趣，使生徒乐于向学。

综上所述，书院的教学方法是很有特色的，与官学沉闷单调的教学方法相反，书院的教育内容不时更新，随着时代的发展而发展，很有吸引力；书院的主讲人多是当时名儒，教师能够以学问服人，诸生自愿就学，以崇敬的心情听讲，教学效果就与官学无法同日而语了。而且灵活多样、因材施教、劳逸结合的教学方法，又使教学活动充满了乐趣，在欢乐声中得到教益。①

第四节 明代书院的管理和书院科举

发轫于唐代的书院，既是我国历史上历经一千二百余年发展的重要文化教育组织，也是华夏民族贡献给人类教育史的一项意义重大的教育制度，支持了近世千余年世界人口大国的教育事业，是华夏古老文明传统在近世社会历史进程中得以传承、传播和发展的重要载体之一。而历经创制、承袭、锤炼与改进的书院学规与章程，又是书院制度的灵魂与生命力所在，也是我们今天从书院教育传统中吸收精神活力的重要资源。②

明代的书院除少部分为官立的书院外，大部分都是私立的。但是，无论是官立的，还是私立的，书院一般建立在远离闹市的风景优美的山林中，登山游水，林中漫步，使书院的教学活动充满了雅趣。如湛若水在广东西樵、罗浮设立的书院、精舍，都是山水环绕，独占林泉之胜。王阳明所创立的稽山书院，也独占山水之秀美，有山林可供漫步闲游。弘治年间方石谢在浙江台州缌山创建了方岩书院，更是风景优美的所在。李东阳在《方岩书院记》中描写道："山之旁有狮子、虎头诸岩，娄旗、文笔诸峰，仙人迹、月岭、桃溪诸景。其外侧环以大海，浩淼无际；其后则天台、雁宕诸山，竦立乎霄汉之表。委灵输秀，至是而极，则结为方岩，巉丛峭拔，为一方之胜。"③

---

① 史仲文、胡晓林：《中国全史·教育卷：明代分卷》，中国书籍出版社，2011，第 768 页。

② 周之翔：《数百份学规串起八百年书院史》，《中华读书报》2012 年 12 月 14 日。

③ 李东阳：《方岩书院记》，《李东阳集》第二卷，岳麓书社，1984，第 184 页。

一　明代书院的教学组织管理

（一）明代书院以师生自我管理为主

明代书院的组织和管理较为简单，没有专门负责行政事务的管理人员，以师生的自我管理为主。明代书院的组织结构相对简单，书院的主持人通常称为山长，如洪武初下令设立尼山、洙泗二书院，即各设山长一人。其他如白鹿洞书院则称洞主，嘉靖年间创立于陕西景州的董子书院，主持人称为院长。总体来看，以山长之称为多，而以洞主、院长之称为少。书院的主持人，即山长或洞主、院长，既负责书院的教学工作，又负责书院的组织管理工作，而且还是该书院中最著名的学者、主讲人，亲自教授生徒，授业解惑。

有些规模较大的书院，还设有副山长、副教、助教等人员，协助山长工作。如著名于世的白鹿洞书院，是宋代创立的，历史悠久，规模也很大，即设立了副讲等。据康熙年间所修的《白鹿洞志》记载，白鹿洞书院设有：

洞主：负责书院的全面工作，一般聘请海内名儒充当。

副讲：负责批阅生徒的课业文章，辅导生徒辨疑解难，一般选聘本省精通经、书，行谊出众之人充当。

堂长：负责巡查生徒的勤情，调解生徒中的矛盾，一般由洞主、副讲选择优秀的生徒充当。

管干一人、副管干二人：专门负责书院中的财务收支、膳食供应，维修院舍等工作，一般从书院中选择有管理才能、诚实可靠之人充当。

经长五人：经义斋中，《诗经》《尚书》《礼记》《春秋》等五经各设有经长一人，选学业优秀的生徒充当。

学长七人：治事斋中，礼、乐、书、数、历、律、射等七事各设学长一人，选择学业优秀的生徒充当。

引赞二人：负责拜谒文庙的典礼。

此外，书院还设有伙爨一人，采樵夫二人，守门一人，负责后勤事务性工作。

综上所述，白鹿洞书院没有专职的管理人员，一些管理工作由山长、副讲、生徒轮流充当或选任，大量的生徒参与了书院的管理工作。①

（二）明代书院的生徒分斋肄业

明代书院既为自由讲学的性质，各地学者、儒士往往向慕某一名师，即前往其讲学处甘为弟子。因此，生徒年龄差异很大，如明中叶湛若水在广东天关书院讲学时，简翁一百零二岁前来听讲，要执弟子礼，湛若水执意不肯，才以宾礼相见。他的门下还有三皓：黎养真八十二岁，黄慎斋八十一岁，吴滕川八十岁。这也造成了生徒学业相差很大，因此也需设斋授课。

湛若水在广东大科书院讲学时，将生徒分为进修、敬义二斋。弘治年间设立的浙江方岩书院，将生徒分为相观、恐闻二斋。一些规模较大的书院，往往设有许多斋，如岳麓书院即设有诚明、敬义、日新、时习四斋。生徒的管理，一般每斋设斋长一人，选择学业优秀的生徒充当，或由生徒轮流充当。书院将生徒分斋学习，是沿袭宋、元时的制度，并不是明代的创举。但是，分斋学习，有利于根据生徒学业情况，因材施教，进行有针对性的教学活动。

（三）明代书院的学规、学则

明代书院的学规，一般沿袭南宋朱熹所制定的《白鹿洞学规》及程端礼、董铢据此制定的学则——《程、董二先生学则》。但是根据不同时代的学风及生徒的治学特点等具体情况，而有所修订。

明代著名学者胡居仁（1434～1484年）主持白鹿洞书院时，又增订了六条规训，即正趋向，以立其志；立诚敬，以存其心；博穷事理，以尽致知之方；审察机微，以为应事之要；克治力行，以尽成己之道；推己及物，以成广物之功。并在每条训规之下，都分别列举了宋代大儒周、程、张、朱等人的语录，作为注解和补充。

万历十七年（1589年）名儒章潢任白鹿洞书院洞主时，又增订了八条

① 史仲文、胡晓林：《中国全史·教育卷：明代分卷》，中国书籍出版社，2011，第769页。

"为学次第"，即以立志为根源；以会友辅仁为主意；以致知格物为入路，以戒慎恐惧为持循；以悌弟谨信为实地；以惩忿窒欲、迁善改过为检察；以尽性至命为极则；以稽古征信为次第。

从胡居仁为书院所增订的"训规"和章潢为书院增订的"为学次第"来看，白鹿洞书院保持了宋、元以来的传统，沿用朱熹的学规，只是陆续增入一些新的内容。

明代书院所订立的有自己特色的学规，当以湛若水在广东大科书院所订立的训规最为典型。这一训规分为两部分：一是训规图，列举正确的为学方法及错误方法，使生徒迁善避恶。二是堂训，是训规的主体部分，共计有61条之多，从正心、诚意、处己、对人乃至于治事、修学等都包括无遗。堂训的主要内容有：

> 第一，诸生为学，必先立志；诸生用功，必须随处体认天理。
> 第二，生徒进德修业，要按次序进行，逐步消除习性（指人欲之心），恢复人心本体的广大高明；个人修为应合内外、本末、心事于一体，防止支离之弊。
> 第三，诸生共同学习、生活，应互相礼让、帮助、友爱。
> 第四，读书之法，首先要虚心求教，以自我求得真知为高；读书的先后次序为：先读《论语》《大学》，次读《中庸》《孟子》及本经等。读书、举业（应付科举考试）并行不悖，不可偏废；读书、作文、习字都要按规定进行，不可随心所欲。

很明显，湛若水所制定的堂训，以陆王心学为指导思想，要求生徒随处体认天理，合内外、本末、心事于一体，防止程朱理学支离破碎之弊。明正德以后，心学影响很大，大部分书院都以传播陆王心学为主。因此，大科书院的训规，代表了此时书院的基本情况。[1]

---

① 史仲文、胡晓林：《中国全史·教育卷：明代分卷》，中国书籍出版社，2011，第770页。

二 明代书院的讲会与书院考课

讲会（或称会讲）是明代书院的一大特点，也是明代书院兴盛的一个重要标志。书院讲会之风大盛，是在王阳明的倡导下形成的，实施于书院教育中，并逐步成为一种相当完备的制度。王阳明认为，为学不可离群索居，不可一曝十寒，不可独学无友。固守一地，专从一师难以长进，最好的方式是经常聚会讲习，师友相观而善，取长补短，从而诱掖奖劝、砥砺切磋，使道德仁义之习日亲日近，世利纷华之染日远日疏，才能充分发挥教育的社会功能。[①] 在讲会的同时，很多书院也较为重视对生徒的考课。

（一）明代书院的讲会及会约

讲会类似于近代的学会组织，以书院为中心，联合附近社会人士共同组成，书院之间也联合经办，轮流主持，成为一个影响广泛的学术教育活动。当时著名的学会有惜阴书院讲会、东林书院讲会、关中书院讲会、紫阳书院讲会、姚江书院讲会，还有同善会、水西会、西原会、青原会、云兴会、依仁会、天泉会等。讲会都有特定的规约，所谓"凡学必有约，凡会必有规"，制定的《学约》《会约》《会规》详细明确地标明宗旨、组织、仪式、程序等。明代的书院，除考课式的书院定有学规外，还有一些会讲式的书院，如东林书院也制定有会约。

《东林会约》是由书院的创始人顾宪成、高攀龙等人所手定，共有三部分的内容：第一部分列举孔子、颜渊、曾参、子思、孟子等先圣先贤的语录，作为为学的要旨；第二部分列举了朱熹所制定的《白鹿洞学规》；第三部分为《东林会约》的主体部分，即饬四要，破二惑，崇九益，破九损等内容。所谓"饬四要"，第一要知本（人的本性）识性；第二要立下圣贤之志，就可以通过个人修为而成为圣贤；第三要尊经，以"五经""四书"为常道，为学的根本；第四要审机，即反省自身讲学的念头是诚心还是虚伪，是求立身要义还是互相标榜，是讲求实学还是虚应故事。

---

① 王炳照：《中国古代书院》，中国国际广播出版社，2009，第131页。

所谓破二惑，就是要破除讲学是迂阔不切实际的说法；破除讲学是多此一举，毫无必要，只要力学笃行就可以了的说法。

所谓"崇九益"，就是要提倡讲学，认为讲学有九大好处：以道义相切磋，进到圣贤之域；宿学硕儒讲学，各色人等都可以受教；使人耳目一新，奋发向上；使凡情俗态荡然而尽；四方学者会聚一堂，互相商榷；增加见闻；检讨自身过去的得失，计划将来的行为；使人自重自爱，不妄自菲薄；可以明学明道，使人从根本上立言、立功、立节。

所谓"屏九损"，是指摒弃讲学中常犯的九种错误，即比昵狎玩、党同伐异、假公行私、评议是非、谈论琐怪、文过饰非、多言人过、执事争辩、道听途说等。[①]

此外，还对讲会的时间、仪式等具体细节也做了规定，这些规定主要有以下六条：

第一，在每年春季或秋季举行一次大规模的讲会，在大会开始前半个月发出通知；除了正月、六月、七月和十二月严寒酷暑的时间外，每月举行一次小规模的讲会，不预先发出通知。无论大会还是小会，都举行三天。

第二，讲会开始时，首先要拜谒圣人、先贤，听众之间互相致礼，然后开讲。

第三，大会每年推选一人为主，小会每月推选一人为主，负责讲会的有关事宜。

第四，建立"门籍"制度。大会设知宾二人，凡愿意入会的，都要提前通知知宾，知宾把他们的姓名填入"门籍"之中，以便考查他们赴会的疏密，听讲的勤惰及将来的作为。

第五，每次讲会，推选一人为主讲，讲说"四书"一章，此外则进行商讨问答。与会者要虚心听讲，即使自己有独到见解，也要等候现

---

① 史仲文、胡晓林：《中国全史·教育卷：明代分卷》，中国书籍出版社，2011，第771页。

在的问题解答完后，再讲出来，以防止混乱。讲会时间稍长，应吟唱《诗经》一、二章，以调节心情，开发神智。

第六，书院为听众提供食宿、茶点等生活所需。

从以上内容可以看出，《东林会约》要求书院讲学继承朱熹的讲学传统，向上直追孔、颜、思、孟等先圣先贤，反对王学末流空疏不学等陋习。《东林会约》中所提出的"饬四要"，就是要发扬程朱理学的精神，并进一步与行政实践相结合，提倡讲求实学；而"破二惑""屏九损"，就是反对王学末流的通病，清除人们对讲学的误解；"崇九益"，就是阐明讲学的九大好处，证明禁止讲学是毫无道理的行为。[①]

（二）明代书院的书院考课

一般来讲，书院重视讲学与生徒的自学，而不太重视考课。但是，部分书院，如广东英德龙山书院、桃溪书院及翁源的翁山书院，也对生徒进行考课。

明中叶湛若水在大科书院讲学时，也对生徒进行考课，规定每月初二、初六两天考课生徒，以检查生徒的学业进步情况。但对生徒的答卷只批点可否，而不评定高下，让生徒自己领会本人用功的勤惰和用心的精粗，以便自我努力。这种做法，也是为了防止生徒之间的互相争强好胜，轻启争心，而有碍于自身的修为。大科书院的考核方法表明，书院并不十分重视考课，比较重视生徒进德修业的程度，这是书院与地方儒学的差别之一。

但是，万历末年后，很多书院鼓励生徒参加科举考试，也逐步重视考课了。如白鹿洞书院在万历四十三年（1615年）实行每月二考制，每次考试除供给纸张外，凡考中一等十名者，每人赏银三钱；二等二十名，每人赏银一钱五分；三等前十名，每人赏钱一分。如果生徒经六次月考，都居三等最末二十名，就应该自动提出辞馆的请求，以空出房间让别人居住。万历末年，进行月考岁考的书院已很普遍，书院已逐步失去了自己的教学特点，日益官学化了。[②]

---

① 史仲文、胡晓林：《中国全史·教育卷：明代分卷》，中国书籍出版社，2011，第 771 页。
② 史仲文、胡晓林：《中国全史·教育卷：明代分卷》，中国书籍出版社，2011，第 772 页。

三 明代书院的经费及后勤管理

书院经费是书院赖以存在和发展的基础。所谓经费志养源也，必经费有余而后事可经久是我们的先人对这一认识的表述。书院作为一种特殊的高等教育机构，在明代几经兴废，却没有没落下来，其主要原因应与它的经济来源有关。明代书院的经济来源大致分为官府赐拨、百官资助、民众捐输、书院经营四个方面。由书院的经济来源作为主要内容的书院经济，从一个侧面反映了明代政治、文化与教育的关系。明代书院的经费另一个渠道主要来自荒闲地、捐献地等学田的收入，书院的财政支出，也以供应学者、生徒为主，此外则用来刊印书籍等。

（一）明代书院的学田

明代书院经费的来源，主要来自田租。而土地的来源，无论是官方设立的还是私立的书院，主要都是地方政府拨给的荒闲地、无主土地，其次则为私人捐献的土地。关于书院土地，即学田的情况，举一、二典型书院略作介绍。

岳麓书院的学田，是在弘治年间以后逐步积累而成的。弘治时，地方官员彭琢、李锡、吴世忠和监生李经、甘归受等人先后捐献学田共八十七亩，可收租谷三十八石。嘉靖六年（1527 年）王秉良捐献田地十八亩，可收租谷十石八斗。嘉靖年间孙存又捐献土地六十八亩，可收租谷三十五石八斗。又请得荒田一百九十八亩，可收租谷七十九石二斗，又恢复书院原有田地二百九十亩，可收租谷一百二十五石，请得没官田一千四百四十九亩，可收租谷四百八十八石七斗。嘉靖十八年（1539 年），季本捐献田地一百零二亩，可收租谷六十三石三斗。嘉靖十九年（1540 年），林华捐献田地五十亩，可收田租四十五石四斗。总计岳麓书院拥有土地二千二百二十余亩，可以收到地租八百八十余石。其中通过各种途径取得的官田占第一位，其次则为私人捐献的土地。[①]

---

① 史仲文、胡晓林：《中国全史·教育卷：明代分卷》，中国书籍出版社，2011，第 772 页。

明代著名学者湛若水生平足迹所至，多建有书院，也以田产、租谷作为经费。如他在南京创建新泉、三山两书院，又置新泉、三山两个田庄，以田庄的收入作为书院的活动经费。他在衡山创建白沙书院，置田五顷作为书院的经费。在广东大科书院讲学时，也有富户捐献土地，作为书院的经费。

据刘伯骥《广东书院制度沿革》的统计，明代广东省有明确田产数字可统计的书院有十二所之多。如英德的南山书院，嘉靖九年（1530年）公置田地十二亩，收租银七两。归善的天泉书院，嘉靖二十九年（1550年）公置田地一百亩。增城的明诚书院，嘉靖三十一年（1552年）富户捐赠了大量土地，可收租谷一百二十八石。潮州的韩山书院，万历五年（1577年）公置田地六百亩。从这一统计结果看，广东各地所建立的规模较小的书院，也拥有了一定数量的土地。①

（二）明代书院经费的支出

书院经费支出按其用途来分，可以分为基建经费和日常经费两大部分。

基建经费有广义和狭义之分，狭义的专指基建工程的费用，即建造、重修院舍的费用。广义的基建费则指投入一次后可长期受益的建设费用，如购买地基、置备床桌凳椅等基本生活用具，备办祭祀器皿，购置图书典籍，建造桥船等交通设施等，其所耗费的资财，都可以划入基建经费一类。

书院的日常经费用以维持书院的正常运作，它所要保证的是在书院建好以后能够开展各种活动。按其功用，它大体可以区分为养士、教学、祭祀、管理、其他等几个大类。相对来讲，养士费是最不可缺少的。中国士人自古多贫寒，虽号称"四民之首"，但"四民各有常业，而唯士不谋食"，非养不可。②

明代书院经费支出，除基建经费之外，主要是为生徒、外地学者提供食宿、灯火、文具之费。如湛若水在广东大科书院所作的堂训规定：书院所拥

---

① 刘伯骥：《广东书院制度沿革》，台北编译馆中华丛书编审委员会，1978，第17页。
② 陈谷嘉、邓洪波：《书院的经费及其管理——中国书院制度研究》，http：//longhui19858. blog. 163. com/blog/static/21280176200922183058372/。

有的好义之士所捐献田地，不论每年收入租谷多少，全都储存在公仓之中，凡是贫穷的生徒及来自远方不能携带食粮的生徒，都可以支取粮食。因此，书院选出一名公正廉洁之人，建立支销簿，登记公仓粮食的支出情况。岳麓书院田租收入较多，也是为了供给生徒食用。可见，书院田租主要是供给生徒日常生活所用，少部分用于支付一定的文具费，还有一部分则用来藏书和刻书了。

（三）明代书院的藏书和刻书

明代的书院，既为学术研究的机关，又是教学机关，学术研究和教学都需要一定的参考书籍，因此不少书院都拥有藏书，建立尊经阁、御书楼一类建筑藏书。如岳麓书院在弘治年间杨茂元重修时，即修建了尊经阁，作为藏书的专门建筑。嘉靖七年（1528 年）主持人孙存上疏，请求世宗皇帝颁赐图书及《敬一诸箴》，使藏书量有了较大的增加。建于嘉靖二十四年（1545年）的广东尚志书院，也设有藏书用的尊经阁。但是，明代陆王心学盛行，王学末流往往重视口耳之学，游说奔走，废弃了诗书，因此有些书院根本就未设藏书楼，没有藏书可言。

书院除了拥有藏书外，还注重刻书。嘉靖十七年（1538 年）吏部尚书许瓒奏请限制发展书院时指出：书院刊刻书籍，花费大量钱财，成为百姓沉重的负担。关于各地书院刊刻了多少书籍，我们不得而知，但从许瓒的条陈中可以看出，书院刻书不少，影响也较大。[①]

明代书院的藏书、刻书活动是地方文化事业的组成部分，书院藏书、刻书事业的发展，增加了该地区文化的总量，表征着地方文化的发展。书院藏书活动有别于其他类型的藏书活动，不仅服务于书院师生，还面向当地不同阶层的民众。书院刻书在满足自身教学、研究之需外，还刊刻地方文献，致力于地方文化的保存与发展。[②]

---

① 史仲文、胡晓林：《中国全史·教育卷：明代分卷》，中国书籍出版社，2011，第 773 页。
② 肖永明、于祥成：《书院的藏书、刻书活动与地方文化事业的发展》，《厦门大学学报》（哲学社会科学版）2011 年第 6 期，第 26~33 页。

四 明代书院与书院科举

明代科举制度极受世人重视，学校教育成为科举制的附庸，所谓学校以培育之，科举以登进之，很好地说明了学校与科举的关系。

（一）举业与修为并行

明中叶以后，讲学之风很盛，但讲学的著名人物如王阳明、湛若水等人都不反对生徒习学举业，参加科举考试。王阳明指出：诸生学习举业（即八股文），并不妨碍个人修为之功，只是容易使人失去修为之志。如果按照书院的学规顺序渐进，举业与修为当并行不悖，互不妨碍。嘉靖七年（1528 年）六月，王守仁出军广西，恢复了南宁附近学校，委派弟子陈逅主教灵山等地县学，季本等主教敷文书院。并指示说：他每日会集府学、县学生员讲学，以兴起圣贤之学，革除积习之弊。当府学考试时，临期送生员赴试，以不妨碍他们的课业。生员在平时除进德修业外，还要经常作经书义、时务策等方面的试卷，以考查自己举业情况，以免妨害生员参加科举考试。这些例子表明，王守仁很重视举业，一再强调讲学不妨害生徒的举业。

明代另一讲学大师湛若水也不反对生徒参加科举考试。他在主持广东大科书院时，为该书院所制定的堂训规定：生徒不要把进德修业（即个人修为）与举业当成两件事，科举是圣代的制度，诸生如不遵行，修习举业，就是违反了天理。他既强调生徒不得荒废举业，又指出生徒不得以举业为目的，只是一心一意记诵、练习时文，而是应该读书明心见性，发而为文章，自然会成就举业。这一见解是受宋代名儒陆九渊的影响，很受当时读书人的赏识。其实，明代是科举制盛行的时代，科举是读书人升入仕途的最佳途径；在"学而优则仕"思想深入人心的明代，想要劝说生徒静心读书，刻苦修行，而不参加科举考试，求取功名富贵，是根本不可能的。[①]

（二）书院科举

明代的地方儒学生员有权参加科举考试、充贡京师国子监而进入仕途

---

① 史仲文、胡晓林：《中国全史·教育卷：明代分卷》，中国书籍出版社，2011，第 773 页。

的。书院的生徒却没有这种资格，因此很难约束生徒。

万历年后，书院一直要求享有乡试的名额，于是出现了"书院科举"的名目。如白鹿洞书院原规定有洞学科举二名，每遇大比之年，这二名生徒可与地方儒学生员一起参加乡试。后来参加乡试的名额增至五名。天启四年（1617 年）白鹿洞书院主持人南康府推官李应升要求将乡试名额增至十名。当时白鹭洲书院却拥有四十二名乡试名额，这引起白鹿洞书院主持人的不满。另外，白鹿洞书院为了鼓励生徒参加科举考试，还发给生徒路费银七十两，资助贫穷的生徒应试。这样，书院拥有了参加乡试的名额，就与府州县学没有什么重大的差别，都成为科举的附庸了，这也表明书院的官学化已十分明显了。因此，明末地方学校的弊端，如只注重举业，背诵八股文等，也在部分书院中显示出来了，书院也日益受到科举制度的控制。

书院既是学术组织，更是教学机构。王守仁将书院定位于"匡翼夫学校之不逮"，认为书院存在的意义就在于补救官学的流弊，而讲求古圣贤的明伦之学。湛若水主张圣学、举业合一，在书院大谈科举之学。影响所及，人谓"书院者，宅名胜，居来学，以广国家兴道育才之意，官政之最善者也"；"学校治化之原，而书院学校之辅也"；视"书院为谈经课士之地，与庠序相济为功"。甚至有人说："夫学，士之田也，有庠序以职之，有科举以劝之，而又为书院以课督之，与催耕促织何异？"凡此种种，说明将书院视为谈经课士、准备科举的教学机关，已是明代的一种普遍共识。①

第五节　清初书院的恢复发展与管理

宋明时期，著名学者多以书院为讲坛，阐发学术，培植学派，在士子中的地位傲然于官学之上，遂成为与官学相辅而行的教育组织。清代初期严禁设立书院，但书院作为存在数百年的教育学术机构已根深蒂固地生长于士子

① 邓洪波：《王阳明的书院实践与书院观》，《湖南大学学报》（社会科学版）2005 年第 6 期，第 23 ~ 29 页。

心中，长期抑制是不可能奏效的。于是清廷改变政策，由抑制而松动，由松动而扶植。综观清代书院的发展大体分为三个时期：顺治时期、康雍时期、雍正十一年以后的时期。书院在其发展过程中，一方面，受到社会文化大环境和清政府文教政策的支配，向着官学化方向发展；另一方面，书院毕竟不是官学，因而在教育思想、教学内容和教学方法，乃至于培养目标等方面仍有一定的自主权。

书院向何处发展，同主持人有密切关系。平庸之士主持书院，书院必然向科举制靠拢，受官学模式制约。著名学者主持书院，书院就会出现独特的风格，影响范围也会超出本地区，吸引外地士子负笈就学。同时，由于书院与官学有别，在近代西方文化的冲击下，调整教学内容也比官学灵活，有较强的应变能力。上述这些状况就构成有清一代书院发展的基本特点。①

一　清代初期书院的恢复和发展

明末清初，经过多年的战乱，各地的学校和书院多遭到破坏。清朝定鼎中原，为了加强统治，实行了重儒尊道的文教政策，逐步恢复了各地的官学体系。但是，对于重要的文教设施书院并未提倡恢复。

（一）清代初期书院的禁而不绝

"前车之鉴，后事之师。"清代统治者在统一全国之后，吸取明代的经验教训，对书院采取了严格的限制措施。顺治九年（1652年）便以圣谕的名义禁止建立书院。圣谕云："各提学官督率教官、生儒，务将平日所习经书义理着实讲求，躬行实践，不许别创书院、群聚党徒，及号召地方游食无行之徒空谈废业。"这是清政府第一个书院禁令。不仅禁止书院，而且还要求对各地官学生员严加管束，不许出现类似书院中的那些现象。因此，同年又颁布条教，刻于石碑，立于各地官员的明伦堂前。《条教》的第六条规定："军民一切利病，不许生员上书陈言，如有一言建白，以违制论，黜革

---

① 史仲文、胡晓林：《中国全史·教育卷：清代分卷》，中国书籍出版社，2011，第819页。

治罪。"第八条规定："生员不许纠党多人，立盟结社，把持官府，武断乡曲；所作文字，不许妄行刊刻，违者听提调官治罪。"①

但是，书院在文化教育事业的发展中已占有极重要的地位，特别是在汉族知识分子中有重要影响，简单的禁令又会加剧社会矛盾，所以又在严密控制下有限度地允许书院讲学，并且开始表彰某些书院，如顺治十四年（1657 年）应湖南巡抚袁廓宇之请，修复衡阳石鼓书院，以"表彰前贤，兴起后学"。康熙二十六年（1687 年）手书"学达性天"匾额赐给朱熹当年所建武夷五曲书院、婺源华阳书院、庐山白鹿洞书院和长沙岳麓书院。康熙二十九年（1690 年），又手书"大儒世泽"匾及"诚意正心阐邹鲁之实学，主敬穷理绍濂洛之心传"的对联，赐给福建考亭等书院。康熙六十一年（1722 年），再书"学宗洙泗"匾额赐苏州紫阳书院。透露出支持尊崇程朱理学书院发展的意向。但直到雍正十一年（1733 年）仍宣称："至于设立书院，择一人为师，如肄业者少，则教泽不广；如肄业者多，其中贤否混淆，智愚杂处，而流弊将至于藏垢纳污。"因此，对请求聘师建书院者，仍是"部议不准"。对私人创办书院仍严加限制。②

（二）清代初期书院的悄然恢复

顺治十四年（1657 年）衡阳石鼓书院获准恢复给各地发出了一个弛禁信号，各地的书院也悄然兴起。康熙三年（1664 年）山西潞安府知府肖来鸾建正水书院。康熙四年（1665 年）云南沾益州知州王祚楫建西平书院。康熙五年（1666 年）湖南会同县知县何林建三江书院。康熙九年（1670 年）湖南祁阳县知县王熙建文昌书院。康熙二十二年（1683 年）云南楚雄府知府刘奂建雁峰书院；陕西华阴县绅士王山史等建云台书院。康熙二十四年（1685 年）湖南新宁县知县牟国镇建清泉书院。康熙三十五年（1696 年）福建漳浦县知县陈汝咸建明诚书院。康熙四十六年（1707 年）福建巡抚张伯行建福州鳌峰书院。康熙五十五年（1716 年）浙江嘉兴府知府关永

① 史仲文、胡晓林：《中国全史·教育卷：清代分卷》，中国书籍出版社，2011，第 819 页。
② 王炳照：《中国古代书院》，中国国际广播出版社，2009，第 140～141 页。

芳捐义田建鸳湖书院。康熙年间恢复的书院见诸记载的还有：江南省省城苏州的紫阳书院，常熟县的游文书院。浙江海宁县的县城暨长安镇、硖石镇、袁花镇、郭店镇等书院；安徽合肥的斗文书院，定远县的能宏书院；福建漳浦县的垢洗书院；湖南安仁县的洁爱书院等。

康熙二十四年（1685 年），湖南长沙岳麓书院扩建竣工后，巡抚丁思孔担心书院禁令未开，他日或许有人以禁令为由毁坏书院，便两次上疏请皇帝题额。这两份奏疏送到朝廷，礼部开会讨论如何答复，最后一致同意转呈皇帝。康熙二十六年（1687 年）春，康熙帝御笔题写匾额"学达性天"，并赐予十三经、二十一史、经书讲义等。岳麓书院得到赐额很快兴旺起来。此次赐额是在国内已无战事的安定情况下题写的。为了表示扶植理学，康熙帝还将同样文字的题额赐予江西庐山白鹿洞书院，及以周敦颐、张载、程颢、程颐、邵雍、朱熹等宋代名儒祠堂为名的书院。接着又给山东省城书院赐额"学宗洙泗"，给苏州紫阳书院赐额"学道还淳"，给胡安国书院赐额"经术渲士"，等等。①

康熙帝的御赐匾额象征着书院禁令已经失效。雍正年间书院恢复的速度加快，雍正元年（1723 年）河南新乡县改会馆为书院。雍正六年（1729年）浙江乐清县改长春道馆为梅溪书院。从雍正十一年（1734 年）起，在禁止私人创办书院的同时，却开始提倡官办书院，首先在各省会所在地兴建或恢复书院一两所，并拨给帑金以资膏火。雍正十一年世宗谕令：

> 近见各省渐知崇尚实政，不事沽名邀誉之为，而读书应举者亦颇能屏去浮嚣奔兢之习，则创建书院，择一省文行兼优之士，读书其中，使之朝夕讲诵，整躬砺行，有所成就，远近士子观感奋发，亦兴贤育才之一道也。督抚驻扎之所，为省会之地，着该督抚商酌奉行，各赐帑金一千两。将来士子群居读书，须预为筹划，资其膏火，以垂永久。其不足者，在于有公银内支用。封疆大臣等并有化导士子之职，各宜殚心奉

---

① 史仲文、胡晓林：《中国全史·教育卷：清代分卷》，中国书籍出版社，2011，第 820 页。

行，黜浮崇实，以广国家菁莪棫朴之化，则书院之设，于士习文风，有裨益而无实弊，乃朕之所厚望也。①

雍正帝的此项举措目的是想把书院纳入官学化的轨道，借兴贤育才之名，行思想控制之实。但清廷放开书院发展禁令的实质性政策拉开了清代书院大发展的序幕，标志着清代书院的创建进入高峰时期。各省官员秉承圣意，于是纷纷创办书院。除了京师、省会书院外，各府、州、县书院也踊跃设立，这些书院中，或绅士捐资倡立，或地方官拨公款经理，书院一跃而成为科举官学体制的重要组成部分。根据曹松叶先生的统计，清代 1800 多所书院中，地方官员创办的有 1088 所，督抚创建的有 186 所，京官创建的有 6 所，朝廷敕建的有 101 所，民间创建者 182 所。另有不明创建者 210 所，其他情况者 27 所。②

二 繁荣兴旺的清代初期书院

康熙年间书院的发展已经势不可当，顺治年间发布的书院禁令形同具文，如何调整政策，承认并倡导书院已明确地摆在清朝最高统治者面前。中国封建皇帝历来都标榜尊崇祖训，因而不可能明确宣布废除先帝政令，只能用变通的办法处理。

（一）正式开禁以后的清代初期书院

乾隆年间（1736～1795 年），屡有诏谕，乾隆关心书院发展，命督抚、学政慎选山长，奖励成绩卓著者，要求加强对书院的管理，如乾隆元年（1736 年）谕：

> 书院之制，所以导进人才，于学校所不及，该部即行文各省督抚学
> 政，凡书院之长，必选经明行修，足为乡士模范者，以礼聘请；负笈生

---

① 王炳照：《中国古代书院》，中国国际广播出版社，2009，第 141 页。
② 曹松叶：《宋元明清书院概况》，连载于《中山大学语言历史研究所周刊》第 10 集，第 111～114 期，1929 年 12 月至 1930 年 1 月。

徒，必择乡里秀异，沉潜学问者，肄业其中，其恃才放诞，佻达不羁之
士，不得滥入书院中。酌仿朱子《白鹿洞规条》，立之仪节，以检束其
身心；仿《分年读书法》予之程课，使贯通于经史。有不率教者，则
摈斥勿留。学臣三年任满，咨访考核，如果教术可观，人才兴起，各加
奖励。六年之后，著有成效，奏请酌量议叙。诸生中材器尤异者，准令
荐举一二，以示鼓励。①

　　书院正式开禁以后，各地兴办之风十分活跃。除了地方长官大力兴办书
院以外，地方绅衿个人出资兴办书院的事也屡有所见。陕西华阴县的云台书
院为邑绅王山史所建，贵州铜仁的卓山书院为邑绅易佩绅所建，四川自贡东
新书院为邑绅王循礼所建，湖南溆浦紫峰书院为邑绅王学健等建，安徽庐江
崇正书院为邑绅许安邦所建，合肥肥西书院为退休官员刘铭传所建，江苏扬
中县太平书院为扬州府属六邑绅士捐资公建，河南新乡鄘城书院由本籍人士、
开封府同知出资赎买商人会馆所建，江西临川汝阳书院为生员桂殿共所建，
安徽六安广城书院由廪生储玑所建。此外，亦有商人出资或集资所建书院，
如天津的问津书院、三取书院皆为长芦盐场的盐商出资修建或助资办学，湖
南江华县凝香书院由在此经商的广东、福建等地商人捐建。有一些驻防衙门、
驻在衙门也继地方官之后跻身于创办书院的行列，如驻台湾彰化县鹿耳门港
的驻防同知刘传安（字文开）道光四年（1824 年）在鹿港兴建文开书院，天
津的会文书院由长芦盐转运司，天津海关道、天津道共同分担办学经费。

　　雍正以后，兴建书院出现了两个活跃时期，即乾嘉时期和道光时期。以
台湾的书院兴建情况为例，从康熙五十九年（1720 年）建第一所书院到光
绪十九年（1893 年）所建最后一批书院，174 年共建书院 23 所，其中康熙
年间建 1 所，雍正四年和七年各建 1 所，乾隆年间建 7 所，嘉庆年间建 4
所，道光年间建 3 所，光绪年间建 6 所。乾嘉时期所建 11 所，占 47.8%，

---

① 王炳照：《中国古代书院》，中国国际广播出版社，2009，第 142 页。

光绪年间建 6 所，占 26.1%，两者合占 73.9%。①

（二）清代书院的办学层次

书院的分布可以分为五个层次。第一层次是省级书院，省级书院多设于省会，也有设于学区的学政官驻地。如广东的两个省级书院一个设在广韶学区学政官驻地广州，另一个设于肇高学区学政驻地肇庆。有的在同一省城内设立两所省级书院，如湖南长沙的岳麓书院和城南书院。第二层次是府级书院，为知府所创建。第三层次是直隶州书院，为州官创建。第四层次为县级书院，为知县所建。第五层次为乡镇书院，为民间自建。此外，无论在省会、府、州、县都有私人书院存在。乡镇中的书院也并不罕见，在浙江海宁县至少有四所乡镇书院。湖南会同县的洪江镇于乾隆二十二年（1757 年）亦建有雄溪书院。府州县治所在地设两个以上书院的也占相当比例。台湾的台北府治有三所书院，凤山县、嘉义县、云林县各有两所书院。

据丁钢、刘琪所著《书院与中国文化》一书所附清代各地 92 所书院进行分类统计，省会所在地书院 2 所。府治所在地书院 18 所，占 19.57%。州治所在地书院 5 所，占 5.43%。县治所在地书院 61 所，占 66.30%。乡镇所在地书院 6 所，占 6.52%。这组数字说明，从数量上说，清代书院以县级书院为主体，以府、州级书院为骨干，以省级书院为鳌头，以乡镇级书院为辅助，形成了一个极为庞大的教育体系。

清代的书院有多少？清代全国内地 18 省计有府 184 所，直属州 61 所，县（含散州、厅及没有属县的直属厅）1504 所左右。此数不含黑龙江、吉林、辽宁、内蒙古、新疆、蒙古、青海、西藏等未设省级行政机构的地方。省、府、州、县四级共约 1769 个行政单位。平均每个行政单位有 1~2 个书院，全国 18 省书院（不含乡镇级）当有 1800~3600 所。商衍鎏著《清代科举制度述录》估计全国书院接近"二三千之数"，不为过高。②

清代自雍正十一年（1733 年）以后，积极兴办省城和州府县官办书院，

---

① 史仲文、胡晓林：《中国全史·教育卷：清代分卷》，中国书籍出版社，2011，第 821 页。

② 史仲文、胡晓林：《中国全史·教育卷：清代分卷》，中国书籍出版社，2011，第 822 页。

书院数量大增，然而书院固有的讲学传统几乎丧失殆尽，师徒醉心于应考的时文帖括，只求功名，不务实学。引起众多有识之士的忧虑和不满，寻求改革的呼声日起，人们积极探索改革的途径。如程廷祚（1691～1767年）在《上李穆堂先生论书院书》中，要求天下书院慎选山长，并"仿苏湖、白鹿之遗意以为教，入其中者先行谊而治经治史、务使各尽其材，以核其实，而勿责以科举之文"。乾隆二十四年（1759年）陈宏谋（1696～1771年）为紫阳书院新定条规，要求"每月课文两次，讲书六次，或四书，或经，或史，不拘长短"。钱大昕、杨绳武、卢文弨、章学诚等都曾进行过改革，中心思想是"穷经学""通史学""博文道古""通经致用"，以摒弃举业时文，但均未能从根本上扭转书院沦为科举附庸的局面。①

三　清初书院的管理和课程学制

（一）清初书院的管理体制与经费

书院的管理体制与府、州、县官学的管理体制完全不同。地方官学接受各学区学政官的直接管理，官学所在地的地方政府只有扶植的义务，没有干预的权力。而书院则直接接受各级官府的管理。雍正十一年（1733年），在宣布拨给省级书院经费的谕旨中明确规定了各级书院的管理体制："书院师长，由督抚学臣，不分本省邻省已仕未仕，择经明行修足为多士模范者，以礼聘请，其余各府、州、县书院，或绅士捐资倡立，或地方官拨款经理，俱申报该管官查核。"这就规定了由督抚主管省会书院，而学臣处于附属地位，各府、州、县书院则完全由地方官管理。这就形成了与府、州、县官学并行的由地方官管理的另一教育体系。

书院的办学经费是多渠道来源。雍正十一年（1733年）曾拨给每所省级书院银各千两，作为一次性拨款，用于开办费和复办费，并非按年拨给。正常经费来源大体有三种形式：一为学产，二为拨款，三为基金。

学产主要以学田为主。学田的来源有官府一次性拨给银钱购置若干

---

① 王炳照：《中国古代书院》，中国国际广播出版社，2009，第149页。

亩土地，或由绅商捐献学田。有的地方还把争讼的田地断给书院充作学田的。更多的是将寺庙田产一部或全部划归书院。学田的田租即充作书院的经费。一所书院是否兴旺，学田的多少是其主要标志。学产的其他形式处于次要地位。如购置木船置于渡口，来往行人乘船交费，亦为学产的一种。①

拨款系地方政府从官银中拨出专款定期供给书院。拨款一般都比较稳定，将应拨之款固定在官府某项开支下。京师的金台书院经费即由直隶布政司每年从正项银中拨给，湖北竹溪县五峰书院拨佛寺祀款为经费。天津问津书院的经费由盐运司盐库支出项下拨给。

基金制，即将各界绅商捐给的银钱投入某一商家，每月按一分五厘至二分的利率领取息银。这种现象十分常见。

一般的书院是多种途径并用。以湖南岳麓书院为例，其经费来源有学田 1595.5 亩，其膏火田、祭田、岁修田等，是分别规定若干亩用于学生津贴费、祭祀孔庙费、每年维修房舍费等。此外还有渡口一处，在长沙城里还有两间商铺出租给商人。巡抚衙门从公帑银中节余四千余两交汉口商人生息，作为每年固定拨款来源。此外还有从"道库"拨款的香火费等。绅商捐献的银钱一律交商人经营，定期领取息银。三种经费来源并存，形成比较稳定的收入，有利于书院的长期发展。②

（二）清初书院教师的来源和待遇

书院的主持人以前多称洞主、山长，到了清代多称为院长、掌教、馆师等，其下设董理教官、监院等，已带有官学气味。院长等主持人由地方长官聘任，院长聘用教师，教师以兼职为多，但不许官学教官兼充。书院的院长，多选用有学识的士人充任，有些从官场退休的有学识的官员也往往受聘。院长或山长的聘金因各书院的经费情况不一而有很大差别。省一级书院最多年金可达白银千两，最少也有 300 两，一般在 500 两左右。府、州、县

---

① 史仲文、胡晓林：《中国全史·教育卷：清代分卷》，中国书籍出版社，2011，第 822 ~ 823 页。
② 史仲文、胡晓林：《中国全史·教育卷：清代分卷》，中国书籍出版社，2011，第 823 页。

学的山长因身份不同而有别，如有的书院规定，举人出身者年金 200 两，进士出身者年金 300 两，翰林出身者 400 两，而 200 两者比较普遍。有些书院收入不多，山长分文不取，纯属义务。①

清代许多著名学者主持书院，或到书院讲学。著名学者黄宗羲、李颙、颜元、阮元、惠士奇、惠栋、江永、戴震、段玉裁、王鸣盛、钱大昕、卢文弨、姚鼐、俞正燮、冯桂芬、李兆洛、俞樾、刘熙载、缪荃孙、朱一新等都曾主持书院。担任书院山长的人，科举身份越来越高。以湖南长沙岳麓书院为例，从顺治九年（1652 年）书院恢复到光绪二十九年（1903 年）书院改为学堂的 251 年中共有 38 位山长。乾隆十三年（1748 年）以前 17 位山长中生员出身的 1 人，廪生出身的 2 人，贡生出身的 3 人，举人出身的 5 人，博学鸿词科出身的 1 人，另 5 人出身记载不详。乾隆十三年至光绪二十九年的 21 位山长均为进士出身。湘籍著名学者王文清、旷敏本、罗典、王先谦都长期主持书院。学者任教并主持书院给书院的发展带来特色和风格。

除山长之外，书院还设立教师和管理人员。庐山白鹿洞书院除洞长外还有副讲、堂长、管干、典谒、经长、学长、引赞、火夫、采樵、门斗等。副讲掌批阅文卷、辨析答疑，堂长掌考查学生，管干掌财务收支，典谒掌接待宾客，经长系按五经名目各设一长，学长系按礼、乐、射御、书、数、历律各学科设长，引赞即祭祀时的司仪。其他为勤杂人员。除洞长、副讲和勤杂人员外，多用学生兼充。长沙岳麓书院的山长亦称馆师、掌教，官方正式名称是院长。院长之外还有监院、学长、驿道书办、学书、斋长、首士、门夫、堂夫、斋夫、看司、看碑、看书、更夫等职役。其中监院为地方政府派驻书院的代表，负责与学政、巡抚、总督联系，以监督山长教员。监院亦称董戒、司管钥、兼理、董理等，各地名称不同，但都是官府派驻学院的官员。②

---

① 龚鹏程：《清代书院与试帖诗》，http://blog.sina.com.cn/s/blog_492808ed0102vfzw.html。
② 史仲文、胡晓林：《中国全史·教育卷：清代分卷》，中国书籍出版社，2011，第 823~824 页。

（三）清初书院学生的来源与待遇

书院学生的来源是多层次的，有童生、生员，有贡生、监生，还有举人。雍正年间在敕令省会建书院时曾主要考虑各地生员到国子监就读，往往路途遥远有许多困难，在各省省会办书院则可以解决很多困难。可见，这类书院是相当于国子监水平的。也有一些书院是为了解决童生入学难、生员离学后无法继续读书的问题。因此，这类学校是相当于义学或府、州、县官学水平的。实际上绝大多数书院都是从童生到举人兼收，学术地位越高的书院，贡生、监生、举人越多，而学术地位低的书院则以童生、生员为主。

书院学生的入学审查过程称为"甄别"。乾隆九年（1744年）礼部规定，入学学生首先由府、州、县官员选定，由布政司及专管学院稽查的道员审查。审查的重点目标是排除"恃才不羁"之士，审查后于每年一月、二月或十一月举行入学考试。四月还有一次遗漏补考。十一月、一月、二月和四月考试的考生都同时入学。这类考试与地方官学入学考试不同，其一是允许外省、外府州县的学生考试，其二是只凭文字录取。除考试录取外，还有调取、咨送等形式录取。

书院的学生是优中选优而来，在学期间的待遇也远比地方官学为高。袁枚《书院议》中说，"民之秀者已升之学矣，民之尤秀者又升之书院"，以地方官学中"饩数百人之资"养书院学生"二三十人"，所以"升之学者岁有饩"，"升之书院者月有饩"，目的是使学生"赡其家绝其旁骛"。也就是说，书院学生一月所得之廪饩相当于廪生一年所得廪饩。长沙岳麓书院的学生正课生每月领银1两，全年按11个月计算共11两，另有米每年3.3石。银和米合计相当于白银20余两，与国子监贡生的待遇相差无几。书院的学生或以治学为务，或以科举为务。非举人、进士出身的学生仍可参加乡试，举人亦可参加会试。[①]

（四）清初书院的课程与学制

书院课程设置与地方官学、国子监的课程设置相近，以"四书五经"

---

① 史仲文、胡晓林：《中国全史·教育卷：清代分卷》，中国书籍出版社，2011，第824页。

为主。阐述"四书五经"义理的辅助性教材完全采用宋明理学家们的讲义、语录和注疏,如周敦颐的《太极图说》、程颢的《明道学案语录》、程颐的《伊川语录》、朱熹的《小学集注》《近思录》《朱子语录》、陆象山的《语录》、王守仁的《传习录》、湛若水的《心性图说》等。在课程分类方面又可分为小学和大学两类。小学是基础,包括识字及其深化,如文字学、训诂学、音韵学等。大学主要是讲"四书五经",特别是以经学为基础讲授朱熹的"明德、亲民、止于至善"的三纲领和"格物、致知、诚意、正心、修身、齐家、治国、平天下"的八目。

教学的组织大体分为四种,一为分年法,二为分斋法,三为自学法,四为讲会法。

1. 分年教学法

元代大儒程端礼把学生分为四个年龄段,八岁以前为第一段,主要学习《性理字训》等启蒙读物。八岁到十五岁为第二个年龄段,主要是读"四书""五经"的原文。十五岁到二十岁为第三个年龄段,主要学习四书释义和抄写五经原文。二十岁以上作科举文章。清代许多书院都采用分年法。清初的教育家陆世仪的分年法分为三个阶段,五岁到十五岁为通读阶段,主要读《小学》、"四书"、"五经"、《周礼》、《太极》、《通书》、《西铭》、《性理》、《资治通鉴》以及古诗、古文等。十五岁到二十五岁为讲贯阶段,仍继续深读"四书"、"五经"、《周礼》、《性理》、《资治通鉴》,增加有关本朝事实、本朝典礼、本朝律令以及《文献通考》《大学衍义》《大学衍义补》等涉及实务的内容,同时增加有关天文地理、农田水利、兵事兵法、古文古诗等方面的基本知识。二十五岁到三十岁为涉猎阶段,仍继续深入钻研"四书"、"五经"、《周礼》,增加二十一史、本朝实录、典礼律令以及诸子百家关于经世致用、天文地理、农田水利、诗词古文等方面的书籍。[①]

2. 分斋教学法

分斋教学法创自北宋教育家胡瑗。他把课程分为两类,即经义和治事,

---

① 《清代书院》,http://www.zwbk.org/MyLemmaShow.aspx?lid=169550。

把学生分为两斋，分别讲授。清代许多书院采用分斋法教学。清初教育家颜元在直隶广平府肥乡县漳南书院讲学时把学生分为六斋，东第一斋为文事斋，讲授礼、乐、书、数、天文、地理等科。西第一斋为武备斋，讲授古代兵书战策以及攻守布阵、水陆战法、骑射驾御等内容。东第二斋为经史斋，讲授十三经以及史、制、诰、章奏、诗、文等课。西第二斋为艺能斋，讲授水学、火学、工学、象数等课。其余两斋为理学斋和帖括斋，分别置于院门内东西两侧。理学斋讲程、朱、陆、王之学；帖括斋讲授八股时文。分斋法适合生员以上资格的学生。

3. 自学法

元代大儒程端礼将学生每日的自学时间分为晨起、午前、午后、灯下四段，分别安排自学不同的内容。明代王守仁亦把学生每天自学时间分为五节。清初教育家李颙在关中书院讲学时把学生自学的时间分为六段，清晨即起为第一段，静心养气，排除夜眠的惰性，第二段为饭前晨读。这两段都是准备阶段。第三段为饭后，读"四书"白文即无注释者。第四段为午饭后，读《大学衍义补》。第五段为下午的申时和酉时之间，为驱除一天的疲惫焕发精神读古文。如《汉魏古风》《出师表》《归去来辞》《正气歌》等。第六段为每晚初更之时，挑灯夜读《资治通鉴纲目》以及宋明理学大师濂、洛、关、闽和河、会、姚、泾的著述。最后，还要在临睡时反省一日的邪正。在每日分段自学的基础上，每月初一、十五两日，由学生自由组合成三、五、七人等，共同切磋、讨论。①

4. 讲会教学法

讲会教学法创自南宋朱熹，元、明、清皆采用。清代有影响的书院都采用讲会制度。讲会有严密的组织，清初苏州紫阳书院对参加讲会的人有严格的入会要求，讲会设立会宗、会长、会正、会赞、会通等职。参加讲会的各府、州、县书院公推一人为会宗，"主盟阐教，躬执牛耳"。会长处理讲会中的事务。讲会一般先发通知，通告要讲的内容和时间。讲会之日，由会宗

---

① 《清代书院》，http：//www.zwbk.org/MyLemmaShow.aspx？lid＝169550。

主讲四书五经中的一章，听讲的人可以提问，或阐发自己的见解，采取问难辩答式，到会的人都是参与者，便于教学相长、活跃学术气氛。各书院的讲会制度有一年两次讲会，也有每月进行两次讲会，或者每月一小讲，每年两大讲。每次讲会一般为三天。有些书院还将讲会制度推广为学生的讨论式教学。康熙五十六年（1717 年）李文炤主持岳麓书院时规定学生每日上讲堂讲经书一通，并准许辩难发问，有不明处可以反复讨论推敲，直至向山长求解。山长一时难以回答者，便记录在册，以备有水平高的学者前来讲会时求教。这种讲会方式有利于调动学生的学习积极性。①

第六节　清代学者的教育改革主张

清代的书院具有很浓的官学化趋势，但书院毕竟不是完全化的官学，书院的山长虽由官方聘任，但毕竟不是官员，有应聘和拒聘的自由，在聘期间拥有一定的办学自主权。因而，书院的办学风格同官学相比能够比较灵敏地反映不同时期内的学术风尚，从而使一些书院形成自己的办学风格。以黄宗羲、王夫之、颜元为代表的清初经世致用学派对传统的书院教育也有重大的改革，在五经之外兼习水、火、工、虞、兵诸法，而将自然科学和军事学引入书院教育，是阮元经世致用学派的重大发展，已具有西方教育的某些特点。

一　黄宗羲、王夫之的教育改革主张

清朝初年，反对宋明理学的著名思想家顾炎武、黄宗羲、王夫之、朱舜水、傅山等人的思想有广泛影响，从其学者络绎不绝。顾炎武批评理学不过是禅学的变种，指出理学弃"五经"而学《语录》，比学习八股文还容易。朱舜水斥责理学家不做任何实事，只尚空谈。傅山咒骂理学家不过是个"奴君子"。稍后的学者甚至发出"理学杀人"的呼声。这些反对理学的思想家，主张经世致用的实学。

---

① 史仲文、胡晓林：《中国全史·教育卷：清代分卷》，中国书籍出版社，2011，第 825 页。

（一）黄宗羲的教育改革主张

黄宗羲（1610～1695 年），汉族，浙江绍兴府余姚县人。字太冲，一字德冰，号南雷，别号梨洲老人、梨洲山人、蓝水渔人、鱼澄洞主、双瀑院长、古藏室史臣等，学者称梨洲先生。明末清初经学家、史学家、思想家、地理学家、天文历算学家、教育家，与顾炎武、王夫之并称"明末清初三大思想家"；与顾炎武、方以智、王夫之、朱舜水并称"明末清初五大家"，亦有"中国思想启蒙之父"之誉。与陕西李颙、直隶容城孙奇逢并称"海内三大鸿儒"。

黄宗羲提出"天下为主，君为客"的民主思想。他说"天下之治乱，不在一姓之兴亡，而在万民之忧乐"，主张以"天下之法"取代皇帝的"一家之法"，从而限制君权，保证人民的基本权利。黄宗羲的政治主张抨击了封建君主专制制度，有极其重要的意义，对以后反专制斗争起到积极的推动作用。[①]

黄宗羲学问极博，思想深邃，著作宏富，一生著述多至 50 余种，300多卷，其中最为重要的有《明儒学案》《宋元学案》《明夷待访录》《孟子师说》《葬制或问》《破邪论》《思旧录》《易学象数论》《明文海》《行朝录》《今水经》《大统历推法》《四明山志》，等等。[②]

黄宗羲在理论和实践上是一位杰出的教育家。黄宗羲在他的名著《明夷待访录》中专门列出《学校》一章。他认为学校也要析讲时事时政，要明是非之理，也要对政府行为有所监督，认为学校的领导（"学官"）需要有较大的权力。学校也应广开言路，成为舆论场所。这种学校议政、参与是非判断、言论提倡民主的观点在当时非常新颖。黄宗羲并认为"学贵履践，经世致用"，这种理论实践并重的教育学习观点与他深受阳明学中的"知行合一，知行并进"密不可分。黄宗羲在今浙江宁波、绍兴等地办学讲学，培养了很多学生。著名弟子有万斯同、万斯大、全祖望、章学诚、邵晋涵、

---

① 历史编写组：高中二年级《历史》，人民教育出版社，2013。
② 《温家宝总理高度评价黄宗羲》，人民网，2014 年 9 月 29 日。

仇兆鳌等。①

设立学校使学校成为舆论、议政的场所，是黄宗羲限制君权的又一措施。黄宗羲认为，设立学校，不是为了养士，更不是为了科举，而是"必使治天下之具皆出于学校，而后设学校之意始备"。具体而言，就是一方面要形成良好的风尚，"使朝廷之上，闾阎之细，渐摩濡染，莫不有诗书宽之气"；另一方面则形成强大的舆论力量设法左右政局。只有这样，才能使"盗贼奸邪，慑心于正气霜雪之下，君安而国可保也"。黄宗羲反对单一的科举取士，主张使用多种渠道录取人才，以制度防止高官子弟凭借长辈权势在录取过程中以不正当的方式胜过平民。扩大了录取对象，包括小吏，会绝学（包括历算、乐律、测望、占候、火器、水利等）的人，上书言事者，等等。

黄宗羲精通天文历算和数学。他用推算日食的方法和阎若璩等人考证古文《尚书》系古人伪作，给当时思想界带来很大震动。黄宗羲通过对照《国语》，认为古文《尚书·汤诰》是后人"误袭周制以为《汤诰》"。黄宗羲在有限性、无限性的观念认识上亦有所建树。他在数学上纠正了朱熹《壶说书》中的相关错误。分析了明朝流行的算盘和《数术记遗》中记载的计算器的区别。他对乡射侯制进行了详细数学分析。黄宗羲亦对中国和西方数学进行了平行比较，但由于时代的局限性，他认为西方数学中的一些概念方法不过是对中国古代算术的窃取和修改。②

（二）王夫之的教育改革思想

王夫之（1619～1692年），字而农，号姜斋，又号夕堂，湖广衡州府衡阳县（今湖南衡阳）人。他与顾炎武、黄宗羲并称明清之际三大思想家。其著有《周易外传》《黄书》《尚书引义》《永历实录》《春秋世论》《噩梦》《读通鉴论》《宋论》等书。

王夫之自幼跟随自己的父兄读书，青年时期王夫之积极参加反清起义，

---

① 《黄宗羲的教育思想》，新华网，2014年9月29日。
② 《黄宗羲新民本思想的理论结构及其现代意义》，光明网，2014年9月30日。

兵败，至广东肇庆，投奔南明永历政权，获授行人司行人。旋因三次上疏弹劾权奸王化澄，几遭不测，被迫返归故里。尔后，连年转徙于湖南零陵、郴州、耒阳、涟源、邵阳间。顺治末，僻居衡阳金兰乡，课徒授业，潜心著述。晚年王夫之隐居于石船山，著书立传，自署船山病叟、南岳遗民，学者遂称之为船山先生。

王夫之一生著述总计 400 多卷，800 多万字。现存《船山遗书》有 72种，258 卷，遍及经、史、子、集各部，也是古代最高产的学者。

1. 论性与习

从先秦诸子至宋明诸儒，在人性问题上都立足于先验论，纠缠于善恶的分辨。而王夫之的论述则完全不同，他主张："性者，生理也，日生则日成也。"在《尚书引义》中，王夫之把人"性"分为"先天之性"和"后天之性"。所谓"先天之性"，即人的"自然之质"，主要指耳、目、口、鼻、心等感官的功能。所谓"后天之性"，即通过后天的"习"获得的知识、才能和道德观念，善恶均有，也可以说无所谓善恶。"性"应该是先天与后天的结合，人生长、发展全在于"习"的作用，这就是他所说的"习成而性与成"。

2. 论学与思

王夫之反对"生而知之"，主张"学而知之"。并且主张在教学过程中，要学思结合。他在《四书训义》卷六中指出："致知之途有二：曰学曰思"，"二者不可偏废，而必相资以为功"，他指出："学非有碍于思，而学愈博而思愈远；思正有功于学，而思之困则学必勤。"学的优点是"不恃己之聪明"，即不怀成见和自以为是；缺点是"惟先觉而是效"，即盲从而缺乏独立思考。思则正好相反，所以学和思可以相互促进，博学是思远的基础，而思遇到困难，就会更加勤学。王夫之的观点，是对儒家学思结合的精辟总结。

3. 论理与欲

王夫之反对理学家"存天理，灭人欲"的教育目标。他认为"理"与"欲"是统一的，"天理"就在"人欲"之中。从人们对声、色、味的倾向性追求中，"廓然见万物之公欲，而即为万物之公理"。没有脱离"人欲"的"天理"，所谓"终不离人而别有天，终不离欲而别有理也"。所以，靠革尽"人欲"来求得"天理"是荒谬的，人欲完全没有了，也就不是活生生的人了，哪还有什么天理？王夫之认为"理与欲皆自然而非人为"，即人欲是人类生存的自然要求，是保证人类生存的合理要求，禁欲是违反人性的。[①]

4. 论知与行

知行关系问题是古代哲学家、教育家们的重点论题。在这一问题上，王夫之的观点与朱熹的"知先行后"说和王守仁的"知行合一"说都不同。他主张行先知后，知行并进，相互为用。他说："行可兼知，而知不可兼行，君子之学，未尝离行以为知也。"就是说，行的过程中可以获得知，离开行，就无以知。显然，他不同意"知先行后"说。他又说："知行相资以为用，唯其各有致功，而亦各有其效，故相资以互用。"可见，他也不同意"知行合一"说。他认为知与行是不同的，各有其功用，二者相互为用，才能取得更大的效力。他还指出"力行然后知之真"，知也是为了"行事"。即力行不仅是获得真知的可靠途径，而且是知的目的。

基于这一认识，王夫之强调在教学过程中，必须着重力行实践，即"教必著行"。教的知识，虽不能完全付诸行动，但是教师必须要求学生努力实行。学以致用，才达到教学的目的。王夫之的知行观以及"教必著行"的思想，是合乎唯物主义认识论和教学论的，是对程朱理学和陆王心学及其"读书穷理"，和"格心"的教育的批判和修正。

5. 论教与学

以往的教育界谈教学原则，往往多是笼统而言，或只涉及一个方面。而王夫之谈教学原则注意同时对教学双方提出相关的要求，这是王夫之教学思想最有特色的地方。他又指出："夫学以学夫教，而学必非教；教以教人学，而教必非学。"阐明了教与学既有联系，又有区别，学不等于教，而教

---

① 《明末清初的实学教育思想及其杰出代表——王夫之》，http://edu6.teacher.com.cn/tkc043a/chapt4/html/T450001.htm。

也不能替代学。这是相当具有辩证法的。

王夫之说："善教者必有善学者，而后其教之益大。教者但能示以所进之善，而进之之功，在人之自悟。"他指出了教学过程归根结底是教为了学，教师主要起指引的作用，进德修业的功夫，则靠学生"自悟"。教师当然要教，但"教在我而自得在彼"，学生一定要勤勉，他说："学者不自勉，而欲教者之俯从，终其身于不知不能而已矣。"反过来说，为了使学生自勉，教师就不应该降低标准去迎合学生不求上进的要求。而要做到"自勉"，关键在于有内在的动力。"若未有自修之心而强往学之，则虽教无益。"

同时，他也要求教师须是"善教者"。只有教学活动使学生感兴趣，觉得有收益，从而"本心乐为"，才能自勉。"苟非本心之乐为，强之而不能以终日。故学者在先定其情，而教者导之以顺。"教师必须顺应学生的情感和兴趣，加以引导，使之乐学，而不能一味地强迫学生勤勉刻苦。①

王夫之治学领域极广，经学、史学、文学、诸子百家、名物训诂、典制沿革均极意研究，兼及天文、历法、数学，详慎搜阅，参驳古今，旨在探寻"上下古今兴亡得失之故，制作轻重之原"，以便经世致用。他学术成就宏富，尤以哲学、史学、文学最为卓著。在哲学上，继承和发展张载的"气化"论，对宋明理学做了批判性的总结，提出"虚空即气，气则动者也""气者，理之依也""天下惟器而已矣。通者器之道，器者不可谓之道之器也"等命题。在史学上，反对"泥古过高而菲薄方今"的复古思想，主张"所贵乎史者，述往以为来者师也"；继承和发展唐代学者柳宗元重"势"的思想，提出"理势合一"的历史进化论，认为"势既然而不得不然，则即此为理矣"；主张"重民"，提出"举天而属之民"的见解；一反宋明理学"存天理，去人欲"之说，认为"私欲之中，天理所

---

① 《明末清初的实学教育思想及其杰出代表——王夫之》，http：//edu6. teacher. com. cn/tkc043a/chapt4/html/T450001. htm。

寓"，据此抨击明代政治弊端，反对豪强兼并土地，提出"平天下者，均天下而已"的主张。①

二 颜元对书院教育的改革主张

颜元（1635～1704 年），清初儒家、思想家、教育家，颜李学派创始人。原字易直，更字浑然，号习斋，直隶博野县北杨村（今属河北省）人。颜元一生以行医、教学为业，继承和发扬了孔子的教育思想，主张"习动""实学""习行""致用"几方面并重，亦即德育、智育、体育三者并重，主张培养文武兼备、经世致用的人才，猛烈抨击宋明理学家"穷理居敬""静坐冥想"的主张。其主要著述为《四存编》《习斋记余》。颜元一生培养了众多的学生，其中有记录可查者达 100 多人。高足李塨（1650～1733 年），字刚主，号恕谷，继承和发展了颜元的学说，形成了当时一个较为著名的学派，后人称为"颜李学派"。②

（一）颜元的"实学"内容

颜元认为儒家所提倡的"诚心、修身、齐家、治国"都是同实在的事物相联系的，同实际结合是"学之要也"，"家之齐、国之治，皆有事也，无事则道与治俱废"。颜元以 22 个字概括他的"实学"的内容："以七字富天下：垦荒、均田、兴水利；以六字强天下：人皆兵、官皆将；以九字安天下：举人才，正大经、兴礼乐。"（《存学编》卷三）他主张功利主义，"正其谊以谋其利，明其道而计其功"（《习斋记余》卷二）。

他在主持漳南书院时，把实学放在首位。在他设立的六斋中，把学习文章、军事、经史和以水学、火学、工学等为内容的艺能四斋作为正斋，位置南向。虽然亦置理学斋、帖括斋，却皆置于北向的位置。这样设置的目的是表示自己的胸怀和应付时风，正如他自己所说："置理学、帖括北向者，见为吾道之敌对，非周孔本学，暂收之以示吾道之广，且以应时制。"（《存学

---

① 《王夫之》，http://www.fanw8.com/shiren/gudaishiren/15292.html。
② 张海晏：《颜李学派的实学精神》，《光明日报》2015 年 12 月 26 日，第 11 版。

编》卷三）排斥和贬低理学的意图十分明显。颜元所设立的前四斋体现了他的办学风格，其特点是"治事"和"治经"的结合。所谓治经，就是以十三经原经为主，排斥宋明理学家对"四书"的注释和阐发，以明确儒家经典本义。所谓治事，是学习治国安邦的基本知识。这是明末清初"经世致用"思想在办学中的体现。

其文事斋的教学内容是孔子所提倡的六艺中的前四艺（礼、乐、书、数）和天文、地理知识。这可以说是治事的基础知识。其武备斋是学习兵法和战术以及孔子所提倡的六艺中后两艺（射、御），用以培养学生的军事才能。其经史斋，以学习十三经、历代史为主，兼习诰、制、章、奏、诗、文等封建王朝常用的应用文写作。其中学经史用以总结历代明君贤臣的治国经验教训。其能艺斋的课程设置是区别于一切儒学而体现治事学派核心精神的课程。其中的水学、火学、工学等课程即是有关这类事物的自然科学知识，也包括有关的政策及其得失。如水学，既包括农田水利、治河、治漕，又包括水政、河政、漕政等内容。这些也是所谓反理学派所主张的"实学"的基本内容。

（二）颜元对传统教育的批判

颜元极力批判自汉以来两千年的重文轻实的教育传统，包括玄学、佛学、道学以及宋明理学。他提倡实学，亦有其历史依据。他认为尧、舜、周、孔就是实学教育的代表者，如孔子之实学注重考习实际活动，其弟子或习礼，或鼓瑟，或学舞，或问仁孝，或谈商兵政事，于己于世皆有益，而宋儒理学教育却相反，主静主敬，手持书本闭目呆坐有如泥塑，在讲堂上侧重于讲解和静坐、读书或顿悟，其害有三：一是"坏人才"。即理学教育所培养的人才柔弱如妇人女子，无经天纬地之才，他指出，如果学生的学习与实际生活相脱离，即使读书万卷，也是毫无用处的。这种教育不仅害己，而且害国。二是"灭圣学"。他认为理学家只从章句训诂、注解讲读上用功，从而陷入了一种文墨世界，国家取士、教师授课、父兄提示、朋友切磋，皆以文字为准，这就丢弃了尧舜周孔的实学精神。尤其是倡行八股取士后，为害更大。三是"厄世运"。汉儒宋儒之学败坏了学术与社会风气。学术完全成了一种文字游戏，统治者更是利用科举八股把士人囿于文字之中，造成了极大的危害，社会道德、经济、人才的腐败与衰竭，皆与此有关。所以他主张以实学代理学。[①]

批判传统教育，尤其是批判宋明理学教育，这是实学教育思潮的一个显著特征，颜元是这一思潮中的重要代表。

一是揭露传统教育严重脱离实际的弊端：颜元指出，传统教育一个最突出的弊病就是脱离实际，把读书求学误以为是训诂，或是清谈，或是佛老，而程朱理学更是兼而有之，故其脱离实际更为严重。传统教育培养出的人既不能担荷圣道，又不能济世救民。所以他认为，这种教育"中于心则害心，中于身则害身，中于家国则害家国"。他指出："误人才，败天下事者，宋人之学也。"这表示了他对传统教育，尤其是程朱理学教育严重脱离实际的深恶痛绝。

二是批判传统教育的义、利对立观：传统教育的另一个弊病，就是在伦理道德教育方面，把"义"和"利""理"和"欲"对立起来。颜元针对这种偏见，继承和发展了南宋事功学派的思想，明确提出了"正其谊（义）以谋其利，明其道而计其功"的命题。他认为"利"和"义"两者并非绝然对立，而是能够统一起来的，其中，"利"是"义"的基础，"正谊""明道"的目的，就是"谋利"和"计功"。同时，"利"也不能离开"义"，而且"利"必须符合"义"。颜元的这种思想，冲破了传统的禁锢，使中国古代对于义、利关系问题的认识近乎科学。

（三）颜元对八股取士的抨击

颜元深刻揭露了八股取士制度对于学校教育的危害，对八股取士制度进行了猛烈抨击。他认学校是培养人才的正当途径，而那种传统的科举制度，以时文（八股文）取士，是用八股代替实学，不仅不能选拔真才，反而会引学者入歧途，贻误人才。所以他指出："天下尽八股，中何用乎！故八股行而天下无学术，无学术则无政事，无政事则无治功，无治功则无升平

---

① 《颜元》，http：//ren. bytrave/cn/history/2/yanyuan. html。

矣。故八股之害，甚于焚坑。"反对八股取士制度的激烈态度，跃然纸上。

诚然，颜元是打着古人的旗号批判传统教育的，即所谓"必破一分程、朱，始入一分孔、孟"。然而，在当时"非朱子之传义不敢言，非朱子之家礼不敢行"的社会条件下，他无惧"身命之虞"，而敢于猛烈批判传统教育，尤其把抨击的矛头集中指向程朱理学，这是一种大无畏的勇敢精神。这在当时的思想界引起了巨大震动。梁启超说颜元是当时思想界的大炸弹，这是颇有见地的。

颜元十分重视人才对于治理国家的重要作用，指出："人才者，政事之本也"，"无人才则无政事，无政事则无治平，无民命"。把人才视为治国安民的根本。因而，他在"九字安天下"的方针中，把"举人才"列为首位。他说："如天不废予，则以七字富天下：垦荒，均田，兴水利；以六字强天下：人皆兵、官皆将；以九字安天下：举人才，正大经，兴礼乐。"颜元不仅重视人才，而且进一步指出人才主要依靠学校教育培养，在他看来，"朝廷，政之本也；学校，人才之本也，无人才则无政事矣"，"人才为政事之本，而学校尤为人才之本也"。所以，从人才的角度来分析，颜元的上述见解确有道理，它正确地揭示了学校、人才、治国三者之间的关系，突出了学校教育的重要地位，它对于当前我们正确认识教育在社会主义现代化建设事业中的战略地位，不无意义。①

（四）颜元论书院的教育培养目标

颜元对学校教育的培养目标也有具体主张。他认为，"令天下之学校皆实才德之士，则他日列之朝廷者皆经济臣"，若"令天下之学校皆无才无德之士，则他日列之朝廷者皆庸碌臣"。可见，他主张学校应培养"实才实德之士"，即是品德高尚、有真才实学的经世致用人才。颜元的这种主张目的虽然是维护封建统治，即他说的"他日列之朝廷者皆经济臣"，能够"佐王治，以辅扶天地"，这是颜元思想的局限性。但是，他重视人才对于治国的重要作用，强调人才主要依靠学校教育培养，这些都是正确的。同时，他提

---

① 《颜元》，中国知网［引用日期 2013 - 03 - 21］。

出的"实才实德之士"的培养目标，显然已冲破了理学教育的桎梏，具有鲜明的经世致用的特性，反映了要求发展社会生产的新兴市民阶层对于人才的新要求，在当时无疑是具有进步意义的。①

（五）对书院教育内容的改革主张

颜元关于教育内容的主张，是以反传统、反教条、反程朱理学脱离实际的书本文字教育的战斗姿态出现的。因而，为培养"实才实德之士"，在教育内容上，颜元提出了"真学""实学"的主张。它的特点是崇"实"而卑"虚"，与传统教育，特别是与程朱理学教育，针锋相对，"彼以其虚，我以其实"，以"实"代"虚"，以有用代无用。颜元认为尧舜周孔时代的学术便是"真学""实学"，所以大力提倡当时的"六府""三事""三物"。这里所说的"六府""三事"，即《尚书·大禹漠》所云的"水、火、金、木、土、谷"和"正德、利用、厚生"；"三物"即《周礼·地官》所云的"六德"（知、仁、圣、义、忠、和）、"六行"（孝、友、睦、姻、任、恤）、"六艺"（礼、乐、射、御、书、数）。在颜元看来，"三物"与"三事"是异名同实。"三物"之中。又以"六艺"为根本，"六德""六行"分别是"六艺"的作用和体现。所以，颜元提倡"六府""三事""三物"。其核心在于强调"六艺"教育。

颜元托言经典强调"六艺之学"，并非真是要恢复到尧舜周孔时代，而是托古改制，"以复古求解放"，在古圣昔贤"六艺"教育的旗帜下，宣扬自己的主张。晚年，他曾规划漳南书院，陈设六斋，并规定了各斋的具体教育内容，这是对他"真学""实学"内容的最明确也是最有力的说明。漳南书院的六斋及各斋教育内容为：

　　文事斋：课礼、乐、书、数、天文、地理等科。
　　武备斋：课黄帝、太公及孙、吴五子兵法，并攻守、营阵、陆水诸战法，射御、技击等科。
　　经史斋：课《十三经》、历代史、诰制、章奏、诗文等科。

---

① 孙培青、李国钧：《中国教育思想史》（第二卷），华东师范大学出版社，1997，第399页。

　　　　艺能斋：课水学、火学、工学、象数等科。

　　　　理学斋：课静坐、编著、程、朱、陆、王之学。

　　　　帖括斋：课八股举业。

　　漳南书院之所以暂还设立"理学斋"和"帖括斋"，只是为了"应时制"，"俟积习正"，则关闭这两斋。因此，颜元"真学""实学"的教育内容，不仅同理学教育有着本质的区别，而且无论在广度上，还是在深度上，都大大超越了"六艺"教育。它除了经史礼乐等知识以外，还把诸多门类的自然科技知识、各种军事知识和技能正式列进教学内容，并且实行分科设教，这在当时确实是别开生面的，已经蕴含着近代课程设置的萌芽，将中国古代关于教育内容的理论推进到一个崭新的发展阶段，这是颜元对于中国古代教育理论的重要贡献，值得人们重视。[①]

三　乾嘉学派和阮元的治学主张

（一）乾嘉学派的治学主张

　　康熙中叶以后，理学再次被扶上正统地位，一切非理学的学说被视为异端，科举考试以理学家的阐发为正宗，书院的办学风格不能不受其影响。特别是雍正年间官方确立了扶植书院并将书院置于地方官的管理之下以后，理学和制艺逐渐成为书院教学的主流。这种类型的书院已同官学教育没有重大区别，都以参加科考为主要教学目标。在学术方面，由于理学已走向没落，尽管官方扶植理学，有清一代却没有产生有独到见解和重大影响的理学家。

　　官方对理学的扶植并没有完全消除脱离现实的学术风尚。由于严酷的文字狱不断发生，在康熙、雍正之际力图脱离理学的学者在"大儒学"的范围内逐渐走上了一条既不同于理学又不同于实学的以考据为特色的复兴汉学之路。这一学派以康熙中叶的胡渭、闫若璩开其先河，以雍乾时期的惠栋、戴震为代表形成了乾嘉学派。其后王鸣盛、钱大昕、段玉裁、王念孙、王引

---

　　① 孙培青、李国钧：《中国教育思想史》（第二卷），华东师范大学出版社，1997，第 403 页。

之、阮元等形成了一大批汉学家。他们的学术成果丰厚，成为乾嘉时期的主导学术，致使"濂、洛、关、闽之书无读者"①。乾嘉学派以治经史考据为特色，钱大昕主讲钟山书院四年，主讲紫阳书院十六年。他本人五经皆通、六艺皆精，教授弟子以"通经读史"为先，培养了一大批人才。他的名著《二十二史考异》就是在钟山书院讲学时的讲稿。

戴震（1726～1777 年）一生以讲学为业，北京、山西、扬州、邵武、婺源都有他讲学的足迹。他以制度名物的考证和文字语言的训诂见长。其嫡传弟子段玉裁继承其有关音韵训诂的学说，著《说文解字注》，成为研究古代文献、古代文字的基本工具书。其后王念孙的《读书杂志》《广雅书证》，王引之的《经传释词》《经义述闻》等都是音韵、训诂学的名著。王氏父子的学问使理学家们也钦佩不已，被他们誉为使郑玄、朱熹俯首的学者。②

（二）阮元的训诂之学与治学主张

乾嘉学派中办学成绩卓著的当推阮元。阮元（1764～1849 年），字伯元，号芸台，江苏仪征人，清朝著名经学教育家，乾隆四十五年（1789 年）进士，选庶吉士，历任翰林院编修、山东学政、浙江学政、巡抚，湖广、两广、云贵等地总督，官至体仁阁大学士。嘉庆六年（1801 年）任浙江巡抚时，在西子湖畔建立名为诂经精舍的书院。其所以不以书院为名，是为了避开一般书院的科举气息，但他并不反对科举。诂经精舍祭祀汉代著名学者许慎和郑玄。授课的内容以经史为主，兼及小学（音韵训诂）、天文、地理、算法等。精舍分上舍、下舍等。阮元除自己亲自讲学外，还聘王昶、孙星衍等著名学者主讲。不到十年其上舍学生名声显赫、成一家之言者不可胜数，俨然成为东南地区的学术中心。

1. 阮元的训诂之学

阮元最重训诂之学，他认为圣贤之道皆在"五经"中，要读懂"五经"，必须借助训诂之学，而汉代人对"五经"的训诂最贴近"五经"本

---

① 昭梿：《啸亭杂录》卷八。

② 史仲文、胡晓林：《中国全史·教育卷：清代分卷》，中国书籍出版社，2011，第 827 页。

义。因而，要通"五经"，必须从汉代学者的训诂中了解"五经"文字的本来含义。他聘用的孙衍星也认为，如果没有汉代学者许慎的《说文解字》，那么西周的文字后人是根本无法理解的。因此，诂经精舍的办学风格就是训诂学。阮元调任广州，道光六年（1826 年）又在广州城北的秀山越王台故址创建学海堂书院。"学海"一词双关，一意为堂址依山望海，有吞吐潮汐之气，另一意取汉代经学家何休无学不通，有学海之誉。学海堂一如诂经精舍，以讲经史训诂为务。学海堂的教学方法是自学为主，不设山长，从学生中挑选八名学长，每名学生可以从八名学长中选一人为师。教材有《十三经注疏》《史记》《汉书》《后汉书》《三国志》《文选》《杜诗》《昌黎集》等。学生每日任选一书，或加以评校，或阐发自己的理解，共同讨论，互相切磋。学海堂与诂经精舍不同之处是不设有关科举的课程，是完全学术性的书院。①

2. 阮元的四步读书法

阮元在人才培养上取得这样显著的成就，与他在书院内实行的一套完善的读书训练法密不可分。阮元的读书训练是个完整的工程。文献记载，它由四个部分组成。一个部分算是一个步骤，循此四步建下去，即可学有所成。这四步是②：

句读。要求学生分清书文的句读，即读通所读诗文。所谓读通，首先要能认字，即认读，把字音读准；其次要掌握断句，即停顿；再次要能读通，即初步了解其字句的含义；最后要能读通顺，不能读起来疙疙瘩瘩。

评校。校是校雠、校正，即拿所读书文与其他版本进行对校，勘定正误。评是评点、评说，即在校订的基础上，根据自己对文本的理解，评定其是非正误和优劣长短。中国古代有评点读书法，读者可将阅读感受，以及对所读书文从字句到内容的评价，写在字里行间、文前文后或者天头地角。阮元这里的评即有评点之意。

---

① 史仲文、胡晓林：《中国全史·教育卷：清代分卷》，中国书籍出版社，2011，第 827 页。
② 孙培青、李国钧：《中国教育思想史》（第二卷），华东师范大学出版社，1997，第 466 页。

抄录。阮元要求在读通读懂文字后，将所读书文的精要加以抄写，以加深对它的理解，巩固对它的记忆。

著述。这是指对阅读所获的迁移运用。它要求学生不但要读通、读懂、熟记所读书文，还要能将阅读所得撰成著作，公之社会，遗教后人，为社会文明建设做出贡献。

阮元的四步读书法，是中国古代创造的读书原则——读思结合、读习结合、读行结合的发挥和运用。它把阅读建立在认读基础之上，经过深入思考和熟读记忆，达到形成自己的学术见解和主张，并笔之于纸，形之为文，或与同辈交流，或遗教后世。它不但十分完整，符合人类由简单到复杂、由浅入深、由表及里的认识规律，而且将读用结合起来，从而与八股式读书区分开来，显示出它的科学性、建设性。应该肯定，阮元的这种读书训练值得我们今天的读书人和阅读教学改革者借鉴。

3. 阮元的学术成就

阮元创办的诂经精舍、学海堂对晚清的书院影响很大，光绪年间效法他而建书院者遍及全国。江苏江阴的南菁书院、浙江黄岩的九峰书院，上海的诂经精舍、龙门书院，湖北武昌的经心书院，湖南长沙的水校经堂，四川成都的尊经书院，广州的广雅书院等都以阮元的办学宗旨相标榜。

阮元自弱冠一举成名，在长达60多年的治学生涯中（其中还有大部分时间治理政务），著作极为丰富，说他是"著作等身"，当之无愧。在阮元60岁时，龚自珍撰文对其在大半生所取得的学术成就进行了比较全面的总结，盛赞阮元的训诂之学、校勘之学、目录之学、典章制度之学、史学、金石之学、术数之学、文章之学、性道之学、掌故之学等，称其"凡若此者，固已汇汉宋之全，拓天人之韬，泯华实之辨，总才学之归"。[1] 阮元在诸多领域都取得了瞩目的成就，尤其在文献学和史学方面，并且一生致力于文献的整理、汇辑、编撰、刊刻，成绩斐然。其生平所著之书，根据一些常见书目统计，约在30种以上，其中人们比较熟知的有如下十多种：《三家诗补

---

① 《阮尚书年谱第一序》。

遗》《考工记车制图解》《诗书古训》《仪礼石经校勘记》《儒林传稿》《畴
人传》《积古斋钟鼎彝器款识》《定香亭笔谈》《小沧浪笔谈》《选项印宛委
别藏提要》《揅经室集》《十三经注疏校勘记》。所编之书有《经籍籑诂》
《皇清经解》《两浙金石志》《诂经精舍文集》《淮海英灵集》《八甎吟馆刻
烛集》等。①

　　书院主持者的个人风格对书院有重大影响。主持岳麓书院十余年的学者
王文清在教学方面强调经史和时务。乾隆十三年（1748 年）他刚刚主持书
院时制定的《岳麓书院学规》规定："日讲经书三起，日看《纲目》数页，
通晓时务物理，参读古文诗赋"，没有强调八股制艺。王文清举乾隆元年博
学鸿词科，经史方面的著述达数十种。乾隆二十九年（1764 年）他再度主
持岳麓书院时制定了《岳麓书院学箴九首》，再次强调经史的重要性："日
月不灭，万古六经，囊括万有，韬孕经纶；史书廿二，纲目星陈，如何不
学，长夜迷津。"可见他把经书当作经纶之源，把读史书当作指点迷津。关
于时务，他继承了颜元的办学宗旨，把礼、乐、兵、农等科列为必修。经
史、时务兼重的学者在乾嘉时代并不多见。因此，经他培养的人才既精通经
史，又通达时务，比较适应封建社会内部的实务和发展变化。他主持岳麓书
院时，培养的有成就的学生多达 400 余人。②

　　综上所述，以黄宗羲、王夫之和颜元为代表的清初经世致用学派对传统
的书院教育有重大的改革，在五经之外兼习水、火、工、虞、兵诸法。将自
然科学和军事学引入书院教育，是经世致用学派的重大发展，具有西方教育
的某些特点。其后阮元在广州建立学海堂，亦推崇西方自然科学，他认为
"西洋天学诸书，略能于事求理"，即通过实验证明其理论。因此，他的书
院"兼采泰西诸说"。③清初经世致用学派创办的书院在教学内容上已开始
引进西方社会科学和自然科学。

---

① 孙培青、李国钧：《中国教育思想史》（第二卷），华东师范大学出版社，1997，第 448 页。
② 史仲文、胡晓林：《中国全史·教育卷：清代分卷》，中国书籍出版社，2011，第 827～828
　 页。
③ 《空香笔谈》卷三，《海潮辑说序》。

中 国 民 办 教 育 史 丛 书

中国民办教育通史

CHINESE NON-GOVERNMENTAL
EDUCATION HISTORY

·近代卷·

MODERN VOLUME

主编／胡大白　　副主编／杨雪梅　樊继轩　张忠泽

杨雪梅◎著

社会科学文献出版社
SOCIAL SCIENCES ACADEMIC PRESS (CHINA)

本卷导言

《中国民办教育通史》分别由《中国民办教育通史》（古代卷）、《中国民办教育通史》（近代卷）、《中国民办教育通史》（当代卷）三卷本组成。本卷是《中国民办教育通史》三卷本的近代卷。《中国民办教育通史》（近代卷）的总体框架结构由近世时期（1840～1911 年）、近代时期（1911～1949 年）的民办教育史和新民主主义教育史三部分、八章组成。

按照史学界的划分，如果说从远古的原始社会时期到夏商周、春秋战国是上古时期，秦汉、魏晋南北朝到隋唐是中古时期，宋元明到清朝中叶（至 1840 年）是近古时期，并划归为古代教育史的范畴，那么，1840 年后清末新政直至 1949 年中华人民共和国成立的这一时期的教育史则可划归为近代教育史的范围。中国近代教育历史是新教育代替旧教育的历史，也是中国教育走向现代化的历史，其演变趋势，是由传统教育向现代教育的转型。[①] 参考马克思主义的中国近代史理论，依照中国革命史的分期，本卷将从第一次鸦片战争到 1949 年的中国近代民办教育发展史划分为近世（1840～1919 年）和近代（1919～1949 年）两个阶段。晚清官学的沉沦与私学书院的衰落和清末传统私立教育向近代私立教育的转型，辛亥革命后的近代私立学校的设立与变革，近代私立大学的产生与嬗变，中国共产党的新民主主义教育展示了百余年来近代民办教育的主旋律。

一 近世民办教育史

1840 年，第一次鸦片战争一声炮响，轰开了清朝闭关锁国的大门。中国

[①] 杜成宪：《20 世纪关于中国教育史分期问题的探索》，《华东师范大学学报》（教育科学版）2000 年第 3 期，第 85～90 页。

面临着"数千年来未有之强敌"，出现了"数千年来未有之变局"。随着社会政治、经济和文化的剧烈变革，教育也发生了前所未有的深刻变化。隋唐创立的科举制度在引领教育、选拔人才上虽然发挥了重要作用，但到了清朝，科举制度已露衰败之象。考试内容越发僵化，强调形式而轻视实际，读书人为应对科考，思想渐被狭隘的四书五经、迂腐的八股文所束缚。官学名存实亡，书院积弊丛生，私塾困难重重，步履维艰。与官学日益衰微不同的是，鸦片战争后，教会书院开始在中国萌发。随着日益频繁的中外交往活动和洋务运动对专门技术人才的需要，西方近代大学教育思想和教育模式开始逐步传入我国。

1851年，作为清朝科举考试牺牲品的典型代表，洪秀全在广西发动了举世瞩目的太平天国运动。洪秀全打着反清的旗号，借助西方宗教，批判科举的核心——儒学，捣毁孔庙，主张教育平等，改革科举制度，推行新学风和新科举制度，希望把考选制度恢复到公平、公正、公开的本源。但由于受阶级和时代局限，加之太平天国一直处于战争状态，没有机会也不可能创立一套完整的、科学的教育体系。最后，洪秀全等人的教育主张和改革也随着太平天国的失败而终结。

洋务运动对新型人才的需求促进了书院改制及新式学堂的兴起，清末新式学堂是一场"中学"依附"西学""化本土"的文化转型，使中国教育的近代化进程向前推进了一步，但洋务运动时期的中国教育仍然以传统的封建教育为主体。第一次鸦片战争的失败导致帝国主义列强获得在中国兴办教会学校的特权，许多教会学校陆续建立。教会学校在中国建立了小学、中学、大学相对完备的教育系列。教会学校在经费来源、组织架构、教材编写、课程设置、教学方法等方面都有比较先进的做法。在教会书院的影响下，中国知识分子和进步官绅也纷纷效仿教会书院，改革我国旧式书院，创办新式学堂。如果说书院向学堂转变是近代教育的开始，那么，学堂向新式私学的转型则标志着近代教育的发展。科举制度的终结促进了大批书院的消失或转型，并开始了创建近代大学的有益尝试。我国近代最早的私立大学是外国教会创办的教会大学。

第一次鸦片战争的失败和太平天国运动促使一批统治阶级中的以林则徐、龚自珍、魏源为首的知识分子的觉醒，他们看到西方科学技术的先进之处，提出"师夷长技以制夷"，倡导"经世致用"的教育思想，迈出了近代先进的中国人向西方寻求真理的第一步，开了中国教育早期现代化变革的先河。① 他们的"经世致用"的教育观和"师夷制夷"的教育主张，成为近代改良主义教育思想的先驱。龚自珍要求恢复西汉以前的今文经学，提倡研究现实问题，主张学要经世致用。龚自珍疾呼："九州生气恃风雷，万马齐喑究可哀。我劝天公重抖擞，不拘一格降人才！"希望使腐败黑暗的衰世变成一个有生气的治世。林则徐发现西方教育内容尽是实用知识，所以西方能造出征服全球的轮船大炮。要改变这种落后的教育方式，认识到"彼夷之长技，正乃吾国之短缺"，就必须学习西学的"奇技淫巧"。"师夷长技以制夷"是著名思想家魏源（1794～1857 年）所著的中国认知海外第一书《海国图志》中的至理哲言。魏源认为，"教育是要培养修身齐家、治国理政的人才。凡水师将官必由船厂、火器局出身，否则由舵工、水手、炮手出身"。②"但取文采而不审其德"③ 不是人才选拔的准则。魏源这种经世教育思想突破了以封建伦理教育为目的的人才培养模式，开创了人才价值观的新概念。

洋务派在创办洋务学堂的过程中，形成了经世致用的教育思想。比如曾国藩、张之洞等人主张学习西方，振兴教育，采取灵活的教学方法，培养学生学习的积极性，创新教育制度，端正教育态度。张之洞在《劝学篇》中，则首次对时人认知和融通中西文化的"中体西用"理念做出了完整系统的理论概括。但是洋务派坚持科举制度为正统，拒绝取消科举制度，阻碍了中国教育近代化。为拯救国家，以康有为、梁启超为代表的资产阶级维新派主张变革，设立新学堂、创新教育制度、培养新式人才，废除科举制度、维新派在维新变法中提出了重视大众教育，主张学习外国办学经验。维新教育所

---

① 李国钧、王炳照：《中国教育制度通史》（第六卷），山东教育出版社，2000，第 1 页。

② 魏源：《海国图志》，岳麓书社，1998，第 29 页。

③ 《魏源集》，中华书局，1976，第 36 页。

形成的改革思潮，为近代教育制度的形成奠定了思想基础。

清朝新政末期，一大批新式私学发展迅猛。除马相伯在上海创办的复旦公学外，还有中国公学、南开中学、南洋公学等新式私学。新式私学具有多元化的特征：办学主体多元化和办学内容出现多元化，留学生、士绅、商人、华侨不仅创办了大量知名的私学，还在办学理念、教学方式、教授内容上都比旧式教育更为先进。

二　近代民办教育史

1911 年，辛亥革命胜利后，孙中山领导的新政权对清末封建主义教育制度进行了改革，倡导"革命与教育并行""教育便是宣传"，并提出建设新教育的蓝图。中华民国教育承继了中国数千年封建教育的沉重负荷，在外国列强用武力打开国门的历史背景下，寻求解决中国教育问题的方法。在教育理念上以国民主义为指导，促进了共和新国民的培养，在教育体制上诞生了小学、中学、大学三级学制，为教育的近代化奠定了根基，在教育实践上建立了各种新式学校，不仅小学、中学、大学有长足的发展，而且私立教育、实业教育、师范教育、女子教育等都发展迅速，成为中国近代新教育确立的基本标志。[①]

1912 年 10 月，国民政府教育部颁布的《专门学校令》《大学令》、1913 年 1 月颁布的《私立大学规程》均明确规定，私人或私法人有权开办近代私立高等教育机构——专门学校或大学。[②] 1913 年 8 月颁布的《实业学校令》和《实业学校规程》规定实业学校以"教授农、工、商业必需之知识技能"为目的。1917 年后长达十年的军阀混战，使政府无暇顾及官办教育，使私立大学迅速发展。1926 年武汉国民政府颁布《私立学校校董会设立规程》；1929 年国民政府公布《私立学校规程》；1933 年又公布了《修正私立学校规程》。在此基础上，国民政府对私立学校开展了进一步整顿和管理，

---

① 李喜所：《辛亥革命时期的教育改革》，《南开学报》2001 年第 5 期，第 29～35 页。
② 陈新立：《民国初期私立高等教育发展探析》，《学习月刊》2012 年第 2 期，第 45～46 页。

清末出现的教会大学、私立大学在民国时期得以继续发展，初等教育中的私塾教育与学校教育并存。随着现代教育体系的逐渐完善，私塾日趋没落，学校日益昌盛。至20世纪30年代，私塾教育基本上濒临绝迹，国民学校教育取而代之，并出现了一批新型的私立学校。

20世纪上半叶，中国社会政治、经济、文化等方面的转型也为私立大学带来了前所未有的发展机遇。反之，私立大学的存在与发展，动摇了中国高度政治化的社会传统，壮大了市民社会的力量，在一定程度上推进了近代中国的社会转型。根据现有资料，清末私立高等学校中，国人自办的有1905年创办的"中国公学""复旦公学"，1908年创办的广州光华医学堂，由外国人兴办的有1900年创立的东亚同文书院、1907年成立的德文医学堂、1909年创立的焦作路矿学堂。

民国时期的私立大学是近代中国高等教育的重要组成部分。近代私立大学在其产生、发展过程中积累了丰富的办学经验，在学校管理、经费筹集、课程、教材教法、师资等方面形成了自己独特的办学特色，涌现出南开大学、复旦大学、厦门大学等为国内外所称道的出类拔萃的大学和以蔡元培等为代表的杰出教育家。在近代中国，私立大学提供了更多的高等教育、发展了特色学科、扩大了中外教育交流、张扬了高等教育个性、开创了高等教育风气之先、促进了公立高等教育的完善；与此同时，在改造政教合一的社会传统上发挥了不可或缺的作用，并在一定程度上壮大了近代中国新生的市民社会的力量。①

从抗日战争到新中国的成立，由于抗战中政府采取了积极扶助的政策，加上许多历史较长的学校经过一定的积累有所壮大，使该时期的私立大学仍有很大增长，这个时期新增私立高校达37所。此外，由外国教会创办的东吴大学、岭南大学、圣约翰大学、沪江大学、金陵大学、协和医学院、华西协和大学等也有所发展。中国当代的一流名校复旦大学、南开大学、厦门大学、同济大学等均渊源于近代的私立大学。这些私立大学和教会大学学习西

---

① 宋秋蓉著：《近代中国私立大学的地位与作用》，《江苏高教》2003年第2期，第116~119页。

方现代大学办学理念，在培养社会建设人才、引进现代科学技术、弘扬中华传统文化中发挥了积极作用。

从辛亥革命后中华民国的建立到新文化运动时期教育思潮的汹涌澎湃，将教育与救国联系在一起是这时期教育的一个显著特点。基于救亡图存、富国强民的时代需要，张謇的办学实践及实业教育思想主张教育救国、视教育为国家富强的根本，表现了清末民初以来鲜明的救亡图存的时代主题。面对大量涌入的西方现代教育思想，中国的教育实践者开始了各种各样的教育实验，形成了形形色色的教育思潮和教育运动。基于救亡图存、富国强民的时代需要，张謇的办学实践及实业教育思想主张教育救国、视教育为国家富强的根本，表现了清末民初以来鲜明的救亡图存的时代主题。主张"教育即生活，学校即社会""教育即生长"的实用主义教育思潮、平民教育思潮、工学和工读主义思潮、科学教育思潮、实用主义教育思潮和职业教育思潮均是"五四"时期盛行的教育思潮。

科举制的废除，直接导致了传统社会的解体，西方新的教育制度，在广大的乡村社会却是十分模糊，整个乡村在文化层次上陷入了社会嬗变的深渊中。五四运动之后，广大知识分子试图通过教育的改变来化解乡村文化危机，并身体力行进行了大量的实践。以陶行知、晏阳初、梁漱溟、黄炎培等为代表的爱国教育者，从城市奔向农村，怀着振兴农村、改造社会的良好愿望，尝试走一条不同于国共两党的农村改革道路，以解决不断扩大和增长的农村问题，乡村建设运动和乡村教育理论就应运而生。[1]

民国时期的私立教育，是中国教育近代化的一个重要阶段。民国时期也是一个教育家群星璀璨、大师云集的时代，如蔡元培、梅贻琦、张伯苓、陶行知、黄炎培等，他们的教育理念引领着中国教育的发展，取得了辉煌的成就。民国时期的教育家不仅重视教育理论，而且重视教育实践，具有躬身实践的教育志向和远大决心，是教育改革的先行者。他们勇于开拓，不断创

---

① 成必成：《民国"乡村教育运动"及其对农村教育改革的启示》，《教学与管理》2014 年第 6 期，第 25 ~ 27 页。

新，通过实践提升品德、担当使命、生成理论，实现了教育理论与教育实践的统一。① 民国时期的教育家学贯中西，视野广阔；在动荡不安的岁月里，他们矢志教育，锐意改革，开展实验，探索方法，培育人才，报效国家，成就斐然；他们不计名利、德高品洁的士人风骨，更令人景仰。②

三　新民主主义教育史

1919～1949 年的新民主主义教育是在新民主主义革命时期，由中国共产党领导的，以马克思主义为指导的，人民大众反对帝国主义和官僚资本主义的教育，即民族的、科学的、大众的教育。新民主主义教育思想是马克思主义与近代中国教育实际相结合的产物。它萌芽于 20 世纪 20 年代，伴随着新民主主义革命的发展由平民教育思潮而发展起来的，先后经历了新文化运动到大革命时期、土地革命战争时期、抗日战争时期、解放战争时期和中华人民共和国成立初期等五个时期。③ 第二次国内革命战争时期通过总结苏区教育的实践，奠定了新民主主义教育思想的基础。1940 年，毛泽东发表的《新民主主义论》标志着新民主主义教育思想的形成。④

五四运动时期，早期马克思主义者已开始从事教育活动。他们到工人群众中去宣传马克思主义，创办工人补习学校。1921 年，毛泽东、何叔衡等共产党人在长沙为党创立了第一所干部学校——湖南自修大学。1922 年 10 月，中国共产党人还在上海创办了上海大学。1924～1926 年，彭湃、毛泽东先后在广州主办农民运动讲习所。1927 年又在武昌创办了中央农民运动讲习所。这些大学和农民运动讲习所都是中国共产党创办干部学校的发端。这一时期，在党的号召下，工人还自己着手办学校。随着农民运动的蓬勃发展，农民也起来办学校。这是新民主主义教育的萌芽时期。

---

① 张意忠：《民国时期为什么教育家辈出?》,《中国教师报》2015 年 9 月 20 日。

② 徐继存：《民国时期教育家的共相》,《西北师范大学学报》(社会科学版) 2013 年第 6 期,第 75～80 页。

③ 孙培青：《中国教育史》,华东师范大学出版社,2003,第 400 页。

④ 宋荐戈：《略论新民主主义教育思想的形成和发展》,《河北师范大学学报》(教育科学版) 1999 年第 3 期,第 38～43 页。

自毛泽东开创了井冈山革命根据地，农民在政治上、经济上翻了身，也就有了需要和条件兴办人民教育事业。苏区为适应革命战争的迫切需要创办了一批干部学校，培养革命干部；苏区的工农教育组织主要有扫除文盲协会、业余补习学校、俱乐部等机构，广泛地开展群众业余教育、扫盲教育，对群众进行政治宣传教育和文化补习教育，提高群众的政治觉悟和文化水平。苏区的教育是新民主主义教育形成时期。

1937 年，抗日战争全面爆发。"七七"事变后，国民党、共产党、日伪三种军政势力对峙，因而出现三种不同性质的教育。国民党推进"政教合一"制度，作为非执政党的中国共产党发展抗日民主教育，日伪占领区，则强迫推行奴化教育。从五四运动到 1949 年，中国共产党在大革命时期、抗日战争时期以及解放战争时期，在创建的红色革命根据地积极发展新民主主义教育，创办了以培养革命干部为目的的中国工农红军大学、中国人民抗日军事政治大学、延安自然科学院、陕北公学、延安大学、华北联合大学、东北军政大学等高等学校，并开展农民、职工业余教育。劳动人民真正得到受教育的权利，建立起包括在职干部教育、军队教育、中等教育、小学教育和群众业余教育等具有中国特色的新民主主义的教育体系。新民主主义教育在时代的变革、动荡中，顽强地生存、挣扎、抗争、奋斗，并在苦难中走向了新生。

俄国十月革命和中国五四运动后，中国的一些激进民主主义者接受并宣传马克思主义，他们以李大钊、陈独秀、毛泽东等人为代表，被称为早期马克思主义者。他们是中国最早觉悟的和有良知的知识分子，半殖民地半封建的中国国情和人民悲惨的生活状况，使他们义不容辞地担负起救国救民的重任，并开始以马克思主义为指导，分析研究中国的教育问题。李大钊在中国新民主主义革命初期，关于教育平等、教育改革、教育创新的思想，恽代英的"养成健全的公民教育"的系统理念，杨贤江运用历史唯物主义观点阐明教育本质的教育思想等形成了中国早期马克思主义者的教育思想。从此，中国教育的发展有了一种新的理论武器作指导，教育面貌开始发生重大变化。[1]

---

[1] 孙培青、李国钧：《中国教育思想史》（第二卷），华东师范大学出版社，1997，第 278 页。

纵观中国文明史，孔丘与毛泽东是中国文明史上最有影响的两个人，而他们二人之所以有这样大的影响，还在于中国文化的骨架，即官文化上。孔子为其奠基，两千五百年后的毛泽东则倾其一生对之进行全面批判，并以代表大众阶层的新民主主义文化来取代它的统治地位。[①] 大众化教育是指受教育群体的广泛化，是指受教育的人数的比例上升，是面向工农群众多数人的教育，也是面向广大中低收入者的平民教育。追求教育公平下的工农大众受教育的权利是毛泽东一生的追求。"五四"新文化运动时期接受并实践平民教育，是青年毛泽东大众化教育思想的萌芽和形成阶段；在大革命时期、抗日革命根据地和解放区时期确立的新民主主义教育，是毛泽东大众化教育思想的成熟和发展阶段。在长期的革命战争年代中，他把普及大众化教育、追求广大人民群众教育权利平等和教育机会均等作为推进教育发展的重要目标和内容。

四 结语

中国民办教育史的研究，是对中国教育史研究的延伸与加强，而不是对中国教育史研究中有关民办教育史料的简单堆积和诠释，应有新的挖掘和创新。研究两千五百年来的民办教育发展史，需对中国民办教育的总体发展脉络有宏观上的把握。在此基础上要尽可能充分展示出各个朝代不同历史阶段民办教育发展的历史全过程和历史特点、地域特色。其研究的对象、范畴与方法，与中国教育史研究相比，既有相同之处，又有相异之处。它既要反映中国教育发展的一般规律和共性，更要揭示中国民办教育发展的特殊性与个性。从这个意义上讲，紧紧抓住"民办教育"四个字和其特色是研究的关键。

本卷由杨雪梅教授、樊继轩教授构思和统稿，黄河科技学院贾全明老师、王铁成博士参与了本卷的写作。其中，第一章，第二章的第一节、第二

[①] 刘永佶：《中国官文化的奠基者与批判家——孔子与毛泽东》，山东人民出版社，1999，第1页。

节、第三节，第三章由王铁成撰写；第四章第四节、第五节、第六节由杨雪梅撰写；《中国民办教育通史》（近代卷）导言，第二章的第四节，第五章的第三节，第六章、第七章的第二节、第三节、第四节，第八章的第二节、第三节由樊继轩撰写；第四章的第一节、第二节、第三节，第五章的第一节、第二节、第四节，第七章的第一节，第八章的第一节由贾全明撰写。在撰写过程中，我们参阅了有关专家学者已问世的教育史专著及文献，特此向有关作者深表谢意。

目　录

第一编　近世民办教育史

第二编　近代民办教育史

第一编

近世民办教育史

第一章

晚清官学的沉沦与书院的衰落

——鸦片战争时期的民办教育（1840~1862年）

　　1840年，鸦片战争一声炮响，轰开了清朝闭关锁国的大门，自此之后大清王朝屡遭列强入侵。1850年，太平天国农民起义，导致了清王朝摇摇欲坠。1856年，英国借口"亚罗号事件"①、法国借口"马神甫事件"② 共同发动第二次鸦片战争。到1860年，英法联军相继强迫清政府签订《天津条约》和《北京条约》。俄罗斯趁火打劫，从19世纪50年代起，侵吞中国150多万平方公里领土。根据不平等条约，中国丧失大量领土、主权和财

---

① 1853年英美等国掀起了"修约"交涉未能得逞。1856年10月初，一艘100吨的中国商船"亚罗号"，自厦门开往广州，停泊黄浦。船上水手全是中国人，船主苏亚成也是香港华人。该船曾被海盗夺去。为了便于走私，该船曾在香港英国政府领过登记证。10月8日，广东水师船捕走窝藏在船上的2名中国海盗和10名有嫌疑的中国水手。不想英国驻广州领事巴夏礼却认为该船曾在香港注册，领有执照，硬说是英国船，甚至捏造说中国水师曾扯下船上英国旗，侮辱了英国，无理要求两广总督叶名琛立即释放被捕人犯，向英国政府道歉。但当22日，叶名琛把12人全部送还时，巴夏礼仍然拒收，连叶名琛送去的信件也拒绝拆阅。23日英驻华海军悍然向广州发动进攻，第二次鸦片战争爆发。这样"亚罗号事件"成为英国政府蓄意挑起侵华战争的借口，并成为第二次鸦片战争的导火线。

② 在"亚罗号事件"之前，法国正借口"马神甫事件"（又称"西林教案"）与中国交涉，进行诈索。所谓"马神甫事件"，是指法国天主教神甫马赖非法潜入非通商口岸的中国内地广西西林县传教，因其胡作非为，1856年2月在当地被地方官处死。此案当时未议结。法国为了换取英国支持它在越南的"自由行动"，并取得天主教在中国传教的"合法"保证，便接受英国建议，派葛罗为全权专使，以"马神甫事件"为借口，与英国联合出兵，从而发动第二次鸦片战争。

富。清朝康乾时期虽然人口数倍于明朝，然而铁和布匹这两项指标性的工业产品的总产量却始终未能恢复到明末的水平。到 1840 年左右，中国工业产量仅为全世界的 6%，无论是总产量还是在全世界的比例，都不及 200 年前的明末。无论是在繁荣的质上还是量上，清朝时期的盛世都远逊明代，具有历史上罕见的全面颓废崩溃之势。①

1840 年后，随着半殖民地半封建社会程度的加深，教育也发生了前所未有的深刻变化。形式完备的封建教育制度虽然依然存在，但已徒有虚名。官学名存实亡，书院积弊丛生，私塾困难重重，步履维艰。传统教育制度已完全不适应中国社会向近代变迁的客观需要，与世界教育潮流格格不入。它已经腐朽没落，走到了尽头，必须实行变革。②

考选制度是国家为选拔治国人才而设置的考试制度，这一制度的优劣对社会的官学和私学的兴衰发挥着重要的调节作用。当考选制度公平、公开、公正时，官学则相对发达；而考选制度死板、褊狭、腐败时，则私学较盛。从隋唐起，中国历代封建王朝的考选制度大都是科举制，早期的科举制度在引领教育、选拔人才上发挥了重要作用。但到了清朝，科举制度已露衰败之象。考试内容越发僵化，强调形式而轻视实际，造成读书人为应对科考，思想渐被狭隘的四书五经、迂腐的八股文所束缚。

清朝末期考生读书的目的非常功利化，仅仅为做官而读书，这样他们的眼界、创造能力、独立思考都被禁锢、限制。如此一来，科举成就了一批只会读死书的腐士，而那些在文学创作、技术方面有杰出成就的名家，却多数都失意于科场。科举的僵化让官学教育日益失去了主体意识和追求学问的相对独立性，晚清的官学开始失去活力，而作为官学的补充——书院和私塾，也变得日益官学化，学术风气渐渐腐败，教学内容呆板僵化，教学要求重道轻艺，教师因循守旧，最终与官学一起走向衰落。

与官学日益衰微不同的是，鸦片战争后，教会书院开始在中国萌发。因

---

① 王世东：《中国最后一个封建王朝——清朝》，http：//blog. sina. com. cn/s/blog_ 8373 dc800102w8es. html，2016. 623。
② 李国钧、王炳照：《中国教育制度史》（第六卷），山东教育出版社，2000，第 1 页。

为教会书院授课方式新颖，课程设置兼顾中西，文化体育艺术并重，就业趋势良好，逐渐受到了中国人的喜爱。但教会书院不是传统的中国书院，而是西方性质的学校。教会书院的出现和发展客观上促进了中西文化的交流，使西方先进的科学技术相继传入我国，开阔了我国先进知识分子的视野，激起他们投身翻译和研究西方科技书籍及其各种科学技术的热情，对于推进我国科学技术的发展大有裨益。在教会书院的影响下，中国知识分子和进步官绅也纷纷效仿教会书院，改革我国旧式书院，创办新式学堂，在一定程度上促进了我国近代教育的变革。

作为清朝科举考试牺牲品的典型代表，洪秀全打着反清的旗号，借助西方宗教，批判科举的核心——儒学，捣毁孔庙，主张教育平等，改革科举制度，推行新学风和新科举制度，企图把考选制度恢复到公平、公正、公开的本源。洪秀全在《资政新篇》中颁布了一系列改革科举制度的做法，体现了平等的思想，但由于受阶级和时代局限，农民革命家始终无法冲破封建主义的束缚，缺乏从根本上摧毁封建文化教育的原动力，其文化与教育改革带有浓厚的宗教色彩，具有盲目性、落后性。加之太平天国一直处于战争状态，没有机会也不可能创立一套完整的、科学的教育体系。最后，洪秀全等人的教育主张和改革也随着太平天国运动的失败而终结。

第一节　晚清时期官学的沉沦

清朝统治者入主中原后，为维护其统治，采取了比以往朝代更为保守的教育政策，从前朝继承下来的"重本抑末""重农抑商"国策继续阻碍着国家工商业的发展，生活在社会底层的人们被牢牢束缚在土地之上而无法流动；"重道轻艺"观念流行，被视为"奇技淫巧"的科学技术长期被排除在正规教育之外而难以发展，使中国的王朝时代在"四大发明"之后，再无能力向世界展现民族的智慧与创造。从清朝贵族入主中原到鸦片战争爆发，200多年来的中国文化受制于清朝统治集团的两大文教政策，一是专制主义，二是排外主义。这两大文教政策使文化教育得不到外来因素的刺激，直到鸦片战争清帝国仍保持着传统封建教育的特点。鸦片战争之后，中国一步一步地变成了半殖民地半封建社会。晚清教育正是这种衰败、腐朽的半封建半殖民地政治经济的反映。①

一　理学独尊使教化取代了教育

教育和人类相伴而生，有了人类社会就有了教育。在《说文解字》中，教是"上所施，下所效也"；育是"养子使作善也"。无论是国内还是国外，教育无非就是传承并发展人类文明，通过教育，把受教育者教育成"人"，从而区别于动物。《说文解字》中，化是"教行于上，化成于下也"，特指儒家所提倡的政以体化，教以效化，民以风化。

（一）教化是治国正风俗的重要国策

1655 年，顺治皇帝称："帝王敷治，文教是先。臣子致君，经术为本。自明季扰乱，日寻干戈，学问之道，缺焉未讲。今天下渐定，朕将兴文教，崇经术，以开太平。"② 顺治皇帝的上谕可以说给清朝文化教育定下了发展的基调。这种以维护政府专制统治、社会稳定为目的的教育政策虽然能促进清代的教育发展，但阉割了教育把人培养成有独立行为和思考的人的内在职能，以致在清末乱局之中，暴露了它的弊端，使整个国家、社会陷入动荡，给国家、民族带来深重的灾难。

康熙帝玄烨即位之后，遵循乃父的遗志，仍奉儒学为正宗。他不仅将教育视为教化，而且大力予以提倡。康熙称："朕惟至治之世，不专以法令为事，而以教化为先……盖法令禁于一时，而教化维于可久。"教化不仅是比法令更为有效的统治方式，而且可以达到"至治之世"并能使其长久延续。教化是统治之方，学校则是教化之所，设立学校的目的即在于推行教化。

"教化"与"教育"虽仅一字之差，但其手段的高明程度却远非教育可比，它把政教风化、教育感化、环境影响等有形和无形的手段综合运用起

---

① 李国钧、王炳照：《中国教育制度史》（第六卷），山东教育出版社，2000，第 8 页。
② 《清文献通考》，上海图书集成居铅印本，清光绪二十七年（1901 年），《学校考七》，卷六十九。

来，既有皇帝的宣谕，又有各级官员耳提面命和行为引导，还有立功德碑、竖牌坊、传播通俗读物等多种形式；既向人们正面灌输道理，又注意结合日常活动使人们在不知不觉中达事明理，潜移默化，其效果要比单纯的教育深刻而又牢固得多。正因为如此，自古以来凡有见识的政治家都十分重视教化的作用，把教化当作正风俗、治国家的重要国策。既然教化对维护统治如此重要，当然也为历代统治者所重视。

（二）清代的尊孔孟、崇理学国策

康熙帝玄烨根据自己的政治需要选择儒学中的流派。他受侍读学士熊锡履的影响，主张讲明"正学"，所谓推崇正学，就是上尊孔孟，下崇理学。熊锡履建议："非六经、语、孟之书不读，非濂、洛、关、闽之学不讲。"六经是指孔子弟子们整理的《尚书》《诗经》《易经》《周礼》《春秋》《乐》，其中《乐》已失传，只余五经；论即孔子的言行录《论语》，孟指孟轲的著作集《孟子》。这几类书是儒学之源。濂、洛、关、闽分别指宋代著名理学家周敦颐、程氏兄弟（颢、颐）、张载、朱熹。在濂、洛、关、闽四学中，玄烨又独重朱熹之学。他高度赞誉朱熹之学，说"自汉以来，儒者世出，将圣人经书多般讲解，愈解而愈难解矣。至宋时，朱子辈注四书，发出一定不易之理，故便于后人"，认为朱熹属儒学正流。他对朱子之学维护封建统治的作用心领神会，认为朱熹的著作"集大成而继千百年绝传之学，开愚蒙而立亿万世一定之规，非此不能治万邦于衽席，非此不能仁心仁政施于天下，非此不能内外为一家"①。

康熙时的南书房大臣朱彝尊曾直率地指出朱学已经取孔学的地位而代之："世之举业者，以四书为先，务视六经可缓；以言易，非朱子之传易弗敢道也；以言礼，非朱子立家礼弗敢行也。言不合朱子率鸣鼓而攻之。"②朱子之书，成为教化之本，这是清代学校教育的指归。由于康熙和历代统治者的推崇，朱子之学独尊已在清代形成不可动摇之势。

---

① 《康熙政要》卷十六。
② 《清史稿》卷一〇〇。

（三）康熙御制的《训饬士子文》

康熙四十一年（1702 年），玄烨向礼部颁发御制《训饬士子文》，令刻石立于国子学之中。其文开宗明义说："国家设立学校，原以兴行教化，作育人才。典至渥也。朕临御以来，隆重师儒，加意庠序，近复慎简学使，厘剔弊端，务期风教修明，贤才蔚起，庶几械朴作人之意。"此文把"兴行教化"当作"作育人才"的前提，只"风教修明"，才能"贤才蔚起"。①

显然，教化的目的是通过灌输政治意识形态，将民众导入统治者预设的轨道，从而将民众紧紧地捆绑在专制制度之下，以维护专制社会的等级秩序。教化将人视为物，让人按照机械的物的轨迹运转。"治天下者莫函于正人心厚风俗，其道尚在教化。以先之学校者，教化所从出，将以纳民于轨物者也。"② 教化带有明显的规训色彩，使人按照界限分明的等级观念思考和行事。在官吏出于"士人"的制度安排中，统治者通过教化培养"士人"来达到政治清明的理想。"士子出身之始，尤贵以正，若兹厥初拜献，便以作奸犯科，则异时败检逾闲，何所不至，又安望其秉公持正，为国家宣酞树绩，膺后先疏附之选哉？"③ 然而，统治者没有意识到这种教育定位本身存在的问题，致使现实与愿望相反。"标榜虚名，暗通声气，黄缘诡遇，周顾身家，又或改串乡贯，希图进取，嚣陵腾沸，网利营私，种种弊端，深可痛恨。"④ 统治者甚至将"风俗日敝，人心不古，嚣陵成习，奢滥多端，狙诈指数日工，狱讼之兴靡已。或豪富凌轹孤寒。或劣绅武断乡曲。或恶衿出入衙署。或蠹棍诈害善良"⑤ 的社会现实视为教化不良所致，"良由化导未善"。因此，清代统治者在教化上兜圈子，进而采取各种措施予以强化。

---

① 史仲文、胡晓林：《中国全史·教育卷：清代分卷》，中国书籍出版社，2011，第 796 页。
② 《钦定四库全书·江南通志》卷八十七《学校志》。
③ （清）鄂尔泰等：《云南通志》卷二十九。
④ 《钦定四库全书·江南通志》卷八十七《学校志》。
⑤ 《清实录·康熙朝实录》卷三十四。

二　强化思想控制僵化了科举制度

（一）以宋儒传注为宗，以理学统天下

清王朝统治者由于很早便利用了明王朝的降臣降将，朝廷的设立悉依明制，也懂得要利用汉族的儒家思想控制社会思想文化。1652 年顺治规定，科举考试"说书以宋儒传注为宗"。[①] 1712 年，康熙皇帝亲自为《朱子全书》作序：

> 绪千百年绝传之学，开愚蒙而立亿万世一定之规，穷理以致其知，反躬以践其实，释《大学》则有次第，山致知而开天下，自明德而！卜于至善，无小开发后人，而教者来也……朕读其书，察其理，非此小能知天人相与之奥，非此小能万邦于裕席，非此小能仁心仁政施于天下，非此小能外内为一家。[②]

乾隆也在谕旨中指出："国家以经义取士，将使士子沈潜于《四子》《五经》之书。"[③] 这种被宋儒朱熹诠释的《四子》《五经》就成了大清上下所有学子参加科举考试的范本。在理学家眼里，"理"是世界的本原，理先于天地而存在。"理"被统治者形而下为封建社会的伦理纲常，即三纲五常。"存天理，灭人欲"，这种教育思想无非是为封建统治者制造不会思考的奴才，便于统治者统治。马克斯·韦伯指出：这种教育的性质一方面是世俗性的；另一方面则受到正统解释的经典作者的固定规范的约束，因而是极度封闭且墨守经文的教育。中国教育不仅考虑到俸禄利益，而且受到经术的束缚，但已是一种纯粹的俗人教育，一方面具有仪式、典礼的性质；另一方面又具有传统主义的、伦理的特性。学校既不教数学、自然科学，也不教地

---

① 《钦定学政全书》卷六《厘正文体》。
② 黄爱平：《清代康雍乾三帝的统治思想与文化选择》，《中国社会科学院研究生院学报》2001 年第 4 期，第 58 页。
③ 《钦定大清会典事例》卷三三二《礼部·贡举》。

理学及文法。中国考试的目的在于考查学生是否完全具备经典知识以及由此产生的、适合于一个有教养的人的思考方式。①

（二）以八股文取士，僵化了科举制度

官学本来是培养人才的场所，考试是为选拔治国人才所置，二者本没有亲密的勾连。但在清朝，修身、齐家、治国、平天下的教育理念牢牢占据着广大儒生的头脑，所以，接受教育的唯一目的是参加科举考试，进入统治阶层，完成上述人生梦想。这样发展的结果就是用于选拔人才的科举考试逐渐加强了对教育的控制、对文化的钳制。为了把未来的统治者培养成俯首听命的奴才，答卷所采用的文题规定非常严格，由破题、承题、起讲、入题、起股、中股、后股、束股八部分组成，题目一律出自四书五经中的原文。后四个部分每部分有两股排比对偶的文字，合起来共八股。八股文要用孔子、孟子的口气说话，四副对子平仄对仗，不能用风花雪月的典故亵渎圣人，每篇文章包括从起股到束股四个部分。分为八个部分，称为"八股文"。

"八股"考试自明代出现，到了晚清，已发展成为一套十分呆板、机械的考试格式，在命题上出现了一些偏怪题，考试题目"往往深求隐僻，强截句读，破碎经文，于所不当连而连，不当断而断"②，使得学者无所依据。在实用主义的引导下，参加科举考试的成功与否就成了衡量官学教育优劣的唯一标准，科举考什么，学校就教什么，科举怎样考，学校就怎样教，教育就这样被考试所绑架，沦为科举取士制度锁链上的一环。虽然八股文人以及科举出身的官吏中也有许多聪明人士，但正如清同治元年（1862年）黎庶昌的《上穆宗皇帝书》所言：

> 今尽困天下之聪明才力于场屋中，而场屋之士，又尽一生之精力，不为效命宣劳之用，徒用之于八比、小楷、试帖无足用之物。天下贸贸，莫闻大道，而其试之也，又第取之于字句点画间，其亦可谓靡靡无

---

① 马克斯·韦伯：《儒教与道教》，洪天福译，浙江人民出版社，2003，第102～106页。
② 琚鑫圭：《中国近代教育史资料汇编·鸦片战争时期教育》，上海教育出版社，1990，第83页。

谓之术矣。使天地刚毅正大之气，消磨沮丧，而无一复存。术不尊孔孟程朱，而墨守王安石之经义；士不讲修齐平治、诗书礼乐，而专讲小楷时文；世不尚钻奔竟。朝廷以此望士，士以此报效朝廷，以故人心日坏，人才日下，风俗日骎，皇路荆榛，圣道熄灭，悠悠长夜，良可痛也。①

更有甚者，"既不具论，即其所言，类又剿窃浮靡，聊冀幸售，使执其以问，其人将有不自解其何故而云然者，则所言之物，亦且不可复问"②。如此导致许多士子竟不知道三通四史是何等文章；汉祖高宗是哪一朝皇帝。③这种落后保守的人才选拔机制僵化了人才的培养模式，不利于思想的传播，直接造成读书人不求实际学问，专做忠实奴才的心态，清朝上下随处可见"两耳不闻窗外事，一心只读圣贤书"的荒唐局面，学校也成了培养奴才的场所。

（三）大兴文字冤狱，排除"异端邪说"

为进一步禁锢思想、钳制舆论，清朝皇帝还大兴文字狱，运用监禁、砍头、戮尸、开棺曝尸等残酷刑罚消灭"异端邪说"。文字狱是指封建社会统治者迫害知识分子的一种冤狱。皇帝和他周围的人故意从作者的诗文中摘取字句，罗织成罪，严重者会因此引来杀身之祸，甚至所有家人和亲戚都受到牵连，遭满门抄斩乃至株连九族的重罪。文字狱历朝皆有，但以清朝最多，据记载，仅庄廷龙《明史》一案，"所诛不下千余人"。④据不完全统计，在顺治、康熙、雍正、乾隆四朝发生166起，顺治7起，康熙12起，雍正17起，乾隆130起，清朝文字狱处决了200多人（以康熙初年庄廷龙明史

① 璩鑫圭：《中国近代教育史资料汇编·鸦片战争时期教育》，上海教育出版社，1990，第74～75页。
② 璩鑫圭：《中国近代教育史资料汇编·鸦片战争时期教育》，上海教育出版社，1990，第154页。
③ 李国钧、王炳照：《中国教育制度史》（第六卷），山东教育出版社，2000，第10页。
④ 王筱宁、李忠：《清代官学教育的特点——兼论适应性教育的后果及其启示》，《教育理论与实践》2012年第31期。

案、雍正末年吕留良案杀害最多），涉及 3000 多人。乾隆朝的"伪孙家淦奏稿"案，仅在一年半之中，缉捕人数超过千人，因查办不力而受到申斥、降级以致革职拿办的封疆大吏多达十几人。仅乾隆年间共发生文字狱知名案件有字贯案、蔡显案、尹嘉铨案、沈德潜反诗案、胡中藻诗案。学者任松如在《四库全书答问》序说："删改之横，制作之滥，挑剔之刻，播弄之毒，诱惑之巧，搜索之严，焚毁之繁多，为所欲为。诛戮之惨酷，铲毁凿仆之殆遍，摧残文献，皆振古所绝无。虽其工程之大，著录之富，足与长城运河方驾，迄不能偿其罪也。"①

随着文字狱的发难，大量书籍遭到禁毁，不少珍贵文献由此失传，成为文化史上的永恒遗憾。自乾隆三十九年（1774 年）至四十七年（1782 年），共焚书二十四次，凡五百三十八种，共计一万三千八百六十二部，焚书之多，前所未见。② 文字狱给知识分子的精神、心理造成极大的创伤。残酷的文字狱政策，使得中国近代思想文化的发展造成严重的阻碍作用。李祖陶说："今之文人，一涉笔唯恐触碍于天下国家……人情望风觇景，畏避太甚。见鳝而以为蛇，遇鼠而以为虎，消刚正之气，长柔媚之风，此于世道人心，实有关系。"宋翔凤亦言："行事之间，动遭蹇难；议论所及，娄丛谗讥。故人旧友，或相告绝。幸为太平之人，不撄罗网之累。然身心若桎梏，名字若黥劓。"③

文字狱给思想文化、士人风气带来恶劣影响。龚自珍的名言"避席畏闻文字狱，著书只为稻粱谋"，大意是"言谈中听到文字狱就吓得立即躲远，文人著书就为生计，不敢发表自己的见解"。这是对清代文字狱后果的真实写照。读书作文动辄得祸，文人学士只好泯灭思想，丢掉气节，或者死抱八股程式，背诵孔孟程朱的教诲以求科举入仕；或者远离敏感的学术领

---

① 徐亚军：《什么是文字狱？清朝哪几个皇帝大兴文字狱？》，http：//www.360doc.com/content/13/0316/08/7707261_271801386.shtml。

② 毛礼锐、沈灌群：《中国教育通史》（第 3 卷），山东教育出版社，1987，第 396 页。

③ 徐亚军：《什么是文字狱？清朝哪几个皇帝大兴文字狱？》，http：//www.360doc.com/content/13/0316/08/7707261_271801386.shtml。

域，远离现实，把全部精力用于训诂、考据的故纸堆中，史称乾嘉之学。①

如此造成的结果是"莫谈国事"的警示牌随处可见，士人被噤声，只管俯首故纸堆。统治者制造的文字狱给清王朝的教育带来了极大的伤害，在国家权力的任性之下，教育不但不能推动社会进步，反而成了社会发展的阻碍。严复曾控诉这种行为："举天下之圣智豪杰，至凡有思虑之伦，吾顿八纮之网以收之，即或漏吞舟之鱼，而已暴鳃断鳍，颓然老矣，尚日瘝何能为推波助澜之事也哉！嗟乎！此真圣人牢笼天下，平争泯乱之至术，而民智因之瘝，民力因之以日衰。"②

三　重考轻教导致了官学的沉沦

官学是指中国封建朝廷直接举办和管辖，以及历代官府按照行政区划在地方所办的学校系统。包括中央官学和地方官学。中央官学主要是培养各种封建统治人才，以供朝廷之用，有专门的教育行政机关和教育长官。

晚清的封建教育制度在形式上是十分完备的。清代中央官学主要分为太学或国子监，教育内容以儒家经籍为主，以四书五经为主要教材。地方官学是地方政府创办的学校，主要为参加科举考试而设。清代地方官学有府学、州学、县学、社学之分，其教官一般以科举及第的进士或举人充任，进士以教授用，举人以学正、教谕用。

（一）依托科举使官学教育名存实亡

和前朝一样，清朝的官学与科举制度如影随形，无法厘清官学的"养士"功能和科举的"选士"之用。前者是后者的基础，后者对前者起着直接的导向与制约作用，二者之间关系密切。科举是学校教育的核心。顺治十年（1653 年）上谕中说："贡明经，举孝廉，成进士，何其重也！"③ 肯定了学校教育的目的是应举入仕。晚清，这种状况愈益突出，致使"天下之习，不惟其教，而惟其所取，所取而为科举之文欤，则其学为科举之学，奚

---

① 《清朝大兴文字狱的原因与危害》，http://www.zhwh365.com/article_209.html。
② 王栻：《严复集》（第一册），神州国光社，1952，第616页。
③ 《清文献统考》卷六十九。

惑焉"①。受传统文化和功利主义的影响，接受官学教育参加科举考试，获得巨大的政治经济利益成了全国广大士子的共识。因此，"考其学业，科举之法之外，无他业也，窥其志虑，求取科名之外，无他志也"②。于是，"所有的生员（即官学生）都必须参加常规考试……这样，生员们不得不把大量的时间和精力花在考试以及为考试做准备的过程当中；他们的人生甚至被称为'应试人生'"，"尽管人们特别是对清朝的满人来说，还有其他多种途径去入仕当官，但科举考试提供的进入翰林和官场的途径，是最为重要和最受人尊重的"。所以，"科举考试被所有的人尤其是知识分子视为人生至关重要的事情"③。

学校只为科举做准备，自然不能得到正常发展。正如晚清汤成烈所云："国家设立学校，而以科举道之，故教化不行；教化不行，故人不事学业。以不事学业之人，又无恒产以资其生，则其心之放辟邪侈，有不期然而然者矣。于是乎学校多游民矣，故曰科举之法兴而学校之教废也。"④

（二）重考轻教导致了舞弊贿赂之风

官学的所有教育活动都以科举考试内容为中心，把通过科举考试作为衡量官学教育是否成功的唯一目标。官学教育重考轻教，士子也重考轻学。在巨大的利益下，官学无可避免地成为科举的一个附庸。"天下之习，不惟其教，而惟其所取。所取而为科举之文，则其学为科举之学"，结果造成"上之所以教，下之所以学，惟科举之文而已。道德性命之理，古今治乱之体、朝廷礼乐之制、兵刑、财赋、河渠、边塞之利病，皆以为无与于己，而漠不关心"⑤。官学教育被科举考试所绑架，培养不出国家急需的治国人才，绝大部分士子把参加科举考取功名作为活着的唯一目标，"考其学业，科举之

---

① 琚鑫圭：《中国近代教育史资料汇编·鸦片战争时期教育》，上海教育出版社，1990，第158页。
② （清）盛康编：《经世文续编》卷六十五，清光绪二十三年（1897年）盛氏思补楼刊本。
③ Wolfgang Franke. The Reform and Abolition of the Traditional Chinese Examination System, Cambridge，Mass：Harvard University Press，1960，pp. 10 - 12.
④ （清）汤成烈：《学校篇》，《经世文续编》卷六十五《礼政五·学校下》。
⑤ （清）孙鼎臣：《论治》，《经世文续编》卷六十六《礼政五·贡举》。

外无他业也；窥其志虑，求取功名之外无他志也"①。

官学教育重考轻教，形成了晚清科举考试舞弊、弄虚作假、贿赂成风。舞弊的手段五花八门，"集历代之大成"。清代的科举作弊手段主要包括：怀挟法、用襷法、传递法、顶替法、龙门掉卷法。怀挟法不用解释，相信很多人都会操作。用襷法是在誊录时用某字做记号；传递法是考官送出试题后，再将枪手的文章送入，由鸽子传递，也有官员办事员代办的；顶替法，由枪手直接上场，因那时候没有照片核对，实施起来非常方便；龙门掉卷法，本人和枪手同时进场，接卷后互相调换。当枪手的付费行规是前三后三，即进场前付一半，办完事后再付一半。双方还须提前立好字据：某某科举人某某，因场后需用，向某某借到银三千元。

顺治年间的江南科场案也是由主考官主动收贿而案发的。当时的主考官是方犹和钱开宗，大肆收钱，很多盐商的子弟行贿后得中。未中举的人非常愤怒，巧用两人名字中的偏旁写成《万金记》加以揭露。后方犹和钱开宗被斩立决，朝廷对所有考生进行复试，由军人持刀在后监督，吴兆骞不能完卷，被杖责 40 板，全家流放宁古塔。好友顾贞观写出千古名篇《金缕曲》，获大学士明珠之子纳兰性德赏赞，经疏通才被放归。②

康熙五十年（1712 年）是辛卯科场案，发榜后士人发现新科举人吴泌、程光奎竟都是粗通文墨的半文盲，又都是扬州盐商子弟。于是舆论大哗，考生把"贡院"门额涂抹成"卖完"。当时的正、副主考官分别是左必藩和赵晋，于是大街小巷流传这样的顺口溜："左丘明有眼无珠；赵子龙浑身是胆。"

咸丰八年（1858 年）顺天府乡试，主考官是军机大臣、内阁大学士伯葰。放榜后人们发现演过戏的戏子平龄也中第七名，舆论大哗。经皇帝督察，发现刑部主事罗鸿泽勾结考官浦安，约定头篇文末用"也夫"，二篇文末用"而已矣"，三篇文末用"岂不惜哉"，诗末用"帝泽"。伯葰也被追

---

① （清）汤成烈：《学校篇》，《经世文续编》卷六十五《礼政五·学校下》。

② 《清代科举中的舞弊真是花样百出》，http：//history.gmw.cn/2016－02/02/content_ 18749 955.htm。

查处死，成为中国历史上因科场而处斩的第一高官。①

　　而在另一方面，官学教育内容与科举考试内容的脱节，直接导致了科举与官学矛盾的激化以及官学的衰落和边缘化。进入近代社会以后，在内忧外患和西学东渐大潮的双重冲击下，科举与官学教育之间的矛盾再度激化，导致兴学堂、废科举的社会大变革，并最终结束了科举与封建官学教育之间长达一千多年的矛盾纠葛。清末科举与官学教育的关系过密，导致官学培养人才的功能无法得到真正发挥。在近代中国，在从传统教育向现代教育转型的过程中，科举作为传统教育体系中的一个核心组成部分，无疑占据着一个特殊而重要的位置。"科举养士教育"一度成为传统教育的代名词，传统教育曾因科举制的产生而巩固，而发达，最后也因科举制的解体而式微，而崩溃。总结传统教育兴盛、衰败的历史，可以说传统官学教育与科举制的勾连导致了衰落。

第二节　私学的衰落和教会书院的兴起

　　1840 年的鸦片战争使中国封建社会走向了穷途末路，外强交逼，祸在眉睫，中国面临着千古未有的变局。清政府奉行的专制主义与排外主义两大文教政策，使教育的发展笼罩在一片争名逐利、脱离世界发展现实的沉闷肃杀的气氛中，以理学为内核和科举为目的的封建教育已远远地落后于西方国家，面临着严峻的挑战和强烈的冲击。②

　　科举的僵化让官学教育日益失去了主体意识和追求学问的相对独立性，晚清的官学开始失去活力，而作为官学的补充——书院和私塾，也变得日益官学化，学术风气渐渐腐败，教学内容呆板僵化，教学要求重道轻艺，教师因循守旧，最终与官学一起走向衰落。与官学日益衰微不同的是，鸦片战争后，教会书院开始在中国萌发。因为教会书院课程兼顾中西，文化体育艺术

---

① 《清代科举中的舞弊真是花样百出》，http：//history. gmw. cn/2016 - 02/02/content_ 18749 955. htm。

② 李国钧、王炳照：《中国教育制度史》（第六卷），山东教育出版社，2000，第 7 页。

并重，就业趋势良好，逐渐受到了中国人的喜爱。在教会书院的影响下，中国知识分子和进步官绅也纷纷效仿教会书院，改革我国旧式书院，创办新式学堂，在一定程度上促进了我国近代教育的变革。

一 制度积弊丛生使书院走向衰落

清代书院达 2000 余所，但官学化也达到了极点，尤其是清末，大部分书院与官学无异，如张之洞在武昌建立的两湖书院、广州越秀书院等。此外，学术风气腐败，管理制度腐败，制度积弊丛生导致了书院走向衰落。

（一）学术风气腐败的清末书院

书院学术风气主要取决于其教学内容。就教育内容而言，清代先后出现过几类不同的书院。清朝入关不久，统治阶级还无暇顾及书院。明末清初有些学者承明代书院讲学精神之余绪，陆续恢复了部分以讲理学为目标的书院，如孙奇逢讲学于百泉书院，李二曲讲学于关中书院，黄宗羲讲学于浙东各书院等。但随着统治者对书院控制的加强，它们的影响并没有传播开来。与此同时，还出现了一股以学习"实学"为主，反对学习理学的书院教育，以颜元主持的漳南书院为代表，尝试培养经世致用的人才，可惜书院只维持了短短 4 个月。除此之外，一些考据学家也开始创办以博习经史词章为主的书院，讲究经世致用之学。这类书院兴盛于清中期，以阮元的诂经精舍和学海堂影响最大，但这类书院的数量极为有限，康有为在《戊戌变法·请饬各省改书院淫祠为学堂折》中就曾指出："其省会间有及考据词章之学者，天下数所而已。"① 以上几类书院的出现都产生过一定影响，但它们不可能改变整个清代书院的学术风气。

清代后期，受西学东渐的影响，洋务派开始在书院教育中开设有关西方科学技术知识的新课程。西方传教士也陆续在中国建立教会书院，特别是资产阶级维新派创办的新式书院对传统书院造成了极大冲击，标志传统书院开

---

① 谢丰：《从书院到学堂的三重变化》，《湖南大学学报》（社会科学版）2011 年第 6 期，第 12～17 页。

始走向衰落。

除以上几类书院之外，剩下的绝大多数书院是专门为应对科举，以学习制艺为目的的。所谓制艺通称八股文，亦称制义、时艺、时文，这类书院最为普遍。《清朝续文献通考》记载："其所日夕呫唔者，无过时文帖括。"《皇朝经世文新编》也有记载："院中传习，仅以时文帖括猎取科名，而经史之古籍无存也，圣贤之实学无与也。"考课自然是此类书院的主要教学活动。连昔日以讲求理学为宗旨的著名书院教学也以科举为目标。《重修白鹿洞记》所载："凡在洞童子英俊有志者，另期考试，拔尤者四人入南康府库中。"① 湖南岳麓书院的学规也明确规定："乡试第二场考试经义，不比从前附在头场，仅出拟题。诸生所习本经，务须熟读，逐句逐字讲解透明。"更何况其他一般书院。

考课制度在清代发展得最为完备。清代书院考课主要是官课和师课，考试的文体以八股文为主。八股文作为科举考试的专用文体，形成于明代，至清代，科举考试得到加强，八股取士进一步模式化。《清史稿·选举三》云："有清科目取士，承明制用八股文。取《四子书》及《易》《书》《诗》《春秋》《礼记》五经命题，谓之制义。"② 书院为了应对科举，就必须学作八股文，学习内容主要局限于《四书》《五经》。为了应付科举考试，书院还在内部制定了相应的考试制度。就拿书院官课来说，官课一般由该地所属的地方官员主持，省会书院则由总督、巡抚、学政或布政使、按察使、运使、道台等轮课，府、州、县书院则由道台、知府、知州、知县或教谕、训导分别主之。官课的出题、阅卷和评定一般由官员亲自主持，考课内容和形式类似科考，考课成绩的好坏对于生徒的膏火奖赏甚至能否住院有着决定性的意义。至于师课，考试模式大多照官课办理。③ 书院的考课左右了书院教学内容，而真正的幕后操纵者却是科举考试。

清代书院学术风气腐败，是因为书院的教育目标和内容以科举考试为中

---

① 毛德琦：《白鹿洞书院志》（卷一），中华书局，1995。
② 赵尔巽：《清史稿》，中华书局，1976。
③ 李国钧：《中国书院史》，东方出版中心，2004。

心。书院便丧失了自由讲学的风气，教育内容狭窄，空虚无用；教育方式呆板，毫无生机；山长"疲癃充数"，不问品学；士子"贪微末之膏火"，志趣鄙陋。总之，晚清书院已完全丧失了培育人才、研究学问的积极作用。书院教育同官学教育已无本质区别，清代书院完全沦为科举制的附庸。

（二）管理制度腐败的清末书院

清代书院腐败还反映在书院制度上，主要表现在以下三方面。

首先，书院对生徒的数量有一定的限制，这种约束力不在书院，而在官方。清朝以前，对此并没有严格要求。对于肄业生徒的甄别择取，清统治者虽出台过相关的条文，如乾隆元年（1736 年）上谕规定：书院生徒，由地方官"择乡里秀异、沉潜学问者肄业其中。其恃才放诞、桃达不羁之士，不得滥入"①。乾隆九年（1744 年）礼部先后议复曰："通行各省督抚公同学政，将现在书院生徒细加甄别，务使肄业者皆有学之人，不得劳良混杂，即令驻省道员，专司稽查。"诚然，它起到了一定成效，有效地监督了书院山长、师长的权力。但权力一旦被官员完全掌握，官场腐败之风不可避免会影响到书院。徇情滥送，不分良莠的腐败现象时有发生。书院山长陈寿祺就曾指出："书院一切简细，惟山长之命是听，故能行其志而以施其教，以伸其法。夫欲教之易施，而法之易伸，非委进退之权于山长，其势固万不可得。彼诸生之贤否可以欺大吏，不可以欺其师，苟山长之所进退失其道，或容忍而徇私，易其位可也，否则山长欲绌一人而不得，不贤者何岂惮之有。"②

其次，官府控制书院山长的选聘权和任免权。清朝规定，书院山长由各省督抚学政等政府官员负责选聘。乾隆元年（1736 年）下令："嗣后书院讲席，令督抚学臣悉心采访，不拘本省邻省，亦不论已仕未仕，但择品行方正，学问博通，素为士林所推重者，以礼相延，厚给廪饩，俾得安心训导。"③ 后

---

① 《清会典事例》（卷三九五），中华书局，1991。
② 陈寿祺：《与叶健奄巡抚书》，《左海文集》（卷五）。
③ 《清会典事例》（卷三九五），中华书局，1991。

来又规定："省会书院，大府主之；散府书院，太守主之。"① 而州县书院，"牧令不能自主，悉由大吏推荐。"② 这些规定确实选拔了一批学术大师到书院任教，保证了书院的教学质量。但清代后期，官场腐败，不少官吏利用手中选聘书院师长之权，徇私舞弊，选聘"通家故旧，或转因通家故旧之请托"者，至于他的学术品行就大打折扣，导致书院多"庸陋之师"。清代学者王昶在嘉庆六年（1801 年）八月撰写的《天下书院总志序》一文中指出："所谓院长，或为中朝所荐，或为上司属意，不问其人学行，贸贸然奉以为师，多有庸恶陋劣，素无学问，窜处其中，往往家居而遥领之，利其廪给，以供糊口，甚至诸生有经年而不得见，见而未尝奉教一言，经史子集诗赋占文之旨，茫无所解。"③ 黄以周在《论书院》中写道："书院所请之长，乡大夫之毫而无学，并经史之名不能悉数。有文教之责者，为之滋惧。"④ 再比如康有为在《请饬各省改书院淫祠为学堂折》中也指出：书院"所延多庸陋之师，或拥席不讲，坐受脩脯者"⑤。

最后，书院财产和经费是书院存在的物质基础。清代大部分书院带有官办的性质，官办书院的常年经费自然要经官吏之手，有时官府与民众合资创建的书院经费也由官吏加以经理。地方官吏腐败，伺机挪用书院的经费，侵占书院院产的现象很普遍。官府"竟将书院公项藉端挪移，以致肄业无人，月课废弛"⑥，直隶南宫东阳书院，乾隆年间公捐银两甚多，但因吏治腐败，"不数十年，官吏侵牟殆尽，房宇因而倾圮"。直隶望都康衢书院，自嘉庆四年（1799 年）修后，几十年中无人过问，以致"学田百余亩，奸胥侵蚀殆尽，院宇倾圮，移瓦木而济他工，曾四十余年间，盖将鞠为茂草矣"。江苏清河临川书院，共有房舍 22 间，咸丰年间，"官吏占据，将假而不归"。福建龙岩新罗书院，原为官办，嘉庆年间，"知州郭正谊以董理或不得人，

---

① 《清会典事例》（卷三九五），中华书局，1991。
② 《清会典事例》（卷三九五），中华书局，1991。
③ 王昶：《天下书院总志序》，春融堂集文集（卷六十八）。
④ 李国钧：《中国书院史》，东方出版中心，2004。
⑤ 转引自周德昌《康南海教育文选》，广东高等教育出版社，1989。
⑥ 《清朝续文献通》，浙江古籍出版社，2000。

间有浮费，将膏火挈归官办。嗣胥吏据为利薮，租税半入私囊，习佃亦乘间贿差，通同吞欠，膏火虚悬，会课稀少，书院堂舍渐次坍塌"。

（三）官学化导致了晚清书院衰落

书院的官学化几乎同书院的发展同步进行，书院官学化具有历史必然性。在封建社会里，政府无力承担所有学校教育，书院教育起初弥补了官学教育的不足，统治阶级看到了这有利的一面。然而，作为封建专制社会的统治者是不会长期容忍一个对学术思想和社会心理都有着重大影响的教育机构游离于统治之外的，因此他们又想方设法地采取一些积极的扶植政策，通过对书院施加各种影响，使其在自己的控制之中。书院官学化的基本途径主要是：一是使书院的学术思想符合官方统治思想；二是在书院制度上进一步强化官方的影响。

要控制书院的学术思想，必须规范书院的教育内容。科举考试便成了最佳调节工具。历代书院与科举制关系密切，科举制对书院的影响深远。朱熹虽然对科举做过激烈的批评，但是他并没有从根本上否认科举制度，他本人就是一个科举高手。朱熹十九岁中进士，一生讲学不辍，培养了大批科举士子，在其 276 位门人中，进士及第者 24 人，占总数的 8.7%，这一比例高于南宋省试十七人取一人的比例。① 至于陆九渊、王阳明，甚至颜元都有应付科考的理论与办法。书院大师都难逃科举的制约，何况一般的书院教育者。清代，书院沦为科举制的附庸，教育内容僵化，其学术风气自然十分腐败。今人章柳泉先生就书院官学化结果评价道："书院官学化的结果是学习内容的僵化和学习空气淡薄，尽管官学化的书院也标榜传习理学，但只是程朱理学的躯壳，是当作应科举考试的敲门砖而学习的。"② 这一论述颇为深刻。

除了限制书院的教育内容，封建统治阶级还通过对书院山长任命、经费、教师、生徒等方面进行控制，使得书院官学化在制度上进一步得到保

---

① 李兵：《书院大师朱熹的科举生涯和科举观评析》，《湖南大学学报》（社会科学版）2004
年第 3 期。

② 章柳泉：《中国书院史话》，教育科学出版社，1981。

证。宋代许多书院就有官学化倾向，如岳麓书院自开办以来就带有浓厚的官方色彩，它由太守朱洞创辟（976年），太守李允则扩建，并请得国子监赐书，规制十分详备。北宋后期，岳麓书院还仿"三舍法"，与湘西书院，州学成为"潭州三学"的最高学府。元代，朝廷也曾通过严格报批书院创办手续、委派山长等措施，加强了对书院的控制。明代中后期，书院官学化的倾向更加明显。

清廷通过对书院山长任命的掌控，轻而易举地控制了书院发展的动向。清廷的赐书赐额举动，很大程度上限制了书院的各种改革契机。清代自康熙帝始，诸帝多有赐书赐额举动。以赐额为例，"康熙朝26次，乾隆朝6次，道光朝3次，同治朝6次，光绪朝10次"[1]。这些匾额对联多为理学气息浓厚的教化口吻。如康熙帝赐白鹿洞书院、岳麓书院、紫阳书院的匾额为"学达性天"，游梁书院为"昌明仁义"，胡安国书院为"经术造士"[2]。这就在无形之中，使书院在发展中形成了"恭睹宸章，仰窥圣学"的广泛社会效应。[3]

清代书院全面官学化，在制度上更为完备，主要表现为以下几方面。

第一，直接由地方举建书院。雍正十一年（1733年）清廷命各省设立书院，招致生徒肄业，各给银千两为营建之费，还预先筹划，供给师生膏火。

第二，官选师长，严择生徒。清廷对书院的管理极为详密，比如，乾隆元年（1736年）命令书院师长由学政任满咨访考核，如果三年内教术可观，便可加以奖励，施教六年成绩卓著的，还可考虑升为地方官吏。[4] 对生徒，则由地方官挑选乡里俊秀，潜心学问者，对其中"材器尤异者，准令荐举

---

① 王胜军：《论清代官方对书院藏书的影响》，《长春教育学院学报》2013年第10期，第117~121页。
② 邓洪波：《中国书院史》，东方出版中心，2006，第432~433页。
③ 雷箐：《论清代书院官学化的消极作用》，《湖南社会科学》2015年第6期，第218~222页。
④ 《清朝续文献通》，浙江古籍出版社，2000。

一二，以示鼓舞"①。

第三，对书院经费加以控制，尤其对省、府、州、县所在的官办书院，由政府拨给国家经费，省会书院开支不足的部分，可由公款弥补。

这种制度的制定，反映统治阶级对书院控制不断加强，对书院的发展客观上也取得了一定成效，但它又与清代书院制度腐败有着密切关联。清代前期，政治相对清明，表现还不很突出；清代后期，政治日益腐败，同时官方全面控制了书院的人事权、财权和教学内容，政治的腐败必然波及书院制度。封建专制制度不断加强与封建统治日趋腐朽的内在统一性，使书院官学化必然导致书院制度腐败。

清代统治阶级的特殊身份，决定了其在推行书院官学化过程中，非常注重以意识形态来加强对书院的控制，使得书院在教育内容、教育机制等诸多方面，出现了不可避免的僵化和保守发展趋势。以官学为导向，利用科举调控书院发展的举措，使清代书院始终被浓厚的功利主义所笼罩，最终与书院教育初衷相背离。此外，由于传统政治与教育的密切联系，清代书院的发展带有明显的"人治"特点。总之，清代书院官学化虽有一定的创举和贡献，但其总体上消极作用不容忽视。②

二 僵化守旧使晚清私塾步履维艰

从孔子兴私学开始的几千年中，私塾作为中国乡村存在数量最多、分布最广的儒学教育机构，是儒家文化传递、儒生培养的重要场所。私塾教育在清代也是重要的民间教育，广大农村和城镇儿童、少年，特别是贫寒子弟，能够读书写字受到的教育一般都是在私塾中进行的。当时的私塾教育在性质上可以分为三类：第一类，是有钱人家（多半是官僚、地主、富商）请名师到自己家去坐馆，教自己的子弟，这种称为教馆或坐馆；第二类，是做不到官的穷秀才，或年老的小官僚，或地方热心教育事业的知识分子，在家中

---

① 《清会典事例》（卷三九五），中华书局，1991。
② 雷箐：《论清代书院官学化的消极作用》，《湖南社会科学》2015年第6期，第218~222页。

设学以维持生活；第三类，是地方士绅主持，地方出钱或向私人募捐招收农户子弟和贫寒子弟。

早期私塾一度非常繁荣，因为其适应当时的社会生产力的状况，在客观上有其继续生存的现实土壤。比如，为方便学生求学，私塾一般就近设学；在时间上则不似学堂有严格的作息规定，且每日上学时间长于学堂，让民众觉得"实惠"。私塾所缴费用大大低于学堂，"学生入私塾每季纳修数角"即可，而"初等学堂学费至少须五角，多且一元或二元"①。私塾通常也不像学堂那样，"有操衣费、运动旅行费、听差节赏等之额外费"②。就使许多"贫寒之徒，往往不问校之良否，以收费少者为入学之视的"③。清代中央设立的国子监（大学）及地方上设立的府学、州学、县学（儒学）均有名无实，徒具形式。一般士子真正读书受教的地方，在私人设立的学塾里。

然而，随着社会发展和新学堂的兴起，私塾的缺陷日益凸显。特别是晚清以来，私塾存在着严重的问题，主要包括以下几方面。

（一）僵化呆板、重道轻艺的晚清私塾

一是课程设置过于僵化呆板。有一《村学诗》对此进行过入木三分的讽刺："一阵乌鸦噪晚风，诸徒齐逞好喉咙。赵钱孙李周吴郑，天地玄黄宇宙洪。《千字文》完翻《鉴略》，《百家姓》毕理《神童》。就中有个超群者，一日三行读《大》、《中》（《学》、《庸》也）。"④ 还有人认为："旧时蒙馆所教读者，白块字、《三字经》、《千家诗》、《学》、《庸》、《论语》、《孟子》而至五经古文等。读书数十种，费时五六年，无一非所学非所用之物。"⑤

二是教学要求重道轻艺。私塾往往以人伦、道德作为判断知识价值的标准，培养驯服的墨守成规的人，以科举、入仕为导向，培养文学和官僚人

---

① 庄俞：《论小学教育》，《教育杂志》1909 年第 2 期，第 21 页。
② 《论我国学校不发达之原因》，《申报》1909 年 5 月 24 日，第 3 版。
③ 庄俞：《论小学教育》，《教育杂志》1909 年第 2 期，第 21 页。
④ 璩鑫圭：《中国近代教育史资料汇编·鸦片战争时期教育》，上海教育出版社，1990，第 402 页。
⑤ 《论我国学校不发达之原因》，《申报》1909 年 5 月 24 日，第 3 版。

才，忽视与经济发展、社会进步有密切关系的自然科学、应用科学和社会科学的教学，科学技术被鄙视为雕虫小技、旁门左道，成为科举的附庸，官吏的养成所。相当于基础教育的低年级塾师多讲授持家立业所需的少数应用文字、知识等。教学内容以《三字经》《百家姓》《千字文》为主；高一级的私塾则读《四书》《五经》等准备应科考书籍。学生要熟读这些经书义理，但一些日常生活中具备的能力却被忽略，对工业文明发展所需的近代自然科学理论和技术知识几乎一无所知，以致很多读书人四体不勤、五谷不分。对于这些荒唐的表现，读书人不仅不反思，还美其名曰"君子不器"。

（二）灌输为主、因循守旧的晚清私塾

一是晚清私塾教学方式上，以"填鸭式"的教学、灌输为主，忽视讲解、启发和思维训练，同时剥夺了女性受教育的权利，使中国一半国民的才智受到压抑，埋没了无数巾帼英才。学塾中规则严厉，教师只和学生讨论作业，对于学生心理、思想等其他内容从不涉及。私塾订有严重的罚则，除站立、罚跪外，还有用戒尺"打手心"等体罚。在这种严厉、呆板的教育下，儿童的身心受到极大摧残，儿童的天性也被完全束缚了。对此，梁启超批评道："今之教者，其姑以授之，而希冀其万一能解也，则是大愚也。知其必不能解，而犹然授之，是殴其子弟，使以学为苦而疾其师也。"[1] 1911 年 5 月，《大公报》刊登了一篇题为《讲训蒙当改用善法》的文章也认为："先生给讲书，说了些个之乎者也，也不明白那里的奥妙……整天的诗云子曰天德王道的乱念……照着老法子念了十年八年书的人，一个说条也不会写，拿起什么书来，也不懂得，真是可怜得很。"[2]

二是晚清私塾的塾师因循守旧、缺乏创新。清末民初的塾师大部分是未取得功名的秀才或童生，很少有人能熟练掌握近代初等教育一系列新的教育教学方法。他们往往把自己受教育的方式原样照搬过来再教授学生，因此很难达到近代初等教育的要求。梁启超曾评判塾师："窃念近世塾师，限于积

---

① 陈景磐、陈学恂：《清代后期教育论著选》（下册），人民教育出版社，1997，第 451 页。
② 《讲训蒙当改用善法》，《大公报》1911 年 11 月 25 日，第 3 张第 1 版。

习，开蒙即训《学》《庸》，于古者小学之教，已漠不过问。其上者，高视阔步，聪明自负，即有浅近诗歌，足资童蒙启发者，又多不屑教读。其庸庸者，则又墨守成例，《千字》《百家》《神童》《千家诗》之外，不敢稍改旧章，说到讲解，则又以为童蒙何足与于此。"① 另外，清朝私塾塾师主要由出身社会下层的知识分子担任，绝大多数来自农、工、商家庭，少数来自并不十分富裕的地主家庭。

一首《蒙馆诗》道出了塾师的四苦：

一苦出门在外时间长，而薪金又难给足；

二苦教学条件恶劣：

"塾堂三两间，东穿西又破。上漏并下湿，常在泥涂坐。炎天气郁蒸，难学羲皇卧。一朝朔风起，床端发吼怒。窗破不能遮，飘然入庭户。一吹寒彻首，再吹指欲坠。"

三苦居住环境糟糕：

"两捆乱稻柴，一条粗衾布。虽有青麻帐，又被鼠咬破。夏间灯尽时，便受蚊虻蠹。倏忽秋冬交。霜雪纷纷堕。枕麻冷如冰，四体难蹭错。三更足不温，四更难捱过。才闻啼喔声，不寐而常寤。"

四苦食不饱：

"粥饭日寻常，酒肴亦粗卤。鱼肉不周全，时常吃豆腐。非淡即是咸，有酱又没醋。烹调总不佳，如何下得肚。勉强吃些饭，腹中常带饿。渴来自煎茶，主翁若不睹。不说管待疏，还道受用过。"②

由此，塾师生活之清苦潦倒与凄凉，可见一斑。无怪乎许多人做塾师是不得已的选择，因此，边教边读以应对科举成了塾师生活的常态。到了晚

---

① 琚鑫圭：《中国近代教育史资料汇编·鸦片战争时期教育》，上海教育出版社，1990，第401页。
② 琚鑫圭：《中国近代教育史资料汇编·鸦片战争时期教育》，上海教育出版社，1990，第409~410页。

清，因政治腐败和经济衰退，一些贫穷地区，由于多家农户聘请一位塾师，常常没有薪金，塾师更加苦不堪言。在这种情况下，私塾举步维艰，发展受到极大影响，许多人不愿做塾师，塾师不安心教书，责任心不强，教育质量较差。①

综上所述，由于近代社会环境发生了变化，而清代书院和私塾不但没有变化，还以科举为导向，固化了教学内容和教学方法，因此在近代中国，官学名存实亡、书院积弊丛生，私塾开始衰落，发展步履维艰，晚清教育面临着解体和崩溃的危险，晚清教育确实衰败到触目惊心的地步。这表明腐朽的封建传统教育已远远不能适应中国社会的发展，已到了非改革转型不可的时候了。

三 晚清教会书院的兴起与发展

鸦片战争以后，西学通过两种途径进入书院的教育领域。第一个途径是西方传教士在通商口岸地区建立以中国人为教育对象的教会书院。第二个途径是中国书院在教学内容上引进西方社会科学和自然科学。

（一）教会书院的"西学东渐"

第一次鸦片战争后，清政府被迫开放通商口岸及其附近地区，给教会书院在中国的创办提供了契机。1843 年，马六甲英华书院院长理雅各决定将书院迁往香港地区，次年，英华书院改名为英华神学院。英华书院主要教授中西文学以及传播基督教教义，进行中西文化的交流，招生对象为中国、日本、印度支那各国的适龄儿童。英华书院发行了香港历史上的第一份中文报刊——《遐迩贯珍》，是 24 开本，每月发行一次。从 1853 年 8 月创刊至 1856 年 5 月停刊，《遐迩贯珍》共出版 33 期，每期页数不定，少则 12 页，多则 24 页，每期只收 15 文，主要介绍科学、地理、政治、天文、历法、历史、医学、商务、新闻、宗教等方面的新知识。1856 年，该院停办，当时有学生 85 人。

---

① 李国钧、王炳照：《中国教育制度史》（第六卷），山东教育出版社，2000，第 25 页。

除香港英华书院外，英国伦敦会传教士施敦力在厦门设立了英华书院，主要招收中小学的适龄儿童；美国北长老会女传教士夏礼在广州创办真光书院，专门招收女童入学。这一时期教会书院虽然规模不大，数量不多，程度不高，但在教学内容、培养方式、教育管理等方面比中国传统书院教育先进。

（二）第二次鸦片战争后的教会书院

第二次鸦片战争后，外国传教士在中国的权力大大加强，教会书院也随之在中国得到快速发展。道光三十年（1850年）圣公会在上海创办了清心书院。咸丰三年（1853年）美国公理会在福州创立福州格致书院。同治六年（1867年）美国传教士在杭州建立育英书院。这一时期，出现了一批较为有名的书院，比如格致书院、潞河书院、文华书院、存养书院、三一书院、圣约翰书院、培英书院、鹤龄英华书院、中西书院、博文书院、汇文书院、培正书院、基督书院、麦伦书院、益智书院、训女书院、德华书院等。

教会书院初创时，因为是教会学校，招不到一些富家子弟，所以只好招收贫家子弟。由于家境贫穷，书院不收学生的学杂费，食宿衣着和书籍文具亦悉由院方提供。这自然增加了教会书院的办学成本。后来，随着洋务运动的开展，客观上越来越需要一些懂洋务和翻译人才。教会书院有了一定的优势，他们培养的学生一部分去了洋务企业，待遇比较好，引起了富家子弟的注意。于是，教会书院开始招收一部分富人的孩子。同时，教会认为，通过培养一些富有人家的孩子，再让他们去传道，效果应该比培养穷人的孩子更有效。另外，为适应洋务运动后中国社会的急剧变化，教会书院在培养目标上也进行了适时调整，书院不再只是教牧人员的场所，还强调培养通晓西学，熟悉洋务的人员。

（三）教会书院的办学层次和管理

西方传教士所办的书院同中国的传统书院有相似之处。第一，属于民间办学系统；第二，书院亦分小、中、高三种形式，其中许多书院也属于启蒙性质的义学之类。有的书院教育本身就包括小学、中学、大学三个层次。具有大学层次的书院，后来发展为教会大学。如上海的中西书院并入东吴大学，南京的汇文书院发展为金陵大学，杭州的育英书院发展为之江大学，武昌的文华书院与汉口的博文书院等发展为华中大学，登州的文会馆迁入济南后发展为齐鲁大学，福州的格致书院发展为福建协和大学，北京的汇文书院发展为燕京大学等等。①

教会书院采用层层推进、难度由低到高的教学体制，一般分初级、中级、高级等层级制。教会书院管理也很严格。有的书院一年只放三次假：春节 30 天，端午节 10 天，中秋节 10 天，其余时间都在书院内，学生几乎与外界隔绝。有的书院规定学生只有在完成学业后方准离开。第二次鸦片战争后的教会书院发展很快，原因在于办学先进，教学内容新颖、科学，给中国书院的发展提供了榜样，但宗教性毕竟还是限制了它的发展，甚至受到反洋教团体的打击，一些教会书院被义和团损毁。

（四）教会书院的教学内容和课程

教会书院的教学内容分为三部分。其一是宗教内容，系一般教会书院所必备；其二是汉学部分，包括汉语识字教学或四书、五经中的某些内容；其三是西学，这是教会书院的主要教学内容，包括西文、社会科学、自然科学等。上海的中西书院学制为 6～8 年。分一、二分院和大书院。学生入学先在分院学习两年，然后升入大书院学习四年，有成就者可自愿再学两年。该书院逐年开设的课程有：认字写字、浅解词句；练习文法、习学西语、练习翻译；数学启蒙、各国地理；代数学、格致学基础；天文学及几何学；化学、重学（力学）、高等数学、性理；航海测量、万国公法；富国策（经济学）、天文学、地质学、金石学等。汉语和西语、中西翻译是八年中始终开设的课程。②

教会书院在课程设置上兼顾中、西学，除了开设典型的孔孟经书、八股试策等中国传统课程，为参加科举考试做准备外，为适应社会对西学的追

---

① 文山书院：《清代书院教育的嬗变》，http：//www.360doc.com/content/12/1025/23/13024 11_ 243802163. shtml。

② 文山书院：《清代书院教育的嬗变》，http：//www.360doc.com/content/12/1025/23/13024 11_ 243802163. shtml。

求，还开设了数学启蒙、数学、代数学、几何学、电学、格物学、勾股法则、平三角、弧三角、化学、重学、微分、积分等课程。有的书院还设置了实验室，比如物理实验室、化学实验室、机械厂、发电厂、天文观察台、格致房、机器房等，供学生学习西学时实习操作之用。教会书院也重视英语教学，不但学习英语这门外语，有的书院还用英语教学。因为书院认为教授英语有四大好处：一是能增长中国人的智慧；二是消除中国人排外之成见；三是促进东西方的了解，扩大国际贸易；四是使中国人了解教会学校的办学宗旨。教会书院还重视艺术教学，安排学习琴韵等，以陶冶身心，提高文化素养。教会书院重视体育活动，开展田径、棒球、网球、足球等运动。毕竟是教会创办的书院，宗教气氛较为浓厚。圣经往往是必修课，若考试不及格，不准毕业。不少书院要求学生参加早祷会、晚祷会、做礼拜，以及圣诞节、复活节等宗教活动，违反者即受惩罚。但也有少数教会书院较为宽松，不愿意做礼拜的学生也不加勉强。

虽然在这一时期教会书院发展较快，但是由于办学的低层次性和分散性，严重地制约了它的发展。20世纪后，教会书院为了进一步发展，多数逐步向新式中小学演变。一部分教会书院通过联合，提升办学层次，从基础教育向高等教育发展，最终组成完全大学。圣约翰书院于1892年设大学部，开设大学课程，学习年限为3年，1896年，调整学科为文理、医学、神学三科，初具近代大学的雏形，当年大学部有学生17人。1897年，杭州的育英书院分设了正科和预科。正科相当于大学程度，学制为6年，有英文、化学两个专科；预科相当于中学，学制5年；至1905年时，大学部有学生35名，中学部有学生80名。1903年，武昌文华书院成立了大学部，增设了大学课程。1907年，武昌的博文书院也设立了大学部和中学部。在书院中试办高等教育获得一定经验后，北京、南京、苏州、杭州、武汉等地的教会人士从提高投资效益，加强统一管理，保证教学质量等方面考虑，开始酝酿联合组建大学。南京地区设有三所教会书院，基督书院院长美在中首先倡议合并书院。1901年，清政府废止了科举考试制度后，西方的新式教育在中国迅速增多，公私立学校如雨后春笋般出现。

教会书院是西方教育中国化的产物，具有西方的教育形态。在其发展的进程中，打上了中国的烙印。虽然教会书院是西方侵略中国的结果，但拓展了近代中国的教育范围，促进了中国教育向近代转型。

第三节　太平天国的反传统教育改革实践

1851～1864年洪秀全领导的太平天国运动，是中国近代史上一次规模最大的农民革命运动。太平天国教育在这次革命运动中，占有非常重要的地位。它的基本特征是把教育与政治和宗教紧密地联系在一起，也利用了西方早期基督教教义中的某些平等思想和宗教信仰以及仪式。太平天国为了推翻清朝的封建统治，实现"有田同耕，有饭同食，有衣同穿，有钱同使，无处不均匀，无人不饱暖"的制度，对于封建的文化教育，特别是作为封建制度精神支柱的儒家思想予以无情的打击。

太平天国教育的反儒方针是早已确定了的，但为了适应各个时期革命的需要，所采取的措施有所不同。在起义前的革命酝酿时期，洪秀全和他的族弟洪仁玕在村塾教书时，就把代表封建教育正宗的孔子的牌位毁掉，表示与封建文化教育的决绝，不过他们也常利用儒家经典中某些对太平天国革命有用的部分，如《礼记·礼运篇》的大同思想等，来宣扬革命的道理。起义后，为了配合军事进攻，采取了较为彻底的反儒政策，如视孔子为"邪神"，把儒家经典作为"妖书"予以焚毁，不准买卖藏读。定都南京后，对儒家的态度又略有改变，主要是采取了改造的政策。

一　太平天国的教育活动

（一）抨击儒学，创立"拜上帝会"组织

早在太平天国起义前，洪秀全和他的好友冯云山，族弟洪仁玕，就在他们任教的私塾里，捣毁过孔丘的牌位。以后，洪秀全在他写的《太平天日》中，还编了一些鞭挞孔丘的神话故事表现了洪秀全对孔丘的憎恨。否定了封建教育的始祖孔夫子及其所奠定的封建教育内容。

1847 年，洪秀全、冯云山建立"拜上帝会"组织。为了发动、组织统率农民群众，太平天国的实现意识方面极力树立皇上帝的绝对威望，他们把农民反清反封建的思想、中国古代儒家大同思想、基督教教义中某些平等的思想结合起来，形成了一套社会政治理论，即"拜上帝教"的教义，具有鲜明的反封建传统的思想倾向。他们用改造了的上帝来反对原有的一切权威偶像，宣布什么皇帝、孔子都属于"邪神"，全在推翻之列。太平天国起义后，采取了坚决反儒政策，宣布孔、孟的书都是"妖书"要"一概毁化"。在这种方针下，凡太平军所到之处，便毁掉孔庙、圣物，推倒孔子像，一些寺院、学官，甚至书院也全都拆毁，将《四书》《五经》《朱子全集》等皆付之一炬，出现了一个"敢将孔孟横称妖，经史文章尽日烧"① 的局面。1853 年，太平天国定都南京后，由坚决反儒的政策，变为改造的政策，他们曾改四书五经，删鬼神祭祀吉礼之类，将一切鬼话、怪话、妖话、邪话一概删除。对孔孟的书，也认为不必废，其中亦有很多内容合乎天性道理。

（二）培养新人，实行公平的科举制度

太平天国认为科举制度只会培养背四书五经、追求荣华富贵的奴才，所以，他们在选拔人才时不仅注意人的才能，更重视人的道德，德才兼备者为他们选拔人才的首要标准，其次是有德而少才者。德是本而才是末。为了确保选拔对象是道德高尚之人，他们往往采取地方各级推荐制。每年推举一次来补偿所缺官位，所有的官员职位每隔三年变动一次，凡是遵守太平天国规定并为国家做出贡献者均获升迁，否则遭到降职甚至罢免。为了防止损公肥私的现象发生，革命政权还规定不准吃请等一些禁令，以保证当权者公正廉明。

除了选拔推荐制度外，太平天国还实行考试制度。考试制度非常公平，不会因为人的出身或性别而受到歧视。举凡天国之人，均有权利参加考试，这对于设定了高门槛的旧科举考试而言，无疑是公平、公正的。各地方都举行考试，考试分为文试和武试。文试凡考中者均为举人，后去天京参加会

---

① 太平天国历史博物馆编：《太平天国史料丛编简辑》（六），中华书局，1961，第 386 页。

试。考试内容也不是旧科举的经史子集，而是天王洪秀全出的题目，包括诗文、策论、政策法令和革命理论。考试内容做了详细规定，行文不准浮夸，反对形式主义；文字要求朴实，要与现实生活相联系；表达观点不要求统一，要是发自内心的真实想法。武试内容为马上射箭五支，徒步射箭三支，到会试时由东王杨秀清和北王韦昌辉亲自主持。不论文试或武试，都是为了得到文武兼备的人才。

（三）革新文风，重视文教出版事业

为了打破封建政府的语言和文字霸权，太平天国对文风和文字进行了革新，他们去除封建政府复古守旧、故弄玄虚的文化，呼吁实行纪实朴素、简单明了的大众文学。太平天国颁布法令，宣布"古典之语"为反动的"妖语"，反对"拘于八股六韵"专门从事巧语浮文的"六代故习"，打破了封建地主对文化的专属权，还民众学习文化的自然法权。他们还破除迷信，解放思想，进行了文字改革，创造和采用了大量易认、易写、易记的简化字，在公文、布告、文献中广泛使用。太平天国改变文风，改革文字，对于打破剥削阶级垄断文化，对于劳动人民识字，学文化，掌握文权，传播革命道理，具有特别重要的意义。

太平天国对于发展自己的文教出版事业极为重视，成立了镌书衙、刷书衙，负责刻印出版宣传革命思想的新书。一切新刊行的书籍都必须报请革命政权审查批准，违反命令则受到惩罚。革命政权还成立删书衙，严格审查旧书中的假话空话。革命政权编写发行了一些必读书，如《三字经》《幼学诗》《千字诏》《十全大吉诗》等，都是当时青少年必读的启蒙读物；《天条书》《原道醒世训》《原道救世歌》《原道觉世训》《颁行诏书》等则是向群众进行日常思想教育的教材。

（四）设专门教育机构，育革命阶梯队伍

太平天国设立专门教育机构，培养贫苦的革命青少年。由于一直处于战争状态，太平天国没时间建立完整的学校教育体系。为培养阶梯队伍，革命政权建立了专门的教育机构。它们成立了"育才院""育才馆"，培养踊跃参加革命的贫苦青少年和各级干部子弟。太平天国还自编教材批判儒家

"压迫有理""剥削有理""造反无理"的反动说教。教育儿童热爱领袖洪秀全和他领导的太平天国运动，树立敢于革命，敢于造反的精神。比如《千字诏》用了相当大的篇幅歌颂洪秀全和冯云山，宣传他们不畏艰险、发动革命、打击封建地主的英雄事迹，歌颂广大将士英勇作战、视死如归的勇敢精神，激励青少年以革命前辈为榜样，走革命路，做革命人。一大批经过教育培养的青少年，成长为太平天国年轻的优秀将领。

二 太平天国教育的基本形式和内容

太平天国建立了一套有体系的礼乐政教制度，教育就是其中的重要组成部分。这场运动不但沉重打击了清王朝，而且在运动过程中实施了一系列教育政策，对中国两千多年的封建传统文化造成了严重的冲击，谱写了自己的文化篇章。

（一）主张教育平等，重视妇女、儿童教育

1853 年太平天国定都南京后，由洪秀全颁布的《天朝田亩制度》是太平天国的纲领性文件，其中关于文化教育方面的政策有："凡二十五家中设有国库一，礼拜堂一，两司马居之……其二十五家中童子俱日至礼拜堂，两司马教读《旧遗诏圣书》《新遗诏圣书》及《真命诏旨书》焉。凡礼拜日，伍长各率男妇至礼拜堂，分别男女行，讲听道理，颂赞祭奠天父皇上皇帝焉"，"凡内外诸官及民，每礼拜日听讲圣书，虔诚祭奠，礼拜颂赞天父上主皇上帝焉。每七七四十九礼拜日，师帅、旅帅、卒帅更番至其所统属两司马礼拜堂讲圣书教化民，兼察其遵条命与违条命及勤惰。"① 明确提出了对辖区内的儿童和成年人不分男女、不分长幼进行普遍的、平等的政治教育、宗教教育和社会教育原则。

1. 重视女子教育，开解放妇女运动之先河

太平天国在一定程度上实施了男女平等的教育，使女子走出家庭到学校接受教育，而且给了女子许多的权利和自由。太平天国运动的领导人洪秀全

---

① 《太平天国》（一），上海出版社，1957，第 322 页。

在 1845～1846 年，在《原道救世歌》中提出了"普天之下皆兄弟，灵魂同是天上来。上帝视为皆赤子"① 人人平等主张。在《原道醒世训》中，更明确指出："天下多男人，尽是兄弟之辈，天下多女子，尽是姊妹之群，何得存此疆彼界之私，何可起尔吞我并之念。"② 强调人与人之间是平等的，女子与男子也是平等的，在事实上不应有差别。肯定了男女之间平等的地位，在政治、教育等方面使妇女获得了同男子平等的权利。

太平天国运动开解放妇女之先河，使她们中的一部分人有机会走出血缘等级人际关系背景，并赋予她们进入人际社会的平行关系、获得接受教育及社会职业角色的资格凭证。《天朝田亩制度》规定了女性与男性有同等到礼拜堂"讲听道理"的"女学"权利，这便使她们突破学院家族关系的历史局限，拥有了接受社会教育的资格，同时也为她们进入以业缘或地缘为纽带而结成的非血缘人际关系创造了条件，为妇女在人际社会的平行关系中立足和发展打下一定基础。1853 年秋，太平天国开女科考试的历史创举，赋予女子与男子同等的参加科举考试的权利，有史料记载"癸丑岁尝开女科，状元为傅善祥，上元书吏女；榜眼为钟秀英，伪官钟方礼所掠女；探花林丽花，伪官林凤向所掠女。发榜后俱为伪官"③。此后，状元傅善祥担任了政府部分的要职，负责批阅太平天国的重要文件，这意味着对女子受教育权及职业权、参政权具有开创意义的国家和社会性的认可，体现了超越时代的特性。

太平天国运动把中国旧式农民战争推向高峰，太平天国实行了一些积极的妇女政策，提出了男女平等的原则，并基于战争的需要，提出了一系列提高妇女地位的主张，太平天国的妇女政策只是在客观上冲击了传统的妇女观念，保护了妇女的权益，促进了妇女地位的提高，加速了社会变动，在中国历史上，一场农民运动可以做到这些是很难得的。但在实践的过程中也遇到各种阻碍，解放妇女的程度有限，对于社会结构的变动影响有限。

---

① 《太平诏书》《太平天国印书》（上），江苏人民出版社，1979。
② 《洪秀全选集》，中华书局，1976，第 23 页。
③ 太平天国历史博物馆编：《太平天国诗歌选》，上海人民出版社，1978，第 106 页。

2. 设立育才书院，实施平等的儿童教育政策

太平天国的儿童教育有着自己一套行之有效的方式和方法，主要表现在：第一，在京城天京"设育才书院，延师教各官子读书，名育才官"，专门教育未成年的儿童。除天京外，当时在太平天国控制的一些地方，也有类似天京"育才书院"的教育机构。第二，在各地开办"义学"。尽管当时战乱不断，但太平天国的"义学"在对民间子弟的教育方面取得了一定的效果。第三，在太平天国各级官员中推行一种"带徒弟"的教育措施，即让各级官员对随从身边的儿童进行经常性的实践教育，以在革命斗争的实践中培养有作为的新一代。太平天国的儿童教育由于缺乏和平的环境及足够的师资，系统的文化知识教育不可能实现，但是，由于太平天国采取了比较切合实际的教育政策，特别是"带徒弟"教育措施的推行，因而太平天国的儿童教育政策取得了较大的成绩。在太平天国内，受教育的对象是全民性的，凡天国平民，不论男女，不分年龄，不分民族，都享有平等的教育权利。虽然太平天国的平等教育缺乏系统性，粗糙而不完善，但它却富于民主和革命的精神，它充分地反映了广大农民反对封建特权，追求平等平均的愿望。

（二）充满宗教色彩的太平天国教育

为了反对名分等级制度，洪秀全援引西方基督教的平等精神为武器，仿效基督教会建立"拜上帝教"这一宗教组织，又吸收中国古代大同思想和农民阶级朴素的平均主义观念，创立新的教义，歌颂没有压迫和剥削的新世界，提出了实现"天下一家，共享太平"的大同社会。教育的内容主要是在"拜上帝教"的名义下，以宗教教育的形式组织起来的，把政治思想、道德教育融汇到宗教教育与宣传之中，同时也可以达到学会初步读写和获取文化知识教育的目的。在当时主要的宗教性的读物有《天条书》《旧遗诏圣书》《新遗诏圣书》《真命诏旨书》。其中《天条书》是 1847 年洪秀全、冯云山亲自制定的拜上帝会的宗教仪式和公众的 10 条行为准则；《旧遗诏圣书》和《新遗诏圣书》是基督教《旧约圣经》和《新约圣经》的编译本，但对其中不符合太平天国运动的部分进行了修改与删订。《真命诏旨书》是 1853 年以前所谓"天父、天兄下凡诏旨"和"天王诏旨"的汇集。这些普

及性的读物，无论军民、成人或儿童都要认真习读。洪秀全早期写的文章如《原道救世歌》《原道醒世训》《原道觉世训》，以及在起义中形成的著名文告、檄文等都作为一般宗教和政治思想的教育读物广为流传。它们在阐述"拜上帝教"教义的同时，着力揭露清朝统治的腐朽，展示未来太平天国的美好前景，激发人们献身革命的热情。

（三）多元化的教育组织形式和方法

太平天国没有统一的全国政权，在天京政权存在的 14 年时间，又忙于战事，管辖区域不定，因此也没有建立起完整的教育制度，社会教育主要通过推广各种宗教活动和仪式来进行。一是教堂兼学校。在太平天国辖区内，儿童每天须去礼拜堂听讲圣书，成年男女则在礼拜日去礼拜堂听讲。除此之外，还设置"义学""育才馆""育才学校"等临时性儿童教育机构，另一种"带徒弟"的教育形式，使儿童通过实践，学习宗教、政治、军事等方面的知识。二是对农民进行普及教育时，打破了通常的学校教育形式而采取了一种简单、有效、为群众所接受的宣传教育形式。具体来说，就是利用歌谣、讲演等教育手段启发农民思想觉悟，还创造了"讲道理"这种新型的宣传加教育的复合式教育方法来开展教育。三是在士兵教育方面，"天晴则操练士兵，下雨则习读天书"，进行宗教信仰、军事技术和纪律教育。另外，太平军官还通过收养儿童作为义子义弟的方式来培养新战士。让儿童在与太平军的朝夕相处中，接受政治思想和宗教道德熏陶，培养对太平天国革命运动的感情，学习战争技能和一定文化知识。四是在群众教育方面，通常以聚众演讲、教唱歌谣等形式向他们宣传革命道理，以赢得他们对太平天国运动的配合和支持。

（四）太平天国对儒学思想的批判

中国两千多年的封建社会中，儒学长期处于独尊地位。只有在近代西学东渐后，才厄运临头，受到一次次猛烈冲击。这些冲击来自不同的方面和不同的力量。第一次冲击来自宗教力量的推动，主要表现为太平天国时期洪秀全及"拜上帝教"会众对孔子及儒家典籍的批判。

太平天国由反儒向容儒转变是必然的。首先，太平天国的革命目标是铲除"清妖"，而并未明确提出废除封建制度，因此不能从儒学和封建制度的关系上来教育人士和否定，它反孔的目的在于剥夺孔子作为文化权威和精神偶像，以确立"拜上帝教"中的"上帝"的唯一至尊地位，这决定了它反孔是形式上的而非实质上的。其次，儒家文化作为中国封建社会的主流文化和教育的核心内容，有几千年的发展历史，已深入人们的内心和社会生活的不同层面，不是简单地禁止和焚书所能摧毁的。

从太平天国对待孔子和儒家经典的态度看，他们批判封建主义传统教育是一贯的，但他们也提不出一个新的上层建筑来代替封建意识形态，因此，便无力推翻"四书""五经"中的核心思想——"三纲五常"，并且由于他们本身具有浓厚的等级观念和个人权威思想，更不可能从根本上否定封建等级观念。太平天国农民起义是中国历史上第一次大规模的群众运动，从近代教育的发展来看，它开启了百余年来绵延不断以各种形式否定、批判、冲击孔孟学说至尊地位的历史潮流。

总之，太平天国的教育政策是有很大成绩的。太平天国的士兵们"好问、好学、勇武正直"①，太平天国的儿童和妇女能很广泛地受到教育并能勇敢地参加作战，一般群众对太平军的爱护、对清军的仇恨："太平军至则争迎之，官兵旨皆罢市。"② 所有这些都与太平天国革命的、民主的和爱国主义的教育政策分不开。但是，也要看到太平天国的文化教育改革具有两面性：一方面，太平天国顺应历史的发展潮流，反映了广大农民的利益和愿望，其文化与教育改革既继承了传统，又有所创新，更体现了平等的思想，这是值得充分肯定的；但另一方面，由于受阶级和时代局限，太平天国始终无法冲破封建主义的束缚，缺乏从根本上摧毁封建文化教育的原动力，因而其文化与教育改革宗教色彩浓厚，并带有很大的盲目性、落后性。尽管太平天国较之以往的农民起义相当重视教育，但是太平天国毕竟不是先进的阶级，加之一直处于严酷的战争状态之中，因此，它没有也不可能创立一套完整的、科学的教育体系。

---

① 孟宪承：《太平天国外纪》（上卷），商务印书馆，1915，第34页。
② 凌善青：《太平天国野史》第9卷，上海文明书局，1923，第3页。

三 太平天国对科举制度的改革

（一）创立公平的科举考试制度

科举是中国古代封建统治者为选拔人才资源而设置的一种考试制度，让读书人参加的人才选拔考试，学而优则仕的一种制度。由于参加考试的人有严格的出身限制，所以在表面的平等竞争之下掩盖着事实上的不平等。太平天国把一些限制掩盖取消，"不论门第出身"，不分本地流域，一律准予考试。对考试内容、对象做了重大改革。在考试内容上，废除从《四书》《五经》出题，而根据太平天国所颁布的《旧遗诏圣书》《新遗诏圣书》和《真命诏旨书》，并突出"策论"、以选择能经邦济世的人才。在考试对象上，废除门第、出身、籍贯等方面的限制，"无虑布衣、绅士、倡优、隶卒"，均准应考。特别是1853年还曾开设女科，专门选拔女子人才，突破了中国古代科举考试对女性的限制。

太平天国定都天京后，颁行开科考试的政令。考试分县试（类似清制童试）、省试（相当于清制乡试）和京（天）试（相当于清制会试、殿试）二级进行；科名亦沿用清制的秀才、举人、进士等称谓。此外，东王、北王、翼王也都举行京试，分别称为东试、北试、翼试，这是中国科举制度中的罕例。

天历己未九年（1859年），干王洪仁玕任文衡正总裁，总领文武诸事，于辛酉十一年（1861年）奏准天王颁行《钦定士阶条例》，作为取士的统一标准，并将原行县试、省试、京（天）试三级考试制度改为乡、县试、郡试、省试、京（天）试五级考试制度，文、武两科分别进行。改称文科秀才为秀士、举人为博士、进士为达士、翰林为国士、补廪为俊士、拔贡为杰士。武科则改秀才为英士、举人为猛士、进士为壮士、翰林为威士。庚申十年（1860年）冬，天王又诏改"博士"为"约士"。

（二）太平天国的五级科举考试制度

1. 乡试

太平天国的考试从"乡试"开始。乡试是乡官的考试。太平天国的职官，分朝内官、守土官和乡官。乡试由乡官军帅出题典试。每年二月初二考乡文学一场，内容为一文一诗，取第一名，称信士。二月十二日，考乡武学一场，由乡官军帅校阅，内容为马箭三支、步箭五支以及弓、刀、石、技勇等，取第一名，称艺士。①

2. 县试

县试、郡试（相当于清制县试、府试）皆是守土官的考试。

县守土官称监军。县试由县监军出题典试、校阅。太平天国初期，取中者称秀才，考试日期不详。后改为每年三月初三日，考县文学一场，内容为一文一诗；初六日复试，内容为一策一诗，取第一、第二名，称秀士。三月十三日，考县武学一场，内容为马、步箭支以及弓、刀、石、技勇，与乡试同；十六日复试，内容为步箭五支，取第一、第二名，称英士。其余评定甲、乙，连同秀士、英士姓名，一并录送郡总制。乡试未考中信士、艺士的文武士子，均可应县试。天历辛酉十一年（1861年）"吴邑与考者二十五人，原系庠生四人。首题：真道岂与世道相同；次题：道之大原出于天。诗题：万国来朝"。"下午出案：原秀士八名、新秀士四十名。给红缎包头，内有八名给黄缎包头"。

3. 郡试

郡守土官称总制。郡试由郡总制出题典试、校阅。每年四月初四，考郡文学一场，内容为一文一诗；初七、初八，复试两场，内容为一策一诗，取第一、第二两名，称贤士。四月十四日，考郡武学一场，内容为马、步箭支以及弓、刀、石、技勇，与县试同。十七日、十八日，复试两场，均步箭五支，取第一、第二名，称能士。其余评定甲、乙，连同贤士、能士姓名，一并录送每年天京派遣赴郡的提学官。县试未考中秀士、英士的文武士子，均可应郡试。

4. 提学官考试

提学官考试是介于郡试与省试之间的一种考试。提学官（相当于清制

---

① 《太平天国的教育》，http：//www.jssdfz.gov.cn/book/jyz1/D1/D4J.html。

学政）由天京每年遣放，每省二员。提学官到省后，等候各郡考试完毕，将郡试录送的考生召集一处，出题典试、校阅。每年五月初五，考文科一场，内容为两文一诗，每十人录取一名，称俊士（相当于清制廪生）。五月十五日，考武科一场，内容为马箭三支、步箭五支以及弓、刀、石、技勇等，每十人录取一名，称毅士。

提学官考试，应试士子不限于乡试的文信士、武艺士，县试录取的文秀士、武英士，郡试录取的文贤士、武能士。凡文武士子，均可应试。每逢荣（卯）、酉两年五月二十五日（即每隔六年），集合全省乡、县、郡新、旧科所取的信士、秀士、贤士、俊士，举行考试，由提学官出题典试，内容为两文一策一诗，视各郡应试人数，每五十人选取一名，称杰士（相当于清制拔贡）。杰士可参加天试。相当于杰士的武科则缺。①

5. 省试

省试是继乡试、县试、郡试以及提学官考试后举行的考试。三年一试：即逢子、午、荣（卯）、酉年举行。省试由天京派遣正、副提考官各一员典试、校阅。正、副提考官到省，集合乡、县、郡试新、旧科所取之文科信士、秀士、贤士、俊士，武科艺士、英上、能士、毅士，届期在省验照报名应试。考生并不限于本省，各处士子均许应试。

省试文、武科考试，最初均在五月，后改为七月初七为文科初试期，内容为三文一诗；初九复试，内容为一策一论一诗，取中者称约士（即前期举人）。七月十七日为武科试期，内容为马箭三支、步箭五支；十九日复试，内容为步箭五支以及弓、刀、石、技勇等，并默写《武略》一节，取中者称猛士。约士、猛士均无定额。天历辛酉十一年（1861 年），苏福省省试，题为《天父有主张，天兄有担当，积善之家必有余庆论》《诛残妖以安善良策》。复试题《颁行天历富国强民策》。榜出，"吾邑（系苏福省常熟县）中试者三十三人，遗一人，分博士、约士、杰士等第。旧识胡少卿国治、姚治斋在熔、范亦韩钟伟、钱念耕、金子湘沅、曹和卿敬、屈允斋允升

---

① 《太平天国的教育》，http：//www.jssdfz.gov.cn/book/jyz1/D1/D4J.html。

为博士，即举人；黄绣珊秀山、邹兰汀为杰士，为廪生；约士则为副榜。喜帖书大人，或老爷……"苏福省示云："九月天京会试，准举、贡、生、监、布衣一齐入场，不拘新举子，亦借求才之意，诱进群儒，修文善策也。"（据清人龚又村《粤匪陷虔实录》辛酉元月初六日记载）

6. 天试

天试亦称京试（相当于清制会试、殿试），每逢辰、戌、好（丑）、未年。即省试的第二年举行，也是三年一次。初以天王万寿十二月为期，稍后，改在幼主万寿时。每年十月初一在天京举行天试，不久又改为九月初九日。应试者为各省省试所取新旧约士、猛士，提学官所取各郡杰士。九月初九日考文科首场，内容为三文一诗，十二日次场，内容为一策一论一诗。由天王命题，文衡正、副总裁典试，将拟取人员呈天王核定榜示，取中者分三甲：元甲三名，即状元、榜眼、探花；二甲无定额，首名为传胪，余称国士（前期称翰林）；三甲亦无定额，首名为会元，余称达士（前期称进士）。九月十九日考武科首场，内容为马箭三支、步箭五支；二十三日复试步箭五支，默写《武略》一节。正、副讲武官校阅，呈文衡正、副总裁评定，也分三甲：元甲三名，仍称状元、榜眼、探花；二甲无定额，首名仍称传胪，余称威士；三甲亦无定额，首名仍称会元，余称壮士。[①]

状元、榜眼、探花均须分别冠以"文""武"字样，以资区别。前科天试已经取中的，除元甲首名状元外，余均准再应天试。故有连获榜眼、探花的，朝官有愿应天试的，自丞相以下，不限职位，均可参试。在京属官，虽未经取中约士而又有志参试的，经各官署主官行文诏命官处（即行文推荐），即可报名应试。天历癸好三年（1853 年），天试文科首题为《天父鸿恩，广大无边，不惜己子，遣之受难，因为代赎吾侪罪孽，尚未报恩，又得荣光》；次题为《天父天兄最恶邪，最恶曲，最恶恶，最恶假，人炼得正正直直善善真真，方转得天也》；诗题为《春风吹清好凉爽，他名未［禾］好救饥荒，名说饥荒就是病，乃埋世人水深长》。

---

① 《太平天国的教育》，http：//www.jssdfz.gov.cn/book/jyz1/D1/D4J.html。

7. 东试、北试、翼试

在天京举行的相当于天试的尚有在东王、北王、翼王生日举行的东试、北试、翼试。

东王杨秀清八月生，以八月初十日为东试期；北王韦昌辉六月生，以六月三十日为北试期；翼王石达开二月生，以二月初一日为翼试期。三试地点，也均在天京天朝试院，取士办法、名目与天试同。题目则某王考试某王出。癸好三年（1853 年）东试论题为《真道岂与世道相同》，文题为《皇上帝是万郭（国）大父母，人人是其所生，人人是其所养》，诗题为《四海之内有东王》。某年翼试诗题为《翼化如春润》。天历丙辰六年（1856 年），韦、杨事件发生，丁巳七年（1857 年），石达开离天京出走，三王考试遂无形终止。①

太平天国科举制度考试改革，不仅为自身争取到了一批人才，有利于自身政权的巩固，而且对于清政府的科举制度也产生了一定的影响。太平天国的科举制度是在战争中逐渐形成的，是和它的人才政策紧密结合在一起的，是太平天国人才的选拔机制的重要组成部分。通过举行科举考试，太平天国确实网罗了一批人才，为其革命事业做出了不可磨灭的贡献。清政府对太平天国的改革也不能无动于衷。太平天国的学校教育内容有军事教育、各种手工技术教育等，避免了学校重新沦为科举附庸的命运，为以后清廷废除科举、广兴学堂提供了借鉴。同时迫使清政府在收复的曾被太平军攻克的地方，也增加了科举考试的次数，扩大了录取名额的比例和数量。

四 《资政新篇》中的教育理想

《资政新篇》由洪仁玕撰写，1859 年（咸丰九年）刊行。洪仁玕于 1859 年 4 月被封为干王，总理全国政事。他向洪秀全提出了一个改革内政和建设国家的新方案《资政新篇》，经洪秀全批准后，作为官方的文书正

---

① 《太平天国的教育》，http：//www.jssdfz.gov.cn/book/jyz1/D1/D4J.html。

式颁行，是太平天国后期的重要文献。《资政新篇》具有鲜明的资本主义色彩，是近代中国的先进人士最早提出的发展资本主义的近代化纲领，集中反映了当时先进的中国人向西方寻找真理和探索救国救民道路的迫切愿望。其内容涉及政治、经济、文化教育等方面，其中，对于教育做了许多美好的设想。

（一）完善教育体制，创办新式教育机构

首先，《资政新篇》重视教育体制的创建。《资政新篇》给我们描述的是资本主义国家的教育发展目标，众所周知，资本主义教育非常重视教育制度的创建，所以《资政新篇》主张以西方资本主义教育为蓝本，建立一套系统而完备的学校教育体制。比如书上记载道："足见纲常大典，教养大法，必先得贤人创立大体，代有贤能继起，而扩充其制，精巧其技，因时制宜，度势行法，必永远不替也。"《资政新篇》重视教育体制的创建，还体现在对社会教化的重视方面。该文认为治国根本在于设法与用人两点，而设法最为重要。设法就是要建立完备法律制度。其次，创建新的文教机构，鼓励民间发展教育事业。《资政新篇》中有这样的文字："倘有美举，如医院、礼拜堂、学馆、四民院（指鳏、寡、孤、独院）、四疾院（指跛、盲、聋、哑院）等，上则亲临以隆其事，以奖其成。"[1] 建立四疾院是为了教这些残疾人鼓乐、书数、杂技等谋生手段，给他们正常人所享受的教育权利；建立四民院，"生则教以诗书各法，死则怜而葬之"[2]，好让他们有幸福的生活。《资政新篇》还提出建立"新闻馆"，"以收民心公议，及各省郡县货价低昂，事势常变。上览之，得以资治术；士览之，得以识变通；商农览之，得以通有无。昭法律、别善恶、励廉耻、表忠孝，皆借此以行其教也"。[3] 而且规定新闻官在太平天国内有超然性，不受其他官员的节制，保证了新闻的独立和自由。

---

① 南京大学历史系中国近现代史教研室：《中国近代史参考资料选辑》，1973，第 90 页。
② 中国人民大学国民经济教研室编辑：《中国近代国民经济史参考资料（第三册）》，中国人民大学出版社，1962，第 100 页。
③ 龚书铎：《中国通史参考资料近代部分》（上册），中华书局，1980，第 172 页。

（二）重视宗教道德修养，发展科学技术教育

《资政新篇》详细地提及资本主义的教育：在教育内容方面，不仅主张学习宗教道德，认为人要有宗教信仰，这是人区别于万物所特有的道德意识，是人与生俱来的品德，宗教教育和道德教育的效果一样。通过宗教道德教育，人才能"格其邪心，宝其灵魂，化其愚蒙，宝其才德也"。① 《资政新篇》出自中国人之手，自然也注重伦理道德教育，并把中国纲常伦理和西方的宗教思想结合起来。它解释道："且夫德者何？敬天扶主忠孝廉节是也"；"德也者，行真道而有得于心之谓也"。② 在辨别法和道德的关系时，《资政新篇》提出二者不可分但法轻于德的观点。因为法律有局限性，特别是在人开始有了犯罪的想法但未形成犯罪事实时，法律就显得格外无力。所以此时则需要道德发生作用，通过教育让人提高自身修养，远离恶念。书中提到："《十款天条》治人心恶之形者，制于萌念之始。诸凡国法治人身恶之既形者，制其滋蔓之多。"③ 要求道德和法律教育并行，才能使人在彰显道德的同时又守住了法律的底线。

《资政新篇》在推崇宗教道德教育的同时，也看到了发展近代科技教育的重要性。因为"文士之简短长篇，无非空言假话；下僚之禀帖面陈，俱是谗陷赞誉"，所以要学习"如火船、火车、钟表、电火表、寒暑表、风雨表、千里镜、量天尺、连环枪、天球、地球等物"④ 的科技知识。因为科技知识"皆有夺造化之巧，足以广闻见之精，此正正堂堂之技，非妇儿掩饰之文，永古可行也"⑤，所以中国应当重视和采用从而达到"兵强国富，俗厚风淳"的目的。

---

① 洪仁玕：《资政新篇》，中国史学会：《太平天国》（第 2 册），上海人民出版社，1957，第 553 页。

② 《资政新篇》，中国史学会：《太平天国》（第 2 册），上海人民出版社，1957，第 526 页。

③ 《资政新篇·刑刑类》，翦伯赞、郑天挺：《中国通史参考资料》（近代部分，上册），中华书局，1965，第 153 页。

④ 《资政新篇》，顾明远：《中国教育大系历代教育制度考》（一、二卷），湖北教育出版社，2004，第 2129 页。

⑤ 《资政新篇》，陈学询：《中国近代教育史教学参考资料（上册）》，人民教育出版社，1987，第 2 页。

　　《资政新篇》是中国近代第一个比较完整的向西方资本主义学习的方案。《资政新篇》也是先进的中国人最早提出的在中国发展资本主义的方案，或者说是中国第一个近代化纲领。政治上，它主张"以法治国"、舆论监督和直接选举政府官员，即提出了初步的民主法制思想。经济上，它鼓励发展工商业，奖励技术发明，提倡保险事业。文化思想上，它反对迷信，提倡新式教育，重视教育制度和教育机构的创建，主张发展科学技术，培养适合于太平天国的人才。它所表达的教育的思想远远超过了它身处的时代，但其中对宗教教育的赞美，又显示了它的保守性。

第二章
清末传统教育向近代教育的转型

——洋务运动和清末时期的民办教育（1862～1911 年）

1861 年，咸丰帝去世，其子载淳继位，即同治帝。咸丰帝本任命肃顺等八大臣赞襄政务，两宫太后与恭亲王奕訢发动辛酉政变，两宫垂帘听政，最后由两宫之一的慈禧太后获得实权。1861 年 12 月，曾国藩在安庆设立军械所，标志着洋务运动的开场。被称为洋务派的奕訢与曾国藩、李鸿章、左宗棠、张之洞等部分汉臣在消灭太平军时认识到西方的船坚炮利，并且鉴于两次鸦片战争的失败，以"师夷长技以制夷、中体西用"为方针展开了洋务运动。1894 年 7 月爆发的中日甲午战争使民族危机进一步加深，1895 年清廷被迫签订《马关条约》。1898 年 6 月 11 日，光绪帝下诏"明定国是"，维新变法开始，同年 9 月 21 日，慈禧再出"训政"，幽禁光绪，搜捕康党，以康有为、梁启超为首的维新派推动戊戌变法，因慈禧干涉导致变法失败。[1]

1900 年的夏天，八国联军为了镇压义和团运动，维护其在华利益，侵略中国，使清朝沦为半殖民地半封建社会。中国社会矛盾又一次空前激化，清廷不得不于 1901 年 1 月下诏变法，开始了清末最后十年的"新政"时期。1911 年，辛亥革命爆发，清朝统治瓦解，1912 年 2 月 12 日，清帝被迫

---

① 喻本伐、熊贤君：《中国教育发展史》，华中师范大学出版社，2005，第 337 页。

退位，从此结束了中国两千多年来的封建帝制。

从1840年的鸦片战争以后到1911年辛亥革命以前的清末"新政"时期教育制度，虽然时间不长，仅有70余年，在中国教育发展的历史长河中，只是短暂的一瞬，却非常重要，因为它是中国教育制度走出中世纪，从传统走向近代的重要转型期。[①]

近代以来，民族工商业开始发展，民间财力逐渐积聚，西方文化联袂而来，思想开始积极活跃，这些因素促成了传统教育的转型和近代新式私学的炽盛。1905年，在中国延续近1300年的科举制度终于寿终正寝，退出了中国历史的舞台。随着科举制度的消亡，书院失去了生存的空间。此时开始兴盛的教会学校和新式学堂无论是在教学体制、课程规划、教学方法，还是在考试管理方法等方面都给书院改制提供了压力和动力。在社会变革、书院自身衰败、教会学校和新式学堂的联合冲击下，书院开始向学堂蜕变。除了书院，私塾也为了适应社会的发展，开始改变授课内容，重新聘用教师，走上了改良的道路。

如果说书院向学堂转变是近代教育的开始，那么，学堂向新式私学的转型则标志着近代教育的发展。新式私学在管理体制、经费来源、校风学风方面都比学堂更高效、有保障和更优良。这时期，一大批新式私学发展迅猛。除马相伯在上海创办的复旦公学外，还有中国公学、南开中学、南洋公学等新式私学。新式私学有多元化的特征：办学主体多元化和办学内容出现多元化的特征，留学生、士绅、商人、华侨不仅创办了大量的知名的私学，还在办学理念、教学方式、教授内容上都比旧式教育先进。

清朝末期，随着西方国家对中国侵略的深入，教会学校在中国得到快速的发展。教会学校在中国建立了小学、中学、大学相对完备的教育系列。教会学校在经费来源、组织架构、教材编写、课程设置、教学方法等方面都有比较先进的做法。经费来源多元，能够保证学校的发展；组织架构合理，办学人和管理人各负其责，各司其职，实行"办""管"分开的原则；一般教

---

① 李国钧、王炳照：《中国教育制度史》（第六卷），山东教育出版社，2000，第1页。

会中小学的教材都是教师自己编写的，具有实用性的特点；课程设置也能跟上时代的发展，所开设课程大都是强调技术的西学；教学方法多元化，采用图片、试验的方式，激发学生学习的兴趣，能起到良好的教学效果。另外，教会学校比较注重学生的职业能力训练和女性教育。针对中国的现实特点，教会学校培养学生的农业知识和法律知识，并招收女子入学，给中国培养了一批女性职业家。

第一节　书院改制与新式学堂的兴起

1861 年 1 月，因恭亲王奕䜣奏请，清政府批准设立"总理各国事务衙门"，作为总揽洋务全局的中央枢纽，标志着洋务运动的开始。洋务事业本身需要新型人才，因此，清政府相应在教育上采取了废除科举制度、创办新式学堂、翻译西学书籍、派遣留学生等重大措施。书院改制及新式学堂的兴起是中国近代教育史上的一次重要改革。社会变革是书院改制、学堂兴起的根本原因；清末书院自身积弊太深不适应时代发展的要求是其改制的内在依据。书院改制的两次高潮是 19 世纪末的戊戌书院改制和 20 世纪初的新政书院改制。书院改制对当前高等教育的改革与发展也可提供颇多借鉴。

一　清末时期的"废科举、兴学堂"

19 世纪 80 年代后，随着西学的传播和洋务运动的发展，科举制度发生改变。1888 年，清政府准设算学科取士，首次将自然科学纳入考试内容。1898 年，加设经济特科，荐举经时济变之才。同时，应康有为等建议，废八股改试策论，以时务策命题，严禁凭楷法优劣定高下。戊戌变法失败后，慈禧下令所有考试悉照旧制。1904 年，清廷颁布《奏定学堂章程》，此时，科举考试已改八股为策论，但尚未废除。因科举为利禄所在，人们趋之若鹜，新式学校难以发展，因此清廷诏准袁世凯、张之洞所奏[①]，将育人、取

---

① （清）袁世凯、张之洞：《奏请废科举折》《光绪政要》卷三十一。

才合于学校一途。至此，在中国历史上延续了 1300 多年的科举制度最终被废除。

（一）"废科举、兴学堂"的三个阶段

晚清"废科举、兴学堂"分为三个阶段，即洋务教育、戊戌维新时期的教育改革与清末新政时期的学制改革。它们共同构成了中国教育现代化的开端。

1. 兴办新式洋务学堂阶段

辛酉政变后，为适应"中外和好"的局面，从中央到地方的一些开明士大夫掀起以"自强"为目的的洋务运动，洋务教育随之出炉。"兴学堂"的教育改革为洋务教育的重要方针之一。洋务学堂包括外语学堂、军事学堂、技术学堂。其中，京师同文馆、上海广方言馆即其时的外语学堂，福州船政学堂为最早的军事学堂，天津电报学堂为著名的技术学堂。这些学堂均中西兼学，引入物理、数学、外语等西学，以"中体西用"为指导方针。这恰是其时科举与学堂并行的原因之一。

2. 戊戌维新的教育改革阶段

面对甲午战后中国的瓜分危机，帝党为救亡图存掀起戊戌维新运动，教育改革成为其中的重要措施之一。

一是废八股改试策论。康有为的《上清帝书》及《俄彼得变政记》《日本变政考》多上达光绪帝，从而掀起轰轰烈烈的戊戌变法。"百日维新"的教育政策之一即为废八股改试策论，从而在全国范围内首次废除这一无实无用、无助于国计民生的陈腐文体，科举制的合法性也遭到质疑，西式教育首次在较大范围内引进。废八股改试策论也成为"废科举"的先声。

二是创办京师大学堂。"百日维新"的文教政策之二即为：中央创办京师大学堂；各地书院及民间祠庙一律改为学堂，省会设高等学堂，郡城、州、县设中小学堂，兼习中学与西学。晚清的"兴学堂"得以深入展开。尽管戊戌变法惨遭扼杀，但是，京师大学堂成为"百日维新"硕果仅存的历史见证，从而推动晚清"兴学堂"的深化。

3. 清末新政时期的学制改革阶段

面对来自国内外日益加剧的统治危机，清政府不得不将亲自扼杀的维新政策重新抛出，并进一步强化教育改革。一是颁行新学制。由于《壬寅学制》及《癸卯学制》的颁行，全国遍设小学堂、中学堂、大学堂、实业学堂、师范学堂等，20世纪初出现兴办新式学堂的热潮。二是废除科举。1901年清末新政之初，清政府即谕令自明年起停武科、废八股改试策论。1905年，清政府在朝野日益增大的教育改革呼声中谕令自明年起，乡试、会试、科举一律停止。自此，长达40多年的"废科举、兴学堂"教育改革在晚清期间结束，中国又掀起新的教育改革与教育西化运动。①

（二）"废科举、兴学堂"的反思与意义

清末书院自身的颓败，自然是书院改制的内在根据。清代书院除少数独具特色的之外，绝大多数变成科举的附庸，"书院专究制艺，不务实学，乃一无足称矣"。各书院师资猥杂，多为滥竽充数之辈，书院"所延多庸陋之师"，"以疲癃〔long 龙〕充数"，"惟以俯脯为事"，"未尝奉教一言"，"经史子集诗赋古文之旨，茫无所解"。结果造成"学生无所问难，院规无所整肃，士习由此败坏"。书院生徒"往往专为膏火奖赏而来"，忘本逐末，"动辄计较锱铢，忿争攻讦，颓废无志，紊乱学规，剽袭冒名"。书院已远非育才之所，反而助长恶习，损德毁行，丧失了兴学育才的作用，因此，改革书院已是势在必行之举。②

科举制度最终被彻底废除了，但它留给后人许多反思，在中国绵延1300多年的史实，表明它作为一种选拔人才的方法不失其合理性。科举考试的组织、严格的考场纪律，试卷批阅中誊录、复审、磨勘、落卷的搜集等严密的程序，对于舞弊行为的严肃惩治等，这些都是无可非议和不能否定的。由于每次中额人数有限，"非学而优"者不能入选，因而造成一种良好的社会风尚，凡经过科举考试获取功名的士子，毫无例外地受到社会的尊

---

① 路阳：《晚清"废科举、兴学堂"的过程及其意义》，《文理导航·教育研究与实践》2012年第5期。

② 王炳照：《中国古代书院》，中国国际广播出版社，2009，第152页。

重。所以，尽管科举废除，科举功名的社会价值并未完全丧失，有功名的人仍然得到社会的垂青。科举制度本身并无太多的弊病，它所要革除的只是考试的内容、八股文体和为封建君主专制政治选才的宗旨。

科举制度的废除，虽然摧毁了当时存在的社会等级制度，但由于士绅阶层的瓦解，使社会上层与下层、城镇与乡村之间的界限更加固定，对社会的整合功能造成长期的消极影响。科举制度曾为传统中国社会上下层之间的社会流动提供了可能，虽然这种流动能力极为有限，但对民众的吸引力是巨大的，它使皇权与绅权处于相对平衡状态，中国社会也因此保持秩序的长期稳定。科举制度废除后，社会没有适时地提供替代性的制度，以致社会上下层流动局面不复存在。士绅阶层被迫向其他社会阶层分途流动。在清末，商人地位虽然上升，但并未登上历史舞台，由于基础薄弱，难以左右政局。新兴学生群体当时也缺乏社会根基与地位。这些都造成了整个社会向心力的下降，社会整合功能的减弱，从而从根本上加深了清朝统治的危机。

科举的废除加速了学堂建立的步伐。由于民族危机的严重，许多青年学生提出"教育救国""实业救国""科学救国"等口号，并投身到近代社会政治生活中去，从而把民族救亡与学习西方活动推进到一个更新更高的阶段。据学部统计，1904 年全国学堂总数为 4222 所，学生 9.2 万人；1909 年学堂总数猛增为 5.2 万所，学生达 156 万人。留学生人数也大幅度增长。一个不同于旧式文人和封建士大夫的新兴知识分子群体开始活跃于历史舞台，在政治和社会生活中发挥着越来越大的作用。

二　清末时期兴学育才的书院改制

早在甲午战争之前，有识之士，如郑观应、汤震就曾提出"仿照泰西程式"改革书院的主张。甲午战争之后，改革书院的呼声和行动更加强烈和普遍。甲午战争，中国惨败，中国人民在痛苦中惊醒，要自强必变法，欲变法关键在兴学育才，已成为国人的共识。清末时期科举即废，新学欲立。而广立新学，"所费必多"。有人指出："今国家正值患贫，何处筹此巨款？"人们很自然想到，改革书院，利用书院已有的基础和条件，以实现尽快兴学育才的目的，不失为一大良策。当时，全国各省及府州县都设有书院，"多者十数所，少者一二所"，并且各有经费，这样，"因旧增广，则事顺而易行，就近分筹，则需少而易集"，对现有书院进行改革，或加以变通整顿，或直接改为学堂，无须更多经费，同样可以尽快实现兴学育才的目的，这是一条"兴学至速之法"。①

（一）清末兴学育才、书院改制的历程

最早提出书院改学堂建议的是早期改良主义者郑观应（1842～1921年），他在《盛世危言》一书中说："中国自州、县、省会、京师各有学宫书院，莫若仍其制而扩充之，仿照泰西程式，稍为变通。文武各分大、中、小三等，设于各州、县者为小学，设于各府、省会者为中学，设于京师者为大学。"但是，郑观应的《盛世危言》一书直到1894年3月才正式刊行，这一建议在很长一段时间未能在社会上产生实际影响。

鸦片战争后，这一主张再次被提出。光绪二十一年（1895年）顺天府府尹胡燏棻在《变法自强疏》中提出十条建议，其中第十条即为"设立学堂以储人才"。他认为泰西各国，人才辈出，其大本大源，在于广设各类学堂，学习各种实用知识。反观中国，各省虽也设立书院义塾，但于八股试帖词赋经义之外，一无讲求，明知其无用，又沿袭不改，"人才消耗，实由于此"。他建议："特旨通饬各直省督抚，务必破除成见，设法变更，弃章句小儒之习，习经济匡世之才，应先举省会书院，归并裁改，创立各项学堂……数年之后，民智渐开，然后由省而府而县，递为推广，将大小各书院，一律裁改，开设各项学堂。"②

光绪二十二年（1896年）刑部左侍郎李端棻（1833～1907年）在《奏请推广学校折》中，也提出类似的建议。他说："各省及府州县率有书院，岁调生徒入院肄业，聘师讲授，意美法良。惟奉行既久，积习日深，多课帖括，难育异才，今可令每省每县各改其一院，增广功课，变通章程，以为学

---

① 王炳照：《中国古代书院》，中国国际广播出版社，2009，第151页。
② 王炳照：《中国古代书院》，中国国际广播出版社，2009，第153页。

堂。书院旧有公款，其有不足，始拨官款补之。因旧增广，则事顺而易行。就近分筹，则需少而易集。"胡、李两人建议，引起朝野重视，但认为"裁改书院一事，关系人才之消长，学术之纯疵，不可不熟筹审议"。

直到光绪二十四年（1898年）康有为（1858～1927年）再次提出："各直省及府州县，咸有书院，多者十数所，少者一二所，其民间亦有公立书院、义学、社学、学塾，皆有师生，皆有经费。惜所课皆八股试帖之业，所延多庸陋之师，或拥席不讲，坐受脩脯者……莫若因省府州县乡邑，公私现有之书院、义学、社学、学塾，皆改为兼习中西之学校，省会之大书院为高等学，府州县之书院为中等学，义学、社学为小学。"① 光绪皇帝接受了康有为的建议，七日后即发布上谕："即将各省府厅州县现有之大小书院，一律改为兼习中学西学之学校。至于学校阶级，自应以省会之大书院为高等学，郡城之书院为中等学，州县之书院为小学，皆颁给京师大学堂章程，令其仿照办理。其地方自行捐办之义学社学等，亦令一律中西兼习，以广造就。"②

光绪二十四年四月二十三日（1898年6月11日）光绪皇帝在"百日维新"运动中通令全国，书院一律改为学堂。各省均遵旨奉行。贵州巡抚王毓藻在皇帝上谕发布前七天，改省城学古书院为经世学堂。山西巡抚胡聘之将省会令德书院改为省会学堂。两江总督刘坤一在创设新式学堂的同时，将钟山、尊经、惜阴、文正、凤池、奎光等六所书院分别改为府县学堂。江苏学政瞿鸿机将江阴南菁书院改为高等学堂。直隶总督荣禄将保定莲池书院改为省会高等学堂，另将天津集贤书院改为北洋高等学堂，将会文、三取、稽古合并改为天津府中学堂、天津县小学堂，问津、辅仁二书院也改为学堂。但是，由于维新变法运动的失败，慈禧废除新政，一是恢复八股考试，二是停止书院改学堂，令"各省书院请照旧办理，停罢学堂"。③

光绪二十六年（1900年）八国联军入侵京城，朝廷被迫西逃，万般无

---

① （清）康有为：《请饬各省改书院淫祠为学堂折》，原载《知新报》。
② 《光绪朝东华录》卷四，中华书局本。
③ 王炳照：《中国古代书院》，中国国际广播出版社，2009，第154页。

奈，慈禧太后也不得不赞成变法，承认"取外国之长，乃可补中国之短"。书院改学堂作为教育方面的一项新政，再次引起人们的重视。光绪二十七年（1901 年）湖广总督张之洞和两江总督刘坤一联名上书，重新提出书院改学堂，八月初二（1901 年 9 月 14 日）上谕称："著各省所有书院，于省城均改设大学，各府及直隶州均改设中学堂，各州县均改设小学堂。"各省纷纷依据本地情况，采取不同的具体步骤，掀起了一个书院改学堂的热潮。至光绪二十八年（1902 年）大部分省区基本上实现了书院改学堂的要求。存在千余年的古代书院，终于为新式学堂所代替。书院不仅为中国古代文化教育的发展做出了积极的贡献，也为近代教育的发展奠定了基础。[1]

（二）社会变革是书院改制的外在原因

清末腐朽的统治，使得国家危机四伏，尤其是鸦片战争爆发后，西方的坚船利炮使得国家的主权和政权受到威胁。洋务派试图以改革学习西方，以求得"自强和求富"；资产阶级改良派积极主张变法自强，掀起戊戌变法运动。他们皆强烈地意识到要振兴国家，振兴中国，必须从军事、技术等方面学习西方先进文化。兴国靠人才，育人靠教育，教育必然面临新的改革。康有为等人提出"欲任天下之事，开中国之新世界，必须依靠教育"。所以面对书院官学化趋势，主要任务还是对旧书院进行改造，兴建学堂，甲午战争以后，学堂开始兴盛。

可见，社会形态的时代变迁牵动着社会系统中诸方面的变动，以适应其内环境的协调一致。书院的腐朽和停滞，以及官学化的走向，使得书院改制以及新学堂的兴起成为社会变革的客观需要，同时也使我国的教育开始了曲折的近代化历程。

（三）积弊太深是书院改制的内在原因

不可否认，书院在产生和发展过程中积累和传承了许多优良的教育传统，但到了清代，除了少数书院独具特色以外，绝大多数变成了科举的附庸。清政府为防止书院进行反清复明活动，加强了对作为官学教育重要补充

---

[1] 王炳照：《中国古代书院》，中国国际广播出版社，2009，第 153 页。

的民间书院教育的控制，在政府的导向功能的制约、刺激下，书院的教学中心就转向了考课，许多书院变成了科举考试的备考机关。而政府以功名利禄作为诱饵，使学者失去追求学术真理的价值取向，转而向徒有虚名的科考奋进致使书院的教学功能与官学合流。书院腐朽程度与日俱增，具体表现在以下几个方面。

一是书院官学化日益加深，造成书院独立和自主办学的精神丧失，书院产生之初作为一种民间教育组织形式而存在，在其发展史上，各统治阶级却试图作为培养人才的工具而加以控制和垄断，使书院丧失了基本的自主权。书院在创办目的及方向上发生了质的变化。所以书院制度积弊越来越深，师长滥竽充数，士子志趣卑陋，传统的书院精神也失去了原有的光彩。二是书院在课堂设置、师资力量和教学方法上远落后于西方的近代教育。书院课程的内容以教授八股时文为主，以入仕为目标，无力承担培养科技新型人才的任务。教师方面，书院"所延多庸陋之师，师资猥杂，多为滥竽充数之辈，未尝奉教一言"。教学方法上"经史子集诗赋古文之旨，茫无所解"，结果造成"学生无所问难，院规无所整肃，士习有所败坏"。三是积弊已深的传统书院教育使得书院自有的独立讲学的精神消失殆尽。自主讲学是书院作为独特的教育形式的一种特殊的表现，其创立初衷是专志于学术研究，专研学问而不事科举。但在其发展中，其兴贤育人的初衷化为泡影。

（四）"西学东渐"促进了新学堂的兴起

晚清战争使得国门大开，西方近代教育思想、理论、制度、内容和方法相继传入，一股股西方新鲜血流严重冲击了封建旧教育的污垢，客观上扩大了中国人的视野。传教士积极在中国开展活动并设立教会大学，到19世纪70年代，教会学校已经达到800余所。[1] 教会学校把西方先进的教育理念引进中国，成为书院教育的风向标。当然，维新派新建的新式学堂也给书院的嬗变提供了动力，加快了书院改制。西方教育思想的传播和教会大学的建立促使并加快了书院改制和新学堂的兴起。

---

① 顾长声：《传教士与近代中国》，上海人民出版社，1980，第227页。

通过书院改制、创立学堂，我国高等教育的近代化历程开始了。1901
年以后，全国共有 20 多所新型学校产生，它们的建立和完善是高等教育近
代化历程的开始。形成"以学校立科举之体，以科举成学校之用"的模式。

三　清末私塾的改良与持续发展

清末，书院改制后的新式学堂虽然使较高层次的教育有了较快的发展，
但仍难以承担起初等教育的重任，由此教育领域出现了先由民间倡导后由官
方推行的一场私塾改良运动。这场运动大致分为调查劝导、召开观摩会设立
研究所、甄别改造塾师、认定四个步骤。由于缺乏强有力的中央政府的领
导，来自塾师的抵抗以及私塾根深蒂固的社会地位等因素的制约，这场改良
运动显得雷声大、雨点小而收效甚微。这表明，传统教育向现代教育的转型
必然要经历一个艰难曲折的过程。[①]

例如河南淇县，在清光绪三十年（1904 年），"以化私塾为学堂、企教
育之普及为宗旨"，首先在县城内及有条件的村庄对私塾进行改良。改良分
为三个步骤：第一步是塾师入师范讲习所；第二步是增加算学、体操，置黑
板，设讲台，学生面对教师而坐，按期举行年考、期考；第三步为增加格致
（物理、化学等自然科学的总称）、历史、地理、修身等科，实行初等小学
一切规则。在此之后，淇县私塾一部分改为初级小学，但仍有一部分没有更
改。直至民国年间，全县农村仍有不少旧式私塾。[②]

1905 年，科举考试被废止，以科举考试为指向来培养学生的私塾丧失
了存在的基础，被新型学堂所取代。但由于新式学堂在发展的过程中，缺少
办学资金和师资力量，数量和办学质量严重不足。1906 年《东方杂志》曾
有如此评论："乃观于各省各属之初等小学，其科程完备，常款丰裕，学生
达三四十人以上者，十无一二；校舍合宜，校具应用、管理合方法，教授有
兴味者，百无一二。"[③] 学堂存在的问题表明，清末大规模地兴建学堂是很

---

①　贾国静：《清末的私塾改良及其成效》，《安徽史学》2006 年第 4 期，第 60 ~ 64 页。
②　席适之：《清末、民国时期的淇县私塾》，《淇河文化研究》2013 年第 8 卷。
③　《强迫教育私议》，《东方杂志》1906 年第 3 卷第 5 号。

不现实的。这就迫使人们把目光转向对传统教育资源的改造利用上，私塾改良由此发端。

1904 年 6 月，苏州先开私塾改良之先河。接着江苏多地乡镇开始设立私塾改良会。私塾改良颇有成效，影响渐远。第二年，上海也开始设立私塾改良会，着手改良工作，并制定了《私塾改良会章程》。继江苏、上海之后，北京也开始进行私塾改良工作。北京私塾改良得到了学部的注意，学部开始介入改良工作。学部的介入引起了示范效应。直隶、河南、吉林、湖南、湖北、浙江等地陆续开始了私塾改良运动。1910 年，学部拟定了《宣统二年六月二十二日（1910 年 7 月 28 日）学部同行京外学务酌定方法并改良私塾章程文（附章程）》，在全国范围内推行私塾改良。

从改良章程层面上看，私塾改良大致包括以下几点：第一，地方劝学所调查了私塾的种类（义塾、书塾、家塾、散馆）；塾师的出身、年龄、有无嗜好、有无兼营事业、到塾时间；私塾学生的多寡、学生学习程度、教材及教学方法、教学管理、师生旷课情况等方面的内容。经过调查，劝学所指导私塾改良，让塾师和学员按照章程改变自身，以适应改良。第二，改良私塾授课内容。劝学所规定初等私塾开设修身、国文、读经讲经、算数四科。高等私塾的教学内容可以添加历史、地理、格致、体操等。所用课本需由学部统一规定，塾师在授课时要讲明讲透课本内容，不得体罚学生。另外，私塾还要进行上课观摩，通过奖优罚劣以激励塾师上好课。第三，甄别塾师资格。合格的塾师可以设立私塾上课，不合格的令其入短期培训班接受培训，不听劝导者斥退。对于那些合格塾师，劝学所认定为初等私塾；对有些学生规模较大（30 人以上）的私塾，且有定期的资金资助的私塾，定为私立初等小学。如果塾师毕业于师范学校或教学有声望者，定为私立高等小学。

以上看似较为完备，但实际操作上则不尽如人意，规定和现实差距较大。比如学部在调查塾师方面做了详细的规定，但到了地方就发生了变化。有的地方调查塾师的姓氏，有的调查私塾的授课内容，而对塾师的家庭地址、名称和学历水平敷衍了事。对于不合格的塾师，有的地方塾师多，就进行了辞退，但有的地方本来塾师就不够，合格的不合格的一律保留了下来。

再比如，章程制定了观摩课，但除北京、天津外，大多数地方都没有执行。

如此一来，可以推测私塾改良的效果不会太好。1909 年，《申报》披露了当时私塾改良的效果："现在之私塾非昔日可比，间有一二善趋时尚者，其所授学科除经书外，亦添入算学、图画等科，颇合乎以经书为体、以科学为用之谬说。"[①] 1912 年，教育部的调查结果显示"京师私塾无虑数百，旧习未除，教程颇多违谬。其授初学儿童尚用三字经、千字文等书，继则大学、中庸，仅令终日呻唔，不求解悟"[②]。由此可见，私塾改良尚不彻底，大多私塾改良是新瓶装旧酒，所以改良收效不大。

综上所述，近代的改良私塾大都开国文（后改为国语）课，不少加授算术。部分采用小学教科书，但没有完全放弃传统蒙学教材。国文、算术需要塾师加以讲解，改良私塾为此添置了黑板、粉笔。私塾改良的本质实际上就是初等教育的近代化，同时也是中国社会变革的重要组成部分。私塾改良过程中的各种经验教训，更能集中反映中国初等教育近代化的一些本质规律，对当今我国的教育改革有着重要的借鉴作用。

四　千古一丐武训的"行乞兴学"

武训（1838～1896 年），山东堂邑县武家庄人。因在伯叔兄弟中排行第七，人称"武七"。武训性情敦厚，常受欺而不计较，乡人看他老实，又称他为"武豆沫"。因靠行乞办成义学，家乡人感其行为，替他取名为"训"，乃教育、教化之义。

清朝末年，内外交困，天灾人祸接连不断，人民生活极端困苦，生活在鲁西北地区的武训家更是如此。武训的父亲早逝，母亲为了生计给别人家做帮佣。武训自小就跟着母亲，时常吃残汤剩饭。没人雇用的时候，母子二人就相伴讨饭。武训极为孝顺，在讨饭时，总是把稍微干净的留给母亲，自己吃些不卫生的。

---

① 《论我国学校不发达之原因》，《申报》1909 年 5 月 24 日，第 3 版。
② 贾国静：《清末的私塾改良及其成效》，http：//www. docin. com/p－713020557. html。

武训 17 岁时，到馆陶县（今属冠县）薛店庄大地主李生家扛长工。武训勤勤恳恳，任劳任怨，从不闲着。因其性格温顺，时常受到李生的欺负。李生不但克扣武训的工钱，还把武训姐姐给他的钱占为己有，武训没有文化，只有忍气吞声，不敢有半点怨言。有一次，武训在领取工钱的时候，李生故意做了一笔假账，说是工钱早就被武训提前预支了。经过这个事情，武训明白，之所以自己如此受到欺负，就是因为不识字。所以，武训立志要创办义学，让贫苦人家的子弟识字。为了创办义学，武训经常以人代畜，帮别人干推碾磨、拉砘子等原本牲畜干的力气活。由于武训经常提及创办义学，被别人讥讽为患了病，他就干脆以"义学症"自居。为了筹钱，他到处流浪、乞讨，从薛店村到柳林镇，从柳林镇到其他地方，堂邑、馆陶、伍清等县，举凡村庄，无论大小都有他的足迹。他白天帮工或是行乞，晚间就随便找个能容身的地方休息。休息期间，他把白天捡来的一丝半缕和破布败絮拿出来整理，搓捻成线绳和绒球卖钱。①

光绪十二年（1886 年），武训通过打零工和乞讨，共积攒 2800 余吊钱。后来，县知事也知道了武训乞讨创办义学的善举，愿出面为义学选址。馆陶县塔头村武进士娄峻岭和柳林集举人杨树坊感动于武训乞讨兴学的壮举，答应提供帮助。在众人的努力下，武训的第一所义学在柳林镇东门外兴建，有20 多间瓦屋。义学里的塾师和学生则由武训自己踵门跪求。光绪十四年春季，这所义学终于创办起来，取名崇贤义塾，分蒙学和经学，约有学童 50人。武训把义学兴修起来后，又继续为崇贤义塾经费奔走行乞。数年后，崇贤义塾学童达百余名之多，邻近各县的孩子也跑数十百里路来此上学。

山东巡抚听到武训的义行，特下召传见。武训当即携带着他的破褡裢步行到济南。巡抚对其十分敬重，捐送他一笔钱又赐以黄布钤印的缘簿，并劝他遍求各府州县募化办学资金。同时又代奏清廷给他建造了一个"乐善好施"的牌坊。从此武训声名远播，广为世人所知。光绪十七年，武训又在

---

① 崔湘君：《千古一丐武训兴学的故事》，http：//blog. sina. com. cn/s/blog_ 50d95a4b0102uyn5. html。

临清筹设规模更大的义学。但他还不满足，仍旧到处乞化。大家都知道他的义行，加倍地捐钱给他。武训昼行乞，夜织麻，苦行募化近 40 载，积钱万余吊，土地九百一十三亩八分七厘，全部献给了义学事业。他自己宿无定所，食无定餐，冬破袍一件，夏短衫一条，过着非常俭朴的生活。

武训一生俭省过度，不择饮食，造成晚年腹泻症，体质羸弱，卧床不起，光绪二十二年（1896 年）农历四月二十三日病于临清御史巷义塾，享年五十九岁，归葬于堂邑县柳林镇崇贤义塾。堂邑、馆陶、临清三县官绅俱来送殡，乡民自动参加者在万人以上。自临清御史巷义塾起枢，沿途人山人海，学生都放声痛哭。

光绪二十九年（1903 年），由当地乡绅集资，在崇贤义塾东侧建立武训专祠，设位致祭。宣统元年（1909 年）五月，山东巡抚袁树勋上疏清廷："武训行乞三十余年，未尝费一钱，甘一饭，终身不娶，积株累寸，设学三州县……捐资万余串，仅予寻常族表，不足以示来兹而风薄俗，恳恩宣抚史馆立传，以彰奇行。"次年九月，清廷学部咨文国史馆，正式将武训事迹列入清史列传孝行节。从慈禧太后到堂邑知县，都曾赞扬武训的"行乞兴学"，民国时期的军政和文化名流，如冯玉祥、陶行知等也褒扬有加。蒋介石亲笔题词颂扬武训精神，提倡纪念武训活动。从民国开始，武训的事迹就编入高小国语课本。这是陶行知先生写的一段《武训颂》，也是对武训一生的概括和武训精神的一个总结[1]：

武训颂

陶行知

朝朝暮暮，快快乐乐。一生到老，四处奔波。

为了苦孩，甘为骆驼。与人有益，牛马也做。

公无靠背，朋友无多。未受教育，状元盖过。

当众跪求，顽石转舵。不置家产，不娶老婆。

---

① 《武训颂》，http://blog.sina.com.cn/s/blog_52190a6d0100jkrc.html。

为著一件大事来，兴学，兴学，兴学。

自古以来，学堂除了官办，就是民间殷实人家举资兴办。武训作为一个底层的平民，"一无钱，二无靠山，三无学校教育"，以赤贫之身兴义学，其难度可想而知。时至今天，武训的乞讨兴学的壮举仍被人铭记、赞扬。

第二节　清末时期新型私学的萌生与转型

洋务运动对新型人才的需求促进了书院改制及新式学堂的兴起，清末新式学堂是一场"中学"依附"西学""化本土"的文化转型，使中国教育的近代化过程向前推进了一步，但洋务运动时期的中国教育仍然以传统的封建教育为主体。当历史要遵循着时代的趋向继续发展时，"中学为体，西学为用"的观念和模式就成了障碍。

一　清末时期新型私学的萌生及特色

中国近代的私立学校出现在清朝末年。最初创设私立学校的是外国教会。鸦片战争后，西方列强逼迫清政府签订不平等条约，取得在中国内地的传教权，并因传教而设立学校，训练教会服务人员。教会学校除完全免缴学费外，还供给学生膳宿与零用津贴。随着教会活动范围的扩大，需要大量传教士和教会学校教师。教会除增办中小学外，还创办教会大学。如东吴大学、震旦大学、沪江大学、岭南大学、齐鲁大学、同济大学、夏葛医科大学都是教会设立较早的大学。清政府对外国人创办学校，除不给奖励为限制之外，一直采取放任态度，还通知外国人，设立学校不必立案批准。光绪三十二年（1907 年），学部通令各省说："教育为富强之基，一国有一国之国民，即一国有一国之教育。匪惟民情国俗各不相同，即教育宗旨亦实有不能强合之处。现今振兴学务，各省地方筹建学堂，责无旁贷，函应即时增设，俾国民得有腾向学之所。至外国人在内地设立学堂，奏定章程并无允许之文。除已设各学堂暂听设立，毋庸立案外，嗣后如外国人呈请在内跑开设学堂，亦均毋庸立案，所有学生概不给予奖励。"①

（一）清末时期新型私学的萌生

清朝末年，中国的一些有识之士认为，要抵御列强侵略，国家富强，必须从学习外国语文、科学技术和军事战术开始，所以，他们也集资创办私立学校，学习西方语文、数学、天文、物理等自然科学。第二次鸦片战争后，随着帝国主义的入侵，中国人发动了强国富民的洋务运动。在洋务运动中发展起来的不仅有近代工业，还有中国的近代学堂。

光绪四年（1878 年），张焕纶在上海创办正蒙书院，开国人近代创办新式学堂之先河。之后，又有一批新式学堂建立，新式学堂的建立促进了我国第一个新型教育制度的出台。癸卯学制颁布后，各州县士绅，尤其是秀才童生，纷纷捣毁庙宇，创设新式学堂，于是新式的私立学校迅速发展。当时私人创办的大学有光绪二十二年（1897 年）成立的南洋公学、光绪三十年（1905 年）成立的中国公学、光绪三十一年（1906 年）成立的复旦公学等。宣统二年（1911 年），推私人设立法政专门学堂。不久，就有浙江宁波法政学堂、集湖法政学堂、四川岷江法政学堂等专科学校的成立。② 光绪二十九年（1903 年），清政府颁布《奏定学堂章程》，章程规定各级政府依照章程建立各级各类新式学堂。不久清政府宣布了废除科举和鼓励商绅创办新学堂的措施，为新式学堂的建立扫清了制度上的障碍。自此，新式学堂在中国得到快速发展。如表 2 - 1 所示。

《第一次教育统计图表》显示，光绪年间，无论官立还是私立的新式学堂，初等教育都占据绝对优势。在私立高等教育中，马相伯在 1902 年创办的震旦学院，是当时为数不多的学校之一。震旦学院创始之初，经费、师资严重缺乏，连办学场地也租借于教会。办学刚刚有起色，教会就夺取了学校的所有权，马相伯也被迫辞职，然后创办复旦公学。复旦公学早期也苦于无办学场所和办公经费，在两江总督周玉馥的帮助下，才得到 70 余亩地、1 万元

---

① 《第二次中国教育年鉴》，第二篇第六章，第 118 页。

② 熊明安：《中华民国教育史》，重庆出版社，1990，第 356 页。

表 2 - 1　清末公私立学校发展状况

学校		光绪二十八年（1902 年）	光绪二十九年（1903 年）	光绪三十年（1904 年）	光绪三十一年（1905 年）	光绪三十二年（1906 年）	光绪三十三年（1907 年）
官立	校数	133	427	1040	1812	4074	6563
	比上年增长倍数		2.21	1.44	0.74	1.24	0.61
公立	校数	73	121	349	900	5204	7744
	比上年增长倍数		0.65	1088	1.73	4078	0.49
私立	校数	16	79	251	721	1934	2588
	比上年增长倍数		3.91	2.18	1.87	1.68	0.34

注：《奏定学堂章程》规定，一人独资者为私立学校，所以很多公立学堂实属私立。

资料来源：各省学堂历年增减表，《第一次教育统计图表》，光绪三十三年。

开办费和每月 2000 元的教师薪水，学校才得以存活下去。中国公学是另一所中国人创办的私立学校。创办之初，也苦于无师资、无场所，为节省资源，学校采用学生自治的方式来管理学校。即使如此，办公经费仍然紧缺。总之，这时期的私立高等教育办学极其艰辛，尤为不易。

这一时期，私立中学也数量有限。在经济发展较快的地区，有一些私人创办的中学堂。比如，1902 年江苏有私立中学堂 2 所，1907 年发展到 7 所。虽然私立中学堂为数不多，但创办了一些知名学校，如 1905 年杨斯盛创办的浦东中学，1907 年张伯苓创办的南开学校等。

与高等教育和中学教育发展缓慢不同的是，在清政府颁布癸卯学制后，初等教育的发展非常迅速，兴起了一大批像正蒙书院这样的私立学校。梁启超在《变法通议·论幼学》中指出："今沿江海各省，其标明中西学馆，英文塾以教授者，多至不可胜数。"这时的初等教育身上还有传统教育的痕迹，"惟有 1895 年华亭、钟天伟在上海办的三等学堂，以语体文编教科书，开我国国语教科书之先河"。① 1903 年清政府颁布《奏定学堂章程》以及

① 梁启超：《变法通议·论幼学》，《饮冰室合集》，中华书局，1988。

1910 年私塾改良后，私立学校得到了快速发展。

（二）清末时期新型私学的特色

私学是由私人或民间团体办理的学校，从而表现出许多与官学迥然而异的特色。

第一，在管理方面。私立学校设董事会，是学校的最高管理机构。董事会选聘校长，筹集经费，监督学校资金使用。校长负责日常的学校运行。校长下设教务、会计、群育等职位。董事会成员一般是政、学、工商界的名人，在当地或全国有很高的威望。这样，学校才能在一定程度上保持自己的独立性，少受或不受教育主管部门的任意干涉，同时有利于募捐筹款，为学校发展奠定基础。私立学校的管理人员精干、高效。因为经费自筹无保障，一般私立学校的行政管理人员人数不多，但是工作效率较高。比如，南开中学 1904 年专职行政人员只有 6 人。因行政人员数量有限，私立学校往往会制定严格的规章制度来弥补。有学生的入学、退学、作业、饭厅制度，有教职员工服务制度，违反制度就会受到严厉惩罚。这些制度保证了私立学校正常的教育教学。

第二，在经费方面。教会学校的经费一般来源于三个部分：一是传教士所属国的差会，二是国内外捐款，三是学费。教会差会的经费有侧重点，投向高等教育的经费较少，投向初等和中等教育的经费较为充足。国内外捐款是所有私立学校经费的主要来源，但教会学校往往比国人自办的学校得到的捐款多。学费的收入也是私立学校维持生存的一个重要途径，由于教会学校比较受到国人的欢迎，所以学费收入相当可观。国人办的私立学校的经费也有三个来源：一是捐款，二是政府的资助，三是学费。士绅和商人是私立学校的主要捐款人，但仅仅依靠他们是远远不够的。官府的资助往往比较稳定，是私立学校存在的保证。但后期政府因为战争减少了资助，私立学校发展困难。私立学校也通过吸收富家子弟入学收取学费作为维持学校的经费。私立学校经费的使用主要用于校舍、设备、教学用具等开办费以及教师的薪水等方面。教师薪水通常占据全部经费的一半以上。

第三，在校风方面。我国国人自办的私立学校校风优良。如维新派创办的学堂，只收有基础、有变革理想的学生，学校学习气氛浓烈，校风远远超出官办书院。1878 年的正蒙书院，注意培养学生的经世致用的才能，在教育上重视体育和德育，并制定了"和厚、肃静、勤奋、精熟、敏捷、整洁"的校训。这种新校风使正蒙书院成了当时很有影响力的学校。甲午战争后的私立学校，多培养学生救国图强的爱国精神。如南开中学、浦东中学、南洋中学、民德学堂、中国公学等。

二　具有多元化特征的新型私学

私学大多有自己独立的学术追求和教育对象的广泛，故无论在内容上还是在方式上，都具有多样化的办学特征。

（一）办学主体的多元化

晚清新式私学办学主体呈现多元化特点。清末特殊的历史背景，调动了社会各阶层办学的积极性，出现了上至高官、下至僧道役夫都参与办学的局面。人们对教育的关注及参与的热情，超越了历朝历代的先人们。其办学主体大致可分成以下几类。

1. 留学生办学

19 世纪末 20 世纪初，中国掀起了赴美、欧、日留学的热潮。当落后的中国留学生来到高度发达的欧美日等国时，巨大的反差引起了他们极大的震撼。贫穷落后的祖国、屡遭侵略的耻辱，这些情感因素都在踏上异国土地时被无穷地放大，也激发了他们的爱国热情，促使他们不断探索各种救国的方案和途径。比如，留日学生回国创办了许多私学。1906 年春，留日学生为反对日本新政新颁布的取缔规则，在上海创办中国公学；1904 年，侯鸿鉴留学日本，学成归来，在无锡创办竞志女学；赴日本留学的李叔同和赴日考察的杨白民在上海创办城东女学等。

2. 士绅办学

士绅在封建社会中是有科举功名之人，是封建教育的受益者和热心支持者。他们肩负地方社会教化职责，向来热衷于地方学务。至清末，随着社会新阶层的崛起，士绅在儒家文化中的传统地位开始动摇。1905 年科举制的废除，彻底断绝了士绅读书入仕的天路历程。而优奖捐资兴学的规程，无疑为士绅提供了提高社会地位的又一途径，成为推动士绅办学的动力。如上海士绅张焕纶早在 1878 年创办正蒙书院，孙治让于 1896 年即设立瑞安算学馆、方言馆、蚕学馆、化学堂，后又创温州府中学堂、蒙学堂、高等小学堂等，1903 年又率先发起成立师范教育研究会，并亲自办女学，至 1908 年已举办各级各类学校 300 余所。[①]

3. 商人办学

商人是晚清社会新兴的阶层，随着中国近代工商业的发展而勃兴。商人热衷办学源于两个方面：一方面是社会地位的上升，使商人意识到自身的社会价值及社会地位，主体意识开始觉醒。另一方面是苦于经济发展而专门人才匮乏，造成中国实业不兴。许多商会曾先后创办过各级各类学堂。如苏州商务总会主办实业学堂，上海商务总会创办商业学校，常州商务分会兴办半日学堂，江苏的川沙商务分会曾举办初等商业学堂。1899 年，叶澄衷在上海虹口唐山路捐置土地 30 余亩，并以 10 万两银兴建了澄衷蒙学堂。

4. 华侨兴学

华侨虽在海外生活，但他们普遍具有保存中华文化的愿望。在海外致富后，一般会采取回乡办学的方式，来实现他们的愿望，寄托对祖国的热爱。如浙东爱国侨商吴作锐于 1909 年创办锦堂学校；1905 年台山旅美华侨伍于秩等人，募金开办端芬成务小学；旅美华侨吴虞廷等人筹集巨款在新会县创办高等小学堂、初等小学堂；1908 年旅日华侨何定求等人，在大埔县创办了乐群中学；1909 年，台山县华侨捐资创建了端芬中学、台山一中。侨资兴学为推动东南地区的教育事业做出了极大贡献。

（二）教学内容的多元化

私立学校还是教育上的先行者，推进了教育改革的步伐。私立学校往往根据经济社会的发展而兴学，受行政管理部门的约束较少，因此具有自主性、灵活性等特点，在教育理论、教育方法、新学的引进等方面领潮流之

---

① 张彬：《从浙江看中国教育近代化》，广东教育出版社，1996，第 136 页。

先。它们积极突破传统的教学方法和教学管理方式，同现代的教学法与教育管理方式接轨。中国传统的教学方式是死记硬背，不注重理解。老师照搬书本内容，不给学生讲解，要求学生记住就行；学生在课堂上不作思考，对老师所传授内容照单全收。这种教学法不适合儿童的身心发展规律，尤其对刚传入中国的西学的教授就更不适合。教学法的改良势在必行。新式私学采取"由俗入雅，由浅入深"的教学方法。先从解字、识字入手，不强调死记硬背。用口头语言解字讲书，强调趣味性。甚至还会借助图书室、实验室、图片展示等方式增加学生的求学兴趣、理解能力和动手操作能力。新式私学为适应社会发展，开设一些新学科，比如农学、法学、经济学等，为国家培养了一批专门人才。

三　清末时期的知名私立学校

（一）姚洪业、孙镜清创办的中国公学

1906 年 2 月，为安置因反对日本文部省颁布的《取缔清国留日生规则》而归国的 3000 余名留日学生，留学生姚洪业、孙镜清在上海北四川路横浜桥租民房为校舍，由两江总督端方每月拨银 1000 两，筹办了中国公学。28日，中国公学开堂授课，共收学生 260 余人。分高等甲、乙两班；普通甲、乙两班；另有师范班、理化班。

早期公学的行政权掌握在学生手中。学校不设校长，学校日常管理由"执行部"与"评议部"两个部负责。执行部设有教务干事、庶务干事、斋务干事，"执行部的职员都是评议部举出来的，有一定的任期，并且对于评议部要负责任。评议部是班长和室长组成的，有监督和弹劾职员之权。评议部开会时，往往有激烈的辩论"①。后来，有两种原因改变了这个当时独有的制度，一是因为学校处境艰辛，在一无校舍，二无资金的情况下，要想继续生存，需要各方面的资助；二是因为学校留日学生比例减少，同时学校办

---

① 王云五等著，董绖总编：《学府纪闻：私立中国公学》，南京出版有限公司，1982，第86 页。

事人加强了自己管理学校的权力。在这两种合力下，学生的民主制度被迫改变。

1906 年，中国公学修改公学章程，取消评议部，聘任教务干事、庶务干事、斋务干事，聘请郑孝胥、张謇、熊希龄等几十人做公学的董事。公学的改革宣告了以学生为主体的民主制度的破产，被以董事会为主体的制度取而代之。此后，学生和校方之间的矛盾不断扩大，校方企图用开除学生的方式来平息纷争，迫使 167 名学生退学。这些学生组织了新的学校，即"中国新公学"。但一年后，新公学因经费不足、新公学与公学之间的和解停止了办学，新公学又重新回归中国公学。

中国公学由倾向于革命的留日学生创办，革命气氛较浓。学校名称也有破除省界建立中国人的公共学校之意。学校虽建在上海，但学生来自祖国各省，以四川、湖南、河南、广东学生为最。所以，在公学里，教师授课时用"普通话"，学生学习生活时也用"普通话"。中国公学成为上海第一个用"普通话"教学的学校。这对省籍意识的消除、超越地缘的交往有重要意义。

（二）严修、张伯苓创办的南开中学

南开中学由著名教育家严范孙（严复）和张伯苓于 1904 年 10 月 17 日创办，前身是 1898 年（光绪二十四年）严修创办的"严氏家塾"，是南开系列学校（现有一所大学、六所中学、一所小学）的发源地，曾名私立敬业中学堂、私立南开中学堂、天津市第十五中学等，其在建校前 28 年间，形成了我国唯一完整的融小学、中学、大学和研究所为一体的民办教育体系。

戊戌变法失败后，严修回到天津，设立严氏私塾，并经友人推荐聘请从北洋水师学堂驾驶班毕业的张伯苓担任教师。张伯苓负责讲授英文、理化知识，还特别注重健身怡情的体育游戏。严修则亲自担任国文等课的教学。严馆的五名学生"半日读经书，半日读洋书"。此后，天津盐商王奎章设立"王馆"，亦聘请张伯苓教其子弟，有学生六人。1904 年 4 月，严修再次赴日考察教育，逐渐认识到，"中学居小学与大学之间，为培养救国干部人才之重要阶段",所以决定先行创办中学,再徐图扩充。① 归国后,他将严、王两馆合并改为私立中学堂,定名为"私立中学堂",后易名"敬业中学堂""私立第一中学堂",张伯苓仍为校长。中学堂设中学班和高级师范班,除严、王两馆学生外,还面向社会公开招生七十三名学生和三四个教员。严、王两家平均负担学校日常经费。1907 年,中学堂迁入新址,更名为南开中学堂,也称南开学校。此后,南开中学又吸纳了多所学堂,规模渐大。到了 1917 年,中学学生已满千人,无论是学生规模还是学校声誉,均为"私立办学之楷范"。

南开中学创办者张伯苓先生虽然是位资产阶级教育家,但他的办学方法独树一帜。他的教学思想旨在为纠正中华民族"愚、贫、弱、散、私"五种毛病,他提出重视体育、提倡科学、团体组织、道德训练、培养救国力量的办学方针。这五项方针与他早年提出的"三育并举不可偏废"在内涵上是一致的,强调学生体育、智育、德育全面协调健康发展。此后,张伯苓又在这五项方针的基础上提出了南开学校的校训——"公能"。意思是"为'公'故能化私,化散,爱护团体,有为公牺牲之精神;为'能'故能去愚,去弱,团结合作,有为公服务之能力"。② 在张伯苓的带领下,南开师生创造了中国近代教育史上诸多奇迹,形成了独特的"南开精神",把南开发展成为一个集小学、中学、大学于一身的教育巨人。

(三)盛宣怀创办的南洋公学

南洋公学创始于徐家汇,即今上海交通大学所在的徐汇校区,时隶属于招商局和电报局,设立了师范院、外院、中院和上院四院,盛宣怀任督办。南洋公学的办学宗旨是:"以通达中国经史大义厚植根柢为基础,以西国政治家日本法部文部为指归,略仿法国国政学堂之意。"③ 意在借鉴和采用西方的科学技术,维护清王朝的封建制度和传统文化、伦理道德。因而南洋公

---

① 张伯苓:《教育言论选集》,南开大学出版社,1984,第 248 页。
② 《张伯苓教育言论选集》,南开大学出版社,1984,第 247 页。
③ 盛宣怀:《筹集商捐开办南洋公学折》,舒新城编《中国近代教育史资料》(上册),人民教育出版社,1981,第 152 页。

学培养的学生大多有古文造诣深、封建道德修养高的特点，体现了洋务派重"体"轻"用"、重"中"轻"西"的历史局限性。

南洋公学内分四院：师范院、外院、中院、上院。师范院时称达成馆，"其宗旨在造就师资，以推广教育"。[①] 1897 年春组班开学，首次招收 40 人，开中国师范教育之先河。师范院招生严格，学生大都有非常深厚的国学功底。除少量国学外，主要开设外语、数学、物理、化学等课程。从 1897 年初创到 1903 年师范院续招插班生三次，6 年中先后共有 72 人进校学习。中途亦有学生出外做事的、出国留学的，余下大多在公学任教。外院即普通小学，在公学中是一个相当重要的部分，主要为师范院的学生提供现代新教育的实习场所，也为中院、上院提供合格生源。1897 年秋季开学，招了 120 名 10～18 岁的学生，根据文化程度分为大中小三班，课程以国文、数学为主。中院即普通中学，1898 年春，公学由外院高级生中挑选了 20 名学生，组办中院。学制先是五年，后改为四年。课程开设除国文史地外，还有日文、英文、数学。后增设世界史地、博物、理化、法制、经济等课程，教材大多用英文版本。上院时称头等学堂，相当于今天的大学。但由于资金、师资等方面的原因，上院没有开办。

第三节 清末时期教会学校的扩张与发展

1840 年鸦片战争后，英、美、法等国各派教会以培养为教会服务的牧师、教师和为外国在中国经营企事业服务的人员为目的，在中国创设的各级学校，通称为教会学校（mission school）。天主教会（旧教）设立的学校以法国为主，基督教会（新教）设立的学校以美国为主。

教会学校作为外国对中国文化教育侵略的组成部分，它是半殖民地半封建的近代中国社会的产物。不平等条约的缔结，给各国教会在华传教办学以

---

① 杨耀文：《本校四十年来之重要变迁》，舒新城编：《中国近代教育史资料》（上册），人民教育出版社，1981，第 317 页。

合法的权利。如 1844 年 7 月的中美《望厦条约》规定："合众国民人在五港口贸易，或久居，或暂住，均准其租赁民房，或租地自行建楼，并设立医馆、礼拜堂及殡葬之处"；同年 10 月中法《黄埔条约》规定："……佛兰西人亦一体可以建造礼拜堂、医人院、周济院、学房、坟地各项，地方官会同领事官，酌议定佛兰西人宜居住、宜建造之地。"1845 年中英《上海租地章程》和 1868 年中美《续增条约》等亦做了同样规定。起初仅限于通商口岸，后来则深入内地省份。1906 年清学部咨各省督抚为外人在内地设学毋庸立案文，更起了保护的作用。[①]

一 由英华书院到马礼逊学校的变迁

16 世纪中叶，大批传教士和商人自西方涌入中国，尤其是传教士，肩负着传播其"宗教文明"的使命，企图为西方教会传入中国寻求机会。但西方的教会"文明"遇到了抱有强烈"华尊夷卑"思想的中国人之后，所谓的"优势"全部化为乌有，作为"夷狄之邦"的"泰西"诸国，在文化上根本敌不过"儒家至上"的"天朝上国"。所以，基督教在中国的传播，自然受到国人的抵制。传教士用尽所能，也无法使基督教教义前进一步。

来华传教士认为，基督教不能传播的原因在于"现存的国民教育制度。墨守成规思想的影响及因此而形成的教育制度与转变观念接受天启教教义完全相违背……所有学校从启智到高年级，都使用着同样的书籍，都为圣人之道……每个学童都学习孔夫子的金科玉律，而且在后天也不允许自己怀疑"。这就是"道德普遍败坏的源泉，并由此而滋生对所有严肃宗教极度的冷漠"。

（一）"曲线传教"的英华书院

看到基督教在中国的传播如此之难，传教士马礼逊与米怜采取了"曲线传教"的路径，他们在远离中国本土的马六甲筹建了英华书院，主要培训意赴中国的欧洲传教士，并吸收当地华人子弟入学，借助教育打通传教途径。

---

① 《中国教会学校》，http：//www. dictall. com/indu/342/341867573FA. htm。

传教士筹办英华书院的目的是培养一个针对中国人的布道团，来完成东西文化的碰撞和融合。所以，前期的英华书院、马礼逊学校及其他教会学校，在体现西方文化优越感的同时，比较尊重中国文化。筹办教会学校"是为传播基督教真理找到一批受制的听众"①，目的"一是把儿童引到基督福音影响范围之内，使他们时时受其熏染；二是等到他们自己已经信仰了宗教，就给他们一种预备，使他们能把福音再传给别人"②。但随着中国国门被西方列强野蛮打开，传教士创办教会书院的目标趋于急功近利，他们撕去了尊重中国传统文化的面纱，开始明目张胆地对中国文化进行西化或基督教化。

1818 年 1 月 30 日，经过伦敦教会的同意，马礼逊决定成立英华书院，"旨在向中国青年传授英语与基督教信条，尤其指导传教士及其他人士汉语言与文学"③。传教士米怜负责英华书院的分班教学与课程体系建设，参考学生的年龄和入学时间，英华书院被分成 3 个班。本着中西文化并重的教学目标，学院学生开设的课程涵盖孔子学说、《马太福音》、使徒书、希伯来文化及中国的"四书"、中国道德书籍《明心宝鉴》与《孝学》、马礼逊的《汉英对话》、米怜整理的相关读物，以及 1 本教义问答手册，除此之外，书院学生"还要学习写作汉语短文及地理知识"。1823 年，马礼逊要求英华书院扩大授课范围，"教育中国学生阅读并理解中国古典文学与《圣经》，英语阅读与写作，以及史地、天文、逻辑、伦理学及神学"。

英华书院充分体现其办学宗旨，早期比较注重汉语学习。马礼逊曾对这一现象评论道："在这里有绝对的自由与空闲可以快速地学习汉语、文学、宗教及哲学。"④ 米怜去世后，马礼逊到书院指导工作，非常满意英华书院的一切，他写道："听到中国学生唱着汉语歌曲，我满意之情难以言表。"⑤

---

① Wilson B. S., F. J. King. *Christianity in China: Early Protestant Missionary Writings*. Harvard University Press, 1985, p. 151.

② 李楚材：《帝国主义侵华教育史资料——教会教育》，教育科学出版社，1987，第 432 页。

③ Wilson B. S., F. J. King. *Christianity in China: Early Protestant Missionary Writings*. Harvard University Press, 1985, p. 35.

④ Morrison E. A. Memoirs of the Life and Labors of Robert Morrison, London, 1839, p. 156, 181.

⑤ Morrison E. A. Memoirs of the Life and Labors of Robert Morrison, London, 1839, p. 192.

他还担任了英华书院一个高级班的老师，并翻译了乔伊斯的《科学对话》给大家讲授，还安排一名学过 3 年拉丁文的中国学生将《希伯来词典》译成汉语。①

英华书院的历任校长和汉语教授都有渊博的知识，如校长高大卫把"中国官话讲得与中国人一样好，汉语写作完美无缺"。1827 年，他完成了《四书》的英译。②修德继校长返回英国后，于 1837 年成为伦敦大学首任汉语教授。除传教士用中英文双语教学外，英华书院还聘请中国籍教师教汉语，先后有朱靖、姚先生、冉先生、高先生及崔钧③等再次教书。英华书院为此享有很高的声誉，马礼逊曾在 1831 年评述道"在英国统治区域内，英华书院是系统传授汉语唯一的学校"④。

（二）在澳门创建的马礼逊学校

道光十九年（1839 年）澳门马礼逊学校创建，这是基督教在华的第一所学校，并成为基督教教育事业的开端。和英华书院一样，学生被分成 4 个班。1 班作为一年级，主要讲授英语语言学，二年级开设英语阅读、拼写、写作、作文及算术，随后增加了哲学、地理、历史、数学、书法、力学、语法、声乐、代数、几何以及自然社会科学论文课程。2 班、3 班、4 班的教学内容也和 1 班差不多进行。布朗校长高度评价了这样的教学安排，他认为西式教育：

弥补了中国教育体制的漏洞。我们把英、美文学作品作为学生学习知识的源泉。由于中国青年在本国学塾学不到实用知识，我们就尽量传授西方文化知识，以使其受国人敬重。同时我们也不忽略精神培养与重塑。此前被可悲地忽视的能思考、会判断、有想象力、有仁爱之心和良

---

① Wilson B. S., F. J. King. Christianity in China: Early Protestant Missionary Writings. Harvard University Press, 1985, p. 71.

② Morrison E. A. Memoirs of the Life and Labors of Robert Morrison, London, 1839, p. 409.

③ Harrison B. Waiting for China: the Anglo-Chinese College at Malacca, 1818 - 1843 mand Early Nineteenth-century Missions, Hong Kong University Press, 1979, p. 117.

④ Morrison E. A. Memoirs of the Life and Labors of Robert Morrison, London, 1839, p. 445.

知人类一些重要特性，现都包含在以一种外国语言为媒介所传播的文化之中……我们的办学目标和奋斗方向与教育会的办学宗旨相一致，即开化学生思想，纠正恶习，根除其错误思想并建立正确的人生准则，使其目标更好地集中在家庭、事业和生活的各个方面；同时弥补其不足，促其出类拔萃。总之，使其幸福而又受人尊敬，成为真理之友，人民之福，上帝之仆。①

布朗认为马礼逊学校"不是单纯的教学单位，而是一个教育机构，志在培养一个完人，即德智体全面发展"，因此，"在安排学生 8 小时学习之余，有 3～4 小时在户外场地上运动与娱乐"②。

和英华书院平衡中英文教学不同的是，马礼逊学校更加注重英语教学。学校自创立以来，就非常重视英语在教学中的优先地位。不仅英语阅读、写作等课程要贯穿于教学的始终，就连历史、地理教学及科技知识也都运用英文教材。学校的老师大多来自欧洲，没有任何汉语知识的基础，全英文的教学也在一定程度上推动了学生在英语语言学习方面的进步。学生学习汉语的时间比较有限，"约有一半时间在中国教师指导下学习汉语，但很难说其汉语学习到底取得了多大的进步。前面所述有关学生汉英互译的评价，以及一名学生翻译的一本英文书籍，也许多少可以说明其母语的掌握程度"③。在马礼逊学校就读的学生容闳曾称："至予之汉文，乃于一八四六年游美之前所习者，为时不过四年。以习汉文，学期实为至短，根基之浅，自不待言。故今日之温习，颇极困难，进步亦缓。"④

综上所述，英华书院和马礼逊学校在教学内容、教学目标、教育对象、教学方法上都与中国传统的书院明显不同。它们更加注重西方的教育理念：教育不仅培养"知书达理"的守规矩的人，更注重人的德、智、体的全面

① Chinese Repository（1832～1851），卷 1～20。
② Chinese Repository（1832～1851），卷 1～20。
③ Chinese Repository（1832～1851），卷 1～20。
④ 容闳：《西学东渐记》，岳麓书社，1985，第 68 页。

发展；不仅只教育中国四民之首的"士"，更注重平民教育；不仅只讲授中国传统的"四书""五经"，更注重英语语言、史地、科技、宗教等实用课程；不再实行死记硬背式的中国传统教育，更注重分科、分班和分级教学，培养专业人才。

英华书院和马礼逊学校办校的最初动机，是向中国民众传播基督教教义，但由于和中国传统儒家文化相抵触，贯穿教学始终的基督教教义一开始就引起中国民众特别是中国知识界的排斥，这自然延缓了西方在中国的传播。另外，西方文明中的理性主义、民主平等理念、自由主义学说等都为传教士所回避，中国民众也无法学到西方文明的真谛，这体现了传教士输入西方文化保守的一面。但我们同时也应该认识到，教会学校在传播西学、引荐西式教育理念、教学方法和建立人才培养体系方面有其积极的作用。

虽然教会学校教育的目标用基督教与西方文明替代中国传统儒家文明，妄图统治中国，但我们同时也应承认，教会学校给中国民众带来了西方先进的科技文化知识和人文思想，引进了西方新式教育体制，造就了一代新式人才，冲击了中国几千年的旧式封建教育，客观上加快了中国近代化的进程。

二 清末时期教会小学的扩张与发展

鸦片战争之后的二十年间，传教士开始在通商口岸的私宅中或教堂里开办学校，学校层次较低，主要以小学为主，办校的目的也很简单，主要"为传播福音开辟门路"。1860 年后，教会学校数量增加很快，但仍以小学为主。19 世纪 80 年代后，教会学校从通商口岸扩展至全国沿海、沿江商埠及至内地。"教会学校总数增加到 2000 所，学生增至 40000 人"[1]。在这些教会学校中，小学的数量占优。据《中国基督教教育事业》一书统计，1921 年度有基督教初级小学 5637 所，学生 151582 名，高级小学 962 所，学生为 32899 名。

---

[1] 刘英杰：《中国教育人事典》，浙江教育出版社，2001，第 700 页。

教会小学最初设立之宗旨为宣传福音。其目的在破除偏见，招致学生父母之信任，并在城镇中设立一种公认之教会机关，而使人信奉耶教。教会团体日形发达，小学乃得一新责任，专为团体儿童筹备一种合于教义之健全教育，伸于儿童易受感化之时期中，造成耶稣美德之基础。故此等小学对于养成明达事理之教徒，实与有力，并使教徒得以成就其伟大与困难之事业焉。皆今日教会所办小学教育之主旨，业为一般人所公认。特更进一层言，应更为非教中之儿童开一入学之门，以扩充耶教之范围耳，抑教会所办之教育，既以选择与训练未来之领袖为其一种目的，此种训练，亦应施诸小学，伸其学生得于真正领袖人才所必具之各种美德，有所发展；而彼负有领袖人物之资格者，并应加以鼓励，伴其升入中学焉。①

19世纪70年代以后，由于教会学校影响力的增加，教会小学缩小了贫困子弟的招生规模，开始招收一些富家子弟并收取较高的学费。中华民国成立后，全国各地的小学教育获得快速发展。1912年全国小学数86318所，学生数2793633人，1913年小学数增至107287所，学生数增至3485807人。② 随着非教会小学的增多，教会小学在全国小学中所占的比例和对中国教育的影响也逐渐减小，教会小学的发展逐渐缓慢下来。

教会小学一般开设宗教、中国经书课程、自然科学课程以及一些实用的手艺课程，有条件的教会小学开设了体操和音乐课程。宗教课程有天主教的《教义问答》或《教会问答》，基督教的《圣道问答》《教会三字经》和《耶稣事略五字经》，用来传播宗教知识；中国经书课程则包括《孟子》《诗经选读》《大学》《中庸》《蒙学捷径》《三字经》《百家姓》《千字文》，还有《三字经》、《百家姓》、笔算、珠算以及地理、历史等，用来赢得中国民众信任和吸引中国学生；自然科学知识课程有算术、地理、科学初步、生

① 李楚材：《帝国主义侵华教育史资料——教会教育》，教育科学出版社，1987，第205页。
② 刘英杰：《中国教育人事典》，浙江教育出版社，2001，第133页。

物、生理学等，一些小学"于国文以外，旁及天文、地理、格物、算术之类，靡不悉心教授"①；大多数教会小学特别是通商口岸的小学也开设英语，给中国小学生带来了西方社会的知识和文明。除上述课程外，还有祈祷、赞美、十诫等宗教礼仪以及缝纫、烹饪等课外活动，不列入正式课程。这些课程有轻重之分，教会学校，自然是宗教课占的比重较大，宗教课程、宗教活动占去了学生的大部分时间；宗教课成绩也有硬性规定，不及格者不得升级，甚至被开除学籍。除了宗教课之外，教会小学还开展多种多样的宗教活动，通过这些活动，培养了学生的宗教意识，增加了学生对宗教的好感，吸纳了学生信徒。

教会小学所用的教材一般由传教士编译，"材料自然是以西籍为根据。或是逐字翻译，或是加以改编"②。教材包括中国文选、地理、数学、建筑、博物、商务等，由传教士创办的翻译出版机构出版发行，被大多数教会小学采用为教学用书。其中有些教科书的质量比较高，受到教师和学生的欢迎。除上述书籍外，传教士还编译了自然知识、体育、卫生、生物以及中外历史等许多学科的教材。随着教会小学的扩张，传教士自编教材的方法越来越无法满足教会学生的需要。于是，这些学校联合起来，成立了学校教科书委员会，总部设在上海，集中各地传教士编译教材。有了专门的编译机关，教会小学的教材编译出版工作逐渐规范，做到了出版物中术语一致，教材通俗易懂，不仅有重难点，还附有问题和答案。传教士在已出版教材中注入了大量的宗教内容，影响了这些教材的规范性和科学性。但这些教材为中国学生提供了一些数理化和外国史地的内容，介绍了西方近代的自然科学知识，从这一点来看，还应该给予客观的评价。

早期的教会小学在教学方式上非常单一，用传统的说教式授课。学生反复朗读着不理解的课文，即使自然科学的课程，也主要以讲课为主，没

---

① 朱有献、高时良：《中国近代学制史料》（第 4 辑），华东师范大学出版社，1993，第276 页。

② 朱有献、高时良：《中国近代学制史料》（第 4 辑），华东师范大学出版社，1993，第267 页。

有实验室，缺乏直观教学。特别是像声、光、电、能等概念，也是以背诵为主，很少有学生真正理解。清末"新学制"颁布后，较多的非教会小学得到了发展，认为如果教会小学"守旧为是，恐将来教会学校日渐衰微，异日教中子弟，争傍他人门户，我教会大见失色矣"。① 这给教会小学教学方法带来了很大压力，迫使教会小学在教学方面做出改革。比较有效果的是"图像"教学法，教学人员用"图像"的方法教小学的地理、历史、算学等课程。所谓"图像教学法"，"就是用三寸长四寸宽的玻璃片，预先把图画影在上面，置入幻灯前映放起来，就像十来尺长宽的大画片悬在壁上一般，而且移动更换，非常便利，这种影片又便于携带"。"人看了一分钟的图画，所得的知识，比听了一个钟头的演讲还要多些。"② 这种"图像"法，就是现在的多媒体教学法的雏形，通过改革，学生学习的兴趣被激发出来。

随着教会小学的扩张，师资队伍建设的任务越来越迫切。开始的应对措施是聘请本校毕业的学生留校任教，接着是向本国教会求援，让教会派一些传教士来中国任教。但一些新的传教士"事前都没有学过汉语和中国风俗。他们一般来自真挚的宗教家庭，并往往来自农村或小城镇"③。有的传教士自身学历不高，缺少教学经验，教学效果自然不好。为改变教师供需不足、素养不高的状况，教会决定聘请具有师范背景的，拥有教师品质的人来校任教，通过提高他们的待遇，给他们提供继续学习的机会。教会小学聘请了一大批有教学经验、献身于教育事业的优秀人才，解决了教会小学教师不足的问题。

三　清末时期教会中学的扩张与发展

教会中学主要培养教师、初步的专业技术人才、传教士升入大学，学生主要来自教徒子弟。但也不排斥招收一些富家子弟，以缓解学校经费压力。

---

① 李楚材：《帝国主义侵华教育史资料——教会教育》，教育科学出版社，1987，第38~39页。
② 李楚材：《帝国主义侵华教育史资料——教会教育》，教育科学出版社，1987，第115~116页。
③ 刘英杰：《中国教育人事典》，浙江教育出版社，2001，第1029页。

如教会小学一样，教会中学也开设宗教、经学、外语、自然科学和一些技能型课程。教会中学非常重视宗教课程，希望通过宗教教育，培养能控制未来中国的传教士。20 世纪 20 年代后，受民族主义风暴及收回教育权运动的冲击，宗教课程开设的合理性受到质疑，很多教会中学弱化了学校的宗教课程和宗教活动，把宗教教育改成了人格教育。通过改革，授课课程就与中学生心理的发展相适应了。教会中学也开设相当比例的中学课程，比如国文、孟子、左传、史论、尺牍、写作和五经，当然也包括教会小学所开设的"四书"、"五经"、《古文观止》等。有的教会中学还开设文学（古文、诗词）、作文（每星期一次）、国语、历史、地理、理学等。在科举考试未取消之前，教会中学培养的中学生还允许参加科举考试。教会中学也设置外语课程，主要外语课程包括英法两国语言，在一定程度上满足了社会对外语人才的需要。自然科学课程在教会中学中占有较大比重。除一般的数学、物理、化学课程外，还开设有航海测量、天文测量、地学、金石学及动植物等实用性、专业强的自然科学及应用科学课程。这些课程的开设为中国培养了一批促进社会和经济发展的人才。教会中学比较注重学生的技能培养，工科学生占据了教会中学的较大比例。学校还开设工厂、农场，工厂生产铁器制品，农场种植蔬菜、草毒，学生参加生产劳动。[①]

教会中学也是传教士自行编译教科书，这些教科书包括中国文选、地理、数学、建筑、博物、商务等。后来，"学校教科书委员会"编译出版一批教科书，包括初级和高级的教义、算术、几何、代数、测量学、物理学、天文学、地质学、矿物学、化学、植物学、动物学、解剖学和生理学、自然地理、政治地理、宗教地理以及自然史、古代史纲要、现代史纲要、中国史、英国史、美国史、西方工业、语言、文法、逻辑、心理哲学、伦理学和政治经济学、声乐、器乐和绘画，还有一些教学图表等。"中华教育会"编辑出版了《教育指南》，规范了一些课程的专业技术术语和一些动力学、水力学、光学、热学等方面的教科书。

---

① 李楚材：《帝国主义侵华教育史资料——教会教育》，教育科学出版社，1987，第 327 页。

教会中学的管理大权被传教士操纵，教师的聘用、日常的教学均由外籍传教士负责。1929 年 8 月，根据《私立学校规程》，教会中学在中国变为了私立学校。从此，教会中学需向政府登记立案，校长也要由中国人担任。但实际上，教会中学的管理权仍掌握在外国教会手中。教会中学比较注重实验教学，工科学生可以在实验室或野外上课。所以教会中学的实验设备比较先进。当然，学校的教学组织也比较灵活。特别是后期的教会中学，更加注重学生的个人需求，强调学生和教师的平等，这些都是有利于教学的。

综上所述，无论是教会小学还是教会中学，都是教会学校体系的组成部分，都是西方列强文化侵略中国的一部分。我们应该客观地看待教会小学和中学，它主观上想奴化和欺诈中国民众，客观上促进了中国社会的进步。

第四节　清末时期教会大学的扩张与发展

鸦片战争以后，伴随着帝国主义列强强加给清政府的一系列不平等条约，汹涌而入国门的还有洋人的宗教。一直为基督福音不能影响中国社会上层而苦恼的传教士们，发现了开办学校的"曲线"传教之路。当清政府宣布外国人在内地开设学堂亦毋庸立案，立即出现一些由西方基督教和天主教会创办的学校。由于新教各差会教派林立各自为政，为了争夺日后在华传教的有利地位，20 世纪初纷纷开始把原有的学校升格为高等院校。[1] 根据中美签订的《蒲安臣条约》"中美可以互相在对方国土创办大学"的规定，1872年，美国传教士狄考文在山东登州建成了登州书院，这是我国近代第一所高等教会学校。此后的几十年里，西方国家通过传教士在我国开办了一批各类别的高校。

---

[1]　周为筬：《1952 年集体消失的中国教会大学悲剧结局》，http：//blog. sina. com. cn/s/blog_8e2f69f00101borw. html。

一 教会大学的管理模式和办学理念

20 世纪初，基督教教会在各地创办的私立大学已经有许多。首先是苏州的东吴大学，创办于 1900 年，它的前身是苏州的存养书院、上海的中西书院及苏州的宫巷书院。其次有 1904 年济南的山东新教大学（后演变为齐鲁大学），它的前身是登州书院；1905 年上海的圣约翰大学，它的前身是圣约翰书院；1906 年长沙的雅礼大学；1909 年武昌的文华大学（后演变为华中大学），它的前身是文华书院；1910 年南京的金陵大学，它的前身是汇文书院；1910 年成都的华西协和大学，它的前身是华西协和中学；1910 年杭州的之江大学，它的前身是杭州育英书院。天主教会于 1903 年在上海成立震旦学院，后来改名为震旦大学，也是私立复旦大学的前身。

教会大学借鉴和移植西方大学先进的管理模式，其规章制度比较齐全，行政管理比较稳定。上设理事部，负责大学的宏观管理，并提供一定的办学经费；下设董事会，董事会任命校长（有的选定校长），主持学校的日常事务。在董事会之下通过校务会议、教务会议实施专门管理，如齐鲁大学。有的教会大学还继承了近代欧洲大学的自治传统，鼓励师生参与学校管理，如设立教授会、学生社团等。清末教会大学引用西方大学的课程和学制开展教学活动。学生一般在四年内可以自由选课。但必须修满规定学分。而且文科学生要学自然科学知识，理科学生必须读人文、社会科学课程，以扩大知识面。

许多教会大学使用外文原版教材，采用双语教学，如圣约翰大学是在中国最早将英语作为教学用语的学校之一，不论学生还是中外教员在校园都使用英语交流。再如东吴大学，在大学修完 2 年基础课的学生才能报考，录取后再读 3 年，毕业后经学校推荐留学美国 1 年获硕士学位，2 年获博士学位。教会学校一直重视体育教学，早在 1884 年女塾已有体育、游艺课，如广州的培元学堂经常在课余开体操、球类等体育运动项目；教会学校十分重视学生的清教徒道德规范，涉及的课程有《圣经》宗教教育、中国传统的儒家教育；同时，教会学校也非常重视培养师生科研能力和社会实践能力，如华西协和大学的文化研究，在宗教、考古学、史学、人类学、语言学等方面取得了一批较有影响的科研成果，而华南女子理学院则组织师生开设少女识字班、青年男女失业成人班等。

教会大学的西式办学理念和教育体制通过不断提高学校的办学标准和教育水平，不断提高学校的声望和竞争实力，不断为我国学生提供出国学习的机会，从而达到他们垄断高等教育、传教中国、教化民众的目的。

二　教会大学对清政府办学的影响

由于受教会大学的影响和西学派的倡导所致，清政府除确立了新学制和行政体制外，还确立了民主性的校内管理制度。

一是建立新学制。《奏定学堂章程》（1903 年）是我国第一个受西学影响后正式颁布的统一学制（后称"癸卯学制"），它是张之洞"以忠孝为敷教之本，以礼法为训俗之方，以练习艺能为致用活生之具"思想的体现，对于妇幼教育给予了一定的重视，提出"各省设立蒙养院"，"为乳及保姆者教导幼儿之事"。"癸卯学制"是第一个在全国颁行实施的完备的学制，它把学校教育进行了规范化、制度化、系统化，把全国分散的学堂统一成为一个整体，并引进了西方教学内容和方法，以法律形式规定了普及义务教育的年限。

二是完善教育行政体制。在废除科举以前，清代学校教育由礼部兼管，而国子监对府州县学无直接管理责任。由于新式学堂发展迅速，洋务运动30 余年间，共创办培养陆军、工程、通讯、轮船、外语等人才的新式学堂24 所，1905 年宣告学部成立，成为中央政府十一个部之一。同时裁撤各省学政，设学务处，总理全省学务，转府厅州县的教育行政机关为劝学所，成为以后民国各地教育局的前身。

三是确定教学内容。一方面，西学课程设置为自然科学、技术和外国语，同时也引入西方哲学、伦理学、美学、社会学、教育学、政治学、体操等内容。大学堂一般为八科，每科又分设若干门类，如京师大学堂八科齐全，其他省级大学设三科以上，如福建船政学堂分英文与法文两类。另一方面，"凡大学皆专门之学，实验之学"。"若学农必从事于田野，学工必从事于作场，学商必从事于市肆，学矿必入矿山……故虽讲极虚之文字，亦寄之实验场，试于经用而后可信，百科皆然"。如广东水陆师学堂规定学生每年到军舰和军营实习三个月，如遇外洋各国作战，可拟照西国通例前往观览，以资考镜实事。

四是引进教学方法。教会大学采用的课本既有直接引进的西方有关学校的原版教材，也有翻译成中文的西方内容的教材。师资既有自我培养的中国教师，也有聘请的西方大师。一些学堂教务事宜也请外国人负责，且"大学之师，不论男女，择其学精深奥妙实验有得者为之，且以智为主"。外国教师讲课或管理教务很自然要运用西方学校的教学方法，如实验法、演示法、参观法、实习法等。而选派学生出国留学，直接接受纯粹的西方教育，应属于近代教育观念中宏观教学方法之范畴。

五是确定培养目标。西方教会大学注重培养学生的自主性、合作能力、社会服务能力，以及独立进行科学研究的创造能力。张之洞的教育目的十分明确，就是"学术造人才，人才维国势"的教育救国论，即培养思想立场"卫道"，知识能力"开新"的忠实干练的"经世致用"的人才。他意在培养既懂近代科技文化知识，又不违"圣道"的人才，但这些新学堂所引进的西方政治社会学说和自然科学，必然造就出与"三纲五常"等封建政治伦理信条相对抗的新人物来。

西方在中国创办教会大学，一方面，传播了高深的知识，为封建中国培养出一批批优秀人才；另一方面，也为中西方文化的交流与融合提供了现实空间，同时传授了西方先进的教育思想和教学模式，客观上推动了中国教育革命和新文化的发展。

三　教会举办的女子高等教育

清末民初，教会为了提高学生的竞争力和毕业生的就业率，在教会大学开设了女子高等教育和职业教育课程。这些女子高等教育和职业教育课程涵盖了医学职业教育、教育学科的社会实践、法律职业教育、商科职业教育和农林学科职业教育等学科。卢茨曾经说过："传教士贡献较大的两个领域是女子高等教育和现代医学与护理教育。"① 从这句话中，我们可以看出教会大学对医学职业教育和女子高等教育的重视。

鸦片战争之后，传教士在中国内地的数量开始增长，他们着手创办女子教会学校。1844 年，英国传教士爱尔德赛在浙江宁波创办了中国第一所教会女校。随后，教会女校的数量急剧增长。截至 1876 年底，传教士在中国创办的女校有 121 所，学生 2100 名。到了 1896 年，全国教会女校发展到 308 所，学生 6798 名。20 世纪后，教会女子高等教育开始出现。如华北协合女子大学、福州华南女子学院、南京金陵女子大学等。

早期的教会女子学校由于受中国传统文化的影响，招生比较困难。中国多数家庭抱着"女子无才便是德"的思想，不愿让家中女子入学接受教育。教会女校不得不面向一些非常困难的家庭，在做出免除学费与其他一些费用并支付学生父母一定费用来减少学生上学所耽误的家务后，才陆续有家庭把女儿送到学校读书。洋务运动开展后，对懂外语和西学的人才需求越来越急迫。教会学校在这方面具有明显的优势，学校的学生毕业后很快就能谋取一份体面的收入较高的工作，这让教会女校的招生工作变得容易起来。不但一些士绅家庭开始让家族女子上学，就连社会的一些名流也开始转变观念，把自己的女儿送到教会女校读书。教会女校在生源得到保证的情况下，也开始转变办学理念，开始收取学杂费，以求在经济上独立。

教会女子学校在创立之初由创办人负责授课，后期随着招生规模逐渐增大，学校开始在社会上招聘教员。所聘用的教员均是愿意为女子教育事业奉献的且具有教学经验的教徒。学校管理人员要求更高，不但要有传教士家庭背景还要在社会上享有很高威望的女性学者。为师生之间沟通方便考虑，学校在招聘教员时一般以女性为主，只有国学教员可以为科举出身且受过教会洗礼的男性。

学校的教学内容虽然在各个时期不完全相同，但主要学科的变化并不大，一般开设圣经、中文、数学、地理、世界历史、自然科学以及英文等专

---

① 卢茨、J. G.：《中国教会大学史》，曾钜生译，浙江教育出版社，1987，第 122 页。

业。除主课外，副课有音乐、体育、家政等。学校最为重视宗教教义和英语两门课程，特别是英语，不但专门开设英语学科，有的教会女校还要求其他学科如宗教课、算数、地理等也用英语授课。学校还比较重视家政教育，开设花边工艺、家政设计、护理等课程，既培养了学生的动手能力，还能为学校赚取一些经费。学校也开设体育课，以锻炼女性的身体。体育课包括游戏、跑步、体操、排球等项目，对女性的身心发育起到了很好的作用。

虽然教会女校是传教士基于传教的需要建立起来的，构成了外国资本主义对华侵略的组成部分，但学校在客观上对中国近代教育和文化思潮产生了积极的影响，在一定程度上解放了中国的女性，并培养出一批职业女性。对于教会学校特别是教会女子学校，我们不仅要看到它的文化侵略的一面，更要看到它对中国近代化所需人才的培养以及教育近代化进程在客观上起到的推动作用，其积极意义不言自明。

四 教会举办的职业高等教育

除推行女子教育外，教会大学还在中国推行职业化教育。教会大学重视医学职业教育的做法是推行医师职业资格考试，开设医师职业进修班，开办护士学校和助产学校。清末民初，政府有关部门开始规定行医者需有医学专业毕业证或医师资格证。为配合规定，教会大学开始推行医师资格职业考试，加强了医生职业教育规范。在中国，中医从业人员数量庞大，有人估计旧医士约 1200000 人，药行人约 7000000 人。[1] 和中医人员相比，西医从业人员数量明显偏少。为解决这一情况，教会大学开始开设医学进修班，提高西医从业人员的行医技能和数量。教会大学还针对中国护士从业人员偏少的状况，成立了"中国护士协会"，为中国培养专职护士人员。到 1940 年，培训的有毕业证书的助产师就有 3977 人。[2]

教育学科实践化是教会大学强化职业教育的第二个特点。早期教会大学

---

① 陈雁：《医学教育在近代中国的初况》，《广西社会科学》2008 年第 4 期，第 140 页。
② 邓铁涛、程之范：《中国医学通史》（近代卷），人民卫生出版社，2000，第 500 页。

开设的教育学科缺少实践，后来随着中国平民主义运动和乡村主义运动的开展，教会大学改变了传统教育学科的教学方法，更加注重实践，开始关注中国乡村的农林建设。这一时期，燕京大学教育系设立了"乡村教育令业"，开设了"教育社会学""乡村教育""农村经济学""农村运动比较"等理论课程。教会大学还利用假期，让学生到乡村去体验生活。教会大学还普遍在农村设立实验区，把教育理论转化为实践。

中华民国移植了西方的宪政制度，客观上要求大量的法律人才来保证宪政政府的运行。教会顺势而为，成立了许多法律专门学校，一些教会大学开设了法律专业。著名的东吴大学法学院就是在这一时期开设的。东吴大学法学院重视学生的法律实际操作技能。在学到法学理论后，学院定期组织学生参加模拟法庭，不同的学生扮演不同的法庭角色，模仿法庭的诉讼程序，锻炼自己的法律实践能力。经过实践，东吴大学法学院的毕业生都非常熟悉法律条文和法庭诉讼程序，很多学生毕业时选择了律师职业，1933 年，东吴大学法学院跟踪了历届毕业生的就业去向时发现，379 名毕业生中，律师 178 人，教员 51 人，法官 32 人，政界 31 人，商界 25 人，海关 3 人，邮政 5 人，编译 5 人，教会 2 人，留学 9 人，其他 38 人。[1]

20 世纪 20 年代初期，一些教会大学致力于教会大学本土化，在大学里实行选课制，把学生的学习兴趣与社会出现的新的行业紧密联系起来，以便学生毕业后能更好地融入社会。教会大学的选课制改革密切了学校与社会的关系，其毕业生有明显的特点，受到社会各界特别是商界人士的欢迎。1936 年，实行选课制的某大学的院长曾自豪地说："过去 7 年里有 100 多个毕业生进入商界，他们大多数获得了成功。我从银行和公司首脑那里获得的印象是，我们毕业生土著比其他上海大学的毕业生出色得多。总的来说，上海的企业如果要人，总是先挑选我们的毕业生。"[2]

针对中国农业大国的现实，教会大学率先开始在学校里进行农业知识的

---

① 《东吴大学法律学院一览（1933 年秋～1934 年夏）》，苏州大学档案馆，3～155（永），第 144 页。

② 王立诚：《美国文化渗透于近代中国教育》，复旦大学出版社，2001，第 220 页。

学习。金陵大学在 1914 年就创设农科，1915 年增加了林科，并合并了北京农商部的林业学院、青岛大学林科。1916 年，把农、林两科合并为农林科，为中国培养农业方面的人才。农林科开设的专业很多，有农艺学、乡村教育、森林学、农业经济学、园艺学、植物学、蚕桑学、畜牧学等。

除了上述职业教育外，还有其他一些职业教育，比如图书馆科、新闻学、公共卫生科、建筑学科、体育学、家政专业等。

第三章
晚清和清末时期的教育思潮

—— 晚清和清末时期的民办教育（1840～1911 年）

1840 年后，鸦片战争的失败和太平天国运动促使一批知识分子开始觉醒，他们看到西方科学技术的先进之处，提出"师夷长技以制夷"的教育思想。这批人以龚自珍、林则徐、魏源为首，他们虽然对社会变革有着不同的理解，对中西文化有着认识上的差异，但他们有着共同的时代背景和思想渊源，对清朝的腐朽黑暗有着非常清醒的认识，都主张变革现实社会，呼吁培养经世致用的人才，成为开眼看世界的第一批人。他们向西方学习的主张，在一定程度上松动了传统教育的固化，开了中国教育早期现代化变革的先河，并有利于近代中国新式教育的萌发。

洋务运动和清末新政时期，为解决洋务运动进程中专门人才匮乏的问题，洋务派兴建了一批洋务学堂。洋务学堂以"中体西用"为办学宗旨，在课程设置上采取折中的方法，既强调培养专门的应用之才，更注重传统文化的熏陶。洋务派在创办洋务学堂的过程中，形成了经世致用的教育思想。比如曾国藩、张之洞等人主张学习西方，振兴教育，采取灵活的教学方法，培养学生学习的积极性，创新教育制度，端正教育目的。但是洋务派坚持科举制度为正统，拒绝取消科举制度，阻碍了中国教育近代化的发展。另外，甲午战争的失败也标志着洋务派的教育政策的破产。为拯救国家，以康有为、梁启超为代表的资产阶级维新派主张变革，创新教育制度，培养新式人才，废除科举制度、改革考试内容。维新派在维新变法中提出了重视大众教育，主张学习外国办学经验，其开放式办学的教育思想，促进了近代中国教育的发展。

第一节 从"经世致用"到"师夷制夷"

鸦片战争前后，晚清统治阶级中的一部分开明知识分子，针对当时传统教育空疏腐化的弊病，提出了向西方学习——"师夷长技以制夷"。"师夷长技以制夷"是魏源在其著作《海国图志》中提出的著名主张。他们的"经世致用"的教育观和"师夷制夷"的教育主张，成为近代改良主义教育思想的先驱。其代表人物主要有：龚自珍、林则徐和魏源。

一 龚自珍"经世致用"的教育思想

（一）龚自珍的生平活动

龚自珍（1792～1841年），近代思想家、文学家、哲学家，是近代启蒙思想的先驱。字尔玉，又字璱人；更名易简，字伯定；后又更名巩祚，号定庵，又号羽琌山民。浙江仁和（今杭州）人。出身于世代官宦学者家庭。

嘉庆十五年（1810年）秋，19岁的龚自珍首次应顺天乡试，中副榜第二十八名。后与其表妹段美贞完婚，一年后，段美贞因病去世。嘉庆二十年（1815年），龚自珍再婚，续弦夫人何吉云。嘉庆二十三年（1818年），龚自珍参加浙江乡试，中第四名举人。次年，龚自珍以举人资格首次进京参加会试，但未能考中。但这并没有影响他的参政热情，他在北京租房住了下来，结交了像刘逢禄、王念孙等这样的今文经学和古文经学大师，对龚自珍的经世思想有重要作用。除此之外，他还认识了像王鼎这样的有气节的官员，让龚自珍感受到重整士气的希望。在北京，他还认识了魏源，两人志同道合，为以后成为震动京华的舆论集团做了准备。

嘉庆二十五年（1820年）三月，龚自珍参加第二次会试，仍未考中。两次会试后，龚自珍开始关心社会现实问题及国家大政方针。这一年他写了两篇文章《东南罢番舶议》和《西域置行省议》。这两篇议论边境和贸易的文章，是龚自珍思想发展过程中的一个标志，同时也表明龚自珍不但是一位社会批判家，也是一位社会改革家。道光元年（1821 年），龚自珍正式就任内阁中书。参加国史馆修订《清一统志》，撰写了《上国史馆总裁提调总纂书》，讨论西北塞外部落源流、世袭风俗、山川形势。同时，他呈送《上镇守吐鲁番领队大臣宝公书》《西域置行省议》两文给时任新疆吐鲁番领队大臣觉罗宝兴，但未受到重视。之后，龚自珍报考军机章京未被录取，对他而言自然又是一个打击。

道光三年（1823 年）七月，龚自珍的母亲在上海去世。龚自珍闻讯后，便解职赴上海，把母亲遗骸带回杭州安葬。安葬母亲后，龚自珍心情郁郁，开始学佛。道光六年（1826 年），龚自珍带上妻儿，重新入京供职。第五次参加会试，仍然落第。道光九年（1829 年）三月，38 岁的龚自珍第六次参加会试，终于中试第九十五名。在四月二十一日，殿试结果不理想，只取得三甲第十九名，赐同进士出身。四月二十八日朝考，因言论犀利，见解深刻，切中时弊，得罪了贵族大臣，主考官以"楷法不中程"为由，不列优等，这彻底断了龚自珍上升通道。道光十五年（1835 年）六月，龚自珍升任宗人府主事，两年后改任礼部主客司主事。道光十九年（1839 年）三月，龚自珍的叔父龚守正任礼部尚书，按清代引避条例，龚自珍只能辞官。1841 年（道光二十一年）春，龚自珍执教于江苏丹阳云阳书院。三月，父亲龚丽正去世，龚自珍又兼任了原由其父主持的杭州紫阳书院讲席。同年八月十二日，龚自珍暴病逝世于丹阳，终年五十岁。

（二）龚自珍的"经世致用"教育思想

1. 批判科举内容，抨击用人制度

龚自珍生活的年代是清朝由盛转衰的时代。清朝时期的科举制度过分依赖国家的用人导向，造成科举和教育合二为一，教育全为了科举，就连儿童的启蒙教育都以科举为唯一指向。八股科举考试造成整个教育体制与内容发生变化所带来的巨大社会后果，到清朝末期变得越来越明显。他在《与人笺》一文中指出："今世科场之文，万喙相因，词可猎而取，貌可似

而肖，坊间刻本，如山如海。"① 科举制度不能选拔人才，在社会发展过程中，反而成了统治者打击迫害人才、扼杀人才的工具，科举制度所选拔出的人才并不是真正的人才，和真正所需要的人才是具有明显差距的，只不过成为"万喙相因"的一种所谓的人才现象。所以，他在辞官回乡途中大声疾呼："九州生气恃风雷，万马齐暗究可哀。我劝天公重抖擞，不拘一格降人才！"他要求培育更多的人才，使腐败黑暗的衰世变成一个有生气的治世。

2. 恢复今文经学，提倡经世致用

龚自珍自幼饱读诗书，对古文经学和今文经学均有研究，自然熟知二者之间的差异。面对日渐没落的清朝，他不满传统儒学沉溺名物训诂而无力解决现实社会中的迫切问题的古文经学，反对那种寻章摘句、专事考据、不问政治的不良学风。他要求恢复西汉以前的今文经学，提倡研究现实问题，主张学要经世致用。在龚氏所做的文章中，出现了大量批判古文经学，提倡经世致用的话语。比如他批判"后之人不如古，而教之使之又非其道，疲精神耗日力于无用之学。进身之始，言不由衷，及其既进也，使一旦尽弃其所为，而骤责以兵刑、钱谷之事；而兵刑钱谷又杂而投之一人之身。之人也，少壮之心力，早耗于利禄之筌蹄，其仕也，余力及之而已。"② 面对社会现实，龚自珍提出："自古及今，法无不改，势无不急，端锁事例无不变迁，风气无不移易。"非常赞成"穷则变，变则通，通则久"，主张变法，以此来改造清王朝。由于封建士子对功名利禄的向往和追求，所以自"少壮之心力"始就开始拼命地学习八股，只会人云亦云，终生奔波于应试道路上，即使屡试不第，也决不放弃，直至生命垂垂老矣。在这种追求下选拔出的所谓人才，不过是"利禄之筌蹄"。

3. 学习西学，华夷有别

学习西学，华夷有别，当始于有夏之世。华夏夷狄之称，遍见于儒家经

---

① 《龚自珍全集·与人笺》，第336页。
② 《龚自珍全集·对策》，第114页。

典著作之中。龚自珍、林则徐、魏源自小接受着这种思想，以致根深蒂固。但在中外形势发生急剧变化的情况下，地主阶级革新派着重研究了反抗外国侵略斗争中出现的新问题，从中迫切感受到了解与学习西方长处的必要性。龚自珍虽没有明确提出"知夷""师夷"的思想，但开始对现实社会表示不满。龚自珍思想最可贵之处，在于能在阶级矛盾和民族矛盾尖锐化的刺激之下，从封建统治阶级中站出来，毫不留情地揭露黑暗的现实，抨击专制，讽刺不均，倡言更法。从侧面说明其"天朝上国"华夷思想的转变。龚自珍在《送钦差大臣侯官林公序》中，他建议林则徐效法西洋，"修整军器"，"讲求火器"，以武力抵抗外侮，使中国成为一个"银价平、物力实、人心定"的国家。龚自珍经世致用的文化教育思想，开创了一代新的学风，影响深远。正如梁启超所说："晚清思想之解放，自珍确与有功焉。光绪间所谓新学家者，大率人人皆经过崇拜龚氏之一时期。"①

二 林则徐"师敌制敌"的教育主张

（一）林则徐的生平活动

林则徐（1785~1850年），福建省侯官（今福州市区）人，字元抚，又字少穆、石麟，晚号俟村老人、俟村退叟、七十二峰退叟、瓶泉居士、栎社散人等，清代政治家、思想家、诗人、民族英雄，官至一品，曾任湖广总督、陕甘总督和云贵总督，两次受命钦差大臣。因其主张严禁鸦片，在中国有"民族英雄"之誉。

林则徐兄弟姐妹共11人，少年林则徐日子过得比较辛苦。其父林宾日是嘉庆侯官岁贡生，当地的教书先生，于邻居罗氏的地方开设书塾。其母亲陈帙，为闽县岁贡生陈圣灵之第五女。虽然林宾日为私塾教师，中了秀才后又可领取公粮。但家里人口众多，僧多粥少，甚至三餐都无以为继。林母陈帙瞒住丈夫，偷偷以女红这项手艺帮补家计。林则徐每天到书塾之前，都先把母亲的工艺品拿到店铺寄卖，放学后，则再到店铺收钱交回母亲。

---

① 梁启超：《饮冰室合集》专集第9册，《清代学术概论》。

　　林则徐的启蒙教育来自他父亲,他父亲每天上课时都把林则徐带到私塾,抱在膝上,教他读书识字。父亲的谆谆教导让林则徐进步很快,幼年时便会吟诗作对。14岁时,林则徐参加科举,中秀才。后到鳌峰书院读书,书院山长郑光策讲求"明礼达用之学",鼓励学生立定志向,有目的而读书,所以,书院课程不仅有制义诗赋,还讲授经世之学。在郑光策的引导下,林则徐学习中国封建社会的传统知识,接触各种经史典籍,眼界大开。嘉庆九年(1804年)秋,20岁的林则徐参加科举中第二十九名举人。

　　嘉庆十一年(1806年),林则徐担任厦门海防同知书记,专责处理商贩洋船来往、米粮兵饷的文书记录。因良好的修养和态度,被福建巡抚张师诚纳入幕僚。嘉庆十六年(1811年),林则徐会试中选,赐进士,选翰林院庶吉士,开始进入官场,十九年(1814年)授编修。此后历任国史馆协修、撰文官、翻书房行走、清秘堂办事、江西乡试副考官、云南乡试正考官、江南道监察御史。道光十七年(1837年)正月升湖广总督。任上治理长江水患,为保障江汉沿岸州县的生命财产做出了不可磨灭的贡献。

　　道光十八年(1838年)受命为钦差大臣,前往广东禁烟并节制广东水师,查办海口。到广州后,他会同两广总督邓廷桢等传讯洋商,令外国烟贩限期交出鸦片。采取撤买办工役、封锁商馆等正义措施,挫败英国驻华商务监督义律和烟贩的狡赖,收缴英国趸船上的全部鸦片,在虎门海滩销烟。20天销毁鸦片19179箱、2119袋,共计2376254斤。在此期间,林则徐注意了解外国情况,组织翻译西文书报,供制定对策、办理交涉参考。所译资料,先后辑有《四洲志》《华事夷言》《滑达尔各国律例》等,成为中国近代最早介绍外国的文献。为防范外国侵略,林则徐大力整顿海防,积极备战,购置外国大炮加强炮台,搜集外国船炮图样准备仿制。他坚信民心可用,组织地方团练,从沿海渔民、村户中招募水勇,操练教习。七月因义律拒不交出杀害中国村民的英国水手,又不肯具结保证不再夹带鸦片,他下令断绝澳门英商接济。义律诉诸武力,挑起九龙炮战和穿鼻洋海战。林则徐亲赴虎门布防,督师数败英军。十一月遵旨停止中英贸易。十九年十二月实授两广总督。此时他已觉察英国正蓄意发动侵华战争，以所得西方消息五次奏请令沿海各省备战。后因鸦片战争失败，林则徐受到牵连被贬伊犁。

道光三十年十月十九日（1850 年 11 月 22 日），林则徐因病与世长辞，享年六十六岁。

（二）林则徐"师敌制敌"的教育主张

林则徐虽然是一位政治家、思想家，但他也有很多关于中国教育的实践和观点，这些实践和观点推动了中国教育的近代化，所以他也是中国近代的一位教育家。林则徐对中国教育的贡献是他主张学习西学，改革教育内容。

清末教育崇尚八股，空疏腐败，教育核心是《四书》《五经》，内容空虚无用，不能给国家培养经世之才。而清廷官员受益于传统儒学给他们带来的社会的稳定，抱着经史子集不愿撒手。他们认为儒学才是正统，不变才是王道，西方的科学技术不过是"奇技淫巧""雕虫小技"。少数官僚更是把西方的科学技术视为中国遭受欺凌的罪魁祸首，"尽恨夷之所物"，排斥"西夷之长技"。就连直隶总督李鸿章也认为"中国文物制度，事出西人之上"，不愿在教育改革方面退让一步。和清廷大多数因循守旧的官僚不同的是，前去广东禁烟的林则徐在抗击英国侵略者、搜集整理西方知识的斗争中，对英国的"船坚炮利"和"器良物巧"感受颇深。经过中西方教育的对比，林则徐发现西方教育内容尽是实用知识，而中国教育内容多是无用之物。所以西方能造出征服全球的轮船大炮，中国儒生只会在祖训和经史子集中摇头晃脑。要改变这种落后的教育方式，认识到"彼夷之长技，正乃吾国之短缺"，就必须学习西学的"奇技淫巧"。因此，他在给皇帝的奏折中提出了"师敌之长技以制敌"的主张。"制敌"是目的，"师敌之长技"是途径和手段。可见，林则徐客观冷静地看出了中西方在教育内容上的差别，不因受到西方侵略就盲目排斥西方科学技术，反而认真虚心学习西方先进的科学知识，把"制敌"同学习西方先进科学技术严格区分开来，这是一种科学的开放的态度。

对于如何向西方学习，林则徐认为应该做好两点。第一，要了解西方。林则徐在广东禁烟期间，看到了清廷官员对西方世界的无知，急于改变沿海文武大员只知英吉利其名而不知其来历的状况，开始有针对性地收集外文报刊、书籍进行翻译，以求了解对手。他在广州设立译馆，聘请亚孟、袁德辉、林阿适、梁进德等人翻译外国书籍、报纸，内容涵盖西方的政治、经济、军事、历史、法律、地理等方面。翻译的主要报刊有《澳门月报》《澳门新闻纸》《澳门杂录》，翻译的书籍有《世界地理大全》《各国律例》《对华鸦片贸易罪过论》等。另外，林则徐还"日日使人刺探西事，翻译西书，并购买其新闻纸"。① 在翻译出新情报后，又实地调查刺探，做到去伪存真，去粗取精，得到准确的资料，最后做出决策。所以林则徐说"其中所得夷情，实为不少，制驭准备之方，多由此出"。② 他还根据 1836 年伦敦出版的慕瑞所著的《世界地理大全》中有关西洋各国地理、政治、经济、文化、教育、科技、风俗等情况的资料，汇集起来，编成《四洲志》一书草稿，这是中国近代介绍西洋各国概况最早的著作之一。此外，还翻译、搜集了不少外国书籍，其中不少情报信息对开展禁烟运动、了解国际法例、保护民族自主权、进行正常贸易都有很大的帮助。

第二，要学习西方技术。作为决定两次鸦片战争胜负的关键武器，西方的"船坚炮利"是林则徐主张学习的首选目标。他说："量为防夷之用，从此制炮必求极利，造船必求极坚，似经费可以酌筹，即裨益实非浅鲜矣。"③ 因此，他多次向道光皇帝进言，希望创办新式国防工业，制造新式船炮，提高中国国防工业技术。1840 年春，他"捐资仿造两船，底用铜包，篷用洋式"。④ 同时，他又在广州督铸了一批威力较大的大炮，在广东虎门等地架设。林则徐还多次强调"习西技西文西艺"，主张学习西方的历史、地理、法制、农业技术、商业工贸等知识。他还对西医和戒烟技术深感兴趣，把西人给他的书籍《各国地图集》和地球仪用于军事行动，组织师生翻译西书，创办新式水师学堂，依照西式课程严格督导教训，培养水师力量。

---

① （清）魏源《圣武记》。
② （清）魏源《海国图志》卷八十。
③ 《林文忠公政书·两广奏稿》卷四。
④ 《林则徐集·奏稿》中册。

林则徐主张学习西方科学技术的思想,给沉浸于中国传统《四书》《五经》而不醒的中国人敲响了警钟,开中国向西方学习之先河。虽然,他提倡学习西方还停留在"器物"的物质层面上,但他却成为一个自恃有悠久文明而故步自封不思进取的古老中国中开眼看世界的第一人。在他之后,才有魏源写成的巨著《海国图志》,系统介绍近代世界各国概况,张之洞提出"中学为体,西学为用"的主张,康有为、梁启超、孙中山学习西艺、西文、西技、西政,容闳组织、领导我国近代第一批幼童赴美留学。

三 《海国图志》和魏源的教育思想

(一)魏源的生平和教育活动

魏源(1794~1857年)名远达,字默深,湖南邵阳人,著名学者,中国近代启蒙思想家。魏源祖籍江西吉安太和县,元朝时迁至湖南长沙,明朝永乐年间迁至邵阳隆回金潭村,开始繁衍生息,终成邵阳望族。魏源的父亲魏邦鲁,喜欢读书游历,结交朋友。嘉庆初年由监生捐巡检,去江苏出任嘉定诸翟司、吴江平望司、海州惠泽司等,任上魏邦鲁缉匪安民、赈灾救民,深受广大民众尊重。在苏州官钱局期间,邦鲁为官清廉,敢于突破陈规,受到江苏布政使林则徐、贺长龄等人的信任和器重。另外,他还依靠自己过硬的医术免费给一些穷人治病,用微薄的收入救济一些穷人,甚至是未曾谋面的人也受到过邦鲁的资助。邦鲁身上的美好品质,淳朴的家风自然影响着幼年的魏源,并成为其报效国家,关心民众疾苦的动力。

魏源是魏邦鲁的次子,在出生那年,清朝已经由盛转衰,社会危机重重。7岁,魏源入私塾读书,开始了他的启蒙教育。魏源读书非常刻苦,每天读书到深夜,以致让他的父母为他担心,怕他年纪小累坏了身体。9岁时,魏源参加县里的童子试,用"腹中孕乾坤"的下联巧妙地应对了由县令出的"杯中含太极"的上联,令县令大为吃惊。14岁时,魏源离开隆回至邵阳县城,就读爱莲书院。爱莲书院是宋代著名文学家周敦颐的故居,内有莲池、君子亭等名胜古迹,环境优美、学风淳厚,激发了他学习的热情和追求卓越的品质。

嘉庆十三年（1808年），魏源连续参加了湖南省举行的县试、府试、院试，成绩非常优异，得到了各级主考官的赞许。十五岁时中秀才，十七岁时，开始享用国家俸禄，嘉庆十五年（1810年），魏源回家乡设馆授徒，著书立说，先后完成了《孔子年表》《孟子年表》《孟子年表考》等书，因为他课教得好，"名闻益广，学徒踵至"。嘉庆十八年（1813年），魏源到岳麓书院继续读书，准备参加拔贡考试。在岳麓书院，魏源开始接触程朱理学以及经世致用的湖湘文化，结识了何庆元等学术中人，他们经常在一起不仅谈论义理之学，还研究经济之学，对魏源影响很大。十个月后，魏源成绩优秀被选拔为贡生入国子监学习。

在京学习期间，魏源专心攻读文章，潜心研究学问。为注《大学》古本，曾两个月未出房门，以致蓬头垢面，形如痴呆。在京期间，他疯狂地学习汉学、宋学、今文经学以及古文写作。为了学术，他结交了姚敬塘、胡承珙、钱仪吉、陈奂等汉学家，并拜常州学派刘逢禄为师，学习公羊家法。除这些学者和官僚外，魏源还认识了林则徐。他们的政治见解和学术思想对魏源产生了很深的影响。

道光二年（1822年），魏源第三次参加顺天乡试，中举人第二名。之后，他完成了《论语三畏三戒九思赞》《曾子赞》《孔孟赞》《颜冉赞》《周程二子赞》《程朱二子赞》《朱子赞》《陆子赞》《朱陆异同赞》《杨子慈湖赞》《王文成公赞》《明儒高刘二子赞》《大学古本注》等一系列文章，初步阐述了自己的学术主张。

道光五年（1825年），魏源到江苏布政使贺长龄处做幕僚，负责编辑《皇朝经世文编》。随后又相继到陶澍、陈銮、裕谦、璧昌等人那里做幕府。道光二十年（1840年），鸦片战争爆发，魏源亲到军中审讯，了解英国情况，写成《英吉利小计》，成为中国第一篇详细介绍英国情况的文章。鸦片战争失败后，魏源受林则徐所托，利用林在广州期间翻译而成的《四洲志》《澳门月报》《粤东奏稿》等资料，写成《海国图志》。道光二十五年（1845年），魏源补行殿试，中三甲九十三名进士，赴江苏以知州补用，任东台、兴化知县。咸丰元年（1851年），魏源授高邮知州，咸丰三年（1853

年）完成了《元史新编》。晚年，潜心学佛，法名承贯，辑有《净土四经》。咸丰七年三月初一日（1857 年 3 月 26 日）卒于杭州东园僧舍。终年 63 岁，葬杭州南屏山方家峪。

（二）魏源的"师夷制夷"教育思想

"师夷长技以制夷"是著名思想家魏源所著的中国认知海外第一书《海国图志》中的至理哲言。魏源曾先后任江苏布政使和巡抚的幕僚，也是当时坚决主张"睁眼看世界"的著名文人。

魏源是中国近代史上明确提出向西方学习的人，他在《海国图志·叙》中指出：是书何以作？曰："为以夷攻夷而作，为以夷款夷而作，为师夷长技以制夷而作。"[①] 所谓"师夷"主要是指学习西方资本主义各国在军事技术上的一套长处。

魏源说："夷之长技三：一战舰，二火器，三养兵练兵之法。"他不仅主张从西洋购买船炮，而且更强调引进西方的先进工业技术，由自己制造船炮。魏源明确地把是否学习西方国家"长技"提高到能否战胜外国侵略者的高度来认识。他强调指出，不善师外夷者，外夷制之。魏源从反侵略立场出发，以师夷为手段，以制夷为目的，表现了一种光辉的爱国主义思想。

在魏源看来，"师夷"只是手段，不是目的，目的是"制夷"。所谓"制夷"，用今天的话说，就是要战胜和制止西方列强对中国的侵略，改变中国落后挨打的局面，从而使中华民族立于世界民族之林。因此，如果说"师夷"体现的是魏源思想的开放性，那么，"制夷"体现的则是魏源思想的爱国性。"师夷"与"制夷"，开放与爱国，是一个有机联系的整体，彼此不能分离，更不能割裂。不"师夷"，就不可能"制夷"，但"制夷"又必须以"师夷"为前提。鸦片战争的惨痛教训，已使魏源初步认识到中国远比西方资本主义列强落后，落后者只有向先进者学习，并奋起直追，才有战胜先进者的可能，否则，将永远落后，永远挨打，永远受西方列强的欺负和蹂躏。

---

① （清）魏源：《海国图志》，中州古籍出版社，1999，第 67 页。

魏源进一步指出，"师夷"有"善师"和"不善师"之分，"善师"的人，才能制服"四夷"；"不善师"的人，则被"外夷"制之。可见，"善师"与否，是"师夷"能否取得成效的关键。那么怎样才是"善师"呢？首先，要"洞察夷情"。这是"师夷"能否取得成效的前提。用魏源的话说，要"师夷"，必先了解夷情，要了解得像对自己的桌子、床席和睡觉、吃饭那样一清二楚。而要了解夷情，就应设立译馆，翻译夷书，把西方国家的有关情况介绍给中国人。在《海国图志》中，他就对世界各国尤其是欧美国家的地理位置、历史沿革、气候物产、交通贸易、民族风俗、文化教育、宗教历法等做过较为详细的介绍。其次，要重视人才。这是"师夷"能否取得成效的条件。在他看来，得一伯乐，天下就没有不能驾驭的良马；得一良将，天下就没有不能抵御的外侮。国以人兴，功无幸成，只要励精图治，重视人才，就没有不富国强兵的道理。①

在书中，魏源提出了向西方学习，改造中国的主张。鸦片战争的失败，让魏源明白了国家失败不仅仅是武器落后，更主要的是失败与无知。朝野上下，对外部世界一无所知，即使道光皇帝也不知道英吉利为何不远万里攻打清朝。战争失败后，更有守旧派排斥西方科学技术，魏源则认为"欲制夷患，必筹夷情"。而欲知夷情，"必先立译馆翻夷书识"。② 他主张国家设置翻译官，翻夷西方书籍。魏源还坚持学习西方，应从军事和民用两个方面开始。在军事上，魏源主张聘请西方技师，教国人造船和武器制造之法，这样下去"人习其技巧，一、二载后，不必仰赖于外夷"。③ 在民用方面，魏源认为像"量天尺、千里镜、龙尾车、风锯、水锯、火轮机、自来火、自转礁、千斤秤"等技术"凡有益于民用者，皆可于此造之"。④

魏源是林则徐的好友，林则徐是最先放眼看世界的人，他搜罗人才翻译

---

① 王令金：《魏源师夷长技以制夷的思想价值及影响》，《山东师范大学学报》2002年第4期，第79~81页。

② （清）魏源：《海国图志》，岳麓书社，1998，第35页。

③ （清）魏源：《海国图志》，岳麓书社，1998，第28页。

④ （清）魏源：《海国图志》，岳麓书社，1998，第40页。

外国书刊。1842 年，魏源在林则徐主持编译的《四洲志》的基础上编成《海国图志》，起初为 50 卷，到 1852 年已有 100 卷，广泛介绍西方知识，并阐述"师夷长技以制夷"的思想，试图吸收西方先进技术，使中国富强起来。

（三）魏源的"经世致用"教育思想

魏源是一位进步的思想家、史学家和坚决反对外国侵略的爱国学者，也是一位教育家。他主张改革科举制度，明确教育目的，改变人才培养模式，这些主张对我国教育近代化起了推动作用。

1. 魏源论改革科举制度和培养人才

魏源一生参加过多次科举考试，在二十岁之前的科举考试可谓顺风顺水，也让他因此成名一时；二十岁之后的科举考试则多有不顺，49 岁才考中进士。所以，魏源可以说成也科举，败也科举，所以他对科举的认识非常复杂。他一方面认为科举毕竟是一场比较公平的考试，比之前的士族选举制更加公正。士族选举制"三代用人，世族之弊，贵以袭贵，贱以袭贱，与封建并起于上古，皆不公之大者"[1]。另一方面，他三十多年坎坷的科举经历也说明了科举考试的内容和方式多有弊端。魏源认为传统教育只是培养一些无用的"庸儒"，这些人只会"读黄、农之书，用以杀人谓之庸医；读孔、周之书，用以误天下，得不谓之庸儒乎?"[2] 传统教育使读书人只知"口心性，躬礼义，动言万物一体"[3] 而不重农桑。所以魏源要求改革传统教育，提倡务求实际、务求实学的革新精神。

魏源从鸦片战争失败的教训中，认识到人才的重要性，认为"今夫财用不足，国非贫，人才不竞之谓贫"，因此要求以国家之力，正人心，进人才，"人才进则军政修，人心肃则国威道"[4]。而要培养人才，就必须改革科举制度，因为科举专重书法，以八股取士，害人误国，他说："国家欲兴数

---

[1] 《魏源全集》（第十三册），湖南大学出版社，2011，第 53 页。
[2] 《魏源集》，中华书局，1976，第 49 页。
[3] 《魏源集》，中华书局，1976，第 36 页。
[4] 《魏源集》，中华书局，1976，第 166 ~ 167 页。

百年之利弊，在综核名实始。欲综核名实，在士大夫舍楷书帖括而讨章程、讨国故始，舍胥史例案而图许谟、图远猷始。"①

2. 魏源论"经世致用"实学教育

魏源自幼接受儒学教育，熟知宋明理学和汉学，故反对二者重"虚"轻"实"的弊端。面对国家的衰败，他和龚自珍一样，都极力提倡"实学"，主张"经世致用"的今文经学；反对偏重训诂考据、脱离现实的古文经学。他斥责宋明理学为"俗学"，批评汉学（考据学）禁锢天下聪明智慧。他在《皇朝经世文编》的序文里提出："善言心者，必有验于事矣……善言文者，必有资于法矣……善言古者，必有验于今矣……善言我者，必有乘于物矣。"也就是说，善言心的必须要证之于事，善言人的必须依靠于法，善言古的必须取证于今，善言我的必须依赖于物——做一切学问都应当从现今实际的事物出发。②

魏源认为，教育是要培养修身齐家、治国理政的人才，"学为师长，学为臣，学为士庶者也。格其心身家国天下之物，知奚以正，奚以修，奚以齐且治平者也"。③ 本着这个原则，国家应该加大对教育的投入，培养人才。人才是衡量一个国家是否贫弱的标准，而不是这个国家有多少财富。所以魏源指出，"财用不足，国非贫；人才不竞之谓贫……故先王不患财用而唯亟人才"。④ 所以，他认为在专门领域要聘请有专门经验的人担任领导职务，"凡水师将官必由船厂、火器局出身，否则由舵工、水手、炮手出身。"⑤ 当然，只具有专门技能的人不是人才，只有那些既有专业技能又有道德的人才是魏源心中人才的标准。"但取文采而不审其德"⑥ 不是人才选拔的准则。德才兼备才无愧人才的称号。魏源这种经世教育思想突破了以封建伦常教育为目的的人才培养模式，开创了人才价值观的新概念。

---

① （清）魏源：《圣武记》附录第十一卷，《兵制兵饷》。
② 史仲文、胡晓林：《中国全史·教育卷：清代分卷》，中国书籍出版社，2011，第903页。
③ 《魏源集》，中华书局，1976，第157页。
④ 《魏源集》，中华书局，1976，第167页。
⑤ 魏源：《海国图志》，岳麓书社，1998，第29页。
⑥ 《魏源集》，中华书局，1976，第36页。

3. 魏源论学习和教学方法

魏源具有哲学的教育思想，尤其是在处理实践和理论、如何发挥主观能动性方面具有超前性。在实践和理论上，魏源认为理论和实践不能二分，理论离不开实践，理论学习固然重要，但实践显然更为重要，二者相互促进，相互关联。要想获得真知，就需要把理论学习和生活实践结合起来。故魏源认为："及之而后知，履之而后艰，焉有不行而知者乎"①，以及"披五岳之图，以为知山，不如樵夫之一足；谈沧溟之广，以为知海，不如估客之一瞥；疏八珍之谱，以为知味，不如庖丁之一啜"。② 实践既然如此重要，"夫士而欲任天下之重，必自其勤访问始"。③ 在如何发挥主观能动性方面，魏源强调在尊重学习规律的基础上，一定要注意主观能动性的作用，提倡勤能补拙，"敏者与鲁者共学，敏不获而鲁反获之；敏者日鲁，鲁者日敏，岂天人之相易耶"。④

魏源特别重视教学方法，他认为每个人都不同于他人，所以，教师在教学中应根据个人的认知水平、学习能力以及自身素质，选择不同的学习方法来有针对性地教学，发挥学生的长处，弥补学生的不足，激发学生学习的兴趣，做到因材施教、知人善教。他认为"教法因人、因时，原无定适"。⑤ 他还说"学道者宜各知所非，用人者宜各因其长；勿以师儒治郡国，勿以方面之材责师儒；非体用之殊途，乃因材之难强也"。⑥ 所以，教师要知道学生的特点，采用适合的方式方能教育好人。"不知人之短，不知人之长，不知人长中之短，不知人短中之长，则不可以用人，不可以教人。用人者，取人之长，避人之短；教人者，成人之长，去人之短也。"⑦

魏源尽管不是专职教育家，但他所著的《海国图志》却是一部划时代

---

① 《魏源集》，中华书局，1976，第 167 页。
② 《魏源集》，中华书局，1976，第 7 页。
③ 《魏源集》，中华书局，1976，第 36 页。
④ 《魏源集》，中华书局，1976，第 5 页。
⑤ 《魏源集》，中华书局，1976，第 146 页。
⑥ 《魏源集》，中华书局，1976，第 50 页。
⑦ 《魏源集》，中华书局，1976，第 52 页。

的巨著，它涵盖了世界地理、历史、政治、经济、民族、文物、历法、天文、数学、机械、军事等方面的丰富知识，不仅材料收集详密，而且鸿篇巨制，图文并茂，堪称一部百科全书式的著作。魏源还主张学习西方重视教育的做法，他在《海国图志》里提到了欧洲各国均"广设学校，一国一郡有大学、中学，一邑一乡有小学"。① 西方教育内容庞杂，不仅有宗教、政治等知识，还有"农事，金厂，水利，江防，桥船，军器，百工及诸国财用"和"天文，地理，算术，禽兽，鱼虫之学，金石之论，万物性情之学"②，主张国人学习之。魏源提出的"师夷长技以制夷"的思想后来成了向西方学习的思想源头，在中国近现代思想史上占有非常重要的地位，也具有十分重要的历史意义。在实践意义上，它是后来洋务运动甚至维新变法、辛亥革命等一切革新运动的先声。

第二节 洋务教育与清末时期的教育思潮

洋务学堂是在鸦片战争后国门被打开的背景下产生和发展起来的，旨在为摇摇欲坠的清政府培养救国人才，但客观上推动了中国的教育向近代转型。作为洋务运动的先锋，洋务学堂改变了传统教育一统天下的局面，为晚清政府培养了大量的不同于传统知识分子的新型人才，为中国教育近代化做出了贡献。

一 清末"中体西用"的洋务派学堂

（一）洋务运动中洋务学堂的产生

洋务学堂是随着洋务运动的逐渐深入而产生、发展和成熟起来的。19世纪60年代，随着中外交涉日益增多，中国人在与外国人的交往中明显感到外语人才的紧缺。由于不懂外国语言，清廷官员往往因看不懂外文或不理解外

---

① 魏源：《海国图志》，岳麓书社，1998，第1098页。
② 魏源：《海国图志》，岳麓书社，1998，第1273页。

语而常被愚弄，在狡猾的外国人面前手足无措。为了改变这种现状，洋务派开始创办翻译学校，培养翻译人才。1862 年 7 月，中国第一所培养翻译人才的学校——京师同文馆在北京设立。京师同文馆先后开设了英语馆、法文馆和俄文馆，成了一所较为先进的外语学校。在京师同文馆之后，上海广方言馆、广东同文馆、湖北自强学堂等洋务学堂也相继问世，洋务学堂开始产生。

19 世纪 70 年代，洋务运动度过了初级阶段，开始逐渐成熟。这时候一些科技含量较高、规模较大的工厂开始兴建，客观上需要越来越多的精通矿产、电报、机器等的专业技术人才。洋务派开始筹办各类实业学堂，其中较为著名的有福建船政学堂（1866 年）、福州电报学堂（1876 年）、天津电报学堂（1880 年）、广东实学堂（1881 年）、上海电报学堂（1882 年）、天津西医学堂（1893 年）、南洋水师学堂（1890 年）、自强学堂（1893 年）等，洋务学堂开始发展起来。

19 世纪 90 年代，洋务学堂越来越成熟，不仅在形式上并且在内容上，洋务学堂基本上和西方的近代教育趋向一致。这一时期较为著名的洋务学堂有天津的中西学堂、南洋学堂、储才学堂等。到 1901 年，这些学堂逐渐走向系统化。特别是甲午战争后，"兵战不如商战"的思想在知识分子中间盛极一时，所以，大量的农业类、商业类的专科学堂开始兴办，洋务学堂最终走向了成熟。

总而言之，自 19 世纪 60 年代至 90 年代，洋务派创办了一大批洋务学堂。这些学堂包括语言学堂（如上海广方言馆、广州同文馆、新疆俄文馆、台湾西学堂、珲春俄文馆、湖北自强学堂等），技术学堂（如福州船政学堂、天津电报学堂、天津西医学堂、上海电报学堂等），军事学堂（如天津水师学堂、天津武备学堂、广东陆师学堂、江南水师学堂、江南陆军学堂、湖北武备学堂等）。据统计，从 1862 年到 1895 年洋务派创办各类学堂达 25 所之多。这些洋务学堂的特点是，设在京师的少，设在地方的多；设在内地的少，设在通商口岸的多；高层次的少，低层次的多；具有普遍意义的基础教育少，满足特殊需要的专业教育多；科学理论教育少，应用技术训练多。①

---

① 李华兴主编：《民国教育史》，上海教育出版社，1997，第 47 ~ 48 页。

（二）洋务学堂的培养目标和教学内容

洋务学堂与旧式学校在培养目标、教学内容、招生标准等方面均不相同。在培养目标上，洋务学堂主要培养经世之才而非旧式学校的传统儒生。比如上海广方言馆创办目的在于培养"于中国自强之道似有裨助"的"一切轮船火器等巧技"① 人才，船政学堂培养学生"非为造轮船也，欲尽其制造驾驶之术耳；非徒求一二人能制造驾驶也，欲广其传使中国才艺日进"，所以要"习其语言文字，诵其书，通其算学"。② 故洋务学堂培养的是治国人才，不是传统的只会之乎者也的儒生。在教学内容上，洋务学堂主要传授西方近代科学知识而非旧式学校的经史子集。比如上海广方言馆要求学生"算学与西文并须逐日讲习，其余经史各类，随其资禀所近分习之。专习算学者，听从其便"③，甚至要求学生"如西学不能通晓则斥退"④。福州船政学堂则要求学生学习"英文、算术、几何、代数、解析几何、割锥、平三角、弧三角、代积微、动静重学、水重学、电磁学、光学、音学、热学、化学、地质学、天文学、航海术"等 19 门西方科学知识。另外，为强学生体魄，增学习兴趣，洋务学堂还"设有秋千两架，及皮球、鸡毛燕等件，以为学生早晚游戏之具"。⑤ 在招生标准上，洋务学堂设定的条件较低，只要会读书习字者均可入学。而旧式学校需要掌握较深的经史子集知识方能入学，这无疑让很多渴望读书的人止步。

但是，洋务学堂所处的时代背景毕竟不同于西方，所以不可避免地存在一定的问题：一是洋务学堂的科举化。传统的读书目的是修身、齐家、治国、平天下，读书就是为了考取功名。而"这些外来的学问并不能带来什么名望，也不能打开通向有影响的政治地位的大门"，所以这些外来学问

① 朱有瓛 主编：《中国近代学制史料》（第一辑上册），华东师范大学出版社，1983，第215 页。
② 《洋务运动》（五），上海人民出版社，1961，第 28 页。
③ 朱有瓛 主编：《中国近代学制史料》（第一辑上册），华东师范大学出版社，1983，第217 页。
④ 《广方言馆记》，《万国公报》（影印合订本，第 3 本），台湾华文书局，1976，第 1673 页。
⑤ 刘志琴：《近代中国社会文化变迁录》（第一卷），浙江人民出版社，1998，第 536 页。

"为士林学人所不屑，被斥之为名教罪人、士林败类"，以致学生"连公开承认他们是同文馆学生的勇气都没有"①。所以，为吸引学生计，洋务学堂保留了科举制。有的学堂允许学生"学成之后，送本省督抚考验，作为该县附生，准其应试"；有的答应学生"如在馆三年，学习有成，即派充各衙门翻译官，准其一体乡试"；有的让学生"在堂者一律仍准应文武试，以开其上进之程"②。这些规定确实在吸收学生方面发挥了作用，却让学生对科举念念不忘。很多学生"把他们的时间和精力专用于准备将在南京举行的三年一度的考录举人的乡试，因此这个夏天他们几乎没学什么英文"③。造成"学校虽有数理博物科目，仍是一种变相的八股"④。二是洋务学堂的"体用化"。受"体用论"的影响，洋务学堂在教学上也强调"以中学为体，以西学为用"，所以他们在传授西方科学知识的同时，更重视封建纲常伦理的灌输。如福州船政学堂要求学生除学习专业知识外，要"并重中文，兼读孝经、圣谕广训"。广东陆师学堂"限定每日清晨先读四书、五经数刻，以端其本"⑤。这样，学生"不复用心西学，故中学尚有可观，西学几同面墙"⑥，这自然不利于洋务学堂的发展，造成洋务学堂的层次不高。三是洋务学堂的官僚化。洋务学堂虽然在办学模式上仿照西方，但在运营机制上却很僵化。学堂受到官府的影响，自然有官府固有的官僚作风和衙门习气，任人唯亲、贿赂公行、贪污成风，学堂管理人员经常克扣学生伙食费及各种赏银，一点也没有西方学堂的学术至上的影子，扼杀了学堂的生机。

固然有上述缺点，但学堂毕竟改变了传统中学身心性命的旧观念，西学中的技艺之学广为盛行，学习西学成了一种时尚，引得众人竞相学习。中国

---

① 乔纳森·斯潘塞：《改变中国》，三联书店，1990，第138页。
② 陈学询主编：《中国近代教育史教学参考资料》（上册），人民教育出版社，1986，第52～90页。
③ Knight Biggerstaff. *The Earliest Modern Government Schools in China*, Cornell University, 1961, p.163.
④ 舒新城：《近代中国教育思想史》，中华书局，1929，第279页。
⑤ 陈学询主编：《中国近代教育史教学参考资料》（上册），人民教育出版社，1986，第77～90页。
⑥ 苏精：《清季同文馆及其师生》，人民教育出版社，1984。

学术风气焕然一新。洋务派创办的学堂里培养的学生可以避开科举考试直接进入精英阶层，改变了中国士人视科举为唯一晋升通道的看法。这种心理上的影响在更广泛、更深刻的层面上潜移默化地改变着人们的价值取向，冲击着陈旧的科举教育，有助于新式教育的发展和科举制度的解体。

二 曾国藩"经世致用"的教育思想

曾国藩（1811～1872年），湖南湘乡人，初名子城，字伯涵，号涤生，是中国近代史上著名的政治家、军事家和外交家，中国传统文化的集大成者和著名的理学大师，是洋务运动的首创者和近代新儒家的代表人物。曾国藩出生于晚清一个地主家庭，自幼勤奋好学，6岁入塾读书。8岁能读八股文、诵五经，14岁能读《周礼》《史记》文选，同年参加长沙的童子试，成绩列为优等。父麟书，有田产，不事耕种，醉心功名，然童试17次皆不第，父设馆授徒。曾国藩幼从父学。道光十三年（1833年）入县学为秀才。翌年就读于长沙岳麓书院，同年中举人。此后赴京会试，一再落榜。道光十八年，始中第三十八名贡士，旋赴殿试，中三甲第四十二名，赐同进士出身。朝考选翰林院庶吉士。自此供职京师，结交穆彰阿、倭仁及唐鉴等。道光二十七年任四川乡试正考官，道光二十八年升侍读，后年升侍讲学士。道光二十七年授内阁学士，兼礼部侍郎衔。道光二十九年任礼部右侍郎，旋兼兵部右侍郎。道光三十年兼署工部右侍郎。咸丰二年（1852年）兼署吏部左侍郎。后丁忧在湘乡老家，此时奉诏以礼部侍郎身份帮同湖南巡抚督办团练，创建湘军。最后升至总督，官居一品。他一生奉行为政以耐烦为第一要义，主张凡事要勤俭廉劳，不可为官自傲。他修身律己，以德求官，礼治为先，以忠谋政，在官场上获得了巨大的成功。曾国藩的崛起，对清王朝的政治、军事、文化、经济等方面都产生了深远的影响。在曾国藩的倡议下，建造了中国第一艘轮船，建立了第一所兵工学堂，印刷翻译了第一批西方书籍，安排了第一批赴美留学生。可以说曾国藩是中国现代化建设的开拓者。

曾国藩虽然不是一个职业教育家，但他生前所写的大量的家书、日记、诗文和书札中却包含了丰富的教育思想，在中国近代教育史上产生了广泛而深远的影响，对于加速中国教育近代化的历史进程发挥了积极的作用。

（一）曾国藩"经世致用"的教育思想

晚清以来，国力凋敝，国家急需治国之才以挽救式微的清朝。而宋代以来的理学派热衷于空谈，对国家无益。鉴于此，曾国藩潜心钻研经世之学，主张学以致用，形成了"经世致用"教育思想。

一是推崇经济之学。曾国藩认为：

> 为学之术有四：曰义理，曰考据，曰辞章，曰经济。义理者，在孔门为德行之科，今世目为宋学者也；考据者，在孔门为文学之科，今世目为汉学者也；辞章者，在孔门为言语之科，从古艺文及今世制义诗赋皆是也；经济者，在孔门为政事之科，前代典礼、政书及当代掌故皆是也。[①]

曾国藩认为"经济之学"很重要，在他眼中，官制、财用、盐政、漕务、钱法、冠礼、婚礼、丧礼、祭礼、兵制、兵法、刑律、地舆、河渠等都是应该考究的天下大事。他强调："苟通义理之学，而经济该乎其中矣……义理与经济初无两术之可分，持其实功之序，详于体而略于用耳。"[②]

二是大力提倡"格物致知"。众所周知，中国古代儒家思想中，"格物致知"是一个重要概念，是儒家学派为实现自己"修身齐家治国平天下"的政治思想而提出的阶段性行为目标。"格物"是到达事物的极致，穷尽事物的本然之理。认识是一个由表及里、由浅入深的过程。穷理就是探究社会普遍永恒的道德法则。"致知"就是把自己已知的加以推广，以此物推及彼物，从有穷推及无穷。曾国藩非常欣赏"格物致知"的教育观，他说："朱子曰：'人心之灵，莫不有知。'此言好恶之良知也。曰'天下之物，莫不

---

① 《曾国藩全集》（第14卷），岳麓书社，1995，第442页。
② 《曾国藩全集》（第14卷），岳麓书社，1995，第443页。

有理，唯于理有未穷，故其知有不尽'。"① 又说："格物，致知之事也……吾心，物也；究其存心之理，对博究其省察涵养以存心之理，即格物也……每日所看之书，句句皆物也；切己体察，穷究其理即格物也。此致知之事也。"② 在曾国藩看来，"格物致知"的过程就是彰显人性的过程。从这一思想前提出发，曾国藩将教育看作彰显人性的有效途径。他认为，只有通过教育，人才能学会"仁、义、礼、智、信"等伦理观念，实现"以礼自治，以礼治人"的目的。

（二）曾国藩学习西方的教育思想

鸦片战争之后，如何与洋人接触、沟通、博弈是晚清大臣不得不学习的一项本领。对于洋人，曾国藩一开始是排斥的。《南京条约》签订后，他在家书中写道：

> 自英夷滋扰，已历二年，将不知兵，兵不用命，于国威不无少损失，然此次议抚，实出于不得已，但使夷人从此永不犯边，四海宴然安堵，则以大事小，乐天之道，孰不以为上策哉?③

此时，曾国藩脑海中尽是对洋人侵略的仇视，根本无暇顾及西方的科学技术。随着和洋人接触的深入，曾国藩目睹了西方列强坚船利炮的威力，越来越认识到学习西方科学技术的重要性，认识到西方国家的强大与其国家先进的教育是分不开的，认为只有虚心向洋人学习，取人之所长，补己之所短，中国的教育事业才能蒸蒸日上，中国才能走上富国强兵之路，才能不被别国欺辱。为此，曾国藩提出了向西方学习的教育思想。

一是学习西方的"器物"。1860年（咸丰十年），曾国藩在《议覆俄法助战及代运南漕折》中，首次提出学习西方"器物"的思想主张，他说："此次款虽成，中国岂可一日而忘备……无论目前资夷力以助剿济运，得纤

---

① 《曾国藩全集》（第2卷），岳麓书社，1990，第10页。
② 《曾国藩全集》（第1卷），岳麓书社，1990，第39~40页。
③ 《曾国藩全集》（第1卷），岳麓书社，1995。

一时之尤；将来师夷智以造炮制船，尤可期永远之利。"① 1861 年（咸丰十一年），曾国藩再次表达了渴望得到西方器物的思想：

> 轮船之速，洋炮之远，在英、法则夸其所独有，在中华则震于所罕见。若能陆续购买，据为己物，在中华，则见惯而不惊，在英、法，亦渐失其所恃……购成之后，访募覃思之士，智巧之匠，始而演习，继而试造，不过一二年，火轮船必为中外官民通行之物，可以剿发逆，可以勤远略。②

思想是行动的先导，曾国藩有学习西方器物的思想，在攻下安庆后，就开始了学习西方器物的行动。1861 年，他设立了安庆军械所，潜心研制洋枪洋炮，以提升清军的战斗力；1868 年，他聘请容闳出任江南机械制造总局机械学校教习，培训技术工人以提高中国工人技能水平。后来，这个机械学校为中国培养了一批早期的熟练技术工人和工程技术人员，在中国近代教育史上留下了光辉的一页。

二是设立翻译馆，培养翻译人才，学习和传播西方先进的科学技术。曾国藩等人在江南机械制造总局内设立了翻译馆，聘请洋教习讲授外文，培养翻译人才；组织人员翻译有关舆图、格致、器物、兵法、医学等著作数百卷，为学习和传播西方科学技术创造有利条件。

三是派幼童赴欧美留学。曾国藩给清廷建议："选聪颖幼童，送赴泰西各国书院学习军政、船政、步算、制造诸书，约计十余年，业成而归，使西人擅长之技，中国皆能谙悉，然后可以渐图自强。"③ 在当时朝廷上下保守的状态下，曾国藩力排众议，派遣幼年儿童赴美留学，可谓开向西方选派留学生之先河。当然，作为清王朝的人臣，曾氏在积极学习西方的同时，却主张赴美留学生不忘学习中国的经史子集，并强调定期传集各稚童宣讲圣谕广

---

① 李瀚章编：《曾文正公全集（奏稿卷）》，吉林人民出版社，1995，第 58 页。
② 《曾国藩全集》（第 3 卷），岳麓书社，1995，第 603 页。
③ 《曾国藩全集》（第 30 卷），岳麓书社，1996，第 38 页。

训。试图通过中西结合的教学方式，把学生培养成为既通晓西艺，又熟知伦理纲常的双料治国人才，恐怕是行不通的。

三　张之洞"中体西用"的教育思想

张之洞（1837～1909年），字孝达，号香涛，别号壶公、抱冰，直隶南皮（今河北南皮）人，生于贵筑县（今贵阳市）。张之洞幼年禀赋聪慧。五岁入家塾，张之洞从小读书用功，才思敏捷，受过严格的儒家思想的教育熏陶。7岁时随父到兴义府城就读。13岁以前，已学完四书五经等儒家经典，兼习史学、小学（文字学）、文学及经济之学，又自学了《孙子兵法》《六韬》等多篇兵学名著，打下日后从政和治学的初步基础，并在12岁那年刊刻了名为《天香阁十二龄草》的诗文集。少年张之洞有夜读静思的习惯，"尝篝灯思索，每至夜分，必得其解乃已"。他回忆说："后服官治文书往往达旦，乃幼时好夜坐读书故。"这种夜间工作的习惯，曾被人指为"兴居无节"，影响了会见僚属。[①]

张之洞13岁始回河北原籍应试，考取秀才；15岁时赴顺天府乡试中举人第一名，成"解元"；26岁考取进士第三名，成为"探花"，授翰林院编修。1867～1873年任湖北学政。1874年起任四川学政、山西巡抚。1883年中法战争爆发，因力主抗争任两广总督。1889年7月调任湖广总督。1906年升任军机大臣。在督鄂17年间，张之洞力主广开新学、改革军政、振兴实业，由此湖北人才鼎盛、财赋称饶，成为当时中国后期洋务新政的中心地区。

（一）张之洞"广开新学"的教育政绩

张之洞在督鄂期间，致力于改造旧式书院、创办新式学堂。在他的领导下，湖北地区先后成立了自强学堂（今武汉大学前身）、武备学堂、农务学堂（今华中农业大学）、湖北工艺学堂（武汉科技大学）。湖北教育通过由低等向高等、由普通向专业、由省城向州县的发展，逐步形成了一个地区性

---

① 《张之洞》，http://www.baike.com/wiki/。

的现代教育体系，其教育规模和质量在当时全国处于领先地位。另外他任职两江总督期间，创立的三江师范学堂，是南京大学、东南大学的前身。晚年与袁世凯会奏立停科举，推广学校，实际主持重订学堂章程，制定出中国近代第一个比较系统完备、包括普通教育和专门教育的"癸卯学制"，奠定了中国近代教育体制的基础。古稀之年，他又奉旨管理学部事务。清廷管学大臣张百熙称赞张之洞为"当今第一通晓学务之人"。张之洞在中国教育由封建传统向现代化迈进过程中做出了历史性贡献，受到国内外的高度评价。

张之洞的教育政绩无须多言，其教育思想也闪烁古今，主要包括他对教育目的、教育制度、教学方式以及师资建设的观点。

（二）张之洞"中体西用"的教育思想

张之洞在《劝学篇》中，则首次对时人认知和融通中西文化的"中体西用"理念做出完整系统的理论概括。关于教育的目的，张之洞认为应该把学生培养成一个德智体全面发展的经世之才。他曾在《筹定学堂规模次第兴办折》提出"考日本教育，总义以德育、智育、体育为三大端"。[①] 其中，德育要培养忠君爱国，以社稷为重之才。智育不仅要突破传统的经史子集、修齐治平的陈旧范畴，更要注意西方先进的科学技术。关于体育，张之洞认为学生不仅要有德育和智育，更应该有强健的体魄。然而，毕竟张之洞是洋务派的典型代表，体用论在其心中的地位很高。按照体用之论，张之洞认为德智体三方面"体用兼赅，先后有序"。德育为体，智育、体育为用。这也承袭了中国的以德为先的传统教育观念。

关于教育制度，张之洞认为科举制度发展至今已经病入膏肓，无法再为清王朝培育治国理政人才，如要改变科举的弊端，需用新式学堂取而代之。对于科举和新式学堂的优劣，张之洞有清醒的认识，他认为"科举文字每多剽窃，学堂功课务在实修；科举只凭一日之短长，学堂必尽累年之研究；

---

① 《张文襄公全集》卷五十七。

科举但取词章，其品谊无从考见，学堂兼重行检，其心术尤可灼知"。①
1905 年 8 月，张之洞上奏折："科举夙为外人诟病，学堂最为新政大端。一旦毅然决然，舍其旧而新是谋，则风声所树，群且刮目相看，推诚相与……故欲补救时艰，必自推广学校始；而欲推广学校，必自先停科举始。"② 奏请清政府停科举，兴学堂。清政府采纳了这一建议，从此，科举制度在中国消亡。张之洞还创立了一套完整的新式教育制度——"癸卯学制"。"癸卯学制"分初等教育（蒙养院四年，初等小学五年，高等小学四年）、中等教育（中学堂一级五年）、高等教育（高等学堂或大学预备科三年，分科大学堂三年到四年，通儒院五年）三段。除上述外，还有师范教育和实业教育两系。前者分初级、优级两段，共修业八年；后者分初、中、高等三段，共修业十五年。除此之外，张之洞还对教育管理体制做了探索，在地方设立学务处，取代"学政"管理全省教育机构；在京师设立总理学务大臣，统辖全国学务。

关于教学，张之洞认为读书不在多少，而在真实；不在一次看多少书，而在读书要有恒心；不在涉猎多广，而在思考多深；不在空发议论，而在仔细校勘；不在死记硬背，而在能够理解。他还反对加重学生负担，搞疲劳轰炸，认为"必有余力，乃可读书"③。在教学方法方面，张之洞认为应该启发学生思维，力争让学生做到举一反三，"课一解即通一经义也，课一论即知一史案也"④。他还主张学生之间应相互切磋，"经史繁重者，一人翻之则畏难而自废，同力检之则多得。疑义难解者，独坐冥思则窒，诘难推求，谈谐趣妙则通。此友之益亦师之亚"⑤。张之洞这样说了，他也这样做了。他在广东水陆师学堂规定学生每年学习九之用，以锻炼学生的动手能力。

关于师资建设，张之洞多次强调："振兴教育，必先广储师资；师资不

---

① 《张文襄公全集》卷六十。
② 《张文襄公年谱》卷九。
③ 《张文襄公全集》卷二百一十三。
④ 《陈旭麓学术文存》，上海人民出版社，1990，第 1069 页。
⑤ 《孙中山全集》第 2 卷，中华书局，1982，第 533 页。

敷，学校何以兴盛？”“各属开办学堂，全赖师范得人，课程方能合度，管理才能得宜。”① 在湖北推行新式学堂之始，张之洞从经心、两湖、江汉三书院选派优等学生赴日本学习，以解决师资问题。另外，他还在省内自办师范学堂，以求从根本上解决师资力量不足问题。1902 年，张之洞在武昌创设湖北师范学堂，除一般学科外，另加教育学、卫生学、教授法、学校管理法等科目。招收名额一百二十名。速成科学制一年，正科学制两年或三年。开近代中国独立、完备的师范教育之先河。1903 年，张之洞奉旨重订学堂章程。他的重视师范教育的思想得到重新体现。他在《学务纲要》提道，"师范学堂，意在全国中小学各有师资，此为学堂本源，兴学入手第一义"。

必须指出，洋务教育也烙上了封建性的印痕。首先是其指导思想，张之洞概括为“中学为体，西学为用”。认为“中学”即经史之学，必须放在首要的主体地位，“然后择西学之可以补阙者用之，西政之可以起吾疾者取之”。在张之洞看来，“学校、地理、度支、赋税、武备、律例、劝工、通商，西政也；算、绘、矿、医、声、光、电、化，西艺也”，“政尤急于艺”，而最切要的是“兴学校”，可见，西政根本不涉及学习西方的政治制度，更谈不上改革现行制度了。这就难怪早期维新派一直批评洋务派学的只是西方的皮毛而已。其次，念念不忘中文学习，是洋务教育封建性的重要表现。所有的洋学堂学生和留学生，都得用相当时间学习“圣谕广训”，并不时“望阙行礼”；注重学生的资格和出身，注重规范学生的“道德”等，更昭著了其封建性。②

但从教育发展的角度看，洋务教育第一次引进了一些新的教育内容和形式，突破了传统教育长期以经史禁锢人心的沉重氛围，在中国近代教育兼采中西以求发展方面，迈出了功不可没的第一步。

总而言之，张之洞视教育为维系腐朽封建制度的手段，显现出其落后的

---

① 《张文襄公牍稿》卷二十、二十一。
② 史仲文、胡晓林：《中国全史·教育卷：民国分卷》，中国书籍出版社，2011，第 921 页。

一面。但从客观效果看,张之洞的教育思想又蕴含着较多先进的理念。对这一份珍贵的遗产,我们应该批判地继承。

第三节　维新教育代表人物的教育思想

清光绪二十年(1894 年)的甲午战争,中国惨败,被迫向日本割地赔款,帝国主义列强掀起了瓜分中国的狂潮。外患的不断冲击引起近代思想界的强烈震荡。随着近代资产阶级队伍的不断壮大,早期改良主义思想迅速演变成资产阶级维新思想,维新派登上了历史的舞台。维新派希望在不触动封建统治基础的前提下,进行自上而下的渐进式改革,从而改变中国社会的政治、经济、军事及文化教育,以抵抗外国侵略,发展资本主义。[①] 戊戌时期的维新运动在更新的意义上突破了传统的教育制度。在维新运动中,起初的宣传鼓动、后来的论战及改革内容都涉及教育的革新,而其领袖们的思想主张无疑起着指导作用。戊戌变法时期,维新派提出了许多有益于中国教育发展的观点,推动了中国教育的发展。在维新派人物中,康有为和梁启超、严复等是杰出的代表。

一　清末新政时期维新派的教育改革

甲午中日战争宣告了洋务运动的破产,康有为、梁启超等维新派开始了著名的维新运动,这场救亡图存的运动在许多方面都涉及教育的革新。这些革新包括兴办学堂,和守旧派论辩,改革旧教育制度。

维新派的鼓吹活动主要有三种方式:办学会、兴学堂、办报纸。从光绪二十一年到二十四年(1895 ~ 1898 年),全国共设立学会 24 所,如北京、上海的强学会,北京的保国会,湖南的南学会和湘学会等;维新派在全国设立学堂 19 所,比较著名的有康有为在广东长兴里创办的万木草堂,梁启超、谭嗣同在长沙主办的时务学堂。维新派还利用办报纸等方式宣传教育改革思

---

① 孙培青、李国钧:《中国教育思想史》(第三卷),华东师范大学出版社,1997,第 94 页。

想，以利于新教育方式的推行。这一时期办报馆8所，如康有为在北京创办的《万国公报》、梁启超在上海主办的《时务报》、严复在天津创办的《国闻报》和《国闻汇编》、谭嗣同在湖南主编的《湘报》等。

这些成功的宣传活动导致了守旧派的反对和洋务派的阻扼。维新派高举天赋人权的大旗把孔子改观为倡言变革的"素王"，从而提出了改变君主专制为君主立宪的变法目标，认为只有这才是保国、保教、保种的良法。与洋务派的变"末"不同，他们提出变"本"，即"变法之本在育人才，人才之兴在开学校，学校之立在变科举，而一切要其大成，在变官制"（《时务报》第三册〈光绪二十二年七月二十一日〉）。与洋务派的"中体西用"不同，维新派从人权天赋的角度出发，提出民本君末等一系列民主思想，冲击了封建的三纲五常。谭嗣同更提出了"冲决一切网罗"的大胆主张。①

就教育改革问题，维新派与守旧派、洋务派展开了思想论战。顽固派坚持科举考试制度不能改变，维新派认为科举制度有"锢智慧""坏心术""滋游手"三大祸害，其中任何一害都足以亡国。② 梁启超还指出："变法之本，在育人才，人才之兴，在开学校，学校之立，在变科举。"③ 针对洋务派"中学为体，西学为用"的观点，维新派提出"体用结合""中西会通"的教育指导思想。维新派对"中学"内涵的认识远在洋务派之上，维新派所讲的"中学"是指学以致用的"六经诸子"，而非洋务派所讲的"中国的文武制度"；维新教育中的"中学"教育已不同于空疏败落的封建教育，而是富有挽救民族危机变法维新的崭新内容；维新派对"西学"内涵的理解也大大超出洋务派所规定的范围，已经从单纯物质融合发展到吸收西方的政治制度。

清末"新政"时期的教育改革在我国教育改革史上占有极其重要的地位，因为它终止了施行近1300年的科举制度，开启了近代中国教育的新篇章。"新政"中关于教育方面的改革对我国现代教育制度的影响很大，其主

---

① 史仲文、胡晓林：《中国全史·教育卷：民国分卷》，中国书籍出版社，2011，第922页。
② 中国史学会主编：《戊戌变法》丛刊（三），上海神州国光社，1953，第60~62页。
③ 梁启超：《变法通议》，《饮冰室合集》，中华书局，1989，第10页。

要内容包括如下几个方面。

（一）创新式教育制度，育新式人才

维新派认为变法迫切需要"开民智"，所以后来实施的变法内容多涉及教育的革新：废八股，改试策论，借以选拔"体用兼备""通经济变"的人才；筹办高、中、小各级学堂，兼习中学和西学；改各级书院为中西学兼修的大小学堂，民间的祠庙一律改为学堂，奖励捐建学堂者；筹办京师大学堂；设立农学会，刊发农报，创办农务学堂，促进农务；在产丝茶区设茶务学堂及蚕桑公院；设立翻译局及编译学堂；鼓励出版书报，自由开设报馆学会，开放言论鼓励上书；筹设医学堂；鼓励设各种实业学堂，鼓励新著作和新发明。

1901 年，朝廷谕令将各省、府、州县的书院改为大、中、小学堂，并规定学堂学生毕业后可取功名。1902 年，清政府先后颁布了《钦定学堂章程》《奏定学堂章程》，以日本教育为范式制定了一套新的学堂管理制度，章程规定，学堂分为初等学堂、中等学堂、高等学堂三级。初等学堂和中等学堂毕业生授予生员功名，高等学堂毕业生授予举人功名，高等学堂毕业后还可以升入分科大学或通儒院深造，通儒院或分科大学毕业生授予进士功名。

1902 年，清政府制定《钦定京师大学堂章程》，将京师大学堂分为预备科（简称预科）、大学专门分科和大学院三级。预科又分政、艺两科，政科包括经史、政治、法律、通商；艺科包括声、光、化、农、工、医、算学。预科学制三年，毕业后可升入大学专门分科，并给予举人出身资格。大学专门分科相当于后来的大学本科，分科相当于学院；科下又分门目，相当于后来的系。规定共设 7 科：政治、文学、格致、农业、工艺、商务、医术。每科下设几个门目，7 科共设 35 门。大学专门分科学制 3 ~ 4 年，毕业后可升入大学院（相当于后来的研究生院）深造，并给予进士出身。大学堂另设速成科，包括仕学、师范二馆，学制 3 ~ 4 年，毕业后可任初级官吏或学堂教习。当年九月十三日正式举行速成科招生考试，十月二十六日又第二次招考，两次共录取 182 名，十一月十八日（12 月 17 日）开学。此后，全国学

堂的发展颇为迅猛。据学部统计，1904 年全国学堂总数为 4222 所，学生数 92169 人，到 1909 年学堂已达 52346 所，学生猛增到 156.027 万人。[1]

（二）废除科举制度，改革考试内容

自明代始，科举的考试内容演变成只重形式轻实际学识。把读书人的思想禁锢于四书五经、八股文。读书人的眼界、创造能力、独立思考能力都被大大限制。到了清朝，清政府为了奴化汉人，更是严格束缚科举考试内容。清代科举制日趋没落，弊端也越来越多。所以，科举误国、八股害学，传统的科举制度必须改革。

维新派提出改革旧的教育制度，这些改革内容有废除八股文，改试策论，开济特科；提倡西学，改书院为新式学堂或专门学堂，创办京师大学堂，各地设立中小学堂；鼓励翻译外国新书，设立译书局，编译中外要书，作为所有中小学教材；各省选派学生出国留学。维新教育所形成的改革思潮，为近代教育制度的形成奠定了思想基础。1901 年，清廷同意对选拔人才的考试内容做重大改革，各省科举废除八股文章，转而考能够解说四书五经和论述中国历史、政治及西学政治、艺学的"策论"。1905 年 9 月，清廷下令从 1906 年起停一切科举考试，随后命令各省学政专管学堂事务，并在12 月设立学部。从此，科举制度终被废除。

在教学方式上，维新派改变了旧的教学方式，不再要求青年学子专攻训话词章，反而要求学生学习西方自然科学和社会科学知识，要求学生心怀天下，学以致用。在教学原则和方法上，维新派要求学生学会独立思考，自由学习，互相启发，变传统的照本宣科、死记硬背的教学方法为启发式、直观教学法。

维新运动对中国教育发展有着相当深远的影响，特别是从此掀起的兴学校热，实为教育史上的又一新台阶。当时已出现了私人办学的现象。如盛宣怀在光绪二十一年（1895 年）兴办的西学学堂（1903 年改为北洋大学）和在光绪二十四年（1898 年）在上海创办的南洋公学（是以后上海交通大学

---

[1]　李侃、李时岳等主编：《中国近代史》，中华书局，1994，第 316 页。

的前身），就被认为是当时最进步的教西学的学校。但由于维新派自身的软弱，反对派的过分强大，戊戌维新中这最强的强项，也一样难免失败的命运。①

（三）鼓励出洋留学，培养专门人才

1901 年，清政府规定，官派留学生毕业后"分别赏给进士举人出身"，自费留学生也"一体考验奖励"。这一规定极大地促进了留学教育的发展，留学生人数大幅增长。1895 年，中国在日学生不到 300 人，但到 1905 年，中国留日学生近 1 万人。留学的主要地区也从以前的欧洲扩展至日本。至1907 年，中国在欧洲留学生也达 1 万多人。这些留学生主要学习军事和工业，部分留学生学习教育、商业、农科等，呈现一种学习学科多元化的趋势。清末新政时期的鼓励留学政策，刺激了留学生人数的增加，为国家培养了大批的人才。

另外，清政府还建立了新的教育行政机关。1905 年，设立学部，成为中央政府十一个部之一。为适应学部的建制，清政府对地方各级教育行政体制也进行了改制，1903 年颁《学务纲要》，裁撤各省学政，设学务处，总理全省学务；1906 年学部奏定《劝学所章程》，府、厅、州县的教育行政机关为劝学所，民国成立以后，成为各地教育局的前身，在推广各州县中小学教育方面起了积极作用。清末以学部的设立为初始的教育行政改制，使中央和地方各级教育机构建立和健全起来，是近代教育行政体制的正式确立。

二 康有为"普及大众"的教育思想

（一）康有为的生平及教育活动

康有为（1858～1927 年），原名祖诒，字广厦，号长素，广东省南海县丹灶苏村人，人称康南海，中国晚清时期重要的政治家、思想家、教育家，资产阶级改良主义的代表人物。康有为五岁能诵唐诗数百首。六岁时跟从简凤仪读《大学》《中庸》《论语》和朱熹所注《孝经》，康有为十一岁时父

---

① 史仲文、胡晓林：《中国全史·教育卷：民国分卷》，中国书籍出版社，2011，第 922 页。

亲去世，跟随祖父接受严格的封建正统教育，攻读经史。这时，太平天国运动失败不久，他"频阅邸报，览知朝事，知曾文正、骆文忠、左文襄之业，而慷慨有远志矣"①。康有为出身于封建官僚家庭，光绪五年（1879 年）开始接触西方文化。光绪十四年（1888 年），康有为再一次到北京参加顺天乡试，借机第一次上书光绪帝请求变法，受阻未上达。

光绪十七年（1891 年）后在广州设立万木草堂，收徒讲学。草堂创办之初，康有为就主张"脱前人之窠臼，开独得之新理"。草堂的命名，就含有培植万木、为国家培养栋梁之材的意思。万木草堂的出现，在中国教育史上具有开创性的意义。康有为在这里主要讲授中国数千年来学术源流、历史政治沿革得失，旁及西方国家历史、政治，也注重体育和音乐。由于课程设置和授课方法的新颖，以及康有为的宏学，让来试听的梁启超一听倾心，放弃了在另一所书院的学籍，投入康氏门下。

光绪十七年（1891 年）三月，康有为撰写了《长兴学记》作为万木草堂学规，以《论语》"志于道，据于德，依于仁，游于艺"为纲，对学生施以德、智、体教育。由于万木草堂明确提出以"中体西用"为办学宗旨，而且采用中西并重的教育内容。对当时的书院教学影响很大，后来梁启超在湖南主讲时务学堂时，基本上因袭了万木草堂的办学精神。

光绪二十一年（1895 年），康有为得知《马关条约》签订，联合 1300多名举人上万言书，即"公车上书"。光绪二十四年（1898 年）开始进行戊戌变法，变法失败后逃往日本。康有为作为晚清社会的活跃分子，在倡导维新运动时，体现了历史前进的方向。但后来，他与袁世凯成为复辟运动的精神领袖。

（二）康有为"普及大众"的教育思想

康有为是中国主张向西方学习的代表人物之一，在教育上有独到的见解和思想。他重视普及大众教育，主张开放式办学。

康有为特别重视教育的普及。他说："一人独学，不如群人共学；群人

---

① 《康南海自编年谱》。

共学，不如合计百亿兆人共学。学则强，群则强，累万亿兆皆智人，则强莫如京。"① 然而，中国只有家庭较为殷实的人家才能有权读书，而广大劳动人民没有钱来满足这个人类最基本的愿望。女子无才便是德的旧思想更是让上学读书成了一小部分人的专利。康有为看到了不读书对国家衰落的冲击，他指出："若夫小民识字已寡，或有一省而无礼律之书，一县而无童蒙之馆，其为不教甚矣。"这样会造成"天下民多而士少，小民不学，则农工商贾无才"。② 康有为注意到了国家富强与教育普及之间的关系，他认为如不普及教育，则愚人众多，愚人多而工商不振，工商不振则国力衰弱。要改变落后状况，就必须"变科举，广学校，译西书，以成人才"。③

康有为把教育作为培养维新变法人才的主要途径，创办万木草堂以"激励气节，发扬精神，广求智慧"为教育宗旨。康有为于光绪二十四年（1898 年）六月在《请废八股试帖楷法试士改用策论折》中力陈明清两代科举考试注重八股、试帖和楷法的危害，请求光绪帝令"今乡会重试，请改试策论"。并且进一步提出废科举，兴学校。"宏开校舍，教以科学，俟学校尽开，徐废科举。"④ 他主张"远法德国，近采日本，以定学制"。具体办法是乡立小学，县立中学，省府立高等学堂，京师立大学，并分设海、陆、医、律、师范等各专门学。

康有为关于学校教育制度的设想反映在 1884 年的《大同书》中。具体情形如下：

人本院：已怀孕的妇女进入人本院，接受胎教。

育婴院：婴儿在人本院到 6 个月，断乳后进入育婴院，接受学前教育至 5~6 岁；任务是养儿体，乐儿魂，开儿知识。

① （清）康有为：《上海强学会后序》，中华书局，1981，第 172 页。
② （清）康有为：《上清帝第二书》，中华书局，1981，第 130 页。
③ （清）康有为：《上清帝第五书》，中华书局，1981，第 207 页。
④ （清）康有为：《请废八股折试帖楷法试士改用策论折》，http://xy.eywedu.com/qingdaisanwen/html2/mydoc2158.htm。

小学院：学习期限为 6 ~ 10 岁；任务是以育德为先，以养体为主，而开智次之。

中学院：学习期限为 11 ~ 15 岁；一生之学根本于是，任务除养体、开智外又以育德为重。

大学院：学习期限为 16 ~ 20 岁，任务专以开智为主，接受专门教育。

这是一个体系完整、前后衔接的学校教育制度，强调早期教育、学前教育，主张男女教育平等，主张实行德、智、体、美诸方面发展教育，反映了改良主义者的良好愿望，具有强烈的空想色彩。

对于普及教育以培养治国人才，康有为主张：

今宜改武科为艺科，令各省、州、县遍开艺学书院。凡天文、地矿、医律、光重、化电、机器、武备、驾驶分立学堂，而测量、图绘、语言、文字皆学之。选学童十五岁以上入堂学习，仍专一经，以为根本；延师教习，各有专门……如是则天下之士，才智大开，奔走鼓舞，以待皇上之用。其余州县乡镇，皆设书藏，以广见闻。若能厚筹经费，广加劝募，令乡落咸设学塾，小民童子，人人皆得入学，通训诂名物，习绘图算法，识中外地理、古今史事，则人才不可胜用矣。①

康有为在《请开学校折》中重申了这一思想，他说：

"欧、美之作其国民为人才也，当吾明世，乃始立学，仅从僧侣，但教贵族，至不足道。"② 并建议"远法德国，近采日本，以定学制，乞下明诏，遍令省府县乡兴学，乡立小学，令民七岁以上皆入学，县立

---

① （清）康有为：《上清帝第二书》，中华书局，1981，第 130 ~ 131 页。
② （清）康有为：《请开学校折》，《康有为政论集》（上），中华书局，1981，第 305 页。

中学，其省府能立专门高等学大学，各量其力皆立图书仪器馆。"①

康有为主张学习外国办学经验，为我所用。在康有为眼中，俄国、日本的强大，就是派人出国学习游历的结果。他说："考俄、日之强也，由遣宗室大臣游历各国，又遣英俊子弟诣彼读书。"如"俄主彼得，乃至易作工人，躬习其业，归而变政，故能骤强"。② 反观中国，则"亲藩世爵大臣，与国休戚，启沃圣聪者，而不出都城，寡能学问，非特不通外国之故，抑且未知直省之为"。③ 所以，康有为主张让这些"亲藩世爵"大臣出国"游历三年，讲求诸学，归能著书，始授政事。其余分遣品官，激励士庶，出洋学习，或资游历，并给凭照，能著新书，皆为优奖，归授教习，庶开新学"。④ 由此可见，康有为这种平民和士共受教育，遣人去欧、日学习先进知识的思想应该说是进步的，也是难能可贵的。

三 梁启超"治国理政"的教育思想

（一）梁启超的生平及教育活动

梁启超（1873 年 2 月 23 日至 1929 年 1 月 19 日），字卓如，一字任甫，号任公，又号饮冰室主人、饮冰子、哀时客、中国之新民、自由斋主人。清朝光绪年间举人，中国近代思想家、政治家、教育家、史学家、文学家。戊戌变法（"百日维新"）领袖之一、中国近代维新派、新法家代表人物。⑤梁启超自四岁起居家就读，跟祖父识字。在早年所接受的启蒙教育中，梁启超不仅学到了不少传统的文史知识，而且还听到了许多悲壮激昂的爱国故事。祖父经常给他讲述"亡宋、亡明国难之事"⑥，朗诵激动人心的诗歌篇

---

① （清）康有为：《请开学校折》，《康有为政论集》（上），中华书局，1981，第 306～307 页。
② （清）康有为：《上清帝第二书》，中华书局，1981，第 133～134 页。
③ （清）康有为：《上清帝第二书》，中华书局，1981，第 134 页。
④ （清）康有为：《上清帝第二书》，中华书局，1981，第 134 页。
⑤ 《梁启超对近代中国的影响》，求是理论网，2014 年 4 月 17 日（引用日期 2014 年 4 月 17 日）。
⑥ 《康有为政论集》，中华书局，1998，第 1125 页。

章。这种带有爱国情感和思想倾向的课外教育，对梁启超有着重要影响。梁启超幼年时从师学习，八岁学为文，九岁能缀千言，17 岁中举。后从师于康有为，成为资产阶级改良派的宣传家。维新变法前，与康有为一起联合各省举人发动"公车上书"运动，此后先后领导北京和上海的强学会，又与黄遵宪一起办《时务报》，任长沙时务学堂的主讲，并著《变法通议》为变法做宣传。

光绪十一年（1885 年），梁启超进广州学海堂读书。学海堂为前两广总督阮元所办，"是省城专治经学之所"。梁启超在这里学习汉学。段玉裁及王念孙、王引之父子等汉学家注重考据，旁征博引，精研古籍的治学方法和学术成果，使他产生了浓厚的兴趣。相形之下，格式、内容都有严格要求的八股文章，便令人感到缺乏生气和枯燥无味了。在学海堂学习时期，梁启超逐渐萌发了"弃帖括之志"。①

光绪十五年（1889 年），梁启超在广州参加乡试中举，名列第八。② 主考官李端棻欣赏其才华，以亲妹相许。这时候，展现在梁启超前面的，是一条"金光大道"，沿此而行，完全可能由学入仕，平步青云。然而，光绪年间，中国正遭受着帝国主义的野蛮蹂躏。面对严峻的形势，梁启超逐渐抛弃了昔日的追求，走上一条充满坎坷曲折的救国救民的道路。

光绪十六年（1890 年）春，梁启超赴京参加会试落榜。回来路过上海时，看到了上海制造局翻译的一些西书以及介绍世界地理情况的《瀛环志略》。这些书籍，开阔了梁启超的视野，从此他对西方的政治、文化等问题产生了浓厚的兴趣。同年秋，梁启超与陈千秋结交，并通过陈千秋认识了康有为。曾以布衣上书、力倡变法的康有为在当时名声很大。梁启超对他的独到见解和大胆举动十分钦佩，以至"一见大服，遂执业为弟子"③。与康有为结识，是梁启超一生发展的重要转折，此后，他退出学海堂，抛弃旧学，投入康门，并且接受了康有为的改革主张和变法理论，逐渐走上了改良维新

---

① 梁启超：《三十自述》，《饮冰室合集》文集之十一，第 16 页。
② 《梁启超生平简介》，北方教育网（引用日期 2015 年 1 月 21 日）。
③ 梁启超：《三十自述》，《饮冰室合集》文集之十一，第 16 页。

的道路。

光绪十七年（1891 年），梁启超、陈千秋等人请康有为在广州长兴学里万木草堂讲学。康有为强调"逆乎常纬"，独辟新路。其讲学内容和教学方法，都与传统规矩不同。"以孔学、佛学、宋明学（陆王心学）为体，以史学、西学为用。""对列强压迫、世界大势、汉唐政治、两宋的政治都讲。每讲一学，论一事，必上下古今，以究其沿革得失，并引欧、美事例以作比较证明。"学生除听讲外，"主要是靠自己读书，写笔记。当时入草堂，第一部书就是读《公羊传》，同时读一部《春秋繁露》。除读中国古书外，还要读很多西洋的书"。此外，学生每人还有一本功课簿，"凡读书有疑问或心得即写在功课簿上，每半个月呈缴一次"，再由康有为一一批答。[1] 这种新颖生动的教学方法和与时代要求、国家命运息息相关的教学内容，使习惯于读经诵诗、死记硬背的梁启超感到新奇而兴奋。他勤奋学习，几乎是毫无保留地全盘接受了康有为的思想学说。在此期间，他还协助康有为编写《新学伪经考》《孔子改制考》这样的重要著作，成为康有为的高足和得力助手。

从学海堂到万木草堂，是梁启超由书斋向社会跨出的重要一步。在万木草堂的学习生涯中，梁启超不仅了解了天下大势和民族危难，立志为改良救国、振兴中华而奋斗，而且由于广泛涉猎中西书籍，大大地开拓了知识面，这为他今后在思想舆论界大展身手打下了良好的基础。

（二）梁启超"治国理政"的教育思想

梁启超是中国近代的政治家、思想家，也是中国近代的教育家。他提出教育主要是为培养治国理政人才，他重视幼儿教育和女子教育，认为教育应当从儿时抓起，国家要推行免费幼儿教育。他呼吁男女教育平等，认为女子教育优劣决定一国的强弱。梁启超的教育思想极大地丰富了近代教育史的内蕴，也为近代教育制度的完善和国民教育的发展奠定了基础。

梁启超批判古人读书是为做官做准备的，"从前我们学八股，大家有句

---

① 《清代学术概论》，《饮冰室合集》专集之三十四，第 61 页。

通行话说是敲门砖。门敲开了，自然把砖也抛却再也不会有人和那块砖头发生起恋爱来"①。梁启超认为传统的教育只会让读书人整日埋头于训诂词章和程朱理学，执着于死记硬背而不懂古今政事，醉心于功名利禄而不懂治国理政。因此他呼吁废除科举，兴办学堂，认为"故欲兴学校养人才，以强中国，惟变科举为第一义"②。梁启超批评洋务派学习西方"器物"的主张，认为其过于功利，只会培养一些翻译、买办等技术人员，培养不出国家需要的人才。他指出：

> 今之同文馆、广方言馆、水师学堂、武备学堂、自强学堂、实学馆之类，其不能得异才何也？言艺之事多，言政与教之事少。其所谓艺者，又不过语言文字之浅，兵学之末不务其大，不揣其本，即尽其道，所成已无几矣。③

他认为洋务教育有三个弊端：一曰科举之制不改，就学乏才也。二曰师范学堂不立，教习非人也。三曰专门之业不分，致精无自也。④ 这样下去会造成"然师学不讲，教习乏人，能育才乎？科举不改，聪明之士，皆务习帖括，以取富贵，趋舍异路，能俯就乎？"⑤ 在批判了传统的教育弊端和洋务派的教育理念后，梁启超提出了自己的教育观。他认为培养中西贯通的治国人才是教育的目的。他认为"今日学校，当以政学为主义，以艺学为附庸"。因为"政学之成较易，艺学之成较难；政学之用较广，艺学之用较狭。使其国有政才而无艺才也，则行政之人，振兴艺事，直易易耳！……使

---

① 梁启超：《饮冰室主人自说》，江苏人民出版社，1999，第150页。
② 梁启超：《变法通议·论科举》，陈学恂：《中国近代教育文选》，人民教育出版社，2001，第139页。
③ 梁启超：《变法通议·学校总论》，陈学恂：《中国近代教育文选》，人民教育出版社，2001，第132页。
④ 梁启超：《变法通议·学校总论》，陈学恂：《中国近代教育文选》，人民教育出版社，2001，第132页。
⑤ 梁启超：《变法通议·论变法不知本原之害》，华夏出版社，2002，第21页。

其国有艺才而无政才也，则绝技虽多，执政者不知所以用之，其终也必为他人所用"①。所以，培养通达时务、以治天下为己任的政治人才才是教育目的。这显然是和当时的政局关系密切，正是当时没有治国理政人才，中国才屡遭列强欺辱。

梁启超认为教育才是国家强大的根本，所以国家应该设立新学堂以开民智。他看到了西方国家富强与教育之间的联系，指出："近百年间，欧罗巴之众，高加索之族，借制器以灭国，借通商以辟地，于是全球十九，归其统辖，智之强也。世界之运，由乱而进于平，胜败之原，由力而趋于智，故言自强于今日，以开民智为第一义。"② 在梁启超看来，国家强弱、民众智愚，皆因学校，"亡而存之，废而举之，愚而智之，弱而强之，条理万端，皆归本于学校"。③

梁启超重视幼儿教育，认为人应该从小就接受教育，"春秋万法托于始，几何万象起于点，人生百年，立于幼学"。④ 幼儿时期的教育最为重要，因此国家应该推行免费教育。"今中国不欲兴学则已，苟欲兴学，则必自以政府干涉之力强行小学制度始。"⑤ 鉴于幼儿年龄太小，梁启超建议缩短儿童授课时间，"日授学不过三时，使无太劳，致畏难也"。⑥

梁启超也非常重视女子教育。戊戌变法时期，梁启超先后写下《变法通议·论女学》和《倡设女学堂启》，主张男女平等地接受教育。梁启超把女子受教育提到了国家强弱的高度，认为"天下积弱之本，则必妇人不学

---

① 梁启超：《与林迪臣太守论浙中学堂课程应提倡实学书》，陈学恂：《中国近代教育文选》，人民教育出版社，2001，第 157 页。

② 梁启超：《变法通议·学校总论》，陈学恂：《中国近代教育文选》，人民教育出版社，2001，第 126～127 页。

③ 梁启超：《变法通议·学校总论》，陈学恂：《中国近代教育文选》，人民教育出版社，2001，第 131 页。

④ 梁启超：《变法通议·论幼学》，陈学恂：《中国近代教育文选》，人民教育出版社，2001，第 148 页。

⑤ 梁启超：《上南皮张尚书论改书院课程表》，陈学恂：《中国近代教育文选》，人民教育出版社，2001，第 161 页。

⑥ 梁启超：《冰室合集·文集（之十）》，中华书局，1936，第 149 页。

始"。① 举凡一国女子教育很强，其国必强，反之亦然。"是故女学最盛者，其国最强，不战而屈人之兵，美是也。女学次盛者，其国次强，英、法、德、日本是也。女学衰，母教失，无业众，智民少，国之所存者幸矣，印度、波斯、土耳其是也。"②

---

① 梁启超：《变法通议·论女学》，华夏出版社，2002，第 87 页。
② 梁启超：《冰室合集·文集（之十）》，中华书局，1936，第 97 页。

第二编

近代民办教育史

第四章

民国近代私立学校的设立与变革

—— 中华民国时期的民办教育（1911～1949 年）

　　1911 年夏天，湘、鄂、粤、川等省爆发保路运动，运动在四川省尤其激烈。9 月 25 日，荣县独立，成为全中国第一个脱离清王朝的政权，并把保路运动推向高潮。10 月 10 日晚，新军工程第八营的革命党人打响了武昌起义的第一枪。汉阳、汉口的革命党人分别于 10 月 11 日夜、10 月 12 日攻占汉阳和汉口。起义军掌控武汉三镇后，湖北军政府成立，黎元洪被推举为都督。武昌起义胜利后的短短两个月内，湖南、广东等十五个省纷纷脱离清政府宣布独立。[①] 1912 年 1 月，孙中山就任临时大总统，中华民国诞生，并组成南京临时政府。1912 年 2 月 12 日，清帝发布退位诏书，至此，2132 年的帝制历史宣告终结。辛亥革命是近代中国比较完全意义上的资产阶级民主革命。它在政治上、思想上给中国人民带来了不可低估的解放作用。

　　辛亥革命胜利后，孙中山领导的新政权对清末封建主义教育制度进行了改革，提出建设新教育蓝图。然而，由于南京临时政府的匆匆收场和以袁世凯为首的历届北洋军阀政府的倒行逆施，改革蓝图未及实施，文化教育领域里的复古逆流滚滚而来。1919 年五四运动的爆发，标志着新文化运

---

① 高士振：《1911 动荡中国辛亥起义重大事件》，台海出版社，2011，第 199 页。

动的高潮，促成了民族现代意识的觉醒和空前的思想解放。面对大量涌入的西方现代教育思想，中国的教育实践者开始了各种各样的教育实验，形成了形形色色的教育思潮和教育运动。在此过程中，北洋政府迫于形势，也进行了一些教育改革。在 20 世纪 20 年代，中国现代教育观念和教育制度初步形成。①

辛亥革命后的民国教育史是指从中华民国临时政府成立到民国三十八年（1949 年）中华人民共和国成立期间中国教育发展演变的历史。民国时期，清末出现的教会大学、私立大学继续发展，初等教育中的私塾教育与学校教育并存。随着现代教育体系的逐渐完善，私塾日趋没落，学校日益昌盛。至 20 世纪 30 年代，私塾教育濒临绝迹，国民学校教育取而代之，出现了新型的私立学校。民国教育承继了中国数千年封建教育的沉重负荷，在外国列强用武力打开国门的历史背景下，寻求解决中国教育问题的方法。在这个半殖民地半封建社会里，从影响教育发展的社会力量来看，外国列强对中国教育的影响正在消退；各个时期执政者的政策和举措，在一定程度上制约着教育的发展；但真正推动教育发展演变的，则是先后在资产阶级革命派和中国共产党领导下的，进步的和革命的教育思潮及教育运动。②

"七七"事变后，国民党、共产党、日伪三种军政势力对峙，因而出现三种不同性质的教育。国民党推进"政教合一"制度，共产党发展抗日民主教育，日寇占领区则强迫推行奴化教育。从五四运动到 1949 年，中国共产党在大革命时期和抗日战争时期以及解放战争时期，在创建的红色革命根据地积极发展新民主主义教育，并开展农民、职工业余教育，劳动人民真正得到受教育的权利，使私立教育在时代的变革、动荡中，顽强地生存、挣扎、抗争、奋斗，并在苦难中走向了重生。

在 100 多年的近现代教育发展中，无论是物化层面的教育制度改革、教学方法和手段的改进以及教学内容的更新，都表现出强烈的"教育救国"

---

① 孙培青：《中国教育史》，华东师范大学出版社，2003，第 375 页。
② 史仲文、胡晓林：《中国全史·教育卷：民国分卷》，中国书籍出版社，2011，第 917 页。

这一实用性、理性化的诉求。这一诉求主要通过多次学习、借鉴西方的教育经验来对传统教育进行改造、更新，努力追赶世界先进教育水平这一途径体现出来，也为中国教育发展从理论和实践上留下了众多可资汲取的教训和宝贵经验。正如许纪霖教授所言："当历史的时钟被拨到 1949 年，它标志着一个旧时代的结束，但它的影响却久久不会消散，它给后继的历史留下了丰富的遗产——无论是正面的，还是负面的。1949 年以后所有的历史都可以在这渐渐远逝的一个半世纪中找到最初的基因和原点。"①

第一节　辛亥革命与传统私立教育的变革

辛亥革命推翻了清王朝的统治，结束了两千多年的封建君主专制制度，极大地加速了中国教育近代化的步伐。辛亥革命时期，以国民教育为基础的新式教育全面展开；教育体制得以革新；实践教育取得长足进步。在教育理念上以国民主义为指导，促进了共和新国民的培养，在教育体制上诞生了小学、中学、大学三级学制，为教育的近代化奠定了根基，在教育实践上建立了各种新式学校，不仅小学、中学、大学有长足的发展，而且实业、师范、女子教育、私立教育等都突飞猛进，成为中国近代新教育确立的基本标志。教育的近代化促进了辛亥革命的爆发，辛亥革命又推进了教育的近代化转型。②

一　"革命与教育并行"的主张

资产阶级革命派一直要求"革命与教育并行"，倡行革命教育，用革命的教育来动员群众同情和支持革命活动，反对传统的封建性的"奴隶教育"和改良派的改良主义教育。据邹容分析，"革命教育"包括推翻清政府统治，恢复天赋的自由平等人权和培养政治法律观念三层含义。由此，

---

① 许纪霖、陈达凯：《中国现代化史（1800～1949）》（第 1 卷），学林出版社，2006，第 26 页。

② 李喜所：《辛亥革命时期的教育改革》，《南开学报》2001 年第 5 期，第 29～35 页。

革命派指斥封建教育为"奴隶教育",清朝统治者开设的学堂为培养奴隶的"奴隶学堂"。为了培养自由独立的国民,革命教育就要求推翻清政府的封建统治,冲破封建礼教的重重网罗。他们提出历代君王都是"独夫民贼",必须破除封建神教和封建迷信,指孔子为独夫民贼的宠儿。为此,他们推崇墨子为"小基督"①,提倡复兴墨学。他们还提倡"女权革命""振兴女学"。

可以看出,革命派的理论比较零散,缺乏系统,而且这种革命教育的主张是在与改良派的论争中逐渐提出的。他们坚决反对改良派先推行教育提高国民文化程度再进行革命或改良的看法,认为在当时情况下,只有通过革命灌输教育才是唯一有效的办法。

正因如此,革命派很注意通过社会教育和学校教育进行革命活动。革命派认为"中等社会"是革命事业的"前列","下等社会"是革命的"中坚",要通过演讲和文字宣传等方式,实施对下等社会的教育:与秘密社会为伍,转移其旧思想而注以新思想,转移其旧手段而给予新手段;与劳动社会为伍,改革其旧智识而注以新智识,变易其旧习惯而注以新习惯;与军人社会为伍,破坏其旧势力而耸动以新势力,排斥其旧事功而歆羡之以新事功。为此,革命派组织了一系列革命团体,如兴中会、华兴会、光复会、同盟会等,进行革命宣教活动;联络秘密社会和新军,以壮大自己,瓦解敌人;印行革命书刊报纸,传播革命思想。冯自由在《辛亥前海内外革命报一览》中就罗列了报纸 67 种,杂志 49 种,图书 115 种。革命派的社会教育活动收到了相当的效果。②

革命派也注重学校教育,把学堂作为革命的"鼓吹之地"。光绪二十八年(1902 年),蔡元培、章炳麟等革命人士,在上海创立了"中国教育会",同年,上海南洋公学百余学生因反对学校当局压迫罢课退学,中国教育会特设"爱国学社",会员兼任教员,分 4 班继续授课。校内学生自治气

---

① 梁启超:《墨子学案》,上海书店出版社,1992,第 43 页。
② 史仲文、胡晓林:《中国全史·教育卷:民国分卷》,中国书籍出版社,2011,第 924 页。

氛颇浓，"高谈革命，放言无忌"。校内先后创办了《童子世界》《学生世界》等刊物，光绪二十九年（1903 年）还接办了《苏报》，因宣传邹容的《革命军》，蔡元培、章炳麟和邹容被捕，一时全国各校的罢课退学潮迭起，影响很大。"爱国学社"还积极进行革命的准备，组织了义勇队，学习军事，准备暴动和暗杀；倡设"爱国女学"，专攻暗杀。"爱国学社"影响了一大批学校。

　　光绪三十一年（1905 年），陶成章、徐锡麟等创办的私立大通学校，在秋瑾主持校务后，很快成为江浙一带的革命中心，后来血战大通学校时，许多青年学生壮烈牺牲，实在是可歌可泣。[1] 革命思想在留学生中深入人心。欧美同盟会支部都以留学生为主，华兴会、光复会甚至同盟会都以留日学生为骨干。光绪三十二年（1906 年），梁启超在给康有为的信中说："革命党现在东京占极大之势力，万余学生从之过半。"[2] 后来的形势发展也说明，日本留学生在当时和后来多成了反清的革命斗士，这是革命教育的最成功处，说明知识分子确实是革命中首先觉悟的成分。

二　孙中山的教育思想与教育实践

（一）孙中山的生平及教育活动

　　孙中山（1866～1925 年），名文，字载之，号日新，又号逸仙，幼名帝象，化名中山樵，常以中山为名。生于广东省香山县翠亨村的农民家庭。青少年时代受到广东人民斗争传统的影响，向往太平天国的革命事业，是中国近代民族民主主义革命的开拓者，中国民主革命伟大先行者，中华民国和中国国民党的缔造者，"三民主义"的倡导者，创立《五权宪法》。他首举彻底反封建的旗帜，"起共和而终两千年封建帝制"。

　　1905 年（清光绪三十一年），成立中国同盟会。1911 年 10 月 10 日（清宣统三年），新军中的革命党人暗中联络，决定当天晚上起义。辛亥革

---

[1] 史仲文、胡晓林：《中国全史·教育卷：民国分卷》，中国书籍出版社，2011，第 925 页。
[2] 娄子匡：《新年风俗志》，商务印书馆，1935，第 98～101 页。

命后被推举为中华民国临时大总统（任期 1912 年 1 月 1 日至 1912 年 4 月 1 日）。1925 年 3 月 12 日，孙中山在北京逝世，1929 年 6 月 1 日，根据其生前遗愿，葬于南京紫金山中山陵。1940 年，国民政府通令全国，尊称其为"中华民国国父"。①

孙中山是伟大的民主革命先行者，其一生的思想处于不停的发展演进中。教育思想在其思想体系中占有重要地位。其教育论著主要有《上书李鸿章》《民国教育家之任务》《女子教育之重要》《学生要立志做大事不可做官》等。在其为中国革命奋斗四十多年中，为早期现代教育倾注了很多心血。孙中山在 40 多年的革命生涯中极为重视学校教育，把学校作为宣传革命、进行革命活动的基地，亲自创办学校为革命培育人才。早在青年学生时期，孙中山就以学堂为鼓吹革命之地。1894 年，孙中山写了《上李鸿章书》，信中请求清政府大办教育，培养人才，学习西方资本主义教育制度。1895 年，他把"立学校，以育人才"规定为兴中会的大事之一。孙中山身体力行积极参加教育活动。20 世纪初他就积极创办学校，1903 年，他在日本创办了青山军事学校，以培养革命军事人才，随后，又在日本创建了中国最早的航空学校"中华革命党近江八日市飞行学校"。②

（二）"国父"孙中山的教育思想

孙中山非常重视教育，认为革命成功"宣传要占九成，武力只可用一成"，"教育便是宣传"，教育士民，唤起民众，是革命成功的最重要的因素。革命成功以后，教育青年一代继承革命未竟之功更是紧急的任务。因此，解职以后，他便亲自"从事扩张教育、振兴实业的活动"。

由此出发，孙中山指出教育必须服务于革命，要先革命后教育，先政治经济后文化教育。除了在推翻清政府后，孙中山曾有过"民族、民权两主义已达"，当致力民生，倡导"建设之学问""文明之学问"外，无论是在推翻清政府的革命实践中，在与改良派的论战中，还是在"二次革命"后

① 《孙中山生平简介》，中国广播网，2007 年 7 月 20 日（引用日期 2012 年 9 月 12 日）。
② 《孙中山：教育为立国的要素》，http://www.pingxiaow.com/2015/0312/386119.html。

漫长而又艰难的反军阀斗争中，他都一直坚持革命先于教育。在民国三年（1914年）组建中华革命党时，他坚决主张"改造中国之第一步只有革命"。民国八年（1919年）他又重申这一观点，认为不打翻旧的政治势力，"我们致力于教育事业，一般官吏，非但不能提倡，且将设法摧残"①。

针对实践和认识的关系问题，孙中山提出了著名的"知难行易"说。即认为"真知特识"是从不断的实践中反复总结出来的，后于行而难于行，是为"知难"；"行"主要指"不知而行"是人人都可做到的实践，所以"行易"。②

由此出发，孙中山提出了"先行后知""知以进行"等观点。孙中山认为，知识是从实践中来的，人类"多行其所不知，以致其所知"，就拿习练、试验、探索、冒险四事来看，也说明"人类之进化，以不知而行者为必要之门径也"。由此他分析说，日本维新的成功，在于"不先求知而行之"，中国变法，则"必先求知而后行"，戊戌维新的失败，就是"知永不能得，则行永无期"的一个表现。孙中山进而指出，掌握了正确的知识，就能对行为产生一定的指导和促进作用。"以行而求知，因知以进行"，必然导致"知之更乐行之""知之则更易行之"。因此，孙中山极力提倡"知以进行"，在实践中获取真知特识，并用之指导实践更好地进行。

孙中山以革命家的胸襟极力主张普及教育。孙中山从民国成立起，就主张教育平等，使穷苦儿童都能安心上学，更要免收学费，为他们解决衣、食、住、书籍等问题。孙中山在民国元年发表的《社会主义之派别及方法》及随后制定的《地方自治开始实行法》及《女子要明白三民主义》等文件和演讲中，都一再重申了这一观点。在以后的演讲中，孙中山还强调了师范教育、女子教育的重要性和迫切性，也注意到蒙藏教育问题。《中国国民党第一次全国代表大会宣言》更把"厉行教育普及"规定为一项重要的"对内政策"。此外，孙中山还号召青少年要立大志，要"为大家幸福""把中

---

① 娄子匡：《新年风俗志》，商务印书馆，1935，第85～87页。
② 史仲文、胡晓林：《中国全史·教育卷：民国分卷》，中国书籍出版社，2011，第928页。

华民国重新建设起来"而读书学习，不要只为自己升官发财，光宗耀祖；学习时要注意方法，不要死记硬背，应从"考察""事实"、总结经验中来求得进步；要注意"由浅入深""由近及远""由简及繁"地进行学习；要努力学好国外的物质文明，以帮助中国进步。[1]

三　私立教育由传统向近代的变革

辛亥革命结束了中国两千多年的封建专制政体，建立了资产阶级民主共和政体，为中国近代教育的发展扫清了制度障碍。辛亥革命后，民国政府明确地向民众开放了高等教育领域，1912 年 10 月教育部颁布的《专门学校令》《大学令》和1913 年 1 月颁布的《私立大学规程》均明确规定，私人或私法人有权开办近代私立高等教育机构——专门学校或大学。[2]

中华民国的建立，进一步加速了封建教育的全面崩溃，社会各行各业的发展，迫切需要新式高级专门人才。其时，急迫的程度正如广州大学校长陈炳权所说：

> 民国成立后，工商界、机关及社会之事业，百废待兴，需才孔急。新的事业更要新人才以经营，无论科学工程及工商组织，不抵有才难之叹，简直无人可用。尤其是中小学校，师资缺乏，当时有些地方，急欲推广国民义务教育，但无从聘请适当之教师，或简直无人可以担充教师之职。虽欲勉强聘请，滥竽充数，亦不可得也。全国工商业，各机关团体，各级学校，对于人才之供给及需求，相差甚远，非急设法以培养专才不可。[3]

此番话充分说明，转型社会对人才的需求是现代高等教育发展的直接原因。

---

[1] 史仲文、胡晓林：《中国全史·教育卷：民国分卷》，中国书籍出版社，2011，第 929 页。

[2] 陈新立：《民国初期私立高等教育发展探析》，《学习月刊》2012 年第 2 期。

[3] 何坎、刘气豪：《陈炳权教育思想简论》，《广州大学学报》（综合版）1994 年第 3 期，第 72~75 页。

从体制上看，其一，民主共和政体建立以后，在野的政党大量地出现，为了宣传自身的政纲和主张，扩大影响，纷纷创立私立大学，培植本党人才，从而推动了私立大学的发展；其二，由于政治分裂、军阀混战，政府对国内经济的控制力极大地削弱甚至失控，从而为民族资本主义经济的发展提供了较大的生存空间。在沿海沿江的口岸城市中，市场经济体制初步发育，这一现代经济体制造就了主要由城市民族资产阶级和城市现代知识分子组成的市民社会。1914 年，欧洲爆发了第一次世界大战，减少了对中国的商品倾销和资本输出，中国的进口商品因而大大减少，出口商品迅速增加，这就极大地刺激了民族资产阶级投资的欲望，民族资本主义经济从而获得了飞速的发展。民族资产阶级从本阶级的利益出发，开办了一批质量较高的私立大学，旨在为本阶级培养人才，发展民族资本主义；城市现代知识分子多半拥有改良主义思想，他们怀着"教育救国""科学救国""学术救国"的理想，期待着通过办学实现各自的思想主张，探求一条救国救民的道路。这也在很大程度上促进了私立大学的发展。[1]

从物质上看，其一，特别是辛亥革命之后，现代军人集团成为举足轻重的社会力量，拥有最雄厚的资金，他们对私立大学的物质支持是不可低估的；其二，近代中国对外开放局面的形成，为私立大学获取海外的物质资源提供了方便条件，对私立大学的发展起到至关重要的推动作用；其三，近代沿海沿江城市的现代化建设，急需大量的高级专门人才，私立大学应需而生，与现代化城市的发展形成了良性的互动。

从文化观念上看，民主、自由、平等等现代观念的风行，为私立大学的发展提供了良好的文化氛围，奠定了观念上的基础。近代中国政府在继承了封建朝廷鼓励私学传统的同时，在社会现代化的进程当中，在尊重私人办学权的思想指导之下，对私立大学给予了前所未有的确认、鼓励、扶持、引导和规范，从而极大地推动了私立大学的发展。特别是在有着"有政府、无

---

[1] 宋秋蓉：《中国近代社会转型中的私立大学》，华中科技大学博士学位论文，2002 年，第 9～10 页。

社会（市民社会）"历史文化传统的中国，政府政策的鼓励与支持使私立大学办学主体释放了令人难以想象的能量，充分利用了社会现代化进程中所提供的一切条件，深入地挖掘了社会所有的办学资源和潜能，从而有力地推动了私立大学的发展。①

民国时期的私立学校在整个学校教育系统中占有很大的比例，成为实施国民教育，培养各类中、高级专门人才的教育机构中的重要组成部分。民国时期的私立学校是在清朝末年私立学校的基础上发展起来的。随着民国时期政治、经济的变化而形成不同的发展阶段。民国政府对私立学校的管理制度与政策措施也随之逐步建立和完善。民国时期私立高等教育在辛亥革命后的社会转型期，承担了为国家培养近代人才的重要使命，弥补了公办高等教育在培养国家急需人才方面的不足，使中国高等教育整体扩张到一定的规模。但由于私立高等教育人才和经费方面的局限，也引发了畸形办学、质量下降等一系列问题。

第二节　清末民初时期教育政策的演变

历史的书页翻到了 20 世纪，衰微中的统治者和崛起中的资产阶级革命派都花大力气于教育。清廷统治者首先废除了科举制，建立了一套新的半殖民地半封建的教育制度。废科举的举措有过多次，光绪二十四年（1898年）、光绪二十七年（1901 年）都有过这样的诏旨，但直到光绪三十一年（1905 年），清政府才明"谕立停科举以广学校"，废止了实行了 1300 多年的科举制度。与此同时，清末民初时期新的教育制度开始建立。

一　晚清新政时期教育政策的演变

（一）《壬寅学制》与《奏定学堂章程》

光绪二十八年（1902 年，壬寅年），清政府颁布《钦定学堂章程》即

---

① 宋秋蓉：《中国近代社会转型中的私立大学》，华中科技大学博士学位论文，2002，第 9~10 页。

《壬寅学制》。分学校为 7 级：蒙学堂 4 年，寻常小学堂 3 年，高等小学堂 3 年，中学堂 4 年，高等学堂或大学预科 3 年，大学堂 3 年，大学院无定期。儿童 6 岁入学至大学毕业共 20 年。此外，与中学堂并行的有中等实业学堂和中学堂附设的师范学堂，与高等学堂并行的有高等学堂附设的高等专门实业学堂、仕学馆和师范馆。"壬寅学制"受本身因素和清政府的影响，未得实行。

光绪二十九年（1903 年，癸卯年）颁布的《奏定学堂章程》，是第一个在全国颁行实施的学校教育制度。"癸卯学制"共分 3 段 7 级，长达近 30 年。第一段为初等教育：分蒙养院 3 年，初等小学 5 年（学生 7 岁入学），高等小学 4 年，共 3 级 13 年。第二段为中学教育，设中学堂一级共 5 年。第三段为高等教育，分为高等学堂或大学预备科 3 年，分科大学堂 3～4 年，通儒院 5 年，共 3 级 11～12 年。与此并行的有实业教育和师范教育系统。师范教育分为初级师范学堂（中等教育性质）及优级师范学堂（高等师范学堂性质）两等，修学 8 年；实业教育除艺徒学堂和实业补习普通学堂外，分初等实业学堂（程度相当于高等小学堂）、中等实业学堂（中等教育性质）、高等实业学堂（高等教育性质）三等，修学共 15 年。此外，还设有译学馆及方言学堂，属于高等教育阶段，修学约 5 年；为新进士学习新知识设立的进士馆，为已仕官员设立的仕学馆，都属于高等教育性质。

新的教育体系的建立，带动了国内教育的发展。据统计，光绪三十三年（1907 年）、三十四年（1908 年）和宣统元年（1909 年），全国幼稚生的人数分别为 918586 人、1179958 人、1522793 人，而后两年的女学生分别为 755 人、13498 人，处于明显的增长趋势中。宣统元年，全国官立高等学堂已达 123 所，其中法科学校 47 所；学生 22262 人，法科占 12282 人。这与当时的法政热有关，也呈现出了高等教育的发展趋势。[①]

这种发展还跟新的教育行政机构的建立和教育宗旨的厘定有关。光绪三十一年（1905 年），清政府成立了中央教育行政机关——学部。尚书为长官，

---

① 陈景磐：《中国近代教育史》，人民教育出版社，2007，第 181～182 页。

左、右侍郎为副。下设左、右丞等各项事务官。下辖总务司、专门司、普通司、实业司、会计司等5司，司下设若干科，并有视学官视察全国学务。

省级在光绪三十二年（1906年）裁撤学务司，设立提学使司。设提学使一员，下设总务课、专门课、普通课、实业课、会计课和图书课。另外，设视学、议长、议绅若干名，巡视各州县，并辅佐提学使。同年设府厅州县劝学所，设总董一人，由县视学兼任，下设若干劝学区，由劝学员负责。

至于教育宗旨，清政府曾厘定两次，第一次是在光绪二十九年（1903年）的《奏定学堂章程》中规定，学堂应"以忠孝为本，以中国经史之学为基……而后以西学瀹其知识，练其艺能"。光绪三十二年（1906年），学部规定的教育宗旨为"忠君、尊孔、尚公、尚武、尚实"。可见，两次教育宗旨都没有超出"中体西用"的范畴。但是教育制度、教育行政制度的建立和教育宗旨的厘定，都足以说明半殖民地半封建的教育体系取代了封建的科举制而确立起来。

（二）晚清新政时期的留学政策

在此时期，甲午战争的惨败和八国联军的重创以及戏剧般的日俄战争，促使清政府鼓励学生留日；加之科举制的废除和新宪政的即将实施，留学日本成为一种热潮。最高年份的留日学生高达一万多人。因美国退还庚款，胡适等人自宣统元年（1909年）起先后被派赴美利坚。赴欧的留学生也日趋众多，留学运动在清末掀起了一个热潮。为此清政府也开始整顿留学教育，多次明文限制留学资格，光绪三十二年（1906年）就规定只有中学堂以上的毕业生才有资格出洋；颁布了各种管理留学生章程，以明确游学监督的权限和义务。同年，学部还拟定了留学生考验奖励章程，考试留学国外高等学堂毕业生，最优等给予进士出身，优等和中等给予举人出身。此外，各省还制定了考试留学生出国的制度。可见，清政府在想方设法地控制国内学生和留学生，结果却正好相反。因为出发点和方法的不同，革命派获得了成功。

二　民国成立后教育政策的演变

1912年1月1日，中华民国宣布成立。3日，临时政府成立，蔡元培任教育总长。9 日，教育部成立，分学校教育、社会教育、历象 3 司。3 月，又分为普通、专门、实业、社会、礼教、蒙藏 6 个教育司。随即颁布了《普通教育暂行办法》等一系列教育法令，对清末教育进行改革。如学堂一律改为学校，旧教材一律禁用，小学可男女同校，为女子设立中学和职业学校，禁止小学读经，废除"忠君、尊孔"的教育宗旨，为培养公民道德，允许私人办学等，都体现着民主、男女平等的资产阶级新气象。

（一）中华民国的《壬子癸丑学制》

在初步改革的基础上，蔡元培开始考虑教育的基本政策和制度。民国元年（1912 年）7 月召开的中央临时教育会议，就有关学校系统、教育宗旨等重大问题进行了磋商。9 月，教育部从已辞职的蔡元培的教育主张出发，公布了"注重道德教育，以实利教育、军国民教育辅之，更以美感教育完成其道德"的教育宗旨。同时，公布了学制系统（"壬子学制"），并在次年（1913 年）修改后整合为"壬子癸丑学制"。这一学制所规定的学校系统如下：初等小学校 4 年，为义务教育，学生为 7 ~ 10 岁；高等小学校 3 年，学生 11 ~ 13 岁；中学校 4 年，学生 14 ~ 17 岁；大学或专门学校，预科 3 年，本科 3 ~ 4 年，学生 18 ~ 23 岁至 24 岁；小学以下的蒙养园和大学以上的大学院都不计年限。当时师范系统和实业系统较少变动，只将初级师范学堂改为师范学校，优级师范学堂改为高等师范学校，分居中高 2 段；实业教育分为乙种和甲种，居初、中 2 段。另外，补习科、专修科及小学教员养成所，附设于前边各系统学校之中。

"壬子癸丑学制"的学习年限已大为缩短，废除了两性的差别，小学男女同校，中学则皆可为女生设校，并取消了贵胄学堂，体现着平等的气氛和相对的合理性。

（二）中华民国的系列教育法令

随后，教育部又颁行了《小学校令》《中学校令》《大学令》《专门学校令》《师范教育令》等一系列教育政策，具体地规范了各类学校的教育宗旨和学习科目。民国元年（1912 年）九月颁布的《小学校令》规定：小学校以"留意儿童身心发育，培养国民道德之基础，并授以生活所必需之知识技能"为宗旨；小学校中初等小学校由城、镇、乡设立，高等小学校由县设立；初等小学校课程为修身、国文、算术、手工、图画、唱歌、体操 7 种，高等小学校多出本国历史、地理、理科 3 种，共 10 种；小学并可设立补习科。同时颁布的《中学校令》规定：中学校以"完足普通教育造成健全国民"为宗旨；中学校以省立为原则，县立为例外，经费地方自筹，分别称为省立中学、县立中学和女子中学；中学校课程规定为修身、国文、外国语、历史、地理、数学、博物、物理、化学、法制经济、图画、手工、乐歌、体操 14 种，女子中学略有不同；中学校入学资格，须在高等小学校毕业及有同等学力者。

同年十月颁布的《大学令》沿用到民国六年（1917 年），规定大学以"教授高深学术，养成硕学闳材，应国家需要"为宗旨；大学分为文、理、法、商、医、农、工 7 科，大学设立时以文、理 2 科为主，须使文、理 2 科并设，或文科兼法、商 2 科，或理科兼医、农、工 3 科或 2 科或 1 科者，方可名为大学；大学设预科和本科，预科学生入学资格以在中学毕业或经试验有同等学力者为合格，本科学生入学资格以在大学预科毕业或经试验有同等学力者为合格；大学为研究高深学术，在预科本科之外，另设大学院，学生以在大学本科毕业或经试验有同等学力者为合格，修业年限不限。民国二年（1913 年）一月颁布的《大学规程》，使课程规定更加详细，如文科分哲学、文学、历史学、地理学 4 门等。

对于"壬寅""癸卯"学制中的高等学堂，这时期改为专科学校，民国元年（1912 年）十月颁布的《专门学校令》规定：专门学校的教育宗旨为"教授高等学术、养成专门人才"；种类为法政、医学、药学、农业、工业、商业、美术、音乐、商船及外国语等；入学资格须中学毕业或经试验有同等学力者为合格；专门学校得设预科及研究科；修业年限为 4 年，预科 1 年，本科 3 年，研究科 1 年以上。

（三）师范教育的重大调整和变革

民国成立后，对师范教育做了以下重大调整：从前的优级师范学堂改为高等师范学校；初级师范学堂改为师范学校，临时及单级两种小学教员养成所改为小学教员讲习所，民国四年（1915 年）十一月又改为师范讲习所；高等师范学校改为国立，初等师范学校以省立为原则，民国四年（1915 年）又取消简易科；高等师范学校内，公共科改为预科，分类科改为本科（本科又分国文、英语、历史地理、数学物理、物理化学、博物 6 部），加习科改为研究科；师范学校中以前的完全科改为本科第一部，简易科为本科第二部，完全科中添设预科；高等师范学校中预科学习年限为 1 年，本科 3 年，研究科 1 年或 2 年，预科生入学资格以师范学校中学校毕业生为原则，本科生由预科毕业生升入，研究科生由本科毕业生升入，专修科修业年限为 2 ~ 3 年，入学资格和预科同；师范学校预科 1 年毕业，本科第一部 4 年毕业，第二部 1 年毕业、预科以高等小学毕业生为原则或年在 14 岁以上与有同等学力者，本科以预科毕业生为原则或年在 15 岁以上与有同等学力者，二部以中学校毕业生为原则或年在 17 岁以上与有同等学力者；学习科目各异，师范学校本科第一部为修身、读经、教育、国文、习字、外国语、历史、地理、数学、博物、物理、化学、法制经济、图画、手工、农业、乐歌、体操等，高等师范学校本科通习的科目为伦理学、心理学、教育学、英语、体操；当时也已明文规定师范教育以造就各级各类学校教员为目的。

三 民国成立后实业教育政策的演变

民国二年（1913 年）八月颁布的《实业学校令》和《实业学校规程》规定，实业学校以"教授农、工、商业必需之知识技能"为目的，"甲种实业学校实施完全之普通实业教育"，以省立为原则，分农业、工业、商业、商船 4 种，都分设本科和预科，预科 1 年毕业，本科 3 年；预科入学资格须年在 14 岁以上具有高等小学毕业之程度为合格，本科由预科学生升入，本科并分数科；学习科目 4 种实业学校各异，如甲种农业学校预科科目为修身、国文、数学、理科、图画、体操等，其本科的学科，又分为农学科、森林学科、兽医学科、蚕学科、水产学科，通习课程为修身、国文、数学、理科、图画、体操等。其他种类的实业学校（甲种）课程都各具具体专业特色。

　　乙种实业学校"施简易之普通实业教育"，以县立为原则，县以下也可酌设；也分为农业、工业、商业、商船4类，多以3年毕业，每类又设若干科，如乙种工业学校分金工科、木工科、藤竹工科、染织科、窑业科、漆工科等科，其通习课程为修身、国文、数学、图画、体操、实习等，与甲种实业学校的分科和科目大同小异，只是程度略有等差，其他种类的乙种实业学校的分科和课程也很具专业特色；乙种实业学校的入学资格，须年在12岁以上有初等小学校毕业的学力者为合格。

　　另外，实业补习学校和乙种实业学校性质相等，也包括农、工、商等类，学习科目也分通习及别习两种，入学资格也相同。附设于各类学校中的还有实业教员养成所。

　　民国初年厘定的教育宗旨、学制和教育行政令，建立起了一套比较完整、科学、合理而又平等的教育体系。这个体系后来虽经过多次修改和调整，但其富有新意的教育体系形式和其基本精神一直延续了下来，对民国教育的发展有着相当的影响力，在某种意义上，可以说是后来民国教育制度的蓝本。在当时，这些新政策也带动了民初教育的发展，使中国教育又上了一个新台阶。

　　但民初的教育改革也受到了政治风浪的大冲击。袁世凯上台后，一切教育计划都被打破，初期的民主风气也渐被压下去。民国四年（1915年），他以大总统令的形式发布"教育要旨"："爱国、尚武、崇实、法孔孟、重自治、戒贪争、戒躁进"。加之后来的军阀混战，民国教育被糟蹋得一塌糊涂。首先，尊孔气息甚嚣尘上。孔教会成立后，要求把孔教尊为国教，列入宪法，活动频繁，会所几遍及全国。受此影响，学校"所教的无非是中国迂腐的经史文学，就是死读几本外国文和理科教科书，也是去近代西洋教育真相精神尚远"。① 其次，鬼神迷信思想在学校和社会中极为流行。当时有人鼓吹"鬼神之说不张，国家之命遂促"。再次，各中小学校多半是死抱经书不放，无读经也是以"修身"科来代替，而"修身"科多以宋儒编辑的

----

　　① 娄子匡：《新年风俗志》，商务印书馆，1935，第142～145页。

儒家格言为教材蓝本。袁世凯、张勋、段祺瑞每复古一次，读经与尊孔又重提一次，教育界复古气息弥漫。此外，女子教育在歧道上缓慢行进。据中华教育改进社的调查，"五四"以前政府开设的女中仅 9 校、学生人数仅 622 人；女子职业学校更少。更严重的是，统治者违背了民初发展女子教育的民主本意，教育总长汤化龙在《整理教育方案》中要求，女子教育要"勿骛高远之谈，标志育成贤妻良母主义"，又回到了封建时代。

四　民国初期各级教育的改革实验

洪宪帝制被废除后，教育部成立了"教育调查会"，提出了"养成健全人格，发展共和精神"的宗旨。民国八年（1919 年），杜威来华宣传实用主义，受此影响，十月在太原召开的第五届"全国教育联合会"建议以"教育本义"代替教育宗旨，并认为"施教者，不应特定一种宗旨或主义，以束缚被教育者"，取消了教育宗旨。

同时，又对各级教育进行了一些改革。受"五四"的影响，学校教学输入了民主科学的新内容，小学教科书统一采用语体文，推行注音字母，倡讲国语；受杜威"学校即社会，教育即生活"观点的影响，在学校中布置社会环境，城市小学开银行、商店、消费合作社，组织清洁会、慈善团、巡察团、编辑学校新闻等，以努力使学校社会化。教学方法上盛行设计教学法，打破科目界限、取消教科书的逻辑体系，根据学生的实际生活，制定"单元"，通过学生自己"确定目的""计划""实行""批评"分 4 步学习，以适应杜威儿童本位主义的教育理论。后来连幼稚园也普遍采用设计教学法。

中学教育因教育部在民国八年（1919 年）允许酌减部定教学科目和时间，开始实行分科制或选科制，加授职业教育科目。这种重实业教育的趋势早就有了，民国六年（1917 年），全国实业学校校长会议议决的三十二案，大多表达了发展实业教育的迫切愿望。同年，中华职业教育社成立，并出版《教育与职业》杂志。民国九年（1920 年），教育部正式通令中等以下教育宜重工艺。中学教材开始采用新文学作品和译作，注重人生问题和社会问题；自然科学重视独立实验，实验室和科学馆普遍设立。管理方面取消监学、舍监设训育主任，采用导师制，普遍设立学生自治会，由其"裁判所"处理学生违纪事件。这时出现的男女同学现象也反映了中学教育中的民主气氛。经过这些改革，当时的中小学教育都获得了一定的发展。小学校学生数由民国元年（1912 年）的 2776373 人，发展到民国八年（1919 年）的 5722213 人。中学校和学生由民国四年（1915 年）的 444 所、69770 人，发展到民国十一年（1922 年）的 547 所、103385 人[①]；师范学校也达 275 所、38277 名学生；实业学校由民国六年（1917 年）的 476 所增加到民国十年（1921 年）的 842 所，仅江苏、山东就在百所以上。

第三节　民国时期的新学制系统改革方案

晚清末年，内忧外患，中华民族到了危亡之际。1901 年，风雨飘摇中的清政府为求自保，被迫实行"新政"。1904 年（光绪二十九年）1 月 13 日，清政府正式颁布《奏定学堂章程》，时称"癸卯学制"，一直沿用到 1911 年清朝覆灭为止。这是中国教育史上第一个正式颁布且在全国普遍实行的学制，它的颁行结束了中国几千年来办教育无章程、学校无体系的状态，确立了中国现代学制的基本模式和框架。

一　北洋政府时期的"学校系统改革案"

受各种各样教育思潮的催动，受民间教育运动的感召，北洋政府也掀起了一场规模较大的教育改革运动，以求用政府的手段解决当时出现的一系列教育问题，缓解迫在眉睫的教育矛盾。

这场教育改革是以"全国教育会联合会"发起的学制改革为发端的。该会成立于民国四年（1915 年）五月，以"邀请各省教育会推选教育家富

---

① 《关于 1911～1949 中国人口文盲率的图表或者资料》，http：//tieba. baidu. com/p/36823 56789。

于学识经验者，共同讨论，各抒心得""讨论教育利害得失，以条陈于教育行政官厅"为职志。沈恩孚、黄炎培等是其发起人和组织者。民国十年（1921 年）十月，该会在广州召开第七次代表大会，中心讨论"学制系统案"，提出了新的学制系统。民国十一年（1922 年）九月，北洋政府教育部召开济南学制会议，对此进行讨论。十一月，略加修改的新学制，经徐世昌以大总统令的形式公布为"学校系统改革案"。

"学校系统改革案"以"一、适应社会进化之需要。二、发挥平民教育精神。三、谋个性之发展。四、注意国民经济力。五、注意生活教育。六、使教育易于普及。七、多留地方伸缩余地"为标准。对初等教育方面，规定小学修业年限 6 年，分初、高两级，前 4 年为初级和义务教育年限。对中等教育方面，规定中学修业年限 6 年，分初、高两级，初级中学施行普通教育，但可以根据地方需要设各种职业科。依旧制设立的甲种实业学校酌改为实业学校或高级中学农、工、商科。乙种实业学校酌改为职业学校，收受高级小学毕业生。师范学校修业年限 6 年，可以单设后 2 年或 3 年，收受初级中学毕业生。后 3 年可以酌行分组选修制。对高等教育方面，规定大学修业年限 4～6 年，医科及法科至少 5 年，师范大学 4 年。依旧制设立的高等师范学校为师范大学校，收受高级中学毕业生。大学校用选科制。

"学校系统改革案"的特点在于：第一，比起以前设立的新学制来，较多地给予地方和学校以灵活性，规定较为宽泛。第二，缩短小学年限，加长中学年限，加强职业教育，以适应技工数量和质量增长的社会需求。第三，中等学校和大学均采用选科制，附则中特别声明注重天才教育，都是从自由主义教育和儿童中心的教育原则出发的。第四，新学制的标准和内容处处体现出杜威实用主义教育思想影响的印痕。第五，中小学由"七四制"改为"六三三制"是模仿美国的结果。

二　民国初期的中小学课程纲要

民国十一年（1922 年），"全国教育会联合会"组织"新学制课程标准起草委员会"草拟中小学课程；民国十二年（1923 年），该会公布中小学课程纲要，各地均照此施行。

纲要规定，小学取消"修身"科，增加"公民"和"卫生"，"手工"改为"工用艺术"，"图画"改为"形象艺术"，扩充其范围，并注重实用性。初级小学把卫生、公民、历史、地理合并为社会科，设"自然园艺"科，"体操"改名体育，"国文"改为国语，注意语言训练。授课时间以分计，初级小学前2年每周至少1080分钟，后3年每周至少1260分钟，高小每周至少1440分钟，每节10分钟、15分钟、30分钟、45分钟、60分钟不等。初级中学分社会科（含公民、历史、地理）、言文科（含国语、外国语）、算术科、自然科、艺术科（含图画、手工、音乐）、体育科（含生理、卫生、体育）等6科。高级中学分公共必修科目、分科专修科目、纯粹选修科目。分科专修科目又分必修、选修两种。另设"职业指导"一科。中学均采用学分制，每半年每周上课1小时为1学分。初级中学毕业生需修满180学分，除必修科164学分外，选修他种科目和补习必修科目。高级中学要修满150学分。高级中学设普通科和职业科。普通科以升学为主要目的，分两组，一重文学和社会科学，一重数学和自然科学。其三部分课程中，公共必修科目约占总学分的43%，纯粹选修科目不超过20%。[1]

师范教育的课程设置自成一统。其后期师范学校和高中师范科的课程设置如下：公共必修科目，较高中普通科增加了音乐，并可伸缩处置。分科专修科目中，必修科目有：心理学入门、教育心理、普通教学法、各科教学法、小学各科教材研究、教育测验与统计、小学校行政、教育原理及实习。选修科目第一组为文科，有国语、外国语、本国史、西洋近代史、地学通论、政治概论、经济概论、乡村社会学等，至少选20学分；第二组为理科，有算术、代数、几何、三角、物理、化学、生物、矿物地质学、园艺学、农业大意，也是至少选20学分；第三组为艺术科，有图画、手工、音乐、体育、家事，也是至少选20学分，以上三组不必全设，可视情况设职业教员

---

① 梁尔铭、李小菲：《论1922年新学制课程标准的制定》，《教育与职业》2012年第14期，第165～167页。

组、幼稚园教员组等。此外，教育选修科目有教育史、乡村教育、职业教育概论、儿童心理学、教育行政、图书馆管理法、现代教育思潮、幼稚教育、保育学等，以上各组均需选修，最少选 8 学分。纯粹选修科目由各校自定，多少不限，以达高中普通科水平为准。

新教科书的编写不是由政府和学校负责，而是由私人商办书局组织人员编写。私人编写的教材，由教育部进行为期 6 年的审定后，由各学校按教育部规定的课程标准和教授宗旨选择教材。商务印书馆版的"新学制教科书"和中华书局的"新小学教科书"，是当时的大路货。当时学校盛行的仍是设计教学法，并广泛进行教育测验和心理测验。由于美国人麦柯尔来华宣传其 TBCF 制，陆志韦的订正皮奈西门智力量表和俞子夷等人所编制的中小学各种测验的推广使用，教育测验和心理测验形成一种狂热。民国十四年（1925 年），柏克赫斯来华宣传其首创的道尔顿制，有的中学便把教室改为作业室，发给学生教材大纲自学，定期检查以授新课，教师始终处于从旁指导的位置。可见，这个时期的教育改革，从方法、内容到学制，都证明了美国国家及实用主义教育思潮影响的加深。①

三　民国十七年推行的新学制系统

民国十七年（1928 年），第一次全国教育会议根据教育实情、适合民生需要、增高教育效率、谋个性之发展、使教育易于普及、留地方伸缩可能六原则，以民国十一年（1922 年）的"新学制"为基础，推行了这时期的新学制系统。这个学制后来有局部修改，兹分述如下。

（一）初等教育制度方面

民国二十一年（1932 年），国民党政府公布《小学法》及《小学规程》，规定"小学修业年限 6 年，前 4 年为初级小学，后 2 年为高级小学"。入学年龄为 6 足岁，并可展缓至 9 足岁。各地方得设简易小学及短期小学，

---

① 《民国中学物理教材的编写与使用》，http：//blog. sina. com. cn/s/blog＿482fff1d0101 farv. html。

推行义务教育。简易小学招不能入初级小学的同龄儿童，修业年限折合2800 小时；短期小学招 10～16 足岁的年长失学儿童，修业 1 年，折合 540小时。民国二十四年（1935 年），教育部按照国民党中央执行委员会的《实施义务教育标本兼治办法》，制定了《实施义务教育暂行办法大纲施行细则》，规定全国学龄儿童除入普通小学外，在实施义务教育第一期内（1935～1940 年）应受 1 年短期小学教育；在第二期内（1940～1944 年）应受 2 年短期小学教育。后来又规定，2 年短期小学招 8～12 足岁失学儿童，毕业程度应相当于初级小学三年级；短期小学独立设置，可附于普通小学等学校或公共机关内；应利用中心小学指导短期小学；短期小学招学生两班，每班50 人，可以灵活上课、同时上课，每天 3～4 小时，每小时以 45 分钟计，课程为国语、算术、公民训练及体育，二年制短期小学课程为国语常识、算术、工作、唱游及公民训练等，并可巡回教学。

（二）小学课程方面

民国十七年（1928 年），教育部颁布《小学暂行条例》，次年（1929年），又颁布《小学课程暂行标准》，规定初级小学科目为党义、国语、社会、自然、算术、工作、美术、体育、音乐等；高级小学也如上，只是社会科中包括公民、卫生、历史、地理。每周教学时间：一、二年级为 1140 分钟，三、四年级为 1320 分钟，五、六年级为 1530 分钟。民国二十一年（1932 年）又做了课程调整，不特设党义科，将其融化到国语、社会等科中，另加公民训练，增设卫生科，工作改为劳作，其教材分家事、校事、农事、工艺 4 项。每周教学时间也改为一年级 1170 分钟，二年级 1260 分钟，三年级 1380 分钟，四年级 1440 分钟，五、六年级 1560 分钟。民国二十五年（1936 年）又以发展儿童身心、培养民族意识、培养国民道德基础、培养生活所必需的基本知识技能为主旨，再一次调整了课程，把社会、自然合并为常识，劳作、美术合并为工作科，体育、音乐合并为唱游科，取消卫生科，自四年级起算术加珠算。每周授课时间也做了改动。

（三）中等教育制度方面

民国十七年（1928 年）国民党政府颁布《中学暂行条例》，次年颁布

《高级中学暂行课程标准》，取消文理分科。民国二十一年（1932年）又公布《中学法》《师范学校法》和《职业学校法》，教育部由此颁布《中学规程》《师范学校规程》和《职业学校规程》。规定中学分初级中学、高级中学，修业年限3年，可混合设立。初级中学生年龄为12~15足岁，高级中学为15~18足岁。师范学校修业年限3年，特别师范科修业1年，幼稚师范科修业年限2年或3年，学生入学年龄为15~22足岁。师范及幼稚师范科入学资格需初级中学毕业；特别师范科则需高级中学或高级职业学校毕业。师范学校由县以上地方设立，特别师范科以附于师范学校为原则。各地方可设简易师范学校和乡村简易师范学校，修业1年，以初级中学或同等学校毕业或有同等学力者为合格。培养各种专科师资，特许办理专科或专设学校。职业学校方面，分为初级和高级职业学校。初级者入学资格需曾在小学毕业或具有相当程度年在12~18足岁者，修业年限1~3年。高级者入学资格需小学毕业或同等程度年在15~22足岁者，修业3年；或曾在小学毕业或具有相当程度年在12~20足岁者，修业年限5~6年。职业学校初级以县市设立为原则，高级以省或直隶市设立为原则，机关、厂矿、社团、私人均可照章设立。

（四）中学课程方面

中学的课程照教育部在民国十八年（1929年）颁布的《中学课程暂行标准》设立，初中为党义、国文、外国语、历史、地理、算学、自然科、生理卫生、图画、体育、工艺、职业、科目、党童军，共180学分。高中公共必修科规定为党义、国文、外国文、数学、本国历史、外国历史、本国地理、外国地理、物理、化学、生物学、军事训练、体育、选修科目，共150学分。民国二十一年（1932年）公布正式课程标准。初中的教学科目及时数，第一表为公民（10）（3年总时数，下同）、体育（18）、卫生（6）、国文（36）、英语（30）、算学（28）、植物（4）、动物（4）、化学（7）、物理（7）、历史（12）、地理（12）、劳作（16）、图画（10）、音乐（8），每周共教学34~35小时，在校自卫13~14小时。第二表减少劳作、图画、音乐、卫生4科时数，增加"蒙回藏语或第二外国语"科，每周教3小时，3

学年共教学 18 小时。高中的教学科目及学时数，第一表为公民（12）、国文（30）、英语（30）、算学（20）、生物学（10）、化学（10）、物理（12）、本国史（8）、外国史（6）、本国地理（6）、外国地理（6）、伦理（2）、图画（10）、音乐（6），每周共教学 31～34 小时，课外活动及在校自习 26～29 小时；第二表取消伦理、图画、音乐、卫生 4 科，增加"蒙回藏语或第二外国语"科，每周教 5 小时，3 年共 30 小时。民国二十五年（1936 年）又公布了《修订中学课程标准》，减少了教学时数，修改了劳作课程，确定了职业科目的地位与时数，取消了自习时数的规定。

四 师范、职业学校、大学的新学制

关于师范学校的课程，教育部于民国十九年（1930 年）至二十四年（1935 年）颁布了诸如《师范学校课程标准》之类的一系列文件，规定师范学校的课程为公民、国文、历史、地理、算学、物理、化学、生物、体育、卫生、军事训练、劳作、美术、音乐、伦理学、教育概论、教育心理、教育测验及统计、小学教材及教学法、小学行政实习等科。乡村师范及幼稚师范的课程，另有规定。

关于职业学校的课程，直到民国二十三年（1934 年）才刊行《职业学校课程标准》，分初级、高级两种，初高级都分 5 科：农业、工业、商业、家事及其他职业者。课程设计初级较高级简易一些，如初级关于商业者的课程为：普通商业簿记、会计、速记、打字、广告等；高级则为银行簿记、会计、速记、保险、汇兑等。职业学校每周教学 40～48 小时，以职业学科占 30%，普通学科占 20%，实习占 50% 为原则。

高等教育制度方面，民国十六年（1927 年）国民党政府在南京设大学院，各省设大学区，以大学院和大学区领导全国及各省的教育。两年后（1929 年），大学院取消，恢复教育部。民国十九年（1930 年）公布《大学组织法》《大学规程》《专科学校组织法》，次年（1931 年）又颁行《专科学校规程》，规定：高等教育机关分大学、独立学院、专科学校 3 种。大学分文、理、法、教育、农、工、商、医 8 学院，具备三学院以上者，方得称

大学，且三者中必有一理、农、工、医学院。不满三学院者称独立学院，修业年限除医学院为 5 年外，均为 4 年。大学及独立学院，得设研究院所，研究院分文、理、法、教育、农、工、商、医等科研究所，具备了研究所以上者，始得称研究院。研究所每所设若干学部，研究期限 2 年。专科学校分工、农、商、医、艺术、音乐、体育等，修业年限为 2 ~ 3 年。大学由教育部、省及市设立，均得经教育部核准。私人也可设办大学。大学各学院下设若干系，并得附设专修科。专科学校部、省、市及私人设立均得经教育部核准。

课程方面，民国十八年（1929 年）颁布了《大学规程》，规定："大学院及独立学院各科除党义、国文、体育、军事训练及第一、二外国文为共同必修科目外，须为未分系之一年级生设置本科目。"大学各院各科课程得采用学分制，但学生不得提前毕业。后来一律采用学分兼学年制。除医学院外，大学生应修学分最低标准为 4 年 132 学分。需课外自修者，每周上课 1 小时满 1 学期为 1 学分，实习及无须课外自修者，2 小时为 1 学分。民国二十年（1931 年）的《修正专科学校规程》规定："各科专科学校以党义、军事训练、国文、外国文为共同必修科目。"亦实行学分制。除医学院外，其他各院系科目表，在这一时期没有颁行。

可见，国民党的学校教育，有两个明显的特色：突出政治，各级以党义、公民、社会、国语等公共必修课，向学生灌输三民主义，突出三民主义的统帅地位，此其一。其二就是把义务教育作为重点，各级学校都以普及义务教育为重要职责，而工农及其子弟的教育则被搁置一边。

第四节　国民政府制定的私立学校法规

民国成立后，继承清朝末年允许创设私立学校的传统，继续提倡私人办学，私立学校得以迅速发展。这一时期，国民政府一方面对私立学校加以鼓励与支持；另一方面又通过有关法令、法规对私立学校加以规范与引导。

一 一系列法规促进了私立学校的发展

中华民国成立后，改变了清朝末年对创办私立学校的放任态度，逐步制定管理私立学校的法规。民国初期，教育部先后颁布了一系列私立学校教育法令法规，进一步促进了私立学校的发展。民国私立学校的发展可分为两个阶段。

1912～1927 年为第一阶段。这个时期，由于国家财政困难，新式学校数量少而分布不广，各种人才匮乏，在遵守有关教育法令的情况下，政府积极鼓励私人或私法人设立学校特别是高等学校。并确立了国家和各级政府对于各级私立学校的管理、监督之权，如《小学校令》规定，凡私立小学校设置、变更及废止，须经县行政长官许可，私立小学校还要接受县行政长官的监督。《中学校令》规定："私人或私法人得依本令之规定设立中学校，为私立中学校。中学校之设立、变更、废止，须经教育总长认可。"《专门学校令》规定："公立私立专门学校之设立、变更、废止，均须呈报教育总长认可。"

相比之下，民国初期对发展高等教育比较重视，相关的法令、法规规定也比较细致，形成了一系列有关私立学校的法令法规。

1912 年 11 月 14 日，教育部公布了《公私立专门学校规程》16 条，规定专门私立学校的设立、变更、废止，均须呈报教育总长认可。民国二年，1913 年 1 月 16 日，教育部公布《私立大学规程》14 条，规定了创设私立大学的有关政策。同年 11 月 23 日，教育部通知各省，私立法政专门学校可酌量停办或改为讲习科，通知说："近者县邑之区纷纷设立法政专门学校……考其内容大率有专门之名，而无专门之实，创办者视为营业之市场，就学者藉作猎官之途径，弊端百出。"① 规定所有省外私立法政专门学校，非属繁盛商埠、经费充裕、办理合法、不滋流弊者，应酌情令其停办、或改为法政讲习所。1913 年 12 月 8 日，教育部又发布《整顿私立大学布告》，要求所

① 《教育杂志》第 5 卷第 10 号。

有私立大学，前经报教育部准予暂行立案者，自布告之日起，限3月以内遵照私立大学规程，另行报部备查。并规定以后凡私立大学，须经教育部派员视察后，分别优劣以定立案之准驳。决不稍事姑息。①

1919年3月26日，教育部又发布了《外国人所设专门学校毕业生待遇办法规定》。规定指出：凡外国人在内地所设专门以上学校，不以传布宗教为目的，且不立宗教科目者，准其援照私立专门学校规程或私人大学规程及专门以上同等学校待遇法，其毕业生得与公私立各校毕业生受同等待遇。②民国十二年（1923年），"全国教育会联合会"组织"新学制课程标准起草委员会"，公布中小学课程纲要。民国十五年（1926年），武汉国民政府颁布的《私立学校校董会设立规程》中规定，校董会设立学校，因事解散时，校董会呈请主管教育行政机关许可，得以其财产捐助其他教育事业。可以看出，这一时期政府并未明确私立大学财产的公私归属，私立大学的产权是模糊的。然而，南京国民政府成立之后，私立大学的财产归属逐渐明晰。

尤其值得注意的是，从1917年教育部发布第8号布告开始，第一次把外国人办的学校确定为我国私立学校的一部分，并逐步把教会学校纳入中国政府的督理之内。随着收回教育权运动的展开，中国政府开始强制教会学校接受管理，并于1925年11月16日发布《外国捐资设立学校请求认可办法》，规定：凡外国人捐资设立的学校遵照教育部所颁发的各类学校法令规程办理者，应按照教育部所颁关于请求认可各项规则，向教育行政长官请求认可；学校名称上须冠以"私立"字样；校长须为中国人，如校长原为外国人，必须以中国人出任副校长，作为请求认可时的代表人；学校设有董事会者，中国人应占董事名额过半数；学校不得以传播宗教为宗旨，学校课程须遵照部定标准，不得以宗教课作为必修课。③但从总体上看，这一时期政府对私立学校缺乏明确严密的制度化管理，加之国内政局动荡，有关制度也难以有效实施。从积极方面来讲，这有利于私立学校的自由发展，从而使私

---

① 《教育杂志》第5卷第10号。

② 《教育杂志》第11卷第5号。

③ 参见《政府公报》第3459号，1925年11月20日。

校的数量较清末有了大幅度的增加；从消极方面来说，私校的设立过于宽泛，难以保证教育质量。①

1927～1949 年为第二阶段。这是私立学校的整顿与发展时期，国民政府通过有关法令对私立学校的设立和运作进行了规范，将其置于较为严密的管理与控制之下。早在教育行政委员会时期就已经形成加强私立学校管理与控制的政策。这一方面是为了解决北洋军阀时期私立学校设立过多过滥而带来的弊端②，另一方面也是适应日益高涨的民族主义潮流，以收回教育权的需要。1926 年 10 月 18 日，教育行政委员会公布了《私立学校规程》《私立学校董事会设立规程》及《私立学校立案规程》，但由于国内政治条件限制，有关法令在当时并未强制执行。大学院时期，为了使有关法令更具有约束力，对它们进行了修订，1927 年 12 月公布了《私立学校及专门学校立案条例》《私立中等学校及小学校立案条例》，1928 年 2 月又公布了《私立学校条例》和《私立学校董事会条例》，对私立学校从立案到办理做出了更明确而严格的规定。教育部成立后，将上述法令加以合并，修正成综合性的《私立学校规程》5 章 38 条。③

1929 年南京国民政府司法院公布《司法院特许私立法政学校设立规程》，1930 年南京国民政府公布《处置已停办或封闭之私立学校办法》，1930 年南京国民政府司法院公布《修正司法院特许私立法政学校设立规程》，1931 年南京国民政府公布《未立案及已停闭之私立专科以上学校毕业生肄业生甄别试验委员会章程》，1933 年南京国民政府公布《私立专科以上学校立案前毕业生追认资格办理标准》。④ 1933 年 10 月 19 日，南京国民政府又公布了《修正私立学校规程》（以下简称《规程》）。《规程》规定外国人办的私立学校必须经过主管教育行政机关的核准，必须具有一定的经费，

---

① 李国钧、王炳照：《中国教育制度通史》（第七卷），山东教育出版社，2000，第 251～252 页。
② 王炳照：《中国古代私学与近代私立学校研究》，山东教育出版社，1997，第 338～347 页。
③ 李国钧、王炳照：《中国教育制度通史》（第七卷），山东教育出版社，2000，第 252 页。
④ 资料第一来源：宋恩荣、章咸主编《中华民国教育法规选编》，江苏教育出版社，1990，第 716 页。

经审查认为符合要求才批准立案，禁止先设校后立案的做法。这些学校要受主管教育行政机关的监督和指导，办理不善或违背法令时后者有权撤销其立案或令其停办。《规程》规定私立学校要严格遵照《大学组织法》《中学法》《小学法》等现行的"教育法令"办理。这对提高私立学校的教育质量起了积极作用。①

1943 年 11 月 5 日和 1947 年 5 月 7 日又两次修正了《私立学校规程》。在此基础上，国民政府对私立学校开展了进一步整顿和管理，私立教育得到进一步的发展。私立学校在其发展过程中呈现随着时局的变化而增减、分布地区不平衡、办学经费较之公立学校尤为困难等特点。其迅速发展的主要原因在于：政府对教育重视的推动；自身的办学特色；国家整体经济发展的物质保障和民族工商业发展的有力支持；海外华侨投资的推动等。国民政府时期私立学校的发展，对于我们今天有着重要的历史启迪。②

民国时期，无论是公立学校还是私立学校，教师的薪俸制度有两个显著特点：一是教师的工资较高，最低也大约相当于工农收入的 2 倍以上，最高则与国家省部级官员相同；二是不同级别的教师之间的差距很大，达三四十倍之巨。民国十六年（1927 年）公布的《大学教员资格条例》规定：大学教员的月薪，教授为 400 ~ 600 元，副教授 260 ~ 400 元，讲师 160 ~ 260 元，助教 100 ~ 160 元。教授最高月薪 600 元，与国民政府部长基本持平。在 20 世纪 30 年代初，大中小学教师的平均月薪分别为 220 元、120 元、30 元；而同期上海一般工人的月薪约为 15 元。40 年代的《教育宪法》规定："国家应保障教育、科学、艺术工作者之生活，并依国民经济之进展，随时提高其待遇。"资料显示，当时县长一个月 20 块银洋，而国小老师一个月可以拿到 40 块银洋，民国时期小学教师的地位和待遇要远远超过县长。民国时期对教师待遇的重视和投入让今人望尘莫及，汗颜不已。③ 应该说，国民政

① 熊明安：《中华民国教育史》，重庆出版社，1990，第 359 页。
② 永芳：《国民政府时期私立学校述论》，《民国档案》2006 年第 1 期，第 105 ~ 111 页。
③ 《民国时期的中国教育，一直走在世界的前沿》，http://bbs.tianya.cn/post-free-1483290 - 1.shtml。

府时期无论是高等学校还是中小学校教师的薪俸制度，在一定程度上体现了尊重知识、尊重人才的观念。①

二　1933年版《私立学校规程》主要内容

现以 1933 年 10 月 19 日教育部修正公布的《私立学校规程》为依据，对国民政府时期的私立学校制度加以论述。《私立学校规程》共分 5 章 38 条。第一章为"总纲"，第二章为"校董会"，第三章为"私立专科以上学校"，第四章为"私立中等学校及小学暨其同等学校"，第五章为"附则"。

（一）总纲

"总纲"规定，私立学校指私人或团体设立的学校，外国人设立的学校也包括在内。私立学校的开办、变更与停办，须经主管教育行政机关核准。私立学校不能设分校，也不能设立各级师范学校。按学校程度的不同，其在行政上的隶属关系分别是：私立专科以上学校，以教育部为主管机关；私立中等学校，由省、直辖市教育行政机关主管；私立小学及其同等学校，以市县教育行政机关为主管机关。私立学校须经主管教育行政机关立案，受主管教育行政机关监督及指导。其组织、课程及其他一切事项，均须遵照现行教育法令办理。私立学校办理不善或违背法令时，主管教育行政机关得撤销其立案或令其停办。其开办 3 年尚未立案者，主管教育行政机关应令其停办，并撤销其校董会的立案。外国人不得在中国境内设立教育中国儿童的小学，私立学校不得以宗教课目为必修课及在课内作宗教宣传；由宗教团体设立的学校内，如有宗教仪式，不得强迫或劝诱学生参加，在小学及其同等学校不得举行宗教仪式。私立学校校长应专任，不得兼任其他职务。外国人设立的私立学校，须以中国人充任校长或院长。②

1933 年颁布的《私立学校规程》中还明确规定：私立学校及其财产不

---

① 李国钧、王炳照：《中国教育制度通史》（第七卷），山东教育出版社，2000，第244～250 页。

② 李国钧、王炳照：《中国教育制度通史》（第七卷），山东教育出版社，2000，第253 页。

得收归公有，只有学校停办，校董会失去存在时，主管教育机关才有权处置财产。这一规定体现了政府对私人财产权利的充分尊重，对私立大学的发展无疑具有重要的推动作用。[①]

（二）校董会

私立学校应设校董事会，私立学校的最高权力机构是校董会，它是设立者的代表。关于校董会的组成，规程规定：第一任校董由设立者聘请相当要员组成，设立者为当然校董，校董名额不得超过 15 人；设立者人数过多时，可互推 1 人至 3 人为当然董事。校董中至少须有 1/4 的人由曾经研究教育或办理教育者充任，在特殊情况下聘请外国人做校董，其名额不得超过校董总数的 1/3；现任主管教育行政机关及其直接上级教育行政机关人员，不得兼任校董；校董应互推 1 人为董事长，还可推选 3 人至 5 人为常务董事，且董事长必须为中国人。

校董会成立后，应开具名称、目的、事务所在地、校董会章程、资产资金或其他收益详细项目及其确实证据、校董的详细情况（姓名、年龄、籍贯、职业及住址）等，呈请主管教育行政机关立案。已核准立案的私立中等学校校董会，应由该管省市（直辖市）教育行政机关转呈教育部备案；已核准立案的私立小学及其同等学校校董会，应由该管县市教育行政机关转呈教育厅备案。校董会解散时，须经主管教育行政机关许可。

校董会的主要职权有两项。在学校财务方面，负责经费筹划、预算及决算的审核、财务的保管和监督，以及其他财务事项。在学校行政方面，校董会有权选任校长或院长，所选校长或院长应征得主管教育行政机关的认可。如校长或院长失职，校董会可随时改选。校长或院长对学校行政负完全责任，校董会不得直接参与学校行政。

校董会在每学年终结 1 个月内，应将学校校务情况，前年度所办重要事项，前年度收支金额及项目，校长、教职员、学生一览表等，详细开

---

① 张随刚：《民国时期私立高等教育政策探析》，《黄河科技大学学报》2000 年第 3 期，第 15 ~ 18 页。

列，连同财产项目分别径报或转报主管教育行政机关备案。主管教育行政机关每学年须查核校董会的财务及事物状况 1 次，必要时可随时查核。此外，为保护私立学校及其财产，规程特别规定：私立学校及其财产不得收归公有。①

董事会不能行使其职权时，由主管教育行政机关令其限期改组，必要时可由主管教育行政机关派员监督改组。②

（三）私立学校的开办与立案

私立学校应在校董会立案后申请开办；经核准后，试办 1 年，然后呈请立案；符合条件并准予立案的，才能成为正式的私立学校。现以专科以上学校为例，对其开办与立案的手续及条件加以说明。

私立专科以上学校开办的条件是："大学或独立学院按所设学院或科之数目及种类，至少须有大学规程第十条所规定开办费及每年经常费""专科学校按所设专科之数目及种类，至少须有修正专科学校规程第十条所规定之开办费及每年经常费""开办费及第一年经常费均须以现款照数存储银行。"开办前，应先向主管教育行政机关呈报下列事项及全校平面图及说明书：①学校名称及种类；②学校所在地；③校地及校舍情形；④经费来源及经常开办各费预算表；⑤组织、编制及课程；⑥参考书和教科书目录；⑦图书馆全部图书目录及实验室全部仪器、标本目录及其价值；⑧校长或院长及教职员履历表。经主管教育行政机关核准后始得开办。

开办 1 年之后，应呈请立案。呈请立案时，应开列下列各事项送查：①开办后的经过情形；②开办时所呈报的第 4 到 8 条事项；③各项章程规则；④学生一览表；⑤训育实施情况。立案时须具备下列条件：①呈报事项查明确实者；②对于现行教育法令切实遵守，并严厉执行学校章则者；③教职员合格胜任，专任教员占全数 2/3 以上者；④学生入学资格合格，在校学生成绩良好者；⑤设备应用者；⑥资产或资金之租息连同其他确定收入

---

① 李国钧、王炳照：《中国教育制度通史》（第七卷），山东教育出版社，2000，第 254 页。
② 熊明安：《中华民国教育史》，重庆出版社，1990，第 254 页。

（学费收入除外）足以维持其每年经常费者。未批准立案学校，其学生学籍概不承认。

呈报开办与呈请立案的时候，均应由该校董事会备具呈文及附属书类，由该省市教育行政机关转呈教育部核办。转呈时对于所列各事项应切实调查，开具意见以备审核。

由上述规定不难看出，私立学校是否允许开办，主要取决于它是否具有足够的办学经费，这是学校得以生存和发展的基本物质条件。此一规定的主要目的，在于杜绝以学敛财现象的发生。立案的条件，除经费设备外，还注重私立学校遵章守法情况、教职员的数量和质量、教学的质量。①

（四）私立学校的停办

私立学校办得不好或违反法令的，主管教育行政机关可勒令停办。如系董事会呈请停办，须经主管教育行政机关批准，方能办理结束事宜。停办后的剩余财产，由主管教育行政机关接收处理，其肄业学生由学校发给证书，自由报考转学。

《私立学校规程》的颁布实施，加强了私立学校的领导与管理。但在抗战胜利后，各级学校复员，收复区域内的私立学校逐渐增多，随着形势的变化，原定规程需要补充。因此，又对私立学校的管理作了补充规定。以后，又相继于民国三十二年（1943 年）11 月 5 日和民国三十六年（1947 年）5 月 7 日作了二次修正，管理私立学校的办法才渐趋完善。②

三　民国时期《私立学校规程》的实施

民国时期，对私立学校的管理，虽然从民国成立之初就立有法规，但在北京政府时期，军阀连年混战，对这些法规并未认真执行。南京国民政府成立后，加强了对私立学校的管理。特别是抗日战争胜利后，管理办法有了进一步的完善。

---

① 李国钧、王炳照：《中国教育制度通史》（第七卷），山东教育出版社，2000，第 255 页。
② 熊明安：《中华民国教育史》，重庆出版社，1990，第 359～360 页。

《私立学校规程》颁布后，教育部要求所有私立学校限期立案，并对不合格的学校严加取缔。从执行情况来看，对中国人所办学校执行立案是比较顺利的，仅在教会学校方面最初遭到了抵制。这不仅涉及外国势力对中国政治的控制问题，也涉及世俗价值观与宗教价值观何者应居于支配地位的问题。针对这种情况，国民政府对私立学校的限制日趋严格，对不立案的私立学校采取了惩戒措施。1929 年暑假，教育部在一项取缔私立学校的通令中说："各私立大学举行入学考试时，查验投考者之毕业证书，如遇未立案大学预科及高级中学毕业证书及无证书者，得勒令其停止考试。"① 1933 年 10 月颁行的《修正私立学校规程》还在"附则"中规定："未照本规程完成立案手续之私立学校，其肄业生及毕业生，不得与已完成立案手续之私立学校学生受同等待遇。"限制学生的出路，就是减少私立学校的生源。在这种情况下，一些在中国从事办学的西方人有着比较清醒的认识："如果大学在可能的时候不向政府登记，它的毕业生就会被关在公共事业的门外，而且他们不会得到允许在登记过的学校或学院任教。因此教师和学生双方都有被孤立于国家教育生活之外的危险，从而失去其影响力。"于是，到 1933 年，所有主要教会大学和学院都完成了向国民政府的登记。②

限制私立学校学生的出路，作为迫使私立学校立案并接受中国政府监督和管理的措施是有效的，但对于那些就学于私立学校的合格的毕业生来说，则是不公正的。为了加以补救，一些地方采取了对未立案和已停闭私立学校学生进行甄别测验的措施，使其毕业生通过甄别考试，合格者得以升学和就业。③

为了维护中国的教育主权，《私立学校规程》要求教会学校应由中国人担任校长并组成由中国董事占优势的校董会。但由于教会学校主要是由外国资本家或财团提供经费的，这使得中国政府对教会学校所拥有的管理权很难

---

① 《中华教育界》，第 18 卷第 8 期。
② 〔美〕费正清、费维凯编：《剑桥中华民国史》（下卷），中国社会科学出版社，1994，第 440～441 页。
③ 王炳照：《中国古代私学与近代私立学校研究》，山东教育出版社，1997，第 433 页。

具有实质性意义。在有的教会学校，它导致了学校管理系统二元化。例如：燕京大学"在纽约的美国理事们在校长司徒雷登的领导下，掌握预算的主要部分和外国教员，而在中国的管理委员会（1928 年后中国人占多数）在中国校长领导下负责其他政策事务。吴雷川于 1929 年就任后一职务，因政策分歧于 1934 年辞职"①。有的学校，中国人只是形式上的主管，如南京金陵大学，"由于当时金大的经济命脉掌握在美国教会手里，校长和主管财物人员，都直接由美国教会指派。主管财力人员初称司库，立案后改称会计主任。坐这把交椅的是美国女教士毕律斯。她来华时才 20 岁左右，解放初离开南京时，已年逾花甲……"② 立案后虽由中国人担任校长，但外国人仍是事实上的主管。这说明，只要中国还带有殖民地国家性质，就不会拥有完全的教育主权。

需要指出的是，民国政府对于私立学校的立法，一方面在于使私立学校教育教学规范化，从而达到保证和提高教育质量的目的；另一方面也应为高质量的私立学校提供自由创造和发展的空间。就前一方面来说，它虽取得了一定的效果，但由于有关法规多是被动地弥补漏洞，加上政治的不稳定和严重腐败，使得国民政府时期仍有大量不合乎标准、质量低劣的私立学校存在。就后一方面来说，国民政府往往过多地干涉学校内部事务，如向私立学校指派军事教官，阻止有关学校设立合法的课程，限制私立中等学校招收女生，强制学校当局干涉学生的民主活动等。这些无端的干涉，大大限制了私立学校的发展。③

当然，从总体上看，国民政府时期的私立学校制度与以往相比，还是比较健全的。它基本上把私立学校的发展纳入了规范化、法制化的轨道，强化了中国的教育主权意识，使教会学校的传道意志有所削弱。

---

① 〔美〕费正清、费维凯编：《剑桥中华民国史》（下卷），中国社会科学出版社，1994，第 441 页。

② 陈裕光：《回忆南京金陵大学》，载《上海文史资料》第 43 辑。

③ 李国钧、王炳照：《中国教育制度通史》（第七卷），山东教育出版社，2000，第 257 页。

第五节 国民政府对私立学校的规范管理

在 20 世纪 20 年代末至新中国成立前夕的中国教育舞台上，曾经出现了一大批与公立高等学校平分秋色、尽显生命活力的私立高等学校，其中不乏饮誉中外、成就斐然的佼佼者。它们的成功除其他原因外，和南京国民政府的管理也是分不开的。① 南京国民政府制定了一系列关于管理私立学校的政策与措施，在基本原则、董事会管理机制、开办与立案、停办事宜等方面都做出了明确规定，从而促进了私立小学、中等学校、高等学校等各级私立学校的迅速发展。

一 民国时期国民政府对私立高校的管理

民国政府及其教育部成立伊始，即着手对旧教育体系进行改革。1912 ～ 1913 年，教育部先后颁布了《普通教育暂行办法》《教育系统令》《壬子癸丑学制》《大学令》《专门学校令》《大学规程》《专门学校规程》等一系列法令，以法律的形式废除清末的封建教育制度，巩固资产阶级民主革命在教育系统的成果。《壬子癸丑学制》规定大学修业年限六年至七年，其中预科三年，本科三年至四年。大学毕业后可升入大学院，修业年限不定。与大学同属于高等教育的还有专门学校、高等师范学校。《大学令》规定："大学以教授高深学术、养成硕学闳材、应用需要为宗旨"，分为文、理、法、商、医、农、工七种，私人或私法人亦得设立大学。《专门学校令》规定："专门学校以教授高等学术、养成专门人才为宗旨"，种类分为法政、医学、药学、农业、工业、商业、美术、音乐、商船、外国语等，私人或私法人亦得设立专门学校。在此期间，教育部还颁布了《私立大学规程》《私立专门学校规程》《取缔私立大学之布告》等法令，把私立大学和私立专门学校纳

---

① 宋秋蓉著：《试述南京国民政府对私立高等学校的管理》，《吉林教育科学：高教研究》2001 年第 1 期，第 68～70 页。

入规范管理的体系，对名不副实的私立高校进行整顿及至取缔，以保证私立大学和私立专门学校的教学质量。

南京临时政府和北洋政府时期即民国前期，私立高等教育在对清末教育制度进行改革的基础上有了一定发展。特别是 1922 年《壬戌学制》颁布以后，随着大学设科标准的放宽，私立学校尤其是教会学校的发展，私立大学增长较快。1912 年，除教会大学外，私立大学只有北京的民国大学（后改名朝阳大学）、明德大学（后停办），到 1917 年，又有北京中华大学（后并入中国大学）、中国公学大学部（后改称中国大学）、协和医科大学、武昌中华大学、吴淞中国公学（后停办）、江苏大同学院、复旦公学等七所私立大学得到教育部核准立案。到 1927 年，又有汉口明德大学（后停办）、南京金陵大学、北京民国大学、平民大学、华北大学、中法大学、燕京大学、天津南开大学、上海大同大学、复旦大学、江西心远大学、吴淞中国公学大学部、河南福中矿务大学、山西山右大学、兴贤大学等 15 所私立大学先后被教育部批准立案。总计这一时期，被教育部核准立案的私立大学共有 22 所，其中 4 所停办或并入其他大学。①

北洋政府时期，除被教育部核准立案的私立大学外，还有北京中央大学、畿辅大学、孔教大学、郁文大学、东方大学、辅仁大学、文化大学、南方大学、上海法政大学、东吴大学法科、大夏大学、光华大学、湖南群治大学、南通农科大学等十几所私立大学被教育部批准试办，但未被核准立案。另外，还有一些教会大学未向教育部申请立案，一些地方私立大学因经费、设备、师资等原因或被取缔，或自行撤销。除私立大学外，还有一些私立专门学校，其教学水平基本上与私立大学中的各科相当。总体而言，民国前期的私立大学和私立专门学校不仅数量增多，而且教学质量有所提高，办学规模逐渐扩大，奠定了我国近现代私立高等教育的基础。

北伐战争推翻了北洋政府，以蒋介石为首的国民党在南京成立国民政

---

① 《我国近现代的私立高等教育》，http://blog.sina.com.cn/s/blog_ aece12310101damz.html。

府。南京政府立足不久，就着手对当时的高等教育进行整顿、改革。1927年南京政府仿效法国成立大学院，并颁布《大学区组织条例》，在江苏、浙江两省先行试行。大学院和大学区制不符合当时的国情，遭到多方反对，推行不到两年就夭折了。1929～1931年，南京政府及其教育部先后颁布《大学组织法》《大学规程》《专科学校组织法》《专科学校规程》等一系列高等教育法规，加强对高等教育的规范管理和控制。依照这些法规的规定，高等教育机构分大学、独立学院、专科学校三种；大学由原来的分科改为分学院，分文、理、法、教育、农、工、商、医八学院；具备三学院以上者方得称为大学，不满三学院者只能称为独立学院；修业年限除医学院为五年外，均为四年；大学及独立学院得设研究院所；专科学校分工、农、商、医、艺术、音乐、体育等类，修业年限为二年至三年；由私人或私法人设立者为私立大学、私立独立学院、私立专科学校等。南京政府教育部还加强对私立学校的控制和干预，1933年颁布《私立学校规程》，1934年颁布《限制宗教团体设立学校令》，对私立学校特别是教会学校的设立进行限制，使原来半独立的私立教育纳入了国家教育系统。

南京政府针对北洋政府后期私立大学设置失控、质量下降的混乱局面，加强了对私立大学的干预和控制，严格要求私立大学、独立学院和专科学校须由教育部核准立案后方能合格。1927～1932年，经教育部核准立案的私立大学有厦门大学、金陵大学、沪江大学、光华大学、大夏大学、燕京大学、东吴大学、武昌中华大学、岭南大学、广东国民大学、辅仁大学、中法大学、齐鲁大学、武昌华中大学、广州大学、震旦大学、中国公学、大同大学、复旦大学等19所，私立学院有协和医学院、上海法政学院、南通学院、中国学院、朝阳学院、金陵女子文理学院、上海法学院、福建协合学院、持雅医学院、福建学院、焦作工学院、正风文学院、夏葛医学院、民国学院等14所，私立专科学校有文华图书馆学专科学校、武昌艺术专科学校、无锡国学专修学校、东亚体育专科学校、苏州美术专科学校、上海美术专科学校、新华艺术专科学校、广州法政专门学校、福建法政专门学校、中山体育专科学校等10所，总计43所，占当时高校总数的43.4%。[①]

从 1932 年至 1937 年抗日战争爆发前夕，私立大学、独立学院和专科学校又有所发展。经教育部核准立案的私立大学有 20 所，私立学院有 22 所，私立专科学校 11 所，总计 53 所，占当时学校总数 108 所的 49.1%。

抗日战争全面爆发后，随着战争不断升级，大片国土沦陷，许多高校包括一些私立高校被迫一再内迁，历尽苦难。由于日寇狂轰滥炸，肆意摧残，我国高校校舍、仪器、图书等财产损失惨重，截至 1938 年 8 月底，仅已可知的就达法币 3360.4879 万元，其中私立高校 754.5812 万元，占总数的 22.5%，但广大高校师生克服战时的种种困难，艰苦办学，不仅使我国高等教育未因抗战而中断，而且某些方面还有所发展。抗战胜利后，内迁高校纷纷迁回原地，南京政府也不断接管原沦陷区的高校。由于不久内战爆发并不断升级，南京政府加强了对高校的控制，于 1948 年颁布了《大学法》和《专科学校法》，将高等教育制度从法律上予以定型。

这一时期私立高校又有所发展，据教育部 1947 年统计，经教育部核准立案的私立大学有金陵大学、燕京大学、辅仁大学、中法大学、广州大学、岭南大学、广东国民大学、东吴大学、沪江大学、光华大学、大夏大学、大同大学、震旦大学、圣约翰大学、武昌中华大学、成华大学、齐鲁大学、福建协和大学、东北中正大学、民国大学、华西协和大学、江南大学、珠海大学、武昌华中大学等 24 所；私立学院有金陵女子文理学院、建国法商学院、中国学院、朝阳学院、华北文法学院、北平协和医学院、广东光华医学院、上海法政学院、诚明文学院、同德医学院、东南医学院、新中国法商学院、南通学院、之江文理学院、华南女子文理学院、福建学院、乡村建设学院、铭贤学院、天津工商学院、天津达仁学院、焦作工学院、南华学院、辽宁医学院、华侨工商学院、湘辉文法学院、中国纺织工学院、辅成法学院、川北农学院、中华文法学院、正阳法学院、上海法学院等 31 所；私立专科学校有重辉商业专科学校、上海美术专科学校、中国新闻专科学校、上海牙医专

---

① 《我国近现代的私立高等教育》，http：//blog. sina. com. cn/s/blog_ aece12310101damz. html。

科学校、中华工商专科学校、诚孚纺织专科学校、南方商业专科学校、无锡国学专科学校、苏州美术专科学校、正则艺术专科学校、武昌艺术专科学校、文华图书馆学专科学校、知行农业专科学校、信江农业专科学校、汉华农业专科学校、西南美术专科学校、西南商业专科学校、西北药学专科学校、东亚体育专科学校、上海纺织专科学校、光夏商业专科学校、海南农业专科学校、求精商业专科学校等23所，总计79所，占当时高校总数的207所的38.2%。这一时期，私立高校的增长速度尽管慢于公立高校，占高校总数的比重由1932年的43.2%下降到1947年的38.1%，有些私立高校甚至改为公立高校，但还是有相当大的发展，院系设置、学科分布的增长十分明显，办学质量也有所提高。①

二 抗战后国民政府对私立学校的管理

抗战胜利后，转入国家建设阶段，社会急需各类人才。为满足这种需要，私立学校得以迅速发展，不少学校未按规定程序呈报即开始招生，这就给学生的学籍带来了问题。为了杜绝随便创设私学的现象，教育部采取了以下措施。

（一）必须报经批准后才能开办私立学校

教育部严令各地，凡未经批准开办的私立学校，一律依法予以取缔。其学生学籍问题，应由校董事会负责。民国三十七年（1948年）3月，教育部曾派员对南京市私立中等学校进行视察。根据视察报告，要求南京市教育局加强管理，并严令执行下列六点：①凡未经立案的私立中学，一律停止招生，其擅自招生希图造成既成事实者，应予以取缔；②已立案的私立中学，其内容过差者，应限期责令改善；③私立小学不得任意添办中学；④禁止设立变相分校分院，已设立者应限期归并；⑤优良的私立中学应奖励并协助其扩充班次，以应需要；⑥市立中学应设法增校增班，以便收容失学青年，经

过一番整顿后，南京及各省市私立学校开始走上正轨。[①]

（二）提高私立学校开办费及经常费标准

抗战胜利后，物价猛涨，原定私立学校开办费和经常费太低。教育部于民国三十六年（1947年）11月，重新制定私立学校开办费与经常费标准，后又以物价继续高涨，复于民国三十七年（1948年）4月，再依所定标准提高十万倍。其目的在限制乱设私学，以防止滥立学校而降低了人民文化素质。兹将私立中等学校、专科学校、大学与独立学院设校经费标准列表（表4-1、表4-2、表4-3）于下[②]。

表4-1 民国三十七年（1948年）私立中等学校设校经费标准

校别	开办费	每年经常费	备注
高级中学	建筑费20亿元,设备费30亿元	30亿元	一、二两项所列开办费包括建筑设备费等在内
初级中学	建筑费20亿元,设备费15亿元	20亿元	
高级农业职业学校	建筑费20亿元,农场及设备10亿元,设备费2亿元	30亿元	
高级工业职业学校	建筑费20亿元,工场及设备30亿元,设备费20亿元	40亿元	
高级商业职业学校	建筑费20亿元,设备费10亿元	20亿元	
家事学校	建筑费30亿元,设备费15亿元	20亿元	

表4-2 民国三十七年（1948年）私立各种专科学校设校经费标准

类别	开办费	每年经常费	备注
甲类之一、二、三、四等项专科学校	200亿元	100亿元	
甲类之五、六、七、九、十一、十五、十六等项专科学校	150亿元	80亿元	
甲类之八、十、十二、十三、十四等项专科学校	100亿元	80亿元	
乙类之一、二、六、七、八等项专科学校	100亿元	80亿元	
乙类之三、四、五等项专科学校	60亿元	50亿元	
丙类之各项专科学校	60亿元	50亿元	
丁类之医科专科学校	150亿元	100亿元	
丁类之药学专科学校	100亿元	80亿元	
丁类之商船学校	100亿元	60亿元	
丁类之三、四、五、六、七、九等项专科学校	60亿元	50亿元	

[①] 熊明安：《中华民国教育史》，重庆出版社，1990，第364页。

[②] 熊明安：《中华民国教育史》，重庆出版社，1990，第362~363页。

表 4 - 3   民国三十七年（1948 年）私立大学各学院或独立学院各科经费标准

院别或科别	开办费	每年经常费	备注
文学院或文科	100 亿元	80 亿元	
理学院或理科	200 亿元	150 亿元	
法学院或法科	100 亿元	80 亿元	
教育学院或教育科	100 亿元	80 亿元	
农学院或农科	150 亿元	150 亿元	
工学院或工科	300 亿元	200 亿元	照大学规程第 11 条规定之数额增加
商学院或商科	100 亿元	80 亿元	
医学院或医科	200 亿元	150 亿元	

（三）对创设私立职业学校的奖励措施

教育部于民国三十六年（1947 年）7 月 9 日，公布私立职业学校立案备案补充办法，以鼓励创办私立职业学校。办法规定，凡创设各种私立职业学校，除依法先呈准董事会立案，及依照私立学校规程办理学校开办暨立案程序外，并可依照如下补充办法办理。

1. 凡利用医院、工厂等校舍、校具及教学实习等设备的职业学校呈请立案备案时，准将已有设备估价说明，查酌实际情形。其已能达到规定建筑设备数额者，准予折价作抵，毋庸另筹建筑设备基金。

2. 凡合法健全的教会公会医院（包括护士、助产及其他医士职校）、工厂、农场及有历史的殷实事业举办者，能将人员财产收入列册呈报，而具负担学校经常费确数的证明者，准予减低其应具经常费现款金额的半数。

3. 私立职校基金，应以存入国家银行为原则。

4. 战前已办立案、备案手续，战时停办，当前恢复办理者，或继续办理而未向敌伪政府备案经证明属实者，可将现有师资设备经费等详细情形报核，不必重行办理立案手续。

5. 已开办而尚未立案备案的各私立职业学校，准予将董事会及学校立案备案的表报同时审核。

6. 尚未立案各校，限于三十八年（1949 年）底以前办理立案手续，届时尚未立案者，一律予以取缔。

这项补充办法，对私立职业学校的立案备案手续，较私立中学及其他私立学校简便易行。其目的在于倡导私立职业学校，以满足青年毕业后就业，和社会对初、中级职业技术人才的需要。[①]

（四）拨付经费补助私立专科以上学校

抗战胜利后，教育部对于私立学校一方面制定了严格的办法加以管理限制；另一方面，又采取了积极措施鼓励举办私立专科以上的职业学校。民国三十七年（1948 年）4 月，教育部专案呈准行政院拨给省、市私立专科以上学校补助费 125 亿元，经会议研究，分配补助私立金陵大学及广东省立法商学院等 112 校，以示鼓励。[②]

上述管理方法的实施，使私立学校的设立与发展纳入了国家管理的轨道。抗战后，批准开办与立案的私立专科以上学校有：私立相辉文法学院、私立珠海大学、私立建国法商学院、私立求精商学院、私立广州法学院、私立光夏商业专科学校、私立知行农业专科学校、私立牙医专科学校、私立南方商业专科学校。中等学校和小学批推开办、立案的较多，不再逐一列出。[③]

三 国民政府对私立学校的管理引导

一是统一课程标准和审查教科书。民国二十一年（1932 年）公布了《幼稚园及小学课程标准》及《中学课程标准》，对学校课程的设置做了统一规定。民国十八年（1929 年）公布《教科书审查规程》，规定学校所用的教科书，未经教育部审定，或失审定效力者，不得发行或采用。审查标准要求适合党义、国情和时代性。后来又规定中小学教科书由政府编纂，与国立编译馆合同办理。这项工作在民国二十二年至二十四年（1933～1935 年）分三期大致完成。这些措施在当时确实是必要的。

二是实行毕业会考制度。民国二十一年（1932 年）国民党政府教育部

---

① 熊明安：《中华民国教育史》，重庆出版社，1990，第 363～364 页。
② 《第三次中国教育年鉴》，第二编第六章，第 72～73 页。
③ 熊明安：《中华民国教育史》，重庆出版社，1990，第 364 页。

公布了《中小学学生毕业会考暂行规程》，次年（1933年）又公布了《中学学生毕业会考规程》，规定临近毕业的学生，要经过3次考试，毕业考试及格后，才准予参加毕业会考；毕业会考及格取得了毕业资格，才准予参加升学考试。会考期间，对必考科目增加课时，而免考科目则停授或减少课时。这样就使考试变得很繁琐，而且陷入了为考试而考试的目的论之中。所以当时学生中反对会考的人数比例很大，高中反对者就占62%。

在学校开展新生活运动。民国二十年（1931年），行政院限令各校高悬"忠孝仁爱信义和平"的匾额，作为训教准则。民国二十三年（1934年），蒋介石发起了以讲礼义廉耻进而恢复上述"八达德"的新生活运动，以使"我们的全部生活，都合乎礼义廉耻""能够彻底军事化！"各地学校都开始推行新生活运动，学校加强了军事教育和童子军训练，更加注重传统道德的培养。这年国民党中央一四七次会议，通过祀孔尊圣的决议，要求学校普遍进行纪念孔丘的活动，并以八月二十七日为纪念日停课开大会。湖南等省还要求中小学读经，曾国藩的作品也被蒋介石定为中学教材。

民国时期，各私立大学和独立学院一直实行自主单独招生，教育部只是依照有关法令和条例对其招生名额与成绩做了一定的限制，对于具体私立大学的招生生源质量、考试过程、考试结果存在的问题等没有详细提及。在民国初期，政府针对私立学校的标准化建设也颁布了相关的规程和条例，其中就有一些是关于学校招考和招生问题的规定，特别在生源质量这一块有比较详细的要求。如1933年颁布的《修正私立学校规程》中，把要求学生入学资格合格，在校成绩良好者作为私立学校注册立案的一个条件，从侧面要求私立高校应注重生源质量。①

民国时期各个阶段不同高校的自主招生方式都存在不同的政策，著名私立大学的招生政策的最大变化的关键点体现在生源质量的变化。民国初期，高校的自主招生制度有三个特点：一是公布招生简章，高校在每次招生之

---

① 中国第二历史档案馆：《中华民国史档案资料汇编》（第5辑）（第2编），江苏古籍出版社，1997。

前，各校的招生简章代表了各个院校的招生特点；二是多样化的招生考试，招生自主性的特点决定了考试的多样化和多层次化；三是招考命题的自主性，自行考试，且自行录取新生。

政府把规范私立大学的招考政策作为一个强有力的手段，进一步规范地管理和调控私立大学的招生。在当时民国时期的教育背景下，私立大学的教育经费来源主要是靠收取学费维持基本运转，有些大学为了获取更多的教育经费而降低生源质量标准，不考虑学生的教育水平如何而不断扩大招生，影响学校教育教学质量。针对以上这些问题，为了限制滥收学生的现象日益严重，国民政府教育部逐步出台了一系列有关私立大学的招生办法的规程和条例，这些措施有利于私立大学生源质量的提高。①

第六节　民国时期私立学校的设立与发展

中华民国成立前，中国实行的是封建教育。民国成立后，如何从封建教育过渡到现代教育是民国政府亟待解决的问题。蔡元培就任教育总长后，采取了一系列教育改革的措施。1912 年 1 月 19 日，"政府颁布了《普通教育暂行办法》和《普通教育暂行课程标准》，这两个文件是民国初年改革封建教育的纲领性文件"。1912 年 9 月，教育部正式公布了民国教育系统的结构框架，称为"壬子学制"，后来政府又对"壬子学制"进行了修改，称为"壬子癸丑学制"。在"壬子癸丑学制"的构架下，学校系统分为初等教育、中等教育、高等教育、师范类、实业教育类 5 种。1912 年，全国临时教育会议还通过了民国教育方针，即"注重道德教育，以实利教育、军国民教育辅之，更以美感教育完成其道德"②。这个教育方针和晚清时期的封建教育有着本质的区别，更加符合新时期民主共和以及发展社会经济的现代精

---

① 管茜莉、赵倩韵：《民国私立大学招生政策对生源质量的影响》，http：//www. xzbu. com/8/view-6501311. htm。

② 李志英、丁华华：《北洋政府统治时期基督教的校园传播及政府对策》，《科学与无神论》2012 年第 3 期，第 33~38 页。

神，中国现代教育事业由此蓬勃发展起来。

民国时期的私立学校在整个学校教育系统中占有很大的比例，成为实施国民教育，培养各类中、高级专门人才的教育机构的重要组成部分。民国时期的私立学校是在清朝末年私立学校的基础上发展起来的，随着民国时期政治、经济的变化而形成不同的发展阶段。

一　民国初期私立学校的创立和发展

1912 年，中华民国成立后，私立学校继续在各地创设。教育部虽曾先后颁布了私立学校教育法令，如民国元年 11 月 14 日（1912 年）颁布《公、私立专门学校规程》。从办学主体看，民国初期的学校可以分为公立学校和私立学校两部分。教育部规定："凡学校由中央行政机关设立者，为国立；由各地方行政机关或地方公共团体设立者，为公立；由私人或私法人设立者，为私立。国立学校为数甚少，与公、私立无可比例，故公、私立比较图，系将国立并入公立之内。公立学校在各省有省立、道立、县立、城乡立或区立之分。"① 文件对私立学校界定得比较笼统，具体来说，私立学校包括私人创办的学校、旧式的私塾②、教会学校等。

这一时期，私立学校是一个庞大的系统，尤其是教会学校的影响很大。据统计，1914 年，"基督教在华开办的学校共有 4100 所，学生人数为 11.3 万名，加上天主教学校和学生，共有教会学校 1.2 万多所，学生人数 2.5 万名左右。官立学校③共有 5.7 万多所，学生约 163 万名，官立学校和教会学校的比例是 5∶1，学生 6∶1"④。到 1918 年，"基督教学校增至 7382 所，学生达到 21 万名，加上天主教的学校和学生，教会学校占当时中国学校总数的 7%，学生占全国学生总数的 5%"⑤。

---

① 《教育部公布全国各省学务统计表》，见第二历史档案馆编《中华民国史档案资料汇编》（第三辑教育），江苏古籍出版社，1991，第 884 页。

② 旧式的私塾在民国时期一直存在着，在偏远的乡村地区较多。

③ 这里的官立学校指公立学校。

④ 顾长声：《传教士与近代中国》，上海人民出版社，2004，第 334 页。

⑤ 李桂林：《中国教育史》，上海教育出版社，1989，第 405 页。

从上面的统计可以看出，北洋政府统治初期，作为中国教育主体的公立学校发展迅速，教会学校数量及学生人数也有了不小的发展。虽然由于公立学校的发展，教会学校在全国学校中的比例下降，但绝对量是增大的，而且发展很快。

1917 年后，军阀混战，北洋政府无暇顾及教育，教育经费还常被挪用给军需，各级教育的发展受到极大的遏制。相反，民办学校却并未受到大的影响。1925 年，全国私立中学达到 283 所，比民国初期增长 4.16 倍，占当时总数的 41.2%。表 4 - 4 是 1911 ~ 1927 年部分上海私立学校创立和发展的情况。

民国十二年（1923 年）1 月 16 日公布《私立大学规程》，同年 12 月，又发布整顿私立大学的布告，但遵照章程办理立案手续的极少。这一时期，除了师范学校外，其余各级各类学校都允许私人设立。民国初年，私人设立的中小学较少，大学和法政专门学校却很多。到北洋政府后期，这种情况又有所改变，由于辛亥革命时期，社会上层人士喜谈政治、组织政党、亟须培养政治方面的人才，所以，到民国元年就有私立专科以上学校 36 所，后因程度不齐，在自由竞争中被淘汰了 15 所。到民国十八年（1929 年），仅存 21 所。而私立中等学校则由民国元年的 54 所到民国十八年增到 430 所。私立小学到北洋政府后期也较初期有所发展。表 4 - 4 是 1911 ~ 1927 年部分上海私立学校创立情况。①

二　教会在私立学校的传播和政府对策

私立学校尤其是教会学校是基督教传教的重镇。基督教学校主要通过宗教课、每日祈祷、礼拜、忏悔等形式向学生灌输宗教理念。另外，基督教学校通常会设立一些基督教团体来扩大宗教的影响，如青年会、查经班、基督教团契等。从 20 世纪初到收回中国政府教育权的 20 多年间，基督教在学生中进行宗教教育的成效显著。教会学校大量吸收了来自非基督教徒家庭的学

---

① 《上海民办中小学何去何从？始于清末难道止于今朝？》，http：//www.sohu.com/a/15487
3191_ 172239。

生，并且成功地将其拉入教会中。以初等教育为例，"基督教小学来自非基督徒家庭的学生，入学一段时间后，几乎全部被吸引入教"①。基督教中学的宗教课程以及宗教活动是强制性的，虽然一些学校并未强制要求学生入教，但学生耳濡目染，无不深刻地受到神学思想的影响。

表 4-4　1911~1927 年部分上海私立学校创立情况

创办年份	创办学校名称	创办人	学校现名称
1911	圣约翰青年中学	瞿同庆	现代职业技术学校
	万竹小学	李延翰、李延慧	实验小学
1912	南洋女子师范学校	凌铭之	向东中学
	虹北小学	朱静卿、阮文鹏	哈密路小学
	比德初级小学	周佑初	徐汇区第一中心小学
	长桥小学	地方人士	长桥小学
1913	培德公学小学部	卢颂虞	横滨桥小学
1914	周义初级义务学校	陆良政	力进中学及巨鹿路第四小学
	启良学校	顾启义	启良中学
1915	市北公学	唐乃康	市北中学
	梅陇镇小学	梅玉书	梅陇小学
1916	聂中臣华童小学	聂云台	市东小学
1917	塘桥乡第二小学	高崧甫	南码头小学
1918	中华职业学校	黄炎培	中华职业学校
1920	民生中小学	金熙章	北京东路小学,中学并入其他学校
	严氏第一公学	严裕棠	齐齐哈尔路第四小学
	甘露庵国民小学	甘元桢	曹杨中学
	钱江小学	丝绸业同业协会	宁波路第三小学
	严氏公学	严裕棠	镇宁路第一小学
	思本小学	赵晋卿	法华镇路第二小学
	定海小学	宁波同乡会	复兴中路第二小学
1922	大同大学中学部	胡敦复等	大同中学
	宏达中学	施桂东	宏达中学

① 高时良:《中国教会学校史》,湖南教育出版社,1994,第60页。

创办年份	创办学校名称	创办人	学校现名称
1924	宝山初级中学	袁希涛	吴淞中学
	江春初级中学	侯绍裘、赵祖康	松江中学
1925	光华大学附属中学	廖世承、张寿镛、王省三	华东师大一附中
	大夏大学附属中学	欧元怀	华东师大一附中
	立达学园	匡互生	松江三中
	钱业公学	钱业公会	新中中学
	培明女子中学	许君衡	培明中学
	培成女校	安娜、薛淑萍	并入培进中学
1926	齐鲁中学	赵聘三	东风中学
	三乐中学	施显汉、汤颂九等	三乐初级中学
1927	智仁勇女中	陈敬	爱国中学
	协进女子中小学	黄如	培进中学

为了遏制基督教在私立学校传播,北洋政府开始陆续颁布整顿私立学校的法令。1921 年 4 月 19 日,教育部训令第 138 号《教会所设中等学校请求立案办法》规定:"学校名称应冠以私立字样;关于学科内容及教授方法,不得含有宗教性质;对于校内学生,无论信教与否,应予以同等待遇。"[1] 1924 年 12 月,教育部规定:"凡教会学校未经核准备案者,其毕业生投考国内各大学概不收录。"[2] 1925 年 11 月 16 日,教育部布告第 18 号《外人捐资设立学校请求办法》规定:"学校名称上应冠以私立字样;学校之校长,须为中国人,如校长原系外国人者,必须以中国人充任副校长,即为请求认可时之代表人;学校设有董事会者,中国人应占董事名额之过半数;学校不得以传布宗教为宗旨;学校课程,须遵照部定标准,不得以宗教科目列入必修课。"[3] 1926 年 10 月,大学院公布《私立学校规程》和《私立学校校董会设立规程》。《私立学校规程》规定:"私立学校须受教育行政机关之监督

---

① 《政府公报》第一千八百四十四号,1921 年 4 月 12 日。
② 《民国十三年教育大事总记》,《中华教育界》第 14 卷第 7 期。
③ 《政府公报》第三千四百五十九号,1925 年 11 月 20 日。

及指导；私立学校不得以外国人为校长，如有特别情形者，得令聘外国人为顾问；私立学校一律不得以宗教科目为必修课，亦不得在课内作宗教宣传；私立学校如有宗教仪式，不得强迫学生参加。"《私立学校校董会设立规程》规定："外国人不得为校董；但有特别情形者，得酌情充，唯本董事名额占多数；外国人不得为董事长，或董事会主席。"①

1927 年 11 月 19 日，北洋政府教育部颁布 187 号部令《修正外人捐资设立学校请求认可办法》，新办法在原办法"学校不得以传布宗教为宗旨"的基础上，进一步规定"教会学校不得施用宗教仪式"，将原办法"不得以宗教科目列入必修课"改为"不得以宗教科目列入课程之内"。新办法与原办法相比大大前进了一步，实际上已经禁止了教会学校可能有的与宗教仪式、宗教课程、宗教活动有关的任何行为。可谓北洋政府颁布的最严厉的对教会学校的限制规定。

上述法令均明白无误地宣示了政府的导向和限制基督教在校园传播的意图，对于遏制基督教的传播产生了一定作用，并且对于其后的政府产生了示范效应。1927 年以革命政府自居的南京国民政府成立后，又重申了这些法令，继续执行限制乃至禁止基督教在学校传播的政策。这表明北洋政府的这些法令确实符合中国社会实际，并且有不断严格执行之必要。

北洋政府虽然以法令形式对包括教会学校在内的私立学校的基督教传教加以限制，但最初执行并不十分严格。例如民国成立之初，北洋政府规定凡正式立案学校的"小学毕业生有选举本地行政人员或代表之权，中学毕业生有选举一省行政人员及代表之权，大学毕业生有选举国会代表及应国家考试出洋留学等权利"②，但是很多教会学校并不申请立案，而是擅自办学传教，企图规避政府的管理。这类没有申请立案的教会学校一般而言为非法的学校，这些学校的毕业生自然就不能享受上述政治权力。但"政府虽有基督教学校毕业生不得享受应得权利的限制，但事实上毕业生仍得应各种考

① 《大学院公报》第 1 卷第 1 期，1928 年 1 月。
② 《中华基督教教育季刊》第 1 卷第 3 期，1925 年。

试，及在政府机关服务，当时学校的立案问题，并不十分紧迫，因之在民国七年以前，没有一校向政府立案"。①

20 世纪 20 年代初期，非基督教运动爆发，北洋政府从自身利益出发，明确反对非基督教运动，北京政府总统徐世昌公开接见世界基督教学生同盟大会代表，表明了支持世界基督教学生同盟、反对非基督教运动的态度。北京政府的地方当局，则公开压制非基督教运动，在安徽非基督教学生同盟举行会议，遭到地方当局强行干涉；在福建地方官绅曾多次阻止非基督教运动的进行；在湖南"湘政府竟唯外人之命是听，饬令警察厅严禁此种非基督教运动，并密开从事此种运动者三十余人，令警厅随时缉拿"。②

上述政府态度显然是与其颁布的一系列法令抵牾，这是为什么呢？综而观之，北洋政府法令的出台与民间的呼声带给政府的压力有关。

1922 年 2 月，"非基督教学生同盟"在上海成立后，很快得到各地的响应，京津、华北、华中、华东等地先后成立了同类组织。中国共产党的早期领导人李大钊、陈独秀、邓中夏、缪伯英等都投身到运动中去。运动开始朝反帝斗争的方向发展，并于 1923 年以后演化为收回教育权运动，强烈主张收回国家主权之一的教育权，并提出设立学校必须注册以及不得在学校内举行宗教活动的要求。

国民党也积极投入了非基督教运动和收回教育权的运动。1924 年，国民党"一大"召开，大会通过的《宣言》中指出："一切不平等条约，如外人租借地、领事裁判权、外人管理关税权以及外人在中国境内行使一切政治的权力侵害中国主权者，皆当取消，重订双方平等、互尊主权之条约。"③外国教会在中国设立学校的权力源于条约制度，从这个层面上讲，国民党主张把教会学校纳入本国教育体系管理之下。1926 年的国民党"二大"《宣言》将教会势力看成"对于殖民地、半殖民地之奴隶，不仅有摧残的能力，

① 《中华基督教教育季刊》第 5 卷第 4 期，1929 年。
② 杨天宏：《中国非基督教运动（1922~1927）》，《历史研究》1993 年第 6 期。
③ 荣梦源：《中国国民党历次代表大会及中央全会资料》（上），光明日报出版社，1984，第 20 页。

而且有麻醉的作用"①，并主张将收回教育权作为政府的政策之一。

1925 年，"五卅"惨案爆发后，国内民族主义情绪高涨，反帝斗争更加高涨，北洋政府感觉到极大压力和统治合法性的不断丧失。于是，一系列有关私立学校和教会学校法律规定出台。

在华教会学校在政府的限制以及舆论和教会学校学生退学的压力下，不得不为了获得政府认可开始考虑向政府立案。1924 ~ 1927 年，众多在华教会学校陆续向中国政府立案，"到 30 年代初，所有的教会大学除圣约翰以外，都已履行了注册手续"。②

三 民国时期各级私立学校的发展

南京国民政府时期，是新中国成立前教育发展最规范的十年。例如，作为普通教育的中小学，上海在这个时期新建、扩建的有很多，据记载，1927 ~ 1937 年，新建扩建的小学有 352 所，其中私立有 294 所；新扩建的中学有 63 所，其中私立有 50 所。可见，在发展教育事业上，民间私人办学的积极性很高。这一时期的办学者，有我们耳熟能详的如陈鹤琴、李登辉、陶行知等这样的教育家，也有虞洽卿、盛丕化、杨斯盛、聂云台这样的社会人士和企业家，还有李石曾、吴稚晖这样的国民党要员以及旅沪同乡会、慈善机构等。

（一）民国中期私立学校的创立和发展

国民政府成立后，继续提倡私人和私人团体办学，私立学校发展很快。这一时间段是初等教育的稳定发展时期，抗战前颁布的一系列法令法规，如《小学课程标准》《小学法》等，使初等教育逐步完善定型，教育建设法制化，为教育发展提供了制度保障。据民国二十五年（1936 年）统计，有私立专科以上学校 52 所、私立中等学校 1200 所、私立小学 45550 所。全面抗战爆发后，国民政府采取应变措施，本着"抗战建国"的方针，推动私立学校数量增长较快。1937 年，上海沦陷后，不少留沪的学校和外省市的一些学校迁

① 荣梦源：《中国国民党历次代表大会及中央全会资料》（上），光明日报出版社，1984，第 100 页。

② 何晓夏、史静寰：《教会学校与中国教育近代化》，广东教育出版社，1996，第 71 页。

入租界，当时以国人自己办的私立学校为数最多，也算很好地保留了下来。①

抗日战争全面爆发后，除少数学校留在上海、北平等地勉强维持外，其余大部分随着城市的沦陷而迁移或停办。太平洋战争爆发后，留居上海、北平的私立学校也无法继续维持。仅北平辅仁大学和上海震旦大学得到天主教的帮助而继续办理。这时，教育部对迁到后方的私立学校给予了大力协助。除教育行政当局扶持之外，各界爱国人士也给予积极支持，所以，抗战八年中，私立学校不仅没有减少，反而有较大增加。据民国三十五年（1946年）的统计，私立专科以上学校由战前的52所增加到64所；私立中等学校由战前的1200所增加到2343所（包括1180所未经核准立案的学校在内）。② 至于私立小学，因推行国民教育而有许多改组为代用国民学校，故私立小学数量有所减少。据民国三十四年（1945年）统计，有私立小学15279所。③

抗战胜利后，私立学校继续发展，据民国三十六年（1947年）第一学期的统计，私立专科以上学校共79所；民国三十五年（1946年）第一学期统计，私立中等学校共2422所；民国三十五年第二学期统计，私立小学17140所。④ 民国时期，各级私立学校随着时局的变化而有所增减。

（二）民国时期私立小学的设立与发展

光绪二十九年（1904年）颁布的《奏定学堂章程》规定初等小学堂修业5年、高等小学堂修业4年，后4年可单独设立。分官立、公立、私立三种，都由地方官监督指挥。光绪三十三年（1908年）颁布的"女子小学堂章程"，也分为初、高两级，规定男女不得同校。各地按以上规定创设了多少私立小学，限于资料缺乏，无从查考。

民国成立后颁布"壬子癸丑学制"，规定初等小学4年，高等小学3年。民国十一年（1922年）颁布"壬戌学制"，规定初级小学4年，高级小

---

① 《上海民办中小学何去何从？始于清末难道止于今朝？》，http://www.sohu.com/a/15487 3191_172239。
② 《第二次中国教育年鉴》，第二编第六章，第118页。
③ 《第三次中国教育年鉴》，第二编第六章，第71~72页。
④ 《第二次中国教育年鉴》，第二编第六章，第124~125页。

学 2 年。民国二十一年（1932 年）12 月，国民政府公布《小学法》。次年公布《小学规程》，仍规定初级小学 4 年，高级小学 2 年。民国三十年（1941年）实施国民教育。民国三十三年（1944 年）公布《国民学校法》，规定 6岁至 12 岁应受基本教育，已超过学龄而没有受基本教育的失学民众应受补习教育。小学学制仍为初级小学 4 年，高级小学 2 年，私人或团体都得设立小学，招收应受国民教育的儿童。私立小学成绩优良，可以指定为代用国民学校。各县市对办得好的私立小学，还投给一定的补助费，以资鼓励。①

至于私立小学的数量多少，民国初年也无准确的资料可供查考。南京国民政府成立后，从民国十九年（1930 年）开始才有比较准确的统计。兹将民国二十年至三十四年私立小学概况列表 4 – 5、表 4 – 6 如下。②

表 4 – 5　民国二十年至三十四年私立小学数及所占百分比数

年度	私立小学数	公私立小学总校数	私立小学占公私立小学总校数之百分数（%）	备注
民国二十年	60871	259863	23.4	
民国二十一年	65429	263432	24.8	
民国二十二年	45591	259095	17.6	
民国二十三年	46648	260665	17.9	
民国二十四年	45248	291452	15.5	
民国二十五年	45550	320080	14.2	
民国二十六年	39565	229911	17.2	
民国二十七年	33406	217394	15.4	公私立小学均包括幼稚园
民国二十八年	33697	213758	15.4	
民国二十九年	23368	220213	10.6	
民国三十年	18537	224709	8.3	
民国三十一年	14270	258280	5.5	
民国三十二年	7452	273443	2.7	
民国三十三年	12390	254370	4.9	
民国三十四年	15279	269937	5.7	

---

① 《第二次中国教育年鉴》，第二编第六章，第 124～125 页。
② 熊明安：《中华民国教育史》，重庆出版社，1990，第 365～367 页。

表4-6　民国二十年至三十四年私立小学学生数及所占比例

年度	私立小学学生数	公私立小学学生总数	私立小学学生数占总数的比例(%)	备注
民国二十年	2743572	11720596	23.4	
民国二十一年	2967594	12232066	24.8	
民国二十二年	2407515	12383479	19.6	
民国二十三年	2660912	13188133	21.7	
民国二十四年	2658714	15110119	17.6	
民国二十五年	2757644	18364958	15.0	
民国二十六年	2780701	18990050	14.6	
民国二十七年	1868421	12281837	13.2	包括幼稚园在内
民国二十八年	1865958	12669976	14.7	
民国二十九年	1621909	13545837	11.9	
民国三十年	1259957	15058051	8.3	
民国三十一年	1066820	17721103	6.0	
民国三十二年	699063	18601239	3.7	
民国三十三年	1037314	17221814	6.0	
民国三十四年	1594469	21831998	7.3	

从表4-5、表4-6可以看出，私立小学在实施国民教育制度后，数量有所减少，而在施行国民教育前的民国二十一年（1932年），私立小学64429所，占全国小学总数的24.8%。[1]

（三）民国时期私立中学的设立与发展

清光绪二十七年（1902年），下令改各书院为中学堂。清光绪二十九年（1904年）颁布《奏定学堂章程》，规定高等小学毕业后升入小学堂肄业5年。与中学堂平行的有中等实业学堂与初级师范学堂。光绪三十三年（1908年），又颁布"女子师范学堂章程"。这一时期，各地已有按上述学制及章程创设的私立中等学校，究竟有多少所，无可靠资料可供参考。

民国成立后，教育部相继颁布《中学校令》《师范学校令》《实业学校

---

[1]　熊明安：《中华民国教育史》，重庆出版社，1990，第365~367页。

令》。民国十一年（1922年），又公布《学校系统改革令》。规定中学采用
三三制，分为初级中学和高级中学。国民政府成立后，于民国二十一年
（1932年）颁布《中学法》《师范学校法》及《职业学校法》。规定除师范
学校外，其余学校都可以私人设立。因此，自民国成立以来，私立中等学校
逐渐增加。就是在抗战的八年中，私立中等学校也未减少，而且还有发展。
兹将民国时期历年私立中等学校发展概况列表4-7、表4-8如下。[①]

表4-7　民国元年至三十四年中等学校数及所占百分数

年度	私立总校数				公私立总校数	私立所占公私立总数之百分数（％）	备注
	总计	中学	师范	职业			
民国元年	54				373	14.4	
民国二年	46				406	11.3	
民国三年	64				452	14.1	
民国四年	59				444	13.3	
民国五年	51				350	14.6	
民国十四年	283				687	41.2	
民国十七年	363				954	38.1	
民国十八年	430				1225	35.1	
民国十九年	856				1874	45.6	
民国二十年	968	855	36	77	3026	31.9	向政府备案者不在内
民国二十一年	984	868	36	80	3043	32.3	
民国二十二年	1030	895	32	103	3125	31.3	
民国二十三年	1079	929	32	118	3140	34.3	
民国二十五年	1200	981	27	192	3264	36.7	
民国二十七年	618	523	10	85	1814	34.1	
民国二十八年	904	788	14	102	2278	39.6	
民国二十九年	999	875	15	107	2606	38.3	
民国三十年	1041	516	11	114	2812	37.0	
民国三十一年	1261	1116	17	128	3187	39.5	
民国三十二年	1368	1215	16	137	3455	39.6	
民国三十三年	1471	1304	16	151	3745	39.2	
民国三十四年	2152	1937	10	205	5073	42.4	

[①]　熊明安：《中华民国教育史》，重庆出版社，1990，第368~370页。

表4-8　民国元年至三十四年中等学校学生数及所占百分数

年度	私立学生数				公私立学生总数	私立所占公私立总数之百分数(%)	备注
	总计	中学	师范	职业			
民国元年	6672				52100	12.8	
民国二年	6313				57980	10.8	
民国三年	8373				67254	12.4	
民国四年	8622				69770	12.3	
民国五年	7647				60924	12.5	
民国十四年	51285				129978	39.5	
民国十七年	68149				188700	36.1	
民国十八年	97454				248668	35.1	
民国十九年	173234				396948	43.6	
民国二十年	202172	181560	6586	14026	536848	41.1	未向政府备案者不在内
民国二十一年	206808	185648	7618	13543	547207	37.6	
民国二十二年	212633	189456	7143	16034	559320	38.1	
民国二十三年	317596	193562	6761	17273	541479	40.1	
民国二十五年	274801	246033	6292	22476	627246	43.8	
民国二十七年	165710	155688	1519	8503	477585	34.6	
民国二十八年	250096	233516	1709	14871	622803	40.1	
民国二十九年	306260	287600	980	17674	768533	39.8	
民国三十年	326713	307493	686	18533	846552	38.5	
民国三十一年	404594	380134	2053	22407	1001734	40.3	
民国三十二年	438547	411364	1937	25246	1101087	39.8	
民国三十三年	450801	421015	1893	27963	1163113	38.4	
民国三十四年	612116	581052	1736	29328	1566393	39.1	

　　表4-7、表4-8说明，民国十九年（1930年）为私立中等学校数占全国中等学校总数比例最高的一年，占43.6%。民国二十五年（1936年）为私立中等学校学生数占全国中等学校学生数比例最高的一年，占43.8%。至于学校种类，则以普通中学为最多。如民国三十四年（1945年）全国私立中学1937所，占中等学校总数2152所的90%。职业学校205所，占总数的9.53%，师范学校因受限制，仅有10所，占总数的0.47%。

第五章

近代私立大学的产生与嬗变

—— 中华民国时期的民办高等教育（1911~1949 年）

从西欧中世纪走来的私立中世纪大学奠定了近代大学的基础，到现在已有近千年历史。西欧中世纪大学与中国古代的高等教育机构西周时期的大学、西汉时期的太学不同，并不是国家权力机构创立的，而是在中世纪由一批志趣相投的学者聚集起来，形成一个颇有势力和影响的群体。中世纪大学的创办纯属于民间的自发行为。因此，具有现代大学特征的大学是在早期私立大学的基础上绵延发展起来的。①

在悠久的历史长河中，大学组织不断变革和发展。由西方的古典大学到近代大学，再到现代大学，由中国古代的西周时期的大学、孔孟私学、太学、书院、学堂到清末民初近代大学的"西学东渐"，大学组织的角色与地位不断地发生着变化。在我国，真正具有近代意义的大学是在鸦片战争后产生的。这一时期，随着日益频繁的中外交往活动和洋务运动对专门技术人才的需要，西方近代大学教育理念和教育模式开始逐步传入我国，并开始了创建近代大学的历程。②

20 世纪上半叶，中国社会政治、经济、文化等方面的转型为私立大学

---

① 胡大白、樊继轩：《民办高校内涵式发展战略研究》，河南人民出版社，2013，第 104 页。
② 樊继轩：《从古代学宫、书院到近代私立大学的转型》，《中国成人教育》2016 年第 3 期，第 129~132 页。

带来了前所未有的发展机遇。反之，私立大学的存在与发展，动摇了中国高度政治化的社会传统，壮大了市民社会的力量，在一定程度上推进了近代中国的社会转型。民国时期的私立大学是近代中国高等教育的重要组成部分。近代私立大学在其产生、发展过程中积累了丰富的办学经验，在学校管理、经费筹集、课程、教材教法、师资等方面形成了自己独特的办学特色，涌现出南开大学、复旦大学、厦门大学等为国内外所称道的出类拔萃的大学和以蔡元培等为代表的杰出教育家。在近代中国，私立大学提供了更多的高等教育，发展了特色学科，扩大了中外教育交流，张扬了高等教育个性，开创了高等教育风气之先，促进了公立高等教育的完善；与此同时，在改造"政教合一"的社会传统上发挥了不可或缺的作用，并在一定程度上壮大了近代中国新生的市民社会的力量。明确上述历史事实，对于我国当代发展民办高等教育不无启示与借鉴价值。①

新中国成立后，由于私有制的不复存在，近代中国私立大学失去了生存的土壤。近代私立大学的成功、失败和经验、教训给我们留下了宝贵的财富，值得去深入探究。

第一节　近代私立大学的产生与变迁

清朝末年，由于西方资本主义列强对中国进行的文化教育侵略，在鸦片战争后的教会书院、教会中学的基础上产生了教会大学。1912年中华民国成立后，在国家的提倡和奖励下，许多具有爱国思想的实业界与教育界人士纷纷投资兴学。特别是第一次世界大战爆发后，西方列强忙于厮杀，暂时放松了对中国的经济侵略，民族工商业得到了一定程度的发展。随着工商业的发展，社会对各类高级人才的需求也更加迫切。同时，自1915年开始的新文化运动，提倡民主、科学，扩大了资产阶级进步教育的社会影响。此后，中国涌现出了众多的私立大学。

---

① 宋秋蓉：《近代中国私立大学的地位与作用》，《江苏高教》2003年第2期，第116~119页。

一 清末时期私立大学的产生背景

（一）清末时期政府的私立大学政策

私立大学发轫于清朝末年，最初创立私立大学的是外国教会。自从1840年的鸦片战争以后，西方资本主义列强逼迫中国清政府签订不平等条约，攫取了在中国传教和办学堂的权利，开始了对中国进行文化教育侵略。在教会书院、教会中学的基础上形成了教会大学的雏形，如1880年在上海王渡成立了英语专科学校，后来发展成圣约翰大学。1910年南京文汇书院、宏育书院合并，定名金陵大学，此外还有东吴大学、华西协和大学、之江大学。清末教会大学的大发展是与清政府对外国人来华办学的鼓励政策分不开的。1906年清学部颁布的《咨各省督为我人设学无庸立案文》中规定"除已设各学堂暂停设立，无庸立案外，后如有外国人呈请在内地开设学堂者，亦均无庸立案。"① 可见清末政府对教会大学的态度是不干涉也不敢干涉，这种完全放弃国家教育主权的无奈选择是半封建、半殖民地社会性质所致。

根据现有资料，清末私立高等学校中，国人自办的有1905年创办的"中国公学""复旦公学"，1908年创办的广州光华医学堂，由外国人兴办的有1900年创立的东亚同文书院、1907年成立的德文医学堂、1909年创立的焦作路矿学堂。复旦公学诞生于1905年春，震旦学院发生学潮被迫解散后，震旦学院师生另立学校，创办了复旦公学。中国公学创办于1906年2月，是由十三省的归国留日学生合办的，故称中国公学。这个时期共计建立了6所私立高校。

在清朝末年的学校教育制度中，政府允许设立私学，但不纳入学制体系中。在政府制度的学校章程中几乎只涉及官立的学堂。涉及私立学堂的仅见于张百熙、荣庆、张之洞著的《学务纲要》，其中规定"此后京外官绅兴办

---

① 赵文华：《近代政府的私立大学政策演变及启示》，http://blog.sina.com.cn/s/blog_652847de0102e5da.html。

各种学堂，无论官设公设私设，俱应按照规定各项学堂章程课目切实奉行，不得私改课程，自为风气"，"其私设学堂，概不准讲习政治法律专科，以防空谈妄谈之流弊，应由学务大臣咨行各省切实考察禁止"，"私学堂禁习兵操，凡民间私设学堂，非经禀准，不得教授兵式体操。其准习兵操者，亦止准用木枪，不得用真枪以示限制，应由学务大臣咨行各省晓谕民间一律遵照"。① 到了1911年，准许私人设立法政专门学堂，浙江宁波法政学堂、集湖法政学堂、四川岷江法政学堂等专科学校相继建立。

综上所述，清末政府对私立大学的态度可以归纳为两点：一是对教会大学采取不加限制，任其发展的政策；二是对中国人办的私立大学采取有限制发展的政策。

（二）清末时期私立大学产生的背景

清末私立高等学校产生的政治背景是被迫实行的"新政"，因为试图通过政治、军事、经济和教育方面的自我更新，挽救其垂死的统治；在清末，由于外国资本的大量输入，出现了由外资举办的私立高等学校，这是私立大学产生的一个经济背景。清末私立高等学校产生的社会背景有三个方面的内容。

一是中国被迫实行的门户洞开的政策，外国人获得了在中国居住的权利，这就为外国人在中国举办私立高等学校提供了便利条件。

二是在当时特殊的背景下出现了一批不同于传统士大夫的新型社会群体，包括具有变法革新和救亡图存新思想的开明绅士，深受教会影响的知识阶层，归国留学生和受西方文化影响的新式知识分子，这些人构成的新型社会群体是清末私立高等学校的积极创办者和支持者。

三是中国国门打开后，西方传教士通过"治外法权"深入中国腹地，以传教为宗旨开办了一批教会大学，这种新式的大学为随后建立非教会的私立大学提供了合理性，也成为日后中国现代高等教育的样板。

---

① 张百熙、荣庆、张之洞等：《学务纲要》，陈学恂主编：《中国近代教育史参考资料》（上册），人民教育出版社，1986，第550页。

反帝爱国是私立大学创办的根本动因。"中国公学"由留日学生群体创办，它创立的直接动因就是抗击日本帝国主义的侮辱。因为 1905 年日本文部省颁布"取缔清国留日学生规则"，留日中国学生为抗议该规则而建立了该校；1908 年创办的广州光华医学堂也是因为光华医学社为了维护民族尊严，挽回医权，通力合作，在物质条件极其艰苦的条件下，国人自办的最早的高等医科学校。

二　民国私立大学的发展概况与特征

民国成立后，曾颁布法令承认私立学校。民国元年（1912 年）北京开办私立民国大学（民国五年改名为朝阳大学）和明德大学。民国三年至民国六年陆续成立并经批准立案的私立大学有：北京中国公学大学部（民国二年与吴淞中国公学合并，改称中国公学大学部；民国六年 3 月又与吴淞中国公学分离，改称中国大学）、北京中华大学（民国六年后并入中国大学）、武昌中华大学、吴淞中国公学（民国六年后停办）、江苏大同学院、私立北京协和医科大学及复旦公学等。民国初年还成立了不少私立法政专科学校。这类学校水平参差不齐，其有的程度仅相当于中等学校，以后在竞争中逐渐被淘汰。所以到民国五、六年间的高等学校数，比民国元年少。到民国十三、十四年间，创办私立高等学校的风气又高涨起来，经立案的私立大学有 13 所。未经批准而设立的私立高等学校为数不少，这类学校师资的贫乏、设备的简陋，正与民国刚成立时的法政专科学校相似。①

（一）民国对私立大学的发展和整顿

在北洋政府时期，国内先后出现了两次兴办私立大学的高潮，第一次出现于 1912～1913 年，第二次兴起于 1917 年，至 1924 年达到高潮。仅 1912 年至 1916 年间新设立的私立大学就有 11 所。1912～1927 年共新设私立大学 32 所，这些大学有：南开大学、厦门大学、南通大学、华北大学、畿辅大学、平民大学、北京美术学院、北京中央大学、孔教大学、东方大学、文

---

① 熊明安：《中华民国教育史》，重庆出版社，2000，第 370 页。

化大学、南方大学、同德医学专门学校、亚东医学专门学校、东亚体育专科学校、两江女子体育专科学校、上海大学、群治大学、持志大学、大夏大学、上海会计专科学校、上海法政大学、光华大学、东南医科大学、上海法学院、新华艺术学院、江西心远大学、山西山右大学、苏州美术专门学校、武昌美术专门学校、广东国民大学等。

从地区分布上看,这个时期的私立大学大多建于政治、经济、文化比较发达的城市,如北京和上海等城市;从专业布局上看,大多以设置文法学科为主。

在这段时期,私立大学之所以能够得到大力发展,有以下几个原因:第一,政治原因。这表现为新政带来的制度环境。另外,军阀混战导致"教育界的欠薪问题,几乎无处不有",公立大学陷入财政困境,政府只好大力支持兴办私立大学,这表现在1912年10月,北洋政府教育部公布了《大学令》。同年11月,公布了《公立私立专门学校规程》16条,规定公立、私立专门学校均一体对待。1913年1月,北洋政府教育部在公布《大学规程》的同时,又公布了《私立大学规程》14条。因此,军阀混战给私立高等教育腾出了难得的发展机遇。

1927～1937年,私立大学进入了整顿发展时期。国民政府于民国十八年(1929年)公布《大学组织法》、《专科学校组织法》及《规程》,并以此对私立高等学校进行整顿。凡不符合大学组织法规定者,分别改为独立学院或专科学校。同时规定,无论私立大学、独立学院或专科学校,都必须有相当的基金与设备才能创办。至此,盲目发展私立高等学校的势头得到遏制。据民国二十一年(1932年)统计,私立高等学校共46校,其中私立大学19校,私立独立学院19校,私立专科学校8校。①

本阶段私立大学具有以下两个特点:一是数量继续稳步发展,新增设广州大学、无锡国立专科学校、民治新闻专科学校、诚明文学院、中法大学药学专修科、雷士德工学院、新中国医学院、立信会计专科学校、新中国大学

① 熊明安:《中华民国教育史》,重庆出版社,2000,第370～371页。

和北平戏曲专科学校等私立高校。而私立高校在全国公私立大学中的比例超过了公立高校。二是私立大学的整体质量得到提高,由于政府实施严格整顿控制与奖助激励并行政策,加上法规的日趋严密,私立大学步入了规范化的发展轨道。

(二)新中国成立前私立大学的发展特征

抗日战争全面爆发后,私立高等学校大都迁移到后方,抗战胜利后又迁回原地。抗战14年中,不少爱国人士又创办了一些私立高等学校,所以,到抗战结束时,私立高等学校比抗日战争前还有所增加。据民国三十六年(1947年)第二学期统计,私立高等学校共57校,占全国公私立高等学校总数的三分之一。① 兹将民国元年至民国三十八年,全国公私立高等学校校数及所占百分比数与分布情况列于表5-1、表5-2、表5-3。

表5-1 民国元年至民国三十八年全国私立高等院校数及所占百分比数

年份	私立高校数				公私立总校数	私立所占公私立总校数之比(%)	备注
	总数	大学	学院	专科数			
民国元年(1912)	36	2		34	115	31.3	
民国二年(1913)	35	2		33	114	30.7	
民国三年(1914)	28	4		24	102	27.4	
民国四年(1915)	28	7		21	104	26.9	
民国五年(1916)	28	7		21	86	32.5	
民国六年(1917)		7					未向政府备案者不在内
民国七年(1918)	27	6		21	86	31.4	
民国八年(1919)		7					
民国九年(1920)	24	7		17	84	28.5	
民国十年(1921)		8					
民国十一年(1922)		9					
民国十二年(1923)		10					
民国十三年(1924)		11					
民国十四年(1925)	29	13		16	105	27.6	
民国十五年(1926)		14					

---

① 《第二次中国教育年鉴》,第二编第六章,第124~125页。

续表

年份	私立高校数				公私立总校数	私立所占公私立总校数之比(%)	备注
	总数	大学	学院	专科数			
民国十六年(1927)		18					
民国十七年(1928)		21					
民国十八年(1929)		21					
民国十九年(1930)		27					
民国二十年(1931)	47	19	18	10			
民国二十一年(1932)	46	19	19	8	103	49.1	
民国二十二年(1933)	51	20	22	9	110	47.2	
民国二十三年(1934)	51	20	22	9	110	46.3	
民国二十四年(1935)	53	20	24	9	91	49.1	
民国二十五年(1936)	53	20	22	11	108	49.1	未向政府备案者不在内
民国二十六年(1937)	47	18	20	9	91	51.6	
民国二十七年(1938)	47	18	20	9	97	49.5	
民国二十八年(1939)	45	18	19	8	101	44.5	
民国二十九年(1940)	51	18	21	12	113	45.1	
民国三十年(1941)	52	18	20	14	129	40.3	
民国三十一年(1942)	51	18	19	14	132	38.6	
民国三十二年(1943)	50	18	19	13	133	37.8	
民国三十三年(1944)	54	18	20	16	145	30.3	
民国三十四年(1945)	54	16	22	16	141	38.3	
民国三十五年(1946)	64	22	24	18	185	34.6	
民国三十六年(1947)	79	24	31	24	128	38.16	
民国三十七年(1948)	61	13	24	24			
民国三十八年(1949)	75	25	27	23			

注：图表由杜作润等著《高等教育的民办和私立——比较研究》（上海科学技术出版社，1993）第34~36页的附表一、附表二资料，霍益萍所著《近代中国的高等教育》提供的资料整理而成。

表5-2 民国二十五年至民国三十五年全国私立高等学校学生数及所占百分比数

年度	私立学生数	公私立学生总数	私立所占学生总数之百分数(%)	备注
民国二十五年	20664	41922	49.4%	包括幼稚园在内
民国二十六年	12880	31888	41.3%	
民国二十七年	15546	36180	42.9%	
民国二十八年	17910	44422	40.3%	
民国二十九年	22034	52376	42.1%	

年度	私立学生数	公私立学生总数	私立所占学生总数之百分数（%）	备注
民国三十年	24742	59457	41.6%	
民国三十一年	22223	64097	33.1%	包括幼稚园在内
民国三十二年	24624	73669	33.4%	
民国三十三年	25919	78909	32.8%	
民国三十四年	27816	83498	33.3%	
民国三十五年	40581	129336	31.4%	

表 5-3　民国三十八年私立高等学校分布情况概览

省别	大学	独立学院	专科学校	总计
江苏省		1	2	3
浙江省		1		1
江西省		1	1	
湖北省	2			4
湖南省	1		1	
四川省	2	2		4
河南省		1		1
陕西省			3	3
福建省	1	2		3
广东省	5	3	2	10
广西省				1
辽宁省	1	1		2
南京市	1	2	1	4
北平市	3	4		7
上海市	8	6	7	21
天津市		2		2
山东省	1			1
重庆市		1	3	1
香港		1		1
海南			1	1
总计	25	27	23	75

从表 5-1 中可看出，私立高等学校占全国高校比例，以民国二十六年（1937 年）为最高，占全国高等学校的 51.6%。民国三年（1914 年）为最

低，仅占全国高等学校总数的 27.4%。私立高等学校学生占全国高校比例，以民国二十五年（1936 年）为最高，占全国高等学校学生总数的 49.4%。民国三十五年（1946 年）最低，占全国高等学校学生数的 31.4%。从高等学校分布情况来看，大都集中在少数城市，如上海一地就有 21 所。①

关于高等学校设立的研究所、全国公私立大学及独立学院设有研究所的，共有 28 所院校，总计设有研究所 105 所。其中私立大学和独立学院共有 23 所，分别设在私立金陵大学、私立燕京大学、私立辅仁大学和私立东吴大学、私立岭南大学、私立齐鲁大学及私立朝阳学院等 7 所院校。②

1937～1949 年，从抗日战争直到新中国成立，私立大学的发展表现出三个方面的特征。

一是持续发展的趋势。由于抗战中政府采取了积极扶助的政策，加上许多历史较长的学校经过一定的积累有所壮大，以及个别地区私人资本主义经济的持续发展，该时期的私立大学仍有很大增长。这个时期新增私立高校达 37 所，它们是：江南大学、成华大学、珠海大学、东北中正大学、海南大学、建国法商学院、新中国法商学院、乡村建设学院、达仁商学院、南华学院、华侨工商学院、相辉文法学院、中国纺织工学院、辅成法学院、川北农学院、中华文法学院、正阳法学院、广州法学院、重华法商学院、勉人文学院、西南法商学院、重辉商业专科学校、中国新闻专科学校、上海牙医专科学校、中华工商专科学校、诚孚纺织专科学校、南方商业专科学校、江苏正则艺术专科学校、知行农业专科学校、信江农业专科学校、汉华农业专科学校、西北药学专科学校、上海纺织工业专科学校、光夏商业专科学校、海南农业专科学校、天津力行工业专科学校、江汉纺织专科学校。从上述 37 所新增的私立高校看，专科学校占了 16 所，几乎占一半。

二是整体地位相对有所下降。在这个阶段一些十分优秀的私立高校改成了国立，如复旦和南开相继于 1941 年和 1946 年变为国立。另外，这个时期

_____

① 熊明安：《中华民国教育史》，重庆出版社，2000，第 370～371 页。
② 《第二次中国教育年鉴》，第二编第六章，第 124～125 页。

私立大学占整个高校的比例也从 1937 年的 51.6% 下降到 1946 年的 34.6%，学生数也从 1937 年的 41.3% 下降到 31.4%。但我们不能否认私立大学仍在持续发展，因为大量的历史事实表明，该时期私立大学不论是群体数量还是个体规模都有一定的发展。

三是对私立大学的再整顿。抗战胜利后，社会急需各类人才，导致了私立大学的迅速发展。为了加强对私立大学的管理，1947 年，国民政府又对《私立学校章程》作了第二次修订。在私立学校应遵循的总原则、私立学校董事会的组成及其职权、私立学校的开办与立案、私立学校的停办等几个方面，又做了详细规定。同时重新制定私立学校开办费与经常费标准，以制止乱设私学。

根据霍益萍所著《近代中国的高等教育》提供的资料，1947 年，全国国立大学 31 所，私立大学 24 所；国立独立学院 23 所，省立独立学院 21 所，私立独立学院 31 所；国立专科 20 所，省立专科 33 所，私立专科 24 所。因此，公立（国立和省立）高校共计 128 所，私立高校 79 所，私立高校数占当时整个高等学校数的 38.16%，但到了 1948 年全国私立大学数只有 13 所，私立独立学院数只有 24 所，私立专科还保持了 24 所，因而私立高校的总数只有 61 所（见表 5-1）。我们统计出上述四个时期共计建立的私立高校数为 86 所，如果减去 1949 年建立的 1 所外，其中 27 所相继解散或转为了国立高校和省立高校。上海、江苏、广东和北平均是私立高等教育较为发达的地区，尤其是上海，占全国私立高校数的 34.48%。

三　近代私立大学的贡献和意义

一是中国近代私立大学为填补区域高等教育的空白做出了贡献。例如，广东光华医学院是广东省第一所国人自办的医学教育机构，学校的诞生本身打破了百年来洋人垄断广东西医的局面；武昌中华学校是武昌地区国人自办的第一所现代高等教育性质的学校，以"尽力为国民服务"为宗旨，又得辛亥革命的地理优势，成立之初，在全国极具号召声势，各省投考者甚多，选拔了不少优秀人才；堪称私立大学经典的南开大学是天津地区第一所综合性的大学；厦门大学是福建省南半部的第一所大学；海南大学的创立，填补了海南省高等教育的空白。

二是在拾遗补阙，发展特色学科上，中国近代私立大学也做出了贡献。上海美术专科学校是中国成立最早的一所艺术学校；上海东亚体育专科学校是中国近代办得最早而又颇为出色的一所体育专科学校；南通学院不仅是南通地区第一所高等学府，而且是全国第一所创设纺织学科的高等学府，学院以纺织为基本办学特色；焦作工学院是中国近代唯一的矿业高等学府，在全国名声较大；乡村建设学院是旧中国唯一的完全面向广大乡村的高等学府，设乡村教育、农学、社会和农田水利四系，以推行社会服务、从事农业生产劳动为主要特色；华侨工商学院是中国近代第一所华侨大学。

三是动摇了高度政治化的社会传统。在中国传统的大一统的专制制度下，政治与教育合而为一，从某种意义上讲，政治即教育，教育即政治。所谓"文化"，即以"政"为"文"，以"教"化之，政治为"体"，教育为"用"，学校是教化的摇篮和牧场，是贯彻官方意识形态的工具。然而，近代私立大学的出现与发展，则有利于改变上述状况。由于具有相对的独立性和自主性，办学经费主要靠自筹，因此，与公立大学相比，中国近代私立大学的政治色彩相对较弱。对于政治的超然，加上私立学校作为一项社会事业，给了学生一种特殊的熏陶，由此产生的结果是：与公立大学相比，私立大学的毕业生对于社会事业有着较浓厚的兴趣，致力于社会事业者较多。

近代中国私立大学在政局动荡、经济凋敝的清末民初时期应运而生，在百废待兴、百业待举的民国中期苗壮成长，在战乱频发、民生凋敝的民国后期艰难发展，其顽强的生命力除来源于大学组织自身的活力之外，传统文化的影响力也不可小视。它以显在和隐在的方式，深深地主导并影响着大学的办学理念、办学精神及其校训和校园生活等各个方面，给私立大学的崛起、变革与发展注入了无穷的动力。① 近代中国私立大学在实现教育由传统的政

---

① 刘爱生：《从传统文化视角看近代中国私立大学的崛起》，《浙江树人大学学报》2008 年第 3 期，第 16～20 页。

治导向向现代的社会导向的过渡中，在实现社会由"政教合一"到政教两分的转化中，发挥了一定的积极作用。这对于促进中国传统的整体化、同质化社会的解体，推进中国社会的现代化均具有积极的意义。

第二节　民国时期著名的私立大学

私立大学（Private University）是指主要由民间资本所维持经营的大学，一般是指由非地方或者中央政府投资，全部或者部分地依靠学生的学费来维持大学的经营而非公共资金，而且校方有权自主选择生源的大学。私立大学与公立学校最大的区别是投资方的不同，公立大学由国家财政拨款，私立大学由私人或私立机构投资设立。因此，在收费上私立学校要比公立学校高一些。其主要经费来源仰赖学费、捐款、募款等非政府资金，以维持其独立非营利组织之特性。世界各国几乎都有私立大学的存在，且往往在声望、数量方面，成为一国高等教育的主流。

在五四运动之前，中国的高等教育一直以私立大学作为主力军，且皆未向中央政府注册。1929 年，国民政府形式上统一中国，进入训政时期。当局陆续颁布《大学组织法》《大学规程》与《私立学校规程》，全国的私立大学被纳入体制管理。自此开始，各校校名须冠以"私立"两字，此外，亦被要求开设"共同必修科目"，1946 年的《中华民国宪法》明文规定"全国公私立教育文化机关依法律受国家之监督"。从 1912 年算起，在抗战全面爆发前，短短 20 来年，民国时期就已经构建了世界一流私立大学的群体雏形①。

一　从震旦学院到复旦大学的嬗变

复旦大学是由中国人自己创立的最早的一所私立大学，公元 1905 年，复旦诞生在长江入海口一所破落的庭院里。它是中国第一所由国人通过民间

---

① 《细数民国时期的著名大学》，http：//www.1000thinktank.com/fmbd/10311.jhtml。

集资、自主创办的高等学校。8 间讲堂，160 名学生，这就是它的起点。这一年，延续了 1300 年之久的科举制度被宣告废除，中国教育乃至中国文化，从此开始了新旧分野。复旦就诞生在这样的历史时刻。校名取自《尚书大传·虞夏传》，"日月光华，旦复旦兮"，以每天都充满希望的日出，寄寓着兴学救国的宏大理想。伟大的事业往往始于一个微不足道的发端。初生的复旦是弱小的，在风雨飘摇中顽强生长。从吴淞辗转徐家汇的居无定所到最终落址江湾，抗战时期从上海到江西漂泊迁徙再到重庆的艰难复校，复旦历经危难，甚至几度陷入解体的困境。但先贤们筚路蓝缕，师生一德，坚韧不拔，终究屹立东南，使复旦发展成为一所知名的高等学府。

复旦的创始人为马相伯（1840～1939），原名志德，又名建常，改名良，以字行，晚号华封先生，江苏丹徒人。1862 年，入耶稣会，后获神学博士学位。1869 年，升神父。曾任上海徐汇公学校长、清政府驻日使馆参赞。1903 年，创办震旦学院。1905 年，创办复旦公学，并两度担任该校校长（监督）。1907 年，参加梁启超组织的政闻社。1931 年，"九一八"事变后积极参加抗日救亡活动。1937 年，被任命为国民政府委员。著有《马相伯先生文集》。

1902 年 11 月，南洋公学学生反对学校当局的封建压迫，二百余人高呼"祖国万岁"，集体离校退学。退学学生请求南洋公学特班总教习、中国教育会负责人蔡元培协助组织"共和学校"。蔡元培与教育会协助成立爱国学社外，又介绍 24 名优秀学生到马相伯处求学。马相伯欣然允诺，倾其家产，借天主教徐家汇天文台余房为校舍，遂创学院，定名震旦。意谓中国之曙光。他本人不但自任监院（即院长），主持教务，还以六十余岁的高龄，给学生讲授拉丁文、数学、哲学，编写《拉丁文通》《致知浅说》，作为教材。

当时梁启超在日本东京得知震旦学院成立的消息，著文说："吾闻上海有震旦学院之设，吾喜欲狂。吾今乃始见我祖国得一完备有条理私立学校，吾喜欲狂。"并祝震旦学院万岁。[①]

---

① 杜作润：《高等教育的民办和私立——比较研究》，上海科学技术文献出版社，1993，第164 页。

　　马相伯主张学习西方的科学技术，但学习西方应以学习其国语言为先。所以，他的学校主要招收那些立志救国、研究近代科学的有志青年。为了培养人才，信奉天主教并依靠天主教办学的马相伯，并不想在学校开设宗教课程，也不像教会学校那样要求学生举行教会活动。他认为学校应该崇尚科学，学生应该注重文艺，教义教理不是学校应有之义。

　　马相伯注重培养青年的自治精神，他规定管理学院的事务由学生自行，除总干事、会计岗位由固定的学生负责外，其余干事均由学生选举，轮流担任。马相伯针对学生特点，着重启发式教学，指导学生钻研科学的方法和途径。他选择西欧名著作为教材，召集学生进行演说、研究时事、讨论学术。他还聘请法国军官为教练，教学生练习军事技术。

　　随着马相伯的努力，震旦学院发展很快。学科设置有文学、致知（哲学）、象数（数学）、形性（理科）四科。学生人数也迅速增长至一百四五十人，培养出了像马君武、刘成禺、邵力子、于右任这样的革命党人。震旦学院的成就引起了法国天主教的嫉妒，它们企图把震旦学院变成一所培养教徒的教会大学，以便对中国进行文化侵略。为了控制震旦学院，教会先后采取了一系列措施：阻碍教士给学生上课；减少其他语言学习时间，强行规定学生专习法文；命令马相伯去医院养病，另派法国传教士南从周掌握学院一切。

　　教会的行为引起了学生的强烈反对，他们采取集体退学的方式来抗议教会。刚刚步入良性发展的震旦学院停办了。为反抗教会势力干预学校校政，于右任、邵力子等130名学生齐心愤然脱离震旦，支持马相伯在吴淞镇复校。1905年9月14日，国人自办的第一所高等学校——复旦公学在上海吴淞提督行辕正式开学。

　　震旦学院散学以后，马相伯便请私交甚好的两江总督、南洋大臣周馥支持震旦复校。周馥拨发一万两银子为学校开办经费，拨交吴淞官地七十亩为建校地址。马相伯又聘请社会名流严复、曾铸、萨镇冰、熊季廉、袁观澜、狄葆贤等28人为校董，协助募集学校基金，共同管理学校。学校更名为"复旦"者，隐含恢复震旦之情，又具复兴中华之意。1905年9月中秋节，复旦公学在马相伯、严复、熊季廉、袁观澜等先生和全体学生的努力下，终于在吴淞正式开学。复旦公学在反抗封建压迫中诞生，在抵制帝国主义中重建，开创了我国学生创办大学并实行学生自治、民主管理的先河。

复旦的创立，打破了当时在上海基本由教会控制中高等教育的局面，在半封建半殖民地社会，在各种势力的复杂纷争下，复旦立校本身就意味着历史的一种新开端。近代教育的一项统计表明，20 世纪 20 年代，中国的初等教育的 100% 是由中国人自办的学校完成，中等教育的 85% 是在中国人自办的学校完成的，但高等教育的 80% 则是由教会大学完成的。① 作为一所新兴的私立学校，当时的复旦公学摆脱了教会学校及殖民教育的束缚，以"独立、自主、自由"的新学思想，开拓了中国大学形态的又一种可能。而且，在以后的中国民主革命实践中，它也成了上海众多青年学子竞相向往的一个思想源头。

1920 年，先后有胡汉民、戴季陶、叶楚伧、邵力子等来校任教；同年，复旦教师陈望道翻译的《共产党宣言》出版，为该宣言的第一个中文全译本。

二 从上海德文医学堂到同济大学

在上海地区高校群中，有一所历史悠久的全国重点大学——同济大学。它创建于 1907 年，早期为德国医生在上海创办的德文医学堂，取名"同济"意蕴合作共济。新中国成立后，经 1952 年院系调整，同济大学成为国内土木建筑领域最大、专业最全的工科大学。目前是一所拥有理、工、医、文、法、哲、经济、管理、教育九大学科门类的综合性大学。然而这所创设于 20 世纪初叶的学校，作为西学东渐中介绍德国文化的样板，在开办之初，却是以医科起家的，其医科强势曾绵延半个多世纪。

1893 年，德国医学博士宝隆来到上海行医，并与在沪的几名德国医生组成"德医公会"。1899 年，宝隆在张家浜新马路（今凤阳路）旁开办了

---

① 赵岚：《复旦百年华诞：一所大学一种精神》，《东方早报》2005 年 5 月 27 日。

一所医院，挂牌名"同济医院"，意为这是德、中两国同舟共济的医院。由于当时中国病人惧怕动刀手术的西医，前往就诊者寥寥，宝隆便派人到附近宣传，高喊："茄门（德国）医生呱呱叫！"后来医院声誉日隆，宝隆得到德国高等教育司和德国驻沪总领事的支持，又在医院内开设一所专门培养中国学生成为施诊医生的学校，宝隆本人任校长。

1907年10月1日，学校举行开学典礼，正式挂牌"德文医学堂"，次年又改名"同济德文医学堂"，然其德文名称及学生毕业文凭上的印章却为"德国医学堂"。医学堂设德文和医学两科，七年（后为八年）制，以德语为教学语言，对学生授以崇尚务实、知行相济的德式教育。①

同济大学是至今仍以其德国特征而闻名于中国高等教育界的著名综合性大学。1912年同济德文工学堂建成，与德文医学堂合并，更名为同济医工学堂，设医、工和德文3科。直到1917年，这所学校都属于一所为中国人开办的德国学校，它完全按照德国模式建立，学校的管理制度、学制、课程设置、培养方法都由德国移植而来，教学方面更是直接由德国教师执教，使用德国教材，以德语为主要教学语言。这最初10年的办学经验构成了同济大学的德国传统，在同济大学日后坎坷的发展历程中，学校的属性、名称、规模等均发生了变化，但是这一传统却延续下来，成为同济大学的一个显著特征。

在同济大学的校史中，其德国传统曾经遭遇过三次严重挑战。

第一次是在1917年，因第一次世界大战，德方撤出学校，由华人董事会接办。幸而华人董事会对保持学校的德国传统发挥了重要作用。在战后德国政府无法对学校继续投入的情况下，他们积极呼吁和奔走，争取到德国工商业界的捐助，最终超过300家的公司和企业，提供了价值在250万～300万马克之间的实物或资金捐赠。1921年和1924年，校董会分别与德方代表签订了《德国远东协会与同济校董会协议》和《宝隆医院与同济校董会协

---

① 朱国明：《从德文医学堂到同济大学》，http：//www. archives. sh. cn/shjy/scbq/201203/t2012 0313_ 6027. html。

议》，这两项协议以法律形式保证了学校在接受德方经济支持的前提下，继续保持德中关系的特征，如教学语言应该只包括中文和德文；除中国教师和教辅人员外，只允许聘用德国教师，等等。

第二次是在 1927 年，在南京国民政府"建设国立大学运动"中，学校由教育部接管，更名为国立同济大学。在学校的性质发生转变的背景下，为保持同济大学的德国特征，德国方面主动与中国官方联系，进行谈判。双方的磋商一直持续至 1934 年，最终达成协议，教育部同意在不违反政府对教育机构规定的前提下，继续保持学校的德国传统，在教学中将德语作为主要外语，在聘用外国教师时首先考虑选择德国科学工作者。至此，同济大学保持德国特征进入了一个新阶段，其特点是建立在中德官方认可基础上的共识。官方的认可和支持，成为日后同济大学以德国特色而争取到更多发展资源的重要因素。

第三次是在抗日战争期间。抗日战争爆发后，同济大学数度迁移，办学条件恶化，德籍教师纷纷离去。而德国正式承认伪满洲国，更导致中德关系恶化，给处于困难时期的同济大学与德国的合作蒙上阴影。即便如此，维持困局的同济大学校领导和校友们仍坚持学校的德国办学传统。1940 年 8 月 3 日，同济大学校友会重庆分会致函时任中央组织部部长的朱家骅，并附《改进国立同济大学校务建议书》，对同济的发展提出了四项建议。建议的第一项即为"确定办学方针"，其中强调了以德国模式办学的方针及其意义。建议书称："今后同济办学方针，似宜参酌以往中德合作之历史，更求加强中德文化之沟通。对于学制方面，似不妨尽量采取德国各大学之优点，并与德国各大学取得密切之联络。"从这项建议书的内容可以看出，德国特征此时已经化为同济办学的一个基本原则和同济学人们的一种自觉意识。

通过中德官方与民间的努力、办学者对学校办学方针的坚持、德国教师的积极参与等多方面的合力，同济大学在中德断交和战争期间极其困苦的处境下，仍然延续了其德国传统。而正是经历这些磨难，同济的德国特征从个别办学者的认识，到官方的认可，再到同济学人的自觉体认，变得越来越深入，越来越鲜明。同济大学也由于其鲜明的德国特征与传统，而成为近代中国移植和传播德国医学和工科教育模式的一个成功代表，在中德高等教育交流史上亦占有一席之地。

三 移植法国大学区制的中法大学

北京中法大学是在蔡元培、李石曾等人的努力下，向近代中国植入法国教育制度模式的成功案例。北京中法大学发展至 20 世纪 30 年代，"规模宏大，人才众多，校舍图书仪器均极完备，堪称国内优良大学之一"，其办学实力与质量可与当时国内的一些著名学府相媲美。不过，北京中法大学在教育发展史上的显赫地位，更多是与其在我国教育行政制度方面开辟了外来教育模式本土化的历史事实联系在一起的。法国大学区制在北京中法大学试行所取得的成功，极大地鼓舞了蔡元培、李石曾、吴稚晖等人在全国范围内推行大学院和大学区制改革的信心，为之后的改革开辟了道路并积累了弥足珍贵的经验。

随着留法教育运动的推进和全国留法教育机构的发展壮大，并以法国退还庚子赔款为契机，1920 年，蔡元培、李石曾、吴稚晖等在北京成立了北京中法大学，首任校长由北京大学校长蔡元培兼任（1920～1930 年）。北京中法大学不仅是一所大学制度的"复制"，而且是法国整个教育制度模式的"移植"。北京中法大学建校伊始采用了法国的大学区建制，直到 1950 年大学停办，大学区制才废止。所以，北京中法大学是一个地地道道的法国教育制度的"翻版"，它的组织制度设计鲜明地体现了法国特色。首先，该校整个体系设计借鉴了法国大学区制，包含了从幼稚园、小学、中学到大学的各级教育，还设立了研究所。"中法大学包含中小学为预备之基础。大学部为高等教育之实施，农工教育为经济之基本，研究院为学理与应用之先驱，纵横贯和，乃包举一切精神、物质之教育以陶冶一炉，而以适当之学制（大学区制）为方法者也"。[①] 到 20 世纪 30 年代北京中法大学的大学部已具备综合性大学的学科雏形，形成了社会科学院、文学院、理学院和医学院 4 个

[①] 北京中法大学：《北京中法大学要览》，北京市档案馆，1928，第 10 页。

学院，并涵盖文、理、法、医、药、商学等学科。而且，为了凸显对法国学术的推崇，中法大学大学部的这 4 个学院都以法国著名学者的名字命名，如称社会科学院为孔德学院（纪念法国实证主义哲学家 Auguste Comte, 1798 ~ 1857），称文科为服尔德学院（伏尔泰, 1694 ~ 1778），理科为居里学院（Pierr Curie, 1859 ~ 1906），称生物学研究所为陆漠克学院（拉马克, 1744 ~ 1829）。[1]

法国高等教育模式在近代中国经历了从文化观念的影响到民间留法热潮、中法大学创办，再到全国范围的教育体制改革的逐步深化过程。因此，法国高等教育模式在近代中国的移植可以说是一项逐步扩展的"事业"，而大学院与大学区制改革则是这条"事业链条"不断延展的一项重要"成果"，尽管该项改革最终以失败告终，但它毕竟是中国近代知识分子通过法国教育制度的移植，力图实现教育独立与学术自由的一次重要尝试，在中国高等教育的现代化进程中具有里程碑之意义。

四 严修、张伯苓创办的南开大学

南开大学是近代中国一所著名的私立大学，于 1919 年创立，开始设立文、理、商三科，曾两次立案（1925 年和 1929 年），1946 年改为国立大学，创办人为严修和张伯苓。

严修是南开大学的奠基人，是在中国教育近代化进程中积极变革封建教育、倡导新式教育的先驱者。人们高度评价这位 20 世纪的爱国教育家。1929 年，严修逝世第二天，天津《大公报》即发表社评，高度赞扬他对发展教育所做出的贡献。此后 60 年，即 1989 年，中国人民政治协商会议七届二次会议通过议案，褒扬严修一生倡导新学的功绩和培育英才对祖国的贡献。

严修（1860 ~ 1929），字范孙，早年受过系统的封建科举教育，中进

---

[1] 茹宁：《浅析民国时期法国高等教育模式的移植》，《中国地质大学学报》（社会科学版）2013 年第 1 期，第 126 ~ 131 页。

士、点翰林，终于攀上封建统治阶层，做过清朝翰林院编修、贵州学政、学部侍郎。但是，严修不同于一般封建官吏，强烈的民族正义感和敏锐的洞察力使之较早地看到了世界潮流和国势严峻。他勇敢地走出迂腐颟顸的封建营垒，率先大声疾呼中国自强之道，端在教育，创办新教育，造就新人才。

基于这种信念，1898 年，严修弃官回津以其严氏家馆为基地，进行改革旧式教育，兴办"西学"的试验。1904 年，在家馆的基础上，成立完全新式教育的南开中学。由于他的积极倡导，天津成为北方教育先进地区。

20 世纪初叶，民族资本主义工业的发展，为教育的发展创造了社会条件，"大学教育之设施及扩充，为我国目前最急切之要求"。严修不失时机地适应社会的呼唤，在南开中学的基础上，开始试办高等教育。1916 年，他与张伯苓校长大胆开办专门部和高等师范班，这可谓南开办大学的滥觞。这是艰难的一步。高等师范班只办了一届，终因师资匮乏，经费短缺，难以为继。严修没有灰心气馁，他与张伯苓商定，先由张伯苓赴美国哥伦比亚大学研究高等教育，严修随后即于 1918 年赴美参观考察。严修以半年的时间，或去美国大学旁听教育理论课程，或走访美国东西各地，对哥伦比亚大学、芝加哥大学、葛林奈尔大学、旧金山大学等学校的学制、行政管理、办学经费、教育教学方法及设备、图书情况详细调查研究，特别对美国私立大学教育有了较为深入的了解。

在美期间，他还与张伯苓一起广泛接触了中国留学生，如李建勋、郑宗梅、廖世承、汪懋祖、邓萃英、王文培、傅葆琛、鲍明黔、张耀翔、凌冰、朱家骅、刘廷芳、侯德榜、邓以蛰、颜任光、张默君等。他们对美国教育的切身感受给予严修很多启发，严修还从这些留学生中为未来的南开大学物色骨干教师。[①]

1918 年底，严修、张伯苓回到天津。他们对创办大学教育充满了信心和勇气。正如张伯苓在南开师生欢迎他们的集会上所说的："这次我与严范

---

① 梁吉生：《严修、张伯苓与南开大学的创建》，《南开学报》（哲学社会科学版）1999 年第 5 期，第 17～20 页。

孙先生和范源濂先生先后游美，很有收益。一年多来，考察它们的国情及人民的精神，遂知教育是一国之根本。并且一国的人才全由大学产生而来。现在我国教育不兴，人才缺乏，不禁使人感而思奋，要立即创办大学。"1919年初，旧历春节刚过几天，花甲之年的严修不顾体弱多病和刚刚丧子的悲痛，和张伯苓开始为筹办南开大学风尘仆仆于京津路上。为了就近与张伯苓等筹商大学事宜，他甚至提出要在南开学校内设立办公室。严、张首先到了北京，在教育部拜见教育总长傅增湘，讨论南开大学立案事，在六味斋约见蔡元培、胡适、陶孟和，征求建立大学的有关建议，在中山公园会见梁士诒、曹汝霖、周自齐等筹募办学经费。不久，严、张又分赴太原、保定、南京等地，请求阎锡山、曹锟、李纯等协助办学，以后又派人遍访各省军民长官及教育当局，敦请鼎力相助。为了筹款，向人求见，严修和张伯苓不知坐过多少冷板凳，挨过多少次白眼，但为了办成南开大学，他们并不自卑、自惭。诚如张伯苓说道："虽然有时向人家求见捐款，被其挡驾，有辱于脸面，但我不是乞丐，乃为兴学而作，并不觉难堪。"

严修等的努力终见成果，于是从1919年4月起开始兴建大学校舍，5月成立大学筹备课，拟订校章，规划系科，组织招生，9月录取周恩来、马骏、张平群等96名学生，25日举行开学典礼，严修、黎元洪、范源濂等莅会，私立南开大学诞生。第二年开始招收女生，这是中国近代私立大学中最早招收女生的高等学府。应当说，南开大学得以奠定巩固始基并获初步发展，与严修的努力和名望有着极大的关系。胡适在分析南开教育时，曾对严修在天津地方、直隶全省的道德名望，及其对教育的信念、对新时代新学识的虚心接受给予很高评价。可以说，没有严修，就没有南开。

严修在南开大学最初的发展中，曾以个人财力、物力给过学校很大支持。1919年他捐赠南开大学购书款2000美元，同年还赠中文书籍30余种数百册；1922年捐地5亩多，折洋18130元；1924年又以《二十四史》《九通》等数十种古籍捐赠南开大学图书馆。20世纪20年代，南开大学接受几笔大的社会捐款，也无不源自他的名望和关系。如1921年，江苏督军李纯以其1/4存款捐助南开大学做永久基金，就是由其弟李馨致函严修，并派员与严修之代表洽商拨交手续的。1922 年，严修好友徐世昌捐助南开大学震义银行存款票据 8 万元，也是经由严修转交南开大学的。思源堂（今第二教学楼）的起建，由美国洛克菲勒基金会（时称罗氏基金团）捐助建筑及设备费 12 万多元，而建筑费的另一半则由河南袁述之慨捐。述之先生系严修好友袁世凯的堂弟。他之所以"秉承慈命，朝达夙愿"，固然主要在于南开大学"声誉日隆，倾动中外"，但严修与袁氏家族的特殊关系也是原因之一。官绅出身的著名实业家和教育家卢木斋是严修的儿女亲家。1927年经严修促成，卢木斋捐出 10 万元兴建南开大学图书馆。这幢新式图书馆占地 920 平方米，外形为丁字形，可容纳读者 300 人，藏书 20 万册。1928年 10 月 17 日，南开大学校庆之际，同时举行图书馆落成仪式，严修等亲临出席，观礼来宾达 400 余人，成为当时天津文化一大盛事。图书馆被命名为"木斋图书馆"（今行政办公楼）。

严修不仅从物质上给予南开大学支持，其教育思想和办学理念对学校早期的办学宗旨、专业设置、教学内容和人才培养模式等，无不有着重要指导作用。严修主张"讲中学以通经致用，讲西学以强国富民"，强调德、智、体、美四育并进，特别注重人格修养和校风建设。对于南开文科的发展，严修曾拟与梁启超联合，吸纳优秀人才，使文科在全国建立学术地位和影响，梁启超对此也信心十足，表示"若将文科全部交我，我当负责任"，"南开文科办三年后，令全国学校文史两门教授皆仰本科供给"。后来，梁启超这个计划未能实现，他又计划在南开设立"东方文化研究院"，学校采取半学校半书院制，院舍在南开，课程与南开保持相当的联系，主要研究孔孟思想和宋明理学。严修对此十分赞成，多次与梁研究磋商。在理工科设置上，严修支持张伯苓发展应用科学的主张，使南开大学比较适应天津及北方社会经济发展的需要。

在办南开教育上，严修一直把张伯苓视为知己和同志。他十分信任和支持张伯苓。张伯苓最初主持南开教育是极不容易的，社会上并不理解南开大学建校的初衷和主张，认为南开大学要以实用为科学的重点，是把科学从崇高的地位拖到尘埃，张伯苓只配做一个职业中学校长。面对社会的压力，正是严修给予了张伯苓坚强的支持。历史已经证明，张伯苓的确是一位卓越的教育家，南开之所以办出骄人的成绩，南开大学之所以成为一所著名大学，张伯苓发挥了重要作用。因此可以说，严修慧眼识贤才，他给南开大学选了一位好校长，这也正是他对南开的最大贡献。[①]

严修慧眼识贤才，还表现在他对周恩来的器重和资助上。1913 年，周恩来考入南开中学。在南开这个中西文化融合的教育环境中，周恩来很快显露出品学兼优的才能，得到严修的格外赏识。1917 年，周恩来中学毕业赴日本求学，翌年 4 月，严修去美国考察教育途经日本，受到周恩来热烈欢迎。在几天的时间里，周恩来一直相伴左右，甚至在严修下榻旅馆留宿彻夜长谈。同年年底，严修、张伯苓回国又在日本停留。严、张告诉周恩来南开将设大学，欢迎他回母校就读。1919 年"五四"前夕，周恩来回到天津，经严、张同意免试进入南开大学文科，开学前 4 天，严修在私宅设宴欢迎周恩来。

周恩来进入大学后，成为南开和天津青年学生爱国运动的领导者。他主编《天津学生联合会报》，组织"觉悟社"，勇敢地站在反帝反封建斗争的第一线，带领广大进步青年学生请愿，游行示威，抵制日货，开展以科学、民主为主旨的新文化运动。1920 年 1 月，周恩来遭反动当局逮捕，身陷囹圄之中，仍然不减斗争锐气，同年 7 月出狱。严修一如既往看重周恩来。他与张伯苓商量以他在南开设立的"严范孙奖学金"资助周恩来出国深造。10 月，他给驻英公使顾维钧写信，介绍周恩来去英国留学。周恩来到达欧洲后，一直与严修书信往还，保持密切联系。严为资助周恩来，特在严家账目上为周立了户头。除第一年的用款是他交给周支票携走外，以后周恩来在欧洲的 3 年，都是他让人转寄的，每半年一次，准时不误。如 1921 年 2 月 27 日严修日记载有："李琴湘来，余将补助李福景、周恩来之学费，交伊持去。"1922 年旧历正月初五，周恩来的父亲周懋臣特去拜谢严修。

严修在经济上对周恩来的帮助，不仅使之免受饥饿之苦，而且周恩来不

---

① 郑致光：《南开之父张伯苓》，http：//edu. sina. com. cn/l/2005 - 08 - 01/1453123911. html。

必像其他旅欧学生那样勤工俭学。美国记者埃德加·斯诺写的《西行漫记》中说："周在欧洲时，他本人的经费支持者是南开大学一位创办人严修。与其他中国学生不同，周在法国时，除短期在雷诺厂研究劳动组织外，并未参加体力劳动。他从一位私人教师学习法语一年后，即以全部时间从事政治活动。"周恩来在欧洲参加共产党后，有人曾劝严修不要再给周恩来以资助，但他不为所动，以"人各有志"奉答，继续寄钱给周恩来。对此，周恩来十分感激。他深情地说："严老先生是封建社会一个好人。"①

南开大学作为在中国教育近代化进程中，以中国人自己的力量创办新式大学的成功典范，严修为它的早期发展做出了重大贡献。他对教育的极大热情和无私奉献精神，使人感怀和钦敬。严修去世后，南开大学召开追悼会。张伯苓高度评价严修的办学功绩，他说："严先生道德学问，万流共仰！个人追随颇久，深受其人格陶冶。南开之有今日，严先生之力尤多。严公逝世，在个人失一同志，在学校失一导师，应尊严先生为校父。"严修逝世后，南开在世界各地的校友发起捐款，在南开中学兴建"范孙楼"，敬塑严修铜像。1992年10月17日，南开大学又在中心花园敬塑严修半身铜像，以为永远纪念。每逢他的诞辰或校庆纪念日，南开师生和校友都来这里凭吊。

五　华侨陈嘉庚创办的厦门大学

1921年，爱国华侨陈嘉庚创办了厦门大学。陈嘉庚（1874～1961），福建同安人。1890年去新加坡随父习商，后为南洋著名的华侨实业家。在经营工商企业的同时，热心家乡和华侨的文化教育公益事业，在福建和新加坡等地先后创办了集美学校、国学专门和水产商船专科学校、厦门大学、南洋师范及水产航海学校等。还兴建图书馆、科学馆、体育馆、医院、农林试验场和教育推广部等。

1910年加入同盟会。辛亥革命时，被新加坡华侨举为福建保安会会长，

---

① 《相知相敬师生情——严修与周恩来》，http://news.nankai.edu.cn/xs/system/2013/10/19/000146915.shtml。

募捐巨款支持福建革命党人和孙中山的革命活动。1924年，又在新加坡创办《南洋商报》，进行反帝宣传。抗日战争时期，先后发起成立马来西亚新加坡华侨筹赈祖国伤兵难民大会委员会、南洋华侨筹赈祖国难民总会（简称南侨总会），被举为两会主席。积极支持祖国的抗战事业。第三次国内革命战争时期，创办《南侨日报》，揭露美蒋罪行，支持祖国的人民解放战争。1948年5月，代表新加坡华侨各界代表大会致电毛泽东，响应中共召开新政治协商会议和成立民主联合政府的建议。1949年6月，从新加坡抵北平，参加人民政协的筹备工作。9月，出席中国人民政治协商会议第一届全体会议，当选为常务委员。中华人民共和国成立后，历任中央人民政府委员，华东行政委员会副主席，第一、第二届全国人大常委会委员，第二、第三届全国政协副主席，中华全国归国华侨联合会主席。1961年8月12日，因患脑出血在北京逝世。著有《南侨回忆录》《陈嘉庚言论集》《新中国观感集》等。①

1913年，陈嘉庚回到家乡集美社创办小学校，此后，逐渐开办了中学、师范、商科和航海等学校，中等教育及中等职业教育师资严重缺乏的现实摆在了陈嘉庚先生和集美学校管理层的面前，因此兴办一所大学，为中等学校提供师资，就成为迫在眉睫的事情。

1919年陈嘉庚回到国内，7月发布筹办福建厦门大学附设高等师范学校通告。1920年陈嘉庚到上海，与江苏教育会会长黄炎培商议，决定组织厦门大学筹备委员会。最后，由汪精卫、黄炎培、蔡元培、郭秉文、余日章、李登辉、胡敦复、黄琬、叶渊、邓萃英十人组成厦门大学筹备委员会。1920年10月，第一次筹备委员会议在上海召开。这次会议商讨了董事会、行政机构、教学机构等的设置，推举时任教育部参事的邓翠英（字芝园）为首任校长，邓翠英推荐郑贞文、何公敢分别担任厦大教务处、总务处主任。1921年4月，厦门大学借集美中学的校园举行了开学典礼。

1926年10月，厦门大学国学研究院正式成立，开始更高层次的研究生

---

① 《厦门大学创办者陈嘉庚的生平事迹》，http://www.lishiquwen.com/news/45881.html。

教育，创办五年的厦门大学已经具有了自己的特色和一定的规模，成为一所学科较为齐全的综合性大学。全校共设文、理、教育、商、工、法六科（共包括 19 个系）。1928 年 3 月，私立厦门大学正式获准大学院立案，办学成绩得到了中央政府的认可。厦大正式立案之后，学科设置、机构设置和日常管理等更加规范。1930 年 2 月，奉教育部令厦大将原来的"科"改为"学院"，并重新修订了《厦门大学组织大纲》，全校设文、理、教育、法、商五个学院，下设 21 个学系，改预科为"附设高级中学"。1934 年陈嘉庚公司收盘之后，厦大办学在经费困难的情况下紧缩机构，将法学院、商学院合并为法商学院，1936 年撤销教育学院。1937 年 7 月，陈嘉庚无偿将厦大献给国家，改为国立大学。国民政府教育部任命萨本栋先生为国立厦门大学第一任校长。

陈嘉庚除在经费上极力支持厦门大学外，还提出了明确的办学思想，通过办学实践的不断积累形成了重教、重师、"三育并重"和正课要与课外活动相结合培养学生的教育观。陈嘉庚认为，大学应当培养国家急需的人才，厦门大学开办之初，开设师范学部和商学部，就是为了培养当时急需的师资和南洋及国内急需的商业人才。厦门大学后来设有五个学院并力争开办工科、医科和农科等，都是为了培养国家急需的人才。

厦门大学两任校长也极为重视教育与社会、人才培养、文化传承的互动关系。1921 年 4 月，厦门大学首任校长邓翠英在开学典礼上发表演讲。他认为，大学之要务有三：①研究学术是大学之要务；②国有人才，则无虑其不强，故要培养人才；③教育与社会须连成一气，学校与社会互相援助，而后双方均有利益。办此大学之人，均应以自强不息精神贯注，乃能获效。[①]

1928 年 12 月 30 日，厦门大学第二任校长林文庆在《厦门大学文科半月刊》第一期上发表《文科之重要》的文章，指出："大学成为一种教育机关，乃长期演进之结果，发生于欧洲文艺复兴之时。最初在一种合作的方式

---

① 陈碧笙：《陈嘉庚先生创办厦门大学》，《南洋问题研究》1985 年第 1 期，第 9～12 页。

之下，他给各国学术获得著名教师之机会，使能研究高深的神学、哲学与文学。意、法、英、德诸国大学均由此建立焉。在中国，科举、书院，以及北京之翰林院、国子监等，其目的均在于促进本国之古文、文学、历史、哲学与政事之研究。自上述各项机关废除后，中国始设立大学以继续此等基本研究，借以维持中国文化于进展状态中。"

1931 年 12 月，林文庆在《厦门大学学刊》序言中指出："大学同人的最重要工作，就是运用心思，如属可能，应得有具体结果，借以引导我们要接近于真理。学者原为探求真理而奋斗，不特不应畏惧困难与阻碍，且当尽其能力以克服之。我们希望大学对于各种问题，都能有新见识的贡献。"①

私立厦门大学，是近代中国第一所由华侨创办的私立综合性大学。它的创办结束了闽南地区没有高等学校的历史，开启了闽南区域社会文化发展的新局面。从 1921 年创办到 1937 年改为国立大学，历经 16 年的发展，在陈嘉庚先生的全力支持和全校师生的努力以及广大社会人士的帮助下，逐渐形成自己的办学特色，获得了"南方之强"的美誉，在中国近代教育史上占有重要的地位。

第三节 "西学东渐"的近代教会大学

教会学校或教会所办的各类教育事业，是西方列强对中国进行文化渗透的最重要也是最大量采用的手段，其主要目的首先是用以传教、训练教民和培养传教士的助手。上海圣约翰大学校长卜舫济曾把教会学校比喻为美国的"西点军校"，是教会传教、战胜敌人非常重要的战略机构。他说："如果教会工作不以我们的教育工作为基础，它就好像把房子盖在沙土上一样，是不牢固的。"他认为教会学校的主要任务就是培养为教会服务的牧师和教师，他在在华基督教传教士 1890 年大会上说："在我们的学校内，我们训练中国未来的教师和传教士……使他们成为中国未来的领袖和

---

① 赖晨：《林文庆出掌厦门大学的 16 年》，《闽南风》2013 年第 2 期，第 20～22 页。

指挥者，给未来的中国施加最强有力的影响。"① 由这样的培养目标所决定的教会学校，在课程设置、教学内容、教学方式以及学校风气和教育精神上，都具有强烈的宗教性，而且宗教教育的进行带有很大的强迫性。学生入校要与学校签订契约，毕业生"无不于毕业前先皈依基督教者"成为这类学校最典型的代表。②

一 清末民初教会大学的兴起与发展

义和团运动前，教会学校多是中小学校，数量少，规模小，虽然办了一些书院，但很少有大学。义和团运动后，西方各国调整对华策略，采取"以华治华"的策略。他们企图培植一批具有西方文化科学知识和基督教精神的"高等华人"，以取代崇奉儒学的中国士大夫阶级，掌握中国政府的领导权。因此，他们更加重视在中国办教会学校，特别是教会大学。这一时期，教会教育在中国迅猛发展，教会大学不断涌现。据统计，光绪十五年（1889年）时，全国基督教教会学校学生人数为16836人，到光绪三十二年（1906年）时已增加到57683人，增长3.42倍；到清朝灭亡时，又增加到13万多人，与光绪十五年相比增加8倍多。

在华教会由光绪二十六年（1900年）以前的着重发展初等教育，变为光绪二十六年以后的着重发展中高等教育，这是教会教育具有战略性意义的重大转变。之所以会出现这样的变化，是因为"美国人和不列颠人，双方不约而同地认为小学校比高等学校较为次要。他们坚决主张中国归根到底会很快变成一个基督教的国家，假使有一帮受过良好训练的领导人，能够培养起来，尽管人数不多，总比那一班只受拙劣教育麋集于教堂的人们为佳。他们认为这样的领导者，只能在基督教徒的主持下，通过中等和高等学校的培养，才能最理想地获得。这就成为他们对这些教育制度做出主

---

① 《狄考文和卜舫济等人在第二次全国新教传教士大会上的发言》，General Conference of Protestant Missionaries in China 1890。

② 史静寰：《美国现代派传教士教育家的形成与中国教会学校的改革》，《美国研究》1991年第3期，第143～160页。

要努力的目标"。①

根据这种"以华治华"的培养干部的政策，许多教会大学都在这个时期先后建立起来。但除少数是新建学校外，大部分是由原来设置的教会学校改建升格而成。如圣约翰大学（1894 年）、东吴大学（1901 年）、长沙雅礼大学（1902 年）、华中大学、岭南大学（1904 年）、华北协和女子大学（1905 年，后与燕京大学合并）、广州夏葛医科大学（1905 年）、沪江大学（1906 年）、北京协和医学院（1906 年）、元江大学（1910 年）、金陵女子大学（1913 年）、福建协和大学（1915 年）、金陵大学（1917 年）、齐鲁大学（1917 年）、燕京大学（1919 年）等，都是基督教教会学校。上海震旦大学（1903 年）则是法国天主教所办大学的代表。②

二 东吴大学与震旦大学

（一）美国监理会创办的东吴大学

19 世纪中叶以后，清廷不敌英法俄日等国侵略，被迫签下数纸不平等条约。战事连连溃败使政府及百姓丧失了信心，社会呼吁改革及学习列强之长的声浪日增。在这样的时代背景下，美国基督教会来到中国兴办教育事业。卫理公会是美国基督教重要公会之一，1846 年成立，本部设于田纳西州。1879 年起该会先后在苏州创办博习书院、宫巷书院，在上海创办中西书院（Anglo-Chinese College）。

光绪二十七年（1901 年），东吴大学以宫巷书院为基础，与美国基督教监理会在上海和苏州开办的中西书院合并而成，设在苏州，并在美国田纳西州州政府立案。初由葛赉恩主持校政。开办时，所授课程实际上仅为中学程度，至光绪三十一年（1905 年）始招收大学生，开设大学课程。林乐知（Young J. Allen）先生（万国公报创办人）为董事长，孙乐文先生（David L. Anderson）为校长（美籍）。东吴大学是中国第一所西制大学；1951 年在台湾地区复校，也

---

① 〔美〕盖·斯·拉托里特：《在华基督教学校概况》，纽约麦米伦图书公司，1929，第 624 ~ 640 页。

② 史仲文、胡晓林：《中国全史·教育卷：民国分卷》，中国书籍出版社，2011，第 932 页。

是台湾地区第一所私立大学，历史悠久，被视为最佳的私立大学之一。

东吴大学创办初期之 26 年，历经三位美籍校长孙乐文（David L. Anderson）、葛赉恩（John W. Cline）及文乃史。这个时期的办学经费主要来自捐款及学费。校园内的教学大楼林堂、孙堂、葛堂及教职学生宿舍等设施陆续兴建完成，校园规模日趋完整。学科发展包括文、理、医学、神学及法科（在上海昆山路），另有 4 所附中、20 所附小、惠寒小学、吴语学校等组成完整的东吴教育体系。各学科除在学术研究上表现突出，更为社会培养无数专业人才。1930 年时学校共有文、理及法 3 个学院，12 个学系。在教学方面积极筹款推动学术研究，加强师资阵容提升教学品质，推动师生以其专业服务社会。校园内主要建筑设施均在此阶段建成或动工。1930 年学生人数达 755 人，为全国基督教大学之冠。

1949 年，国民党政府迁台。东吴大学在台校友倡议复校，1951 年筹组董事会，于台北市汉口街借屋设东吴补习学校，设法政、商业、会计及英文四科。1954 年台湾当局"教育部"以东吴补习学校办学绩效卓著，核准先行成立台湾东吴大学恢复法学院，设法律、政治、经济、会计四系并附设外国语文学系，为台湾地区第一所私立大学。

1952 年全国院系调整时，在东吴大学原址上与苏南文化教育学院、江南大学数理系合并为苏南师范学院，同年定名为江苏师范学院，在原东吴大学校址办学。1982 年经国务院批准改办为苏州大学。经教育部和江苏省省政府批准，苏州蚕桑专科学校、苏州丝绸工学院、苏州医学院先后于 1995 年、1997 年、2000 年并入苏州大学。设立于上海昆山路 146 号的东吴大学法学院，法律系并入华东政法学院（今华东政法大学），会计系和原东吴大学法学院院址并入上海财政经济学院（今上海财经大学）。①

（二）法国天主教会创办的震旦大学

震旦大学（Aurora University）原名震旦学院，1928 年改称震旦大学，是天主教耶稣会在中国上海创办的著名教会大学，是中国近代著名高校，由

---

① 百度百科：《东吴大学》，http：//baike. baidu. com/item/东吴大学/84743？fr = aladdin。

中国神父马相伯于 1903 年 2 月 27 日，在徐家汇天文台旧址创办。"震旦"一词出自梵文，意即中国，在英语中，亦有黎明、曙光的含义。由此可见，马相伯将震旦学院喻作旭日东升，担负着以教育开启中国曙光的重任，必将前途无量。震旦大学最初名震旦学院，学生仅二十余人，由发起人马相伯任总教习，各科教师由教会委派教士担任。分语文学、致知学（即哲学）、象数学、形性学（格物学）等科。预科一年，本科二年卒业。次年，耶稣会派安徽传教士南从周来上海任震旦学院教务长，南从周任意改变学院章程，院长马相伯辞职，学生大哗，相率离校，震旦学院遂暂行停办。光绪三十一年（1905 年），震旦学院复课，李问渔任院长，学校设董事会，张謇、李平书等为董事。改肄业期为四年，前二年为附科，第一年以中文教授，第二年以法文教授，至第三年始称本科，教授法文、英文、文学、中外历史地理、哲学、经济学、法学、算学、物理、博物等，第四年分为文理两科。光绪三十四年（1908 年），震旦大学肄业期增为六年，预科本科各三年。

1952 年 10 月高校院系调整，震旦大学撤销，医学院和圣约翰大学医学院、同德医学院合于原址组建上海第二医学院；其余院系分别并入复旦大学、上海第一医学院、华东师范大学、交通大学、同济大学、华东化工学院、华东政法学院、上海财政经济学院等高校；附属中学改为上海市向明中学。震旦大学原址现为重庆南路 227 号和 280 号上海交通大学医学院校舍。①

三 岭南大学、圣约翰大学与沪江大学

（一）广东各教会认可的岭南大学

岭南大学前身为格致书院，创办于 1888 年，原校址设在澳门。光绪三十年（1904 年），格致书院由澳门迁至广州市海珠区康乐村，改名岭南学堂。1918 年定名岭南大学，主要设立文理科，由美国人任学校监督（校长），中国人任副监督和教务长。在美国设有董事会。广东各教会正式宣布岭南学堂为

---

① 《历史回眸，华东理工大学》，（引用日期 2014 年 4 月 10 日）。

广东基督教教育之最高学府。中华基督大学联合会董事会政策委员会宣布，岭南学堂在福建以南踞有此种地位。民国五年即公元 1916 年，岭南学校改组为岭南大学，始分文、理两科，后扩组为文、理、农、工、医五学院。

1925～1927 年广州处于大革命高潮，该校工人、学生连续罢工、罢课，1927 年 4 月学校宣布停办。当时以钱树芬为首的一批爱国校友倡议接办学校，同年 7 月经广东政府批准，学校收归中国人自办，并正式改名私立岭南大学。1952 年岭南大学在院系调整中与国立中山大学及其他院校的相关专业合并，组成现在的中山大学、华南理工大学等。

岭南大学倡导学生自治，带有浓厚的美国学校风格。校内有三个基本学生组织：学生自治会、治食会和体育会。其中学生自治会又叫学生青年会，处理涉及全体学生的事务，还规定了学生行为规范，并有一套金额不等的罚款制度。比如说，讲粗口或戏弄别人罚款 5 角等。由班会职员实施罚金，班会职员包括：一名纠察提出犯规事实，一名裁判审理此事，一名司库负责保管罚金。如果有学生觉得同学对他不公，可以向学生会提出申诉。学生青年会成员在学年结束时由学校主持选举，全体"岭南人"投票选出，下一学年上任。除了财务员由教师担任，其他全由学生充当。年终时，积累的罚金用于学生公益事业。

学生青年会除了为学生开展的服务工作外，还开展"乡村服务"和"工人服务"，经常在假日或周末组织学生到附近乡村举办卫生宣传、施医赠药、防疫注射、种痘、组织平民识字班等，并为校内工友举办工人夜校。青年会还办了一所小学，主要为校内职工而设，收费低廉，同时经营校内小食部"八角亭"，收入作为小学经费。

岭南大学于 1967 年 9 月由岭南大学校友在香港复建，时称岭南书院，后于 1999 年正名为岭南大学，现为香港八所著名公立大学之一。[①]

（二）美国圣公会创办的圣约翰大学

中国的高等教育直接照搬西方模式，肇始于清末民初。当位于北京的清

---

① 《岭南大学——历史与发展》，Lingnan University-History，引用日期 2015 年 8 月 11 日。

华学堂都还在致力于培养大批留美预备生之时，在上海由美国教会主办的圣约翰大学，则已成为当时中国最著名的高校之一。

1879 年，美国圣公会上海主教施约瑟将圣公会在上海原来开办的两所学校培雅书院和度恩书院合并，取名圣约翰书院，是为圣约翰大学之始。圣约翰大学的校园位于上海市区西部虹口区苏州河的 1 个转折处，其建筑设计结合了中国和西方的元素。

办学初期，该校设西学、国学和神学三门，用国语和上海方言授课。1887 年，刚刚受美国圣公会差派从纽约抵达中国传教不到一年的卜舫济牧师被任为该校英语教习，开始完全用英语授课，使圣约翰书院成为中国首座全英语授课的学校。为此，次年，年仅 24 岁的卜舫济被提拔担任圣约翰书院院长，并由此一直掌管这间大学，时间长达 52 年，也由此缔造了圣约翰大学于民国时期在中国教育界的崇高地位。

1892 年起，圣约翰书院正式开设大学课程，并且将英语作为最重要的学科教授。1905 年，圣约翰书院正式升格为圣约翰大学，并在美国华盛顿州注册，其文理科、神学科、医科，可授予与美国大学毕业之同等学位，学制由原来的三年改为四年。圣约翰大学设文学院、理学院、医学院、神学院四所大学学院以及一所附属预科学校，成为获得美国政府认可的在华教会学校。1913 年，圣约翰大学开始招收研究生，1936 年开始招收女生，后来发展成为一所拥有五个学院（加上后来的农学院）十六个系的综合性教会大学，是当时中国最优秀的大学之一，入读者多是政商名流的后代或富家子弟，许多人毕业后曾对中国 20 世纪的历史进程产生过重大影响，如外交家施肇基、顾维钧，政治家宋子文、俞鸿钧、严家淦、钟士元、鲁平，教育家张伯苓、张建邦，作家林语堂、刘以鬯、张爱玲，作曲家瞿希贤，企业家刘鸿生、荣毅仁、吴舜文，还有贝聿铭、邹韬奋等一大批影响中国历史的杰出人物。①

---

① 《中国已消失的世界级大学：圣约翰大学》，http：//travel. sina. com. cn/china/2014 - 09 - 30/1532279302_ 2. shtml。

圣约翰的校训初为"Light and True"（光与真理），后加上"学而不思则罔，思而不学则殆"。前半句出自基督教信仰，后半句则为孔子名言。圣约翰校刊《约翰声》如此诠释校训道："我们要使圣约翰大学成为中国之光和真理的火炬，没有再比此目标更崇高的了。我们将努力给予我们的学生一个广阔的和丰富的基督化教育。我们将充分地教授英语和文学，相信这将有助扩大学生的智能水平。我们将传授科学，不仅因科学有实用价值，还由于科学真理和所有真理都来源于上帝。"

1952 年，圣约翰大学被分拆至上海各大名校后解散，圣约翰大学原校址给华东政法大学，一代名校就此消弭于历史长河。圣约翰大学被分拆的情况如下：1949～1952 年，新闻系、外文系、中文系（部分）并入复旦大学。1951 年，土木工程系、建筑工程系并入同济大学。1952 年，机械工程系并入交通大学；经济系并入上海财政经济学院（今上海财经大学）；政治系并入华东政法学院（今华东政法大学）；理学院（数学系、物理系、化学系、生物系）、教育系、中文系（部分）并入华东师范大学；医学院参与组建上海第二医学院，后更名为上海第二医科大学（今上海交通大学医学院）；取消神学院，学生转入南京的金陵协和神学院；圣约翰大学附中与大同大学附中二院合并为上海市五四中学。①

（三）美国浸礼会创办的沪江大学

沪江大学是 20 世纪初创办的、位于上海，具有浸礼会背景的教会大学，校址位于黄浦江畔的杨树浦军工路，鼎盛时期以文理商著称于世。沪江大学创办于 1906 年，原名上海浸会大学，最初的校长为美国人柏高德博士。另设浸会神学院，由美国人万应远博士任院长。开办初期，学生仅 4 人，设置宗教、国文、英语、格致等课程。民国四年即公元 1915 年，上海浸会大学改名为沪江大学，实行分科制，设教育、宗教、社会科学、自然科学四科。沪江大学首任华人校长刘湛恩对学校进行了一系列旨在"中国化"的整顿

---

① 《圣约翰大学的最后岁月（1948～1952）》，豆丁网，2014 年 9 月 18 日（引用日期 2015 年 4 月 30 日）。

和改革，使沪江在当时私立大学中以学风淳朴闻名，较少教会气，更多中国化而著名。

沪江大学的办学宗旨是：在基督庇护下组成的高等教育机构，以训练青年男女，步上人生大道，特别供给为中国基督教运动效劳之中国浸会领袖人才。同时，也要为中国的教育事业做出较大的贡献。在华各基督教大学中，沪江大学是最早开展社会学实验和社会工作的学校。1917 年由沪江大学创办的沪东公社是中国第一个大学所办社会学实验基地，开启了中国社会学专业教育的优良传统，即以大学为依托，把人才训练和社会服务结合起来。

由于沪江大学校部离市区较远，1932 年刘湛恩校长在接近市中心的圆明园路真光大楼创办了沪江商学院，又称城中区商学院，这是沪江大学最负盛名的学院，院长为朱博泉；它夜间开课，便利在职青年业余就读，是当时办得较好的并卓有成效的一所夜大学，开办以后入学者踊跃；不久又将军工路本部商学院迁来合并，并改名为"沪江大学城中区商学院"。① 城中区商学院是刘湛恩在"职业化"下进一步推行"平民化"的尝试。其目的除方便沪江商科学生实习外，更主要是为社会上提供各种形式的职业补习教育，以帮助那些清寒的好学生能够完成大学学业，增进他们的效能。

1949 年 9 月，沪江开始了新中国成立后的第一个学期，有 1234 名学生注册。到 1950 年，全校土地面积 341 亩（含江边新涨土地 12.3 亩）。1951 年 2 月，沪江大学由上海市人民政府接办，校务由余日宣、蔡尚思主持。

1952 年秋季，全国高等学校进行院系调整，沪江大学各科系分别并入复旦大学、华东师范大学、上海财政经济学院、华东政法学院、交通大学，校址移归第一机械工业部上海机械制造学校和上海工业管理学校；1958 年两校合并升格为上海机械专科学校，1960 年升格为上海机械学院（今上海理工大学）。②

---

① 《刘湛恩与"沪江模式"下的图书馆——写在刘校长殉难 73 周年之际》，网易，2011 年 3 月 23 日（引用日期 2015 年 5 月 2 日）。

② 朱博泉：《沪江大学校史述略》，《上海文史资料选辑》1984 年第 47 辑，第 206 ~ 212 页。

四 民国时期其他的教会大学

（一）北京协和医学院和文华大学

1. 从协和医学堂到协和医学院

光绪三十二年（1906 年），英国伦敦会开办了协和医学堂，为协和医学院的前身。名为 Union，即联合之意，被雅致地译成中文，称作协和。不久，美国长老会、内地会、美以美会以及英国伦敦教会医学会和英格兰教会等五个教会加入办理。这是第一个由英美医务人员在中国合办的医学学校。

1915 年，洛克菲勒基金会收购协和医学堂。随后，洛克菲勒基金会投入资金进行新校建设。1916 年，负责设计协和建筑的柯立芝来华考察豫王府，决定设计建造一座中西合璧的有着宫殿式外观的校园和医院群建筑。1917 年 9 月由美国洛克菲勒基金会帮助建立北京协和医学院，开办医预科，附属医院为北京协和医院。首任校长为 Franklin C. McLean，1919 年 10 月开办医学本科，学制为八年制。

1920 年开办护士学校。来自约翰·霍普金斯大学医学院的沃安娜（Anna D. Wolf）担任护校校长。1921 年 9 月，新校建筑完成。1929 年被国民政府教育部改名为私立北平协和医学院。1930 年，协和医学院获中华民国教育部认可立案。1941 年太平洋战争爆发后，美日处于战争状态，其医学院、医院和护士学校相继停办。1942 年初，协和医学院被日军占领而被迫关闭。1945 年日本投降后，中华医学基金会与协和医学院校董事会派代表从日军手中收回全部校产，重建协和医学院，并于 1947 年 10 月第一次复校。1949 年 9 月复称北京协和医学院。新中国成立后，该校由中央人民政府接管。1950 年学校停止招生。1951 年更名中国协和医学院。

2. 从文华大学到华中大学

1871 年，美国基督教圣公会在该址东北方向的一片土地上创办的武昌文华书院，比汉口的博学书院要早 37 年。宣统元年（1909 年）由美国圣公会在武昌设立，并在美国哥伦比亚特区注册，该校正式命名为"文华大学校"，分神学、文理学、汉学三科。1911 年 1 月 17 日，首次授予九名毕业生文学学士学位。1915 年 1 月 29 日，文华书院首次颁授硕士学位。民国十三年即公元 1924 年，文华大学与武昌博文书院、汉口博学书院大学部合并成立华中大学（地点在文华书院校园内）。

1927 年 1 月 10 日，湖北政务委员会公布《取缔外人设立学校条例》，华中大学被迫关闭两年之久。1929 年 1 月，美国圣公会、美国复初会、美国雅礼会、英国伦敦会、英国循道会五个教会的代表在武昌开会，达成重建华中大学的共识，随即美国复初会湖南岳阳滨湖书院大学部和美国耶鲁大学雅礼会湖南长沙雅礼书院大学部正式并入。5 月举行会议，表决通过学校英文名为 "Central China College"，并选举韦卓民任校长。9 月，华中大学重新开学。另文华图书科（1920 年 3 月建立，前身系美国圣公会的韦棣华女士即玛丽·伊·伍德小姐于 1903 年创办的文华书院图书馆）以专科学校名义在国民政府教育部立案注册，具备了成为一所独立学校的资格。该校成为中国现代图书馆学与档案学专业的开山鼻祖。

1931 年长江洪水泛滥，华中大学许多校舍被毁。抗日战争爆发后，日机轰炸武汉，华中大学于 1938 年 7 月西迁，先后西迁至湖南衡阳、广西桂林、云南昆明，最后迁至云南大理。1946 年学校整体迁回湖北武汉。1951 年朝鲜战争爆发，中国政府接管教会学校。1952 年华中大学被撤销，与私立中华大学、广西大学湖北教育学院、南昌大学、华南师范学院、平原师范学院、海南师范高等专科学校合并组建华中高等师范学校。1953 年改称为华中师范学院。①

（二）美国教会创办的金陵大学

金陵大学由南京汇文书院和宏育书院合并而成，汇文书院兴办于光绪十四年（1888 年），宏育书院则于光绪三十三年（1907 年）由基督书院和益智书院合并而成。宣统二年（1910 年）年冬，由美国基督会、长老会和美以美会联合组建于南京。金陵大学成立后，首任校长为美国传教士包文。宣

---

① 彭鲁：《湖北最早的大学：文华大学》，http：//blog. sina. com. cn/s/blog_ 49b38e770102wgqi. html。

统三年（1911 年），金陵大学在美国纽约州立案注册，获学位授予权。它是国内历史悠久、规模较大的著名教会大学之一，是南京地区创办最早的一座教会大学。

1928 年金陵大学首先向教育部注册并获批准。在美国加利福尼亚大学对外在华所办大学编类中，金陵大学是中国教会大学中唯一的 A 类，持有金大学位的毕业生有资格直接进入美国大学的研究生院。

金陵大学文理农三院嵯峨，英语文学和中国文化研究成就卓著，闻名世界。尤其农林学科堪称中国之先驱，享誉海内外。其他方面亦有发展，如开创中国电影教育、首开中国医科七年制教育和博士教育。

金陵大学办学理念是"沟通中西文化，介绍西方新进科学"。金大注重"介绍新进科学"和借鉴西方大学的办学经验，同时，金大师生也十分注重对民族文化的继承和对民族尊严的维护。金大的校风是在长期办学过程中形成的一种精神或传统，金大人称之为"金陵精神"或"金陵传统"。

金大培养大批优秀人才分布于海内外，在各个领域内发挥所长，使金大饮誉国内外，在中国近代教育史上具有重要影响。为中国现代大学教育的建立与发展、现代科学技术的引进、新的人才培养模式的开创、优秀人才的输送都做出了突出贡献。

1951 年金陵大学并入金陵女子文理学院，改建为公立金陵大学。1952年院系调整，金陵大学被撤销建制，主体并入南京大学，其余院系参与组建中国其他高校。其历史档案划归南京大学。南京大学将校址从四牌楼旧址迁至金陵大学鼓楼校址。2006 年金陵大学旧址被列为全国重点文物保护单位。①

（三）创办于成都的华西协和大学

1910 年（宣统二年），美国、英国和加拿大三国的美以美会、公谊会、浸礼会等 5 个基督教会在成都"南门外二里许、锦江之滨、南台寺之西选择了据传为古'中园'旧址的风景清幽之地"创建华西协和大学，实为成都，乃至中国西部所建立的第一所现代化意义的大学。

---

① 互动百科：《金陵大学》，http：//www.baike.com/wiki/金陵大学。

华西协和大学前身为光绪三十二年建立的华西协和中学。华西大学首任校长为美以美会传教士毕启，创办初期有教师 8 人，学生 11 人，分设文、理、教育三科。民国三年即公元 1914 年增设医科。加拿大林则博士是第一个到中国的传教牙医，开拓了牙医，到 1919 年，其名声逐渐从成都扩散到全国乃至世界，口腔医学院在全国乃至全世界都极为出名。同时，其文、理、哲各科在当时的西南地区也是处于顶端的位置。1933 年华西协和大学正式立案后，分设文、理、医牙三学院。1920 年后大学逐渐向少数优秀毕业生同时授予华西协和大学和美国纽约州立大学医学博士学位，1934 年后者正式接受华西协和大学为兄弟校，授予医牙学院毕业生医学博士和牙学博士学位，授予文学院和理学院毕业生文学士和理学士学位，发给文凭。1914 ~ 1949 年期间共招收博士研究生 682 人，硕士研究生 16 人，其中授予博士学位 592 人，硕士学位 6 人。①

在抗战时期，作为大后方的成都，华西坝是保存、延续中国高等教育命脉的圣地之一。当时的南京中央大学医学院、金陵大学、金陵女子文理学院、济南的齐鲁大学、苏州的东吴大学生物系、北平的燕京大学（40 年代迁入，又称成都燕京大学）、协和医学院的部分师生及护士专科学校等，先后迁到成都华西坝，借用华西协和大学的校园、校舍、教学楼、图书馆、实验室和教学医院等教学资源，与华西协和大学联合办学，当时称为"华西坝五大学"。② 中华人民共和国成立后，1950 年春，由中央人民政府接管，改为人民华西大学。高等学校院系调整后，于 1953 年更名为四川医学院。

（四）美国长老会兴建的之江大学

位于钱塘江畔的之江大学，有着悠久的历史，优美的环境，办学成绩在当时全国名列前茅，有着夏承焘、倪惠元、廖慰慈等名师，培养出的学生有朱生豪、蒋礼鸿、宋清如、郁达夫等。

之江大学是由美国基督教南北长老会和差会联合主办的一所教会学校，

① 互动百科：《华西协和大学》，http：//www.baike.com/wiki/华西协和大学。
② 《百年华诞的华西协和大学》，http：//bbs.tianya.cn/post－284－221639－1.shtml。

也是中国的十三所基督教大学之一。其前身是 1845 年于宁波创设的崇信义塾。1911 年正式在杭州秦望山成立，初名之江学堂，1914 年改名为之江大学。该校历任校长有裘德生、王令庚、司徒华林、费佩德、朱经农、李培恩、黎照寰。他们采用西方优秀办学经验，重视学生的科学精神和职业素养培养，重视英语和体育教学，使之江大学名人辈出，办学成绩在全国名列前茅。1952 年因全国高等学校院系调整，之江大学宣告结束。

五四运动前后，中国正在轰轰烈烈进行着白话文运动。在之江大学，学生正在努力适应，不少人还梳着长辫子。可一旦走入这所学校，就会被严格要求学习英文，以便及时了解国际学术发展动态并和国际接轨。1933 年从国文系毕业的朱生豪，后来能翻译莎士比亚全集，并被称为莎士比亚的中国知音，跟在之江大学的英文熏陶不无关系。

学校对英文学习要求高，也特别重视这方面的师资。因为是教会学校，校董事会经常邀请外籍老师来校任教，并每年选拔本校教师到国外学习以跟国际接轨。校长、教育家李培恩博士亲自教授经济学课程，并采用全英语教学，要求学生作业和考卷全部使用英文，对学生的作业和考卷用英文批改。① 1949 年杭州本部有学生 904 人，上海分部有学生 162 人，共 1066 人。教职员 113 人。设文、工、商 3 个学院。

1952 年因中国高校院系调整解散，院系拆分至浙江师范学院、浙江大学、复旦大学等，之江大学宣告结束。

综上所述，教会大学得以迅速发展，一方面是由于传教士的积极推行和清政府的求全保护，另一方面是因为教会大学在当时确有吸引学生之处。教会大学教学设备好，有学术造诣较深的外国教师，重视外语学习，并且容易出国留学，等等。这些条件吸引了很多中国学生入学。

20 世纪初教会大学迅速发展，以至形成这样一种局面：一方面，外国人在中国办理的初等学校的学生只占中国学校学生总数的 4%，中等学校占

---

① 黄莺：《钱塘江畔很古老的之江大学办学理念放到今天也很"潮"》，《都市快报》2014 年 9 月 14 日。

11%，而高等学校却占中国高等学校学生总数的 80%。另一方面，当时中国官立大学只有京师大学堂、山西大学和北洋大学三所，教会大学却有十几所之多；并且中国官立大学中也多由传教士任职（如京师大学堂总教习丁韪良，山西大学西斋总理李提摩太，北洋大学堂总教习丁家立等），美国传教士福开森就曾于光绪二十八年（1902 年）在"中华教育会"第四届大会上夸耀说："中国政府开设的每一个大的书院中，都有基督教传教士担任首长。"可见教会大学对当时中国教育发展的影响。[1]

第四节　民国著名的教育家及教育理念

民国时期是我国教育发展史上的一个奇迹，那是一个教育家辈出的时代，群星璀璨、大师云集，如蔡元培、梅贻琦、张伯苓等。教育家对教育事业的热爱，发自内心、超越功利，是真诚无私的。教育之爱是教育家的生命。"立德、立身、立言、立行"成就了民国教育家。正是他们和他们的教育理念引领着民国时期中国教育的发展，取得了辉煌的成就。回顾民国教育家，归纳其特质，有助于我们在当代的中国教育中提供教育家成长的环境与土壤，实现教育家办学。

民国时期的教育家不仅重视教育理论，而且重视教育实践，具有躬身实践的教育志向和远大决心，是教育改革的先行者。他们勇于开拓，不断创新，通过实践提升品德、担当使命、生成理论，实现了教育理论与教育实践的统一。[2] 民国时期的教育家学贯中西，视野广阔；在动荡不安的岁月里，他们矢志教育，锐意改革，开展实验，探索方法，培育人才，报效国家，成就斐然；他们不计名利、德高品洁的士人风骨更令人景仰。[3]

---

① 史仲文、胡晓林：《中国全史·教育卷：清代分卷》，中国书籍出版社，2011，第 899 页。

② 张意忠：《民国时期为什么教育家辈出？》，《中国教师报》2015 年 9 月 20 日。

③ 徐继存：《民国时期教育家的共相》，《西北师范大学学报》（社会科学版）2013 年第 6 期，第 75~80 页。

物自体的理论原型。康德哲学对于蔡元培的学术观和教育观影响之深由此可见一斑。

德国现代大学的建立与德国理性主义的古典哲学观有极为密切的关系。而康德的心物二元论哲学则奠定了德国古典哲学的理性基础，在德国现代大学的创办过程中，它经过洪堡、费希特、施莱尔马赫等哲学家的阐释和贯彻，而成为支撑德国学术发展的"国家—文化观"的理论内核，德国大学的科学研究功能和学术自由、大学自治的核心理念均是此哲学观念在大学办学实践中的具体演绎。蔡元培在莱比锡大学求学期间，德国正值威廉二世统治之下的盛世，德国的大学更是处于发展的巅峰时期，享誉世界。因此，在莱比锡大学的学习和生活，不仅使蔡元培亲身体会到德国尊重学术的文化底蕴和大学崇尚自由的学术氛围，而且从理论上对"国家—文化观"的哲学基础，也即学术对于国家兴盛的价值有了更为笃实的认识。对于这个问题的认识，蔡元培在 1910 年发表的《德意志大学之特色》一文中做了明确的阐释。

《德意志大学之特色》是蔡元培翻译的《德国大学与大学学习》一书的序言。该书为德国著名哲学家、教育学家鲍尔生（F. Paulsen）的名著，对德国大学的历史发展背景、当时大学的组织状况以及教学和研究的诸多方面进行了概括的考察；尤其是对德国大学的办学理念做了十分精辟的阐述，对蔡元培的触动很大。于是，他翻译了该书的序言，题名为《德意志大学之特色》，发表在《教育杂志》1910 年的第 11 期上。在这篇短短的序言中，鲍尔生对欧洲英、法、德三个大国的大学特点做了概括和对比。但实际上，与其说鲍尔生比较了三国大学的不同特点，不如说是以英法大学为陪衬，来论述德国大学的特色。关于德国大学的特色，鲍尔生认为是"能使研究教授，融合而为一"。

不过，在鲍尔生看来，这一特色所产生的巨大效果，才是德国大学的真正特色所在。众所周知，在德国，现代大学产生于民族危亡的历史时刻，所以大学改革从一开始就与民族的命运联系在一起。柏林大学在诞生之际就被赋予了振兴民族，挽回普鲁士军事、政治失败的历史重任。所以，大学和学术在德国被看作民族力量的体现，国家强盛的支柱。鲍尔生此书序言的核心要义也在于此。故而他对"研究教学融合而一"差不多是一笔带过，接着以此为基础，用了大段篇幅来论证大学实行"教学与研究的统一"，对于整个民族国家的兴旺和发达所能做出的重要贡献。这一点显然引起了蔡元培的高度共鸣，翻译并发表此文也反映了蔡元培借此向国人倡导学术兴国理念的初衷。①

从德国回来之后，蔡元培的一个重要转变就是，他从一个泛泛的"教育救国"论者转变为"学术救国"论者或"大学救国"论者。在《我们希望的浙江青年》的演说中，他明确指出：

> 民族的生存，是以学术做基础的。一个民族和国家的兴衰，先看他们民族或国家的文化与学术。学术昌明的国家，没有不强盛的；文化幼稚的民族，没有不贫弱的……我们知道20世纪的竞争，是学术的比赛，试问我们中国在现代的学术上有什么贡献呢？我们凭什么去同别人争长比短？如果我们要想挽救我们垂危的局面，恢复我们固有的光荣，惟有从学术方面努力研究。

正因为蔡元培视学术昌明为国家命脉之所系，他回国后才致力于中国大学和学术制度的改造。蔡元培接到就任北大校长的邀请时，有不少友人劝其不必就职，担心腐败的北大难以整顿，反而会毁了他的名声。而蔡元培仍然接受了邀请。蔡元培之所以甘冒声誉受损的风险，接受"声名狼藉"的北京大学校长之职，归根结底，还在于他从德国的历史经验中看到了，中国若能像德国那样办好大学、繁荣学术，就会富强起来，光荣地立于世界民族之林。而蔡元培选择以德国大学模式为参照和借鉴，对北京大学进行了一番整顿和改造，多少也与此有关。在办学过程中，蔡元培始终以德国的柏林大学、莱比锡大学为目标，希望北京大学能与之平起平坐，"相颉颃耳"。

---

① 单滨新：《蔡元培与德国》，http：//www. niubb. net/article/1082316 - 1/1/。

在北大纪念校庆 20 周年纪念会上，蔡元培发表演讲时更表达了这一愿望："本校二十年之历史，仅及柏林大学五分之一，莱比锡大学二十五分之一，苟能急起直追，何尝不可与为平行之发展。"可见，蔡元培对北京大学的倾力改造，以及对北京大学未来发展所寄予的殷切厚望，既与其留学德国所形成的学术兴国的思想密不可分，同时也从一个侧面反映了其深受德国大学办学理念影响的印记。正如他的学生罗家伦所评价的："他（蔡元培）对于大学的观念，深深无疑义的是受了 19 世纪初建立柏林大学的冯波德（洪堡）和柏林大学那时代若干大学者的影响。"

（二）蔡元培的大学教育思想及实践

蔡元培从教育救国向学术救国的转变是一个特别值得重视的思想转变。在中国近代历史上，教育救国论者、科技救国论者不乏其人，但像蔡元培这样把包括思辨的哲学、美学在内的所谓的"纯学术"作为救国之本的，在那个时代确实是仅见的。[①] 中国传统学术在理性的发生形态上属于工具—价值型，在这种实用理性的推动下，中国发展了"为实用而学问"的经世致用之学。尤其是科举制度的建立，更框定了学术发展的方向，使其带有浓厚的为社会政治现实服务的实用色彩。在这种学术系统中，科学知识难以获得系统的发展。因此，在长期的生活实践中，聪明的中国古人虽然也有"四大发明"这样辉煌的技术发现，但是，它们始终停滞在农业和手工业的经验的水平上，而没有形成西方那样系统的、完整的知识理论体系，以至于近代中国由于科学技术的落后而陷入了"被动挨打"的局面。

清末，西方科学技术虽已对中学产生了强烈的冲击，但是经世致用的学术传统并没有发生改变。当时在学术界占据主导地位的"中体西用"观，就是这种功利传统的延续。西方先进的科学技术只是作为有用之"术"而得到了重视，至于"术"背后的学理以及学理之后的学术传统，则被"教育救国""科技救国"的急功近利所遮蔽。随着西学的影响日益加深，近代

---

① 李红惠：《从翰林院编修到大学校长——蔡元培教育救国思想形成》，《教育与教学研究》2013 年第 4 期，第 1~6 页。

一些知识分子对这一问题才有了更深入的思考，比如著名的"李约瑟难题"、竺可桢提出的"化学本始在中国何故后世反衰落"之问，以及梁漱溟做出的"中国古代只有手艺而没有科学"的论断，实际上都反映了近代学者对中国学术传统的自省和反思。不过这些都还是后话，事实上，直到民国初期，"重术轻学"的实用之风仍然盛行，纯学术、纯理论的研究毫无地位。

而这个时候接受德国古典哲学观的蔡元培，对中西学术传统的差异已经有了清晰的认识，这集中体现在他对"学"与"术"的区分上。他说："学与术可分为两个名词，学为学理，术为应用。各国大学中所有科目，如工商，如法律，如医学，非但研求学理，并且讲求适用，都是术。纯粹的科学与哲学，就是学。学必借术以应用，术必以学为基本，两者并进始可。"在"学"与"术"两者的关系上，蔡元培主张"学为源，术为流"，有"术"无"学"就是无源之水。他说，"要是单知练习技术，不去研究学术；或一国之中，练习技术的人虽多，研究科学的人很少，那技术也是无源之水，不能会通改进，发展终属有限"。因此，他特别强调，学术的发展不能只注重实用，而不顾纯粹学理的研究和探索。蔡元培还以康德的两元论哲学为基础，对"学"与"术"在整个学术体系中的归属和位置进行了解释。在他看来，"术"属现象世界无疑；至于科学，因其有客观规律可循，因而亦属现象世界；而神学与玄学，因其"超轶乎因果律"，无客观规律可循，因而属于实体世界。① 特别值得指出的是，蔡元培摒弃了康德的宗教观，而以"高深学问"予以置换。这种高深学问，主要指伦理学和美学，即超功利的信仰、情感之学，它由自由精神和特异个性所代表。这种虚玄的信仰之学，若相较于科学的实用之学，无疑所占比例极小，然而却是蔡元培所最为看重的。他将此悬格为自由且高远的精神目标，而人与动物之分野，恰在于精神追求之有无。

蔡元培的学术思想可谓点中了中国传统文化的命门。中国传统文化崇尚

---

① 王锦锦：《蔡元培学术关系论思想探析》，《扬州大学学报》（高教研究版）2014年第2期，第26～29页。

知识的实用理性，它不仅缺乏"科学"的因子，而且缺乏"艺术"或"美学"的元素，它更为缺乏的，则是"为学术而学术"的求真意志和学术自由的精神品格。正是这种学术传统的缺陷，致使中国文化的土壤上难以萌生出现代意义上的大学。而晚清在"中体西用"观念下移植而来的西方大学制度，则由于学术土壤的不适，而难免产生了"南橘北枳"的结果。蔡元培接手时的北京大学就处于这样一种状态，所以，他到北京大学后，着力改造的正是当时在北京大学盛行的功利主义的知识观，或他所说的"重术轻学"倾向。

蔡元培对于大学和高等专科学校的划分、对北京大学的学科调整和废门设系的改革以及研究所制度的建设，其最终目标都是要将北京大学改造成为专注于纯粹的学问的机关。蔡元培在北京大学的改革无疑取得了成功，纯学术研究在北京大学受到普遍的尊重，中国传统的封建学术专制积习也逐步被兼容并包、学术自由的学术氛围所替代，经学的传统权威已不复存在。由京师同文馆开始到蔡元培对北京大学的成功改造，现代意义上的大学理念和制度才初步建立起来。然而，人们通常比较看重蔡元培对北京大学的改革所产生的显著效果，而忽视了改革所赖以获得成功的一个重要前提，即蔡元培以德国古典哲学观为思想来源的学术观，对 20 世纪初中国大学及学术的现代转型所具有的不可低估的意义和影响。蔡元培接受了德国古典哲学中的"纯粹理性"的观念，他对"学体术用"关系的阐发，打破了"中体西用"观对中学、西学的高下之分，而将科学、哲学、伦理和艺术均纳入学术研究视野，并赋予平等的地位，这就拓宽了清末以来功利、狭隘的科学主义学术观的范畴，使清末启动的现代学术转型的努力在新的环境下得以继续完成。

北京大学的改革正是在这样的一种学术转型的过程中取得了成功，而鉴于北京大学的特殊地位和影响力，以德国古典学术观为代表的西方学术观念也就通过蔡元培在北京大学的改革而波及中国高等教育的整体。应当说，北京大学的现代转型与中国学术的现代转型呈现了一种相辅相成的关系。离开中国学术转型的背景，就难以理解北京大学改革的成就；相反，忽略了蔡元培在北京大学的改革，也难以理解中国现代学术转型的过程。或者说，蔡元培在北京大学的成功改革构成了中国现代学术转型链条中的一个重要环节。正是在这个意义上，才有了蔡元培对北京大学的改造"其影响所及，绝不止于北大，而在于全国；其所改革者亦不止于教育，而在于整个文化"的评价。蔡元培深受德国哲学的熏染，服膺于康德"现象世界"和"物自体"的二元划分，对德国新人文主义的洪堡式大学推崇备至。1916年12月至1927年7月，蔡元培担任北京大学校长（1923年蔡元培离开北京大学赴欧，由蒋梦麟代理校长，但蔡元培尚有校长名义）。他在北京大学任职的这一段时间，以德国洪堡大学为蓝本对北京大学进行了一系列重要改革。蔡元培在学习德国大学办学模式基础上所形成的高等教育办学理念，以及《大学令》中关于现代大学制度的构建，终于通过北京大学的这一系列改革举措得以真正实施。而北京大学经过蔡元培的一番改造，也终于从一所封建京师大学堂转化为一所名副其实的现代大学。这样，通过对北京大学的改造，蔡元培将德国大学所倡导的学术至上和学术自由、大学自治精神转换成中国特定的话语方式，在当时的中国具有很强的启蒙性和震撼力，对中国现代大学观念和学术的转型都产生了深远影响。自此以后，近代中国自由主义知识分子开始了将西方大学模式植入本土的多样化的探索与尝试。①

二 李石曾的生平与教育活动

李石曾（1881~1973），名江流，字石曾，晚年自号扩武，祖籍河北省高阳县。李石曾出生于晚清的一个显宦之家，其父李鸿藻是咸丰朝的进士，任过同治的帝师，当过各部尚书和军机大臣，是显赫一时的晚清重臣。李石曾是李鸿藻的第三子，6岁即熟读诗书，15岁师从学贯中西的饱学之士齐褆辛。李石曾3岁时，曾随父亲入宫觐见慈禧太后，慈禧见他行礼如仪，抚摸其顶说："此子将来定成大器。"李石曾自幼聪明过人，预示了其传奇的一生，在许多领域创下了"中国第一人"的赫赫伟业。

李石曾是留法学生第一人。1902年，李石曾得到李鸿章帮助，以随员

---

① 戴亦明：《蔡元培的大学教育思想》，《高等教育研究》1985年第4期，第17~21页。

名义随同驻法钦差大臣孙宝琦赴法，先入蒙达尼农业高等学校学习，获学士学位。之后又入巴斯德研究所和巴黎大学研究生物化学，由此成为华人留法学生第一人。

李石曾是把中国豆腐推向世界的第一人。李石曾在法国研习期间，发表了《大豆的研究》一书，以化学方法证明大豆的营养成分与牛奶相仿，并可替代肉食。1908 年，他创办了"巴黎中国豆腐工厂"，以大豆为原料生产法国人习惯食用的豆可可、豆咖啡、点心以及各种罐头食品。这些产品参加了次年举行的巴黎"万国食品博览会"，轰动一时，引起了西方人对豆制品的兴趣，李石曾因此获得"豆腐博士"的雅号。民间有个传说：李鸿章在法国巴黎开办豆腐工厂，并有"李鸿章豆腐"之称。这是讹传。与李鸿章一字之差的李鸿藻之子李石曾，才是把中国豆腐推向世界的第一人。

李石曾是发起留法勤工俭学运动的第一人。巴黎中国豆腐工厂最初招募中国工人，他们白天做工、夜间学习，成了中国最早的一批留法勤工俭学学生，这就是勤工俭学的缘起。之后，李石曾与蔡元培、吴稚晖等人在国内发起了历时十载、声势浩大的留法勤工俭学运动。留法勤工俭学运动促进了马克思主义在中国的早期传播，并为中国革命事业准备了像周恩来、邓小平、陈毅、聂荣臻、李维汉等一批革命干部，其意义已经超出了留学与中外交流的范围，而影响了中国整个现代历史的进程。

1917 年，李石曾应蔡元培之邀回国担任北大生物系教授。他一边教书，一边继续为赴法勤工俭学奔走。他和蔡元培等人在北京建立了华法教育会和留法勤工俭学会。1917 年，他在高阳县布里村创办了全国第一所留法工艺学校。同时，李石曾还在保定育德中学附设了留法高等预备班。这个班的设备好，教师水平高，是向法国输送留学生最多的预备班。1920 年，李石曾在北京创办中法大学。同年，他得到孙中山和广州政府的经济支持，在法国建立里昂中法大学。1928 年 9 月，应张孝若之邀任私立南通大学（Nantung University）首席校董。①

---

① 互动百科：《李石曾》，http://www.baike.com/wiki/。

　　李石曾是筹建故宫博物院的第一人。故宫博物院是当今中国最大的宫廷史迹和古代文化艺术博物馆。1925 年 9 月 29 日，故宫博物院成立之初，李石曾即任临时董事兼理事长，并亲笔手书"故宫博物院"匾额，高悬于神武门上方。故宫博物院从筹建到奠基，在政权更迭中历经波折与沧桑，而李石曾排除重重障碍，始终是核心力量，堪称创建故宫博物院第一人。

　　李石曾是近代翻译外国戏剧第一人。波兰廖抗夫（1881～1913）的三幕剧《夜未央》，写的是俄国虚无党著名的女英雄苏菲亚暗杀沙皇的事，特别契合辛亥革命前的历史情境。法国蔡雷（？～1904）的剧本《鸣不平》，原名《社会之阶级》，是一出讽刺喜剧，通过社会上不同职业所做的贵贱区分，深刻地讽刺了社会上的不平等现象。1008 年法国万国美术研究社出版了由李石曾翻译的这两个剧本，李石曾由此成为翻译近代外国戏剧第一人，为近代戏剧翻译以及中国戏剧学派诞生做出了重要贡献。

　　李石曾有显赫的家族背景，但因不满清廷，而追随孙中山从事革命活动，成为国民党四大元老之一。但他立志做事不做官，1905 年，李石曾与蔡元培等人在巴黎发起"进德会"，提倡不为官、不置私产，开一时风气之先，并终身恪守。他一生历任过北京农业大学校长、国立北平大学（北京大学）校长、国立北平师范大学（北京师范大学）校长；创办了中法大学、故宫博物院、北平研究院等诸多教育文化机构；还创办了中外公益事业 60 多项，如中国农工银行、中法工商银行、上海及日内瓦中国国际图书馆、世界书局、《自由世界》华文报纸等，而他自己终生无一财产。1949 年以后李石曾去瑞士，于 1956 年定居中国台湾，以其至高的年资，国民党聘其为"总统府资政"。1973 年过世，终年 92 岁，葬于台北阳明山。由于政治原因，李石曾的名字在中国大陆讳莫如深，人们对他知之不多，而他在中国近现代史上的确创造了许多奇迹，这些贡献不应被遗忘。

三　陈裕光的教育主张与教育实践

（一）陈裕光的生平及教育活动

陈裕光（1893～1989），号景唐，1893 年 3 月 7 日出生于浙江省宁波市。1905 年入汇文书院（金陵大学前身）附中读书。1911 年入金陵大学化学系，1915 年毕业后又专攻国学文史等课程一年。1916 年赴美国留学，1922 年在美国哥伦比亚大学获得化学科哲学博士学位。回国后，1923 ~ 1925 年任北京师范大学教授、理化系主任、教务长、评议会主席，其间两度由教育部任命为代理校长。1925 年秋季，陈裕光回母校任教于化学系，同时兼任东南大学科学教育教授。1927 年 4 月，被金陵大学理事会推举为校长，成为该校第一位华人校长。陈裕光担任这个职位一直到 1950 年，长达 25 年，是教会大学中华人任期最长的校长之一。

陈裕光在长期的教育实践中形成了独特的大学理念。陈裕光强调他办大学的"职志"，乃是沟通中西文化，取人之长，补己之短，使吾国固有之文化，更臻完备。

东西方文化的交流史表明，文化上的故步自封只会阻碍国家的进步；相反，不同文化透过彼此欣赏、相互影响后而综合形成的新文化特质，则有利于国家的繁荣昌盛。因此，陈裕光对办大学始终有一个基本的价值观判断，就是要以开放的心态来沟通融合中西文化，并把这种理念视为办学的宗旨。他认为：文化具有"互惠"的功能，尽管于文化的发生上看，它具有民族特性，但在功能上却是人类通用的。"学术本属于国际的，希腊的哲学早已传诵全球，近代的科学不分国界，到处研究，可中国的学术，至今没有特殊进步，更不想在国际上取得一个领导地位。"为此，"我们固不必太自负，藐视人家，我们也不必太自弃，妄自菲薄。我们是要求大家互相受惠，而不需彼此毁诋。我们更希望能根据互惠的精神出发，进一步能使我们在学术上、文化上研讨的结果，可以超过'互惠'而能多多'惠人'，并且与我们同道的文化机构共同努力"。

沟通中西的办学宗旨体现在实践中，则为在既要中国化，又要国际化的办学模式之间寻找平衡支撑点。这里举 4 个观察视角，看陈裕光当时是如何理解并实践"沟通中西文化"的理想。

一为率先向中国国民政府大学院（即教育部）呈报注册申请（1928 年 5 月），接受中国政府有关政策、法规指导，成为最早获政府立案并得到批准的教会大学。同时，按照中国政府的相关要求改组金陵大学董事会，增加校董会中国人的比例并达到三分之二，又将各院院长、系主任及各级领导逐步改由中国人担任。教职员工中，中国人的比例也大大增加，以此首先解决了管理体制的中国化问题。

二为在当时崇洋风气弥漫，作为外国人办的大学，理应更甚的情况下，陈裕光基于"植根于中国文化"的理念，加大对中国传统文化的研究，于1930 年在金陵大学正式成立地位与文、理、农三院平行的中国文化研究所，聘徐养秋主持所务。这个研究所的宗旨为：一是研究并阐明本国文化之意义；二是培养研究本国文化之专门人才；三是协助本校文学院发展关于本国文化之学程；四是供本校师生研究文化之便利。中国文化研究所在史学、哲学、语言学、考古学、民族学、文法学、目录学、国画研究及海外汉学研究等方面均有不俗的建树。如贝德士编撰的《西文东方学报论著举要》，在广泛阅读检索基础上，选取英、法、德等 19 种西文学术期刊，编撰导语、论文摘要、分类索引、姓氏索引，作为这个所的丛书出版，成为当时中国学生了解海外中国研究状况极佳的参考工具书。该所还出版了相当数量的国学学术著作，其中学术品质较高的有《殷契佚存》《十二家吉金图录》《五朝门第》《邵二云先生年谱》《范氏天一阁藏书考》《福氏所藏甲骨文字》《现代国语之语法研究》《史籍考》等。另外，中国文化研究所招收研究生，入学考试课目除与金大其他教学单位研究生入学须考中西通史、国文、英文外，还有第二外语的要求。这个入学门槛设计，显然与陈裕光试图凸显中国文化研究所多元文化品质的考量有关，也足见他对加深中西文化沟通的期望。

三为学科设置强调"适合国情""要为中国人民办学"。以农学为例，尽管中国是传统农业大国，但在 20 世纪 30 年代前，无论当时中央政府和地方政府都无暇顾及高等农业教育，导致农业科技人才极度缺乏。作为全国最早设立四年制农科高等教育的金陵大学（1914 年），陈裕光任校长后，于前任基础上又加大了对农科的重视程度，并于 1930 年改农林科为农学院，下设七系一部，分别是农业经济系、农艺学系、植物学系、动物学系、森林系、蚕桑系、园艺系和乡村教育及农业推广部。由农学院首先试行的"教学、研究、推广"的"三一制"（三结合），则把教学培养目标定位在"重在联系中国农业实际，不尚空谈，其中对推广一项尤其重视"。学生在校期间，定期到学校附近的农场劳动（金陵大学农学院南京总场即占地 1700 余亩），并参与研究调查项目。如农业经济系师生曾对全国近 20 个省开展"土地利用调查""全国农科经济调查""人口及水灾调查"等多项大规模的社会科研调查活动，其形成的调研报告，成为当时中国政府相关职能部门的重要参考文献。农学院还开发改良了如金大 2905 号小麦等大量的优质农、林品种，为促进中国农业近代化的进程，做出了积极的贡献。胡适先生也曾明确地说过："民国三年以后的中国农业教育和科研中心是南京，南京的中心先在金陵大学的农林科，后来加上南京高等师范学校的农科，这就是后来金陵大学农学院和东南大学的农学院。"①

四为生活方式注重保持民族文化的尊严。金陵大学是当时美国在华教会大学中，唯一享受 A 类大学声誉的学校（据 1928 年加利福尼亚大学对美在华教会大学所做的评鉴，按 ABC 分类，A 类一所，为金陵大学，B 类一所，为燕京大学，其他如金陵女子大学、东吴大学、圣约翰大学、沪江大学、岭南大学、华中大学等校，均属 C 类大学。依此标准，持有 A 类大学学位的毕业生有资格直接进入美国大学的研究生院，持有 B、C 类大学学位的毕业生只能进美国大学本科，有些可进三年级或四年级，有些只能进二年级，进入研究生院则要补修 30 个本科学分）。但就在这样一所由外国人主办，且西学水平相当高的教会大学，难以想象它的校长"在金大 20 多年，从未穿过西装，作为民族精神的表率和民族精神的体现，金大很多教授也穿中式服装"。陈裕光晚年还不无自豪地回忆了一件令他印象尤深的往事："30 年代华东四大学（金大、圣约翰、东吴等校）一年一度的英语辩论会，金大学生常占优胜。写到这里，使我想起辩论会上的特殊现象：其他学校师生都是西装革履，而平时既穿西装，也穿中装的金大学生，在辩论会上一律长袍马褂，满口流利用英语，一般学究打扮。"着装固是小事，但金大师生能如此

---

① 《胡适谈金大农学院的贡献》，引自《金陵大学史料集》，第 204 页。

独行实属难能可贵。对此,如金大校友、原华中师范大学校长章开沅教授所评价:"这大概正是为了要培育真正能够沟通中西文化的人才,不欲为中国'多添徒穿西服之青年'的表现吧。"

(二)陈裕光的教学理念及教学实践

陈裕光是一个务实的大学校长,其教学理念主要体现在教学实践中,留下的理论性文献并不多。若大致归纳,除"文化互惠""沟通中西文化"外,重人格养成,以造就健全国民,以及教学方面致力于推行"三一制",主张学以致用,主动服务社会之类,则是观察他践行大学理念的主要窗口。

独立人格养成方面,显然与基督教强调牺牲、服务、奉献等人格要素有关,教会大学往往把培养学生形成对应之品德置于首要位置,这一点,作为基督徒的陈裕光亦不例外。他说:"教育"二字,包括两种意思,一为教导学识,一为陶冶品格。二者并重,不可或缺。若仅有学问,而无人格,则于人于事,无所裨益。故本校除启发知识外,亦常以琢磨品性,阐明宗教伦理为职志。而这个"职志"的目标,就是"造就健全国民,发展博爱精神,养成职业知能的根本",以"服务社会、造福人群"。

金陵大学着重学生独立人格之养成,其过程不是靠讲华而不实的大道理或做空洞乏味之大报告,而是身教重于言教,通过校园整体文化氛围来熏陶品性,像日常生活,秉承"非以役人,乃役于人"宗旨建立的各类基督教团契和其他学生社团活动,教学管理诸制度设计,如考试制度,鼓励学生积极参与社会实践的"学点制",以及学校颁发的各项学生守则等微观视角,让德育诉求暗寓其中,以润物无声的方式渗透并施加影响。如该校正式文件《学生礼节》,除对社交活动的各种细节均有详细的介绍外,并说明"此礼节系按西国之风俗人情而作,然其大意亦不外尊重他人之权力与思想耳"。① 又如该校学生自治会第一章总则也明确表明"本会以发展生活自治,培养人格自尊,维护学术自由,增进学校与同学之联系为宗旨"。② 而学生团体

---

① 南京大学高教研究所编:《金陵大学史料集》,南京大学出版社,1989,第134页。
② 南京大学高教研究所编:《金陵大学史料集》,南京大学出版社,1989,第144页。

规则第一条即明示"本校大学生为砥砺品德，研究学术，并陶冶服务精神，练习自治起见，得根据本规则之规定组织各种团体"。[①] 这种言行如一的校园整体文化，无疑为学生自我完善并主动修正其行为价值准则，提供了良性的发展空间。一些金陵大学校友数十年后写的回忆性文章，从侧面说明这个学校的育人效果是到位且真实的。

文明礼貌、关心集体、团结友爱、培养良好的情操等，都是母校对每个学生的潜在教育。例如，校园环境的美化，教室、图书馆、实验室、运动场无一不是整整齐齐的。即使是学生宿舍也很整洁。敬重师长，同学之间讲礼貌，有不良习惯的人很少，吸烟者极少，听不到污言秽语，更未发生过酗酒、损坏公物、打架斗殴之类的事。校园内、宿舍里经常可闻琴声、歌声及欢笑声。学校所倡导的自控（self-control）、自尊（self-respect）和自我教育（self-education）等也对学生起到潜移默化的作用。这就使整个校园生活充满着文明安谧的气氛，激励着学生珍惜大好时光，踏踏实实地努力学习……母校的严谨教育、道德规范、文明习气的培养和课外活动、工作自助等潜在教育，不仅给我们知识力量，也在情感上、行为上留下深远的影响。[②]

对学校润物无声的"潜在品行教育"如此推崇备至，估计当下能给学生这样美好印象的大学已不多见了。

教学诉求方面，着重实施教学、研究、推广的"三一制"模式，倡导学以致用，主动服务社会的学风。"三一制"由金大农学院首先试行，它的立论要点是人才培养要力戒空谈，重在联系中国农业实际，尤重推广，以纠正中国传统教育偏坐而论道的倾向；同时，鼓励师生走出课堂，到社会上实践，通过实验、实证、学习和研究等教学环节，来提高学生的专业动手能力，以顺应国情之需，培养社会实际需要的人才。在"三一制"的主导下，农学院师生形成了理论联系实际、主动服务社会的良好学风，足迹遍及全国近 20 个省的农村，受到各地农民的欢迎。而农学院也因此在教学、研究方

---

① 南京大学高教研究所编：《金陵大学史料集》，南京大学出版社，1989，第 274 页。
② 万庆思：《母校的教育》，文见南京大学校友会编《金陵大学建校 100 周年纪念册》，南京大学出版社，1988，第 362～364 页。

面取得了突出成绩，于海内外赢得广泛的影响，其农学科研是当时中国在相关领域内的最高水平。"金大校誉鹊起，闻名国内外，农科是一主要因素。"① "三一制"在农学院取得巨大成功后，陈裕光校长又将其推行到文、理二学院，要求文科学生参加社会调查，理科学生体验生产实践，如文学院社会学系基于社会之需要，成立了普遍社会学组、都市社会学组、乡村社会学组、边疆社会学组、社会福利行政组等 5 个着眼于社会服务的教学小组。其社会服务的关注视角甚至延伸到"南京人力车夫的福利"问题，还先后开设了"都市社会学""社会变迁""人口问题""中国家庭研究""贫穷与犯罪"等课程，专门针对中国社会问题进行探索。理学院则根据当时社会需要，增设化学工程与电机工程课，办过两年制的电化教育专修科、三次电化教育人员训练班。其中电化教育摄制人员的足迹遍及全国，拍摄有关地理、工业、农业、手工业等方面的教育电影，到全国一百多个点巡回放映，对群众进行科学普及教育。抗战期间，鉴于汽车技术人才缺乏，理学院又添设汽车专修科。另外，为保障学生参与社会实践的积极性，学校还推出旨在鼓励学生社会实践的"学点制"②，规定凡参与社会实践 10 小时者可得一个"学点"，7 小时者可得"半学点"并记入成绩。

陈裕光为何如此重视学用结合，强调大学的社会服务功能呢？他于 1948 年在金陵大学校庆 60 周年的讲话中，有一段文字颇能说明他对这一问题的理解：

> 教育非仅求知，乃在加强服务意志，锻炼耐劳刻苦精神。教育本身，并非仅以增加知识为已足，而在作育人才，济世惠民。所谓，"非我役人，乃役于人"，由小我而推及大我，变利己的思想，而为利他的思想……总之，本校办学以来，除沟通文化外，亦常勉以为学问而致力，为修养而淬砺，为和平而奋斗，为服务而尽力。③

---

① 陈裕光：《回忆金陵大学》，见谢泳等编《逝去的大学》，同心出版社，2005，第 160 页。
② 南京大学高教研究所编：《金陵大学史料集》，南京大学出版社，1989，第 66 页。
③ 南京大学高教研究所编：《金陵大学史料集》，南京大学出版社，1989，第 66 页。

第六章

近代多元化的教育思潮及实践

——中华民国时期的民办教育（1911～1949 年）

民国教育承继了中国数千年封建教育的沉重负荷，在外国列强用武力打开国门的历史背景下，寻求解决中国教育问题的方法。民国时期教育思潮萌发于五四运动之前，并在 20 世纪 20 年代达到高潮，更具有多元化的特色。无论是清末民初张謇的"南通模式"办学实践及"实业救国"教育思想，还是五四运动时期从西方传入中国，影响最广泛的实用主义教育思潮、新文化运动中最主要的平民教育思潮、"五四"时期盛行的工学和工读主义思潮、职业教育思潮、科学教育思潮，以陶行知、晏阳初、梁漱溟、黄炎培等为代表的爱国教育家的乡村教育思潮和乡村私立教育改革探索，均反映了在民国初年那个动荡混乱的年代，教育家和教育工作者满腔热情振兴中国教育，并以此改造社会，达到教育救国振兴中华的目的。

政治决定教育的规律。"教育救国"在民国时期高唱不绝，缘于中华民族一直灾难深重；乡村建设运动的诱发，在某种程度上是一些教育家受了中国共产党建立红色根据地的启示。[①] 无论是清末民初时期实业教育家张謇，还是民国时期的多元化教育思潮及以陶行知、晏阳初、梁漱溟、黄炎培等为代表的爱国教育家的乡村教育思潮和私立教育改革，民国时期的教育无不打

---

① 史仲文、胡晓林：《中国全史·教育卷：民国分卷》，中国书籍出版社，2011，第 1035 页。

上浓厚的政治色彩。民国时期救亡图存、自强独立的重要性远远超过教育。民国时期的教育思潮和私立教育实践对于当代社会的教育改革也有很重要的借鉴意义。

第一节　张謇的办学实践及实业教育思想

张謇是中国现代化事业的开拓者和先驱，中国近代爱国实业家、教育家。他所开创的"南通模式"是中国工业和城市发展的有益尝试，他所主张的"棉铁主义"不失为实业救国的良方。他曾经弹劾李鸿章，参与戊戌变法，领袖立宪运动。毛泽东曾这样评价，在中国近代历史上，"搞重工业不能忘记张之洞，搞轻工业不能忘记张謇……"然而，就张謇本人而言，或许他更愿意后人关注他所倾力的教育事业。"张謇在中国教育发展史上是一位极其伟大的开拓者，其业绩是继孔子之后的又一座丰碑。"[①]

一　张謇的生平与"实业救国"成就

张謇（1853～1926），字季直，号啬翁。光绪二十年（1884）礼部恩科会试中，殿试得中一甲第一名（俗称状元），赐进士及第，授翰林院修撰。他一生的事业涉及实业、政治、教育、公益慈善等多个领域，均颇有建树。他是中国近代史上一位独具特色和影响力的人物。

1853 年 7 月 1 日（清咸丰三年五月二十五日），张謇出生于江苏海门厅长乐镇一个小商人兼小地主的家庭。他自幼聪颖，3 岁能背《十字文》。12 岁时，塾师出上联"人骑白马门前去"，张謇当即对曰"我踏金鳌海上来"，对仗工整，不同凡响，一时传为佳话。张謇 15 岁开始进入科举试场。同治七年（1868）16 岁时，为避"冷籍"应试必然会有的额外需索，经塾师宋琛安排，冒用如皋县人张铨儿子的名义报名注籍；经县、州、院三试胜出，得隶名如皋县学为生员。后因"冒籍"案发，导致家庭陷入一贫如洗的境

---

① 卜贵林：《张謇在中国教育发展史上的地位》，《江海纵横》2010 年第 5 期，第 53～55 页。

地。直至 21 岁，幸赖通州知州孙云锦、江苏学政彭久余怜士惜才、曲为援护，屡费周折，才得以销如皋控案而归通州原籍。

张謇 21 岁时，应江宁发审局孙云锦之邀，任发审局书记。在孙云锦的支持下，接连考中钟山书院、凤池书院、惜阴书院，得到了薛慰农、张裕钊等名师的指点，结识了许多有声望的师友，并初展才能。23 岁入淮军吴长庆幕府，任机要文书。客幕期间，当朝尚书翁同龢对张謇品格与才识有所闻，致函吴长庆时，常附笔问候张謇。后建立师生关系。1882 年至 1884 年，张謇又跟随淮军统领吴长庆进入朝鲜平定"壬午兵变"，开阔了国际视野，锻炼了政治才干。1885 年，张謇赴京参加顺天乡试，以优异成绩摘取"南元"桂冠，一时名噪京华。

1894 年（光绪二十年），清朝政府特设"恩科"会试。张謇遵从父命，赴京赶考，殿试中一甲第一名状元。光绪帝在太和殿亲授翰林院修撰。这一年，适逢中日甲午战争爆发，中国在甲午战争中惨遭败绩。翰林院 35 人上疏《请罪李鸿章公折》，张謇单独上《推原祸始防患未来请去北洋折》，责李鸿章"战不备、败和局"，主和误国。1895 年，清政府与日本签订了丧权辱国的《马关条约》，准许外商在中国内地设厂，激起张謇极大的愤怒和忧虑："捐我之产以资人，人即用资于我之货售我，无异沥血肥虎，而祖肉以继之。利之不保。我民日贫，国于何赖？"张謇认为，必须发展民族工业以抵制帝国主义的经济侵略。① 他毅然弃官从商，在自己的家乡——南通开启了"实业救国"的现代民生教育的辉煌之旅。

时任两江总督的张之洞欣赏张謇的救国志向，又出于拉拢他的目的，授予张謇总理通海一带商务的重任。张謇接受张之洞的邀请，在 1895 年至 1899 年间，联络沈敬夫等通海布商的力量，在张之洞、刘坤一等封疆大吏的支持下，广募资金，历尽艰辛，经过"完全商办""官商合办""绅领商办"三个阶段，终于在南通唐家闸创办了南通历史上第一家近代化纺织厂。

---

① 李克勤：《毛泽东：讲到轻工业，不能忘记张謇》，http://blog.people.com.cn/article/1384 498541622.html。

张謇以"大生"为工厂命名，"大生"一词，源自《周易》"天地之大德曰生"，反映了张謇的民本主义思想与办厂为救国利民的宗旨。大生纱厂以南通本地种植的棉花为原料生产"魁星"棉纱，"魁星"棉纱又供应给本地农民生产南通土布，远销东北市场。这一"土产土销"的营销策略获得成功，大生纱厂站稳脚跟，开始发展。到20世纪20年代初，大生企业集团的触角伸向了徐州、上海、马鞍山、武汉等地，从生产领域又扩大至金融领域、远洋运输领域，鼎盛时拥资约3400万元，一度成为中国最大的民族资本集团。张謇创造了人称"南通模式"的近代区域经济快速发展的奇迹！

1911年，孙中山领导辛亥革命，张謇顺应历史潮流，实现了一生中最大的转变，毅然由推崇立宪转向拥护共和。1912年1月1日，孙中山就任临时大总统，临时政府成立，任命张謇为实业部部长。

1913年，张謇为实现他思谋已久的强国安民的方针政策以及他梦寐以求的"棉铁主义"，就任北洋政府农商总长兼水利局总裁。两年期间，张謇主持全国农林、工商政务，编订颁布有关工商矿业、农林水利、渔牧业、度量衡、银行证券、引用外资等法规条例20余个，对我国民族资本主义工商业的发展，起了一定的积极作用。1915年，袁世凯称帝阴谋渐露，张謇愤而辞职，返回南通。从此他倾注全部精力进行办实业、办教育、办社会文化慈善事业、推行地方自治的实践。

1916年，张謇被推为中国银行股东联合会会长。1918年，"主张国际税法平等会"在沪成立，张謇被推为会长。1920年，张謇被推为中国矿学会及中国工程师学会会长，并为中国科学社筹谋社址。1921年，他被推为远东运动会名誉会长。1922年被推为交通银行总理。1926年8月24日，张謇因病逝世，葬于南通市南郊。墓上不铭不志，只在墓门自拟联语："即此粗完一生事，会须身伴五山灵。"[1]

---

[1] 李克勤：《毛泽东：讲到轻工业，不能忘记张謇》，http://blog.people.com.cn/article/1384498541622.html。

二　"父教育而母实业"的办学实践

在创办实业的过程中，张謇深感人才的重要。他说："人皆知外洋各国之强由于兵，而不知外洋之强由于学。夫立国由于人才，人才出于立学，此古今中外不易之理。"① 人才成为张謇比办厂资金更为急迫的问题，而培养人才须创办学校，创办学校关键在于师资。1902 年下半年，张謇在争取刘坤一支持创办官办师范学校未果的情况下，自筹资金在南通创办民立师范学校。他以城东南千佛寺为校址进行改建，聘请王国维等国内学者为师资，又邀日本木村忠治郎等来校任教，并制定了体现德智体三育并重的教育方针，购置商务印书馆教材作为学校教材。1903 年上半年，通州民立师范学校建成招生，张謇自任校长，成为中国最早的民办师范学校。自此，张謇又开始了"教育救国"的实践，并由此形成了内涵丰富、极有价值的"父教育、母实业"的思想。

张謇敏锐地洞悉到，"惟是国所与立，以民为天。民之生存，天于衣食。衣食之源，父教育而母实业"。他把实业与教育两者的关系比喻为一个家庭的父母双亲，相互补充，相辅相成，至亲至密，缺一不可。彼此关系又可沿用中国古代农业社会通海地区特色：父亲读书求学问，母亲植棉纺纱织布谋眼前生计，为"衣食之源"。又言："举事必先智，启民智必由教育；而教育非空言所达，乃先实业；实业、教育既相资有成，乃及慈善，乃及公益。"② "以实业辅助教育，以教育改良实业"——基于这一认识，张謇身体力行，在南通兴办实业、辟垦牧、兴水利、筑交通、开医院，一生创办了二十多个企业，可谓坐拥通城，富甲一方。然而，财富的追求并不是目的，他把更多的精力用在了兴办学校上。

张謇认为："立学校须从小学始，尤须先从师范始。"他把整个教育事业比作一条源远流长的江河，"师范启其塞，小学导其源，中学正其流，专

① 《张季子九录·政闻录》卷一《代鄂督条陈立国自强疏》。
② 张光武：《重读张謇实业篇："父教育而母实业"》，《中国民商》2013 年第 8 期。

门别其派,大学会其归"。他的办学程序是:先师范,后小学,再专门,然后逐步升级,直到大专和大学本科。于是,1902 年,他创建了我国第一所师范学校——通州师范学校。而后,本着"立之有本,行之有方,次第有序"的思路,先后在南通这片不大的江海平原上创办了近四百所小学、三所高等学校。同时,还创办了诸如女子师范、中学和各类专门学校几十所,创办了盲哑师范传习所、女工传习所、贫民工场、流浪人栖流所、妓女济良所等诸多的社会教育机构。①

南通近代企业的快速发展,为南通近代教育的快速发展提供了极其有利的条件。在张謇统一筹划下,1906 年(光绪三十二年)建成中国第一所设完全科的女子师范学校通州女子师范学校,范蕴素任校长;1906 年(光绪三十二年)建成中国人创办的第一所新式托儿所南通新育婴堂;1913 年(民国 2 年)建成中国第一所纺织专科大学,同时也是第一所厂办大学南通纺织专门学校,张謇任校长;1914 年(民国 3 年)建成中国第一所水利专科学校河海工程专门学校,许肇南任校长;1914 年(民国 3 年)建成中国第一所刺绣职业教育学校南通县立女红传习所,张謇任所董,沈寿任所长;1915 年(民国 4 年)建成中国第一所培养盲哑师资的学校盲哑师范传习所;1916 年(民国 5 年)建成中国人创办的第一所盲哑学校南通盲哑学校,张謇任校长;1919 年(民国 8 年)建成中国第一所新型戏曲学校伶工学社,张謇任董事长,张孝若任社长。这些学校的创办开国内风气之先。

仅张謇个人,从 1902 年到 1926 年 25 年间就为兴办各种教育事业注入资金 257 万元,创办通州各级各类学校合计 330 多所,并在宁沪等地参与创办三江师范学堂(今南京大学前身)、复旦公学(今复旦大学前身)、南京河海工程专门学校(今河海大学前身)、吴淞商船学校等多所学校。在南通出现一个地方企业系统的同时,南通又出现了一个从纵向而言,包括小学、中学、大学在内;从横向而言,包括普通教育、职业教育、特种教育在内的

---

① 《父教育而母实业——张謇的教育强国梦痕》,http://learning.sohu.com/20131127/n390879124.shtml。

地方教育系统，构成了门类相对齐全、结构相对完整的国民教育体系。当时南通成为全国教育最为昌明的示范区域，学生除本省本县外，慕名远道来学者，有浙、赣、皖、闽、湘、鄂、鲁、晋、秦、陇、滇、黔、蜀等13省。学校毕业生之多、学龄儿童入学率之高，在全国同类行政区域中首屈一指。1920年左右，张謇在南通筹办南通大学，推动南通地方教育发展到了高峰。

张謇在南通教育事业上的辉煌建树，在当时全国1700余县中是绝无仅有的奇迹，受到同时代人和海内外的高度赞扬。由于张謇在兴办教育上的丰功伟绩，开全国新式教育的风气之先，他被学界同人先后推举为江苏教育总会会长和中央教育会会长，成为清末民初中国教育界公认的领袖与旗帜。张謇无愧于"近代著名教育家"的称号。

三　张謇的教育思想和教育管理主张

在长达26年的办学实践中，张謇形成了自己独具特色的、相对于科举制度来说全新的教育思想体系。

（一）教育的功能、培养目标和教育方针

关于教育的功能与地位。张謇认为，教育是开启民智、造就人才的，在导致国家富强的诸因素中居于根本的地位："窃维环球大通，皆以经营国民生计为强国之根本。要其根本之根本在教育。""教育所以开民智""非人民有知识，必不足以自强；知识之本，基于教育。"他在各种场合反复强调教育的根本地位："教育者万事之母""教育者，一切政治、法律、实业、文学之母""教育是诱导人的利器""为社会政府储有用之才，即为社会政府通将来之驿""教育尤为各种政策之根本"。

关于学校的培养目标。张謇明确提出国民教育的目标是培养广大有文化的劳动者。因此他特别强调普及基础教育的重要性："国何为而须教育？教育者，期人民知有国而已。能有国之终效，使人人任纳税当兵之责，多数无怨望而已。""教育期人人知行艺，知邦法。知行艺则国多可信可用之人，知邦法则里无或暴或慢之俗。""不民胡国？不智胡民？不学胡智？""当思世界虽大，我是其中一分子。只须努力于学业，将来无论为士为农为工为

商，皆为健全之国民。""欲雪其耻而不讲求学问则无资，欲求学问而不求普及国民之教育则无与。""自治之本在兴学，兴学之效在普及。"为使孩童成人后平时能建设、战时能卫国，他还独具慧眼地提出了"军国民人格"教育的命题，并且热心实践予以提倡。

关于教育的方针。1902 年创办通州师范时，张謇提出以"国家思想、实业知识、武备精神三者为教育之大纲"。[①] 所谓"国家思想"，就是要求学生打破"为我主义"，有爱国思想和自立精神。为激发学生为国家而刻苦学习的爱国热情，他处处强调学生要知国耻、雪国耻。对学生慷慨陈词："中国今日势衰弱极矣，国望亏损极矣……环顾五洲，彼所称强大文明之国，犹是人也。以我中国黄帝尧舜神明之胄，退化不振，猥处人下，至有以奴隶目我者，诸君以为可耻否乎？"[②] 只有"国耻雪，则各国不得不视以平等，而国家的自由，此则大自由也"。"欲雪其耻，而不讲求学问则无资。"[③] 1904年，他提出了"谋体育、德育、智育之本基于蒙养"的思想。1914 年在为河海工程测绘养成所制定的章程中，他明确规定："一、注重学生道德思想，以养成高尚之人格；二、注重学生身体之健康，以养成勤勉耐劳之习惯；三、教授河海工程上必需之学理技术，注重实地练习，以养成切实应用之知识。"这已经是德智体三育全面发展的教育方针。1923 年他又在致黄炎培论教育的信中对德与艺的关系做了精辟论述，认为无论初小高小还是中学大学，都要德艺并重，而小学阶段尤要强调德重艺次，因为不德无行将为社会所不容，即无从就业谋生。

（二）教育的课程设置和教学方法

关于课程设置。张謇认为课程设置要能体现教育方针、实现培养目标，以利于学生在校德智体全面发展，毕业进入社会后满足就业实际应用的需要。因此，他为各级各类学校拟订的教学课程，摈弃了旧教育制度的保守性和封闭性，总是紧跟时代和世界的潮流。1903 年他为通州师范规定的课目，

① 《张季子九录·教育录》卷四《师范学校运动会演说》。
② 宋希尚：《张謇的生平》，（台湾）编译馆，1982，第 507 页。
③ 《张季子九录·教育录》卷二。

已经构成了开放性、前瞻性的课程体系。他还认为特种教育的课程设置应顾及特殊的培养目标,例如1919年在交通警察养成所开学演说里强调:诸生"须极端注意英语一科,因所办交通警察,强半为外人来通参观而设。英语在世界上最为普及,若不通英语,设西人有所询问,警察瞠然不知所对,实为南通自治之羞"。

关于教学方法。针对旧教育"空言无用"的缺陷,张謇特别强调理论与实际、课堂与实习、学校教育与社会教育的结合,注重于把知识转化为能力。他强调指出:"良知之学,重在知行并进。居今之世,舍知行并进,尚安有所谓学务哉?"他为师范、医校、纺校、农校建立了附属的实习基地。对师范生,他明确规定毕业前一学期必须到附属小学校进行教学实习,且须预备教案于实习之前,详加讨论于实习之后,以便总结得失、增强技能。他还规定纺校学生必须利用假期参观先进的实业、旅游名胜古迹,借以增广见闻、锻炼体魄。因此他的学校毕业生较少高分低能现象,具有较强的实际动手能力,受到社会的欢迎。他还主张因材施教:"胥一国之人于一途,势有所不能;别一途以养性之相近者而成其材,宁有不可?""教聋不可以管龠,教瞽不可以文章。"因此他强调教师要"因材易教,毋拂毋悖,毋萌倦志",学生要"各本性所近,习一艺而专之;各本识所明、力所胜,习一事而勤之。信能如是,期以三年、五年、八年、十年,学生其必有成焉者"。

(三)实业与教育迭相为用的教育思想

张謇是中国近代最早认识实业与教育对于富民强国重要意义及其二者互动关系的思想家。他认为"实业教育二事有至密至亲之关系""实业教育,富强之大本也""实业为教育之母""教育为实业之母""国所与立,以民为天;民之生存,天于衣食;衣食之源,父教育而母实业""以实业辅助教育,以教育改良实业。实业之所至,即教育之所至"。这些论说正确地反映了物质文明与精神文明之间的辩证关系。对实业教育,更强调"以实践为主要"。他说:"农学校之学生,不能为农夫之所为,是可谓学生,而不能谓农学生……然农学生而不能为农夫之所为,又何须此农学校哉!"① 因此他在农校建立起一系列实习基地,如农作物实验场、家畜试验场、苗圃、森林事务所、鱼池等。定期组织学生到垦区考察、试验,将取得的成果,通过举办展览会等形式推广到生产中去;要求医校学生到医院实习;土木工科学生搞实地测量;商校设有储蓄银行,每日有学生若干轮流值日经营;他所办的纺织厂则是纺校学生的实习基地……②

(四)关于教师与师范的地位

张謇是中国近代最早系统地论述师范地位、提倡尊师重教,并且实际下大力从事师资培养的教育家。他认为"一艺之末,学必有师,无古今中外之通义也。况图国家强立之基,肇国民普及之教育乎?""欲教育普及国民而不求师则无导。故立学校须从小学始,尤须先从师范始。"他响亮地提出:"师必出于师范!""师范乃教育之母。""师范则普及根原,教育本位。"1912 年他在回顾兴学历程时精辟地论述了普及教育与兴办师范的关系:"自前清甲午中国师徒败衄,乙未马关订约,国威丧削,有识蒙诟,乃知普及教育之不可以已;普及有本,本在师范,乃知师范之设不可以已。"他给"师范"二字所下的定义是:"范者法也,模也。学为人师而不可不法不模。"他认为教师是为人师表的,不但要有渊博的学识,而且要有"坚苦自立""忠实不欺""勤苦俭朴"诸美德,还要对学生有爱心与耐心:"苟无慈爱心与忍耐心者,皆不可任,固不纯恃学业之优为已足尽教育之责也。"为引导教师终身从事教育,1902 年他提出:"必鼓舞习师范者,使有乐从教育之途也。"并设计两条办法:一是对从教达到一定年限卓有成绩者分别授予学位官衔,以名誉鼓舞之;主张给教师评定职称,通过荣誉感来激发责任感,张謇是有史以来第一人。二是对长期及终身从教者,视一般教师俸薪从优。1908 年他建议中央政府制定擢优、励恒、彰廉三项鼓励政策和定给俸、定就聘、定义务界限、定职任资格、定解约规则、定处分规则等 6 条约束措施,用以引导习师范者长期从事教育事业。关于师范教育的理论是

① 宋希尚:《张謇的生平》,(台湾)编译馆,1982,第 507 页。
② 卜贵林:《张謇与中国教育的近代化》,《南京师大学报》(社会科学版)1993 年第 1 期,第 59 ~ 63 页。

张謇教育思想体系的核心部分。

（五）关于学风与校风建设

张謇认为："国家前途舍学子无望，学子前途舍敦行力学无望，敦行力学舍专静无望。"因此"学生须以求学问为唯一宗旨"。而学生的可塑性很大，"犹水在盂，盂圆则圆，盂方则方；犹土在陶，陶瓦则瓦，陶器则器""生铁之必数炼而为钢也，生棉之必层制而为布也"，关键在于学校与老师如何教育。他于1912年专门写了《论严格教育旨趣书》，提出了"凡教之道以严为轨，凡学之道以静为轨"的精辟论断，主张学校管理应比照军队，"师道贵严"，不宜放任，"有害群者去之，无姑息焉"。1923年元旦，他谆谆教导学子们一要静心二要耐苦："静然后能宁心志，静然后能致思虑，静然后能蓄精神。今日之静正为他日之动也。古今中外无浮躁而能成学问、而能成事业者……古今学者之所以能成其学，何一非从艰苦中来？"为从制度上保障教学秩序，维护好的学风校风，张謇还设计并实施了一些奖惩措施。他认为："赏罚者，整齐一校规则、锐厉一校精神之具也。"他劝导学生要从"何人以何事而赏，何人以何事而罚"中引发思考，激发勤勉向上的志气，从而收到奖勤励惰、去其害群的正面效果，而避免骄傲自满或嫉妒嫌忌的负面效应。针对"向学之士，贫者居多"的情况，张謇还在学校里设置了一些"苦学生"岗位，在减免学费的同时让他们承担一些校内杂务，帮助他们通过勤工俭学完成自己的学业。①

（六）关于教育事业的发展规律

张謇认为教育是有起点而没有终点的事业，必须与时代一同进步，常办常新。他说："万事有始者有卒，教育有始而无卒之事也。万物有新者有旧，教育有新而无旧之事也。"因此，"教育必须与时势相消息。倘昧于时势之变迁，墨守定章，一成不变，则其教育与时势不相应，虽有成效，何补于国？何补于民？"不仅如此，教育还是一项既有规则又无定则的事业，不

---

① 张荣生：《从科场魁元到学界泰斗——张謇兴教生涯考察》，《南通大学学报》（社会科学版）2011年第4期，第121～130页。

同国度、不同地区发展教育必须从本国本地的实际出发，才能收到好效果。他说："教育者，有方而无方、有法而无法之事也。"因此，"教育尤其宜有变动，不过必当顾及本地的需要。例如在南通讲教育，先要想什么是南通需要的，什么是适合南通的"。他的这些论断，揭示了教育事业应当随着时间地点而发展变化，批判了文教事业上的教条主义，对于保持教育事业的生机活力具有长久的指导价值。

综上所述，回首中国近代史，张謇所办的实业与社会事业几乎无一例外地围绕着"教育"，他使所有的非教育部门都承担起了教育职能，把传统的为少数人服务的教育改造成了为多数人服务的教育。在《欢迎日本青年会来通参观演说》中，他讲道："致教育方面，全县初级小学校，已有三百余所。又从全般社会上着眼，为老幼残废、无告之民设计，育婴堂、养老院、残废院、平民工厂等相继观成。"由此，我们可以感受到他在现代民生教育上的不懈追求。

张謇的教育实践，纵贯学前教育、初等教育、中等教育、高等教育；横贯普通教育、职业教育、特殊教育、社会教育。所办学校之多、成效之卓著、影响之大前所未有。更为重要的是，他的教育实践，改变了封建教育脱离实际、坐而论道的陋习，具备了近代教育实用性的特点。他用毕生的努力建构起了南通地区层次和门类齐全，且趋于完整的大教育体系。美国教育哲学家杜威来南通考察后表示："南通是教育的源泉，吾尤望其成为世界教育之中心也。"①

张謇的教育思想，是同时代教育思想家的典型代表与集大成者。他批判地继承了以孔子为代表的中国古代儒家教育思想，实现了新的历史时代教育思想的新飞跃。以他为杰出代表的中国近代教育家的理论与实践，是继孔子把"学在官府"改变为"学在私塾"之后，对教育生产力的又一次大解放，具有把古代教育推进到现代教育的里程碑意义。

---

① 《父教育而母实业——张謇的教育强国梦痕》，http：//learning. sohu. com/20131127/n390879124. shtml。

第二节　五四运动时期的教育思潮

五四运动后，民国教育进入现代阶段。现代教育逐渐成为一种大教育，社会各阶层都参与进来；教育内容也逐渐超出学校，注重社会实践和个性的自由发展。这一时期，不仅学校教育得到改善、调整，而且社会教育、民众教育和儿童教育也得到重视，教育伸展到社会的各个领域。工人民众的力量第一次为世人所了解，成为推动社会（包括教育）进步的重要力量；军阀们忙于混战，无暇顾及教育；同时受外国力量的干预（如美国），国家进行了一些教育改革。

首先是改变教育宗旨。洪宪帝制被废除后，教育部成立了"教育调查会"，提出了"养成健全人格，发展共和精神"的宗旨。同时，又对各级教育进行了一些改革。受五四运动的影响，学校教学输入了民主科学的新内容，小学教科书统一采用语体文，推行注音字母，倡讲国语。中学教育因教育部在民国8年（1919）允许酌减部定教学科目和时间，开始实行分科制或选科制，加授职业教育科目。大学的教育改革以北京大学最为有声有色。蔡元培重请思想激进、作风自由民主的陈独秀、李大钊、鲁迅、胡适等人来校授课。以学术自由反对封建复古；以美育代宗教，反对封建迷信和宗教干涉学校；教育体制也进行了相应的改革。[①]

北大的改革代表了民族资产阶级对高等教育的要求，在当时和以后，北大成为新思想的摇篮、新文化运动的策源地，五四运动的首发点；早期的马克思主义者，也多与北大有不解之缘。与世界局势和中国局势的重大转折有关，同教育改革起色不大相比较，"五四"新文化运动时期教育思潮的汹涌澎湃，将教育与救国联系在一起是这一时期教育的一个显著特点。

---

① 史仲文、胡晓林：《中国全史·教育卷：民国分卷》，中国书籍出版社，2011，第934页。

一 实用主义教育思潮

实用主义教育思潮是从西方传入中国，影响最广泛的一种教育思潮。实用主义教育是西方现代资产阶级教育思想的一个重要流派，19世纪末出现于美国。美国哲学家、教育家 J. 杜威是其倡导者和最主要的代表。杜威与实用主义哲学创始人 C. S. 皮尔斯和 W. 詹姆斯不同，他不倾向于把哲学看作纯学术的东西，而主张把它同人类的实际事务联系起来。杜威力图把实用主义哲学应用于教育理论，为美国学校教育的改造设计一张蓝图。实用主义教育思想主张以儿童为中心、师生民主平等，这一思想对20世纪二三十年代中国的师生关系产生了很大的影响。

杜威是实用主义教育思想最主要的代表人物，他1919年4月30日来华，在十三个省进行了数百场讲学。他的讲演被迅速汇编成讲演集出版并成为畅销书，他的主要教育论著也被迅速翻译出版。一时间，中国教育界掀起了杜威热。此外，孟禄、克伯屈等实用主义教育家也分别于1921年和1927年来华讲学和调研，他们用实用主义教育思想直接指导中国当时的教育改革。与此同时，杜威的弟子及一大批留学过西方、接受了西方新观念的人，如陶行知、陈鹤琴、胡适、蒋梦麟、蔡元培等，也大力传播、实践甚至发展杜威的教育思想。如受杜威教育思想的影响，陶行知提出了生活教育理论，陈鹤琴提出了以活教育为特色的幼儿教育思想；胡适多次撰文介绍杜威的观点；陈独秀评价"杜威到中国来最精要的讲演……是在教育学"；罗廷光（又名罗炳之）等认为杜威的演讲影响巨大。总之，这一时期有很多教育家或学者受到了实用主义教育思想的影响。①

因为实用主义标榜民主，迎合了当时中国人的思维趋向；它提倡用教育消弭阶级斗争，也迎合了资产阶级的口味；为了遏制十月革命带来的过激主义，这种提倡平民主义教育的思潮就被认为是最好的选择；实用主义教育提

---

① 吴洪成、许晓明：《民初早期实用主义教育思潮述论》，《河北大学学报》（哲学社会科学版）2015年第2期，第15～23页。

倡"教育即生活",在反封建主义的高潮中容易被接受;加上杜威多次来华演讲,他又有好多学生(如胡适、蒋梦麟、蔡元培、陶行知)是中国教育界很有影响的人物,杜威的实用主义就在中国广泛传开,并获得了长久的影响。

实用主义教育主张"教育即生活,学校即社会",尽量让学生在当时西方社会的生活方式中受熏陶。学校里边有银行、商店甚至政府机关,使学校成为社会的缩影或实际存在的小社会,以使培养出来的学生适应社会的需要。

实用主义教育提倡民主主义,学校中一视同仁,不分等级,无贫富贵贱,彼此和谐相处。以此移往社会,以求减少社会的纷争和矛盾。

实用主义教育主张"教育即生长",不应替教育另定目的,教育本身就是目的,所以应不受政治等的干涉,应以儿童为本位、以儿童为中心,从儿童自己的兴趣和目的出发去决定其自身的学习内容,使其自生自长,教师只能从旁指导。由此产生的以儿童为中心的设计教学法跟着也盛行起来。

实用主义的弊端首先在于用学校小社会的方式培养学生的社会适应性,只能是一厢情愿。因为小社会学校与大社会千差万别,这种设计的目的就很有幻想色彩;而且当时是以西方社会为模式而设计的,学生到了中国社会,会更加感到茫然和无所适从。其弊端还在于绝对以学生为中心,让无知懵懂的儿童跟着自己的感觉走,会获得知识吗?只要能力,不要知识,是实用主义教育走向谬误的关键所在。[1]

二 平民教育和工读教育的思潮

(一)平民教育思潮

平民教育思潮是新文化运动中最主要的教育思潮之一。在高扬的"民主"旗帜召唤下,人们认识到中国要重新崛起,必须使广大民众觉悟,平民教育开始受到社会的重视。1916 年 10 月,全国教育会联合会通过《注意

---

[1] 史仲文、胡晓林:《中国全史·教育卷:民国分卷》,中国书籍出版社,2011,第 936 页。

贫民教育案》，1919 年 10 月又通过了《失学人民补习法》，许多知识分子和教育工作者积极宣传平民教育思想，投身平民教育活动，形成了平民教育的热潮。

平民教育思想的基本观点是：要实现自由、民主、平等的社会，必须打破等级制度和阶级差别。因此主张破除千百年来的封建统治者独占教育的局面，使所有的人都享有受教育的权利，都能获得文化知识，改变生存的状态，成为社会的平等之民。当时进行平民教育运动的人，根据其政治立场、思想倾向的不同和在教育目的、内容、方法、途径等方面表现出来的差异可分为三大派别。

一派是以陈独秀、李大钊、邓中夏、毛泽东等为代表的受苏联"十月革命"胜利影响而初步具有共产主义思想的知识分子所组成。他们站在劳苦大众的立场上，为"引车卖浆之徒，瓮牖绳枢之子"争取受教育的权利。他们认为，学校应当坚持"庶民"方向。要解决平民的教育问题，必须先解决经济和政治制度问题。他们出版刊物，撰写文章，创办工人夜校和劳动补习学校，一面大力宣传马克思主义的思想，一面积极地进行平民教育。1917 年 2 月，陈独秀在《新青年》上发表《今日之教育方针》指出："在现在的贪狠的资本家生产制度下，工银如此之少，工作时间如此之多，有何神通可以使一般工人得到平等的教育？"认为只有先通过无产阶级革命，实现民主的社会制度，才可能使工农劳苦大众真正获得教育的机会和权利。随后李大钊发表《庶民的胜利》，宣传俄国十月革命的胜利，主张走俄国人的路。1917 年 11 月，毛泽东、蔡和森在湖南第一师范学校创办工人夜校，对工人进行识字教育，认为这是帮助劳工大众从困苦中摆脱出来的有效方法。1921 年 8 月，毛泽东、何叔衡在长沙创办湖南自修大学，是这一派别的平民教育逐渐发展成为共产党领导下的工农教育的重要标志。

一派是由一些受西方平民思想（主要是受杜威民主主义教育思想）影响的资产阶级和小资产阶级分子所组成。他们把平民教育视为救国和改良社会的主要手段，主张"教育救国"，主张"细谈教育，不要去高谈政治"。

坚持"不先有了平民教育，哪能行平民政治"的观点①。1919 年和 1921 年，美国教育家杜威和孟禄先后来华宣传平民教育思想，在他们的中国弟子的大力宣传下，平民教育思潮产生了巨大的影响。杜威主张通过"平民主义"的教育达到"平民主义"的政治，认为教育是改造社会的重要工具。他从教育与社会的关系对平民教育的重要性进行了论证，认为教育是"人类社会进化最有效的一种工具"，"社会的改良，全靠学校……许多旁的机关都不及它"。因此，教育不应只为少数贵族享有，而应为广大平民共有。在杜威思想的影响下，1919 年 10 月，北京高等师范学校的教师和学生联合组织了平民教育社，创办了《平民教育》专刊，进行教育调查，1922 年又成立了平民教育演讲部，邀请社会名流到社内进行专题讲演，对什么是平民教育、平民教育与平民政治的关系、平民教育实施的途径与方法进行了全面和深入的探讨，建立起了一个较为完整的平民教育理论体系。②

第三派是以晏阳初为首的中华平民教育促进总会。这一派在 20 世纪 20 年代中期以前不愿意把教育的改造更多地与政治的改造联系在一起，主张就教育谈教育，把更多的时间和精力投入平民教育的实际活动中。第一次世界大战期间，晏阳初就在法国从事华工补习教育。1920 年，晏阳初归国后，在上海、长沙、烟台、杭州、嘉兴等地做了大规模识字运动的试验，轰动一时。1922 年，他主编出版了平民教育的识字教材《平民千字课》。1923 年 8 月，由朱其慧、陶行知和晏阳初发起，在北京清华学校召开全国平民教育大会，会议决定在北京成立中华平民教育促进总会。晏阳初自任总干事、朱其慧任董事长、陶行知为书记。中华平民教育促进总会以"除文盲，做新民"为宗旨，大规模地推行平民教育，在不到 9 个月的时间里，就在全国 20 个省区范围内办起了"平民学校""平民读书处"和"平民问字处"，成立了50 多个平民教育分会，有 50 多万人读《平民千字课》，还设立了广播电台，形成了声势浩大的平民教育运动。由于他们的努力，平民教育达到了高潮。

---

① 胡朴安：《中华全国风俗志》下编，河北人民出版社，1986，第 117 页。
② 《平民教育思潮》，http：//www. ctigz. com/ucticn/40849 – 523178. aspx。

1925 年以后，平教会工作逐渐向农村转移。1929 年秋，平教会总部也由北京迁往河北定县。平民教育运动逐渐为乡村教育运动所取代，最终汇集成 30 年代流行一时的乡村教育运动。①

平民教育思潮作为我国 20 年代最有影响的教育思潮之一，其对当时的教育实践以及整个社会都产生了深刻的影响，主要有五点：①传播了新知识、新思想，是教育思想的一次重要启蒙。②影响了当时教育宗旨和政策的制定。③推动了平民教育实践活动的展开。④推动了义务教育的发展。⑤促进了男女教育机会的平等。

平民教育思潮是"五四"时期影响中国教育界、思想界乃至全国的一种重要教育思潮。如果从历史的横向考察，可以看到"五四"时期的平民思潮影响广泛，它几乎裹挟了不同派别、不同倾向的形形色色的人。② 这种思潮的出发点和目标都是无可指责的，只是方法不当，把改造社会的全部希望都寄托在教育上，重蹈了教育救国论者的覆辙。③

（二）工学和工读教育思潮

工学和工读主义思潮也是"五四"时期盛行的一种教育思潮。这一思潮与实利主义、实用主义教育思潮，职业教育思潮，平民教育思潮等有着广泛的联系，其主要特点是强调教育与生产劳动相结合，以创造一个合理的社会，实现一种理想社会人生的追求。基本内涵有：勤工俭学、半工半读、工学结合、工学并进、工学兼营、工读互助、手脑并用等。倡导工读主义教育的人也比较复杂，有早期的共产主义知识分子、资产阶级教育家，也有空想社会主义者、无政府主义者。

在工读主义教育思潮中，有部分先进青年学生把工读主义教育作为实现理想社会的途径，积极地组织工读主义教育团体进行实验。1919 年 2 月，北京高师部分青年学生发起组织"工学会"，倡导"工学主义"，主张"要

---

① 教育思想网：《五四"时期的教育思潮》，http：//blog. sina. com. cn/s/blog_ 62188a000102 vy7h. html。

② 桑东华：《五四时期的平民教育思潮》，《党史研究资料》2004 年第 3 期，第 27～38 页。

③ 史仲文、胡晓林：《中国全史·教育卷：民国分卷》，中国书籍出版社，2011，第 936 页。

把工和学并立,做工的人一定要读书,读书的人一定要做工"。他们认为求学和做工都是人生不可缺少的活动,不应该有尊卑贵贱的区别。他们强调"工"应该包括体力劳动和脑力劳动,"学"是为了求得做工的知识,所以,工离不了学,学更离不了工。为了宣传、研究和实践工学主义,工学会出版了《工学》月刊,办起了石印组、木版印刷组、照相组、打字组、雕刻组和书报贩卖组,计划每周 24 小时上课、24 小时劳动、12 小时自修。由于得不到学校的支持,这个工学计划未能实现。①

1919 年底,少年中国学会成员王光祈在北京发起组织"工读互助团",试图通过"半工半读"达到"教育和职业合一",进而实现一个"人人做工,人人读书,各尽所能,各取所需"的理想社会。成员半工半读,在北京大学等校举办"素菜食堂",从事洗衣、装订及小制造劳动,同时听讲上学,在青年学生中轰动一时。王光祈认为"工读互助团"运动是"平和的经济革命",通过这种劳作生活,并使"工读互助团小团体大联合",就可以实现人人做工、人人读书、各尽所能、各取所需的理想社会,又是一种改良主义的空想思路。可见,教育改良主义在当时确有较大市场。②

"五四"时期的留法勤工俭学运动,将工读主义教育思潮推向了高潮。在工学思想影响下产生的留法勤工俭学运动,就表现出两种不同思想。

拥有共产主义思想的人们,如毛泽东、周恩来、邓小平等,都是留法勤工俭学运动的组织者或亲历者,都通过实践认识到了脑力劳动和体力劳动相结合的重要性,走上了知识分子劳动化的道路。王若飞在民国 9 年(1920)的《圣厦门勤工日记》中写道:"我对于现在的做工,是抱定下面四个条件去做:(一)养成劳动习惯。(二)把性磨定,把身炼劲。(三)达求学的

---

① 教育思想网:《"五四"时期的教育思潮》,http://blog.sina.com.cn/s/blog_ 62188a000102 vy7h.html。

② 史仲文、胡晓林:《中国全史·教育卷:民国分卷》,中国书籍出版社,2011,第 937 页。

一种方法。（四）实地考察法国劳动真相。"① 认识到了工学之间的互助关系，脑力劳动与体力劳动互相联系、互相促进的关系，以及学以致用、用以促学的功效。由此，李维汉号召学习苏俄，"知识青年打破知识阶级，做那些农人工人解放的事业"②。当时成立的"工学互助组"（后来改为"工学世界社"），就是留法爱国进步青年的领导组织。

李石曾和吴稚晖则宣传无政府主义，反对苏俄的"劳工专政"，宣传克鲁泡特金的"互助论"，以消弭阶级间的争斗。国家主义派曾琦、李璜的思想也和李石曾、吴稚晖一样，在留法勤工俭学运动中有相当的影响。

留法勤工俭学运动中还流行工联主义或工团主义。《旅欧周刊》的撰稿者倾向于认为，"工读主义"是由于社会革命的潮流而产生的，又是"改造社会"的发端。他们希望通过工读互助主义，甚至"诉之'有血革命'，以实现'人人做工，人人读书，各尽所能，各取所需'的社会"；他们同时声明不宣传社会主义和布尔什维克主义。

胡适和张东荪都提倡"工读主义"。胡适提倡美国式的半工半读，仿美国的生活介绍所的方式成立"工读介绍社"，介绍学生到资本家工厂劳动，以工资作为学费。张东荪则主张"省立学校与省立工厂合一化"或者"学校工厂化"，学校可以不收费，而工厂又有了徒工。同样只把工读作为缓解求学难的一个办法而已。③

三 自由主义和职业教育的思潮

（一）自由主义的教育思潮

蔡元培是这一思潮的擎旗人。他把教育划分为两大类："隶属于政治者"（如军国民、实利主义教育）和"超轶乎政治者"（即他的世界观教育和美感教育），所以教育方针也包括为政治服务的和超政治的两部分，但以

---

① 周振鹤：《苏州风俗》，国立中山大学语言历史研究所，1928，第45页；胡朴安：《中华全国风俗志》下编，河北人民出版社，1986年标点本，第172页。

② 胡朴安：《中华全国风俗志》下编，河北人民出版社，1986年标点本，第276页。

③ 史仲文、胡晓林：《中国全史·教育卷：民国分卷》，中国书籍出版社，2011，第937页。

超政治的部分为重要，因为它能超乎现象世界，达到实体世界，能统驭一切。因此蔡元培一再坚持教育自由。民国7年（1918）五月，他在天津中华书局直隶省小学会议欢迎会上讲演说：与其守成法，毋宁尚自然；与其求划一，毋宁展个性，说他办北京大学也是仿世界各国通例，循"思想自由"原则的。蔡元培盛赞托尔斯泰的"自由学校"和杜威的实用主义教育以及蒙台梭利的教育法，认为这些都是适合发展个性的教育方法。发展个性，崇尚自然才是新教育的方向。只是这种超政治的、绝对自由的良好教育愿望在当时是很不现实的，其自由程度和成功程度也就不得不打一个大折扣。①

（二）职业教育思潮

职业教育思潮是由清末民初的实利主义、实用主义教育思潮演化而来的。1911年，陆费逵在《世界教育状况序》中提出"吾国今日亟宜注重国民教育、职业教育、人才教育"，认为"国民程度之高下，恃国民教育；国民生计之赢绌，恃职业教育"。1913年，他又在《中华教育界》上发表《论人才教育职业教育与国民教育并重》一文，提出"职业教育则以一技之长可谋生活为主"。这些是中国近代早期的职业教育主张。从1915年起，全国教育会联合会多次提出推行职业教育的议案，早期倡导实用主义教育的人士大多转而提倡职业教育，职业教育思潮逐渐形成。1915年，陈独秀在《今日之教育方针》一文中，将"职业主义"列为四大新教育方针之一。1916年9月，江苏省教育会率先提出了"实施职业教育方法案"，并成立全国第一个省级"职业教育研究会"。

1917年5月，黄炎培联合教育界、实业界人士40多人发起成立"中华职业教育社"，并发表了《中华职业教育社宣言书》。民国7年（1918）该社宣布，职业教育的目的在于："一、为个人庶生之准备——使无业者有业，使有业者乐业。二、为个人服务社会之准备。三、为国家及世界增进生产力之准备。"在此全国性机构的推动下，职业教育思潮迅速蔓延东南、华

---

① 史仲文、胡晓林：《中国全史·教育卷：民国分卷》，中国书籍出版社，2011，第937页。

北、华东和华中地区，其影响波及全国各地。在 1922 年颁布的"新学制"中，职业教育占有了重要地位。至 20 世纪 30 年代中期，职业教育思潮逐渐趋于消沉。①

他们认为职业教育就是"用教育方法，使人人获得生活的供给和乐趣，同时尽其对群之义务"。缺乏改造社会意识，是这一思潮的明显缺陷。

四 科学教育思潮

科学教育思潮是盛行于"五四"时期的一种教育思潮，其孕育、萌芽、形成、高涨和践行的过程是近代中国社会发展和科学进步的必然结果。它的基本主张是：抨击传统教育弊端，大力倡导科学教育；阐明科学的内涵、功能与价值，确立近代意义的科学观；传授科学内容，弘扬科学精神，重视科学方法。它促进了中国教育近代化和科学化的发展历程，同时也对当代科学教育的发展具有启示和借鉴意义。②

科学教育发端于洋务运动时期的西艺教育，但西艺教育偏重于科学知识和技能的传授，而忽视科学精神和方法的培养，尚不能算是真正意义上的科学教育。近代首倡科学教育的是启蒙大师严复。严复虽未明确提出"科学教育"一词，但他阐扬以科学知识为教育内容、科学态度在于善疑慎言、科学方法在于反复试验中求得定理定律、科学效用在于辨明是非等方面，已开科学教育之先河。1914 年 6 月，任鸿隽与赵元任、胡明复等留美学者在美国发起组织"中国科学社"，并于 1915 年 1 月刊发《科学》杂志，倡导科学教育。任鸿隽在《科学与教育》一文中，揭开了"科学教育"真义，主张将科学与教育相联系，并阐释了科学教育与人生、科学教育与社会、科学教育与文学、科学教育与审美及美术等各方面的关系，为科学教育思潮的兴起奠定了基础。

---

① 教育思想网：《"五四"时期的教育思潮》，http：//blog. sina. com. cn/s/blog_ 62188a000102 vy7h. html。

② 曲铁华：《五四时期科学教育思潮及对当代教育的启示》，《齐鲁学刊》2005 年第 6 期，第 49 ~ 55 页。

"五四"新文化运动树起科学与民主两面大旗。科学教育思潮由此进入新的发展阶段。当时倡导科学教育的主要流派有：以任鸿隽为代表的中国科学社，倡导以科学内容尤其是科学方法、科学精神渗透学校教育之中；以陈独秀为代表的激进民主主义者，以科学为思想解放的武器，通过文化反思倡导科学启蒙；以胡适为代表的实证主义，倡导"大胆的假设，小心地求证"，以此作为解决一切学术问题和社会问题的有效方法。"五四"时期科学教育思潮的涌起，更与美国实用主义教育家来华讲学时倡导科学教育有着密切的联系。继杜威之后，孟禄、推士等人也应邀来华进行调查和考察，对改进中小学的科学教育提出许多建设性意见，为中国科学教育思潮注入新流。

"五四"以后科学教育的重点移至科学精神培养上，并把教育作为一门科学进行研究，提出了"教育科学化"的口号。教育及心理测量、智力测验、教育统计、学务调查等在20世纪20年代的教育界成为十分盛行的研究方法，受到普遍的重视。新教学法，如自学辅导法、分团教学法、蒙台梭利教学法等的研究与实验在中小学得以开展。高等学校尤其是师范院校中培养教育学科专门人才的学科和专业开始设置。科学教育思潮开启了中国20世纪教育科学研究与实验的风气。①

第三节 民国时期的乡村教育思潮及实践

科举制的废除，直接导致了传统社会的解体，西方新的教育制度在广大的乡村社会却是十分模糊，整个乡村在文化层次上陷入了社会嬗变的深渊中。先进的农业科学技术和高素质的农民是推动农村经济和社会发展的基本动力，而农村教育则是提高农业科技水平、提升农民素质的根本途径。五四运动之后，广大知识分子试图通过教育的改变来化解乡村文化危机，并身体

---

① 教育思想网：《"五四"时期的教育思潮》，http：//blog. sina. com. cn/s/blog_ 62188a 000102vy7h. html。

力行进行了大量的实践。以陶行知、晏阳初、梁漱溟、黄炎培等为代表的爱国教育者从城市奔向农村，怀着振兴农村、改造社会的良好愿望，尝试走一条不同于国共两党的农村改革道路，以解决不断扩大和增长的农村问题，乡村建设运动和乡村教育理论就应运而生。[①] 民国时期"乡村教育运动"的先驱在研究、践行"乡村教育运动"时所形成的理论和方法，对我们当前的农村教育改革探索有着重要的参考和借鉴意义。

一 梁漱溟的乡村教育主张及实践

（一）梁漱溟的生平及教育活动

梁漱溟（1893～1988），蒙古族，原名焕鼎，字寿铭。曾用笔名寿名、瘦民、漱溟，后以漱溟行世。原籍广西桂林，生于北京。因系出元室梁王，故入籍河南开封。中国著名的思想家、哲学家、教育家、社会活动家、国学大师、爱国民主人士，主要研究人生问题和社会问题，现代新儒家的早期代表人物之一，有"中国最后一位大儒家"之称[②]。梁漱溟受泰州学派的影响，在中国发起过乡村建设运动，并取得可以借鉴的经验。一生著述颇丰，存有《中国文化要义》《东西文化及其哲学》《唯识述义》《中国人》《读书与做人》《人心与人生》等[③]。

梁漱溟是著名的爱国民主人士、社会活动家和教育家。他与同时代的志士仁人一样，为民族独立、为国家富强积极追求探索。他曾醉心于西方政治制度在中国的实现，先赞成"君主立宪"，随后又加入同盟会，投身辛亥革命，后来他转入从中国传统文化中寻求改造旧中国、建设新中国的"路向"。他认为中国是"伦理本位，职业分途"的特殊社会形态，必须从乡村入手，以教育为手段来改造社会，并积极从事乡村建设的实践。但由于他认为中国缺乏阶级，不赞成用暴力革命解决中国社会问题，到头来他虽付出

---

① 成必成：《民国"乡村教育运动"及其对农村教育改革的启示》，《教学与管理》2014 年第 6 期，第 25～27 页。

② 《梁漱溟的心与身》，新华网（引用日期 2006 年 1 月 2 日）。

③ 《北京胡同出了个梁漱溟》，新华网（引用日期 2006 年 1 月 2 日）。

"一生心血、全副肝胆"的努力，仍没有也不可能实现他的夙愿。

民国 17 年（1928），他提出改造社会要从乡村着手的"乡治"主张，拟开办"乡治讲习所"，得到了国民党中央政治会议的批准。次年（1929），他去河南辉县百泉村开办河南村治学院，自任教育长。民国十九年（1930）主编《村治》月刊，宣传其理论主张。他这样说：青年们对于今之所谓国民党，已失望到干净地步不消再说，你设想它将跟着章太炎、胡适之先生走呢，还是跟着共产党走？我们如果不能指点出一餍足人心的新方向，不能开辟一条给社会有力分子情甘努力的大道，则举国青年要走上死路，其将成为何等的惨事啊！我编本刊，专意在对青年——尤其是对"左倾"青年——讲话。这说明他已在以"青年导师"自居，以改造社会为己任。在河南村治学院停办之后，他转往山东，在邹平县办起山东乡村建设研究院，并以邹平及菏泽两县为实验县，研究乡村建设的理论和方案，设立研究部和训练部，以培养乡村建设运动的干部。在民国 20 年（1931）把自己的理论和言论，选编为《中国民族自救运动之最后觉悟》一书。民国 22 年（1933）7月，在山东乡村建设研究院召开的"全国乡村工作讨论会"上介绍经验扩大影响，之后又费尽心血写成了《乡村建设理论》一书，将其观点系统化，成为其思想的集中体现。①

（二）梁漱溟的乡村建设教育主张

乡村建设是梁漱溟"拯救中国、恢复伦理本位社会"的钥匙。他认为中国原是一个乡村社会，根本的特点是"伦理本位，职业分途"，不存在阶级分立，是近代西方资本主义的入侵，引起了中国乡村社会的大破坏，经济方面使农村破产贫困，文化方面使社会秩序紊乱。对此极度破坏的救济，只有乡村建设的道路。因为原因来自外部，所以革命是必须极力排除的。梁氏认为，乡村建设的意义：一是救济农村，由改良农业以求经济进步。二是创造一种新文化，从中国传统文化中转变出一种新文化来。他认为要进行这样的"乡村建设"，最要紧的是要动员农民自己起来想办法；其次要靠农村有

---

① 史仲文、胡晓林：《中国全史·教育卷：民国分卷》，中国书籍出版社，2011，第 970 页。

组织，联合行动。"如何组织呢？如刚才说的乡农学校的组织便是。"① 也就是说，要先在乡村中组织乡农学校，进而把乡农学校作为推行"乡村建设"的组织形式。

梁漱溟非常强调教育的领导地位。他认为"在学校里读书是教育；在家里做活也是教育；朋友中相得的地方是教育；街上人的谈话，亦莫不是教育。教育本是很宽泛的东西。教育的作用，无论作广义的解释或狭义的解释，都不外绵续文化而求其进步这个定义"。如果教育能尽其功用，论理说社会不应当再有暴力革命；因为社会出了毛病，教育即可随时修缮改正，固不待激起暴力革命而使社会扰攘纷乱也！人类社会的所有革命，就因为教育不居于领导地位。② 因此，他把教育作为乡村建设的基本手段，并把乡村建设和民众教育合为一体，认为"乡村建设不取道于民众教育将无法可行""乡村工作者在探求方法时，只有归之于教育；教育者在寻找方向目标时，也只有归之于乡村建设"。③ 教育就是建设，建设就是教育，"只有从一点一滴的教育着手，才可以一点一滴地建设！"因为这些，因为乡村建设有"抵御共产党""代替共产党"④ 的目的，其主张也被称为"乡村改良"。

梁氏的乡农学校分乡学和村学两级。其组织原则，一是"政教合一"，以教统政。认为不靠教育，乡村的政治建设和经济建设都会毫无办法，因此政府或团体关于乡村建设的一切政治、经济措施都要借助教育的力量来进行，所以他就把教育系统和行政系统合并而称为乡农学校，村学代替了乡公所，乡学代替了区公所，使乡农学校发挥下级行政机构的作用，把行政的事用教育功夫来办，实行下级行政机构的"教育机关化"。二是"融合归一"，以"社会式"教育为主。认为学校教育和社会教育的区分没有充分的理由，照发展趋势，将逐渐以社会教育为本位，所以两系统必须合并。在"非常时期"应注重成人教育，以社会教育为主，而把其他的教育包括进去，形

① 《奉天通志》，1934 年铅印本。
② 路成文等：《山西风俗民情》，山西省地方志编纂委员会办公室，1987，第 130 页。
③ 梁漱溟：《梁漱溟自述：我是怎样一个人》，当代中国出版社，2012。
④ 梁漱溟：《乡村建设理论》，邹平乡村书店，1937，第 280 页。

成一个统一组织。其办法是把社会式教育与学校式教育并设，在乡农学校中设立成人部、儿童部、妇女部、高级部等，各部要因时、因地制宜，可以先设儿童部，与地方有了联系之后，相机而依次设成人部、妇女部。因为成人是解决乡村问题的主力，所以终归要抓成人教育为主以推动社会改良运动。[①]

宋代的吕大忠、吕大钧、吕大临、吕大防于北宋神宗熙宁九年（1076）所制定的"吕氏乡约"，以"德业相劝""过失相规、礼俗相交""患难相恤"为基本约文，把乡农组织起来。梁氏以此为仿效目标。他赞美这种"乡约"的合理性，并说"我们就是本古人乡约之意来组织乡村，而将其偏乎个人者稍改为社会的"。[②] 由此制定出一套"村学乡学须知"：以"推动社会，组织乡村"为目标，鼓动农民长志气，造成"齐心学好向上求进步"的风尚，以便把社会的政治法律问题都放在道德教育的范围之内，"养成一种新礼俗，形成其组织关系于柔性的习惯（不求硬性的法律，无一定标准，无最后制裁）之上"的社会新组织。

（三）梁漱溟的乡农教育实践

乡农学校由四部分人组成：学长、学董、教员、学众。学长、学董是"乡村领袖"，由实验县的县政府遴选委任。步骤是：先在乡村中挑选三五个（或多至十几人）有信用资望的人任学董，组成学董会或校董会，作为乡村的办事机关；然后在学董会中推选聘请"老成厚重""品学最尊"的人为学长、作为民众的师长，不负责具体事务，只负训导监督之责；另选一位年富力强、头脑清楚的人作为常务学董兼理事，主持办理乡村中大小事务，相当于乡镇保长。教员由在乡村建设研究院中受过训练的乡村建设运动者担任。他们的受训课程包括党义之研究、乡村服务人才之精神陶冶、乡农自卫常识及技能之训练、乡村经济方面之问题研究、乡村政治方面之问题研究五大部分。其中特别注重精神陶冶。陶冶的核心是灌输他所主张的民族精神，

---

① 史仲文、胡晓林：《中国全史·教育卷：民国分卷》，中国书籍出版社，2011，第971页。
② 《宜川县志》，新中国印书馆，1944。

他说这就是"人类的理性",也就是"父慈子孝的伦理情谊,和好善改过的人生向上"①。受过良好精神陶冶的教员们,在乡村中间要起"提引问题""商讨办法""鼓舞实行"的作用。学众就是乡村中的一切人,主要以成年农民为对象。②

他认为乡村民众多为"缺乏知识头脑"、"愚迷"和"自私"的,因此要以一乡为乡学,以一村为村学,加紧对男女老少的改造和教育。

乡农教育从"平淡处入手",其主要教育内容是精神讲话和自卫训练。精神讲话是贯彻精神陶冶的具体步骤。其目的在于救济乡村精神的破产,让乡下人也能激起想搞"乡村建设"的精神,以改变一般人"窘闷无主、意志消沉"的精神状态。具体步骤是"起先要顺着他的心理,以稳定他的意志,将中国旧道德巩固他们的自信力。然后再输入新的知识道理来改革从前不适用的一切,以适应现在的世界"。③ 要使"遵乡约、守秩序""敬长睦邻""尊敬学长""要接受学长的训饬"等思想成为一种"自觉";并要劝人不缠足、不早婚、不抽鸦片、改良农业、组织合作社等。这些合作社如美棉运销合作社,由乡绅牵头,与城市金融界取得联系,以使农村进入流通界。自卫训练以"剿除共匪"为目的,以人民自卫组织为根本方法。于是借乡农学校鼓动农民,以乡村为单位组织编练,发给青壮年农民枪支,练习军事技能而成壮丁。然而,并没有起到乡村自卫的效果,而是练成了一批地主武装。

梁氏的乡农教育,因为有国民党政府的支持,加上因为他宣传"中国问题之解决,其发动主动以至完成,都要靠其社会中知识分子的"④,也得到了一批知识分子的支持和投入,其推行面积曾达到 17 个县,在当时产生了较大影响,被称为新教育运动。但由于梁氏始终不承认农村有阶级以及由于财产(特别是土地)分配不均而造成的阶级矛盾存在,没有去考虑解决

---

① 浙江民俗学会:《浙江风俗简志》,浙江人民出版社,1986,第 76~77 页。
② 史仲文、胡晓林:《中国全史·教育卷:民国分卷》,中国书籍出版社,2011,第 972 页。
③ 《乡农学校的办法及其意义》。
④ 《三江县志》,1946 年铅印本。

农村中矛盾最突出的土地问题，而是从精神、道德入手，建立政权、学校和军事组织"三结合"的乡农学校系统，只能很快呈现出疲软状来。梁氏自己也承认，因为"走上了一个站在政府一边来改造农民而不是站在农民一边来改造政府的道路"，"我们与农民处于对立的地位"，乡村教育便出现了"号称乡村运动而乡村不动"的现象①。当乡农学校训练的壮丁被带走的时候，农民气愤已极，"致有砸毁乡校，打死校长之事"。政府支持乡农教育而又因军事需要干扰它，这是梁氏的一个"难处"，还有一个"难处"则是理论上的，也是要命的：出发点的悖谬，导致了上述艰难的结局，梁氏难能从理论上解释其必然性，认为资本主义的入侵搞乱了农村经济，而其合作社则在向农村输入资本主义乃至帝国主义的东西（如美棉运销合作社），这使解决矛盾者自己陷入自相矛盾之中。②

梁漱溟在 20 世纪二三十年代关于乡村教育的理论与实践，是他在反思中国近代以来民族自救运动屡屡失败的原因之后，从中国是一个以农为本的国家特点出发，从乡村入手，以中国传统文化为根基，融合中西文化之优点，进行的重构民族新文化、重建中国社会组织、为民族谋求新的出路的尝试。他的乡村教育理论和实践，产生过广泛的社会影响。

二 晏阳初的乡村教育思想及实践

（一）晏阳初的生平及教育活动

晏阳初（1890～1990），祖籍四川省巴中市巴州区三江镇中兴村五社。晏阳初在塾师兼乡医的父亲的教育下，受到儒家文化的熏陶。谙习时势的父亲也深知"书香之外另有世界，西学乃潮流所趋"，因此毅然将少年晏阳初送到几百里之外的基督教内地会创办的西学堂接受新学。1913 年就读于香港圣保罗书院（香港大学前身），后转美耶鲁大学，主修政治经济。1918 年毕业，获学士学位。1919 年入普林斯顿大学研究院，攻历史学，获硕士学

---

① 《乡村建设理论》附录《我们的两大难处》。
② 史仲文、胡晓林：《中国全史·教育卷：民国分卷》，中国书籍出版社，2011，第 973 页。

位。1944～1945 年，被美国锡拉丘兹等三所大学授予荣誉博士学位。晏阳初大学毕业后，立志献身平民教育。

晏阳初是世界著名的中国平民教育家和乡村建设家。他认为中国的大患是民众的贫、愚、弱、私四大病，主张通过办平民学校对民众首先是农民，先教识字，再实施生计、文艺、卫生和公民四大教育，培养知识力、生产力、强健力和团结力，以造就新民，并主张在农村实现政治、教育、经济、自卫、卫生和礼俗六大整体建设，从而达到强国救国的目的。晏阳初著有《平民教育的真义》《农村运动的使命》等。

民国 9 年（1920），留学归来的晏阳初任上海基督教青年会平民教育科科长，把组织华工识字的办法推广于国内，在长沙等地设立平民学校，引起社会注意。民国 12 年（1923）在北平成立中华平民教育促进会。1923～1949 年长期担任中华平民教育促进会总会总干事。1926 年在河北定县开始乡村平民教育实验。1929 年，他带领几百名留学归国博士在河北定县成立"定县试验区"，开展了一场轰轰烈烈的平民教育运动。

晏阳初的活动，得到了蒋介石的赞赏，民国 20 年（1931），蒋介石亲自接见他。第二年（1932），晏阳初提出了"县政改革方案"，并得实施。在定县设立了河北省县政建设研究院，各省设"县政建设实验区"，并以定县作为研究院领导下的"县建设实验区"，晏阳初任研究院院长、实验部主任兼实验县县长，使平教会变成了政权机构。①

晏阳初实验使平民教育与保甲制度、壮丁训练结合起来，实行"政教合一"。民国 24 年（1935），晏阳初又到湖南衡山建立南方基地。1940 年至1949 年在重庆歇马镇创办中国乡村建设育才院（后名乡村建设学院），任院长，组织开展华西乡村建设实验，继续推行其平民教育运动。晏阳初认为中国一切社会问题不在于别的，只在于人民没有文化知识。②

1950 年离中国台湾赴美国。20 世纪 50 年代以后，协助菲律宾、泰国、

---

① 互动百科：《晏阳初》，http：//www.baike.com/wiki/% E6% 99% 8F% E9% 98% B3% E5% 88% 9D。

② 史仲文、胡晓林：《中国全史·教育卷：民国分卷》，中国书籍出版社，2011，第 973 页。

危地马拉、哥伦比亚及加纳等国建立乡村改造促进会。60 年代在菲律宾创办国际乡村改造学院，任院长及该院理事会主席。晏阳初还曾在联合国教育、科学及文化组织担任顾问。

（二）晏阳初的乡村教育思想及实践

在晏阳初看来，民为邦本，本固邦宁，这话虽旧，实有至理。人民委实是国家的根本。然而，当时中国虽号称有四亿人民，但其中 80% 以上是文盲。而且中国以农立国，这些目不识丁的人绝大多数在农村。因此，为平民办教育，尤其是到乡村中去为农民办教育，开发世界最大最富的"脑矿"，这是关系到"本固邦宁"的根本问题。1926 年以后，晏阳初把平民教育的重点从城市转到农村，教育的对象也由城市平民变为乡村农民，心甘情愿给乡民办教育。晏阳初从事乡村教育的一个显著特点是进行实验研究。他根据中国农村社会的实际状况，主张以一个县为实验研究的基本单位。在进行广泛、深入、科学调查研究的基础上，最终选择河北省定县作为实验区。在中国乡村教育运动中，首创以一个县为基本单位从事乡村教育实验研究。

要挽救国家复兴民族，只有走平民教育的路。"要用教育的力量，把建设的知识、能力，乃至建设的精神，灌输给农民"，使农民自动起来，自谋农村的建设，"从而达到从事农村工作的最后目标"①，也"就是要在生活的基础上，为最多数的国民谋教育的新路，在教育的基础上，谋全民生活的基本建设"。晏阳初在农村调查研究的基础上，认定中国农村存在愚、贫、弱、私四大病症。愚，指绝大多数人民目不识丁，缺乏知识；贫，指绝大多数人民谈不到什么生活程度，在生死间挣扎；弱，指绝大多数人民是病夫，无科学治疗，无公共卫生；私，指绝大多数人民不知团结，缺乏道德及公民训练。最有效的解决方法就是教育，即培养知识力量来攻愚（文艺教育）；培养生产力来攻穷（生计教育）；培养健康力来攻弱（卫生教育）；培养团结力量来攻私（公民教育）。要运用社会式、学校式、家庭式三种教育方

---

① 林登仙：《台湾高山族（阿眉斯）的风俗习惯》，《文史资料选辑》第 98 辑，1985 年。

式。学校式即平民学校，被作为四大教育活动的中枢。平民学校分三级：县设实验平民学校，对教材、教具、教法加以研究，提供经验；乡村中心设表演平民学校，对村自办的普通平民学校起示范指导作用；村平民学校由村教育建设委员会领导，该委员会由村长、学董、教师、团体代表及地方领导组成，负责施行平民教育。社会式的教育以平民学校的毕业生为基本力量，成立"平民学校毕业同学会"，作为农村建设的社会重心，由它开展拒毒、禁赌、修桥、补路、仲裁、武术团、运动会、演说比赛、读书会、办农民周刊、图书担及巡回文库等。家庭式教育主要对家庭成员施行公民道德训练。

平民教育的内容即识字教育，用《农民千字课》教农民，再灌输公民知识。生产教育亦即生产合作的活动，一方面给农民介绍一些生产知识；另一方面组织合作社举办信用贷款，使金融资本流入农村。卫生教育，虽设有保健员、保健所、保健院，但农民多负担不了费用。公民教育即公民训练，原以教公民常识以激起道德观念，后代以"新县制"，督促实行地方财政税收、国民兵的改革、土地与户口调查及训练人民听从长官调遣，亦即在保甲制之下驯服地当兵纳税。①

晏阳初是民国时期著名的教育家和社会学家，一生致力于落后地区的平民教育与乡村改造事业，被尊为"世界平民教育之父"，曾被联合国聘为终身特别顾问。1943 年，晏阳初当选"世界上贡献最大、影响最广的十大名人"之一，与爱因斯坦等同获殊荣。晏阳初曾将自己比作平民教育的传教士："我是一个传教士，传的是平民教育，出发点是仁和爱。"为了这一目标，他放弃都市优越的工作条件与舒适的生活环境，"走出象牙塔，跨进泥巴墙""和农民同起同居"，成为一名乡村的"科学布道人"。②

晏阳初平民教育思想是具有中国特色的国民教育思想。它产生于 20 世纪 20 年代，其后在中国大地上生根、开花、结果，后又由晏阳初本人将其收获的种子播于全世界贫瘠的土地上，继续浇灌几十年，结出了极为丰硕的

---

① 史仲文、胡晓林：《中国全史·教育卷：民国分卷》，中国书籍出版社，2011，第 974 页。

② 互动百科：《晏阳初》，http://www.baike.com/wiki/% E6% 99% 8F% E9% 98% B3% E5% 88% 9D。

成果，为中国和世界不发达国家和地区培养了一大批平民教育专家和乡村建设人才。晏阳初平民教育思想有其自身的特点。他根据"民为邦本，本固邦宁"的中国古训，将平民教育与乡村改造连环扣合、整体推进，创造出一大发现、两大发明、三种方式、四大教育、五个结合的平民教育思想，形成了相当完整的体系，值得高度重视。

三　陶行知的乡村教育主张及实践

（一）陶行知的生平及教育活动

陶行知（1891～1946），安徽省徽州歙县人，祖籍绍兴。中国人民教育家、思想家，伟大的民主主义战士，爱国者，中国人民救国会和中国民主同盟的主要领导人之一。1908 年，十七岁时他考入了杭州广济医学堂，毕业于金陵大学（1952 年并入南京大学）文学系。陶行知 1914 年赴美留学，1916 年回国后即与晏阳初等发起成立了"中华平民教育促进会"，积极倡导和从事平民教育运动，深入军营、商店、工厂、街道，开办平民学校。陶行知先后任南京高等师范学校、国立东南大学教授、教务主任等职。先后创办晓庄学校、生活教育社、山海工学团、育才学校和社会大学。1935 年，在中国共产党"八一宣言"的感召下积极投身抗日救亡运动。1945 年，当选中国民主同盟中央常委兼教育委员会主任委员。①

在 20 世纪二三十年代的乡村建设运动中，陶行知以实验推广"乡村教育"作为改造农村的出发点。陶行知主张"以教育救农村"，具有其独特性。在这期间，陶行知深切感到中国教育改造的根本问题在农村。1925 年以后，陶行知便把眼光投向农村和农民，深入农村调查研究。1926 年 12 月，陶行知为中华教育改进社起草了《改造全国乡村教育宣言书》，其中提出了一个宏伟的计划："要筹集一百万元基金，征集一百万位同志，提倡一百万所学校，改造一百万个乡村。"陶行知积极倡导和实践乡村教育的思想，实际是来源于他早期的"教育救国"主张。陶行知对此有很深刻而生

---

① 360 百科：《陶行知》，http://baike.so.com/doc/5381163 - 5617472.html。

动的阐述："教育的力量与别种力量不同之点，就在于教育的力量是能够达到个个民众的内心里头去的，他能够使民众自己从'心里'发出一种力量来自己团结的。"①

（二）陶行知的乡村教育主张及实践

民国 15 年（1926），他在《中国乡村教育之根本改造》一文中，提出了改造全国乡村教育计划。为了实践自己的乡村教育思想和改造乡村主张，1927 年 2 月陶行知开办了晓庄中心小学，3 月 15 日，又与东南大学教授赵叔愚等人一起筹建南京试验乡村师范学校，校址选在南京远郊偏僻荒凉的晓庄（原名小庄）。这就是后来驰名中外的晓庄学校，陶行知亲自担任校长，使其教育思想得到实践。由于晓庄学校在当时乡村建设运动中所起的独特示范作用，被学术界和乡村建设运动者称为"改造中国乡村的试验机关"。民国 18 年（1929），他在晓庄学校办的乡村教师讨论会上提出"生活即教育"的理论，认为"生活即教育""社会即学校"来源于杜威的"学校即社会"，是在对杜威教育思想批判的基础上得出的。生活教育是供给人生需要的教育，人生需要什么就教什么，"是生活就是教育""是那样的生活就是那样的教育"，所以生活教育极为广泛，"与生俱来，与生俱去，随手抓来都是活书，都是学问，都是本领"，主张放弃"以文字为中心的教科书"，要以生活为中心的教学指导，不要以文字为中心的教科书。

"生活即教育"是陶行知生活教育理论的核心。"教学做合一"是生活教育理论的教学论。用陶行知的话说，是生活现象之说明，即教育现象之说明，在生活里，对事说是做，对己之长进说是学，对人之影响说是教，教学做只是一种生活之三方面，不是三个各不相谋的过程。"生活主义包含万状，凡人生一切所需皆属之"。为了实现其生活教育主张，他创办了"乡村工学团"，其特点是：以社会为学校；生活即教育；会的教人，不会的跟人学，相师相学；教与学都以做为中心；在劳力上劳心才算真正地做，否则是瞎教瞎学；"行是知之始"；与大众共甘苦共休戚以取得整个中华民族之出

---

① 祝彦：《陶行知的乡村教育思想及其实践》，《学习时报》2006 年 6 月 21 日。

路。工学团的含义："工以养生，学以明生，团以保生"，工学团要实施普遍的军事、生产、科学、认字、民权、生育等 6 大训练。在办理"工学团"中，陶行知提倡全国的小学生做"小先生"，"即知即传人"，并组织"自然学团"，推行"科学下嫁运动""生活教育"的理论及实践，在反对传统教育和普及教育等方面发挥了积极作用。①

四 黄炎培的乡村教育主张及实践

（一）黄炎培的生平及教育活动

黄炎培（1878 年 10 月 1 日～1965 年 12 月 21 日），号楚南，字任之，笔名抱一，江苏川沙县（今属上海市）人。黄炎培是中国近现代著名的爱国主义者和民主主义教育家，是中国近代职业教育的创始人和理论家，他以毕生精力奉献于中国的职业教育事业，为改革脱离社会生活和生产的传统教育、建设中国的职业教育做出过重要贡献。

1887 年黄炎培随外祖父发蒙，接受传统教育。1901 年入南洋公学，选读外文科，受知于中文总教习蔡元培。1902 年后又中江南乡试举人。1903 年返乡兴办小学堂。其间，开始接触严复翻译的《天演论》等新学书籍，次年在乡办校。1905 年参加同盟会。辛亥革命前，先后创办和主持广明小学和师范讲习所、浦东中学，在爱国学社、城东女学等新教育团体和学堂中任教，并参与发起江苏学务总会。

1913 年发表《学校教育采用实用主义之商榷》，提倡教育与学生生活、学校与社会实际相联系。1917 年赴英国考察，同年 5 月 6 日，联络教育界、实业界知名人士在上海发起中华职业教育社。次年，创建中华职业学校。此后数十年时间的教育和社会活动主要通过中华职业教育社来展开。②

1941 年，与张澜等人发起组织中国民主政治同盟，一度任主席。1946 年在上海创办比乐中学，探索兼顾升学和就业双重准备的普通中学。至

---

① 史仲文、胡晓林：《中国全史·教育卷：民国分卷》，中国书籍出版社，2011，第 975 页。
② 《黄炎培简历》，http://www.gerenjianli.com/Mingren/01/dbco99dnn9t4634.html。

1949 年前，先后又创办重庆中华职校、上海和重庆中华工商专校、南京女子职业传习所、镇江女子职校、四川灌县都江实用职校等。新中国成立后，黄炎培破"不为官吏"的立身准则，欣然从政。1949 年 9 月出席中国人民政治协商会议。新中国成立后，历任中央人民政府委员、政务院副总理兼轻工业部部长、全国人大常委会副委员长、全国政协副主席、中国民主建国会中央委员会主任委员等职。

黄炎培在职业指导上的要求就是"帮助个人选择、预备、决定及增进他的职业"，使他们能够做到"敬业乐群"和"裕国利民"，教育与劳动结合。黄炎培把"尊重劳动"作为职业教育所奉行的重要信条，把"劳工神圣""敬业乐群"作为中华职业学校的校训。黄炎培反对劳心劳力分离，注意学和用的联系，主张手脑并用，"要使动手的读书，读书的动手，把读书和做工两下联系起来"，只有手脑两部联合才能产生世界文明。①

（二）黄炎培的乡村教育主张及实践

1. 黄炎培对农村教育存在问题的思考

黄炎培通过对农村问题，特别是对农村教育存在问题的思考，认为：

（1）必须重视农村教育。黄炎培在《农村教育弁言》一文中指出："今吾国学校，十之八九其所施皆城市教育也，虽然，全国国民之生活，属于城市多乎？抑属于乡村为多乎？吾敢十之八九属于乡村也。吾尝思之，吾国方盛倡普及教育，苟诚欲普及也，学校十之八九当属于乡村。即其所设施十之八九，当属于乡村生活之教育。"

（2）不能用城市教育的方法来从事农村教育。针对农村教育盲目追崇城市教育的现象，黄炎培认为，城市与农村社会之间有着很大的差异，"社会生活状况，有截然不能强同者两大类，则城市与农村是也""城市偏于工商，乡村偏于农工""都市组织是分工制，农村组织是混合制"。

（3）农村教育应该与农村生活实际及农村社会发展相适应。黄炎培认为，农村教育存在着与社会脱节的方面。就农村的普及教育来说，他认为最

---

① 《黄炎培简历》，http://www.gerenjianli.com/Mingren/01/dbco99dnn9t4634.html。

大的障碍就是农民迫于生计，"成人万不肯在农作时间以内来受教育"，就是那些能稍稍工作、具备"田间助手"资格的儿童，也"不肯抛这生产的光阴来受教育"。而农村的普及教育却没有根据农村的实际情况，作相应的调整。正是在以上这些认识的基础上，黄炎培形成了乡村教育的主张，并实现了职业教育由城市向农村、由工商向农工的转移。[①]

2. "分区立系，划区施教"的农村教育主张

在乡村教育实践中，黄炎培的农村教育思想的核心内容经历了如下几个阶段的演变。

（1）分区立系。1921年，中华职业教育社的农业教育研究会成立时，黄炎培的农村教育思想，主要集中于如何改革农村的职业教育，两年后，在《江苏职业教育计划案》中，他明确提出系统主义、分区制度的思想，即①农业教育，应采取系统计划，各教育机关进行合理分工，规定大学农科、农业学校的职责。②根据不同的农业产区，分别设立农场、农校或大学农科，使教学、研究、试验、推广相互联络。同年，在《对于云南职业教育进行之意见》中，他提出"分区立系"的思想，具体来说，就是根据农产特点将农村划分为若干区。

（2）划区施教，综合改进。1925年8月，黄炎培在为山西策划职业教育计划时，提出了划区施教的思想："乡村职业教育之设施，不宜以职业教育为限，就交通较便地方，划定一村，或联合数村""先调查其地方农村及原有工艺种类、教育及职业状况，为之计划，如何可使男女学童一律就学，如何可使年长失学者，得补习知能之机会，如何养成人人有就职业之知能，而并使之得业；如何使有志深造者得升学之准备与指导。职业余间如何使之快乐；其年老或残废者如何使之得所养，疾病如何使之得所治，如何使人人有卫生之知识，如何使人人有自卫之能……"从这些内容可以看出，划区施教虽名义上还是职业教育计划，但其内容已经大大超越了职业教育的范

---

① 叶凤刚：《黄炎培农村教育思想及其当代启示》，《继续教育研究》2008年第7期，第16～18页。

畴，实际上是一个关于农村综合教育的计划。

（3）"先富后教"，富教合一。20 年代末，由于国内外等多种因素的影响，中国农业几陷于崩溃的境地，农村经济的衰败，使黄炎培及其职教社的同人更加重视农民的生计问题，1929 年 10 月，职教社提出了"富教合一"主义，作为改进农村的根本之法。这一主义认为，中国农村存在着四种现象，一穷、二愚、三弱、四散，其中"穷"是最主要的，由"穷"而发生"愚、弱、散"。因此，农村教育要以帮农民致富为前提。黄炎培认为"贫第一，病次之。至于教育，乃是有饭吃以后之事。先富之，后教之"，从而明确地提出了"先富后教"的口号。①

黄炎培农村教育思想的核心内容经历了由"分区立系"到"划区施教"、综合改进，再到"先富后教"、富教合一三个阶段的演变。在 21 世纪的今天，在社会主义新农村建设和乡村振兴的背景下，黄炎培的农村教育思想具有一定的借鉴意义。

五　蚕桑学校：乡村教育实践的范例

（一）具有浓厚乡村教育色彩的蚕桑学校

鸦片战争的失败，让奕訢、曾国藩等洋务派认识到了西方列强坚船利炮的厉害，于 19 世纪下半期掀起了以"师夷长技以自强"为目的的洋务运动。创办新式学堂、派留学生出国等成为当时的潮流。光绪二十八年（1902），清政府颁布了《钦定学堂章程》，批准建立实业教育制度，在清末兴起了一股"办学热"。在这股办学热潮中，具有浓厚乡村教育色彩的蚕桑学堂的办理十分突出。

1897 年 8 月，杭州知府林启在杭州创办的蚕学馆，是我国第一座蚕桑学堂，开启了我国现代蚕业教育的先河。此后，各地陆续开办了一些蚕桑学堂、农务学堂。1904 年，山东郯城马头镇私立初级农桑学堂设立。1904 年，

---

① 　叶凤刚：《黄炎培农村教育思想及其当代启示》，《继续教育研究》2008 年第 7 期，第 16 ~ 18 页。

杭州蚕学馆毕业的史量才在上海创办了江苏女子蚕业学校。这是我国最早的女子蚕业教育机构，也是我国近代女子教育事业的先驱。1911年，著名画家、美术教育家吕凤子捐献家产，在其家乡江苏丹阳创办正则女子职业学校，设桑科、绘绣科等。1913年，安徽舒城县程梦如女士创办蚕桑纺织学校，设养蚕、纺纱、织布、织袜、漂染等科，宗旨是为成年妇女谋自立之路。1926年10月，黄炎培、冷御秋、唐儒箴三人联合发起成立了镇江女子蚕桑学校董事会，冷御秋为董事长。校董事会决定先创办初级蚕桑科，唐儒箴捐助20余亩土地作为学校养蚕实习的基本桑园，学校定名"私立镇江女子职业学校"。

（二）豫北杨庆肇父子的乙种农校蚕科

杨庆肇（1879～1929），字熙甫，生于河南省滑县牛屯镇张营村。幼学之年从父读书，少年时代受业于当地名儒暴骥远先生[①]。1908年毕业于京师优级师范学堂（即北京师范大学的前身）。1908年，杨庆肇先生与河南滑县人何霁峰、可书蒲、暴式版等，在滑县张营六村公庙庄邱寺内创办一所研究教育分会，旨在广开风气、普及教育、传播知识、教化愚昧，以图国家的振兴。是岁之秋冬间，经多方筹措，并借桑蚕社款，在庄邱寺内，建起教室二十余间，成立一所小学校。这所学校是自废除科举后，在滑县农村建起来最早的一所"新式学堂"。宣统元年（1909），称之为县立农业学校。民国2年（1913），改为乙种农校蚕科，后又改为高级小学。[②] 这所学校首开先例，于民国元年自北京汇文学堂聘来李吉人、年景丰两位教师向学生教授英文课，让学生选读。这一课程的设置，为将来愿意出国深造的学生开辟了一条通道。

---

① 暴骥远，字良甫。祖父暴炎，字西菴，精通易学。父亲是与俞曲园同榜进士的暴大儒。暴良甫先生少从祖父读书，十六岁应试，取为庠生。十九岁食饩，嗣以辞章为无用，乃博览群书，肆力实学，后设馆收徒。尝谓学生曰："不读群经不能通一经。不要墨守汉、宋门户，要博览群书，或独抒己见，方能正其得失。"著有《周易辑注发明》《史论》《防夷策》。（见《滑县志》卷十六：人物目）
② 《重修滑县志·卷十·教育学校目》。

杨庆肇先生办学十数年间，地方人才辈出，培养出了刘遵宪、王鸣岐、何锡瑞、魏明华、于安澜、可自怡等知名专家和学者。1931 年，杨庆肇长子杨景梨，在滑县师范学校校内开设塾师培训班一所，又添设宿舍、厨房 20 余间，嗣后又扩充女子师范一班。1943 年春，杨景梨倡议在原庄邱寺学校旧址办一班初级中学，几经筹措于 1944 年春学校成立，定名为"正气中学"。入校学生不收学费，办学经费是杨景梨与各位老师们想尽办法拼凑的，伙食由学生自行组织管理，住宿由学生投靠亲友解决。入校学生多来自邻近数县，一段时期校名曾被称为"滑县联中"。

1944 年，杨景梨、魏鸿绪冒险渡过黄河到南阳，向国民党河南省政府及教育厅请求在豫北沦陷区建立一所正式中学，以满足广大青年求学的需要。当时政府境况窘迫，财政拮据，最后历经多方周折，得到了批准，将滑县联中定名为"河南省立豫北联合中学"。豫北联中在战乱中数次迁址，新中国成立后与长垣中学合并，后迁至道口与当地学校合并，成为后来的滑县第一高级中学。①

---

① 杨天恩：《教育世家三代办学》，豫内资郑审字〔2015〕30 号，2015 年 7 月版。

新民主主义教育史

第三编

第七章

中国共产党的新民主主义教育

—— 红色革命根据地的民办教育（1919~1949 年）

19 世纪末，马克思和恩格斯的名字已传入中国。1899 年，上海广学会所办的《万国公报》刊发译文，介绍德国学者马克思和恩格斯。20 世纪初，流亡日本的中国知识分子梁启超、朱执信和一些无政府主义者，在他们所办刊物上介绍马克思、恩格斯的生平学说，并译介《共产党宣言》的主要内容。1911 年辛亥革命后，国内出版物也开始陆续刊文介绍马克思和恩格斯的学说。[①] 但在"五四"新文化运动之前，中国学者对马克思主义的介绍，还只停留在将其作为西学诸多学说中的一种。

1917 年 11 月 7 日，十月革命一声炮响，给中国送来了马克思列宁主义。中国的先进知识分子立即开始学习、宣传和研究十月革命和马克思列宁主义，从而在中国出现了第一批具有初步共产主义思想的知识分子。同时，中国的先进知识分子看到了工农劳动群众的伟大力量，因而他们开始改变对人民群众的看法，逐渐认识到要真正改变中国社会的现状，必须发动广大的工农群众起来进行革命斗争。

1927 年"四一二"事变，第一次国共合作分裂，以蒋介石为代表的国

[①] 孙培青、李国钧总主编，金林祥主编：《中国教育思想史》（第三卷），华东师范大学出版社，1995，第 278~280 页。

民党右派在南京成立国民政府。中国共产党在白色恐怖下，通过武装斗争形式开展革命斗争，并在江西瑞金建立了与国民党相抗衡的工农政权。从此，内战代替了团结，蒋介石的独裁代替了民主，中国进入了十年内战时期。[①] 1931 年中华苏维埃共和国成立直至 1934 年红军长征前，红色苏区教育获得空前发展，确立了与南京政府不同的教育方针和制度，新民主主义教育进入了一个新阶段。

1937 年，抗日战争爆发，民族矛盾上升为主要矛盾，第二次国共合作逐渐形成。抗战时期，中国共产党建立了以陕甘宁边区为中心的抗日民主根据地和抗日人民民主政权。1945 年 8 月日本帝国主义宣布无条件投降，抗战胜利结束。从 14 年抗战到 1946 年 7 月国民党发动内战时，中国共产党已经领导着 220 万平方公里土地、13000 多万人口的解放区。1947 年 7 月，中国人民解放军转入全面反攻，大片区域和许多大中城市相继解放，到 1948 年已形成解放全中国的态势。在这一时期，以民族的、科学的、大众的教育为基础的新民主主义教育发展到了它的成熟期。[②]

从 1912 年中华民国成立到 1949 年中华人民共和国的成立，是中国教育从半封建半殖民地状态，逐渐地过渡到具有新民主主义性质的重要转折时期。从影响教育发展的社会力量来看，外国列强对中国教育的影响正在消退；各个时期执政者的政策和举措，在一定程度上制约着教育的发展。民国时期的教育，在五四运动前后发生了质的变化。它从局限于学校的近代教育的尝试，发展到注重实践和个性发展，渗透社会各个领域的大教育。但真正推动教育发展演变的，则是先后在资产阶级革命派和中国共产党领导下的、进步的和革命的新民主主义教育思潮和教育运动。[③] 在民国时期众多的教育思想和教育举措中，尚未处于执政党地位的中国共产党的教育方针，因为更注重下层民众，拥有广泛的教育对象，因而比较有效地改变了教育的性质和方向，并在新民主主义革命的基础上创立完善了新民主主义教育理论。

---

① 孙培青：《中国教育史》，华东师范大学出版社，2003，第 415 页。
② 孙培青：《中国教育史》，华东师范大学出版社，2003，第 477 页。
③ 史仲文、胡晓林：《中国全史·教育卷：民国分卷》，中国书籍出版社，2011，第 917 页。

第一节　从平民教育到新民主主义教育

新民主主义教育是在新民主主义革命时期，由中国共产党领导的，以马克思主义为指导的，人民大众反对帝国主义和官僚资本主义的教育，即民族的、科学的、大众的教育。新民主主义教育伴随着新民主主义革命的发展，由平民教育思潮而发展起来，先后经历了新文化运动到大革命时期、土地革命战争时期、抗日战争时期、解放战争时期和中华人民共和国成立初期等五个时期。① 中国共产党成立后，始终重视工农大众教育，将其作为开展革命的有力武器。党的工农大众教育围绕着提高工农政治觉悟和文化水平的目标展开，而教育形式多是因地制宜、灵活多样。

一　从平民教育到工农大众化教育

平民教育是"五四"前后兴起的一种教育思潮。1915 年，陈独秀在《今日之教育方针》一文中，提出教育的"惟民主义"，呼吁要以广大人民为施教对象。在文学革命上，也提出了"平民文学"的口号。1916 年后，中国教育界先后倡行过"公民教育""普及教育""平民教育"等主义。五四运动后不久，杜威应邀来华讲学，美国式的资产阶级平民主义教育也被引进中国。在这种平民教育思想影响下，北京高等师范学校部分师生联合组织"平民教育社"。他们认为教育的改良是一切改良的根本，主张走教育救国的道路。但是，这些主张并没有为中国的平民教育的发展找到正确的方向。

1919 年 2 月，李大钊在《晨报》上提出劳动教育问题，认为劳动者必须有受教育的机会，主张在教育上人人机会均等。以后他又发表了《平民主义》一文，倡导"纯正的平民主义"或"无产阶级的平民主义"。在李大钊等人的指导下，1919 年 3 月，北大中文系学生邓中夏等发起组织"北京

---

① 孙培青：《中国教育史》，华东师范大学出版社，2003，第 400 页。

大学平民教育讲演团"，其宗旨是"增进平民知识，唤起平民自觉心"，即通过平民教育唤起国民责任，从而实现对社会的改造。

1921 年，毛泽东、何叔衡等共产党人在长沙为党创立了第一所干部学校——湖南自修大学。1922 年 10 月 23 日，上海大学成立。在李大钊、张继予的推荐下，邓中夏出任总务长，瞿秋白为社会学系主任，蔡和森、恽代英、张太雷等共产党员也相继受聘为教授。他们的到来，使李大钊等主张的教育必须为提高工农大众的阶级觉悟和战斗力服务，才能成为引导他们走向光明的灯塔的理想变为现实。为了解决工农群众受教育的问题，他们积极推进在城市多设立劳工补助机关，如设立夜校、半日学校，使工不误读、读不误工，工读打成一片。

成立于 1924 年 4 月的上海大学在西摩路附设的平民学校，主要招收一些失学的劳动平民和青年工人，分六个班，"计分为一级一班为成年不识字者，一级二班为童年不识字者，二级三班（甲乙两组）为成年已识字者，二级四班（甲乙两组）为童年已识字者"。① 杨树浦平民学校创建于 1924 年 6 月，由上大学生张琴秋担任校长，学生多为各纱厂的工人，分为男工部与女工部，课程是国语、算学、历史、地理、英文等，并发表特刊《平民声》，是中国共产党在沪东创办的一所面向工人的学校。② 学校老师沈泽民、杨之华等人深入工人群众，与工人谈心，针对不同层次工人，采取不同讲课方式，向他们介绍马克思主义思想。民智平民学校创办于 1924 年 11 月，负责人为杨之华、张琴秋等人，教学员唱国际歌，介绍俄国革命，旨在用马列主义和革命道理启发工人觉悟。③

李大钊亦十分关心农民的教育问题。他认为中国是一个农业国，绝大多数的劳工群众是农民，他们若是不解放，就是国民全体不解放；他们的苦

---

① 《"上大"平民学校消息》，《民国日报》1924 年 4 月 21 日。
② 中国共产党杨浦（沪东）编纂委员会：《中国共产党杨浦（沪东史）1921～1949》，上海人民出版社，2011，第 27 页。
③ 中国共产党杨浦（沪东）编纂委员会：《中国共产党杨浦（沪东史）1921～1949》，上海人民出版社，2011，第 30 页。

痛，就是我们全体的苦痛；他们的愚暗，就是我们全体的愚暗。所以，农民教育正是真正劳苦大众教育的一个极其重要的部分。

1921 年 4 月，早期马克思主义者沈定一在故乡萧山创办衙前农村小学校。作为宣传发动农民的活动场所，小学办有龙泉阅书报社，收有马克思、恩格斯、克鲁泡特金的著作及《星期评论》等杂志。通过衙前小学，萧山、绍兴和上虞三县的 80 多个乡村相继成立农民协会，10 多万名贫苦农民被成功动员参加农会。① 各地除组织农会外，还创办了一些平民学校及兄弟团等组织。1926 年 5 月，毛泽东在广州主办的第 6 期农民运动讲习所开学。

1927 年 7 月，在党组织安排下，大批党员纷纷转移到农村，以乡村小学为活动中心，在农村扎根发展，他们以小学教师、农场职员和其他职业为合法身份，在农村、山区、海岛广泛举办民众学校和民众夜校，传播革命思想，兼学文化知识。②

二　国民革命中工农夜校的兴起

1917 年秋，毛泽东担任第一师范学友会总务兼教育研究部部长后，为"造成新国民及有开拓能力之人材"，打破社会与学校的"相隔相疑"，使"社会与学校团结一气"，开始接办工人夜校，由一师学友会教育研究部负责，三、四年级学生主办。1917 年 10 月 30 日，毛泽东亲自起草了《夜校招生广告》，并且亲自带着广告，以文艺宣传队的组织形式，深入群众中去做组织发动工作。他每到一处，都和工人一起劳动，促膝谈心，宣传读书。几天时间，报名的已有 120 人。在毛泽东、方维夏、周渭航等人的指导下，一师夜校办得有声有色。工人夜校的兴起，既提高了工人的文化素养、思想觉悟，又使学生取得了联系工人的初步经验，锻炼了自己的专业能力，更大

---

① 李涛：《20 世纪三四十年代的中共工农教育与乡村动员——基于浙江革命根据地的样本分析》，《当代社科视野》2012 年第 Z1 期

② 浙江省委党史研究室、浙江省军区政治部：《浙江农民武装暴动》，当代中国出版社，1996，第 2 页。

大推动和促进了当时湖南的平民教育运动。

在毛泽东 1917 年 11 月 9 日创办长沙工人夜校以后，各地各种形式的工人夜校像雨后春笋一样，蓬蓬勃勃地发展起来。1921 年，北京共产主义小组领导下的长辛店劳动补习学校成立。李大钊到郑州指导工人运动，并视察京汉铁路职工学校。① 中国旅法的共产主义小组在克鲁邹兵工厂为职工举办工人夜校和补习班。

1921 年 7 月，中国共产党第一次代表大会在上海、嘉兴举行。"劳工补习学校"是党的"一大"决议的组成部分。要求在党的"一大"以后大力开办工人夜校，组织工人参加革命斗争。从 1921 年下半年到 1922 年，中共湘区执行委员会委派李立三、刘少奇、蒋先云、夏明翰、罗学瓒、夏曦、郭亮、黄静源、李六如、余贾民等人去安源、水口山、长沙、岳州、株洲、平江、粤汉铁路新汤等地各矿山、工厂深入工人群众，创办工人夜校和工人补习学校，取得了巨大的成绩。在所办的工人学校中，安源路矿工人俱乐部工人补习学校是最著名的一所。1922 年 1 月，从安源工人夜校成立到 1926 年 12 月湖南全省总工会第一次代表大会前，仅安源路矿工人俱乐部就在安源新街、老街、紫家冲、筲箕街以及株洲车站、湘东茶园、醴陵阳三石等地开办了 7 所工人学校，并设立了 10 多处读书处，学员共 2300 多人。这一时期，黄爱、庞人铨领导的湖南劳工会，相继开办了 3 所工人夜校以及工人读书会、平民阅报室、星期演讲会、女子新剧组等普及文化知识的组织；湖南学生联合会所辖的许多中学，如明德、周南等，也举办过多种形式的工人夜校。②

1925 年 5 月，第二次全国劳动大会在广州召开，做出了"工人教育"等决议案。10 月，广州职工运动讲习班成立。1927 年，湖北省总工会召开武汉三镇教育会议。林育南主持制定出《湖北全省总工会发展工人教育的

---

① 于安龙：《"二七"大罢工中张国焘的作用探析》，《北京党史》2014 年第 3 期，第 16 ～ 20 页。

② 邵沪权、黄爱国：《中共安源地委党校创办成因及其意义》，《萍乡高等专科学校学报》2011 年第 4 期，第 31 ～ 34 页。

宣传大纲》。湖北省总工会出版《工人教育旬刊》。武汉各工会建立的工人夜校有 53 所，教员有 175 人，学员有 7700 人。

1927 年 1 月湖南省总工会倡导创办了湖南工人运动讲习所，招收学员 80 多人，由著名的工人运动领袖李维汉、郭亮、龚际飞、夏曦、杨人杞等人任教员，并出版了《湖南工人运动讲习所》半月刊。同时，为了加强对工人的宣传教育，省总工会还创办了 4 处工人俱乐部、9 所工人学校以及《湖南工人》旬刊和《工人生活》月刊。

这些工人夜校，在工人群众中传播革命真理，提高工人的政治觉悟和文化水平，对提高工人素质、促进工人团结，组织起工人阶级队伍，领导中国人民去推翻帝国主义、封建主义和官僚资本主义的反动统治，做出了一定的贡献。

1921 年 4 月，沈定一（字玄庐）回家乡浙江萧山衙前村创办衙前农村小学，并办农民夜校，于 1921 年 9 月领导成立全国第一个农运组织——衙前农民协会。[①] 1922 年彭湃在海陆丰创办农民夜校。1925 年毛泽东在湖南韶山创办 20 多所农民夜校。[②]

中共领导农民革命创立苏区后，农民夜校在苏区的开办不仅公开，而且更广泛和普及，几乎做到村村有，或办在学校、祠堂、庙宇等公共场所，或在其他闲置房屋，主要还是开办在学校（列宁小学）内。到 1931 年冬，苏区的列宁小学普及起来，一个自然村有一所列宁小学。列宁小学的教师白天教小孩，晚上在夜校教成年农民。农民夜校有时还聘请党、政、军、群人员担任教师。农民夜校经费由苏维埃政府拨款和群众自筹解决，不收学费。农民夜校教学内容不同于普通国民教育，教学以识字为主，兼以读报、教歌、讲时事政策，将思想教育与扫盲结合起来。

---

① 谢俊美：《中共成立前后对农民的首次关注——历史大视野下的沈定一（玄庐）和萧山衙前农民运动》，《上海革命史资料与研究》2012 年第 12 辑，第 428～435 页。

② 胡为雄：《毛泽东新民主主义文化理论的形成及其政治属性》，《中国延安干部学院学报》2011 年第 1 期。

三 红色苏区的工农大众化教育

中国共产党根据客观条件，进行了根据地的教育建设，发动群众组织，办农民夜校，唱红军歌，演文明戏，教书识字，学习革命道理。各地教材内容都密切联系斗争形势，并结合当地特点，以深入浅出、通俗易懂的形式编写。这些工农文化教育组织，都是为能团结更广大的农民群众，以增长他们的战争能力的。"它是用最灵活的方式吸收在各种工作万分忙碌当中的绝大多数的革命群众。它在扫除文盲的过程中，应当是最精悍最有效的一支军队。"①

苏区的工农教育组织主要有扫除文盲协会、业余补习学校、俱乐部等机构。扫盲协会通过识字牌（多设在大路口）、识字组（三人至五人为一组）、夜校（多由列宁小学附设）开展扫盲教学。各级教育部门和扫盲协会常常组织"消灭文盲活动周"来检查、督促各单位的扫盲工作。业余补习学校是帮助各行业工会、各合作社、各级政府机关人员补习文化的学校。根据各地办学条件的差异，业余补习有夜学和半日制的两种，学员主要学习文化和技术。文化课教员由教育部门推荐，技术课教员则由团体自己委派。俱乐部开展下列活动：政治讲演会或座谈会、科学讲演会或座谈会、读报和讲报、运动和游艺、办墙报、演戏等。俱乐部一般利用晚上或农闲、雨天开展活动。苏维埃政府在广泛开展社会教育时，要求各地"要特别注意妇女的教育和妇女干部的培养，要吸收广大妇女参加夜校及俱乐部的工作，要开展反对家婆禁止媳妇，老公禁止老婆参加教育工作的斗争"。

由于苏维埃政府实行工农教育的主张反映了广大劳苦人民的迫切愿望，适应了战争的需要和建设的需要，因此，它像干柴烈火般迅速在各根据地燃烧起来。人们积极拥护政府主张，热心支持、积极投入学习运动。许多家庭省下铜钱资助苏维埃政府办教育，许多家庭空出房屋做教室，许多家庭出现

---

① 江西省档案馆、中共江西省委党校党史教研室选编：《中央革命根据地史料选编》，江西人民出版社，1982，第331页。

了子教父、夫教妻的情景。仅以《红色中华》——当时中央政府的机关报——第一〇八期报道的一事为例：福建上杭县"第一个模范乡"才溪乡，两个月就筹集了九个月的教育经费，建立了日校四十九个、夜校六十六个、看图识字处七十个。在这蓬勃发展的工农教育运动中，广大妇女更是一次大的解放。她们纷纷从封建神权、族权、夫权思想的束缚下解脱出来，学习热情前所未见。以兴国县为例："夜学学生一万五千七百四十人中……女子占其中的百分之六十九；识字组组员二万二千五百一十九人中……女子占其中的百分之六十……"而且，"许多妇女是在做小学与夜学的校长，做教育委员会或识字委员会的委员"。

到1934年第二次全国苏维埃代表大会召开时，列宁小学、夜学、识字班、俱乐部等教育机构在根据地遍地开花。"根据江西、福建、粤赣三省的统计，在二千九百三十二个乡中，有列宁小学三千零五十二所，学生八万九千七百一十人，有补习夜学六千四百六十二所，学生九万四千五百一十七人，有识字组（此项只算到江西、粤赣两省，福建未计）三万二千三百八十八组，组员十五万五千三百七十一人；有俱乐部一千六百五十六个，工作员四万九千六百六十八人。"工农教育运动的发展，使广大群众的文化水平迅速提高。

四 新民主主义教育理论的形成

新民主主义教育思想是马克思主义与近代中国教育实际相结合的产物。它萌芽于20世纪20年代；第二次国内革命战争时期通过总结苏区教育实践的经验奠定了新民主主义教育思想的基础。1940年发表的《新民主主义论》标志着新民主主义教育思想的形成。[①] 新民主主义教育是伴随着新民主主义革命形势的发展而发展起来的，它的发生、发展过程分为五个时期：一是从中国共产党成立到大革命时期；二是土地革命时期；三是抗日战争时期；四

---

① 宋荐戈：《略论新民主主义教育思想的形成和发展》，《河北师范大学学报》（教育科学版）1999年第3期，第38~43页。

是解放战争时期；五是中华人民共和国成立初期。

（一）新民主主义教育方针的初步探索

苏维埃革命根据地始终面临着国民党军队的不断"围剿"，处在残酷的战争环境中。当时根据地的中心任务，一是动员群众参加土地革命，二是打破国民党的军事"围剿"。为此中国共产党和苏维埃政府提出了"一切苏维埃工作服从革命战争的要求"的总方针。按照这一工作总方针，苏维埃政府提出和确立了教育为工农大众服务、为革命战争服务、为建立和巩固红色政权服务的宗旨。1931年11月，中华苏维埃第一次全国代表大会通过的《中华苏维埃共和国宪法大纲》第十二条规定："中华苏维埃政权以保证工农劳苦民众有受教育的权利为目的。在进行国内革命战争所能做到的范围内，应开始施行完全免费的普及教育，首先应在青年劳动群众中施行并保障青年劳动群众的一切权利，积极地引导他们参加政治和文化的革命生活，以发展新的社会力量。"在《中华苏维埃共和国第一次全国工农代表大会宣言》中也宣布："一切工农劳苦群众及其子弟，有享受国家免费教育之权，教育事业之权归苏维埃掌管，取消一切麻醉人民的封建的、宗教的和国民党的三民主义的教育。"这就从法律上肯定了苏区教育的总任务和发展方向。

1934年1月，在第二次全国苏维埃代表大会上，毛泽东根据马列主义的教育学说，进一步概括和总结了井冈山斗争以来各革命根据地文化教育建设的经验，正式提出了苏维埃文化教育建设的总方针，即"在于以共产主义的精神来教育广大的劳苦民众，在于使文化教育为革命战争与阶级斗争服务，在于使教育与劳动联系起来，在于使广大中国民众都成为享受文明幸福的人。"苏维埃文化建设的中心任务"是厉行全部的义务教育，是发展广泛的社会教育，是努力扫除文盲，是创造大批领导斗争的高级干部"。

苏区教育总方针的基本内容可概括为：教育"为革命战争与阶级斗争服务"；教育为工农服务，"使广大中国民众成为享受文明幸福的人"；"教育与生产劳动联系起来"。当时的教育主要发挥革命和生产的功能，其重心是干部教育和义务教育，形式是广泛的社会教育。这些基本特征反映了中国共产党对新民主主义教育方针的初步探索，为它的进一步发展奠定了理论基础。

（二）新民主主义教育理论的形成

1937 年，抗日战争全面爆发，中国革命由土地革命战争转为抗日战争。中国共产党的总任务是"动员一切力量争取抗战胜利"。抗日根据地的教育是"实行抗战教育政策，使教育为长期战争服务"。1939 年，毛泽东在《中国革命和中国共产党》一文中，第一次提出了"新民主主义革命"的科学概念。1948 年，他在《在晋绥干部会议上的讲话》中完整地表述了总路线的内容，即无产阶级领导的，人民大众的，反对帝国主义、封建主义和官僚资本主义的革命。

陕甘宁边区及其他各抗日根据地，继承和发展了苏区教育的革命传统，废除了国民党统治区奴化的、封建主义的和法西斯主义的教育，建立起了民族的、科学的、大众的新民主主义的教育。

在延安及其他各抗日根据地，都建立了在职干部教育制度。高级干部和文化水平较高的干部，都学习马克思列宁主义、毛泽东思想的理论和时事政治，还结合工作学习业务。对于文化水平低的干部，进行文化补习。各抗日根据地，特别是作为抗日战争指导中心的延安，还大办各种干部学校，培养、训练了大批革命干部。

同时，各抗日根据地，都广泛地开展了扫除文盲运动，并且结合中心工作进行群众（主要是农民）业余教育，包括政治宣传教育和文化补习教育，提高群众的政治觉悟和文化水平。此外，还普遍地开展小学教育、"以民族精神教育新后代"。

在抗日战争时期，是新民主主义教育大发展和成熟时期。以毛泽东为主要代表的中国共产党人把马克思主义的普遍真理同中国实际情况结合起来，走自己的道路，建立起了具有中国特色的新民主主义的教育体系。它包括在职干部教育、干部学校教育、中等教育（包括中学、师范、卫生学校及其他职业学校）、小学教育和群众业余教育（包括扫盲识字教育）。此外，还有军队教育（见抗日战争时期抗日根据地教育）。

新民主主义教育是中国新民主主义革命时期，由中国共产党领导的以共产主义思想为指导的民族的、科学的、大众的教育。

新民主主义教育是民族的。"它是反对帝国主义压迫,主张中华民族的尊严和独立的。它是我们这个民族的,带有我们民族的特性。"(毛泽东:《新民主主义论》)对于外国教育,它既不一概排斥,也不"全盘西化",而是弃其糟粕,取其精华,"洋为中用"。中国教育具有自己民族的形式和特点。民族的形式和新民主主义的内容相结合,这就是新民主主义的教育。

新民主主义教育是科学的。"它是反对一切封建思想和迷信思想,主张实事求是,主张客观真理,主张理论和实践一致的。"(毛泽东:《新民主主义论》)它坚持马克思主义的辩证唯物主义,反对唯心主义和形而上学。对中国古代和近代的教育,它既不否定一切,也不因循守旧,而是剔除其封建性的糟粕,吸取其民主性、革命性精华的"古为今用"。

新民主主义教育是大众的。"因而即是民主的。它应为全民族中百分之九十以上的工农劳苦民众服务。"(毛泽东:《新民主主义论》)并逐渐成为他们的教育。它把革命干部的知识和革命群众的知识在程度上互相区别又互相联系起来,把提高和普及互相区别又互相联系起来。这种革命教育对于人民大众,是有力的武器,是革命总战线中的一条必要的和重要的战线。

民族的科学的大众的教育,是无产阶级领导的,人民大众反对帝国主义、封建主义和官僚资本主义的教育,是中华民族的新教育。

第二节　新民主主义教育的办学实践

革命根据地的教育,是在党中央领导下由革命根据地创建和发展起来的人民教育、新民主主义教育。它把马列主义教育的原理和当时的实际紧密地结合起来。特别是在革命根据地的私塾改造运动、民间扫盲运动、兴办干部教育、实行群众办学、贯彻教育为革命战争和生产建设服务方面,更创造出了巨大的成绩,为国内革命战争、抗日战争和解放战争培养了大批的干部,同时提高了广大工农群众的政治觉悟和文化水平。

一 红色革命根据地的教育方针政策

（一）中国共产党早期的教育纲领

1922 年 7 月中国共产党第二次代表大会在《宣言》中明确提出男女教育权利平等和实行普及教育的主张。具体规定为：女子在政治上、经济上、社会上、教育上一律享受平等权利。改良教育制度，实行普及教育。[1] 同年 5 月，社会主义青年团第一次全国代表大会也提出了开展工农教育、推行普遍的义务教育、男女平等教育主张。

（二）瑞金苏区时期的教育方针政策

以瑞金为中心的根据地建立后，根据地政府立即在文教方面确立了教育为工农民众服务、为建设和巩固新生政权服务的方针。1931 年 11 月，中华苏维埃第一次全国代表大会通过《中华苏维埃共和国宪法大纲》，规定：中华苏维埃政权以保证工农劳苦民众有受教育的权利为目的。[2] 1933 年 4 月，中华苏维埃共和国教育人民委员部在《目前的教育任务》的训令中提出：苏区当前文化教育的任务，是要用教育为学习的方法，启发群众的阶级觉悟，提高群众的文化水平与政治水平，打破旧社会思想习惯的传统，以深入的思想斗争，更有力地动员起来，加入战争，深入阶级斗争和参加苏维埃各方面的建设。[3] 1934 年 1 月，毛泽东在中华苏维埃第二次全国代表大会的工作报告中，正式提出了苏维埃文教建设的总方针：文化教育为革命战争与阶级斗争服务，教育与劳动联系起来。文教建设的总任务：厉行全部的义务教育，发展广泛的社会教育，努力扫除文盲，创造大批领导斗争的高级干部。[4]

瑞金时代所兴办的教育是和"五四"教育性质完全不同的另一类教育。

---

[1] 《中国共产党第二次全国大会宣言》《中国现代史资料选编》（1），黑龙江人民出版社，1981，第 394 页。

[2] 《苏区教育资料选编》，江西人民出版社，1981，第 1 页。

[3] 《苏区教育资料选编》，江西人民出版社，1981，第 6 页。

[4] 《老解放区教育资料》（一），教育科学出版社，1981，第 20 页。

党从现实政治斗争和革命动员的需要出发，首次在中国将教育分成三种类型：第一类为提高干部政治和军事、业务素质的干部教育系统；第二类为培养青少年而建立的传授政治和文化知识的普通学校教育系统；第三类为针对广大劳苦群众而开展政治动员和扫除文盲的社会教育系统。在 1931 年 11 月中华苏维埃共和国临时中央政府成立后，这三类教育都得到长足的发展。①

（三）延安根据地时期的教育方针政策

以延安为中心的抗日根据地建立后，各项文教方针政策都是以夺取抗战胜利和夺取全国政权这一总目标为出发点制定的。1938 年中国共产党提出：一切文化教育事业均应使之适合战争的需要。② 1940 年毛泽东发表《新民主主义论》，指出：新民主主义的文化是无产阶级领导的人民大众的反帝反封建的文化，是民族的、科学的、大众的文化。③ 所谓民族的，是指它具有中华民族的特性，是反对帝国主义的压迫，维护中华民族的尊严和独立，并与其他民族的进步文化相结合，进而共同形成世界的新文化；所谓科学的，是指它反对一切封建迷信思想，主张实事求是、客观真理和理论与实践的统一，又主张尊重自己的历史文化并剔除其封建性的糟粕，吸收其民主性的精华；所谓大众的，是指它应为全民族中百分之九十以上的工农劳苦民众服务，并逐渐成为他们的文化，因而又是民主的文化。④

根据上述指导思想，抗日根据地制定了以下具体文教政策：①文教工作中坚持统一战线，即动员一切力量，组成浩浩荡荡的文教大军，投入抗日民族统一战线，争取抗战的最后胜利和结成广泛的反蒋统一战线，夺取全国政权。②干部教育第一，国民教育第二，即大力发展干部教育，培养、提高干部使之成为群众的先锋，并把普通高小以上的教育纳入干部教育的范畴。③注重生产劳动教育，即发扬苏区教育与劳动联系的传统，使教育同根据地

---

① 高华：《中共从五四教育遗产中选择了什么？——对延安教育方针及其实践的考察》，http：//www. aisixiang. com/data/56385. html。
② 《毛泽东同志论教育工作》，人民教育出版社，1958，第 33 页。
③ 《毛泽东同志论教育工作》，人民教育出版社，1958，第 19 页。
④ 《毛泽东同志论教育工作》，人民教育出版社，1958，第 27～29 页。

的生产建设联系起来，自己动手、丰衣足食。④战胜根据地的物质生活困难，国民教育实行民办公助，即发动村民自己办教育，政府给予适当的指导和可能的物质帮助，逐渐达到自中心小学以下均归民办，其学制和教育内容都应尊重群众意见等。①

（四）解放战争时期根据地的教育方针

解放战争时期，中国共产党领导的革命力量空前强大，任务是打倒蒋介石，解放全中国。三四年间，主要是军事行动和相应的政权建设、土地改革等。为了使教育更好地为解放战争、土地革命和生产建设服务，各解放区都先后召开了教育会议。如1946年8月山东解放区教育会议指出，"今后全省教育的总任务是提高现有干部的文化水平和广大群众的政治文化水平，团结新的知识分子，使其参加解放区各项建设工作"。东北解放区教育会议提出教育必须为支援战争、土地改革、财政经济和村政建设服务。

1947年人民解放军转入战略反攻后，党及时制定了有利于新解放区教育恢复发展的政策：一是要求各部队在战争进行中要注意保护各类学校和教育机关。二是对所接管的学校要建立新的领导体制，取缔反动党团组织，取消训导制度，废除"党义""公民""军训""童子军训练"等课程及有法西斯毒素和封建迷信的教材。三是对原有教职员，除少数反动分子和破坏分子外，一律采取团结、教育、改造的政策。四是进行政治思想教育，使广大师生通过学习革命理论和党的方针政策，认清中国革命的任务和前途，明确思想改造的必要性和个人努力的方向。

解放战争后期，随着全国胜利指日可待，教育着眼于必须向将来的经济文化建设转轨。1948年到1949年，一些解放区分别召开了教育工作会议，都重点讨论了中等教育问题。决定改变中学干部训练的性质，确定中学为普通教育，学制采用"三三制"，要建立入学和毕业考试制度，加强文化课学习，重视课堂教学等。华北人民政府拟定了《小学教育暂行实施办法》和《小学教师暂行服务规程》等文件。中共中央东北局、东北行政委员会做出

---

① 《革命根据地的教育》，http：//www.sdzkw.com/ziliao/chuanjiang/201312/26862.html。

了《关于整顿高等教育的决定》。取消高校学生一律享受公费的制度,实行助学金制,整顿和充实教师队伍,精简整编,改进管理方法等,体现了高校从干部教育向普通教育转轨。这些措施奠定了从旧中国教育向新中国教育转变、从适应革命战争教育向适应和平建设教育转变的基础。①

二 红色革命根据地的扫盲运动

(一)瑞金苏区时期的民间扫盲运动

瑞金时代教育方针及实践的显著特色是它的阶级性和群众性,并为延安教育打下了底色。在整个苏区的教育工作中,无论是干部教育,还是学校教育和社会教育,无处不渗透着强烈的政治色彩。在社会教育系统,从中央到苏区各省、县、区、乡都建立了扫除文盲的组织机构,在中央一级成立"消灭文盲协会临时中央干事总会",各县、区、乡则普遍建立"消灭文盲协会",在农村中广泛开办了夜校,半日学校和识字班。②

1933年6月,中华苏维埃共和国中央教育人民委员部颁发《识字班工作》训令,动员广泛展开苏区扫盲工作,湘赣省苏维埃政府文化部随即拟定统一生字,要求在3个月内迅速推行突击扫盲任务。在所颁布的三级生字表中,兼顾了政治教育与生活实用原则:第一级生词共27句,均为日常生活和劳动用语;第二级生词30句,共有政治词汇19句;第三级生词29句,政治词汇达到14句,在总数86句生词中,政治宣传词语共有33句③,约占总语汇比重的40%。中共重视群众教育获得了很大的成果,据毛泽东在1934年1月中华苏维埃共和国第二次代表大会所作报告称,在中央苏区内的江西、福建、粤赣三省中共有补习夜校6462所、学生94517人,有识字组32388个、组员153000余人,妇女中的文盲数目得到减少,参加兴国县

---

① 《革命根据地的教育方针和任务》,http://edu6. teacher. com. cn/tkc043a/chapt8/html/T81 0001. htm。

② 高华:《中共从五四教育遗产中选择了什么?——对延安教育方针及其实践的考察》,http://www. aisixiang. com/data/56385. html。

③ 《湘赣省苏文化部关于识字运动的又一指示》,中央教育科学研究所:《老解放区教育资料》(一),教育科学出版社,1986,第278~279页。

夜校学习的妇女占了总学习人数的 69%，而兴国县识字组的妇女比例高达 60%。①

（二）延安根据地时期的民间扫盲运动

1937 年全面抗战爆发后，中国共产党在总结瑞金根据地时期教育经验的基础上，根据新需要对原有的教育方针进行了修改补充，逐步形成了新的教育方针，这就是：教育为抗日战争服务，教育与生产劳动相结合。

中国共产党摒弃"五四"教育中的精英主义内容，除了有其意识形态的考虑外，还因陕甘宁边区和其他根据地基本不具备创办正规教育的条件。据边区主席林伯渠 1939 年 1 月的报告，在 1936 年以前边区 150 万人口中识字人数仅占全体人员 1%，某些县，如华池县，识字率仅占二百分之一。全边区只有 120 所小学。中学生屈指可数，社会教育则绝无仅有。② 除此之外，边区物质条件极其落后，严重缺乏师资，也给发展边区教育事业带来极大的困难。经过几年的文教建设，边区教育有了较大的进步。1937 年建立了鲁迅师范，1938 年又建立了边区师范，至 1941 年全边区共有中等师范 7 所，小学也发展到 1941 年的 1341 所，共有 43625 名学生，边区还兴办了 5843 个识字组，吸收 39983 人扫盲，使文盲比率下降至总人口的 93% ~ 95%③。许多县和区都规定每天得识几个字，在村头立个识字牌，凡过路的人，都得认识，会认的就放走，否则负责教会过路人再放行。根据龙华县资料，三年把全县的"睁眼瞎"扫光了，每人识 1000 字，多的识字 1700 多，会写便条、开路条，会看报，会打算盘。④

尽管边区教育已有进步，但总体落后的状况并没有得到根本的改变，如

---

① 毛泽东：《中华苏维埃共和国中央执行委员会与人民委员会对第二次全国苏维埃代表大会的报告》，中央教育科学研究所：《老解放区教育资料》（一），教育科学出版社，1986，第 18 ~ 19 页。

② 林伯渠：《陕甘宁边区政府对边区第一届参议会的工作报告》（1939 年 1 月），中央教育科学研究所：《老解放区教育资料》（二），教育科学出版社，1986，第 4 页。

③ 林伯渠：《陕甘宁边区政府对边区第二届参议会的工作报告》（1941 年 11 月），中央教育科学研究所：《老解放区教育资料》（二），教育科学出版社，1986，第 19 页。

④ 魏宏运：《晋察冀边区农村教育的追寻和考察》，《中国延安干部学院学报》2013 年第 2 期，第 114 ~ 117 页。

此情况根本不允许陕甘宁边区和各根据地脱离现实去和国统区的正规教育接轨，只能转而寻求在现有基础上对教育状况进行逐步的改善。①

（三）延安根据地时期的冬学活动

在边区政府各级机构的大力支持和帮助下，开展了普遍持久的冬学活动、识字活动。冬学活动以扫盲、反日反奸教育为目的，学习时间可以是整个冬天。冬学的开办，首先是以乡或村为单位召开群众大会，发动群众，并民主选举冬学委员会，其委员有各方面代表，负责领导、动员入学，解决校址、校舍、教师等问题。冬学的学习内容有国语、珠算和政治常识及军事演习。冬学还提倡新文字（拉丁化）教学。自民国 26 年（1937）起，规定用汉文和新文字两种课本，并为推广新文字举办大批的教师训练班。个别地方推行新文字成绩很好，延安 1563 名学生经过 40 天的学习，有 561 人学会了日常用语和自然写读，不少人当上了《新文字报》通讯员。② 据不完全统计：1942 年后，识字、教育活动的规模进一步扩大，参加识字班、夜校和半日学校的农民有 34000 余人。③

抗日民主政权热心大众教育，完全出于革命意识形态的内在要求，从瑞金时代面向劳苦大众的教育，发展到延安时期群众路线下的普遍的群众性的扫盲活动，不仅保持了阶级论教育观的一贯性，也体现了党对"五四"平民教育思想、劳动教育思想新的开放、接纳的姿态。

三 红色革命根据地的基础教育

延安时期是中国革命形势最为复杂的时期。中国共产党第一代领导集体根据形势的变化调整了文化教育策略，通过民主教育的权利平等、机会均等实践，使体现教育核心价值的教育公平在新民主主义革命阶段得到了极大的

---

① 高华：《中共从五四教育遗产中选择了什么？——对延安教育方针及其实践的考察》，http://www.aisixiang.com/data/56385.html。
② 史仲文、胡晓林：《中国全史·教育卷：民国分卷》，中国书籍出版社，2011，第 899 页。
③ 李鼎铭：《文教工作的方向》（1944 年 12 月 6 日），中央教育科学研究所：《老解放区教育资料》（二），教育科学出版社，1986，第 45 页。

体现。民主教育思想和教育公平实践随着对革命战争目的和意义的深入认识而不断深化，并随着新民主主义革命的深入而逐步发展。[①]

（一）革命根据地的中等教育

中等教育主要有鲁迅师范学校和边区中学两种形式。民国 26 年（1937），陕甘宁边区设立鲁迅师范学校，次年（1938）又建立边区中学，后来二者合并为边区师范学校。鲁迅师范学校起初只有 20 多个学生，多为八路军家属，年底就增加到 360 个学生，一半是外地高小毕业生。校址曾由延安移到延长，又移关中。学校教职员多在抗大和陕北公学受过训练。课程分为四部分：政治课包括社会科学、政治常识和民众运动等；军事课包括游击战术和军事训练；教育课包括国防教育、教学法、管理法、教育行政等；普通文化课包括国语、算术、历史、地理、自然、音乐、新文字等。其时间比为 3∶1∶3∶4，修业年限为 1 年。鲁师体现着教育与社会活动相联系、与生产劳动相结合的特色，是社会化的教育。师生同享供给制，物质条件相当艰苦。

边区中学创办于 1938 年，修业年限 2 年，生活采取供给制。学习重自学，政治、军事、社会科学每周讨论 1 次，历史、地理、自然等科则讲授完毕后集中讨论 1 次。到 1941 年，陕甘宁边区中学发展到 7 所，5 所是师范学校，学生有 1000 多人。自 1943 年起，又附设地方干部班，教育在职干部。一年后，地干班学员达 300 多人。晋察冀边区自 1938 年筹设边区中学，1939 年开办了 7 所中学，1940 年又增办两所。1941 年毕业学生达 7000 余人，但多为短训班性质，培养行政、民运、自卫队、教育、合作社等方面的干部。山东解放区的中等教育也在逐渐发展之中。[②]

不过，起初的中等教育有注重政治教育而忽略文化基础知识的偏向。民国 29 年（1940）起进行重视文化课的调整，又走上了旧型正规化的道路，丢掉了理论联系实际、与生产劳动相结合的特点。直到延安整风后，才逐渐

[①] 朱现平：《延安时期我党教育公平的实践及经验》，《武汉大学学报》（哲学社会科学版）2013 年第 2 期，第 120～126 页。

[②] 史仲文、胡晓林：《中国全史·教育卷：民国分卷》，中国书籍出版社，2011，第 899 页。

正式走上正轨。

（二）革命根据地的初等教育

小学教育发展更迅猛。陕甘宁边区旧有小学不过 120 所。边区建立后的 1937 年，小学达 545 所，学生达万余人，其中完全小学 16 所、模范小学 78 所。到 1940 年，小学总数增加到 1341 所，学生达 43625 人，其中完全小学又增加了 3 倍。所有小学都非常重视抗日的政治教育，一方面经常地学习时事政策和政治常识；另一方面组织儿童参加社会活动，领导儿童与敌人进行面对面的斗争。针对日本侵略者的总体战，边区政府教育儿童做到"五不"：不告诉敌人一句实话；不报告干部和八路军；不报告地洞和粮食；不要敌人东西；不上敌人学校、不参加敌人少年团。同时用敌人的残酷暴行教育儿童，让儿童参加"控诉复仇大会"，亲耳聆听接受熏陶。于是有的儿童被敌人抓去严刑拷打，也绝不吐一句实话。边区的儿童从小就肩负起天下兴亡、匹夫有责的使命，顽强不屈，傲然地面对残酷现实。他们对敌斗争的贡献是很惊人的，如配合自卫队站岗放哨，查获敌探汉奸。据统计，完县、唐县、曲阳三县截至抗战第五年时，就捉拿汉奸 90 人、汉奸嫌疑犯 432 人。[1] 敌人有一次在安固一村庄抓了三个小学生，问村长的名字和住址，第一个不说被挑死了。再问第二个还是不说，又被挑死了。再问第三个，依然是不知道。三个孩子为了村长的安全，同时牺牲在暴敌之前，流尽了他们纯洁的血。类似这样可歌可泣的事迹是说不完写不尽的[2]。

边区小学一般实行民主管理，学生会组织很普遍，发挥作用很大：一方面，组织同学认真学习，保证学校教学计划的完成；另一方面，锻炼学生独立工作的能力，培养集体主义精神，运用民主方式学习，过民主生活。建立了生活检讨会制度，进行集体的自我教育。学生会推选代表列席学校会议，提出建议和批评。学生代表也可参加学校的决策会议，然后全体师生共同

---

[1] 魏宏运：《晋察冀边区农村教育的追寻和考察》，《中国延安干部学院学报》2013 年第 2 期，第 114～117 页。

[2] 教育阵地社编：《抗战时期边区教育建设》（下），新华书店晋察冀分店，1946，第 23～24 页。

执行。

（三）革命根据地的"民办公助"教育

群众性是边区教育的一个重要特点，这与中共奉行的群众路线的教育方针直接相关联。群众性的教育运动主要体现在"民办公助"方面。为提倡"民办公助"，1944 年 4 月 23 日，陕甘宁边区政府发出了《关于提倡研究范例及试行民办小学的指示信》，对"民办公助"做了具体指导，要求：一是民办小学的形式（完全民办或"公私合作"）和推行的步骤，不求一律。一般普通小学，如条件许可，应即改为民办，逐渐达到中心小学以下，均归民办。二是民办小学的学制和教育内容，均尊重群众的意见，根据群众的需要，学制长短和上课时间均不求一律，课程的设置也可同意群众的意见，废除一些暂不急需的科目。教材如不愿用政府的课本，也可以与群众商量自编，以多联系生活实际，多些政治常识和生产知识，以免陈腐为原则。学生名额不加限制，校址、经费、教师待遇全由群众决定。三是民办不能和公助分离，不能听其自流[①]。这个指示发出后，首先在延安的杨家湾、裴庄、磨家湾、沟门等处试办民办小学，迅速发展到 574 所，1945 年上半年达到了 1051 所，占陕甘宁边区小学总数的 75%，群众成了办学的主力。[②]

教育与生产劳动相结合是群众性教育运动的又一表现形式。边区每个村都有小学，差不多都是民办公助。教育形式有整日制、半日制、早午校、夜校、巡回教学、班级教学或分组教学等。教育的特点一是学用一致，另一是教育和劳动生产相结合。如五台游击区小学，不仅坚持抗日教育，而且进行生产。阜平崔家沟的民校教员陈继和上组织课，主要内容是讲生产知识，从日报和群众报上收集资料，并且在村里收集各种有关生产的书籍作为授课内容。陈继和将教育和实际紧密相结合，他是个小地主，看了"减租课本"教材，就召集了自己所有的佃户，说明减租的重要，并且当下进行减租，把

---

① 朱现平：《延安时期我党教育公平的实践及经验》，《武汉大学学报》（哲学社会科学版）2013 年 2 期，第 120~126 页。

② 史仲文、胡晓林：《中国全史·教育卷：民国分卷》，中国书籍出版社，2011，第 899 页。

租子下降到 30% 以下。陈继和被誉为"模范民校教员"，边区特别予以表扬。[1]

群众的求知欲是很旺盛的，如阜平五区各村群众，除隔天晚间上民校外，还创造了许多新方法来学习。纺织小组把小木板刨平，作为识字牌，每天由小学教员把生字写上，放学时叫小学生带回家去，教自己的亲友，同时把识字牌挂在纺车面前，一面摇纺车，一面识字。还有的群众在墙上写字，生字都是从眼前实际事物的字眼学起，如棉、线、纺车等。他们还在一起讨论时事政治问题，上技术课，由纺织技术好的人讲怎样纺织。运销小组流动性大，他们进行拨工，每个人赶两三头牲口，每个牲口鞍上都挂识字牌，或填生字在一小方块的纸上，贴在鞍后，一面走一面识字。他们还按牲口走得快慢分成小组，一面赶牲口，一面讨论政治课。[2]

从上面的介绍中可以看出，边区教育因为环境恶劣，又属新形势下的创试，虽然存在这样那样的缺点和偏颇之处，但其发展的势头一直看好。这与党政军各级的大力支持帮助、全体民众投入办教育直接相关。作为全民的事业，各种教育都获得了迅猛而长足的进展，形成了新民主主义的教育体系，给革命事业的胜利提供了良好基础，也为后来中国教育事业的发展提供了一片新天地，以及在这片新天地上施展作为的宝贵经验。

四 红色革命根据地的干部教育

（一）瑞金苏区时期的红色干部学校

1929 年春，毛泽东、朱德率领红四军离开井冈山，向赣南、闽西进军，开辟了中央革命根据地，并于 1931 年在江西瑞金成立了中华苏维埃共和国，苏维埃红色政权日益巩固和发展。在这一时期，中央苏区的干部教育发展很快，取得了显著的成效。

当时中央苏区的干部学校都办得有声有色，生机勃然，成效显著，造就

---

① 刘洁：《模范民校教员陈继和》，《保定日报》2015 年 7 月 30 日，第 2 版。
② 《阜平五区群众利用一切办法学习》，《晋察冀日报》1944 年 6 月 14 日。

了大量党、政、军、农、医卫、文化、教育等方面的革命干部，为革命战争与苏维埃政权建设做出了巨大的贡献，这从一些干部学校招生的数字可窥见一斑。如中国工农红军学校共招收6期，培养各级红军军政干部6000余人，其中第2期就有学员1500余人，苏维埃大学共招生1500余人，红军卫生学校和红军通讯学校学员最多时都达到1000多人。可以说，苏区的干部教育，不仅适应了当时革命战争的需要，而且为后来的抗日战争、解放战争的胜利奠定了基础。

与建党初期和大革命时期相比，土地革命时期党的干部教育培训机构不仅数量上大为增加，而且更加正式化，初步形成了多层次、多规格的干部教育培训体系。[①] 中央苏区时期涌现了一大批干部学校，这种类型多样、系统有别、层次各异、上下结合、纵横联系的干部教育体系，适应了当时形势对干部教育的要求。[②]

从类型上看，既有红军干部学校，又有党政干部学校。1931年在瑞金成立了中国工农红军中央军事政治学校，担负着培养红军中的政治、军事干部，以充实红军各部队和地方武装，后来为适应革命战争迅速发展、红军猛烈扩大的形势，中央军委于1933年10月将红校分为5所学校：中国工农红军大学（简称"红大"）、红军第一步兵学校（为纪念彭湃、杨殷两位烈士，后改为红军彭杨步兵学校）、红军第二步兵学校（为纪念黄公略烈士，后改为红军公略步兵学校）、红军特科学校、游击队干部学校。此外红军干部学校还有红军卫生学校、红军通讯学校等。红军干部学校的设立培养了大批军事政治干部，解决红军因战斗频繁、伤亡过大，干部更需补充的问题。党政干部学校主要有马克思共产主义学校（中央党校）、苏维埃大学、中央教育干部学校、中央农业学校、高尔基戏剧学院等。党政干部学校培养了各级苏维埃政府的党政干部，许多优秀干部为党的事业流血牺牲，极大地推动了反

---

① 李小三：《中国共产党干部教育简史》，中共党史出版社，2009。
② 唐海英、贾嘉：《中央苏区干部教育的主要经验及启示》，《继续教育》2011年第12期，第7~10页。

围剿和其他革命工作的发展。[①]

从层次上看，既有中央办的干部学校，也有地方干部学校。如马克思共产主义学校、苏维埃大学、中央列宁师范学校、中央农业学校等就是中央办学，而地方苏维埃政府也办了不少干部学校，如江西省工农民主政府在1933年8月31日发布第四号命令，决定创办江西省苏维埃干部学校。江西横峰县还办有中国工农红军第五分校，校长是邵式平，这是培养闽浙赣苏区的政治、军事骨干的一所干部学校。[②]

据不完全统计，中央苏区各级地方干部学校共培养干部36800余人，中央干部学校培养干部4300余人，他们都成为苏区政权建设的中坚力量。这正如胡锦涛同志所说的："中央苏维埃政府的建立是我们党建立人民政权的探索和尝试……（为）后来新中国政权建设，提供了丰富的历史经验，培养了大批领导骨干和组织、管理人员。"[③]

（二）延安根据地时期的红色干部学校

抗战时期的陕甘宁边区教育中，高等干部学校教育不仅占有十分突出的地位，而且颇具特色，成效显著。在较短的时间里，培养出大批政治、军事、经济、文化、教育等方面的人才，为赢得抗日战争的胜利、为完成新民主主义革命的任务做出了重要的贡献。

1. 延安红色干部学校的发展概况

1937年7月抗日战争爆发，为争取千百万群众加入抗日民族统一战线和夺取抗日战争的胜利，迫切需要大批干部，尤其是大批知识分子干部参加，组成伟大的抗日力量。大批爱国青年纷纷来到延安，参加革命，探求真理。于是，党中央一面积极扩大抗大，一面又创办了陕北公学、安吴青训班，接收广大知识青年，在抗日民族统一战线方针指导下，对他们进行思

---

① 唐海英、贾嘉：《中央苏区干部教育的主要经验及启示》，《继续教育》2011年第12期，第7～10页。

② 刘仁杰、利隆义：《苏区干部教育的特点及其现实意义——纪念毛泽东同志诞辰九十周年》，《赣南师专学报》1983年第4期，第8～17页。

③ 《中央苏区的干部教育》，http://blog.sina.com.cn/s/blog_6158c7560102v8aa.html。

想、政治、军事、组织上的"启蒙"教育和各种业务训练。之后，又相继成立了鲁迅艺术学院、马列学院、自然科学院、中国女子大学、延安工人学校。1939 年 7 月，为了巩固和扩大敌后抗日根据地，遵照党中央的指示，陕北公学、鲁迅艺术学院、安吴青训班和延安工人学校四校的部分师生组成的华北联合大学在延安成立。7 月 12 日，华北联合大学和抗大组成 1700 人的队伍，去敌后办学。不久，为了适应边区建设的需要，又开办了泽东青年干部学校、行政学院、八路军军政学院、八路军医科大学、民族学院、新文字干部学校、军事学院和延安大学等。至此，陕甘宁边区已拥有十余所高等干部学校，分为政治、军事、经济、科技、文学、艺术、教育、党务、民运等多种专门学校和专业，形成了一个较完整的高等干部学校教育体系。

这一时期，边区高等干部学校教育的特点：一是由于抗战开始后各方面急需人才，决定了高等干部学校教育以办短期训练班为主，培训时间只有三个月或半年，最多一年就结业分配工作；二是实行新民主主义教育的新制度与新课程。当时边区高等干部学校从教育政策、学制，到课程设置，都得从抗战实际需要出发，贯彻教、学、用一致的原则；三是注重学生在实践中的锻炼和锻炼以后的再提高，注重改进课堂教学与实际需要的差距。比如，鲁艺第一期学员的教学计划是"三三制"，即入学后首先学习三个月，然后到外面实习三个月，再回校学习三个月才毕业。1943 年 4 月和 1944 年 5 月，两次对延大的教育制度和教学组织进行调整与整顿，将鲁迅艺术学院、自然科学院、新文字干部学校、民族学院、行政学院等先后并入延大，使陕甘宁边区的高等教育机构和教育制度更加符合抗战需要与边区实际。[①]

2. 各级各类的红色干部学校

从领导体制上，边区高等干部学校分为两部分：一部分是中央直属的学校，先由中共中央及其有关部门领导，后由中央干部教育部领导；另一部分是边区直属的学校，由边区政府及其有关部门直接领导。

---

① 刘宪曾、刘端棻主编《第六章：抗战时期延安的高等干部教育》，《陕甘宁边区教育史》，陕西人民出版社，1994。

陕北公学。民国 28 年（1939）九月创办于延安，培养一般抗战干部。后迁关中，成立大学部，培养行政、民运及文化工作等方面较高级的干部。又建立研究员部，设民主政治、民生经济、民族文化、国防教育等系。学习一年。陕北公学常与"抗大"相提并论，在干部学校中影响较大。

鲁迅文学艺术学院（简称"鲁艺"）。民国 27 年（1938）成立于延安，设文学、戏剧、音乐、美术等系，还有研究室和实验话剧团，以培养文艺干部为主。

中国女子大学。民国 28 年（1939）成立于延安。分普通班、高级班和特别班，专门培养妇女干部。毛泽东在开学典礼上讲话："女大的成立，在政治上有着非常重大的意义。它不仅是培养大批有理论武装的妇女干部，而且要培养大批做实际工作的妇女运动干部，准备到前线去，到农村工厂中去，组织二亿二千五百万妇女，来参加抗战。假如中国没有占半数的妇女的觉醒，中国的抗战是不会胜利的。"[①]这正好道明了女大的办学目标。

泽东青年干部学校。民国 29 年（1940）由安吴青训班发展而成，培养青年运动的干部。要求不仅具有革命理论，而且掌握各种文化知识和技能，如戏剧、音乐、体育等。学校组织以学生自治为原则，由学生与教职员共同管理学校。学校教学以辅导为主，上课时间大大减少，注重学生自学和研究问题。

延安大学。民国 30 年（1941）由陕北公学、中国女子大学和泽东青年干部学院合并而成。民国 33 年（1944），又将鲁迅文学艺术学院、行政学院及自然科学院并入，成为延安大学所属的 3 个学院。

华北联合大学。民国 27 年（1938）成立于延安，次年（1939）进入晋察冀敌后根据地。初分社会科学、文艺、工人、青年四部，后来发展为法政、文艺、教育、外语等学院。民国三十七年（1948 年）与晋冀鲁豫解放区的北方大学合并为华北大学。民国三十九年（1950 年）改为中国人民大学。

中共中央党校（高级党校）。民国三十一年（1946 年）在延安成立。这是以毛泽东《改造我们的学习》的精神而成立起来的一所新型干部学校。

为抗战及中国革命培养政治、军事、文化干部，规模宏大，毛泽东亲任校长。学校学员有中央及各省党的负责同志、部队的指挥员和政治委员、文化工作者等。初成立时的党校分为六部：第一部是中央及各省的负责人；第二部是从前线调回延安学习的干部；第三部是理论工作者及作家（原中央研究院）；第四部是为提高工农干部文化水平而设立的；第五部是陕甘宁地方干部；第六部是新来边区的干部。另外，民国30年（1941）在延安设立的中央党校，以培养地级、团级干部为主。

中央研究院。其前身为马列学院，民国30年（1941）改为马列研究院，旋改为中央研究院，次年（1942），成为中央党校第三部。

延安的干部学校还有培养自然科学人才的自然科学院，培养地方行政干部的行政学院，培养医务人员的医科大学，培养军事人才的军政学院和军事学院，培养翻译人员的俄文学院，培养新文字干部的新文字干部学校，培养民族干部的民族学院，以及日本工农学校、朝鲜军政学校、炮兵学校等。

（三）解放战争时期的解放区教育

从1945年8月中国抗日战争胜利起到1949年10月中华人民共和国成立时止，由中国共产党领导的解放区教育，继续执行民族的、科学的、大众的新民主主义教育方针，坚持教育为新民主主义革命服务、教育与生产劳动相结合、理论与实际相结合的原则。

当时各类学校都加强保卫边区、动员人民参军参战、支援前线、争取自卫战争和解放战争胜利的宣传教育。学校教育内容和组织形式都根据战争的发展和需要，进行了相应的改革。各科教学分别加授有关时事政治的内容，以及军事常识、军事训练等。此外，解放区教育积极为解放战争的需要培养人才，输送干部。与土地改革紧密结合，教育为土地改革服务，如进行土改教育和政策宣传，组织师生参加有教育意义的土改集会，培养和训练翻身后的农村干部，大量吸收农民子女入校学习等。

随着解放战争的胜利发展，解放区的教育陆续进行了整顿、改革和提高，逐步向正规化、制度化方向发展。各解放区先后召开了一些会议，先后提出了向新型的正规化的教育方向发展的问题。各解放区还陆续制定了一些教育规程、教育方案及实施办法。在干部教育第一的原则下，"有的地区已经提出由初小、高小、初中、高中到大学"5 个阶段的学制系统。中学课程逐步达到文化课占 90% 、政治课占 10% 。明确学校以教学为主，教师在学校中起主导作用，同时发挥学生学习的积极性。

随着战争的胜利，解放区有了近代化的工矿企业和交通运输业之后，各解放区就重视中等职业教育和技术教育的发展，把初级职业学校和高级职业学校纳入中等教育学制系统。各地为此开办了许多中等专门学校。如苏北工业专门学校、苏北盐垦专门学校、东北军区军工部举办的工业专门学校、哈尔滨第一技术专门学校、松江省立糖业专门学校、松江省立农林技术专门学校、安东省科学院等。在东北解放区，有的中学还实行职业分科或开设职业班，如在中学里分设农林、矿冶、军工、机械、采矿、师范等科；有的还实行企业部门办技术学校或艺徒训练班，造就中级建设人才。①

干部教育第一的方针，在解放战争时期又有进一步发展，它把短期训练与长期培养结合起来；并且既重视思想政治教育，又重视科学技术教育，干部受教育程度已经提高到相当于中学水平，并向大学水平发展。各解放区成立了一些新的干部学校，如东北军政大学、辽东人民军政学校、辽南建国学院、西北军区人民军政大学，以及华北和其他地区成立的人民革命大学等。这些学校都是以思想政治教育为中心，学员经过短期培训后，就被输送到政治、军事、经济、文化、教育等部门工作。在这个时期，解放区还进一步发展了正规化、专业化的高等教育，以培养各种建设人才。在陕甘宁保留有延安大学，在晋察冀整顿了华北联合大学。山东解放区成立了山东大学，晋冀鲁豫边区成立了新华大学（后改名北方大学）。苏皖边区成立了华中建设大学。东北解放区高等教育发展更快，到 1949 年 8 月，经过整顿已有东北大学、东北行政学院、东北鲁迅文艺学院、哈尔滨工业大学、哈尔滨农学院、哈尔滨医科大学、哈尔滨外国语专门学校、沈阳工学院、沈阳农学院、沈阳

---

① 邹光威：《解放战争时期解放区教育》，http：//www.chinabaike.com/article/sort0525/sort0541/2007/20070730156638_ 2.html。

医科大学、大连大学、延边大学等 12 所高等院校。解放区高等教育的发展，标志着干部教育进入一个新的阶段。解放区高等教育的发展，既着眼于当时解放区的建设，又给未来新中国的建设做了必要的准备。

为了更好地发展初等教育，还采取了群众路线的办学方法，即根据群众的需要和自愿，实行民办公助，充分发挥群众办学的积极性。教育部门对民办学校，在业务上给以指导帮助，在学校设备上予以辅助奖励，对基础薄弱的地区给以经费支援。办学形式灵活多样，正规与不正规相结合，有全日制、半日制、隔日制；也有早学、午学、夜学、识字班、识字组等。此外，还开展勤工俭学，通过种田、办合作社、开小型工厂、发展副业等，解决学校一部分办公经费、学生的书本费和民校教师的生活费。

解放战争期间，解放区发展很快，新解放区有大量学校需要接管。解放区各级政府在接管和改革中，采取了审慎的政策和措施。由于政策正确和措施有力，新解放区各级学校不仅没有遭受破坏，而且很快恢复了秩序，走向正轨。在解放战争期间还对旧社会遗留的私塾进行了改造，要求私塾取消传播封建思想的教材，采用解放区编的小学教材，不允许打骂儿童，对学生实行民主管理，组织儿童团参加社会活动，帮助私塾教师提高政治觉悟和文化业务水平。

解放战争时期的教育实践，证明了中国共产党制定的新民主主义教育方针和政策符合中国革命的实际，为解放战争的胜利做出了贡献，也为新中国的教育建设做了必要的准备。[①]

第三节　红色革命根据地的学制体系

1927 年至 1949 年，在中国共产党领导下的革命根据地和老解放区，依据教育为工农服务，为革命战争服务的原则，建立了各级各类的学校，逐渐

---

① 邹光威：《解放战争时期解放区教育》，http：//www. chinabaike. com/article/sort0525/sort0541/2007/20070730156638_ 2. html。

形成了一套独具特色的教育体系。大致说来，这一教育体系是由干部教育、群众教育和普通教育三个部分构成的。三者之间的关系是干部教育重于群众教育，成人教育重于儿童教育和普通教育。这三种教育在土地革命时期初具规模，在抗日根据地得到了进一步充实和发展，并形成了比较完备的教育学制体系。此外，在入学年龄、学习年限、各级各类学校的相互衔接等方面，也都灵活多样。当时的学制较好地满足了当时的革命需要，为我国革命事业培养了大批军政干部，组织和教育群众，至今有许多宝贵的经验需要我们不断总结、继承。

一 红色苏区时期的教育体系

土地革命时期，中国共产党创建的中华苏维埃中央临时政府，不论是在中央苏区，还是后来转战到陕北，一直以相对的政权存在，而其所推行的教育，则是以工农大众教育为重点的新民主主义教育。随着根据地的开辟和发展，首先产生的是红军教育和干部教育，然后才是群众教育与普通教育。

红军教育的主要目标是培养坚强的红军战士和干部。这种教育工作最初是利用战斗间隙进行的日常教育，内容包括政治教育、军事教育、文化教育和纪律教育等。1931 年 11 月，苏维埃中央工农民主政府在瑞金成立后，中央苏区周围出现了相对稳定的局面，为教育的正规化发展提供了有利的条件。红军教育也开始逐渐向正规化过渡，先是各种军事训练班由从前的围绕着某一中心任务展开，逐步向理论的系统化和学科的专门化方向发展，并在一年后出现了正规的干部学校。这些干部学校分中级与高级两类。中级干部学校如中央农业学校、中央列宁师范学校、高尔基戏剧学校以及其他苏区所举办的红军军官学校和地方（省）党校等；高级干部学校，如中央党校、苏维埃大学和红军大学等。这些学校根据培养对象和任务的不同，学制也不一样，其修业年限从几个月到 1 年不等。

最著名、规模最大的中国工农红军大学创立于 1933 年，第一期学员都是战场抽调的营级以上的干部。红军大学教学组织分为指挥科、政治科和参谋科，军级以上的学员成立高级班，学习时间一般是 8 个月。红军大学学员除上课外，着重总结作战经验和军事演习，以"理论与实际并重，前方与后方结合"为办学原则。长征时红军大学改名"干部团"，到陕北后，改名为"中国抗日红军大学"。

苏区的群众教育形式很多，但主要围绕着政治、军事斗争展开，其首要任务是以识字教育为主要内容的扫盲教育。军队中以连为单位组织识字班，地方上以村落为基点，以夜校、半日学校、露天学校、星期学校、寒暑假学校、识字班组、识字牌、读报组、俱乐部、列宁室、巡回图书馆、研究会等为组织形式，其中以夜校、识字班和俱乐部最为普遍。[1]

《夜学校及半日学校办法》规定夜校"以能写信、作报告、看红中（《红色中华报》）为毕业标准"。兴国一县的夜校就有学生15740人，其中女生达10752人，占68%，妇女得到了初步解放。当时夜校村村都有，每校有1名教员，学生男女老少都有。工人的业余补习学校也采取夜校形式，对象为各行业的工人、学徒，按程度、职业分班授文化、政治和技术课，技术课教师多为老工人。

识字班则更灵活。教师是由群众推选的识字者，班主任或识字组长多为夜校学生。"起初画地为字，随后各立一簿，学写起来。"[2] 识字班人数增加很快，江西、广东两省在1934年就有32388个识字班组，参加群众为1505711人，兴国全县有3337个识字班组，参加者为22529人，女子占60%。

俱乐部是根据地"广大群众的自我教育的组织"，活动内容多种多样，有政治演讲、科学讲演会、读报讲报、编写墙报、游艺、演戏、化妆表演和体育活动等。据1934年江西、福建、广东三省红色根据地的统计，俱乐部有1656个，工作人员有49678人。[3]

苏区的普通教育主要是小学，称"劳动小学""列宁小学"或"红色小学"等，实行5年制义务教育，8~12岁工农子弟皆免费入学。1934年2月以后，所有小学统称"列宁小学"，分前后两段实施教育，前3年为初级列

---

[1] 史仲文、胡晓林：《中国全史》（教育卷），中国书籍出版社，2011，第966页。

[2] 毛泽东：《农村调查文集》，人民出版社，1982。

[3] 史仲文、胡晓林：《中国全史》（教育卷），中国书籍出版社，2011，第967~968页。

宁小学，后 2 年为高级列宁小学。为适应苏区儿童普遍参加家庭劳动的情况，列宁小学采取全日制和半日制两种形式。半日制主要接纳大龄儿童，实行半工半读。苏区小学教育一直被看成"训练参加苏维埃革命斗争的新后代，并在苏维埃革命斗争中训练将来共产主义的建设者"的重要战场[①]。苏区小学教育很快普及发展起来，据资料记载，在中央苏区和其他红色革命根据地，做到了乡乡有小学一所至三所以上，有些地区已村村有小学，国民党政府统治时期入学儿童不到 10% 的兴国县，在苏区时期儿童入学率已达 60% 以上，儿童"现在，每日大部分时间受教育"[②]。

苏区的教育虽然为时较短，但不仅初步形成了干部教育、群众教育和普通教育的教育体系，而且积累了一系列有益的教育经验。其一，教育为长期的革命战争和政治斗争服务。其教育目的紧密结合革命及战争的需要，用共产主义精神去造就忠实于无产阶级的"战斗员"，教育工农，培养"参加苏维埃革命斗争的新后代"。其二，教育与生产劳动、革命实践相结合。苏区的小学教育，注意培养学生"反对剥削、劳动光荣"的观念，积极传授学生以劳动知识，并要求学生积极参加劳动实践，"劳作实习"和"社会工作"是学生学习的重要科目，也是决定其升留级的重要砝码。其三，依靠群众勤俭办教育也是重要的教育经验。苏区的教育与农会、贫农团、工会、合作社及妇女会联系广泛而频繁，使群众能够随时随地监督学校、协助学校。学校经费有许多是群众筹措或群众团体负责筹措的。群众的大力支持是苏区教育在艰苦的战争环境下能够存在并迅猛发展的重要原因。[③]

二 抗日根据地时期的学制体系

中国共产党一直非常重视教育。1937 年，在《抗日救国十大纲领》中，中国共产党提出了"改变教育的旧制度、旧课程，实行以抗日救国为目标的新制度、新课程"。次年，中国共产党六届六中全会又提出教育要为长期

---

① 《中华苏维埃共和国小学制度暂行条例》。
② 毛泽东：《农村调查文集》，人民出版社，1982。
③ 史仲文、胡晓林：《中国全史》（教育卷），中国书籍出版社，2011，第 969 ~ 970 页。

战争服务。1938年，毛泽东在《论新阶段》中指出"伟大的抗战必须有伟大的抗战教育运动与之相配合"。

为抗战服务的教育，必须同根据地的生产建设联系起来，同人民的实际生活需要联系起来。教育与生产劳动相结合，这是抗战背景下抗日根据地的一项重要政策。教育工作走群众路线，是这一时期的又一教育政策。1944年，陕甘宁边区文教大会确立了群众教育（包括成人教育和儿童教育）中实行"民办公助"的政策。抗日民族统一战线政策是当时又一教育政策。毛泽东指出，陕甘宁边区150万人中，文盲就占100万人以上，还有200个巫神，仅仅破除迷信，就不能不有广泛的统一战线。因此，学校大门应向一切赞成抗日的人士开放，不论他们的阶级、党派、民族和地区。在组织形式上，不但要有集中的正规的小学、中学，还要有分散的不正规的村学、读报组和识字组，不但要有新式学校，而且要利用旧的村塾加以改造。①

按照上述的中国共产党的教育方针政策，抗日战争时期，根据"干部教育第一，国民教育第二"的方针，根据地形成了自己的学制系统。其教育组织可分为干部教育和群众教育（事成国民教育）。高等学校、中等学校以及各种训练班属于干部教育，小学和各种社会教育组织属于群众教育，高等小学也带干部教育的性质。这就是：

干部教育 {
　高级干部教育——高等学校
　中级干部教育——中等学校（及各种训练班）
　初级干部教育——初等学校（程度相当于高等小学）
}

国民教育（群众教育）{
　儿童教育——初等学校（相当于初级小学）
　成人教育——各种成人教育形式（识字班组、冬学、夜校等）②
}

高等教育机构也包括各种高级干部学校，是解放区教育组织中最重要的组成部分。派到这类学校的负责人多系久经考验的党的高级领导干部。教师

---

① 史仲文、胡晓林：《中国全史》（教育卷），中国书籍出版社，2011，第997～998页。

② 孙培青：《中国教育简史》，华东师范大学出版社，1995，第759页。

多数是有丰富斗争经验的，不少是来自全国各地的文化学术界名流。学生一般也是革命觉悟较高的青年积极分子。例如，中国人民抗日军政大学、陕北公学、鲁迅文学艺术学院、中国女子大学、泽东青年干部学校、延安自然科学研究院、延安大学、华北联合大学、中共中央党校等。

在职干部教育包括业务教育和政治教育，其业务学习的范围包括：与各部门业务密切相关的周围情况的调查研究，密切的关联的政策、法令、指示、决定的研究，各部门业务具体经验的研究，有关的历史知识，有关的科学知识五项。其政治教育包括时事教育和一般政策教育。其文化教育通过开办文化补习班或文化补习学校来学习文化。其理论教育分为政治科学、思想科学、经济科学、历史科学等内容。

中级干部教育含中等学校和各种训练班。主要有鲁迅师范学校和边区中学两种形式。1937 年，陕甘宁边区设立鲁迅师范学校，次年又建立边区中学，后来两者合为边区师范学校。鲁迅师范学校教职员多在抗大和陕北公学受过训练。鲁师体现着教育与社会活动相联系、与生产劳动相结合的特色。师生同享供给制，物质条件相当艰苦。边区中学修业年限 2 年，生活采取供给制。学习重自学，政治、军事、社会科学每周讨论一次，历史、地理、自然等科则讲授完毕后再集中讨论一次。1941 年，陕甘宁边区中学发展到 7 所，5 所是师范学校，自 1943 年又附设地方干部班，教育在职干部。此一时期，晋察冀边区、山东解放区等其他抗日革命根据地区的中等教育也得到了快速发展。①

抗日根据地的边区小学一般实行民主管理，学生会组织很普遍，并发挥着很大的作用。学生会一方面组织同学认真学习，保证学校教学计划的完成；另一方面组织儿童参加社会活动，锻炼学生独立工作能力，培养集体主义精神，运用民主方式学习过民主生活。

成人社会教育组织灵活多样。有冬学、夜校、识字班组、半日校及剧团、俱乐部、救亡室、秧歌队等。1938 年，陕甘宁边区共建夜校 208 处，

---

① 史仲文、胡晓林：《中国全史》（教育卷），中国书籍出版社，2011，第 1001 ~ 1002 页。

有学生 1917 人；半日校 61 处，有学生 919 人；识字组 5834 组，有组员 39983 人；冬学 600 处，学生达 10000 人。以后各种群众教育形式不断发展，但冬学成为最主要的学习形式。

延安的学制是规范而又灵活的，办学的模式既有统一的部署要求，又可以根据不同地区的不同发展形势而采取多种多样的办学方法。比如，小学的学制一般是五年制（初小是三年，高小是二年），初中有三年制的，也有二年制的，高中有的是一年制，有的是二年制，这些都取决于战争环境与边区政府地方工作的需要而定。一般来说，1940 年以后，延安及陕甘宁边区普通教育的学制更趋向于稳定。陕甘宁边区在各项工作中都走群众路线，依靠人民群众解决各种困难问题，办教育也是如此。所以在延安及陕甘宁边区最大量、最普及的办学形式是民办的小学和民办公助的学校，以乡为办学单位的形式比较方便群众，也便于乡政府的监督管理和帮助。尤其是在 1944 年 10 月边区的文教大会确定了国民教育的方针措施以后，民办小学校更得到了空前的发展。1944 年文教大会前，全边区有小学 1090 所，其中民办小学为 574 所；文教大会后，1945 年上半年有小学 1377 所，其中民办小学为 1057 所；有学生 34004 名，其中民办小学学生为 16797 名。民小与公小在全边区所占比例，在文教大会前是 52%，文教大会后增至 76%。这是由于民小本身发展快和有大量的公小转为民办，有些较集中的公小分散为小型的村小等缘故。因为这种办学模式方便群众，受到人民群众的支持和拥护，所以越办越红火。[①]

这个学制系统还具有如下特点：

一是为了体现干部教育置于群众教育、在职干部的提高重于未来干部的培养的原则，普通高小以上的教育都列入了干部教育的范围；高小以上学校的招生对象，也由开始只招收低一级学校的毕业生，逐步转变为大量招收现任干部，使普通学生、教职员与他们互帮互学，让这些在职干部学员帮助学校更切合实际的需要。

---

① 韩作黎、欧阳代娜：《延安教育研究》，文心出版社，2003，第 87 ~ 90 页。

二是各级教育都不着眼于升学，不具有预备性质和严格的衔接关系，而各有其独立性质，具有明确的实际生活和实际工作上的目标。如群众教育，以村镇乡范围内的成人和儿童为教育对象；初级干部教育是在县或分区范围内，承担起县科员及区乡级干部的培养提高任务；中级干部教育主要是在军区或边区范围内，承担提高和培养边区科员、县区干部及从事农工商医艺术文化事业干部的任务。"在这样的学校中，程度不齐是不可避免的，因而各级学校的严格衔接也是不可能的，但是这完全用不着忧虑。在和平的时代，这种情形并不是我们的理想……但在战争时期，这就是合乎规律，也就是合乎理想的——如果我们的学校还只能把一群6岁的儿童按部就班地关到20来岁，不密切接触和他们'程度不齐'的人民中间的种种人物（所谓程度不齐是两方面的：他们的一般文化知识或者比人民高些，但关于战争和生产的知识就比人民低得多），则与其说他们是被教育了，还不如说是被荒废了，被'教育'成为大时代的'废物'了。"[1]

三是各级学校的修业年限，根据环境与受教育者的工作生活需要的不同，有很大差异，少则不足1年，多则3~4年。

四是学校组织的形态多种多样，与在业在职教育没有严格的界限。如群众教育中采取冬学、半日学校、星期学校、巡回学校、短期训练班、识字组、小先生制、艺徒制等形式；干部教育中除采用冬学等形式外，还采取了轮训制、工作团制、实习制和工作协助制等形式。

抗日战争时期，虽然中国共产党领导的抗日根据地的文化基础很差，抗战前，陕甘宁边区仅有小学120所，文盲占总人口的98%。但由于政策对路，边区教育以惊人的速度向前发展。如晋察冀边区，1939年上半年，小学增至7000余所，小学生达40余万人，差不多每个较大的村子都有初等小学，每个行政区都设立了中学，并创办了华北联合大学和抗战学院。其他解放区教育事业也有了快速的发展。[2]

---

① 顾明远主编：《中国教育大系：马克思主义与中国教育》（下），湖北教育出版社，1994，第1118页。

② 史仲文、胡晓林：《中国全史》（教育卷），中国书籍出版社，2011，第999页。

三 解放战争时期学制的逐步正规化

抗日战争胜利前夕的 1945 年，中国共产党"七大"在延安召开。毛泽东在"七大"的政治报告《论联合政府》中指出："从 80% 的人口中扫除文盲，是新中国的一项重要工作。一切奴化的、封建主义的和法西斯主义的文化和教育，应当采取适当的、坚决的步骤，加以扫除。对于旧文化工作者、旧教育工作者和旧医生们的态度，是采取适当的方法教育他们，使他们获得新观点、新方法，为人民服务。中国国民文化和国民教育的宗旨，应当是新民主主义的；也就是说，中国应当建立自己的民族的、科学的、人民大众的新文化和新教育。"这一指示无疑具有纲领性，也是各解放区制定文化教育方针政策的依据。[①]

从 1945 年 8 月中国抗日战争胜利起到 1949 年 10 月，中国共产党领导的解放区教育，继续贯彻执行民族的、科学的、大众的新民主主义教育方针。但随着战争形式的发展，解放区的教育方针政策也有一定的改变和调整。

抗日战争胜利后，为适应经济建设的需要，解放区曾酝酿过学校教育正规化问题。1946 年春天，陕甘宁边区召开中等教育工作会议，提出了要使中等教育逐步正规化，注意加强文化学习，规定普通班学制 3 年、干训班学制 12～18 个月。苏皖边区召开了宣教会议，拟定了国民教育的方针、学制、课程、教法等，规定小学实行"四二制"，中学"二二制"，并实行中小学教育相衔接，使小学毕业生既能入中学深造，也能参加工作。同年七八月间，山东解放区也讨论了教育上的"新型正规化"问题。[②] 但正规化的进程由于内战的全面爆发而中断。

1946 年，陕甘宁边区政府发布了战时教育方案，建议组成一个宣教委员会实施战时教育。所谓战时教育，就是必须提高社会教育的作用，动员参战，注重时事教育；并应用战时活的教材去教育广大群众；根据不同情况，

---

① 史仲文、胡晓林：《中国全史》（教育卷），中国书籍出版社，2011，第 1011 页。
② 毛礼锐、沈灌群：《中国教育通史》（第五卷），山东教育出版社，1988，第 243 页。

对巩固区、边缘区、敌占区、新解放区采取不同的工作方式。这一年，东北行政委员会发布了《关于改造学校教育与开展冬学运动的指示》，规定东北解放区的教育方针是中等教育重于小学教育，而中等教育主要是办师范学校、职业学校和地方干部训练班，普通中学只占次要地位。群众冬学首先是时事和政策教育，其次是识字教育。1947年，东北行政委员会又发布了《关于教育工作的指示》，指出中等教育必须肃清盲目正统观念，树立民主思想；必须以土地改革教育为思想教育的中心内容。指示要求实行民办公助，以民教民的方法发展国民教育。

1948年，东北行政委员会再次发布了《关于教育工作的指示》，指出：新形势下教育工作的任务首先是培养大批有文化知识、科学技术和革命思想的各种知识分子，以满足解放区和新中国成立后经济建设的需要。因此，教育行政机关要拿出一定力量办大学、中学、师范学校和专门学校，培养各种知识分子和干部；其次是要加强国民教育；最后是有重点地进行社会教育。同时，指示还规定了毕业制度、放假制度、每周和每日上课时间、考试制度和课外活动时间。教学方法注重启发式。对新收复区学校教育的改良，按新民主主义的教育方针来办，并调整课程，团结、教育教职员。同年，华北区召开中等教育会议，通过了普通中学和师范学校实施办法，突出了培养合格人才的主题。

1949年通过的《1949年华北区文化教育建设规划》规定了大学、中学、小学及社会教育的发展方针：整顿各大学、专门学校，并加以适当扩充，创办各种专业学校和干部学校；大量培养各级学校师资；建设普通中学，大量培养有知识的革命青年，对新解放区的中等学校维持现状，逐渐整顿和改革；恢复、整顿和发展小学教育；老区小学注重读、写、算能力的提高，新区小学向工农子弟敞开大门，工业区重视工人子弟；继续加强社会教育，有效组织工农群众学文化，提高其政治觉悟和生产热情。[①]

解放战争进入战略反攻阶段以后，解放区迅速恢复和扩大。1948年秋

---

① 史仲文、胡晓林：《中国全史》（教育卷），中国书籍出版社，2011，第1012页。

季，东北与华北大部分地区获得解放，山东和其他解放区也迅速恢复和发展。随着解放战争的胜利发展，解放区的教育陆续进行了整顿、改革和提高。在这一形势下，为了兼顾解放战争以及战后恢复与建设对干部人才的需要，教育正规化的问题又重新提到议事日程上来。各解放区先后召开了一些会议，如1946年3月苏皖边区、8月山东解放区、1948年7月晋察冀边区的冀中区行署、8月华北中等教育会议等，都在总结过去经验、肯定成绩的基础上，先后提出了向新型的正规化的教育方向发展的问题。各解放区还陆续制定了一些教育规程、教育方案及实施办法。此外，还制定了考试、毕业、奖惩等各种规章制度。至此，学校教育就更加重视提高教育的质量。[1]

1948年8月12日，东北行政委员会召开第三次教育会议，会议讨论了教育工作如何适应战争形势和生产建设的需要，进一步向前发展，走向新型正规化并做长期打算的问题。会议认为，因目前急需各种有专门知识的干部，短训班还不能完全取消，但仅有短训班是不够的，还必须逐步实现学校教育正规化。在正规学校里，要有一定的文化程度才能入学，有一定的文化程度和年限才能毕业。为此，会议对东北解放区的学制做出了明确规定：小学6年，前4年为初小，后2年为高小；中学6年，初中与高中"三三"分段，师范学校4年，简易师范2年。在课程方面，规定文化课须占90%，政治课只占10%。此外，华北与山东解放区也制定了相应的学校规范化措施。[2]

解放区还整顿、改革和提高初等教育。初等教育，有的地区叫国民教育，有的地区叫群众教育，它既包括成人教育，也包括儿童教育。儿童教育有初级小学、高级小学；成人教育设初级民校、高级民校。此外，还有一揽子性质的初级国民学校，兼顾儿童教育与成人教育两重任务。成人教育不定期，以修完规定课程为准。这个时期初等教育的特点是把成人教育和小学教

---

① 《解放战争时期解放区教育》，https://baike.so.com/doc/8491540～8811783.html。

② 李国钧、王炳照：《中国教育制度史》（第七卷），山东教育出版社，2000，第295页。

育结合起来，并纳入学制系统。

值得注意的是，解放战争时期各地的学制有着很大的不同，如在中学方面，虽然一般都采用"三三制"，但华北则规定除三年制的初中以外转成一年制的速成班；在师范学校的学制上，华北采取了三年制为主、一年制为辅的办法，东北则采取了四年制与二年制两种。[①] 这是由各解放区的不同特点以及过渡时期的历史性质所决定的。

第四节　中国共产党创办的红色大学

五四运动以后，中国共产党诞生不久，为了培养革命干部，1922 年 10 月 23 日就成立了上海大学。这是在当时国共两党酝酿合作的大革命背景下，由国民党人和共产党人合作创办的一所大学，总计 5 年不到的办学历程，却在中国近现代史和中国高等教育史上留下了光辉的一页。1927 年"四一二"事变，蒋介石背叛革命，第一次国共合作分裂。中国共产党在白色恐怖下，通过武装斗争形式开展革命斗争，并在江西瑞金建立了与国民党相抗衡的红色工农政权。在中国共产党的领导下，中央苏区和革命根据地的高等教育得到了蓬勃的发展，创立了各种类型的高等学校，从土地革命战争时期的中国工农红军大学到抗日战争时期的中国人民抗日军事政治大学、延安自然科学院等高等学校。

无论是共产党建党初期创办的上海大学，还是中国工农红军大学、中国人民抗日军事政治大学等，之所以被后人称为"红色学府"，因为它曾是传播马克思主义和先进文化的阵地，为中国革命培养了几十万名革命干部和各种专门人才，在建党初期、国内革命战争和抗战时期发挥了巨大的作用。许美德的结论是：共产党建立了一套自己的高等教育制度，这种制度基本没有受到西方大学价值观的影响，保持了革命传统和中国传统认识

---

① 顾明远主编《中国教育大系：马克思主义与中国教育》（下），湖北教育出版社，1994，第 1158 页。

论的某些特征。① 这些红色大学在中国教育史上将永远闪耀着灿烂的光辉，并对当代的高等教育的发展也具有重要的参考价值。

一 国共合作旗帜下的上海大学

1922 年秋至 1927 春，十里洋场的上海存在过一座设备简陋的弄堂大学，这就是号称社会革命大本营的上海大学，它是国共两党第一次合作结出的硕果，也是中国教育史上一颗光璨夺目的明珠。在反帝反封建斗争的大潮中，上海大学做出了重大的贡献。

（一）上海大学的创办始末

上海大学是乘着国共两党酝酿合作的春风诞生的。在新的革命形势下，国共两党的领导人认识到，正确的路线确定之后，就需要有大批的忠实革命的干部为之奋斗，因而创办学校培养干部就成了一件至关重要的事情。1922 年秋，国民党元老于右任在上海提出救国须先从教育入手的主张，并表示自己"极欲投身教育界"，参加培养革命干部的伟业。

恰在这时，设在闸北青云路，由牧师王理堂创办的私立东南高等专科师范学校发生了学潮。因校长王理堂贪财缺德，办学完全为了中饱私囊，致使教职员的薪金发不出、学生的伙食无法供应，因而爆发了一场"倒王风潮"。学生因对校方管理不满，在 1922 年 10 月中旬的集会上一致要求改组学校。他们派出代表，再三恳请于右任出任校长。一些老国民党员也从旁促驾。于是于右任提出将校名改为上海大学，亲自书写校牌，并于 10 月 23 日冒着大雨走马上任。他在上海大学隆重举行的成立大会上表示："自当尽力之所能"，"力谋学校发展"。从此，这个学校就被注入了新的生命。②

上海大学校舍为老式石库门 2 层楼房 10 余间，邵力子为副校长（当时是中共党员，1924 年 4 月起任代理校长）。共产党人邓中夏任总务长（后改称校务长），瞿秋白任教务长兼社会学系主任，校务工作主要由加入国民党

---

① 许美德：《中国大学 1895～1995 一个文化冲突的世纪》，许洁英主译，教育科学出版社，2000，第 81 页。

② 《国共合作旗帜下的上海大学》，http：//blog. sina. com. cn/s/blog_ 52ddeedd01009wvb. htm。

的共产党人所主持。孙中山任名誉校董，蔡元培、汪精卫、章太炎、李石曾、张继、张静江等 20 余人担任校董。学校下设中国文学系、英国文学系、社会学系和美术科，另外还附设有中学部和俄文班。学校开设的必修外语有四种：英、德、俄、日，要求每个学生掌握两门，又附设世界语选修课。学校的目标是有系统地研究社会科学和发展形成新文艺系统，培养社会科学和新文艺方面的干部，以达到改造社会的目的。报考上海大学的学生 60% 的要入读社会学系，该系以学习马克思主义的基本理论为主，瞿秋白为社会学系制订的教学计划提出着重对劳动问题、农民问题、妇女问题的研究，开设的必修课和选修课有 20 多门。上海大学还设立了特别讲座和各种讲学会，邀请社会名流和著名学者或该校教师做专题讲演。①

1923 年 12 月，校评议会通过《上海大学章程》，并根据章程制定了《上海大学章程细则》，对校务方面的重大事宜及各个方面工作做出详细规定。是月，校最高会议即评议会改为行政委员会，于右任为当然评议员，评议员有邵力子、叶楚伧、邓中夏、瞿秋白等 10 人。行政委员会委员长于右任，委员邵力子、韩觉民，主席陈望道。校务长先后为邓中夏、刘含初、韩觉民，教务长先后为瞿秋白、叶楚伧，学务长先后为何世桢、陈望道。美术科主任为洪野，中国文学系主任先后为张君谋、陈望道，英国文学系主任先后为何世桢、周越然，社会学系主任先后为瞿秋白、施存统、彭述之，附中主任先后为陈德徵、侯绍裘、张作人。校长于右任放手起用共产党人和进步人士，又先后聘请蔡和森、恽代英、沈雁冰、任弼时、肖楚女、杨贤江、田汉、张太雷、郑振铎、蒋光赤、俞平伯、朱光潜、朱自清、丰子恺、胡适、郭沫若、吴玉章、叶圣陶、曹聚仁、周建人等到校任职任教。

上海大学是中国共产党创办的第一所高等学校，有众多共产党员，成为中共早期在上海的重要活动据点，有"红色学府"之称。孙中山希望上海大学办成以贯彻吾党之主张、而尽言论之职责的革命学校。大革命时期，上大师生积极参加反帝反封建爱国运动，是"五卅"运动、北伐战争和上海

---

① 《上海大学》，http://baike.so.com/doc/1061180－1122605.html。

工人三次武装起义的骨干力量。"四一二"反革命政变发生后，帝国主义和国民党称上海大学是赤色大本营。上海大学因其历史功绩和地位，闻名全国，被誉为五四运动有北大，大革命时期有上大，北有北大，南有上大，武有黄埔，文有上大。①

（二）上海大学的办学历程

1923 年，孙中山、李大钊、廖仲恺、汪精卫、刘仁静、胡汉民、戴季陶等曾来校演讲，在国内学界引起轰动，也为上大的发展注入巨大推力。1924 年 2 月，这个弄堂大学的学生从 160 人增加到 400 人，校舍已将不敷；同时也为避开封建军阀对瞿秋白的监视，学校决定迁到公共租界的西摩路南洋路口（今陕西北路 29 弄 4～12 号，属市级文物保护单位）。后又借了对面新建的时应里的部分房子办学。那时正是第一次国共合作时期，孙中山也很重视培养干部，遂决定给上大拨款。1925 年 9 月 7 日，经广州革命政府第十五次会议决定，补助上海大学建筑经费二万银圆。1926 年又补助一万银圆，使学校的办学条件大为改观。②

1924 年 5 月 27 日推定陈望道、杨荃骏、邓中夏三人编辑的《上海大学一览》印行出版；校长于右任为书撰写弁言，盛赞上海大学校史虽短，进步则速。1924 年 6 月，孙中山亲手创办的黄埔军校开学，他起用了上大师生担任要职。上海大学还输送了很多学生投考黄埔。1924 年 8 月，蔡和森在社会学系的讲义《社会进化史》由民智书局出版。10 月 13 日，上海大学学生会成立，以谋学生本身利益并图学校之发展，参与救国运动为宗旨。1924 年下半年，上海大学师生通过开办工人夜校培养了一批工人骨干。1925 年 1 月，中国共产党第四次全国代表大会决定在党内建立支部一级组织，上海大学是全市第一个建立中共支部的学校。

1925 年 4 月 27 日，中国文学系编辑的《文学》创刊，作为《民国日报》的文艺副刊之一，随报发行。1925 年 5 月 30 日，上海大学 400 余名学

---

① 秦新华：《博古与上海大学》，《上海大学校报》2014 年 11 月 10 日。
② 何长美：《上海大学过去、现在和未来》，http://blog.sina.com.cn/s/blog_67e060c00100k5q4.html。

生成为"五卅"运动的先锋队。参加上海"五卅"反帝爱国运动统一指挥机构——上海工商学联合会的上海大学学生代表有：李硕勋（革命烈士）、赵君陶（李硕勋的妻子）、关向应（曾任共青团委总书记、中央军委委员）、杨尚昆（曾任国家主席）、许乃昌（彰化人，台湾第一位中共党员）、邱清泉（抗日名将）、何秉彝（在"五卅"惨案中牺牲）等。①

1925 年 6 月 4 日，学校被英国军队占领、封闭。6 月 14 日，校学生会全体会议决议募捐建筑新校舍，拟先建筑五十亩两层中式房，并建筑能容千人的大礼堂。6 月 15 日，《上大五卅特刊》第一期出版，校长于右任题写刊名。7 月，学校迁回闸北中兴路，设临时办事处继续招生，后租闸北青云路师寿坊（今青云路 167 弄位置）15 幢民房为校舍。9 月 7 日，经广州革命政府第十五次会议决定，补助上海大学建筑经费两万银圆。1925 年 9 月 10 日开学上课，当时学生已增加到 800 人，还附设有平民学校和青云学校，由上大师生义务任教，在工人、职员、妇女、青少年中普及文化知识。

1926 年，学校又获革命政府补助一万银圆，办学条件大为改观。1926 年 3 月 21 日，学校举行教职员会议，选举韩觉民、陈望道、周越然、侯绍裘、施存统、朱复、杨贤江、刘大白、李季为校行政委员会委员。3 月 22 日，《民国日报》刊登《上海大学为在江湾购买地基通告》。4 月 9 日，学校致函林伯渠、毛泽东、恽代英，请他们鼎力相助，敦请国民党中央执行委员会将补助上海大学建筑款两万元克日汇来，以便开工。

1926 年 10 月至 1927 年 3 月，上海大学师生在中国共产党领导下参加了上海工人三次武装起义，取得第三次起义的胜利，并参与成立上海特别市临时政府。1927 年 3 月 24 日，校行政委员会主席陈望道、中学部主任侯绍裘联合署名发布公告，定于 4 月 1 日起在江湾新校舍正式上课。4 月 1 日，占地 50 亩的新校舍在江湾奎照路落成。4 月 12 日，蒋介石发动"四一二"政变，上海大学学生参加闸北青云路广场集会。4 月 18 日，学校在江湾新校舍召开行政委员会会议，改选陈望道为临时主席。4 月 19 日，南京国民党

---

① 《上海大学》，http://baike.so.com/doc/1061180 - 1122605. html。

中央发出通缉令，通缉共产党人及跨党分子197人，其中包括数十名上海大学师生。[1]

1927年5月2日，军警借口搜查军械，闯入上大逮捕学生。5月3日，蒋介石特指令当时的淞沪警备司令杨虎和陈群进行查办，国民党军警把师生员工全部赶走，并查封学校，部分师生转入国立武昌中山大学。5月4日，上海大学江湾新校舍由国民党军白崇禧部驻扎。学校被封后一个多月，国民党当局把上海大学的新校址改成了国立劳动大学（上海历史上第一所国立大学）。[2]

上海大学自创办起，便跻身成为当时的中国一流名校，全国各地的有志青年慕名而来，甚至还有来自南洋、日本、安南、高丽等地的学生。学校以养成建国人才，促进文化事业为宗旨，从1922年秋到1927年春，培育了近2000名人才，并为黄埔军校和莫斯科中山大学输送了一大批学生。上海大学校友中有许多重要的国共两党领导人，单在优秀人才培养方面，就走出了王稼祥、秦邦宪（博古）、杨尚昆、丁玲、李硕勋、刘华、何秉彝、杨之华、阳翰笙、施蛰存、戴望舒、孔另境、李伯钊、梁披云、匡亚明等；他们中有的是中国共产党的卓越领导人，有的是名垂千古的革命烈士，有的是著名的社会活动家，有的是一流的学者、作家、剧作家、诗人、教育家等。在促进学术发展方面，上海大学师生为中国马克思主义理论的传播，为中国学术的研究、自然科学的普及做出了杰出的贡献。[3]

二 培养革命军事干部的红军大学

红军大学全称"中国工农红军大学"，简称红军大学、红大，是土地革命战争时期中国工农红军的最高学府，是培养红军高级军政人才的基地。其

---

① 李季：《上海大学：曾经光耀一时的上海大学从此消失》，http：//blog. sina. com. cn/s/blog_677082a20102w98c. html。

② 何长美：《上海大学过去、现在和未来》，http：//blog. sina. com. cn/s/blog _ 67e060c00100k5q4. html。

③ 秦新华：《博古与上海大学》，《上海大学校报》2014年11月10日。

前身是 1931 年前建立的红军学校。1933 年 11 月 7 日改为红军大学。1934 年 10 月随红军长征，改名为"干部团"。到达陕北后，于 1936 年 6 月改名为"中国抗日军政大学"；1937 年初，更名为"中国人民抗日军事政治大学"。抗日战争胜利后，改建为中共中央党校。①

1931 年 9 月第三次反"围剿"胜利后，中央革命根据地形成。毛泽东在宁都找何长工（红八军军长）与邓萍（红五军军长）谈话。他谈到，我们决心下点本钱，调你们两个军长和几个师长，还有十几个团长和政委来办个学校。北伐时有个黄埔，我们要办个红埔。培养红军干部，源源不断地向红军输送经过学校训练的军政素质好的红色指挥员。还说，新旧军阀都懂得有权必有军、有军必治校的道理。我们是人民的军队，为了战胜反动派，也要学会办校治军，培养自己的人才。

早在 1927 年 11 月，为了适应井冈山武装斗争的需要，根据毛泽东的指示，工农革命军第一军第一师第一团在宁冈县砻市西北五虎岭南麓的龙江书院开办了军官教导队。1928 年 4 月，朱德领导的南昌起义部队与毛泽东会师井冈山，随后成立工农革命军第四军教导大队。1929 年 3 月，以其为基础，成立随营学校。1931 年 11 月 25 日红军学校正式命名为中央军事政治学校，设在瑞金夫子庙后杨姓宗祠。1932 年，改称为中国工农红军学校。至 1933 年 8 月，共办了 6 期班，每期学员 600 ~ 1000 人。

为了加紧培养红军的各级干部和专门人才，中革军委决定把红军学校扩大为五所学校，即中国工农红军大学、红军第一步兵学校、红军第二步兵学校、红军特科学校、游击队干部学校。其中，红军大学是以红军学校的上级干部队（学员为有两年以上实际经验的连以上干部）和高级班（学员为有两年以上实际经验的团以上干部）为基础成立起来的，1933 年 11 月 7 日正式开学。②

中国工农红军大学设在瑞金西郊大槐树村。学员入校的第一件事就是和

---

① 《红军大学》，http://dangshi.people.com.cn/GB/151935/227176/227181/15873701.html。

② 高世琦编著：《中国共产党干部教育世纪历程》连载之五《培养红军干部的"红埔"》，党建读物出版社，2013。

校领导、教职员们筑造自己的校园。他们自己设计，并一起动手填沟壑、挖土方、运石头、开路、砌楼、建礼堂，在短短的 3 个多月时间，就建起了被誉为"山林军事学堂"的拥有一排排整齐的两层楼房、礼堂和俱乐部的校园，赢得了领导和根据地军民的称赞。

中国工农红军大学的第一任校长兼政治委员是何长工（后由周昆、刘伯承代理，张宗逊、彭雪枫继任校长，徐梦秋曾代理、彭雪枫兼任过政治委员），李德兼任过红大顾问。因培养红军干部做出了贡献，何长工荣获二等红星奖章。红大的成立，标志着红军干部的培养，已由初、中级阶段开始向高一级的阶段发展，不仅对当时的革命战争，而且对未来的革命事业都有着极其重要的意义。[①]

红大成立后不久，毛泽东于 1934 年 1 月在江西瑞金召开的第二次全国工农兵代表大会上所作的报告中，针对红军学校的教育工作指出："红军学校应当使之成为比较过去更能训练大批高级的与初级的军事政治干部的学校……巩固红军使红军成为铁军的工作，与政治工作同等重要。而为现时红军所迫切需要的，就是军事技术的提高。这一任务的解决，在战争的规模日益扩大，在帝国主义和国民党军队日益采用新的军事技术面前对于我们是绝顶重要的。'学会与提高新的军事'技术的口号，应该深入每个红军战士中去，红军学校应该为了这一目的去尽他最大的努力。"

红军大学的教学坚持着重阶级教育与党性锻炼、理论联系实际、前方与后方相结合的原则。教育训练从实际出发，少而精，理论与实际并重，注重提高学员的军政素质。教育训练的内容主要包括三个方面：一是政治教育。开设马列主义基本理论知识、共产党的纲领和政策、革命的形势与任务的课程，如社会发展史、党的建设、红军政治工作等，以提高学员的阶级觉悟和政治理论水平，确立革命人生观，能自觉为革命英勇奋斗。按照古田会议决议的要求，教学坚持采用启发式、讨论式的教授法，调动了教与学的积极性。二是军事教育和军事训练。以总结红军的经验为主，并吸收中外有益的

---

① 《中国工农红军大学》，http：//www.baike.com/wiki/中国工农红军大学。

经验，学习军事知识和技术。三是文化教育。设有专职的文化教员，有自编的学文化教材，有俱乐部，帮助学员识字，提高文化水平。

红军大学以培养营团级以上的干部为主，分设高级指挥、上级政治、上级指挥、上级参谋四科，附设教导队、高射队、测绘队。专职教职员十六名，许多中央领导干部在此兼课。学员选自红军部队中久经锻炼的干部。以"理论与实际并重，前方与后方结合"为教学原则。学习内容有党的建设、社会发展史、红军政治工作、步兵战斗条令、野战条令、基本战术等。[①] 学校下设高级指挥科、上级政治科、参谋科，附设教导队、高射炮队、测验队。有专职教员 16 人。学员大部分是中革军委和总政治部从红军中抽调在反"围剿"战争中荣立战功，有实战经验又有一定文化科学知识的营、团以上的中高级干部。第一期学员六七百人，其中高级指挥科学员有程子华、彭雪枫、宋任穷、张宗逊、郭天民、郭建屏、曹里怀、黄苏、苏静、周子昆、杨梅生等人，上级政治科学员有韦国清、刘道生、苏振华、唐亮、郭鹏、钟荣等人。

红军大学得到党中央、中革军委的直接关怀，毛泽东、周恩来、刘少奇、王稼祥、任弼时、刘伯承、邓小平、林伯渠、董必武、瞿秋白、徐特立、谢觉哉等都曾来校做过关于政治、军事、经济、文化等方面的讲演或专题报告，朱德主持过战术讲演比赛。毛泽东讲课循循善诱，深入浅出，很受学员欢迎。

红军大学与红军部队保持着密切的联系。学校负责干部与教学人员经常与部队轮换、交流。学校经常派人参加前线的战斗，及时收集前线作战的新鲜经验，充实教学内容。中国工农红军大学学员的生活、学习完全是军事化的。每个学员不论官职高低都过着战士的生活，人手一支步枪。早操后，一天上 6 个小时的课，接着是班组讨论和个人复习。红大学员还积极参加以革命斗争为轴心的社会活动，响应根据地党、政、军领导机构及群众团体组织的各种运动的号召。如积极参加扩军、查田、选举、春耕秋收、慰劳祝捷、

---

① 《红军大学》，http：//dangshi. people. com. cn/GB/151935/227176/227181/15873701. html。

募捐援助白区的斗争等。

由于敌人的封锁，红大的生活十分艰苦，缺乏盐、布和药。但学校的学习、生活和工作是紧张而愉悦的。红大自力更生，自己搞生产。学校开设了军人合作社、军人书店，办畜牧场、碾坊、园圃，从事农副业生产。学校办有《红校生活》《红色战场》等刊物，活跃大家的思想。学校生活绚丽多彩，很有生气。红军大学在中央苏区办了三期，为红军培养了大批德才兼备的中高级干部和革命战争的领导骨干。①

1934年10月，中央红军开始长征。红军大学、彭杨步校、公略步校、特科学校合并组成干部团。1935年9月，改称干部营。1935年11月到达陕北，与陕北的红军干部学校合并成立工农红军学校，1936年2月改名西北红军大学。随着抗日形势的发展，1936年6月1日，经中央决定，红军大学定名为中国抗日红军大学，1937年春改为抗日军政大学。中国工农红军大学从开办到长征，尚不足一年时间，但它为红军输送了大批军政指挥人员，如彭雪枫、宋任穷、程子华、韦国清、邓华、周子昆等。红大学员中许多人在创建新中国的战争年代成为无产阶级革命家或统率千军万马的高级将领。新中国成立后，在社会主义革命和社会主义建设中，他们中的许多人又成为党、国家和军队的领导人。这座革命的大熔炉，在中国革命史上留下了极为重要的光辉一页。②

三　抗战时期的红色最高军事学府

中国人民抗日军事政治大学，简称"抗大"，是抗战时期中国共产党领导的人民军队的最高军事学府。抗大的前身是1931年在江西瑞金成立的中央红军学校，1933年扩建为中国工农红军大学，1934年随中央红军长征，改称"干部团"。1935年10月，中央红军长征到达陕北。1936年2月，中央红军干部团和陕甘宁红军军事政治学校合并，在陕北安定县（今子长县）

---

① 高世琦编著《中国共产党干部教育世纪历程》连载之五《培养红军干部的"红埔"》，党建读物出版社，2013。

② 《中国工农红军大学》，http://www.baike.com/wiki/中国工农红军大学。

瓦窑堡成立红军干部学校。不久，在红军干部学校基础上创办"中国人民抗日红军大学"，1937 年春改名为"中国人民抗日军事政治大学"。

"抗大"是在政治环境和生活条件极端艰难困苦的条件下发展起来的，而且"越抗越大"。"抗大"总校办学 9 年间，数易校址，先后在陕北瓦窑堡、保安（今志丹）、延安，山西武乡（盘龙镇）、黎城（西井镇），河北邢台（浆水镇）和陕北绥德等地坚持办学，前后经历了延安办学阶段（从 1936 年 6 月至 1939 年 7 月）、华北敌后办学阶段（1939 年 8 月至 1943 年 2 月）和重返陕甘宁边区办学阶段（1943 年 3 月至 1945 年 9 月），共举办了 8 期培训班。抗日战争进入战略相持阶段后，"抗大"先后成立了 14 所分校、5 所陆军中学和 1 所附设中学，分布于西北、华北、华中的广大区域，从延安到各抗日根据地，到处都飘扬着"抗大"的旗帜，回荡着"抗大"的校歌。[①]

"抗大"的学员主要来自三个方面：一部分是经过土地革命战争和长征考验的红军老干部、老战士；一部分是八路军、新四军和各抗日根据地的干部和战士，他们经过抗大的培养后，又回到各部队、各地区带兵打仗，或发动群众进行抗日斗争，开辟和建设抗日根据地，是抗日战争中一支坚强的骨干力量；还有一部分是来自全国各地的知识青年和来自海外的爱国华侨青年，经过抗大的培养锻炼，又播撒到全国各地，成为抗日战争各条战线上的一支朝气蓬勃的生力军。1936 年 7 月，美国记者埃德加·斯诺到"抗大"访问，不久他在《西行漫记》一书中描述：以窑洞为教室，石头砖块为桌椅，石灰泥土糊的墙为黑板，校舍完全不怕轰炸的这种"高等学府"，全世界恐怕只有这么一家。《西行漫记》当时曾在世界各国广为流传，许多爱国侨胞就是在读过这本书之后才下决心回国投奔"抗大"的。

"抗大"坚持"教育为抗战服务"的总方针和"坚定正确的政治方向，艰苦朴素的工作作风，灵活机动的战略战术"的教育方针，以"团结、紧

---

① 高世琦编著《中国共产党干部教育世纪历程》连载之八《中国人民抗日军事政治大学》，党建读物出版社，2013。

张、严肃、活泼"为校风，实行"少而精""理论联系实际""教育与生产劳动相结合"等教学原则。"抗大"教育的特点主要体现在：一是坚持站在国防教育的最前线，所教所学所作所为，以争取抗战胜利、民族社会解放为主。二是坚持教育与实际紧密结合，要求教学中必须做到"四化"：原则化、中国化、通俗化、具体化。三是坚持"知识分子工农化，工农干部知识化"。四是教员与学员一致，能互相研究共同探讨，教员不仅教育学生，使学生进步，而且还向学生学习，求得自己进步。

"抗大"的课程设置主要分政治、军事、文化三大类。政治课开设马克思主义基本理论、中国问题、社会科学概论、哲学、政治工作等。军事课开设游击战争、战略战术、炮兵、测绘、地形、射击、防空防毒等。根据学员的需要，还开设地理常识、自然常识、算术、日文等文化课。"抗大"学制从4个月到半年，也有8个月、1年、3年多班次。抗大一期和抗大二期的学制都只有半年左右，第八期为3年多。

"抗大"采取"启发式""研究式""实验式""教学相长"等新的教学方法。坚持教师的启发式讲课和学员的自学相结合，学员的自学讨论时间多于讲课时间。在文化程度较高、经验较丰富的学员中经常采用研究式和实验式教学。研究式教学的特点，以学员自学为主，教员予以指导，学员阅读参考书，自己思考研究或分组讨论研究。实验式教学使学员自己动手，容易使教与学统一起来，做到学用一致。特别是在文化课的教学上，"抗大"普遍推广了杜石坞教员的国文课教学法、田干教员的算术教学法、集体修改作文的方法，在当时具有较大的影响。

"抗大"是在党中央和毛泽东的直接领导下创办和发展起来的。毛泽东亲自兼任"抗大"教育委员会主席，亲自为"抗大"制定教育方针，亲自审定教学大纲和教学计划，经常给学员讲课、作报告。从"抗大"总校成立后的3年时间内，毛泽东22次到"抗大"讲话，4次为"抗大"题词，并多次听取"抗大"领导汇报工作和与他们研究工作。在毛泽东的带动和影响下，许多在延安的中央领导担任了"抗大"的兼职教员。中央为学校选调了一批经历过战争考验、具有丰富军事或政治工作经验的干部到"抗大"工作。林彪、徐向前先后任校长和代校长，李井泉任政治委员，刘伯承、罗瑞卿、滕代远、何长工、彭绍辉先后任副校长，罗瑞卿、刘亚楼、许光达、何长工先后任教育长，傅钟、莫文骅、张际春、李井泉先后任政治部主任。[①]

"抗大"有严肃的校风校纪。1937年4月，毛泽东为"抗大"制定了"团结、紧张、活泼、严肃"的校训。"抗大"建校之初就明确提出：教职学员不论职务多高、资历多老、历史贡献多大，都须严格执行学校的各项规章制度，遵守学校的纪律。学员在校学习，要严格遵守政治纪律、军事纪律和生活纪律，如都应按时起床、出操、就餐，内务要整洁有序，外出要请假，军容要严整，不准结婚，等等。对于违反规定，触犯法律者，不管资历多深、贡献多大，绝不姑息迁就，一律从严查处。"抗大"又有严格的会议制度、报告制度、检查总结制度、平时考核和定期测验制度、听课制度和定时作息制度等。

1938年10月下旬，广州、武汉相继沦陷，中国的抗日战争开始由战略防御转入战略相持阶段。党中央、中央军委开始考虑深入敌后创办"抗大"分校，就近为八路军、新四军培养训练干部这一重大决策。把抗大分散到各地方去，以便冲破日、伪、顽对陕甘宁边区的封锁，到敌后办学，培养大量干部去带领群众，开展敌后游击战争，扩大、发展和建设抗日根据地。从1939年春至1945年春，"抗大"先后在晋冀鲁豫、晋察冀、山东、华中、鄂豫皖等抗日根据地建立了12所"抗大"分校。这12所分校分别是：1938年12月在陕西省延长县组建，被誉为"敌后办学的先锋"，先后转战华北、山东、东北的抗大第一分校；1938年12月成立，共培养了2万余名干部，在晋察冀抗日武装力量的根据地建设中发挥了重要作用的抗大第二分校；1937年7月抗大总校离开延安挺进敌后办学时，留下一部分教职学员在延安组建，培养了2600余名具有相当水平的专业技术人才的抗大第三分校；

---

① 高世琦编著：《中国共产党干部教育世纪历程》连载之八《中国人民抗日军事政治大学》，党建读物出版社，2013。

1940 年 3 月在豫皖苏边区创建，在淮北洪泽湖畔发展，培养了近 5000 名新四军干部的抗大第四分校；1940 年 11 月，由新四军江北指挥部军政干部学校、新四军苏北指挥部干部学校、新四军皖东干部学校于江苏盐城合并组建，先后培养了近 5000 名军政干部的抗大第五分校；成立于 1940 年 11 月，在太行山区培养了数千名干部的抗大第六分校；1941 年 7 月在晋西北兴县创办，转移到陇东地区，转战于黄河两岸的抗大第七分校；1941 年 5 月以新四军第二师军政干部学校为基础创办，培养学员约 2000 人的抗大第八分校；1942 年 5 月由抗大苏中大队改编成立，为新四军第一师、第六师和苏中、苏南抗日根据地培养了 3300 余名军政人才的抗大第九分校；1942 年 2 月成立，为新四军第五师和豫鄂边区培养了 4000 多名军政干部，被誉为"背包大学"的抗大第十分校；1944 年 10 月以抗大太岳大队为基础组建，1945 年 10 月并入"晋冀鲁豫军政大学"的抗大太岳分校；1945 年春以抗大太行大队为基础组建，隶属八路军太行军区，专为第一二九师短期轮训基层干部的抗大太行分校。[①]

"中国人民抗日军事政治大学"从 1936 年 6 月创建到 1945 年 9 月抗战胜利，9 年间在艰苦卓绝的战争环境中，坚决贯彻党中央和毛泽东制定的教育方针，培养出 10 多万名军事和政治干部，为取得抗日战争和解放战争的胜利发挥了重要作用。

---

① 高世琦编著《中国共产党干部教育世纪历程》连载之八《中国人民抗日军事政治大学》，党建读物出版社，2013。

第八章
新民主主义时期的教育思想及实践
——红色革命根据地的民办教育（1919～1949年）

　　五四运动以后，中国早期的马克思主义者和尚未处于执政党地位的中国共产党，因为更注重下层民众，拥有广泛的教育对象，因而比较有效地改变了教育的性质和方向。以李大钊、陈独秀、毛泽东、恽代英、杨贤江、徐特立等为代表的老一辈革命家以马克思主义教育理论为指导，结合中国革命的具体实践，在新民主主义革命的基础上创立完善了新民主主义教育理论。

　　新民主主义教育思想由两个部分组成。其中一个部分是居于指导地位的无产阶级社会主义文化教育思想，即马克思主义的教育思想；另一部分是在新民主主义革命时期付诸实施的教育方面的行动纲领。这两个部分紧密地联系在一起，构成了统一的整体。新民主主义教育思想是新民主主义革命思想的重要组成部分。在近代中国半殖民地半封建社会的环境里，新民主主义教育思想是怎样形成的，又是怎样丰富和发展的？对于这个问题进行必要的探讨将有助于我们更为深刻地把握中国教育近代化的历程，也有助于我们对于中国近代教育史上的许多重大问题做出科学的解释。[1]

---

　　[1] 宋荐戈：《略论新民主主义教育思想的形成和发展》，《河北师范大学学报》（教育科学版）1999年第3期，第38～43页。

第一节　中国早期马克思主义者的教育思想

十月革命和五四运动后，中国的一些激进民主主义者接受并宣传马克思主义，他们以李大钊、陈独秀、毛泽东等人为代表，被称为早期马克思主义者。他们是中国最早觉悟的和有良知的知识分子，半殖民地半封建的中国国情和人民悲惨的生活状况，使他们义不容辞地担负起救国救民的重任，并开始以马克思主义为指导，分析研究中国的教育问题，形成了中国早期马克思主义者的教育思想。从此，中国教育的发展有了一种新的理论武器作指导，教育面貌开始发生重大变化。[①]

一　李大钊的生平活动及教育思想

李大钊是中国共产主义的先驱，伟大的马克思主义者，杰出的无产阶级革命家、教育家，中国共产党的主要创始人之一。他不仅是我党早期卓越的领导人，而且是学识渊博、勇于开拓的著名学者，在中国共产主义运动和民族解放事业中，占有崇高的历史地位。探究李大钊在中国新民主主义革命初期，关于教育平等、教育改革、教育创新的思想，揭示其教育思想的前瞻性、科学性、实践性，既是对李大钊丰富而深刻的教育思想的再认识和新思考，也为当代中国教育的改革创新和科学发展，提供一些经验借鉴和思想启示。

（一）李大钊的生平活动

李大钊（1888～1927），字守常，河北乐亭人。早年励志求学。民国2年至5年（1913～1916）留学日本，就读于东京早稻田大学政治本科，开始接触社会主义学说，并发表文章反对袁世凯称帝和日本的侵略。1915年，日本帝国主义提出灭亡中国的"二十一条"，李大钊积极参加留日学生的抗议斗争。他起草的通电《警告全国父老书》传遍全国，他也因此成为著名

---

① 孙培青、李国钧：《中国教育思想史》（第二卷），华东师范大学出版社，1997，第278页。

爱国志士。1916 年李大钊回国后，到北京大学任图书馆主任兼经济学教授，积极投身于正在兴起的新文化运动，成为新文化运动的一员主将。

民国 5 年（1916）夏回国后，李大钊担任北京《晨钟报》编辑，在该报和《中国青年》上发表一系列文章宣传新思想，成为广大青年崇敬的良师，新文化运动时就有"南陈北李"的盛赞，十月革命胜利后，李大钊积极宣传马列主义和苏俄道路。民国 7 年（1918）任北京大学经济学教授兼图书馆馆长，还兼任北京女子高等师范学校教授。通过教学研究、论文及译著并领导"新潮社""国民月刊社"和"少年中国学会"，积极影响和指导五四运动。他在北京大学相继开设了"唯物史观研究""史学思想史""史学概论""社会主义与社会运动"等课程，还在北京女子高等师范学校、朝阳大学、中国大学等校讲授"女权运动史""史学思想史""社会学""图书馆学"等课程①，成为中国现代教育史上第一位在大学讲坛上系统讲授和宣传马克思主义的教授。民国 9 年（1920），他领导成立了"马克思学说研究会"和北京共产主义小组，是中国共产党的伟大创始人之一。在北方的工人运动、农民运动、学生运动等一系列爱国运动中，李大钊始终走在最前列，从理论和实践上进行指导。他是一位优秀的马列主义理论家，对新康德主义、实验主义、杜威罗素的实用主义，张东荪、张君劢宣传的生命哲学，胡适"多研究些问题，少谈些主义"的改良主义，梁启超、张东荪宣传的"社会主义"都进行了大胆深入的论战。民国 13 年（1927），他被军阀政府过早地夺去了生命，时年仅 39 岁。②

李大钊的教育思想涉及革命教育、青年教育、工人教育及农民教育等方面，博大精深，体系恢宏。

（二）李大钊论教育的本质

李大钊用辩证唯物论和历史唯物论的方法，分析了教育的性质。在《我的马克思主义观》中指出：表层构造的一切"圣道、名教以及文学、科

---

① 《李大钊年谱》，甘肃人民出版社，1984，第 116 页。
② 史仲文、胡晓林：《中国全史·教育卷：民国分卷》，中国书籍出版社，2011，第 899 页。

学、政教等，都只是一切社会物质基础的反映"，"都可以随着生活的变动、社会的要求，而有所变革，而且是必然的变革"。① 所以，春秋战国时期的"一代人师"孔子及其学说，就绝不应该在封建社会已崩溃了的中国，被当作指导教育实施的法宝。因为社会已是阶级社会，教育也只能是阶级的教育，民国成立后军阀政客控制的学校，同样只能是他们手中的法器。如公立学校就"遭受政治和教科书事务局的限制"，"青年男女，在这种教训之下，会麻痹他们的意志"②。由此，李大钊根据马克思主义教育本质观，提出了开展反对封建教育的号召。因为"现在经济上生了变动"，孔子的学说"就根本动摇"，"孔子或其他古人，只是一代哲人，决不是'万世师表'，所以现在孔子的信徒，'到处建筑些孔教堂'，'到处传布''子曰'的福音"，就应在坚决反对之列。

李大钊还在肯定信仰自由的前提下，揭露了帝国主义利用宗教进行文化渗透的用心，提出了反对教会学校把圣经列为教学科目的口号。指出宗教"是一个无知的隐遁的地方"，中世纪欧洲基督教会是一种"掠夺组织"，为此，他赞美巴黎公社用法令取缔学校里的宗教科目、停止祈祷和宗教教学及宣布政教分离的做法③。民国11年（1922）他联合当时进步人士发起组织"非宗教大同盟"，指出教会"最可恨的毒计，就是倾全力煽惑青年学生"，"教毒日炽，真理易泯"，因此"教育必须依科学之精神，进化之光辉"前进④。这样，李大钊就有力地阐明了教育的性质及其反封建复古和反教会两大任务。⑤

总之，李大钊认为教育属于上层建筑，围绕经济基础的变化而变化，它不仅决定于经济基础，而且还受到政治的制约。在阶级社会里，教育具有阶级性；上层建筑对于经济基础有反作用，因此，物质改造与经济改造要一起进行。李大钊的见解，在今天看来是马克思主义教育理论的常识，然而，在

---

① 《中国气象学会十周年纪念特刊》，《会议报告》1935年。
② 《地理杂志》第3卷第1期，1930年。
③ 李大钊：《物质变动与道德变动》，《新潮》第2卷第2号，1914年12月。
④ 《中华教育界》第11卷第9期，《教育界通讯》第4~5页。
⑤ 史仲文、胡晓林：《中国全史·教育卷：民国分卷》，中国书籍出版社，2011，第899页。

1919 年前后，却是一种崭新的现代教育观。[①]

（三）李大钊的青年教育思想

李大钊历来重视青年一代的教育问题。早在新文化运动初期，他就认为："青年不死，即中华不亡，青春中华之克创造与否，当与青年之觉醒与否卜之"。[②] 他在《青春》中指出"吾族青年所当信誓旦旦，乃在汲汲孕育青春中华之再生"，青年人应"以中立不倚之精神，肩兹砥柱中流之责任"。[③] 并进而昭示说："青年之自觉，一在冲决过去历史之网罗，破坏陈腐学说之囹圄，在脱绝浮世虚伪之机械生活，以特立独行之我，立于行健不息之大机轴。"五四运动以后，李大钊更从国际主义和爱国主义出发，反对青年人"受腐败家庭的束缚"及"狭隘爱国心的拘牵"，创造一个"少年中国"，应该在"人道主义精神"和"勤工主义精神"指导下，开展物质和精神"两种文化运动"，把自己改造成为"自觉的少年""世界的少年"。在精神改造方面，李大钊要求青少年本着人道主义、互助、博爱的精神，把占据心变为创造、把残杀变为友爱、把侵夺变为同劳、把私营变为公善。在物质改造方面，李大钊要本着勤工主义、劳动神圣的主旨，改变"掠夺主义的经济制度"，"使人人都须工作，工作的人都能吃饭"。并且李大钊强调指出，这两种改造如"车的两轮""鸟的双翼"，必须"用一生涯的努力"，才能飞跃到"少年中国"的理想境界。而入手的办法，是投身山林村落中去，与劳农共同劳动，实现"村落的大联合"，进而实现"我们的少年中国"。[④] 可以看出，李大钊的少年中国构想中，多少有一些理想的色彩。

早在"五四"前，李大钊就明确提出青年要走与工农相结合的道路。他认为："要想把现代的新文明，从根底输入社会里面，非把知识阶级与劳工阶级打成一片不可。我甚望我们中国的青年，认清这个道理。"[⑤] 他鉴于

---

① 孙培青、李国钧：《中国教育思想史》（第二卷），华东师范大学出版社，1997，第 301 页。

② 李大钊：《李大钊文集》（上册），人民出版社，1999，第 178、200 页。

③ 《新青年》第 2 卷第 1 号，1916 年 9 月。

④ 李大钊：《少年中国的少年运动》，《少年中国》第 1 卷第 3 期，1919 年 8 月 15 日。

⑤ 李大钊：《李大钊文集》（上册），人民出版社，1999，第 648 页。

中国是农业国，劳工的绝大多数是农民的实际情况，进一步指出青年应到农村去，与农民相结合。他说："我们青年应该到农村里去，拿出当年俄罗斯青年在俄罗斯农村宣传运动的精神，来做些开发农村的事，是万不容缓的。"① 在中国现代教育思想发展史上，李大钊是率先明确提出青年要走与工农相结合道路的教育家，尤其弥足珍贵。②

（四）李大钊的工农教育思想

关心工农教育，积极争取他们的受教育权利，这是李大钊教育思想的又一重要内容。李大钊认为：应该利用庶民胜利的潮流，"使一切人人变成工人"而不是强盗，指明了教育的工人庶民方向。他认为，"纯正的平民主义，是工人的或无产阶级的平民主义"，即通过斗争"把经济上、政治上、社会上一切特权等权，完全打破"，实现平民的全体民主自由，建立一个平民社会。③ 他揭露资本家在精神上对工人的迫害，指出他们"夺去劳工社会精神上修养的工夫"，"比掠夺他们的资财，更是可怕、更是可恶"。要求在政治、经济上、在教育上、文学上，要求一个人人均等的机会，去应一般人知识的要求。必须多设补助教育机关，去满足他们知识的要求。"劳工聚集的地方，必须有适当的图书馆、报社，专供工人在休息时间去阅览"，"必须用通俗的文学，使一般苦工社会也可以了解许多的道理"。为此，他极力主张缩短工作日，保障童工利益并使他们得受教育。④ 可见，李大钊的工人教育思想有着明显的革命性和阶级性，而且从社会的根本改变入手探讨教育问题，就达到了相当的高度。⑤

李大钊也十分关心农民教育。他在《青年与农村》一文中尖锐指出，农民的愚暗，"就是我们国民全体的愚暗"，而当时农村教育状况极端恶劣，"农村教育机关，不完不备，虽有一二初等小学的地方，也不过刚有一个形

① 李大钊：《李大钊文集》（上册），人民出版社，1999，第648页。
② 孙培青、李国钧：《中国教育思想史》（第二卷），华东师范大学出版社，1997，第305页。
③ 李大钊：《平民主义》，商务印书馆，1923。
④ 李大钊：《李大钊选集·〈劳动教育问题〉》，人民出版社，1959，第139页。
⑤ 史仲文、胡晓林：《中国全史·教育卷：民国分卷》，中国书籍出版社，2011，第899页。

式，小学教师的知识，不晓得去现代延迟到几世纪呢！至于那阅书报的机关，更是绝无仅有"。因此，他号召知识青年"到农村去"，去做开发农村、改善农民生活和教育的事业①。

他认为针对农村情况，应从以下几个方面教育农民：教育农民认识帝国主义及"洋教"的本质；教育农民认识自己的力量，从而自己救自己；教育农民打破狭隘的乡土观念，认清其阶级地位；教育农民武装起来，使五行八卦失去效力。认为教育的方法，应到乡间去，"利用农闲时间，尤其是旧历新年的 1 个月的时间，作种种普通常识及国民革命之教育的宣传。图书馆及其他浅近歌辞读物，均须准备。并须联合乡村中的蒙学教师，利用乡间学校，开办农民补习班"②。李大钊还强调指出，只有实行"耕地农有"政策，农民及其教育才能根本解决。李大钊的农民教育思想相当地细致入微，并且都触及了根本的实质。

李大钊是中国最早运用马克思主义观点分析教育问题的教育家。他对于教育本质的分析、对于青年教育问题的远见卓识，以及对于工农教育的精辟论述，给当时和以后的教育事业提供了一份宝贵的财富，为中国无产阶级教育理论的建立奠定了坚实的基础，在中国近现代教育史上写下了光辉的篇章。③

二 恽代英的生平活动及教育思想

（一）恽代英的生平活动

恽代英（1895～1931），中国无产阶级革命家和教育家，中国共产党早期青年运动领导人之一，黄埔军校第四期政治教官。原籍江苏武进人，1895年生于湖北武昌，中华大学毕业。学生时代积极参加革命活动，是武汉地区五四运动主要领导人之一。1920 年创办利群书社，后又创办共存社，传播

① 李大钊：《青年与农村》，http：//agzy. youth. cn/qsnag/zt/ws94/bnhs/201304/t20130426_3152706. htm。
② 李大钊：《李大钊文集》（下册），人民出版社，1999，第 834 页。
③ 孙培青、李国钧：《中国教育思想史》（第二卷），华东师范大学出版社，1997，第 311 页。

新思想、新文化和马克思主义。1921 年加入中国共产党。1923 年任上海大学教授。同年 8 月被选为中国社会主义青年团中央委员、宣传部部长，创办和主编《中国青年》，它培养和影响了整整一代青年。

五四运动爆发后，恽代英组织学生群众罢课、罢市，成立武汉学生联合会，创办《学生周报》，成为公认的学生领袖。这年冬天，在武昌组织了利群书社，创办利群织布厂，实行工读主义，并积极研究马列主义及民主主义和无政府主义。民国 9 年（1920），恽代英深入长沙、衡阳和新城的煤矿工区实地调查。次年（1921），受聘任安徽宣城第四师范教务主任兼教员，五月遭通缉离开宣城。七月，改利群书社为共存社，不久，申请加入了中国共产党。十月受聘任四川泸县川南师范教务主任，随即授任校长，因支持学生运动被捕，吴玉章出面交涉被释放后，去成都高师任教。民国 12 年（1923），恽代英离开四川去上海专任中国共产党的工作，并任团中央宣传部部长，创办并主编《中国青年》，倡导为中国前途开一个新纪元。次年（1924 年）国共合作后，任国民党上海执行部宣传部秘书，兼任上海大学教授。民国 15 年（1926）任黄埔军校政治总教官，并任广州农民运动讲习所教员。[①]

1927 年，恽代英去武汉主持中央政治军事学校工作，并参加了南昌起义、广州起义，之后去香港主编《红旗》报。民国 17 年（1928）当选为中国共产党六大中央委员，后任中共中央宣传部秘书长。民国 19 年（1930）四月，恽代英在上海浦东被捕，在自己抓毁面容后，仍被顾顺章供认出卖，次年（1931）四月在南京慷慨就义，年仅 36 岁。牺牲前写下了"浪迹江湖忆旧游，故人生死各千秋，已揆忧患寻常事，留得豪情作楚囚"的不朽诗篇。

1950 年，周恩来为纪念恽代英殉难 19 周年题词，对他的一生作了高度的概括：中国青年热爱的领袖——恽代英同志牺牲已经 19 年了，他的无产阶级意识、工作热情、坚强意志、朴素作风、牺牲精神、群众化的品质、感

---

① 史仲文、胡晓林：《中国全史·教育卷：民国分卷》，中国书籍出版社，2011，第 899 页。

人的说服力，应永远成为中国青年的楷模。郭沫若曾指出："在大革命前后的青年学生们，凡是稍微有些进步思想的，不知道恽代英，没有受到他影响的人，可以说没有。"在36岁的短暂人生中，恽代英留下了近300万字的遗著，包含着丰富的哲学、政治、经济、军事、文化、教育等内容，具有重要的历史价值。①

（二）恽代英的教育思想

恽代英一生的革命生涯与教育活动紧密相连。钟德涛指出，恽代英论及教育的遗著有近百篇，从幼儿教育到高等教育，从平民教育到职业教育等，形成了比较完整的教育思想体系。恽代英认为：儿童教育应为"健全的公民"打好基础；中等教育应是"养成健全的公民的教育"；高等师范教育必须是"养成健全的公民的教育"的师资教育。他的"养成健全的公民教育"的系统理念包括："事业与职业统一"的职业教育观，德育、智育、体育全面发展的教育观，"以生为本"的教师观以及对教学内容、方法的改革等。②

针对"教育救国论"，恽代英指出，在军阀混战、外强入主的中国，根本不是青年人埋头读书的时候，读书也救不了国。教育之不能救国，犹如变魔术、打大鼓、唱京戏的人一样，虽有一技之长，却不能为人治病，要拯救中国，唯一的办法就是"必须要革命"。对于国家主义的"教育救国论"，恽代英尖锐地说，"国家主义者总想拿国家观念来压倒阶级观念"，"处处看出只是一个反共产主义，因为中国的根本问题在经济上"，要求经济的独立，终必须经过一番政治革命。所以国家主义总说教育救国，"专给学生一些不痛不痒的学术品性"，"于救国全无益处"。恽代英还客观公允地说，对于革命者来说，并不反对任何人去真正地研究各种学术，但是"要打破任何学术都可以救国的谬想"③。

---

① 《留得豪情作楚囚——恽代英》，《人民日报》2009年7月16日。
② 申富强：《恽代英的思想及其历史价值》，《光明日报》2015年1月7日，第14版。
③ 参见《蔡元培的话不错吗?》，《中国青年》第2期；《答醒狮周报32期的质难》，《中国青年》第82期；《评醒狮派》，《中国青年》第76期；《读〈国家主义的教育〉》，《少年中国》第3卷第9期；《再论学术与救国》，《中国青年》第17期。

对宗教和教会学校，恽代英用唯物史观指出，宗教原来只是原始人对神秘事物的一种崇拜，进入阶级社会后变成统治者进行思想统治的工具。基督教是"外国人软化中国的工具"。针对教会学校宣传的"宗教救国"和"人格救国"，他指出这只不过是麻痹民众的手段。耶稣连自己的犹太民族都救不了，怎么来救中国？基督信徒们祈祷了两千多年，反而祈祷出了这么多帝国主义、军阀来，宗教救国完全是"昏话"①。至于人格救国，耶稣和孔子都可称"圣人"，都有一种仁道救世的精神，只是分别采用"劝"和"骂"的办法，结果耶稣自己也难逃杀身之祸。所以恽代英说，对付那些压迫人的人，"劝"和"骂"都是不中用的，"只有用我们革命党'打'的法子"②。

对于教会学校宣传的"国际亲善"和"宗主国"，恽代英告诫说，一定要分清宗主国政府和民众的界限来讲"亲善"，不要为"宗主国"的概念所蒙蔽和欺骗，以致丧失反帝热情。恽代英还指出，教会学校不仅明目张胆地侵犯了中国的教育主权，而且其目的是"骗人做他们的信徒"。教会学校的毕业生，多数只能被人"廉价地雇佣"了，所以"我们要封闭一切教会学校，要驱逐一切教会教育家，但是，我们决不可以抛弃教会学校的青年，他们是受欺骗的，他们是受压迫的"。他呼吁"救救教会学校下面的青年"③。他的这些主张是客观的合理的，在反教会教育斗争高涨的时候，就更有现实指导意义。④

对于当时军阀政府统治下的学校，恽代英也对其重大弊端进行了淋漓的针砭。认为当时的学校是政府的门面和政客训练所，是"知识阶级的贵族"争位夺利的工具，是教师"混饭吃"的地方，家长们心目中的摇钱树，学生们心目中"升官发财"的阶梯。恽代英把政府所规定英文比其他课程时间都更长的做法，称作"洋八股"教育。恽代英认为当时盛行的注入式的教学方法，最大的弊病在于"教师太劳，学生太逸"，"学生成了一个无意

---

① 《耶稣、孔子与革命青年》，《中国青年》第 120 期。
② 《耶稣、孔子与革命青年》，《中国青年》第 120 期。
③ 胡朴安：《中华全国风俗志》下编，河北人民出版社，1986，第 2 页。
④ 史仲文、胡晓林：《中国全史·教育卷：民国分卷》，中国书籍出版社，2011，第 899 页。

识的承受知识的器皿，脑筋中不能有一点创造力"，实际上是"注则有之，入则未也"的效果。对于当时学校盛行的体罚制度，他说自由活泼生长的儿童，免不了会犯这样那样的过错，教师对此的严厉体罚和威胁压服，就压制了儿童生长的天机，因为"惩罚不能使人改过，只能使人隐匿过失"，唯一正确的办法，是"放任而随时加以诱掖指导"，但绝不是绝对的放任自流。对于当时名目繁多、死记硬背才能应付的考试制度，恽代英坚决反对。因为学生若不知道所学功课的效用是不会用功学习的，只会迫于考试和留级而去死记硬背，反倒会比其他用功的学生考得好，这样，考试就不能"奖勤戒惰"，而只能"奖狡猾欺诈而戒诚实罢了"。所以，他认为考试应该有两个目的：检查改进教师的教法；帮助学生复习，用学过的材料形成一种新论断①。

对于教师，恽代英也给予了极大的注意。他首先认为，教师必须同时是一个革命活动家。教师要吃饭就得靠学术，但要明白学术和教育并不是救国的学术。教师要解决自己和别人的吃饭问题，就"非加入救国运动不可"。每个教师先要在思想上懂得救国道理，要懂得国情和怎样救国。如果有了改造社会的决心，再抽时间"多读有关社会改造的书报"，其效益是远胜"洋八股"教育的。教师还要把改造社会付诸行动，这是更重要的。要多注意社会事业和成人教育，这比"儿童教育十倍重要"，可以组织阅报社、讲演团、农人团体、农村生活调查、平民补习学校等。教师最好能参加"革命的党"，并介绍别人，使教师"成为一个全国的大军队的侦察队"②。恽代英强调教师必须与学生建立平等民主的关系，"注意发展学生的反抗精神"，首先教他们不怕反抗自己的教职员，放下学校威信、教师尊严的架子，"全然与学生平等，甚至起居、饮食、自修、游戏都在一块"，与学生打成一片，并更好地了解学生，引导学生"改过迁善"，认为学生"万不可无条件地信从教师"，甚至可以用"非常手段处置破坏大局的教师"，但绝不能对

---

① 吴绍磷：《新疆概观》，仁声书局，1933。
② 《怎样做小学教师》，《中国青年》第 20 期。

教师进行无理的反抗；对好的教师，学生应该无条件地尊敬。①

　　恽代英的教育主张，多从自己亲身经历的革命社会实践中提炼出来，在当时不但有新意而且极富现实性，对当时和以后的教育事业都有极强的指导意义，如其论教师的真知灼见，把教育纳入改造社会的大命题下讨论，就更是高屋建瓴、影响深远。恽代英自觉运用马克思主义武装自己的头脑，并同自己的革命实践紧密结合，为后人留下了博大宏富的教育思想著述。这是我们中国共产党早期斗争史上的重要教育成果和理论总结，具有极其重要的历史价值。

三　杨贤江的生平活动及教育思想

（一）杨贤江的生平活动

　　杨贤江（1895～1931），又名英甫，笔名李浩吾、柳岛生，1895 年 4 月出生在余姚县云和乡杨家村（今慈溪市长河镇分江村杨家）。他是第一个较有系统地介绍和传播马列主义教育学说的教育家。教育代表著作有《新教育大纲》《教育史 ABC》，教育论文三百多篇，著名的有《论个人改造》《学生生活改造论》《中学训育问题的研究》等；另外翻译了许多论著，如恩格斯的《家族、私有财产和国家的起源》、美国荷尔著的《青年心理和教育》、苏联平克维支著的《苏维埃共和国新教育》、日本山田茂树著的《新兴俄国之教育》等。②

　　宣统三年（1911）高小毕业，就地任高小教员，次年（1912）进入杭州的浙江省立第一师范学校。一师是浙江省最有声望的学校，校长经亨颐是一位具有民主主义思想、办学认真的教育家。他延揽的一批学者如李叔同、夏丏尊、胡公冕等，不仅知识渊博、教学认真，而且思想进步，有强烈的爱国热情。杨贤江在名师熏陶下，立志教育救国，发愤读书。进校不久，就初露头角。民国 6 年（1917）毕业后，先后任南京师范学校教员和少年中国

---

① 史仲文、胡晓林：《中国全史·教育卷：民国分卷》，中国书籍出版社，2011，第 899 页。

② 《杨贤江》，https：//baike. baidu. com/item/% E6% 9D% A8% E8% B4% A4% E6% B1% 9F/
2009000? fr = aladdin。

学会南京分会书记，并参加《少年世界》的编辑工作。民国 10 年（1921）到上海任《学生杂志》编辑。

五四运动前后，商务印书馆对编译所的几种杂志进行改革。20 年代初商务编译所汇集了一批具有初步共产主义思想的知识分子和思想活跃的进步青年，如沈雁冰、胡愈之、郑振铎、董亦湘等。沈雁冰还是上海共产主义小组的成员。杨贤江进了编译所，与他们意气相投、志趣相同。他就如饥似渴地钻研马克思主义，找到了革命真理。1922 年 5 月，杨贤江由沈雁冰、董亦湘介绍，加入了中国共产党。① 民国 12 年（1923）担任共青团的宣传工作，协助恽代英主编《中国青年》，经常在上述 3 个杂志上发表文章，成为当时青年的导师。民国 15 年（1926）参加上海工人第一次武装起义，次年（1927），去武汉总政治部工作，并兼任《武汉日报》编辑。民国 16 年（1928）被迫离开上海去东京，用日文转译了《家庭、私有制和国家的起源》，发表《教育史 ABC》等研究成果。次年（1929）受日警迫害返回上海，介绍苏联的教育理论，并写成了有名的《新教育大纲》。民国 19 年（1930）该书出版，第二年（1931）杨贤江病逝。《教育史 ABC》是中国第一部根据历史唯物主义观点写成的教育史，《新教育大纲》则是我国第一本系统介绍马列主义教育学的著作，是杨贤江思想智慧的集中体现。②

（二）杨贤江论教育的本质

运用历史唯物主义观点阐明教育的本质，这是杨贤江教育思想的最显著特点，也是他对于中国无产阶级教育理论的突出贡献。杨贤江关于教育本质的思想主要有以下几点。

1. 教育起源于人类实际生活的需要

探索教育的起源，这是研究教育本质的一个重要问题。杨贤江根据历史唯物主义的基本观点，摒弃了在教育起源问题上的各种历史唯心主义观点，创造性地提出了正确的教育起源论。杨贤江认为，教育是与社会的生活过

---

① 东方党建网：《宁波党史人物　杨贤江》，http：//www.cnnb.com.cn/new-gb/xwzxzt/system/2006/06/08/005124606.shtml。

② 史仲文、胡晓林：《中国全史·教育卷：民国分卷》，中国书籍出版社，2011，第 899 页。

程、物质的生产关系密切联系的，而且是以现实的社会生活为基础的，只要现实的经济生活发生了变化，教育也必然跟着改变。因而，教育的起源并不在于什么人性、教育者的意识，或者什么天命这些脱离现实经济生活的玄妙臆想，而是起源于人类实际生活的需要。他指出教育发生发展的过程，是"植根于当时当地人民实际生活的需要，它是帮助人适应社会生活的一种手段"，自有了人生就有了教育①。这是中国教育史上最早的马克思主义教育起源观。

2. 教育具有历史性

杨贤江认为教育是因生产、劳动的需要而产生的，也是在劳动过程中得以发展的。在不同的社会，由于人们的劳动时间不同，由于人们的社会生活需要不同，各个社会也就有不同的教育。他把教育发展划分为原始社会阶段、奴隶社会阶段、封建社会阶段和资本主义社会阶段，并认为随着社会主义的胜利，必然产生社会主义的教育。

3. 教育具有阶级性

杨贤江认为教育有"本质"与"变质"的区别。原始社会的教育就是"实用的""统一的""全人类的"，与生产劳动相结合，与社会生活相结合。但是由于"社会的经济构造的转易"，教育内容也就起了变化。自从私有财产产生以后，便出现了占据较多的"支配阶级"和占据较少的"被支配阶级"。支配阶级有自己的教育制度，把灌输拥护私有财产的道德作为教育的任务，"被支配阶级"则被排除在制度之外，或受欺骗的教育，从此，"教育是阶级的，是阶级斗争中的武器"②。"即使是低能儿，只要他的父兄是个地主、富豪、买办、官僚或是军阀，不怕没有教育权，他不但可以升入任何学校，还可以留学外国。但要是个穷人的子弟，那么尽管他怎样聪颖的天才儿……也莫妄想有个识字读书的天日。"③"被支配阶级"完全被排斥在教育之外。他把阶级社会教育的这种性质称为教育的"变质"。

---

① 《新教育大纲》，《杨贤江教育文集》，教育科学出版社，1982，第 14 页。
② 《新教育大纲》，《杨贤江教育文集》，教育科学出版社，1982，第 5 页。
③ 《新教育大纲》，《杨贤江教育文集》，教育科学出版社，1982，第 42 页。

（三）杨贤江论教育和教师的作用

1. 关于教育的作用

杨贤江认为教育并不只是反映生产的需要，它对生产的发展也起作用。他认为虽然教育在阶级社会中有为经济服务和为政治服务的两种效能，但这并不是说教育有非凡的本领，有超越一切而独立存在的可能。它的作用必须与当时的经济与政治状态相适应，夸大或缩小教育的意义都是错误的。杨贤江指出：不能指望在支配阶级的学校里，普遍实施革命教育，培养革命人才，"支配阶级决不允许在它的统治下面发生于它不利的教育"。教育是某种经济的、政治的和社会形态的反映，它本身却改变不了政治经济制度。从这个意义上讲，教育是无能的。他说："为什么教育这样无能呢？便因教育受制于经济、受制于政治。仅靠教育事业的想法，在教育范围内活动，那么无论怎样巧妙的教育方法都是枉然的。"因为现代教育的症结"是在于现代所特有之富"，在经济上占支配地位的富有者同时在政治上也占有支配地位，在教育上也就享有特权。教育不可能超越经济上政治上的制约而发挥其效能，若不在"富"的问题上谋出路，教育终将变为无效能[1]。

2. 关于教师的地位和作用

杨贤江指出，教师是革命的依靠力量，负有重大的政治使命。教师是出卖智力的被压迫阶级，他们具有双重的历史任务：培养人才、参加或领导社会民众运动。他指出："只有革命的教育，才是中国需要的教育，只有革命的教育者，才是中国需要的教育者。"杨贤江认为，教师要完成自己的历史使命，应该在文化教育领域里尽到以下职责：第一，教师必须对革命有所认识，了解教育与革命事业的关系，明确自己的历史任务，并且克服循规蹈矩、温文尔雅、"清高"、"安分守己"等缺点，认清社会发展的前途，树立革命的信心和力量，这是进行革命教育的前提条件；第二，教师的施教对象是学生，教师要以革命的道理教育他们，让他们接触社会实际，参加革命斗争；第三，教师还负有社会使命，即发动广大民众参加斗争，中国革命才能

---

① 《新教育大纲》，《杨贤江教育文集》，教育科学出版社，1982，第111页。

成功。①

（四）杨贤江的其他教育观点

1. 主张对青年进行"全人生的指导"

深入研究青年问题，热情关心青年的健康成长，主张对青年进行"全人生的指导"，这是杨贤江教育思想的一个重要内容。

杨贤江"全人生的指导"思想的核心是教育青年树立正确的人生观、引导他们走上革命的道路。他教育青年应该树立积极向上的人生观，要对人类做出贡献，这样的人生观，是无产阶级的人生观、革命的人生观。为了把广大青年引上革命道路，对青年的思想、道德、学习、劳动、健康乃至择业、交友、恋爱、婚姻、消闲等生活的各个方面都给予全面具体的关怀和指导，即他所说的"全人生的指导"。

2. 批判各种错误的教育观点

理论联系实际，用马克思主义教育理论批判当时流行的各种错误观点，以澄清人们的思想，这是杨贤江教育思想的另一个重要特点。杨贤江从事革命活动和马克思主义教育理论研究的年代，正是中国社会发生剧烈变革的时期。当时，社会上流行种种曲解教育本质的观点，如"教育神圣说""教育清高说""教育中正说""教育独立说"；也存在各种夸大教育作用的主张，如"教育万能说""教育救国论""先教育后革命说"等。这些观点虽不尽相同，但都把教育说得美妙、神奇，有较大的欺骗性。杨贤江以十分严肃认真的态度，在《新教育大纲》中，逐一作了分析批判。这种批判不仅对广大教育工作者和青年学生，具有廓清思想、指明方向的积极作用，使曲解教育者正确认识教育的本质，认清教育对革命的作用，而且在中国教育史上，对于确立马克思主义教育理论阵地也具有重大意义。②

---

① 《杨贤江》，http：//www. sjhy365. com. cn/Resources ＿ PeopleInfo ＿ Blue. aspx？ id ＝ 231＆classid ＝ 17＆ parentid ＝ 14。

② 《杨贤江》，http：//www. sjhy365. com. cn/Resources ＿ PeopleInfo ＿ Blue. aspx？ id ＝ 231＆classid ＝ 17＆parentid ＝ 14。

3. 杨贤江论社会主义教育

杨贤江坚信：社会主义必须继资本主义而起，社会主义建设，必须经过无产阶级专政时期。在无产阶级革命时期，无产阶级所要求的教育，"是有教育上的'阶级斗争'"的意味的"而'东方红了'以后的教育，是以养成无产阶级的忠实斗士，且由此以准备将来的无产阶级社会为目的"[1]。这种教育，"公然宣言为阶级的政治的"，其任务是：既要破坏作为资产阶级工具的资产阶级学校教育，又要创设无产阶级自己的学校，利用它作为实施社会主义教育与启蒙之工具。他说："社会主义学校要在精神的领域，在人类的心理方面，履行变革布尔乔亚社会的任务，使成人的意识适合于新的社会关系；特别要教育那些具有基于新社会的心理的青年。"[2] 这种社会主义的学校，就应该智力体力全面发展，教育与生产劳动相结合。[3]

杨贤江是中国共产党成立初期杰出的青年运动领导人之一，是我国早期的马克思主义教育理论家。杨贤江独创的"全人生的指导"的思想，至今对我们仍有启发。杨贤江以他在教育理论上的开拓性劳动和卓越建树，在中国教育史上无可争辩地确立了其中国无产阶级教育理论先驱者的崇高地位。[4]

第二节　徐特立的职业教育思想及实践

20世纪初期，徐特立在《实业教育之我见》等早期教育文论中，已体现了其职业教育思想的萌芽。1930年以后，在江西中央苏区和延安革命根据地，他负责红色政权的教育工作，对初等、中等、高等职业教育，都有许多适应当时国情的办学思想和宝贵经验。尤其是一代人民教育家徐特立同志1940～1943年担任延安自然科学院院长期间，他开创的教育与科研、生产相结合的

① 胡朴安：《中华全国风俗志》下编，河北人民出版社，1986年标点本，第342页。
② 《上海县志》，1936年铅印本。
③ 史仲文、胡晓林：《中国全史·教育卷：民国分卷》，中国书籍出版社，2011，第899页。
④ 《杨贤江》，http：//www.sjhy365.com.cn/Resources_ PeopleInfo_ Blue.aspx? id = 231& classid = 17&parentid = 14。

"三位一体"的办学模式,与当代高等职业教育思想异曲同工。至今,对于我国 21 世纪的高等教育实现大众化、普及化仍具有十分重要的现实意义。

一 徐特立早期的职业教育思想及实践

徐特立(1877 年 2 月 1 日~1968 年 11 月 28 日),又名徐立华,原名懋恂,字师陶,中国革命家和教育家,湖南善化(今长沙县江背镇)人。他是毛泽东和田汉等著名人士的老师。徐特立 1911 年参加辛亥革命,1927 年加入中国共产党,同年 8 月参加南昌起义。1931 年 11 月当选为中华苏维埃共和国中央执行委员会委员。1934 年参加长征。新中国成立后,曾任中央人民政府委员会委员。1968 年 11 月 28 日在北京逝世,享年 91 岁。著作大都收集在《徐特立教育文集》和《徐特立文集》中。党中央曾评价他"对自己是学而不厌,对别人诲人不倦","中国杰出的革命教育家"。

徐特立从 1895 年开始从事乡村教育,他从私塾、小学、中学、师范教育到高等教育,不断地改革旧教育,创造新教育,特别是 1927 年大革命失败后,他更是毅然加入中国共产党,开创了新民主主义教育。徐特立是我国近现代教育事业的奠基人之一,他从事教育和革命长达七十多年,培育了大量优秀人才。1940 年至 1942 年任北京理工大学前身——延安自然科学院院长,开创了中国共产党培养科技人才的先河。[1]

(一)徐特立早期的职业教育思想

20 世纪初期,徐特立赴法勤工俭学,回国后从事教育事业。当时,他就已经深刻地意识到职业教育对国家经济兴衰的重要作用。其时,帝国主义列强的铁蹄还在践踏祖国的大好河山,军阀割据,连年混战,民不聊生。他在《实业教育之我见》中奋笔疾书:"国之强弱者,固重于兵,而工亦与之并重。工艺最盛之国必最强。工战之祸烈于兵战。兵战所杀之人,仅以万名计;而工战则夺尽他国之生计,而使人自陷于死地。"他又十分悲愤地说:"吾国工艺窳败,洋货乘间输入,开关仅数十年,而数千年之积蓄已倾注将

---

① 侯光明:《徐特立教育思想的启示》,《光明日报》2010 年 10 月 13 日,第 10 版。

竭，每岁漏出之财，其势如排山倒海。布则洋布，棉纱则洋棉纱，袜则洋袜，伞则洋伞，纸则洋纸，磁则洋磁，糖则洋糖，商场及商店触目皆洋货。"① 眼看着国家由于社会的腐败黑暗，经济落后，不仅遭受帝国主义列强军事上的侵略，而且在经济上受到帝国主义的掠夺。他在痛苦地思索：中国向何处去？如何扭转这种比军事的失败更为惨重的经济上的惨败？如何扭转日益衰落的国民经济？

徐特立大声疾呼："故兴工艺为第一急务。""兴工艺非可托虚言；非可持空空之两手，而全在学问。"国之兴衰，系于教育。"学校为讲理之地，今日由教师讲授某事，翌日可由教师领往工厂、逐件察验、就物察验，虚在杆格之处，闻见素隘，脑中更无大概之印象。讲化学无化学厂可资察验；讲电学无电厂可资察验；讲机器无机器厂可资察验；讲工程少铁路可资察验；讲矿物学无矿山可资察验。小者言之，虽知造纸之理，未见造纸之事；知织布之理，未见织布之事。能言不能行，往往有极易仿效之事，只因目未习睹，为心思所不及，见闻隘则学念亦陋。"② 徐特立在这一段话中，指出了振兴工业技艺不能务虚，必须脚踏实地地办学校，而且提出了具体的办学思路。老师在课堂上讲了这门工业技术的理论知识，随后就应该到专业工厂进行参观，并就每道工艺、设备逐项进行观察，亲自操作实验。否则，只学理论，不去实习观察，头脑中就没有印象。只空谈而不能去操作，这种办学的方式是要不得的。

20 世纪初期的徐特立在《实业教育之我见》《欧洲义务教育现状》《教育札记》等早期教育文论中，已体现出了徐特立留学法国，考察欧洲诸国及日本教育状况后职业教育思想的萌芽。他深刻认识到，旧有的教育体制已不能适应当时社会发展和国民经济的需要，中国的腐败和经济落后，仅靠军事上的强盛是不能解决问题的。国家的强盛必须有工业技术的发展，故振兴工业技术为第一紧急的任务。而振兴工业技术就必须发展职业教育，既学理

---

① 《徐特立文存：第 5 卷》，广东教育出版社，1996，第 168 页。
② 《徐特立文存：第 5 卷》，广东教育出版社，1996，第 168 页。

论又重视实际操作技能，到工厂参观并实地操作。

（二）徐特立早期的职业教育办学实践

徐特立的可贵之处就是不仅提出了以职业教育强盛国力的非凡见解，而且亲身实践，把职业教育的思想贯穿在普通教育之中。提出了"实业知识，启之于小学校，然后须于师范学校养成教员。工业中科学根底全无实际，应设立工艺讲习所。学校应设校林与校园。隙地拨归学校，园艺与造林即增生徒知识，更为学校殖财。地方荒地，分拨入学校，此于实业教育有裨"①。他根据当时的中国国情，提出了职业教育应从小学开始，并由师范学校培养职业教育的师资队伍；工业学科设立工业技术讲习所；农林学科应设校林与校园，并划出土地，既可以培养学生的农林知识，又可以为学校增加收入，以产业补学校经费的不足。这种办学思路，实际上就是我们现在提倡的产学结合的职业教育思想。

徐特立根据 20 世纪初我国经济极其落后、人民生活十分贫苦的现实，主张职业教育应从初等职业教育抓起："奥国贫寒之家，极予谋生，在高等小学校毕业之后，可无须更入中等学校，故高等小学之功课，必多商务，工艺，种植之事。"② 高等小学科目为：修身、国文、算术、本国历史、地理、格致、图画、体操。女子则加女红、音乐。除以上各科目外，男子得兼课手工、农业、商业等科。而手工、乐歌、农业、商业皆为随意科。③ 在"小学各科教学法"（上、下）两本讲义中，从"理科中植物、动物、矿物及自然现象，又农事、水产、工业并家事等材料，暨为自然法则之应用……务宜授其适当者"④。到裁缝科中"裁缝一科……是以今日女子教育上亦颇以此为重……盖裁缝教授，不仅使之熟练裁缝之技能，亦以磨炼眼与手及养其绵密、勤勉、清洁、整顿、简约、利用之习惯者也"⑤。在这些学科讲义中，

---

① 《徐特立文存：第 5 卷》，广东教育出版社，1996，第 168 页。
② 《徐特立文存：第 5 卷》，广东教育出版社，1996，第 170 页。
③ 《徐特立文存：第 1 卷》，广东教育出版社，1996，第 153 页。
④ 《徐特立文存：第 1 卷》，广东教育出版社，1996，第 210～211 页。
⑤ 《徐特立文存：第 1 卷》，广东教育出版社，1996，第 221 页。

徐特立制定了"教授目的"、"教授材料"、"教授方法"、"各学年教授"进度、"教授上注意事项",并绘出了裁衣图形、裁衣之顺序。① 可谓对初等职业教育思想在小学普通教学中的运用呕心沥血。正是在这种"教育兴国"的职业教育思想的引导下,徐特立由一个乡村教蒙馆的先生而成长为长沙教育界的一代名师——教育界著名的"长沙王"。之后,他又创办过多所学校,并担任过校长和教员,结识并培养了毛泽东、蔡和森等一批无产阶段革命家。

1930 年,徐特立由苏联回国,冲破重重困难来到江西苏区,忘我地投入中央苏区的无产阶级教育事业中。② 徐特立的职业教育思想在这个时期,得到充分的施展和实践。他编写的《小学各科教授法》,尤其是在江西中央苏区编写的《农业常识课本》和其他教材,无不体现着他的职业教育贯穿于普通教育之中的观念。我们仅摘其《农业常识》(上、下册)之目录就可看出徐老为发展中央苏区的科学技术,推广务实的职业教育之用心良苦:"第一课,禾的形态;第二课,宜于种稻的气候……",其目录包含了种稻的土壤、浸禾种法、播种与插秧、稻的肥料……病虫害防治、甘薯种植法、豇豆、小麦、棉花、猪的饲养、牛的饲养管理法、养鸡法、土壤学、肥料学、根菜类、果菜类、油料作物等。③ 并在每单元课程详细制定了讲授和讨论的时间、习题等。徐特立设计的职业技术教育蓝图是非常符合当时中国国民经济状况的。

(三)创办中等职业中学和职业院校的实践

徐特立在江西中央苏区战火纷飞、敌人重重封锁包围的困难条件下,主持并发展了苏区的教育事业。不仅全力以赴地投入苏区扫盲教育、普通教育、师范教育中,而且在苏区首开创办职业中学之先河,大力兴办职业中学,将初等职业教育提升到中等职业教育,为中国共产党和我军培养了一批

---

① 《徐特立文存:第 1 卷》,广东教育出版社,1996,第 316 页。
② 《徐特立文存:第 1 卷》,广东教育出版社,1996,第 2~8 页。
③ 《徐特立文存:第 1 卷》,广东教育出版社,1996,第 338、412 页。

专业技术人才。① 在徐特立 1934 年 3 ~ 4 月签发的《短期职业中学试办章程》中明确规定 "职业中学以完成青年的义务教育,使能了解马克思列宁主义的最低限度常识,及实际的生产劳动之一种为任务,并规定了职业中学的学历年限"。"13 岁至 16 岁为职业中学的年龄,中学年限应为 4 年。但暂时先试办一年至两年毕业的短期中学,以适应极紧张的革命战争的需要。因此,年龄也可以变通为 13 岁至 18 岁。" 对职业中学的课程设置及生产技术技能课所占全部课程比例也作了详细的规定。"短期职业中学的课程,分为社会科学,自然科学,某种技术及文字课目四项,生产技术必须占课目的 40% 以上,社会科学(政治常识等)15%,自然科学(数学在内)20%,文学课 15%,其他(学术政治讲演,社会工作等)10%。" 对职业中学的实验实习设备也做了一定的要求。"职业中学的设备,必须适应生产技术实习的需要,例如农业中学,要靠近农村或红军公田,棉业中学要靠近棉田,纺织中学要靠近机织工场等。"②

二 徐特立的高等职业教育思想及实践

徐特立不仅对初等职业教育和中等职业教育进行了开创性的办学实践,而且 1930 ~ 1934 年任中华苏维埃共和国临时中央政府执行委员、教育人民委员部副部长、教育部代部长等职务时,就兼任了苏维埃大学副校长,领导创办了中央卫生学校、高尔基戏剧学校等职业专门学校。1940 年秋,徐特立担任了延安自然科学院院长,创办高等自然科学教育。徐特立在从事高等教育的办学实践中,坚持要使学生学到基本的文化科学基础知识,培养革命通才、业务专家,并把自然学科办成教育、科研、生产三结合的现代理工农科大学。③

---

① 李之钦:《徐特立教育思想研究》,四川教育出版社,1993,第 9 页。
② 戴永增:《徐特立教育学》,广东人民出版社,1990,第 304 页。
③ 艾政、艾宏明:《徐特立创造教育思想实践与延安时期学校创造教育》,《徐特立研究》2001 年第 1 期,第 7 页。

（一）延安自然科学院的创立

在抗日民族统一战线的形势下，陕甘宁边区经济建设有了较快的发展。尤其是徐特立 1937 年任陕甘宁边区政府教育厅长期间，陕甘宁边区政府的基础教育、中等职业教育事业取得了举世瞩目的成就，为发展高等教育打下了一定的基础。1939 年 1 月，林伯渠主席在边区参议会上指出："要开办实用科学研究所，以发展工业、农业、动物、化学、土木、工程、地质等的科学研究，造就科学人才，以供应发展国民经济之需要。"并明确规定："创设技术科学学校，造就建设人才。"党中央财政经济部部长李富春也在召集的自然科学讨论会上提出了"把筹备的自然科学研究院改为自然科学院，创办高等学校，培养科技人才"的建议。延安自然科学院就是在这种形势下，于 1940 年 9 月 1 日诞生于延安南门外的杜甫川。

1940 年 11 月，人民教育家徐特立肩负重任，担任了自然科学院院长。延安自然科学院的教室、图书馆、宿舍、生活用房因陋就简，均是在山坡上打的土窑洞。在山下建了平房，作为实验室、实习工厂和大会堂。学院设三处二部，即教务处、院务处、干部处，二部为大学部、预科部，后又增设了补习班，补习班（初中）学制为 3 年，预科（高中）学制为 2 年。为适应战时环境，缩短了边区寒暑假期，大学本科为 3 年，但学习时间与当时正规大学 4 年中的学习时间相差不多。大学部下设物理、化学、生物和地矿 4 个系。按照徐特立务实的办学指导思想，分别建立了设金工、铸工、锻工、木工车间的机械实习工厂、化学实习工厂，以及合作建立了集生产、科研、实习于一体的光华农场。各系教材选用当时中国各高等院校通用的课本，并强调课程设置以应用技术为主，但更侧重实习实践环节。[①] 从创办之日起，延安自然科学院就被定位于"培养科技人才、以应用技术为主"的理工科大学。

徐特立在担任延安自然科学院院长期间，组织编译和出版了大量的教材和书籍；一边做领导工作，一边亲自任教。延安自然科学院采用自学辅导、

[①] 武衡：《延安时代科技史》，中国学术出版社，1988，第 370 ~ 375 页。

讲授、精讲多练、实验实习、示范教学等多种教学形式，坚持教育与生产劳动结合、理论与实际结合、学科课程与活动课程结合、书本学习与向实际和群众学习结合，坚持实践锻炼以及发挥主体性等教学原则。

（二）延安自然科学院的教育方针

徐特立领导的延安自然科学院坚持为陕甘宁边区的经济建设和人民生活服务，把增强抗战实力作为办学的基本任务。学院组织师生对边区农作物及其病虫害、森林、矿产、水利等资源进行了大规模的勘察，提出了保护开发利用的建议和规划，为自然科学院师生在生产实践中进行科学应用研究和探索，为陕甘宁边区薄弱的工业企业的起步和发展做出了卓越的贡献。他们创建的玻璃、化工、机械、煤铁等工厂，不仅为自然科学院的师生提供了实验实习的基地，而且生产了大量边区军民急需的生活及军工产品。[①] 自然科学院的师生坚持把教学与边区生产紧密结合起来，不断地向实际学习、向群众学习，参与解决生产中疑难问题的研究，土洋结合解决了边区经济建设中一个又一个难题。在教学、科研、生产三结合办学和为边区经济建设服务的实践锻炼中，大大加深和丰富了基础知识和专业基础理论，将书本知识内化为实用的活知识，并学到了生产技能，培养了组织生产的实践能力，为陕甘宁边区的经济建设和新中国成立后国民经济的恢复建设造就了一大批高级专业技术人才。

在延安当时异常困难的条件下，要办高等职业教育不是一件轻而易举的事，对于当时能不能办和应不应办高等技术学校存在着不同的意见。在自然科学院成立之后的 1941 年，这种争论仍然无休无止，就更增加了徐特立主持学院工作的难度。

以乐天宇为代表的一部分人主张将自然科学院分成工农两个部，以研究边区的实际问题为主，教育亦应侧重工农业的应用技术。他说："在教学中，边区及其邻近地区的实际材料，应经过各种调查研究方式，充分地利用

[①] 艾政、艾宏明：《徐特立创造教育思想实践与延安时期学校创造教育》，《徐特立研究》2001 年第 1 期，第 8 页。

之。"他认为，这样可以节省学生两年以上的精力和时间。以康迪为代表的另一种意见是："基本科学是应用科学与理论科学的基础，是必要的开步走的知识。"基础的物理、化学、生物等课"在高等教育中是必需的，否则就不可能解决应用科学的实际问题"。"熟练工人，离不开工程师的指导"，而高等学校是培养工程师的场所。这一争论后来发展到全延安的科学技术界。李强、沈鸿等七人也发表了论文，他们的结论是：边区教师、学生的水平差，设备条件差，不应办高等教育，而应该以有限的人力、物力、财力来支持战争，解决困难。因此，应把自然科学院的专门人才、图书、仪器、药品等改为边区的工业调查机关，进行调查研究，增加产品，在实际工作中提高理论。同时办职业学校，力改好高骛远的现象。①

延安自然科学院这一讨论历经了 9 个月的时间，于 1941 年 10 月底暂告结束。徐特立综合各方面的意见，指出今后学院要与军工局、边区建设厅等机关所属的工厂、农场密切结合。他认为："学校主要任务是教育，培养具有独立工作能力的科学技术干部，给他们基本的知识和能力。"徐特立说："那种学校即社会，把两个阶段混为一个阶段的杜威主义是有偏向的。相反，社会即学校的主张，否定学校教育的意义，想单纯用带徒弟的方法，也是一种偏向。"②

徐特立在延安自然科学院的办学实践和办学理念，涵盖了相当一部分现代高等职业教育办学思路。徐特立根据马克思主义教育学原理做出的结论，给延安的高等教育界和科学技术界以深刻的教育，也确定了延安自然科学院的培养目标和教育方针。

三 徐特立"三位一体"的教育思想及实践

（一）徐特立"三位一体"的教育思想

正是在延安自然科学院办学方向定位的讨论中，徐特立提出了教育、科

---

① 周延波、樊继轩：《徐特立早期职业教育思想及其当代意义》，《黄河科技大学学报》2002年第 4 期，第 132～136 页。

② 武衡：《延安时代科技史》，中国学术出版社，1988，第 376～378 页。

研与经济"三位一体"的科学论断。1941 年 10 月 14 日在《解放日报》副刊《祝"科学园地"的诞生》的文章中提出"科学教育与科学研究机关以方法和干部供给经济建设机关,而经济机关应该以物质供给研究和教育机关。'三位一体'才是科学正常发育的园地"。这是因为:"一切科学都是建筑在产业发展的基础上,科学替生产服务,同时,生产又帮助了科学正常的发展,技术直接地和生产联系起来,技术才会有社会内容,才会成为生产方法和生产方式的一部分……"因此,徐特立在文中明确地提出:学院的"农业试验场必须设立在有经济意义的农场中。化学实验室应该试验羊毛退油以帮助纺织,进行有目的的实验,有生产关系的实验,这就是理论与实践合一的最高原则和基本的方法"①。

对如何实现教学、科研、生产的"三位一体"的办学思想,徐特立提出了组织上的实施措施。"要与军工局、建设厅等机关所属的各工厂农场密切联系起来,把理论与实际做到真正的联系。""可以成立一个学校管理委员会,各工厂、农场的负责同志,也作为主人翁参加,彼此商谈。工厂、农场需要哪一种人才,学校就培养哪一种人才。"②

徐特立还制订了更为细致的实施方案:"与边区各有关实际工作部门建立一定组织上或工作上的联系,各有关实际工作部门负责人,依具体情况,直接参与本校有关院系的教育工作之领导。"③

徐特立 70 多年前提出的这种高等教育与科学研究和生产相结合,尤其与"经济"结合为一体的教育思想,不仅是中国教育史上的一个伟大创举,也是对世界教育史上的一个重要贡献。这是在世界教育史上首先提倡的教学、科研、生产三结合的办学体制。徐特立同志的早期高等自然科学教育思想和 21 世纪高等职业教育提倡的产、学、研相结合的办学思路具有惊人的相似之处。在徐特立提出"三位一体"的教育思想 20 年之后,20 世纪 60 年代的世界名校美国斯坦福大学,创办了以教学、科研、生产相结合的

---

① 武衡、谈天民、戴永增:《徐特立文存(第二卷)》,广东教育出版社,1995,第 184 页。
② 吉多智、李国光、戴永增:《徐特立教育学》,广东人民出版社,1990,第 316 页。
③ 武衡:《延安时代科技史》,中国学术出版社,1988,第 385 页。

"硅谷",引领了世界科技教育的新潮流。如今,这种"三位一体"的大学科技园区已遍布世界名校和国内一流大学周围。走出象牙塔,大学科研服务于经济建设、服务于社会已成为当代大学的重要使命。

(二)徐特立"三位一体"的办学实践

"三位一体"——教育与科研、生产相结合是延安自然科学院的重要办学特色。徐特立十分重视延安自然科学院的科研工作,从主持学院的领导工作起就设立了研究部,除组织本院研究工作外还实行"走出去,请进来"的方式,欢迎社会各种专门人才来院研究。根据研究的需要于1941年2月又建立了生物研究所。科学院的多数教师参加了边区的自然科学研究会的研究和学术活动,相当一部分教师分别担任了地矿学会、机电学会、生物学会、航空学会、土木学会等研究学会的负责人。徐特立在《怎样进行自然科学的研究》论文中指出:"我们的科学应该替抗战建国服务。无论是一般的研究、专门的研究、理论的研究和技术的研究,其总的任务只有一个:在物质上加强和扩大我们的抗战建国力量。"[1]

正是在徐特立同志制定的"三位一体"教育思想的指引下,延安自然科学院的许多领导和教师"教学科研双肩挑",既担负着学校教学任务,也承担着经济建设中的应用科研任务,并把应用科研成果付诸经济建设中。例如,物理系的机械实习工厂,具有车、钳、铸、锻、木工等大体配套的各工种,机械实习厂既为教学服务,也为边区服务。教师和物理系的学员一起,先后为酒精、玻璃、肥皂、制碱等工厂研制提供了机器设备,机械实习工厂研制生产的这些设备,除装备了学校各实习工厂和实验室外,还成批生产铜纽扣和前线急需的医疗手术用具。物理系教师武可久,率领学院的部分学员为勘测、设计、修建水坝做了大量工作。他和学员陈兆舟等多人根据造纸工艺流程,就地进行勘测、设计、修坝凿渠、自制并安装立式水轮机,在边区第一次有效地利用水力资源,带动工厂的机器生产产品。

化学系为解决边区盐业生产靠天吃饭的被动局面,科学院副院长陈康白

---

[1]　武衡:《人民教育之光》,陕西人民教育出版社,1993,第171页。

与华寿俊到三边考察，共同试验晒盐新方法，在沙滩上修建盐田，取得了成功，解决了阴雨天不能产盐的问题。学院教务处处长屈伯传领导学院的化学实习工厂，首先为边区制造出肥皂。教员林华采用边区原料试制玻璃成功，为边区制造出第一批玻璃针管、灯罩、玻璃瓶、玻璃杯等，接着又试制成功工业耐火材料。教员华寿俊等 1939 年首创马兰草造纸术，1941 年又试制成功证券纸。边区的第一炼铁厂也是在学院教师、学生参与指导下诞生的。

此外，地矿系师生组织地质勘探队，多次调查勘探边区石油、煤、铁矿藏的分布、储量和分布规律，为边区政府开发煤田、石油、铁矿等急需工业原料提供了科学的依据。生物系的师生对边区的森林资源进行了大规模的考察；研究农作物病虫害，并找出根治办法；收集农作物及牧草品种，指导农民植棉；下乡建立实验农场，与边区县农场合办糖厂，推广甜菜、烟叶等新品种；到农场选育良种，对土壤肥料、栽培技术、畜牧兽医的研究实验，做了大量的研究推广工作，并参加了南泥湾的开发工作，为垦区提供了开发建设的科学依据。[1]

师生在这种广泛参与科研活动，并用所学课本知识和科研技术指导参与边区建设的社会实践中，其能力得到极大的锻炼和提高。

四　徐特立的职业教学主张及实践

（一）重视基本知识、培养实用能力

自然科学教育按徐特立的观点，在学校主要是进行基本知识的教育，"最基本的东西就是出发点的知识，入门的知识"。他主张对所学的基础知识要精简，"科学越发展，人类学习的负担越重，必须很好地精简课程，着重基本知识"。"理论对技术的领导是十分必要的，所以对于某些具体方面，可以不知，但不能不知其要。"[2]

徐特立认为："过早地专门化知识，就只能守成，不能创造。在边区新的环境下，如果只有普通科学基础不够的专门家，想把科学推向进一步是不

---

[1]　武衡：《延安时代科技史》，中国学术出版社，1988，第 379 ~ 382 页。
[2]　李之钦：《徐特立教育思想研究》，四川教育出版社，1993，第 90 页。

可能的。"而学好基本知识,"普通原则问题越能多了解,就越能专门化"。他说:"任何大学都不是纯理论的,在第一年只是补充中学时普通程度的不够,二三年才开始专门化,第四年分科更细。至于中等学校除职业学校外,只是中等普通,大学一年生才算是高等普通。"① 大学就是在普通化的基础上专门化的。"通才"和"专才"就应当通过这样的顺序来培养。他说:"一切学问都是普通真理和具体事实相结合","所以专家必须建立在通才的基础上,而通才必须要有专门的知识。"②

正是在徐特立确定的这一具有职业教育特色办学思想指导下,延安自然科学院确定了精简而必要的基础课程、理论联系实际的专业课程。延安自然科学院各系分别开设专业课,但全校开的共同课程,是每个学员必须学习的。这些公共课程有:边区建设、中国革命史、革命人生观、时事教育。各系的理工公共课程有:数学、物理学、普通化学、绘图学、外国语。学院规定专门课课时应占80%,政治人文课课时占20%。纠正了过去政治课压倒其他一切课程的现象。徐特立根据自然科学院学员水平参差不齐的现象,在教学上反对"满堂灌""填鸭式"教学方法,而主张"在教学上实行自学为基础的集体互助,教员与学员互相学习,学员之间相互交流学到的知识与实际经验。同时发扬教学上的民主,提倡质疑问难,热烈辩论的作风,以培养独立思考与批判能力"。学院提出:"技术课要以适应边区建设当前需要为度。"学院的"教学研究人员有计划、有系统地进行边区建设各方面实际问题之研究,并根据具体情形定期地参加各有关实际工作部门的工作。学员在修业期间,定期地分配到各实际工作部门进行实习"。学院"实行教育与生产结合,以有组织的劳动,培养学员的建设精神,劳动习惯与劳动观点"③。

我们可以看出,延安自然科学院的教学内容及办学实践,都是一种完善的高等职业教育思想的体现。

① 长沙师范学校:《徐特立文集》,湖南教育出版社,1986,第259页。
② 李之钦:《徐特立教育思想研究》,四川教育出版社,1993,第91页。
③ 武衡:《延安时代科技史》,中国学术出版社,1988,第385页。

（二）创建"专兼职结合的双师型"师资队伍

由于延安时期的高级科技人才极度缺乏，延安自然科学院的"教师多数是边区实际工作部门的负责人，自然科学院的教员中69%的是边区各有关单位的工程技术人员兼任的"。由于他们是来自各有关单位的工程技术人员，所以，这些教师一般都具有下列特点：一是他们都享有讲学与研究的自由……自由讲学，可以互相争论，互相批评；二是教学与实际联系，将边区的实际经济提升到理论高度，使教学内容生动活泼、学用一致；三是教员与学员生活打成一片，教学上共同研究，互相学习，表现出教学上的民主精神。四是教员自我学习，也参加全校共同课程的学习，实行"教育者必须首先教育自己"的原则。①

正是这种"走出去，请进来"的"双师型"专兼职师资队伍结构组成，使延安自然科学院在缺乏"名师、大师"的情况下，形成一种典型的高等职业本、专科的教育模式，培养出了一批又红又专、务实的高级实用技术人才。当年，在徐特立领导下创建的延安自然科学院——现在的北京理工大学，如今已发展成为我国著名的一流理工科大学。

徐特立的职业教育思想及实践，不仅对于指导当代的职业教育，而且在实现我国的高等教育大众化、普及化进程中的办学定位、教育方针、办学特色都具有一定的现实意义。

在基础教育方面，徐特立提出"以民教民""互教互学"的群众路线教学法，使苏区的扫盲运动取得了显著的成效。在陕北根据地，徐特立创立文盲师范，开展冬学运动，进行着埃德加·斯诺所说的"西方的教育家谁都会感到气馁的"世界上最艰难的教育事业。他殚精竭虑，使陕北地区落后不堪的教育状况逐渐发生了转变。

在高等教育方面，徐特立高屋建瓴办好延安自然科学院，使其成为培养"革命通人、业务专家"的摇篮。为革命事业和后来的国家建设做出了卓越的贡献。以后虽几经辗转变迁，北京理工大学始终以老院长徐特立教育思想

① 武衡：《延安时代科技史》，中国学术出版社，1988，第386页。

为指引，并形成了富有特色的大学文化——延安精神，培养了大批"红色国防工程师"以及科技、管理优秀人才，成为工理管文相结合的全国知名的重点大学，在中国共产党高等教育史上写下了光辉的一页。

徐特立在苏区和陕甘宁边区丰富的群众教育实践基础上，提出了"以群众为学生，且以群众为教师"的教育思想。他认为，教育产生于人类最初的生产工具制作传承活动中，如果没有教育传承活动，人类文明的延续是难以想象或难以为继的，而教育的这种作用，是通过人民群众——一切劳动者的劳心与劳力并重实现的。他于1940年创造性地提出了"群众本位"的教育思想，指出近代教育"否定了封建的教师本位、教科书本位及注入式……转变到学生本位及生活本位主义，但还没有进到群众本位"。新民主主义教育"是为人民服务的"，人民群众以他们的劳动创造了教育，教育属于人民群众，这是"群众本位"思想的早期概述，以后经过十年的研究和实践，徐特立建构了具有中国特色的"群众本位"的教育科学思想体系，包括创造性人才培养观、身教主义等。

徐特立领导延安自然科学院把中央"理论联系实际，学以致用"的精神与群众性大生产运动相结合，并创造性地提出了教育、科研、经济"三位一体"的教育发展方式。

徐特立在20世纪40年代成为"教育具有生产性"认识的先驱。20世纪60年代以后世界高等教育的发展以及近20年来我国高等教育产、学、研结合发展的事实雄辩地印证了徐特立"三位一体"科学发展观的深远意义。徐特立是我国历史上第一次把工农劳苦大众及其子女作为受教育对象的人民教育家，他以实际行动推进"群众本位"理论发展，开展平民、女子、孤儿、士兵、干部教育，奠定了以人为本的中国特色社会主义教育基础。徐特立强调对学生中出现的问题进行具体全面的科学分析，强调教育首先要塑造人，教育要着重培养人的创造思维和创造力，解决了新民主主义教育理论的诸多基本问题。①

---

① 侯光明：《徐特立教育思想的启示》，《光明日报》2010年10月13日，第10版。

第三节　毛泽东的大众化教育思想及实践①

　　纵观中国文明史，孔子与毛泽东是中国文明史上最有影响的两个人，而他们二人之所以有这样大的影响，还在于中国文化的骨架，即"官文化"上。孔子为其奠基，2500 年后的毛泽东则倾其一生对之进行全面批判，并以代表大众阶层的新民主主义文化来取代它的统治地位。②

　　20 世纪 50 年代以前，毛泽东提倡的大众化教育是面向工农群众多数人的教育。坚持面向工农的大众化教育是毛泽东毕生追寻的理想，毛泽东新中国成立前的面向工农的大众化教育思想和实践是马克思主义教育思想和中国革命相结合的结晶，是毛泽东教育思想的重要组成部分，是新世纪中国教育发展和社会建设的极其宝贵的思想源泉。

　　毛泽东是人民教育的提倡者和实践者，面向人民的教育也就是大众化教育。在长期的革命战争年代中，他把普及大众化教育、追求广大人民群众教育权利平等和教育机会均等作为推进教育发展的重要目标和内容。大众化教育是指受教育群体的广泛化，是指受教育的人数的比例上升，是面向工农群众多数人的教育，也是面向广大中低收入者的平民教育。大众化教育注重每个人受教育机会和权利的平等，是以人为本执政理念的体现③。大众化教育不仅要求培养的人才要为大众服务，要具有大众的意识，而且还在于办学模式应该大众化，让大众、让社会更多地来参与和支持办学。无论是受教育者还是办学者，都可以在大众化教育中得到提高和完善。④ 毛泽东面向工农的大众化教育思想充分体现了教育公平的理念。

---

①　樊继轩：《毛泽东大众化教育思想的内涵探析——兼论毛泽东大众化教育思想的形成、发展和实践》，《毛泽东与当代中国——毛泽东诞辰 120 周年国际学术研讨会论文集》2013 年 11 月，第 301 页。

②　刘永佶：《中国官文化的奠基者与批判家——孔子与毛泽东》，山东人民出版社，1999，第 1 页。

③　余秀兰：《高教大众化需要关注弱势群体》，《教育发展研究》2002 年第 1 期，第 37～38 页。

④　黄建钢：《大众化教育的内涵及其作用》，《光明日报》2005 年 6 月 8 日。

追求教育公平下的工农大众受教育的权利是毛泽东一生的追求。"五四"新文化运动时期接受并实践平民教育，是青年毛泽东大众化教育思想的萌芽和形成阶段；在大革命时期和革命根据地时期确立的新民主主义教育，是毛泽东大众化教育思想的成熟和发展阶段。实事求是地回顾和探索毛泽东的大众化教育思想及其实践，对我们坚定社会主义的办学方向，建设中国特色的社会主义教育体系，具有重要的理论意义和现实意义。

一 毛泽东大众化教育思想的萌芽

将教育和救国联系在一起是"五四"新文化运动时期的显著特点。倡导平民教育是新文化运动中民主思潮在教育领域内的反映和重要组成部分。平民教育思潮的共同点在于批判传统的贵族主义的等级教育，破除千百年来封建统治者独占教育的局面，使普通平民百姓享有教育权利，获得文化知识，改变生存状况。以陈独秀、李大钊为代表的具有共产主义思想的知识分子，站在庶民的立场，为广大劳工阶级争取教育的权利，使"引车卖浆之徒，翁绳枢之子能够读书受教育"。[①] 他们主张首先要致力于民主的社会制度的实现，使劳苦大众也能得到均等的机会去分配物质生产的成果。只有在无产阶级革命取得胜利的条件下，工农大众才能获得教育的权利和机会。

青年毛泽东首先接受了康有为、梁启超维新思想影响，随后接受了"五四"精神的洗礼。他认为中华民族的救亡图存和振兴离不开教育，离不开人心、民心的改造。因此，在湖南第一师范学校求学期间就满怀热情地投身于平民教育工作。1917 年 11 月，毛泽东等人在湖南长沙第一师范学校开办了工人夜校，就是持平民教育观的平民教育实践。他认为：我国现状，社会之中坚实为大多数失学之国民。在夜学中，他亲自兼任甲班历史课，课程讲得通俗易懂、生动活泼，很受工人学员的欢迎。1919 年 7 ~ 8 月，他在主办的刊物《湘江评论》创刊宣言中提出：要从许多方面对社会加以改革，

---

① 陈独秀：《今日之教育方针》，《新青年》（2 卷 6 号）1917 年第 2 期。

其中，见于教育方面，为平民教育主义。[1]

平民教育思想也就是体现教育公平，面向为多数人服务的大众化教育思想。初步具有共产主义思想的知识分子的早期平民教育活动，一开始就表现出将教育与政治斗争结合起来，并作为启发民众思想觉悟工具的特点。进入20世纪20年代后，共产党人针对平民教育虽也创造了民众受教育的机会，但也过于理想主义的特点，指出如不改变社会制度，平民教育既不能救国，也不能救民。基于这样的认识，早期共产主义者的平民教育逐渐发展成共产党领导下的革命的工农教育。当时，初步具有共产主义思想的知识分子所提倡的平民教育，以工人群众为主要对象，进行马克思主义宣传和文化教育，引导和组织他们参加革命斗争。1921年8月，已成为共产党员的毛泽东、何叔衡为了实现面向工农大众的平民教育理想，创建了"湖南自修大学"。学校博采古代书院与现代学校两者之所长的办学方式，使"文化普及于平民，学术周流于社会"。湖南自修大学有独特的办学宗旨，即办成一所"平民主义的大学"。[2] 湖南自修大学为了冲破学阀对学术的垄断，实行平民主义，使无钱的贫民也能够入学。毛泽东为了满足知识青年和青年工人的学习要求，还于1922年9月开办了补习学校，设置国文、英文、数学、历史、地理5个学科，分成3班教授，在校学生100多人。青年毛泽东正是在这一时代背景下确立了面向工农的大众化教育思想理念。

1924年，毛泽东回到韶山领导农民运动，在20多个乡成立了农会，办起了农民夜校。国共合作后，湖南农民运动如火如荼地迅速开展。1927年3月，毛泽东在《湖南农民运动考察报告》中指出："中国历来只是地主有文化，农民没有文化。可是地主的文化是由农民造成的，因为造成地主文化的东西，不是别的，正是从农民身上掠取的血汗。中国有百分之九十未受文化教育的人民。这个里面，绝大多数是农民。农村里地主势力一倒，农民的文化运动便开始了农民运动发展的结果，农民的文化程度迅速提高了。"农民

① 卢卫红：《毛泽东论教育普及和教育公平》，《毛泽东邓小平理论研究》2008年第11期，第70~74页。
② 孙培青：《中国教育史》，华东师范大学出版社，2003，第404页。

运动的开展，有力地促进和保障了农民教育的发展，对此，毛泽东给予了充分肯定和高度赞扬。他说："不久的时间内，全省当有几万所学校在乡村中涌出来，不若知识阶级和所谓'教育家'者流，空唤'普及教育'，唤来唤去还是一句废话。"① 中国农民文化水平低和形成文盲的主要原因是什么？是由于长期以来的教育被地主资产阶级所垄断，把广大农民排斥于学校大门之外，剥夺了他们受教育的权利。毛泽东多次强调：土地革命不仅是一场经济和政治革命，更是一场新文化革命，是将"五四"启蒙运动扩展、深入中国广大农村去的新文化运动，其目标就是与地主阶级争夺文化教育领导权。

毛泽东早期的教育思想与西方教育新理论，特别是与杜威"教育即生活"，"教育即社会"的论点，及与 1920 年由陶行之、晏阳初创立的中国"平民教育促进总会"的"不先有了平民教育，哪能行平民政治？"② 的观点是有着广泛的相同性的。但是，毛泽东后来较早地认识到了平民教育理想形式的推行必会受阶级利益不同的羁绊，而最终在旧中国陷入空想而无法实行。他认为中国与西方发达国家教育发展不平衡的状况不是由教育体制单方面的改革就能改变的，而首先要以激烈的方式改变影响新教育理想实行的落后的社会制度。这是毛泽东在接受了马克思列宁主义思想后，其早年的平民教育理念向面向工农的大众化教育思想理念的升华。

二 毛泽东创办的湖南自修大学

20 世纪 20 年代，毛泽东同志面对变革中的中国，创办了湖南自修大学，成为我党历史上第一次把民族教育形式与现代大学联系起来的高等学府。湖南自修大学是中国共产党历史上第一所研究、传播马克思主义，培养革命干部的新型学校。湖南自修大学是毛泽东和何叔衡参加党的一大回到湖南后，为了学习马列主义，训练革命骨干和进步知识分子，利

---

① 卢卫红：《毛泽东论教育普及和教育公平》，《毛泽东邓小平理论研究》2008 年第 11 期，第 70~74 页。
② 《发刊词》，《平民教育》1919 年第 1 期。

用船山学社的房屋为校舍和当局给学社一些经费为条件创办的。学校培养"革新"人才的教育宗旨、全面实用的教学内容、学用一致的教学原则，自学为主、兼以共同研究、教师辅导的教学方法及以能力定成绩的教学评价方式都极具创新性，对当前我国高等教育的改革与发展仍具有很大的启发性。[①]

（一）湖南自修大学的创办始末

早于 1912 年，毛泽东在湖南图书馆自学半年，因收获颇大，备尝甘甜，便萌发了建立自修学校的想法。1917 年 8 月 23 日，他在致黎锦熙信中说："弟对于学校甚多不满之处，他日当为书与阁下详论之……弟久思组织私塾，采古讲学与今学校二者之长，暂只以三年为期，课程则以略通国学大要为准……怀此理想者，四年于兹矣[②]。"1919 年 4 月，他从上海回到长沙，又向志同道合者提出在岳麓山建设新村的设想，计议将创造新学校与创造新家庭、新社会结合起来，并把新型学校作为改造社会、建设新村的入手处。因开展驱张运动，毛泽东第二次去北京、上海，他于 1920 年 2 月在北京给陶毅写信说："湘事平了，回长沙，想和同志成一'自由研究社'（或径名自修大学），预计一年或二年，必将古今中外学术的大纲，弄个清楚。"3 月 14 日又给周世钊写信说："我想我们在长沙要创造一种新的生活，可以邀合同志，租一所房子，办一个自修大学……我们在这个大学里实行共产的生活。"6 月 7 日还于上海给在北京的黎锦熙写信说："工读团殊无把握，决将发起者停止，另立自修学社，从事半工半读。"在此之前，不少良师益友劝毛泽东继续升学，但他决意走自修的道路。[③]

1920 年 11 月，湖南共产主义小组建立后，毛泽东与何叔衡、贺民范着手筹办湖南自修大学。1921 年 8 月 16 日，他在湖南《大公报》上发表了发

---

① 李方：《湖南自修大学的办学特色及其对成人高等教育的启示》，《湖北大学成人教育学院学报》2009 年第 3 期，第 30~32 页。

② 中共中央文献研究室、中共湖南省委毛泽东早期文稿编辑组：《毛泽东早期文稿》，湖南人民出版社，2008。

③ 中共中央文献研究室、中共湖南省委毛泽东早期文稿编辑组：《毛泽东早期文稿》，湖南人民出版社，2008。

表《湖南自修大学组织大纲》，阐明学校的宗旨是发明真理、造就人才。《组织大纲》共 13 章 32 条。对宗旨及定名、校董会、学员及办事员、通讯员、学友、研究、劳动、图书馆及实验室、成绩表示、纪律、校舍、分院及海外部、自治规约及本大纲修改等内容做了规定和说明。同时，毛泽东又起草了《湖南自修大学创立宣言》，又亲书"湖南自修大学"校名贴在木牌上，悬挂于船山学社大门口，庄严宣告这所新型大学的诞生。至此，毛泽东创办自修学校的夙愿实现了。湖南自修大学于 1921 年 9 月开学，初期有学生 24 名。[①]

1922 年 7 月党的二大以后，毛泽东邀请李达作自修大学校长，主持教务。1922 年 9 月，为集中培养文化水平较低的革命青年，自修大学附设了补习学校。毛泽东任指导主任，夏明翰任教务主任。共接收了 100 多名学生，编成 3 个教学班。1923 年 11 月，省长赵恒惕以"所倡学说不正，有害治安"的罪名封闭了湖南自修大学。这时，自修大学及附设补习学校已经培养了来自湖南的 34 个县和外省 4 个县的 200 多名青年。此后，中共湖南党组织又创办了湘江学校。原自修大学附设补习学校的学生大都转入湘江学校继续学习。1924 年下学期为适应国共合作后新的革命形势的需要，湘江学校又在原基础上增设农村师范和农民运动讲习班，全校师生 300 多人。1927 年初，湖南农民运动大发展，大多数教员、学生分赴各地做农民运动的实际工作，因而湘江学校于 1927 年 3 月自动停办。

（二）湖南自修大学的办学宗旨

努力研究致用之学术，实行社会改造的准备，是创设湖南自修大学的目的。自修大学的宗旨是：采取古代书院与现代学校二者之长，取自动的方法，研究各学术，以期发明真理、造就人才，使文化普及于平民，学术周流于社会。毛泽东在《湖南自修大学创立宣言》中，对这一宗旨做了详细阐发。指出：（一）书院与学校均有极严格的程限，使一些本为优才的有志青

---

① 孙海林：《毛泽东早期干部教育实践与教育思想研究——湖南自修大学创办的始末、经验及意义》，《湖南第一师范学院学报》2006 年第 2 期，第 5~9 页。

年因入学考试见遗而断了向学的路，自修大学则是凡有志向学者均可入学；（二）书院与学校使学术为少数学阀所专，自修大学则打破学术秘密，务使公开，使每人都可取得一部分；（三）读书院和学校非阔家不行，自修大学则不需多钱，可以求学。这一办学宗旨紧紧抓住了大批好学向上的青年的心。①

《湖南自修大学创立宣言》还猛烈抨击了旧学校的三大害处：一是把施教当作一种商品买卖，先生抱一个金钱主义，学生抱一个文凭主义；二是旧学校袭专制皇帝的余威，用一种划一的机械的教授法和管理法去戕贼人性；三是钟点过多，课程过繁。终日埋头于上课，几不知上课以外还有天地，学生往往神昏意怠，全不能用他们的心思为自动自发的研究。扼杀了学生在学习上的主动性创造性，窒息了学生的智慧和才能，十分不利于学生的个性发展。为此，毛泽东主张创造新学校，施行新教育。

为了贯彻办学宗旨，自修大学办学的方针和方法是：第一，提倡独立思考。学生研究学问的主脑是自己看书、自己思索，学校设立图书馆、实验室，为学生自修提供条件。第二，共同讨论、共同研究，校内建立哲学、心理学、经济学、中国文学等研究会，讨论马列主义及其他各种学术问题。第三，学校聘请一批随时指导的人，做学生自修的补助。第四，实行学科制。《组织大纲》规定设文法两科，文科课程有中国文学、西洋文学、英文、伦理学、心理学、教育学、社会学等；法科有法律学、政治学、经济学，后来又办了法文专修科；补习学校则开设了语文、数学、英文、历史、地理五科。学生每月要作文一篇，结业时要交论文一篇，交学长评阅、以考核学业成绩。第五，学生不但修学，还要有向上的意思，养成健全的人格，涤涤不良的习惯，为革新社会作准备。

自修大学的学生来源是招收中等以上学校毕业或具有同等学力和自学能力的青年。补习学校以青年工人为主。这所学校在党的直接领导下，顶住了

---

① 高世琦：《中国共产党干部教育世纪历程》连载之二《毛泽东创办湖南自修大学》，党建读物出版社，2013。

湖南军阀政府的压迫，克服了种种困难，实践了办学宗旨，取得了显著的成绩。

（三）湖南自修大学创办的历史意义

湖南自修大学传播了马列主义理论，注重了对中国革命问题的研究。学校实际的学习内容并不是《组织大纲》中所规定的课程，而主要为马克思主义著作，不仅以国内已有译本的《共产党宣言》《社会主义从空想到科学的发展》作为教材，还由学长李达翻译的《哥达纲领批判》，学生罗学瓒翻译的《共产主义与经济的进化》，学生李维汉的《观念史观批判》作教材，还把《向导》《新青年》和《中国青年》等党团刊物列为课外必读刊物。1922年曾几次公开举行过关于马克思学说的讲演大会。教员们一方面致力于把学生教育好、带好的教育实践，另一方面又致力于自身的进修和教育理论的研究。何叔衡说：自己要有真才，然后才能造就人才。1923年4月15日，自修大学出版《新时代》校刊，鲜明地提出研究的问题是：国家如何改造，政治如何澄清，帝国主义如何打倒，武人政治如何推翻，教育制度如何改革，文学艺术及其他学问如何革命如何建成等。创刊号第一篇文章是毛泽东写的《外力、军阀与革命》，其他有李达的《何谓帝国主义》以及马克思主义经典著作译文等。后几期还发表了《马克思学说与中国》等文章。表明了教员、学生对当时革命实际问题的研究取得了具有重要意义的成果。

湖南自修大学培养了大批革命骨干，推动了湖南的革命运动。几年来，先后在这里工作和学习过的达四五百人。许多来自农村没有入学机会的青年，经过这所学校的培养，成为具有渊博学识和组织才干的文武全才。自修大学里建有党团组织，学生中的优秀分子或进步工人被发展为党团员。毛泽民、夏明翰都是在自修大学里入党的。在自修大学做工的任树德，经毛泽东的教育培养，是被吸收入党的第一个泥木工人。这所学校一直是湖南革命学生联合会的核心。当时湖南省学生联合会的主要干部都是由这所学校的教员、学生充任的，每次学生运动的发动，这所学校都起到了先锋、骨干的作用。对湖南的工运和农运，这所学校也做出了重大贡献。许多地区的农运特派员和安源工人俱乐部的职员也大都出自这所学校。正如何叔衡在湘江学校结束仪式上所说：我们学校的教员和学生，好比酒药子，要到各处发酵。学校的教员、学员如毛泽东、何叔衡、郭亮、夏明翰、罗学瓒、李维汉、夏曦、毛泽民、毛泽覃、陈佑魁、姜梦周、陈昌、杨开慧等一大批同志，成为大革命时期和土地革命时期湖南省党组织、工会、农会和游击队的重要领导人，许多人为革命献出了自己的宝贵生命。①

湖南自修大学的创办受到了社会各界的好评。蔡元培于 1922 年 8 月撰文中赞扬说："为各省新设大学之模范。"② 李石曾于 1923 年 4 月评论："为一新教育制度之纪元。"③ 图南认为："是二十世纪不能免的产儿。"④ 陈佑魁在《看了图南君的〈湖南自修大学之使命〉以后》中进一步阐述说：我 "觉得自修大学确实是应时运而生的，是教育界前途一线光明，是二十世纪不能免的产儿！确实负有最尊严的使命，不可以言语形容的价值！""自修大学是平民式的教育……自修大学绚烂的价值，将光灿的现形于大家的脑子里。"⑤ 王言绰评论："曩者国内锐进之士，所理想所高唱之自修大学，兹已应时代之需求，呱呱坠地矣。其喜其乐，为何如乎！""吾知未来之自修大学，必庄严灿烂于'湘水'之滨，而与'麓山'竞秀矣。"⑥

湖南自修大学在教学内容、课程设置、教学方法等方面进行了开创性的探索，为以后的干部教育提供了经验，在中国共产党的干部教育史上有着重要的意义。湖南自修大学的创办始末及经验，既是毛泽东的早期干部教育实

① 高世琦编著：《中国共产党干部教育世纪历程》连载之二《毛泽东创办湖南自修大学》，党建读物出版社，2013。

② 蔡元培：《湖南自修大学的介绍与说明》，《新教育》（第 5 卷）1922 年第 1～2 期。

③ 李石曾：《祝湖南自修大学之成功》，《新时代》（第 1 卷）1923 年第 1 期。

④ 图南：《湖南自修大学之使命》，《教育新刊》1923 年第 2 期。

⑤ 陈佑魁：《看了图南君的〈湖南自修大学之使命〉以后》，《大公报》1923 年 1 月 25 日，第 26 版。

⑥ 王言绰：《湖南自修大学之未来与希望》，《新时代》（第 1 卷）1923 年第 2 期。

践与教育思想，也是毛泽东教育思想形成和发展的有机组成部分，在新中国教育史上占有极为重要的地位。[①]

三 毛泽东大众化教育思想的形成

革命根据地时期毛泽东面向工农的大众化教育思想得到了充分的发挥和施展。早在 1928 年，毛泽东就在《井冈山的斗争》一文中提出：为了加强红军的政治素质、军事素质和扫除军队中的文盲，必须在红军中开展以政治、文化和军事技术为内容的群众性教育，并着手实施。1931 年 11 月 7 日，中华苏维埃第一次全国代表大会在江西瑞金隆重召开，宣告了中华苏维埃共和国临时中央政府成立，选举毛泽东为中华苏维埃共和国临时中央政府主席。毛泽东在江西省苏维埃第一次工农兵代表大会上指出：群众教育不但与儿童教育并重，以目前革命需要发展斗争的形势而论，应视为首务。他主持起草并经苏维埃第一次工农兵代表大会决议通过的《中华苏维埃共和国宪法大纲》规定：中华苏维埃政权以保证工农劳苦民众有受教育的权利为目的。毛泽东在第二次全国苏维埃代表大会上指出，革命根据地的一切文化教育机关是操在工农劳苦群众的手里，工农及其子弟享有受教育的优先权，苏维埃政府用一切方法来提高工农的文化水平，为了这个目的，给予群众政治上和物质条件上的一切可能的帮助。[②] 因此，对工农劳苦大众进行大众化教育就成为当时苏维埃政府的主要工作之一。毛泽东积极探索并努力推动教育的发展，成功领导了第一次大规模的工农教育的实践。

1933 年，毛泽东在《中华苏维埃共和国中央执行委员会与人民委员会对第二次全国苏维埃代表大会的报告》中提出苏维埃文化教育总方针：在于以共产主义的精神来教育广大劳苦民众，在于使文化教育为革命战争与阶级斗争服务，在于使教育与劳动联系起来，在于使广大中国民众都成为享受

---

① 孙海林：《毛泽东早期干部教育实践与教育思想研究——湖南自修大学创办的始末、经验及意义》，《湖南第一师范学院学报》2006 年第 2 期，第 5~9 页。

② 邓小林：《中央苏区时期的社会教育与马克思主义大众化实现路径之研究》，《煤炭高等教育》2012 年第 4 期，第 14 页。

文明幸福的人。苏维埃文化建设的中心任务是力行全部的义务教育，是发展广泛的社会教育，是努力扫除文盲，是创造大批领导斗争的高级干部[①]。

在以毛泽东为首的苏区政府领导下，苏区教育成效显著。在干部教育方面，创办了苏维埃大学、马克思共产主义大学、中央农业学校、银行专科学校、商业学校、中央教育干部学校、高尔基戏剧学校以及列宁师范学校等；在社会教育方面，创办了工农夜校、半日学校、补习学校、短期培训班等；在儿童教育方面，普遍设立列宁小学，形成了一个多层次、多形式、多规格的教育体系。《红色中华》1934 年 9 月 29 日报道："据不完全的统计，到1934 年 3 月为止，在中央苏区的江西、福建、粤赣、瑞金等地，有列宁小学 3199 所，学生约达 10 万人。另据《兴国乡村的教育》记载，兴国县已办起 300 多所小学，拥有 800 多名教师，适龄儿童总数为 20969 人，其中12806 人入小学读书，占适龄儿童总数的 61%。对比在国民党政府统治下，1929 年江西全省只有小学 4426 所，学生 177849 人，比较那时号称为教育发达的江苏省，1930 年全省入学儿童也只有 580825 人，占适龄儿童的13%。"[②] 苏区教育的发展，极大地改变了苏区军民文盲和半文盲的状态，提高了他们的文化水平、思想觉悟与各项能力，为革命事业培养了大批军事人才、革命干部、文化事业的骨干力量以及生产建设的生力军。

毛泽东对苏区教育总方针和总任务的论述和实践，反映了中国共产党对马列主义教育思想的理解和吸收，倡导了工农大众的教育普及和教育权利平等。这一表述合乎苏区斗争的实际条件和实际需要，这也是党在 1937 年"七七"事变前土地革命时期的教育方针，这一论述具有民族的、科学的、大众的和革命的基本特征，是毛泽东对新民主主义教育方针最初的较为明确的表述[③]。

---

① 卢卫红：《毛泽东论教育普及和教育公平》，《毛泽东邓小平理论研究》2008 年第 11 期，第70~74 页。

② 张挚、曾维才、苏令：《苏区教育星火燎原红土地》，《中国教育报》2011 年 5 月 24 日。

③ 孙培青：《中国教育史》，华东师范大学出版社，2003，第 478 页。

四 毛泽东大众化教育思想的发展

抗日战争时期，毛泽东主张教育为抗战的最后胜利服务。1938 年 11 月，毛泽东将抗战时期的教育政策论述得非常具体：第一，改订学制，废除不急需与不必要的课程，改革管理制度，以教授战争所必需之课程及发扬学生的学习积极性为原则。第二，创设并扩大增强各种干部学校，培养大批的抗日干部。第三，广泛发展民众教育。第四，办理义务的小学教育，以民族精神教育新后代。① 毛泽东认为，在统一战线方针指导下，教育的具体任务是应以提高和普及人民大众的抗日的知识技能和民族自尊心为中心。② 毛泽东在《关于陕甘宁边区的文化教育问题》一文中说：可以把整个边区变作一个大学校，每一个乡就是一个学校。所有的老百姓和干部在这个大学校里学习生产、学习文化。③ 可以看出，毛泽东关于抗战教育基本政策的论述，延续了苏区教育总方针的基本精神，而更为强调教育与民族解放战争的结合，进一步扩展了大众化教育思想。

1940 年，毛泽东在《新民主主义论》一文中正式提出：民族的、科学的、大众的文化④。他指出：中国有百分之八十的人口是农民，这是小学生的常识。因此农民问题，就成了中国革命的基本问题。农民的力量，是中国革命的主要力量。这就是说，中国的革命实质上是农民革命；大众文化，实质上就是提高农民文化。⑤ 1939 年 4 月，毛泽东为延安《新中华报》题词：要为消灭文盲而斗争。他强调解放区的学校要为工农子弟开门，并着力提高他们的文化水平。毛泽东认为：农民，这是现阶段中国文化运动的主要对象；所谓扫除文盲，所谓普及教育，所谓大众文艺，所谓国民卫生，离开了三亿六千万农民，岂非大半成了空话？⑥

---

① 《毛泽东同志论教育工作》，人民教育出版社，1958，第 33 页。
② 《毛泽东选集（第 2 卷）》，人民出版社，1991，第 726 页。
③ 毛泽东：《关于陕甘宁边区的文化教育问题》，《党的文献》1994 年第 5 期，第 11 页。
④ 《毛泽东选集（第 2 卷）》，人民出版社，1991，第 708 页。
⑤ 《毛泽东选集（第 2 卷）》，人民出版社，1991，第 692 页。
⑥ 《毛泽东选集（第 3 卷）》，人民出版社，1991，第 1078 页。

　　1945 年 4 月，毛泽东同志系统地总结了我国五四运动以来新文化运动的历史经验，并在这个基础上确定我国新民主主义国民文化和国民教育的宗旨："中国国民文化和国民教育的宗旨应当是新民主主义的，就是说，中国应当建立自己的、民族的、科学的、人民大众的新文化和新教育。"① 毛泽东反复强调的新民主主义教育正是为抗战服务、为解放战争服务、面向全民族百分之九十以上的工农劳苦民众的大众化教育。在毛泽东同志的正确指导下，昔日边远偏僻的文化荒漠延安，成为以广大工农大众为中心的革命教育的摇篮。到 1946 年，陕甘宁边区小学发展到 2990 所，学生近 30 万人，还有中学 7 所，并建立了举世闻名的抗日军政大学、陕北公学、中央党校、延安自然科学研究院、鲁迅艺术学院等各种院校。各根据地干部学校培养出的大批学员，以后大多成为新中国各条战线的领导骨干。解放战争时期，随着解放区的迅速发展，给人民教育事业的发展创造了充分的条件，解放区的教育也由战时教育向正规教育逐步转变，为即将到来的新中国教育奠定了基础。

　　回顾和探索毛泽东面向工农的大众化教育思想，强调以教育公平为基础的大众化教育，在当代中国更具有强烈的现实意义。毛泽东建国之前的面向工农的大众化教育思想是毛泽东教育思想的重要组成部分，我们应该珍惜历史为我们留下的这笔极其宝贵的遗产。

---

① 《毛泽东选集（第 3 卷）》，人民出版社，1991，第 1078 页。

中 国 民 办 教 育 史 丛 书

中国民办教育通史
CHINESE NON-GOVERNMENTAL
EDUCATION HISTORY

·当代卷·
CONTEMPORARY VOLUME

主编／胡大白　　副主编／杨雪梅　樊继轩　张忠泽

胡大白◎著

社会科学文献出版社
SOCIAL SCIENCES ACADEMIC PRESS (CHINA)

本卷导言

1949 年 10 月 1 日，中华人民共和国诞生，一种崭新的社会主义制度，在处于半殖民地半封建社会的旧中国大地上迅速建立。在荡涤旧社会污泥浊水的同时，中国共产党领导人民进行了对私有制的社会主义三大改造运动。1956 年社会主义改造基本完成，标志着经过新民主主义阶段，消灭了私有制、消灭了剥削的社会主义制度在新中国的确立。

由此到了 20 世纪 70 年代末，我国实行的是单一的社会公有制经济结构形式，作为上层建筑的国家教育必然是与单一的公有制经济结构形式相适应的办学体制。完全的民办教育机构和非公有制经济一样，经过社会主义改造，到了 20 世纪 60 年代中期已经基本不复存在。"企业、事业组织办学也被视为国家办学的一种部分，纳入了国家办学体系。"[①]

1978 年 12 月，具有划时代意义的中国共产党第十一届三中全会在首都北京召开。会议从根本上确立了我国改革开放的发展方针和解放思想、实事求是的思想路线，并做出了把工作重点转移到社会主义现代化建设上来的战略决策，实现了新中国成立以来党的历史上的伟大转折。

随着改革开放的不断深入，我国的经济所有制结构发生了重大变化，以社会主义公有制为主体的多种成分并存的所有制结构逐渐形成和完善。民营经济、个体经济等私有制经济不断涌现。这给教育界提供了基本的政治、经济基础，加速了我国办学体制的改革。人民大众迫切要求尽快修复由"文革"造成的"文化断层""科技断层""人才断层"。社会各界对中华民族的伟大复兴表现出了强烈的愿望。蕴藏在民间的办学实力、办学愿望和热情一旦有了沃土、水分和阳光就会破土而出。我国的民办教育在中断了近 20

---

① 贺向东、蔡宝田：《中国社会力量办学概论》，首都师范大学出版社，2000，第 2 页。

年之后悄然复苏了。随后，社会力量办学如雨后春笋，势头逐年增强，遍布全国各地。

一 《中国民办教育通史（当代卷）》编写的由来与目的

我们简述历史，其要义是说明我国民办教育为什么在新中国成立后改造接办，又怎样复兴的背景。屈指算来，就从 1978 年算起，到本书截稿的 2018 年底，我国的民办教育复兴发展已经有近 40 年的奋斗历程，已从萌芽成长为参天大树，从寥寥无几的补习班、辅导班、培训班逐渐兴起，扩展到各级、各类办学涉及我国教育的方方面面。教育部 2017 年全国教育事业发展统计公报显示，全国共有各级各类民办学校 17.60 万所，各类教育在校生达 5120.47 万人。其中：

民办幼儿园 16.04 万所，在园儿童 2572.34 万人；民办普通小学 6107 所，在校生 814.17 万人；民办普通初中 5277 所，在校生 577.68 万人；民办普通高中 3002 所，在校生 306.26 万人；民办中等职业学校 2069 所，在校生 197.33 万人；另有非学历教育学生 22.06 万人。

民办高校 747 所（含独立学院 265 所），在校生 628.46 万人。其中：硕士研究生在校生 1223 人；另有自考助学班学生、预科生、进修及培训学生 35.45 万人。民办的其他高等教育机构 800 所，各类注册学生 74.47 万人。另外，还有其他民办培训机构 1.95 万所，846.80 万人次接受了培训。[①]

不断发展壮大的民办教育事业在我国教育体制的改革创新、经济的振兴、人才的培养等方面发挥着越来越重要的作用。

如此可歌可泣的事业，如此波澜壮阔的历程，但迄今为止，无论是官方还是民间尚无一部《中国民办教育通史》。粗略统计，在我国民办教育发展的几十年中，各类办学的实践者众多，有实践有理论水平者为数不少，加之各级各类教育管理部门、科研机构、高等院校的学者、专家从事民办教育研

[①] 《教育部 2017 年全国教育事业发展统计公报》，http：//www.moe.gov.cn/s78/A03/ghs_left/s182/20。

究工作，不仅极大地提高了民办教育的科研、理论水平，更主要的是为民办教育科学规范、健康发展做出了极大的贡献，这是《中国民办教育通史（当代卷）》编写的人力资源基础。

大量的厚薄不一、涉及不同时期民办教育方方面面的专著、文集、丛书、报告，以及大量的报刊文章和浩如烟海的各级各类办学机构各自的文集、校史，这些都是民办教育实践者和理论研究者用心血写就。每一页，每一章、每一部都包含着作者对民办教育探索、思考、期望和厚爱，这是《中国民办教育通史（当代卷）》编写的史料基础。

大量的著书立说专题性、阶段性、区域性、探索性、思考性、调研性的内容居多，能否整合一些学者专家的实力、智力和多年沉积下来的史料，系统编写一部中国当代民办教育通史？不少有识之士有过编史的想法和愿望，一些民办学校的研究机构也有类似的尝试，但不知何故，总是"只听楼梯响，不见佳人来"。

2013年春，中国民办教育协会监事会主席、第十届全国人大代表、黄河科技学院创办人胡大白曾在有关会议上郑重地提过编史的建议，随后又向有关研究机构和有关社团组织探讨过此类问题。到了2015年6月，她以一种紧迫感和历史的责任感不等、不靠，勇于担当，毅然决定依托黄河科技学院民办教育研究所和驻黄河科技学院的中国民办教育博物馆的研究力量，邀请全国有关学者、专家启动《中国民办教育通史》的编纂工作。胡大白教授是全国"十大女杰""三八红旗手"，素以敢为人先、雷厉风行而深受人们的尊敬。由她组织主持这项编纂工作，科学谋划，组织到位，落实到人，定章定时，紧追不放，使这部从古到今的民办教育史书问世成为可能。

二 《中国民办教育通史（当代卷）》的阶段划分

当代中国民办教育的发展史，是一部波澜壮阔、举世瞩目的教育实践史，要全面、真实地阐述民办教育的发展概貌，必须坚持马克思主义的历史唯物观，以实事求是和科学发展观的主导原则来研究记述，方可立史、存史。毛泽东主席曾提出，研究历史，"不但要懂得中国的今天，还要懂得中国的昨天和前天，"要"从其中引出其固有的而不是臆造的规律性，即找出不变的内部联系，作为我们行动的向导。"①

　　纵观我国民办教育60多年的跌宕起伏奋斗历程，业内人士一致认为，它经历了改造接办、恢复初创、快速发展、依法促进、全面提升这样的阶段（时期），但这几个阶段的时间节点如何确定？具体从哪一年到哪一年？学界众说纷纭，从大量的著作和文献中来看，比较多地认为：改造接办阶段（1949 ~ 1952 年）；快速恢复阶段（1978 ~ 1991 年）；快速发展阶段（1992 ~ 1996 年）；法规规范阶段（1997 ~ 2002 年）；法律规范阶段（2003年至今）②。有的将中国当代民办教育的发展阶段从改革开放开始划分，即萌芽复兴时期（1978 ~ 1991 年）；多元蓬勃发展时期（1992 ~ 1996 年）；相对规范时期（1997 ~ 2002 年）；法制化转型时期（2003 年至今）③。中国民办教育蓝皮书中划分为：复兴阶段（1978 ~ 1991 年）；探索阶段（1992 ~ 1996 年）；规范阶段（1997 ~ 2001 年）；依法建设阶段（2002 年至今）④。由教育部发展规划司和上海教育科学研究院编著的《2002 年中国民办教育绿皮书》记述为：恢复期（1978 ~ 1991 年）；快速增长期（1992 ~ 1996年）；规范发展期（1997 年至今）。《中国民办大学报告》一书中划分为：恢复与重振时期（1978 ~ 1991 年）；实践探索时期（1992 ~ 1997 年）；相对规范时期（1998 ~ 2002 年）；注重内涵建设和法制化建设时期（2003 年至今）⑤。还有的书中，将其分为五个阶段：恢复重建期（1978 ~ 1983 年）；复兴期（1984 ~ 1991 年）；开始发展期（1992 ~ 1996 年）；规范发展期（1997 ~ 2001 年）；依法发展期（2002 年至今）⑥。曾任原国家教委成教司司

---

① 《改造我们的学习》《毛泽东选集》第 3 卷，人民出版社，1953，第 2 版，第 801 页。
② 李维民：《民办教育回顾与展望》，陕西人民出版社，2010，第 3 ~ 6 页。
③ 王文源：《中国民办教育：在理想与现实之间》，北京出版社，2007，第 2 ~ 13 页。
④ 陶西平、王左书主编《中国民办教育发展报告：2003 ~ 2009》，上海人民出版社，2010，第 29 ~ 31 页。
⑤ 北京吉利大学主编《中国民办大学报告，2009》，红旗出版社，2009，第 6、26 ~ 31 页。
⑥ 陶西平、王左书：《中国民办教育》，教育科学出版社，2010，第 52 ~ 54 页。

长的董明传，于 1995 年 11 月 1 日由联合国教科文组织在厦门大学召开的
"亚太地区私立高等教育教育研讨会"上，代表国家教委做了报告，报告中
将我国民办教育发展分为四个阶段：兴起阶段（1978～1982 年）；发展阶段
（1982～1986 年）；调整、规范阶段（1986～1991 年）；新的发展阶段
（1992年至今）①。因报告时间较早，划分阶段受到局限。曾任原国家教委成
教司副司长的瞿延东在著书中划分为：恢复发展阶段（1978～1992 年）；快
速发展阶段（1992～1997 年）；依法规范发展阶段（1997 年至今）②。

从以上论著中可以看出，对中国民办教育改革开放后发展的阶段性
划分，尽管题目各异，但时间节点大致接近。民办教育作为国家教育的
组成部分，既是生产力的部分，又有上层建筑的属性，社会的变革、政
治形态的变化、经济体制的主导都直接影响着民办教育的兴衰。在我国
历史的发展进程中具有特定意义的变革事件所发生的年份就成了历史的
节点。

三　《中国民办教育通史（当代卷）》的资料来源

写史必须站在历史的方位，以对历史负责的精神，担负起历史的使命，
在客观、真实、权威的实料基础上综合、分析、判断、比较、考证，使历史
有史可查，有据为证，经得起考验和批判。教育史学者认为，"分析中国教
育史上的任何一个问题时，都必须把它放到当时的历史条件下，用历史的态
度去考察它，具体问题具体分析，既要注意到教育自身发展的逻辑和继承、
积累的过程，也要注意教育与其他社会现象诸如政治、经济、哲学、科技、
文化、宗教等的相互关系、相互制约"。③

当代中国民办教育从 1949 年到本书截稿的 2018 年，也只有 69 年，众
所周知，从 1949～1982 年这三十余年，专门记载、研究民办教育的史料可

---

① 《民办教育天地》1995 年第 6 期，第 6 页。
② 瞿延东：《我国民办教育的发展与管理》，中国财经经济出版社，2002，第 5～8 页。
③ 杜成宪、崔运斌、王任信：《中国教育史学九十年》，华东师范大学出版社，1998，第
118 页。

教育的资料少之又少，连国家教育部（原国家教委）的教育事业统计公报也没有民办教育的数据。

二是现状性的专题研讨资料多，历史性的成因探究资料少。专题性的如：民办教育的现状与发展趋势、民办教育的宏观政策与发展战略、民办教育的办学体制、民办学校的分类管理、民办学校的人才培养、民办高等教育的特色发展、民办学校的法人属性等。这些探讨不乏真知灼见者，但大部分都是基于民办学校发展中的同类型问题，类似的观点被一再重复，陷入了"就事论事"的格局，对民办教育研究的连续性与发展性体现不足，真正对民办教育发展历史以及不同类型学校治理结构实证研究和成因分析的文献显得单薄。

三是民办高等教育方面的资料多，其他学段的资料少。原因之一，民办高等教育在民办教育发展中一直处于改革创新的前沿，始终起着引领作用，必然成为社会关注的热点，再加之人群的学历水平高，研究机构多，社会效应强的缘故，资料多合情合理。而民办学前教育、民办培训教育、民办义务教育阶段所反映的文献资料无论是从质还是从量上都逊色于民办高等教育方面。

要取得资料的权威性、真实性、时效性、合理性，还原客观存在，须经过"去伪存真，去粗取精"，用科学数据和真实案例来记述、印记民办教育发展的历史是本史编撰的责任担当。资料的采集和研究，为本史的撰写提供了翔实、客观的史料，同时，也基本上解决了一些概念性问题，减少了误区和混淆。

四 《中国民办教育通史（当代卷）》的概念界定

（一）社会力量办学、民办教育、私立教育三者的区别和联系

1. 社会力量办学

"社会力量办学"这一表述，是我国特有的、在特定历史条件下的一种表达形式，并没有将其作为专有名词固定下来。这出自我国1982年修订的《宪法》，其中第十九条规定："国家鼓励集体经济，国家企事业组织和其他

社会力量依照法律规定，举办各种教育事业。"

据当时彭真委员长解释："社会力量就包括集体经济、国家企事业组织、其他社会组织及国家批准的私人办学者。"而这部《宪法》中并没有明确提出鼓励公民个人（或私人）办学。事实上，当时的私人办学已非个别地区的个别现象。由于历史的原因，当时对私人办学的看法不尽一致，对某些较为敏感的提法还比较谨慎。众所周知，我国自 20 世纪 50 年代完成了对私立学校的调整与接办后，在长达 20 多年的期间里，不允许私人办学，1954 年制定的《宪法》和 1978 年修订的《宪法》，都把教育规定为国家的事业。1982 年修订的《宪法》在这方面做了突破，提出国家鼓励社会力量举办各种教育事业。这是一个重大的转折，一个质的飞跃。但这个转折有其量的渐进的一面，或者说有其谨慎、保守的一面。一个不争的事实是，当时许多私人办学者都不得不借用社会团体或民主党派的名义。这是由当时的具体条件和历史的局限造成的。另一个可以用来佐证的例子是关于"私营经济"的提法。1982 年修订的《宪法》公布时，私营经济的发展已初露端倪。但在这部《宪法》中，完全避开了这一提法，而仅仅使用了"个体经济"这个词。这一情形一直延续到 1988 年。就 1982 年当时的情形来看，在经济领域中尚且不提"私营经济"或"民营经济"，在教育领域中不提"私立"或"民办"是时代造成的。①

按照一般的理解，"社会力量"主要是指团体或有组织的群体，而不是指公民个人。"八二宪法"是将"集体经济组织、国家企业事业组织"和"其他社会力量"相提并论的。这一提法和 1985 年《中共中央关于教育体制改革的决定》有所不同。该决定明确提出鼓励国有企业、社会团体和个人办学。

1993 年 2 月，中共中央、国务院印发的《中国教育改革发展纲要》，原国家教委 1993 年 8 月发布的《民办高等学校设置暂行规定》，1995 年颁布

① 夏立宪：《民办、私立社会力量办——关于民办教育的几个提法》，http://www.edu.cn/edu/min_ban/zong_he/200603/t20060323_11698.shtml.

的《中华人民共和国教育法》都明确地使用了"公民个人办学"这一提法。

1997 年 7 月，国务院颁布了《社会力量办学条例》，进一步明确了社会力量办学的概念。

根据以上所述，社会力量办学其主体为：

企业组织——从事生产、运输贸易和其他劳务活动，实施独立核算，自负盈亏，具有法人资格的经营性实体，不论企业的所有制性质。

事业组织——为了公益目的，由国家机构举办或者其他组织利用国有资产举办的教育、科技、文化、卫生等活动的社会服务组织，应有法人资格。

社会团体——公民自愿组成的、按照章程开展活动的非营利性社会组织，如各种学会、商会、协会等。

社会组织——具有法人资格的民主党派、工会、妇联等人民团体及教育、科技、文化等群众性组织。

公民个人——指我国公民有完全民事能力的、没有被剥夺政治权利的自然法人。

其经费来源：利用非国家财政性经费，主要包括办学者个人投入、收取学费和其他必要经费，接受社会捐赠等筹措经费。《社会力量办学条例》明确了各级政府应给予扶持。

《宪法》所说的"社会力量"一词，包括国有企业事业组织，但是，国有企业事业组织所办的中小学和村办小学，长期以来一直属于公办学校。因此，1997 年 10 月 14 日，《国家教育委员会关于实施〈社会力量办学条例〉若干问题的意见》中将"国有企业事业组织、工会组织、妇联组织、共青团组织利用国家财政性教育经费举办的教育机构以及农村乡（镇）政府、村民委员会筹集资金举办的幼儿园、中小学校和农民文化技术学校，仍按公办学校实施管理"不纳入社会力量办学的管理范畴。

2. 民办教育（学校）

"民办教育"一词是相对于国办教育或公办教育而言的，我国传统上有"民间办学"的固定用词。到了改革开放后，民间办学复苏兴起，社会各阶层人群将"社会力量办学"简述为"民办教育"或"私立教育"。"社会力量办学"这一表述不仅在译文时显得过于冗长烦琐，就其中文表述来看，也不太符合汉语的表达习惯。因此，除了政府职能部门外，民办教育工作者和研究者很少使用"社会力量办学"这一表述，而大量使用"民办教育"一词。至于大众（包括民办学校的学生和家长），对"社会力量办学"则更为陌生。

"民办教育"是各级各类民小学校（机构）教育的总称，如民办学前教育、民办中小学教育、民办中等职业教育、民办培训教育、民办高等教育等，而这些不同层次的教育都是由每个学校（机构）所实施。同政府所经营的国办学校教育相比照，凡不是政府来经营而自主办学的学校教育成为民办教育惯用语的基础。"民办教育"的概念虽然比照"公立教育"，但并不意味着非公办教育学校可纳入"民办教育"之下，其间，有性质极为模糊的、形形色色的大量学校。

较早出现的"民办小学"一词，是 1944 年 4 月，陕甘宁边区政府发布的《关于提倡研究范例及试行民办小学的指示》文件中，尽管当时的"民办学校"概念与本史所述的民办学校有较大的区别，但仍作为名词延续下来。党的十一届三中全会召开后，特别是 1982 年的"八二宪法"公布之后各类民办学校机构不断涌现，社会上也就出现了"社会力量办学""民办教育（学校）""私立教育（学校）"三种表述方式，尽管三者概念的内涵和外延各有不同，但仍形成了三词并用、并行的现实。1984 年 4 月，北京市人民政府以京政发〔1984〕63 号文件发布了《北京市社会力量办学实施办法》，其中第十二条明确提出，"公民个人或两人以上以联合举办的学校，其校牌、印章须冠以'民办'字样。"同年 5 月 22 日，教育部全文转发了该办法。这样"民办××学校"大量出现，也成为地方法规文件的要求名称，社会上对这类学校称为民办学校，"民办教育"用语的使用也就顺理成章。

在《民办教育促进法》出台之前，"民办教育""民办学校""私立教育"这些提法不仅在民间广泛使用，一些国家领导人和教育部门官员也在有关讲话、报告中频繁使用，一些正式出版物和报刊载文中也较早地使用了

"民办教育"一词。1992年底，山西新闻出版局批准创刊了《民办教育天地》杂志，1994年11月，时任统战部副部长的刘延东为该刊题词："为我国的民办教育事业鼓与呼，开辟中国特色的民办教育新天地。"1993年8月17日，原国家教委颁布了《民办高等学校设置暂行规定》，"规定"作为一个法律性的规范，改革开放后第一次在政府行政部门的规章中使用了"民办学校"一词，从办学主体和筹资方式对"民办高校"加以界定，其办学主体为"除国家机关和国有企事业组织以外的各种社会组织以及公民个人"，办学经费明确是以自筹资金方式运作，"民办教育"（学校）的用语由此从大众进入高层。1994年11月1日，国家教委办公厅印发《关于民办学校向社会筹集资金问题的通知》，通知提出："民办教育是我国社会主义教育的组成部分，民办学校应坚持正确的办学方向。"随后有的省市区教育部门还设立了民办教育管理处。全国人大有关部门起草《民办教育促进法》开始调研。到了2002年《中华人民共和国民办教育促进法》颁布，为了使法律简洁，更加科学严谨，该法没有使用"社会力量办学"一词而是使用了"民办教育"一词。由此，"民办教育"成为法定用语。随后，各省市的社会力量办学协会都纷纷改为民办教育协会。

3. 私立学校（教育）

我国私立教育源远流长。所谓私立学校，顾名思义，是针对公立学校而言的，公立学校是指由政府部门兴办和管理，并以公共资金加以维持的。而私立学校是指政府办学以外的个人办学，独立法人、自主管理、自筹经费。目前，多指私营企业和个人办学。私立学校（教育）的定义尽管每个国家并不十分一致，但一直为国际上的通行用语。比如，在1995年10月于厦门大学召开的"亚太地区私立高等教育国际研讨会"上，我国官方代表的发言采用了"中国私立高等教育"这一表述，而没有使用"民办高等教育""社会力量举办的高等教育"的表述，这主要是为了与国际上的习惯提法接轨，避免因表述的差异而引起其他国家代表的误解。旧中国我们一直使用"私立"二字，到了新中国成立后的20世纪80年代始，社会上用"社会力量办学""民办学校"的概念来代替与包含"私立学校"的概念，形成三个术语同时使用，同义使用的局面。

从以上的分析比较中得出结论，"私立教育（学校）"的办学主体是公民个人或私营企业，办学资金为非公有资金。"民办教育（学校）"的外延要大一些，除包括个人或私营企业办学之外，还包括社会团体、民主党派等自筹资金举办的教育机构。"社会力量办学"的适用范围最广，它既包括私立教育和民办教育机构，也包括国家企业事业组织、集体经济组织利用非国家财政性教育经费面向社会举办的教育机构。显然，社会力量办学概念涵盖了民办教育的概念，民办教育是社会力量办学的重要组成部分；民办教育概念涵盖了私立教育的概念，私立教育是民办教育的重要组成部分。民办教育和私立教育都属于社会力量办学范畴。

国家从民间语到法定语采用"民办教育"一词，有理有据，我国现有的大多是民办教育的办学主体。

（二）民办教师和民办学校教师的概念

首先，必须明确"民办教师"和"民办学校教师"是性质不同的两个概念，也是我国特有的、具有时代性的、反映在教育领域内容不同的两个概念。当民办教育（社会力量办学）在改革开放后复苏，日渐兴起以来，两词混淆的现象日渐增多。不仅出现在人们的日常交流中，也在报刊、网络的载文中频频出现，甚至在一些重要会议和政策文件中也有混淆这两个概念的现象。1996年12月，由红旗出版社出版的《中国社会力量办学大辞典》可谓国家权威出版物，也把与"社会力量办学"毫不相干的"民办教师"有关政策条文收录其中（见该《辞典》上册的第53页与第58页）。因而本书需要厘清两者的概念和来龙去脉。

1. 民办教师

民办教师这个群体，在新中国诞生后的1950～2000年，整整存在了半个世纪，经历了产生、发展、膨胀和消化时期。他们为中国"穷国办大教育"的伟业做出了不可磨灭的贡献。

据《教育大辞典》载，民办教师是指"中国中小学中不列入国家教员编制的教学人员"，为农村普及小学教育补充师资不足的主要形式。除极少数在农村初中任教外，绝大部分集中在农村小学。一般具有初中以上文化程度。由学校或当地基层组织提名，行政主管部门选择推荐，县级教育行政部门审查（包括文化考查）批准，发给任用证书。生活待遇上，除享受所在地同等劳动力工分报酬外，另由国家按月发给现金补贴（1970 年后每月 5 元左右，各地开始时间和补贴标准不一，1979 年后，除享受"责任田"外，另由国家按月发给现金补贴）。

1993 年 10 月，《中华人民共和国教师法》公布，其中第三十一条规定，"各级人民政府应当采取措施，改善各级补助、集体支付工资的中小学教师的待遇，逐步做到在工作收入上与国家支付工资的教师同公同酬"。1995 年 10 月 6 日，国家教委《关于〈中华人民共和国教师法〉若干问题的实施意见》中，对此条款作了解释，第三十一条称"国家补助、集体支付工资的中小学教师是指现阶段农村中小学经政府认定的民办教师。" 1997 年 9 月 7 日，《国务院办公厅解决民办教师问题的通知》（国发办〔1997〕32 号）规定，"国家承认的民办教师仅限于持有县级以上教育行政部门发放的民办教师任用证，并在省级行政部门备案的民办教师"。

根据上述权威依据，"民办教师"的概念即为受聘于国家或集团举办的普通中小学（义务教育机构），履行受聘职责，享受国家补助，由学校所在集体支付工资或劳动报酬，持有县级以上教育行政部门发放的"民办教师任用证"，并承担部分其他劳动获得生活补贴的农村公民。[1]

民办教师的历史作用得到国家及全社会的充分肯定，1994 年 8 月 22 日，全国优秀民办教师表彰大会在北京隆重举行，时任国务院副总理的李岚清讲道："我国有几百万民办教师，长期以来，他们在十分艰苦的条件下辛勤耕耘，无私奉献，为我国教育事业，做出了巨大贡献，我国民办教师特别应该受到社会的理解、关心和尊重。"[2]

---

① 王献玲：《中国民办教师始末》，知识产权出版社，2008。

② 王献玲：《中国民办教师的历史回顾及其启示》，《河南教育》（基础教育版）2009 年第 6 期，第55 ~ 56 页。

2. 民办学校教师

民办学校教师，是本史所述民办教育概念中的民办（私立）学校（机构）聘任的、不纳入国家事业编制的教师，其待遇是办学单位与其签订劳动合同，按照国家一般性规定支付工资，缴纳社会养老保险等。

根据国家有关法律、法规规定，民办学校的教师应当具有国家规定的任教资格，并与公办学校的教师具有同等的法律地位。

"民办教师"与"民办学校教师"这两个概念，社会上很多人同义使用的现象普遍存在，是概念不清的表现，而在国家有关法律和政策文件中表述是明确的。我们在陈述历史时，必须明确这两个不同性质的群体。

（三）"非民办园"的概念

在本史所述的民办学前教育有关园数和对比数据中采用了"非民办园"的概念。"非民办园"是指公办幼儿园和企事业单位、社会团体、街道等所办的幼儿园。

诚然，在民办教育的发展进程中所涉及的问题和有关概念很多，有些呈现的是阶段性，必须放在特定的时期去分析；有些体现的是区域性，须结合其特性去理解规范，其目的是要反映时代特征，还原真实。

五 《中国民办教育通史（当代卷）》的内容概要

当代中国民办教育发展史，是一部波澜壮阔、举世瞩目的教育改革与发展实践史，特别是改革开放后，我国的民办教育日渐构成一个丰富多彩、充满生机和活力的教育体系，成为我国教育事业的重要组成部分。将中华人民共和国 1949 年成立到 21 世纪的 2017 年为止，共 60 多年的中国民办教育史以怎样清晰、合理的框架结构表现出来，是研究者和编撰者颇费心思之难题，经过十多位业内专家、学者的反复商讨，最后形成了本书的两个基本框架——编年史部分和专题史部分。编年史部分由第一章到第六章组成。专题史部分由第七章到第十二章组成。

第一编 当代民办教育史

中国民办教育从远古走来，进入了 1949 年的新中国时期，经历了最初短暂的扶持期,1951年开始对私立学校进行改造与接办,1956年,随着社会主义三大改造任务的基本完成,我国进入了社会主义建设时期,对私立学校的改造与接办也基本结束。1957年以后,单一的公有制经济体系建立后,我国民办教育进入了残存阶段,有少量的私立小学和技能、教育、文化、艺术培训类机构星星点点的存在,到了1966年无产阶级"文化大革命"开始,这些残存的、带有私有制色彩的民办教育形态被"横扫"殆尽,由此,我国民办教育在历史的长河中进入了"断层期"。

1977年10月,国务院决定恢复中断10年的高考制度,当年冬天,全国有570万人参加高考,录取27.3万人,录取率仅为4.8%,可见求学的供需矛盾十分突出。1978年12月,具有划时代意义的党的十一届三中全会召开,逐步建立以公有制经济为主体的、多种经济形式并存的国家经济体制。1981年为多出人才、快出人才建立了国家自学考试制度。1982年12月,第五届全国人大第五次会议通过了《中华人民共和国宪法》,宪法确立了民办教育的合法地位。有了政治形态的需求,有了人民大众的迫切愿望,有了宪法的根本肯定,有了民营经济的快速发展,再加上国家对民办教育态度从默许到鼓励性政策的接连出台,我国当代民办教育从根本上有了复苏的土壤,并在排除争议中探索前行,这是我国民办教育走向未来的基础。显然,1978~1982年是民办教育的复苏阶段。

沐浴着改革开放的春风,1984年邓小平同志为"北京自修大学"题写校名,时任全国人大常委会委员长的彭真为"中华社会大学"题写校名,两位国家重要领导人同时为民办学校题名,释放出了鼓励支持民办教育兴起与发展的信号。1985年颁布了《中共中央关于教育体制改革的决定》,我国单一办学主体的格局被打破。1986年4月,《中华人民共和国义务教育法》通过并颁布,我国民办教育涉足义务教育阶段办学有了法的许可。

1987年7月,国家教委颁布《关于社会力量办学的若干暂行规定》,标志着民办教育走向依法依规办学的新局面。1988年3月,国务院发布《高等教育自学暂行条例》,我国的自学考试走上了法制化轨道,促进了民办自考助学院校的进一步健康发展。同年,原国家教委颁布《社会力量办学教学管理暂行规定》。1989 年 9 月，原国家教委颁发《幼儿园管理条例》，民办学前教育得到了鼓励。1991 年 8 月，原国家教委，公安部联合颁发《社会力量办学印章暂行规定》。

这 10 年时间，国家改革开放、排除争议不断前行，民营经济快速发展，再加上国家对民办教育一系列鼓励性和规范性政策的接连出台，民办教育在比较宽松的环境中探索发展。有数据显示，到 1991 年底，民办高等教育机构发展到 456 余所，其中有 6 所民办普通高校，民办中学有 544 所，民办小学 655 所，民办幼儿园 12091 所。[①]

1992 年，在邓小平南方讲话精神的鼓舞下，民间办学出现了空前热潮，办学范围覆盖了国民教育的整个体系。同年 11 月，全国成人教育工作会议召开，会议提出了对社会力量办学采取："积极鼓励、大力支持、正确引导、加强管理"的十六字方针。1993 年 2 月，中共中央、国务院颁发《中国教育与改革发展纲要》，提出了公办、民办学校共同发展的基调，并把"十六字方针"写进纲要。同年 8 月，民办高等教育界期盼的《民办高等教育学校设置暂行规定》颁发，同年针对民办高校的高等教育学历文凭考试试点在 15 所民办学校的 15 个专业中试行。1995 年，国家教委成立了新中国第一个独立设置的民办教育管理机构——社会力量办学管理办公室，上行下效，全国各省市区民办教育管理机构纷纷成立，逐步形成了国家、省级、市级、县级四级民办教育管理机构，为民办教育的规范发展奠定了良好的基础。

1994 年 2 月，国家教委审批黄河科技学院、上海杉达学院、浙江树人学院、四川天一学院为具有国家颁发专科学历资格的民办普通高校，作为真正意义上的民办高等院校第一次纳入了国家统招计划。同年 7 月，国务院发布《关于〈中国教育改革和发展纲要〉的实施意见》，明确提出了"进一步改变政府包揽办学的状况，形成政府办学为主与社会各界参与办学的新体

---

① 陶西平、王左书主编《中国民办教育发展报告：2003～2009》，上海人民出版社，2010，第 29～30 页。

制"。同时也提出，可以实行"民办公助""公办民助"形式。1997年7月，国务院颁布了新中国第一个规范性民办教育行政法规——《社会力量办学条例》，标志着当代中国民办教育进入了一个有章可循的相对规范期。2000年3月，经教育部审核批准，黄河科技学院成为第一所实施本科学历教育的民办高校。同年6月，中组部与教育部党组联合发布《关于加强社会力量办学举办学校党的建设工作的意见》，对民办学校建立党组织，加强政治工作等提出了明确要求。2002年底，我国第一部民办教育法律《民办教育促进法》颁布，促使了民办教育在不断发展中规范，在不断规范中发展，形成了"质量—规模—效益"不断攀升的局面。

从国务院颁布的第一部专门规范民办教育的行政法规《社会力量办学条例》，到2002年底，新中国第一部民办教育法律《民办教育促进法》出台的这6年时间里，中国民办教育在向法制化迈进的进程中，各地民办教育的相关政策也纷纷出台。在民办高等教育方面，由于"大众化"进程的需要，国办高校扩大招生，无形中使民办高校等教育机构的招生在质量和数量上受到重大影响。

在民办基础教育方面，大量的公办名校办民校、校中校和一些"公办民助""民办公助"的"转制"学校大量涌现，使一些还未形成竞争力的民办学校陆续出局。由此，民办学校的生存方式必须由机遇型转向实力型，办学模式由趋同化转向多元化。

2004年，《〈民办教育促进法〉实施条例》颁布实施，条例中将独立学院、公办名校办民校合法化，对真正的民办教育办学者"合理回报"实施搁置、产权归属模糊等问题引起社会争议。《〈民办教育促进法〉实施条例》与其他法律存在着矛盾，民办学校难以取得金融信贷支持，要求民办校进行税务登记，并征收企业所得税，民办学校法人属性不伦不类等问题困扰着民办学校的健康发展。2005~2010年，全国民办小学五年减少了3189所，民办初中减少了349所，民办高中减少了676所。

针对民办教育机构办学中一些不规范行为引出的一些社会问题和矛盾，2006年12月，国务院办公厅颁布了《关于加强民办学校规范管理引导民办高等教育健康发展的通知》；2007 年 2 月，教育部颁发了《民办高等学校办学管理若干规定》，2008 年 2 月，教育部颁发了《独立学院设置与管理办法》（被称为"26 号令"），确定了独立学院 5 年过渡期。到 2010 年底，全国民办高校达 676 所，民办普通本科高校达 48 所，连同独立学院在内的本科在校生达 281 万人。民办高等教育的"有为、有位"影响着社会认知，成为我国教育发展的助推力量。

2010 年 7 月，国家颁布了《国家中长期教育改革与发展规划纲要》，《纲要》指出，民办教育是我国教育事业发展的重要增长点和促进教育改革的重要力量，发展民办教育是各级政府的重要工作职责。围绕纲要部署的重大改革任务，国家启动了民办教育综合改革试点工作，浙江温州市在综合改革中先行先试，出台了"1＋14"个政策文件，在全方位改革中破冰前行。2010 年，当代中国民办教育发展的国家顶层制度设计全面铺开，民办教育的国家战略地位和政治经济地位提升到了一个新高度，民办教育的深化改革转型发展、质量提升已进入了一个新时期。

2012 年 6 月 8 日发布的《国家教育事业发展第十二个五年计划》又以制度建设确保了民办教育持续健康发展。同年 6 月，教育部印发了《关于鼓励和引导民间资本进入教育领域促进民办教育健康发展的实施意见》，进一步明晰了民间资金进入教育领域的相关政策，拓宽了民间资金参与教育的发展渠道，基本解决了落实民办学校同等待遇的问题。2013 年 11 月，党的十八届三中全会召开，通过了《中共中央关于全面深化改革若干重大问题的决定》，也为民办教育改革指明了制度性方向。为顺利进行对民办学校实施"营利和非营利分类管理"的制度设计，2013 年 9 月，国务院法制办下发了包括《民办教育促进法》在内的 4 部教育法律修改通知，公开在社会上征求意见，分类管理成为民办教育界关注的焦点。

2012 年北京城市学院、河北传媒学院、黑龙江东方学院、吉林华桥外国语学院、西京学院五所民办高校获得硕士研究生招生资格，使民办高等教育从高水平、有特色发展进入新阶段，为 2020 年后能有一批民办高校获得博士研究生培养资格打下了坚实的基础。

"十二五"期间，民办教育发展的国家顶层制度设计已经建立，民办教育的战略地位和政治、经济地位提升到一个新的高度，民办教育是我国建设人力资源强国的重要力量已成为共识，民办教育的全面改革也真正进入了攻坚期，民办教育迎来了前所未有的发展机遇。

香港和澳门地区自古就是中国的领土，在 19 世纪中叶的鸦片战争后，被软弱无能的清政府先后割让给英国和葡萄牙，成为英、葡殖民地，时间长达一百余年，直到 1997 年和 1999 年我国政府毅然收回香港和澳门的主权，成为"一国两制"下的两个特别行政区。台湾作为中国领土不可分割的一部分，曾在 1895 年的中日甲午战争后，清末政府被迫签订《马关条约》。台湾从此被日殖民统治长达 50 年。

香港、澳门和台湾在近代教育史上无不被打上殖民教育的色彩，但中华民族的基石是不变的，民族文化的根是不变的，中国教育的传统影响是不会消失的。特别是我国改革开放以后，内地民办教育的复苏发展，内地及港澳台地区教育的交流、合作、学习、借鉴不断加强和深入，在某种程度上影响或促进了港、澳、台地区民办教育的发展。作为当代中国民办教育发展史，专为港澳台地区民办教育列为一章。

第二编　当代民办教育专题史

编年史部分是以时间的顺序记述了中国当代民办教育发展的历程及概况，而我国当代民办教育从复苏到不断发展壮大，历经数十年，涉及学前教育、培训教育、基础教育、中等职业教育、普通高等教育、非学历教育和继续教育、终身教育等，涵盖了整个国民教育体系。

办学中涉及的办学门类，办学层次和办学机制、办学模式十分复杂，涉及的政策、规定、法律从国家层面到地方应有尽有。一个办学单位从建立到正式运营所涉及的管理部门也是多之又多，如审批部门有教育部、工商局、人社部等，一个民办学校从建校到运营有规划、土地、建设、水电、热力、消防、环卫、保安、物价、税务、公安、民政等部门，甚至还有计生委，这些管理部门又根据办学的层次和类别分属于各级行政部门管理，从县

（区）、市、省（市、区）直到国务院各行政职能部门。再从一个学校的内部管理而言，有董事会（或理事会）、校务委员会、党委会、校办、党办、教代会（职代会）、办公室、人事处、宣传处、联络部、后勤处、各专业系科、财务处、招生办、学生处、就业办、教研室、研究所等。学校是教书育人的场所，学校从受教育者学生到教职工、管理者都来自社会不同阶层的不同家庭，涉及的社会群体广泛而庞杂，涉及社会的各个方面，现实上成了一个庞大的社会体系，因而我国民办教育是教育事业重要的增长点和促进教育改革的重要力量，为促进政治生态的优化、促进经济转型、改善民生和社会发展做出了重大贡献。

如果仅仅以编年史来反映民办教育发展的方方面面显然是不够的。故而本史的第二编以专题史的方式单独建章立节，即：

第七章　民办教育法规政策的形成与演进

第八章　中国共产党对民办教育的领导

第九章　民办教育管理机构与行业组织建设

第十章　当代中国不同区域民办教育的发展

第十一章　当代中国民办学校倒闭个案追思

第十二章　中国民办教育国际化的构建与发展

在充分认识我国民办教育发展的时代性、规律性、创造性的同时，依据阶段性特征和主要问题专列了以上几部分专题内容，作为民办教育发展实践中的主要专题列史立论，但并不奢望能够完全反映其多元概貌。

六　结语

中国民办教育史的研究，是对中国教育史研究的延伸与加强，而不是对中国教育史研究中有关民办教育史料的简单堆积和诠释，应有新的挖掘和创新。进入 21 世纪，党中央和国家机关站在我国教育长远发展的战略高度，再次审视发展民办教育的重要性，确立了发展民办教育的国家战略，把民办教育的地位、作用、成就提高到了一个前所未有的高度。尤其是研究当代的民办教育发展史，需对中国民办教育的总体发展脉络有宏观上的把握。在此基础上要尽可能充分展示出当代不同历史阶段民办教育发展的全过程和历史特点、地域特色。其研究的对象、范畴与方法，与中国教育史研究相比，既有相同之处，又有相异之处。它既要反映中国教育发展的一般规律和共性，又要揭示中国民办教育发展的特殊性与个性。从这个意义上讲，紧紧抓住"民办教育"四个字和其特色是研究的关键。

本卷由中国民办教育协会原监事会副主席张忠泽构思并列出目录大纲，由胡大白、张忠泽、樊继轩统稿，樊继轩教授对本卷内容进行了调整、补充、校对和修改。其中，本卷导言由张忠泽、樊继轩撰写；黄河科技学院中国民办教育博物馆周柯老师撰写了第一章；第二章的第一、二、四节由中国民办教育博物馆馆长丁富云教授撰写，浙江新世纪教育联盟俞建明董事长撰写了第二章的第三节；第三章由河南工程学院许玄音老师撰写；第四章由中国民办教育博物馆孙倩男老师撰写；第五章由张忠泽撰写；黄河科技学院王道勋副教授、武迎春副教授撰写了第六章；黄河科技学院张晓红副教授、成迎富老师、汤保梅副教授分别撰写了第七章、第八章、第九章；西安思源学院李维民校长、银冰冰老师撰写了第十章；广东当代民办教育管理研究院教育策划首席余拱焰总监撰写了第十一章；厦门南洋学院董事长、院长鲁加升教授撰写了第十二章。在撰写本书的过程中，我们参阅了有关专家学者已问世的教育史专著及文献，特此向有关作者深表谢意。

目　录

第一编　当代民办教育史

第二编　当代民办教育专题史

第一编

当代民办教育史

第一章

当代中国民办教育的顿挫与复苏

——新中国成立后到改革开放初期的民办教育（1949～1982 年）

　　1949 年 10 月 1 日，中华人民共和国成立。它标志着半殖民地半封建社会的结束，中国社会开始进入由新民主主义向社会主义的过渡时期。教育事业作为上层建筑的主要组成部分，自新中国成立之日起便开始步入了崭新的历史发展阶段。中国民办教育由于历史原因积淀深厚，新中国成立初期私立教育在国家办学体制中占有较大比重，特别是私立大学和教会学校，有不少学校在师资力量、教学设备、教学管理、教育质量等方面在同类学校中都是一流的。但是，这些旧学校无论是培养目标、教学内容，还是管理制度等方面，都打着半殖民地半封建教育的烙印。为适应新中国政治、经济、社会、文化建设，必须取消反动的教育内容，改革旧的管理制度，逐步建立起有利于巩固新的政权，有利于促进社会主义建设的新的教学秩序。

　　新中国成立初期，中共中央高度重视教育，一方面颁布了《约法八章》《私立高等学校管理暂行办法》等规章制度，对私立学校及时采取保护措施；另一方面采取"积极维持、逐步改造"的策略，分阶段各有侧重地对不同类型的私立学校开始了改造与接办。

　　1966～1976 年，中国经历了"文化大革命"，教育坚持"以阶段斗争为纲"，国家成为唯一的办学主体，民办教育几乎消失殆尽。1977 年 8 月，中共中央召开了科学和教育工作座谈会，座谈会坚持"解放思想、实事求是"

的思想路线，推翻了压在教育战线头上的"两个估计"。座谈会肯定了新中国成立十七年的教育工作，并做出恢复高考制度的决定。1977 年冬，高考制度恢复，在社会上引起了巨大反响。1978 年 3 月，全国科学技术大会在北京隆重举行。中国科教事业，终于迎来了久违的春天，全国人民精神为之一振。全国高考制度恢复、科学技术大会召开，教育领域拨乱反正工作持续开展，这一切不仅激励着无数关心祖国命运的有志之士，同时也为中国民办教育的复苏奠定了基础。

1978 年 12 月 18～22 日，中国共产党第十一届中央委员会第三次全体会议在北京举行。这次会议是中共发展历史上，具有划时代意义的一次重要会议。它冲破了教条主义和个人崇拜长期以来对党和国家的严重束缚，重新确立了"实事求是"的思想路线，党中央坚持从中国社会主义初级阶段的实际出发，总结新中国成立以来社会主义建设的经验教训，做出了把工作重点转移到社会主义现代化建设上来的战略决策。调整社会主义社会所有制结构，打破自 1956 年完成生产资料所有制社会主义改造直至"文化大革命"结束，实行的单一的全民所有制经济模式，建立多种所有制并存的经济结构，成为当时解放和发展生产力的首要任务。1978～1982 年，中国民办教育在国家多种所有制经济结构逐步建立过程中有所复苏。

1982 年 12 月，经五届全国人大第五次会议通过的《中华人民共和国宪法修正案》第十一条明确规定："在法律规定范围内的城乡劳动者个体经济，是社会主义经济的补充。国家保护个体经济的合法权利和利益。"以法律的形式确立了个体经济在中国的合法地位①。在这一形势下，全国许多地方私人办学也应运而生。

第一节　新中国成立初期对私立中小学的改造与接办

新中国成立初期，政府对私立学校采取了一系列保护措施，为恢复和发

---

① 徐晓先、许正霖：《中国私营经济的发展与对策》，《嘉应大学学报》（哲学社会科学版）2000 年第 4 期，第 24 页。

展新中国的教育事业提供了政策保证，为顺利接办与改造私立学校做了理论准备。对于旧教育的改造与接办，政府采取了积极维持、逐步改造的政策策略。

新中国成立初期，学习苏联的经验是我国的一项基本国策。苏联教育的突出特色是办学主体的一元化，全部实施"公立"教育，一切经费开支由政府承担，并大力发展、普及义务教育。苏联各教育阶段的办学模式和教学方法为新中国教育改革所遵循仿效。但是，当时基于我国人口众多，教育需求量巨大，生产力水平低下，经济落后的现状，要照搬苏联办学模式，短时间内实现公立教育一统天下是不现实的，政府对私立学校的接办与改造做出了分步实施的决策。1949～1952 年，国家对私立中学的政策经历了扶持、整顿、接管阶段；1952 年下半年至 1956 年为全面接办阶段。

一　国家对私立学校的改造和政策保护

（一）新中国成立初期国家对私立学校的改造要求

1949 年 9 月 21～30 日，中国人民政治协商会议第一届全体会议在北京举行，会议一致通过《中国人民政治协商会议共同纲领》。10 月 1 日，中华人民共和国正式成立。毛泽东主席发布政府公告：中央人民政府一致决议，接受《中国人民政治协商会议共同纲领》（简称《共同纲领》）为中华人民共和国的施政方针。[①]

《共同纲领》第五章"文化教育政策"中明确地规定了新中国教育的性质和任务："中华人民共和国的文化教育为新民主主义的，即民族的、科学的、大众的文化教育。人民政府的文化教育工作，应以提高人民文化水平，培养国家建设人才，肃清封建的、买办的、法西斯主义的思想，发展为人民服务的思想为主要任务。"关于教育方法和改造旧教育的步骤和重点，《共同纲领》指出："中华人民共和国的教育方法为理论与实际一致。人民政府应有计划、有步骤地改造旧的教育制度、教育内容和教学法。""有计划有步骤地实行普及教育，加强中等教育和高等教育，注重技术教育，加强劳动者的业

---

① 《中国人民政治协商会议共同纲领》，《人民日报》1949 年 9 月 30 日，第 1 版。

余教育和在职干部教育，给青年知识分子和旧知识分子以革命的政治教育，以适应革命工作和国家建设工作的广泛需要。"《共同纲领》关于新教育性质、任务、教育方法的规定，为旧教育的改造指明了方向，提出了根本性的要求。

新中国成立初期的私立学校，是从旧社会过来的，带着旧有体制和殖民色彩。其中不乏少数私立学校倾向革命、拥护进步，但对大多数私立学校来说，在面临社会性质根本转变时期，需要的是必须适应时代的要求。

（二）新中国成立初期国家对私立学校的政策保护

对于私立学校政策保护主要体现如下方面：1949 年 4 月，中共中央以解放军总部名义宣布《约法八章》公告，其中宣布："保护一切公私学校、医院、文化教育机关、体育场所和其他一切公益事业。凡在这些机关供职的人员，望照常供职，人民解放军一律保护，不受侵犯。"要求学校，"暂维现状，即日开学"。此后，中国人民解放军各地军事管制委员会陆续接受了新解放区的原公立学校，还颁布了有关保护和管理私立学校的暂行办法。与此同时，党的地下组织领导公立和私立学校的师生员工开展了护校斗争，使得绝大多数学校免遭破坏，为新中国教育事业的迅速恢复和发展保存了较好的基础。

1949 年 12 月 23 日，教育部部长马叙伦在第一次全国教育工作会议上指出："我们对于旧教育不能不作根本的改革，而这种改革正如我们的《共同纲领》所规定，必须是有计划有步骤地来进行。这样，在我们面前就发生了一系列的问题，如全国教育的制度、各级学校的课程、教材、教学方法、师资，等等，都要求一个彻底的，同时又是有计划有步骤的变革和解决。"① 教育部副部长钱俊瑞在会上也明确指出："在目前条件下，对中国人办的私立学校除极破坏者应予取缔或接管外，一般的应采取保护维持，加强领导，逐步改造的方针，没有必要而随便命令停办或接管。"对私立学校的教师，"必须坚决地正确地执行争取、团结、改造知识分子的政策"。

由于党和政府对私立学校采取积极保护的政策，我国的绝大多数私立学

---

① 《马叙伦部长在第一次全国教育工作会议上的开幕词》，参见《中华人民共和国重要教育文献》，海南出版社，1998，第 6 页。

校不仅能维持现状，而且在新的形势下得到了发展。1950 年 5 月 26 日，教育部在《关于高等学校 1950 年度暑期招考新生的规定》中指出，本年高校招生，由各大行政区分别在适当地点定期实行全部或局部的联合或统一招生，并允许各校自行招生。① 私立高校和国立高校一样，在招生政策上是平等的。各校可以根据自己的专业与学科建设需要，招收新生。

1950 年 6 月 3 日，政务院成立了 1950 年暑期高校毕业生工作分配委员会，把公私立高等学校的 18000 多名毕业生，一视同仁地分配到工作岗位上。1950 年 6 月上旬，教育部在北京召开第一次全国高等教育会议，毛泽东主席、周恩来总理亲自到会场接见了参会代表。这次会议通过了《高等学校暂行规程》等 5 个文件。在会议通过的《私立高等学校管理暂行办法》中，正式确定了私立高等学校在新中国教育体系中应有的地位。

1950 年 7 月 28 日，经政务院第 43 次政务会议批准，教育部于 8 月 14 日公布了《私立高等学校管理暂行办法》。《私立高等学校管理暂行办法》规定："私立高等学校的行政权、财政权及财产所有权均应由中国人掌握"；"私立高等学校（大学、专门学院及专科学校）方针、任务、学制、课程、教学及行政组织，均须遵照《高等学校暂行规程》及《专科学校暂行规程》办理"。② 1950 年 9 月，毛泽东主席在中共七届三中全会上提出："有步骤地谨慎地进行旧有学校教育事业和旧有社会文化事业的改革工作。"

从上述政策来看，新中国成立初期私立学校的财产权、招生、毕业生的分配权利，都是受政府保护的。正是因为政府的保护和支持，私立学校在新中国成立初期才能得以生存和发展。

二 新中国成立初期对教会中小学的改造与接办

（一）新中国成立前外国在华教会中小学概况

近代外国在华教会中小学比较出名的约有 323 个③，如九江同文书院、

---

① 刘海峰：《1952~2012 高考建制的花甲记忆》，《高等教育研究》2012 年第 11 期，第 78 页。
② 《中华人民共和国重要教育文献》，海南出版社，1998，第 47 页。
③ 郭卫东：《近代外国在华文化机构综录》，上海人民出版社，1993，第 480~486 页。

大同日本小学校、上海格致公学、广州培英书院、天津圣功学堂、中西女塾、长沙雅礼中学、北京贝满女校、北京崇德中学、汉口圣约翰中学、台南长老教中学、华英书院、华西协和中学、青岛书院、武汉辅仁中学、杭州弘道女校、南京汇文书院、哈尔滨波兰小学校、重庆求精中学、泉州培元中学、徐汇公学、清心小学、福州格致书院、震旦附属中学等。

1. 新中国成立前著名的教会中小学

上海清心女校的前身是 1860 年美国基督教北长老会传教士范约翰夫妇在上海陆家浜创办的清心书院，是中国最早的私立学校之一。初期仅设 8 年制小学课程，以宗教课为主，兼修国文、算术、天文、地理等。1917 年添加中学，学制 12 年，1918 年添设实业科，改为私立清心女子中学，1924 年增设商业科，高中课程（国文除外）皆使用英文原版教材，美籍教师执教英语课。学校校长先后由司密斯、美高兰、牧敦和张石麟担任，1928 年后华人张蓉珍为校长，1953 年该校由人民政府接办并改名为上海市第八女子中学。

广州圣心书院是 1903 年法国天主教传教士巍畅茂和俄美士等在广州大新路创办，主要传授宗教和英法方言，1914 年改名为私立圣心中学，以法籍巴士高（Pascal）为校长。1925 年实行新学制，对教师和学生思想禁锢很严，不许在校内从事宗教以外的活动，因而发生部分师生离校、另建新校的情况。1927 年春该校移交中国天主教会办理，另聘朱寿山、方硕梅等为校长，增加了高中部，学校设施齐全，学生有 700 多人，取消了将天主教义列为必修课和师生必须参加宗教活动的规定。新中国成立前夕该校有初中 4 个班、高中 3 个班，1949 年后被人民政府接办，改名为广州市第三中学。

开封圣安得烈学校是 1912 年由加拿大基督教圣公会在开封南关创办，学制为选科 2 年、预科 4 年，除国文、中国历史外，其他课程皆用英文，学生有 500 多人，毕业后可直入圣约翰、燕京等教会大学。1930 年该校与圣玛利亚女校合并为私立豫中中学，并向中国政府立案，林步基为校长，1933 年增办高中，抗战胜利后曾一度停止接受外国津贴，1951 年被人民政府接办，改名为省立开封第六初级中学。

1877 年英国教会在厦门鼓浪屿创办私立闽南女子学校，是福建最早的寄宿制女校，1885 年改名为怀仁女学，并建有操场，开女子体育运动之先河。民国时期，该校设有幼儿、小学、中学和师范 4 部，聘任华人为校长，培养学前、小学和中学女教师。厦门解放之后，该校由市政府接管并与毓德小学合并，于 1951 年改名为厦门师范附属小学，1953～1959 年，是厦门师范学校、厦门大学学生见习、实习基地。①

山丹培黎学校是在华国际友人路易·艾黎（Rewi Alley）创办的培黎系列学校之一。1940 年建于陕西省双石铺，初名双石铺培黎学校。以招收有小学文化程度的贫民子弟，施以合作教育和技术教育，使其成为既能用手、用脑，又愿去农村从事工业合作事业的人才。经费靠国际捐款，实行半工半读，除若干基础理论课外，特别重视对学生进行生产教育和职业训练。1944 年因日军进犯，迁至甘肃省山丹县，改名为山丹培黎学校。因得美、英等国捐款，学校有较大发展，学生达 300 余人。教师多聘外籍机械师、电机师、化学家、畜牧学家担任，附设纺织、裁缝、机械、陶瓷、玻璃、皮革、造纸、煤矿、地下水利用工程、垦荒、澳洲种羊之畜牧、地质勘探、测量等学生实习场所，成为艾黎发展乡村工业、改造乡村经济计划的重要试验地。新中国成立后，由当地政府接管。

1874 年（清同治十三年）法国天主教耶稣会在上海创办圣芳济学院，首任校长特蒂神父。当时仅有学生 4 人，全为西方儿童。1879 年在校学生 90 人。1880 年招收中国籍学生。1884 年在校学生达 193 人，其中华人 23 人。后因中国学生日增，另辟华人部。学校组织完全依据欧美学校标准；课程以教理为主，另有英文、法文、拉丁文、希腊文、数学、哲学、中文、音乐等。1895 年校务移让圣母会。1936 年组成完全中学。1952 年由上海市人民政府接管，改名上海市时代中学。②

1890 年（清光绪十六年）美国基督教卫理公会传教士林乐知在上海创办

---

① 福建省地方志编纂委员会编《福建省志教育志》，方志出版社，1998，第 185～186 页。
② 张健、李燕杰：《中国社会力量办学大辞典》（上册），红旗出版社，1997，第 240 页。

中西女塾近代女子教会学校，初名"墨梯学校"。同年正式开学，全校仅有女学生 5 人，教师 2 人。美国女传教士海淑德任第一任校长。1902 年颁布《上海中西女塾章程》，规定中西并重，专教女生，招收 8 岁以上女孩，13 岁以上女孩"必须住馆"。学制 12 年。开设中文、英语、算学、格致、圣道、音乐、家事等课，尤重英语与琴科。1929 年由杨锡珍接任校长。1930 年向中国政府立案。后来学校扩展为中西第一小学、中西第二小学、中西女子中学。1952 年由人民政府接管，与圣玛利亚女校合并为上海市第三女子中学。

2. 早期教会中小学办学情况

外国在华教会小学创办初期多设在设备简陋的民房中，规模小、学生少，一般随教会所属国的学制，5～8 年不等，课程主要是宗教、英文和汉文三类。1933 年 10 月，南京国民政府颁布了《修正私立学校规程》，限制外国人在华设立小学，因此各教会改变办学政策，将一部分小学发展为中学。① 外国在华教会中学学制一般为 4 年，随教会所属国的学制，课程以圣经、外文、理化为主，注重宗教教育，教规比较严厉，忽视中文课。教会中学在中国政府立案后一般分初、高两级各 3 年，抗战时期一些教会中学内迁、合并或停办。

（二）接办所有教会中小学学校，收回教育主权

在 1949 年接管之初，对于教会学校整顿的总方针，是明确"学校与教会分离"的原则，具体的整顿措施为：要加强领导并彻底改造其内部，宗教团体或其代表不应接受其为董事，仅能接受其个人参加董事会，外籍董事以本校任职者为主，人数不得超过董事总人数的三分之一，若因外籍董事退出董事会而发生经费困难者，也不能因此而把外国人请回来。除监督学校须严格执行政府之政策法令外，并经常通过会议或小型座谈会等方式进行改造；关于经费，收费标准仍采用协议原则与量入为出的方针，但为照顾工人子弟及贫困子弟，应设有一定数目的全免或半免费生名额。教会津贴不应作为学校的一种经济制度，校舍应和教堂分开，礼堂和教堂混用的应进行限制；关于课程方面规定功课中不允许有宗教科目，如拉丁文讲经等，并委派

---

① 福建省地方志编纂委员会编《福建省志教育志》，方志出版社，1998，第 758～759 页。

或调整较强的政治教员开展政治思想教育，并在校政上有一定的协助责任；加强教职员的政治和业务学习，以树立其历史唯物主义的观点，展开思想斗争，除政治教员外，国文、史地教员亦须由教育局介绍或严格审查，以便通过各门功课，课外指导、壁报和辩论会等方式进行。①

新中国成立之初，中央人民政府确立了"打扫干净屋子再请客"的外交政策。1950年6月，朝鲜战争爆发，中美关系进一步恶化，为清除帝国主义势力在教育领域的残余，中央政府决定接办教会学校，收回教育主权。例如，1951年1月23日，北京市人民政府进行了关于接受外国津贴及外资经营的文化教育救济机关及宗教团体的专门登记工作，于3月31日完成，又经过两个月的审查，于5月底全部结束。登记的学校为59个，主要是接受美国津贴的学校。经过此次登记，北京市政府对帝国主义在京的残余力量与影响有了较具体的了解，掌握了它们的经济、人事情况，搞清了它们的组织系统及与各方面的相互关系。

三 新中国成立初期对私立中小学的改造与接办

（一）新中国成立前私立中小学概况

新中国成立初期，我国的私立学校数量相当多，许多城市甚至超过了公立学校，在整个国民教育体系中占有很大的比重。第一次全国教育工作会议统计，全国已解放地区（缺西南六省、西北三省数据）共有私立中等学校1467所，占中等学校总数的48%。私立中等学校学生共有366000余人，占学生总数的42%。京、津、沪、宁、武汉5个市，有私立小学1452所，占小学总数的56%；私立小学学生307400余人，占学生总数的44%。该5市有私立中等学校439所，占中等学校总数的84%；私立中等学校学生136200余人，占73%②。新中国成立初期我国私立中学不仅数量多，而且有相当一部分学校在办学质量和社会信誉等方面受到社会瞩目。

---

① 北京市档案馆：《关于中等、初等、社会教育工作中存在的问题及解决问题的意见》，1950，档号：J1-23-16。
② 陈学恂、高奇：《中国教育史研究》（现代分卷），华东师范大学出版社，2009，第296页。

天津南开中学，始创于 1904 年，是由我国著名爱国教育家严范孙
（1860～1929）和中国现代职业教育家张伯苓（1876～1951）创办①。创办
人始终坚持"教育救国""教育建国"的办学宗旨，勠力同心，在国人心中
美誉度较高。民国以后学校得到更快发展，1916 年在校学生已逾千人，②
1919 年开始学校设大学部，1923 年增设女生部，1928 年增设小学部，并建
立研究所两个，统称南开学校。1936 年在四川重庆建成南开中学，1940 年
又建成重庆南开小学。③

杭州安定中学，其前身为 1902 年（清光绪二十八年）由实业家胡趾祥
捐资，委托陈叔通创办的安定学堂，校址位于杭州葵巷原敷文书院旧址。
1912 年改名安定中学。学校以"体用兼全，作育人才"为办学宗旨，重视
师资队伍建设，凡是好教员都千方百计设法聘请来校，培养出一代又一代心
怀天下的优秀学人。沈雁冰（茅盾）、范文澜、钱天鹤、罗大冈、冯亦代、
尉建行等，即为早期优秀学生中的杰出代表。在杭州，少年求学必投考安
定，有子弟在安定读书，则全家引以为荣。抗日战争爆发后，学校于 1937
年迁至浙江诸暨次坞。同年开始招收女生。1939 年迁至缙云壶镇。1940 年
增设简易师范班，为当地培养小学教师。1946 年在杭州复校，增设附小。
1955 年改为公立，更名杭州第七中学。

新中国成立初期类似天津南开中学、杭州安定中学在地方乃至在全国负
有盛名的私立学校不一而举，因此有人说新中国成立初期私立学校支撑着中
国教育的半边天。因此，政府对私立学校的接办与改造做出了分步实施的决
策。1949～1952 年，国家对私立中学的政策经历了扶持、整顿、接管阶段；
1952 年下半年至 1956 年为全面接办阶段。

（二）整顿和接办私立中小学的政策方针

1949 年之后随着中央教育行政机构的建立，全国各省、自治区、直辖
市一级政府中也设立兼管本地区文化和教育事宜的教育厅（局）或文教厅

① 杭培根、黄科文主编《中国特色学校》（第二卷），中国文史出版社，2004，第 12 页。
② 南开大学校史编写组《南开大学校史》（1919～1949），南开出版社，1989，第 7 页。
③ 张健、李燕杰：《中国社会力量办学大辞典》（上册），红旗出版社，1997，第 227 页。

（局）。1952 年，根据中央人民政府《关于调整地方人民政府机构的决议》精神，省级政府曾设文化教育委员会，1955 年改为文化教育办公室。后来部分省级政府中又增设教育局，在省与县之间设立行署机构，作为地（市、州）级政府，在行署中设文教科，管理地方的文化和教育工作。1954 年，根据《地方各级人民政府组织法》规定，在县级政府中设教育科（或文教科），后来都改为教育局，是县人民政府下属的专门管理教育的职能机构。

1950 年 7 月 25 日，政务院在一份指示中要求各地政府"除尽可能维持公立学校外，应本公私兼顾的原则，积极维持各地城市中现有的私立学校，并领导其进行必要的和可能的改革，减低学费，多收学生"，"私立学校中，办学成绩较好，经多方设法而仍无法维持和改造者，可劝导其和其他学校合并，其学生及教职员，均应予以适当的安置"。① 一系列政策方针的颁布，明确了改造旧教育体系的必要性，同时提出了改造旧教育体系的主要任务，即改变教育性质，掌握教育主权，教育的服务对象是人民和国家。

1951 年 3 月 31 日，在第一次全国中等教育会议上，马叙伦部长再次重申了对待私立中等学校的方针：我们依据公私兼顾的原则，为了纠正忽视和歧视私立中等学校的错误，继续贯彻积极扶持、加强领导、逐步改造的方针和鼓励各阶层人民积极参加教育建设事业的精神，修正通过了《关于积极扶持和改造私立中等学校的决定（草案）》②。此时的私立学校已然陷入严重的困境，特别是经济方面的困难，除学费这一收入勉强支撑其办学外，其他经济来源基本都断绝了。周恩来总理对此曾这样说过："今天私立学校处于困难的境地，以前他的经济来源大都依靠军阀、官僚资产阶级，现在没有了，学田土改时分了。教会学校在与外国断绝关系后，经费上有很大困难，这些困难，政府都应该照顾。"

1951 年 5 月 18 日，教育部《关于 1950 年全国教育工作总结和 1951 年

① 刘英杰：《中国教育大事典》（1949~1990）（上册），浙江教育出版社，1993，第 82 页。
② 刘一凡：《中同当代高等教育史略》，华中理工大学出版社，1991，第 13~16 页。

13

全国教育工作的方针和任务的报告》中指出：开始实行教育事业中的公私兼顾政策，对私立学校一般地采取了积极维持、加强领导、逐步改造的方针，使之逐渐适合国家建设的需要，并实行在城市奖励私人兴学，在农村鼓励群众办学的政策。①

1952 年教育部颁发《小学暂行规程（草案）》和《中学暂行规程（草案）》规定：小学不论是公办的或私立的，都由市、县人民政府教育行政部门统一领导；中学由省、市文教厅、局遵照中央和大行政区的规定实行统一领导，其设立、变更、停办要报大行政区文教部备案，并转报中央教育部备查。

1952 年 3 月 31 日，政务院《关于整顿和发展中等技术教育的指示》指出：各地现有的各类私立中等技术学校和私立技术补习学校，对培养技术人才起到一定的作用，各级人民政府及所属各有关业务部门应鼓励此类学校的设置，并加强领导，使其有效地为国家建设服务。其办理有成绩而经费确实困难者，应予以适当的补助。

随着土地改革的完成和工农业生产的恢复，1952 年下半年，政府开始着手对私立中小学校的接办。1952 年 6 月 11 日，北京市委关于中小学生费用负担及生活情况向中央和华北局呈交了报告。报告中提到，目前中小学生所负担的费用，对于劳动人民的家庭和低薪制工作人员来说，是相当重的。目前中学的人民助学金标准低、名额少，对学生虽有所帮助，但还不能解决问题。小学根本无助学金，只有减费、免费名额，名额在公、私立小学分别约占全校人数的 30% 和 20%。中学生的伙食一般很差，营养不够，医疗卫生设备少，而功课和课外活动又较繁重，学生健康状况虽较过去好得多，但仍然是差的。为了改善这种状况，计划接管全部私立中小学，公、私立中小学一律免收学杂费。毛泽东在看过这个报告后，于 6 月 14 日做出批示："如有可能，应全部接管私立中小学。"教育部在接到毛泽东的批示后，立即调

---

① 刘英杰主编《中国教育大事典》（1949～1990），浙江教育出版社，1993，第 324、325、330 页。

查当时私立中小学的情况。在教育部上呈中央的《关于接办私立中小学问题的报告》中提到，目前私立中小学的主要问题是：有的学校经费困难，主要依靠较高的学费维持；有的办得很坏，党的政策不易贯彻，学生及其家长表示不满，绝大多数的校方和师生都希望政府快点儿接办。因此，现在提出有步骤地全部接办私立中小学问题是切合时宜的。

根据周恩来总理的指示，教育部于 1952 年 8 月 2 日召开了全国中小学教育行政会议，就此问题做了讨论。各地代表均表示赞同，要求尽可能地从速接办。1952 年 8 月，北京市教育局出台了《关于接办北京市私立中小学校的决定》，指出："由于国家情况限制，过去人民政府尚不可能全部改为国家公办，仅能采取积极领导和经费补助的方针。现在由于国家经济已有根本的好转，广大群众又有迫切的要求，为了进一步贯彻向工农子女开门的方针，减轻学生家长的经济负担，并更好地提高教学质量，特决定北京市的私立普通中学校于本年内全部接办改为公立；初等学校，本年内先行接办一部分，争取在今后一二年内全部接办完毕，其未接办部分仍须加强领导继续改造，以符人民教育方针。"

1952 年 8 月 20 日，中央教育部党组关于中小学教育行政会议的报告向党中央汇报了关于有步骤地全部接办私立中小学问题的初步意见。遵照中央精神，教育部于 9 月 10 日发布了关于接办私立中小学的指示。决定自 1952 年下半年至 1954 年，将全国私立中小学全部由政府接办，改为公立。接办方针是：先接办外资举办的，后接办中国人自办的；先接办办理成绩较坏的，后接办办理成绩较好的；先接办经费困难的，后接办经费还能维持的；大体上先接办中等学校，后接办小学。接办后应采取逐步整理的方针。在接办的时间和步骤上，私立学校少的地区（东北、西北、华北）先完成，私立学校多的地区（华东、中南、西南）在 3 年内完成。对少数民族团体或私人举办的中小学，可暂缓接办，其经费困难者应予补助，但在自愿的原则下，政府可予以接办。接办后须尊重少数民族学校的特点。为做好接办的准备工作，要切实对私立中小学进行调查研究，掌握各校具体情况和统计数字。选派一定数量政治上强的干部，负责接办工作。各级教育行政部门应与党、团、学联、教育工会等单位密切联系，组织各方面的力量协助进行接办工作，保证接办计划的完成。根据该指示，全国接办私立中小学的工作逐步展开，到 1956 年全部接收完毕①。

（三）整顿和接办私立中小学

根据教育部规定精神，各地迅速推进对私立学校的整顿与接办工作。例如，1952 年 9 月 10 日，北京市教育局接管东城界内的崇实、新知、育德、崇慈、大同、育英、贝满、汇文、慕贞、竞存、孔德等全部私立中学。9 月 23 日至 10 月底，市教育局接办私立中学 38 所、私立小学 77 所。也有个别私立学校是主动交给政府的，如宣武区内的私立春明女中。1950 年 7 月，春明女中的校长向市教育局申请接管并献校，改名为北京市立第五女子中学，成为全市私立学校献校之先。到 1952 年，宣武区完成私立中学的接管，将 4 所私立中学合并，调整为两所。再如，1952 年 9 月，遵照中央指示，河南省将政府接管的 476 所私立小学正式改为公立小学，农村的所有小学也一律改由政府主办②。

1952 年 11 月 15 日，教育部发布文件，传达关于整顿和发展民办小学的指示。规定今后几年内发展小学教育应采取政府统筹与发动群众办学相结合的方针。政府要有计划地增设公立小学，同时允许群众在完全自愿的基础上出钱出力，有条件地发展民办小学，以满足群众送子女入学的要求。发动群众办学必须坚持 3 项原则：①必须在自愿的基础上，按照公平合理的原则筹措经费。小学办起来后，至少要坚持 3 年。反对强迫命令和不合理的摊派。②发动群众办学，应着重在经济比较富裕和失学儿童较多的大村。贫困小村由政府设公立小学。③群众办学必须有计划、有领导地进行，不能放任自流。政府要帮助群众解决师资问题，加强领导，对经费不足的民办小学，政府予以适当补助。

教育部关于整顿和发展民办小学的指示精神很快在各地得到贯彻执行。

---

① 张健、李燕杰：《中国社会力量办学大辞典》（上册），红旗出版社，1997，第 49 页。
② 河南省地方史志编纂委员会：《河南省志》，河南人民出版社，1993，第 78 页。

仍以河南为例，1953 年 9 月，河南省政府发出通知，明确：机关、团体、厂矿、公私营企业，应根据需要与可能，自行或共同举办小学，经费自筹，校舍设备力求简朴，学校的教学方针、制度、教学计划等，应由所在市、县人民政府的教育行政部门统一领导，校名自定。1955 年，河南省贯彻执行全国文教工作会议精神，积极提倡发展民办小学，据统计当年全省共有各类民办小学（包括私立小学在内）804 所，在校学生 10.84 万人。1956 年，全省公办小学学生占小学生总数的 2.6%。全省小学学龄儿童的入学率由1955 年的 59.37% 增长到 65.1%[①]。

表 1-1　新中国成立后我国民办学校学生数占小学学生总数比例

年份	学校数（万所）	在校学生数（万人）	学龄儿童入学率			民办学校学生数	
			全国学龄儿童数(万人)	已入学学龄儿童数(万人)	入学率	学生数（万人）	比例
1949	34.68	2439.1				261.5	10.7
1950	38.36	2892.4				662.3	22.9
1951	50.11	4315.4				1426.1	33.0
1952	52.70	5100.0	6642.4	3268.1	49.2	246.8	4.8
1953	51.21	5166.4	6818.3	3432.3	50.3	149.5	2.9
1954	50.61	5121.8	7060.8	3633.7	51.5	195.6	3.8
1955	50.41	5312.6	7306.4	3928.9	53.8	257.3	4.8
1956	52.90	6346.6	7639.0	4780.1	62.6	350.4	5.5
1957	54.73	6428.3	8077.7	4986.6	61.72	500.7	7.8

资料来源：刘英杰编《中国教育大事典》（1949~1990），浙江教育出版社，1993，第324、325、330 页。

总体来说，1949~1952 年，党和政府对私立中学的政策经历了扶持、整顿、接管阶段。扶持即利用旧中国原有的私立中学的基础，如其设备、教职员工等，对办学效果相对较好，办学理念好的学校，政府在资金、政策等方面给予一定的鼓励和支持，使其继续在新中国的教育事业中实现价值。整顿即对办学效果相对不是很好，但是还可以继续办学的私立中学，政府针对

[①]　河南省地方史志编纂委员会：《河南省志》，河南人民出版社，1993，第78 页。

其办学管理不善，允许其与其他学校合并，或将其停办，或在改善后继续独立办学。接管即对没有办法再继续办学的私立中学，政府派出工作人员接管改为公立学校。

1952 年下半年至 1956 年为全面接办阶段，所谓全面接办即在 1952 年下半年开始对当时还存在的私立中学由政府派工作人员全面接收改为公立学校。1953 年，教育部又决定："1955 年内接办完私立完全中学，1957 年内基本上接办完所有的私立中学。""第一个五年计划内基本上不接办私立小学，个别经费困难确实办不下去的可接办。"实际上北京市于 1953 年 10 月即接办了全部私立中学，并首批接办私立小学 60 所。私立中小学的公办化改造速度很快，到 1956 年，随着社会主义改造的基本完成，全国的私立中小学已全部改为公立了。[①]

第二节　新中国成立初期对私立高校的改造与接办

对旧中国民办教育接管与改造的第一步，是以解放区学校为骨干，逐步接管国民政府遗留下来的公立学校、私立学校和接受国外津贴的教会学校。各级人民政府相继委派中共党员干部领导学校工作，加强思想政治教育，取消反动的教育内容和旧的管理制度，逐步建立起新的教学秩序。

一　新中国成立前私立高等学校概况

从二十世纪初中国人自办私立大学起到 1947 年，私立专科以上学校已有 79 所，占 1947 年高校总数的 38.16%。1947 年，全国专科以上学校教职员共 33496 人，其中私立高校教职员为 7700 人，占教职员总数的 23%；全国专科以上学校共有学生 155036 人，其中私立高校学生为 58156 人，占在校生总数的 37.5%[②]。据 1949 年数据统计：全国注册的中小学共有 4050

---

① 金忠明等：《中国民办教育史》，中国社会科学出版社，2003，第 235 页。
② 教育部教育年鉴委员会：《第二次中国教育年鉴》，商务印书馆，1948。

所，在校学生共有 108.90 万人；其中公办的 1778 所，占中小学数的 44%，在校学生 63.62 万人，占在校生总数的 58.4%；民办（私立）的 2267 所，占中小学总数的 56%，在校生 45.28 多万人，占在校生的 41.6%。全国共有高等学校 205 所，其中公办的 121 所，占高校总数的 59%，在校学生占大学在校学生总数的 73.1%；民办（私立）的 84 所，占高校总数的 41%，在校学生占总数的 26.9%①。新中国成立之初，我国有些地方的私立高等学校多于公立高等学校。如西南地区刚解放时，公、私立高等学校共 52 所，其中私立就有 30 所。上海市有高校 40 所，其中私立就有 30 所。私立高校学生占该市高校学生总数的 59.2%。在南京市和武汉市，公立高校与私立高校数相等。②

1949 年在全国各地解放时接管的高等学校 223 所中，有私立大学 93 所（包括教会大学，不包括接管前已停办或解散的私立大学），它们是：

私立大学 27 所：燕京大学（北京）、辅仁大学（北京）、中国大学（北京）、中法大学（北京）、津沪大学（天津）、大同大学（上海）、大夏大学（上海）、光华大学（上海）、沪江大学（上海）、震旦大学（上海）、圣约翰大学（上海）、金陵大学（南京大学）、东吴大学（文理科在苏州，法科在上海）、江南大学（无锡）、之江大学（杭州）、福建协和大学（福州）、齐鲁大学（济南）、华中大学（武昌）、中华大学（武昌）、岭南大学（广州）、国民大学（广州）、广州大学、南华大学（广东梅县）、文化大学（广州）、华西协和大学（成都）、成华大学（成都）、川北大学（四川三台）。

私立独立学院 41 所：北京协和医学院、华北文华学院（北京）、明阳学院（北京）、达仁商学院（天津）、育德学院（天津）、中国纺织工业学院（上海）、同德医学院（上海）、东南医学院（上海）、震旦女子文理学院（上海）、诚明文学院（上海）、新中国法商学院（上海）、上海法学院、法政学院（上海）、新中国学院（上海）、金陵女子文理学院（南京）、建

① 教育部教育年鉴委员会：《第二次中国教育年鉴》，商务印书馆，1948。
② 俞建明等：《民办（私立）高校管理》（上册），测绘出版社，2001，第 36 页。

国法商学院（南京）、华南女子文理学院（福州）、福建法商学院（福州）、中国文学院（无锡）、南通学院（南通）、广东光华医学院（广州）、广州法学院、四川国医学院（成都）、东方文教学院（成都）、西南学院（成都）、大川学院（成都）、铭贤学院（成都）、中国公学大学部（重庆）、敦义农工实验学院（重庆）、香辉文法学院（重庆）、勉仁学院（重庆）、求精商学院（重庆）、重华法商学院（重庆）、正阳法学院（重庆）、乡村建设学院（四川巴县）、南林学院（四川巴县）、群治学院（四川巴县）、川大文学院（南充）、辅成法学院（四川万县）、白屋文学院（四川江津）、五华文理学院（昆明）。

私立专科学校25所：上海纺织工业专科学校、诚学纺织专科学校（上海）、文绮染织专科学校（上海）、上海牙医专科学校、中法药学专科学校（上海）、民治新闻专科学校（上海）、中华工商专科学校（上海）、立信会计专科学校（上海）、上海商业专科学校、光夏商业专科学校（上海）、东亚体育专科学校（上海）、上海美术专科学校、重辉商业专科学校（上海）、南京工业专科学校、苏州美术专科学校、正则艺术专科学校（江苏丹阳）、信江农业专科学校（江西上饶）、江汉纺织专科学校（武昌）、医药技士专门学校（武昌）、文华图书馆专科学校（武昌）、广东中医专科学校（珠海）、西南美术专科学校（重庆）、蜀中艺术专科学校（重庆）、中华戏剧专科学校（重庆）、新中国艺术专科学校（重庆）。[①]

二 新中国成立前私立教会高等学校概况

（一）新中国成立前私立教会大学概况

1949年新中国成立之初，全国共有高等学校205所，学生11.72万人。在205所高等学校中，有私立高等学校84所，占全国高校总数的41%。私立高等学校中有教会大学21所，占私立高等学校总数的25.0%。[②]

---

① 杨镇圭：《从历史的深层走来——我国近代民办高教》，《民办高教天地》1993年第4期。
② 刘英杰主编《中国教育大事典》（1949~1990），浙江教育出版社，1993，第1115~1118页。

中华人民共和国成立之初，比较著名的教会大学有之江大学、岭南大学、东吴大学、金陵大学、北京协和医学院、协和大学、铭贤学院、津沽大学、华中大学、华西协和大学、华南女子文理学院、华中大学、圣约翰大学、沪江大学、齐鲁大学、震旦大学、东吴大学、燕京大学、辅仁大学等。根据教会大学的调查资料，绘制表1-2，从中可以看出教会大学的分布特点。

表1-2　教会大学在国内的分布情况

名称	所在地	年份	创办者/改组者	创办前身
东吴大学	上海及苏州	1901	美国监理会	存养书院（后称博习书院）、中西书院
圣约翰大学	上海	1905	美国圣公会	圣约翰书院
之江大学	杭州及上海	1910	美国长老会	崇信义塾（后称育英义塾、育英书院）
华西协和大学	成都	1910	卫理公会、浸礼会、英美会、公谊会	无
齐鲁大学	济南	1911	英、美、加三国传教士	登州文会馆及山东数所教会学校
华南女子大学	福州	1914	美国卫理会	无
协和大学	福州	1915	美国公理会、复初会、美以美会、英国圣公会等	无
金陵女子大学	南京	1915	美国浸礼会、监理会、美以美会、长老会、基督会等	无
金陵大学	南京	1910	美以美会	汇文书院、宏育书院
沪江大学	上海	1915	美国浸礼会	浸礼大学
岭南大学	广州	1918	美国长老会	格致书院（后称岭南学堂）
燕京大学	北京	1919	美以美会、公理会、长老会、伦敦会	汇文书院、华北协和大学
华中大学	武昌	1924	耶鲁布道会、循道会、伦敦会、圣公会、复初会	长沙雅礼大学、武昌博文书院大学部、汉口博学书院大学部、武昌文华大学、岳州湖滨大学
震旦大学	上海	1903	法国天主教耶稣会	无
津沽大学	天津	1922	天主教耶稣会	无
辅仁大学	北京	1925	罗马天主教	辅仁社

早期在华教会大学主要分为基督教教会大学和天主教教会大学。表1-2所示16所大学中，以基督教教会大学居多。从地域上看，早期教会大学主

要沿通商口岸分布，上海、福州、南京等地因政策需要对外开放时间早，分布了广泛的初等、中等教会学校，良好的教育基础以及对高等教育人才的需要为教会大学的孕育创造条件。从国别来看，美国教会较强调并积极利用教育事业，所办的大学数量多，遍及沿海至内陆，且出现多个教会联合办学，办学资源丰富。这些教会大学院系设置比较科学、齐全，基本采用西方教学模式，大部分在外国立案。

（二）新中国成立前在华教会专门学校概况

新中国成立前外国在华教会医学专门学校、师范学校、职业学校和特殊教育学校有 94 所①。

教会医学专门学校主要有广州医学预科、广东女子医学校、汉口博医卫生技术专门学校、台北医学专门学校、齐鲁大学医学院附属护士学校、南华医学堂等。教会医学专门学校一般附设有医院，不分系科、开设课程较少。

教会师范学校比较出名的有中华基督教女青年会全国协会体育师范学校、台北师范学校、华中协和师范、怀德幼稚师范学校、沈阳基督教师范学校、旅顺师范学堂等。教会师范学校主要是培养中小学教员，一般附设有幼稚园，课程主要有圣经和国文等，注重宗教活动。

教会职业学校代表性的有山丹培黎学校、大连商工学校、天津日本商业学校、中华女子手艺学校、公主岭农业学校、协和实业学校、抚顺矿山学校、青岛学院实业学校等。

教会职业学校主要是培养学生的职业技能，传授商科、工科知识，为学生提供工艺教育。由于"教会学生率系贫寒子弟，不能自给，仰赖教会之免费优待。苟兴工艺，则此等学生，可藉工作之余利，资养其身，更无须教会之免费……工艺一门，实于实业之中，含有教育性质"②。

教会特殊教育学校是指传教士采用特殊方法和设备对有生理缺陷的盲聋哑及弱智儿童、青少年或成人进行教育的学校，这类学校多在沿海大城市，

---

① 郭卫东主编《近代外国在华文化机构综录》，上海人民出版社，1993，第 486～487 页。
② 刘英杰主编《中国教育大事典》（1840～1949），浙江教育出版社，2001，第 1022 页。

教学计划一般不统一，经费也不稳定，主要依靠募捐和学生所交的少量学费。学员除学习盲文、圣经和宗教诗歌外，还参加一些手工劳动。教会特殊教育学校主要有广州明心瞽目学校、中国盲人收容所、古田盲人学校、台北盲哑学校、启暗学馆、俄侨聋哑学校、徐家汇圣母院聋哑学校、滇光瞽目学校、福州灵光盲人学校等。

如 1874 年苏格兰传教士穆威廉筹募经费，借用北京东城甘雨胡同长老会房屋，创办中国第一所盲童学校——"瞽叟通文馆"，初期只有学生 3 人，教授盲文、圣经。穆威廉采用布莱尔盲字方法，与华人教师首创中国盲文——康熙盲字。1954 年 8 月人民政府接管该校，改名为北京市盲童学校①。

三 新中国对教会大学的接收和管理

新中国对教会大学的接收、管理工作早在新中国成立前就已陆续展开，大致经历了一般性接收、全面接管、院系调整三个阶段。

（一）新中国成立初期：一般性接收教会大学（1948年9月~1950年6月）

1948 年 9 月，中国人民解放军接管的第一所教会大学是齐鲁大学，接着扩展到对燕京大学（1948 年 12 月）、辅仁大学（1949 年 1 月）、金陵大学等知名大学的接管，1949 年末解放军完成对华西协和大学的接管。同年 3 月 5 日毛泽东在《在中国共产党第七届中央委员会第二次全体会议上的报告》中提出："在对待剩下的帝国主义的文化事业上可以让它们暂时存在，由我们加以监督和管制，以待我们在全国胜利以后再去解决。"②

解放战争时期，党和政府在对待教会大学问题上持暂时维持原状、逐步加以改良的态度。新中国成立后，在具有临时宪法作用的《中国人民政治协商会议共同纲领》中明确规定了新民主主义文化教育思想，这也是新中国初期高等教育制度的基本依据。其中"文化教育政策"第四十一条规定：

① 苏影主编《北京教育辞典》，海洋出版社，1993，第 726 页。
② 《毛泽东选集》（第 4 卷），人民出版社，1991，第 1434~1435 页。

"人民政府的文化教育工作，应以提高人民文化水平，培养国家建设人才，肃清封建的、买办的、法西斯主义的思想，发展为人民服务的思想为主要任务。"①

对待旧有的教育上，人民政府应有计划、有步骤地改革其制度、内容和方法。1950 年开始，中央政府进一步明确对宗教的态度。1950 年 5 月，周恩来在基督教问题座谈会上做了《关于基督教问题的四次谈话》，主要强调三点：第一，坚决反帝，"割断同帝国主义的联系"②；第二，不反对宗教，但要肃清帝国主义影响；第三，建立自治、自养、自传的中国的基督教会。这期间，新中国视教会学校为私营事业，本着公私兼顾的原则一视同仁。

（二）抗美援朝前期：全面接管教会大学（1950年6月～1951年11月）

近现代中国的教会大学绝大多数是由美国传教士创办，1950 年 6 月朝鲜战争爆发，中美关系逐步恶化，据此中国政府对教会大学的政策发生转变。之前，中国政府并未大规模地接管教会大学，只要求外国在华文化机构遵守政府法令，割断与帝国主义的联系。此后，中国政府的一项重要任务就是尽快从帝国主义手中收回各种文化教育机构和宗教事业的自主权。这期间，政府对教会大学的全面接管主要涉及课程设置和学校行政组织部分。

1950 年 6 月第一次全国高等教育会议通过的《私立高等学校管理暂行方法》中规定私立高等学校不得以宗教科目为必修课或强迫学生参加宗教仪式与活动。8 月 14 日颁布的《高等学校暂行规定》对大学及专门学院的方针、任务、教学、修业年限、课程设置、考试安排等做了规定。在行政管理部分，教育部明确要求私立学校的行政权、财产权、财政权应由中国人掌握。学校内部首先改组了董事会，建立校务委员会，由中国教员、行政领导人、学生、学校所雇用的工人和职员等参与决策，参加的西方人士不再拥有

---

① 中国人民政治协商会议第一届全体会议通过：《中国人民政治协商会议共同纲领》，人民出版社，1952，第 15 页。

② 中共中央文献研究室：《新中国成立以来重要文献选编》（第 1 册），中央文献出版社，1992，第 221 页。

表决权。

1950 年 7 月 28 日政务院第 43 次会议通过的《高等学校领导关系的决定》解决了教会大学外部归属权的问题：包括教会大学在内的全国高等学校都由中央人民政府教育部统一领导，受中央方针政策的统一指挥①。同时《教育部关于处理接受美国津贴的教会学校及其他教育机关的指示》还规定，一切接受外国津贴的高等学校都需要向中国政府重新申请立案。1951年 1 月 16～22 日，教育部在北京召开了处理外国津贴的高等会议，拟订了处理接收外国津贴学校的三种方案："（一）立即接收改为公立。（二）暂时维持私立，准备条件改为公立。（三）继续由私人办理，改组董事会及学校行政领导，使成为完全由中国人自办的私立学校。"②

辅仁大学由天主教会创办于 1925 年，学校的行政权和财政权一向掌握在教会委派的外国人手里。北京解放后，在人民政府领导下，辅仁大学先后成立了工会和学生会，增添了马列课程，取消了反动的和不必要的课程，加强了师生员工的政治学习，教会权力有所削弱。1950 年人民政府与教会驻校代表芮歌尼因为学校行政问题发生了一系列激烈冲突。1950 年 7 月 2 日、7 月 14 日，芮歌尼又先后给陈垣校长致函，提出了拨付经费的四个条件：一、新的董事会将由教会选任；二、教会代表对人事聘任有否决权；三、附属中学经费自给自足；四、圣言会所在地仍由教会保留，不准任何人侵扰。并提出补助费由每年 16 万美元减至 14.4 万美元。信中附有根据第二项条件提出的不续聘进步教员的五人名单。这种明目张胆地对学校行政权的干涉，侵犯了国家教育主权的行为，是人民政府绝对不能容忍的。为了保障辅仁大学三千多名师生员工的学习和工作不受影响，生活不受损失，人民政府当即决定按期支付该校每月需要的经费。1950 年 7 月 31 日全校召开大会，通过了《抗议芮歌尼告本校同仁同学书》。

1950 年 9 月 2 日，教育部部长马叙伦邀芮歌尼到部谈话，阐明人民政

---

① 李国钧、王炳照主编《中国教育制度通史》（第 8 卷），山东教育出版社，2000，第 142 页。
② 《教育部召开处理接受外国津贴的高等学校会议研究实施政务院决定拟定方案各校分三种类型处理》，《人民日报》1951 年 1 月 25 日，第 3 版。

府坚持独立自主的办学政策及对教会学校的原则态度，正式声明中央人民政府在认为不能容忍的时候，即将学校收回自办，责令芮歌尼在本月内放弃一切无理要求。9 月 30 日，直接听命于梵蒂冈的芮歌尼将关于"罗马停止拨付经费"的复电送交教育部。为了维护办学主权，确保整个人民教育事业的恢复和发展，为了不使辅仁大学三千师生员工失业或失学，教育部报请中央人民政府政务院批准，于 10 月 12 日明令将该校正式接收自办，随即发表了《马叙伦部长为接办辅仁大学招待记者的书面谈话》，介绍了接办的过程和人民政府的原则立场。人民政府宣布接办由罗马教廷资办的辅仁大学，仍任命原校长陈垣为校长。从此，辅仁大学彻底脱离了帝国主义的牵制，回到了人民的怀抱。辅仁大学的接办，粉碎了帝国主义文化教育侵略的图谋，给其他教会大学的师生员工以极大的鼓舞，是中国高等教育史上的一件有划时代意义的大事。[①]

截至 1951 年底，政府接收改为公立的高等学校计有 11 所（除辅仁大学外），转由中国人开办维持私立、政府给予补助的计有 9 所，至此，所有教会大学已由政府接办，中国彻底收回了教会学校的教育权。

（三）抗美援朝后期：教会大学的院系调整（1951年11月~1953）

1951 年 11 月 3~9 日，教育部召开了全国工学院院长会议，根据工学院的地域分布不合理、教学资源分散，培养出的专业人才匮乏等问题，会议决定以华北、华中、中南三个地区的工学院为重点做适当的调整。1952 年 1 月 12 日，中共中央指示在宣传、文化、教育系统进行"三反"运动[②]。

随后，以批判资产阶级思想为主要目标的"三反"运动在各教会学校陆续展开，也为之后的高等教育改革奠定了思想基础。5 月，教育部公布了全国范围内的高等院系调整方案。在此过程中，教会大学原有的校名被取消，许多院系或被撤销或与原来的公立大学、私立大学合并。至此，教会大学在中国大陆全部消失。

---

① 叶张瑜：《新中国成立初期教会大学的历史考察》，《当代中国史研究》2001 年第 3 期，第64~75 页。

② 叶张瑜：《新中国成立初期教会大学的历史考察》，《当代中国史研究》2001 年第 3 期。

1. 调整后 21 所教会大学的最后去向

①辅仁大学大部分并入北京师范大学，校址为北京师大化学系。②燕京大学文、理学院并入北京大学，工学院并入清华大学，校址归北京大学。③北京协和医学院于 1951 年改由中央卫生部接管，更名为中国协和医学院。④津沽大学工学院并入天津大学，其商学院并入南开大学，在原址基础上改建为天津师范学院。⑤明贤学院工商管理系并入中国人民大学；纺织工程系、机械工程系并入山西大学工学院；农学、畜牧两系保留并加以扩充，改名为山西农学院。⑥圣约翰大学、沪江大学、震旦大学、震旦女子文理学院各系分别并入在上海的有关大学。圣约翰大学的校址归华东政法学院，沪江大学的校址改为上海机械学院，震旦大学的校址归上海第二医学院。⑦齐鲁大学各系分别并入山东大学、南京大学等校，校址归山东医学院。⑧东吴大学各系分别并入华东化工学院、华东政法学院等校，留下有关科系改名为江苏师范学院。⑨金陵大学各系分别并入南京大学、南京工学院等校，校址归南京大学。⑩金陵女子文理学院于 1951 年并入金陵大学，校址归南京师范学院。⑪之江大学有关系科分别调至浙江大学等校，改名为浙江师范学院。⑫福建协和大学改名为福州大学。⑬华中大学改名为华中高等师范学校，1953 年改名为华中师范学院。⑭武昌文华图书馆专科学校于 1953 年并入武汉大学。⑮岭南大学各系科分别并入中山大学等校，校址归中山大学。⑯华西协和大学有关系科分别并入四川大学等校，1953 年更名为四川医学院。⑰求精商学院 1951 年改名为西南贸易专科学校，1952 年并入西南人民革命大学，1953 年又并入西南财经学院。⑱华南女子文理学院1951 年与福建协和大学合并。①

2. 教会大学的调整方案

教会大学调整的具体情况如表 1 - 3 所示。

---

① 中国教育年鉴编辑部：《中国教育年鉴》（1949～1981），中国大百科全书出版社，1984，第 233、965 页。

表 1 - 3 华北、华东、中南三区教会大学院系调整具体方案

区域	校名	院系调整的具体方案
华北区	燕京大学	文学院、理学院、经济系理论部分并入新的北京大学 经济系财经部分并入新的中央财经大学 工科各系并入新的清华大学 化工系一部分并入新的天津大学
	辅仁大学	外语系的一部分、经济系理论部分并入新的北京大学 经济系财经部分并入新的中央财经大学 其他各系并入新的北京大学
	津沽大学 (即天津工商学院)	工科系科并入新的天津大学 文学院、理学院系科并入新的南开大学 财经学院并入新的南开大学 师范学院并入新设的天津师范学院
华东区	沪江大学	文、理学院并入新的复旦大学 机械、电机、造船等系科并入新的交通大学 教育学并入新华东师范大学 财政经济学院各系科并入新的上海财经经济学院 政治系并入新的华东政法大学
	圣约翰大学	财经系科并入新设的上海财经经济学院 文学院并入新复旦大学 土木系并入新同济大学 教育系并入新的华东师范大学 政治系并入新的华东政法大学 圣约翰大学医学院、震旦大学医学院与同德医学院合并成上海第二医学院
	东吴大学	中文、物理、化学、生物四系并入新的苏南师范学院 社会系、经济系并入新复旦大学 化工系并入新的华东化工学院 药学专修科并入新设的华东药学院 法律系并入新的华东政法大学
	震旦大学	文学院、经济系并入新复旦大学 机械、电机、造船等系科并入新的交通大学 土木系科并入新的同济大学 化工系合并入新设的华东化工学院 教育系并入新的华东师范大学 法律系并入新设的华东政法学院 托儿专修科并入新的南京师范学院
	金陵大学	经济系并入新的复旦大学 文学院、理学院系科并入新的南京大学 土木、机械、电机、化工、食品工业等系科并入新的南京工学院 体育系科并入新设的华东体育学院

续表

区域	校名	院系调整的具体方案
华东区	金陵大学	音乐系并入中央音乐学院华东分院 师范系科并入新的南京师范学院 农学院各系科并入南京农学院 农学院森林系并入新设的华东林学院 园艺系部分并入新的山东农学院，部分并入浙江农学院 农学院蚕桑师资设备并入安徽大学农学院
	齐鲁大学	文学系并入新的南京大学 文学院各系科并入新的山东大学 物理、化学、生物部分并入新的山东师范学院 医学院并入新的山东医学院 理学院药学系及东吴大学药学专修科合并到新设的华东药学院 经济系并入山东财经学院
中南区	之江大学	建筑系并入新的同济大学 工学院系科并入新浙江大学 教育、中文及外文系并入新的浙江师范学院
	岭南大学	文、理、政法、财经各院系并入新的中山大学 工学院并入华南工学院 医学院并入华南医学院 农学院并入华南农学院 教育系并入新的华南师范学院
	华中大学	经济系并入新的武汉大学 新华中大学由原华中大学与湖北省教育学院合并组成
	华西大学	1953年院系调整时，华西大学更名为四川医学院，设医学、口腔、卫生、药学4个系和1所综合性附属医院，这个方案制定时，华西大学的调整方案未定

3. 圣约翰大学：教会大学接管典型案例

圣约翰大学从 1879 年创办，到 1952 年 9 月被裁撤，持续 73 年，大致经历了三个阶段。[1] 第一个阶段：1879～1905 年，是其草创期，也可说是从书院到大学的转制期。圣约翰建立之初，只是一个书院，虽并入圣公会此前在上海设立的培雅书院和度恩书院，然条件仍属简陋。1888 年美国人卜舫济受命掌校后，开始对书院进行一系列的改革，扩充校舍，强化英语教学，将英语教学列为各科之首，逐渐使英语成为圣约翰的教学语言。1892 年学

---

① 熊月之、周武主编《圣约翰大学史》，上海人民出版社，2007，第1页。

校才添设正馆，教授大学课程。这是圣约翰从书院迈入大学的第一步。

第二阶段：1905～1925年，是圣约翰大学的黄金时代，圣约翰升格为大学后，在校长卜舫济的精心擘画下，体制日臻完善。"五卅惨案"发生后，上海各界爆发大规模的示威游行，圣约翰大学学生群情激愤，于1925年6月3日在大礼堂集会抗议，遭到卜舫济的干涉，把升在旗杆上的中国国旗扯下，引起轩然大波。许多学生及员工相继离校，于8月另组光华大学，这就是所谓的"国旗事件"。这一事件是圣约翰历史上最大的一次学潮，也是学校发展史上的一座分水岭。"国旗事件"发生后，在社会上引起强烈的反响，众说纷纭，卜舫济因此受到社会的非议，圣约翰声誉受到严重影响，在校人数及报考人数骤减，"学校几有不可终日之势"。1925年9月圣约翰重新开学时，学生锐减到400多人。

第三阶段：1925～1952年，可以说是圣约翰历史上的多事之秋，"国旗事件"，"立案"争端，战乱，一波未平，一波又起。

进入民国以后，随着民族主义的风起云涌和"非基运动"蓬勃展开，独立于中国教育体制之外的教会学校的合法性开始受到强烈的质疑，在一片"收回教育权"的呼声中，南京政府教育部于1925年11月16日颁布了《外人捐资设立学校请示认可法》，其中规定：①外人所设学校遵照教育部法规办理者，可按规则向教育行政官厅请示认可；②学校名称应冠以"私立"字样；③学校校长必须为中国人，如校长原系外国人，必须以中国人充当副校长；④学校董事会中中国人应过半数；⑤学校不得以传布宗教为宗旨；⑥学校课程，须遵照部定标准，不得以宗教科目列入必修科。所有教会学校都必须按照上述办法办理立案。[①] 对此，圣公会上海教区郭斐蔚主教和校长卜舫济以美国政教分离为依据，认为向政府立案将妨碍学校的宗教和学术自由，因而采取抵制态度，拒不向中国政府立案。南京国民政府成立后，坚持所有学校必须向中国政府立案，并且态度日趋强硬。1931年，政府宣布，没有注册的学校，在新学年开始时不允许再行招生，形势对圣约翰极为

---

① 熊月之、周武主编《圣约翰大学史》，上海人民出版社，2007，第5页。

不利。卜舫济开始考虑立案问题，于 1931 年夏天递出第一份立案申请。由于种种原因，圣约翰的申请直到 1947 年才获准立案。

1949 年 1 月，代理副校长卜其吉（卜舫济儿子）辞职，物理学教授赵修鸿被任命为代理校长，学校其他重要行政岗位也都由中国人担任，至此，圣约翰大学已"完全处在中国人的行政管理之下"。上海解放后，圣约翰大学设立了由 15 人组成的新校政委员会，杨宽麟、潘世兹分任正、副主任。1952 年秋，圣约翰和其他教会大学一样被裁撤，其医学院并入上海第二医学院，工学院土木建筑系并入新同济大学，教育系和理学院并入新华东师大，政治系并入新华东政法学院，经济系并入新上海财经学院，外语、新闻、历史等系并入新复旦大学，中学部与大同大学附属中学两校合并，成立五四中学。原校址归华东政法学院使用。圣约翰大学遂成为历史名词。

四 新中国对私立高校的扶持与改造

新中国成立后，原国民党政府办的所有高等院校均由新的中央人民政府接收，并由政务院统一进行教育体制改革。

（一）政府对私立高校的扶持改造政策

1949 年 10 月 11 日，在中央人民政府教育部成立前，华北人民政府高等教育委员会明令宣布"废除反动课程（如国民党党义、六法全书等），添设马列主义的课程，逐步地改造其他课程"，同时要求进行新的思想教育，实行新学制。[①]

1950 年 6 月，教育部召开了第一次全国高等教育工作会议。提出：高等学校应密切配合国家经济、政治、文化、国防建设的需要，尤其是经济建设的需要，应为工农开门，以便及时地为国家培养大批工农出身的知识分子；应随着国家建设而走向计划化，在统一的方针下，有计划和有步骤地开展工作。[②] 这次会议讨论了高等教育的方针、任务和若干重要问题，确立了

[①] 熊月之、周武主编《圣约翰大学史》，上海人民出版社，2007，第 1 页。
[②] 中华人民共和国教育部办公厅：《高等教育文献法令汇编》（1949~1952），中华人民共和国教育部办公厅，1958，第 11 页。

新形势下高等教育改革的方向，明确指出大学体制改革是新中国高等教育改革中重要的内容，其中，私立大学改革则是体制改革中的重要环节。

1950 年 8 月 14 日，教育部重申："废除政治上的反动课程，开设新民主主义的革命的政治课程，借以肃清封建的、买办的、法西斯主义的思想，发展为人民服务的思想。"指出当时大学的课程"相当大的部分还不是民族的、科学的、大众的，还不能符合新中国的需要"。教育部要求各私立高校在办学宗旨、学制、课程、教学及行政组织上，都要遵照《高等学校暂行规程》及《专科学校暂行规程》有关规定执行。高等院校（包括大学、学院和专科学校）修业期限以 3 ~ 5 年为原则；确立向工农开门办学的方针。①

为加强领导、积极扶持与改造私立高等学校，以适应国家建设的需要，1950 年 8 月，政务院批准了教育部的《私立高等学校管理暂行办法》，对私立高等学校的办学方针、任务、学制、课程、教学与行政管理等方面都做出了规定。《暂行办法》明确提出："私立高等学校经大行政区教育部或文教部审查，其办理成绩优良而经费确属困难者，得报请中央人民政府教育部批准酌予补助。""私立高等学校办理不善或违背法令时，大行政区教育部得报请中央教育部批准令其改组校董会，更换校长，改组或停办学校。"② 并要求全国的私立高等学校重新申请立案，私立高等学校校（院）长及副校（院）长由校董会任免，并报经大行政区教育部核准后转报中央教育部备案。

上述举措，表明中央政府对私立大学的管理日趋严格和细致。政府对占高等学校总数 1/3 强的私立高校，采取了"积极支持、逐步改造、重点补助"的办法，尽量发挥其正面作用。

（二）政府对高校工科院系的调整方案

1951 年 5 月 18 日，政务院批准教育部部长马叙伦的报告，确定适当地、有步骤地充实和调整原有高等学校的院系，此项工作先从华北、华东两

---

① 熊月之、周武主编《圣约翰大学史》，上海人民出版社，2007，第 5 页。
② 中华人民共和国教育部办公厅：《高等教育文献法令汇编》（1949 ~ 1952），中华人民共和国教育部办公厅，1958，第 30 页。

大区做起，首先调整或增加工学院系。1951 年 11 月，全国工学院院长会议召开，会议提出现阶段我国院校存在着很多严重的缺点：在地区分布上很不合理；师资设备分散，使用极不经济；系科庞杂，教学不切实际，培养人才不够专精；学生数量更远不能适应国家当前工业建设的迫切需要。会议提出了《全国工学院调整方案》，具体拟订了有关学校的调整方案，拉开了全国范围内院系调整的序幕。

全国工学院院系调整方案的具体内容如下：①北京大学工学院、燕京大学工科各系并入清华大学，清华大学改为多科性的工业高等学校；清华大学文、理、法三个学院及燕京大学的文、理、法各系并入北京大学，北京大学改为综合性大学，撤销燕京大学。②南开大学工学院、津沽大学工学院、河北工学院合并，组建工科院校天津大学。③浙江大学改为多科性工业高等院校，之江大学的土木、机械两系并入浙大，浙江大学文学院并入之江大学。④南京大学工学院、金陵大学电机工程系、化学工程系及之江大学建筑系合并组成南京工学院。⑤南京大学、浙江大学两个航空工程系并入交通大学，成立航空工程学院。⑥合并武汉大学水利系、南昌大学水利系和广西大学土木系水利组，成立武汉大学的水利学院。⑦武汉大学的矿冶工程系、湖南大学矿冶系、广西大学矿冶系、南昌大学采矿系合并，于长沙成立中南矿学院，并增设采煤系和钢铁冶炼系。⑧中山大学工学院、华南联合大学工学院、岭南大学工程方面的系科及广东工业专科学校合并，成立华南工学院。⑨西南工业专科学校航空工程专科并入北京工业学院（即原华北大学工学院）。①

（三）院系调整中对私立高校的合并

1952 年 5 月，教育部《关于全国高等学校 1952 年的调整设置方案》正式出台，明确了"以培养工业建设人才和师资为重点发展专门学院，整顿和加强综合性大学"的指导思想，根据《设置方案》，各地私立大学全部取

---

① 华北人民政府高等教育委员会：《大学专科学校文法学院各系课程暂行规定》，《新华月报》第 1 卷第 2 期（1949 年 11 月）。

消，师资、图书设备、校舍等全部统一调配。1952 年秋，教育部根据"以培养工业建设人才和师资为重点，发展专门学校，整顿和加强综合性大学"的方针，制定了发展专门工业学院、加强综合院校的原则，并开始以华北、华东、东北三区为重点进行高等院校院系调整。

具体调整方案为：新设北京地质学院、北京钢铁学院、北京航空学院、北京林学院、北京农业机械化学院、中央财经学院、北京政法学院、华东工业学院、华东水利学院、华东航空工业学院、华东体育学院（后易名上海体育学院）、重庆土木建筑工程学院、重庆化工工业学院、东北地质学院、东北林学院、沈阳农学院、八一农学院等 17 所院校；将南开大学、复旦大学、南京大学、山东大学改为综合性大学；将南京工学院、重庆大学改为多科性高等工业学校。[①]

截至 1952 年底，全国有 3/4 的高校进行了院系调整，调整后，华北区的高校数量增为 41 所，华东区高校数量降为 54 所。[②] 在 1952 年和 1953 年的院系调整中，教会大学校名全部撤销，或并入他校，或改变校名，全部由国家接办改为公立。

1953 年，教育部继续对中南区高校进行院系调整，并对华北、华东、东北三区高校进行专业调整，对西北、华南地区高校进行局部院系和专业调整。经过这次调整，全国共有高校 181 所。其中综合大学 14 所，工业院校 38 所，师范院校 33 所，农林院校 29 所，医药院校 29 所，财经院校 6 所，政法院校 4 所，语文院校 8 所，艺术院校 15 所，体育院校 4 所，其他院校 1 所。在校学生达 216765 人，比 1947 年增长了 40%。至此，高校院系调整基本完成。[③] 高校进行了院系调整和专业设置调整的工作，并新建设了钢铁、地质、矿冶、水利等 12 个工业专门院校。在短短两三年中，已经存在了近

---

① 华北人民政府高等教育委员会：《教育部关于实施高等学校课程改革的决定》，《新华月报》1950 年第 4 期。

② 中国教育年鉴编辑部：《中国教育年鉴》（1949～1981），中国大百科全书出版社，1984，第 233、965 页。

③ 中央教育科学研究所：《中华人民共和国教育大事记》，教育科学出版社，1984，第 138～139 页。

半个世纪的私立高校，包括一些在历史上颇有名气的私立大学，如圣约翰大学、齐鲁大学、大同大学等，就从中国现代大学名册中彻底消失了。

震旦学院由中国著名教育家马相伯（1840～1939，原名马志德，祖籍江苏丹阳）于1902年创办。学校最初借用天主教徐家汇天文台旧址为校舍，聘请了一些法国传教士来校任教。1905年，法国教会中的帝国主义势力阴谋夺取震旦学院的领导权，强迫马相伯离校养"病"。爱国学生愤而从大门上摘下校牌，集体离开校舍，拥戴马相伯另在吴淞镇的提督行辕中筹备复校。天主教竟盗用震旦学院名义，于1905年5月27日在《时报》刊登广告招收学生。为了以正视听不与外来势力相混，马相伯取《尚书大传·虞夏传》中"日月光华，旦复旦兮"之意，于同日登报声明，将学校改名为复旦公学，既表达了对光明的追求，也寓有恢复复旦的意向。1905年8月，复旦公学正式成立。

1917年，复旦公学改为私立复旦大学，时任校长李登辉（1872～1947，字腾飞，福建省同安人）亲赴南洋各地募捐，回国后在江湾附近购地70亩。1922年，第一批校舍落成，复旦大学正式迁入新址，这就是今天复旦的所在地。复旦是一所私立学校，但没有大资本家做经济后盾，学校的建设依靠全体师生的团结一致、勤俭节约、艰苦奋斗，经过多年惨淡经营，到1929年，才成为一所具有相当规模的大学，拥有文、理、法、商四个学院共十五个系。学校提倡"学术独立，思想自由"，民主风气浓厚。

抗日战争全面爆发后，复旦一迁庐山，再迁重庆，选择重庆的菜园坝和北碚的夏坝两地为校址。抗战胜利后，复旦筹备返沪，陈望道教授等因旅费无着，抱了衣物到镇上摆地摊变卖，才勉强筹得一些川资。1946年，全校回到上海旧址，中共党组织也与上海补习部中的地下党胜利会师。1905～1949年的44年中，复旦大学在反动势力的压制下，艰难挣扎，共培养了毕业生7245人。1949年6月，中国人民解放军上海市军事管制委员会派李正文为军代表接管了复旦大学。[①]

---

① 复旦大学校史编写组：《复旦大学志》（1905～1949），复旦大学出版社，1985，第5页。

经过改造，私立大学与新中国成立前建立的国立大学的差别逐渐消失，私立大学逐步纳入国家计划经济下统一的高等教育体制中。私立大学公立化不仅是所有权的转换、校名的更改，以及私立大学从组织上、物质形态上的完全解体。更重要的是将这些大学的教职员工、图书设备等并入公立学校，使私立大学从组织上、物质形态上完全解体。使私立大学作为一笔社会财富被珍惜和利用，并成为新中国教育事业的重要组成部分。高等学校的院系调整是新中国成立初期高等教育改革中涉及面最广、影响最深远的事件，它是在完成恢复学校秩序、接管公立大学、接收和改造私立大学之后，为适应国家大规模有计划的经济建设对高级人才的需求而进行的高等教育改革。

第三节　当代中国民办教育的沉寂与复苏

1956 年之后国家成为中小学教育的唯一办学主体，保证了教育沿着"无产阶级政治"的方向发展，但是在一个经济落后的人口大国，教育发展完全由政府包办不可能满足人民群众对教育的需求，必须采取多种形式办学以补充公办教育的不足，于是，很多半工（农）半读中学及农业中小学应运而生。在全民轰轰烈烈办教育的热闹景象中，集体经济，包括厂矿企业、农村生产队等多种社会力量，办学的积极性空前高涨。在国民经济公有制体制下，以个人名义办学是社会所不允许的，真正意义上的民办教育，除了隐蔽于极个别街头巷尾，小范围的技术培训、文化补习之外，民办教育基本上已经沉寂。1957~1976 年，在 1958 年和 1966 年的两次"教育革命"中，政府采取了一系列措施倡导"全民办教育"，对于促进教育公平、推进普及义务教育取得了一定成效。

20 世纪 70 年代末至 80 年代初，我国仍然是世界上人口最多的经济不发达国家，国民经济整体发展水平不高，教育资源匮乏，教育供需矛盾突出。尤其是"文革"十年，教育发展几乎处于停滞状态，造成了学前教育、基础教育、中等教育、高等教育以及继续教育等各个教育阶段严重的历史欠账，高等教育问题尤为突出。据统计，我国 1978 年高等教育毛入学率仅为

1.55%，而同期经济发达国家适龄人口毛入学率已经达到15%以上，进入高等教育大众化阶段，欧美有些国家毛入学率已经达到50%以上，进入了高等教育普及化阶段。我国教育不仅与世界经济发达国家差距巨大，而且已经成为制约当时经济社会发展的瓶颈。

党的十一届三中全会以后，国民经济开始复苏，第三产业、新技术开发公司和三资企业等在经济体制改革的大潮中，如雨后春笋般发展起来，经济建设迫切需要大量的各级各类专业技术人才和管理人才，无数在职人员和社会青年的求知求学欲望也像火山一样喷发出来，他们迫切渴望获得继续深造的机会，把耽误了的时间夺回来。而现有教育资源与人才资源远远不能满足社会需求，教育供需矛盾尖锐，社会反映强烈，靠政府财政拨款的单一的教育投入渠道，很难支撑庞大的教育体系。在社会人才需求量剧增，公众求知求学欲望空前高涨，国家教育资源严重短缺的社会大背景下，民办教育开始酝酿复苏。

一 当代中国民办教育的沉寂与星火点燃

（一）全民大办教育，学校主权属于公有

从1956年中国共产党领导的对农业、手工业和资本主义工商业的社会主义改造完成，单一的公有制经济体系建立之后，在国有制和集体所有制的基础上提倡办学形式的多样化，既能减少国家兴办教育的压力，又能保证教育发展的"无产阶级政治"方向。1957年6月，教育部发出《关于提倡群众办学的通知》指出：中小学是地方性和群众性的事业，不可能完全由国家包下来，当前必须采取多种多样的办学形式，才能适当满足群众和儿童入学和升学的要求。今后除国家办学以外，必须大力提倡群众办学，动员城乡居民和工矿企业、机关、团体、院校、合作社等单位的员工，根据需要、自愿和可能的原则，集资兴办学校。① 遵照中央指示，河南省做出一系列改革。

---

① 李国钧、王炳照主编《中国教育制度通史》（第8卷），山东教育出版社，2000，第194页。

1957 年，河南省人民委员会①发动群众办学。同年暑假，河南省教育厅组织师范毕业生 8000 多人，分别到全省各地农村、街道进行宣传组织工作，群众办学积极性很高，自愿献工、献料、献款，做桌凳。据 80 个县统计，当时民办小学达 3400 班。这一年全省农村民办小学在校学生达 23.5 万人，较 1956 年增长 85.4%②。

1958 年教育"大跃进"开始后，从办学体制上突破了 1956 年以来的教育由国家包下来的单一体制。1958 年 9 月，中共中央、国务院发布《关于教育工作的指示》，确定了"两条腿走路"的办学方针和"三结合""六并举"的具体原则，指出要办好三类学校，即全日制学校、半工（农）半读学校和业余学校。在这种形势下，工厂、机关、街道、公社、企业办起了大量的学校。《关于教育工作的指示》明确提出在全国统一的教育目的之下，办学形式应该是多样的，即国家办学与厂矿、企业、农业合作社办学并举，普通教育与职业（技术）教育并举，成人教育与儿童教育并举，全日制学校与半工半读、业余学校并举，学校教育与自学（包括函授学校、广播学校）并举，免费的教育与不免费的教育并举。全国将有全日制学校，半工半读学校，各种形式的业余学校。这三类学校就普及教育与提高教育各有侧重。这种教学、生产劳动和科学研究"三结合"的办学方针，被称为"两条腿走路"。指示发出后，试办的半工半读学校，半农半读学校、农业中学等迅速涌现出来。

1961～1963 年，经过调整、巩固、充实、提高，河南省内学校恢复了正常的教学生活。河南省教育厅总结群众办学经验，提倡从实际出发，因地制宜，实行多种形式办学，推广了平舆、汝南、上蔡、新蔡等地农村兴办半耕半读学校的经验。耕读小学的学生一边学习一边参加劳动或帮助家庭料理家务，适应农村生产、生活需要，受到农民欢迎，发展很快。1964 年，河南省耕读小学有新发展，多种形式举办的小学达到 30807 所，其中巡回小学 318 所，早晚班 14225 个，午班 1291 个，半日制小学 12548 所，全日制小学

① 1955 年 2 月改组为河南省人民委员会，1968 年 1 月改组为河南省革命委员会。1979 年 9 月，河南省革命委员会被撤销，恢复为河南省人民政府。
② 河南省地方史志编纂委员会：《河南省志》，河南人民出版社，1993，第 80 页。

38

930 所，农闲小学 50 所，随到随学小学 23 所，一揽子小学 820 所，间日制教学班 551 个，识字班 6 个，不定形式的学习班组 45 个。上述各种形式学习的小学生达 60.076 万人，占全省小学在校生总数的 10%。[①]

（二）民办教育在"教育革命"中曲折发展

20 世纪 50 年代初，普及型的大众教育与其后培养专家的精英教育一直处于冲突之中。1958 年和 1966 年毛泽东主席先后发起两次"教育革命"，主张教育要面向农村、面向基层，强调劳动人民子弟普遍的受教育权利。

1952 年 3 月 31 日，政务院《关于整顿和发展中等技术教育的指示》指出：各地现有的各类私立中等技术学校和私立技术补习学校，对培养技术人才起到一定的作用，各级人民政府及所属各有关业务部门应鼓励此类学校的设置，并加强领导，使其有效地为国家建设服务。其办理有成绩而经费确实困难者，应予以适当的补助。

"文革"时期追求教育公平的实践，主要包括以下方面：改变城乡教育资源分布的格局，将农业院校等下放到农村，医药院校面向农村培养实用的"赤脚医生"、卫生员；加速农村基础教育的发展，在农村扩大和普及高中教育；下放各级教育的管理权，中小学下放给农村和街道，实行由工人、贫下中农管理；取消重点学校制度和各种学校的差别（取消男校、女校、华侨学校、职业学校等），中小学实行免试就近入学；缩短学制，实行小学五年、初中二年、高中二年、大学三年的学制；简化教育内容，学校教育以政治教育和实用知识技能为主；发展多种形式、因地制宜的教育方式，如耕读小学、马背小学等，扩大工人、农民子弟受教育机会；高校实行"开门办学"，让学生在学工、学农、学军的社会实践中接受教育，以打破"教师中心、书本中心、课堂中心"；取消各级学校的考试制度，高校实行免试推荐入学，招收有实践经验的"工农兵学员"等。民办教育在"教育革命"中得到了曲折发展。

1971 年，《全国教育工作会议纪要》提出争取在第四个"五年计划"期间，在农村普及小学五年教育，有条件的地区普及七年教育，要"大力

[①] 河南省地方史志编纂委员会：《河南省志》，河南人民出版社，1993，第 83 页。

提倡群众集体办学"。1974 年,国务院科教组提出"继续大力普及农村小学五年教育","积极创造条件,逐步在大中城市普及十年教育,在农村有条件的地区普及七年教育"①。通过全面下放教育管理权限,强调教育面向基层、面向农村,发挥地方的积极性,多种形式发展教育,使城乡关系、中央和地方关系出现了一种新的格局。因而,20 世纪 70 年代初,当高等教育奄奄一息之时,中小学教育却得到了大发展。

表 1 - 4 1957 ~ 1976 年民办小学发展情况

年份	学校数（万所）	在校学生数（万人）	学龄儿童入学率			民办学校学生数	
			全国学龄儿童数（万人）	已入学学龄儿童数（万人）	入学率（%）	学生数（万人）	比例（%）
1957	54.73	6428.3	8077.7	4986.6	61.73	500.7	7.8
1958	77.68	8640.3	8579.0	6886.4	80.3	2190.3	25.3
1959	73.74	9117.7	9254.0	7337.0	79.3	2333.9	25.6
1960	72.65	9379.1	9666.0	7380.0	76.4	2347.4	25.0
1961	64.52	7578.6	10142.0	6428.0	63.4	1237.7	16.3
1962	66.83	6923.6	10836.0	6082.0	56.1	1483.9	21.4
1963	70.80	7157.5	10967.0	6248.0	57.0	1618.7	22.5
1964	106.60	9294.5	11377.0	8089.0	71.1	2954.4	31.7
1965	168.19	11620.9	11603.2	9829.1	84.7	4752.0	40.9
1966	100.70	10341.7					
1967	96.42	10244.3					
1968	94.80	10036.3					
1969	91.57	10066.8					
1970	96.11	10528.0					
1971	96.85	11211.2					
1972	100.92	12549.2					
1973	103.17	13570.4					
1974	105.33	14481.4	12350.3	11687.9	94.6		
1975	109.33	15094.1	12261.9	11868.5	96.8		
1976	104.43	15005.5	12193.8	11838.7	97.1		

资料来源:刘英杰编《中国教育大事典》（1949 ~ 1990）,浙江教育出版社,1993,第 324、325、330 页。

---

① 中央教育科学研究所编《中华人民共和国教育大事记》（1949 ~ 1982）,教育科学出版社,1984,第 440、464 页。

这个阶段各地关于"民办学校"办学情况的统计数字，总结展示的是全民办教育的成果。

1957～1976 年，在"教育革命"中，政府采取了一系列措施倡导"全民办教育"，对于促进教育公平、推进普及义务教育取得了一定成效。

（三）高考制度下民办教育星火点燃

1966 年，"文化大革命"肇始，高考制度作为旧的资产阶级的教育制度受到声讨与批判。自此在长达 5 年半的时间内，中国高校既中断了高考，也停止了任何形式的招收新生。

1. 高校招生制度的改革与转型

1971 年 4 月，国务院召开全国教育工作会议，重新将高校招生工作提上议程，规定招收新生初中毕业即可，但须经两年以上劳动锻炼或具有"实践经验"，取消文化考试，招生办法为"自愿报名、群众推荐、领导批准、学校复审"。与此同时，遵循"学制要缩短，教育要革命"的指示精神，高等学校的学习年限普遍压缩为二年或三年。从 1971 年开始，高校按照新的招生办法招收的学生称为"工农兵学员"。"文化大革命"期间实施的高校招生制度是以批判、否定高考制度为前提的，因而也是对被指称为旧的高考制度的废弃与革命。

1977 年 6 月 29 日～7 月 15 日，在太原召开的"文革"后第一次全国招生工作会议，并没有就重新改革高校招生制度的问题进行深入讨论。这次会议形成的意见，仍是沿袭"群众推荐"和"领导选拔"相结合的高校招生方式。

1977 年 8 月 13 日～9 月 25 日，第二次全国招生工作会议在北京召开。第二次会议最终起草通过了《关于一九七七年高等学校招生工作的意见》，决定恢复高等学校新生入学考试。1977 年 10 月 12 日，国务院正式批转了教育部《关于一九七七年高等学校招生工作的意见》。文件规定：凡是工人、农民、上山下乡和回乡知识青年、复员军人、干部和应届高中毕业生均可报考。对于实践经验比较丰富，并钻研有成绩或确有专长的，年龄可放宽到 30 岁，婚否不限，要注意招收 1966 年、1967 年两届毕业生。新的招生制度实行德、智、体全面衡量，择优录取的原则，采取自愿报名，统一考试（省、直辖市、自治区拟题，县、区统一组织考试），地市初选，学校录取，省、市、自治区批准的办法。恢复高考，就像冬天的惊雷震动了全国。恢复高考对于广大民众来说，是对社会公平与公正的重建，是在全社会重新树立起尊重知识和尊重人才的观念，亿万群众为历史将开启一个科学昌明、尊重知识、尊重人才的理性时代而激动。从 1966 年起的历届高中毕业生到 1977 年的应届高中毕业生共计 570 万人，大家走在了同一条起跑线，纷纷交 5 角钱报名费、两张照片报名，然后在 11 月、12 月潮水般涌向各地高考考场。为了满足青年求学的迫切愿望，在当时纸张短缺的情况下，中央决定调用原准备用来印刷《毛泽东选集》（第五卷）的纸张来印制高考考卷。[①] 1977 年全国录取新生 27.3 万人，占 570 万考生的 4.8%，就招生数量而言，已超过"文革"时期的任何一年。时过半年之后，1978 年夏季，全国举行了恢复高考后的第二次统一考试，报考青年总数为 615 万人，录取新生 40.2 万人，录取率为 6.5%。可见当时求学供需矛盾的尖锐。市场需求开始催生沉寂已久的民办教育。有志于中国教育的有识之士，向无数如饥似渴的青年求学者伸出了橄榄枝。

2. 民办北京自修大学的诞生

1977 年 6 月 15 日，在北京师范学院中文系执教的中年教师李燕杰约请北京广播学院教师路宝君、中国戏曲学院教师朱文相、中国人民大学教师王漫宇、中国人民大学二分院教师刘桂芳、北京教育学院教师赵育民、宣武区红旗大学教师刘方成、北京师范学院分院教师籍秀琴等人研究如何献身于社会教育工作。李燕杰提出为提高年青一代的思想道德和科学文化素质，可以办大学，大办业余教育，明确提出要提高年青一代的思想道德与科学文化素质。李燕杰晚上骑车到西城区给职工大学讲授中文专业课，之后又与西城区三里河工人俱乐部合作办起青年文学讲习班，由路宝君和王漫宇上课，还请了一些著名诗人、作家如陈荒煤、吴祖光、冯其庸、夏玫云、林非、蒋子龙

---

① 杨先材等：《共和国重大事件纪实：中卷》，中共中央党校出版社，1998。

等开讲座。当时打算办一个百人左右的小班，不料，开办以后第一天报名就超过千人。1981 年 11 月，在原教育部、地质矿产部、全国总工会、共青团中央、全国妇联、北京市人民政府、新华通讯社、人民日报等单位支持下，北京语言文学自修大学即北京自修大学的前身创办起来①。

季羡林教授、侯仁之教授担任北京自修大学名誉校长，汤一介教授曾担任学校学术委员会主席、王守常教授担任学术委员会副主席，由林纯镇、李中华、魏常海等教授组成学校专家顾问委员会。北京自修大学成为传承"北大"精神的民办大学，为国家培养出不少优秀人才。如全国人大原常委会副委员长、国务院副总理姜春云，全国残联主席张海迪等都毕业于该校。1984 年 6 月 15 日，邓小平同志亲自为北京自修大学题写校名。

恢复高考制度是整个国家实现拨乱反正的一个开端，同时也是中国改革开放的一个伟大起点。高考制度的恢复重新点燃了中国民众对于美好人生的新的向往，社会上掀起了空前高涨的学习热潮。面对国家教育资源的匮乏，面对广大青年求知、求学的欲望，民办教育也开始跃跃欲试，在民办高等教育的拉动下，民办幼儿园教育、中小学教育、中等职业教育等也如雨后春笋般在各地迅猛发展，中国民办教育在经过了 28 年的沉寂后再次复苏②。

二 改革开放是民办教育复苏的土壤

（一）三中全会精神和有关政策的推进

党的十一届三中全会以来，国家制定并实施了一系列的方针政策，支持多种经济发展，鼓励社会力量办学，为民办教育的复苏提供了必备的社会环境和教育平台，中国民办教育在沉寂了多年后终于复苏获得了新生。

---

① 北京自修大学总校办公室：《北京自修大学之路》，《北京成人教育》1993 年第 9 期，第 28、29 页。
② 李维民：《民办教育的回顾与展望》，陕西人民出版社，2010。

《中国共产党第十一届中央委员会第三次全体会议公报》中明确提出："社员自留地、家庭副业和集市贸易是社会主义经济的必要补充部分，任何人不得乱加干涉。"

1980 年 1 月，邓小平主持召开了中共中央干部工作会议，他在讲话中指出了当时干部队伍建设存在的问题：干部结构不合理，缺乏专业知识和专业能力的干部太多，而有专业知识、专业能力的干部又太少。针对这种情况，他提出："办教育要两条腿走路"①，"一个是办学校，办训练班进行教学，一个是自学"②。邓小平同志作为党和国家主要领导人，这次公开讲话向社会发出了一个信号，向公众表明了一种态度，即中央在办学体制上可能会有所松动。

1980 年，中共中央、国务院颁布《关于普及小学教育若干问题的规定》，提出要坚持"两条腿走路"的方针，要充分调动地方和群众自筹经费办学的积极性③。"两条腿走路"方针的重新提出，给群众办学带来了新的转机。

1981 年 2 月 20 日，中共中央、国务院发布了中发〔1981〕8 号文件《关于加强职工教育工作的决定》。指出职工教育除主要由企业事业单位举办外，还要发动业务部门、教育部门、群众团体等社会各方面力量积极办学。

1981 年 6 月，中共十一届六中全会通过的《关于新中国成立以来党的若干历史问题的决议》中指出："国营经济和集体经济是我国基本的经济形式，一定范围的劳动者个体经济是公有制经济的必要补充。"

1981 年 9 月，教育部在给国务院的报告中提出："国家和企事业办学还不能完全适应四化建设和广大青年、职工学习科学技术的要求，社会上的离退休人员也愿意为培养人才出力，因此，应允许私人和社团根据当地需要和

---

① 《邓小平文选》第二卷，人民出版社，1994，第 38 页。
② 《邓小平文选》第二卷，人民出版社，1994，第 228 页。
③ 国家教育委员会政策法规司编《十一届三中全会以来重要教育文献选编》，教育科学出版社，1992，第 11 页。

各自特长,举办补习学校和补习班。"①

1982年9月,党的十二大提出:"鼓励劳动者个体经济在国家规定的范围内和工商行政管理下适当发展,作为公有制经济的必要的、有益的补充。"

1982年12月4日,第五届全国人民代表大会通过的《中华人民共和国宪法》规定:国家发展社会主义教育事业,提高全国人民的科学文化水平。国家鼓励集体经济组织、国家企业事业组织和其他社会力量依法律规定举办各种教育事业。国家对于从事教育、科学、技术、文学文艺和其他文化事业的公民的有益于人民的创造性工作,给以鼓励和帮助。② 民办教育作为社会力量办学的一个组成部分,在《宪法》中找到了可以存在与发展的法律依据。

1982年12月,在五届全国人大第五次会议上通过的《宪法修正案》第十一条规定:"在法律规定范围内的城乡劳动者个体经济,是社会主义经济的补充。"至此,民办教育作为个体经济,取得了基本的合法身份。

创新适宜中国国情的教育制度和办法,激发社会力量办学的积极性。北京、上海等地方出台了一些促进民办教育发展的具体办法。例如,1979年12月北京市工农教育办公室设立社会教育处,把民办教育纳入教育行政部门管理范围。1981年北京市人民政府颁发了《北京市私人办学暂行管理办法》,提出,"对办学成绩优良者,政府予以表扬"。天津市政府批转了《天津市第二教育局〈关于试行个人办学问题的请示〉》。这两个文件就私人办学的条件、审批程序等问题都做出了具体规定。

(二)高教自考制度为民办教育的复兴提供了机遇

1980年1月16日,邓小平同志在《目前的形势和任务》中提出"在全日制和业余教育之外,还要发展'自学',使之成为与学校教育相并列的培育人才的另一条道路,从而把高等教育推向大众,解决现代化建设人才奇缺

---

① 中央教育科学研究所编《中华人民共和国教育大事记》(1949~1982),教育科学出版社,1984,第628页。

② 张健、李燕杰:《中国社会力量办学大辞典》(下册),红旗出版社,1997,第53页。

和公众的强烈教育需求问题"。

1980 年 2 月，国家教育部起草的《高等教育自学考试试行办法（试行草案）》中，首次将"建立高等教育自学考试制度"明确地提了出来。1980 年 10 月 29 日经中央批准，北京市政府做出《关于建立高等教育自学考试制度的决定》，11 月 24 日北京市高等教育自学委员会成立，迈出了建设我国高等教育自学考试制度开创性的一步。

1981 年 1 月 13 日，国务院发文批转了教育部《关于高等教育自学考试试行办法的报告》（国发〔1981〕8 号），批转文件中肯定："建立高等教育自学考试制度，将为造就和选拔建设四个现代化的专门人才开辟更广阔的道路，它是鼓励广大群众特别是青年为实现社会主义现代化奋发自学的重要措施。"并决定在北京、上海、天津进行试点，1981 年 6 月又增加了辽宁省参加试点工作。从 1983 年下半年开始，在试点工作有序推进的基础上，自学考试开始在全国推广。

三　民办助考机构风起云涌遍地开花

1980 年以后全国高等教育自学考试制度创立，催生了多种形式的民办学校、民办教育机构，为民办高等教育以后的发展提供了肥沃的土壤和良好的发展平台。高等教育自学考试是对社会自学者进行的以学历考试为主的高等教育国家考试。它是以国家考试为主导、以个人自学为基础、辅之以社会助学或自学辅导的教育形式。高等教育自学考试具有开放性、灵活性特点，学生自主学习，不受性别、年龄、民族、种族和已受教育程度的限制，以其特有的教育教学形式，受到社会的热烈欢迎。重要的是，自学考试制度的实施，为民办教育的发展提供了生存与发展的空间，催生了以北京语言文学自修大学、郑州高等教育自学考试辅导班为代表的大批自学考试社会助学组织，使中断 20 多年的中国民办高等教育得到恢复和发展，并作为一种社会助学机构正式获得了国家教育行政主管部门的认可。

以下数据展示了北京、天津、上海 3 市和 10 个省份在 1978～1982 年，出现的各级各类民办学校和社会力量办学机构。

（一）北京市社会力量办学机构

1. 北京自修大学于1977年由首都师范大学李燕杰教授等发起创办，校址在海淀区北洼路。

2. 中华社会大学于1982年3月由老教育家范若愚、聂真等发起创办，校点在北京德胜门内大街簸萝仓胡同11号。

3. 北京市西城区民办日语专科学校于1980年12月由王乃清创办，校址设于西长安街一号第28中学内。

（二）天津市社会力量办学机构

1. 天津市轻工技术学校培训部于1978年6月由魏云峰、刘双全创办，校址在天津市南开区黄河道东头415号。

2. 天津市红桥区咸阳北路小学创办于1981年，法人代表是创办人马东培，校址位于天津市红桥区丁字沽咸阳北路兴成南道六号。

（三）河北省社会力量办学机构

1. 邢台市新颖时装缝纫学校于1982年由杨庆寿创办，校址是河北省邢台市八一路蚕种场。

2. 定州市长城服装技校创办于1979年，校址在河北省定州市南城办事处前楼。

3. 定州市华夏时装技校创办于1976年，校址在河北省定州市北门街。

4. 沧县卫生学校创办于1975年，校址在河北省沧州市光荣路长砖河西。

（四）山西省社会力量办学机构

1. 山西医学专修学院于1981年2月由时任山西省政协副主席秦国栋创办，校址是太原市侯家巷58号。

2. 太原市北郊区沙沟民办裁剪学校于1982年4月由沙沟村主办，创办人是张银龙，地址位于太原市北郊区沙沟村。

3. 太原市兴胜无线电学校于1982年5月由陈艳君创办，校址在太原市河西区政府招待所。

4. 长治市北郊公园职业技校于1981年由武装创办，校址在山西省长治市北郊公园。

5. 介休纺织厂职工教育中心创办于 1979 年，校址在山西省介休市北河沿街 233 号。

（五）辽宁省社会力量办学机构

1. 阜新市太平区职工培训学校创办于 1982 年，地址位于辽宁省阜新市太平区红南路二号。

2. 阜新市民盟业余文化技术学校于 1981 年由中国民主同盟阜新市委创办，地址在辽宁省阜新市海州区西山路 30 号。

3. 阜新市新邱区职工学校创办于 1982 年 5 月，位于辽宁省阜新市新邱区海新路。

4. 阜新民进业余文化技术学校于 1982 年由中国民主促进会阜新市委创办，位于辽宁省阜新市海州区西山路 30 号。

5. 阜新矿区工会职工学校创办于 1979 年 4 月，校址位于辽宁省阜新市工人文化宫北三楼。

6. 铁岭市司法局法律专业辅导班创办于 1980 年 9 月，地址在辽宁省铁岭市银州区。

（六）吉林省社会力量办学机构

1. 东北电力学院计算机及其应用专业自考助学班由东北电力学院于 1982 年创办，地址在吉林省吉林市。

（七）黑龙江省社会力量办学机构

1. 哈尔滨文学院创办于 1980 年 3 月，地址位于黑龙江省哈尔滨市道里区兆麟街 119 号。

2. 黑龙江省科技职工大学暨黑龙江省科技干部继续教育学院成立于 1981 年 5 月，校址在黑龙江省哈尔滨市南岗区银行街 70 号。

3. 大庆许冰上海服装裁剪技术学校由省八级服装裁剪设计师许冰 1981 年创办于鹤岗市，地址在黑龙江省大庆市让胡路区教师进修学校内。

4. 牡丹江市机电技术学校由马万和于 1978 年创办，校址在黑龙江省牡丹江市。

5. 牡丹江市高考升学补习学校由牡丹江市青少年之家创办于 1978 年，校址在黑龙江省牡丹江市青少年之家。

6. 牡丹江服务技工学校由于功亭创办于 1978 年，校址在黑龙江省牡丹江市北安路 21 号。

7. 海伦市安平服装学校由毕安平于 1980 年 1 月创办，校址在黑龙江省海伦市。

（八）上海市社会力量办学机构

1. 上海工商专业进修学校和海工商职工中等专业学校分别于 1981 年和 1983 年创办，地址在上海泰兴路 275 号。

2. 上海市八二商业金融进修学院于 1982 年春由上海市财贸企业管理协会创办，地址在上海市徐汇区淮海中路 1788 号。

3. 上海市中华职业工商进修学院于 1981 年 9 月创立，地址在上海市番禺路 222 弄 50 支弄六号。

4. 上海民进业余进修学校于 1980 年 8 月建立，由中国民主促进会上海市委员会主办，地址在上海徐汇区汾阳路 92 号 109 室。

5. 上海市民新业余学校于 1981 年由民革上海市虹口区委员会主办，校址在上海市四川北路 1838 号。

6. 上海市虹口区教育学院附设文化科技学校于 1979 年由教育学院主办，地址在上海市欧阳路 502 号。

7. 上海市虹口区新春业余进修学校创办于 1978 年 10 月，地址在上海市虹口区四川北路 1802 号。

8. 上海市虹盟业余学校于 1982 年由民盟上海市虹口区委员会创办，地址在上海市天水路 202 号。

9. 上海市崇实业与科技进修学校于 1982 年 5 月由张汉文创建，地址位于上海市万船渡路 154 号。

10. 上海财会干部进修学校于 1980 年由上海市会计学会主办，地址位于上海茂名北路 40 号老大楼二楼 208 室。

11. 上海浦东新区求是业余学校，于 1981 年 5 月建立。

12. 上海市民办扬波中学于 1982 年 7 月建立。地址位于上海市中兴路 517 号。

13. 上海市浦南业余中学于 1980 年开办初中普及班，于 1982 年开办成人高中学历班、成人高考复习班，校址在浦东南路 689 号。

14. 上海市宝山区区直机关幼儿园创建于 1981 年 1 月，地址在上海市宝山区密山路四号。

15. 上海市浦东新区黄楼乡中心幼儿园于 1982 年 12 月建园，地址在上海浦东新区黄楼镇栏学路 79 号。

16. 上海宝钢冶金建设公司企业公司中心幼儿园于 1979 年 9 月创办，地址在上海市宝山区月浦十村。

17. 海洋幼儿园于 1981 年 6 月建立，由国家海洋局东海分局主办，地址在上海浦东新区梅园三村 35 号。

（九）江苏省社会力量办学机构

1. 南京市中华财经进修学院于 1981 年 9 月创办，校址在江苏省南京市洪武北路 10 号。

2. 徐州市求实业余学校于 1981 年 3 月创办，地址在江苏省徐州市彭城路 1 号。

3. 徐州市淮海电子技术应用研究所培训部于 1982 年由索冰工程师创办，地址在江苏省徐州市解放路 31 号。

4. 铜山县供销学校于 1980 年 4 月由铜山县供销总社创办，地址在江苏省徐州市九里区苏山头。

5. 睢宁县总工会职工学校创办于 1977 年 8 月，校址在江苏省睢宁县城府首东街。

6. 江苏省农业广播电视学校淮安分校由市农业局创办于 1981 年 7 月，校址在淮安市东门外闸口。

7. 淮阴汽车运输总公司职工学校创办于 1982 年 6 月，校址在江苏省淮阴县小营淮高路。

8. 泗洪县供销职工学校于 1980 年创办，地址在江苏省泗洪县城北郊。

9. 盐城市利明裁剪缝纫学校由王立明于 1982 年 3 月创办，校址在江苏省盐城市工人文化宫院内。

10. 常州市成人进修学院于 1981 年 9 月由市政委牵头，民盟、民建、民工民主党和市工商联合创办，地址在江苏省常州市城中路。

11. 无锡市郊区职工学校由郊区区政府于 1978 年 12 月创办，地址在江苏省无锡市埒口蠡溪路 32 号。

12. 锡山市洛社镇成人教育中心校于 1978 年由洛社镇人民政府创办，地址在江苏省锡山市洛社镇人民路 103 号。

13. 锡山市雪浪镇成人教育中心校于 1982 年由雪浪镇人民政府创办，地址在江苏省锡山市雪浪镇。

14. 苏州中山进修学校于 1981 年 2 月由中国国民党革命委员会、苏州市委创办，地址在江苏省苏州市。

15. 苏州市桃坞职工业余学校暨苏州市金阊商业外语职业高中分别于 1979 年 3 月和 1994 年 5 月创办，地址在江苏省苏州市。

（十）浙江省社会力量办学机构

1. 浙江长征财经进修学院于 1980 年 9 月创办，地址在浙江省杭州市新华路横燕子弄 1 号。

2. 杭州钱江业余学校于 1979 年 3 月由校长詹文少等 5 位原工商业者捐资 10 万元创办，地址在浙江省杭州市定安路 126 号。

3. 杭州湖边业余技术学校于 1980 年 9 月由王华民创办，地址在浙江省杭州市浣沙路 64 号。

4. 杭州市中华职业专修学校于 1980 年 11 月由计克敏创办，地址在浙江省杭州市佑圣观路 163 号。

5. 杭州市业余会计学校于 1980 年 5 月由江厚人创办，地址在浙江省杭州市惠兴路 11 号。

6. 杭州市培英业余学校于 1981 年 8 月由中国民主同盟杭州市委员会创办。

7. 杭州侨光业余外语学校于 1981 年由浙江省杭州市归国华侨联合创办，地点在浙江省杭州市竹竿巷小学内。

8. 宁波甬江业余学校于 1980 年 5 月由中国民主新中国成立会宁波市委员会和宁波市工商业联合会创办，地址在浙江省宁波市中山西路 165 号。

9. 余姚市农机化技术培训学校于 1978 年由余姚市农机局创办，地址在浙江省余姚市阳明西路 317 号。

10. 义乌市工业学校于 1981 年由义乌市经委创办，地址在浙江省义乌市化工厂生活区内。

11. 义乌市民办朝晖中学于 1978 年由义乌市总工会创办，地址在浙江省义乌市稠城镇城中中路水王弄 21 号。

12. 义乌市供销中等职业学校于 1982 年由义乌市供销社创办，地址在浙江省义乌市绣湖西路 11 号。

13. 义乌市商业职业技术学校于 1981 年由义乌市商业局创办，地址在浙江省义乌市学生路 58 号。

14. 金华市公安干校是 1982 年 6 月由金华市公安处创办的干训班，地址在浙江省金华市华山路 88 号。

15. 金华市公安管理处职工学校于 1982 年 12 月由金华地区公路总段创办，校址在浙江省金华市解放西路 270 号。

16. 三门县南山幼儿园于 1982 年 9 月由郭冬梅创办，地址在浙江省三门县海游镇南山路 25 号。

（十一）安徽省社会力量办学机构

1. 安徽省科学技术进修学院于 1980 年由安徽省科技协会创办，地址在安徽省合肥市长江路第二小学内。

2. 合肥市中山业余学校于 1982 年 7 月由中国国民党革命委员会合肥市委员会创办，地址在安徽省合肥市美菱大道育新小学内。

3. 临泉县洪武职业技术学校于 1979 年由县科学致富协会常务副理事长刘洪武创办，地址在安徽省临泉县城关李楼新村。

（十二）福建省社会力量办学机构

1. 福州逸仙业余外语学校于 1982 年由中国国民党革命委员会、福建省委创办，地址在福州市东街福州实验小学内。

2. 福建省侨联业余外语学校创办于 1980 年，地址在福州市温泉路永安街。

3. 黎明大学前身是 1981 年创办的黎明学园，地址在福建省泉州市。

（十三）江西省社会力量办学机构

1982 年 8 月，中国民主同盟南昌市委员会组织了一批盟员中离退休教育工作者创办"民盟南昌求实业余学校"，举办全日制高中文化补习班。总部在南昌市渊明北路 160 号，分部在南昌市肖公庙巷 130 号。

当时这些学校的教学内容主要包括初、高中文化补习，以及外语、财会、打字、绘画、书法、裁剪等。民办教育在酝酿发展中取得了不少成绩。例如，在大连市，有各种类型补习学校（班）共 25 个，累计培训学员达 3 万人次[①]。当时这些辅导班、补习班以及不同名目的民办大学，发挥了对社会青年文化补课、对从业人员技术补课、帮助在职干部学历补课的作用，受到了社会欢迎，政府对于出现的私人办学现象采取了默认态度。由于名分不定，民办教育的发展举步维艰。这一时期出现了许多特殊现象，如民办学校"挂靠"现象，由于办学者没有合法身份，不能以个人身份或私人团体举办学校，为了获得教育行政部门的批准，不得不寻找一个企事业单位或团体作为主办单位，把学校挂靠在主办单位之下。

第四节 改革开放初期民办教育的起步与发展

中国民办教育属于社会力量办学的范畴。民办教育是指除国家机关、国有企事业单位以及各种具有公办集体经济性质的社会组织、社会团体以外的，公民个人自筹资金依法举办的学校和其他各种教育机构。社会力量办学自新中国成立以来一直为国家所重视，在普及国民教育提高劳动者素质等方面发挥着重要作用，它是社会主义教育事业的组成部分。基于新中国成立以

---

① 铁流、徐锦庚合著《中国民办教育调查》，作家出版社，2013；国家教委社会力量办学问题研究课题组编《中国社会力量办学问题研究》，上海社会科学出版社，1996，第 8 页。

来中国国情的不断变化，在不同的历史阶段，民办教育随着社会力量办学的不断发展，呈现出不同的发展状况。

一 三中全会以来民办教育的办学特点与发展

三中全会以来，民办教育在办学主体、教学内容、教育层次、教学方法、师资队伍等方面表现出如下主要特点。

1. 办学主体及生源涉及各行各业。早期举办者多为离退休干部、教师、科研人员等，他们或个人单独办学，或联系同人好友在社会上合伙办学，或挂靠有关单位联合办学。学员来自四面八方，有在职干部、工人、军人、待业青年，也有各个基础教育阶段的在学学生，还有学龄前儿童。

2. 教学内容涉及学科门类繁多。有小学、初中、高中文化补习班，各类高考及大学自考辅导班；有职业高中、中专、技校、大专班等技术培训班；有英、日、俄、德、法、世界语等外文学习班；有财会、裁剪、打字、制糖、食用菌、钟表和家电维修等实用技术班；有音乐、美术、舞蹈、朗诵、表演等文艺班；有健美、拳击、武术、气功、体操等体育班；有美容、美发、化妆、烹饪等生活学习班。

3. 教育层次多。民办教育在当时办学的显著特点是拾遗补阙，实用性突出，即社会需要什么办什么，缺啥补啥，急用先学，举办有各种各样的短期培训班、辅导班、幼儿园、基础教育、高考补习班，有各类岗前培训、岗位技能培训，有出国进修外语辅导等。可谓学前教育、基础教育、职业教育、高等教育各种教育阶段几乎无所不包。

4. 教学形式灵活。前期民办教育有全日制的，但更多的是业余办班。有不脱产、半脱产的和各种短期培训，他们利用周末集中教学与平时自学相结合，或白天工作晚上开课，短期培训短到一周、一月或三月、半年不等。教学方式以课堂集中教学为主，也有现场教学和电化教学。

5. 专兼职相结合的师资队伍。师资队伍及管理服务人员中的离退休人员占比例较大，同时向社会聘请兼职教师及其他工作人员。教师多能做到因材施教，结合学员特点不断改进教学方法，注重理论联系实际，学以致用。

早期民办教育办学条件艰苦，举办人往往既是领导又是教师，还是工勤服务人员，参与办学的多数同志，都能做到与广大师生同甘共苦，有些老同志甚至不要报酬，大家都以发展教育事业为重。

二 改革开放初期民办教育的酝酿与发展

改革开放初期出现的一些辅导班、补习班以及不同名目的民办大学，当时的教学内容主要是进行初、高中文化课补习和财会、外语、书法、打字、绘画、裁剪等知识传授及技能培训，发挥了对社会青年文化补课、对从业人员技术补课、帮助在职干部学历补课的作用。1980 年以后随着高等教育自学考试制度的建立，许多文化补习、短期培训班（或学校）开始承担助考工作并得到了发展壮大，为后来经过逐渐发展为民办学校或高等教育机构打下了基础。

1982 年之前较早出现的民办学校（教育机构）主要有：

1978 年，由牡丹江市青少年之家主办，曹捷创办了牡丹江 市高考升学补习学校。法人代表骞存江，校址在黑龙江省青少年之家。牡丹江市高考升学补习学校是社会力量办学举办的一所全日制文化补习学校。开设有普通高中文、理科全部课程，全日制办学形式，招收普通高中、职业高中毕业生及同等学力社会青年入学，为升学进行文化补习。自 1978 年创办至 1996 年 6 月，已结业学员 13508 人[①]。

1978 年 10 月，长沙市东区韭菜园街道由街道党委书记出面，邀请退休教育工作者王显耀（民革成员）、彭泠白、张选培创办"韭菜园青年文化补习班"，即韭菜园业余大学的前身。韭菜园青年文化补习班靠街道贷款 300 元，租用大同小学的教室，开了 3 个班，招收学生 188 人。一学期后，改名为韭菜园青年业余中学，后又改名为韭菜园业余学校。教学内容都是高中课程，为学生高考做准备。1980 年 9 月，经长沙市东区教育局批准，在韭菜园业余学校的基础上成立韭菜园业余大学，试办三年制大专

---

① 张健、李燕杰：《中国社会力量办学大辞典》（下册），红旗出版社，1997，第 140 页。

班，开设中文、英语两个专业。同时，仍保留韭菜园业余学校，两块牌子，一套管理班子，统一管理。1982 年 3 月，韭菜园业余大学与韭菜园业余学校分办①。

1978 年 10 月，湖南中山进修大学创办。创办之初，学校只是一个小小的文化补习班，向街道借款 300 元作开办费，招收 188 名高考落榜青年，在长沙市大同小学租三间教室上课。1980 年试办三年制中文、英语专业大专班（当时是高等教育国家学历文凭试点班，开经贸英语专业）。1982 年办电大班，开过汉语言文学、新闻学、财会、工商企业经管、审计等专业，现开财务会计、法律专业。随后不断发展，至 1989 年成为具有独立颁发学历文凭的全日制中等职业学校：1984 年配合省高教自考，开办助学班，开英语、法律、财会、文秘等专业及公共课（以业余为主，也有脱产班）；1986 年承办市电视中专班，开幼师、文秘、财会等专业；1987 年承办中央党校函授辅导，先大专，后增设本科，开经济管理、党政管理、涉外经济、财会、法律等专业，并成立有一定建制的辅导站；同年，受省委直属机关工委干训部委托、与有关大专院校合办干部大、中专专业证书班，开行政管理、经济管理、财务会计等专业；1989 年经省、市教委批准，并在国家教委备案，成立湖南中山职工中专（含职业高中），开财会、文秘公关、印刷、机电等专业，自己可颁发中专和职高的文凭②。

1979 年 4 月 20 日，由广州市政协外文翻译小组的七位老人——廖奉灵、卢子岑、王以敦、徐舜英、陈子铭、谢哲邦、张瑞权发起，举办"广州市政协英语补习班"。适应广州开放改革、外向型经济发展的需要，培训外语人才，深受求学者欢迎，成为广州民办学校历史上第一所文化培训学校。开办当年就有 8 个班，学员 450 多人。1982 年迅速发展到 25 个班，学员达 1270 多人。"七老办学"享誉全国。1984 年 10 月 5 日，中国《光明日报》以头版整版位置登载了其办学事迹，并以"人间重晚晴"的专题社论

① 夏立宪：《长沙市早期民办大学研究》，《高等教育研究》2001 年第 1 期，第 82～87 页。
② 廖经池：《湖南中山进修大学二十年》，《中国高等教育》1999 年第 7 期，第 25～27 页。

赞扬了"七老"为国家培养人才的奉献精神。①

1979 年，经广州市科委、广州市外经贸委批准，广州市科技交流馆与香港格林尼治语言机构联合办学，成立广州标准外语培训中心。该中心由香港培训机构提供全套的摄像、录音、录像、音响等电教设备及有声教材，是广州第一所中外合作办学，且首家应用国外先进的电教设备进行语言教学的培训机构。不到半天报名人数达 2000 多人，吸引了社会各界人士，大力推进社会化外语培训。②

1980 年 10 月，北京农业大学第一任校长乐天宇教授从北京回到家乡湖南宁远，自费筹办了九嶷山学院。九嶷山学院在闻名遐迩的九嶷山舜帝庙里开课，成功点燃了新中国民办高等教育的第一把"星星之火"。当时，九嶷山没有通电，没有通车，办学条件异常艰苦。没有校舍，就借用舜帝庙简陋的厢房，甚至把将军树的树荫当作校舍。没有课桌，就用土墩、石块当桌椅。没有正常经费来源，乐天宇把"文革"后国家补发的 5 万元全部拿了出来。后来，乐教授还从每个月的 350 元离休工资中拿出绝大部分用于学院的创办。1981 年，萧克将军在亲临学校视察时题写了校名。1985 年 7 月，时任团中央书记的胡锦涛同志专门指示秘书给学院师生写信，鼓励大家克服困难办好学校。2002 年 6 月，在北京人民大会堂全国民办高等教育会议上，全国民办高等教育委员会主任刘培植把"新中国第一所民办大学"牌匾，郑重地授予了九嶷山学院③。

1980 年 8 月，民盟山西省委主办的一所以培养医护人才为目标的高等医科学校——山西民盟并州医学院成立。学校响应党和政府"广开学路，多方办学"的号召，为适应社会主义现代化建设的需要而创办。民盟省委提出了"勤俭办学、艰苦创业、不图虚名、讲究实效、民主治校、财务公开"的办学方针。1980 年，《山西日报》、《光明日报》、《人民日报》及中央

---

① 华同旭、峥嵘：《广州民办教育 30 年》，内部印刷资料，2010，第 235 页。
② 华同旭、峥嵘：《广州民办教育 30 年》，内部印刷资料，2010，第 235 页。
③ 铁流、徐锦庚合著《中国民办教育调查》，作家出版社，2013 年 3 月，第 1 版，第 34 页。

电视台、山西电视台分别报道，对社会办学迈出新步伐产生了积极的影响①。

1981 年 2 月，山西省政协副主席、中国民主促进会山西省委主席秦国栋创办了山西医学专修学院。山西医学专修学院是由社会力量举办的高等中医专科学校，原名山西民进中医大学。校址位于太原市侯家巷 58 号。名誉院长是民进中央副主席陈舜礼，院长秦国栋。主办单位是中国民主促进会山西省委和民进太原市委。面向全省范围内招生，实行业余面授和函授。学校实行理事会领导下的院长负责制。全校有教职工 21 人，其中教师 13 人，教师中有高级职称的 11 人，中级职称的 2 人②。

1981 年 5 月，黑龙江省科技职工大学暨黑龙江省科技干部继续教育学院民办高等职业技术暨专业技能培训学校成立。校址在黑龙江省哈尔滨市南岗区银行街 70 号，王继义任校长。1986 年经国家科委认定为黑龙江省国家级"星火计划"培训基地和省级"火炬计划"培训基地。设有科技经济管理、国际技术贸易、高分子化学、食品工程等学历专业③。

1981 年，中国民主同盟阜新市委创办了阜新市民盟业余文化技术学校，校址在辽宁省阜新市海州区西山路 30 号民盟阜新市委社会服务部内。校长鄢如宗，学校有稳定的专、兼职教师队伍，有专用办公室和租用教室。创办至 1995 年，举办过文、理科高考补习班、高教自考辅导班和儿童英语班等。其中高考补习班开办 9 期，招收 16 个班 1082 名学员，平均升学率为 25%；高教自考班开设中文、英语、会计、工业与民用建筑、工业企业管理等专业，举办 24 期，招收学员 6113 人次，单科及格率为 57.2%④。

1982 年，承德市双桥高教自考辅导学校成立，双桥高教自考辅导学校是由社会力量举办的高等教育助学学校。校址在河北省承德市西大街二道牌楼小学内。前身为承德市双桥业余学校，1985 年开办了高等教育自学考试辅导班。教学方式为业余面授。开设辅导专业有工（商）业经济管理、金

---

① 山西民盟并州医学院：《民办高教天地》，1993 年第 2 期，第 43 页。
② 张健、李燕杰：《中国社会力量办学大辞典》（下册），红旗出版社，1997，第 51 页。
③ 张健、李燕杰：《中国社会力量办学大辞典》（下册），红旗出版社，1997，第 116 页。
④ 张健、李燕杰：《中国社会力量办学大辞典》（下册），红旗出版社。1997，第 58 页。

融、财政、会计、汉语言文学、文秘等。截至 1996 年 10 月，已有 980 人通过自考辅导领到大专毕业证书。

1982 年 3 月 13 日，经北京市政府工农教育办公室批准成立了中华社会大学。1982 年 4 月 29 日的《人民日报》在第一版做了新闻报道。彭真同志为学校题写"中华社会大学"校名。学校第一任董事长是清华大学原校长刘达，第一任校长是中国人民大学原副校长聂真；第二任董事长是原卫生部部长崔月犁，第二任校长是北京大学原党委书记项子明，聂真为名誉校长；第三任董事长是国家教委原副主任、国家总督学柳斌，第三任校长是国防大学图书馆名誉馆长于陆琳；第四任校长是中国人民大学成人教育学院原院长杨干忠。学校于 1987 年成立团委，于 1991 年 7 月成立党支部，是北京民办高校中最早成立党、团组织的学校之一。1992 年被北京市政府评为民办高等教育先进学校；1996 年得到国务院、国家计委、国家教委共 2820 万元建校资助；1998 年被北京市社会力量办学评估领导小组评为优良学校，教育部授予于陆琳校长"全国优秀教育工作者"称号；1999 年获得北京市政府100 万元的奖励资助。2002 年经北京市教委评估专家组评估，北京市政府于12 月批准中华社会大学为普通高等职业学院，并更名为北京经贸职业学院。由中国人民大学成人教育学院院长杨干忠任第一任院长，于陆琳为名誉院长。学院现任理事长、党委书记、院长是北京服装学院原党委书记、院长焦福岩教授。

1982 年春，上海商业金融业余专修学校成立。初办时学员仅 261 人，开设会计原理、商业会计和商业企业管理三门课程。1950 年 5 月 23 日，经批准改为学院——上海市八二商业金融进修学院。

1982 年秋，九三学社南宁分社的专职干部梁运衡在九三工学社广西民委的大力支持下创办了南宁九三工学院。1983 年更名为南宁业余工业专科学校。

1982 年 4 月，由太原市北郊区沙沟村主办了沙沟民办裁剪学校。沙沟民办裁剪学校是民办职业技术培训学校。地址位于太原市北郊区沙沟村。创办人是张银龙。学校开办服装裁剪专业，面向社会招生；实行校长负责制，

聘请专职教师、工作人员共同管理。有专职教职工 7 人,其中教师 3 人,有
校舍 400 平方米。

1982 年 12 月,上海沪东科技进修学院诞生。上海沪东科技进修学院是
九三学社杨浦区委创办的一所民办大学。全国政协常委、九三学社中央副主
席、上海市政协副主席、中科研学部委员、上海交通大学教授杨标同志为董
事长。第一学期开设了十个班,学员近五百人。根据"业余院校正规办"
的指导思想,院领导还制定了一系列的管理制度。1984 年,九三学社杨浦
区委副主席、区政府常委、上海市有线电厂高级工程师徐孝礼担任学院
院长①。

三 《宪法》颁布后民办教育的起步与发展

1982 年 12 月 4 日,第五届全国人民代表大会通过的《中华人民共和国
宪法》,表明了国家鼓励、支持发展社会力量办学的明确态度。各类民办教
育发展得到了助推,其中,以高等教育发展最为突出。高等教育学历文凭试
点的推行为民办高等教育机构的举办和实施正规学历教育提供了难得的契
机。表 1-5 是 1982 年 12 月宪法颁布至 1983 年 11 月创办的民办学校。

表 1-5　1982 年 12 月宪法颁布至 1983 年 11 月创办的民办学校概况

序号	学校	创办时间	创办人(单位)	创办地点
1	杭州春晖职业专修学校	1983 年 6 月	周守玉	杭州市林司路 75 号
2	杭州振兴业余科技学校	1983 年 8 月	金茂书	杭州西湖区金祝新村 28 号
3	余姚市经济委员会职工培训中心	1983 年 8 月	沈伯宁	余姚市江南杜义弄 32 号
4	马鞍山市民盟行知学校	1983 年 5 月	熊风	马鞍山市解放路

---

① 徐宗琏:《一所民办超级大学——上海沪东科技进修学院》,《民办教育天地》1993 年第
2 期。

续表

序号	学校	创办时间	创办人（单位）	创办地点
5	厦门市职工业余学校	1983 年 9 月	孙肇颖	厦门新华路 59 号
6	泉州服装总校	1983 年 6 月	吕清泉	晋江市青阳镇
7	民办江西台联外国语学院	1983 年 6 月	吴金传	南昌市上营坊 25 号
8	民办江西渝州电子工业学校	1983 年 10 月	杨名权	新余市赣新西路优惠区
9	郑州市高等医药进修学校	1983 年 11 月	张昊光	郑州市东明路北段东明居住小区
10	郑州高炮学院家电培训中心	1983 年 5 月	黄继海	郑州市建设东路 24 号
11	南都科技专修学校	1983 年秋	樊宛成等	南阳市工业北路 121 号
12	南阳市工人文化宫业余学校	1983 年	郑鸿品	南阳市人民路
13	民盟武昌振兴学校	1983 年	吴昌海等	武汉市武昌区阅马场小学内
14	湖南科技专修学校	1983 年 11 月	湖南省科技协会和老科技工作者团体联合会	长沙市河西岳麓渔场四方塘
15	长沙三湘职业中等学校	1983 年 11 月	湖南省科技协会和老科技工作者团体联合会	长沙市河西岳麓渔场四方塘
16	湘潭市民办中山业余学校	1983 年 6 月	刘甲华	湘潭市解放路莲花街 8 号
17	柳州中山职校	1983 年 8 月	范永琇	柳州市北站路 13 号
18	玉林市岭南中等职业学校	1983 年	罗树全	玉林市图书馆内
19	四川自学考试函授中心	1983 年	李绪英	成都市桂花巷 16 号
20	成都人才训练学校	1983 年	李亨元	成都市桂花巷 16 号
21	自贡市中山学校	1983 年 9 月	陈芳模	自贡市公园路 2 号
22	金江实验大学	1983 年 7 月	李毓彪	攀枝花市委党校内
23	巴中育才学校	1983 年	黄杰	巴中市中城北街 15 号
24	雅安中山业余学校	1983 年 8 月	程在忠	雅安市二一路 10 号
25	民盟兰州大学成人培训中心	1983 年	张维信	兰州大学电教中心
26	北京兴华大学	1983 年 7 月	项鹏举	北京市海淀区西三旗

序号	学校	创办时间	创办人(单位)	创办地点
27	太原市北郊区职业学校	1983 年	郭仁和	太原市迎泽西大街 9 号
28	太原市河西区职业学校	1983 年	郭璟	太原市和平北路西宫服务大楼
29	临汾地区武术学校	1983 年 5 月	焦仙仙	临汾市五一西路南一巷 9 号
30	抚顺市驾驭研究中心成人教育辅导站	1983 年	李桂荣	抚顺市新华江临江路 8 号
31	阜新市育才培训中心	1983 年	安福海	阜新市海州区光明街 6 号
32	讷河市英杰服装裁剪学校	1983 年 4 月	黄英杰	讷河市电大分校
33	鹤岗市鲍兰娟裁剪缝纫学校	1983 年 3 月	鲍兰娟	鹤岗市矿区文化宫
34	上海市普盟专业进修学院	1983 年	王炯	上海华阴路 101 号
35	上海民办前进进修学院	1983 年	蔡光天	上海市徐汇区复兴中路 1218 弄 25 号
36	上海市虹口区虹教业余学校	1983 年 3 月	上海市虹口区退休教师协会	上海市海伦西路 30 弄 5 号

资料来源：根据《中国社会力量办学大辞典》的相关内容整理。

以上统计显示，从 1982 年 12 月《宪法》颁布到 1983 年 11 月，在一年时间里，新增办民办学校有 36 所之多，这些学校分布在全国 13 个省 28 个市。这些数字表明，我国民办教育至此在全国范围内基本复苏。

1978～1982 年民办教育处于酝酿复苏时期，国家为调整社会经济结构支持私人经济发展，客观上为民办教育的恢复创造了必要的社会环境，但对民办教育自身的发展变化则是采取了"不提倡，不宣传，不取缔"的默许态度。早期出现的不少民办学校是由一些社会地位较高、身份比较特殊的社会知名人士或知识分子群体支持创办的，这种现象更有利于民办教育得到政府及社会在事实上的认可。但是，由于《宪法》中关于"其他社会力量"办学，只是一种笼统的提法，是原则性的规定。因此，关于私人办学资格、身份等类似问题，直至 1982 年《中华人民共和国宪法》颁布以后，仍然存在许多争议和思想障碍。民办教育办学实践中，不断遭遇到各种掣肘与歧视，除了源于对《宪法》条款文字理解不同之外，更多的原因是人们受全民所有制经济环境下惯性思维的影响。

第二章
当代中国民办教育的起步与发展
——改革开放后的民办教育（1982～1992年）

20世纪80年代，教育供需矛盾尖锐，在改革开放的大潮中，我国民办教育开始复苏。1983年10月1日，邓小平为北京景山学校题词："教育要面向现代化，面向世界，面向未来。"准确地揭示了我国教育的历史转折，即从"以阶级斗争为纲"时期的教育转向以"经济建设为中心"和改革开放时期的教育的本质特性。1984年、1985年，中共中央先后做出了经济体制改革、科技体制改革和教育体制改革的决定，经济体制改革成效最为显著，在教育领域的重要体现就是办学主体的多元化。

1987年7月8日，国家教委印发《关于社会力量办学的若干暂行规定》，定位"社会力量办学是我国教育事业的组成部分，是国家办学的补充"，要求"各级人民政府及教育行政部门应鼓励和支持社会力量举办各种教育事业"，极大地调动了社会各界的办学积极性，不同经济主体纷纷挖掘各种社会资源和优势，投资教育举办学校。中国民办教育在期待中开始进行新的探索，继续摸索前行。

第一节　民办教育从改革开放后起步

改革开放初期，随着民办教育的复苏，国家先后出台了一些规范性、鼓励性政策，为其复兴提供了土壤，同时由于多种原因，在接受不断的清理整顿中探索发展，成为民办教育早期成长的一个深刻印记。经过 1982～1992 年的磨砺，民办教育终于在艰难探索中起飞。

一　民办教育起步阶段国家的政策引导

20 世纪 80 年代初期，民办教育在北京、上海等地率先复苏，并产生了一定的社会影响力，不久在其他地区也陆续开始酝酿复苏。我国民办教育起步阶段异常艰辛，多数学校的办学状况是无校舍、无资金、无教师，被称为"三无"学校，主要依靠租用校舍、外聘教师来实现低成本运作，滚动发展。当时的办学处境，一方面是社会经济复苏对于各类教育资源的急切渴求；另一方面是办学者经验缺乏和国家政策的滞后。办学环境混乱，有相当数量的学校办学条件不足，教学质量不稳定，有少部分学校未经教育主管部门批准，就自行发放学历证书，甚至有个别不法之徒混迹于民办教育队伍，打着办学的名义以学经商，蒙骗学生扰乱办学秩序。社会办学出现了"乱办学，乱收费，乱发证"等异常混乱的现象，严重影响了民办教育的声誉，扰乱了社会秩序。

为了规范社会力量办学行为，国家及地方先后出台了一些规范社会力量办学的政策措施。例如：

为规范招生工作，1984 年 4 月 7 日，国家工商行政管理局、文化部、教育部、卫生部联合发布《关于文化、教育、卫生、社会广告管理的通知》，规定："各类补习学校、辅导班以及私人办学的招生广告，应经县以上教育部门审查、同意，出具证明，方可刊播和张贴；社会力量办的各类大专学校、班，中专学校、班的招生广告，应经省、直辖市、自治区教育（高教）厅（局）审查同意，出具证明，方可刊播和张贴。"1986 年 1 月 20 日，中共中央宣传部、国家教委联合发出《关于不得乱登招生广告的通知》（〔1986〕教高三字 001 号），规定：今后各有关新闻单位，一律不得刊登违背国家教育政策规定的各种办学招生广告（简章）。凡刊登违背国家教育政策规定的各种办学招生广告（简章）者，要追究批准刊登的领导者的责任。

1984 年前后，北京、上海、山东、河南、贵州等地为规范民办教育发展，依据 1982 年《宪法》中鼓励"社会力量依照法律规定举办各种教育事业"的规定，结合实际，先后出台了当地"社会力量办学试行办法"或"社会力量暂行办法"，为把民办教育纳入社会正常管理体系，做了有益的探索尝试。

1984 年 5 月 22 日，教育部全文转发北京市政府颁布的《北京市社会力量办学试行办法》（京政发〔1984〕63 号），助推了全国各地民办教育的复兴与发展。

1985 年 1 月 15 日，何东昌代表国家教委①在第六届全国人民代表大会常务委员会第九次会议上做关于教育工作的报告。报告提出：中央和各级地方政府要逐步提高教育经费在财政支出中的比重，实行多渠道、多种形式筹措经费，依靠全社会力量办学。

1985 年 1 月 12 ～ 29 日，全国政协教育组与国家教委联合开展了对社会力量办学情况的调查。调查结果认为，社会力量办学可以补充国家办学不足，在培养人才、提高职工素质方面发挥积极作用。同时提出：政府对社会力量办学的积极性调动得不够，引导得不够，支持得不够，因而社会力量办学发展得还不够。指出了社会力量办学中存在的一些办学单位或个人办学思想不明确，学校性质混乱及办学过程中出现的有关主要问题。调查组提出了尽快研究制定《社会力量办学管理条例》的建议。这次调查对摸清民办教育实际情况，加强法律法规建设和规范办学管理起到了促进作用。②

1987 年 7 月 8 日，国家教委颁布《关于社会力量办学的若干暂行规定》（〔1987〕教高三字 014 号），明确规定："社会力量办学，是指具有法人资格的国家企业事业组织、民主党派、人民团体、集体经济组织、社会团体、学术团体以及经国家批准的私人办学者。"同时，对学校的校名、申请、申报、审核、招生、经费及外资以及与国外联合办学等问题做出详细规定。

---

① 1984 年 6 月 18 日，全国人民代表大会第六届常务委员会第十一次会议决定设立国家教育委员会，简称国家教委，教育部同时撤销。

② 北京学苑文化研究中心：《中国社会力量办学大辞典》（上册），红旗出版社，1997，第 75 页。

《暂行规定》对于"社会力量办学"概念的界定，较之 1984 年教育部转发的《北京市社会力量办学试行办法》中所称社会力量办学——"各民主党派、群众团体和经过正式批准成立的社会团体、学术团体（不含筹备机构）以及公民个人举办的各类教育"，内涵更丰富，外延更宽泛，逻辑更周严。《关于社会力量办学的若干暂行规定》是我国第一个关于民办教育的法规性文件，它的颁布实施，标志着民办学校被纳入了国家正常管理体系。随后，各省、自治区、直辖市纷纷结合本地区实际，相继制定了本地区的"社会力量办学管理办法"，为初步建立起民办教育从中央到地方的政策法规体系奠定了基础。

继《关于社会力量办学的若干暂行规定》之后，国家有关部委针对民办教育发展过程中出现的诸如财务管理、教学管理、广告管理、毕业证书、印章管理等各种突出问题，出台了相关子规定。

1987 年 12 月 28 日，根据《中华人民共和国会计法》和国家教委《关于社会力量办学的若干暂行规定》，国家教委、财政部联合制发《社会力量办学财务管理暂行规定》（〔1987〕教审字 008 号），明确规定：社会力量举办的学校，要根据本规定和当地的有关规定以及学校规模，设置相应的财务机构或配备专职财会人员，建立必要的财务规章制度，并作为办学的基本条件之一，随同办学申请一并报经上级教育行政部门审批。社会力量举办的学校应当本着统一领导、分级负责、独立核算、量入为出、略有结余的原则，按照国家事业单位的会计制度和有关财务管理办法，在银行开立账户后，办理财务收支，进行会计核算。《社会力量办学财务管理暂行规定》内容主要涉及：①经费来源：社会力量举办的学校，其经费自行筹集；②经费支出：学校各项行政管理费用的开支，可参照国家行政事业单位的开支标准执行；③日常财务管理：学校财务机构应根据财政部颁发的《行政事业单位会计制度》设置会计账簿，并按照《中华人民共和国会计法》认真做好日常会计核算和监督工作。同时规定，社会力量举办的学校停办时，除按原审批办学程序办理注销手续外，必须在当地教育行政部门领导下，认真清理财、物及债权债务。《社会力量办学财务管理暂行规定》下发实施后，各地市依据该规定，结合当地实际先后制定了更为详细具体的贯彻落实办法。如1990年10月26日，北京市成人教育局、财政局联合制定并下发了《北京市社会力量办学财务管理暂行规定》（京财文〔1990〕2540号）。此项规定的实施，进一步提高了民办学校财务管理的规范化程度。

1988年10月24日，国家教委制发《社会力量办学教学管理暂行规定》（〔1988〕教高三字017号），明确规定：社会力量举办的、未取得颁发国家学历证书资格的、面向社会招生的各级各类学校及其分校、分部，以及独立设置的培训中心、各类培训班、辅导班、进修班等从事教学活动的组织等，均应接受教育行政部门在培养目标、专业或课程设置、教学计划、教学大纲、教材建设、教师聘任、教学场所、学籍管理以及其他有关教学方面的指导和监督。

1991年8月21日，国家教委、公安部联合发布《社会力量办学印章管理暂行规定》（国家教委令、公安部令第17号），规定：学校须经所在地的县级以上（含县级）人民政府的教育行政部门根据有关规定批准后，方可刻制印章。各级各类补习班、辅导班、培训班、进修班等，不得刻制印章。学校刻制印章，必须持教育行政部门出具的证明，到所在地县级以上公安机关办理审批手续，经批准后，方可到指定的刻字社或工厂刻制。学校印章须报教育行政部门和公安机关备案，并由教育行政部门正式行文启用。其中，第六条规定学校印章样式、尺寸如下：

（1）学校及其所属职能机构的印章一律为圆形。

（2）高等学校印章的直径为四点二厘米，其所属职能机构印章的直径为四厘米。中等（含中等）以下学校印章的直径为四厘米，其所属职能机构印章的直径为三点八厘米。

（3）各级各类学校钢印的直径一律为三点六厘米。

（4）学校印章所刊名称自左而右环行，中心部位刊五角星或校徽。

（5）学校职能机构印章自左而右环行学校名称，职能机构名称垂直于学校名称自左而右横向排列，中心部位一律空白。

1988 年 10 月 17 日，国家教委印发《关于社会力量办学几个问题的通知》，指出：社会力量办学是我国教育事业的组成部分，是国家办学的补充，希望各地进一步重视这项工作，将其纳入工作日程，把鼓励、支持社会力量办学的措施落到实处，同时要充实和加强管理力量，采取行政的、法律的、经济的措施，加强对社会力量办学的领导和管理，使其健康发展。并就社会力量办学中出现的突出问题做出明确规定：关于管理体制问题，要求社会力量举办面向社会招生的各级各类学校（举办具有颁发国家承认学历证书资格的各级各类学校除外）或教学机构，均须由所在地教育行政部门根据国家有关规定和程序审批；关于跨省（市）设分校招生问题，规定今后不能再举办和审批跨省（市）设分校招生的学校；关于学历文凭问题，要求必须加强管理，确保其规格和质量，不能搞滥。

从 1988 年开始，各地教育主管部门按照国家教委《关于社会力量办学的若干暂行规定》等有关文件精神结合实际，对社会力量办学进行认真清理整顿，逐个审批，并统一颁发《办学许可证》，统一收费标准，统一印制《结业证明》，社会力量乱办学的混乱状况很快得到了扼制，但民办学校的规范化办学仍然道路漫长，清理整顿工作仍在继续。

1992 年初，国家教委在制定的《全国教育事业十年规划和"八五"计划要点》中指出，为满足社会对教育日益增长的需求，逐步建立以政府为主体、社会各界共同参与的办学体制。提出了办学体制的大体设想：学前教育以社会各界办学为主；中小学教育以地方政府办学为主；职业技术教育和成人教育，除部分骨干学校由政府办学外，在当地政府统筹、支持下，城市主要由行业、企业、事业单位办学和各方面联合办学，农村由多方筹资办学；高等教育由中央、省、自治区、直辖市两级政府办学为主。

1992 年 9 月 1 日，国家教委党组印发《关于加快教育改革和发展的若干意见》，提出：目前要特别鼓励、支持社会力量兴办以职业技术教育、基础教育、继续教育、社会文化生活教育和助学性质的高等教育为主的各类学校。今后，凡申请举办中等层次以下和各类非学历性质的学校，一律由地方教育行政部门负责审批和管理。同时，要完善有关政策、法规，对社会力量办学过程中出现的各种问题，要正确引导，加强管理。

20世纪80年代后期，随着国家有关规范和促进民办教育发展的"规定""办法""意见""通知"等的出台，各地结合实际先后制发了鼓励社会力量办学的一系列办法措施，为民办学校稳步健康发展提供了政策保障。

1992年10月12~18日，中国共产党第十四次全国代表大会在北京召开，十四大报告提出："鼓励多渠道、多形式社会集资办学和民间办学，改变国家包办教育的做法。"中央打破由公办教育一统天下的传统办学格局，鼓励全社会积极兴办教育的"开放办学"的科学决策，符合中国当前国情，疏通了向社会提供更多优质教育的多样化渠道。1992年初，邓小平南方谈话和党的十四大召开，预示着民办教育即将进入一个空前活跃的发展阶段。

二 学术研讨助推民办教育的起步和发展

在民办教育探索发展的关键时期，国家教委和地方教育行政部门及民办教育界举办了一些全国性的研讨活动，为民办教育的健康发展提供了理论依据和实践指导，其中影响较大的是历次全国社会力量办学协作会议。

1988年12月15~17日，第一届全国部分城市社会力量办学理论研讨会在沈阳举行，研讨会由沈阳市教委组织举办。参加研讨会的有来自北京、天津、上海以及辽宁、黑龙江教委的42名代表，国家教委高教三司李晓春到会做指导。研讨会的主旨是：从理论和政策高度，围绕社会力量办学实践中遇到的问题进行探讨，达到提高认识，明确方向，增强搞好社会力量办学信心的目的。研讨会共收到论文90余篇。会议主要围绕以下问题进行了比较深入的讨论：①关于社会力量办学的范围；②关于社会力量办学的地位和作用；③关于社会力量办学的管理；④关于社会力量办学的特点；⑤关于社会力量办学的方向。会议成果为方兴未艾的民办教育实践，提供了初步的理论支撑。

1990 年 4 月 4～7 日，第二届全国部分省市社会力量办学理论研讨会在上海举行，会议由上海市教育局承办。参加会议的有 20 个省市教育行政部门的 45 位代表。国家教委成人教育司李晓春应邀参加会议。此次研讨会的主要议题是：在鼓励支持、积极引导社会力量办学的同时，对如何加强管理和开展治理整顿工作进行研讨。研讨会收到论文 52 篇。与会代表就当前亟须解决的若干突出问题：如何加强社会力量办学的思想政治工作，如何加强法规建设，如何开展社会力量办学的评估工作，如何不断提高教学质量等进行了讨论。会后分四组赴上海市静安、普陀、长宁、徐汇、黄埔、卢湾、杨浦、虹口等市区及相关学校调研。

1991 年 10 月 9～13 日，第三届全国社会力量办学协作会在成都市召开，全国 44 个省、市的 61 名代表出席会议。国家教委成教司董明传司长做了关于当前和明年社会力量办学特别是民办高等教育有关问题的重要讲话，办公室哈玲主任、社会办学处李晓春处长等也参加了会议。与会代表在大会发言和分组讨论中提出以下建议：①从大政上确定社会力量办学的性质和发展趋势；②加快社会力量办学的法规建设；③加强管理工作领导，促进管理队伍的建设；④进一步加强社会力量办学的理论研究；⑤采取有效的办法，解决社会力量办学的管理工作经费问题。

1992 年 11 月 2～6 日，第四次全国社会力量办学协作会在广州召开。参加会议的有各省、自治区、直辖市和计划单列市的代表 80 多人。国家教委成教司副司长杨伯熙出席会议。与会代表认真学习了党的十四大报告和邓小平南方谈话，交流了各地社会力量办学的经验和做法，对我国社会力量办学的地位、作用和今后发展的趋势，以及管理体制、有关政策等问题进行了认真的探讨。会议期间，与会代表还参观了广州市部分社会力量办学单位。

除全国社会力量办学协作会以外，影响较大的研讨活动还有 1992 年 9 月 23～25 日，天津市教育科学研究院举办的"首届私人办学理论研讨会"。参加这次研讨活动的有北京、上海、深圳、厦门、杭州、温州、青岛、宁

71

波、太原、南昌等地的代表和国家教委、中央教科所的有关领导和专家,以及天津市区较关心这一课题的领导和家长共 50 余人。[①] 与会者一致认为,民办、私人学校的兴起,为教育体制改革提供了新思路。会议就民办学校的定义、在教育体系中的地位和作用、学校内部管理、外部环境、教师队伍组建、办学资金筹集等问题展开热烈讨论。这次会议对于统一对中国民办教育的认识,促进对中国民办教育理论的研究具有重要意义。

以上研讨会议,为回应和解决民办教育在复兴过程中向政府及社会提出的诸多亟待解决的现实问题,做了有益的探索,为及时总结民办教育的办学经验,促进民办教育的健康发展发挥了重要作用。

三 改革开放后民办教育的发展概况

1982 年 10 月 27 日公布的《第三次全国人口普查公报》显示,全国总人口为 1031882511 人,大陆 29 个省、直辖市、自治区(不包括福建省的金门、马祖等岛屿)人口和现役军人共 1008175288 人,其中:具有大学毕业文化程度的 4414495 人,占 0.44%;具有大学肄业文化程度的(包括在校大学生)1602474 人,占 0.16%;具有高中文化程度的 66478028 人,占 6.59%;具有初中文化程度的 178277140 人,占 17.68%;具有小学文化程度的 355160310 人(均包括毕业生、肄业生、在校生),占 35.23%。29 个省、直辖市、自治区的文盲和半文盲人口(12 周岁以上不识字和识字很少的人)为 235820002 人,占总人口比例为 23.39%。[②] 我国各级各类教育压力巨大。尤其是面对改革开放百业待兴的教育需求,各级各类教育资源更显得严重不足,经济社会发展需要为民办教育发展提供了极为广阔的空间。于是,民办教育在顽强执着的探索中开始复兴发展。

北京市是我国民办教育复苏最早、发展较快的城市,最能反映中国民办教育复兴探索发展时期的基本情况。1981 年 4 月 1 日,北京市人民政府颁

---

① 金玉章:《市教科院举办私人办学理论研讨会》,《天津教育》1992 年第 11 期,第 15 页。
② 中华人民共和国国家统计局:http://www.stats.gov.cn/tjsj/tjgb/rkpcgb/qgrkpcgb/200204/t20020404_ 30318. html。

发《北京市私人办学暂行管理办法》（京政发〔1981〕42号）以来，北京市的民办教育发展相对较快。据有关记载，北京城区民办教育机构，1982年底已经有52所，1983年6月即达到81所，在校学员达23000余人。其中，在校生500人以上的有10所，1000人以上的有6所。这些办学机构的主办人多数是退、离休教师、干部和职工，主办人往往就是学校教师，更多的是在社会上外聘兼职教师，同时吸收少量的待业青年参加办学工作。办学场所绝大多数是租用中、小学课余时间的教室，或租用工厂的废弃车间。这些办学机构的教学形式，绝大多数是单科教学，学习期限不等，一般是三个月到一年，个别的为三年。设置的课程大致分为四类：一是文化补习类，主要是外语、数理化高考补习和电大、自学高考辅导等，约占50%。二是职业技术教育类，主要是缝纫、财会、幼师、针灸、打字等，约占30%。三是艺术类，包括绘画、书法、摄影、京剧、美工设计、声乐器乐、朗诵等，约占20%。四是大专类，当时正式招生开学的只有一所，即"燕京高等外语专科学校"。[①]

北京市社会力量办学，早期开展的主要是满足在职、待业需要的各种文化、职业技术教育，1982年以后随着国家自学考试制度的建立，相当多的社会力量办学转向为成人高考进行各类补习教育。

当时经北京市成人教育局批准备案的社会力量举办的高等学校，都是无学历的助学性质的学校。社会力量办学的经费主要来源于学员的学费，实行"经费自筹，单独核算，自负盈亏"。收取学费后以学养学，取之于学员，用之于学员。据了解，各校的经费收支都有结余。学员分自费和公费两种，自费学员占学员总数的58.2%，公费的占41.8%。各校收费标准不一，主要根据课程设置和发放教材数量的多少而定。面授学员一般每年需缴学费25~70元；函授学员一般每年缴20~40元。

据1991年统计，北京社会力量（不含集体经济组织和国家企业事业单

---

① 文华：《民办学校是智力开发的一种好形式——北京市民办学校情况调查》，《学习与研究》1983年第10期，第31页。

位）举办的民办高校40余所（其中面授18所），10年内吸收数百万青年入学，已经毕业或结业的学员达106万人。据北京地区信息反馈，18所面授民办高校毕业生或结业生中95%的已经就业，其中被国家企业事业单位录用的占38%，集体经济组织占32%，"三资"企业录用的占17%，独立开业或待业的占6%，出国留学的占7%。北京各民办高校为北京和全国各地培养了一批急需的有用的人才，充实到各行业关键岗位，已经并正在发挥重要作用。事实证明，社会力量举办高等教育是利国利民的好事。① 民办学校从1990年底的551所，增至1992年底的1200余所。②

除北京市外，全国其他地市民办教育尽管复苏时间早晚不一，发展规模大小不一，但办学起步时的基本情况大致相同。民办教育多数学校起步时是无校舍、无师资、无资金的"三无"学校，教学场所靠租用中、小学课余时间的教室或厂矿的废弃车间；队伍没编制，教师靠外聘，有不少办学者自己就是任课老师；起步资金靠办学者自己筹措，运转靠学费。办学的突出特点和优势是灵活、精干、高效。办学方式多以单科教学为主，学习时限短则一个月长则一年到二年不等，队伍精干高效，开设新课程快，教学内容灵活，急用急学，干啥学啥，缺啥补啥，招收新学员快，见效快，深受学员欢迎。

20世纪80年代末，民办学校已经达到了一定的规模，据1989年有关资料统计，京、津、沪等十几个城市，经教育行政部门批准的包括民办学校在内的社会力量办学机构已有2000多所，在校学生达300多万人。进入90年代后发展更为迅速，以天津市为例：截至1991年底，天津市有195个办学单位经重新登记，获得《天津市社会力量办学许可证》，使之逐步走向规范化、制度化。1992年，不少企业在转换经营机制，走向市场的过程中，打破封闭的办学体系，利用自身的优势面向社会开展培训，到年底已有44个企业领取了办学许可证。一些从机关、学校、科研单位离退休的老干部，

---

① 贺向东：《让民学校走出困境》，《民办高教天地》1993年第1期，第7页。
② 仰光：《数据写实》，《民办高教天地》1993年第3期，第47页。

老教育、科技工作者和身怀技艺的老职工，发挥自己的特长开办了不同类型的民办学校，到年底已批准私立学校 53 所。1992 年新增办学单位 218 个，比上年翻一番多。到 1992 年底，全市除企业、个人办学外，民主党派办学 29 所，社会团体办学 47 所，人民团体办学 15 所，其余社会力量办学 225 所，共计 316 所。①

1988 年 1 月 22 日，《人民日报》在第 3 版以"个体办学 6 年　学生人人合格"为题，报道了内蒙古察右旗一位因学校减员被解聘的原代课教师师汉斌个人办学的事迹。报道中还提及该旗已有 7 所个体创办的学校。这是中国公民个人或民间团体办学首次在中国权威媒体上连续公开报道，引起了社会各界的关注。②

在前期不断地清理整顿、不断地探索积累中，历史进入了 20 世纪 90 年代，民办教育终于开始起飞。据统计，截至 1991 年底，全国共计民办普通中小学 1199 所，其中中学 544 所，小学 655 所；民办高校 450 所，初步形成了多类型、多层次、多学科的民办教育体系。截至 1992 年底，全国民办学校（含幼儿园）共有 2 万余所。其中，民办幼儿园发展到 13808 所，比 1991 年增加 1717 所；在园幼儿 53.62 万人，比 1991 年增加 15.12 万人。民办小学发展到 864 所，比 1991 年增加 209 所；在校生 5.52 万人，比 1991 年增加 2.87 万人。民办中学发展到 673 所，比 1991 年增加 129 所；在校生 13.38 万人，比 1991 年增加 4.42 万人。1992 年经国家教委审批备案的民办高等学历教育学校 10 所，其中民办普通高校 7 所，在校生 2000 余人；民办成人高校 3 所，在校生 2550 余人；还有社会团体与政府部门或企业联合举办的高等学历教育学校 40 所；由省级教育行政部门审批的培训、进修、辅导、助学性质（不发学历证明）的民办高等教育机构 500 余所。另外，民办职业技术培训教育、社会文化生活教育、文化补习和继续教育等非学历教育学校已逾万所（见表 2-1）。

---

① 天津市第二教育局：《民间办学异军突起——蓬勃发展的天津市社会力量办学》，《中国成人教育》1993 年第 6 期，第 13 页。

② 金忠明、李若驰、王冠主编《中国民办教育史》，中国社会科学出版社，2003，第 244 页。

表 2 – 1 1991 ~ 1992 年各级各类民办教育发展综合统计

单位：所，万人

年份	民办幼儿园		民办小学		民办中学		民办高校	
	所数	在校生	所数	在校生	所数	在校生	所数	在校生
1991	12091	38.50	655	2.65	544	8.96	6	—
1992	13808	53.62	864	5.52	673	13.38	10	0.46

资料来源：1991 年、1992 年《中国教育年鉴》。

1983 ~ 1992 年，各级各类民办教育完成了酝酿复苏，经过艰难探索基本实现了全面复兴。在政府和社会各方的助推下，社会力量办学的地位、作用日渐明确，民办教育在接受清理整顿中逐渐规范，"民间办学"一度成为我国社会的热点话题，1992 年被人们称为"中国民间办学年"，中国民办教育开始进入一个突飞猛进的发展阶段。《中国教育报》和《光明日报》以高度的热情和前所未有的篇幅，对民办教育的多方面典型个案做了大量报道，为民办教育热潮的兴起推波助澜。《人民日报》于 1992 年 8 月7 日、12 日在报道民间办学概况中介绍：这一时期我国社会力量举办的各级各类学校已有上万所，每年培训的学员数以百万计，其中高等教育层次的办学机构 400 多所，对国家教育起到了拾遗补阙的作用，对改革开放后经济社会发展起到了助推作用。许多迹象显示，民办教育事业即将进入繁荣发展时期。

第二节 民办高等教育的星火燎原

1983 年我国高等教育毛入学率仅为 2.09%，与当时社会经济的发展需要极不适应。国家继 1977 年恢复高考制度、成立广播电视大学、函授大学之后，再次改革探索，建立了全国高等教育自学考试制度。在国家办学政策的松动及高等教育自学考试制度的催生下，民办高等教育抢抓机遇得到了较为迅速的复兴与发展。

一 国家对民办高等教育的扶持政策

1983 年 3 月 10 日，中共中央书记处召开第 45 次会议，会议就高等教育问题提出：支持大型工矿企业、民主人士和新兴城市自办大学，在大城市中提倡招收走读生。4 月 28 日，国务院批转教育部、国家计委《关于加速发展高等教育的报告》。其中提出：高等教育事业要采取多种形式，开辟新的门路，调动各方面的积极性，继续贯彻两条腿走路的方针。调整高等教育内部结构，积极提倡大城市、经济发展较快的中等城市和大企业举办高等专科学校和院校合办。此外，还要鼓励民主党派、群众团体和爱国人士举办这类学校。当时，所谓的民办高等教育，从严格意义上讲，并没有一所真正的民办高校，绝大多数只是一种职业培训机构或自学助考机构，而且数量有限，即使民办教育复苏较早的北京市，到 1983 年也才仅有 4 所，其中面授与函授各两所。1983 年以后，随着自学考试的推广，全国各种应用类的民办高等专科学校开始有较大发展，1984 年达到 120 所，至 1985 年发展到 170 所，1986 年达 370 所。

1985 年 3 月 28 日，宋平代表国家计委在第六届全国人民代表大会第三次会议上做《关于 1985 年国民经济和社会发展计划草案的报告》，报告提出：高等学校在完成国家招生计划的前提下，可以接收委托培养、联合办学，可以集资办学。

1988 年，在北京召开的"高等教育政策国际研讨会"上，厦门大学高等教育研究所所长潘懋元教授宣读了一篇《关于民办高等教育体制的探讨》的研究文章。此文随后在《光明日报》《上海高教研究》（1988 年第 3 期）上相继刊登，并经《新华文摘》转载，在全国引起强烈反响。该文认为："民办学校，实质上相当于私立学校。"文中就民办高等教育的历史和现实意义及当前存在的若干问题，阐述了个人的看法，认为，"民办高等教育，作为一种教育体制，对于发展高等教育事业，培养社会主义现代化建设人才，具有现实意义"。① 呼吁应"将民办高等教育纳入国家教育体系之中，确定其社会性质，

---

① 潘懋元：《关于民办高等教育体制的探讨》，《上海高教研究》1988 年第 3 期，第 36 页。

确认其社会地位，引导其向正确的方向健康发展"。①

在庆祝中共十一届三中全会召开十周年之际，上海市高等教育研究所与上海交通大学高教研究室联合发起组织召开了"新时期十年高等教育改革的回顾与展望"大型研讨会。全国 22 个省、自治区、直辖市的 70 多所高校、省级高等教育学会和科研机构的专家、学者、理论工作者、高校党政负责人共 84 人参加研讨会。北京海淀走读大学的办学经验介绍引起了与会者强烈共鸣。北京海淀走读大学在办学过程中形成了鲜明的办学特色：他们自筹办学资金，专业设置灵活，学生自费走读，不包分配，有偿推荐毕业生，学校机构精简，专任教职工编制小，后勤服务社会化，学校形成了良好的竞争机制，办学效益高。与会人员公认：允许私人兴办学校这条办学道路是走得通的，也是符合社会主义初级阶段中国国情的。②

《国家教委 1989 年工作要点》提出：优化育人环境，按照《关于社会力量办学几个问题的通知》精神，以北京市为重点，会同市政府对跨省、市设置分校和"办学点"的"学院""大学"进行全面清理、整顿。对民办高校问题进行调查研究，提出管理办法。

1989 年初，来自 16 个省市，数十所民办高校的办学者与部分理论界专家会聚武汉，召开全国"首届民办高等教育研讨会"。与会人员在广泛交流办学经验的同时，为改革开放以来民办高等教育取得的成绩感到振奋，同时对民办高等教育作为"新生事物"在发展过程中存在的问题、面临的困难进行了分析，部分与会人员表达了对民办高等教育发展前景的忧虑。

1990 年 12 月 30 日，江西省社联、省社科院、省教科所、江西教育学院、江西师范大学、赣江大学等单位联合在南昌召开"古今民办高等教育研讨会筹备会"。江西所处位置是中国古代教育的源头之一，书院教育文化积淀深厚。近年来，江西省教育界、知识界通过对古代教育思想大量的挖掘、整理，产生一批重要的研究成果。为总结、弘扬我国优秀的文化传统，发掘、研究

---

① 潘懋元：《关于民办高等教育体制的探讨》，《上海高教研究》1988 年第 3 期，第 40 页。

② 董瑞君：《"新时期十年高等教育改革的回顾与展望"研讨会综述》，《上海高教研究》1989 年第 2 期，第 110 页。

古代民办高等教育的精髓，促进高等教育改革，会议计划 1991 年在庐山召开"全国古今民办高等教育研讨会"以及筹建"民办高等教育研究会"。

1990 年 7 月 26 日，国家教委下发《关于跨省、自治区、直辖市办学招生广告审批权限的通知》（教成〔1990〕017 号）。《通知》指出：近期一些电视、广播、新闻出版单位刊播了许多跨省区办学的招生广告。由于多种原因，包括教育行政部门审核不严，在一些办学招生广告中存在着滥招生、乱许诺文凭和待遇的现象。既损害了高等教育的声誉，又助长了"乱办学、乱收费、乱发证"等社会不正之风的蔓延，甚至影响到社会安定。为有效加强对办学招生广告的管理，根据国家工商行政管理局发布的《广告管理条例施行细则》中第十三条第四款的规定，对国家教委与省、自治区、直辖市教育行政部门审批招生广告的权限做出明确分工：凡跨省、自治区、直辖市招生的教学内容属于高等教育层次、学员学习时间（自然时间）在一年以上的办学招生广告，均须由学校所在地的省、自治区、直辖市的教育行政部门审核后，报国家教委批准，方可刊播。其中，国家高等教育事业计划内的跨省区的招生广告，由学校所在的省、自治区、直辖市的教育行政部门直接经办，统一刊播。其他办学招生广告，仍按有关规定执行。

1991 年 3 月 14 日，国家教委发布《不得擅自颁发毕业证书的通知》（教成〔1991〕4 号），指出：近期，个别社会力量举办的学校无视国家有关规定，擅自向学员颁发高等教育毕业证书，在社会上造成不良影响。为维护国家教育政策、法规的严肃性、制止乱发毕业证书现象的蔓延，重申：不经国家教委或原教育部批准的学校，一律不得擅自颁发高等教育毕业证书。对拒不执行这项规定的学校或直接责任者，由教育部门会同有关部门查处，并追究责任。

《国家教委 1992 年工作要点》关于"成人教育"部分提出，要加强对社会力量办学的指导和管理，贯彻全国高等教育自学考试指导委员会第三次会议精神，搞好自学考试工作。1992 年 8 月中旬与 11 月中旬，"全国成人高等教育工作会议"与"全国普通高等教育工作会议"相继召开。在全国成人教育工作会议受表彰的办学单位名单中，破例列入两所社会力量办学单位，而且民办华南女子学院在大会上做了典型发言，在会场内外产生了强烈反响。

1992年11月7日，国家教委印发《关于北京市〈关于对社会力量举办的高等教育进行国家考试的试点方案〉的批复》（教考〔1992〕6号），原则同意北京市进行试点。强调："对社会力量举办的高等教育大专以上层次的学生，凡欲取得国家承认的学历证书者，须通过国家学历文凭考试。"

1992年12月8日，经国务院批转国家教委《关于加快改革和积极发展普通高等教育的意见》，其中第二条明确提出："要积极鼓励和支持社会力量兴办民办高等学校，尽快制定民办普通高等学校有关条例，加强引导和管理。"明确把民办高等教育纳入国家教育体制范围。显然在党的十四大精神指导下，政府及国家行政机关对于民办高等教育的地位作用有了新的认识，支持力度有了更大幅度的提高。

二 民办高等教育的起步与发展

民办高等教育以顽强拼搏精神，突破了起步时期办学条件简陋、经验缺乏及政策限制等制约，抢抓自学考试助考机遇不断探索发展，使全国民办高校及民办高等教育机构的数量由1984年的120所发展到1992年的500余所，其中实施学历教育的有北京海淀走读大学、广西邕江大学、西安女子培华学院等普通民办高校7所（此外还有3所民办成人高校），民办高等教育得到迅速发展（见表2-2）。

表2-2 1984~1992年全国民办高等教育发展状况

单位：所

年份	学校数	民办普通高校	民办其他高等教育机构
1984	120	—	120
1985	170	—	170
1986	370	—	370
1991	456	6	450
1992	506	7	500余所

资料来源：饶爱京：《江西民办高等教育发展研究》，厦门大学教育研究院；相关年份《中国教育年鉴》及《全国教育事业发展统计公报》。

随着国家经济的复苏发展，人民生活得到改善，升学深造成为广大青年和家长更加迫切的愿望。民办高等教育的发展，不仅为广大待学待业者开辟了一条成才之路，满足了广大青年的学习愿望，而且对缓解就业压力、促进社会安定起到了积极作用。例如，1993 年，上海出现民办高校申办热潮，当年申办学校有 12 家。这些学校有：恒通大学、上海前进外语学院、上海中华侨光职业大学、上海女子大学、东方文化大学、新约翰大学、中华创造发明大学、济光大学等。① 再如，人口大省河南省社会力量办学发展迅速，1992 年已经拥有民办高等教育机构 86 所。1992 年 12 月 6 日，河南省民办高等教育协会在郑州市成立，一定程度上促进了全省民办高等教育的发展。

需要说明的是，在中国教育统计中"民办教育"往往外延较宽泛，有时候专指民办教育，有时则包括各类社会力量办学，如 1992 年，山东省教委研究批准济南市中山业余学院、济南职业培训学院、济南工商培训学院、山东书画函授学院、山东科学文化进修学院、山东职业技术培训学院、济南东岳中西医函授大学、私立山东中西医结合大学、山东农村应用技术函授大学、山东繁星中医药培训大学、山东畜牧兽医函授大学、山东社会科学进修学院、浪潮计算机培训学院 13 所学校，为山东省首批非学历性质的民办高校，予以备案，准予面向社会，开展各种职业培训、文化科技知识辅导和社会助学活动。而事实上，这 13 所所谓民办高校中，其中由民主党派举办的 2 所，社团举办的 7 所，企业举办的 1 所，真正属于私人举办的，仅有王显明创办的私立山东中西医结合大学等 3 所。这里所说的"民办学校"显然是指各类社会力量办学。

三 起步发展阶段民办高校发展个案

1983 ～ 1992 年是民办高等教育复兴与探索时期，在社会力量办学政策逐渐松动的情况下，在自学考试制度的催生下，我国民办高等教育得以迅速

---

① 《上海出现民办高校申办热》，《民办高教天地》1993 年第 2 期，第 5 页。

复兴与发展，诸多学校经过艰苦创业逐渐走出办学初期的"三无"状态，逐渐进入规范发展阶段。例如：

1983 年 10 月，江西工程学院的前身——新余无线电培训班创建开班。创办人杨名权曾有过民办教师经历，1983 年他主动放弃钢铁企业工人身份，利用企业驻地的优势，离厂"单干"，与新余三中物理老师一起带徒弟办起了无线电培训班。后经过滚动发展，1988 年成立新余市电子技术学校，1992 年成立江西渝州电子工业学院，1997 年被列为江西省首批高等教育国家学历文凭考试试点院校。2001 年成立江西渝州科技职业学院，获得独立颁发专科学历文凭资格，纳入国家普通高校招生计划。2014 年经教育部批准，升格为本科层次，更名为江西工程学院。

1984 年 3 月 6 日，北京城市学院的前身——北京海淀走读大学经北京市政府批准、教育部备案正式成立。这是我国第一所民办公助、国家承认学历的民办高校。海淀走读大学是在中共海淀区委、区人民政府和清华大学、北京大学、中国人民大学的帮助下，由清华大学副教授、区人民代表傅正泰和几位有共同志向的同事共同创办的，体制上为民办公助，由北京市高教局归口管理，国家承认学历，但不拨经费。海淀走读大学除每年由海淀区政府补贴（即公助）12 万元外，其余办学资金全部由举办人自筹。该校办学层次是全日制普通高等专科学校，办学任务是面向北京地区，服务于基层，为各条战线培养急需的应用型人才。学生参加全国统一考试录取，自费走读，不包分配。① 1987 年，第一届 228 名学生毕业，因专业应时适用，学生素质较好，供不应求，即在社会上引起了很大的反响，大大促进了学校的发展。北京海淀走读大学的示范效应非常明显，调动了更多社会力量投资办学的积极性，在北京兴起了举办民办高校的热潮。2003 年学校经教育部批准，升格为本科院校，更名为"北京城市学院"；2011 年，成为中国大陆第一批拥有硕士研究生招生资格的民办高校。

1984 年 8 月 6 日，西安培华学院的前身——西安培华女子大学成立。

---

① 陈宝瑜：《海淀走读大学探索前进的九年》，《复旦教育》1993 年第 2 期，第 32～38 页。

1984 年 5 月 4 日，在陕西省政协五届二次会议上，教育界有关委员提出了"在陕西举办一所女子大学"的倡议，经陕西省政协党组扩大会议讨论并通过。7 月 26 日，西安培华女子大学董事会成立。8 月 6 日，经陕西省人民政府批准，由著名教育家姜维之先生在恢复原培华女子职业学校的基础上创建民办公助性质的"西安培华女子大学"，学校被列入普通高等学校专科教育序列。这是国内首家专门开展女性教育的普通高等院校。该校前身可追溯到 1928 年由陕西女子职业教育促进会筹办、陕西省教育厅批准设立的"西安第一女子平民职业学校"。校址位于西安市大学南路。2003 年经教育部批准升格为本科高校，并更名为西安培华学院，2007 年成为西部首家获得学士学位授予权的民办高校。

1984 年，浙江树人学院的前身——浙江社会大学开始筹办。1984 年 8 月，浙江省政协第五届委员会副秘书长孙延年、倪保珊、冯孝善、毛树坚等倡议在浙江省建立一所民办高校，得到浙江省政协和各民主党派、工商联及各界人士的支持。初拟校名为"武林大学"（武林系杭州古地名）。12 月 5 日，浙江省人民政府批复同意依靠省各民主党派和社会力量筹建民办的武林大学，明确由浙江省政协领导管理，纳入浙江省教育事业发展规划。学校筹建期间先办专科，学制二年至三年。学生入学参加高校统一招生、统一考试，实行收费走读，国家不包分配。学校办学经费自筹。12 月，借用浙江省政协办公室一间，作为建校办公室。1985 年 2 月 26 日，经浙江省人民政府批准，将筹建中的"武林大学"改名为"浙江社会大学"。4 月 14 日，浙江社会大学首届董事会成立，推选省政协主席王家扬为董事长，聘任周春晖为校长。9 月借用杭州电子工业学院"跃进楼"作为办公与教学用房。9 月 23 日，浙江社会大学首届学生 80 人正式开课。12 月 10 日，"浙江社会大学"更名为"浙江树人大学"。2000 年，经省政府批准，学校与周边的四所中专院校联合组建成立了新的浙江树人大学。2003 年，经教育部批准，学校升格为本科院校，更名为浙江树人学院。

1984 年 10 月 31 日，黄河科技学院的前身——郑州市高等教育自学考试辅导班正式开课。1981 年，当时身为郑州大学教师的胡大白，因外出讲学双腿严重烧伤，刚刚进入不惑之年便告别了酷爱的讲台。经过反复思考，1984 年胡大白决定开办自学考试辅导班，在丈夫杨钟瑶的协助下，她利用手中仅有的 30 元资金，以超人的智慧和勇气，坚定地迈出了开创民办教育事业的第一步。10 月 31 日，辅导班正式开课。1985 年 4 月，第一期学员自学考试成绩平均合格率高达 87%，被《光明日报》赞誉为"全国自学考试的一面红旗"。1985 年 12 月，在郑州高等教育自学考试辅导班的基础上，经郑州市教委批准，"黄河科技专科学校"成立。1989 年 8 月，经省教委批准学校更名为"郑州黄河科技大学"。学校坚持"为国分忧，为民解愁，为社会主义现代化建设服务"的办学宗旨，以"办一所对学生最负责任的大学"为办学愿景，在办学过程中自始至终视质量为生命，不断改革创新，推动学校不断发展。1994 年 2 月 5 日，学校经国家教委批准实施普通专科教育，学校更名为民办黄河科技学院，成为我国第一所实施全日制专科学历教育的民办高校。2000 年 3 月 21 日，经教育部批准，获得实施全日制本科学历教育资格，更名为黄河科技学院，成为全国第一所普通本科民办高校。学校在 2013 年 1 月，入选教育部应用科技大学改革试点战略研究项目试点单位。30 年校庆时，黄河科技学院已经拥有 4 个校区，占地 2300 多亩，在校生 3 万余人，固定资产达到 30 亿元，截至 2017 年，学校已为国家和地方培养了 16 万多各类建设人才。

1984 年 10 月，余宝笙博士带领旅居海内外的原华南校友，以华南女子文理学院暨附中校友会的名义，创办了福建华南女子职业学院，学院前身为创办于 1908 年的私立华南女子文理学院。

1985 年 2 月，南宁学院的前身——邕江大学经广西壮族自治区人民政府批准，教育部备案，由中国国民党革命委员会广西壮族自治区委员会牵头创办成立。1985 年批准办理三个专科学历教育专业（学制两年，〔1985〕桂教厅黎字 53 号）。1985 年 3 月、4 月，相继召开邕江大学董事会第一、第二次会议，通过《邕江大学章程》，推选并任命董事会董事长、董事、校长和副校长等。聘请全国人大常委会副委员长朱学范担任名誉校长，中共邕宁县县委第一书记黄理图任董事长，民革中央常委、广西政协副主席、民革广西区委主席黄启汉任校长。1985 年 5 月 24 日，广西农机校、邕宁县人民政府、邕江大学联合签订了《关于转让广西农机校校舍问题的协议》，并于 7 月 15 日经永宁县公正生效。协议中三方同意：邕宁县付 100 万元人民币，邕江大学付 60 万元人民币给广西农机校，广西农机校转让的土地使用权和房产所有权归邕宁县，邕宁县同意将上述土地和房屋无偿交给邕江大学使用。校址位于邕宁县蒲庙镇龙岗村，校园占地 570 亩，建筑面积近 25000 平方米。1985 年 6 月 8 日，广西壮族自治区人民政府办公厅复函广西区农机局《关于同意区农业机械化学校迁校的批复》（桂政办函〔1985〕300 号），同意区农机校校舍按双方协议转让给邕江大学使用。1985 年 12 月 15 日，邕江大学召开成立大会。1985 年学校招生人数 549 人，其中国家统招计划生 160 人。1986 年 1 月 9 日，民革中央办公厅发文《关于办好邕江大学的几点意见》（〔1986〕办发字第 0019 号），对办好邕江大学提出四点意见。民革中央希望，邕江大学能够办得有成绩、出人才、出经验，为"四化"建设做出新的贡献。2009 年 7 月起，学校由南宁威宁资产经营有限责任公司与民革广西区委合作共办。2012 年 11 月 23 日，经教育部批准邕江大学更名为南宁学院，升格为民办本科学校，2013 年被教育部遴选为国家首批应用技术大学试点高校，系教育部批准可向港澳台招收本科生的学校。

1985 年，郑州澍青医学高等专科学校的前身——郑州医药进修学校创办。学校创办人王树青先生，以医者仁心和强烈的使命感，在古稀之年，倾其毕生积蓄创办了河南省第一所社会力量举办的医学院校。办学之初，条件简陋，学校租用原河南医科大学子弟小学、十三中、幸福路小学等校教室开办了初级医师业余理论提高班，1986 年开办了全日制脱产学习班，1989 年经河南省教委批准成立"郑州医学专科学校"，1989 年和 1992 年先后又创办了郑州澍青医学职业中专、郑州澍青医学成人中专。2002 年经教育部批准，晋升更名为"郑州澍青医学高等专科学校"，开始进行全日制医学专科学历教育。王树青先生曾受到胡锦涛等国家领导人的接见。

1985 年，焦作自修学院的前身——焦作市高等教育自学考试辅导站创办。创办人是年逾六旬的原焦作市钢厂党委副书记、副厂长邓克俊。学校属于社会助学性质的业余学校，开设国家承认学历的自学考试专业。学校曾先后更名为"河南高等教育自学考试焦作自修大学""焦作自修大学"，1996年，更名为"焦作自修学院"。建校30多年以来，校长邓克俊从未领取过学校一分钱工资，带领学校艰苦奋斗，经历了自学考试助学，学历文凭考试，网络教育等一系列教育模式，为地方培养各类高素质人才近4万人。邓克俊先生于2000年，被中组部评为"全国离休干部先进个人"，2008年荣获"改革开放三十年河南民办教育办学功臣"称号。

1986年6月，山西自修大学的前身——民办非学历高等教育机构"北京自修大学山西分校"经山西省教委批准成立。学校由郭勇等人集资创办，校址位于太原市解放路西羊市街，面向全省招生，教学方式有全日制、业余面授和函授等，学生通过个人自学、学校助学、国家考试，取得大学专科或本科毕业文凭。1988年更名为山西自修大学。在20世纪90年代初，该校注册学员多时达1万余人。后因种种问题学校倒闭。

1986年，山西工商学院的前身——山西高等教育自学考试辅导学校创办。学校在创办人牛三平的带领下，大力弘扬"拓荒牛、孺子牛、领墒牛"的"三牛"精神，办学规模不断扩大，办学成果日益凸显。2000年开始拥有自己的校园校舍，结束了租赁校舍办学的历史，校址位于山西省太原市小店区。在办学前期学校经历了自学考试辅导、学历文凭考试等多种办学模式。2004年，经省政府批准，教育部备案，在原有基础上成立了山西工商职业学院，开始实施高等职业专科教育；2011年4月7日，经教育部批准，在山西工商职业学院的基础上建立山西工商学院，成为全日制普通本科高校。学校先后用过六个名称：太原市南城区民办育新学校、太原育新高教自考辅导学校、山西工商专修学院、山西财经大学通才学院、山西工商职业学院、山西工商学院。山西工商学院，是山西省第一所民办本科高校。

1987年，爱国华侨吴庆星家族独资创办的仰恩基金会投资创建仰恩大学，后经国家教委批准为全日制普通高等学校。仰恩大学从初创至今，经历了两个发展时期：第一个发展时期为"捐资公办时期"，时间为1988年6月至1994年6月；第二个发展时期为"独资私办时期"，从1994年7月开始。"捐资公办"实际上是"私人出资建校，建成后交给政府，由政府办学"的一种办学模式。虽然学校是公办，但吴庆星仍通过仰恩基金会不断资助办学经费。1993年，国家教委和福建省委、省政府提出：把吴庆星捐赠的校产全部归还给仰恩基金会，仰恩大学变更为中国教育改革试点的私立大学。这一决定，从根本上改革了仰恩大学的办学体制，使仰恩大学进入一个崭新的发展时期。1993年私立仰恩大学接收过来的学生仅100余人，其中大专生和委培生各50多人。2008年学校以良好成绩通过了教育部本科教学工作水平评估，其时，已经发展为拥有8个学院，5个直属系部，18个本科专业，涵盖经、管、文、法、工五大学科门类，突破万人的民办高校。

1987年，西安翻译学院的前身——西安翻译培训学院，经陕西省教委批准成立。学院位于西安市南郊终南山下。学校创始人丁祖诒，为实现"创东方哈佛"的梦想，1987年辞去公职，创建西安翻译培训学院。学院创建之初即坚持"外语+专业+现代化职业技能""专业+外语+现代化职业技能"的人才培养模式，坚持开放办学，积极开展校际合作及国际交流与合作，秉承"敢为人先、无私奉献、爱生如子、厚德敦行"的西译精神，不断改革创新，在西部地区乃至全国产生了较大影响。丁祖诒先生有"我国民办教育拓荒者"之美誉。学院不断滚动发展，2000年经陕西省人民政府批准成立西安翻译职业学院，实施全日制高等职业教育。2005年经教育部批准升格为本科高校，更名为西安翻译学院。

1988年7月，东北师范大学人文学院前身——吉林省对外语言文化交流中心创建。该中心是经东北师范大学申报，吉林省编制委员会批准，吉林省最早创办的民办高等教育机构之一，创办的初始资金全部来自民间，中心使用聘任制，管理人员和教师来自东北师范大学，许多离退休干部担任班主任工作。中心的创办，为渴望接受高等教育的落榜青年提供了机会，为地方加快人才培养开辟了一条途径。至1991年12月，该中心已先后培养了英语、俄语专科人才近800人。日语、俄语培训班培训了660余人，为许多学生赴日本、俄罗斯留学和工作创造了条件。中心几经更名扩建，至2004年2月，经教育部批准正式建立东北师范大学人文学院，成为一所本科层次的民办高等学校。全国优秀教育工作者穆树源教授为学院董事长。

1988 年，郑州科技学院前身——郑州中原职业大学创建。创办人是刘文魁。学校创办之初是以举办高等教育自学考试辅导为主的高等教育机构。1996 年更名为郑州科技专修学院，1997 年实施高等教育学历文凭考试，2001 年建立郑州科技职业学院，实施普通专科学历教育，2008 年被教育部批准实施普通本科教育，同时更名为郑州科技学院。

1989 年，广东白云学院前身——广东白云应用技术学校创办。创办人是谢可滔。学校先后易名为广东白云培训学院、广东白云专修学院。学校恪守"明理、敦品、笃行"校训，发扬艰苦奋斗精神，不断改革创新推动发展。1999 年经教育部批准，在广东白云专修学院基础上成立广东白云职业技术学院。2005 年经教育部批准，在广东白云职业技术学院基础上组建广东白云学院。广东白云学院是广东省首批建立的民办本科院校之一。

1989 年，长沙医学院的前身——湘南卫生职业学校创办。这是我国第一所民办卫生职业学校。早在 20 世纪 70 年代末，创办人何彬生在老家衡阳乡政府工作期间，耳闻目睹农村缺医少药的现象，即萌发了兴办医学培养乡村医生济世惠民的意愿，并开始筹措办学资金，等待时机。1989 年，何彬生放弃机关工作，开始筹办湘南卫生职业学校，学校借助衡阳卫校师资，租赁场地，首批招了 480 名学员，并于 10 月 5 日举行隆重的开学典礼。1992 年 10 月，学校在衡阳市西郊征地 90 多亩，成为湖南省第一家买地建校的民办学校。1996 年经湖南省政府批准成立"湘南卫生中等专业学校"，纳入国家计划招生。1999 年经教育部批准升格为湘南医学专科学校。2004 年学校主体搬迁至长沙。2005 年 3 月，学校经教育部批准，升格为普通本科学校，更名为长沙医学院，成为当时全国唯一一所医学类民办普通本科院校。

1991 年，烟台南山学院前身——新华职业高中创建。创办者为南山集团。学校随后历经新华职业高中、南山职业中专、南山职业培训学院、南山职业专修学院、南山职业技术学院、烟台南山学院六个办学时期。南山集团为提高企业员工素质，增强企业发展后劲，1991 年 9 月，新华职业高中开学。1992 年 11 月，同龙口市教育局合作办学，成立了龙口市南山职业中等专业学校。1994 年，学校为率先在烟台市推行"双元制"① 教学改革学校之一。1994 年 9 月 7 日，时任中共中央政治局常委、国家副主席胡锦涛莅临南山视察，对学校做出了"具有战略眼光"的高度评价。

1991 年 5 月，山西应用科技学院前身——山西文化艺术专修学院成立，创办人为宋兴航先生，校址在太原市北营黄陵。经过 10 年创业，2001 年，经山西省政府批准、教育部备案，成为当时全省第一所国家承认学历的全日制民办普通高校，更名为山西兴华职业学院。到 2014 年，经教育部审核批准，成为山西省第二所民办本科高校，更名为山西应用科技学院。

1992 年 6 月，上海杉达学院的前身——杉达大学，是由上海交通大学、北京大学、清华大学部分教授发起，8 月经上海市高等教育局批准成立的一所全日制民办高校。1994 年 2 月，经国家教育委员会批准，获得全日制专科学历教育资格，更名为杉达学院。2002 年 3 月，经教育部批准设置为全日制普通本科院校，更名为上海杉达学院。

自 1983 年邓小平提出教育"三个面向"为标志的中国教育发展转向以来，这一时期，尽管在意识形态领域"左"的思想残余仍然存在，在不同程度上对民办教育的限制、束缚甚至歧视仍然存在，在教育管理体制方面，统得过多，管得过死，部门分割、地方分割等问题仍然存在。但是，总体上，教育形势是朝着有利于促进民办教育规范、健康方向发展的。许多民办学校的办学者，他们以民族兴亡为己任，应国家发展之急需，充分开发和利用各种教育资源，在不花国家一分钱的情况下，白手起家，滚动发展，谱写了一篇篇感人至深的艰苦创业史，他们在艰难的探索实践过程中不仅使自身得到了发展壮大，而且取得了良好的社会效益，为国家培养了数以万计的各级各类建设人才。

---

① 双元制是源于德国的一种职业培训模式，所谓双元，是指职业培训要求参加培训的人员必须经过两个场所的培训，一元是指职业学校，其主要职能是传授与职业有关的专业知识；另一元是企业或公共事业单位等校外实训场所，其主要职能是让学生在企业里接受职业技能方面的专业培训。

第三节　自学考试与民办高教机构的发展

为创建适应中国国情的多渠道高等教育模式，我国自 1981 年开始设立高等教育自学考试制度。高等教育自学考试，是对社会自学者进行的以学历考试为主的高等教育国家考试，是以国家考试为主导、以个人自学为基础、辅之以社会助学或辅导的现代教育模式，是中国社会主义教育事业的一项创举。20 世纪 80 年代兴起的民办高校，几乎均属于以高等教育自学考试为主的社会助学机构范畴。自考制度的建立与发展，为中国民办高等教育早期的发展提供了土壤与平台，民办教育机构参与社会助学，提高了高等教育自学考试的质量。

一　国家自学考试制度的产生与发展

20 世纪 70 年代末，党的十一届三中全会以后，国家实行改革开放政策，坚持以经济建设为中心，各行各业普遍需要各类人才，新形势下科技人员要学习、要提高，机关党政干部也要提高文化知识和管理水平，广大青年，特别是当时上山下乡回城的青年迫切要求上大学，时任北京市主管教育的副市长白介夫同志回忆，"特别是大批的下乡青年回城后，工作岗位也没有，年纪轻轻的，也想上学啊。一些返城青年经常在我家门口等着我下班回来，整天吵吵着要上学"①。而现有的高等教育资源远远不能满足社会的迫切需求。

1978 年 2 月 26 日，第五届全国人民代表大会第一次会议的《政府工作报告》指出："我们要建立适当的考核制度，业余学习的人们，经过考核，证明达到高等学校毕业生同等水平的，就应该在使用上同等对待。" 1980 年

---

① 白介夫：《创改革之先的职业教育与自学考试》，选自北京市政协文史和学习委员会、中共北京市委党史研究室、北京市老干部局编《改革开放话北京》，北京出版社，2008，第 256 页。

5 月，中央书记处讨论高等教育业余考核问题，指出：为了促进青年人自学上进，应该拟订一个办法，规定凡是自学有成绩，经过考核合格者，要发给证书，照样使用，而且要认真执行，使青年人不要只追求全日制大学。

为了贯彻上述精神，1980 年 6 月，北京负责成人教育的工农教育办公室起草了《关于建立业余学习高等学校专业考核制度的初步意见》，报中共北京市委教工委。1980 年 7 月，中共北京市委教工委将《初步意见》修改成《关于建立业余学习高等学校专业考核制度的决定》，报中共北京市委和北京市人民政府。

1980 年 8 月，北京市人民政府将《北京市人民政府关于建立高等教育学历考核制度的决定》报国务院。当时主管科学和教育工作的副总理方毅于 8 月 24 日批示："请教育部提出意见，再报书记处。"国家科委审查了北京市政府的报告表示同意。8 月 30 日教育部汇报方毅："北京市人民政府起草的《北京市人民政府关于建立高等教育学历考核制度的决定》同我部起草的文件精神基本一致，我们基本同意，北京可先走一步。"方毅于 9 月 7 日批示："送耀邦同志并书记处。拟同意。"当时任总书记的胡耀邦接到报告后，于 9 月 9 日批示："已经教育部同意，又经国家科委审查同意，书记处不再讨论，退北京市委，请市委按此办理。"这样，中央党政领导正式批准了《北京市人民政府关于建立高等教育学历考核制度的决定》。①

1980 年 10 月 29 日，北京市人民政府将《北京市人民政府关于建立高等教育学历考核制度的决定》下发各区、县人民政府、市政府各委、办、局和高等学校组织实施。11 月 22 日，北京市人民政府发出《北京市人民政府关于北京市高等教育自学考试委员会组成人员的通知》（京政发〔1980〕138 号文），正式成立北京市高等教育自学考试委员会，委员会由有关领导以及高等学校的负责人、教授 25 人组成。其主要任务是确定本市自学考试的方针政策，确定开考专业，指定主考学校，组织考试，颁发单科合格证

---

① 廖叔俊、庞文弟：《北京高等教育的沿革和重大历史事件》，中国广播电视出版社，2006，第 519 页。

书、大学专科、本科毕业证书。① 这是全国最早成立的自学考试委员会，北京市在自学考试委员会具体的组织领导下开始实施自学考试。

1981 年 1 月 13 日，国务院批转下发教育部《高等教育自学考试办法》，并决定在北京、上海、天津三市进行试点。后来又增加了辽宁省，实际上从全国范围来讲，开始的试点是三市一省。

1981 年 6 月 7 日，北京市第一次高等教育自学考试正式开考，这次开考的课程是哲学，考试人数为 2686 人，有 1124 人通过考试，通过率为 41.85%。② 这次考试尽管只有一门课程，但是这在中国教育史上填补了空白，对全国高等教育自学考试具有奠基性的意义。1983 年在全国教育工作会议上，教育部安排了高等教育自学考试试点省市汇报会，汇报了试点开展情况。汇报会后，各个省市要求开展高等教育自学考试的呼声越来越高。1984 年、1985 年高等教育自学考试分期分批在各省推广，到 1985 年全国当时除港澳台地区外，29 个省、直辖市、自治区都开展了自学考试。原中共中央总书记、国家主席胡锦涛时任国家高等教育自学考试指导委员会的副主任委员。

1988 年 3 月 3 日，国务院正式颁布了《高等教育自学考试暂行管理条例》，明确了自学考试是个人自学、社会助学、国家考试相结合的一种高等教育考试形式，极大地促进了全国高等教育自学考试事业的发展。1988 年全国人大通过了《中华人民共和国教育法》《高等教育法》，《高等教育法》规定国家实行高等教育自学考试制度，通过考试，学习者符合要求的可以取得由主考院校颁发的相应的专科、本科学历证书，至此，国家从法律层面上把高等教育自学考试定位为中国高等教育的一个基本制度，高等教育自学考试步入了有法可依的轨道。

党和国家领导人多次对自学考试取得的成绩给予高度肯定和鼓励。进入

---

① 廖叔俊、庞文弟：《北京高等教育的沿革和重大历史事件》，中国广播电视出版社，2006，第 520 页。

② 廖叔俊、庞文弟：《北京高等教育的沿革和重大历史事件》，中国广播电视出版社，2006，第 521 页。

20 世纪 90 年代后，国家教育行政部门委托自学考试机构承担对尚不具备颁发学历文凭资格的民办高校学生的高等教育学历文凭考试的试点工作；开展对广播电视大学"注册视听生"的全国统一考试工作。

高等教育自学考试是以个人自学为基础与社会助学、国家考试相结合的教育形式，它高度开放，自主学习，不受学生性别、年龄、民族、种族和已受教育程度的限制，适应中国国情，是中国高等教育的重要组成部分，是中国社会主义教育事业的一项创举。自学考试制度建立之后，学员规模迅速扩大，1983～1992 年报考达到 35142183 人次，毕业人数达到 1092395 人，为补齐高等教育的短板发挥了重要作用（见表 2－3）。

表 2－3　1983～1992 年高等教育自学考试历年的报考和毕业情况统计

年度	报考人次	毕业人数	年度	报考人次	毕业人数
1983 年上半年	64757	0	1988 年上半年	2094828	86631
1983 年下半年	266663	0	1988 年下半年	1768024	68686
1984 年上半年	628760	133	1989 年上半年	1951662	88341
1984 年下半年	857500	1345	1989 年下半年	1814284	82816
1985 年上半年	1251924	22555	1990 年上半年	2082143	79289
1985 年下半年	1515617	6635	1990 年下半年	2280266	82393
1986 年上半年	1606622	70576	1991 年上半年	2626884	80113
1986 年下半年	1784556	69557	1991 年下半年	2728336	76546
1987 年上半年	1977952	71640	1992 年上半年	3026717	70542
1987 年下半年	1990750	51094	1992 年下半年	2823938	86503
总计	报考人次 35142183（人次），毕业人数 1095395（人）				

二　高等教育自学考试的三个发展阶段

高等教育自学考试创建以来，经历了三个发展阶段，每一个阶段的特点都与国家经济社会发展休戚相关，都与现代化建设对人才的需求密切相连。

第一阶段，1980～1988 年为初创阶段。从 1980 年发布第一个关于高等教育自学考试的地方性文件《北京市人民政府关于开展高等教育自学考试的决定》、1981 年全国第一次高等教育自学考试在北京开考，到 1988 年国

务院颁布《高等教育自学考试暂行管理条例》，自学考试从无到有，在这 8
年中一整套具有中国原创性的高等教育自学考试制度基本建立起来，这一阶
段高等教育自学考试的生源对象主要是上山下乡回城青年和高考未上线的青
年，北京作为全国第一个自考试点城市，1981～1987 年，是北京自学考试
增长速度最快的时期，发展最快的一年最高增长幅度达 695%，① 报考科次
也迅猛发展，这个阶段由于高等教育自学考试社会助学的要求使一批民办高
等教育机构应运而生，专修学院、进修学院、培训学院作为我国民办高等教
育的最初形态，在推动高等教育自学考试的发展进程中发挥了重要作用。

第二阶段，1988～2004 年为兴盛发展阶段。例如，北京市自学考试在
经历了 1988 年和 1989 年增长幅度以 14%～16% 的递减后，1990～2003 年，
又进入一个迅速发展的时期，每年以 14% 左右，甚至 50% 的速度递增。主
要原因：其一是自考主力军由年轻新生代完成了对 "老三届" 的自然转换，
其二是首都名牌学校的效应吸引了外地考生大量涌入，其三是民办高校的崛
起为自考发展起到了推波助澜的作用。这一阶段持续了 14 年之久，是北京
自学考试最辉煌的时期。② 这个阶段国务院发布了《高等教育自学考试暂行
管理条例》等一系列政策法规，对自学考试的管理真正开始有法可依了，
自考的社会信誉也大幅提升，这一阶段的生源对象主要是高考落榜生，到
2000 年全国自考报考达 150 万人次，参加自考人数的激增从根本上缓和了
我国高等教育资源不足的矛盾。同时，也为民办高等教育的发展提供了肥沃
的土壤，有效促进一大批高考辅导班向独立颁发学历资格的民办普通院校转
型。

第三阶段，从 2004 年至今为多样化发展阶段。这一阶段的最大特点是
在结构调整中继续前行。2000 年以后，随着高校扩招以及网络学院、独立
学院、高职学院等多种形式的高等教育兴起，全国各省区自学考试受到前所

---

① 王玲一：《北京市自学考试发展趋势初探》，高福勤主编《北京市高等教育自学考试制度 25
周年：理论研究与实践》，中国人民公安大学出版社，2005，第 137 页。

② 王玲一：《北京市自学考试发展趋势初探》，高福勤主编《北京市高等教育自学考试制度 25
周年：理论研究与实践》，中国人民公安大学出版社，2005，第 138 页。

未有的挑战，自考报考科次开始回落。为适应社会需求的变化，高等教育自学考试开始进行结构调整，除继续开展自考学历教育之外，通过自学考试推动职业证书考试和认证，从而构成了职业教育考试、学历考试和非学历证书考试并存的新格局。这一阶段生源对象出现了一个新趋势，尽管应届高中毕业生减少了，但高职院校、中专技校、普通高校在校学生通过自学考试修学第二专业的人数却越来越多。通过自考，实现提升学历层次或满足个人专业发展需要，为在校学生所欢迎，如果有些学生当时毕业的时候没有拿到自考证书，可以把这个成绩带到工作岗位上，继续参加考试，显然自学考试为求学者搭建了通往终身教育的立交桥，完全符合学习型社会建设需要。

我国高等教育自学考试制度的建立，是中国特色社会主义教育事业的一项创举，取得了如下突出成就。

一是创建了一种适应中国国情，具有开放性、灵活性、公平性、较低成本等特点的高等教育制度。自学考试区别于普通高校、成人高校教育，具有鲜明的特色，是一种开放的、灵活的教育制度，具有学习、考试方式灵活多样，学习费用低，宽进严出的特点，尤其是为社会民众提供了平等接受高等教育的机会，较好地体现了教育的公平性。良好的制度、公平的机制，较低的办学成本，它充分调动各类社会资源投入到自学考试的教学活动中去，有力地促进了我国高等教育的发展，符合中国国情，赢得了社会的普遍欢迎。

二是自学考试不仅适应中国国情，而且在国际上也产生了重要影响。例如，浙江新世纪经贸专修学院与英国桑德兰大学签订了工商管理、会计等专业自考课程学分互认协议。再如，韩国效仿我国的自学考试，正在建立自己的自学考试制度。据有关统计，美国和英国等三十多个西方国家承认我国自学考试的学历。实践证明，中国高等教育自学考试制度的建立，不仅是符合中国国情，是中国特色社会主义教育改革的成功创举，也是一种具有世界意义的创举。

三是自学考试制度与时俱进适应建设学习型社会需要。30 多年的发展，不仅解决了改革开放初期的现实问题，满足了被"文革"耽误的一代人学历补课的教育需求，而且有效缓解了普通高校教育资源短缺和生源不足的矛盾。进入 21 世纪后，自学考试顺应世界高等教育由封闭向开放发展趋势，为适应知识经济时代社会建设，不断深化改革，在坚持学历教育发展的同时，开始举办多种非学历证书考试，学习形式更加多样化，成为终身教育的一个重要组成部分，继续为国民多渠道成才发挥重要作用。

三 自考促进了民办高等教育的发展

自学考试的建立，为民办高等教育的发展提供了肥沃的土壤和宽广的平台，促进了民办高等教育的发展。民办高等教育机构提供的社会助学大大提升了高等教育自学考试的质量，促进高等教育自学考试事业健康发展。二者形成了良好的互动发展关系。

建立于 20 世纪 80 年代初期的高等教育自学考试制度，本质上是一个合作教育，它是由个人自学、国家考试、社会助学三个部分组成的，参加自考首先需要个人自学，然后参加国家考试，国家考试还包括聘请主考院校。而社会助学则是提高高等教育自学考试质量的一个关键环节，民办高等教育机构承担了社会助学的重任，社会助学跟一般的封闭的传统大学教育的不同点在于教考分离，管教不管考，教的这块责任落在社会助学机构上，而民办高等教育机构始终围绕着自学考试社会助学这一主题，进入 20 世纪 90 年代后，国家运用自学考试的机制和平台，开展了高等教育学历文凭考试试点。自学考试和民办高等教育的产生、发展处于同一个社会背景下，担负着共同的历史使命，它们在办学过程中互相支撑，共同发展。

改革开放初期，国家百废待兴，高等教育面临两难处境，一方面国家建设迫切需要大批人才，另一方面国家拿不出更多的资金投入教育，难以满足广大青年的求学愿望。1977 年高考制度恢复，但高考录取率只有 4% 左右，形成了"千军万马过独木桥"的境况。为顺应经济社会发展需要，社会力量兴办的高等教育机构以市场补充的角色开始在一些大城市出现。例如，1978 年 10 月，上海金融业余专修学校成立；1980 年 8 月，山西建立民盟并州医学院；同年 11 月又有了湖南九嶷山学院。1982 年，《宪法》首次提出"鼓励社会力量兴办教育"，同年 4 月中华社会大学在北京成立。随后全国各大城市办起了百余所高等教育机构，但当时的教育机构不具有独立颁发文凭的资格。而恰恰是高等教育自考制度的建立，为民办教育机构的生存与发展提供了土壤与平台，自 1981 年以后民办高等教育机构主要以自考助学及电大辅导班形式弥补我国高等教育教育资源的不足。从民办高等教育依托自学考试的发展历史中可以看到，早期成立的多数民办高校是伴随着自学考试制度的产生而产生并随着自学考试事业的发展而发展的。我国民办高等教育共有 6 种办学形式：①普通高等教育；②高等职业教育；③高等教育学历文凭考试；④高等教育自学考试；⑤高等教育职业资格考试；⑥与境外教育机构合作办学。而改革开放初期的民办高等教育，办学形式绝大多数与高等教育自学考试息息相关，其教学内容几乎无一例外是以国家高等教育自学考试辅导为主。民办高校（机构），主要是组织学生进行业余或全日制教学，然后让学生参加自学考试，在通过所规定的国家自考科目后，由省（自治区）高等教育自学考试委员会与主考院校颁发本科、专科毕业证书，国家承认学历。高等教育自学考试是个人自学，社会助学和国家考试相结合的高等教育形式，而民办高校参与了其中一个很重要的环节，即社会助学。

民办高校（机构）参与社会助学，一方面为学生取得国家承认的自学考试高等教育学历提供了保障，提高了高等教育自学考试的教育质量；另一方面在助学过程中使自身得到发展壮大，助推中国民办高等教育事业的发展。据记载，1996 年云南省高等数学自考及格率已经达到 60%。再如，黄河科技学院的前身——郑州市高等教育自学考试辅导班，开班于 1984 年 10 月，为了提高学员考试合格率，想办法聘请当地高校经验丰富的教师任教，并根据课程特点和学生实际组织开展教学研究，探索相关课程的教学规律，取得了很好的效果。1985 年 4 月，郑州市高等教育自学考试辅导班第一期学员自学考试成绩平均合格率即高达 87%，[①] 大幅提升了自学考试的教学质量，辅导班声誉迅速提高，生源暴涨，被《光明日报》称为"自学考试的一面旗帜"。

---

① 王军胜：《发现黄科院基因》，河南人民出版社，2014，第 43 页。

高等教育自学考试制度的建立与实施，使社会助学这种新的办学模式很快产生并发展起来，促进了我国民办高等教育的复兴和发展。例如，陕西省民办高等教育与自学考试同步产生于 1983 年，河南省自学考试开考于 1984 年，其第一所民办高校黄河科技大学也同期开班于 1984 年。最早的社会助学机构多是业余办学，随着社会的发展，自学考试情况有了很大的变化。考生构成：以早期的在职人员为主向高考落榜生和待业青年为主转化，以青壮年为主向低龄化转化。学习方式：从业余学习向全日制学习转化。办学方式：由业余办学也逐步发展成全日制办学。经营较好的民办助学机构的办学性质、办学条件也随着自学考试事业的发展，经历了一个大的变化。即由最初的租赁校舍临时开办自学考试辅导班，到逐渐扩大办学规模—取得部分考试权和发证权—购买土地兴建校舍、配套设施到位—加强师资队伍建设—最终获得高等学历教育资格。全国高等教育自学考试制度的建立与实施，带动了民办高等教育的发展，催生了以北京海淀走读大学、西安培华女子大学、新余无线电培训班、黄河科技大学、浙江树人大学、西安翻译学院、三江学院、山西高等教育自学考试辅导学校等为代表的大批民办高校，为民办高等教育的复兴与发展提供了生存土壤及发展空间。各类民办高等教育机构承担高考辅导、文化补习，参与社会助学和文凭考试试点工作，大大提高了自学考试的教育质量，促进了自学考试教育事业的快速发展，二者呈现出良好的互动发展态势，为社会培养了大量各类专业人才和高素质劳动者，有力推动了地方经济、社会和文化的发展，为建设教育大国实现高等教育大众化，做出了不可磨灭的贡献。

截至 1992 年，全国高等教育机构已达 1154 所，包括自修、进修、培训、专修等各种类型，客观上形成了民办高等教育机构发展的第一次高潮，但当时全国能独立颁发文凭的民办高校只有 10 所，更多的民办高等教育机构主要是通过自学考试来解决求学者的学历文凭的，同时高等教育自学考试在民办高等教育机构的助推下教育质量也得到了保证和提高。1992 年邓小平南方谈话及 1993 年《中国教育改革与发展纲要》颁布之后，民办高等教育机构的数量迅速增加，一些民办高等教育机构在开展自学考试社会助学的过程中得以迅速崛起，逐步升格为具有学历颁发权的民办高校，纳入国家学历教育体系，民办高等学历教育出现了蓬勃发展的燎原之势。

20 世纪 90 年代，为适应经济社会发展需要，国家开始实施学历文凭考试试点工作。1992～1998 年，国家教委先后分 5 批在北京、辽宁、上海、吉林、福建、陕西、四川、广东、河北、山西、内蒙古、黑龙江、江西、河南、湖南、山东、浙江、江苏 18 个省区市开展国家学历文凭考试试点。截至 2000 年，全国民办高等教育机构共 1282 所。2004 年 7 月，教育部根据《国家行政许可法》，发布《关于取消高等教育学历文凭考试试点的通知》（部教发〔2004〕24 号），自 2005 年起，所有进行学历文凭考试试点的民办高等教育机构一律被终止招收此类学生，民办高等教育机构的学校数量和学生人数呈持续下降趋势。有数据显示，2005 年民办高等教育机构共 1077 所，各类注册学生共 109.15 万人；但到 2009 年时，减少了 265 所，学生数减少了 23.93 万人。此时多数民办高等教育机构已经发展成具有独立颁发学历文凭资格的民办高校，它们在致力于普通高等教育或职业教育的同时，仍然关注着自学考试助学工作。

据有关统计，2010 年，通过各省级考办登记注册和全国考办备案的 1602 所社会助学组织中，专修学院等民办高等教育机构共 587 所，注册学习者约 58.70 万人，很多民办高等教育机构都是从自考助学的办学过程中积累经验、培养师资队伍、筹集资金、完善教学设备，逐步发展壮大起来的。[1] 可以说，没有自学考试的建立，就没有民办教育的蓬勃发展。自学考试是高等教育、继续教育与民办教育的契合点，在实现高等教育的发展目标、构建终身教育体系及形成公办教育与民办教育共同发展的格局中都发挥着重要作用。同时，高等教育自学考试将个人自学、社会助学和国家考试三者结合起来，在自考实践中不断丰富和发展了我国高等教育的理论，也为民办高校专业设置、学科调整、教学改革等方面提供了很好的经验。特别是民

---

[1] 落实《国家中长期教育改革和发展规划纲要》改革和完善高等教育自学考试制度——专访教育部考试中心自考综合处、助学管理处处长王建民，http://www.jseea.cn/contents/channel_ 24/2012/01/1201171339413.html。

办高等教育机构把高等教育自学考试办成了自学考试教育，将日常学习过程中的德育与能力提高量化、反映在学业成绩中，如浙江等省，实施了自学考试过程性评价，促进了学生综合素质提高和实际能力提高，培养了经济社会发展真正需要的人才。

进入 21 世纪，在新的社会背景下，教育的社会需求发生了深刻的变化，自考改革势在必行，并呈现出两大特点，一是自考教育计划的定位由学科型转到职业型上，突出职业能力的培养；二是社会助学机构逐渐形成了自考助学制度。通过社会助学培养社会需要的人才，除学历助考外，更多的是进行素质教育、技能教育，帮助学生在参加自考的过程中立德树人，社会助学机构已经把社会助学从一开始狭隘的课程助学、助考，拓展为以育人为核心的助考教育事业，自考助学仍然是民办高等教育机构的主抓业务之一。

第四节　其他类型民办教育的起步与发展

随着经济社会的不断发展，社会对于教育资源的优质化、多样化的渴求与日俱增，政府对中等职业教育、义务教育发展日益重视，对办学主体的钳制逐渐松动，民办中等职业学校、民办中小学在促进职业教育和普及义务教育过程中得到较快发展。随着社会就业率大幅提升，城镇幼儿教育资源需求量增大，民办学前教育迅速复兴，并呈现出良好的发展势头。

一　民办中等职业教育的起步与发展

1991 年 6 月，国家教委发布由中央政治局委员、国务委员兼国家教委主任李铁映签署的国家教委第 16 号令《中等专业教育自学考试暂行规定》。在经济体制改革的驱动下，随着教育体制改革的深化，民办中等职业教育自觉适应社会经济发展对各类人才的需求，得到了一定程度的发展。

（一）国家有关扶持政策措施

改革开放以后，从国家到地方百废待兴，社会生产与建设，不仅需要高级专门人才，而且需要大批初、中级技术、管理人才和大批有文化、有技术的劳动后备力量，改革中等教育结构，发展职业技术教育，是促进社会建设刻不容缓的战略任务。1983 年 5 月 9 日，教育部、劳动人事部、财政部、国家计委联合下发《关于改革城市中等教育结构、发展职业技术教育的意见》，指出：城市中等教育结构改革，主要是改革高中阶段的教育，使之适应社会主义现代化建设多方面的需要，适应经济体制、产业结构、劳动就业等变化的需要；城市高中阶段教育的学制、结构和办学形式都要实行多样化。鼓励民主党派、群众团体以及个人办学。

1985 年 5 月 27 日，中共中央做出《关于教育体制改革的决定》，指出："逐步建立起一个从初级到高级、行业配套、结构合理又能与普通教育相互沟通的职业技术教育体系。""发展职业技术教育要以中等职业技术教育为重点，发挥中等学校的骨干作用。"截至 1985 年，中等专业学校发展到 2529 所，在校生共 103.1 万人。[1] 1986 年 7 月 6 日，国务院副总理李鹏在全国职业技术教育工作会议上强调"大力地发展职业技术教育"。

为贯彻中央多种形式发展职业技术教育的方针和"先培训、后就业"的原则精神，教育、计划、劳动人事部门加强配合，开始注意解决办学经费、师资等方面的实际困难，中等职业技术教育得到迅速发展。1987 年，全国中等专业学校发展到 3913 所，其中中等技术学校 2854 所，中等师范学校 1059 所。中等专业学校数量比上年增加 131 所。招生 71.5 万人，比上年增长 5.7%，在校学生达到 187.4 万人，比上年增长 6.6%。[2] 中等教育结构改革取得了新的成就。

1990 年 12 月，党的十三届七中全会报告提出大力发展职业技术教育，职业技术教育的战略地位作用得到重视。1990 年，中等专业学校已发展到 2956 所，在校生 156.9 万人。[3] 1991 年 10 月 17 日，国务院发布《关于大力发展职业技术教育的决定》（国发〔1991〕55 号），根据 20 世纪 90 年代中国

---

[1] 黄耀五、谭绍华：《职业教育内涵发展研究》，重庆大学出版社，2009，第 11 页。

[2] 国家教育委员会计划财务局：《中国教育统计年鉴》（1987 年），北京工业大学出版社，1988，第 2 页。

[3] 黄耀五、谭绍华：《职业教育内涵发展研究》，重庆大学出版社，2009，第 11 页。

经济、社会发展的需要，明确了职业教育进一步发展目标和任务，提出：我国职业技术教育必须采取大家来办的方针，要在各级政府的统筹下，发展行业、企事业单位办学和各方面联合办学，鼓励民主党派、社会团体和个人办学。

部分省、自治区、直辖市也先后制定地方中等职业教育条例或办法，鼓励社会团体和个人依法举办中等职业教育。如1987年9月8日，山东省人大常委会发布《山东省中等职业技术教育条例》，明确指出："本条例所称中等职业技术教育，是指以应届初中毕业生为主要招收对象，以学习专业知识和专业技术课程为主要内容的从业前全日制高中阶段教育。""发展中等职业技术教育要多种渠道、多种形式，充分调动社会各个方面办学的积极性，逐步做到中等职业技术教育行业配套、结构合理，适应我省经济建设和社会发展的需要。"1990年1月19日，北京市人大常委会发布《北京市中等职业技术教育条例》，指出："鼓励社会团体和个人依照国家的有关规定举办中等职业技术教育。"1991年5月29日，浙江省人大常委会发布《浙江省中等职业技术教育条例》，指出："鼓励有关部门、企事业单位以及社会团体和个人依法兴办中等职业技术教育，提倡联合办学。"1991年7月29日，四川省人大常委会发布《四川省中等职业技术教育暂行条例》，指出："鼓励社会力量依法举办中等职业技术学校，按国家有关规定加强管理。"

（二）发展状况

这一时期，民办中等职业教育自觉适应社会经济发展对各类人才的需求，结合各地实际，设置了不同类别、专业的民办中等职业技术学校，为提高企业的技术水平、管理水平和发展第三产业做出了贡献，为发展乡镇企业、推广农业先进技术和农民劳动致富提供了服务，同时学校自身也得到了一定程度的发展。

卫生医药类民办中等专业学校，受到社会欢迎。例如：

贵州萌源中西医结合学校，曾用名遵义市中医学校，1985年3月由赵福家创办，校址位于贵州省遵义市雨水路48号。学校实行全日制、寄宿制教学和管理，主要承担中西医结合医士培训专业。1993年经省教委批准为民办中级职业学校，更名为遵义市中医学校。1996年发展到8个教学班，在校生 420 人。

内蒙古中等专业学校，1986 年由乌力吉巴图创办，校址位于呼和浩特市红山口，办学宗旨是：继承和发展蒙医蒙药学，为改善边远牧区、农村缺医少药状况服务，为两个文明建设服务。1996 年，在校生 538 人，已毕业学生 6 期共 646 人，其中有 60% 的工作在牧区、农村基层卫生部门，其余 40% 在基层自行行医，很受老牧区群众欢迎。

广西青山医药学校，校址位于广西南宁市水塘江。1988 年由张知权等人集资创办。开设有成人中专、职业中专医士、药剂等专业。截至 1996 年 10 月，已培养出中、西医医士、药剂士及针灸等实用人才 1300 名，成为农村用得上、养得起、留得住、能防会治的农村医生，受到农民好评。

太原卫生职业学校，校址位于山西省太原市王村北街 87 号，1991 年 12 月由杨德珍、白振纲、郝维祥联合创办，法人代表杨德珍。学制三年，全日面授，在太原市统一招生，设有针灸按摩、医士、药士、护士等专业。

另外，济南市民办中心卫生学校，1992 年 5 月建立，济南市成人教育局批准注册，创办人张玉明，采取脱产学习形式，与成人中专联合办学，开设医疗卫生专业。

艺术类民办中等专业学校，办学比较活跃。例如：

武汉华中艺术学校，创办于 1984 年，校址在湖北省武汉市江岸区丹水池岔马路，由关乐声、魏燕娟夫妇创办。学校前身为黄河音乐学校，原址设于河南省郑州市。1987 年迁至武汉市，先后改校名为武汉华中音乐学校、声乐艺术进修学校。办学主要以在职进修、高考补习及社会青年待业培训为主，1994 年升格为成人艺术中等专业学校，颁发中专文凭，国家承认学历。

私立沅陵县中等音乐专业学校，创办于 1988 年，校址在湖南省沅陵县新城。1994 年自建校舍，办学以"振兴音乐教育，弘扬民族文化"为宗旨，实行全日制教育，学制 3 年。开设声乐、舞蹈、古筝等专业。

山东郓城电声音乐学校，1992 年 8 月由阎凤英创办，校址在郓城城内。学制三年。曾用名黄河艺术学校，开设声乐、器乐（钢琴、电子琴、电吉他、电贝司、萨克斯、爵士鼓、长号、小号、古筝、唢呐）和舞蹈专业。

1996 年在校生 6 个班 180 人。创办至 1996 年 5 月，已有两届毕业生 160 人，经学生和用人单位双向选择，均得到合理满意的安排。

四川崇州市文江建筑中等专业学校，主要为社会培养急需建筑类技术人才，曾用名四川崇州市文江建筑学校，由崇州市建筑安装总公司文江建筑学校工程公司于 1985 年 3 月创办，创办人侯文清，校址位于崇州市西江场镇。教学层次为中专学历教育及非学历教育。实施全日制教学，开设的专业有工业与民用建筑、建筑企业管理、建筑装饰，以及对建筑行业各类人员岗位培训。1996 年开办 16 个教学班，在校学员 760 人。

计算机类、财经类民办中等专业学校，为社会培养大量实用人才。例如：

衡阳市亚太中等专业学校，校址位于湖南省衡阳市黄沙湾 27 号。创办于 1989 年 8 月，办学面向初高中毕业生和社会青年，依据湖南省教委下达的教学大纲组织教学。开设有计算机应用、电子技术、电算会计和机电设备维修专业，学制为 2~3 年。

渭南市关中财经专业学校，创办于 1992 年 9 月，校址位于陕西省渭南市杜桥发电厂北。创办人张德怀。学校前身是渭南市财经专业技术学校。实行全日制教学，学制 3 年，开设专业为财经营销。1996 年在校有 6 个教学班，学生 260 人。

1990 年 7 月，张友良创办太原计财职业学校，校址位于太原市解放路东头道巷大北门小学内。开设财政金融和财务会计两个专业，除开设一般的文化基础课和财会专业课外，还开设计算机和会计电算化课程，是三年制全日制职业高中，国家承认学历。

武术体育类、烹饪技术类民办中等专业学校，培养特色人才。例如：

吉水县武术职业学校，校址在江西省吉水县般若庵大东山风景区，创办于 1990 年，原为吉水县尚精武馆，在办学过程中得到迅速发展，1994 年经批准成立武术职业学校，校长为刘连鹏。

德阳市现代烹饪技术培训学校，原名德阳市烹饪学校，校址位于四川省德阳市泰山北路一段 51 号。1992 年由副教授苏华创办。开设中专部学历教育及计算机、烹饪专业技术培训。采取脱产、半脱产和业余教学的教学方式，1996 年 12 月办学规模有 9 个专业班，在校学员共 510 人。

综合类民办中等专业学校，办学方式灵活，专业设置应急适需。例如：

1984 年，离退休干部、教师吴作型、李伟生、程功共同筹资创办广州市私立实用职业中学，前身为广州市实用职业夜中学，校址位于广东省广州市江南西路永盛围 21 号。1988 年学校因形势发展和社会需要，自筹资金扩建。第一期工程新建校舍 1400 平方米，于 1990 年 8 月底竣工使用，开始增设日班，开办财会、企业管理、外贸旅游英语、装潢设计和电子 5 个专业，在校有 20 个专业教学班，学生逾千人。创办至 1996 年 8 月，共毕业学生 2663 人，其中就业人数占 95%，升上大专院校或出国留学的达百人。

1985 年 5 月，李方亭创办聊城市振兴职业高级中学，校址位于山东省聊城市花园南路。采取全日制办学形式，开设机械制造、财会、企业管理、外贸英语、幼师等专业。1996 年开办 8 个班，在校生 482 人，自创办至 1996 年 3 月已结业 1643 人，均走上工作岗位或继续升学。

1985 年 9 月，离休干部陈茂豪创办磐安县志成职业中学，校址在浙江省磐安县尚湖镇文安，民办中等普通教育和职业教育学校，开设模具、电脑会计、建筑等专业和普通高中、初中班。

1988 年 3 月，梁隆桂等合股集资创办玉林地区环东职业技术学校，校址在广西玉林市环城路名山开发区。设有全日制职业中专班和职业高中班。学制均为 3 年。开设专业有机电、汽车维修、电子、电工、财会、中级师范、幼儿师范、汽车驾驶、护士等。1996 年在校有 10 个专业班，学生 525 人。创办至 1996 年 6 月，共毕业学生 1690 人。

1988 年，郭刚、洪莘农、张冕、丁宗兑等创办庐州中华职业学校，经多方筹集资金 360 万元，在合肥经济技术开发区征地 1 万多平方米，新建校舍 4000 平方米，并添置了教学和生活设备，改善了办学条件。开设有口腔医学、护士、电子电器、财会与电脑等 10 个专业，在校生达 1400 人。教育教学质量不断提高，自创办至 1996 年已培养 2000 名中专毕业生，受到用人单位好评。国家教委王明达主任 1995 年 2 月到校视察时，肯定该校"办学方向正确，办学成绩很大"。

1988 年，南阳卫校部分离退休人员创办了南阳中等职业专修学校，原名"南阳中华职业技术学校"，校址位于河南省南阳市卧龙路 99 号，1995 年在南阳市北京路建设新校，该校自开办至 1995 年底，先后开设中西医学、畜牧兽医、烹饪等专业，毕业学员 6 届 360 多人，并已全部就业。

1988 年秋，沈永年、王学优、陈明兴创办雅安振华职业学校，是民办中等专业学校，曾用名雅安振华学校，校址在四川省雅安市羌江南路 82 号。实施全日制教学，学制为 3 年制中专与 2～3 年制职业高中，开设专业有造纸、应用化学、机电、财会、工业与民用建筑等。1996 年在校有 7 个专业班，学生 206 人。

1991 年 4 月，青岛市老教育工作者协会创办青岛育英成人中等专业学校，校址在青岛市市北区洮江路 93 号，法人代表刘永方，办学采取脱产学习和业余面授两种形式，面向全市招生，开设计算机应用、工商会计、市场营销与公共关系、文秘与办公自动化等专业。

1991 年 8 月，韦曲进创办广西宜州市洛东职业中学，校址位于宜州市洛东乡寻田村，学校根据当地经济发展的实际需要，培养具有中等文化基础的实用技术人才。1995 年 10 月在校生 183 人。

1992 年，南京市几位从事教育工作多年的老同志自筹经费创办金陵职业学校。学校在市教育局领导下，由校董事会管理。学校设脱产校长一名，兼职副校长两名，学校办公室总管教务、后勤和学生教育管理等工作。学校设置应用英语、幼儿教育、家用电器维修 3 个专业，学制 3 年，主要招收高考预考分数上线的高中毕业生。

1992 年 7 月，李贻普创办湖南岳阳市求知学校，校址在湖南省岳阳市冷水铺，学校实行全日制教学和中等职业技术学历教育。开设专业有营销与公关、电算会计和金融。1996 年在校有 5 个专业班，学生 158 人。

1992 年 7 月，罗乐创办渭南市申信高级职业学校，校址位于陕西省渭南市西一路南段 18 号。生源主要来自市属 11 个区县。开设有财会营销、现代文员、医士等学历制专业及烹饪、服务礼仪、保安等短训班。1996 年在校有 10 个专业班，学生 300 余人。

1992 年 10 月，教育工作者朱刚创办中华育才学校，校址在江苏省南京市御道街 53 号，学校以培养实用型人才为目标，主要招生对象为具有高中文化水平的在职人员和毕业生。开设有房地产开发和国际商务（含现代财务）2 个专业，学制 2 年，同时开设了旅游、国际商务和房地产开发 3 个短期培训班。师资以聘请高校、科研单位的教授、专家为主。教学内容根据社会需要设置，教材参照大专课程安排。学校办学机制灵活，以"谁读书，谁出钱；谁用人，谁出钱"的原则，实行"自费走读，有偿用人；不包分配，指导就业"的办法。学校办学经费全部自筹。办学之初上海仲义建设集团向该校捐赠 2 万元人民币。① 1996 年在校有 7 个专业班，学生 260 人。

1992 年 10 月，涂健生创办私立南昌向远高级职业学校，校址在江西省南昌市三眼井 13 号，学校实行全日制教学，设有职高部、中专部和培训部，开设有微机、电脑会计、无线电、微电子、服装艺术、汽车驾驶与修理等专业。1996 年在校生有 18 个专业班，学生 800 人。创办至 1996 年 8 月，共培养毕业和结业学生 400 人，其中 96% 的学生经学校推荐找到了工作。

民办职业中等专业教育，紧跟时代步伐，紧贴社会需要，凡是经济社会发展需要的专业，民办中等职业教育无所不包，以学生起点低、培养时间短、成才见效快为特色，发挥了不可替代的作用。

二 民办基础教育的起步与发展

（一）国家有关扶持政策措施

1984 年 12 月 13 日，国务院下发《关于筹措农村办学经费的通知》（国发〔1984〕174 号）。《通知》要求："各级人民政府应当予以高度重视。在八十年代，我国农村要在绝大部分地区基本普及小学教育，在经济条件较好的地区有计划地普及初中教育，同时要大力举办学前教育，积极发展农业技术教育，改革中等教育结构，培养有一定职业技术的人才，以适应经济发展的需要。"强调指出："目前农村学校办学条件差，办学经费不足，中小学

---

① 南京年鉴编纂委员会：《南京年鉴》（1993 年），江苏古籍出版社，1993，第 385 页。

教师待遇偏低，严重影响了农村教育事业的发展。因此，必须采取有效措施，逐步予以解决，在逐年增加国家对教育基本建设投资和教育事业经费的同时，充分调动农村集体经济组织和其他各种社会力量办学的积极性。"

1986 年 3 月 21 日，国家教委关于旧社会由私人创办的私立学校可否恢复原校名问题复函江西省教育厅：已改名的私立中学，一般不宜再恢复原校名。确实需要更改校名的，应由省教育厅报请省政府批准，方可恢复原校名。但是，必须从严掌握，以免刮起恢复原校名之风。

1986 年 4 月 12 日，中华人民共和国第六届全国人民代表大会第四次会议通过《中华人民共和国义务教育法》（自 7 月 1 日起施行）。其中第九条第 3 款规定："国家鼓励企业、事业单位和其他社会力量，在当地人民政府统一管理下，按照国家规定的基本要求，举办本法规定的各类学校。"同年 9 月 11 日，国务院办公厅转发国家教育委员会、国家计划委员会、财政部、劳动人事部《关于实施〈义务教育法〉若干问题的意见》。提出：学校的设置要有利于少年儿童就近入学，要采取多种形式办学，鼓励集体经济组织、国家企业事业单位、其他社会力量举办学校，个人依法办学可以进行试办。我国政府开始逐步放宽对义务教育阶段民办教育的钳制。

1988 年 7 月 4～12 日，国家教育委员会和中国联合国教科文组织全国委员会在贵阳联合召开部分困难地区"普及初等教育研讨会"。会议提出：办学形式要灵活多样，不仅办全日制小学，还可办半日制、农（牧）读小学、巡回小学、复式教学小学、早午晚班、教学点和寄宿制小学等。会议提出，除地方政府办学外，支持群众集体和公民个人办学。①

《国家教委 1989 年工作要点》提出：要优化育人环境，按照《关于社会力量办学几个问题的通知》精神，基础教育方面，探索城市中小学管理体制的改革，总结推广社区教育委员会等动员社会力量参与、支持学校教育的经验。

为落实中央精神，各地结合实际先后出台有关落实办法。例如，1989

---

① 贵州省地方志编委会编《贵州年鉴》（1989 年），贵州人民出版社，1989，第 542～543 页。

年 5 月，北京市印发《关于鼓励和促进社会力量举办普通中小学的试行意见》，其中规定：社会力量举办中小学可采取自办、承办、合办等多种形式办学。再如，1990 年 9 月 4 日，贵州省人民政府发布《贵州省关于多渠道筹措基础教育经费暂行办法》（黔府〔1990〕59 号）指出："鼓励社会集资办学、捐资助学。对厂矿企业、行政、事业单位、社会团体和个人以提供资金、物资和献工献料等方式支持教育部门和学校改善办学条件的应予鼓励。对集资办学、捐资助学做出突出贡献的单位和个人，可通过颁发荣誉证书、登报、挂匾、树碑等形式给予表彰。"

（二）发展状况

在国家政策松动的背景下，民办中小学得到较快发展。1991 全国共有民办中学 544 所，1992 年发展到 673 所，增加 129 所，增幅为 23.71%，在校生也从 1991 年的 8.96 万人增加到 13.38 万人，增幅为 49.33%，占全国普通中学在校生总数的 0.28%。1991 全国共有民办小学 655 所，1992 年发展为 864 所，增加 209 所，增幅为 31.91%，在校生也从 1991 年的 2.65 万人增加到 5.52 万人，增幅为 108.30%，占全国普通小学在校生总数的 0.05%（见表 2-4、表 2-5）。

表 2-4　1992 年全国民办普通中学发展状况同上年比较

单位：所，万人，%

年份	所数	比上年增减	占总数比例	在校生总数	比上年增减	占总数比例
1991	544	—	—	8.96	—	0.19
1992	673	23.71%	—	13.38	49.33%	0.28

资料来源：1991 年、1992 年《中国教育年鉴》。

表 2-5　1992 年全国民办小学教育发展状况同上年比较

单位：所，万人，%

年份	所数	比上年增减	占总数比例	在校生总数	比上年增减	占总数比例
1991	655	—	—	2.65	—	0.02
1992	864	31.91%	0.12%	5.52	108.30%	0.05

资料来源：1991 年、1992 年《中国教育年鉴》。

在民办教育的复兴时期，我国许多热爱教育事业的仁人志士，抱着为国为民分忧解愁的理想和社会担当精神，努力发掘社会资源创办民办中小学，助推了民办教育发展。例如，1989年5月，长沙市第一所民办高级中学培粹实验中学创办。其创办的直接原因是1989年长沙市初中毕业生有30%的不能升学，"入学难"成为一个突出的社会问题。王志昆、黄世君、周文杰等一批老教育工作者本着"为党分忧，为国育才，为民造福"的初衷，申办了培粹实验中学，经长沙市教委批准，湖南省会第一所民办高级中学诞生。学校实行董事会领导下的校长负责制，校长为法人代表。经培粹中学董事会推举，黄世君为董事长，王志昆为校长，1989年5月20日，市教委举行新闻发布会，宣布长沙市培粹实验中学正式成立。

在国家政策引导下，民办基础教育开始复兴，尤其在经济较发达地区呈现出较好的发展态势。以浙江省为例。

1984年，杭州安吉上墅私立高级中学创建。安吉上墅私立高级中学是杭州市改革开放后出现的第一所民办高中。曾任公办学校校长的汤有祥，面对中考落榜生要求上学的强烈呼声，经过反复思考，终于辞去公职，在自留地上盖起了校舍，被《人民日报》誉为"中国私立高中第一个吃螃蟹的人"。1984年办学之初，学校仅有60名学生。1985年6月，由海外侨胞捐资，丽水市青田县几位退休的教育工作者创办了浙江省丽水市第一所民办学校——青田县中山中学。

在民办教育比较发达的温州市，民办中小学教育质量和发展态势都比较好。1985年，温州市批准创办了第一所民办全日制中学——乐清七里港高级中学。1987年9月，郑祖返创办苍南县求知中学，为民办中等普通教育学校，校址位于浙江省温州市苍南县求知路20号。学制3年，列入国家招生计划，办学指导思想为"低起点，高目标"。学校克服了创办初期无资金、无校舍、无师资、无生源的困难，到1994年已初具规模。1994年会考平均合格率达93.8%，优秀率达31.4%，名列温州市民办中学之首。1991年秋，林振清独资创办望江中学，为民办外国语学校，校址在温州市苍南县龙港镇，1991年开办普通高中班，学生全是中考的落榜生，学校以勤奋、博学、求实、奉献为校训，采取奖教奖学措施，充分调动师生"教"与"学"的积极性，教学取得显著成绩，1994 年高考升学率达 60%。1993 年秋，易名为"苍南县振清外国语学校"，学制 6 年，招收小学应届毕业生。

除经济发达地区外，在其他地区民办基础教育也得到了不同程度的发展。例如，贵州省民办基础教育在这一时期，从无到有，除民办小学教育时有回落外，其他各阶段民办基础教育在 1992 年相比上年几乎都翻了一番，呈现出良好的发展势头（见表 2－6）。

表 2－6　1986～1992 年贵州省民办基础教育发展情况

单位：所，人

年份	高中阶段	在校生	初中阶段	在校生	小学	在校生
1986	—	—	—	—	242	—
1987	—	—	—	—	—	—
1988	—	179	—	3533	317	16262
1989	—	556	—	3213	472	21703
1990	—	750	—	2349	321	19765
1991	3	890	29	3804	198	12802
1992	8	2094	37	3708	407	24329

资料来源：贵州省统计局、国家统计局贵州调查总队：《贵州改革开放三十年（1978～2008）》，中国统计出版社，2009，第 288 页。

再如，1991 年，朴景安创办辽阳市文泽高级中学，校址位于辽宁省辽阳市南郊街 17 号，法人代表杨发森。学校实行董事会领导下的校长负责制。开设普通高中，附设初中部，按照国家教委规定的教学大纲进行课程安排，突出德育和特长教育，因材施教，得到了社会欢迎。

在新的形势下，国家经济体制改革和经济社会的发展对教育改革提出了新的要求，改革原有的国家包办教育的单一传统模式，逐步形成国家办学为主，民间办学和私人办学为辅的多种形式，成为教育改革发展的必然趋势。1992 年在出现民办教育热的背景下，全国民办基础教育得到了不同程度的发展。例如上海市。

1992 年，上海市在上海浦东开发开放的背景下，新一批民办学校应运而生：杉达大学、新世纪中小学、杨波高级中学、杨波外语小学、明珠高中、白玉兰寄宿小学等相继创建，并开始面向全市和外地招生。[①]

上海市民办新世纪中学、新世纪小学创办于 1992 年，属于上海市改革开放恢复民办教育后经上海市教委批准创办的第一批民办全日制中小学，由上海东展教育发展有限公司投资承办。首任校长钟国端曾任长宁区教育局党委副书记。上海新世纪中学教师，多是来自延安、市三、育才、复旦、天山、建青、市东等学校的骨干教师。中学现校址在中山西路 1245 弄 16 号。学校面向全市招生，现有 16 个初中教学班，近 700 名学生。学校现代化教学设备俱全，环境整洁，管理规范，井然有序。

1992 年 7 月，上海市民办杨波中学、杨波外语小学创建。杨波中学是一所可以面向全市跨区、县招生的完全中学，校董事会董事长黄耀忠，校长徐璋荣，学校以"学风好，校风正，质量佳，效益高"为特点，受到了社会的普遍赞誉。1996 年 9 月，在校学生 771 人。2002 年 7 月 25 日，《人民日报》以"民办教育的一面旗帜"为题介绍了杨波中学的创新教育。教育部教育管理信息中心、中国国情调查研究中心将杨波中学定点为"教育观察基地"。杨波外语小学，是以外语教学为特色的民办初级普通教育学校，以培养德、智、体全面发展的，对学习外语有浓厚兴趣和良好基础的，有鲜明个性和初步爱好特长的优秀学生为培养目标，校训为：勤奋、好学、诚实、俭朴。首届毕业生（1992 年招收的四年级学生）考取市、区重点中学的达 63.5%。

上海市民办明珠中学是一所民办公助性质的全日制完全中学。创建于 1992 年 7 月，是上海市首批创办的民办学校之一，由恒源祥绒线有限公司、培罗蒙西服总公司、华生化工有限公司等企业出资举办，是黄浦区重点初中。上海市民办新世纪中学，是民办公助中等普通教育学校，1992 年 7 月建立，校长钟国瑞，采取全日制办学形式。1996 年 2 月在校有 12 个教学班，在校生 500 余名。1995 年第一届高中毕业生，参加高考成绩达到录取

---

① 上海经济年鉴社：《上海经济年鉴》（1993 年），上海经济年鉴社，1993，第 481 页。

线的占 66.6% 。此外，1992 年，上海市申报试办的民办中小学 6 所，其中，小学 3 所，完中 1 所，高中 2 所，共招收 13 个班 541 名学生。

再如，1992 年 5 月 3 日，西安市临潼县西泉乡"民办茹家小学"甩掉 5 年的"黑户口"，正式挂上校牌，成为陕西省第一所私立小学；江苏省扬州市区第一所民办学校——知行中学，于 1992 年开始招收高中一年级新生。[①] 1992 年 9 月，老教育工作者贾维茵创办北京私立正则中学，校址在朝阳区安定门外北苑，实行全日制教学，开设高中课程。1996 年在校有 12 个教学班，学生 400 余名。1992 年 11 月，河北邢台师范专科学校辞职教师曹廷鑫创办邢台市私立树人中学，校址位于邢台市高桩桥路 58 号。学校实行全日制教学，设初中、高中，附设小学部，课程设置、学籍管理与公立全日制学校相同。以"树人成才，造福桑梓"为办学宗旨，以"分类推进大面积转化后进生"为教育教学特色。1992 年 12 月 29 日，大连宝路企业集团董事长马玉林投资、经大连市教委批准成立大连宝路私立中学。聘任具有多年办学经验的中学校长关恒增、刘明翔为正副校长。学校把创办特色教育、为改革开放服务作为办学目的；培养有理想、有道德、有文化、有纪律的跨世纪一代新人作为办学宗旨。经过 1992～1994 年两年的办学实践，初步取得良好的社会效益。

三 民办学前教育的起步与发展

（一）国家有关扶持政策措施

1988 年 8 月 15 日，国家教委、计委、财政部、人事部、劳动部、建设部、卫生部、物价局联合发布《关于加强幼儿教育工作的意见》（国办发〔1988〕38 号），动员社会各方面力量，通过多种渠道，多种形式发展幼儿教育事业，明确提出："要继续调动企业、事业、机关、团体、部队、学校等单位举办幼儿园的积极性，可采取单独举办或联合举办幼儿园的形式，解决其职工子女的入园问题；并鼓励有条件的幼儿园向社会开放，吸收附近居

---

① 扬州年鉴编纂委员会：《扬州年鉴》（1993 年），中国大百科全书出版社上海分社，1993，第 303 页。

民子女入园。公民个人举办幼儿园（班），各地人民政府和有关部门应予以扶持并加强指导、管理。"

1989年9月11日，国家教委颁发《幼儿园管理条例》（中华人民共和国国家教育委员会令第4号），其中规定：地方各级人民政府可以依据本条例举办幼儿园，并鼓励和支持企业事业单位、社会团体、居民委员会、村民委员会和公民举办幼儿园或捐资助园。

《国家教委1989年工作要点》提出：要优化育人环境，贯彻《关于社会力量办学几个问题的通知》和全国幼儿教育工作会议的精神，表彰一批依靠社会力量发展幼儿教育事业的市、县。为了贯彻中央精神，加强对个体幼儿园的领导和管理，促进幼教事业的发展，不少地方结合实际先后出台了一些有关办法，如1989年6月27日，吉林省教育委员会、吉林省人民政府法制局联合印发了《吉林省个体幼儿园管理暂行办法》，明确规定："个体幼儿园，是指个人开办的收托三周岁至六周岁儿童的园、户及各类幼儿班、学前班等幼儿教育组织形式。"对开办个体幼儿园的条件，个体幼儿园的审批及用房收费，办园人员、保教人员的条件及职责，费用的收取及负担等做出详细规定。

（二）发展状况

根据有关统计数字分析，民办学前教育发展情况较之基础教育，在国家教育总量中占比要略高一些。据统计，1992年全国共有民办幼儿园13808所，较上年的12091所增加了1717所，增幅为14.20%；在园幼儿1992年为53.62万人，较上年的38.50万人增加了15.12万人，增幅为39.27%，占全国普通在园幼儿总数的2.21%，较上年的1.74%增长0.47个百分点（见表2-7）。

表2-7　1991~1992年全国民办幼儿园发展状况

单位：所，万人，%

年份	所数	比上年增减	占总数比例	在园幼儿总数	比上年增减	占总数比例
1991	12091	—	7.35%	38.5	—	1.74
1992	13808	+14.20%	8.00%	53.62	+39.27%	2.21

资料来源：1991年、1992年《中国教育年鉴》。

幼儿教育在大中型城市发展更为集中，例如：

上海市在这一历史阶段建园并具有一定影响的民办幼儿园很多。如1983年5月，上海市宝山区淞南镇中心幼儿园开办，这是一所民办全日制幼儿园，地址在上海市宝山区淞南三村62号。1984年9月，顾村镇和香港东方石油公司董事长刘浩清及夫人孔爱菊投资、捐资创办上海市宝山区顾村中心幼儿园。1984年10月，上海市宝山区长兴乡中心幼儿园开办。1985年8月，上海市宝山区盛桥中心幼儿园开办，该园前身为盛桥中心小学附属幼儿班。1987年3月，上海市宝山区杨行中心幼儿园开办。1992年8月，上海市南市区快乐幼儿园开办。

1987年，南京市1362所各类幼儿园中，社会力量所举办的幼儿园已达972所，占全市总园数的71.4%，收托幼儿87692人，占已入园幼儿数的57.58%。① 由于南京市对私人办托儿站采取鼓励政策，当时全市家庭私托站已发展到近万个，从业人员达12000余人，比3年前增长了10倍，收托幼儿约占全市城镇入托总数的35%。从业人员的成分、素质也发生了明显变化，过去从事这项工作的大多是没有文化的家庭妇女和职业保姆。此时，具有一定保教经验和文化知识的退休教师、退休工人、民主人士、待业青年也纷纷从事私人托幼工作，因此不少私托站不仅能让孩子吃好、睡好、玩好，还能按照正规的幼儿教育大纲进行教学，开发孩子智力。民办园、私托站的迅速发展，对缓和"入托难"矛盾起了重要作用。

1989年1月，杭州市人民政府下发《关于加强幼儿教育若干意见的通知》，要求动员和依靠社会各方面力量，多渠道筹集幼儿教育经费，努力发展幼儿教育事业，调动社会各方面积极性，国家、集体、个人一起发展各类幼儿园。1991年3月，余姚市重视幼教管理和研究，在浙江省率先配备了专职的幼教管理干部和幼教教研员，并根据形势发展的要求及时制定了《余姚市举办幼儿园基本条件》，制作了余姚市社会力量办园许可证，幼教工作特别是对民办幼儿园的指导与管理逐步加强。此时，全市幼儿入

---

① 南京市地方志编纂委员会：《南京年鉴》（1988年），南京出版社，1988，第372页。

园率达到 51.6%，幼儿教师合格率为 45.5%，1993 年，民办幼儿园达到 25 所。[①] 以温州市为例，1985 年 8 月，钱爱玲创办苍南县龙港镇康乐幼儿园，1994 年经温州市教委评审为一级幼儿园。1988 年，萧江镇妇联主任谢爱华、院长杨爱绿带领 14 名女青年集资创办温州市萧江镇中心幼儿园，1993 年被评为温州市文明幼儿园，1994 年荣获"温州市一级幼儿园"称号。1991 年 8 月，毕业于上海幼儿师范高等专科学校大专班的李静独资投资 210 万元创办私立龙岗舒乐幼儿园，1992 年 9 月，李静作为浙江省幼教代表团成员之一出访日本。

1988 年 1 月，王桂春创办武汉市私立钢花儿童学校，校址在湖北省武汉市青山区钢花新村。学校实行全日制教学，招生对象为 5～6 岁学龄前儿童。根据儿童生理和心理特点，逐步培养学生具有良好的思想品德、学习态度和卫生习惯，缩小儿童入学前后的差距，起到承上启下的衔接作用。课程有德育、音乐、美术、汉语拼音、幼儿计算、语文、体育及卫生。

从办学（园）情况看，民办学前教育多数以特色取胜。例如：

1985 年 9 月，广州市民办至灵学校前身——广州市民办儿童福利教养院开学。该校是孟维娜等一批青年，为响应"国际青年年"自筹资金 60 万元办成的一所以教养轻、中度弱智儿童为主的民办学校。该校设在环市中路南坑东，校园占地面积 2000 平方米，建筑面积 1992 平方米，设有教室、肌能训练室、音乐室、露天游泳池、操场及学生宿舍、浴室、饭堂等。学校可以容纳 130 个智障学童，按学童年龄和智力分为 8 个班，另设置 1 个智障少年职训班。每班 16～20 人。开设综合、感知（肌能）、认知、语文、数学、自理、社交、图工、体育、音乐和实用技能等科目。对因名额限制及重度智障未能入学的儿童及家长，实行每月 1 次的校外教育训练。学校设校理事会，实行理事会下的校长负责制。校理事长、校长由孟维娜担任。1986 年 10 月更名为广州市民办至灵学校。[②]

---

① 黄新茂：《浙江民办教育年鉴》（1979～2003 年），浙江大学出版社，2004，第 272 页。
② 广州年鉴编纂委员会：《广州年鉴》（1987 年），广州文化出版社，1987，第 395 页。

1986 年 10 月，中国科学院心理研究所教授茅于燕创办北京新运弱智儿童养育院，园址在朝阳区花家地南里 8 号楼。办院宗旨是根据茅于燕教授编写的训练教材和教学方法，开发智障幼儿的智力，尽可能帮助其获得学习能力；对学龄弱智儿童进行多种技能训练，为其日后参加力所能及的工作打基础。养育院实行弱智儿童家长和热心人士理事会领导下的院长负责制。广州市民办儿童福利教养院和北京新运弱智儿童养育院属于民办幼儿特殊保教机构。

南京无线电元件一厂离休医生朱继平，于 1988 年离休后，拿出了所有的转业费和积蓄，腾出房间，修整庭院，购置木马、滑梯、风琴、电子琴导教玩具，办起了大阳村保健托儿所。其爱人王永昌是高级工程师，1989 年初退休后，帮助办所。他们爱护幼儿如儿孙，幼儿有病及时治疗。1989 年，大阳村保健托儿所已由初办时的 10 名幼儿增加到 2 个班，46 名幼儿，还聘请了 4 位经过幼师专业训练的年轻教师。10 月，日本名古屋社会调查团前去参观，孩子们用日语向客人表示欢迎时，受到在场的中外来宾的赞扬。[①] 南京市幼教基金会决定，从 1990 年起，将每年约 50 万元的存款利息用于资助民办幼儿园，继续吸收幼师中专毕业生、培训在职教师和改善办园条件，使南京市 100 多所民办幼儿园都达到合格标准。

当然，这一阶段多数民办托儿所、幼儿园的物质条件还相对较差，师资素质不高，政府及社会对其管理指导也有待进一步加强。

四　民办培训教育的起步与发展

在中国改革开放的大潮中，经济社会发展对教育多样化的巨大需求，为民办培训教育提供了广阔的市场，加之政府的支持，民办培训教育以短平快为特点，迅速遍地开花，在补充公办教育不足上发挥了重要作用。

（一）国家有关扶持政策措施

相对于民办学历教育，民办培训教育在不同阶段得到了社会及政府方

———————————

① 南京市地方志编纂委员会：《南京年鉴》（1990 年），南京出版社，1990，第 462 页。

面更多的支持与认可。例如，国家教委《1988 年工作要点》中有这样一段表述："把社会力量办学的积极性引导到主要举办非学历教育的职业技术培训上，并加强管理，纠正不顾社会实际需要，单纯追求学历、文凭的倾向"，明确表达了当时政府对于社会力量办学发展方向的指导性意见和对民办培训教育的支持态度，为民办培训教育发展敞开了通道。

（二）发展状况

民办培训教育遍布全国各地多个教育阶段，不仅在经济发达地区如火如荼，而且在经济相对落后的内陆省份及偏远地区也很有市场，教育内容不仅包括青少年课外特长培训，也包括成年人职业技能培训。例如上海市：1986 年，顾树屏创办上海市闵行区私立高华裁剪班，地址在闵行区高华新村 49 号。办学面向社会待业青年和下岗人员，采取短期培训的方式，进行服装裁剪与制作教学。至 1996 年 11 月，举办培训班 38 期，使数千名学员学成后走上工作岗位。1991 年裁剪班被评为闵行区社会力量办学先进集体，顾树屏被评为上海市社会力量办学先进个人。1987 年，上海机电厂退休职工岑精华创办私立闵行区精华书法艺术学校，民办专业技能培训学校。办学以"坚持四项基本原则，培养书法艺术人才"为宗旨。培训对象主要是中、小学生，至 1996 年 11 月，培训学员已达 6000 余人次。1987 年秋，牟家义创办私立新浦进修学校，民办专业技能培训学校，原名私立新浦艺术学校，简称新浦艺校，办学宗旨为"开发智力，陶冶性情，培养兴趣，学习技能，丰富课余生活，提高文化素质"。创办初期开设科目有书法、绘画、舞蹈、声乐和琴类。招生对象以少年儿童为主，办学方式灵活多样，既面向社会招生，也与各教学点联合。

1987 年 7 月 20 日和 21 日，纽约《美洲华侨日报》以"中国教育界传奇人物"为题，连续报道了上海市民办前进业余进修学院院长蔡光天先生从 100 元人民币起家，依靠民主党派的力量，从 1983 年的 1 个专业 300 余名学员发展到 1987 年的 4 个专业 16000 名学员的办学事迹。该校的 GRE 班学员在 1989 年 10 月的 GRE 国际考试中，半数以上成绩达 1900 分，2000 分以上高分的有近 60 人。① 1987 年，上海社会力量办学不断发展，年内已向教育行政部门备案的学校（班）近 400 所，学员达 19 万多人。② 学习对象包括少年儿童、青壮年和老年人；办学层次从启蒙教育一直到高级人才的继续教育；办学形式灵活多样，不拘一格，教学内容广泛，有外语、职业技术、文化艺术、体育、卫生、司法、财贸、管理等，还出现了为各行业岗位培训服务的学校与班级。

1988 年 3 月，上海市普陀区私立通用英文打字班建立，法人代表郝楚，民办专业技能培训机构，地址在上海中山北路 3671 弄 395 号，采取业余办学形式，以郝楚编著的《国际通用英文打字》为教材。上海闵行区私立琴艺学校，是民办专业技能培训学校，前身是 1987 年 11 月创办的闵行区少儿文体业余学校，1990 年更改为现名，校长刘景侃，副校长吴长飞，地址在上海市闵行华江新村 2 号 301 室。采取业余办学形式，开设手风琴、声乐、舞蹈、国画、书法、英语口语、棒球、足球、武术等专业。其中棒球为特色项目，免费招收学员，为高校体育专业输送人才，棒球队曾荣获上海市体育系统先进集体称号，1990 年 7 月荣获上海市棒球比赛第二名，6 名运动员荣获二级运动员称号，并向上海棒球体工队输送了 2 名主力队员。

1991 年 1 月，田清泉创办的北京市海淀区民办京开服装培训学校，是民办职业技术培训学校，校址在太平路 46 号。采取短期培训的方式，进行服装裁做工艺培训。开设有服装裁做班，服装工艺全日制专业班、服装干洗皮衣染补班。截至 1996 年底，已培训结业 2500 人。1991 年 3 月，北京市通县民办外语经贸学校成立，由从教 40 余年的教育工作者张德声和几位清华大学校友联合创办。民办职业技术培训学校，校址在通县南果子市 1 号。培训对象以在职职工为主，教学方式以业余面授为主。开设有英语、国际经贸和涉外会计等专业。课程以高等自学考试的英语和相应专业为主线，并适应经济社会发展的需要，开设 BEC 商务英语、英语听力、口语强化及采用英

---

① 徐宗琏：《蔡光天传奇》，《民办高教天地》1993 年第 3 期，第 20 页。
② 上海文化年鉴编辑部：《上海文化年鉴》（1988 年），上海人民出版社，1988，第 216 页。

语教材的国际经贸研究等较高层次的课程，培养学员运用英语进行工作的能力。从创办至 1996 年底，累计为社会培训 5000 余人。1992 年 4 月，I. H. B. 亚洲发型美容协会香港总会技术湖人廷雪琴（玛丽）创办的北京市崇文区民办玛丽美容美发技术学校，是民办职业技术培训学校，校址在崇文区龙潭北里三条。采取短期培训方式，面向全国常年招生，随到随学。学校实行校长责任制。1992 年 7 月 8 日，举行首届学员开学典礼。1992 年 7 月，李金玲教授创办北京市海淀区民办金陵体育艺术学校，该校为民办专业技能培训学校，校址在中国人民大学静园。办学宗旨是适应社会需要，以精神文明建设为主体，为增强人民体质，提高文化艺术修养服务能力。下设少年部、成年部。开设有时装模特、礼仪、形体、健美、影视、舞蹈、艺术体操、武术、书法绘画、曲艺、幼师及中小学教师研讨班等专业。1992 年 7 月北京精诚文化学校，这是以少儿为教育对象的课外培训学校。校址在北三环东路 11 号。办学以"教育质量第一，社会效益第一，学校信誉第一"为宗旨，坚持"发展智能，培养特长，提高素质，造就人才"的办学方针，采取业余授课，系统教学，正规管理的办学模式，开设少儿英语班、少儿思维能力训练班、少儿表达能力训练班、儿童智能训练班及少年头脑奥林匹克训练班等 5 大类型教学班，以少儿英语班为主。

1992 年，天津急救医学培训学校成立，由中国急救医学会主任委员、世界危重病急救医学会中国急救医学会代表王今达教授创办并任校长，该校为民办职业技术培训学校。校址在天津市和平区睦南道 122 号。开设了急救医学、危重病中西医结合学、高级医学外语专业，以天津为中心，面向全国招生，对全国急救医学工作者进行继续教育。

1985 年 7 月，儿童早期教育专家冯德全创办武汉儿童智力早期开发函授学校，以婴幼儿家长、教师为主要对象，传授 0 岁开始科学育儿最新理论和方法，旨在提高婴幼儿家长及托幼、儿童工作者对早期教育重要性、迫切性和可行性的认识，开发幼儿潜能，培养健美、聪慧、性格优秀的创造性儿童。

1984 年山西新知职业学校创办，该校为民办综合性职业技术培训学校，校址位于山西省太原市劲松路 3 号。学校为山西省劳动厅社会职业培训考核试点学校，开办专业有服装设计、缝纫、面点、烹饪、餐厅服务、美容美发、汽车摩托车修理等专业。1985 年 12 月，山西省外语学会秘书长孙玉生教授创办太原外国语进修学校，是民办外语培训学校。校址位于太原市大南门后铁匠巷 143 号。该校以借校育人和引校育人两种方式，常年开设英、日、德、法、俄等语种的业余进修班，并与北京、西安、天津各有关外经、外贸、外语院校按协议借校育人，同时开办"南开大学山西省函授辅导站"，为山西省培养对外开放人才。

至 1988 年底，安徽省包括民办培训教育在内的非学历教育的学校（含培训部）1000 多所，在校学习人数 100 多万人，结业人数近 90 万人。其中属于高层次教育或高等教育性质的学校 20 所（其中老年人大学 16 所），设有经济、管理、财经、工、医药、农、林、文、理、体育、艺术等 11 个科类，近 200 种专业，在校学习人数为 1.3 万多人。有部分非学历教育的学校也已初具规模，有办学基地、教学设备、生活设施和相适应的师资队伍。如中国计算机函授学院现有 2400 平方米的校舍，20 多台中高档微型计算机和电化教学设备，拥有固定资产 150 万元，专兼职教师 82 人，学生 1 万多人，结业生 2 万多人，深受用人单位欢迎。[1] 1992 年，安徽省各地当年新批包括民办培训教育在内的社会力量举办的非学历教育学校（班）100 多个，其中由省教委批准的 10 个。这些校（班）根据本地经济建设和社会发展的实际需要，积极开展各类职业技术教育、社会文化生活教育，以及自学考试辅导、高考补习等。据统计，当年培训 10 万人次；其中中国计算机函授学院和合肥英语之角外语进修学院的规模颇大，培训均超过 1 万人次。[2]

1984 年 9 月，哈尔滨市南岗区奋斗残疾人技术补习学校创办，该校是在一无师资、二无校舍、三无经费"一穷二白"的基础上建立起来的。1988 年，哈尔滨市共有社会团体、私立学校（班）296 所，办班 2625

---

[1] 安徽年鉴编辑部：《安徽年鉴》（1989 年），安徽人民出版社，1989，第 187 页。
[2] 安徽年鉴编辑部：《安徽年鉴》（1993 年），安徽人民出版社，1993，第 208 页。

个，培训学员 74456 人。其中社团学校 103 所，办班 781 个，学员 37729 人。私立学校 193 所，办班 1844 个，学员 36727 人。办学人员 659 人，教师 1663 人。有文化、外语、家用电器维修、服装、财会、美术、体育、食用菌、文艺、理烫发、书法、打字、养殖等 20 多类，近 70 个专业。①

1985 年，辽宁省退休教师王静玉创办的沈阳市华联电脑打字学校，是民办专业技能培训学校，校址位于辽宁省沈阳市和平区南六经街 10 号。王静玉是沈阳市快速打字创始人之一，他在多年掌握英文打字技术的基础上，把握"王码"高效输入的精髓，把各种机型的电脑汉字处理程序传授给学生，专门培养中英文电脑文秘打字人才，办学以"为社会主义现代化培养合格人才"为宗旨，教学严谨，注重教学质量，坚持对学生负责，把社会效益放在第一位，至 1996 年 8 月，学校已培养学生上千人，多数成为沈阳市一些机关、部队和企事业单位的中、英文打字的骨干。随着民办教育的快速发展，民办体育学校中也涌现出了新的典型。1988 年 11 月 6 日，沈阳市和平区民办企业绿茵公司出资开办的民办足球学校沈阳绿茵足球学校诞生，其办学宗旨是：面向少年儿童，力图经过基础训练为国家培养足球新秀。该校聘请有较高技术水平的省运动队教练任教，有较充足的训练资金和较好的训练条件，得到社会欢迎和少年儿童的喜爱，至 1988 年末已招收学员近百名。随着学校的发展，学员的文化课学习也被纳入课程体系。这所学校的创办，在省内外产生了很大影响。②

据不完全统计，1982 年到 1987 年底，吉林省包括民办培训教育在内的各种社会力量累计投入培训费 210 万元，共举办各类培训班 4900 个，培训 108600 人次，其中，参加初、高中文化补习班的 1.3 万人次；参加刊大、电大、研究生考试辅导班学习的 5100 人次；参加各类科技进修班学习的 26200 人次；参加各种岗位培训班学习的 1.5 万人次；参加各类实用技术培

---

① 哈尔滨年鉴编辑部：《哈尔滨年鉴》（1988 年），黑龙江人民出版社，1988，第 486 页。
② 沈阳经济统计年鉴编辑部：《沈阳经济统计年鉴》（1989 年），中国统计出版社，1989，第 373～374 页。

训的 4.2 万人次；参加社会文化生活培训的 7300 人次。①

　　1987 年，新疆包括民办培训教育在内的社会力量举办的服装裁剪、家电等学校（班）共 30 所，约有近万名青年参加了学习。乌鲁木齐市鞋帽服装科研所举办的服装学校仅 1987 年就培养了 300 多名学员。乌鲁木齐建萍服装学校还义务为少年犯管教所举办服装裁剪培训班，使这些少年在受管教期间学到了一技之长。②

　　民办教育在复兴与探索阶段，尽管由于外部环境仍然受计划经济观念制约，加之自身也存在着种种问题和不足，可以说是举步维艰，但是总的趋势是朝着有利于民办教育事业的方向发展的。自 1985 年开始，经过不断的治理整顿以及政策法规的逐渐完善，优化了办学环境，巩固了一批办得好的学校，整顿了一批不合格的学校，取缔了一批教学质量低劣、管理混乱甚至以办学为名牟取暴利的学校，保护了认真办学者的积极性，这个阶段民办教育事业在全国范围内已经初步形成气候，并且取得了历史性成就。尤其是民办教育的办学思路、办学形式、办学机制，已经开始对中国教育体制改革产生积极影响。可以说坚冰已经打破，道路正在拓展，民办教育基本走上了健康发展的轨道。

---

①　吉林省人民政府办公厅，吉林省地方志编纂委员会：《吉林年鉴》（1988 年），《吉林年鉴》编辑部，1988，第 461 页。

②　新疆维吾尔自治区地方编纂委员会：《新疆年鉴》（1988 年），新疆人民出版社，1988，第 455 页。

第三章
当代中国民办教育的壮大与繁荣

——邓小平南方谈话后的民办教育（1992~2003 年）

20 世纪 80 年代末至 90 年代初，国际国内形势发生了重大变化。苏联解体、东欧剧变，西方国家加紧对社会主义国家进行争夺和渗透，国内有些人对社会主义前途缺乏信心，对改革开放提出疑问，对社会主义初期阶段基本路线产生动摇。1992 年 1 月 18 日至 2 月 21 日，邓小平先后到武昌、深圳、珠海、上海等地视察，并发表了一系列重要讲话，为中国发展再次定航，对解放思想，深化改革，建立社会主义市场经济体制起到了关键的推动作用。

邓小平南方谈话，破解了人们对于民办教育普遍存在的种种疑虑，国家对于民办教育的支持态度越来越明确。关于办学体制改革、民办教育身份界定、民办教育发展等问题，在中共中央《十四大报告》《中国教育改革和发展纲要》等重要文件中都有所表述，1997 年 7 月，我国第一个规范民办教育事业发展的规章制度《社会力量办学条例》发布，2002 年 12 月我国第一部规范和促进民办教育事业发展的法律《中华人民共和国民办教育促进法》颁布。20 世纪 90 年代，我国民办教育界迸发出前所未有的激情与活力，在总结前期办学经验的基础上，继续大胆探索，不断改革创新，推动民办教育事业迅速进入一个依法快速健康发展的新的历史时期，开创出中国民办教育繁荣发展的喜人局面。

第一节　国家政策促进了民办教育的发展

这一时期民办教育的地位作用逐渐被提升到与公办教育并重的高度，政府出台了一系列教育新政，社会各界共同关注，民办教育发展研究空前活跃。民办教育界在总结前期办学经验的基础上，大胆探索，不断改革创新，很快在办学质量方面有了较大的提升，在办学规模、办学体制等方面取得重大突破。

一　国家对民办教育的扶持政策

政府一系列教育新政的出台，为民办教育提供了规范发展的法律政策依据，推动民办教育进入快速发展时期。

1993 年 2 月 13 日，中共中央、国务院印发《中国教育改革和发展纲要》。确定了到 20 世纪末我国教育改革和发展的基本目标和任务，提出公立学校和民办学校共同发展的政策导向。《纲要》指出："逐步建立以政府办学为主体、社会各界共同办学的体制。""在现阶段，基础教育应以地方政府办学为主；高等教育要逐步形成以中央、省（自治区、直辖市）两级政府办学为主、社会各界参与办学的新格局。"明确提出："国家对社会团体和公民个人依法办学采取积极鼓励、大力支持、正确引导、加强管理的方针。"即著名的"十六字方针"。

为加强对社会力量办学的管理工作，国家教委成立社会力量办学管理办公室，1994 年 2 月 1 日，国家教育委员会社会力量办学管理办公室印章启用。① 办公室挂靠成人教育司，其职责是：归口对外联系社会力量办学的有关工作，管理社会力量举办的成人高等、中等学历教育及非学历教育，负责管理社会力量办学的评估验收考试和学历认定考试等工作。

1994 年 11 月 1 日，国家教委办公厅印发《关于民办学校向社会筹集资

---

① 《国家教委启用社会力量办学管理办公室印章》，《中国成人教育》1994 年第 4 期，第 46 页。

金问题的通知》（教财〔1994〕10 号）。重申"教育事业不能以营利为目的"，要求各地教育行政部门加强对民办学校向社会筹集资金的引导和管理，促进民办教育的健康发展。

1995 年 3 月 18 日，《中华人民共和国教育法》颁布，自 1995 年 9 月 1 日起施行。其第二十五条第 2 款规定："国家鼓励企业事业组织、社会团体、其他社会组织及公民个人依法举办学校及其他教育机构。任何组织和个人不得以营利为目的举办学校及其他教育机构。"

进入 20 世纪 90 年代，民办教育得到了迅速发展，对广开学路，培养人才，促进国家办学体制改革，起到了积极的促进作用。但在发展过程中，也存在不少问题。如相当一部分学校缺乏必要的办学条件，教育质量难以保证；有些学校办学的指导思想不端正，在招生、收费、颁发证书等方面违反国家规定，造成不良的社会影响；有些学校内部管理混乱，缺乏规章制度，特别是在财务管理方面账目不清，少数学校的举办者转移、挪用甚至侵吞学校财产；有些地方教育行政部门对于社会力量办学管理工作重视不够，管理力量薄弱，管理不到位。这些问题直接影响到民办教育的健康发展，引起各方面的普遍关注。1996 年 3 月 27 日，国家教委下发了《关于加强社会力量办学管理工作的通知》（教成〔1996〕7 号），通知强调：①提高认识，加强对社会力量办学的领导和管理；②建立健全社会力量办学的审批制度；③继续抓紧做好规范学校名称的工作；④加强对招生广告（简章）的审核和管理；⑤加强对学校教育质量的检查和评估；⑥加强对学校收费及财产、财务的管理和监督；⑦近期开展一次对社会力量办学的全面检查。按照国家教委部署，各级教育行政部门要在 1996 年内，依据国家教育法规和民办教育的有关规定，结合《教育法》的执法检查工作，组织对民办学校逐校进行办学方向、办学条件、学校章程、招生广告（简章）、教学质量、学校证书、学校名称及财产、财务等方面的全面检查，并向社会公布检查结果。对于检查不合格者，限期整改或取消其办学资格。对于检查合格的学校，教育行政部门要在业务指导、教研活动、发放文件等方面与公办的学校同等对待，帮助他们解决办学中遇到的困难。对于在民办教育中做出突出贡献的集体和个人，要给予宣传和表彰。

1996 年 4 月 22 日，国家教委发布《关于社会力量办学管理经费问题的意见》（教成〔1996〕9 号），指出：社会力量办学是我国社会主义教育事业的组成部分，各级教育行政部门应将其纳入本地区教育事业发展规划和本部门管理工作的范围，设置必要的管理机构，配备、充实管理人员，力争通过行政事业费的途径解决管理经费问题。现阶段，在行政事业费不能保障社会力量办学管理经费的情况下，可由地方政府或人大通过法规、规章做出规定，以适当收费的方式解决社会力量办学的管理经费问题。所收费用要管好用好，教育行政部门不得自行出台收取社会力量办学发展督导费（发展基金、管理费）的政策。

1997 年 7 月 31 日，国务院发布《社会力量办学条例》（中华人民共和国国务院令 226 号），条例自 1997 年 10 月 1 日起施行。条例适用范围为："企业事业组织、社会团体及其他社会组织和公民个人利用国家非财政性教育经费，面向社会举办学校及其他教育机构的活动。"条例重申了国家对民办教育"积极鼓励、大力支持、正确引导、加强管理"的十六字工作方针，规定了发展民办教育的基本原则、管理体制，规定了民办教育机构的设立、教学和行政管理、财产和财务管理、机构的变更与解散、政府的保障与扶持、法律责任等内容，指出："社会力量应当以举办实施职业教育、成人教育、高级中等教育和学前教育机构为重点。国家鼓励社会力量举办实施义务教育的教育机构作为国家实施义务教育的补充。国家严格控制社会力量举办高等教育机构。"《社会力量办学条例》是我国第一部专门规范民办教育的行政法规，对于推进我国教育事业改革发展，把民办教育纳入法制化建设轨道具有重要意义，为制定《民办教育法》奠定了重要基础。

1997 年 10 月 14 日，国家教委发布《关于实施〈社会力量办学条例〉若干问题的意见》（教成〔1997〕6 号）。意见指出：国有企业事业组织、工会组织、妇联组织、共青团组织利用国家财政性教育经费举办的教育机构以及农村乡（镇）政府、村民委员会等集资举办的幼儿园、中小学校和农村文化技术学校，仍按公办学校实施管理，不纳入《社会力量办学条例》

的调整范围。

1997 年 12 月 4 日，国家教委办公厅、劳动部办公厅联合发布《关于实行社会力量办学许可证制度有关问题的通知》（教成厅〔1997〕16 号）。办学许可证作为教育机构办学的合法凭证，自 1998 年 5 月 1 日开始启用。教育行政部门、劳动人事部门按照《社会力量办学条例》规定的职权和条件，为社会力量办学机构发给或换发办学许可证。

1999 年 1 月 5 日，中国教育工会印发《关于在民办学校组建工会的意见》。意见提出，要充分认识民办学校组建工会的重要性和必要性，积极推进民办学校组建工会工作，指导民办学校工会依照法律和工会章程独立自主地开展工作。

1999 年 5 月 14 日，教育部下发《关于严格控制社会力量办学评比活动的通知》（教发〔1999〕59 号）。通知主要是针对近些年来，某些组织和个人以谋取小团体或个人经济利益为目的，竞相开展对社会力量机构的所谓"评优""评奖"活动而发。这些"评优""评奖"活动多数缺乏客观性和公正性，影响到公平竞争，助长了沽名钓誉、弄虚作假等不正之风，扰乱了社会力量办学机构的正常办学秩序，也加重了社会力量办学机构的经济负担。为制止乱评比现象与问题的蔓延，推动社会力量办学事业的健康发展，《通知》明确要求：除按国家有关规定必须举办的以外，未经相应教育行政主管部门批准的正在举办的对社会力量办学机构的各类评比活动应一律停止，已收取的费用要如数退还。

1999 年 6 月，全国第三次教育工作会议在北京召开。关于对民办教育地位作用的认定，第一次由"对公办教育的补充"提升为"与公办教育并重"。朱镕基总理在讲话中提出："鼓励社会力量以各种方式举办高中阶段和高等职业教育，有条件的也可以举办民办普通高等学校。"

2000 年 6 月 6 日，中共中央组织部、教育部党组联合印发《关于加强社会力量举办学校党的建设工作的意见》（中组发〔2000〕7 号），要求及时在社会力量举办学校建立党的组织，理顺党组织的隶属关系，凡经教育、劳动等有关行政主管部门批准，依照国家有关行政法规登记的社会力量举办学校，已具备建立党组织条件的，必须及时建立党的基层组织，暂不具备建立党组织条件的，要积极创造条件建立党的基层组织。

2001 年教育部成立专题调研组，分别赴北京、上海、浙江、江西、广东、四川、陕西、宁夏 8 省（自治区、直辖市），就有关地区民办教育发展中出现的新情况、新问题进行调研，旨在研究探索促进民办教育健康发展新的思路和对策。

2001 年 10 月 19 日，民政部、教育部联合印发《教育类民办非企业单位登记办法（试行）》。明确各级教育行政部门的不同职责：国务院教育行政部门负责社会力量办学工作的统筹规划，综合协调，宏观管理。县级以上各级教育行政部门根据省、自治区、直辖市人民政府规定的职责，负责有关社会力量办学工作。同时规定："教育类民办非企业单位必须按照《社会力量办学条例》的规定审批设立，由县级以上地方人民政府教育行政部门发给'社会力量办学许可证'后，到同级民政部门进行登记。""民政部门对符合登记条件的单位，依法简化登记手续并核准登记。对不符合登记条件的单位，不予登记，并向申请人说明理由。"该试行办法印发后，各省（自治区、直辖市）教育行政部门按照要求，结合各地实际情况制定具体实施办法，开始进行民办学校（教育机构）的登记工作。

2002 年 6 月 17 日，全国总工会、教育部联合印发《关于在社会力量举办的学校建立工会组织的意见》（总工发〔2002〕12 号）。该意见明确要求：积极推动在社会力量举办的学校组建工会的工作，各级教育主管部门和教育工会要加强对社会力量举办的学校组建工会工作的领导，要形成"党委领导、行政支持、工会运作、各方配合"的工作格局。凡是经相应行政部门批准、依法登记的民办学校，不论其规模大小，职工多少，都应允许依法建立工会组织。在民办学校连续工作半年以上的专职教职工，承认《中国工会章程》，本人有入会要求，都可以加入工会组织。民办学校的工会组织要依照《工会法》《教师法》等法律法规，切实履行维护教职工合法权益的基本职责和各项职能，在教育改革发展稳定的大局中发挥应有的作用。

2002 年 10 月 17 日，教育部印发《关于进一步规范民办教育机构办学秩序的通知》（教电〔2002〕350号）。一个时期以来，我国民办教育在国家"十六字方针"的指导下，在各级政府的重视和支持下，得到了较快发展，对于深化教育改革，促进教育发展，广开学路，培养人才，起到了积极的作用，但同时也出现了一些矛盾和问题。《关于进一步规范民办教育机构办学秩序的通知》批评了一些主要问题和现象，如一些民办学校及其他教育机构（以下简称民办教育机构）缺乏必要的办学条件，办学行为不规范，教育教学质量难以保证；少数民办教育机构在招生、广告宣传、证书发放等方面存在着虚假许诺甚至欺诈行为。这些问题影响了民办教育的声誉，引起了社会各方面的关注，且已诱发了一些事端。为确保民办教育健康、稳定、持续地发展，根据国务院领导的指示精神，《通知》针对当时出现的一些比较突出的问题，提出了五条整改措施要求：一是进一步做好民办教育机构的设置，要严格审批权限及审批程序。二是进一步改进民办教育机构的招生管理，各级教育行政部门要高度重视民办教育机构的招生工作，认真审定民办教育机构的招生资格，严格审核招生广告（简章）。三是进一步完善民办教育机构的收费管理和监督，民办教育机构要按照当地教育、物价、财政部门核定的收费项目和收费标准收取费用。四是进一步严格民办教育机构证书发放的管理，民办教育机构必须按照经批准的办学层次、办学范围办学，并按国家有关规定颁发相应层次的学历证书或其他学业证书。五是进一步落实对民办教育机构的年检和评估，各级教育行政部门要认真执行年检制度。

2002年12月28日，《中华人民共和国民办教育促进法》由"第80号"中华人民共和国主席令颁布，自2003年9月1日起施行。《中华人民共和国民办教育促进法》（以下简称《促进法》）规定："民办教育事业属于公益性事业，是社会主义教育事业的组成部分"，国家对民办教育实行"积极鼓励、大力支持、正确引导、依法管理"的方针，并逐一规定了民办教育举办者、教师、学生应享有的合法权益，规定侵犯民办学校合法权益将被追究法律责任。《促进法》对民办教育赖以生存和发展的有关要件做出了明确规定。《促进法》是中国民办教育的第一部法律文件，它将引导民办教育开始步入依法发展的轨道。但是《民办教育促进法》毕竟只是一个比较粗略的法律框架，立法的完整性尚在路上。例如，有关"合理回报"问题，《促进法》中规定，"取得合理回报的具体办法由国务院规定"，这自然是由于全国各地情况不一使然，但又何尝不是具体矛盾的后移。

这一阶段，各地政府及教育行政部门通过开展民办教育注册登记、年检等活动，不断加大对民办教育规范力度。依据中央政策结合当地实际，先后出台了一些关于"社会力量办学的实施办法"、各类民办学校"设置标准""暂行规定""年检指标体系"、各类民办学校"内部管理指标体系"，以及教育类民办非企业单位依法登记有关问题、关于社会力量所办学校开展专业技术职务评聘工作有关事项、准予民办学校计划内新生办理转移户口粮食关系等鼓励性、规范性文件，对于学校设置、办学方向、教学管理、人事管理、财务财产管理、教师队伍建设和后勤保障等方面给予明确的规定或指导。除此之外，广东省、新疆维吾尔自治区等地，为提高社会力量办学机构负责人的思想政治水平和政策业务水平，还举办了社会力量办学机构负责人培训班。

二 民办教育研究会议及行业团体

政府及社会各界高度关注民办教育发展，各类有关民办教育发展的研究会议频繁。这些会议以多家联合的方式举办，举办单位有国家及地方教育行政部门、全国人大教科文卫委员会、中国教育学会、全国民办教育研究协作会、中国管理科学院、国家教育发展研究中心等单位及其下属有关研究机构，还有民办教育团体、各民主党派、全国工商联、中华职业教育社、有关高校、有关杂志编辑部等。参会人员，除有关教育行政部门负责人外，主要是民办学校的创办人及校长、国内外民办教育研究专家。多方参与，形成了中国民办教育研究的热潮，共同助推民办教育向前发展。

1993年7月6~8日，首届华东地区社会力量办学协作会在上海召开。会议由上海市教委受国家教委委托主办，国家教委成教司社会力量办学管理办公室主任王志强出席会议并讲话。与会代表分析当前社会力量办学实践中暴露出的一些矛盾和问题，认为社会力量办学处于发展过程中，法规尚不完善，管理体制不顺畅，管理力量薄弱，管理经验和办学经验均不足是其主要原因。

1993 年 12 月 7～11 日，第五届全国社会力量办学协作会在西安召开。会议的主要任务：一是成立"中国民办教育协会"筹委会；二是为起草《民办学校管理条例》实施细则开展研讨；三是交流各省市社会力量办学新经验、新做法。来自全国各省、市的代表 115 人参加会议。国家教委成教司副司长瞿延东、国家教委社会力量办学管理办公室主任王志强参加会议并做重要讲话。会议气氛热烈，代表们各抒己见。大家关注的焦点是：社会力量办学的法规建设，"民办学校"概念的界定，行业垄断办学及教育管理体制，公办教育与民办教育不平等竞争，产权问题，营利与非营利，办学的短期行为等问题。

1994 年 10 月 28～30 日，民革、民盟、民建、民进、农工民主党、致公党、九三学社、台盟等八个民主党派和全国工商联、中华职业教育社联合在北京召开了"全国民办教育研讨会"。来自各省、自治区、直辖市的 200 余名民办学校的代表参加了这次研讨会。研讨会的主要内容：一是学习贯彻全国教育工作会议精神；二是交流如何筹措资金、加强内部管理、提高教学质量的经验；三是深入探讨民办教育的管理和发展问题，探讨如何继续发扬艰苦奋斗的创业精神，不断改善办学条件，办出水平和特色，为我国教育事业的改革和发展做出更大贡献。国家教委副主任王明达出席会议并做了题为"促进民办教育健康发展"的报告。会议起草修改了"关于民办教育的问题和建议"。[①]

1995 年 11 月 5～9 日，"全国民办学校专题学术研讨会"在广东省湛江市召开。会议由华中师范大学《教育研究与实验》编辑部、湛江市春晖学校等联合发起。来自全国各地 35 个单位的 60 余名代表及多家报刊社、电视台记者出席了会议，国家教委政策法规司领导电话表达了对大会的支持，希

---

① 中国教育年鉴编辑部：《中国教育年鉴》（1995 年），人民教育出版社，1995，第 235 页。

望以学术研究提供决策参考，以学术研究提高民办学校办学水平。与会代表就我国民办学校的现状、民办学校的政策法规、民办学校的内部管理和课程改革等问题，进行深入的探讨。①

1996 年 4 月，国家教委教育发展研究中心在深圳召开"全国民办学校出资办学专题研讨会"，会议由亚太（深圳）国际学校承办。主要议题有：研讨民办学校的校产性质和归属、收费方式及标准、校长参与经营管理方式及程度、民办学校的师资、教育教学改革及发展等问题。经过研讨，在许多问题上达成共识。会议认为：①应将办学盈余部分用于教育事业，同时，国家也应考虑办学亏损的合理处置办法。②国家教委规定民办学校收费依据"以支定收"的原则是合理的，收费数额要经教育行政部门和物价管理部门批准，并按学校等级规定相应收费幅度。呼吁国家尽快成立教育银行，统筹全国教育资源。③在学校创办初期董事会较多参与学校管理是必要的，学校走入正轨后，应逐步由校长管理。④师资老化是困扰民办学校发展的大问题，国家应改革现行师资管理政策，允许教师流动。⑤民办学校应注重以质量为生命、以特色为动力、以效益为关键。希望教育行政部门给民办学校较大的自主权，同时加强民办教育研究，促进教育教学改革。②

1996 年 10 月 13～17 日，中国教育学会教育实验研究会举办的"全国民办学校研究专业委员会成立大会暨第一次年会"在武汉华中师范大学召开，来自全国 15 个省市各类民办学校的董事长、校长，以及教育理论工作者、新闻工作者、各地方教育管理工作者等百余名代表出席了会议。国家教委政策法规司领导来函表示祝贺。会议期间，与会代表分析了民办学校的发展现状，交流了社会力量办学管理经验，探讨了民办学校发展的理论问题与实践问题，一致认为，必须以教育科学理论为指导，研究民办学校发展中面临的冲突和矛盾，合理地调适和处理民办学校的内外部关系，促进民办学校

---

① 边建平：《探讨民办学校发展对策，深化教育体制改革——全国民办学校专题学术研讨会综述》，《教育研究与实验》1995 年第 4 期，第 40 页。

② 北京学克文化研究中心：《中国社会力量办学大辞典》（上册），红旗出版社，1997，第 75～76 页。

的健康发展。当前民办学校应审慎地面对办学自主性与社会制约性的冲突和调适，经济规律与教育规律的冲突和调适，民办学校教育的社会化与个性化的冲突和调适，民办学校个体性与整体性的冲突和调适，协调各种关系，提高民办学校教育质量。①

1996 年 11 月 18～21 日，由中国教育学会教育管理研究会和天津市教育科学研究院联合举办的"全国民办教育学术研讨会"在天津召开。来自全国十几个省（市）的教育行政部门和教育科研单位以及民办学校代表 60 余人参加了会议。② 与会代表认为，我国目前的民办学校办学情况比较复杂，呈现出多种类型并存发展的特点。根据不同区域民办学校的发展特点，有四种较有代表性的模式，即上海模式、温州模式、广东模式、天津模式。代表们相互交流了各地民办教育发展情况，并就民办教育的有关问题进行了深入的研讨。

1999 年 4 月 24～26 日，"面向 21 世纪民办教育振兴学术研讨会"在北京召开。会议由全国民办教育研究协作会与中国管理科学院民办教育研究中心共同举办，来自全国二十个省份的代表近 120 人参加了会议。会议旨在贯彻落实《面向 21 世纪教育振兴行动计划》，推进民办教育的创新与振兴。与会人员就跨世纪教育现代化建设的战略部署、办学体制和运行机制的深化改革、民办教育的法规建设、当前亟待明确和解决的一些重大问题进行了深入探讨，讨论中与会代表对即将出台的《中华人民共和国民办教育促进法》充满期待。

1999 年 9 月 17～19 日，国家教育发展研究中心与《中华英才》半月刊杂志社在长沙联合召开了"民办教育改革与发展专题现场研讨会"。来自教育部发展规划司和研究室、22 个省（自治区、直辖市）教育部门和数十所民办学校的 150 多名代表，通过专家报告、现场参观、分组讨论和大

---

① 郭元祥：《民办学校发展中的冲突与调适——全国民办学校研究专业委员会年会综述》，《教育研究与实验》1996 年第 4 期，第 26 页。

② 宫丽艳：《探索多元民办教育模式，促进民办教育健康发展——全国民办教育学术研讨会综述》，《教育科学》1997 年第 4 期，第 63 页。

会交流等形式，就民办教育面临的机遇和挑战、进一步改善民办教育发展的政策环境以及通过规范办学实现民办教育可持续发展等问题进行了探讨。

1999 年 10 月 13～15 日，"面向 21 世纪民办学校教育国际研讨会"在北京师范大学召开。这次会议是改革开放以来，在我国首次召开的一次规模最大、层次较高的民办教育国际研讨会。会议由北京师范大学、北京市教委、全国人大教科文卫委员会教育室、香港大学等 10 省市民办教育团体联合举办。此次研讨会分析了我国民办教育在初创阶段的生存现状，围绕民办教育在国家教育发展中的地位和作用、体制与管理、产业性与盈利、质量保证及民办高等教育问题进行了讨论。来自美、英、日、澳、马来西亚、越南等国和我国香港、台湾地区的 70 多位专家学者，及国内民办学校校长、研究私立教育的专家学者共计 300 余人出席了大会。

2000 年 5 月 6 日，由中央教科所民办教育研究中心、《中国民办教育》编辑部、《教师报》社、《素质教育》编辑部等四个单位联合举办的"全国民办教育创新与发展研讨会"在山西省太原市隆重召开。来自全国 26 个省、直辖市、自治区的民办学校校长和各级教育行政部门的负责同志以及研究部门的专家共 140 余人参加了会议。原国家教委副主任、全国人大常委会委员、教科文卫委员会副主任杨海波，全国人大教科文卫委员会教育室副主任侯小娟，教育室处长叶齐炼，中央教科所副所长兼民办教育研究中心主任徐长发，全国民办高教委常务副主任、北京海淀走读大学副校长陈宝瑜教授等应邀出席会议。内蒙古、山西等省教育厅（局）的负责人应邀参加会议。与会人员一致反映应尽快建立一个能代表民办学校根本权益的、全国性的民办教育中介机构——"全国民办教育协会"，使其成为全国民办教育工作者的群众团体，作为政府主管部门联系民办学校的桥梁和纽带，使国家和政府的有关方针、政策在民办学校中得以很好地贯彻，同时也能使民办学校的意见和要求及时反馈给有关部门。大家认为，在积极促进和支持全国民办教育协会建立的同时，为定期有效地沟通信息、交流经验、研讨问题，应借本次会议的大好时机，首先建立全国性的"民办学校协作会议"，并通过了"全国民办学校协作会议"组委会单位。①

2001 年 1 月 1 日，由各民主党派、全国工商联和中华职业教育社在北京联合召开了"民办教育研讨会"。参加此次会议的有来自全国各地 240 多名代表，其中包括各民主党派、工商联、职教社部分地方组织分管办学的工作人员和民办学校的负责人。全国政协副主席、全国工商联主席经叔平出席开幕式并讲话，全国人大教科文卫委员会副主任汪家镠就《中华人民共和国民办教育促进法》的起草情况做了报告。

2002 年 11 月 2～4 日，中国教科文卫体工会全国委员会在南昌召开"全国民办学校组建工会与民主管理工作研讨会"。会议主旨是贯彻全国总工会和教育部《关于在社会力量举办学校建立工会组织的意见》，加强民办学校工会工作。全国 27 个省（区、市）教科文卫工会的同志参加了会议。

2002 年 11 月 28～29 日，第二届 21 世纪教育论坛暨中国民办教育高峰会在苏州举行。汪家镠、柳斌、陶西平、郭福昌、樊纲、潘懋元、张民选等著名专家在论坛上发表演讲。近 500 名来自全国 27 个省、自治区、直辖市的民办教育工作者共聚一堂，共商我国民办教育的发展大计。

除以上在全国范围召开的重要研究会议外，2000 年以后，各地关于促进民办教育发展的相关会议和研讨活动也比较多。江苏、浙江、四川、重庆、湖南、湖北、河南、山西、甘肃等省（市）都召开了全省民办教育工作会议或座谈会，总结经验，肯定成绩，分析形势，明确民办教育今后的发展思路和奋斗目标。这种座谈会或工作年会在各地逐渐形成惯例，每年都会定时召开。

例如，2002 年 6 月 11 日，浙江省政府在慈溪市召开"全省民办教育工作座谈会"，副省长盛昌黎出席会议并讲话。讲话肯定全省民办教育的发展步入了快车道。表扬宁波等地的民办教育发展快，办学规范，质量较高，民办教育对全省加快教育事业的发展，做出了重要贡献。分析了浙江省的民办

---

① 本刊编辑部：《创新：一个永恒的主题——全国民办教育创新与发展研讨会纪要》，《民办高教天地》2000 年第 3 期，第 4 页。

教育面临的新情况、新问题。他强调,在全省民办教育发展的新阶段,要推进民办教育稳步发展,首先,政府和教育部门的认识要进一步统一到中央"十六字方针"上来,要真正认识到发展民办教育的重要性;要发挥政府对民办教育的主导作用,抓好规划,抓好发展的重点;要稳定民办教师队伍,处理好教师养老保险问题。强调各级政府要继续加大对民办教育扶持的力度。

再如,2002 年 5 月 26~29 日,湖南省首次"民办教育工作会议"在益阳召开。省委副书记文选德,副省长唐之享等出席会议。会议明确了全省民办教育发展的基本思路:贯彻中央"积极鼓励、大力支持、正确引导、加强管理"的民办教育发展方针;突出以发展非义务教育为重点,以扩充优质教育资源为重点;坚持民办教育与公办教育一视同仁的原则,坚持多样化发展的原则,坚持发展与规范并重的原则。要实现"努力形成以政府办学为主体,社会各界广泛参与,公办学校与民办学校共同发展的格局"的奋斗目标。

这一时期国家适时成立了民办教育研究的管理机构、民办教育学术团体和行业团体,为民办教育发展及其研究工作的持续发展提供了组织保障,例如:

1996 年 3 月 21 日,经国家民政部批准,中国管理科学学会民办教育管理专业委员会在北京成立。这是中国管理科学学会的下属全国性学术分支机构,简称"民办教育管委会"。其主要职责是,遵循党和国家的教育方针、政策和法规,组织开展有关民办学校管理的理论研究、经验交流、国内外考察等有关活动;借鉴国外私立学校管理的有益经验,积极探索、总结现阶段民办学校的管理经验,推动民办学校和民办教育的健康发展,全面提高民办教育的管理水平和教育质量。

1996 年 10 月,中国教育学会教育实验研究会"全国民办学校研究专业委员会"成立。据不完全统计,截至 1998 年底,全国已有 8 个省市成立了民办教育的学术团体,例如:"湖北省民办教育研究中心""上海市民办教育研究中心""上海市教育学会民办教育专业委员会"。

2002 年 6 月 3 日，"民办教育工作者联谊会"成立。民办教育工作者联谊会是经中国科学技术协会管理服务中心批准的全国性民办教育行业团体。全国人大常委会副委员长许嘉璐任名誉主席，全国人大常委会委员、科教文卫委员会委员柳斌和中国教育学会副会长、北京市社会科学界联合会主席陶西平任民办教育工作者联谊会主席。联谊会本着宣传国家有关民办教育的法律、法规、政策，提高行业自律和遵纪守法意识；维护民办教育机构及其举办者、投资人、办学人和师生的合法权益；组织开展民办教育的科学研究、咨询、专业培训；推进民办学校的交流合作与推广经验成果；为教育行政部门的宏观决策提供决策咨询与信息服务的原则积极开展工作。联谊会有团体会员 100 余家，个人会员 300 多人和 20 多个省份的民办教育联谊会或民办教育协会建立了工作联系，基本上形成了全国民办教育工作网。

三 民办教育的繁荣及发展概况

（一）民办教育办学总量呈倍数增长

1992 年，邓小平南方谈话发表、中共十四大召开，标志着民办教育进入空前活跃和繁荣发展阶段，至 2002 年底《民办教育促进法》颁布前夕，中国民办教育发展的繁荣局面已经形成。

前文已经介绍截至 1992 年底，全国各类民办学校（机构）已发展至 2 万余所。这时民办教育已经有了较为丰厚的积累，为新时期快速发展奠定了一个较好的基础。在新的发展阶段，民办教育界在国家政策的鼓励扶持下，认真总结前期办学经验，不断探索，大胆创新，促使民办教育飞速发展，开创了繁荣发展的喜人局面。根据教育部发展规划司 2003 年 2 月 27 日发布《2002 年教育事业统计主要结果及分析》记载：2002 年，民办教育得到大力发展。各级各类民办学校增加到 6.01 万所，在校生总规模达 1115.97 万人。其中，民办高等教育机构 1202 所，各类注册学生 140.35 万人；其中学历文凭试点学生 31.12 万人，自考助学班学生 53.05 万人（另，具有学历教育资格的民办高校 133 所、在校生 31.98 万人）；民办普通中学 5362 所，在校生 305.91 万人；民办职业中学 1085 所，在校生 47.05 万人，比上年增加

9.32 万人；民办小学 5122 所，在校生 222.14 万人；民办幼儿园 4.84 万所，在园幼儿 400.52 万人。以上数字显示，11 年间各级各类民办教育的数量及在校生人数呈倍数增长（见表 3-1）。

表 3-1　1992～2002 年各级各类民办学校综合统计

单位：所，万人

年份	民办幼儿园		民办小学		民办中学		民办高校	
	所数	在校生	所数	在校生	所数	在校生	所数	在校生
1992	13808	53.62	864	5.52	673	13.38	10	0.46
1993	16990	72.39	4030	64.88	851	12.7	14	—
1994	—	—	—	—	—	—	—	—
1995	—	—	—	—	—	—	—	—
1996	24466	130.39	1453	46.32	2219	51.4	21	1.4
1997	24643	134.88	1806	52.23	2770	67.96	20	1.4
1998	30824	—	2504	72.76	3568	101.39	25	2.2
1999	37020	222.4	3264	97.69	4243	134.78	37	4.6
2000	44317	284.26	4341	130.81	5225	179.81	43	6.6
2001	44526	341.93	4846	181.84	6019	270.6	89	15.11
2002	48400	400.52	5122	222.14	6447	352.96	133	31.98

据《中国教育年鉴》关于本时期中国民办教育的发展情况记录，尽管有个别年份有缺失现象，但是所记年份民办教育的发展情况记录较为翔实全面，更能反映民办教育发展的历史全貌。《中国教育年鉴》记载：截至 1996 年底，在全国各级各类民办学校（机构）近 3 万所。其中，民办幼儿园 24466 所，占幼儿园总数的 13%，在园学生 130.3902 万人，占幼儿在园总数的 4.8%；民办小学 1453 所，占总数的 0.22%，民办小学在校人数 46.322 万人，占总数的 0.34%；民办普通中学（含初中、高中、完全中学）1467 所，占总数的 1.83%，民办中学在校人数 29.2282 万人，占总数的 0.58%；民办职业中学（含初中、高中）568 所，占总数的 5.65%，在校生 12.9463 万人，占总数的 2.73%。在民办高等教育中，具有颁发学历文凭资格的学校 21 所，在校生 1.4 万人，高等教育文凭考试试点机构 89 所，在校学生 5.1353 万人；其他不具有颁发学历文凭资格的民办高等教育

机构 1109 所，其中面授的 1020 所，函授的 89 所，在校学生 108 万人，面授生 57 万人，函授生 51 万人。①

据有关资料统计，1997 年民办教育办学条件逐步改善，各级各类民办学校（机构）在校教职工约 52 万人，固定资产进一步增加，创办者投入资金约 124 亿元，接受捐赠约 6.4 亿元，拥有校舍建筑面积约 4800 万平方米，其中自有校舍约 2800 万平方米，租用校舍约 2000 万平方米，占地面积约 1821184 亩。

截至 2000 年底，全国共有各级各类民办学校和教育机构 54298 所，比 1999 年增加 9194 所，在校学生 699.41 万人，比上年增加 96 万人。其中：民办幼儿园 44317 所，比上年增加 7297 所，占全国幼儿园总数的 25%，在园儿童 284.26 万人，比上年增加 61.86 万人，占全国幼儿园在园儿童总数的 12.7%；民办小学 4341 所，比上年增加 1077 所，占全国小学总数的 0.78%，在校生 130.81 万人，比上年增加 33.11 万人，占在校小学生总数的 1%；民办普通中学（含初中、高中）3316 所，比上年增加 723 所，占普通中学总数的 4.3%，在校生 149.47 万人，比上年增加 42.27 万人，占全国在校中学生总数的 2%；民办职业中学 999 所，比上年增加 49 所，占职业中学总数的 11.3%，在校生 30.34 万人，比去年增加 3.04 万人，占职业中学在校生总数的 6.03%。在高等教育阶段，具有独立颁发学历文凭资格的民办学校 43 所（到 2001 年 7 月已增至 73 所），比上年增加 6 所，在校生比上年增加 2 万余人；民办非学历高等教育机构 1282 所，比上年增加 42 所，注册学生数 98.17 万人，比上年减少 202.7 万人，其中，实施高等教育学历文凭考试试点的民办高等教育机构 370 余所，注册学生数 29.7 万人，比上年增加 3.9 万余人。②

2001 年底，全国各级各类民办学校（教育机构）已达 56274 所，在校学生 923 万人。其中：民办幼儿园 44526 所，占全国幼儿园总数的 39.9%；

---

① 转引自金忠明等主编《中国民办教育史》，中国社会科学出版社，2003，第252页。
② 中国教育年鉴编辑部：《中国教育年鉴》（2001 年），人民教育出版社，2001，第 101 页。

在园儿童 342 万人，占总数的 16.9%。民办小学 4846 所，占全国小学总数的 1.0%；在校生 182 万人，占总数的 1.4%。民办普通中学（含初中、高中）4571 所，占全国普通中学总数的 5.7%；在校生 233 万人，占总数的 3.0%。民办职业中学 1040 所，占全国职业中学总数的 13.3%；在校生 38 万人，占总数的 8.1%。民办高等教育机构 1202 所，注册学生 113 万人。其中，进行高等教育学历文凭考试试点的 436 所，在校学生 32 万余人。经教育部或教育部授权省（自治区、直辖市）批准的具有颁发学历文凭资格的民办高校 89 所，在校学生 15.11 万人。[1]

（二）民办教育呈现鲜明的办学特色

1. 办学主体的广泛性。这一时期民办教育在政府的支持鼓励下，办学主体涉及面其广泛，包括民主党派、社会团体、企事业单位、集体组织、公民个人等，社会各界都参与到民办教育的办学热潮中。

2. 办学门类、层次的齐全性。民办教育从复苏到繁荣昌盛走过了 20 多年的艰难历程，突破了重重难关，终于初步形成了从幼儿教育、基础教育、职业教育、成人教育到高等教育及终身教育的完整的办学体系，办学门类、层次齐全。

3. 办学模式的多样性。在办学实践中民办教育积极探索，勇敢实践，尤其在政府的支持下，开始出现多样化的办学模式，出现了联合办学、国有民营、公转民办、民办公助、公办民助、民营融资、协议承办、股份制办学及中外合作办学等模式。

4. 办学机制的灵活性。相对于公立学校，民办学校在内部管理机制与决策机制方面表现出更多灵活、快速、高效的特点，更有利于适应经济社会发展，在激烈的教育竞争中抢抓发展机遇。

以上特色构成了中国民办教育在繁荣发展阶段鲜明而独特的个性，它与民办教育开拓创新、顽强拼搏的特质融为一体，在新的历史时期助推着民办教育蒸蒸日上地向前发展。当然，由于多种原因我国民办教育发展的不平衡

---

[1] 中国教育年鉴编辑部：《中国教育年鉴》（2002 年），人民教育出版社，2002，第 152 页。

性也是显而易见的。不平衡具体表现为地区发展不平衡和教育阶段发展的不平衡。

一是受社会经济、文化、人口等因素的影响，民办教育发展表现出地区发展的不平衡，对 2002 年部分地区民办教育发展情况进行调查，印证了这一现象（见表 3 - 2）。

表 3 - 2　2002 年部分地区民办教育发展情况统计

单位：所，万人，亿元

地区	民办学校总数	在校生总数	教职工总数	资产
宁夏	231	9. 41	—	—
海南	686	—	—	—
云南	759	23	—	—
山西	1697	18. 62	2. 03	13. 7
山东	2310	58	—	—
重庆	2417	28. 04	—	—
陕西	2678	66	—	35
江西	5333	68. 22	4. 39	—
四川	14679	163. 1	6. 67	—

资料来源：《中国教育年鉴》（2003 年），人民教育出版社，2003。

表 3 - 2 所展示的宁夏回族自治区、海南、云南等这些经济欠发达地区或偏远地区的民办教育发展情况较之民办教育发展相对成熟的内地相比，差距很大，若与京、沪、杭等经济发达、民办教育发展成熟的地区相比，其悬殊更是不可同日而语。

二是在国家教育投入薄弱环节及政策松动领域，民办教育发展得更好。例如，幼儿教育发展始终处于民办教育发展的领先地位；各类与人们学习、工作、生活密切相关的职业技术培训、社会文化生活教育、文化补习和继续教育等培训教育，构成了民办教育早期发展的主阵地，并一直保持着较好的发展势头，到 21 世纪前后，培训教育开始呈集团化发展，如新东方教育科技集团、学大教育集团、北京精诚教育集团、中公培训、东方剑桥教育集团、北京华图宏阳教育文化发展股份有限公司、昆明钟惠培训学校等雨后春笋般在各地纷纷崛起。

（三）民办教育繁荣发展阶段的启示

1. 在持续接受清理整顿过程中开创繁荣发展局面的历史事实，启示中国民办教育：规范办学行为，是促进民办教育事业发展的必然要求；提高教育教学质量，是保证事业发展的生命线。

在新的历史阶段，民办教育尽管整体上得到了较快发展，但是一些学校办学条件差、管理混乱、办学质量低等问题仍然没有得到解决，而且在经济利益的诱惑下为争夺生源，又出现了虚假招生广告满天飞，甚至有"倒卖"生源牟取暴利等恶劣行为。为整顿民办教育，促进民办教育规范发展，政府及教育行政部门进一步加大对民办教育办学的清理整顿力度。一是建立健全民办教育注册登记制度、年检制度，加大检查评估工作力度，对各级各类民办教育机构的办学方向、办学条件、招生广告、教学质量、证书发放、学校名称、财务管理等进行全面检查。二是对不合格学校视情况，或取缔或停办进行限期整改，并将年审结果向社会公布，加强社会监督。民办教育在接受清理整顿的过程中，规范了办学行为，呈现出迅猛发展势头，在清理整顿的基础上，民办教育的办学条件、教育教学质量与办学总量同步提升。

例如，湖南省 1994 年共有民办学校 746 所，在校学生 13.75 万人，拥有专兼职教师 78.4 万人，教学仪器设备折价 515.8 万元。[①] 1995 年在全省开展民办学校的清理整顿工作，经过清理登记，取缔或停办了 116 所办学条件差、管理混乱、办学质量低、社会影响较差不合格的民办学校及机构，乱招生、乱办班、乱发文凭的现象得到了遏制。在清理整顿的基础上，1995 年共有民办学校（机构）1427 所，比上年增加 681 所，增幅高达 91.29%，其中开展高等层次教育的学校 143 所，中等层次的 767 所，中等层次以下的 517 所。学校自建校舍面积 57.9 万平方米，租借校舍面积 85.4 万平方米，拥有图书资料 356.8 万册，仪器设备价值 8529.2 万元，增幅高达

---

① 中国教育年鉴编辑部：《中国教育年鉴》（1995 年），人民教育出版社，1995，第 589 页。

1553.59%；有专职教师 6749 人，兼职教师 10248 人；在校学生 20.3 万人①（见表 3 -3）。

表 3 -3　湖南省 1994～1995 年民办教育发展状况

单位：所，万人，万元

年份	民办学校总数	在校生总数	教职工总数	资产仪器设备折价
1994	746	13.75	78.4	515.8
1995	1427	20.3	1.6997	8529.2

资料来源：相关年份《中国教育年鉴》，人民教育出版社。

　　再如，四川省，据不完全统计，1995 年，经教育行政部门年审合格，取得《四川省社会力量办学许可证》的各级各类学校 7158 所，其中幼儿园 4582 所，小学 292 所，中学 129 所，高等、中等学历教育学校 56 所，非学历高等教育学校 63 所，其他职业技术培训、社会文化生活教育等学校 2036 所。各种经费来源 25440.51 万元，自有校舍面积 796969 平方米，租用校舍 907173 平方米，专、兼职管理人员 21785 人，专、兼职教师 33402 人。在校生人数 846748 人，毕结业学生 67806 人。②1998 年，四川省有各级各类社会力量办学机构 6387 所，其中：幼儿园 4488 所，小学 360 所，中学 45 所，中等专业学校 7 所，可颁发国家学历文凭的高等学校 1 所，学历文凭试点学校 12 所，高等非学历教育学校 37 所，其他学校 1437 所，在校学生 71.5 万余人。1998 年招生 54 万余人，毕结业 32.8 万余人。③ 截至 1999 年底，四川全省民办教育校点 8608 个，在校学生总数达 83.94 万人，专职教职工 3.20 万人，兼任教师 1.54 万人；固定财产 11.59 亿元，学校占地面积 716.76 万平方米，校舍建筑面积 306.96 万平方米，仪器设备价值达 3.39 亿元，图书资料 1183.75 万册。从办学主体看，有企事业单

---

① 中国教育年鉴编辑部：《中国教育年鉴》（1996 年），人民教育出版社，1996，第 1024～1025 页。

② 中国教育年鉴编辑部：《中国教育年鉴》（1996 年），人民教育出版社，1996，第 751 页。

③ 中国教育年鉴编辑部：《中国教育年鉴》（1999 年），人民教育出版社，1996，第 823 页。

位、民主党派、社会团体、公民个人和中外合作办学、国办学校与民办学校联合协作办学等。全省民间办教育新增投资总额达 3.35 亿元。2000 年，省教育厅批准新增开展高等教育学历考试试点的学校 5 所，使试点学校总数达22 所。

又如，宁夏回族自治区，据不完全统计，1995 年，全区共有经教育行政部门注册的社会力量办学单位仅 120 个。2000 年，自治区对全区 185 家社会力量办学机构进行了全面的检查评估，撤销了 17 家办学条件差、教育质量低的办学机构，对 17 家办学机构进行限期整改，向社会公布了评估检查合格的办学机构。2001 年，全区社会力量办学机构已发展到 214 所，年收入近 5000 万元，形成教育固定资产近 2.8 亿元。针对近年来区外民办高校在宁夏招生工作中存在的混乱局面，自治区教育厅制定了《关于区外民办高校、普通（成人）高校社会助学来宁招生管理办法》，采取了规定统一招生地点，统一进行招生宣传等办法，有效制止了区外民办院校招生的混乱局面，维护了当地民办教育的办学秩序。

再如，安徽省，2000 年社会力量举办的各级各类教育机构总数达 2249 所，其中幼儿园、高中和中等职业学校机构数有较大增长；在校生数达 36 万多人；固定资产 17.4 亿元。经省政府批准，成立了民办安徽新华学院、万博科技职业学院以及企业举办的淮南职业技术学院、合肥通用职业技术学院（筹）。试行了民办高校校（院）长核准制。根据中共中央 5 号文件精神注销、撤销和取缔了由教育行政部门批准的 89 所气功类学校。另外，配合省公安厅、体育局对全省 120 所武术学校及习武场所进行集中整治并重新登记。①

2. 1993 年和 2000 年民间办学热的出现，揭示一个道理：中国当代民办教育事业的发展与国家利好政策的出台密不可分。1992 年初邓小平南方谈话发表，同年年底党的十四大召开，破解了意识形态领域对民办教育的种种疑虑，民办教育进入空前活跃和发展阶段，1993 年各类民办教育办学数量

---

① 中国教育年鉴编辑部：《中国教育年鉴》（2001 年），人民教育出版社，2001，第 503 页。

较上年增幅较大，出现了当代中国民办教育史上的第一个"民间办学年"
（见表 3 - 4）。

表 3 - 4　1992～1993 年全国各类民办教育办学状况

单位：所，万人

年份	民办幼儿园		民办小学		民办中学		民办高校	
	所数	在校生	所数	在校生	所数	在校生	所数	在校生
1992	13808	53.62	864	5.52	673	13.38	10	0.46
1993	16990	72.39	4030	64.88	851	12.7	14	—

资料来源：1992 年、1993 年《中国教育年鉴》。

1999 年全国高等教育扩招决策出台，迎来了第二个民间办学热潮。据
记载，截至 2000 年底，全国共有各级各类民办学校和教育机构 54298 所，
比 1999 年增加 9194 所，在校学生 699.41 万人，比 1999 年增加 96 万人。
全国各地情况不一，但均呈现出迅猛发展态势。

云南省，2000 年，社会力量举办的学校由上年 505 所增加到 759 所，
民办学校的在校生数 23.7 万人，比上年增加 7 万人；毕结业生数 23.4 万
人，比上年增加 6.7 万人；教职工 9046 人，比上年增加 3353 人；学校财产
总值 5.36 亿元，比上年增加 1.72 亿元；学校建筑面积 151 万平方米，比上
年增加 78 万平方米。

江西省，2000 年，教育厅新批准成立江西东华科技专修学院、江西凤
凰科技专修学院、江西育才专修学院和江西电信专修学院 4 所学校，使全省
民办高校总数增至 46 所。新批准 3 所学校参加学历文凭考试，使学历文凭
考试试点院校增至 30 所。全省总计有各级各类民办学校 3000 多所，在校生
32 万多人。截至 2001 年底，江西省各级各类民办学校达到 4150 所，在校
生 36.2 万人。全省从事民办教育的教职工有 2.83 万人，民办学校共占地
3926 公顷（含租用 821 公顷）、校舍建筑面积 4201.9 万平方米（含自建
1699.1 万平方米）、净资产 15.99 亿元（含国有 1.12 亿元、办学者投入
10.89 亿元、学校办学积累 3.98 亿元）、仪器设备 3.49 亿元、图书 387.1

万册。

山西省，2000年，山西省新审批民办高中26所，民办高校15所，民办教育培训机构3个，使全省各种社会力量举办的学校（机构）达到1644所，在校生达16.8万人，投入办学资金和办学总额达到13.69亿元。

河北省，2000年，新批准民办高等教育学校23所，总数达156所；新批准中专学校22所，高中52所，中等学校总数达274所；还新增1所具有独立颁发学历文凭资格的民办高校。2000年4月26日成立开拓计算机专修学院，该校是联合国教科文组织资助的全省第一所民办全日制高等职业技术学院，由联合国教科文组织资助在三年内培养100名贫困学生，首批资助学生20名。

辽宁省，2000年，社会力量办学事业有了进一步发展。各级各类社会力量办学机构近3000个，其中民办高等教育机构46所，中外合作办学机构28所，民办中小学210多所，自考助学机构560多个，民办幼儿园和其他非学历培训机构2000多所（个）。省教育厅针对少数民办教育机构擅自发布虚假招生广告等问题，从7月开始，结合教育行政执法大检查，对大连南洋学校擅自发布招生广告进行了查处，依法撤销了抚顺市国际交流服务中心擅自举办的中外合作办学机构等，维护了社会力量办学的正常秩序。2000年经省、市政府批准，有民办高等教育机构4所，中外合作办学机构4个，民办高中8所，开始进行"公办民助"或"国有民办"的改革试验。

青海省，2000年，社会力量举办的教育机构达到83个。民办高等学校实现了零的突破，新成立了青海经济专修学院、青海信息产业专修学院，两校在校生合计达到978人。

3. 民办教育冲破办学禁区，不断发展壮大最终成为我国社会主义教育的重要组成部分的发展历史，揭示一个道理：有为才能有位。它激励民办教育不断适应经济社会发展需要，发扬开拓创新，顽强拼搏精神，勇立时代潮头。1994年2月，经国家教委审批，黄河科技学院、上海杉达学院、浙江树人学院、四川天一学院等4所民办高校获得颁发专科学历证书资格，石破天惊，中国民办教育终于跻身于普通高等学历教育行列。2000年，经教育部批准，黄河科技学院获准实施全日制本科学历教育，不久上海杉达学院、三江学院、北京城市学院等一批民办学校陆续升本，这是民办教育发展史上划时代的大事。它标志着我国民办教育终于冲破禁区，打破了公办教育的垄断，构成了一个包括学前教育、基础教育、中等教育、高等教育及终身教育在内的一个完整的办学体系。自此，中国民办教育开始走上提升教育层次结构、调整人才培养规格，依法促进发展之路，真正成为我国教育事业的重要组成部分。

第二节　民办高等教育的繁荣与发展

这一时期民办教育进入了快速发展阶段，在国家试行学历文凭考试及高等教育扩大招生规模的背景下，民办高等教育乘势而为，呈现出前所未有的发展态势，在办学规模、办学体制等方面取得重大突破，逐渐开创了繁荣发展的可喜局面。

一　国家对民办高等教育的扶持政策

1993 年 8 月 17 日，国家教委印发《民办高等学校设置暂行规定》（教计〔1993〕129 号），规定了民办高等学校的设置标准、评议审批、管理、变更与调整等内容，明确民办高等学校是我国高等教育事业的组成部分。《民办高等学校设置暂行规定》的出台，为民办高等学校的规范化发展指明方向。规定的适用范围为："除国家机关和国有企业事业组织以外的各种社会组织以及公民个人，自筹资金，依照本规定设置的实施高等学历教育的教育机构。规定民办高等学校及其教师、学生享有与国家举办的高等学校及其教师、学生平等的法律地位，招收接受学历教育的学生，纳入高等教育招生计划，参加全国高等学校招生统一考试，学生毕业后自主择业，国家承认学历。民办高等学校不得以营利为办学宗旨，民办高等学校由所在地方省级教育行政部门负责管理。"

1994 年 2 月，经国家教委审核批准，黄河科技学院（郑州黄河科技大学更名）、上海杉达学院（杉达大学更名）、浙江树人学院（浙江树人大学更名）、四川天一学院（四川天一开放学院更名）等四所民办学校，为专科层次全日制普通高等学校。改革开放后中国第一批具有全日制普通学历教育资格的民办高校终于诞生。

1994 年 6 月 14～17 日，中共中央、国务院召开第二次全国教育工作会议。国务院总理李鹏在会上做题为《动员起来，为实施〈中国教育改革和发展纲要〉而努力》的讲话，倡导高等教育体制改革：高等学校要实行以政府办学为主、社会积极参与、各方面联合办学的体制。某些高等学校可以试行以学生缴费、社会集资为主，国家补助为辅的办学模式。

1994 年 5 月底至 11 月初，国家教委先后下发《关于近期全国高等学校设置审批工作的意见》《国家教委关于社会力量举办的非学历高等教育机构名称问题的批复》（教成〔1994〕13 号），强调民办高校的审批工作必须严格按《民办高等学校设置暂行规定》标准执行，经批准筹建的民办高等学校，只能举办非学历教育，不得以任何借口自行许诺颁发"学历文凭"。为使民办高校校名规范化，各省、自治区、直辖市人民政府在批准筹建学校时，都要注意冠以"民办"和"学院"字样，以免筹办时称"大学"，正式审批时又必须改为"民办××学院"而造成工作被动。针对天津市第二教育局请示有关社会力量办学机构名称问题，批复指出："××进修（专修、培训、自修、补习）学院或中心"，不称"大学"。其名称应确切表示所在行政区域。即应冠以学校所在省、自治区、直辖市或学校所在地、市的名称。未经国家教育委员会批准，不得冠以"中国""中华""国际"等字样。一般不使用和恢复解放以前的旧校名，特殊情况须报国家教育委员会批准。按国家教委《民办高等学校设置暂行规定》（教计〔1993〕129 号）审批筹建的民办高等学校，须在校名前冠以"民办"二字，并在校名后加注"（筹办）"字样。

1995 年 11 月 3 日，国家教委下发《关于高等教育自学考试社会助学工作的意见》（教考试〔1995〕8 号），指出：要积极发展社会助学；进行社会助学活动登记；加强对各类高等学校和社会助学组织的助学活动的指导和监督；贯彻 "教考职责分离" 的原则，创造公平、有序的助学环境等。

1996 年 6 月 10 日，国家教委下发《关于同意吉林、福建、陕西、四川、广东五省进行高等教育学历文凭考试试点的批复》，进一步明确 "高等教育学历文凭考试" 的性质、作用及设置要求。批复指出：高等教育学历文凭考试是国家对尚不具备颁发学历文凭资格的民办高校学生组织的学历认定考试。它是教育考试制度的组成部分，同时，也是以学校办学和国家考试相结合、宽进严出、教考分离为特点的全日制高等学校教育。通过试点逐步形成学历文凭考试制度是落实《中国教育改革和发展纲要》精神、多种形式发展高中后教育的重要举措，是对民办高校的重大扶持措施，是广开学路、培养人才的重要途径，同时也是对民办高校实施管理、对其办学水平、教育质量进行评估检测、促其健康发展的重要手段。在评估的基础上选择部分基本具备《民办高等学校设置暂行规定》（教育〔1993〕129 号）要求的办学条件、具有二年以上办学实践、教育质量有可靠保证的全日制民办高校作为试点学校。

1996 年 12 月 30 日，国家教委办公厅发布《高等教育学历文凭考试试点工作（考试部门）实施意见》。逐步把高等教育学历文凭考试试点工作（考试部分）建成与民办高校全日制高等学历教育相结合，适合国家对试点民办高校教学考核，教考职责分离的考试制度，充分发挥其考核认定学生学习成果、评估检测民办高校办学水平、教育质量的功能。其中指出民办高校的职责是：①组织本校考生集体报名，参加统考课程考试。②按省考委的要求组织学校考试课程或考查，并将考试成绩和考查结果报省考办备案。③对本校学生进行考纪教育并按有关规定严肃处理违纪考生。④统计本校学生的自然信息等。⑤在学历文凭考试毕业证书加盖学校印章。

《国家教委 1997 年工作要点》明确要求，要积极贯彻《社会力量办学条例》，进一步推动社会力量办学事业的发展，继续扩大高等教育学历文凭考试试点。

1998 年 8 月 29 日，第九届全国人民代表大会常务委员会第四次会议通过《中华人民共和国高等教育法》。其中第八条规定：国家鼓励企业事业组织、社会团体及其他社会组织和公民等社会力量依法举办高等学校，参与支持高等教育事业的改革与发展。从法律角度对《社会力量办学条例》中对民办高校发展的限制条款做了法律修正，为民办高等教育发展开了绿灯。

1999 年 1 月 13 日，国务院批转教育部《面向 21 世纪教育振兴行动计划》，计划明确提出到 2010 年全国的高校毛入学率要达到 15%。

《教育部 1999 年工作要点》提出，要积极探索符合中国国情的民办高等教育的发展机制，支持民办高等教育的发展，有选择地进行高等学校改制试点。

1999 年 6 月 13 日，中共中央、国务院下发《关于深化教育改革全面推进素质教育的决定》，提出要"通过多种形式积极发展高等教育，到 2010 年，我国同龄人口的高等教育入学率要从现在的百分之九提高到百分之十五左右"。从而拉开了中国改革开放后高等教育扩大招生规模的序幕。

1999 年 6 月 15～18 日，第三次全国教育工作会议在北京召开。江泽民总书记在会议讲话中提道："也可以动员社会的力量办一点民办高校，作为现有高校的补充。"朱镕基总理提出政府"鼓励社会力量以各种方式举办高中阶段和高等职业教育，有条件的也可以举办民办普通高等学校"。这是国家领导人第一次公开提出民间也可以举办普通高等学校。为确保扩招工作顺利进行，教育部还提出，以现有教育资源为基础，加快组建、审批一批职业技术学院和具有发放学历文凭资格的民办高校。同年普通高招计划较上年增长 42%，参加高考的考生达 340 万人，创下了历史纪录。使广大民间兴学者从高校大扩招中看到了希望和转机，从而掀起了民间办学热潮。

2000 年 11 月 28 日，共青团中央、中共教育部党组联合印发了《关于加强社会力量举办的高等学校团的建设工作的意见》（中青联发〔2000〕62 号）。提出凡按国家有关规定，经行政主管部门批准的社会力量举办的高等学校，必须建立团的基层组织。

2001 年 1 月，国务院办公厅下发《关于国务院授权省、自治区、直辖市人民政府审批设立高等职业学校有关问题的通知》，3 月，教育部颁发

《高等职业学校设置标准（暂行）》。

为确保民办教育健康、稳定、持续发展，教育部2002年5月13日，印发《关于进一步做好民办高等教育机构招生工作的通知》（教发〔2002〕14号），2002年10月17日，印发《关于进一步规范民办教育机构办学秩序的通知》（教电〔2002〕350号）。这两个《通知》分别对民办教育机构的设置审批、招生管理、收费管理和监督、证书发放管理、落实年检评估等方面做出了明确规定。

这一时期为了加强国家对民办教育的领导和管理，促进民办教育健康发展，中央及国家政府相关部门组织开展了多次大型调研活动。

1993年1月，国务院研究室教科文卫司在北京、上海就高等教育发展问题进行调研。调研报告就境外合作办学提出：境外机构与个人来华办学，目前已呈逐渐增多的趋势。对开展国际合作办学，我们应抱以我为主，为我所用，大胆探索，敢于试验的态度，可开放一些。对境外机构、个人入境独立办学，应持慎重态度，在教育法、高等教育法未颁布之前，不宜开这个口子。

1994年12月~1995年4月，根据联合国教科文组织讲座计划"关于加强地区和国际高等教育合作"项目的要求，中央教育科学研究所与国家教委社会力量办学管理办公室、国家教育发展研究中心、北京市成人教育局、北京市成人教育研究所、全国民办高等教育委员会，以及部分省市教育行政部门合作，从酝酿、立项，到问卷调查、数据处理、政策分析、撰写报告，在不到半年的时间里，完成了《中国民办高等教育现状研究》。[①] 研究主要采用问卷调查，根据研究目的设计了"中国民办高等教育现状研究调查问卷"并经试测，向全国29个省（自治区）教育行政部门和部分民办高校发出问卷300份，回收率为69%。[②] 总结出民办高校正在逐渐形成的办学主体的多元性、办学权力的自主性、办学过程的竞争性、办学体制的灵活性、专

---

① 张健、李燕杰：《中国社会力量办学大辞典》（下册），红旗出版社，1997，第882页。
② 张健、李燕杰：《中国社会力量办学大辞典》（下册），红旗出版社，1997，第883页。

业设置和课程开设的实用性和多样性等办学特点。①

1998 年，全国民办高等教育委员会组织人员对 100 所民办大学做了一次调查，调查报告中分析总结了民办高校在前进中面临的困境："第一，在民办高等教育第一线的人员中，年龄在 60 岁以上的离、退休人员占 56%，暴露出因队伍年龄偏大给民办高等教育的长远发展带来的不利影响。第二，在被调查的学校中，在校生总数少于 500 人的有 17 所；在校生总数在 500 ~ 1000 人的有 25 所；在校生总数在 1000 ~ 2000 人的有 23 所，办学规模小。第三，在被调查学校中有 71.8% 的学校有自建校舍，但自建校舍面积普遍较小。第四，不少民办高校都有一个主办单位，但是长期以来主办单位的作用到底是什么一直不清楚。第五，调查表明，许多具有一定规模的民办高校，仍然是只有兼职教师，没有专职教师。"② 调查报告中同时指出，各校的发展情况十分不均衡。

2000 年 9 ~ 11 月，为摸清民办高等教育机构的基本状况，国家教育发展研究中心会同教育部发展规划司社会力量办学管理办公室，对全国 1300 所民办高等教育机构进行了问卷调查。截至 11 月底，共收回有效问卷 159 份，回收率为 12.2%。此次问卷调查的回收率虽然比较低，但样本学校的分布比较均匀，覆盖了 26 个省、自治区、直辖市。与教育部发展规划司的全国民办高等教育机构的统计比对，显示调查的样本在地区分布上具有代表性。样本学校所占比重较大的省（区、市）依次为北京市占 9.4%，山东省占 7.5%，广东省和陕西省各占 6.9%，上海市、江苏省和河北省各占 6.3%，辽宁省、黑龙江省、湖南省、江西省与河南省各占 5.7%，其余 14 个省、自治区、直辖市的样本学校占调查学校总数的 21.9%。上述比例结构在一定程度上反映出我国民办高等教育机构的分布，经济相对发达地区及人口较多省份的民办高等教育机构也相对较多的现状。③

---

① 张健、李燕杰：《中国社会力量办学大辞典》（下册），红旗出版社，1997，第 890 ~ 891 页。

② 《中国教育报》1998 年 11 月 28 日。

③ 中国教育年鉴编辑部：《中国教育年鉴》（2001 年），人民教育出版社，2001，第 824 ~ 825 页。

二 民办高等教育的行业团体及会议

1995 年 5 月，中国成人教育协会民办高等教育委员会，经国家教育委员会批准、民政部备案成立，5 月 25 ~ 27 日在北京举行成立大会。民办高等教育委员会是中国成人教育协会下属的一个二级机构，由全国范围内的民办高等院校根据自愿参加的原则组成。这是新中国成立以来成立的第一个全国性的民办高等教育团体组织。办公地点设在北京市北四环西路 9 号海淀走读大学校内。农业部原副部长刘培植担任会长，北京海淀走读大学常务副校长陈宝瑜兼任秘书长。该会的主要宗旨是：遵照国家的有关政策、法律，团结一切热心民办高等教育和民办高等职业教育的社会力量，为提高中国民办高等教育质量，促进民办高等教育事业的健康发展做贡献。[①]

1995 年 10 月 31 日至 11 月 3 日，为探讨面向 21 世纪亚太地区发展私立高等教育的战略措施，联合国教科文组织亚太地区总办事处和东盟高等教育发展中心共同发起，在厦门大学召开了 "亚太地区私立高等教育国际研讨会"。本次会议的主题包括：①私立高等教育立法；②私立高等教育政策；③私立高等教育财政；④私立高等教育的质量控制。

1996 年 5 月 18 日，全国民办高等教育委员会第二次全员大会在北京召开。来自全国各地的民办高等院校、教育行政管理部门、教育科研部门和各民主党派以及国务院有关部门的 400 余名代表参加了大会。大会围绕《全国教育事业 "九五" 计划和 2010 年发展规划》，在和谐热烈的气氛中，对民办高等学校在教育发展战略中的走向、定位问题以及民办高等职业教育的发展问题进行了讨论。全国民办高教委主任刘培植在会上做了《高举 "科教兴国" 旗帜，大力发展民办高等职业教育》的报告[②]，国家教委副主任王明达在讲话中提出，希望民办高等教育要按照国家的规定，更好地了解和适

---

① 金忠明等主编《中国民办教育史》，中国社会科学出版社，2003，第 252 页。
② 刘培植：《高举 "科教兴国" 旗帜，大力发展民办高等职业教育》，《中国农村卫生事业管理》1996 年第 10 期，第 11 ~ 14 页。

应社会的需要，在专业设置上和办学形式上采取灵活的办法。①

1999 年 4 月 21 日至 24 日，教育部教育发展研究中心、全国民办高等教育委员会、北京教育科学研究院和厦门大学高等教育科学研究所四个单位联合在厦门大学召开了"全国民办大学校长研讨会"。会议主要任务是：为第三次全国教育工作会议召开、为正在草拟中的《民办教育促进法》、为迎接即将来到的 21 世纪的新挑战提供决策咨询做准备。出席会议的正式代表有101 位，他们分别来自全国各地的民办大学、教育行政部门、教育科研机构等 65 个与会单位。大会共收到论文 60 余篇。在大会上，教育家潘懋元先生做了题为"中国民办高等教育当前面临的主要问题"的主题报告。会议期间，代表们围绕主题报告展开了热烈的讨论，并就振兴我国民办高等教育事业提出了许多积极的建议。②

2001 年 4 月 24 日至 27 日，全国高校思想政治教育研究会在河南郑州召开了"首届民办高校思想政治教育专题座谈会"，会议由黄河科技学院承办。全国政协教科文卫体委员会副主任、原国家教委副主任、研究会会长王明达同志出席会议并做重要讲话，教育部社政司司长助理赵军和管理办的何京华出席会议并讲话。与会民办高校代表彼此交流了各校党建和思政教育的情况，对面临的各种问题及解决途径进行了研讨。③

2001 年 5 月 21～23 日，全国人大教科文卫委员会、中国高等教育学会在杭州联合召开了"民办高等教育学术研讨会"。这是中国高教学会在21 世纪举办的以民办高等教育为主题的第一次大型研讨会，研讨会由浙江省高教学会和浙江大学高教所承办。参加会议的有来自教育部有关部门负责人和部分地方教育行政部门的领导、高等教育研究机构的专家和研究人员，以及能自主颁发学历文凭的民办学校负责人，共计 180 余人。中国高

---

① 王明达：《国家教委副主任王明达在民办高教委第二次会员大会上的讲话》，《中国农村卫生事业管理》1996 年第 10 期，第 17 页。

② 柯佑祥：《全国民办大学校长研讨会综述》，《湖北函授大学学报》1999 年第 2 期，第22 页。

③ 刘向军、陆国市：《民办和普通高校德育应携手共同发展——首届民办高校思想政治教育专题座谈会纪要》，《思想教育研究》2001 年第 3 期，第 47～50 页。

等教育学会会长周远清致开幕词并作总结报告，全国人大教科文卫委员会副主任委员汪家镠、教育部副部长吕福源出席会议并做了重要讲话，教育部高教司、政法司、社政司主要领导出席会议，我国著名教育家潘懋元、顾明远等在会上做了专题报告，浙江万里学院、江苏三江学院、浙江树人大学、北京海淀走读大学、黑龙江东方学院、福建仰恩大学、西安翻译学院、西安外事学院、重庆海联专修学院等九所民办高校的代表介绍了各自的办学情况和办学经验。会议由中国高等教育学会秘书长张晋峰同志主持。

2002 年 6 月 19 日，由著名民办高校西安外事学院和陕西中华职教社联合主办的中国民办教育高层论坛在西安开幕。来自北京大学、北京师范大学、厦门大学、华东师范大学、西安交通大学、西北大学、陕西师范大学、西安电子科技大学、西京大学、西安欧亚学院等数十所高校的教育专家济济一堂，就民办教育在中国加入世贸组织的背景下，如何抓住机遇、应对挑战的战略问题，进行了广泛深入的研究探讨。

2002 年 6 月 22 ~ 24 日，由全国高等学校思想政治教育研究会主办、上海民办高校党委、上海建桥学院承办的第二届全国民办高校思想政治教育专题研讨会召开。教育部社政司副司长徐维凡、全国高等学校思想政治教育研究会常务副会长原社政司司长徐文良、上海市教委党委副书记项伯龙、上海市教委副主任薛喜民等领导与会。来自全国 15 个省市的 25 所民办高校代表与列席会议的上海 20 多所民办高校代表一起，交流了各自在党建和学生思想政治教育方面的经验和做法，并就工作中遇到的新难题展开热烈讨论。

三　民办高等教育的繁荣及发展

1993 年，具有中国特色的学历文凭考试开始试行。北京市率先在 15 所民办高校的 15 个专业试行学历文凭考试。随后，在全国普遍展开。学历文凭考试使民办高等教育在普通高等教育和自学考试之外找到了第三条道路，使得一大批民办高校借机迅速成长起来。

据 1998 年全国民办高等教育委员会组织调查统计，当时各民办学校的发展情况十分不均衡，相当多的学校办学规模偏小，但有少部分学校发展很快，规模达到在校生 5000 人至 1 万人的院校有 13 所，超过万人的有 3 所。民办高校中，如西安翻译学院（1987 年建校）和西安外事学院（1992 年建校），1998 年在校生都达到了 1.3 万人。也有的民办中小学在校生在 2000 人或 3000 人以上。还有的民办学校已发展为教育公司或教育集团，如北京南洋教育管理公司、上海协和教育集团、陕西西安同仁教育集团、浙江宁波万里教育集团等。

国家自 1999 年开始扩大高校招生规模，为民办高等教育发展提供了千载难逢的历史机遇。我国自改革开放以来保持了 GDP 总量 9.6% 的年增长速度，但从 1997 年下半年开始，由于受亚洲金融危机的影响，我国经济发展的增幅开始出现全面下滑，此外，当年还面临全国 300 多万名高中毕业生，又形成新的就业压力。国家希望在不增加对高等教育投资或投资增量很少的情况下，通过扩招达到优化教育资源配置，提高资源利用效率的目的，加快高等教育大众化步伐，同时缓解就业压力，拉动经济内需。这是 1999 年开始实施扩大高校招生规模的主要动因。为使高等教育持续健康发展，为进一步改善高等学校办学条件，解决高等教育发展中存在的问题，扩招无疑要大量引入市场化的资源投入与开发机制。为确保扩招工作顺利进行，教育部提出，以现有教育资源为基础，加快组建、审批一批职业技术学院和具有发放学历文凭资格的民办高校。

1999 年扩大招生规模 33.1 万人，其中普通高等教育的招生总量从 1998 年的 108 万人增加到 153 万人左右，增幅达 42%。这是继恢复高考之初的 1977 年和 1978 年以来，招生增幅最大的一年。同年参加高考的考生达 340 万人，创下了历史纪录。广大民间兴学者从高校大规模扩招中看到了希望和转机，焕发出前所未有的热情与活力，自 1999 年民间开始出现办学热潮，2000 年被坊间称为"民间办学年"，随后持续升温。

2000 年 3 月 21 日，黄河科技学院经教育部审核批准实施本科学历教育，开了改革开放后民办本科教育的先河。2001 年，全国 89 所民办高校中，只有黄河科技学院和仰恩大学（1987 年建校，初期为个人捐资公办性质，1993 年资产归还成为民办本科学校）是经教育部批准的本科院校，其余 87 所均为专科层次的高职院校，民办本科院校占民办高校总数的 2.25%，专科占 97.75%。

2002 年，全国具有高等教育学历文凭资格的民办高校达到 133 所，比上年增加 9 所，增幅 6.77%；在校生总数 31.98 万人，比上年增加 16.87 万人，增幅 111.65%，继黄河科技学院之后，上海杉达学院和三江学院等经教育部批准获得本科学历教育资格。另有其他高等教育机构 1202 所，在校生总数 140.35 万人（见表 3 - 5）。

表 3 - 5　1993 ~ 2002 年全国民办高等教育发展状况

单位：所，万人

年份	学校总数	民办普通高校	在校生总数	其他高等教育机构	在校生总数
1993	813	13	—	800	—
1994	896	16	—	880	—
1995	1227	18	—	1209	-71
1996	1130	21	1.21	1109	108.4
1997	1115	20	1.61	1095	119
1998	1222	22	2.22	1200	—
1999	1277	37	4.02	1240	118.4
2000	1325	43	6.83	1282	98.17
2001	1415	124	14.04	1291	128
2002	1335	133	31.98	1202	140.35

资料来源：饶爱京：《江西民办高等教育发展研究》，厦门大学教育研究院；相关年份《中国教育年鉴》及《全国教育事业发展统计公报》。

据《中国高等教育》1997 年第 11 期公布的数据，原国家教委审批或备案的民办高校仅有 20 所，包括：

民办内蒙古丰州学院（呼和浩特）

民办杉达学院（上海）

民办四川天一学院（成都）

民办黄河科技学院（郑州）

民办浙江树人学院（杭州）

民办华南女子学院（福州）

民办南华工商学院（广州）

民办三江学院（南京）

民办东方学院（哈尔滨）

上海工商学院（上海）

私立华联学院（广州）

海淀走读大学（北京）

宁夏石嘴山职工大学（宁夏）

湖南女子职业大学（长沙）

广西比江大学（南宁）

西安培华女子职业大学（西安）

凉山大学（四川）

天津联合业余大学（天津）

湖北函授大学（武汉）

广东业余大学（广州）①

以上统计数字显示，我国民办高等教育，在经过了近 20 年的实践后，终于取得了显著成就和重大突破，打破了本科学历教育国家垄断的办学局面。民办大学终于一批批成长起来，据统计，全国每年有近 200 万名毕业生从民办大学走上各类工作岗位，民办高等教育在国家没有经费投入的基础上，培养出大批高等实用性人才，真正成为中国高等教育的一个重要组成部分。另一个不争的事实是，民办高校各种办学条件与公办普通高等院校相比差距甚远，一是实施高等学历教育的民办高校所占比重很低，离公办、民办高等教育并举的格局距离很远，即使将进行学历文凭教育、自学考试教育的民办高等教育机构算在里面，这个比例仍然偏低。二是办学条件悬殊，据调查统计，当时校产积累在 1000 万元以上的全国民办高校有 100 余所，在

---

① 金忠明、李若驰、王冠：《中国民办教育史》，中国社会科学出版社，2003，第 254 ~ 255 页。

5000万元以上的有15所，达亿元的民办高校仅有5～6所。除此之外，高校生源竞争带来的学校生存危机，无时无刻不在影响着民办学校的生存与发展。中国民办高校发展仍然时刻面临着新的严峻考验。

四　地方政府对民办高等教育的扶持

全国各地为满足经济社会发展对高等教育的迫切需要，依据中央精神，结合当地实际，先后出台了促进民办高等教育发展的相关政策，采取切实措施有力促进民办高等教育的健康快速发展。

据统计，这一时期江苏省民办高等教育处于全国领先发展地位。这与地方政府的重视、民办教育界不断改革创新密不可分。1993年江苏省教委制定《关于社会力量举办民办高等学校的暂行办法（试行）》助推民办高等教育发展，当年批准筹办民办三江大学和民办九州大学等民办高校2所，至2000年，全省民办高校发展到14所（包括筹建），承担了1.6万名学生的教育任务，同时举办了一批采用民办机制运作的普通高校二级学院，社会力量举办的非学历高等教育机构共计75个，参加高等教育学历文凭考试的机构21个。[1] 2002年，江苏省独立设置的民办普通高校达到17所（含筹建校6所）。在提高原有普通高校民办二级学院整体办学水平的基础上，进一步扩大布点，新批准12所公办普通高校引进社会力量投入举办民办二级学院，全省有35所普通高校设立公有民办二级学院（分院、分校）37个，以招收本科生为主，年招生能力超过2万人。民办高等教育在校生8.1万人，约占全省普通本专科在校生的11.6%，其中民办普通高校3.6万人，民办二级学院在校生4.5万人。针对民办普通高校招生不足问题，江苏省允许民办高校试办预科班，预科生在高校补习一年知识后，经学校考核合格后直接进入大专班学习。经省人民政府批准，同意省教育发展投资中心和省教育发展有限公司对无锡无线电工业学校和锡山区职教中心在明晰产权关系的前提下，

---

[1]　中国教育年鉴编辑部：《中国教育年鉴》（2001年），人民教育出版社，2001，第463页。

进行改制，组建江苏信息职业技术学院，试行股份制办学。①

陕西省教育资源丰富，1993 年全日制民办高校就达到 101 所，另有业余制民办高等教育机构 60 余个，形成民办高等教育的高地。为使民办高等教育迈出更大步伐，政府不断加强制度建设。2000 年 1 月 3 日，陕西省人民政府印发《关于进一步办好民办高等教育的决定》（下简称《决定》）（陕政发〔2000〕3 号），鼓励社会力量依法举办多种形式的高等教育，提出"只要符合国家法律法规的办学形式，都可以大胆试验、积极探索。企事业组织、社会团体、其他社会组织及公民个人可以依法独立办学或合作办学，也可以与国外法人组织、个人及有关国际组织合作办学"。为进一步加强对民办高等教育的管理和引导，要求"省教育行政部门要把民办高等教育纳入管理职责，统筹规划，合理布局"，"从学校设置、办学方向、教学管理、人事管理、财务财产管理、教师队伍建设和后勤保障等方面给予民办高等教育必要的指导"。《决定》还做出一系列规定，如"允许民办高校通过社会赞助、捐资、贷款和投资等多种渠道筹措办学经费""民办高校学生享受与公办高校学生同等的社会优惠政策""在减免建设配套费方面享受与公办高校同等优惠政策""可以面向社会自主聘用教职工"等。在政府的鼓励支持下，2000 年，陕西省新成立西安翻译职业学院、西安外事职业学院、西安欧亚职业学院、西京职业学院等 4 所专科层次的民办高校。根据部分民办高校办学条件发展状况，陕西省又增设 5 所民办高校开展高等教育学历文凭考试试点，即西安东方亚太培训学院、陕西工业专修学院、西安思源科技培训学院、陕西杨虎城进修学院、西安金融财贸专修学院。

同时重视党建工作，截至 2000 年底，陕西省 47 所民办高校中，有 32 所已组建党组织，共有党员 1014 人。2002 年，陕西省又制定了《陕西民办高校党建工作基本标准及评估体系》《陕西省民办高等教育机构教学评估指标体系》《陕西省民办高等教育机构财务管理检查提纲》，组织有关专家对民办高职院校、开展学历文凭考试试点的民办高等教育机构及民办高

---

① 中国教育年鉴编辑部：《中国教育年鉴》（2003 年），人民教育出版社，2003，第 506 页。

等教育自学考试助学机构的办学情况、教学工作和财务管理进行了检查。印发《关于进一步做好民办高等教育机构管理工作的通知》，促进提高管理水平，重点做好对招生工作的领导管理，招生收费、退费管理，新生入学工作，教学工作，思想道德教育和学生管理等。对 10 多所民办教育机构发布虚假招生广告和违规招生行为，做出通报处理。2002 年，陕西省新增学历文凭考试试点专业 14 个，并对原 17 个专业的教学计划进行了修订。年内，西安思源职业学院、西安高新科技职业学院、西安三资职业学院、陕西服装艺术职业学院和陕西国际贸易职业学院等升格为普通高职院校。2002 年，陕西省共有社会力量办学机构 2678 所（不含各类短期培训机构），在校生总规模近 66 万人，其中民办高等教育机构民办高等教育机构 20 多万人。①

湖南省民办教育具有深厚的历史文化积淀，据统计，1994 年，经省教委批准的民办非学历高等学校有 13 所。1995 年，湖南省清理登记后，明确保留开办高等层次教育的学校达到 143 所②，可见发展之快。2001 年，湖南省制定了《关于公办普通高等学校合作试办民办学院的意见》，探索新的办学模式，提出普通高校合作试办民办学院实行两种模式：一是普通高校与社会力量本着自愿的原则，合作试办相对独立的办学实体；二是普通高校通过银行贷款单独试办。强调民办学院应坚持独立的法人资格、独立的校区、独立的财务管理、独立的教学及管理，民办学院实行校董会领导下的校长负责制、教职工全员聘任制、绩效工资制，后勤实行社会化。2001 年全省有 6 所高校试办了民办学院，即湖南师范大学树达学院、湘潭大学兴湘学院、湖南商学院北津学院、南华大学船山学院、湘潭工学院潇湘科技学院、株洲工学院科技学院。2002 年 9 月 12 日，湖南省针对全省高校民办学院从 2001 年的 6 所增加到 17 所、办学规模迅速扩大的实际，出台了《关于加强普通高等学校合作试办民办学院管理工作的意见》，对普通高校民办学院规范办学

---

① 中国教育年鉴编辑部：《中国教育年鉴》（2003 年），人民教育出版社，2003，第 715 页。

② 中国教育年鉴编辑部：《中国教育年鉴》（1996 年），人民教育出版社，1996，第 1024 ~ 1025 页。

行为，确保教育质量提出了明确的要求。

福建省，在民办高校的发展路上进行了有益探索。1993 年，改革了仰恩大学的办学体制，试行由仰恩基金会独立办学，在学校的管理体制上实行由仰恩基金会聘任组成仰恩大学董事会。董事会负责审定学校的大政方针、发展规划等重大事项和选聘校长；同时实行学校董事会领导下的校长负责制。仰恩大学这一办学体制的重大改革，在全国高校中尚属首家。本年度，福建省政府还批准筹建私立厦门华夏大学、福州英华外国语学院和建联财经学院等三所高校，首次迈出了发展民办高校的步伐。2001 年，福建省以高等职业教育为重点，鼓励支持社会力量创造条件申办普通高等学校。经省政府批准，组建泉州育青职业技术学院、泉州光电信息职业学院、厦门华夏职业学院、福州英华职业学院等 4 所专科层次高等职业学校；批准筹建泉州中营职业学院、福州科技职业学院、厦门南洋专修学院等 3 所院校，组建了福建师范大学闽南科技学院、福州大学阳光学院等 2 所民办二级学院。

河南省作为人口大省、教育大省，高等教育供需缺口较大，改革开放后大陆地区第一所民办专科学校、第一所民办本科学校产生于此。1996 年 6 月 6 日，教委发布《关于社会力量举办高等层次（非学历教育）学校（教学机构）申报手续的暂行规定》（教成字〔1996〕355 号），助推民办高等教育发展。2001 年，河南省教育厅同意 23 所民办学校开展实施高等教育学历文凭考试试点工作，电子信息工程等 19 个专业共招生 7000 多人。8 月 6 日，河南省教育厅组织召开"民办高等教育学历文凭试点学校负责人及教务处长会议"，就有关教材变更事宜进行研讨，确定调整学历文凭试点医学类 5 个专业的教学计划、64 门教材，非医学类 63 门教材。[①] 2002 年 9 月 20 日，河南省政府批转省教育厅等九部门关于大力发展民办高等教育的意见，要求各级地方政府进一步解放思想，转变观念，积极鼓励和支持社会力量以多种形式办学，尽快使全省的高等教育形成以政府办学为主体、公办学校和

---

① 中国教育年鉴编辑部：《中国教育年鉴》（2002 年），人民教育出版社，2002，第 578 页。

民办学校共同发展的格局，满足人民群众日益增长的教育需求，进而促进全
省各项事业的健康快速发展。文件明确的几项具体措施是：①积极鼓励社会
力量举办高等教育。鼓励国家机构以外的社会组织或公民个人利用自筹资金
面向社会举办高等教育。提倡高等教育办学投资主体多元化，办学模式多样
化。②经批准符合教育部规定条件的公办高校可利用社会资源或与有条件的
民办高校合作举办民办二级学院。③进一步拓宽民办高等教育投融资渠道。
允许民办高校通过贷款方式获得发展资金。金融部门根据信贷政策，对符合
条件的民办高校要与公办高校一视同仁，给予贷款支持。④新建、扩建民办
高校，各级政府及有关部门要按公办学校用地及建设的有关规定予以优惠。
⑤县级以上各级人民政府可以采取经费资助，出租、转让闲置的国有资产等
措施，对民办高校予以扶持。⑥民办高校的设置审批，按照教育部和省政府
的有关规定办理。⑦各级政府及教育、财政、计划、人事、公安、城建、土
地、税务、金融等有关部门要认真落实国家对民办教育的扶持政策。民办高
校教职工在业务培训、职称评定、教龄工龄计算、表彰奖励、社会活动等方
面享有与公办高校教职工同等的权利。民办高校的受教育者在参加职业资格
考试、升学、就业等方面享有与同类公办高校的受教育者同等的权利。⑧经
教育部或省政府批准设置的民办普通高校，各商业银行要比照公办高校的有
关政策，对其开展国家助学贷款业务，省财政按照省属公办普通高校的贴息
办法、贴息比例给予贴息。⑨民办高校可依据学生平均培养成本自主确定招
生收费标准，报省计委、财政厅、教育厅备案并公示。⑩民办高校享受与公
办高校同等的国家统一规定的税收优惠政策。⑪教育行政部门要按照《高
等教育法》的有关规定，落实民办高校的办学自主权，并在专业设置、生
源计划安排等方面适当放宽。文件还就进一步规范办学行为提出了明确的意
见和要求。2002年，教育厅印发了《关于进一步做好民办高等教育机构招
生工作的通知》进一步规范招生工作。2002年郑州树青医学院，经教育部
批准获得专科层次普通学历教育资格，纳入全国统招，命名为郑州澍青医学
高等专科学校，经省政府新批准设置商丘科技职业学院、焦作工学院万方科
技学院，批准筹建民办高校有郑州交通职业学院、河南师范大学新联学院。

在地方助推下，河南省具有颁发学历文凭资格的民办高校发展到 6 所，高等教育自学助考机构 128 所（其中学历文凭试点学校 25 所）。①

辽宁省有了新发展。从 1992 年 9 月至 1993 年 10 月，先后审查批准了 44 所民办高等教育机构。其中沈阳 26 所、大连 9 所、鞍山 2 所、锦州 2 所、锦西 2 所，丹东、辽阳、本溪各 1 所。这些学校由企事业单位办的 8 所、民主党派办的 5 所、社会团体办的 13 所、公民个人办的 18 所。现有在校生 1.08 万人，开设专业涉及理、工、医、财经、文史、外语、艺术、职业技术等领域。至 2000 年，全省民办高等教育机构达到 46 所，自考助学机构 560 多个②。

江西省重视制度建设，成效显著。2000 年修订《江西省民办高校年检指标体系》，促进民办高校加强规范化建设。同年新批准成立江西东华科技专修学院、江西凤凰科技专修学院、江西育才专修学院和江西电信专修学院 4 所学校，使全省民办高校总数增至 46 所。新批准 3 所学校参加学历文凭考试，使学历文凭考试试点院校增至 30 所。③ 2002 年出台了省教育厅、省财政厅、省计委联合印发《关于调整社会力量举办的高等教育收费标准的通知》，省教育厅制发《关于加强民办高校教学管理工作的意见》《江西省民办高校高等专科专业教学计划制订指导意见》《关于加强民办高校学生管理工作的意见》，省教育厅、省民政厅、省公安厅联合印发《关于开展清理整顿无证办学的通知》《关于进一步规范我省民办高校招生工作的意见》，省民办高校工作委员会制定了《江西省民办高校招生工作行为公约》，并组织对民办高校办学行为及办学水平评估检查，对法人代表、院长年度考评。省委教育工委根据中组部和教育部党组《关于加强社会力量举办学校党的建设工作的意见》精神，对民办学校党建工作进行摸底检查，批准 3 所民办高校建立党组织，帮助 2 所民办高校筹备建立基层党委。民办高校有 191 人被确定为入党积极分子，39 人被批准为预备党员。到 2002 年底，江西省民办高等职业学院 4 所、国家学历文凭考试试点学校 35 所，在校生共

① 中国教育年鉴编辑部：《中国教育年鉴》（2003 年），人民教育出版社，2003，第 590 页。
② 中国教育年鉴编辑部：《中国教育年鉴》（2001 年），人民教育出版社，2001，第 398 页。
③ 中国教育年鉴编辑部：《中国教育年鉴》（2001 年），人民教育出版社，2001，第 534 页。

10.34万人，占全省高等教育的总量分别为52.48%和27.67%。[1] 2002年，江西省同时大力支持民办高校"二次创业"，蓝天职业技术学院等6所院校投资近5亿元，扩建校园共298.6公顷。

自1999年高等教育扩招开始，全国各地掀起了办学热潮，2000年被社会称为"民间办学年"。

1999年，上海市教委组织专家组评估上海嘉华财经进修学院、上海侨友进修学院等8所社会力量举办非学历高等教育机构，促使其办学水平上新台阶。[2] 上海市非学历高等教育机构达到188所。[3]

2000年，河北省民办高等教育学校总数达156所，当年新批准成立的有23所。开拓计算机专修学院即为新批高校之一，该校是联合国教科文组织资助的河北省第一所民办全日制高等职业技术学院，2000年4月26日学校经批准成立，计划在三年内资助培养100名贫困学生。

2000年，安徽省经省政府批准，成立了民办安徽新华学院、万博科技职业学院以及企业举办的淮南职业技术学院、合肥通用职业技术学院（筹）。试行了民办高校校（院）长核准制。同时组织专家咨询组对3所准备申报民办高校的单位做了咨询。[4]

2000年，山西省新审批民办高中26所，民办高校15所，民办教育培训机构3个，使全省各种社会力量举办的学校和教学机构达到1644所，在校生达16.8万人，投入办学资金总额达到13.69亿元。

2000年，青海省民办高等学校实现了零的突破，新成立了青海经济专修学院和青海信息产业专修学院，两校在校生合计达到978人。[5] 同年，宁夏回族自治区批准筹建民办大学1所。

甘肃省积极扶持民办高等教育的发展，召开了省直有关厅局和金融部门

---

① 中国教育年鉴编辑部：《中国教育年鉴》（2003年），人民教育出版社，2003，第556页。
② 中国教育年鉴编辑部：《中国教育年鉴》（2000年），人民教育出版社，2000，第513页。
③ 中国教育年鉴编辑部：《中国教育年鉴》（2000年），人民教育出版社，2000，第514页。
④ 中国教育年鉴编辑部：《中国教育年鉴》（2001年），人民教育出版社，2001，第502页。
⑤ 中国教育年鉴编辑部：《中国教育年鉴》（2001年），人民教育出版社，2001，第735页。

负责人参加的民办高等教育座谈会，鼓励社会各方面积极参与并支持民办高等教育的创办与发展，批准西北师范大学知行学院与普通高等学校同时招收本专科生，批准在兰州商学院育才辅导学院和省教协辅导学院的基础上成立民办性质的兰州商学院陇桥学院，并于当年正式招生。[①]

2000 年以后，在政府助推下民间办学热持续升温。

黑龙江省 2001 年，按照国务院《社会力量办学条例》和《黑龙江省社会力量举办的非学历高等教育机构管理暂行规定》的有关要求，省教育厅会同有关地（市）教育行政部门于 2001 年 4 月 1 日至 5 月 12 日对全省民办高等学校进行 2000 年度工作检查。受检的学校有 87 所，其中有 14 所兼有学历文凭办学资格。有 51 所民办高等学校符合国家和省的规定，17 所民办高等学校被限令整改，19 所不合格的民办高等学校被停办。[②] 2002 年，黑龙江省开展民办高校年检。根据国家和省对民办高等教育机构实行年检的有关规定，省教育厅组成年检组，于 2002 年 6 月 18 日至 7 月 30 日，对全省民办高校进行了 2001 年度年检。年检采用听、看、查、议的方式对学校的办学条件，教学管理，教育、教学质量，学生管理，依法办学等几个主要方面进行了检查。黑龙江省有民办高校 76 所，其中，具有高等教育学历文凭考试资格的 19 所，2001 年新批办的 9 所。据不完全统计，校舍建筑面积为 85.9 万平方米，比 2000 年增长 50.70%。其中，自有 42.6 万平方米，租用 43.3 万平方米。教学仪器设备总值 1.12 亿元。共有教职员工 3168 人，其中，专职教师 1913 人。在校生总数为 3.65 万人，其中：参加高等教育自学考试学生 1.68 万人，高等教育学历文凭考试学生 0.4 万人，与成人高校、电大、党校、成人中专"联合办学"和各种短期培训的学生 1.57 万人。根据国家和省对民办高校设置标准的有关要求，通过年检合格或基本合格的学校有 52 所，办学条件、教学管理、学生管理或依法办学的某些方面存在一定问题，须进一步整改的学校 16 所，因特殊情况暂不能做出年检结论的学

---

① 中国教育年鉴编辑部：《中国教育年鉴》（2001 年），人民教育出版社，2001，第 725 页。

② 中国教育年鉴编辑部：《中国教育年鉴》（2002 年），人民教育出版社，2002，第 468 ~ 469 页。

校 8 所。①

浙江省 2001 年社会力量办学继续保持良好的发展态势，民办普通高校 5 所，以民办机制运作的本科二级学院 19 所。民办普通高校招生 4.12 万人，在校生 7.9 万人，分别比上年增长 30.4%、78.7%。其中本科二级学院招生 1.95 万人，在校生达 3.45 万人。②

四川省重视民办教育办学质量，内涵建设取得成效，2001 年 5 月，四川省具有颁发国家学历文凭资格的高等学校 2 所，在校生 1436 人；学历文凭考试试点校 23 所，在校生 4445 人；不具有颁发国家学历文凭资格的学校（面授）28 所，在校生 1.09 万人；不具有颁发国家学历文凭资格的学校（函授）3 所，在校生 2.29 万人。③ 2002 年，四川省教育厅批准设立 3 所民办高等职业学院；批准新建 12 所民办中、高等教育机构（其中非学历高等教育机构 9 所、高中 3 所），批准筹建 2 所民办学校；新审批 1 所高等教育学历文凭考试试点学校。完成了省教育厅审批的 86 所民办学校的年度审验工作。配合省物价、财政部门开展了省属民办学校的物价收费年度审验工作。制定并颁发了《四川省民办教育机构分类设置标准（试行）》。印发了《2002 年四川省高等教育学历文凭考试各试点学校专业设置及招生计划》及新开设专业的教学计划。举办了省属民办学校校长和部分市、州属民办学校校长岗位培训班。2002 年，全省社会力量办学各级各类学校共计 14679 所，在校生达 163.1 万余人，教职工 6.67 万人，专任教师 5.34 万人。其中，具有颁发国家学历文凭资格的高等学校 4 所，在校生 0.44 万人；学历文凭考试试点学校 24 所，在校生 0.67 万人；不具有颁发国家学历文凭资格的学校 36 所，在校生 4.58 万人；其他学校 1410 所，在校生 69.4 万人。④

2001 年，云南省民办高等学校实现了零的突破，成立了云南科技信息职业学院和昆明艺术职业学院。2002 年，新增云南艺术学院文华学院，已

---

① 中国教育年鉴编辑部：《中国教育年鉴》（2003 年），人民教育出版社，2003，第 480 页。

② 中国教育年鉴编辑部：《中国教育年鉴》（2002 年），人民教育出版社，2002，第 501 页。

③ 中国教育年鉴编辑部：《中国教育年鉴》（2002 年），人民教育出版社，2002，第 659 页。

④ 中国教育年鉴编辑部：《中国教育年鉴》（2003 年），人民教育出版社，2003，第 672 页。

在 5 所普通高校试办国有民办二级学院 8 个，在校生已超过 9000 人。努力形成以政府办学为主，社会各界共同参与，公办学校与民办学校共同发展的办学格局。

北京市坚持推动民办高等教育的规范发展，2002 年初，市教委制定并实施《北京民办高校收费、退费管理办法》，进一步加强民办高校的管理。3 月，召开了民办高校评估总结会，规范北京民办高等教育的发展。在会上 24 所评估合格学校和 2 所民办高职学院发布了《倡议书》，表示要认清形势、明确方向、增强责任感，增强质量意识、严谨治学；以质量求发展，增强创新意识、不断深化教育教学和管理改革；增强法制意识、提高依法办学的自觉性，做以法治国、以德治国的表率；增强民办高校的团结和协作，开创民办高等教育新局面。继续做好民办高校广告审批工作，注意在工作中做到依法、严格、规范，工作中和蔼、热情，帮助学校做好工作，树立首都民办高等教育的良好形象。制定并实施了《北京民办高校收费、退费管理办法》，推动了民办高等教育的规范发展。

山西省以评估检查为手段促进民办高校规范发展，2002 年，进一步加强社会力量办学管理，制定并印发了《山西省社会力量举办非学历高等教育机构设置暂行规定》《民办高等教育机构评估指标体系》等文件。对全省民办高等教育机构进行了评估检查，其中 68 所准予继续办学；对 12 所办学条件差，达不到评估要求的学校，取消其继续招生的资格；撤销了 16 所不合格学校。并对民办学校招生市场进行了整顿，进一步推动民办学校法制化、规范化、制度化的建设。2002 年，山西省经批准举办高等职业技术教育的院校 3 所（包括 2 所普通高校二级学院），在校生 0.29 万人；国家学历文凭考试试点院校在校生 0.34 万人；高等教育自学考试助学机构 50 所，在校生 1.40 万人。[①]

2002 年，山东省新批准民办高校 8 所，学历文凭试点学校 10 所，中外

---

① 中国教育年鉴编辑部：《中国教育年鉴》（2003 年），人民教育出版社，2003，第 433～434 页。

合作办学机构 12 个。有社会力量举办各类民办教育机构 2310 个，在校生 58 万人，其中民办高校 122 所，在校生 4.5 万人。2002 年首次将 46 所民办学历文凭试点院校的招生计划列入全省普通高校招生指南，并于 7 月 27～28 日在济南市和各市同时开展了全省民办高校的宣传、咨询与报名招生活动。2002 年全省民办高校招生人数明显增长，其中学历文凭试点注册生增加 3000 多人。①

根据 2003 年《中国教育年鉴》收录的全国具有颁发学历资格的民办普通高校名单，截至 2002 年 2 月 28 日，全国民办高校学校共计 131 所，其中办学层次为本科的为：黄河科技学院、上海杉达学院、三江学院以及仰恩大学等，其余 127 所办学层次为专科。就数量而言，江苏省和山东省最多，皆为 11 所；陕西省 10 所；上海市、广东省以及湖北省皆为 9 所。青海省、新疆以及西藏暂时没有具有颁发学历资格的民办普通高校（见表 3－6）。

表 3－6　2002 年全国民办高等教育发展状况

单位：所

省份	数量	省份	数量	省份	数量
北京市	3	天津市	1	河北省	7
山西省	1	内蒙古	1	辽宁省	5
吉林省	3	黑龙江省	3	上海市	9
江苏省	11	浙江省	6	安徽省	7
福建省	8	江西省	4	山东省	11
河南省	5	湖北省	9	湖南省	2
广东省	9	广西	1	海南省	2
重庆市	4	四川省	4	贵州省	1
云南省	2	陕西省	10	甘肃省	1
宁夏	1				

资料来源：《中国教育年鉴》（2003 年），人民教育出版社，2003，第 186～190 页。

① 中国教育年鉴编辑部：《中国教育年鉴》（2003 年），人民教育出版社，2003，第 567 页。

第三节　民办基础教育的繁荣与发展

党和政府始终重视基础教育，为了多渠道发掘优质教育资源，新的历史时期，强调我国义务教育主要由政府来办，同时提倡办学主体和投资主体的多元，鼓励民办教育发挥对基础教育的补缺作用，开启了我国民办教育向基础教育阶段快速发展的步伐。

一　国家对民办基础教育的扶持政策

经国务院批准，1992 年 3 月 14 日，国家教委第 19 号令发布《中华人民共和国义务教育法实施细则》，鼓励民办教育向义务教育发展。细则第五章第 28 条规定：社会力量举办实施义务教育学校的事业费和基本建设投资，由办学单位或者经国家批准的私人办学者负责筹措。地方各级人民政府应当鼓励各种社会力量以及个人自愿捐资助学。社会力量举办基础教育得到社会的欢迎，中央教科所 1993 年 7 月对北京市 500 名学生家长进行的抽样调查，调查结果反映，赞成基础教育办民办学校的占 73%。[①]

1994 年 5 月 29～31 日，由广州中华英豪学校、广州市现代教育科研中心和《中小学教育管理》杂志发起举办的"民办基础教育研讨会"在广州从化召开。来自北京、天津、上海、沈阳、四川等地 16 所民办学校的代表参加了这次会议。国务院法制局、国家教委有关部门、广州市教委的一些领导和专家也应邀出席。研讨会的主要议题为：民办中小学在社会主义教育事业发展中的地位和作用；民办中小学在办学过程中如何处理好教育规律与市场经济规律的关系；民办中小学如何贯彻国家教育方针、提高教育质量、努力办出特色。

1994 年 6 月 14～17 日，中共中央、国务院召开第二次全国教育工作会议。国务院总理李鹏在大会上发表《动员起来，为实施〈中国教育改革和

---

① 张肇丰：《民办基础教育研讨会综述》，《上海教育科研》1994 年第 8 期，第 13～14 页。

发展纲要〉而努力》的讲话，倡导中小学办学体制改革：基础教育，特别是义务教育主要由政府来办，同时鼓励企事业单位和其他社会力量按照国家法律和政策，采取多种形式办学，有条件的地方也可以采取"民办公助""公办民助"等办学形式。企业举办的中小学应继续办好、有条件的地方在政府统筹下，也可以逐步交给社会来办。

中央和国家政府关于基础教育体制改革的鼓励倡导，为民办基础教育提供了发展空间。但在基础教育体制改革探索过程中，出现了一些混乱现象，主要原因：一是一些公办学校为了高收费，打政策"擦边球"，多种形式办"校中校"，造成教育竞争的不公平；二是民办学校中出现乱收费、乱集资现象；三是一些底子薄弱的学校教学质量不能保证，严重影响到民办教育的声誉。种种乱象，在影响民办教育健康发展的同时，一定程度上也影响到社会的稳定，亟待加强制约规范。1998 年 6 月 25 日，国务院办公厅转发教育部《关于义务教育阶段办学体制改革试验工作的若干意见》，肯定各地"公办民助""民办公助"等不同的办学模式是对义务教育阶段政府办学的适当补充，同时批评了一些不良现象，如：将好的或比较好的学校转变为"民办公助"，在义务教育阶段高收费；依托办学水平较高的公办学校办"校中校"、"校中民办班"或"一校两制"；一些试验学校仍在较大范围招生中进行选拔性的文化课考试；一些学校乱收费、乱集资，有的甚至比较严重；各地仍然存在着不少薄弱学校，群众很不满意，也助长择校行为。针对上述倾向和问题，要求教育行政部门要抓紧研究、统一规范"公办民助""民办公助"等办学模式的名称、性质、标准、要求等内容，要制定有关条例和管理办法。据有关统计，义务教育阶段公立转制学校从 1993 年开始出现，至1998 年底，在全国 12 个省、自治区、直辖市已有近千所。

2001 年 7 月 1 日，教育部印发《全国教育事业第十个五年计划》（教发〔2001〕33 号），提出："要积极鼓励支持各种民办教育尤其是民办高中阶段教育。对民办学校在招生、教师职务评聘、教研活动、表彰奖励等方面与公办学校一视同仁，在办学合法所得中，留足学校发展资金后，报经教育行政部门审核同意，可对学校举办者予以适当奖励。"

《教育部 2002 年工作要点》指出：要完善相关政策，鼓励发展民办高中。

二 民办基础教育的繁荣与发展

在民办教育快速发展阶段，民办中小学校数量和在校生人数迅猛增长。据统计，1993 ~ 2002 年，全国民办普通及职业类初级中学、高级中学由 851 所增加到 6447 所，增长 6.57 倍；在校生人数由 12.7 万人，增加到 352.96 万人增长 26.79 倍。全国民办普通小学由 4030 所增加到 5122 所，增长 27.09%；在校生人数由 64.88 万人增加到 222.14 万人，增长 77.94 倍。在校生人数增幅远远大于学校数量增幅，说明民办中小学办学规模在不断扩大，办学效益正在逐步提高（见表 3 - 7、表 3 - 8）。

表 3 - 7　1993 ~ 2002 年全国民办中学发展状况

单位：所，万人

年份	各类民办中学总计		民办初中 （普通初中、职业初中）		民办高中 （普通高中、职业高中）	
	学校数	学生数	学校数	在校生总数	学校数	在校生总数
1993	851	12.7	555	7.85	296	4.85
1996	2219	51.4	1191	29.76	1028	21.64
1997	2770	67.96	1460	40.39	1310	27.57
1998	3568	101.39	1809	53.59	1759	47.8
1999	4243	134.78	2129	71.71	2114	63.07
2000	5225	179.81	2730	99.14	2495	80.67
2001	6019	270.6	3171	160.42	2848	110.18
2002	6447	352.96				

资料来源：由相关年份《中国教育年鉴》及《全国教育事业发展统计公报》综合而来。

表 3 - 7、表 3 - 8 中数字显示，民办教育自 1996 年开始被国家教育统计逐年单列，民办小学教育占全国同类教育总比由 0.5% 增长到 1.83%。民办中小学教育持续稳定增长，势头迅猛，说明民办教育在基础教育阶段的补缺作用越来越突出。

表 3 – 8   1993 ~ 2002 年全国民办小学教育发展状况

单位：所，万人，%

年份	所数	比上年增减	占总数比例	在校生总数	比上年增减	占总数比例
1993	4030	—	0.6	64.88	—	0.5
1996	1453	—	0.22	46.32	—	0.34
1997	1806	+ 24.29	0.28	52.23	+ 12.76	0.37
1998	2504	+ 38.65	0.41	72.76	+ 39.31	0.52
1999	3264	+ 30.35	0.56	97.69	+ 34.26	0.72
2000	4341	+ 33.00	0.78	130.81	+ 33.90	1.01
2001	4846	+ 11.63	0.99	181.84	+ 39.01	1.45
2002	5122	+ 5.70	0.88	222.14	+ 22.16	1.83

资料来源：由相关年份《中国教育年鉴》及《全国教育事业发展统计公报》综合而来。

三   地方政府对民办基础教育的扶持

这一时期各地民办基础教育在地方政府扶持下，得到了不同程度的发展。例如：1993 年 9 月 30 日，天津市印发《关于社会团体、公民个人举办普通中小学、职业学校等的暂行规定》，严把审批关。1994 年 9 月，天津市教育局印发《关于进一步加强民办中小学校教学管理的通知》（津教研字〔1994〕23 号），要求：各区（县）教研室要将民办中小学校的教学纳入管理范围。据统计，截至 1993 年底，天津市社会团体和公民个人举办全日制普通中小学校和职业中学（中专）已达 16 所，62 个教学班，在校学生 2400 人，教职工近 400 人。其中有普通中学、小学 9 所，带有特长的艺术、音乐等校 5 所（含朝鲜族学校 1 所），职业性学校 2 所，这些学校分布在南开、东丽、河西、河北、塘沽、津南、和平、河东等 8 个区。16 所民办学校中，团体办学和个人办学各 8 所。[①]

1993 年 11 月，浙江省《民办中小学管理办法》制发。1994 年 10 月，

---

① 中国教育年鉴编辑部：《中国教育年鉴》（1994 年），人民教育出版社，1994，第 388 ~ 389 页。

浙江省民办中小学协会成立，10 月 6 日，协会成立大会暨第一届代表大会在私立国佳学校召开。浙江省民间办学得到了较快发展，据 1993 年统计，浙江省已有民办中小学（含职业中学）87 所，在校生 1.5 万余人。[①] 1994 年，民办中小学、幼儿园遍及全省各地。据不完全统计，全省有民办中小学 216 所（含职业中学和特殊教育学校）。民办普通高中占全省总数的 8.9%，在校生占总数的 4.0%；民办职业高中占总数的 22.6%，在校生占总数的 16.3%。[②] 1996 年，浙江等省对民办普通中学进行了合格评估和等级评估。

1993 年，江苏省教委制定《江苏省民办中小学、幼儿园设置暂行规定》。同年，经南京市教育局批准，南京民办育英外国语学校成立，这是由南京退离休教育工作者协会主办、鼓楼丰润中学协办的南京市第一家民办公助性质的全日制中学；江苏省第一所民办高级中学——南侨高级中学成立，该校招收在南京的侨、台港澳青年学生，侨、台港澳同胞及其眷属的子女，同时招收居住在城区的社会各界人士的子女入学；南京国有民办育英第二外国语学校创建，它是一所既具有公办学校优势又具有民办学校的特色，既有走读生又有住校生的高质量特色学校。1994 年 5 月中旬，经扬州市教育局批准，扬州市民办育才学校正式成立。这是一所民办普通高中，由扬州市育才学会、扬州柴油机厂、扬州冶金厂等单位的负责人和部分离退休干部及教师组成董事会，实行董事会领导下的校长负责制。董事长为法人代表。学校教职工由校长聘用，校舍及教学设施由董事会解决，经费独立核算，自负盈亏。收费标准按省规定的普通高中自费生标准执行，开设的课程除按国家规定的普通高中课程外，强化外语、计算机教学，1994 年暑期首次招两个班 74 名学生。1994 年 6 月，经无锡市教育委员会批准，无锡市辅仁民办中学成立，其主办团体为辅仁校友会。1994 年 8 月，经江苏省教委批准，无锡泰德国际学校成立，其主办单位为无锡泰德房地产发展有限公司。1994 年 5

---

① 中国教育年鉴编辑部：《中国教育年鉴》（1994 年），人民教育出版社，1994，第 548 页。
② 中国教育年鉴编辑部：《中国教育年鉴》（1994 年），人民教育出版社，1994，第 473 页。

月，经无锡县教育局批准，无锡育德实验学校成立，办学人为姜玉德。2000年，江苏省民办中学 158 所，民办小学 97 所。① 2001 年，江苏省民办中小学、幼儿园发展迅速，学校数、招生数和在校学生数均有较大幅度增长。全省共有各类民办中小学 321 所，比上年增加 66 所，其中高中 83 所、初中136 所、小学 102 所，分别比上年增加 11 所、50 所、5 所。

1994 年，湖南省民办普通中学 93 所，在校生 15469 人；民办普通小学43 所，在校生 2787 人。1995 年湖南省民办普通中学 80 所，在校生 16287人；民办普通小学 42 所，在校生 3287 人。2001 年 4 月，湖南省政府办公厅批转省教育厅《关于中小学办学体制改革意见的通知》，提出"财政投入主渠道不变""民办学校一律不得向学生收取教育储备金"等政策措施。为使公办中小学改制更加规范，政策更具可操作性，省教育厅发出《关于委托市州人民政府审批公办中小学办学体制改革试验有关事项的通知》，对公办中小学改制的目的、对象、模式、性质、改制学校的办学收入、改制的内容以及申报改制的前提条件等都做了具体规定。②

1995 年 5 月，上海市教育委员会根据《上海市民办学校管理办法》制定《上海市民办中小学申办、审批工作程序》。截至 1995 年 9 月，上海市经市、区教育行政部门批准开办或试办的民办中小学达 58 所，其中，高级中学 14 所，完全中学 13 所，初级中学 12 所，九年制学校 6 所，小学 13所。在校学生总数达 15682 人，其中，高中 4686 人，初中 6227 人，小学4769 人。③ 2001 年，上海市批准设立民办中小学 33 所，公办转制学校 9 所。同时，一批办学水平和教育质量相对低下的民办中小学停止招生或者关闭。至此，全市共有民办中小学 140 所，其中十二年制学校 4 所，高中 41 所，完全中学 38 所，初中 22 所，九年制学校 15 所，小学 20 所，另有公办转制学校 74 所，其中十二年制学校 1 所，高中 20 所，完全中学 19 所，初中 11所，九年制学校 3 所，小学 20 所。民办和公办转制中小学共有在校学生

① 中国教育年鉴编辑部：《中国教育年鉴》（2001 年），人民教育出版社，2001，第 463 页。
② 中国教育年鉴编辑部：《中国教育年鉴》（2002 年），人民教育出版社，2002，第 597 页。
③ 张健、李燕杰：《社会力量办学大辞典》（下册），红旗出版社，1997，第 715 页。

15.69 万名，其中高中学生 5.41 万人，占全市高中学生数的 21.6%；初中学生 5.30 万人，占全市初中学生数的 9.6%；小学生 4.98 万人，占全市小学生数的 6.9%。结构相对合理，上海市以政府办学为主体，社会各界参与办学的基础教育格局已基本形成。

1995 年 11 月 2 日，云南省第一个专门针对民办中小学的法规性文件——《云南省民办中小学校管理暂行规定》（云教字〔95〕第 032 号）印发，明确了对民办中小学的地位、设置、审批、管理、权益、责任、奖罚等政策，对规范民办中小学和促进学校的健康发展起到了积极作用。

20 世纪 90 年代中期，对于民办中小学包括幼儿园的性质有关省、市结合民办教育的办学实践，给出了较为清晰的界定。1995 年 11 月 24 日，北京市制发《民办中小学、幼儿园管理暂行规定》（京教行字〔1995〕62 号）。规定所称民办中小学、幼儿园，是指非全民所有制的单位、团体、组织及公民个人单独设立或合作设立的，具有独立法人地位的，主要对本市中国籍青少年、儿童实施教育活动的职业中学、普通中小学、幼儿园和普教系统的特殊教育学校。1996 年 11 月 27 日，湖北省教委颁发《湖北省民办中小学、幼儿园暂行管理办法》，该办法所称民办中小学、幼儿园（以下简称"民办学校"）是指由社会团体或公民个人依法举办的普通高中和初中、全日制小学、幼儿园。

1995 年，据四川省教育行政部门不完全统计，取得《四川省社会力量办学许可证》的小学 292 所，中学 129 所。[①] 2001 年 5 月，四川省社会力量办学共计小学 1959 所，在校生 15.15 万人；中学 131 所，在校生 5.76 万人。[②] 2002 年，四川省全省社会力量办学各级各类学校共计 14679 所，在校生达 163.1 万余人，教职工 6.67 万人，专任教师 5.34 万人。其中，小学 2394 所，在校生 18.64 万人；中学 181 所，在校生 9.34 万人。[③]

广州市流动人口众多，近年来，在流动人口聚居的城乡接合地段，包括

[①] 中国教育年鉴编辑部：《中国教育年鉴》（1996 年），人民教育出版社，1996，第 751 页。
[②] 中国教育年鉴编辑部：《中国教育年鉴》（2002 年），人民教育出版社，2002，第 659 页。
[③] 中国教育年鉴编辑部：《中国教育年鉴》（2003 年），人民教育出版社，2003，第 672 页。

天河、白云、海珠、芳村等辖区内，陆续有社团单位或私人企业自筹教育资金兴办流动人口子女学校，学校的数量和入学人数逐年增加。至 1998 年底，广州市经教育行政部门审批开办（含批准筹建）的民办流动人口子女学校共 29 所，在校学生逾万人。这类学校实施基础教育，作为国家办学的补充，相对缓解了流动人口子女入学难的困扰。

1999 年，1 月 28 日，辽宁省九届人大常委会第七次会议审议并通过了《辽宁省民办中小学管理条例》，于 1999 年 3 月 1 日起施行，标志着对民办中小学的管理开始纳入法制化轨道。条例对民办中小学的设立、办学与管理、保障与扶持、解散与变更、法律责任等做出规定。① 1999 年，辽宁全省有民办小学 86 所，占全省小学总数的 0.6%，在校生 13609 人；民办中学 120 所，占全省中学总数的 4.93%，在校生 50194 人。2000 年，辽宁省共有民办中小学 210 多所，当年依法审批民办高中 8 所。②

2000 年，江西省教育厅印发了《江西省民办高中设置暂行规定》。到 2001 年底，江西省小学 94 所、普通初中 88 所、普通高中 160 所。③ 江西省出台了《江西省社会力量举办普通高中暂行规定》，全年中等及中等以下民办学校新增 1000 余所。④ 2002 年，江西省鼓励支持民办学校发展。全省确定"十五"期间大力发展民办高中阶段教育的任务，提出允许薄弱学校、国有企业所属学校、新建学校进行按民办机制运行的改革试验。鼓励公办省重点中学发挥名校品牌、管理、师资优势，采取多种形式与社会力量联合办学。为了推动民办高中阶段教育加快发展，省教育厅起草了《关于大力发展民办高中阶段教育的若干意见》。到 2002 年底，江西省各级各类民办学校共 5333 所，在校生 68.22 万人，其中，义务教育阶段学校 216 所（小学 116 所、普通初中 100 所）、在校生共 6.85 万人；普通高中 86 所、完全中学 90 所、包括小学中学的完全学校 20 所、中等专业学校 44 所、职

① 中国教育年鉴编辑部：《中国教育年鉴》（2000 年），人民教育出版社，2000，第 464 页。
② 中国教育年鉴编辑部：《中国教育年鉴》（2001 年），人民教育出版社，2001，第 398 页。
③ 中国教育年鉴编辑部：《中国教育年鉴》（2002 年），人民教育出版社，2002，第 546 页。
④ 中国教育年鉴编辑部：《中国教育年鉴》（2002 年），人民教育出版社，2002，第 547 页。

业高中 53 所，在校生共 16.81 万人，占全省高中阶段教育的比例分别为 25.32% 和16.06% 。①

2000 年，甘肃省全省 14 个地、州、市教育行政部门所审批和管理的社会力量办学机构共有 479 个。其中中学 30 个，小学 40 个，幼儿园 222 个，其他培训机构 187 个。② 2002 年，甘肃省民办高中办学规模、办学水平、招生规模不断发展，截至 2002 年底，全省有民办普通高中 40 所，比 2001 年增加 6 所，民办高中占全省普通高中总数的 9.1%，民办高中在校生数发展到 9346 人，比 2001 年增长 55.2% 。

在基础教育体制改革的形势下，各地政府结合实际，采取切实措施，不断规范各类办学主体的办学行为，维护正常的办学秩序，保证民办教育的稳定发展。例如：2001 年，河北省教育厅发出通知，要求规范义务教育阶段"乡办民助"学校办学行为。规定未经省教育厅批准，不得以任何理由擅自批办"公办民助"改制学校；严禁依托办学水平较高的学校办"校中校""校中民办班"或实行"一校两制"等办学行为；义务教育阶段改制学校，必须严格依照招生程序、招生范围和招生数量组织好招生工作；学校收费必须按收费项目和标准进行收费，严禁搞计划外的"高收费班"；学校不得以办特长班、实验班的名义组织选拔性招生考试。对出现乱招生、乱收费、擅自组织选拔性考试，一经查实，吊销其《河北省乡办民助学校办学许可证》，并追究有关人员的责任。各地区批准的初中阶段改制学校，未经省教育厅批准，一律不得招收小学各年级的学生，不得举办小学部。改制学校要进一步规范收费行为，严格财会、审计制度，做到健全制度，规范收费，合理使用，加强管理。③

2001 年，浙江省认真做好社会力量办学年检工作，进行了民办学校非企业法人登记工作，社会力量办学继续保持良好的发展态势。全省有民办中

① 中国教育年鉴编辑部：《中国教育年鉴》（2003 年），人民教育出版社，2003，第 556 页。
② 中国教育年鉴编辑部：《中国教育年鉴》（2000 年），人民教育出版社，2000，第 814 页。
③ 中国教育年鉴编辑部：《中国教育年鉴》（2002 年），人民教育出版社，2002，第 412 页。

小学 476 所，较 2000 年增加 53 所，在校生 29.14 万人，增长 33.7%。① 在有序的办学环境中，宁夏回族自治区至 2001 年，全区社会力量办学机构已发展到 214 所，其中中等教育机构 18 所（其中：完全中学 8 所，12 年一贯制 5 所，初中 4 所，职业中学 1 所）；小学教育机构 5 所。②

据不完全统计，截至 2002 年底，陕西省共有民办小学 230 所，占全省小学总数的 0.85%，在校学生 8.8 万名，占在校小学生总数的 1.9%；中学 204 所，占全省中学总数的 7.5%，在校学生 11.6 万名，占全省在校中学生总数近 4.6%。③

2002 年，山西省全省民办教育机构共有 1697 所，在校生总数 18.62 万人。其中，普通高中 79 所，在校生 2.08 万人；职业高中 77 所，在校生 1.08 万人；初中 81 所，在校生 1.95 万人；小学 70 所，在校生 1.47 万人。④

2002 年，海南省社会力量举办的民办中小学校发展到 166 所，在校生占全省中小学校在校生总数的 5.3%。⑤

第四节　其他类型民办教育的繁荣与发展

改革开放以来，我国社会主义现代化建设取得巨大成就，在新的历史阶段，经济发展和社会进步给民办职业教育、民办学前教育、民办培训教育发展创造了更加宽松的外部环境。1993～2002 年，随着我国产业结构迅速优化、城镇化建设速度加快，在国家政策的支持下，民办职业教育、民办学前教育、民办培训教育乘势而为，进入了空前繁荣和快速发展阶段。

---

① 中国教育年鉴编辑部：《中国教育年鉴》（2002 年），人民教育出版社，2002，第 501 页。
② 中国教育年鉴编辑部：《中国教育年鉴》（2002 年），人民教育出版社，2002，第 736 页。
③ 陕西省教育厅：《陕西教育年鉴》，三秦出版社，2005，第 342 页。
④ 中国教育年鉴编辑部：《中国教育年鉴》（2003 年），人民教育出版社，2003，第 433～434 页。
⑤ 中国教育年鉴编辑部：《中国教育年鉴》（2003 年），人民教育出版社，2003，第 645 页。

一 民办中等职业教育的繁荣与发展

1993~2002 年，在国家政策的支持下，民办中等职业教育呈现出稳定健康的发展特点，随着一批批民办中等职业学校的出现，长期以来由公办教育一统天下的办学格局被打破，在中国职业教育领域，出现了民办中等职业教育与公办中等职业教育交相辉映、共同发展的局面。

（一）国家对民办职业教育的扶持政策

1993 年，中共中央、国务院印发《中国教育改革和发展纲要》，指出："各级政府要高度重视，统筹规划，积极发展的方针，充分调动各部门、企事业单位和社会各界的积极性，形成全社会兴办多形式、多层次职业技术教育的局面。"

1994 年 6 月 14~17 日，中共中央、国务院召开第二次全国教育工作会议。国务院总理李鹏在会上发表《动员起来，为实施〈中国教育改革和发展纲要〉而努力》的讲话，讲话强调：职业教育和成人教育应在政府的管理下，主要依靠行业、企业事业单位、社会团体举办，或者由社会各方面和公民个人联合举办，政府给予适当资助和扶持；社会各界办学，应以职业学校为主。

1996 年 4 月 10 日，国家教委印发《全国教育事业"九五"计划和 2010 年发展规划》（教计〔1996〕45 号）。提出"九五"期间，加强社会力量办学的立法工作，以中等和中等以下教育，特别是各级职业教育为重点，积极发展各类民办学校。

1996 年 5 月 15 日，《中华人民共和国职业教育法》颁行，为职业教育的发展和完善提供了法律保障。国家根据不同地区的经济发展水平和教育普及程度，实施以初中后为重点的不同阶段的教育分流，建立、健全职业学校教育与职业培训并举，并与其他教育相互沟通、协调发展的职业教育体系。

1999 年 6 月，中共中央、国务院发布《关于深化教育改革全面推进素质教育的决定》，强调要"构建与社会主义市场经济体制和教育内在规律相适应、不同类型教育相互沟通相互衔接的教育体制"，"大力发展高等职业教育"，"积极发展包括普通教育和职业教育在内的高中阶段教育"。

江泽民总书记在第三次全国教育工作会议开幕式上深刻分析了面向 21 世纪的中国教育改革和发展的形势，阐述了全面推进素质教育的重要性："国运兴衰，系于教育；教育振兴，全民有责"，提出了今后的工作任务："努力办好各级各类职业技术教育，是一篇大文章。现在，中等职业教育已经有了发展，但总体来说，还刚刚开始做。各地各部门要狠狠抓它十年、二十年，必会大见成效。"

2000 年 8 月 18 日，教育部印发《关于进一步加强中等职业教育师资培养培训基地建设的意见》（教职成〔2000〕9 号），提出："支持不同类型的学校和机构，包括民办学校和企业，参与职教师资基地的建设工作。"

2002 年 8 月 24 日，国务院发布《关于大力推进职业教育改革与发展的决定》（国发〔2002〕16 号），指出："鼓励和支持民办职业教育的发展。非营利性的民办职业学校，享受举办社会公益事业的有关优惠政策。地方人民政府和其他单位，可以采取出租闲置的国有、集体资产等措施，对民办职业学校予以扶持。民办职业学校教师、学生享有与公办职业学校教师、学生同等义务与权利。对举办民办职业教育有突出贡献的单位和个人予以表彰奖励。鼓励公办学校引入民办机制。"

2002 年 12 月 2 日，教育部、国家经济贸易委员会、劳动和社会保障部联合印发《关于进一步发挥行业、企业在职业教育和培训中作用的意见》（教职成〔2002〕15 号），提出进一步落实行业、企业的办学自主权。行业、企业在国家法律和法规许可范围内，结合生产实际和发展需要，可以自主选择单独、联合、委托等办学方式，自主确定集团化、合作制、公有民办、民办等办学模式，自主推进学习内部管理和教育教学改革，自主决定学校的发展规模，自主决定学校的专业设置、教学重点和教学内容。要求有关部门开展教育评估和表彰奖励工资时，要同等对待行业、企业举办的职业教育与培训。对企业举办的职业学校的办学设施、办学规模等考核条件可适当放宽。对改制为公办民助、民办的企业职业学校，应享受民办学校的优惠政策。

（二）民办职业教育发展状况

在国家及地方对职业教育的大力支持和对民办教育办学行为规范的大背景下，有少数民办中等职业学校因经营不善等原因，导致"关、停、并、转"，但是总体上民办中等职业教育的办学环境更为宽松，办学行为更为规范，办学效益更加突出，呈现出速度快，数量多，稳定健康发展的局面。

据有关资料记载，1996 年全国有民办中等职业学校 568 所，在校生人数 12.95 万人，至 2002 年，全国民办中等职业学校达到 1085 所，比 1996年学校数量增加近 1 倍，受高等教育扩招影响，1999 年以前年增速比例呈两位数增速迅猛，自 1999 年开始增速减缓，年增速在 4.10% ~ 5.67%，但仍然保持稳定上升态势；在校生人数 2002 年达到 47.05 万人，比 1996 年增长近 3 倍，最高增速年份 1997 年较上年增长 42.08%，尽管自 1999 年增速有所减缓，但仍持续提高，到 2001 年、2002 年，年增长比例又达到 24%以上，有回升的迹象。民办中等职业教育这一时期，在校生总数增速远远高于学校总数增速的现象，表明民办中等职业学校的办学规模和办学效益在不断提高。（见表 3 - 9）

表 3 - 9　1996 ~ 2002 年全国民办中等职业学校发展状况

单位：所，万人，%

年份	所数	比上年增减	在校生人数	比上年增减
1996	568	—	12.95	—
1997	689	+ 21.30	18.40	+ 42.08
1998	899	+ 23.36	24.54	+ 33.37
1999	950	+ 5.67	27.63	+ 12.59
2000	999	+ 5.37	30.34	+ 9.81
2001	1040	+ 4.10	37.73	+ 24.36
2002	1085	+ 4.33	47.05	+ 24.70

资料来源：由相关年份《中国教育年鉴》及《全国教育事业发展统计公报》综合而来。

随着一批批民办中等职业学校的出现，在不少地区出现了民办中等职业教育与公办中等职业教育珠璧交辉、共同发展的局面。例如：江西省新余市1998年全市共有中等职业学校11所，其中民办学校7所，占比63.63%，招生总数3906人，其中民办学校招生数3201人，占比81.95%。又如，浙江省温州市1999年有民办中等职业学校45所，在校生2.43万人，占比58%。再如，重庆市2001年有民办中等职业学校69所，占比20.3%。

（三）地方政府对民办职业教育的扶持

各省、自治区、直辖市及各地（市）、县（区）人民政府为减少民办中等职业学校办学风险，在市场准入、收费规定、年检年审、信息披露等方面采取有效的措施，如：把好审批关，以杜绝"三无"学校，排除急功近利的投资者；把好财务关，保证学校资金安全，杜绝可能的财务风险和经济犯罪；把好评估关，加强学校办学条件和教学质量检查，保证受教育者得到与其付费水平相当的教育服务。同时先后制定并实施了一些支持、规范办学行为的政策（法规）文件，为地方中等职业学校发展创造了适宜的制度环境。各地民办中等职业教育得到快速、稳定健康的发展。

例如：1993年，江苏省教委制定了《江苏省民办中等专业学校设置暂行规定》、湖北省教委发出《关于民办普通中等专业学校若干问题的意见（试行）》；1995年云南省教委印发《云南省社会力量办学举办中专学历教育的暂行方法》（云教字〔95〕013号）；1996年，辽宁省教委印发了《辽宁省民办中等职业学校管理暂行办法》要求各市按办法要求对已批准的民办中等职业学校进行重新审核，对不符合规定的民办中等职业学校进行规范整顿；1998年底，福建省人民政府在全国率先制定了多项政策创新的法规性文件，如《社会力量举办中等职业学校暂行办法》；2001年，福建省出台了《民办中等职业学校设置暂行办法》，将中等职业学校的审批权下放给各设区市教育行政部门；四川省召开了全省民办教育工作会议，印发了《四川省民办中等职业学校设置标准（试行）》；江西、安徽、陕西、浙江等省对民办中等职业教育则采取了"积极鼓励，大力支持"的一些举措。

再如湖北省，1991年，省内已有民办普通中等专业学校问世，但为数较少。随着教育改革的不断深入和社会需求的增加，社会要求开办民办中等专业学校的呼声越来越高。为了积极稳妥地推进民办中等职业教育的发展，1993 年 5 月，湖北省教委发出《关于民办普通中等专业学校若干问题的意见（试行）》，明确开办民办中专的基本原则是：①民办中专是国家职业技术教育事业的组成部分，应积极支持兴办，并加强引导和管理；②设置民办中专应以湖北经济建设和社会发展的客观需求为前提，符合普通中专学校合理布局的要求，重点是发展人才需求量大的短线、缺门专业；③设置民办中专以培养中等专业人才为目的，必须保证教育质量，不得以营利为办学目的；④对民办中专本着积极支持、稳妥办理的原则，采取二次审批的办法。对基本符合办学要求的先批准试办，给学校一段时间改善办学条件，完善管理制度，提高办学水平，3 年后再根据学校试办情况决定能否正式开办。意见同时提出了民办中专设置标准、试办申报内容、审批程序、领导与管理等方面的具体要求。1993 年省教委据此，新批准开办了民办湖北省世达实用外国语学校、民办武汉经济管理学校、民办龙华艺术摄影学校、民办武汉生物工程学校，同时批复同意民办武汉红十字助产学校扩大办学规模。本年全省 5 校民办中等职业学校共招生 900 余人，在校生达 1800 余人。全省民办中等专业学校的管理体制，均实行董事会领导下的校长负责制，接受省教育行政部门的监督、检查和教学管理。办学经费由学校筹措，招生工作，按有关文件规定，在省统一计划安排下进行。招收对象为应届初中毕业生，学制三年至四年。学生学完规定课程，经考试合格，国家承认中专学历，发给中专文凭，不包分配，由用人单位择优录（聘）用（见表 3 - 10）。

表 3 - 10　1993 年湖北省民办普通中等专业学校概况

单位：人

校名	额定规模	开设专业
民办武汉红十字助产学校	640	助产士、医士、护士
民办世达实用外国语学校	640	交际外语、商贸外语、旅游外语、涉外企业管理、涉外公关与文秘
民办武汉经济管理学校	640	农业经济管理、农村保险、营销管理、涉外会计、法律

校名	额定规模	开设专业
民办龙华艺术摄影学校	640	摄影、冲洗制作、现代照相器材维修、新闻摄影、影视摄像
民办武汉生物工程学校	640	名特水产养殖、植物资源开发、珍禽与宠物饲养、生态农业开发、市场营销

　　资料来源：中国教育年鉴编辑部：《中国教育年鉴》（1994 年），人民教育出版社，1994，第122 页。

　　又如山东等地：

　　1993 年 6 月 21 日经山东省教委批准，由中国民主建国会山东省委员会、山东省工商联合会联合创办的山东省首家残疾人职业中专——山东康复职业中等专业学校经过三年筹建，正式招生。该校设在济南市，由省民政厅主管，面向全省招收应届残疾人初中毕业生。学校设经穴按摩（盲人）、服装制作（聋哑人、肢残人）、财务会计（肢残人）三个专业，学制三年，毕业后承认中专学历。1993 年 10 月 18 日，山东省由台胞高震东投资 5000 万元兴建的职业中专学校——忠信高级职业中等专业学校，经山东省教委和潍坊市人民政府批准成立。

　　湖南省，1994 年经省教委批准成立民办中专学校 8 所，1995 年对全省社会力量办学进行了全面清理登记。明确保留的社会力量办学机构 1427 所，其中举办中等层次教育的 767 所。[1]

　　1998 年 9 月，北京智光特殊教育培训学校开学，13 名弱智儿童入学接受文化教育和职业技术培训。该校由王丽娟创办，这是北京市第一所由个人出资专为智障学生开办的中等职业培训学校。

　　2001 年底，江西省有中等职业学校 66 所，在校生 27.5 万人。[2]

　　据 2001 年 5 月统计，四川省全省社会力量举办的中等专业学校有 13

---

[1] 中国教育年鉴编辑部：《中国教育年鉴》（1996 年），人民教育出版社，1996，第1024 ~ 1025 页。

[2] 中国教育年鉴编辑部：《中国教育年鉴》（2002 年），人民教育出版社，2002，第546 页。

所，在校生 1.66 万人。① 2002 年，全省社会力量举办的中等专业学校 14 所，在校生 1.09 万人。②

2002 年，海南省社会力量举办的民办中等职业学校发展到 8 所，在校生占全省中等职业学校在校生总数的 17.5%。③

2002 年，山西省全省民办教育机构共有 1697 所，在校生总数 18.62 万人。其中，中等专业学校 44 所，在校生 0.63 万人。④

2001 年，陕西省依法对社会力量举办的 52 所中等职业学校进行了检查，撤销了陕西振华职业技术学校等 11 所办学条件差、办学行为不规范学校的办学资格。在学校总数减少的情况下，招生数比上年增加 2000 多人，有 3 所学校已经申报了省级重点学校。⑤ 办学效益显著提高。据不完全统计，截至 2002 年底，陕西省全省共有中等职业学校 105 所，占全省中等职业学校总数的 32%，在校学生近 3 万名，占全省中等职业学校在校学生总数的 12.9%。⑥

二 民办学前教育的繁荣和发展

随着社会主义市场经济体制和教育体制改革的深入，在政府的大力提倡下，学前教育的办学体制和投资主体逐渐多元化，学前阶段民办教育乘势而为，稳步发展，为满足新时期社会对幼儿教育多样化的优质教育需求做出了突出贡献。

（一）国家对民办学前教育的扶持政策

改革开放以后，人民生活质量日益提高，所有家庭对孩子的早期教育越来越重视，社会呼唤更多更优质的学前教育，1994 年 7 月 3 日，《国务院关于〈中国教育改革和发展纲要〉的实施意见》（下简称《实施意见》）下发，提

---

① 中国教育年鉴编辑部：《中国教育年鉴》（2002 年），人民教育出版社，2002，第 659 页。
② 中国教育年鉴编辑部：《中国教育年鉴》（2003 年），人民教育出版社，2003，第 672 页。
③ 中国教育年鉴编辑部：《中国教育年鉴》（2003 年），人民教育出版社，2003，第 645 页。
④ 中国教育年鉴编辑部：《中国教育年鉴》（2003 年），人民教育出版社，2003，第 433～434 页。
⑤ 中国教育年鉴编辑部：《中国教育年鉴》（2002 年），人民教育出版社，2002，第 709 页。
⑥ 陕西省教育厅：《陕西教育年鉴》，三秦出版社，2005，第 342 页。

倡大力发展幼儿教育，提倡办学体制和投资主体多元化，明确要求："大中城市基本满足幼儿接受教育的要求，广大农村积极发展学前一年的教育。""基础教育主要由政府办学，同时鼓励企事业单位和其他社会力量按国家的法律和政策多渠道、多形式办学。"《实施意见》激活了学前教育市场。面对广阔的学前教育市场，在广大城镇，幼儿园成为企业及公民个人的投资热点。

（二）民办学前教育的发展状况

这一时期，民办学前教育多数是由兴办者个人或合伙人独立创办的，少数是从一些改制企事业单位接手过来的。这些或独立创办或转制过来的民办幼儿园，相当一部分能够以现代幼儿教育理念指导办园，健全管理体制，引入竞争机制，改变服务范围，主动适应社会的需要，使幼儿教育事业呈现出勃勃生机。新兴的民办幼儿园园址一般都设立在居民聚居地（如街道、新村等），在为幼儿就近入园提供方便的同时，也保证了稳定的生源和管理的便捷。

1993～2002年，学前教育阶段民办教育发展的速度、机构数量、在园幼儿人数占比居其他各类民办教育之首。据统计，2002年民办幼儿园4.84万所，占全国幼儿园总数的比例为43.29%，占全国各级各类民办教育机构总数的79.08%；在园幼儿总数400.52万人，占全国幼儿总数的比例为19.67%，占全国各级各类民办教育机构总数的35.89%。

受人口出生率增长速度影响，全国幼儿教育1993～2002年整体上处于下降状态，而民办幼儿教育却呈现出上升趋势。1993年，全国共有各类幼儿园16.52万所，在园幼儿2552.54万人。2002年，全国共有幼儿园11.18万所，比1993年减少5.34万所；在园幼儿2036.02万人，比1993年减少516.52万人。与此相较，2002年民办幼儿园比1993年增加3.14万所，在园幼儿比1993年增加328.13万人。2002年底民办幼儿园数已经占全国总数的43.29%，在园幼儿数量占全国总数的19.67%。

统计数字显示，2000年以后，民办幼儿园总数增速减缓，但在园幼儿数尤其是在全国幼儿园及在园幼儿总数中占比增幅较高，这表明民办学前教育的内部管理日趋完善，教育质量日益提高，社会声誉逐渐提升，开始走上了规范化的发展道路。（见表3-11）

表 3 - 11   1993~2002 年全国民办幼儿园发展状况

单位：所，万人，%

年份	幼儿园数	比上年增减	占总数比例	在园幼儿数	比上年增减	占总数比例
1993	16990	—	10.3	72.39	—	3.2
1996	24466	—	13.06	130.39	—	4.8
1997	24643	+ 0.72	13.50	134.88	+ 3.44	5.35
1998	30824	+ 25.08	17.00	—	—	—
1999	37020	+ 20.10	20.44	222.4	—	9.56
2000	44317	+ 19.71	25.21	284.26	+ 27.81	12.67
2001	44526	+ 0.47	39.86	341.93	+ 20.29	16.91
2002	48400	+ 8.70	43.29	400.52	+ 17.14	19.67

资料来源：由相关年份《中国教育年鉴》及《全国教育事业发展统计公报》综合而来。

（三）地方政府对民办学前教育的扶持

民办学前阶段教育发展速度较快，除了学前教育市场需求量大外，得益于地方政府政策的扶持和规范管理。例如：北京市 1995 年先后出台了《北京市托儿所、幼儿园卫生保健管理实施细则》（京卫妇字〔1995〕3 号）、《民办中小学、幼儿园管理暂行规定》（京教行字〔1995〕62 号），对幼儿的卫生保健、管理、服务等做出了明确规定。又如：青岛市 2002 年 12 月 30 日由教育局、卫生局、物价局、公安局联合发布了《公民个人举办托幼机构管理办法》（青教字〔2002〕142 号），明确托儿所、幼儿园举办条件、标准要求及管理办法，促使其民办幼儿教育朝着规范化发展。再如：常州市，2000 年市政府发布《常州市民办中小学、幼儿园管理暂行办法》（常政发〔2000〕174 号），对民办中小学、幼儿园的设置与审批，行政与教学管理，财务与财产管理，保障与扶持等相关方面做出详细规定。

这一阶段民办学前教育，持续稳定发展，据有关资料记载：

1995 年，四川省经教育行政部门年审合格，取得《四川省社会力量办学许可证》的幼儿园 4582 所。[①]

---

① 中国教育年鉴编辑部：《中国教育年鉴》（1996 年），人民教育出版社，1996，第 751 页。

2000 年，甘肃省共有幼儿园 222 个。①

2001 年，江苏省共有各类民办幼儿园 2138 所，比上年增加 452 所。

2001 年底，江西省幼儿园 3697 所。② 2002 年底，江西省民办幼儿园 4619 所，在园幼儿 29.04 万人，占全省学前教育份额 57.12% 和 33.57%。③

2001 年 5 月，四川省社会力量举办的幼儿园 8636 所，在校生 51.51 万人，④ 2002 年，四川省全省社会力量举办的幼儿园共计 10616 所，在校生 58.94 万人。⑤

2001 年，宁夏回族自治区社会力量举办学前教育机构 53 所。⑥

2002 年，海南省社会力量举办的幼儿园发展到 509 所，在园幼儿占全省在园幼儿总数的 39% 以上。⑦

2002 年，山西省民办教育机构共有 1697 所，在校生总数 18.62 万人。其中，幼儿园 491 所，入园人数 3.52 万人。⑧

据不完全统计，截至 2002 年底，陕西省全省共有民办幼儿园 1309 所，占全省幼儿园总数的 47.4%，在园幼儿 10.1 万名，占全省在园幼儿总数的 17.5%。⑨ 2002 年，陕西省共有社会力量办学机构 2678 所（不含各类短期培训机构），在校生总规模近 66 万人，其中民办幼儿园在园幼儿 8.8 万人。⑩

三 民办培训教育的繁荣和发展

进入 20 世纪 90 年代，我国产业结构迅速优化、城镇化建设速度加快，

① 中国教育年鉴编辑部：《中国教育年鉴》（2000 年），人民教育出版社，2000，第 814 页。
② 中国教育年鉴编辑部：《中国教育年鉴》（2002 年），人民教育出版社，2002，第 546 页。
③ 中国教育年鉴编辑部：《中国教育年鉴》（2003 年），人民教育出版社，2003，第 556 页。
④ 中国教育年鉴编辑部：《中国教育年鉴》（2002 年），人民教育出版社，2002，第 659 页。
⑤ 中国教育年鉴编辑部：《中国教育年鉴》（2003 年），人民教育出版社，2003，第 672 页。
⑥ 中国教育年鉴编辑部：《中国教育年鉴》（2002 年），人民教育出版社，2002，第 736 页。
⑦ 中国教育年鉴编辑部：《中国教育年鉴》（2003 年），人民教育出版社，2003，第 645 页。
⑧ 中国教育年鉴编辑部：《中国教育年鉴》（2003 年），人民教育出版社，2003，第 433～434 页。
⑨ 陕西省教育厅：《陕西教育年鉴》，三秦出版社，2005，第 342 页。
⑩ 中国教育年鉴编辑部：《中国教育年鉴》（2003 年），人民教育出版社，2003，第 715 页。

2001 年中国正式加入世贸组织，第三产业发展和传统产业升级加快，为适应经济社会发展，国家继续鼓励民办培训教育发展，鼓励多层次多形式办学模式，探索建立健全继续教育体系，进一步推动我国培训教育事业蓬勃发展。

（一）国家对民办培训教育的扶持政策

国家教育委员会《1994 年工作要点》中提出，要继续深化教育体制改革，在职业教育和成人教育方面，要"贯彻统筹管理、加强领导，面向社会、面向市场，主要依靠行业、企业、事业单位、社会力量和个人办学的原则"，而且提出"进一步理顺职业教育和成人教育的办学与管理体制，开展多层次、多形式办学模式试点工作"。"积极支持并引导社会力量办学，进一步完善自学考试工作，研究规范继续教育体系的措施"。

1995 年 7 月 5 日，国家教委就北京市成人教育局《关于对职业培训实体管理问题的请示》做出如下批复：社会力量办学应由县级以上人民政府的教育行政部门归口管理；对于社会力量举办职业培训及卫生、文化、体育等专业性培训的教育机构，可由有关行业主管部门按照社会力量办学规定审批后，由教育行政部门登记注册，上述教育机构可同时接受有关行业主管部门的业务指导与管理。对包括培训教育在内的民办职业教育归口管理问题进行明确规定。

1996 年 5 月 15 日，《中华人民共和国职业教育法》经第八届全国人民代表大会常务委员会第 19 次会议通过。其中规定：国家鼓励事业组织、社会团体、其他社会组织及公民个人按照国家有关规定举办职业学校、职业培训机构。

1999 年 4 月 27 日，国家体育总局发布《关于加强管理社会力量办各类体校的通知》。背景是，随着我国体育的社会化、产业化发展，社会力量办体育学校（含单项体校）——实为教育培训机构，逐步增多，对扩大体育知识宣传、体育人才培养，发挥了积极的作用，但当时，在一些地方，出现了一些不具备办学条件的组织或个人也在办学，并疏于管理的现象。这些组织或个人打着办学的旗号，高收费，牟取暴利，引起学生和家长的强烈不满。为制止并杜绝这种不良现象，国家体育总局印发《关于加强管理社会力量办各类体校的通知》。通知要求各级体育行政部门严格按照国务院颁布的《社会力量办学条例》和国家体育总局与教育部联合颁布的《少年儿童体育学校管理办法》加强督导管理。要求社会力量兴办各类体育学校必须严格审批手续，必须严格执行国家收费标准和财务管理办法，社会力量办体育学校的名称应当确切表示其类别、层次和所在行政区域，不得随意冠以"中华""中国""全国""国家"等名称。如擅自冠名，国家体育总局将追究责任并严肃处理。

（二）民办培训教育发展状况

这一时期民办培训教育机构基本上稳定在 2 万~3 万所。据统计，1993年，全国共有民办培训教育机构 3 万余所。1997 年，民办培训教育机构 2万余所，在校生约 649 万人。2001 年，全国共有民办培训教育机构 3 万余所，年培训量达 2000 余万人次。

发展步伐最大的当数北京、上海。至 1993 年，北京市的民办培训教育机构已达 1583 所，年培训学员达 53 万余人次。同年，北京市新出现了与国外教育机构合作举办的培训教育性质的"北京美国英语语言学院"和"北京英迪经贸学院"。11 月 16 日，北京新东方教育科技（集团）有限公司的前身——北京新东方学校成立。新东方的创始人是俞敏洪，学校坚持以"追求卓越，挑战极限"为口号不断发展壮大，几年后迅速发展成一家集教育培训、教育产品研发、教育服务等于一体的大型综合性教育科技集团。2001 年新东方教育科技集团挂牌成立，并于 2006 年 9 月 7 日在美国纽约证券交易所成功上市，成为中国大陆首家海外上市的教育培训机构。1999 年，北京市民办教育培训机构达 1900 余所，培训学员约 58 万人次。

上海的民办培训教育也获得了较大的规模发展。1992 年民办培训教育机构为 700 余所，年培训学员 20 万~40 万人次；1993 年达到 818 所，年培训学员达 55.4 万人次，1994 年，上海市民间举办的非学历教育机构达 990所，培训学员近 65 万人次，兼职教工 2 万余人，开设专业 100 多个。1995年起已超过 1000 所；到 1996 年 6 月，达到 1194 所，共培训学员达 150 万人次；到 2001 年 12 月底，达 1317 所，其中进修学院 138 所，培训学员近 235 万人次。据统计，其中参加外语类培训的近 36 万人次，参加计算机培训的有 25 万余人次，参加艺术类培训的有近 13 万人次，校舍总面积近 140 万平方米，其中自有校舍面积为 17 万多平方米；专兼职教师总数 33631 人，其中专职教师 7528 人。民间举办非学历教育事业，已经成为上海构建现代终身教育体系的一个重要组成部分。

除北京、上海以外在其他城市尤其在一些省会城市，民办培训教育都有较大的发展。例如，据四川省教育行政部门不完全统计，1995 年，经教育行政部门年审合格，取得《四川省社会力量办学许可证》的各级各类学校 7158 所，其中职业技术培训、社会文化生活教育等学校，即民办培训教育机构达到 2036 所。

中国民办教育的繁荣与发展，是国家社会在经济、教育、科技、劳动人事诸领域不断改革的必然结果，是中国特色社会主义市场经济日益发展的必然产物，是社会各界办学兴教的空前热情和人民群众热心教育的热切愿望的客观反映。中国民办教育经过 20 余年来坚持不懈的艰苦探索，终于闯出了一条符合中国国情的民办教育之路。各类民办学校为国家和地方培养、培训了数以千万计的各类人才，满足了经济社会发展需要，尤其是满足了集体企业和非公有制经济对人才多样化的需求，扩大了教育规模，拓宽了办学路子。新时期民办教育为社会成员提供了更多的接受教育和培训机会的同时，也为一部分离退休教育工作者提供了继续发挥才智、为社会做贡献的平台。全国涌现出了一大批办学思想端正、教育质量较高、社会效益显著的民办学校，其办学成绩之突出、办学事迹之动人、办学精神之高尚，体现了中华民族现代文明的发展水平。中国当代民办教育的发展，繁荣了社会主义教育事业，改变了过去政府包揽办学的旧格局，推动了教育体制改革与创新，利在当下，功在千秋。进入 21 世纪后的中国民办教育，已成为方兴未艾的朝阳事业，其发展前景将更加美好。

第四章
当代中国民办教育的规范与创新

——《民办教育促进法》颁布后的民办教育（2003～2010年）

中国民办教育在经历了酝酿复苏、复兴探索和蓬勃发展之后，开始进入依法促进与规范发展阶段。2002年12月28日《中华人民共和国民办教育促进法》颁布，并于2003年9月1日起实施；《中华人民共和国民办教育促进法实施条例》2004年2月25日颁发，自2004年4月1日起实施。条例作为《民办教育促进法》的配套法规，主要围绕扶持民办教育发展、明确出资人取得合理回报、规范民办学校办学行为，对《民办教育促进法》规定的原则和扶持措施进行了细化、补充。

2004年3月31日，教育部办公厅印发《关于〈启用民办学校办学许可证〉有关问题的通知》（教发厅〔2004〕2号），明确办学许可证为民办学校办学的合法证件，分正本、副本，自2004年9月1日起启用。2005年3月2日，国家发改委、教育部、劳动和社会保障部联合发布《民办教育收费管理暂行办法》（发改价格〔2005〕309号），对民办学校制定或调整学历教育收费标准做出详细规定。

2006年4月29日，教育部办公厅印发《关于加强民办学校卫生防疫与食品卫生安全工作的通知》（教体艺厅〔2006〕5号），要求各级教育行政部门作为民办学校的主管部门，对民办学校特别是民工子弟学校卫生防疫与食品卫生安全工作进行部署。2007年5月18日，国务院同意并转批教育部制定的《国家教育事业发展"十一五"规划纲要》，进一步贯彻落实《民办教育促进法》及其《实施条例》，引导民办教育健康发展。

2010年5月5日，国务院常务会议审议并通过《国家中长期教育改革和发展规划纲要（2010~2020年)》（下简称《规划纲要》），明确规定了我国未来十年教育改革发展的行动纲领。《规划纲要》进一步明确民办教育的发展是我国教育改革发展事业的重要组成部分，《规划纲要》提出"民办教育是教育事业的重要增长点和促进教育改革的重要力量"，这两个"重要"，充分表明中共中央、国务院对民办教育的高度重视和殷切期待，预示着我国各级各类民办教育将面临重要的发展新机遇和改革新挑战。

与此同时，各地结合实际，陆续出台地方性的配套政策法规，依法促进民办教育事业快速发展。例如，2004年12月2日，陕西省人大常委会审议并通过《陕西省民办教育促进条例》，其在促进和规范民办教育发展上有一系列创新点，主要体现在：明确各级教育行政部门的具体职责；对未明确出资额的民办学校实际举办者取得合理回报问题，给予一次性奖励；强调民办学校应当完善法人治理结构；具有招生自主权；细化对民办学校学生在入学考试及其他方面的优惠政策。这是第一个地方性《民办教育促进法实施条例》配套法规。

在这一历史阶段，中国民办教育多元化的办学格局初步形成，呈现出一派欣欣向荣的景象，并引起社会各界的高度关注，关于民办教育政策法规的研究空前活跃。但是，在民办教育的办学实践中也出现了一些新情况、新问题，暴露出我国以往民办教育政策法规中存在的一些缺失和不周严之处，许多制约民办教育内涵式发展的瓶颈问题仍然存在。中国民办教育在不断的期盼、探索，在不断的改革、创新中依法规范发展。

第一节　民办高等教育的规范与发展

中国民办高等教育在经历了酝酿复苏、复兴探索和繁荣发展之后，随着《中华人民共和国民办教育促进法》的颁布，开始进入依法促进与规范发展阶段。进入21世纪之后，我国基本实现了高等教育大众化的目标，教育发展从追求数量转向追求质量，开始构建终身教育体系，建设学习型社会。为适应国家宏观经济形势和高等教育发展趋势的需要，积极探索具有中国特色的民办高等教育发展模式，实施内涵式发展，提升民办高等教育的办学质量和办学特色，创新其教育观念和培养模式，成为民办高等教育新的奋斗目标。

一　国家对民办高等教育的扶持政策

1998 年以来，随着高等教育大众化，高校扩大招生，加快了民办高等教育的发展步伐。《民办教育促进法》实施以后，国家下放大专层次民办普通高校的审批权限，进一步简化审批程序，民办高等教育特别是独立学院发展迅速。举办民办高校可以适当取得合理回报的规定，虽然由于主观原因没有得到很好的贯彻和落实，但无疑是对我国以往高等教育办学理念的一次重大突破，也是对我国以往大学制度的重大突破。这一规定的出台，使我国民办高等教育的相关制度更加接近民办高等教育的实际，对于我国民办高等教育的健康发展产生了重大影响。但是，由于某些民办高校办学指导思想不端正，地方政府疏于管理、监管不到位，在招生、管理、教学等方面存在一些混乱现象和严重问题。部分民办高校相继发生因学籍、学历、收费等问题而导致的学生群体性事件。这些问题如不引起高度重视并及时解决，势必影响民办高等教育的健康发展和社会稳定。

2006 年，教育部开展民办高等教育调研工作，加强对民办高等教育的规范管理和扶持力度，引导民办高校健康发展，维护社会和谐稳定。先后多次召开由民办学校举办者及管理者、独立学院申请者及合作者、省级教育行政部门负责同志及民办教育理论研究者参加的会议，对民办教育特别是民办高等教育发展中的有关问题进行交流和研讨。同时，实地考察有关民办高校。将全国民办高等教育发展的基本情况、存在的主要问题及工作思路等向国务院做报告。

2006 年 10 月，党的十六届六中全会要求解决民办高校、独立学院发展中出现的突出问题和热点、难点问题，促进民办高等教育健康发展。12 月 21 日，国务院办公厅印发《关于加强民办高校规范管理引导民办高等教育健康发展的通知》（国办发〔2006〕101 号）。针对当前我国民办高等教育的实际情况，强调加强民办高校规范管理的重要性和紧迫性，明确当前和今后一个时期加强民办高校规范管理的重点，并要求各级政府和有关职能部门依法落实民办高校有关扶持政策，切实加强对民办高校规范管理工作的领导，努力把民办高校发展的重点转移到稳定规模、规范管理、提高质量的轨道上来。

12 月 21 日，中共中央组织部、中共教育部党组联合印发《关于加强民办高校党的建设工作的若干意见》（教党〔2006〕31 号），提出要加强民办高校的党建工作，为民办高校的健康发展提供坚强有力的保证，要求各级党组织充分认识加强民办高校党建工作的重要性和紧迫性；健全组织，理顺关系，明确民办高校党组织的作用和职责；全面加强民办高校党组织自身建设；加强和改进民办高校大学生思想政治教育；维护民办高校安全稳定，努力建设和谐校园；切实加强对民办高校党建工作的领导。

2007 年，全国各地共提出申报设置民办高等学校 30 所，经全国高等学校设置评议委员会五届二次评议会评议通过正式设立民办高等学校 13 所，筹建 2 所。制定《民办院校内涵建设考核指标体系》，就办学资质、资产状况、办学理念、内部管理、招生就业五个方面，分别设定相应的考核指标，共 16 项，同时一并设定每项指标对应的具体考核内容、要求及方式；并对这 16 项指标划分权重，确定决定性指标和一般指标。

2007 年 2 月 3 日，教育部部长周济签署教育部第 25 号令，发布《民办高等学校办学管理若干规定》，自 2007 年 2 月 10 日起施行，强调规范实施专科以上高等学历教育的民办学校的办学行为，维护民办高校举办者和学校、教师、学生的合法权益，引导民办高校健康发展。

2007 年 5 月 17 日至 23 日，教育部组成三个督查组，分赴四川、江西、湖北、浙江、江苏、上海六省市督导检查《国务院办公厅关于加强民办高校规范管理引导民办高等教育健康发展的通知》（下简称《通知》）的贯彻落实情况。教育部副部长袁贵仁在四川、江西两省分别召开了两个座谈会，四川、广西、重庆、云南、贵州、江西、安徽、河北、福建、山东、广东等 11 个省、自治区、直辖市的教育行政部门负责人参加会议。与会人员介绍本地区贯彻落实《通知》的情况、民办高校和独立学院发展情况、存在的主要问题及对策建议、维护民办高校和独立学院稳定的措施等。袁贵仁做重要讲话，为进一步贯彻落实《通知》精神指明方向，提出四个方面的明确要求：一是深入排查，化解矛盾，确保民办高校稳定；二是健全组织，做好服务，规范管理，确保民办高等教育健康发展；三是加强长效机制建设，确保民办高校持续发展；四是全力做好 2007 年民办高校毕业生就业和新生招生工作。袁贵仁特别强调维护民办高校稳定问题，要求各地有关部门和民办高校，对困难问题考虑多一些、原则政策考虑细一些、措施办法考虑实一些、工作安排早一些。

二 民办高等教育规范发展的状况

受益于 20 世纪末我国高等教育扩招政策的持续影响，民办高等学历教育规模在 2003～2010 年持续增长，民办普通高校数量和在校生人数保持连年快速增长。独立学院的发展势头从招生规模和在校生规模上看，要高于独立设置的民办普通高校。2010 年，我国民办高校 676 所（含独立学院 323 所），比 2004 年增加 201 所；在校生 476.68 万人，比 2004 年增加 337.05 万人，其中本科在校生 280.99 万人，专科在校生 195.70 万人。另有自考助学班学生、预科生、进修及培训学生 20.61 万人；民办的非学历高等教育机构 836 所，各类注册学生 92.18 万人。民办高校办学规模不断扩大的同时，教职工数量也持续增长，至 2010 年已有教职工 34.89 万人。

表 4－1 全国民办高等教育发展状况

年份	学校数 （所）	比上年增减 （％）	在校生总数 （万人）	比上年增减 （％）	教职工数 （人）	比上年增减 （％）
2003	173	—	81	—	—	—
2004	475（独立学院 249）	—	139.63	—	134862	—
2005	547（独立学院 295）	＋15.15	221.63	＋58.73	184698	＋36.95
2006	596（独立学院 318）	＋8.96	280.50	＋26.56	229878	＋24.46
2007	615（独立学院 318）	3.19	349.69	＋24.67	272553	＋18.56
2008	640（独立学院 322）	＋4.07	401.30	＋14.76	304200	＋11.61
2009	658（独立学院 322）	＋2.81	446.14	＋11.17	330377	＋8.61
2010	676（独立学院 323）	＋2.74	476.68	＋6.85	348857	＋5.59

资料来源：《中国教育年鉴》（2004～2011），人民教育出版社。

表4-1的数据显示，总体上我国民办高等教育发展平稳，持续增长。2008年，民办高校在全国高校总数中所占比例为28.28%，在校生所占比例为19.86%；2009年，民办高校在全国高校总数中所占比例为28.55%，在校生所占比例为20.80%；2010年，民办高校在全国高校总数中所占比例为28.67%，在校生所占比例为21.36%；呈现逐步增长态势，在校生所占比例增幅较大。从民办高校在全国高校总数中所占的比例及在校生总数所占比例看，民办高校已经成为我国高等教育不可或缺的组成部分，在满足人民群众不断增长的高等教育需求方面做出了突出的贡献。

民办高等教育平稳发展的主要原因有三个方面：第一，随着经济全球化的推进，人才特别是创新型人才在国家发展中具有决定性的作用。我国作为一个人口大国，要实现经济持续稳定发展，必须向人力资源强国迈进，高等教育在推进我国由人口大国向人力资源强国转变中具有决定性的作用，这对高等教育来说，是一个重要的历史机遇。第二，近年来，不少地区政府加大了对民办高校的财政资助力度，如上海市、陕西省还专门出台了相关的政策文件。第三，广大民众对高等教育需求旺盛，在公办高校招生门槛相对较高的背景下，民办高校成为主要的选择。

统计数据显示在2010年出现一个明显拐点，北京、上海、浙江、新疆四省份，在民办高校招生数和在校生数两项指标上都出现负增长。2009年北京民办高校招生22696人，在校生75588人；2010年招生19700人，比上年减少2996人，在校生73610人，比上年减少1978人。2009年上海民办高校招生29239人，在校生97380人；2010年招生29051人，比上年减少188人；在校生96353人，比上年减少1027人。2009年浙江民办高校：招生78818人，在校生271606人；2010年，招生76896人，比上年减少1922人；在校生275190人，比上年增加3584人。北京、上海、浙江都是高等教育普及程度相对较高的地区，民办高校招生数、在校生数出现负增长，说明在高等教育适龄人口回落的情况下，与公办高校相比，民办高等教育办学空间相对萎缩，民办高校吸引力不够，出现招生不足的首先是民办高校。在高等教育由卖方市场转为买方市场后，民办高校必须狠抓教学质量、办学特色，打造核心竞争力，才能继续生存下去。

三 地方政府对民办高等教育的政策扶持

2003 年 3 月 3 日，北京市教委印发《北京市民办高等学校教学管理规程》（京教高〔2003〕7 号），自 9 月 1 日实施。该规程共 7 章 40 条，从教学机构、教学运行、教学队伍建设等方面，对民办高校教学管理做出规定，强调民办高校要"以教学为中心，把提高教学质量、培养人才作为中心任务"。2004 年，北京市支持、鼓励高校与企业联合办学，与境外高水平教育机构合作办学，加快按新机制、新模式举办独立学院，积极促成 2 所独立学院建立。2005 年，加强对民办学校的管理，规范民办学校办学行为，对民办高等教育机构办学状况进行评估试点。对民办高校招生简章、广告备案工作进行规范化、制度化改革。印发《关于规范民办高校招生简章和广告若干问题的意见》，规范民办高校招生宣传。北京市民办高等教育快速发展，2003～2010 年发展状况如表 4-2 所示。

表 4-2 2003～2010 年北京民办高等教育发展状况

单位：所，人

年份	2003	2004	2005	2006	2007	2008	2009	2010
民办普通高校	7	11	10	10	9	10	10	10
在校生数	20931	31085	46271	54916	59078	55286	54298	51190
教职工数	2835	5059	6566	6806	6910	7596	7889	7098
独立学院	—	2	4	4	4	5	5	5
在校生数	—	1688	5824	10545	15767	19724	21290	22420
教职工数	—	165	505	887	1329	1639	1846	1841
民办高等教育机构	72	68	50	51	—	64	65	62
在校生数	244286	277978	—	—	—	—	—	—
教职工数	8905	8754	6797	7938	7683	7835	7862	7840

注：民办普通高校不含独立学院。

资料来源：《中国教育年鉴》（2004～2011），人民教育出版社。

截至 2004 年底，上海 15 所全日制民办普通高校中，已有杉达学院、东海职业技术学院等 9 所民办高校建立工会组织。在中共中央、国务院《关于进一步加强和改进大学生思想政治教育的意见》的指导下，2005 年 7 月 1 日，中共上海市科技教育工作委员会、上海市教育委员会印发《加强上海民办高校大学生思想政治教育的若干意见（试行）》。积极探索符合上海民办高校特点的大学生思想政治工作的新内容、新方法和新机制，切实加强上海民办高校大学生思想政治教育工作。2010 年 2 月，上海市教育委员会、上海市发展和改革委员会、上海市财政局、上海市国家税务局、上海市地方税务局、上海市住房保障和房屋管理局、上海市民政局七个部门联合下发《上海市推进民办高等学校落实法人财产权的实施办法》，明确了民办高校落实法人财产权的工作方向和工作要求。2003～2010 年上海民办高等教育发展状况如表 4-3 所示。

表 4-3　2003～2010 年上海民办高等教育发展状况

单位：所，人

年份	2003	2004	2005	2006	2007	2008	2009	2010
民办普通高校	14	15	17	17	17	17	17	17
在校生数	37770	52843	65315	73307	76120	79994	81937	80733
教职工数	1801	3482	4775	5114	5235	5159	5558	5544
独立学院	—	2	4	5	5	5	5	5
在校生数	—	1049	3979	7913	12204	14841	15443	15620
教职工数	—	151	413	775	957	1084	1110	1172
民办高等教育机构	196	212	232	246	—	256	254	255
在校生数	144974	246749	—	—	—	—	—	—
教职工数	922	3202	4150	4615	4312	4773	4972	5303

注：普通高校不含独立学院。
资料来源：《中国教育年鉴》（2004～2011），人民教育出版社。

2003 年，江苏省有独立设置的民办高校 15 所，批准筹建民办职业技术学院 3 所；占地面积共 502.3 万平方米，校舍面积共 136.3 万平方米，教学仪器设备总值 1.72 亿元；专任教师 1911 人，其中在编专职教师约占 50%；2003 年民办普通高校共招生 1.3 万人，在校学生 4 万多人。[1] 2003 年江苏省

---

① 中国教育年鉴编辑部：《中国教育年鉴》（2004 年），人民教育出版社，2004，第 509 页。

江南大学太湖学院和东南大学成贤学院获教育部批准，成为独立学院，具有
独立法人资格。此外，全省有3所高校进行高校股份制办学试点。确立民办
二级学院和独立学院共同发展的政策，有35所民办二级学院进行招生，在
校生超过7万人。民办二级学院吸纳社会资金10亿多元，拥有校舍117万
平方米，教学仪器设备总值达1.77亿元，图书250万册。在民办学校招生
等方面，实施政策倾斜和特殊措施，大力扶持民办高校发展。采取将民办专
科与普通专科、高职同时填报志愿，同批次录取的办法，并设置了6个院校
志愿，争取了一部分高分考生报考民办高校；对未完成招生计划的民办高
校，采取适当降分的录取办法；允许部分民办高校试办预科班，招收五年制
学生。2007年3月20日，江苏省人民政府办公厅印发《关于加强民办高校
规范管理促进民办高等教育健康发展的通知》（苏政办发〔2007〕25号）。
2008年，江苏认真开展民办高校招生简章和广告备案工作，严格执行国家
有关规定，进一步明确广告内容要求，杜绝虚假、不实宣传。成立了民办高
校督导组，采取巡回督导、专项督导等方式，依法监督、检查和指导民办高
校的办学行为和办学质量。按照《民办教育促进法》有关规定，及时做好
民办高校校长任职的核准和理事长、理事（董事长、董事）的备案工作。
2003~2010年江苏民办高等教育发展状况如表4-4所示。

表4-4　2003~2010年江苏民办高等教育发展状况

单位：所，人

年份	2003	2004	2005	2006	2007	2008	2009	2010
民办普通高校	11	17	20	21	21	22	23	24
在校生数	41609	44168	71875	93124	181199	194261	208615	191290
教职工数	3507	3980	5309	6854	9153	8500	8782	8589
独立学院	—	9	26	26	26	26	26	26
在校生数	—	9632	53486	97449	169868	193353	210450	222533
教职工数	—	861	5082	6944	8943	9826	11090	11755
民办高等教育机构	12	15	11	11	—	—	—	—
在校生数	5519	7367	—	—	—	—	—	—
教职工数	477	690	528	297	104	—	—	—

注：普通高校不含独立学院。
资料来源：《中国教育年鉴》（2004~2011），人民教育出版社。

2003 年 11 月，湖南省教育厅对 17 所独立学院进行了检查清理和重新报批，经审查，教育部首批核准试办湖南师范大学树达学院、湖南商学院北津学院、湖南农业大学东方科技学院、长沙理工大学城南学院、中南林学院涉外学院、株洲工学院科技学院、湖南科技大学理工学院、湘潭大学兴湘学院、湖南文理学院芙蓉学院、湖南理工学院南湖学院、吉首大学张家界学院、南华大学船山学院 12 所独立学院。[①]

表 4 – 5　2003～2010 年湖南民办高等教育发展状况

单位：所，人

年份	2003	2004	2005	2006	2007	2008	2009	2010
民办普通高校	5	6	10	11	13	13	13	15
在校生数	46977	26843	47134	57071	77900	77723	92873	95426
教职工数	4060	3248	4678	5499	7279	7523	7566	8190
独立学院	—	15	15	15	15	15	15	15
在校生数	—	32136	49386	62799	76743	94845	107269	115811
教职工数	—	1888	2756	3716	4602	5499	5829	5902
民办高等教育机构	60	65	42	33	—	30	14	20
在校生数	43695	28669	33413	20470	15020	17895	—	—
教职工数	3133	3359	2104	2014	1526	1933	660	810

注：普通高校不含独立学院。

资料来源：《中国教育年鉴》（2004～2011），人民教育出版社。

为进一步贯彻落实国务院办公厅《关于加强民办高校规范管理引导民办高等教育健康发展的通知》和中共中央组织部、中共教育部党组《关于加强民办高校党的建设工作的若干意见》及教育部《民办高等学校办学管理若干规定》三个文件精神，进一步加强民办高校规范管理、促进民办高等教育更好地为现代化建设服务，全国各省、自治区、直辖市结合各地区民办高校的实际情况，先后制定并印发相应的意见通知。如：2007 年 4 月 3 日，海南省人民政府办公厅《关于加强民办高校规范管理的通知》（琼府办〔2007〕34号）。2007 年 5 月 14 日，浙江省人民政府办公厅《关于进一步加强民办高等

[①]　中国教育年鉴编辑部：《中国教育年鉴》（2004 年），人民教育出版社，2004，第 624 页。

学校管理的若干意见》（浙政办发〔2007〕39号）。2007年9月13日，山西省人民政府办公厅《关于进一步加强民办高等学校办学管理的意见》（晋政办发〔2007〕114号）。2007年，江西省委教育工委和省教育厅出台了14个规范民办高校招生行为的文件，建立健全江西省民办学校"招生简章和广告审查备案""报到通知书审查备案""招生信息公示""新生报到""退学退费""学生信息库""学校招生信用记录"和"党组织发挥作用"等制度。省教育厅会同省公安厅、省监察厅出台了依法查处非法招生中介和招生诈骗行为的实施办法，先后向10所民办高校委派督导专员（党委书记）。[①] 督导专员（党委书记）与学校决策机构和行政班子相互配合，切实加强对招生工作的领导和监管，加强招生制度和招生队伍建设，并通过设立党员招生咨询服务台等措施，规范招生工作。2008年3月18日，福建省教育厅关于印发《福建省民办高校督导专员委派及管理办法》的通知（闽教发〔2008〕27号）。2010年，全国各省、自治区、直辖市民办普通高校（含独立学院）发展状况见表4-6。

表4-6　2010年全国各省、自治区、直辖市民办普通高校（含独立学院）发展状况

省份	学校数（所）	在校生数（人）	省份	学校数（所）	在校生数（人）
北京市	15	73610	天津市	11	58114
重庆市	17	104515	上海市	22	96353
河北省	34	294548	山西省	15	99435
辽宁省	36	158986	吉林省	15	104488
黑龙江省	16	102877	江苏省	50	413823
浙江省	35	275190	安徽省	28	147466
福建省	35	173896	江西省	26	190233
山东省	38	317964	河南省	28	222323
湖北省	42	372577	湖南省	30	211237
广东省	48	436783	海南省	7	48519
四川省	24	17917	贵州省	9	54552
云南省	17	108137	陕西省	30	268226
甘肃省	6	49754	青海省	1	2486
台湾	—	—	内蒙古自治区	8	18016

① 中国教育年鉴编辑部：《中国教育年鉴》（2004年），人民教育出版社，2004，第687页。

省份	学校数(所)	在校生数(人)	省份	学校数(所)	在校生数(人)
广西壮族自治区	21	108135	西藏自治区	0	0
宁夏回族自治区	4	20643	新疆维吾尔自治区	8	24590
香港特别行政区	—		澳门特别行政区	—	

资料来源:《中国教育年鉴》(2011 年),人民教育出版社。

第二节　其他类型民办教育的规范与发展

2003～2010 年,随着《中华人民共和国民办教育促进法》和《中华人民共和国民办教育促进法实施条例》的颁布,国家先后出台的系列新政寄托着对民办教育发展的高度重视和殷切期待。各类民办学校开始由注重外延发展转变为更加注重内涵发展,自觉接受社会检验。各级各类民办学校得到长足发展,总体而言:高等教育发展相对稳定,中等职业教育的发展速度逐渐高于普通高中,中小学教育稳中有降,学前教育及培训教育高速发展(见表 4－7)。中国民办教育全方位、多层次、多元化格局正在形成,进入了依法规范办学和创新的阶段。

表 4－7　2003～2010 年各级各类民办教育发展综合统计数

单位:万所,万人

年份	民办幼儿园		民办小学		民办初中		民办高中		民办高校	
	所数	在校生	所数	在校生	所数	在校生	所数	在校生	所数	在校生
2003	5.55	480.23	5676	274.93	3651	256.57	2679	141.37	173	81
2004	6.22	584.11	6047	328.32	4219	315.68	2953	184.73	475	139.63
2005	6.88	668.09	6242	388.94	4608	372.42	3175	226.78	547	221.63
2006	7.54	775.69	6161	412.09	4550	394.06	3246	247.72	596	280.50
2007	7.76	868.75	5798	448.79	4482	412.55	3101	245.96	615	349.69
2008	8.31	982.03	5760	480.40	4408	428.40	2913	240.30	640	401.30
2009	8.93	1134.17	5496	502.88	4331	433.89	2670	230.13	658	446.14
2010	10.22	1399.47	5351	537.63	4259	442.11	2499	230.07	676	476.68

资料来源:《中国教育年鉴》(2004～2011),人民教育出版社。

一 民办高中阶段的规范与发展

2003～2010年，民办高中阶段教育发展发展比较稳定，值得关注的是民办中等职业教育发展迅速，主要原因在于近年来各级教育行政部门高度重视中等职业教育的发展。

（一）国家对民办高中阶段的扶持政策

2004年6月17～19日，教育部等七部门召开全国职业教育工作会议，印发《教育部等七部门关于进一步加强职业教育工作的若干意见》，对推进职业教育在新形势下快速健康发展提出一系列政策措施。

2005年2月28日，教育部印发《关于加快发展中等职业教育的意见》（教职成〔2005〕1号），指出："要把大力发展民办中等职业教育作为加快中等职业教育发展新的增长点。""把民办中等职业教育纳入整个中等职业教育事业发展的总体规划，加快发展。同时，要依法加强对民办中等职业学校的管理，规范其办学行为。"

2005年4月26～27日，教育部在江西省新余市召开全国民办中等职业教育工作经验交流会。教育部部长周济在会上强调，大力发展民办中等职业教育是加快职业教育发展的重要途径。教育部对江西省发展民办中等职业教育的经验及做法给予充分的肯定。据不完全统计，会后，江西省教育厅和新余市共接待外省市职业教育考察团73批共1260人次。

2005年11月7日，国务院再次召开全国职业教育工作会议，会前印发《国务院关于大力发展职业教育的决定》（国发〔2005〕35号），明确指出，要把发展职业教育作为经济社会发展的重要基础和教育工作的战略重点。"大力发展民办职业教育，加大对民办职业教育的支持力度，制定和完善民办学校建设用地、资金筹集的相关政策和措施"。2004年、2005年两次全国职业教育工作会议做出关于职业教育的重要决定，把职业教育放在更加突出、更加重要的战略位置，大力发展职业教育特别是中等职业教育已经成为全社会的共识，职业教育进入快速发展阶段。

2006年4月25日，教育部印发《关于大力发展民办中等职业教育的意见》（教职成〔2006〕5号）。民办中等职业教育有了一定发展，但是从总体上来看，民办中等职业教育还存在发展相对缓慢、规模总量偏小、发展不平衡、办学条件及教学质量有待提高等问题。进一步明确"十一五"期间的目标任务是：全国民办中等职业教育的办学规模要进一步扩大，学校数和在校生数占职业学校的比例有较大幅度的提高；建成一批办学规模大、办学条件好、教育质量高、特色鲜明、社会信誉度高的民办中等职业学校；初步形成公办与民办中等职业教育优势互补、共同发展的格局。要求各地加强对民办中等职业教育的管理，指导民办中等职业学校进一步健全内部管理和监督制度，依法办学，科学决策，民主管理，规范运行。

2007年5月18日，教育部发布的《国家教育事业发展"十一五"规划纲要》中指出："以中等职业教育为重点，加快发展职业教育，培养高素质劳动者和高技能人才。"国家对职业教育的重视，为初中后教育提供了更多选择。《国家中长期教育改革和发展规划纲要》把职业教育专列一章，强调了现阶段发展职业教育的重要性。另外，经过多年的发展，民办中等职业学校已经步入良好发展阶段，出现了一批与市场结合紧密、办学质量较高的学校，民办中等职业学校社会信誉度有了很大的提升。

（二）全国民办高中阶段的发展状况

2010年我国高中教育阶段共有民办学校5622所，比2003年增加1561所。其中，民办普通高中2499所，比2003年减少180所；在校生230.07万人，比2003年增加88.7万人。民办中等职业学校3123所，比2003年增加1741所；在校生306.99万人，比2003年增加227.61万人。民办中等职业学校由于享受政策红利，发展速度逐渐高于民办普通高中。而民办普通高中由于三个方面的原因处于萎缩减少状态：第一，受适龄人口数量下降的影响，生源数量下降，现阶段民办普通高中招生相当困难，生源不足已经严重影响民办普通高中今后的生存与发展。第二，中等职业教育迅速发展，生源流入民办中等职业学校。第三，在大中型城市，政府不断推进示范性公办高中建设，示范性高中数量逐年增加，而且办学质量优于民办高中；在小城镇，推行的则是扩大重点高中的招生规模，人数规模巨大的公办高中不断涌现，在生源逐年减少的背景下，民办高中在校生自然呈现减少趋势（见表4-8、表4-9）。

表4-8　2003~2010年全国民办普通高中发展状况

年份	学校数（所）	比上年增减（%）	在校生总数（万人）	比上年增减（%）	教职工数（人）	比上年增减（%）
2003	2679	—	141.37	—	—	—
2004	2953	+10.23	184.73	+30.67	345419	—
2005	3175	+7.52	226.78	+22.76	404212	+17.02
2006	3246	+2.24	247.72	+9.23	434801	+7.57
2007	3101	-4.47	245.96	-0.71	450494	+3.61
2008	2913	-6.06	240.30	-2.30	456873	+1.42
2009	2670	-8.34	230.13	-4.23	458837	+0.43
2010	2499	-6.40	230.07	-0.03	463647	+1.05

注：民办普通高中教职工数包含民办普通初中教职工数。
资料来源：《中国教育年鉴》（2004~2011），人民教育出版社。

表4-9　2003~2010年全国民办中等职业教育发展状况

年份	学校数（所）	比上年增减（%）	在校生总数（万人）	比上年增减（%）	教职工数（人）	比上年增减（%）
2003	1382	—	79.38	—	—	—
2004	1633	+18.16	109.94	+38.50	77867	—
2005	2017	+23.52	154.14	+40.20	99067	+27.23
2006	2559	+26.87	202.63	+31.46	127357	+28.56
2007	2958	+15.59	257.54	+27.10	156207	+22.65
2008	3234	+9.33	291.81	+13.31	170562	+9.20
2009	3198	-1.11	318.1	+9.01	171356	+0.47
2010	3123	-2.35	306.99	-3.49	165634	-3.34

资料来源：《中国教育年鉴》（2004~2011），人民教育出版社。

根据表4-8的数据可知，就民办普通高中而言，自2007年起学校数量开始逐年减少，每年减少一二百所，减幅5%左右，2010年占全国普通高中总数的 17.78%，在校生人数也开始逐年减少，2010 年所占比例为 9.48%。根据表 4-9 的数据可知，就民办中等职业教育而言，整体发展较民办普通高中势头要好。2003~2008 年民办中等职业教育发展较快，2008 年民办中等职业学校占全国中等职业学校总数的 21.78%，在校生占总数的 13.98%。2009 年民办中等职业学校数量开始逐年减少，但所占全国总数的比例比 2008 年所占比例上升，为 22.20%，2010 年所占比例为 22.51%。2010 年中等职业在校生数开始减少，占全国总数的 13.71%，比 2009 年的 14.49% 有所减少，但与 2008 年的 13.98% 接近。

（三）地方政府对民办高中阶段的政策扶持

为进一步加强高中教育阶段民办教育规范管理，促进民办普通高中和中等职业学校健康可持续发展，全国各省、自治区、直辖市在《民办教育促进法》及其实施条例等法规政策的指导下，根据各地区民办普通高中和中等职业学校的实际情况，纷纷研讨制定相应的政策措施。

2004 年，四川省民办中等职业学校由 2003 年的 57 所发展到 122 所，比 2003 年增长 114.04%；在校生规模增长至 8.77 万人，比 2003 年增长 111.93%。泸州市民办中等职业学校在校生已占职业教育总数的 31.25%，巴中市民办中等职业学校占全市中职学校的 58%，在校生占中职学生总数的 46%，实现了中等职业学校规模的增量部分，主要体现在民办职业教育发展上。涌现出了四川联合经济学校、合江少岷职业学校等规模大、机制活、见效快的民办职业学校，初步形成公办和民办职业教育共同发展局面。[1]2007 年，制定《四川省进一步规范普通高中招生行为的若干规定》，要求各地进一步规范普通高中招生行为，维护学校正常教育教学秩序，促进普通高中健康发展。2003~2010 年四川民办高中阶段教育发展状况如表 4-10 所示。

---

[1]　中国教育年鉴编辑部：《中国教育年鉴》（2005 年），人民教育出版社，2005，第 805 页。

表 4 – 10 2003 ~ 2010 年四川民办高中阶段教育发展状况

单位：所，人

年份	2003	2004	2005	2006	2007	2008	2009	2010
普通高中	63	68	74	79	81	75	72	71
在校生数	29310	41926	50613	60775	60742	60467	61239	69848
教职工数	9398	11035	12857	15060	15945	16890	18287	20822
中等职业学校	57	122	175	261	235	254	249	257
在校生数	41389	87717	198344	306506	341670	392393	431045	414636
教职工数	2321	5204	10988	15866	16894	19721	20466	19036

注：民办普通高中教职工数包含民办普通初中教职工数。

资料来源：《中国教育年鉴》（2004 ~ 2011），人民教育出版社。

2005 年，陕西加快了民办中等职业教育的发展，命名民办中等职业教育示范学校 13 所。2006 年，根据全省职业教育工作会议精神，成立陕西省职业教育工作领导小组，印发《陕西省人民政府关于大力发展职业教育的决定》。截至 12 月底，西安、宝鸡、渭南、安康等 4 市相继召开了职业教育工作会议；西安、宝鸡、咸阳、渭南、榆林、安康等 6 市制定贯彻省政府决定的实施意见，提出相关政策措施。各市、各部门加大投入，据不完全统计，2006 年全年，中央、省、市三级财政及其他方面用于职业教育的资金投入总量超过 2 亿元。2003 ~ 2010 年陕西民办高中阶段教育发展状况如表 4 – 11 所示。

表 4 – 11 2003 ~ 2010 年陕西民办高中阶段教育发展状况

单位：所，人

年份	2003	2004	2005	2006	2007	2008	2009	2010
普通高中	100	110	123	134	136	124	119	109
在校生数	49356	63549	75269	89266	94238	97767	97709	97286
教职工数	10187	12014	13717	14475	15121	15524	15608	16177
中等职业学校	79	87	80	93	139	153	166	153
在校生数	46348	54638	57577	68259	113556	129035	165324	149082
教职工数	3367	3793	4187	5211	7401	8012	8907	8138

注：民办普通高中教职工数包含民办普通初中教职工数。

资料来源：《中国教育年鉴》（2004 ~ 2011），人民教育出版社。

2004 年，北京市加快职业教育的结构调整，建设 10 所国内一流的中等职业学校。2005 年，北京制订《中等职业学校重点专业评估指标体系》，根据行业发展对技能人才的新要求，进一步研究修订培养规格和能力标准。2003～2010 年北京民办高中阶段教育发展状况如表 4－12 所示。

表 4－12　2003～2010 年北京民办高中阶段教育发展状况

单位：所，人

年份	2003	2004	2005	2006	2007	2008	2009	2010
普通高中	66	78	78	80	76	76	63	57
在校生数	18349	21626	23730	22960	22478	18567	15267	15044
教职工数	3169	3452	3243	3778	3673	3641	3570	3869
中等职业教育	19	14	16	19	23	22	21	21
在校生数	4344	4100	5508	6066	6286	8459	6835	6794
教职工数	989	1111	1246	1404	1375	1176	1196	1147

注：民办普通高中教职工数包含民办普通初中教职工数。
资料来源：《中国教育年鉴》（2004～2011），人民教育出版社。

2005 年，河南各类中等职业学校招生达到 50.71 万人，初中后一年培训 66.1 万人，超额完成了既定的招生培训目标任务。中等职业学校毕业生就业率达到 96.6%，比上年有所提高。在国务院召开的全国职教会上，贾连朝副省长代表河南省做了经验交流发言。加强县级职教中心和中等职业学校实训基地建设。全年省级投入专项资金 530 万元，争取国家有关扶持资金 2620 万元，加强了中等职业学校基础能力建设。[1]2006 年 4 月 21 日，河南省政府在郑州召开全省职业教育工作会议，出台《关于大力发展职业教育的决定的实施意见》，建立发展职业教育的组织领导、经费保障机制，制定贫困生资助制度、职业教育工作督导评估制度等一系列促进职业教育发展的政策措施。2003～2010 年河南民办高中阶段教育发展状况如表 4－13 所示。

---

① 中国教育年鉴编辑部：《中国教育年鉴》（2006 年），人民教育出版社，2006，第 389 页。

表 4 - 13　2003～2010 年河南民办高中阶段教育发展状况

单位：所，人

年份	2003	2004	2005	2006	2007	2008	2009	2010
普通高中	147	170	197	198	192	197	182	176
在校生数	89879	129273	191897	215927	217939	229269	215503	219005
教职工数	21043	23583	31205	34107	36879	39811	39839	41574
中等职业教育	36	41	69	133	216	272	299	305
在校生数	45427	59448	98770	145303	203227	279369	352075	352975
教职工数	2699	3226	5079	7724	11369	14159	39839	16864

注：民办普通高中教职工数包含民办普通初中教职工数。

资料来源：《中国教育年鉴》（2004～2011），人民教育出版社。

2008 年 7 月 10 日，重庆市教育委员会发布《关于印发〈重庆市民办高中阶段学历教育学校办学管理规定〉的通知》（渝教民办〔2008〕8 号），并自 2008 年 9 月 1 日起施行。《重庆市民办高中阶段学历教育学校办学管理规定》结合重庆市实际制定，明确规范重庆市民办普通高中和中等职业学历教育学校的管理，促进民办教育事业的和谐健康发展。要求各级教育行政部门应当将民办中等学校的发展纳入教育发展规划，坚持"适应需求，合理布局，注重内涵，规范管理"原则，促进民办中等学校发展，保障民办中等学校的办学自主权，保证民办中等学校与公办中等学校具有同等的法律地位。2003～2010 年重庆民办高中阶段教育发展状况如表 4 - 14 所示。

表 4 - 14　2003～2010 年重庆民办高中阶段教育发展状况

单位：所，人

年份	2003	2004	2005	2006	2007	2008	2009	2010
普通高中	23	22	16	22	15	19	19	19
在校生数	10564	9371	10223	16691	19757	20235	22469	23720
教职工数	3564	3391	3727	3929	4598	5117	5561	5859
中等职业教育	66	79	96	98	43	75	51	34
在校生数	43565	56327	56228	73909	74324	83255	65904	53793
教职工数	2887	2869	3422	4263	4868	5122	3891	3744

注：民办普通高中教职工数包含民办普通初中教职工数。

资料来源：《中国教育年鉴》（2004～2011），人民教育出版社。

2004 年，江西省新增民办"省重点建设中学"21 所，占全年新增"省重点建设中学"的 84%，使全省民办"省重点建设中学"增加到 26 所。① 2005 年，为确保中等职业教育完成 25 万人的招生任务，江西省教育厅及时召开会议，落实任务。各地教育行政部门和职业学校逐级分解落实了任务指标，建立了招生工作督查和激励机制，把中等职业学校招生任务完成情况作为各级教育行政部门年度工作考核的重要内容。7 月上旬，省教育厅组成专门检查组，对各设区市职业高中招生工作情况进行了为期一周的检查。② 2006 年初，江西省教育厅印发了《关于做好 2006 年全省中等职业学校招生工作的通知》，及时分解下达中等职业学校指导性招生计划，提出了进一步改革中等职业学校招生管理办法的八项措施。全省各级教育行政部门认真落实《教育部关于中等职业学校面向未升学高中毕业生开展职业教育与培训的意见》精神，动员组织历届初、高中毕业生就读中等职业学校。全省教育行政部门把中等职业学校扩招工作作为年内教育工作的一项重要任务，建立了市、县、校三级招生目标管理考核机制和招生工作督查激励机制，省教育厅组成检查组，对各设区市职业高中招生工作情况进行专项督查。2003～2010 年江西民办高中阶段教育发展状况如表 4-15 所示。

表 4-15　2003～2010 年江西民办高中阶段教育发展状况

单位：所，人

年份	2003	2004	2005	2006	2007	2008	2009	2010
普通高中	211	238	238	203	183	180	137	120
在校生数	90216	124877	142526	140843	127525	124056	113200	101082
教职工数	14226	17257	19680	19185	18576	18592	18204	18257
中等职业教育	85	118	151	188	202	207	210	193
在校生数	59955	97089	182702	167607	178854	171236	187434	177148
教职工数	4035	6009	7297	9035	9525	9706	10278	9359

注：民办普通高中教职工数包含民办普通初中教职工数。

资料来源：《中国教育年鉴》（2004～2011），人民教育出版社。

---

① 中国教育年鉴编辑部：《中国教育年鉴》（2005 年），人民教育出版社，2005，第 692 页。
② 中国教育年鉴编辑部：《中国教育年鉴》（2006 年），人民教育出版社，2006，第 562 页。

2010 年，全国各省、自治区、直辖市民办普通高中发展状况见表
4 - 16。

表 4 - 16　2010 年全国各省、自治区、直辖市民办普通高中发展状况

单位：所，人

省份	学校数	在校生数	省份	学校数	在校生数
北京市	57	15044	天津市	34	18114
重庆市	19	23720	上海市	61	16839
河北省	95	113053	山西省	170	167382
辽宁省	83	75747	吉林省	26	29938
黑龙江省	68	49471	江苏省	132	212271
浙江省	172	190028	安徽省	176	175162
福建省	89	75730	江西省	120	101082
山东省	96	112859	河南省	176	219005
湖北省	138	123530	湖南省	105	84910
广东省	126	101115	海南省	20	13477
四川省	71	69848	贵州省	89	44672
云南省	50	36347	陕西省	109	97286
甘肃省	52	38387	青海省	8	2918
台湾	—	—	内蒙古自治区	35	14224
广西壮族自治区	82	56463	西藏自治区	1	194
宁夏回族自治区	10	6081	新疆维吾尔自治区	29	15809
香港特别行政区	—	—	澳门特别行政区	—	—

资料来源：《中国教育年鉴》（2011 年），人民教育出版社，2012。

除此之外，全国各省、自治区、直辖市加强对民办中等职业学校的管理
和规范。2005 年，陕西省为加快民办中等职业教育的发展，命名民办中等
职业教育示范学校 13 所。2010 年，河北省组织开展省管民办中等职业学校
办学水平评估工作，推进民办中等职业学校标准化、规范化建设，开展民办
学校检查，有 5 所民办办学机构被终止办学，3 所被暂停招生，11 所被责令
限期整改。

2010 年，全国各省、自治区、直辖市民办中等职业教育发展状况见表
4 - 17。

表 4 - 17　2010 年全国各省、自治区、直辖市民办中等职业教育发展状况

单位：所，人

省份	学校数	在校生数	省份	学校数	在校生数
北京市	21	6794	天津市	8	5400
重庆市	34	53793	上海市	6	2881
河北省	269	186483	山西省	106	70184
辽宁省	96	36151	吉林省	78	46241
黑龙江省	72	40888	江苏省	40	72802
浙江省	113	98894	安徽省	160	151907
福建省	64	51661	江西省	193	177148
山东省	164	188147	河南省	305	352975
湖北省	118	120904	湖南省	290	199657
广东省	156	279753	海南省	32	15487
四川省	257	414636	贵州省	70	49919
云南省	54	85795	陕西省	153	149082
甘肃省	33	27856	青海省	7	2550
台湾	—	—	内蒙古自治区	77	44610
广西壮族自治区	131	123488	西藏自治区	0	0
宁夏回族自治区	6	4671	新疆维吾尔自治区	10	9186
香港特别行政区	—	—	澳门特别行政区	—	—

资料来源：《中国教育年鉴》（2011 年），人民教育出版社。

二　民办中小学阶段的规范与发展

（一）国家对民办中小学的扶持政策

2006 年 9 月 1 日，实施 20 年后重新修订的《义务教育法》正式施行，新法将义务教育的均衡发展纳入法制轨道，把实施素质教育作为义务教育的一项新的历史使命，确立义务教育经费保障机制，规范义务教育的办学行为。这是《义务教育法》1986 年颁布以来的一次重大修改，也是中国义务教育发展新的里程碑。《义务教育法》指出："社会组织和个人应当为适龄儿童、少年接受义务教育创造良好的环境。"社会组织或者个人依法举办实施义务教育的民办学校，依照民办教育促进法有关规定执行。2007 年 5 月 18 日，教育部发布《国家教育事业发展"十一五"规划纲要》，对义务教育阶段提出要求："全面普及和巩固九年义务教育，小学净入学率保持在 99% 以上，初中毛入学率达到 98% 以上，

初中三年保留率达到95%。"借此,民办小学和初中得以大力发展。

(二)全国民办中小学发展状况

2003~2010年,是我国义务教育阶段民办教育发展的一个重要时期,民办义务教育的改革和发展虽然遇到了许多困难和挑战,但其内涵品质却在不断提升,呈现出一些新的特点和变化,得到社会认可,发展空间得到进一步的拓展。2010年,我国有民办普通小学5351所,比2003年减少325所;在校生537.63万人,比2003年增加262.7万人。民办普通初中4259所,比2003年增加608所;在校生442.11万人,比2003年增加185.54万人(见表4-18、表4-19)。

表4-18 2003~2010年全国民办普通小学教育发展状况

年份	学校数 (所)	比上年增减 (%)	在校生总数 (万人)	比上年增减 (%)	教职工数 (人)	比上年增减 (%)
2003	5676	—	274.93	—	—	—
2004	6047	+6.54	328.32	+19.42	192704	—
2005	6242	+3.22	388.94	+18.46	225715	+17.13
2006	6161	-1.30	412.09	+5.94	246898	+9.38
2007	5798	-5.89	448.79	+8.91	268842	+8.89
2008	5760	-0.66	480.40	+7.04	286070	+6.41
2009	5496	-4.58	502.88	+4.68	300532	+5.06
2010	5351	-2.64	537.63	+6.91	313927	+4.46

资料来源:《中国教育年鉴》(2004~2011),人民教育出版社。

表4-19 2003~2010年全国民办普通初中教育发展状况

年份	学校数(所)	比上年增减(%)	在校生总数(万人)	比上年增减(%)
2003	3651	—	256.57	—
2004	4219	+15.56	315.68	+23.04
2005	4608	+9.22	372.42	+17.97
2006	4550	-1.26	394.06	+5.81
2007	4482	-1.49	412.55	+4.69
2008	4408	-1.65	428.40	+3.84
2009	4331	-1.75	433.89	+1.28
2010	4259	-1.66	442.11	+1.89

资料来源:《中国教育年鉴》(2004~2011),人民教育出版社。

义务教育阶段民办教育无论是学校数还是在校生数在全国总数中所占比例都相当有限，特别是民办小学。发展至 2010 年，民办小学学校所占比例为 2.08%；在校生所占比例为 5.40%；民办初中学校所占比例为 7.76%，在校生所占比例为 8.37%。这充分说明，在义务教育阶段仍以公办教育为主，民办教育整体发展偏弱，有益补充地位未变。但是，民办学校在其中发挥补充性、差异性作用，在满足优质多元化教育的需要方面发挥重要作用。

表 4-18、表 4-19 的数据显示，2005 年是义务教育阶段民办教育发展的重要年份。2005 年之前，民办小学及民办初中发展势头相当迅猛。2006 年开始民办小学和民办初中学校数量开始逐年减少。与义务教育阶段民办学校数量的情况不同的是，在校生数量仍呈逐年增加的趋势，2005 年以前增幅较大，2005 年后每年增幅较小，而民办小学 2005 年前后波动最大。学校的减少和在校生的增加，这一增一减说明民办学校的平均规模在扩大，一些办学定位不准、办学特色不明、教育质量不高、不能满足市场需要的民办中小学正在逐步退出民办教育领域，而一些教育教学质量高、能满足社会多元需要的民办中小学则受到欢迎。这种发展趋势也将迫使更多的民办学校调整办学方针，走内涵发展的道路。

此外，由于国家在全国实行免费义务教育，近年来政府对义务教育公办学校不断加大经费投入，公办小学和初中逐步实现均衡发展，办学质量也逐年得到提高。政府加大公办学校投入的同时，民办学校的办学成本也就相对提高，办学压力越来越大。近几年来，民办学校普遍存在运行经费不足的问题，难以有充足的经费保证学校的特色发展，受升学率牵制，在教育教学上，多数民办学校选择与公办学校雷同的模式，因此，义务教育阶段的大多数民办学校对广大受教育者吸引力不强。

（三）地方政府对民办中小学的政策扶持

这个阶段，各地区对义务教育阶段民办学校给予一定的规范调整和扶持，例如：2005 年 11 月 18 日，陕西省物价局印发《关于认真做好我省民办中小学校收费清理整顿工作的通知》（陕价行发〔2005〕193 号），指出近年来社会各方面对部分民办中小学校办学行为不规范、乱收费和高收费等问题反映强烈。为进一步加强民办中小学收费管理工作，规范民办中小学校收费行为，要求各级物价部门切实抓紧抓好对民办中小学校办学行为和收费标准的清理整顿工作，并将这次清理整顿情况于 2005 年 12 月 25 日前上报陕西省物价局。2003～2010 年，陕西民办中小学发展状况如表 4-20 所示。

表 4-20　2003～2010 年陕西民办中小学发展状况

单位：所，人

年份	2003	2004	2005	2006	2007	2008	2009	2010
普通初中	115	135	144	121	102	102	91	96
在校生数	82463	95056	106475	114973	121210	125935	132323	137270
普通小学	261	311	294	237	208	201	204	199
在校生数	97505	114073	117825	103812	105281	106443	120091	129618
教职工数	6368	7431	8128	7676	7893	8521	9368	9333

资料来源：《中国教育年鉴》（2004～2011），人民教育出版社。

　　2005 年 3 月 27 日，经上海市教委批准，市民政局、市社团管理局注册登记，具有独立法人资格的上海市民办中小学协会举行成立大会。教育部基础教育司、上海市人大教科文卫委员会、上海市政协教科文卫委员会、上海市教委、上海教科院党委等单位有关领导及上海民办教育工作者近 200 人参加会议。会上通过《上海市民办中小学协会章程》《上海市民办中小学协会会员自律公约》，选举出民办中小学协会的领导机构，宣布成立民办中小学协会党组。据协会负责人介绍，民办中小学协会的成立目的是促进上海民办基础教育的健康发展，促进民办基础教育办学的自律和自主管理。

　　根据上海市实际情况，为切实支持区域内民办中小学的发展，2010 年 3 月 18 日，上海市教育委员会、上海市财政局联合印发《关于加强扶持民办中小学发展的通知》（沪教委民〔2010〕6 号），提出具体的财政政策扶持：一是对符合条件且收费标准低于同级同类公办学校生均经费拨款的义务教育阶段民办中小学校，按照本市义务教育阶段公办学校生均公用经费基本定额给予补助；二是鼓励区县政府设立促进民办中小学发展的专项资金，主要用于区域内符合条件的民办中小学改善办学条件和开展教育教学改革试点；三是将民办中小学教师培训和师资队伍建设纳入全区县统筹规划实施。2003～2010 年，上海民办中小学发展状况如表 4-21 所示。

表 4-21　2003～2010 年上海民办中小学发展状况

单位：所，人

年份	2003	2004	2005	2006	2007	2008	2009	2010
普通初中	56	39	43	44	42	47	46	48
在校生数	65886	52289	57028	57376	61552	64027	63174	61881
普通小学	40	17	19	22	24	87	171	184
在校生数	59313	22380	26281	29391	35180	82189	151037	164206
教职工数	2591	1288	1505	1555	2120	4939	8642	9469

资料来源：《中国教育年鉴》（2004～2011），人民教育出版社。

2010 年，全国各省、自治区、直辖市民办初中发展状况见表 4-22。

表 4-22　2010 年全国各省、自治区、直辖市民办初中发展状况

省份	学校数（所）	在校生数（人）	省份	学校数（所）	在校生数（人）
北京市	16	21548	天津市	14	23683
重庆市	75	66456	上海市	48	61881
河北省	193	207578	山西省	267	264129
辽宁省	33	48845	吉林省	30	47544
黑龙江省	58	60914	江苏省	191	394747
浙江省	172	196849	安徽省	297	417074
福建省	84	142738	江西省	153	146487
山东省	236	259468	河南省	529	474575
湖北省	119	113945	湖南省	147	205792
广东省	712	596002	海南省	78	33561
四川省	171	202070	贵州省	230	110493
云南省	79	48524	陕西省	96	137270
甘肃省	19	13019	青海省	0	0
台湾	—	—	内蒙古自治区	51	30569
广西壮族自治区	130	78284	西藏自治区	2	324
宁夏回族自治区	5	12006	新疆维吾尔自治区	24	13963
香港特别行政区	—	—	澳门特别行政区	—	—

资料来源：《中国教育年鉴》（2011 年），人民教育出版社。

2010 年，全国各省、自治区、直辖市民办小学发展状况见表 4 - 23。

表 4 - 23　2010 年全国各省、自治区、直辖市民办小学发展状况

省份	学校数（所）	在校生数（人）	省份	学校数（所）	在校生数（人）
北京市	21	32686	天津市	14	11269
重庆市	125	47134	上海市	184	164206
河北省	301	245935	山西省	229	202549
辽宁省	26	28660	吉林省	18	31969
黑龙江省	27	18207	江苏省	105	200695
浙江省	186	340347	安徽省	215	196226
福建省	99	95618	江西省	61	87240
山东省	241	242888	河南省	1177	827849
湖北省	68	75947	湖南省	121	141929
广东省	827	1461490	海南省	79	82363
四川省	379	244156	贵州省	259	162362
云南省	114	100531	陕西省	199	129618
甘肃省	16	8517	青海省	6	1869
台湾	—	—	内蒙古自治区	48	40161
广西壮族自治区	177	122880	西藏自治区	3	989
宁夏回族自治区	3	3312	新疆维吾尔自治区	23	26653
香港特别行政区	—	—	澳门特别行政区	—	—

资料来源：《中国教育年鉴》（2011 年），人民教育出版社。

三　民办学前教育的规范与发展

（一）国家对民办学前教育的扶持政策

长期以来，学前教育阶段民办教育处于自发办学状态。部分民办学前教育机构存在非法办园、审批不严、管理不规范、从业人员素质不高等问题，甚至引发多起安全事故。针对这些问题，2007 年 9 月 20 日，教育部印发《关于加强民办学前教育机构管理工作的通知》（教基〔2007〕16 号），要求各地按照《民办教育促进法》及其实施条例和《幼儿园管理条例》的有关规定，区分情况，认真清理整顿经县级以上教育行政部门审批的各类民办学前教育机构的举办资格，重新核发办学许可证，定期复核审验。对不具备

基本办园（所）条件、卫生条件不达标、存在明显安全隐患且未经许可的学前教育机构，限期整改；整改仍不合格的，要坚决查禁停办，依法吊销办学许可证；对符合或接近当地基本办园（所）要求，但未取得办学许可证的，可按照《民办教育促进法》有关规定，限期补办办学许可证。未经审批许可，任何单位和个人不得新设学前教育机构。凡由于审批把关不严，向不合格民办学前教育机构发放办学许可证，造成重大幼儿安全事故的，要严肃追究审批责任。

2007 年 10 月 15 日，胡锦涛在党的十七大报告中提出"重视学前教育"。2010 年 5 月公布的《国家中长期教育改革和发展规划纲要》中要求把发展学前教育纳入城镇、社会主义新农村建设规划。建立政府主导、社会参与、公办民办并举的办园体制。大力发展公办幼儿园，积极扶持民办幼儿园。

（二）全国民办学前教育的发展状况

2003～2010 年，我国学前教育阶段民办教育呈现持续繁荣的景象，各种社会力量举办的民办幼儿教育机构在全国各地快速扎根、成长，成为我国学前教育办学的主体力量。2003 年民办幼儿园在全国幼儿园总数中的所占比例为 47.72%，2004 年首次突破 50%，民办幼儿园数量已超过公办幼儿园数量，至 2010 年这一占比已高达 68.01%。2010 年，我国民办幼儿园 10.22 万所，比 2003 年增加 4.67 万所，民办幼儿园在全国总数中所占比例为 68.01%；在园儿童 1399.47 万人，比 2003 年增加 919.24 万人，在园幼儿在全国总数中所占比例为 52.66%。民办学前教育持续快速发展，从幼儿园数、在园幼儿数、教职工和专任教师数综合来看，占全国学前教育事业的"半壁江山"，在扩大学前教育总量、缓解"入园难"、实现"十一五"规划目标、满足群众选择多层次、多样化学前教育需求中发挥了重要作用。

表 4-24 的数据显示，2003～2010 年，学前教育阶段民办教育的发展继续保持快速增长态势，民办幼儿园所数、在园幼儿人数、教职工数都保持较快增长。实际上，官方统计资料中还未纳入相当数量未经登记注册的民办幼儿园，所以，民办幼儿园所数、在园幼儿和教职工的实际数量远远高于官方统计数字。

表4－24　2003～2010年全国民办幼儿园发展状况

年份	幼儿园总数（万所）	比上年增减（％）	在园幼儿总数（万人）	比上年增减（％）	教职工数（人）	比上年增减（％）
2003	5.55	—	480.23	—	—	—
2004	6.22	＋12.07	584.11	＋21.63	466024	—
2005	6.88	＋10.61	668.09	＋14.38	535984	＋15.01
2006	7.54	＋9.59	775.69	＋16.11	636914	＋18.83
2007	7.76	＋2.92	868.75	＋12.00	714152	＋12.13
2008	8.31	＋7.09	982.03	＋13.04	808666	＋13.23
2009	8.93	＋7.46	1134.17	＋15.49	932783	＋15.35
2010	10.22	＋14.45	1399.47	＋23.39	1168429	＋25.26

资料来源：《中国教育年鉴》（2003～2011），人民教育出版社。

（三）地方政府对民办学前教育的政策扶持

自教育部《关于加强民办学前教育机构管理工作的通知》下发以后，全国各省、自治区、直辖市纷纷转发，并根据本辖区内学前教育发展的具体情况发布指导意见。如：2007年10月29日，为进一步促进四川省成都市民办幼儿园（含民办残疾儿童学前教育康复中心）发展，充分发挥民办幼儿园在幼儿保育教育中的作用，成都市人民政府印发《关于促进民办幼儿园发展的意见》（成府发〔2007〕72号）。2003～2010年，四川民办幼儿园发展状况如表4－25所示，北京民办幼儿园发展情况如表4－26所示。

表4－25　2003～2010年四川民办幼儿园发展状况

单位：所，人

年份	2003	2004	2005	2006	2007	2008	2009	2010
幼儿园	6538	6115	7077	6927	7030	7101	7319	8006
在校生数	473054	525528	569728	612987	663132	731202	835140	984556
教职工数	27483	32473	36077	39334	43348	48368	54603	67253

资料来源：《中国教育年鉴》（2004～2011），人民教育出版社。

表 4 - 26   2003 ~ 2010 年北京民办幼儿园发展状况

单位：所，人

年份	2003	2004	2005	2006	2007	2008	2009	2010
幼儿园	218	302	333	350	343	380	409	445
在校生数	21808	29636	35835	35580	49085	56642	69529	83730
教职工数	4341	5882	7110	7114	8934	10205	12138	13566

资料来源：《中国教育年鉴》（2004 ~ 2011），人民教育出版社。

2010 年，全国各省、自治区、直辖市民办幼儿园发展状况见表 4 - 27。

表 4 - 27   2010 年全国各省、自治区、直辖市民办幼儿园发展状况

省份	学校数（所）	在校生数（人）	省份	学校数（所）	在校生数（人）
北京市	445	83730	天津市	491	46238
重庆市	3111	350596	上海市	396	99099
河北省	2258	381874	山西省	1466	247537
辽宁省	6043	492378	吉林省	1901	153296
黑龙江省	3144	230570	江苏省	1440	536792
浙江省	7850	1197398	安徽省	2919	451037
福建省	4061	550273	江西省	8091	869576
山东省	7857	841990	河南省	6208	1019047
湖北省	3486	557066	湖南省	6981	927829
广东省	8648	1687083	海南省	912	126888
四川省	8006	984556	贵州省	1568	252917
云南省	2906	415481	陕西省	3217	432133
甘肃省	1199	153612	青海省	341	49002
台湾	—	—	内蒙古自治区	1383	144324
广西壮族自治区	4817	525587	西藏自治区	28	6138
宁夏回族自治区	264	57968	新疆维吾尔自治区	852	122679
香港特别行政区	—	—	澳门特别行政区	—	—

资料来源：《中国教育年鉴》（2011 年），人民教育出版社。

四 民办培训教育的规范与发展

（一）国家对民办培训教育的扶持政策

民办培训教育发展到这一阶段，已经形成完备而成熟的体系，主要包括两大类：第一类是各种社会培训，包括各种外语类（CET、PETS、GRE、IELTS 等）、计算机类（编程技术、网络技术、图形设计等）、管理培训（企业团体培训、MBA 等）；第二类是各种职业培训。

民办职业培训是民办教育的重要组成部分，是提高劳动者就业能力和工作能力，促进就业和再就业的重要依托。为推动民办职业培训事业健康发展，2004 年 4 月 7 日，劳动和社会保障部下发《关于贯彻落实〈民办教育促进法〉做好民办职业培训工作的通知》（劳社部发〔2004〕10 号），明确公布《民办职业培训学校设置标准（试行）》。指出职业培训学校不包括技工学校和高级技工学校，设立民办技工学校和高级技工学校应参照技工学校和高级技工学校设置标准执行。

2006 年，劳动和社会保障部在部分省市组织开展民办职业培训学校诚信评估试点工作，初步探索建立一套引导民办职业培训学校诚信发展的管理制度。为引导和规范民办职业培训学校办学行为，进一步扩大试点成果，引导更多民办职业培训学校走诚信办学、规范发展道路，2007 年 4 月 29 日，劳动和社会保障部办公厅印发《关于开展民办职业培训学校诚信等级评定工作的通知》，公布《民办职业培训学校诚信等级评定办法》和《民办职业培训学校诚信等级评定标准》，决定自同年 5 月起在全国组织开展民办职业培训学校诚信等级评定工作。

2010 年 10 月 9 日，中国民办教育协会培训教育专业委员会在北京成立。章家祥同志当选为培训教育专业委员会理事长。

目前开展教育培训业务可以向教育行政部门或劳动行政部门申请，在取得"社会力量办学许可证"后向民政部门登记，成为民办非企业法人；也可以直接向工商部门申请，以公司的形式登记为企业法人。此外，还有的在编办学机构登记为事业单位法人。无论登记为何种形式的法人，在实践中，教育培训机构都是采取市场化、公司化方式运作的营利性机构。

（二）全国民办培训机构的发展状况

2003～2010 年全国民办培训机构发展状况见表 4 - 28。

表 4 - 28 全国民办培训机构发展状况

年份	机构数（所）	比上年增减（%）	培训学生数（人）	比上年增减（%）	教职工数（人）	比上年增减（%）
2003	—	—	—	—	—	—
2004	—	—	—	—	—	—
2005	29048	—	8895006	—	222431	—
2006	23470	- 19. 20	8768353	- 1. 42	216735	- 2. 56
2007	22322	- 4. 89	8846830	0. 90	227613	5. 02
2008	19579	- 12. 29	8347552	- 5. 64	211577	- 7. 05
2009	19395	- 0. 94	8449263	6. 01	220596	4. 26
2010	18341	- 5. 43	9297762	10. 04	218359	- 1. 01

资料来源：《中国教育年鉴》（2003～2011），人民教育出版社。

（三）地方政府对民办培训机构的政策扶持

这个阶段，各地区结合实际先后出台了一些规范、扶持民办非学历教育的措施，如：2003 年 11 月 14 日，上海市教育委员会印发《关于加强民办学校（非学历教育）教学常规管理的若干意见》（沪教委职成〔2003〕42 号），进一步加强上海市非学历教育民办学校教学常规管理，促进其提高教学质量，为社会提供更多更高质量的教育机会。2006 年 6 月 28 日，上海市劳动和社会保障局修正《上海市民办职业培训机构审批和管理暂行办法》（沪劳保技发〔2006〕23 号），规定民办职业培训机构的设立，应当符合本市社会经济发展的需要和劳动力市场的需求；民办职业培训机构开展职业培训活动，应当遵守国家和本市的有关规定；民办职业培训机构和培训学员的合法权利，应当依法予以保障。2005～2010 年，上海民办培训机构发展状况如表 4 - 29 所示。

表 4 - 29　2005 ~ 2010 年上海民办培训机构发展状况

单位：所，人

年份	2005	2006	2007	2008	2009	2010
机构数量	686	634	592	570	593	588
培训生数	1145110	1207499	1091963	1057859	—	—
教职工数	12995	11711	9666	9835	9422	10633

资料来源：《中国教育年鉴》（2004 ~ 2011），人民教育出版社。

2005 年 7 月 27 日，河南省劳动和社会保障局印发《关于加强民办职业培训学校管理的若干意见》（豫劳社职技〔2005〕61 号），以推动河南省民办职业培训事业的发展，提高劳动者的技能水平，促进就业和再就业，促进社会经济的发展。2005 ~ 2010 年，河南民办培训机构发展状况如表 4 - 30 所示。

表 4 - 30　2005 ~ 2010 年河南民办培训机构发展状况

单位：所，人

年份	2005	2006	2007	2008	2009	2010
机构数量	424	387	313	461	621	503
培训生数	115442	167368	160815	213999	—	—
教职工数	2835	3083	3045	3165	4582	2818

资料来源：《中国教育年鉴》（2004 ~ 2011），人民教育出版社。

2007 年 7 月 23 日，北京市教育委员会印发《北京市民办非学历教育培训机构设置管理规定》（京教计〔2007〕27 号），完善民办非学历教育培训机构设置管理。2005 ~ 2010 年，北京民办培训机构发展状况如表 4 - 31 所示。

表 4 - 31　2005 ~ 2010 年北京民办培训机构发展状况

单位：所，人

年份	2005	2006	2007	2008	2009	2010
机构数量	1649	1798	1796	1386	1391	1304
培训生数	1862579	1404501	768690	576817	—	—
教职工数	38825	31084	31067	26462	25743	25780

资料来源：《中国教育年鉴》（2004 ~ 2011），人民教育出版社。

2008 年 11 月 24 日，浙江省杭州市教育局印发《关于规范民办培训学校办学行为的若干意见》（杭教成〔2008〕37 号）。为进一步规范民办培训学校的办学行为，保障举办者和受教育者的合法权益，促进该市民办教育培训业健康、有序发展。2005 ~ 2010 年，浙江民办培训机构发展状况如表 4 - 32 所示，表 4 - 33 是陕西民办培训机构发展状况。

表 4 - 32   2005 ~ 2010 年浙江民办培训机构发展状况

单位：所，人

年份	2005	2006	2007	2008	2009	2010
机构数量	1136	984	1147	1283	1214	1152
培训生数	786351	818500	900919	883526	—	—
教职工数	11709	10825	11882	11492	11335	12112

资料来源：《中国教育年鉴》（2004 ~ 2011），人民教育出版社。

表 4 - 33   2005 ~ 2010 年陕西民办培训机构发展状况

单位：所，人

年份	2005	2006	2007	2008	2009	2010
机构数量	891	819	793	749	973	811
培训生数	163147	196151	204455	261471	—	—
教职工数	10009	10164	9664	10252	12632	9281

资料来源：《中国教育年鉴》（2004 ~ 2011），人民教育出版社。

此外，2005 年，内蒙古呼伦贝尔市劳动和社会保障局根据《民办教育促进法》出台了《呼伦贝尔市民办培训机构评估标准》，并据此对全市的民办培训学校重新进行评估，为 22 家符合条件的民办培训学校颁发了新的办学许可证。[①]

2010 年，全国各省、自治区、直辖市民办培训机构发展情况，见表4 - 34。

---

① 初建伟主编《呼伦贝尔年鉴》（2005 ~ 2006），内蒙古文化出版社，第388 页。

表 4 – 34　2010 年全国各省、自治区、直辖市民办培训机构发展状况

省份	学校数（所）	省份	学校数（所）
北京市	1304	天津市	679
重庆市	232	上海市	588
河北省	1120	山西省	539
辽宁省	4020	吉林省	977
黑龙江省	905	江苏省	1324
浙江省	1152	安徽省	66
福建省	227	江西省	14
山东省	815	河南省	503
湖北省	166	湖南省	89
广东省	1585	海南省	25
四川省	226	贵州省	164
云南省	51	陕西省	811
甘肃省	300	青海省	0
台湾	—	内蒙古自治区	287
广西壮族自治区	79	西藏自治区	
宁夏回族自治区	18	新疆维吾尔自治区	75
香港特别行政区	—	澳门特别行政区	—

资料来源：《中国教育年鉴》（2011 年），人民教育出版社。

第三节　民办教育发展中的规范与创新

2003 年，民办教育进入依法促进与规范发展阶段，同时也面临着新的挑战与困惑。依据《民办教育促进法》及《条例》规定，允许"公办学校参与举办民办学校"。2003 年 4 月，我国民办教育政策出现大调整，进一步加剧民办学校和公办学校的不公平竞争，对民办学校形成巨大冲击。除此之外，关于民办学校进行"民办非企业"登记的规定，也给民办教育依法规范发展增添新的困惑。

一　民办基础教育中的"名校办民校"

1992 年 5 月，原为中央军委子弟学校的北京十一学校，在全国率先提出公办学校的"五自主"办学体制改革新思路，即"自主筹集日常办学经费、自主招生、自主用人、自主工资分配、自主教育教学实验改革"。1993 年 1

月，该校校长李金初进一步将其概括为：学校国有、校长承办、经费自筹、办学自主，简称"国有民办"。1995 年 3 月，北京海淀区教工委、教委正式批准北京十一学校体制改革实验方案，并开始运行。1996 年 4 月，北京市批准该校作为办学体制改革试点学校。"国有民办"制正式运行，其具体做法是：政府将全民所有制的国有学校，按照有法定效力的程序，交由校长承办，其资产及以后的资产增值仍属国家所有，学校的事业费和日常运行经费的全部或大部分由承办者筹集。承办者享有民间办学的政策权利和办学自主权，学费远远高于公办学校的收费标准。同年 4 月，经北京市教委、东城区委、区政府批准，北京市 25 中由原来的公办学校改制为国有民办性质的整体改制实验校。体制改革后，学校成为既享有民办学校自主办学的各项政策，又接受政府宏观管理，享受政府经济帮助的全民所有制、收费制、全日制完全普通中学。

从 1997 年开始，为扩大教育优质资源、解决学生择校难问题，北京市教委出台逐步创建示范高中的有关政策，决定将原有的 40 多所重点中学的初中剥离出来，并一律转制为民营性体制试点改革校。随后，"名校办民校，择校找民校"成为北京解决学生择校难的一剂处方。由此以来，北京许多名校纷纷在"公办民助"或"民办公助"的旗号下创办民办性质学校。

全国各地的教育行政部门在此前后都曾以公办学校实行转制的名义，将一批重点高中、实验初中、实验小学通过转让部分股权等方式，创办成"国有民办"学校。或在别处圈地办分校，或直接从公办学校中划地建"校中校"，或办"校中班"。其中有相当部分从未按照国家关于民办学校独立法人、独立校园、独立财务等的规定审核设立，并且，有不少学校以"一套班子、两块牌子"的方式运作。所谓的"名校办民校"已成为一些省、市重要的教育发展政策，各种各样的以名校为品牌的民办学校，"校中校"和"校中班"在全国各地遍地开花。

基础教育领域出现的熙熙攘攘的混乱局面，引起中央高度重视。1996 年 7 月 29 日，李岚清副总理在有关会议上敏锐地指出：对公办学校以民办的名义办"校中校""校中班"，搞"一校两制"的做法要进行整顿。

1997 年 1 月 14 日，国家教委发布《关于规范当前义务教育阶段办学行为的若干原则意见》（教基〔1997〕1 号），提出：义务教育阶段公办中小学均不得办"校中的民办校"或"校内的民办班"。已办的应立即予以清理，今后一律停办这类校中校（班），严禁搞"一校两制"。国家教委教监〔1997〕2 号文件重申这一规定。

1998 年 6 月 25 日，国务院办公厅转发教育部《关于义务教育阶段办学体制改革试验工作若干意见的通知》（国办发〔1998〕96 号）。指出："公办民助""民办公助"等不同的办学模式目前仍处在探索试验阶段，因此，义务教育阶段公办学校办学体制改革试验要从严控制。同时，各地要抓紧治理"校中校""校中民办班"或"一校两制"等不规范的办学行为。进行"公办民助""民办公助"等办学体制改革的试验，应该主要选择基础薄弱学校进行。这类试验学校必须是独立法人，有独立校园、校舍，独立核算，独立办学。教育行政部门要抓紧研究、统一规范"公办民助""民办公助"等办学模式的名称、性质、标准、要求等内容，制定有关条例和管理办法。规范这类办学模式要严格遵守三条原则：一是教育是社会公益性事业，不得以营利为目的。二是收费要严格按照国家有关规定，严禁乱收费。教师的工资也要适当限制，与同类公办学校教师的工资不能差距太大。三是办学体制改革试验学校中的国有资产性质不变，要保证国有资产不流失，并努力改善办学条件。要加强财务管理，严格财会、审计制度。

1999 年 6 月 13 日，中共中央、国务院《关于深化教育改革全面推进素质教育的决定》（中发〔1999〕9 号）再次重申：在保证适龄儿童、少年均能就近进入公办小学和初中的前提下，可允许设立少数民办小学和初中，在这个范围内提供择校机会，但不能搞"一校两制"。

2002 年 2 月 26 日，教育部印发《关于加强基础教育办学管理若干问题的通知》（教基〔2002〕1 号），其中要求：中小学布局调整后的公办学校闲置校产，由教育行政部门进行统筹，继续用于举办基础教育或社区教育机构；确需进行置换的，必须在保证公有教育资源不流失的前提下，经县级以上人民政府批准，并报上一级教育行政部门备案后方可实施。校产置换所得资金必须全部用于基础教育。薄弱学校、国有企业所属中小学和政府新建学校等，在保证义务教育阶段学生就近入学、国有资产不流失的前提下，可以进行按民办学校机制运行的改革试验，实行公有民办。办学水平和教育质量较高、社会声誉较好的公办中小学和幼儿园是长期积累形成的公共教育资源，不得改为民办或以改制为名实行高收费。经批准进行中小学办学体制改革试验的学校、幼儿园可以依托优质公办中小学、幼儿园办学。这类学校必须具有独立的法人，必须实行独立的经费核算和人事管理，有独立的校园、舍，独立进行教育教学。目前尚未独立的，应在 2003 年年底前实现完全独立。

2004 年 3 月 5 日，国务院公布《民办教育促进法实施条例》，其中规定：国家机构以外的社会组织或者个人可以单独或者联合举办民办学校。联合举办民办学校的，应当签订联合办学协议，明确办学宗旨、培养目标以及各方的出资数额、方式和权利、义务等。公办学校参与举办民办学校，不得利用国家财政性经费，不得影响公办学校正常的教育教学活动，并应当经主管的教育行政部门或者劳动和社会保障行政部门按照国家规定的条件批准。公办学校参与举办的民办学校应当具有独立的法人资格，具有与公办学校相分离的校园和基本教育教学设施，实行独立的财务会计制度，独立招生，独立颁发学业证书。参与举办民办学校的公办学校依法享有举办者权益，依法履行国有资产的管理义务，防止国有资产流失。实施义务教育的公办学校不得转为民办学校。举办者以国有资产参与举办民办学校的，应当根据国家有关国有资产监督管理的规定，聘请具有评估资格的中介机构依法进行评估，根据评估结果合理确定出资额，并报对该国有资产负有监管职责的机构备案。

自此开始，全国范围大量涌现名校办民校。例如，来自湖南的数据表明，湖南全省 77 所省重点中学中共有 54 所举办民营性质的分校，占重点中学总数的 70%，分布于全省 14 个市州；北大附中、人大附小也因举办"分校"而惹上官司；泉州地区则除一中分校外，五中分校、七中分校、惠安一中分校、泉州实验小学分校也纷纷设立。[①] 再如，南京市的情况是，南京

---

① 刘建银、王经涛：《名校办民校：制度越轨还是制度创新》，《江西教育科研》2004 年第 12 期，第 3 页。

师范大学附中在江宁，金陵中学在河西，南京外国语学校在亚东新区都建立分校，2003 年下半年，这些名校的分校开始招生。南京还有不少省重点中学正在或者打算建民营性质的分校。① 很快，与高等教育阶段"独立学院"的办学模式类似，"名校办民校"在基础教育阶段的发展已成燎原之势。

不可否认，名校办民校可以极大地调动社会各界办教育的积极性，从而激活、挖掘和获取社会的投资支持，同时也增强学校自身的造血功能，大大拓展自我发展空间，促成教育建立自我发展的机制，构筑起教育强势，为学校走向教育产业化打下坚实基础。但是，从现实情况看，当前公办民校有三种类型：第一种是"卖招牌"型，一般是以××附中、××附小的形式出现，"民校"除徒有一块"名校"的招牌外，其实跟"名校"毫无关系。第二种类型是"联合办学"型，"名校"与一些企业、社会团体甚至政府联办民校，不仅可以增加经济收入，还可以解决"名校"教师、职工超编的实际问题。第三种类型是"一校两制"型，"名校"将"计划内"招收的学生与"计划外"招收的学生分开编班，表面上看"民校"与"名校"没有差别，实际上却在学生管理、师资配备、教学质量上搞"双重标准"。第一种类型和第三种类型对于学生和家长来说具有欺诈性，第二种类型利用国家资源中饱个人私囊。从长远看，这种现象不仅造成国有资产流失，不利于基础教育的健康发展，也对民办教育规范发展造成严重冲击。

首先，造成国有资产不同程度流失。由于相关部门在审批这类学校的办学资格时，没有执行国资有偿使用的条例和制定相关监督措施，使部分"名校"校长同时拥有支配"民校"固定资产、预算内预算外收入和所办"民校"的全部自筹收入的权力，对具体的收支状况既没有进行财务公开，也没有纳入政府财政预算和审计，使国有资产的价值折旧转化为集体甚至是少数人的额外收益。

其次，造成基础教育市场的不公平竞争。"名校办民校"一方面有地方教育部门在资源和政策方面的倾斜，另一方面又同真正的民办学校争生源、

---

① 朱新法：《名校办民校，一把双刃剑？》，《新华日报》2003 年 4 月 14 日，第 A02 版。

抢市场，使真正的民办学校的生存环境变得更加恶劣，造成两者处于完全不平等的地位。

再次，成为地方政府放缓教育投入的借口。"名校办民校"获得巨大的经济效益，减轻地方政府在教育投入上的压力，从而使地方政府部分官员认为此举可以甩掉一些教育拨款的包袱。

最后，增大教育资源配置的不公平。"名校办民校"既可以通过考试招到优质生源，又可以名正言顺地收取高额的学费，而这些在其他公办学校是受到明令禁止的。因此，它再一次打破了经过多年努力而渐趋均衡的教育格局，使基础教育一向存在的"贫富悬殊"两极分化再次急剧扩大。

除此之外，事实上"名校"和"民校"的教学质量都是难以保证的。部分"名校"短时间内急剧扩大，分散办学精力，导致教学水平下降，而部分"名校"办的"民校"只是一些"挂牌名校"，名实不当，质价不符。

上述种种问题严重冲击民办教育的规范发展，使真正的民办学校面临不平等竞争，人为地给民办教育的发展制造瓶颈，导致民办教育发展遭遇挫折。在民办学校之间对所剩无几的生源的殊死争夺中，整个民办教育的发展前景渺茫。如：2004 年，四川原来的 40 多所民办学校，如今不是被兼并，就是被"边缘化"。10 月，重庆市第一家民办学校——华桦试验学校整体拍卖，在法律形式上宣告终结。①

2004 年 3 月，中国人民大学附属小学"名校办民校"诉讼案件也为依法规范民办基础教育敲响警钟。中国人民大学附属小学与北京中地公司签订《合作办学意向书》，意向书中约定：中地公司出资创办北京市中地学校，而人大附小允许中地学校小学生部在名称中使用"中国人民大学附属小学分校"的称谓，中地学校则保证每年向人大附小支付合作办学经费 50 万元。据此，中地学校在其招生广告、招生简章及宣传片中大量使用"人大附小分校"的称谓。但是，中地学校只在协议签订之初支付给人大附小 5 万元，之后却并未按协议支付剩余的合作办学经费。于是，人大附小将中地

---

① 李刚殿：《"名校办民校"正扰乱教育市场》，《工人日报》2004 年 12 月 30 日。

学校和中地公司告上北京市海淀区人民法院。最后，经法院判决认定："人大附小和中地学校虽然形式上表现的是合作办学，但这种合作办学方式，不能从根本上提高中地学校小学部的教学质量，却在客观上提高了中地学校小学部的社会知名度。中地学校小学部凭借此种社会影响力，达到其扩大生源、增加收入的目的，而人大附小又可以从这种合作形式中获取每年 50 万元的办学经费。由此可见，双方合作的实质是以合法的合作办学形式，掩盖双方欺诈受教育者，获得利益的非法目的。故本院判定双方签订的合作办学意向书应属无效。"[①]

二 对"名校办民校"的治理和整顿

基础教育阶段办学中出现的种种现象与弊端，引起政府和社会各界的热切关注。2004 年 3 月"两会"期间，全国政协常委朱永新在提案中对"名校办民校"的做法提出质疑，并呼吁：这一做法应及早叫停。[②] 彭磷基委员提出《关于迅速制止公立名校办民校不规范、无控制的现象》的提案。区鉷委员提出《关于加大规范"名校办民校"的力度，稳步推进基础教育办学体制改革的几点建议》的提案，建议政府和有关部门从落实国家有关法规、真正促进义务教育发展和坚持教育均衡化的高度出发，迅速对"名校办民校"做出规范。[③] 此后，各地教育行政部门开始逐步整顿"名校办民校"现象。

2005 年 5 月 14 日，央视《焦点访谈》播出《透视"校中校"之一》，重点曝光了名校办民校的"重灾区"——江苏省南通市；同年 6 月 6 日，又播出了《竞相上马只为钱——透视"校中校"之二》，对重庆市万州区的"校中校"问题也进行披露。节目播出之后，重庆市万州区采取一系列措施，对"校中校"进行整改。

2005 年 5 月，南京市 6 所民办中学被叫停。南京市"名校办民校"共

---

① 邱啸：《名校办民校这道"招牌菜"不好吃》，《中国商报》2004 年 3 月 9 日。
② 宋晓华、郭江陵：《众说纷纭"名校办民校"》，《新华日报》2004 年 3 月 24 日。
③ 乌云斯琴、朱奕：《尽快规范"名校"办"民校"》，《人民政协报》2004 年 3 月 9 日。

有 9 所，这次被叫停的 6 所所谓的民办初中，分别是十二中的民办瑞江中学、十三中的民办紫金红山分部、南京一中的民办崇文中学、二十七中的民办城南中学、三中的民办白下中学和南化一中的民办旭东中学，并计划 3 年内将"假民办"全部取消。[①]

2005 年 5 月 25 日，教育部发布《关于进一步推进义务教育均衡发展的若干意见》（教基〔2005〕9 号），开始遏制"名校办民校"现象，强调：坚持义务教育阶段公办学校免试就近入学，并采取切实措施加快推进义务教育均衡发展，加强依法治教力度，进一步规范办学行为，有效遏制义务教育阶段择校之风蔓延的势头。义务教育阶段公办学校不得举办或变相举办重点学校。具有优质教育资源的公办学校不得改为民办或以改制为名实行高收费。各级教育行政部门要正确引导各类优质学校在全面实施素质教育、加强师资队伍建设、努力提高教育质量等方面发挥表率作用，严禁在硬件建设上相互攀比。

2005 年 9 月，正在征求意见的《义务教育法（修订稿）》对大为盛行的"名校办民校"现象说"不"。对于"将义务教育学校分为重点学校和非重点学校的；将义务教育学校转为民办学校的；义务教育公办学校利用国家财政性经费或者学校名称、师资力量、设备设施等举办或者参与举办民办学校的；未将义务教育经费预算和支出情况向社会公布"等行为，《义务教育法（修订稿）》规定：由上级人民政府或者其教育主管部门责令限期改正；逾期不改正的，对直接负责的主管人员和其他直接责任人员依法给予行政处分或者纪律处分。

2005 年，湖南省教育厅下发《关于共享公办普通高中资源的民办学校停止初中招生的有关事项通知》（湘教发〔2005〕126 号），要求：各地公办普通高中单独举办或与其他机构或个人联合举办的民办学校，凡共享公办普通高中资源或者无形资产（包括校名、师资、品牌、管理等）的，从2006 年开始，一律停止初中招生。已经实施初中高中剥离的学校，高中学校不能再招收初中生。强调公办普通高中举办的民办学校停止初中招生后，各级人民政府要加大教育投入，统筹义务教育学校布局和初中教师调整，拓

---

① 单步：《南京停办 6 所民办初中》，《南京日报》2005 年 5 月 10 日。

展公办初中资源，提供足够的公办初中学位以满足人民群众接受义务教育的需求。明确今后公办普通高中利用非财政性经费举办义务教育阶段的民办学校，须从严控制，依法审批，且不得共享公办高中资源，包括有形和无形资产。截至 2006 年 4 月 15 日，湖南省 92 所公办省级示范性高中参与举办的 98 所名校办的民校，都制定并上报了各自的整改方案。5 月 29 日，长沙首先撤销在群众中有重大影响的长郡和雅礼两家教育集团，原两校旗下的"麓山国际"和"雅礼寄宿制"分别引进民营资本，改制为完全独立的股份制民办学校。6 月 7 日，衡阳市"一中""八中""南岳完小"3 个教育集团撤销，所挂靠的 9 个办学机构与衡阳市一中、八中脱离关系。6 月中旬，群众反响强烈的"长沙四大名校"所办的民校，也全部与本校脱钩。这之后，全省各地陆续行动，98 所名校办的民校全部规范改造完毕。① 8 月，98 所民办学校中，有 70 所停止招收初中生，6 所改办为独立的公办初中，13 所实施规范化改造后继续招收初中生，9 所社会机构或个人举办的民办学校不再共享公办示范性高中资源。

2006 年 3 月，国家发改委、教育部等联合制定《2006 年全国治理教育乱收费工作实施意见》（教监〔2006〕6 号），要求对以改制为名乱收费的学校进行全面清理。

2006 年 5 月 26 日，山西省人大常委会审议并通过《山西省实施〈民办教育促进法〉办法》，其中规定：由公办学校举办或者参与举办并经过批准的民办学校，审批机关应当自办法施行之日起 6 个月内，按照教育部"是否具有独立法人资格，具有与公办学校相分离的校园和基本教育教学设施，实行独立财务会计制度，独立招生，独立颁发学业证书"的规定，对其进行审核；经审核不符合规定，应当责令其限期整改；逾期仍不符合规定，吊销其办学许可证。整改期限最长不得超过 1 年。这一新法规的出台，意味着在山西省曾经盛极一时的"名校办民校"之风将逐渐消失。

2006 年 9 月，新修订的《义务教育法》开始实施，《义务教育法》明

---

① 李伦娥：《湖南全部叫停"名校办民校"》，《中国教育报》2006 年 8 月 9 日，第 2 版。

确规定："县级以上人民政府及其教育行政部门不得以任何名义改变或者变相改变公办学校的性质。"全国各地开始加快对"转制学校"和"名校办民校"进行全面清理、整顿的步伐。例如：

2006 年天津市清理整顿改制学校：天津市全市共有改制初中校 79 所，本年保留存续 55 所，不符合"四独立"要求的 24 所改制初中校已全部停止招生；46 所小学改制学校全部停止招生并逐步退回公办学校，原改制小学存续学生按照"老生老办法"进行收费管理和教学管理。在规范过程中，一批"校中校""校中班"得到有效清理；凡有改制小学的区县可选择 1 所改制小学依法规范为民办学校。按照"四独立"要求保留存续的 55 所改制初中校得到规范，采取减少班数、控制班额的方式，进一步压缩招生规模，招生人数均控制在本年初中招生总数的 40% 以内。小学招生按照区县教育局明确划定的学区片，实行适龄儿童在户籍所在地学校就近免试入学。

2007 年 11 月，南京市经过 3 年的调整和规范，全市依托重点中学举办的民办初中已经全部"改制"完毕。从当年秋季开学起，该市 22 所依托重点中学举办的民办初中已全部规范到位，有 15 所恢复为公办初中，5 所停办，2 所转为纯民办。其中，中华中学民办初中、第三中学民办白下中学、第六中学民办初中、第七中学民办初中、第十二中学民办瑞江中学、第二十七中学民办初中、第二十九中学民办志远中学、大厂区南化一中民办旭东中学、江浦高级中学民办初中等校改为公办，南京师大附中民办树人中学等校改为纯民办，第一中学民办崇文中学等校停办。①

2009 年 4 月，广东省教育厅等六个单位联合颁发《关于清理规范义务教育阶段改制公办学校的意见》，规定经县级以上政府或教育行政部门批准，租赁给企业、个人、民办非企业单位举办义务教育阶段学校的住宅小区配套公办教育资源，原则上要在 2009 年秋季前终止租赁合同，收回公办资源，由政府兴办义务教育学校。

---

① 崔婷、董康：《南京 15 所假民办初中恢复为公办》，《中国教育报》2007 年 11 月 26 日，第 002 版。

2010 年 7 月 29 日，国家颁布的《国家中长期教育改革与发展规划纲要》也明确提出要深化公办学校办学体制改革，积极鼓励行业、企业等社会力量参与公办学校办学，扩大优质教育资源，增强办学活力，提高办学效益。国家对政府、学校、市场关系的重新审视和相关政策的出台，将是"名校办民校"得以健康成长的重要支撑。当时对转制学校的叫停，应是对政策滥用的修正而已。

2012 年，《广州日报》设计进行了关于"名校办民校"的民意调查。此次调查采用分层随机抽样方法，电话访问了 2012 位居民。主要了解受访者对"名校办民校"的态度、原因及其子女入读的意愿，并从地区、城市类型、收入等角度分析了不同人群的评价特点。调查结果显示，对于公办学校联合私人机构开办高收费初中，多达 63% 的受访者表示"不赞成"，持"赞成"态度者为 24%，还有 13% 的人表示"难说"，其中，受访者投出"不赞成"票的首要原因是，他们认为名校办民校"利用公共资源赚钱不合理"，其次是"义务教育变成收费教育"和"招生考试加重学生负担"。"滋生教育腐败"的被选率也较高，在四成及以上水平。该项调查还揭示一个有趣现象，收入越高，赞成"名校办民校"的人越多，中高、高收入者表示"赞成"的比例达 33%，与低收入者相差 17 个百分点。调查数据还显示，相对于其他群体，中高、高收入者让子女入读这类初中的意愿更强，达 38%，比低收入者多出 14 个百分点。[①]

三 独立学院对民办高校的影响和创新

在高等教育大众化的进程中，当国家财政难以支撑起庞大的高等教育体系时，民办高校本来可以承担高校扩招重任，但我国民办高校从改革开放以来才逐渐得以恢复和发展，在 21 世纪之初，我国民办高校的力量还十分薄弱。大多数民办高校规模小，办学条件有限，社会认同度不高，办学层次低，除少量几所民办高校以外，大多数民办高校没有学历授予资格。民办高校不仅

---

① 谭秋明：《近六成受访市民反对名校办民校》，《广州日报》2012 年 9 月 3 日，第 015 版。

规模小、层次低，而且其管理和教学质量也难以承担起高等教育扩招的重任。民办高校的管理不太规范，家族化现象严重，因此倒闭现象经常发生。由于种种原因，民办高校的师资力量十分薄弱，这进一步限制了民办高校育人质量的提高。在这些背景下，如何通过制度创新，创设既能吸纳大量社会资金进入高等教育领域，同时又能够切实保障教育教学质量的新的办学机制，就摆在了我们的面前，独立学院便是解决此问题的很好途径之一。

　　普通高等学校和民间办学力量合作举办独立学院，是中国高等教育改革与发展的重大举措，不仅是对高等教育办学机制进行的大胆探索，而且在扩大高等教育资源和高校办学规模方面也起到积极作用。据 2003 年上半年不完全统计，全国有 25 个省、自治区、直辖市举办了 300 余所独立学院，在校生达 40 万人。初步建成占地约 7 万亩、校舍约 876 万平方米、教学仪器设备约 12 亿元、图书约 2000 万册的高等教育资源。① 实践证明，采用独立学院办学模式，有利于进一步增强高校的办学活力，有利于多渠道、多形式吸收社会资金，调动各方面办教育的积极性，有利于扩大本科层次的高等教育资源，从而更好地适应经济和社会发展的需要，满足广大人民群众对高等教育的多样化需求。但是，在独立学院的试办过程中陆续出现诸多不规范问题，清理整顿中小学"名校办民校"的实践，为妥善处理独立学院问题提供了经验。

　　2003 年 4 月 23 日，教育部发布《关于规范并加强普通高校以新的机制和模式试办独立学院管理的若干意见》（教发〔2003〕8 号）。意见指出：独立学院是专指由普通本科高校按新机制、新模式与社会力量合作举办的本科层次的二级学院。独立学院一律采用民办机制，应具有独立的法人资格和独立的校园以及基本办学设施，实施相对独立的教学组织和管理，独立进行招生，独立颁发学历证书，独立进行财务核算等。一些普通本科高校按公办机制和模式建立的二级学院、"分校"或其他类似的二级办学机构不属于此类范畴。8 月 15 日，教育部及时下发《关于对各地批准试办的独立学院进行检查清理和重新报批工作的通知》（教发函〔2003〕247 号），以加强管

---

① 中国教育年鉴编辑部：《中国教育年鉴》（2004 年），人民教育出版社，2004，第 278 页。

理规范，促进独立学院持续健康发展。要求各省级教育行政部门按照要求，对已经省级人民政府或省级教育行政部门批准试办的独立学院进行检查清理和重新报批。对不符合要求的，坚决停办，并认真、负责地处理好善后事宜；对暂不符合要求的，提出限期整改的明确意见和具体措施，使其尽快达到标准；对符合要求的独立学院，由省级教育行政部门报教育部确认。

与此同时，教育部于 6 月 13 日召开"普通高校以新的机制和模式试办独立学院网络视频工作会议"，教育部党组书记、部长周济出席会议并发表题为"促进高校独立学院持续健康快速发展"的讲话。此后，各省级教育行政部门对规范并加强独立学院管理给予高度重视，按照《关于规范并加强普通高校以新的机制和模式试办独立学院管理的若干意见》的要求，对已经省级人民政府或省级教育行政部门批准试办的独立学院进行检查清理和重新报批，认真贯彻落实。对不符合要求的独立学院，坚决停办，并认真、负责地处理好善后事宜；对暂不符合要求的独立学院，提出限期整改的明确意见和具体措施，使其尽快达到标准；对符合要求的独立学院，由省级教育行政部门报教育部确认。至 2004 年 3 月底，独立学院的清理检查和重新确认工作已基本完成，全国经教育部重新确认和审批的独立学院共有 232 所。①

从总体上看，独立学院的发展是健康的，得到各方面的肯定。因为是新生事物，其在发展过程中会有一个逐步完善和成熟的过程。针对办学中的有关问题与矛盾，教育部要求省级教育行政部门、申办高校和投资合作单位，都应严肃履行好各自的职责，特别要注意依法依规办学。争议性的意见，认为义务教育阶段的"名校办民校"的思路移植到高等教育领域，产生近年来迅速发展的"独立学院"。此举虽然在短期内能够迅速扩大高等教育资源，但从长远看，独立学院的发展和对它的倾斜扶持，打压业已苦苦办学多年的纯粹民办高校，使它们很难与挂着名牌大学字号的独立学院竞争。

2004 年 9 月 22 日，为做好独立学院本科专业清理备案工作的有关事宜，以及今后独立学院专业设置管理工作，教育部办公厅下发《教育部办

① 中国教育年鉴编辑部：《中国教育年鉴》（2004 年），人民教育出版社，2004，第 279 页。

公厅关于做好独立学院本科专业清理备案工作的通知》（教高厅〔2004〕22号）。11月18日，为掌握独立学院试办状况，及时解决试办过程中出现的问题，教育部在北京召开"进一步做好独立学院试办工作座谈会"，张保庆副部长出席会议并讲话。会议充分讨论和分析当前独立学院发展中的问题和矛盾，提出下一步的工作思路，进一步统一思想，提高认识。为规范独立学院的办学行为、改善办学条件，根据《教育部关于对独立学院办学条件和教学工作开展专项检查的通知》（教高函〔2004〕21号），教育部组织专家于2004年底至2005年初，对全国独立学院进行了"办学条件和教学工作专项检查"，督促独立学院规范办学行为，提高教育质量。

2005年3月15日，教育部下发《关于独立学院办学条件教学工作专项检查情况及有关问题的通报》（教发〔2005〕5号），通报全国独立学院当前发展情况，"从此次专项检查的情况看，全国独立学院的发展是健康的，办学思想和办学原则明确，办学行为日渐规范，教育行政部门对独立学院的管理也日趋严格。但发现，仍有一些独立学院的申办方和投资方未尽职责，一些独立学院的办学条件不达标，个别地方'校中校'和'双轨制'问题仍然存在。"对湖北省7所违规招生的独立学院进行严厉批评。4月，教育部下发《关于加强独立学院招生工作管理的通知》（教学〔2005〕3号），进一步规范独立学院招生工作，要求省级教育行政部门要根据独立学院的办学条件、管理水平合理确定其年度招生计划，对办学条件好、管理严格、招生规范的独立学院应予以支持和鼓励，对办学条件较差、管理混乱、有违规招生行为的独立学院须削减其年度招生计划。

2005年3月22日，教育部召开进一步做好独立学院试办工作网络视频会，教育部副部长张保庆作《统一思想，提高认识，注重质量，严格管理，努力促进独立学院健康、持续发展》的讲话，明确讲"独立学院总体上是积极的、健康的，成绩是主要的，这是一个基本判断"，并表示今后应该继续加以支持，并适度加快发展，争取在未来几年内使在校生总规模达到200万人，成为我国高等教育大众化的一支重要力量。

为了解独立学院发展中出现的新情况、新问题，不断提高管理水平，教育部组织若干调研组分赴辽宁、云南、北京等省（市）进行专题调研，并于2005年10月19日至20日在上海组织召开"加强民办教育和独立学院管理工作座谈会"，各省（自治区、直辖市）教育厅（教委）分管民办教育和独立学院工作的处长与会，就进一步做好独立学院试办工作的有关问题进行交流和研讨。

独立学院以其特有的兼具公办、民办的优势，开辟了扩大高等本科教育资源和利用民间资金办学的新渠道。为解决办学中出现的新情况、新问题，教育部做出了规范管理独立学院办学行为的一系列规定，突出强调了要求优质、独立、民办的特点。

2007年，按照《民办教育促进法》和《国务院办公厅关于加强民办高校规范管理引导民办高等教育健康发展的通知》的要求，为促进独立学院资产过户，落实学校法人财产权，防范办学风险，教育部对2006年度独立学院的基本办学条件和资产权属进行核查，印发了《教育部办公厅关于2006年度独立学院资产权属和校园土地、教学行政用房核查情况的通报》，对不符合国家政策规定的独立学院予以通报批评，并责成省级教育行政部门区分不同情况，采取有力措施，促其整改。这一举措对于促进独立学院改善办学条件、规范办学行为，引导独立学院健康发展起到了积极的作用。

自2003年"8号令"颁布以来，独立学院在规范中加快发展步伐，但其距离"民、独、优"的要求还有不少距离。同时，经过前几年的基础设施建设和办学规模持续扩张，我国高等教育供给能力不断提高，高等教育资源严重不足的局面已有一定程度的缓解，独立学院的环境发生变化，进入质量竞争的新时代。这一阶段，我国独立学院的主要任务也由增加院校数量和扩大办学规模向稳定规模、进一步规范管理和大力提高质量转型。

2008年2月22日，教育部发布《独立学院设置与管理办法》（第26号令），从政策层面对10年来独立学院发展遇到的问题进行回应，提出独立学院改革发展的总体思路和目标举措，要求按照《独立学院设置与管理办法》规定，从2009年起，所有独立学院在五年内要规范设置为民办普通高校，教育部将对其办学条件、基础设施、师资建设、专业设置、教学管理等进行全面考核验收。2 月 29 日，教育部在北京召开全国独立学院工作会议，为贯彻落实《独立学院设置与管理办法》，促进独立学院健康发展。《独立学院设置与管理办法》颁布后，各地独立学院发展进入向民办普通高校过渡的转型期。2008 年，我国首次出现独立学院转设为民办高校，这四所转设成功的独立学院分别是：东北大学东软信息学院转设为大连东软信息学院、沈阳师范大学渤海学院转设为辽宁财贸学院、吉林艺术学院动画学院转设为吉林动画学院、哈尔滨商业大学德强商务学院转设为哈尔滨德强商务学院。

继教育部第 26 号令之后，教育部又先后出台《关于审批独立学院为学士学位授予单位工作的通知》（学位办〔2008〕17 号）、《教育部办公厅关于做好 2008 年独立学院招生简章审查工作的通知》（教学厅函〔2008〕8 号）、《教育部办公厅关于编报省级〈独立学院五年过渡期工作方案〉的通知》（教学厅函〔2009〕15 号）等一系列文件，其中，最后一个文件要求"各省级教育行政部门要摸清本地独立学院的总体情况，逐校分析现状和存在的问题"。

截至 2010 年，我国共有独立学院 323 所，占我国民办高校的 47.78%；在校生 260.3 万人，占我国民办高校在校生的 54.61%。独立学院发展势头强劲。2004～2008 年，独立学院无论是在学校数还是在校生数都大于普通民办高校，自 26 号令颁布之后，2009～2010 年，普通民办高校在学校数才超过独立学院（见表 4 - 35）。

表 4 - 35　2004～2010 年全国独立学院与普通民办高校发展状况对比

单位：所，人

年份	总数	普通民办高校	在校生	独立学院	在校生
2004	475	226	709636	249	686659
2005	547	252	1051663	295	1074618
2006	596	278	1337942	318	1467040
2007	615	297	1630661	318	1866243
2008	640	318	1828633	322	2184377
2009	658	336	2047688	322	2413707
2010	676	353	2163668	323	2603177

资料来源：《中国教育年鉴》（2004～2011），人民教育出版社。

独立学院作为民办高等教育的重要组成部分，其发展初衷之一是希望通过独立学院吸引更多社会资金进入高等教育领域，促进民办高等教育的发展，从而在总体上扩大我国的高等教育资源总量。但是，由于独立学院与公办高校的联合颁发本科文凭，对学生具有强烈的吸引力，因此独立学院"挤占"了普通民办高校的生源，使这些院校的招生数量和质量都受到影响。在"8号令"出台之前，独立学院不论条件如何均可举办本科层次教育，而许多具有多年办学历史和较强办学实力的普通民办高校却无法举办本科教育，这其中显然存在办学标准和办学申报审批程序方面的不公平问题，这种不公平不利于纯民办高校和独立学院的平等竞争。20世纪末至21世纪初，是我国民办高校和民办高等教育机构倒闭的一个高峰期，独立学院对纯民办高校的强大竞争或许是民办高校和民办高等教育机构倒闭的重要原因之一。

四　民办非企业登记对民办教育的影响

民办非企业登记源于对民办学校属性认定的不科学，由于民办学校的属性认定，陷民办学校于"是马非马"的纠结中，导致民办学校权益难以落实。

1998年10月25日，国务院颁布《民办非企业单位登记管理暂行条例》（国务院令第251号）。第二条界定："民办非企业单位是指企业事业单位、社会团体和其他社会力量以及公民个人利用非国有资产举办的，从事非营利性社会服务活动的社会组织。"第五条规定"民办非企业单位"的登记机关为："国务院民政部门和县级以上地方各级人民政府民政部门是本级人民政府的民办非企业单位登记管理机关。"但该条例并未将民办学校规定为"民办非企业单位"。

1999年12月28日，民政部颁布《民办非企业单位登记暂行办法》（民政部令〔1999〕18号）。第四条明确，举办民办非企业单位，应按照下列所属行（事）业申请登记，列举"教育事业，如民办幼儿园，民办小学、中学、学校、学院、大学，民办专修（进修）学院或学校，民办培训（补习）学校或中心等"，第一次将民办学校认定为"民办非企业单位"。

2001 年 10 月 19 日，民政部、教育部联合行文《关于印发〈教育类民办非企业单位登记办法（试行）〉的通知》（民发〔2001〕306 号），第二条规定："本办法所称的教育类民办非企业单位，主要指：经县级以上地方人民政府或县级以上地方人民政府教育行政部门审批设立的，由企业事业组织、社会团体及其他社会组织和公民个人，利用非国家财政性教育经费，面向社会举办的学校及其他教育机构。"把民办学校定性为"教育类民办非企业单位"。关于将民办学校定性为"民办非企业单位"的做法，迄今没有法律法规的依据，只是民政部在上述"办法"中的界定，且自《民办教育促进法》颁行后并未修改，一直沿用。按照我国现行的做法，民办学校被视为民办非企业单位进行登记，面临的第一个问题是民办学校权益悬空。

1986 年开始实施的《民法通则》及其相关法律法规，建立起我国的法人制度和法人分类登记注册制度：机关和事业法人由编制部门登记与管理，企业法人由工商部门登记设立，社团法人到民政部门登记注册。依现行做法，民办学校属于"民办非企业单位"，而我国《民法通则》没有直接与之相对应的法人类型。在实际管理中，民办学校有时被当作企业法人对待，有时被视作非营利法人对待，这种非驴非马的处境，使民办学校在法律依据、法人类属、登记方式和语言失范等层面，处于"民办非企业单位"的纠葛之中，导致民办学校权益难以得到落实。

民办学校登记为"民办非企业单位"的另一主要弊端是"双重审核"。实行"登记管理机关"和"业务主管单位"双重审核，必然引发双重管理。1998 年 10 月 25 日颁布的《社会团体登记管理条例》（国务院令第 250 号）赋予登记机关以程序职能的同时还赋予其监督职能，2007 年 11 月 26 日印发的《民政部关于进一步做好民办高校登记管理工作的通知》（民函〔2007〕328 号）第三条也规定"规范民办高校的日常管理工作"的内容。作为登记部门，民政部门同时也承担着对民办学校运行的监督管理。

不仅有违于制度设计的制衡原则，有悖于法律的平权理念，也不符合教育规律，势必造成管理权限发生交叉重叠，出现行政分权、越权以致混乱。因此，监督职能理应从作为登记机关的民政部门分离出去，改革民办学校法人登记与管理的方法，理顺法人的审查、登记和监督职能，将当前法人的双重登记改革为集中统一登记，充分落实教育行政管理部门的业务审查和监督职能。

第三个弊端反映在财税方面。在税收政策上，根据财政部和国家税务总局联合下发的《关于教育税收政策的通知》（财税〔2004〕39 号）规定，对学校经费中纳入财政预算管理的或财政预算外资金专户管理的收费不征收企业所得税。而民办学校收入不可能纳入预算内和预算外的资金专户管理，这样，即使从事学历教育的民办学校也成了必须缴纳企业所得税的对象。在财会制度上，民办学校适用《民间非营利组织会计制度》，此制度设计的会计科目无法体现出资者资产数额，致使举办者在学校终止清算时无法取回投入的资产。同时该制度把我国民办学校全部视为捐资办学，不符合我国民办教育的实际情况。

表现于法律依据、法人类属、登记方式和语言失范等层面的民办学校之于"民办非企业单位"的纠葛，实质上可以归结为我国民办学校法人制度，特别是民办学校法人类属的制度性缺陷。对于如何完善制度建设的路径选择，社会各界莫衷一是，或主张"财团法人"，或主张"学校法人"或主张"自收自支事业法人"等。另外，由于法人性质不明，使民办学校在建设用地、信贷融资以及其他不以营利为目的的教学科研和经营活动上都无法享有与公办学校同等的政策待遇。

中共温州市委、市政府《关于实施国家民办教育综合改革试点加快教育改革与发展的若干意见》（温委〔2011〕8 号），值得关注。浙江是全国唯一承担"国家民办教育综合改革试点"的省份，温州市是试点的主要城市。意见第三条"探索分类管理机制"，这样表述：对民办学校按照营利性、非营利性进行分类登记管理。非营利性的全日制民办学校按照民办事业单位法人进行登记管理，营利性的全日制民办学校按照企业法人进行登记管理；非全日制的民办学校按照企业法人进行登记管理，如确属非营利性的，也可以登记为民办事业单位法人。民办事业单位法人由民政部门登记管理，企业法人由工商部门登记管理。法人属性一经确定，没有特殊理由的，一般不予更改。该意见的有关规定，应该在一定程度上蕴含着国家对民办学校法人制度改革方向和路径的基本态度。

民办学校固然可以成为"民办事业法人"，非营利性的民办事业单位法人由民政部门登记管理，营利性的按照企业法人由工商部门登记管理。但真正实践起来，似乎并不乐观："民办事业法人"与"事业法人"登记方式的不同，是否依然使二者的法律地位不同？非营利性的民办事业单位法人由民政部门登记管理的做法，是否使"民办事业单位法人"依然陷入"双重实质性审查"的行政分权中？大部分靠投资举办的民办学校是否遭遇捐赠的要求等问题，都仍然是悬而未决的。

由此可见，民办教育的法制建设任务还很繁重，还有许多课题等待继续探索和不断创新。如何通过分类管理，厘清、解决当前制约民办学校进一步发展的学校产权归属、税收优惠、教师待遇、合理回报、财务监管等问题，根据什么样的原则，建立两类学校不同的政策扶持和规范体系，一方面大力支持非营利性民办学校，另一方面为营利性民办学校发展创造必要的空间，从而促进民办教育健康、有序和可持续发展等问题，仍然是民办教育界广大同仁的共同期待。

第四节　民办教育的学术理论探索与研究

2003～2010年，我国民办教育行业组织陆续成立，交流研讨机制逐渐建立健全。官方或行业间的各类研讨交流活动频繁，学术成果颇丰。这些研讨交流活动与民办教育发展实际联系密切，具有很强的针对性，对于推动民办教育改革创新，促进民办教育事业健康科学发展发挥了重要作用。

一　民办教育的理论学术研究

民办教育理论研究成就突出，学术论文、专著不断涌现，民办教育的刊物也已出版多种，如北京的《民办教育通讯》、西安的《民办教育研究》、重庆的《民办高等教育研究》等；上海每年出版一本大型的《中国民办教

实际办学过程中，民办教育机构还面临着许多困难和问题，需要更有力的政策支持和更宽松的社会环境，《民办教育促进法》在民办教育的公益属性、平等待遇、合理回报等方面体现了对民办教育强烈的促进意识，但法律条文难免宽泛、笼统，亟须在征求包括民办教育机构在内的社会各界意见的基础上，抓紧制定、出台实施细则。与会学者还从民办教育的发展模式、政策环境、办学特色、质量要求等方面进行了深入的探讨。①

2003 年 11 月 4 日至 10 日，教育部发展规划司和国家教育行政学院联合举办"全国民办教育研讨班"。研讨班对《〈民办教育促进法〉实施条例（草案）》的修改意见以及当前民办学校发展中的有关问题等进行了研讨。

2005 年 2 月 22 日，教育部在北京召开了部分民办高校负责人座谈会，会议明确了促进民办高等教育发展的思路。教育部副部长张保庆、吴启迪出席并分别讲话，17 所民办高校的负责人参加了会议。张保庆在讲话中指出，民办高等教育在我国大有可为，并有广阔的发展空间。今后，我国高等教育的增量部分将主要由民办高等教育来实现。吴启迪在讲话中充分肯定了民办高校在我国高等教育大众化进程中所起的作用，强调了民办高等教育公益性的办学方向。会议认真听取了与会代表的意见建议，就民办高等教育发展的有关问题进行了交流和研讨，明确了促进民办高等教育发展的思路，达到了总结经验、提高认识、推动工作的目的。

2006 年 9 月 13 日，教育部召开民办教育工作座谈会，国务院副秘书长陈进玉，教育部副部长袁贵仁、陈小娅，部长助理郭向远及来自教育行政部门、普通高校和民办高校的代表出席座谈会。

2007 年 3 月 1 日，教育部发展规划司在大连组织召开"加强民办高校规范管理引导民办高等教育健康发展座谈会"。参加会议的有来自全国政协、财政部、民进中央、民盟中央、有关省市教育行政部门的负责人、专家，以及部分民办高校的代表。教育部党组副书记、副部长袁贵仁出席会议

---

① 温红彦、丁伟：《促进民办教育发展论坛在京举行》，《人民日报》2003 年 4 月 8 日，第 4 版。

并作了讲话。袁贵仁在讲话中指出，我国民办高校近年来发展迅速并取得很大成绩，已经成为高等教育事业的重要组成部分。但同时，民办高校还存在着一些问题。为加强民办高校管理规范，引导民办高等教育健康发展，中央和国务院有关部门先后出台了《通知》《意见》和《规定》。2007 年是全面贯彻落实这些文件的关键年，各地要扎实开展工作，真正落实中央和国务院要求，引导和促进民办高校健康发展。袁贵仁强调，引导和促进民办高校健康发展要做到鼓励扶持和规范管理并重，不断加强民办高校制度建设，依法治校，依法治教，维护民办高校稳定。与会同志认为，《通知》《意见》和《规定》等文件出台得非常及时，体现了中央和国务院对民办高等教育的高度重视。民办高校不规范办学既危害社会利益，也危害学校自身利益，对于违规学校要坚决做出处理，要规范与促进并举，引导和支持相结合。各地和各有关部门要制定和完善相关配套法规和政策，切实加强民办高校规范管理，解决民办高校中存在的矛盾和问题，引导和促进民办高等教育健康发展。

2010 年 6 月 30 日，中共中央政治局委员、国务委员刘延东在中南海主持召开学前教育专题座谈会，传达学习胡锦涛总书记关于学前教育工作的重要批示，就贯彻落实《国家中长期教育改革和发展规划纲要》关于学前教育工作的重大部署、首先研究解决"入园难"问题，听取有关专家意见建议，并对下一步学前教育工作提出了明确要求。这是中央政治局讨论通过《教育规划纲要》后，国务院领导同志召开的第一个教育专题会。《民办教育促进法》颁布后，未及时制定配套的管理办法，一些民办幼儿园追求短期高额回报。教师地位未落实，房租、水电气暖等大多按商业标准高额收取。应建立健全法律法规，制定优惠政策，扶持民办园发展。应高度重视民办教育在学前教育阶段的作用，一方面，通过购买服务等方式，对城乡办园规范、质量合格的非营利民办幼儿园给予补贴，使其提供普惠性服务，让老百姓可以自由地选择公办园或民办园。另一方面，政府鼓励民间资本兴办部分个性化幼儿园，满足多样化的选择性需求。

2010 年 12 月 16 日，教育部政策法规司召开公办学校办学体制改革和民办教育发展环境问题座谈会。根据 2005 年《关于做好清理整顿改制学校收费准备工作的通知》、2006 年《关于贯彻〈义务教育法〉进一步规范义务教育办学行为的若干意见》、2008 年《关于开展全国教育收费专项检查的通知》，各地逐步清理"国有民办"办学体制改革，使绝大部分"国有民办"学校回归到公办学校。当前，公办学校办学体制改革方面，存在着认识不够统一、政策不够明确等问题，"校中校"、高收费等问题在一定程度上依然存在。因此，应当认真总结公办学校办学体制改革的成败得失，明确指导原则、规范管理、加强监督指导，进一步推进公办学校办学体制改革。

（二）民办教育的非官方学术会议

由民办教育界相关主体所主导的非官方学术会议，是各级各类民办教育机构之间互相学习、共同进步的平台，其关注重点通常集中于某类民办教育机构或者某个具体问题进行研讨，对于促进民办教育实践的发展具有重要作用。

2003 年 11 月 16 日至 18 日，民办学校办学思想研讨会在北京召开。与会者汇报交流本校办学理念、办学形式、教师队伍建设等情况，新东方学校和明德学校作经验介绍。研讨会认为：发展民办教育，办学者要有独特的办学理念和教育思想，确立较高的办学起点，要肯于投资，不断扩大发展，培训内容要新颖。

2004 年 3 月 30 ~ 31 日，北京城市学院承办的"第三届民办高校思想政治教育研讨会"在北京召开。教育部副部长袁贵仁出席研讨会并讲话。会议听取教育部领导讲话及部分民办学校代表经验介绍，研讨高校自身德育工作实际等问题。会议由全国高等学校思想政治教育研究会主办，来自全国50 所民办高校德育教师参加会议。

2004 年 7 月 15 日，教科院召开民办高校大学生思想教育工作座谈会。会议总结民办高校大学生思想教育工作成绩、交流成功经验，分析存在问题，听取 14 所民办高校开展思想教育工作做法、经验和成效介绍，提出加强和改进民办高校大学生思想教育工作意见和建议。来自民办高校党建工作办公室、民办教育工作协调办公室、14 所民办高校领导 35 人参加会议。

2004 年 12 月 6 ~ 9 日，北京市委教育工委、市教委联合举办北京民办教育周暨 2004 北京民办教育发展论坛。该论坛听取市教委关于北京民办教育发展现状、形势及今后发展方向主题报告，听取中国教育学会、国家教育发展研究中心、厦门大学、教科院学者专题报告，表彰先进民办高校 6 所、培训机构 5 个、中等职业学校 5 所、中小学 4 所、幼儿园 3 所、公益学校 2 所。论坛围绕促进北京民办教育发展主题，征求民办教育工作者建议。来自区县教育行政部门和各级各类民办学校代表 500 人参加会议。

2004 年 12 月 24 ~ 26 日，上海市教科院、北京市教科院、浙江大学教育学院在广东珠海联合召开中国民办教育社会贡献与发展政策高级论坛。来自全国人大、教育部、国务院发展研究中心和教育、经济、法律、政治、社会学界知名专家学者及政府官员参加了论坛。本次论坛主题为"中国民办教育社会贡献与制度创新"，围绕中国民办教育的社会贡献、中国民办教育制度创新、民办教育地方政策创新、公立学校与民办学校的合作与竞争、转制学校的现状与前景、民办学校产权安排、合理回报的政策设计、民办学校财务管理等主题展开讨论、交流。

2005 年 12 月，第五届 21 世纪教育论坛暨民办教育再聚焦高峰会在苏州召开，会议主要围绕民办教育中的问题、机遇与发展的视角展开。围绕本次论坛的主题，与会代表就民办教育的历史定位、作用与未来发展的价值取向，民办教育投资者如何依法维护自身权益，民办学校税收优惠政策，财务管理的法律解读与合理回报，民办本科院校与独立学院的竞争与共生，民间投资与国际资本进入等话题进行了高水平、深层次、多视角的探讨。

2008 年 11 月 10 ~ 11 日，全国人大委员、中国民办职业教育行业专家以及来自中国大陆、中国台湾、日本、韩国、新加坡等 100 多位职业院校或机构的领导齐集广州，参加中国职业技术教育学会主办的"中国改革开放 30 周年与民办职业教育发展高峰论坛"。论坛以"中国改革开放三十周年的回顾总结"为基础，以"在新形势下如何加强民办职业教育的内涵建设，不断提高质量"为切入点，站在国家将步入第三个新的经济增长期的历史高度，全面总结中国民办职业教育改革和发展的成功经验，分析当前存在的问题和所面临的新机遇、新挑战，研究民办职业院校今后如何进一步解放思想，落实科学发展观，增强忧患意识和强烈的社会责任感、使命感，不断提高社会认可度和美誉度，实现民办职业技术教育新的跨越式发展。本论坛由全国工商联民办高等教育协会、广州开发区职业教育协会、广东省模具工业协会协办，广东岭南职业技术学院、广东白云学院、苏州工业园职业技术学院、宁波大红鹰学院承办。

2008 年 11 月 29 日，由中国民主促进会中央委员会、中国民办教育协会和人民政协报联合主办的"改革开放 30 年中国民办教育纪念论坛"在北京举行。论坛分开幕式、主题报告"背景与趋势"、主题谈话"30 年：足迹回顾与发展展望"三部分。与会专家分别从中国的崛起与民办教育、中国民办教育的新视野与新选择、公共财政视野下民办教育存在的客观必然性、中国教育未来的发展走势与民办教育的挑战和机遇、促进民办教育可持续发展等方面，多角度、多方位地探讨了中国民办教育发展的背景与趋势。民办教育工作者和管理者还就民办基础教育、区域民办教育发展与地方制度创新、民办幼儿教育、社会培训机构、民办高等教育等内容，展开了深入探讨与交流。

2009 年 2 月 11 日，经浙江树人学院、西安外事学院和江西蓝天学院共同发起，由浙江树人学院承办的"全国优质民办高校建设研讨会"在杭州召开。教育部原副部长、中国高等教育学会会长周远清、副会长兼秘书长张晋峰、厦门大学资深教授潘懋元以及 19 所民办高校的董事长或校长出席会议。会议讨论并通过了《强化社会责任，加强内涵建设》倡议书和《关于加快我国优质民办高校建设》的建议书，并成立了全国优质民办高校建设协作会。

2009 年 4 月 15 日至 18 日，中国民办教育协会中小学专业委员会与河南省民办教育协会、河南省商丘市人民政府在商丘市兴华学校联合举办"全国民办中小学课堂教学改革研讨会"。研讨会的召开为引导民办中小学关注内涵发展，加强自身建设，深化课堂教学改革，着力提高教育质量。陶西平会长出席大会并作了题为"着力提高教育质量"的专题学术报告。

2009 年 5 月 5 日至 6 日，中国民办教育协会在吉林华桥外国语学院召开民办高校办学经验交流会。协会会长陶西平，监事会主席胡大白，副会长瞿延东、于果、张杰庭、黄藤、谢可滔、任芳、朱玉，副秘书长王文源以及吉林省教育厅有关领导、广州华美教育集团副总裁骆雪超、内蒙古北方职业技术学院副院长李星云等参加会议。协会副会长、吉林华桥外国语学院院长秦和率学校领导班子成员，同与会者主要围绕民办高校的管理和内涵发展问题开展了深入交流。

2009 年 5 月 10 日至 12 日，中国民办教育协会与中国教育学会、美国"世界教育质量促进联盟"、美国"国际及跨地区认证委员会"在上海联合举办以"培养全球视野公民"为主题的"2009 国际教育论坛"。来自中国、美国、印度、欧盟、巴基斯坦等国家和地区的政府部门、专家学者、学校管理者以及教育工作者近 300 人参加了会议。其中，60 多位代表来自境外国家和地区的教育行政部门、知名教育认证机构、国外大型教育集团和研究机构。陶西平会长出席并作专题报告。本次论坛是中国民办教育协会自 2008 年 5 月成立以来组织的第一次高规格、大规模的国际学术活动。论坛期间，中外专家学者围绕国际教育交流与合作、人才培养模式改革、跨境教育中的质量保障，特别是学校教育评估等问题进行了深入研讨。

2009 年 10 月 19 日，由中国民办教育协会主办、湖南省民办教育协会承办的"中国民办教育发展大会暨中国民办教育协会（2009）年会"在伟大领袖毛主席的故乡、革命圣地韶山隆重召开。大会的主题是："团结、鼓励、创新、发展"。中共中央政治局委员、国务委员刘延东，全国人大常委会副委员长严隽琪分别给大会发来贺信。全国政协副主席张榕明、全国人大常委会原副委员长、中国民办教育协会名誉会长许嘉璐出席会议并发表重要讲话，教育部部长助理吴德刚到会祝贺并讲话。湖南省人民政府、韶山市人民政府主要领导同志分别致欢迎辞。协会会长陶西平致开幕词，常务副会长王佐书主持大会。

2009 年 11 月 26 日至 27 日，第七届"中国民办教育投融资项目洽谈会"在浙江杭州举行，来自政府、企业、媒体等机构的 400 余人出席了会议，洽谈会为国内开展教育投融资合作提供了重要的信息发布平台。

2009 年 12 月 1 日，安博教育、昂立教育、巨人教育、学大教育以及新东方教育等中国民办教育培训行业五大机构的负责人齐聚北京，共同探讨我国民办教育培训市场健康发展的对策和思路。民办教育在发展壮大的同时也表现出发展不均衡、不规范等问题。此次交流和探讨有利于促进民办教育培训市场良性、有序、健康发展。

2010 年 5 月 21 日，在苏州召开的第二届全国民办职业教育高峰论坛。来自全国 103 家民办职业院校、培训机构、教育行政部门等单位的 163 位代表，共同探讨民办职业教育的发展大计。

2010 年 10 月，海峡两岸私立（民办）学校联谊会（筹）暨海峡两岸私立（民办）高等学校协作会在南京举行。

三　民办教育的科研课题与调研

2006 年 10 月 23 日至 25 日，教育部部长周济赴江西就有关民办高校稳定工作进行调研。

2008 年 9 月 6 日至 7 日，中国民办教育协会在杭州召开"中国民办教育协会调研工作会暨国家中长期民办教育改革和发展研讨会"。各省民办教育协会负责人、民办教育机构代表、媒体代表、协会领导与调研工作综合组成员等约 60 人参加会议。自 2008 年 7 月起，中国民办教育协会组织全国民办教育力量开展《国家中长期民办教育改革和发展规划纲要》的调研工作。调研紧紧围绕"民办教育中长期改革和发展研究"主题，统筹协调力量，动员全国各地各级各类民办教育协会按照 6 个重点调研专题、5 个分类专题开展调研工作。中国民办教育协会成立了由会长陶西平任组长、副会长任副组长的调研报告起草小组，全面开展工作。

截至 2008 年底，完成各类调研报告 24 份（其中省市调研报告 13 份，专题报告 6 份，分类教育调研报告 5 份），特约专稿 8 篇，总文字量达 54 万字。先后访谈领导、专家 45 人次（省部级 5 人），发放问卷 10 次共 1500份，组织各类研讨会、座谈会 82 次，900 人次参加，开展实地调研 300 人次，编发简报 48 期，并在此基础上形成调研工作总报告。2009 年 2 月 15 日，中国民办教育协会会长办公会审议并通过了，中国民办教育协会主持的《国家中长期民办教育改革和发展研究》。调研报告审定后上报国家《教育规划纲要》工作领导小组及教育部。

2009 年 10 月 29 日，中国民办教育协会对民办义务教育学校绩效工资情况开展调研。为了坚持教育优先发展战略，贯彻落实《义务教育法》，稳定、吸引和鼓励各类优秀人才长期从教、终身从教，党中央、国务院决定同意自 2009 年 1 月 1 日起，率先从义务教育学校开始实施绩效工资分配政策，受到了广大义务教育阶段教师的欢迎和好评。但是，按照既有的政策设计思路，本次绩效工资改革并未包括义务教育阶段的民办中小学校。从而引起了众多义务教育阶段的民办学校举办者、办学者以及广大民办中小学校教职员工的高度关注，反响较为强烈。为此，中国民办教育协会法律事务部就"义务教育绩效工资改革对民办中小学的影响"展开了全国性调研，并形成了调研报告，陈述弊端提出建议。

受中国民办教育协会的委托，浙江省民办教育协会成立专题调研组，在省市两级教育行政部门的大力支持下，从调查全省民办中小学办学现状入手，进行深入研讨。调研组由协会会长带领，于 2010 年 2 月 26 日至 3 月 11 日，先后到浙江省宁波、杭州、嘉兴、湖州、金华、绍兴、温州、丽水、台州、衢州等 10 个市进行实地调研，分别召开了由当地市教育局领导、民办中小学校长和董事长参加的座谈会。10 次座谈会的参会人数达 303 人，其中民办中小学校长和董事长 252 人（代表 250 所民办中小学），10 个市的教育局正副局长和处长 51 人。与此同时，通过各市教育局向全省所有民办中小学发送了《办学现状调查表》，向 7 个市的民办小学和初中发送了《2009年教师增资情况调查表》，向全省 11 个市教育局发送了《民办教育促进法实施条例执行情况调查表》。至 3 月 20 日，共收回《办学现状调查表》135份、《2009 年教师增资情况调查表》74 份。11 个市教育局也如期返回了问卷调查表。在此基础上形成了《调研报告》（讨论稿）。

2010 年 7 月 18 日，中国民办教育协会《关于对民办学校存在歧视政策问题的情况报告》完成。自教育规划纲要提出关于"清理并纠正对民办学校的各类歧视政策"的重要任务以来，在全国人大教科文卫委员会、国务院法制办和教育部的领导下，中国民办教育协会组织各地民办教育协会和民办学校通过实地考察、座谈、查阅相关文件、电话访谈等多种形式对有关歧视性政策进行全面调研、梳理，形成了《关于对民办学校存在歧视政策问题的情况报告》。报告中列举了民办学校在税收、合理回报、民办学校与公办学校同等法律地位、办学自主权、学生同等权利等问题上受歧视的具体内容。报告同时还指出了在相关法规中，关于民办学校机构属性、出资人（举办者）产权、民办学校申请抵押贷款、专兼职教师比例等四个方面的阐述存在相互抵触的问题。民办教育发展方面，改革开放以来，我国民办教育从无到有、由小到大，不断发展，已成为我国教育体系的重要组成部分，与民办教育相关的法律、政策不断完善。与会同志认为，目前民办学校法人地位，民办学校教师身份，税收政策，会计制度，资产、收费和财务管理，激励机制和扶持政策，退出机制等方面，依然存在政策不明确、管理不规范等问题。因此，在法律规定、政策扶持、规范管理等方面还有很多需要完善的地方。建议按照教育规划纲要的要求，清理歧视民办教育的政策；适时对《民办教育促进法》进行修订；积极探索政府财政经费支持民办教育发展的渠道和方法；宣传表彰民办教育的优秀典型代表；进一步规范民办教育的办学行为。

第五章
当代中国民办教育的转型与发展

—— 《教育规划纲要》 颁布后的民办教育 （2010～2016 年）

"十二五"期间是我国全面建成小康社会的关键时期，是深化改革开放、加快经济转变发展方式的攻坚时期。随着我国经济、政治、文化、社会以及生态文明建设的全面推进，工业化、信息化、城镇化、市场化、国际化的深入发展，人口、资源、环境的压力日益加大。这也更加凸显提高国民素质、培养人才的重要性和紧迫性。必须实现教育的优先发展，使我国真正从教育大国向教育强国发展，从人力资源大国向人力资源强国迈进。

2010 年 6 月 21 日，中共中央总书记胡锦涛主持召开中共中央政治局会议，审议并通过《国家中长期教育改革和发展规划纲要（2010～2020 年）》（以下简称《教育规划纲要》）。《教育规划纲要》提出民办教育是教育事业的重要增长点和促进教育改革的重要力量，这两个"重要"，充分表明中共中央、国务院对民办教育的高度重视和殷切期待，表明了我国民办教育面临着重要的发展新机遇和改革新挑战。

2011 年 3 月 14 日，《中华人民共和国国民经济和社会发展第十二个五年（2011～2015 年）规划纲要》（以下简称"十二五"）颁布。"十二五"提出加快教育改革发展，全面贯彻党的教育方针，保障公民依法享有受教育的权利，办好人民满意的教育。按照优先发展、育人为本、改革创新、促进公平、提高质量的要求，推动教育事业科学发展，提高教育现代化水平。鼓励引导社会力量兴办教育，落实民办学校与公办学校拥有平等的法律地位的政策，规范办学秩序。扩大教育开放，加强国际交流合作和引进优质教育资源。

2012 年 11 月 8 日，党的十八大在北京召开，十八大报告把教育放在了改善民生和加强社会建设之首，强调要"努力办好人民满意的教育"，要坚定不移地走中国特色社会主义教育发展道路，以科学发展观统领我国教育事业改革发展全局，把立德树人作为教育的根本任务。要"鼓励引导社会力量兴办教育"，要深化教育综合改革，要发挥民办教育在教育事业发展与改革的重要增长点和重要力量的积极作用，创新体制机制和育人模式，为实现人力资源强国作出贡献。随后，党的十八届三中全会通过了《中共中央关于全面深化改革若干重大问题的决定》，《决定》指出，民办教育在扩大教育资源供给、提供多样化选择、创新教育体制机制、激发教育活力等方面作出了积极贡献，因此必须毫不动摇地坚持发展民办教育，推动以政府办学为主体、全社会积极参与、公办教育和民办教育共同发展的格局的形成。

第一节　《教育规划纲要》是民办教育转型发展的指南

"十二五"期间，是贯彻落实《教育规划纲要》的关键时期，党和国家的一系列重要决定为我国民办教育事业的大力发展提供了历史机遇；国家顶层改革的设计，为民办教育深化体制改革，加快转型发展，全面提升质量指明了方向。

一　《教育规划纲要》奏响了民办教育改革的主旋律

2010 年 7 月 29 日，备受关注的《教育规划纲要》正式全文发布。这是新中国进入 21 世纪之后的第一个教育规划，是今后一个时期指导全国教育改革和发展的纲领性文件。

2008 年 8 月底，我国启动面向 2020 年的《教育规划纲要》的制定工作，并成立了由时任国务院总理温家宝为组长的领导小组。一年多来在动员各方面力量开展广泛深入调研的同时，广纳群言、反复论证，数十次易稿，形成了《教育规划纲要》初稿。在征求意见期间，中国民办教育协会领导陶西平、王佐书等多次组织座谈会吸纳民办教育界的意见，为《教育规划纲要》的起草工作做出了突出贡献。

2010 年 2 月 5 日，为了进一步听取对《教育规划纲要》初稿的意见，温家宝总理主持召开了教育管理体制座谈会，中国民办教育协会监事会主席、黄河科技学院院长胡大白作为民办教育界的代表应邀出席，并根据自己多年来的办学实践经验和亲身感受，对初稿提出了发展民办教育的中肯建议，得到温家宝总理的肯定。

2010 年 6 月 21 日，中共中央总书记胡锦涛主持召开中共中央政治局会议，审议并通过《教育规划纲要》。紧接着，7 月 13 日，党中央、国务院召开了新世纪第一次全国教育工作会议。总结了教育工作经验，分析了教育工作面临的新情况、新问题，动员全党、全社会全面实施《教育规划纲要》。

《教育规划纲要》用一个章节对民办教育提出新的要求。坚持教育公益性原则，健全政府主导、社会参与、办学主体多元、办学形式多样、充满生机活力的办学体制，形成以政府办学为主体、全社会积极参与、公办教育和民办教育共同发展的格局。调动全社会参与的积极性，进一步激发教育活力，满足人民群众多层次、多样化的教育需求；深化公办学校办学体制改革，积极鼓励行业、企业等社会力量参与公办学校办学，扩大优质教育资源，增强办学活力，提高办学效益。各地可从实际出发，开展公办学校联合办学、委托管理等试验，探索多种形式，提高办学水平；改进非义务教育公共服务提供方式，完善优惠政策，鼓励公平竞争，引导社会资金以多种方式进入教育领域；民办教育是教育事业发展的重要增长点和促进教育改革的重要力量，各级政府要把发展民办教育作为重要的工作职责，鼓励出资办学，促进社会力量以独立举办、共同举办等多种形式兴办教育。支持民办学校创新体制机制和育人模式，提高质量，办出特色，办好一批高水平民办学校。依法落实民办学校、学生、教师与公办学校、学生、教师平等的法律地位，保障民办学校办学自主权。清理并纠正对民办学校的各类歧视政策。积极探索和制定促进民办教育发展的优惠政策。对具备学士、硕士和博士学位授予单位条件的民办学校，按规定程序予以审批。建立完善民办学校教师社会保险制度；健全公共财政对民办教育的扶持政策。政府委托民办学校承担有关教育和培训任务，拨付相应教育经费。县级以上人民政府可以根据本行政区域的具体情况设立专项资金，用于资助民办学校。国家对发展民办教育作出突出贡献的组织、学校和个人给予奖励和表彰；教育行政部门设立专门机构，负责民办教育发展的统筹、规划和管理工作。开展对营利性和非营利性民办学校分类管理试点。规范民办学校法人登记。完善民办学校法人治理结构。民办学校依法设立理事会或董事会，保障校长依法行使职权，逐步推进监事制度。积极发挥民办学校党组织的作用。完善民办高等学校督导专员制度。落实民办学校教职工参与民主管理、民主监督的权利。依法明确民办学校变更、退出机制。切实落实民办学校法人财产权。任何组织和个人不得侵占资产、抽逃资金或者挪用办学经费。依法建立民办学校财务、会计和资产管理制度。建立民办学校办学风险防范机制和信息公开制度。加强社会参与民办学校的管理与监督。加强对民办教育的评估。①

自此，民办教育进入教育事业发展的重要增长点和促进教育改革的重要力量的最高地位时期。《教育规划纲要》为"十二五"期间民办教育的改革发展提供了极其重要的战略方针和极为有利的政策环境。

2010年2月2日，教育部关于印发《教育部2010年工作要点通知》的第25条指出：深化办学体制改革。鼓励社会力量兴办教育。推动制定和落实支持民办教育发展的政策措施。开展对民办学校实行营利性和非营利性分类管理试点。探索符合民办教育特点的财务、会计和资产管理制度，规范民办学校的管理。深化公办学校办学体制改革，探索公办学校多种办学形式。加强独立学院建设和管理。教育部首次以文件的形式提出对民办学校实行营利性和非营利性分类管理试点。

2010年5月4日，教育部《关于组织申报国家教育体制改革试点的通

---

① 《国家中长期教育改革和发展规划纲要（2010～2020年）》第十四章。

知》（教改函〔2010〕1 号）予以印发。《通知》指出，清理并纠正歧视民办教育的政策和做法。开展营利性和非营利性民办学校分类管理试点。探索公共财政支持民办教育具体政策。健全民办教育财务、会计和资产管理制度。探索独立学院管理和发展的有效方式。

2010 年 10 月 24 日，国务院办公厅下发了《开展国家教育体制改革试点的通知》（国办发〔2010〕48 号）。由此，民办教育纳入国家教育体制改革试点。

河北省、内蒙古自治区、浙江省、云南省成为探索政府举办和鼓励社会力量办园措施和制度的地方，多种形式扩大学前教育资源试点；上海市、浙江省和广东省深圳市、吉林华桥外国语学院成为探索营利性和非营利性民办学校分类管理办法试点；上海市、浙江省、云南省和广东省深圳市，成为清理并纠正对民办教育的各类歧视政策，保障民办学校办学自主权试点；上海市、浙江省、福建省、江西省、云南省、宁夏回族自治区和广东省深圳市、武汉科技大学中南分校成为完善支持民办教育发展的政策措施，探索公共财政资助民办教育具体政策，支持民办学校创新体制机制和育人模式，办好一批高水平民办学校试点；上海市、江苏省、浙江省、云南省和西安欧亚学院成为改革民办高校内部管理体制，完善法人治理结构，建立健全民办学校财务、会计和资产管理制度试点。

随着全国民办教育体制改革试点的推进，民办教育界期盼法人属性、产权归属、学校权利、师生权益、营利与非营利、合理回报、会计制度、优惠政策、市场监管、政府服务十个方面的重大问题能有突破。

二 国家对民办学校实施分类管理成定局

随着《教育规划纲要》的正式颁布，"探索营利性和非营利性民办学校分类管理办法"被认为是民办教育综合改革的突破口，浙江省、上海市和深圳市以及吉林华桥外国语学院等"三地一校"被列为主要试点。

实施分类管理引起了民办教育界的广泛关注和热议。对大多数民办学校举办者来讲，分类管理可能会让他们陷入两难境地：如果选择营利性，那么民办学校就成了"企业"法人，其行为也属于企业投资行为，不仅要按照企业交税，而且可能得不到民办教育政策优惠，学费不能无限提价，招生数额计划不能随意扩大，最后的结果是投资与营运成本增加，无疑也会加大民办学校的投资和风险。如果选择非营利性，就意味着举办者不仅要放弃合理回报，还要放弃学校资产所有权，这又会影响民办学校举办者的积极性。

分类管理能否真正落地，从根本上取决于能否制定、完善一系列相关配套制度，即产权制度、会计制度、税收制度、师生权益保障制度、财政支持制度、合理回报制度、监督评价制度以及治理结构方面的制度等。分类管理是国际上的通行做法，但在我国，分类管理在各地均遇到了不同意见，许多民办学校的举办者或出资者并不希望进行分类管理，而大多数政府官员和校长都支持分类管理。这也是分类管理争议不断升温的原因。

《教育部 2013 年工作要点》第十条指出：召开全国民办教育工作会议。印发民办教育专题规划和促进民办教育发展的若干意见。总结营利性和非营利性民办学校分类管理的试点经验。推进公办学校办学体制改革，研究制订推进公办学校多种形式办学、体制改革和扩大优质教育资源覆盖面的意见。推进独立学院规范发展。

《教育部 2014 年工作要点》第六条指出：鼓励社会力量兴办教育。研究制订关于进一步鼓励社会力量兴办教育的若干意见，推进民办学校分类管理，健全政府补贴、政府购买、助学贷款、基金奖励、捐资激励等制度。构建差异化扶持政策。推进完善民办学校法人治理结构，着力建设好一批高水平、有特色的民办学校。扩大独立学院验收试点范围。召开全国民办教育工作会议。

《教育部 2015 年工作要点》第十三条指出：鼓励社会力量兴办教育。出台鼓励社会力量兴办教育的政策文件，召开全国民办教育工作会议。研究制订民办学校分类管理配套政策。推进独立学院规范发展。

《教育部 2016 年工作要点》第十六条指出：推进民办教育分类改革。进一步修改并出台鼓励社会力量兴办教育促进民办教育健康发展的若干意见。研究制订民办学校分类登记实施细则、营利性民办学校监督管理实施细则等，有序实施民办学校分类管理。召开全国民办教育工作会议。

2015 年 1 月 7 日，国务院总理李克强主持召开国务院常务会议，讨论并通过了部分教育法律修正草案，对教育法、高等教育法、教师法、民办教育促进法进行一揽子修改的草案提请全国人大常务委员会审议，草案明确"对民办学校实行分类管理，允许兴办营利性民办学校"，这一消息在民办教育界的议论再次升温。

在 2015 年 1 月 22 日召开的全国教育工作会议上，时任教育部部长袁贵仁在讲话中指出：依法建立分类管理基础上的财政、金融、土地、人事等方面的差异化扶持政策，健全政府补贴、政府购买服务、助学贷款、基金奖励、捐资鼓励等制度，解决民办教育面临的问题和困难，保障民办学校教师学生的合法权益。

2016 年 4 月 18 日，中共中央总书记、国家主席习近平出席并主持了中共中央全面深化改革领导小组第 23 次会议，会议审议并通过了《关于加强民办学校党的建设工作的意见（试行）》《民办学校分类管理登记实施细则》《营利性民办学校监督管理实施细则》三个文件。[①]

至此，经过多年的争议、讨论、建议，随着《民办教育促进法》修正案三审的通过，民办学校实施分类管理登记制度已成定局。

三 温州市民办教育综合改革先行先试

2011 年 3 月，浙江省承担国家民办教育综合改革试点任务，温州市成为浙江省"国家民办教育综合改革试点市"。

温州市有常住人口 900 万人，是浙江省人口最多的地级市。温州民间办学历史源远流长。早在北宋年间，王开祖讲学永嘉东山，为温州有书院之

---

① 具体为：《关于加强民办学校党的建设工作的意见（试行）》由中共中央办公厅于 2016 年 12 月 29 日以中办发〔2016〕78 号正式印发；《民办学校分类管理登记实施细则》由教育部、人力资源和社会保障部、民政部、中央编办、工商总局于 2016 年 12 月 30 日以教发〔2016〕19 号文颁发；《营利性民办学校监督管理实施细则》由教育部、人力资源和社会保障部、工商总局于 2016 年 12 月 30 日以教发〔2016〕20 号文颁发。

始。之后，温州民间办学之风一直延续到新中国成立初期。改革开放以后，温州各级政府和人民一道，发扬敢为人先的创业精神，抓住机遇，运用政策，大胆试验，将市场取向引入教育体制改革，走活了温州教育改革这盘棋。1982 年，乐清县虹桥镇诞生了温州第一家民办股份制幼儿园；1984 年，第一家民办聋哑学校、普通初中也相继创立；1986 年，第一家民办职业高级中学创立；1987 年，第一家民办普通高级中学创立；1988 年，第一家民办高校创立。至此，温州初步建立了从幼儿园到高等教育的民办教育体系。与此同时，温州还在全国唱响了大社会办大教育的教育发展理念。这一理念不但使温州民办教育得到了跨越性的发展，也使温州民办教育成为我国民办教育的一大现象。

到 2013 年，温州市共有各级各类学校 2695 所，在校生 147.9 万人，教职工 11.9 万人，教育人口约占全省总数的 1/5。有民办学校 1595 所，其中民办普通高校 2 所，在校生 2.67 万人，占普通高校在校生的 33.7%；民办普通高中学校 45 所，在校生 4.26 万人，占普通高中教育在校生总数的 32.4%；民办中等职业学校 26 所，在校生 1.56 万人，占中等职业教育在校生总数的 25.5%；民办初中 39 所，在校生 3.19 万人，占初中在校生总数的 13.4%；民办小学 24 所，在校生 6.69 万人，占小学在校生总数的 10.9%；民办幼儿园 1459 所，在校生 28.67 所，占幼儿园在校生总数的 87.4%。[①]

2011 年 3 月，温州承接 "国家民办教育综合改革试点" 任务，把民办教育管理中的核心问题——民办学校分类管理作为改革的重点。率先制发民办教育改革的文件《关于实施国家民办教育综合试点，加快教育改革与发展的若干意见》。到 2013 年，逐步形成 "1 + 14" 共 15 个配套文件。其主要的创新举措是：①非营利性民办学校由民政部门按照民办事业单位法人进行登记管理。②对登记民办事业单位法人的民办学校，根据在校生人数，按当地上年度人均教育事业费标准给予义务教育阶段 30% ~ 50%，学前教育、高中教育阶段 20% ~ 30%，高校教育阶段 15% ~ 20% 的财政补助。③登记

---

① 王佐书主编《中国民办教育发展报告：2013 ~ 2014》，科学出版社，2014，第 238 页。

为民办事业单位法人民办学校，收费标准实行政府指导价管理，由民办学校按不高于上年度生均教育事业费 3 倍的标准自主确定（经教育行政部门批准的优质学校可按不高于当地上年度生均教育事业费 5 倍的标准自主确定），报价格主管部门备案并向社会公示后执行。④具备条件的民办学校教师，均按公办学校教师标准参加事业单位社会保险，享受与公办学校教师同等的退休费、住房公积金、困难求助等待遇。⑤登记为民办事业单位法人的民办学校，可以用办学结余奖励出资人，年奖励金额不超过出资人累结出资额为基数的银行一年期贷款基率的 2 倍计算，即 12%。⑥明确出资财产属于民办学校出资人所有，出资人产（股）权份额可以转让、继承、赠予，但学校存续期间不得抽回资金。

经过艰难的博弈和探索，到 2014 年底，温州市 416 所民办学校分两批参加了分类管理登记改革。其中登记为非营利性民办事业单位法人的民办学校 374 所，登记为营利性企业法人的民办学校 40 所，其中 37 所是民办教育培训机构。2015 年，温州民办教育分类管理改革由点到面，全市尚未实施分类管理登记改革的 1200 多所民办学校均可自主选择参加。2014 年 12 月温州教育局批准全国第一所营利性民办高中——乐清市嘉禾中学诞生。

四 教育法律为分类管理扫除法律障碍

为了贯彻落实《教育规划纲要》，统筹解决不同教育法律中均有涉及的教育重大问题，解决教育改革发展中一些突出的制度性问题，为民办学校实施分类管理登记制度扫清法律障碍，体现中国特色教育基本制度，教育部报请国务院审议《教育法律一揽子修订建议草案（送审稿）》，建议一揽子对《中华人民共和国教育法》《中华人民共和国高等教育法》《中华人民共和国教师法》和《中华人民共和国民办教育促进法》四部法律相关条款进行修订。

2013 年 9 月 5 日，国务院法制办下发了对《民办教育促进法》《教育法》《高等教育法》《教师法》等四部法律进行修改公开征求意见的通知，提请社会各界广泛提意见。

"公开征求意见稿"第二条：完善民办学校管理制度，探索分类管理。

文中指出：现行教育法规定办学不得以营利为目的。民办教育促进法规定，民办学校可以要求取得合理回报。实践中民办学校绝大多数登记为民办非企业，取得合理回报在执行中存在一些问题。《教育规划纲要》提出，积极探索营利性和非营利性民办学校分类管理。为完善民办学校管理制度，征求意见稿从以下几方面做了修改和调整。

一是将《教育法》第二十五条第三款"任何组织和个人不得以营利为目的举办学校及其他教育机构"修改为："以财政性经费、捐赠资金举办或者参与举办的学校或者其他教育机构不得设立为营利性组织。"

二是删除《高等教育法》第二十四条关于设立高等学校"不得以营利为目的"的内容。

三是在《民办教育促进法》第五条中增加规定，民办学校与公办学校具有同等法律地位，并按照其法人属性享受相应优惠政策。

四是在《民办教育促进法》第十八条中增加规定，民办学校可以自主选择，登记为非营利性或者营利性法人。

五是删除《民办教育促进法》第五十一条"民办学校在扣除办学成本、预留发展基金以及按照国家有关规定提取其他的必需的费用后，出资人可以从办学结余中取得合理回报。取得合理回报的具体办法由国务院规定"的规定。

六是删除《民办教育促进法》第六十六条"在工商行政管理部门登记注册的经营性的民办培训机构的管理办法，由国务院另行规定"的规定。①

国务院法制办提出对《民办教育促进法》的部分条款进行修改，体现了国家现代立法理念，是我国教育立法工作的重大创新。

为配合教育部、国务院法制办做好法律修改工作，全国人大教科文卫委员会先后组成调研组赴北京、天津、陕西、浙江、广东、福建、新疆、甘肃等地调研，并多次召开座谈会听取政府有关部门、学校、专家学者的修法意见和建议。中国民办教育协会和各省市区民办教育协会采用多种方式广泛征

---

① 见国务院法制办公室 2013 年 9 月 5 日关于《教育法律一揽子修订草案（征求意见稿）》的说明。

求民办教育业内人士的意见和建议。

2015 年 1 月 7 日，国务院总理李克强主持召开了国务院常务会议，会议通过对《教育法》《高等教育法》《民办教育促进法》进行一揽子修改的修正案草案，决定提请全国人大常委会审议。并明确对民办学校实行分类管理，允许兴办营利性民办学校。

2015 年 8 月 26 日，在北京举行的第十二届全国人大常委会第十六次会议上，已经国务院第 77 次常务会议讨论通过的《教育法律一揽子修正案（草案）》首次列入全国人大常委会会议议程，正式进入立法程序。这次修改涵盖了《教育法》《高等教育法》《民办教育促进法》。

2015 年 12 月 22 日，第十二届全国人大常委会对《教育法律一揽子修正案（草案）》进行了分组审议。法律委员会经过同有关部门研究，建议本次常委会会议先分别表决通过《教育法》和《高等教育法》的修改决定草案，对《民办教育促进法》的修改暂不付表决。对《民办教育促进法》修改中涉及的民办学校分类管理问题，建议请国务院有关方面根据常委会组成人员的审议意见抓紧深入研究，提出积极稳妥的方案，以对草案进一步修改完善，适时提请常委会再次审议。

对于"三法变两法"，专家指出，在法律草案不太成熟、意见不太一致的情况下，审慎起见"不通过"也是一种负责。《民法教育促进法》的修改，要有利于民办教育的发展，法律的修改应当达到法律效果和社会效果的统一，所以再研究修改，体现了科学立法、民主立法的精神。不能不承认，民办教育促进法修订是一种复杂的利益博弈。这里的利益博弈，涉及政府、市场与社会等各个方面。

2016 年 1 月 8 日，《民办教育促进法》修正案（草案）二次审议稿在中国人大网公布，向社会公开征求意见。征求意见的时间不到一个月，修改内容为：

一、将第十八条修改为："民办学校的举办者可以自主选择设立非营利性或者营利性民办学校。"

"非营利性民办学校的举办者不得取得办学收益，学校的办学结余全部

269

用于办学。"

"营利性民办学校的举办者可以取得办学收益，学校的办学结余依照公司法等有关法律、行政法规的规定分配。"

"民办学校依法取得办学许可证后，进行法人登记，登记机关应当依法予以办理。"

二、将第三十七条第一款改为两款，作为第一款、第二款，修改为："民办学校收取费用的项目和标准根据办学成本、市场需求等因素确定，并向社会公示。"

"非营利性民办学校收费办法，由省、自治区、直辖市人民政府制定；营利性民办学校的收费标准，实行市场调节，由学校自主决定。"

三、将第四十五条修改为："县级以上各级人民政府可以采取购买服务、助学贷款、奖助学金和出租、转让闲置的国有资产等措施对民办学校予以扶持；对非营利性民办学校还可以采取政府补贴、基金奖励、捐资激励等扶持措施。"

四、将第四十六条修改为："民办学校享受国家规定的税收优惠；其中，非营利性民办学校享受与公办学校同等的税收优惠。"

五、将第五十条修改为："新建、扩建非营利性民办学校，人民政府应当按照公益事业用地及建设的有关规定以土地划拨等方式给予优惠。教育用地不得用于其他用途。"

六、删除第五十一条。

七、将第五十九条改为第五十八条，将第二款修改为："非营利性民办学校清偿上述债务后的剩余财产继续用于教育事业。营利性民办学校清偿上述债务后的剩余财产，依照公司法的有关规定分配。"

八、将第六十四条改为第六十三条，修改为："违反国家有关规定擅自举办民办学校的，由所在地县级以上地方人民政府教育行政部门、人力资源社会保障部门会同同级公安、民政、工商行政管理等有关部门责令停止办学、退还所收费用，并对举办者处违法所得一倍以上五倍以下罚款；构成违反治安管理行为的，由公安机关依法给予治安管理处罚；构成犯罪的，依法追究刑事责任。"

九、删除第六十六条。

十、将第七条、第八条、第十一条中的"劳动和社会保障行政部门"修改为"人力资源社会保障部门",将第六十三条中的"行政处分"修改为"处分"。①

已经进入 2016 年了,元旦过后,春节将至,在这有限的时间里,尚可再提建议,反映诉求。中国民办教育协会法律事务部紧急行动,发出征求意见通知。通过微信、QQ 群和电话等现代化通信工具,要求在几天之内尽快就二审稿提出修改建议。二审未交付表决,实际上反映了民办教育界的政治影响力。但肯定地说,三审肯定会表决通过。

有业内人士指出:民办学校分类管理的政策文件已经研究、起草了多年,舆论已然造出去了,大家对此的心理预期也发生了变化,如果不完成修订,大家会很失望。如果不解决分类管理的一些配套问题,分歧还会继续存在。许多民办学校办学者建议将非营利性民办学校分为出资办学和捐资办学两类。出资办学享有产权和回报,捐资办学不享有产权和回报。希望进一步完善修法设计,研究制定相关的配套措施。有关学者和专家也提出了营利性学校的举办限定范围,即义务教育阶段民办学校和民办本科学历教育以上院校不宜选择举办营利性学校。

从国家层面提前发出鼓励倡导举办非营利性民办学校的信号。

2013 年 12 月 12 日,教育部以司局函件(教发司〔2013〕174 号)的形式,通知召开由吉林华桥外国语学院等 26 所民办高校发起成立的非营利性民办高校联盟会议。联盟的成立是我国民办高等教育改革发展创新性探索,是深入推进非营利性和营利性民办高校分类管理的重大举措,体现了大力发展非营利性民办高等教育的政策导向。2015 年 4 月,教育部再次以司局函件的形式通知召开非营利性民办高校联盟第二次工作会议。一个由民办高校自发形成的民间组织能够以教育部文件形式发出通知,说明官方的倡导

---

① 见《中华人民共和国民办教育促进法》修正案(草案)二次审议稿。

意向和对分类管理的重视。到 2015 年底，加入该联盟的民办高校达 80 所，民办本科院校有 50 余所加盟。

五 拟出"30条"承载着希望和期盼

《教育规划纲要》明确提出：民办教育是教育事业发展的重要增长点和促进教育改革的重要力量，各级政府要把发展民办教育作为重要的工作职责。为了履行这个"重要工作职责"，全国人大、国务院、全国政协、教育部一直没有间断对民办教育进行调研，希望出台新政力促解决制约民办教育发展的难题。在多方调研的基础上，教育部从 2012 年春开始组织力量起草《关于进一步鼓励社会力量兴办教育的若干意见》（此《意见》被坊间称为"30 条"），共分六个部分三十条具体内容，涵盖了民办教育的诸多领域，包括分类管理、办学准入领域、办学筹资渠道、财政投入机制、政府购买服务、学生助学贷款、差别化用地、教师社保待遇等。起草"30 条"的五项原则为：一是坚持鼓励社会力量兴办教育的原则，完善教育金融土地税收等配套政策。二是分类管理、分类扶持的原则，实行营利性和非营利性管理，制定差别化的扶持制度和政策。三是坚持边起草、边实践的原则，上下联动形成政策的合力。四是以坚持消除各项政策歧视为原则，解决民办学校在法人属性、财政支持、教师社保等方面与公办学校不平等的问题。五是坚持鼓励办学与监督管理并重的原则，进一步完善民办教育扶持政策，扩大办学自主权，加强招生、收费、教学、财务、学校治理等方面的监管。

我国民办教育的办学主体十分复杂，有公民个人办学、社会团体办学、国有企事业单位办学、私营企业办学、中外合作办学、政府与民办企业或个人联合办学、企业与个人联合办学、股份制办学等多种形式，举办者的办学诉求、价值选择多样，各地民办学校发展差异较大。加之关于民办教育的理论准备和政策贮备都相对滞后，一些"瓶颈"问题始终难以从根本上得到解决。

因而，在"30 条"征求意见和修改中，各种利益的诉求和不同观点的博弈显得十分火爆。一方面是民办教育从业者对"30 条"的期望、预期差距引发的争议，另一方面还有教育部门与国务院各部委的协调争议。致使"30 条"反复修改多达 30 余稿，在全国召开的各层次座谈会无计其数，时间长达四年之久，尚未出台。[①]

2015 年 4 月 1 日，中共中央全面深化改革领导小组第十一次会议，将多次修改的民办教育"30 条"列入重要议事议程，此次会议就鼓励社会力量兴办教育、促进民办教育健康发展等问题进行了研究。可见"30 条"自上而下受重视的程度。

"30 条"其征求意见的过程和争议，实际成就了民办教育问题难得的一场研究与探索，梳理了"瓶颈"问题，探讨了解决的路径，为民办教育的进一步破冰前行奠定了基础，这也极大地提升了我国民办教育的政治地位。

第二节　民办高等教育在内涵式发展中转型

随着《教育规划纲要》的颁布与实施，国家对发展民办教育重要性的认识达到了一个空前高度，从顶层设计到法律、法规的制定与扶持，使我国整个民办教育的政治地位、社会影响和经济贡献力不断攀升。民办教育的规模不断增大，办学质量和效益不断提高，社会信誉度进一步提升。各级各类民办教育机构发展的数据充分表明，民办教育是我国教育事业的重要增长点，是促进改革的重要力量。

我国民办高等教育在全面贯彻《教育规划纲要》的进程中，办学规模进一步扩大，办学层次和教育教学质量进一步提高，办学实力进一步增强，不断创新体制机制和育人模式，成就了一批高水平民办高校，为国家教育的整体发展作出了突出贡献。

一　"十二五"期间民办高等教育的发展状况

2011 年，全国共有民办高校 698 所（其中独立学院 309 所，民办本科

[①] 2016 年 12 月 29 日，《国务院关于鼓励社会力量兴办教育促进民办教育健康发展的若干意见》（国发〔2016〕81 号）。

院校 87 所），比上年增加 22 所；698 所民办高校招生 153.73 万人，比上年增加 6.99 万人；在校生 505.07 万人，比上年增加 28.38 万人。其中，本科在校生 311.82 万人，专科在校生 193.25 万人；另有自考助学班学生、预科生、进修及培训学生 26.00 万人。民办的非学历高等教育机构 830 所，各类注册学生 88.14 万人。①

2011 年 10 月，在国家特殊需要人才培养项目试点中，北京城市学院、河北传媒学院、黑龙江东方学院、吉林华桥外国语学院、西京学院 5 所民办高校通过教育部审批，正式获得 2012 年度研究生招生资格。这是新中国成立以来，我国民办高校首次获得研究生教育资格。

2012 年全国共有民办高校 707 所，比上年增加 9 所。其中独立学院 303 所，民办本科院校 87 所；共招生 160.28 万人，比上年增加 6.55 万人；在校生 533.18 万人，比上年增加 28.11 万人。其中，硕士研究生在校生 155 人，本科在校生 341.23 万人，专科在校生 191.94 万人；另有自考助学班学生、预科生、进修及培训学生 22.04 万人。民办的非学历高等教育机构 823 所，各类注册学生 82.82 万人。②

2013 年全国共有民办高校 718 所，比上年增加 11 所。其中独立学院 292 所，民办本科院校 100 所。共招生 160.19 万人，比上年减少 949 人；在校生 557.52 万人，比上年增加 24.34 万人。其中，硕士研究生在校生 335 人，本科在校生 361.64 万人，专科在校生 195.85 万人；另有自考助学班学生、预科生、进修及培训学生 25.84 万人。民办的非学历高等教育机构 802 所，各类注册学生 87.99 万人。③

2014 年全国共有民办高校 728 所，比上年增加 10 所。其中独立学院 283 所，民办本科院校 137 所，共招生 172.96 万人，比上年增加 12.77 万人；在校生 587.15 万人，比上年增加 29.63 万人。其中，硕士研究生在校生 408 人，本科在校生 374.83 万人，高职（专科）在校生 212.28 万人；另

① 教育部 2011 年全国教育事业发展统计公报。
② 教育部 2012 年全国教育事业发展统计公报。
③ 教育部 2013 年全国教育事业发展统计公报。

有自考助学班学生、预科生、进修及培训学生 31.73 万人。民办的其他高等教育机构 799 所，各类注册学生 88.30 万人。①

2015 年全国共有民办高校 734 所（含独立学院 275 所），比上年增加 6 所；招生 177.97 万人，比上年增加 5.01 万人；在校生 610.90 万人，比上年增加 23.75 万人。其中，硕士研究生在校生 509 人，本科在校生 383.33 万人，高职（专科）在校生 227.52 万人；另有自考助学班学生、预科生、进修及培训学生 31.53 万人。民办的其他高等教育机构 813 所，各类注册学生 77.74 万人。另外，还有其他民办培训机构 2.01 万所，有 898.66 万人次接受了培训。②

民办高职高专院校从 2010～2014 年，学校数一直处于 300～320 所之间，2011 年有 17 所民办高职高专院校升格为民办本科院校，2014 年有 26 所民办高职院校升格为民办本科院校，这两年就达 43 所。这一方面说明一批民办高职高专院校办学水平和办学质量不断提高，另一方面说明各地每年都有新批的民办高职高专院校诞生。

2010～2013 年，民办高职高专院校的在校生一直稳定在 200 万人以内。稳定的数字说明在高等教育适龄人口数回落的情况下民办高职高专院校的办学空间萎缩，一些办学条件差、办学质量不高、缺乏特色的学校完不成招生计划。在新形势下，民办高职高专院校面临一系列新的矛盾和挑战：一是规模扩张与生源下降的矛盾日益突出，二是高职高专院校迅速发展与提高教育质量的矛盾日益加剧，三是公办高职院校与民办高职院校之间均衡发展的矛盾日益凸显，四是民办高职院校之间的专业建设、办学特色同质化矛盾日益突出。经过调整和努力，2014～2015 年，民办高职院校招生人数和在校生人数均有增长，在校生达到 227.52 万人。③

几年来，有 50 余所民办高职院校转升为民办本科院校，30 余所独立学院转设成功，有 5 所民办本科院校获得专业硕士招生培养资格。显然，民办高等教育从办学规模、办学层次、办学质量到办学效益都有了新的发展和质

① 教育部 2014 年全国教育事业发展统计公报。
② 教育部 2015 年全国教育事业发展统计公报。
③ 周海涛、钟秉林主编《中国民办教育发展报告》，北京师范大学出版社，2016，第 6 页。

的变化。

2009～2015 年短短的六年间，我国民办高等本科教育发展令人瞩目。仅从民办普通本科院校发展统计来看，2009 年全国民办本科院校（不含独立学院）仅 48 所，进入 2015 年就迅速扩大到 148 所，增加了 100 所。2009 年全国民办普通高校在校生共有 435.98 万人，到 2015 年在校生达到 610.90 万人，增加了 174.92 万人。民办本科院校在校生由 2009 年的 252.04 万人增加到 2015 年的 383.33 万人，增加 131.29 万人。另有硕士研究生 509 人。由此表明了在贯彻落实《教育规划纲要》的进程中，政策"给力"，政府"有为"，民办院校"有位"。①

表 5 - 1   2014 年各省（区、市）民办高校数、学生数及占比情况

省份	民办高校数（所）	民办高校学生（人）	占全国民办高校总数比例（%）	占全国民办高校学生总数比例（%）
江苏	52	395161	7.15	6.88
广东	52	580385	7.15	10.10
湖北	43	406983	5.91	7.08
山东	39	338758	5.36	5.90
河南	37	329891	5.09	5.74
浙江	36	291413	4.95	5.07
福建	36	211130	4.95	3.67
河北	35	341663	4.81	5.95
辽宁	34	195634	4.68	3.41
四川	33	335088	4.54	5.83
安徽	31	180280	4.26	3.14
湖南	31	221525	4.26	3.86
江西	30	240428	4.13	4.18
陕西	30	303534	4.13	5.28
重庆	23	179486	3.16	3.12
广西	21	141323	2.89	2.46
上海	20	92228	2.75	1.61
云南	20	149883	2.75	2.61
黑龙江	18	106539	2.48	1.85
吉林	16	138040	2.20	2.40

---

① 周海涛、钟秉林主编《中国民办教育发展报告》，北京师范大学出版社，2016，第 6 页。

续表

省份	民办高校数（所）	民办高校学生（人）	占全国民办高校总数比例（%）	占全国民办高校学生总数比例（%）
北京	15	68317	2.06	1.19
山西	15	122195	2.06	2.13
天津	11	77172	1.51	1.34
贵州	11	82312	1.51	1.43
内蒙古	10	22087	1.38	0.38
新疆	9	29843	1.24	0.52
海南	7	67955	0.96	1.18
甘肃	7	60280	0.96	1.05
宁夏	4	32214	0.55	0.56
青海	1	3739	0.14	0.07
西藏	—	—	—	—

资料来源：根据国家统计局与教育部网站、教育部提供的数据资料整理而成。

表 5-2 2014 年各省（区、市）独立学院数及占比情况

省份	独立学院数（所）	占全国独立学院总数比例（%）	省份	独立学院数（所）	占全国独立学院总数比例（%）
江苏	25	8.83	河南	8	2.83
湖北	24	8.48	贵州	8	2.83
浙江	22	7.77	云南	7	2.47
河北	17	6.01	吉林	6	2.12
广东	16	5.65	重庆	6	2.12
湖南	15	5.30	北京	5	1.77
江西	13	4.59	甘肃	5	1.77
辽宁	12	4.24	新疆	5	1.77
陕西	12	4.24	内蒙古	2	0.71
安徽	11	3.89	黑龙江	2	0.71
山东	11	3.89	上海	2	0.71
天津	10	3.53	宁夏	2	0.71
四川	10	3.53	青海	1	0.35
福建	9	3.18	海南	0	0.00
广西	9	3.18	西藏	—	—
山西	8	2.83			

资料来源：根据国家统计局与教育部网站、教育部提供的数据资料整理而成。

二 系列新政推进民办高等教育转型发展

2011 年，在贯彻落实《教育规划纲要》的进程中，国家安排的 11 个地区 12 项有关民办教育改革试点逐步深化推进，如江苏的探索独立学院规范管理和科学发展的有效方式，吉林华桥外国语学院探索非营利性民办高校办学模式，西安欧亚学院实施民办高校内部管理体制改革，武昌理工学院探索创新高素质人才培养模式等，推动了我国民办高等教育的改革和创新。

2012 年我国民办高等教育开始实施硕士研究生教育，这是落实《教育规划纲要》有关精神的重要举措，也为 2020 年前实现民办高校开展专业博士教育奠定了基础。这对实施国家发展战略、建设高等教育强国、完善高等教育体系、提高民办高校的社会地位、扶持民办高校创建高水平民办大学与国际教育接轨等都具有积极意义。

2012 年，教育部颁布了《关于鼓励和引导民间资金进入教育领域促进民办教育健康发展的实施意见》，这是目前对民办高等教育扶持力度大、优惠政策多，而操作性一般的一部行政规章。

党的十八大提出"鼓励引导社会力量兴办教育"，表明国家对民办高等教育法律法规政策的价值取向已由鼓励和规范转为鼓励和引导。这将为民办高等教育提供更大的发展空间，破解民办高等教育的发展难题，发挥市场在资源配置中的决定性作用，进一步激发并释放民办高等教育的体制优势和创新活力。[①]

2014 年 5 月 2 日，国务院印发《关于加快发展现代职业教育的决定》（国发〔2014〕19 号），该决定指出，引导一批普通本科高等学校向应用技术类型高等学校转型，重点举办本科职业教育。明确了本科高校的类型应增加应用技术型和职业教育向本科层次发展，构建完善的教育体系，加快转方式、调结构、促升级。对于民办高校的转型发展具有十分重要的意义。为贯彻该决定，6 月 16 日，教育部联合国家发展改革委、财政部、人力资源和

---

① 李维民：《民办高校发展战略与转型研究》，陕西人民出版社，2014，第 380 页。

社会保障部、农业部、国务院扶贫办印发了《现代职业教育体系建设规划（2014～2020年）》的通知。

三 学术交流助力民办高等教育发展

《教育规划纲要》发布后，2010年11月7日，中国民办教育协会在河南郑州召开中国民办教育发展大会。大会以"新纲要、新动力、新态势、新发展"为主题，探讨民办教育发展面临的新机遇和新挑战。有关国家领导人和教育部领导与来自全国20多个省、直辖市、自治区的400余名代表出席了会议，就贯彻纲要和全国教育工作会议精神进行了探讨和交流。

2011年11月6日，中国民办教育协会在昆明召开中国民办教育发展大会，大会以"深化改革、优化环境、提高质量"为主题。会议希望民办学校：一要转变办学理念，创新人才培养模式；二要转变发展方式，实现内涵发展、特色发展；三要转变学校管理模式，主动参与现代学校制度的建设和实践。

2012年12月4日，以"推进改革，优化环境，提高质量"为主题的中国民办教育发展大会在温州召开。国家有关领导和教育部、有关省市领导与来自全国20多个省、直辖市、自治区的700余名代表参加会议。此次会议对温州民办教育改革具有极大的促进作用。

2013年12月15日，中国民办教育发展大会暨协会年会在无锡召开。会议主题是"深化改革，完善政策，狠抓质量"，以学习贯彻十八届三中全会精神为指引，交流民办教育改革创新经验。来自全国30多个省、直辖市、自治区的民办教育工作者和民办学校投资者会聚一堂，共商民办教育改革发展良策。会议还宣读了"建设高水平、有特色、公益性民办学校"倡议书，获得了与会代表的一致认可。

2014年12月15日，"中国民办教育发展大会暨协会年会"在海南海口经济学院召开。本届大会以"与时俱进，改革创新，办高水平民办学校"为主题，对鼓励扶持发展民办教育、推进学校特色办学等主题，进行了探讨和交流。

中国民办教育协会高等教育专业委员会于 2009 年 12 月 29 日成立。自 2010～2014 年间，就直接组织主办与参与举办各种会议、论坛、调研、座谈等国内外交流活动等达 30 余次，有力地推动了我国民办高等教育事业的发展。

2010 年 11 月 7 日，在黄河科技学院召开了"中国民办高等教育新形势、新思路论坛"。2011 年 6 月 24 日，在黑龙江省齐齐哈尔市召开了"我国民办高等教育校园文化建设和内涵建设研讨会"。2012 年 12 月，"全国首届民办本科高校创新发展论坛"在山东英才学院召开，有 50 所民办本科高校、117 所独立学院和台湾 28 所私立大学的代表出席。2012 年 12 月 1 日，在湖南都市职业学院召开了"全国首届民办高职院校创新发展论坛"，有民办高职大专院校代表 300 余人参会，其中不少公办高职院校的负责人也慕名出席了会议。2013 年 5 月 18 日，在江苏南通紫琅学院召开了"民办高职院校发展设置研讨会"，有 40 余所准备升格为本科院校的高职院校领导 60 余人参会。5 所本科院校介绍升本经验，专家与学校领导面对面交流、问答、释疑解惑。

4 年间，该机构还就非学历教育机构如何发展，召开了新形势下高等教育自学考试改革与发展大会，召开了全国民办高校工作创新研讨会、中国西部民办高校发展论坛、民族地区与内地高校协调发展座谈会等一系列具有较高水平、较大影响力的活动。先后组织召开了第四届中外民办教育高等教育发展论坛、海峡两岸私立（民办）高校联谊会、2010 亚太国际教育会议暨国际教师教育研讨会、海峡两岸民办（私立）高校友好交流研讨会等。2011 年 4 月，高专委与台湾私立教育事业协会在山西开展海峡两岸民办（私立）学校交流活动，并签署了合作意向。其间，高专委还分期分批组织民办高校领导赴美国、德国、法国、比利时、卢森堡等国家考察私立教育，对世界一流的大学，如哈佛大学、耶鲁大学、哥伦比亚大学、麻省理工学院、西点军校等 10 余所著名高校进行了访问，与多所知名高校签订了合作办学协议，引进优质教育资源，提高教育国际化水平。开展对外交流推动了民办高校走内涵式发展道路，提高了教育质量。

该机构为推动民办高等教育事业的发展，扩大民办高校的社会影响力，经申报批准，组织举办了中国民办高等教育优秀院校和先进个人评选表彰活动，表彰了"中国民办高等教育优秀院校"165 所、"中国民办高等教育先进个人"137 名。2012 年对全国民办专修学院优秀院校和先进个人进行了评选表彰活动。

一些民办院校和相关机构也组织开展了多形式专题研讨、学术交流活动。例如，2014 年 5 月 26 日，黄河科技学院联手国内外知名高校在黄河科技学院召开了"第四届（GAUC）世界私立高等教育发展国际论坛"。本届论坛共有来自中国、美国、罗马尼亚、日本、中国台湾等国家和地区的 260 余位专家学者参加，旨在分享各国私立高等教育国际化的成功经验，分析私立高等教育国际化的新趋势和新特征，探索私立高等教育国际化的政策措施。2014 年 12 月 6 日，黄河科技学院召开了"学院发展道路研讨会"，国内一些知名专家学者和民办高校领导出席，为民办高校的发展把脉会诊。

2011 年 12 月 8 日，教育部民办教育政策研究院在北京师范大学成立。研究院实行指导委员会领导下的院长负责制，并设立学术指导委员会。时任教育部副部长的鲁昕担任指导委员会主任，顾明远教授担任学术委员会主任，时任北京师范大学校长钟秉林担任院长，教育部发展规划司副司长宋德民、北京师范大学教育学部教授周海涛担任副院长。教育部民办教育政策研究院是全国权威性的民办教育研究机构，充分说明从国家层面注重了对民办教育的研究，对国家关于民办教育顶层设计提供决策依据。

伴随着民办教育事业的发展，全国相继成立多家民办教育研究机构，在 20 世纪 90 年代，中央教育科学研究所就成立了民办教育研究中心，省级教育行政部门也成立了有关民办教育研究机构，如北京教育科学研究院民办教育研究所、上海市教科院民办教育研究所、四川省民办教育研究中心等；公办高校成立的有浙江大学教育学院民办教育研究中心、厦门大学教育科学研究所民办高教研究中心、广东教育学院民办教育研究所等；民办高校成立的有西安外事学院七方教育研究所、黄河科技学院民办教育研究所、浙江树人学院民办教育研究所、西安思源学院高等教育研究所、西南大学育才学院民办教育研究所等；中国民办教育协会成立后也建立了民办教育研究院。不容置疑，各层次、各机构所开展的一系列民办高等教育研讨、交流活动并编印相关资料等，有力地促进了民办高等教育事业不断健康发展，全面提升。

第三节　民办基础教育质量和特色稳中有升

《教育规划纲要》实施以来，我国的基础教育阶段的民办教育有了进一步的发展，教育教学质量和办学水平不断提升，办学条件逐步改善，各类学校的发展呈现了新阶段的新特点，一批批特色鲜明，注重品牌，精心育人的高质量学校不断涌现，在社会各界形成了良好的口碑。

一　民办基础教育的发展上了新台阶

（一）全国民办普通小学发展情况

从 2010～2015 年教育部全国教育事业发展统计公报的数据来看（表 5 - 3），我国民办普通小学总数六年间有减有增，2011 年比 2010 年减少了 165 所。2012 年减幅减缓，到 2013 年开始增加，到 2015 年总数达到 5859 所，比 2011 年的 5186 所增加 673 所。

表 5 - 3　2010～2015 年全国民办普通小学发展统计表

年份	学校总数（所）	比上年增加学校数（所）	占全国同类学校数率（%）	在校生人数（万人）	比上年增加人数（万人）	当年招生数（万人）	占全国同类在校生率（%）
2010	5351	- 145	2.08	537.63	34.75	94.72	5.41
2011	5186	- 165	2.15	567.83	30.20	100.83	5.72
2012	5213	- 27	2.28	597.85	30.03	104.44	6.17
2013	5407	194	2.53	628.60	30.75	111.28	6.72
2014	5681	274	2.82	674.14	45.54	114.80	7.13
2015	5859	178	3.10	713.82	39.68	124.36	7.36

资料来源：教育部全国教育事业发展统计公报（2010～2015）。

尽管民办普通小学校数有减有增，但占全国同类学校数比率一直递增，从 2010 年的 2.08% 上升到 2015 年的 3.10%，几乎增加了一个百分点，这其中有公办小学连年的"撤点并校"数量逐年减少的原因。

民办普通小学在校生人数，2010 年为 537.63 万人，到 2015 年达到 713.82 万人，每年都比上一年增加 30~40 万人，占全国同类学校在校生比率由 2010 年的 5.41% 逐年递增，到 2015 年达到 7.36%。由此说明，民办普通小学规模在持续扩大，教育教学质量得到了社会高度的认同，不少学校在当地的声誉越来越高（表 5-4）。

表 5-4　2014 年各省（区、市）民办普通小学数、学生数及占比情况①

省份	民办普通小学数（所）	民办普通小学学生数（人）	占全国民办普通小学总数比例(%)	占全国民办普通小学学生总数比例(%)
河南	1550	1112665	27.28	16.50
广东	705	1845272	12.41	27.37
河北	430	393725	7.57	5.84
贵州	261	158272	4.59	2.35
安徽	251	256010	4.42	3.80
四川	245	238612	4.31	3.54
山东	240	304704	4.22	4.52
浙江	225	473558	3.96	7.02
陕西	213	140923	3.75	2.09
江苏	177	301771	3.12	4.48
上海	174	156010	3.06	2.31
广西	172	153285	3.03	2.27
山西	170	174375	2.99	2.59
湖南	145	209837	2.55	3.11
云南	114	78713	2.01	1.17
重庆	104	53277	1.83	0.79
福建	94	127133	1.65	1.89

① 周海涛、钟秉林主编《中国民办教育发展报告》，北京师范大学出版社，2016，第 10 页。

省份	民办普通小学数（所）	民办普通小学学生数（人）	占全国民办普通小学总数比例（%）	占全国民办普通小学学生总数比例（%）
海南	87	80627	1.53	1.20
湖北	67	102284	1.18	1.52
北京	65	71512	1.14	1.06
江西	53	127487	0.93	1.89
内蒙古	32	28596	0.56	0.42
辽宁	28	40134	0.49	0.60
吉林	21	53910	0.37	0.80
新疆	16	16558	0.28	0.25
天津	14	15144	0.25	0.22
黑龙江	9	12724	0.16	0.19
甘肃	8	7708	0.14	0.11
宁夏	6	4300	0.11	0.06
青海	3	1083	0.05	0.02
西藏	2	1171	0.04	0.02

资料来源：根据国家统计局与教育部网站、教育部提供的数据资料整理而成。

（二）全国民办普通初中发展情况

据 2011～2016 年全国教育事业统计显示，我国民办普通初中无论是学校数还是在校生人数，都呈现为连年攀升的势头，2011 年共有 4282 所，到 2016 年达到 5085 所，增加了 803 所，在校生人数由 2011 年的 442.56 万人，到 2016 年达到 532.82 万人，增加了 90.26 万人，其间，民办普通初中的办学水平、办学效益以及教育教学质量得到显著提高，在许多地方成了优质教育的代名词。

表 5－5 是 2010～2015 年全国民办普通初中发展统计情况，表 5－6 是 2014 年各省（区、市）民办普通初中数、学生数及占比情况。[1]

---

[1] 周海涛、钟秉林主编《中国民办教育发展报告》，北京师范大学出版社，2016，第 9 页。

表 5 - 5 2010～2015 年全国民办普通初中发展统计情况

年份	学校总数（所）	比上年增加学校数（所）	占全国同类学校数率（%）	在校生人数（万人）	比上年增加人数（万人）	当年招生数（万人）	占全国同类在校生率（%）
2010	4259	-72	7.76	442.11	8.23	153.21	8.4
2011	4282	23	8	442.56	0.45	153.65	8.73
2012	4333	51	8.14	451.41	8.85	157.81	9.54
2013	4535	202	8.6	462.35	10.94	162.11	10.4
2014	4743	208	9	487.00	24.65	167.74	11.1
2015	4876	132	9.3	502.93	15.92	170.73	11.7

资料来源：教育部全国教育事业发展统计公报（2010～2015）。

表 5 - 6 2014 年各省（区、市）民办普通初中数、学生数及占比情况

省份	民办普通初中数（所）	民办普通初中学生数（人）	占全国民办普通初中总数比例（%）	占全国民办普通初中学生总数比例（%）
广东	870	698193	18.42	14.34
河南	693	657040	14.68	13.49
贵州	317	141251	6.71	2.90
安徽	314	421141	6.65	8.65
山东	268	304317	5.68	6.25
浙江	228	217148	4.83	4.46
河北	212	275757	4.49	5.66
山西	204	242730	4.32	4.98
湖南	190	260079	4.02	5.34
四川	184	221721	3.90	4.55
江苏	167	273068	3.54	5.61
江西	161	141516	3.41	2.91
广西	153	93253	3.24	1.91
湖北	114	115814	2.41	2.38
陕西	97	134437	2.05	2.76
海南	83	29791	1.76	0.61
云南	82	62869	1.74	1.29
重庆	64	84572	1.36	1.74
福建	63	144500	1.33	2.97
上海	56	60776	1.19	1.25
内蒙古	39	30981	0.83	0.64
黑龙江	38	38579	0.80	0.79

省份	民办普通初中数（所）	民办普通初中学生数（人）	占全国民办普通初中总数比例（%）	占全国民办普通初中学生总数比例（%）
吉林	37	72180	0.78	1.48
辽宁	36	59688	0.76	1.23
北京	21	26086	0.44	0.54
甘肃	19	15242	0.40	0.31
新疆	15	10298	0.32	0.21
天津	11	22794	0.23	0.47
宁夏	5	12989	0.11	0.27
西藏	2	309	0.04	0.01
青海	1	899	0.02	0.02

资料来源：根据国家统计局与教育部网站、教育部提供的数据资料整理而成。

表5-5、表5-6数据显示，进入"十二五"期间，全国义务教育阶段的民办普通初中的学校数连年增长，从2011年的4282所增加到2015年的4876所，增加了594所。2013年、2014年每年增数超过200所。在占全国同类学校数的比率上，由2011年的8%，到2015年达到9.3%，增长了1.3个百分点。

从民办普通初中在校生人数来看，由2011年的442.56万人连年增加，到2015年达到502.93万人，增数达60.37万人。2014年增数较多，比2011年增加44.44万人。在占全国同类学校在校生人数的比率上，呈现出连年增加的趋势，由2011年的8.73%，到2015年达到11.7%，增长近3个百分点。

我国民办普通初中学校数量和在校生数量以及招生数连年增长的事实说明：一方面我国教育改革一系列新政策的实施使民办学校投资者、办学者增强了信心和希望；另一方面说明全国民办普通初中教育教学质量在不断提高，办学规模在逐步扩大，社会信誉度越来越高。

但发展不平衡的现象依然存在，有些省、市、区不论是学校数量，还是在校生数量都远超全国平均数，广东、浙江、江苏、河南、安徽等省与西部的甘肃、宁夏、西藏、青海、新疆等省、区差距越来越大。

（三）全国民办普通高中发展情况

从 2010 ~ 2016 年全国教育事业的统计数据来看，其间，我国民办普通高中的发展总体为稳中有升，到 2016 年学校总数由 2010 年的 2499 所增加到 2787 所，5 年间增加了 288 所。在校生人数由 2010 年的 230.07 万人增加到 279.08 万人，增加了近 50 万人。所占全国同类在校生的比率也由 9.5% 上升为 11.8%。

表 5 - 7 是 2010 ~ 2015 年全国民办普通高中发展统计情况，表 5 - 8 是 2014 年各省市（区、市）民办普通高中数、学生数及占比情况。[①]

表 5 - 7　2010 ~ 2015 年全国民办普通高中发展统计情况

年份	学校总数（所）	比上年增加学校数（所）	占全国同类学校数率（%）	在校生人数（万人）	比上年增加人数（万人）	当年招生数（万人）	占全国同类在校生（%）
2010	2499	- 171	17.78	230.07	- 0.06	80.95	9.5
2011	2394	- 105	17.5	234.98	4.91	83.54	9.57
2012	2371	- 23	17.55	234.96	- 0.02	82.13	9.52
2013	2375	4	17.7	231.64	- 3.31	79.82	9.5
2014	2442	67	18.4	238.65	7.01	82.73	10
2015	2585	143	19.58	256.96	18.31	94.51	11

资料来源：教育部全国教育事业发展统计公报（2010 ~ 2015）。

表 5 - 8　2014 年各省市（区、市）民办普通高中数、学生数及占比情况

省份	民办普通高中数（所）	民办普通高中学生数（人）	占全国民办普通高中总数比例（%）	占全国民办普通高中学生总数比例（%）
河南	208	259589	8.52	10.88
安徽	181	194103	7.41	8.13
浙江	162	168445	6.63	7.06
广东	151	145429	6.18	6.09
山西	150	161941	6.14	6.79
湖北	119	96215	4.87	4.03

[①] 周海涛、钟秉林主编《中国民办教育发展报告》，北京师范大学出版社，2016，第 8 页。

续表

省份	民办普通高中数（所）	民办普通高中学生数（人）	占全国民办普通高中总数比例（%）	占全国民办普通高中学生总数比例（%）
江西	118	125039	4.83	5.24
山东	101	136022	4.14	5.70
江苏	100	149716	4.10	6.27
湖南	98	93161	4.01	3.90
河北	94	103305	3.85	4.33
贵州	94	75836	3.85	3.18
辽宁	93	78427	3.81	3.29
陕西	92	83178	3.77	3.49
四川	88	95366	3.60	4.00
广西	84	78277	3.44	3.28
福建	77	67456	3.15	2.83
北京	63	16809	2.58	0.70
云南	60	48128	2.46	2.02
上海	51	13589	2.09	0.57
甘肃	49	34874	2.01	1.46
黑龙江	34	25153	1.39	1.05
内蒙古	33	13646	1.35	0.57
天津	31	13408	1.27	0.56
新疆	27	16021	1.11	0.67
海南	24	18121	0.98	0.76
吉林	23	30050	0.94	1.26
重庆	19	34170	0.78	1.43
青海	10	3972	0.41	0.17
宁夏	8	6341	0.33	0.27
西藏		755		0.03

　　我国民办普通高中 2006 年为 3246 所，占当年全国同类学校数 16153 所的 20.1%，自 2007 年连续 6 年下降，到 2012 年共有 2371 所，减少了 875 所，下降幅度达 27%，到了 2013 年学校数量略有增加，到 2015 年达到 2585 所，相比 2013 年的 2375 所两年增加了 210 所，增幅约 9%。

民办普通高中在校生人数 2006 年为 247.72 万人，占当年全国同类学校在校生人数 2514.50 万人的 9.85%，随后 8 年连续下降，直到 2015 年才超过 2006 年，达到 256.96 万人。在校生人数占全国同类学校数的比率连续 7 年一直徘徊在 9.5%~9.7%，到了 2014 年达到 10%，2015 年达到 11%。

从造成我国民办普通高中学校数和在校生数持续负增长的情况来看，主要原因有三：一是全国适龄人口数量减少，生源数量下降；二是与公办高中相比竞争力不强，再加上生源质量差，高考压力大，使一些民办普通高中无法维持；三是国家、地方扶持政策不到位，诸多歧视现象普遍存在，招生自主权得不到落实。

2014~2015 年民办普通高中学校数和在校生数以及与全国同类学校的占比三方面均有增加的事实说明，政策环境在改变，民办普通高中的办学规模在扩大，办学实力在逐渐增强。

（四）全国民办中等职业学校发展情况

2006 年，教育部出台《关于大力发展民办中等职业教育的意见》，力图挽救中等职业教育发展颓势，并在一定的时间取得成效。教育行政部门采取了限制普通高中招生人数，划定录取分数线，线下生上中职的办法，然而，由于人们受固有的"重学历""轻技术"传统观念以及职业学校培养质量差、师资紧缺、就业困难等的影响，2010 年以来中等职业学校萎缩的态势难以遏制。

表 5-9　2010~2015 年全国民办中等职业学校发展统计表

年份	学校总数（所）	比上年增加学校数（所）	占全国同类学校数率（%）	在校生人数（万人）	比上年增加人数（万人）	当年招生数（万人）	占全国同类在校生率（%）
2010	3123	-75	22.8	306.99	-11.10	113.19	13.7
2011	2856	-267	21.8	269.25	-37.74	95.74	12.2
2012	2649	-207	20.9	240.88	-28.37	83.75	11.4
2013	2482	-167	20.2	207.94	-32.94	73.16	10.8
2014	2343	-139	19.7	189.57	-18.37	71.95	10.8
2015	2225	-118	19.9	183.37	-6.21	70.93	11

资料来源：教育部全国教育事业发展统计公报（2010~2015）。

民办中职学校自 2003～2008 年时间里，学校数（1382 所）和在校生数（79.38 万人）都连年攀升，2008 年的学校数达到 3234 所，在校生人数 291.8 万人。占全国同类学校数量由 2003 年的 7.3% 上升为 2008 年的 11.6%，在校生数的比率由 7.5% 升上为 17.3%，2009 年民办中职学校数和在校生人数达到最高值，分别为 3198 所、318.1 万人，随后两者数字一路下跌，到了"十二五"期间的五年时间里，学校数减少了 398 所，在校生人数减少了 123.62 万人。这种趋势是与全国中等职业教育的态势分不开的，据教育部教育事业统计显示，五年期间，全国中等职业学校减少了 2672 所，在校生人数减少了 581.8 万人。

2014 年，国务院发出《关于加快发展现代职业教育的决定》，促进中国职业教育事业发展。《决定》预计，到 2020 年，中等职业教育在校生达到 2350 万人，而 2015 年在校生 1656.7 万人。若保持现有的基数，保证不下降的情况下五年再增加 700 万人，显然困难不少。民办中等职业教育的发展空间也进一步扩大。

二　系列新政促进民办基础教育的内涵发展

"十二五"期间，在全面贯彻落实《教育规划纲要》的进程中，我国民办基础教育已由外延发展期进入了内涵发展期，各级政府和教育行政管理部门通过政策引导、制度创新、财政激励等多种途径，全面激发民办学校的办学动力，促进民办基础教育走向了特色鲜明、优质规范的发展道路。

2013 年 9 月 5 日，教育部发布了《关于建立健全中小学师德建设长效机制的意见》，就引导教师立德树人、为人师表，不断提升人格修养和学识修养，努力建设一支师德高尚、业务精湛、结构合理、充满活力的中小学教师队伍提出了意见和要求。

2014 年 4 月 17 日，教育部《关于培育和践行社会主义核心价值观进一步加强中小学德育工作的意见》（教基一〔2014〕4 号）发布，针对当前的新形势新要求，提出了切实把立德树人作为教育的根本任务，培育和践行社会主义核心价值观，进一步增强中小学德育的时代性、规律性、实效性的意见。

紧接着，4 月 24 日，教育部又发布了《关于全面深化课程改革落实立德树人根本任务的意见》（教基二〔2014〕4 号），要求把立德树人落到实处，充分发挥课程在人才培养中的核心作用，进一步提升综合育人水平，更好地促进各级各类学校学生全面发展、健康成长。

以上意见，进一步推进了民办基础教育学校的内涵建设和加快创办特色优质学校的发展进程。一些地方创新性政策的发布，为区域民办基础教育学校的制度创新、内涵发展起到了"加速器"的作用。

2013 年 9 月 9 日，浙江省人民政府下发《关于促进民办教育健康发展的意见》（以下简称《意见》）（浙政发〔2013〕47 号），《意见》由总体要求、民办学校的责任和权益、师生权益、要素保障、监管与服务等五部分组成，共二十八条。该文件为破解浙江省民办教育特别是民办基础教育学校面临的一系列突出问题指明了方向和路径，并作出了相应的政策性规定，是立足发展的创新性举措。《意见》强调当地政府要为民办教育发展留出空间助力优化结构，积极支持有特色、高水平的民办教育加快形成公办、民办互补、有序竞争和良性发展的多元办学格局。《意见》明确提出了建立对民办学校举办者的奖励激励机制，助力提高并保证民办学校教师的社保待遇，确认民办学校出资者拥有实际出资额的财产所有权，省级财政设立支持市县民办教育发展专项资金。

2013 年 12 月 25 日，重庆市教育委员会以渝教民办〔2013〕22 号文发布了《关于进一步促进民办中小学发展的意见》。《意见》提出了科学制定民办中小学发展规划的四个原则，即协调发展原则、适度发展原则、分类管理原则、优质发展原则。在"鼓励引导民办中小学优质特色规范发展"意见中提出：

（1）建立激励民办中小学优质特色发展的机制。鼓励支持举办者加大投入，提高办学质量，提升办学水平，推动民办中小学优质特色发展。建立民办中小学优质特色发展的评估表彰机制，开展市级特色民办中小学和市级示范民办中小学创建活动，对被评为市级特色民办中小学和市级示范民办中小学的学校，市级民办中小学发展专项资金将根据举办者投入情况给予一定奖励。支持民办优质教育资源加快发展，鼓励有条件的民办中小学探索集团化、品牌化的办学模式。

（2）进一步推动民办中小学内涵发展。创新民办中小学管理的体制机制，积极探索满足不同潜质学生发展需要的培养途径，进一步深化课程改革，加强校本教材建设，充分运用现代教育技术，改进教学方式方法，提高教学效果。鼓励和支持民办中小学积极参与教育教学、科学研究等竞争性项目的申报、评比和奖励。建立民办中小学质量评估体系，加强教育教学质量监管，全面提高民办中小学育人质量。委托市教育评估院独立开展专业评估，对民办中小学办学质量、办学水平和办学特色等进行科学评价，并向社会公布。

（3）鼓励民办学校开展结对帮扶工作。鼓励优质公办中小学通过"名校联盟""品牌输出""捆绑发展"等方式与民办中小学结对帮扶，推动民办中小学快速发展。经教育行政部门同意，公办中小学可以选派优秀的管理干部和一定数量的教师到民办中小学开展干部教师交流和对口帮扶工作，保留派驻帮扶人员的编制和人事关系，由民办中小学负责派驻帮扶人员的工资待遇。鼓励公办学校优秀校级干部、退居二线的校级领导、优秀教师到民办中小学支教；鼓励公办学校接纳民办中小学教师和干部进修或挂职。支持公办、民办中小学之间通过教学科研、管理互动等方式，实现公办、民办优质教育资源的合作共享。

（4）规范公办学校参与举办民办中小学的办学行为。公办中小学原则上不得再举办或参与举办民办中小学，留出发展空间支持引导民间资金举办优质特色的民办中小学。由于历史原因参与举办民办中小学的公办学校，应按照国家相关法律规定和政策要求规范办学行为，在三年至五年内确保规范到位。公办学校应坚持教育的公益性原则，不得以营利为目的参与举办民办学校，参与举办的民办学校原则上应是非营利性民办学校，在办学管理上真正达到"五独立"的要求，不得在学籍、财务、教学、场地等方面混同。

2014年4月30日，浙江省江山市人民政府发布了《关于进一步支持民办教育健康发展的若干政策意见》。就支持民办教育创新办学体制机制，建立健全扶持民办教育发展的公共政策，完善民办教育师资队伍的保障机制，鼓励民办学校提高办学水平等方面提出了政策意见。为当地民办基础教育学校全面深化改革、突破制度瓶颈、提升办学水平等方面创设了极为有利的政策环境。在对民办学校分类管理、财政支持、政策优惠、师生待遇等方面的意见具体、有力。

2014 年 2 月 28 日，广州市人民政府发布了《关于促进民办教育发展的意见》（穗府〔2014〕12 号），该《意见》第三条为：优化政策环境，大力扶持民办教育发展。其中有八项内容：实行差别化的扶持政策，设立民办教育发展专项资金，购买公共教育服务，落实税收等优惠政策，落实用地优惠政策，支持民办学校进一步拓宽融资渠道，开展公办学校对民办学校帮教扶教活动，支持建设特色优质民办学校，加大对义务教育阶段标准化民办学校、规范化民办幼儿园的支持力度。该《意见》第四条为，落实政策法规，保障民办学校师生合法权益。其中有八项内容：提高民办学校教师工资水平、提高民办学校教师退休待遇、重点解决民办学校教师入户问题、依法落实民办学校教师合法权益、保障民办学校学生合法权利等。

"十二五"期间，各地认真贯彻《教育规划纲要》精神，为民办教育改革发展破解难题，各自出台了具有创新举措的政策意见，给予民办基础教育的进一步攀升提供了政策支持。

2010 年 9 月 7 日，丽水市人民政府《关于进一步促进市区民办教育发展的若干意见》（丽政发〔2010〕41 号）；2011 年 1 月 6 日，天津市第十五届人民代表大会常务委员会第二十一次会议通过《天津市民办教育促进条例》并予以发布；2011 年 5 月 23 日，广西壮族自治区人民政府办公厅下发《关于促进民办教育发展的意见》（桂政办发〔2011〕84 号）；2011 年 6 月 17 日，湖南省人民政府办公厅下发《关于进一步促进民办教育发展的通知》（湘政办发〔2011〕38 号）；2011 年 9 月 1 日，郑州市人民政府下发《关于进一步扶持民办教育发展的若干意见》（郑政发〔2011〕83 号）；2012 年 7 月 29 日，云南省第十一届人民代表大会常务委员会第三十二次会议通过了《云南省民办教育条例》并于当年 10 月 1 日施行；2012 年 11 月 19 日，娄底市人民政府发布《关于进一步促进民办教育发展的意见》；2013 年 3 月 21 日，泰安市人民政府下发《关于加快民办教育的意见》（泰政发〔2013〕47 号）；2013 年 5 月 13 日，慈溪市人民政府下发《关于进一步促进我市民办教育改革与发展的若干意见》；2013 年 6 月 18 日，潍坊市人民政府下发《关于进一步加快发展民办教育的意见》（潍政发〔2013〕17 号）；2013 年 8 月 28 日，新疆维吾尔自治区人民政府以新政发〔2013〕83 号文发布《关于进一步促进民办教育发展的意见》；2013 年 9 月 9 日，浙江省人民政府下发《关于促进民办教育健康发展的意见》（浙政发〔2013〕47 号）；2013 年 12 月 31 日，义乌市人民政府办公厅印发《关于促进民办教育健康发展的实施意见》；同年 12 月 31 日，义乌市人民政府办公厅印发《义乌市财政扶持民办教育实施办法》；2014 年 3 月 24 日，中共衡阳市委、市政府发布《关于深化改革教育部健康民办教育发展的决定》（衡发〔2014〕3 号）；2014 年 9 月 14 日，济南市人民政府下发《关于加快发展民办中小学（幼儿园）教育的意见》（济政发〔2014〕18 号）；2014 年 8 月 7 日，金华市人民政府下发《关于加快推进民办教育健康发展的实施意见》（金政发〔2014〕32 号）；2014 年 12 月 11 日，大同市人民政府下发《关于促进民办教育发展的实施意见》（同政发〔2014〕97 号）；2015 年 3 月 25 日，苏州市人民政府出台《关于加快全市民办教育发展的意见》（苏政办〔2015〕35 号）；2015 年 3 月 23 日，嘉兴市人民政府发布《关于深化改革促进民办教育健康发展的实施意见》（嘉政发〔2015〕25 号）；2015 年 3 月 16 日，中共宿迁市委、市政府发布《关于进一步深化民办教育改革与发展的意见》（宿政发〔2015〕8 号）；2015 年 7 月 3 日，兰州市人民政府以〔2015〕第 7 号令公布《兰州市民办教育管理条例》；2015 年 10 月 10 日，广州市教育局等印发《广州关于进一步加快民办义务教育分类扶持和管理的意见》。

三　学术交流促进民办基础教育改革发展

《教育规划纲要》指出：民办教育创新体制机制和育人模式，提高质量，办出特色，办好一批高水平民办学校。为了贯彻《教育规划纲要》的精神，力促我国民办基础教育深化改革，内涵发展，提升质量，许多民办学校、科研机构和行业协会等积极探索，开展了一系列卓有成效的研讨交流活动，为民办基础教育的改革发展做出了可贵的贡献。

（一）开展民办中小学办学特色研究

中国民办教育协会分支机构民办中小学专业委员会（以下简称专委会）成立后，2010年1月，在中国民办教育协会的支持下设立了"民办中小学办学特色研究"课题，并在深圳召开了课题开题会，旨在全国树立百所办学有特色、高质量，受到当地人民群众欢迎的民办中小学校，起到示范引领作用，以满足社会对教育多元的需要，特别是有特色、高质量教育的需要。2011年5月19日，在上海市教科院民办教育研究所召开了"民办学校特色建设"课题推进大会。2013年，共征集来自21个省（市）自治区的子课题107个。2013年底，参加"民办中小学办学特色研究"的学校共108所（118个课题）。几年来，课题研究工作不断推进，并取得明显效果。专委会分期分批开展了"特色建设先进学校"和"办学特色示范学校"评选表彰活动，获得"学校特色建设先进校"的学校有101所，获得"学校特色建设示范校"的学校有55所。

2011年5月19日，在上海市教科院民办教育研究所会议中心召开了"民办学校特色建设"课题推进大会。有7所学校作了大会经验交流，46所学校被授予课题先进校。中小学专委会授予17所学校课题先进校。参加此课题的学校有70多所各地一流的民办中小学校。立项课题87个。其中上海立项29个，占全部立项课题的1/3。科研工作在上海民办学校形成气候的原因有三个：一是民办学校的举办者和校长自身素质普遍较高，二是上海民办教育中小学协会组织发动和管理比较到位，三是上海重视专家引领。

同时，为推动"特色建设研究课题"深入开展，交流经验，互相学习，专委会还开展了"特色建设优秀案例"征文评选活动。受到表彰论文共263篇。

课题研究结合民办学校的教育教学实践，关注民办教育改革实践中亟待解决的新问题，主动适应社会教育需求变化，分析了学校特色建设促进学校发展的规律，使丰富和提升特色的研究目标与民办学校发展目标有机地结合，不断有所创新和突破。

（二）构建学术论坛交流平台促发展

2011年3月，由专委会和深圳市教育局联合主办的全国民办中小学校长论坛在深圳举行。会议的主题是"改善民办教育发展环境，深化办学体制改革"。这次会议对于引导民办中小学教育工作者认清形势、增强信心、坚持改革、把握机遇，以提高质量、形成特色为核心目标，办出高水平的民办学校，具有积极的推动作用。

2011年4月15~18日，由中国教育学会和中国民办教育协会中小学专业委员会等单位联合主办的"2011年全国中小学校长论坛"在北京中国人民大学逸夫会议中心举行，来自全国30个省（市）自治区的300多名校长出席了大会。论坛主题是："我们的使命——为了学生生动、活泼、主动地发展。"全国人大原副委员长许嘉璐，原国家教委副主任柳斌，全国人大常委会委员、"新教育"的发起人、著名教育家朱永新，国家总督学顾问、中国民办教育协会会长陶西平，中国教育学会常务副会长郭振有等出席论坛并作主题报告。

论坛围绕《教育规划纲要》精神，紧扣时代脉搏，贴近教改实际、内涵丰富、形式多元、互动积极，令人耳目一新，受到广大与会者的一致好评和高度赞誉。专委会在本次会议上召开了主题为"人才培养模式创新——民办学校的地位与使命"分论坛，来自全国各地的民办学校的校长参加了讨论。

2011年11月7日，专委会在北大附中云南实验学校召开了以"质量—内涵—特色"为主题的研讨会，200余名校长出席会议。会议认为，要把民校办成名校，就必须走特色强校之路，而提高质量是学校的核心任务，内涵发展是提高质量的必然选择，特色建设是内涵发展的重要内容。中国民办教育协会会长陶西平首先为大会作题为"万类霜天竞自由——谈普通高中多样化发展"的专题报告。

2012 年 4 月 21 日，由专委会主办，郑州大学西亚斯国际学院和西安博迪学校承办的中国民办中小学发展论坛在郑州大学西亚斯国际学院举办。部分地方民办教育协会负责人及全国 19 个省市 200 多名代表参加了会议，中国民办教育协会监事会主席胡大白、上海教育科学研究院民办教育研究所所长董圣足等出席会议并讲话。会议就民办教育政策及当前民办教育发展的形势与问题、提高民办中小学的办学质量、创建学校特色、依法维护民办学校权益、拓展民办学校发展道路等民办学校关心的问题作了大会交流。

2013 年 7 月 13 日，"2013 亚欧学校道德教育论坛"在北京汇佳教育机构隆重举行。本次论坛由联合国教科文组织协会世界联合会（WFUCA）、国际教育局（IBE）、中国联合国教科文组织全国委员会等主办。来自近 20 个国家的 36 位国际代表和全国 12 个省（自治区、直辖市）150 余位中国代表，分别就当前道德教育面对的挑战、学校道德教育的使命和责任、学校道德教育的有效途径三个方面开展专题研讨与国际对话交流。

本次论坛是在我国举办的第一个高级别学校道德教育的亚欧论坛，共收到了来自亚太地区、欧洲地区以及中国教育官员、专家学者和一线教育工作者撰写的相关论文 80 余篇。

2014 年 5 月 5 日，专委会主办的"减负创新，让孩子幸福快乐成长的现场经验交流会"在西安召开。会议为了进一步深化教育改革，切实减轻学生过重的课业负担，提高教育教学质量，交流、展示、推介民办学校在"减负创新"，让学生幸福快乐成长教育工作方面取得的成绩和经验，特邀中美教师通过实地公开课交流方式，共同探讨了课堂教学艺术与质量监控，减轻学生课业负担，让学生在学习中感到快乐，使每个孩子都能幸福成长等问题。

为了探讨在数字化时代应用信息技术深化教学改革，进一步提高教育教学质量，促进每一所学校办出特色、更好更快发展，专委会、中国陶行知研究会和北海市教育局于 2015 年 4 月 16 日在广西北海市联合主办"数字化时代的教学改革"交流研讨会。来自全国各地的教研员、各地中小学学校校长及教师共 500 余人出席会议。教育部教育装备专家委员会委员，全国数字化校园建设项目专家组副组长蒋鸣和教授以"数字化时代的学校教育信息化"为题作专题报告。研讨活动对促进民办中小学管理者和广大教师进一步更新教育观念，加强校园数字化建设，办出特色，提高教育教学质量起到积极的引导和推动作用。

2015 年 5 月 29 日，由中国民办教育协会和湖南省民办教育协会联合主办的"全国民办中小学高效课堂现场观摩研讨会"在长沙望城召开，来自全国 20 个省、市的 800 多名代表齐聚望城，围绕"追求课堂高效，提升教育质量"这一主题，展开了深入的研讨。中国民办教育协会会长王佐书、教育部发展规划司副司长郭春鸣、湖南省民办教育协会会长唐之享等领导、专家参加了现场观摩和研讨活动。现场观摩会期间，石家庄创新国际学校、湖北武汉 27 中、江苏昆山前景教育集团、上海建平教育集团金苹果学校、山东即墨 28 中、安徽禹王中学、河南郑州中方园双语学校、广东德诚中英文学校、沈阳立人中学等进行了课堂教学展示活动。中国教育科学研究院副院长、研究员曾天山作了《我国中小学课程教材改革与实验》的专题报告。活动的成功举办以及在活动中交流的课改经验，为进一步推动我国民办中小学课堂教学的改革与创新提供了新思路和新方法。

（三）搭建交流平台提升国际化办学水平

在"十二五"期间，我国民办学校、有关协会、学会和一些交流机构以开放的胸怀和视野，采取多种形式拓宽多领域的国际合作与交流，进一步提升我国民办基础教育的国际化办学水平。

由专委会组织全国 11 个省、市的民办学校校长 37 人，于 2011 年 9 月 21 日至 10 月 6 日对美国进行了考察学习，并在哥伦比亚大学进行了为期六天的培训学习，主要内容有美国私立教育管理体系、学校领导力、学校教师发展的有效措施、美国中小学的学区管理与学监等，通过考察与培训，提高了校长的政策水平和管理水平。

2011 年 4 月，专委会和浙江省民办教育协会合作，在杭州召开了"开展国际课程和国际交流"的研讨会，请国内外有关专家和学校介绍开设 IB 课程和向国外派送留学生的渠道和方法。这些交流和活动，开阔了校长们的视野，同时也拓宽了与国外交流和输送学生的渠道，增强了办好民办学校的信心。

2013年10月9日至23日，专委会再次组织全国28名民办中小学的董事长、校长和教师赴美学习考察。学习期间，听取了美国专家报告，实地考察了美国6所中小学校和2所大学，了解了美国私立中小学当前的改革、特色发展和提高质量的做法和经验。美国的养成教育、课堂教学改革、信息技术的应用等都有许多值得我们学习借鉴的地方。同年，专委会选派部分民办高中校长到韩国参加中韩校长论坛。参观、考察韩国的大学和高中，学习借鉴韩国的办学经验，同时为学校沟通高三毕业生去韩国留学的渠道。

2014年9月，专委会组织部分民办中小学校长赴芬兰等四国学习考察活动，旨在加强中小学对外交流与合作，推动跨文化交流的精神，开阔校长国际视野，感受和体验芬兰等北欧国家的教育实践。

2015年9月15日至27日，专委会组织全国各地62名民办学校的董事长、校长赴英国、法国进行教育考察。先后参观考察了英国的牛津大学、剑桥大学、英格兰的迪欧瓦洛克、杜伦、勒科里豪斯学校、贝勒比斯、戴维格姆、哈柔盖特女子学院、苏格兰的劳莱特学校。这次教育考察活动，使各位校长们看到了中英教育的差异和英国私立学校的办学特点，他们的办学理念先进、教学设施完备、课程设置灵活、教学内容丰富，教学方法科学、课外活动丰富，在尊重学生个性兴趣、锻炼学生实践能力、培养学生创新精神方面的做法值得学习和借鉴。

几年来，我国民办基础教育学校采取"走出去""请进来"的方式不断加强与世界各国教育机构、学校之间的交往与合作，许多教育行政部门、中介组织、研究机构积极组织、搭建国际交往合作平台，为我国民办学校国际化办学水平的提升做出了积极的贡献。

第四节 其他类型民办教育的转型发展新态势

《教育规划纲要》要求，建立"政府主导、社会参与、公办民办并举的办园体制"。大力发展公办园、积极扶持民办园。这是办园体制改革的深化与创新。"十二五"期间，各级政府和教育部门以及社会力量坚持"公办民办并举的办园体制"，相互补充、相互促进，各自发挥优势，形成合力，极大地推进了我国学前教育的普及与提高，保证了第二期学前教育三年行动计划提出的75%毛入园率任务的完成。

"十二五"期间，民办培训教育主要特点是大量的中小培训机构与大机构并存，大机构发展规模和扩张速度越来越快，中小机构竞争激烈，生存压力大。培训教育行业现金流充沛，资产安全性比较高，盈利模式清晰，营利性强，具有绿色环保、朝阳产业的属性。

一 民办学前教育质量和规模的发展

（一）"十二五"期间民办学前教育发展状况

自2003年《民办教育促进法》颁布实施以来，到"十二五"开局之年的2011年，我国民办学前教育规模一路攀升，2003年民办园在园幼儿人数为480229人，占全国在园幼儿人数的23.96%。到2011年，民办园在园幼儿人数达到16942090人，是2003年的3.5倍比2003年多12139793人。占全国在园人数的49.5%，提升了25.5%。

2003~2011年，民办幼儿园招生数及所占比例同样逐年递增，2011年达到8133958人，是2003年招生数的近4倍，招生数占全国幼儿园招生数比例在2011年达到44.51%，是2003年20.24%的2倍之多。

2003年全国民办幼儿园总数为55500所，约占当年全国幼儿园总数116400所的48%，到了2011年，民办园总数增加了近6万所，达到115404所，约占全国幼儿园总数166800所的69%。[①]

"十二五"期间，全国民办幼儿园的数量和在园人数逐年递增，均超过全国学前教育的"半壁江山"。尽管从2013年开始，民办园总数与全国园

---

① 周海涛、钟秉林主编《中国民办教育发展报告（2012）》，北京师范大学出版社，2014，第22页。

总数的比例有所下降，但在园幼儿人数却连年增长，到 2015 年，民办园在园幼儿人数达到 2302.44 万人，约占全国在园幼儿人数 4264.83 万人的 54%。由此说明，全国民办学前教育的规模在不断扩大，内涵发展不断加强，办园质量和保教质量在不断提高，社会信誉度和认可度在迅速提升。

从表 5-10、表 5-11 可以看出，2011 年，各省（区、市）民办幼儿园数、学生数及所占民办幼儿园总数的比例，位于前五位的分别是广东、江西、四川、山东和湖南。到 2014 年，各省（区、市）民办幼儿园数、学生数从高到低排列，位于前五位的分别是河南、湖南、广东、江西和四川。由此看出河南幼儿教育发展迅速，这显然与当地人口较多有关，而经济、教育发达的北京、上海、天津无论是民办幼儿园数和在园人数所占全国民办幼儿园数和在园人数的比率都较低，由此也说明，这些地方公办园占据着较强的主导地位。[①]

表 5-10　2011 年各省（区、市）民办幼儿园数、学生数及所占民办幼儿园总数的比例

省 （自治区、直辖市）	民办幼儿园 数（所）	民办幼儿园 学生数（人）	该省民办幼儿园占民办 幼儿园总数比例（%）	该省民办幼儿园学生占 民办幼儿园总数比例（%）
广东	9337	1967503	8.09	11.61
江西	8857	1072994	7.67	6.33
四川	8671	1094844	7.51	6.46
山东	8523	986239	7.39	5.82
湖南	8403	1114645	7.28	6.58
河南	8222	1514188	7.12	8.94
浙江	7571	1232451	6.56	7.27
辽宁	6156	513244	5.33	3.03
广西	5657	677412	4.90	4.00
福建	4856	706149	4.215	4.17
陕西	4190	639758	3.635	3.78
湖北	3625	675237	3.14	3.99
黑龙江	3619	291457	3.14	1.72

[①]　周海涛、钟秉林主编《中国民办教育发展报告（2012）》，北京师范大学出版社，2014，第 22 页。

续表

省 （自治区、直辖市）	民办幼儿园 数（所）	民办幼儿园 学生数（人）	该省民办幼儿园占民办 幼儿园总数比例（%）	该省民办幼儿园学生占 民办幼儿园总数比例（%）
云南	3431	518538	2.97	3.06
重庆	3324	432273	2.88	2.55
安徽	3320	571200	2.88	3.37
吉林	2704	224631	2.34	1.33
河北	2521	451136	2.18	2.66
山西	2096	314072	1.825	1.85
贵州	1914	318850	1.66	1.88
内蒙古	1595	187150	1.38	1.105
江苏	1513	553786	1.315	3.27
甘肃	1296	189458	1.12	1.12
海南	920	157991	0.80	0.93
新疆	773	125229	0.67	0.74
天津	599	54020	0.52	0.32
北京	508	100478	0.44	0.59
上海	459	120470	0.405	0.71
青海	378	60281	0.33	0.36
宁夏	318	69009	0.28	0.41
西藏	48	7397	0.04	0.04

来源：根据教育部提供的数据资料整理而成。

表 5-11 2014 年各省（区、市）民办幼儿园数、在园人数及占比情况

省份	民办幼儿园数 （所）	民办幼儿园在园 人数（人）	占全国民办幼儿园 总数比例（%）	占全国民办幼儿园在园 人总数比例（%）
河南	12585	2282547	9.04	10.74
湖南	11044	1434527	7.93	6.75
广东	10998	2401059	7.90	11.30
江西	10067	1164891	7.23	5.48
四川	9991	1312707	7.17	6.18
广西	8649	1121366	6.08	5.28
山东	7185	986862	5.16	4.64
辽宁	6699	520767	4.81	2.45
浙江	6660	1156050	4.78	5.44

续表

省份	民办幼儿园数（所）	民办幼儿园在园人数（人）	占全国民办幼儿园总数比例（%）	占全国民办幼儿园在园人总数比例（%）
福建	5357	791747	3.85	3.73
陕西	4792	812990	3.44	3.83
湖北	4703	861635	3.38	4.05
河北	4597	740373	3.30	3.48
黑龙江	4363	300106	3.13	1.41
安徽	4198	970364	3.01	4.57
云南	4093	632626	2.94	2.98
重庆	3864	538763	2.77	2.53
吉林	3234	258734	2.32	1.22
贵州	2836	504417	2.04	2.37
山西	2531	376738	1.82	1.77
内蒙古	2242	266932	1.61	1.26
江苏	1794	642054	1.29	3.02
甘肃	1586	246122	1.14	1.16
海南	1563	243930	1.12	1.15
天津	962	80375	0.69	0.68
新疆	771	132102	0.55	0.62
北京	532	126947	0.38	0.60
上海	532	150035	0.38	0.71
青海	515	82625	0.37	0.39
宁夏	471	97393	0.34	0.46
西藏	48	15997	0.03	0.08

来源：根据国家统计局与教育部网站、教育部提供的数据资料整理而成。

（二）"十二五"期间民办学前教育的新态势

1. 国家对学前教育的政策与要求

《教育规划纲要》将学前教育从基础教育中分离出来，单独纳入国民教育体系，将学前教育的地位提升到前所未有的高度，要建立政府主导，社会参与，公办、民办并举的办园体制。大力发展公办幼儿园，积极扶持民办幼儿园。《教育规划纲要》并提出了普及目标，"到 2015 年和 2020 年在园幼儿人数分别达到 3400 万人和 4000 万人，学前三年毛入园率分别达到 62% 和 75%"，目标的确定，如果没有社会参与，公办、民办并举的办园体制，是难以实现的。

2010 年 11 月 21 日，《国务院关于当前发展学前教育若干意见》（国发〔2010〕41 号）发布，这是改革开放后国务院第一个关于学前教育的文件，因文件中提出了发展学前教育十个方面的问题及要求而被称为"国十条"。其中第二条强调：鼓励社会力量以多种形式举办幼儿园。通过保证合理用地、减免税费等方式，支持社会力量办园。积极扶持民办幼儿园特别是面向大众、收费较低的普惠性民办幼儿园发展。采取政府购买服务、减免租金、以奖代补、派驻公办教师等方式，引导和支持民办幼儿园提供普惠性服务。民办幼儿园在审批登记、分类定级、评估指导、教师培训、职称评定、资格认定、表彰奖励等方面与公办幼儿园具有同等地位。明确了学前教育三年行动计划：要求各省（自治区、直辖市）深入调查，准确掌握当地学前教育基本状况和存在的突出问题，以县为单位编制学前教育三年行动计划。预计通过三年行动计划的实施，各地将新建改扩建幼儿园 9 万多所，可新增园位 500 多万个，有效缓解"入园难"问题。并提出，地方政府是发展学前教育，解决"入园难"的责任主体。

为贯彻落实"国十条"和《财政部教育部关于加大财政投入支持学前教育发展的通知》（财教〔2011〕405 号）精神，引导各地积极扶持民办幼儿园健康发展，财政部、教育部决定自 2011 年起，中央财政设立"扶持民办幼儿园发展奖补资金"，扶持普惠性、低收费民办幼儿园发展。于 2011 年 9 月 5 日制定了《中央财政扶持民办幼儿园发展奖补暂行办法》。

各地扶持民办园发展，一是要制定扶持普惠性民办幼儿园发展办法，选择办园规范、收费合理、社会声誉好的幼儿园进行扶持。二是要对接受资助的普惠性幼儿园的办园资质、收费标准和保教质量标准做出明确规定，建立民办幼儿园财务、会计和资产管理制度，建立民办幼儿园办园风险防范机制和信息公开制度。三是扶持方式和具体办法可因地制宜，灵活多样。

2013 年，全国幼儿园总数达到 19.86 万所，而民办幼儿园达 13.35 万所；在园幼儿总数达到 3894.69 万人，而民办幼儿园在园人数近 2000 万人，全国学前三年毛入园率达到 67.50%，已经超过《教育规划纲要》2015 年的目标要求，而民办幼儿园为此贡献了 51.1%。

2014 年 11 月 3 日，教育部、国家发展改革委、财政部联合发布了《关于实施第二期学前教育三年行动计划的意见》（教基二〔2014〕9 号），该意见明确提出：到 2016 年，全国学前三年毛入园率达到 75% 左右。教育部 2015 年全国教育事业发展统计公报显示：本年度学前教育毛入园率已达到 75.0%，达到 2016 年的目标，而民办幼儿园为此贡献了 54%。数据表明，在 2013 年，全国尚有 32.50% 的 3~6 岁学前幼儿未能入园，绝对人数约为 1950 万人，《教育规划纲要》要求，到 2020 年，全国基本普及学前三年教育，为此，只有再新增约 10 万所幼儿园，使幼儿园总数达 30 万所左右（未考虑新增人口），才能实现《教育规划纲要》规定的目标。

从 2014 年起，距 2020 年还有 6 年，在推进第二期"学前教育三年行动计划（2014~2016）"和第三期"学前教育三年行动计划（2017~2010）"期间，新增的 10 万所左右幼儿园中，如有 8 万~9 万所是公办园，加上 2013 年现有 6.52 万所公办园，公办园达到 15 万~16 万所；而民办园由 2013 年现有的 13.35 万所，加上 6 年新增的 1 万~2 万所，民办园总数达到 14 万~15 万所。那么到 2020 年前后，才有可能实现"以社会力量办学幼儿园为主体"转到"政府主导、社会参与、公办民办并举的办园体制"上来。[1]

2. 民办学前教育面临的挑战

其一，政府加大公办园的建设，民办园的发展空间减小。2010 年之前，中央政府对学前教育几乎没有投入，地方政府对学前的投入也非常有限。《教育规划纲要》发布后，我国政府加大了对学前教育的财政投入。2011~2013 年的三年中，中央政府在财政部和教育部负责的中央财政支持学前教

---

[1] 王佐书：《中国民办教育发展报告（2013~2014）》，科学出版社，2014，第 97 页。

育发展专项项目、国家发改委及教育部负责的"农村学前教育推进工程"两个学前教育专项投入财政总量约 500 亿元。这两项以投入公办园建设、硬件建设（改扩建校舍）、倾斜中西部农村贫困地区为主。

这三年间，在园幼儿增加了 918 万人，相当于过去 10 年的总和，全国学前教育毛入学率达到 67.8%，比 2010 年增长了 10.9 个百分点，"入园难"问题得以初步缓解。

地方政府是发展学前教育的责任主体，中央财政主要采取"以奖代补"的方式，设立专项资金给予支持。从 2011 年起，财政部会同教育部实施了四大类 7 个国家学前教育重大项目。三年间，在中央财政的引导下，地方各级政府也不断加大投入力度，学前教育经费大幅增加，地方各级财政投入达到 1600 多亿元，学前教育投入不足的问题逐渐得到扭转。

2011～2015 年五年时间公办园增加了 26000 所。而民办园的增幅明显减弱。

其二，认识有偏差，存在着"挖民补公"现象。我国县级政府是发展学前教育的责任主体，在执行第一、二期"三年行动计划"中，个别地方想方设法在民办园的"存量"中扩大公办园，对民办园采取种种借口不予年审，发生问题强行接管，"挖民补公"，以求扩大当地公办园的比重。还有的地方大幅压低民办园保教费，将少数公办园与多数民办园捆绑在一起，称为社会提供了公益性与普惠性服务。

其三，普惠性尚待统一、明确、科学的界定。"国十条"和"第二期学前教育三年行动计划"都明确，要建成以公办园和普惠性民办园为主体的学前教育服务体系，而没有对"普惠性"进行明确的界定，各县级政府和教育部门对普惠性民办园的认识参差不齐，认定办法各异，有些甚至没有认定办法，导致普惠性民办园的标准不一、收费不一、扶持奖补标准和范围不一。各地要求在第二期三年行动计划期间普惠性幼儿园要达到 80% 以上，这就意味着在十余万所民办园中，有相当一部分要办成普惠性幼儿园。

将民办园办成普惠性园，民办园、家长、政府之间是一种因提供服务与购买服务而形成的契约关系。因此，该园依然属于原法人拥有，依然属于民办性质，依然保有独立自主办园的独特职能。如果政府将选择办成普惠性的民办园视为被收编、改编，捆住其手脚，迫使其与公办园"同质化"，当普惠性民办园感到失去了自我，迟早会放弃选择普惠之路。

二 学术交流促进了民办学前教育新发展

"十二五"期间，尽管国家加大投入，强力建设公办园，但民办幼儿园逐年增长的势头强劲，仍然占据着学前教育主体的地位，2015 年全国民办园达到 14.64 万所，在园人数达 2302.44 万人，占全国在园人数的 54％。这些成绩的取得，一方面得益于国家政策扶持与推进、社会有识之士的责任担当和贡献；另一方面也表明，各民办园和社会团体、研究机构等采取各种方式和举措，为民办学前教育提高质量，健康发展做出了积极的努力和贡献。

（一）组织多形式会议、论坛，促进学习提高

"十二五"期间各民办园、学术团体、研究机构以及教育部门为民办学前教育搭建了形式多样、主题鲜明的各种会议、论坛，促进民办学前教育机构相互学习、交流，不断提升办园水平，特别是中国民办教育协会学前教育专业委员会（以下简称学前专委会）成立以来，以主办或联合举办的方式组织了多次卓有成效的会议、论坛。

2010 年 12 月 11 日，学前专委会与中国宋庆龄基金会事业发展中心和中国关心下一代教育研究院，在北京隆重召开"中国首届民办幼儿园园长大会"。来自全国 28 个省（区、市）教育厅（教委）、民办教育协会有关领导和 800 多名民办幼儿园园长出席了会议。会议提出，坚守使命，主动承担普及学前教育的新任务；落实"政府主导、社会参与、公办民办并举"办园的新体制。

2011 年 6 月 25 日，学前专委会和宋庆龄基金会事业发展中心在北京剧场共同承办了民办幼儿园师生参加的大型文艺演出，热烈庆贺中国共产党建党 90 周年。长沙诺贝尔摇篮、山东银座·英才、杭州笑笑、红黄蓝、幸福泉、东方之星等全国 20 多所民办幼儿园师生 1000 多人出席，其中有 200 多名师生登台演出，充分表达了广大民办学前教育工作者对祖国的深情厚爱。

2011 年 8 月 5 日，学前专委会、红黄蓝教育机构联合主办的"创新发展投资合作——中国民办学前教育高峰论坛"在北京江西大酒店成功召开，来自全国的 150 余名园长、教师和教育投资者齐聚一堂，共同探讨中国民办学前教育的政策、趋势和投资前景。

为了进一步提高广大民办园长和教师的专业理论素养，树立科学的儿童观，北京伊顿国际教育集团牵头，于 2011 年 8 月 12 日承办了"2011 年亚洲蒙台梭利国际会议"。来自美国、德国、意大利、澳大利亚、俄罗斯、印度、日本、韩国、新加坡、马来西亚、中国香港、中国台湾等国家和地区的30 多位幼教专家和 300 多名国内幼儿园园长和教师，围绕"借鉴、融合、发展——多元教育在亚洲的审视与展望"的主题，广泛交流、深入探讨了蒙台梭利教育法的实质以及如何结合各国的实际，借鉴蒙氏教育法的精神，不断推动本国学前教育事业发展提高、促进幼儿快乐健康成长。

2012 年 6 月中旬，由中国关心下一代委员会、教育部关工委教育基金会和台湾有关协会，在福建厦门市举办主题为"学前教育决定民族未来"论坛。来自海峡两岸和香港、澳门特区学前教育界代表 400 多人出席大会。会上发表的"海峡两岸携手关心下一代成长倡议书"强调：海峡两岸学前教育工作者要加强交流，共同推动两岸学前教育创新发展，促进中华民族整体素质不断提高。

2012 年 4 月 13 日，由学前专委会和香港跨世纪国际教育集团联合主办的"借鉴蒙台梭利幼儿教育思想铸就中国特色国际化优质园"高峰论坛，在郑州隆重开幕。论坛重点探讨蒙台梭利教育思想与中国民办幼儿教育的结合与发展。通过借鉴蒙氏教育思想打造具有中国特色的民办幼儿教育，使中国民办学前教育真正向高品质发展。

2012 年 7 月 19 日，由中国民办教育协会、中华幼教联合总会在台北圆山饭店共同主办了"遵循成长规律引导幼儿快乐健康成长"论坛。联合国教科文组织协会、世界联合会副主席陶西平等领导与来自大陆和台湾地区80 多名民办幼儿园长出席论坛。论坛期间，中国国民党荣誉主席连战会见了来自大陆部分与会代表，并合影留念。

2012 年 12 月中旬，学前专委会与台湾木铎学社协商，确定从 2012 年开始举办"海峡两岸学前教育文化交流育才行活动"，逢"双年"台湾学前老师来大陆考察交流，逢"单年"大陆民办学前教育老师赴台湾参观考察。至此，"海峡两岸学前教育界交流合作"跨入了制度化的新时期。

2013 年 4 月 20 日，学前教育专委会在北京召开了"中国第二届民办幼儿园园长大会"。大会就"国外幼教理论与经验分享""民办园集团化发展的经验与前景""加快幼儿园信息化建设""当前民办园发展遇到的问题与政策建议"专题开展交流与研讨。

2013 年 10 月，联合国教科文组织中国全委会与四川省政府在成都举办了 2013 年亚洲教育年会，学前专委会承办了学前教育分论坛，主题是"多元文化与学前教育"。中国、美国、加拿大、新加坡、澳大利亚、日本以及中国台湾、澳门等国家和地区的 70 多位专家学者参加分论坛讨论、交流，代表还参观了四川知名民办幼儿园——金苹果幼儿园。

由人民政协报社教育在线周刊"提案助理——学前教育项目组"和学前专委会联合主办的"民办学前教育界政策建议座谈会"，于 2014 年 3 月 1 日在人民政协报社召开。全国人大、全国政协、教育部有关部门领导和学前教育专家、民办学前教育工作者出席，大家就新的学前教育三年行动计划（2014~2016 年）对于公、民办学前教育应该做到权利、机会、规则均等，民办机构举办普惠园——政府的责任如何落实，民办教育的营利性与非营利性分类管理，普惠园建设是政府的必然责任，不能用行政手段强迫民办园成为普惠园等问题提出了政策建议。

2014 年 8 月，学前教育专委会与有关机构合作，以"教育未来，为未来而教育"为主题，在北京主办 2014 国际幼教年会。借助这一国际性幼教全行业的年度交流平台，来自美国、英国、俄罗斯的知名专家学者与我国专家、幼儿园园长共同研讨全球行业发展趋势、交流最新研究成果及专业实践经验，大大推动了国际性幼教行业的深层次交流与资源共享。

为充分发挥中国民办学前教育领域"领军人物"的榜样作用，让全国更多民办幼儿园分享中国民办学前教育领域中的优秀成果、学习成功经验、提高办园质量，促进中国民办学前教育高质量发展，2013 年 7 月 26 日上午，由学前专委会、中国宋庆龄基金会事业发展中心、中国关心下一代工作委员会专家委员会联合举办的"程淮教授学前儿童发展理论与实践研讨会"在国家会议中心隆重举行。以"幸福园·中国梦"为主题的程淮教授理论与实践成果全国公益巡讲活动也正式启动。2015 年 7 月 31 日，"我国现当代著名学前教育专家陈鹤琴幼教思想研讨会"也在此召开。

除此之外，全国各地的各级教育部门、有关协会、幼教机构、学术研究团体等在同期组织召开了各种类型的研讨会，极大地推进了民办学前教育事业的健康发展。

（二）深入课题研究，提升科研水平

经全国教育科学规划办公室批准，由长沙诺贝尔摇篮董事长谢庆申请立项的"十一五"教育部重点课题"民办示范幼儿园质量标准及评价体系理论及实践研究"，于 2010 年 1 月在长沙举行了开题会。湖南省民办教育协会学前分会开展了子课题研究。2013 年 5 月底结题。

中国学前教育研究会"普惠性民办园的政策研究"课题研究会议于 2011 年 10 月 18 日至 19 日在北京召开。联合国儿童基金会驻中国办事处官员陈学峰博士、中国学前教育研究会王化敏副理事长以及课题 9 个实践基地——北京、上海、深圳、重庆、天津、成都、大连、河南和新疆地区的代表参与了研讨。

2011 年 9 月 25 日，北京红缨幼教集团独家启动了"全国百城万所民办幼儿园管理巡回演讲公益培训活动"。红缨幼教集团在全国拥有 700 多家连锁幼儿园，使用其研发的课程近 1 万多所幼儿园。

2012 年 7 月 17 日，为进一步引领各地特色优质园建设的发展，促进学前教育的"科学化、规范化、日常化"的研究，营造有利于幼儿健康成长的良好社会环境，推进学前教育科学发展，学前专委会以教民联发 2012〔10〕号文发出开展全国教育科学"十二五"规划立项课题"成长为本——问题引导教学模式实践研究"活动的通知，号召广大民办幼儿园积极参加由"全国教育科学管理规划办"批准、中国教师报主持的全国教育科学

"十二五"规划课题的研究,以科研带队伍、促发展、办特色、创优质。学前专委会负责民办幼儿园的子课题申报和管理。学前教育的子课题研究涉及区域学前教育事业发展与管理、幼儿教师的专业发展与培养模式、学前儿童发展与教育、幼儿园健康与安全教育、家园共育、游戏与玩具开发、课程设计等方面共 46 项子课题。

2013 年 4 月,山东英才学院学前教育学院组织深入研究普及学前教育视野下我国民办幼儿园生存的现状、困境及良性发展机制,对于普及学前教育目标的实现具有积极的现实意义。

2013 年 10 月,"民办幼儿园教师的职后培训研究——以红黄蓝幼儿教育集团为例课题"立项启动。通过研究红黄蓝幼教集团教师职后培训的具体情况,从而推断出目前我国民办幼儿园职后培训的现状以及存在的问题,并通过借鉴国外几个主要发达国家幼儿教师职后培训的宝贵经验,进而为我国民办幼儿园教师的职后培训提供一定的建议和对策。"红黄蓝"在全国 280 个地市拥有 500 家亲子园、50 多所高品质双语幼儿园,每周约有 10 万名幼儿走进红黄蓝早期教育课堂,已经成为我国规模最大的 0~6 岁一体化、品质高、口碑佳、规模大的中国儿童教育领导品牌。

北京怡海幼儿园始终坚持"以科研为先导、以教研为主线",以全国教育科学规划办批准立项的两个课题(比比和朋友、早期阅读)为引领,不仅提高了保教工作者的专业素质和技能,而且将多元文化、优质教育资源与多方位培养幼儿对异国文化的兴趣结合起来,满足了社区群众就近享有优质早期教育的需求。

2015 年 6 月 10 日,上海市民办教育协会学前教育专委会就 2015 年度课题研究项目申报工作发出通知,希望各幼儿园就"快乐阅读"园本课程实践研究,民办园本特色课程与基础性课程的融合实践研究,民办园师资队伍稳定性保障机制的研究,民办园保育、教育并重机制的建立与实践研究等课题积极申报与研究。

(三)表彰先进,不断提升学前教育水平

2009 年 12 月 19 日,经过公开、公正评选和公示,来自全国 1000 多名优秀民办中小学幼儿园代表、优秀园（校长）和教师，齐聚教育部礼堂。教育部陈小娅副部长、基础教育司郑富芝司长、教育发展规划司宋德民副司长、中国教育学会顾明远会长、中国民办教育协会陶西平会长等出席大会讲话并颁奖。其中有 312 所民办园、213 名园长、125 名教师获得优秀奖称号，有 705 个单位和个人获得提名奖称号。这是自新中国成立 60 年来，由民办行业组织第一次成功举办规模最大、规格最高、奖项最多，表彰全国优秀民办园、优秀园长、优秀教师的盛会。《中国教育报》刊登了全部获奖名单。

2013 年 4 月 20 日，学前教育专委会在北京召开了"中国第二届民办幼儿园园长大会"。这是继 2009 年第一次表彰大会之后，时隔四年进行的第二次全国范围内公益评选表彰。专委会对我国民办学前教育有突出贡献的北京二十一世纪实验幼儿园园长朱敏等 23 位同志授予"中国民办幼儿园卓越领军人物"光荣称号。154 名园长获"中国优秀民办幼儿园园长"称号。267 所幼儿园获"中国最具特色民办幼儿园"称号。497 名教师在征文活动中获"优秀案例"奖。

这次表彰活动得到部分省、市教育行政部门、民办教育协会和机构的有力支持，他们积极推荐、认定，使表彰活动更具有权威性、公正性、代表性。

2015 年 11 月 26 日，由中国民办教育协会学前专业委员会主办的"2015年民办学前教育公益评选表彰大会"在苏州文化艺术中心大剧院举行。来自全国包括台湾地区的民办幼儿园代表等 1000 余人参加了此次表彰大会。会议对 68 名优秀民办幼儿园卓越创业者、36 名优秀民办学前教育工作者、366 所优质特色幼儿园、354 位模范园长和 432 位优秀教师给予了表彰。

几年间，各地各级教育部门，各地各级民办教育协会和有关社会组织都对民办学前教育和个人进行了不同奖项的评选表彰活动，通过树立典型，示范引领，促进了各地民办学前教育办学水平不断提升。

此外，在"十二五"期间，我国的民办学前教育机构和学前教育工作者为了广泛吸取国际幼儿教育的先进理念和经验，扩大视野，不断提升国际化水平，除广泛参加有关学前教育的国际会议之外，积极参加各种形式的出国考察学习、交流活动，许多民办学前教育机构还与美国、英国、加拿大、以色列、德国等先进国家的幼儿机构、研究机构等建立了合作关系，相互往来，资源共享，有力地促进了我国民办学前教育的高质量、品牌化、有特色的发展趋势。

三 "十二五"期间民办培训教育呈现新态势

（一）"十二五"期间民办培训教育发展状况

我国民办培训教育起步早，发展快，进入"十二五"期间已发展到相当可观的规模，据教育部全国教育事业发展统计公报显示：

表 5 – 13   2010 ~ 2015 年全国民办培训教育发展统计

年份	全国民办培训教育机构总数（所）	培训人次（人）
2010	18341	9297800
2011	21400	9554600
2012	20155	8606400
2013	20100	9435600
2014	20000	8679400
2015	20100	8986600

资料来源：教育部全国教育事业发展统计公报。

从表 5 – 13 中的数据可以看出，民办培训教育机构数和培训人次至 2011 年达到最高点，但随后的几年整体发展平稳，培训人次数变化不大，发展态势良好。

（二）民办培训教育的类别多样

民办培训教育机构的特点决定了培训教育机构的类别多种多样，涵盖了家庭教育、职业教育、继续教育、社会教育等多种类型。不同的配置教育类型又可进行细分，如校外教育包括补习文化课程（辅读、补课、应试），增强综合能力（思维、表达、数学、国学），提高身心素质（心理、拓展），培养兴趣特长（艺术、体育及其他），以及矫正不良习惯（网瘾、吸烟等）。

经调查显示，民办非学历教育机构的培训内容主要集中于外语类培训、艺术类培训、职业技能类培训和文化类培训。

（三）民办培训机构的法人属性

民办培训教育机构的法人分为两类：一类为民办非企业法人，一类为企业法人。在工商行政管理部门登记注册的民办培训教育机构的法人性质为企业法人。在民政部门登记注册的民办培训教育机构的法人性质为民办非企业法人。在培训教育市场中，除公办培训教育机构由对口管理机构管理外，市场中的民办培训教育机构的管理机构政出多门，既有归教育行政管理部门管理的文化教育类培训教育机构，也有归人力资源和社会保障部门管理的职业技术培训机构，还有归工商行政管理部门管理的教育管理咨询公司。"十二五"期间，国外培训教育企业加大了进入国内培训市场的力度，一般以VLE模式为主。

（四）"十二五"期间民办培训教育的新趋势

随着国内外民间资本开始进入培训教育行业，助推了机构间的兼并与整合，民办培训教育机构间市场优胜劣汰的竞争加剧，出现了一批经营管理手段先进、产品研发力强、生存状态良好的大型培训教育集团。同时也出现了一批规模逐渐萎缩甚至是关闭转让的机构。更多的优秀人才进入培训行业，有些地区出现专职教师多于兼职教师的现象。

"十二五"期间，民办培训教育主要特点是大量的中小培训机构与大机构并存，大机构发展规模和扩张速度越来越快，中小机构竞争激烈，生存压力大。培训教育行业现金流充沛，资产安全性比较高，盈利模式清晰，营利性强，具有绿色环保、朝阳产业的属性。外国投资者普遍看好中国培训教育行业的发展前景，并大举进入培训教育行业。到2014年，共有11所教学教育机构在海外上市。这个阶段培训行业出现新的发展动向：一是规模化。培训教育机构通过兼并、并购、改制、新建等办法实行规模化。二是专业化。对培训教育市场越来越细分，如专业技术培训、社会文化培训、校外教育培训等。越来越多的民办教育培训机构开始关注线上竞争，大型培训机构开始角力于互联网和移动互联网领域。除传统的网络课程外，社区式的网络学习平台、依托于移动客户端的 App 应用、微课程等培训模式已经出现在教育培训市场上。如新东方、学而思、学大、博乐网、微课网等在网络教育方面动作频频。三是集团化。高起点发展，低成本扩张，通过吸收加盟、建立分支机构、业务类别扩张形成集团化。四是个性化。特色化办学，提供个性化服务，成为培训教育机构办学主流并得到了市场的高度认同。

第六章
当代中国台港澳地区的民办教育

（1949~2016 年）

台湾、香港、澳门是中国神圣领土的重要部分，台湾、香港、澳门的民办教育事业也是中国整个民办教育事业的一部分。台湾、香港、澳门三地民办教育的发展，早期都受到了外国的重大影响。进入 21 世纪以后，一方面，由于三地当局政府对教育导向作用的不断加强，对民办学校的管理也逐步发生了转变；另一方面，由于经济全球化的快速发展，三地的民办教育为了适应经济发展模式的转型升级也逐渐发生转变。

不同的政治体制和文化传统，使三地民办（私立）教育也呈现出不同的发展走向。台港澳地区间的民办教育也有较大的差异。台湾私立教育比较发达，分为学术教育与职业教育两部分，其中职业教育占的比重较大；香港对私立教育是鼓励、资助、"收购"相结合，私立学校不断发展，又逐渐被纳入政策资助的范围，形成以公立教育为主、私立学校为辅的总体格局；澳门作为外国传教士在我国创办教会大学的第一站，私立教育经历了私营时期传教士办欧式学校、中国知识分子办学、本地士商办学的三个历史阶段。

第一节　当代中国台湾地区的民办教育

台湾的学校教育体系包括公立学校教育和私立学校教育，台湾民办学校有私人、财团、教会等分别设立的学校。私人办学是台湾教育发展的重要组成部分。台湾当局鼓励私人财团办教育，除军警学校规定必须由政府办理外，其余各类学校都可以由私人或财团办理，幼儿园到大学，从普通教育到职业教育都有私立学校。其中，私立学校教育在义务教育阶段有私立国民小学、私立国民中学；在中等教育阶段有私立高级中学和私立高级职业学校；在高等教育阶段，有私立专科学校和私立大学及私立独立学院。①

自 1949 年以来，台湾当局与民间合作，使台湾地区的教育事业有了较大的发展，并且私立教育在台湾整个教育中占很大的比重，是台湾教育的一大特色。各级学校的数量由 1950 年的 1504 所增加至 2016 年的 10948 所。1950 年以前私立学校很少。1950 年公立和附设的幼稚园有 177 所，而私立的仅有 26 所，到 1984 年公立和附设的减至 145 所，私立的增至 1869 所，增加了 70 余倍。1945 年公立大专院校 4 所，到 1983 年公私立大专院校共 105 所，其中私立的 69 所，占总数的 65.7%；大专院校学生共约 39.5 万人，其中公立的占 38.6%，私立的占 61.4%。职业学校私立比重更大，1983 年职校学生，2 年制、3 年制私立学校占 67.7%，5 年制私立学校占 81%。1987～1988 年度，台湾各级各类学校中，私立学校数占公私立学校总数的比例达 35.2%；在校学生人数占学生总数的比例达 20.8%，其中职业学校私立占 55.7%，专科学校私立占 82.85%，大学及独立学院中私立占 35.9%，学生人数占 60% 以上。

台湾地区的民办教育兴起于 1968 年。台湾当局为化解文盲，提升群众素质，开始实施九年义务教育，然而"政府"无力为教育的发展提供充裕的财力支持，因此，台湾当局订立了"民间兴学"的新政策，开放了"政府"单独掌管教育的权利。由此兴起了一股民间办学的浪潮，台湾的民办学校开始成长。除国民义务教育外，其他层次的学校数、在校生数则均为私立超过公立，尤其在幼儿教育和高等教育中，私立教育在数量上均占有绝对优势。②

---

① 程蕉：《台湾私立教育发展特点探析》，《民办教育研究》2005 年第 5 期，第 81 页。
② 邢国有、阚兆莹：《台湾私立教育公平发展的环境分析》，《吉林省教育学院学报》2011 年第 11 期，第 40 页。

首先，经济高速增长导致社会及公民对教育需求的增大和教育消费承受力的增强，而私立教育的发展又与社会经济发展相适应。这是台湾私立教育得以迅速发展的基本动力。就经济与教育的一般关系而言，经济是教育发展的基础，教育通过培养人才为经济发展服务。教育的发展要投入相当的人力、物力、财力，经济高速增长能为教育的发展提供更充分的支撑条件。台湾私立教育的发展与经济增长是相对应的。其次，台湾当局对私立教育的发展采取积极鼓励和严格管理的政策，这是台湾私立教育健康发展的重要保证。另外，台湾当局颁布并修订了许多关于私立学校教育的法律法规，为私立学校教育的发展提供了法律保障。[①] 私立教育经费约占全部教育经费的20%，私人办学对教育事业作出重大贡献。台湾当局鼓励私人捐资兴学，1955 年制定《私立学校奖励办法》，1974 年 11 月公布《私立学校法》，1975 年颁布《私立学校法施行细则》，1985 年 9 月通过《各级各类私立学校设立标准》，使私人办学有法可依，较好地保障了私人办学的发展。

一　当代中国台湾地区的民办学前教育

（一）当代中国台湾地区的民办学前教育发展概况

学前教育，在台湾一般指幼稚园教育，有时也可泛指包括托儿所在内的幼儿教育。1956 年 12 月 8 日，台湾教育当局将各地公私立幼稚园机构名称一律改称为幼稚园。其后这一名称使用多年。自 2012 年 1 月 1 日起，将幼稚园改制为幼儿园，台湾地区的学前教育也进入了新的里程碑。台湾地区学前教育是实践以幼儿为中心及以幼儿最佳福祉为优先考量，其教保服务与家庭及社区密切配合，以维护幼儿身心教育、养成幼儿良好习惯、丰富幼儿生活经验、增进幼儿伦理观念、培养儿童合群习性、拓展幼儿美感经验、发展幼儿创意思维、建构幼儿文化认同、启发幼儿关怀环境为培养目标。

由于台湾地区学期教育属于非义务教育范畴，民办学前教育占比较大。

---

① 邢国有、阚兆莹：《台湾私立教育公平发展的环境分析》，《吉林省教育学院学报》2011 年第 11 期，第 40 页。

台湾地区学前教育基础薄弱，1950 学年度，专设幼儿园 28 所，入园儿童 17111 名，但是发展速度较快；1951 学年度 203 所幼儿园，入园儿童 21531 名，其中民办 26 所；1961 学年度 678 所幼儿园，入园儿童 78261 名，其中民办 340 所；1971 学年度 557 所幼儿园，入园儿童 100696 名，其中民办 373 所；1981 学年度 1285 所幼儿园，入园儿童 191693 名，其中民办 903 所；1991 学年度 2495 所幼儿园，入园儿童 235099 名，其中民办 1779 所；2001 学年度 3234 所幼儿园，入园儿童 246303 名，其中民办 1946 所；2011 学年度 3195 所幼儿园，入园儿童 189792 名，其中民办 1614 所，具体见表 6-1。

表 6-1　当代中国台湾地区幼儿园概况

学年度	幼儿园数（所）		私立占比（%）	学生数（人）		私立占比（%）
	全部	私立		全部	私立	
1951	203	26	12.8	21531	3796	17.630
1961	678	340	50.147	78261	44932	57.413
1971	557	373	66.966	100696	76907	76.375
1981	1285	903	70.272	191693	142909	74.551
1991	2495	1779	71.303	235099	186828	79.468
2001	3234	1946	60.173	246303	170347	69.162
2011	3195	1614	50.517	189792	118457	62.414

资料来源：台湾地区"教育部"《教育统计》2012。

（二）当代中国台湾地区民办学前教育发展的原因

台湾地区学前教育发展的主要原因，一是经济发展，家庭主妇纷纷走出厨房，幼儿入园率逐年增加；从办学体制看，鼓励私人或团体兴办幼儿园，大大加速了幼儿教育的发展。从教育体系内部看，注重构建并完善私立学前教育法律体系。[①] 早在 1974 年，台湾地区就颁布了《私立学校教育法》，对私立幼儿园的设置做出规范。1981 年，台湾地区出台了《幼稚教育法》，明

---

① 庞丽娟、夏靖、沙莉：《台湾地区立法促进私立学前教育健康发展的经验与启示》，教育科学，2013 年第 1 期，第 88 页。

确将幼儿园区分为公立和私立两种类型，私立学前教育因此获得了发展，并立法加以保障。因法律认可，其地位得到显著提升。该法对台湾私立学前教育的宗旨与教育目标，设立的标准和程序，园长与教师的任职与人事制度，政府对私立幼儿园的奖励与扶持办法，以及私立园违法处分方式等都作刚性保障，其专业地位和水平起到了积极的推动作用。1999年和2000年，台湾地区先后颁布了《教育基本法》和《教育经费编列与管理法》，有力地强化了政府鼓励私人兴学的职责，特别是经费投入的责任。2011年，为进一步推动保教一体化和改善私立园质量参差不齐的状况，台湾地区出台了《幼儿教育及照顾法》，该法成为台湾地区规范学前教育的新"母法"，其在《幼稚教育法》的基础上进一步对私立园的教育目标与内容，教保原则，机构组织与各类人员的权益保障，如何举办、管理、督导、奖助与惩罚私立学前教育等作出了规定，为保障私立园规范办园、提升办学质量提供了更为全面的法律依据。由此，台湾地区基本形成了以《教育基本法》《幼稚教育法》《幼儿教育及照顾法》和《私立学校法》为主要支柱，以《教育经费编列与管理法》《教师法》等为重要构成与补充的私立学前教育法律体系。台湾地区正是通过建立健全学前教育相关法律体系，充分发挥其所特有的强制性、规范性和引导性作用，使台湾私立学前教育有法可依、有章可循，保障和促进了其快速和健康的发展。

二 当代中国台湾地区的民办中小学教育

1914年，中国台湾林烈堂等204人，因不满日本人的差别教育制度，集资在台中私办台阳中学，专门吸收台湾人子女入学。日本殖民当局本已批准，后以私立中学"成绩都无甚可观"为借口，予以否定，致使台阳中学流产。

1935年，中国台湾地区开始实施义务教育，年限为1~2年。1944年，台湾公布《国民学校法》，"国民教育"为6年，义务教育年限为4年。1949年以后，"国民义务教育"年限达到6年。从1968年起，台湾地区将"国民教育"延长至前期中等教育阶段（9年），起初国中阶段教育免学费、学区内免试升学，但因条件所限并未强迫入学，不属于义务教育，只能称为"国民教育"。1979 年，台湾地区公布《国民教育法》，确定九年"国民教育"为义务教育；1982 年，台湾地区修正公布《强迫入学条例》，6~15 岁学童全面强迫入学。

自 20 世纪 80 年代起，台湾地区有延长九年"国民教育"的呼声，但各界一直有不同意见。1983 年，台湾"教育部"提出"试办延长以职业教育为主的国民教育"的主张，为国中毕业后就业未满 18 岁者提供部分时间的职业补习进修教育。1989 年，台湾"教育部"积极研议延长"国民教育"年限为 12 年之可行性，台湾地区"行政院"于 1990 年核定颁布《延长国民教育初期计划——国民中学毕业生自愿就学高级中等学校方案》。1993 年，台湾地区"教育部"提出《发展与改进国中技艺教育方案——迈向十年国教目标》。1999 年 6 月，台湾地区公布《教育基本法》，其中第十一条规定："国民基本教育应视社会发展需要延长其年限"，为延长"国民教育"年限提供了法源依据。21 世纪初期，延长"国民教育"的呼声再起。2003 年 1 月，台湾地区"教育部"正式成立 4 个研究小组，进行有关实施十二年"国民教育"的理论基础研究、办理模式、教学资源及课程、教育经费需求评估的研究。2007 年，台湾地区"教育部"成立十二年"国民基本教育"工作小组，推动十二项前置准备措施及完成《十二年国民基本教育规划方案》；同年 2 月，台湾地区"行政院"宣布于当年开始推动十二年"国民教育"，并决定自 2009 年起全面实施。然而，由于理念及实务上仍有许多争议，以致该项想法始终未能落实。之后，中小学教育永续发展委员会、家长团体、部分学者及民间团体，一再建议、呼吁积极推动十二年"国民基本教育"。"教育部"为积极响应各界意见，于 2010 年 8 月 28~29 日召开第八次教育会议，在"新世纪、新公民、新承诺"的政策视野中，特别规划中心议题"升学制度与十二年国民基本教育"进行讨论。2011 年，马英九在元旦祝词中揭示"百年树人、百年生机、百年公义、百年和平"等四大方向，并宣布自此启动十二年"国民教育"、2014 年起全面实行的教育政策，是将当时的"九年国民基本教育"向后延长 3 年。

十二年"国教"分两个阶段，前九年为义务教育阶段，维持现制，依《国民教育法》和《强迫入学条例》规定办理，对象为 6~15 岁学龄的学生，主要内涵为：普及、义务、强迫入学、免学费、以政府办理为原则、划分学区免试入学、单一类型学校及施以普通教育。后三年为高级中等教育，包括高中、高职的 3 年以及 5 年专科学校的前三年，对象为 15 岁以上的学生，主要内涵为：普及、自愿非强迫入学、免学费、公私立学校并行、免试为主、学校类型多元及普通与职业教育兼顾。其目的是培育学生共同核心价值，提升学生素质及台湾的竞争力、缓解升学压力并引导国中正常教学、照顾弱势学生以促进教育机会均等，属于非强迫性教育阶段。①

1997 年，台湾当局通过了《私立学校法》修正案，规定义务教育阶段的"国民教育"亦可由私人筹办。由此台湾当局采取进一步鼓励民间参与兴办"国民教育"的政策，认为学校有公私立之分，但教育并无公私立之别，把实施义务教育的权利进一步向民间开放，以求提升"国民教育"水准。为此，台湾当局提出要建立客观独立的专业会计制度与办学评鉴制度，放宽设校限制，初期以小规模和实验性质的中小学为主，并增加"政府"的补救措施。②

三　当代中国台湾地区的民办高等教育

民办高等教育是台湾高等教育的重要组成部分，发源于 19 世纪 50 年代，民办大专院校数和在校生数比重都已大大超过公立大专院校，经历了"两起两落"的发展过程，即兴起扩张、整顿调整、跨越式发展和再度调整等四个阶段，到 21 世纪初期已经占台湾高等教育的一半。1950 年成立的淡江英语专科学校是台湾第一所私立大专院校，和 1954 年复校的东吴法学院、1955 年成立的中原理工学院是台湾最早的民办院校，如今它们更名为淡江大学、东吴大学、中原大学，成为实力雄厚的高等学府，而且

---

① 姚静：《台湾十二年"国教"：内涵、原因、弊端》，《教学研究》2016 年第 5 期，第 120 页。
② 吴忠魁：《台湾私立学校教育的发展趋势》，《比较教育研究》2000 年 S1 期，第 256 页。

还新出现了一批诸如文化、东海、辅仁、逢甲、大同、朝阳、元智等知名民办大学。

（一）沿袭国民政府阶段（1945~1949年）

台湾地区袭用民国政府教育部 1929 年制定，并于 1933 年、1943 年、1947 年三次修订的通则性法规。包括总纲、校董会、私立专科以上学校、私立中等学校及小学暨其同等学校、附则等五章、共 38 条。主要规定：①私人或团体设立之学校为私立学校，外国人设立之学校同样。外国人设立之私立中等以上学校，须以中国人充任校长或院长；外国人不得在中国境内设立教育中国儿童之小学；宗教团体设立之学校，如有宗教仪式，不得强迫或劝诱学生参加；在小学及其同等学校不得举行宗教仪式；不得以宗教科目为必修科及在课内作宗教宣传。②私立学校的开办变更及停办，须经主管教育行政机关之核准；私立专科以上学校以教育部为主管机关；私立中等学校以省、市（行政院直辖市）教育行政机关为主管机关；私立小学及其同等学校以市、县教育行政机关为主管机关，私立学按须经主管教育行政机关立案，受其监督及指导；其组织课程及其他一切事项须遵照现行教育法令办理；私立学校办理不善或违背法令时，主管教育行政机关得撤销其立案或令其停办；其开办三年尚未立案者，主管教育行政机关勒令停办并撤销其校董会之立案。③私立学校不得设分校；私立专科以上学校，非必要不得设附属中等学校或附设小学。④私立学校名称应明确标示学校之种类，不得以省、市、县等地名为校名并应冠以"私立"二字。等等。该法规曾于 1954 年 3 月修订，将全部条文压缩至 29 条。为适应台湾地区经济与社会发展的形势，台湾地区在 1974 年 11 月制定发布《私立学校法》，取代该法规。自 1945 年台湾光复，该法规在台湾地区有效施行、袭用近 30 年。[①]

（二）兴起扩张阶段（1950~1972年）

20 世纪 50 年代，台湾实行土地改革之后，台湾经济在鼓励出口扩张的政策指导下开始发展。到 20 世纪 60 年代经济"起飞"，台湾当局采取发展

---

① 张健、李燕杰：《中国社会力量办学大辞典》（上册），红旗出版社，1997，第 471 页。

劳动力密集型产业的策略，将当时充裕的农业剩余劳动力转移到工业部门，从事技术简单、需要资本较少的工作。由于工农业生产起飞，各种专门人才需求增加。中学毕业生逐年递增，当时台湾公立高等教育无法满足社会经济发展对人才的需求，而当局财力难以支持过多的公立学校，只有借助民间方式来发展高等教育。

出于对外交流的需要，1950年，第一所民办淡江英语专科学校宣布成立并开始招生。部分1950年前在祖国大陆设立的大学院校在台复校。为配合当局经济建设发展计划，鼓励民办高等教育的发展，台湾当局采取一系列积极扶持的政策。1954年，台湾当局提出"鼓励民间捐资兴学"，修订1929年国民政府教育部颁布的《民办学校规程》，简化民办学校的申请立案手续，鼓励私人兴学。1955年元月核准民办东海大学及民办中原理工学院等立案。1955年，台湾开始注重民办高等学校的发展，颁布了《民办学校奖助办法》。此后，又陆续颁发了《补助民办专科以上学校充实重要仪器设备配给款要点》《民办学校施行法细则》《各级各类民办学校设立标准草案》等规章，逐年提高对民办大专院校的奖助，指导民办院校健全发展计划，帮助民办院校改善师资、充实设备、兴建校舍。

1963～1971年，台湾民办高等学校的增加几乎都集中在专科层次。据统计，截至1972学年度，台湾地区已有68所民办大专院校（其中大学3所、独立学院9所、专科学校56所），专任教师5973人，在校生共156111人。

20世纪50年代中后期，以东吴大学、东海大学等教会大学的复办和私立大同工学院等院校的创办为突破口，台湾高等教育进入了公私立大专院校同步发展的阶段。1950～1972年，这20多年是台湾民办高等教育发展速度之快、规模之大的重要时期。

（三）整顿调整阶段（1973～1984年）

20世纪70年代初，能源危机对台湾岛内加工出口工业产生冲击，台湾经济面临重大转折，台湾当局在经济发展战略上进行了调整。因前一阶段专科学校的快速大量扩张而出现许多问题，发展"过热"导致教育质量下降，在 20 世纪 70 年代初遭到了社会的抨击。学校发展过热，法制不健全，办学不规范，师资、设备等办学条件不具备，数量与质量的矛盾等情况变得十分突出。台湾教育行政部门因此开始对民办学校严加整顿，高等教育的发展速度在此阶段大幅减缓。放缓建校速度，专注质量调整成为此时期的主旋律。整顿现有专科学校（尤其是五专，相当于大陆招收初中毕业生的五年制的高等职业教育），制定高等教育相关制度法规成为此时期的主要政策。

1972 年 8 月，台湾当局决定："大专学校应求质之改进，不作数量扩充，暂缓接收筹设民办学校申请。但为配合地区发展及培养专业人才需要，仍核准设立公立大学。"对私立院校严加整顿、暂停新设私立院校的申请。1974 年，台湾当局公布《私立学校法》取代原有的《民办学校规程》，赋予民办学校设立的法律依据。

这段时期，除了在 1979～1980 年，淡江、中原、辅仁、逢甲 4 所民办独立学院升格为大学外，台湾民办学校在数量上基本没有增长，高等教育仅以增加专业或者增加班级的方式扩充，在校生有很大增加，主要注意力放在调整系所，提高科技类（理工科）比例方面。据统计，截至 1984 学年度，民办大专院校共计学生 274087 人，比 1972 年增长 78.76%。其中本科生 108051 人，硕士生 2601 人，博士生 315 人，专科生 173120 人。

（四）跨越式发展阶段（1985～2003 年）

20 世纪 80 年代以来，台湾经济结构开始向技术密集型、资金密集型产业过渡，第三产业也开始兴起。经济结构的调整，对劳动力素质提出了新的要求，台湾民办高等教育获得了新的发展空间，开始了跨越式发展。各民办学校经十几年整顿调整，办学质量逐步提升，运作逐渐制度化，台湾民办高等教育的法规逐渐完备，民办高校的办学质量也有了较大的提高，当局逐步重新开放民办学校的增设。1985 年 4 月 15 日，教育当局制定《开放新设民办学校处理要点》，初期准予筹设工学院、技术学院及医学院，以后又准予开放商业、护理类二年制专科学校及工业类五年制专科学校。90 年代后期，开放私立技术学院，私立技职院校迅猛发展，建立技职院校与一般大专院校双规并行体制。

1994 年，台湾当局成立"教育改革审议委员会"，两年内提出四份咨议报告及总咨议报告书，为台湾的教育政策提供了很多政策建议。总咨议报告书中提出：以竞争代替管制，根据评鉴的结果，给予经费上的补助，是缩小公民办大学资源差距的有效途径。随后，台湾当局进一步放松了对民办高等教育的限制。1996 年，第六次"中华民国"教育年鉴提出：公立大学数量不宜再予扩充，以免造成资源紧缩压力，并影响民办学校发展的空间。同时，将鼓励各校自行调整内部系所，此外也鼓励部分规模过小、缺乏经营效率及竞争能力的学校与其他学校合并，建立多校区大学，使资源有效利用。民办学校应逐步走向市场，使社会资源投入高级人才的培育，减轻当局财政负担。

由此，台湾民办高等教育发展速度急剧上升。不到 20 年，民办高校数量上增加了 50%，达到了空前的规模，而且"升格""戴帽"之风盛行，不少独立学院"转制为"大学，专科学校"转制为"独立学院。据统计，截至 2002 学年度，台湾公私立大专院校 154 所，其中私立大专院校 101 所，占 65.58%；台湾公私立大专院校在校生 1240292 人，其中私立大专院校在校生 962610 人，占 72.77%。

需要注意的是，从 1949 年到 20 世纪 80 年代，台湾当局积极扶持资助在香港九龙等地开设私立院校，因而曾先后有 10 多所私立院校，既向港英当局注册，也向台湾教育部门立案，这些也应视为台湾的私立教育。进入 20 世纪 90 年代，台湾当局由于政治原因，停止资助，而港英当局对私立院校实行压制政策，在积极的市场竞争和环境下，这一批私立院校名存实亡，逐渐自行消失。①

（五）再度调整阶段（2003 年至今）

跨越式发展又出现"过热"现象，2003 年 7 月 20 日，台湾教育界、学界及文化界百余位学者专家，发表《终结教改乱象，追求优质教育》（又称"教改万言书"）宣言，指出了台湾当前教育的各项问题，认为"十年教改

---

① 陈笃彬：《台港澳私立大专院校比较研究》，厦门大学出版社，2006，第 32 页。

基本失败"，对教改的失误进行猛烈抨击，并对未来教育发展提出了建议。"教改万言书"提道：台湾教育当局放任大专院校拼命改制扩张、大学数量增加、出生人口下降衍生招生不足、人均经费补助相对减少、教育品质下降等诸多问题。台湾教育当局对"教改万言书"回应与说明中提出停止设立"国立"大学，"将研订相关措施暂缓民办大学院校的筹设"、调整院系所班级及招生名额，鼓励校际整合，"利用评鉴加强奖补助之改进及研修民办学校法草案增列退场"等机制，台湾民办高等教育进入新一轮的调整、质量提升阶段。①

高等教育除了面临因迅速扩充而产生的生源、经费等方面的竞争压力外，还面临加入世贸组织后教育市场必须开放的威胁。因此，教育当局在2004年《大学教育政策白皮书》中明确提出"建立适用于大专院校之进退场机制，并鼓励校际的合作或合并以有效提升教育质量"，还提出"奖励大学卓越计划"及"发展国际一流大学及顶尖研究中心计划"。"奖励大学卓越计划"用教育经费鼓励教学卓越的大学，希望能有助于提高大学教育质量，并发挥抛砖引玉的作用，鼓励各大学重视教学质量。"发展国际一流大学及顶尖研究中心计划"计划五年投入五百亿经费（台币）发展国际一流大学，设置以优异领域为导向的跨校研究中心，培养具有国际水平的顶尖系所。可以看出，这一阶段台湾当局对民办院校的经费划拨逐步走向"国际化"和"竞争化"。

截至2015~2016学年度，台湾全部大专院校158所，其中本科院校126所。在158所大专院校中民办的107所，占67.7%；在126所本科院校中民办的78所，占61.9%。全部大专院校在校生133.2万人，其中民办的89.6万人，占67.26%；本科院校在校生人数103.52万人，其中民办74.82万人，占72.28%。

2003~2016学年度台湾大专院校发展基本统计数据见表6-2、表6-3、表6-4。

① 陈笃彬：《台港澳私立大专院校比较研究》，厦门大学出版社，2006，第25页。

表 6-2　当代中国台湾地区各类大专院校数量

单位：个，%

学年度	专科学校			独立学院			大学			大专院校			占比	
	小计	公立	私立	小计	公立	私立	小计	公立	私立	总计	公立	私立	公立	私立
2003~2004	16	3	13	75	21	54	67	30	37	158	54	104	34.2	65.8
2004~2005	14	3	11	70	17	53	75	31	41	162	51	111	31.5	68.5
2005~2006	17	3	14	56	10	46	89	45	48	162	58	104	35.8	64.2
2006~2007	16	3	13	53	11	42	94	41	53	163	55	108	33.7	66.3
2007~2008	15	3	12	49	10	39	100	42	58	164	55	109	33.5	66.5
2008~2009	15	3	12	45	18	37	102	42	60	162	63	99	38.9	61.1
2009~2010	15	3	12	44	9	35	105	42	63	164	54	110	32.9	67.1
2010~2011	15	3	12	36	6	30	112	45	67	163	54	109	33.1	66.9
2011~2012	15	3	12	32	5	27	116	46	70	163	54	109	33.1	66.9
2012~2013	14	3	12	28	4	24	120	47	73	161	54	107	33.5	66.5
2013~2014	14	2	12	25	3	22	122	47	75	161	52	109	32.3	67.7
2014~2015	14	2	12	21	1	20	124	48	76	159	51	108	32.1	67.9
2015~2016	13	2	11	19	1	18	126	48	78	158	51	107	32.3	67.7

资料来源：台湾地区"教育部"《教育统计》2016。

表 6-3　当代中国台湾地区各类大专院校学生人数

单位：人，%

学年度		专科	学士班	硕士班	博士班	合计	私立占比
2003~2004	总计	289025	837602	121909	21658	1270194	71.92
	民办	258548	610216	41681	3366	913811	
2004~2005	总计	230938	894528	135992	24409	1285867	71.23
	民办	208371	655782	47920	3905	915978	
2005~2006	总计	180886	938648	149493	27531	1296558	70.31
	民办	163029	691350	52804	4440	911623	
2006~2007	总计	153978	966591	163585	29839	1313993	69.57
	民办	138828	712760	57485	4891	913964	
2007~2008	总计	133890	987914	172518	31707	1326029	68.93
	民办	120403	727282	61070	5239	913994	
2008~2009	总计	117653	1006102	180809	32891	1337455	68.40
	民办	105499	739320	64447	5453	914719	
2010~2011	总计	102789	1021636	185000	34178	1343603	67.53
	民办	91658	744746	65019	5964	907387	

续表

学年度		专科	学士班	硕士班	博士班	合计	私立占比
2012~2013	总计	101424	1038041	186094	32731	1358290	67.60
	民办	90647	757693	63817	6107	918264	
2013~2014	总计	101659	1035534	177305	31475	1345973	67.65
	民办	90233	754217	59978	6118	910546	
2014~2015	总计	99270	1037062	172968	30549	1339849	67.56
	民办	88056	753208	57763	6167	905194	
2015~2016	总计	97466	1035218	170428	29333	1332445	67.29
	民办	86739	748189	55462	6167	896557	

资料来源：台湾地区"教育部"《教育统计》2016。

表6-4 当代中国台湾地区教育经费占国民所得（国内生产）毛额比率

单位：新台币千元；% （Unit：NT $ 1000；%）

会计年度	教育经费支出				占国民所得毛额比率% to GNI			占国内生产毛额比率% to GDP		
	计	公部门		私部门	计	公办	民办	计	公办	民办
		政府经费	自筹经费							
2003	632686033	424811457	38411056	169463520	5.60	4.10	1.50	5.77	4.22	1.55
2004	658024640	441251948	41549240	175223452	5.47	4.02	1.46	5.65	4.14	1.50
2005	683855358	457296815	46084122	180474421	5.52	4.07	1.46	5.66	4.16	1.49
2006	702184753	469392790	47415774	185376189	5.42	3.99	1.43	5.55	4.09	1.47
2007	710784665	476822193	50322699	183639773	5.17	3.84	1.34	5.30	3.93	1.37
2008	730759895	481068268	53256026	196435601	5.43	3.97	1.46	5.56	4.06	1.49
2009	778262118	532325154	62301286	183635678	5.82	4.45	1.37	6.00	4.59	1.42
2010	765283147	516804324	67464231	181014592	5.26	4.02	1.24	5.42	4.14	1.28
2011	784518065	537799401	65789163	180929501	5.34	4.11	1.23	5.48	4.22	1.26
2012	817856782	548815737	72974164	196066881	5.40	4.11	1.29	5.57	4.23	1.33
2013	832633478	553419602	68414096	210799779	5.32	3.97	1.35	5.47	4.08	1.38
2014	843744692	564144138	68047835	211552719	5.09	3.82	1.28	5.24	3.93	1.31
2015	848212021	566254160	67497749	214460112	4.93	3.68	1.25	5.08	3.79	1.28

注：1. 数据来源于台湾地区"教育部"《教育统计》2016。

2. 私部门仅指民办学校，含幼儿园、小学、中学、大学等全部办学层次。

四　当代中国台湾地区民办高等名校

（一）私立淡江大学

私立淡江大学是中国台湾地区的私立高等学校，校址在台北市淡水镇。淡江大学的前身是私立淡江英语专科学校。该校于 1950 年由知名人士张鸣、张建邦父子创办，不授学位，是台湾最早创办的私立高等学校。1958 年升格为淡江文理学院，授学士学位。1980 年改名为淡江大学。该校经历了近 60 余年 4 个波段的发展，即"奠基""定位""提升""转变" 4 个时期，已发展成为"全岛私校第一"的综合性大学。目前拥有淡水、台北、兰阳、纲路 4 个校区。

2009～2010 学年度设有文、理、工、商、管理、外国语言、国际研究、教育、创业发展、全球化研究与发展、社区发展等 11 个学院，50 个学系，17 个博士班研究所，33 个硕士班研究所，专任教师 779 人，在校生 28678 人。历届毕业生已达 22 万余人。本科修业年限除建筑系为 5 年外，其余均为 4 年。在台湾率先实行办公室和图书馆作业自动化。与复旦大学、厦门大学等订有学术交流协议书。与 13 个国家的大学结为姊妹学校，订立学术交流、师生学习进修交流计划。1994 年有专职教师 800 人，学生近 2.4 万人，毕业生 6022 人。图书馆藏书 52 万余册。

该校以"追求卓越、不断创新"为永续的办学理念，始终秉持"日新又新"的创新精神。该校早在 1992 年就引进"全面品质管理"机制，是台湾最早实行全面品质管理的大学。长年以来，持续全面提升教学、研究、行政及服务的全面品质，毕业生深受社会欢迎。于 2009 年成为台湾第二所获颁"国家品质奖"的大学。台湾《天下杂志》对岛内一千个大企业最受欢迎的大学毕业生进行调查，淡江大学连续 13 年蝉联私立大学第一名的殊荣。该校以"国际化、资讯化、未来化"为其鲜明的办学特色。国际化程度较高。其国际教育研究学院是全台高校的首设；"大三出国留学"也是全台公私立大学中的首创。自 1994 年以来，大三出国留学一年的学生已达 2500 人，兰阳校区并规定所有大三学生均须出国留学一年。2009 学年度有 453

名大三学生在外国留学，有外国留学生 205 名、侨生 248 名在校就读。该校正在迈向第五个发展阶段，把淡江发展成为一所具有"理想与创新的世界一流的精致大学"。

（二）私立亚洲大学

亚洲大学的前身是私立台中健康暨管理学院，系蔡长海、林增连两位名医捐资创办的，2001 年 3 月经台"教育部"核准成立。2005 年改名为私立亚洲大学。2009～2010 学年度设有：健康、资讯、管理、人文社会、创意设计等 5 个学院，21 个学系，12 个硕士班研究所和 5 个博士班研究所。专任教师 321 人，在校生 11723 人。现有教授 61 人、副教授 69 人，助理教授 161 人；除专任教师外，还广聘名师为讲座教授（27 人）、荣誉教授（24 人）、客座教授（12 人）。该校秉持"健康、关怀、创新、卓越"的办学理念，以"健康"为主轴，朝"多元化、卓越化、精致化、国际化"的方向发展。创办 10 余年来，已实现跨越式发展。近几年来，获得多项重大成果：一是由于办学绩效良好，建校 4 年于 2005 年获准改名为大学，升格速度创纪录；二是同年荣获"教育部""大学校务评鉴"私校第 3 组第一名；三是连续 4 年（即 2006、2007、2008、2009 年）荣获"教育部""大学教学卓越计划"殊荣，奖金合计 2.5 亿元（台币）；四是该校未满 8 年，即获批设立 5 个博士班研究所，创大学新设博士班的纪录；五是重视校园花园化、艺术化建设，于 2009 年荣获"国家卓越建设奖"。该校国际化步伐迈得较快，已与海外和大陆 77 所知名大学缔结姊妹校，2009 学年度已招收来自印尼、美国等 9 国 59 名留学生，同时也选派一批学生到美国、韩国企业实习、见习或当交换学生。该校的愿景是办成国际一流的综合大学——"亚洲的哈佛"。

（三）私立铭传大学

铭传大学的前身是铭传女子商业专科学校，由知名人士包德明博士、李应兆博士伉俪共同创办的，包德明博士兼任校长。1960 年经台"教育部"核准正式成立，1990 年升格为铭传管理学院，改为男女合校，1997 年改名为铭传大学。目前已拥有台北、桃园和金门分校 3 个校区。2009～

2010 学年度设有：管理、法学、传播、设计、应用语文、资讯、观光、社会科学、健康、国际学院等 10 个学院，37 个学系，26 个硕士班研究所及 2 个博士班研究所。专任教师 645 人，在校生 18694 余人。进入 21 世纪以来，该校承持"一念三化"，即"人之儿子、己之女儿""卓越化、专业化、国际化"的办学理念，学校又有很大发展。近年来，已连续三年荣获台"教育部""教学卓越计划"及"重要特色领域人才培育改进计划"殊荣，奖金合计 1.525 亿元（台币）。该校国际化步伐迈得较大，主要采取了如下举措：一是全校在校生，从大一到大四必修英文课程，其中国际学院全英语授课。二是已与 90 所知名大学建立姊妹关系。三是交换学生。招收外国留学生，仅 2005～2007 学年度统计共招收 1078 人，名列全岛公私立大学前茅，并派出学生 471 人到日本、美国的姊妹校见习、进修；该校于 2008 年成为全亚洲唯一一所美国 MSCHE 准认证大学。四是每年举办国际教育学术研讨会，多年来，已有数百名来自欧、美、亚、非等国家的专家与会。

（四）私立弘光科技大学

弘光科技大学的前身是私立弘光护理专科学校，创办人是名医王毓麟博士，于 1967 年经台"教育部"核准成立，并由创办人任首任校长。1991 年更名为私立弘光医事护理专科学校，1997 年升格为弘光技术学院，2003 年改名为私立弘光科技大学。2009～2010 学年度设有：医护、人文社会、民生、管理、工学、通识 6 个学院，19 个学系，7 个硕士班研究所，专任教师 437 人，在校生 11218 人。该校秉持"以人为本、关怀生命"的办学理念，办学理念独特。医护、民生、人文学院的设置是"以人为本、关怀生命"办学理念的直接体现；也体现在管理学院设置健康事业管理系、餐旅管理系，工学院设置职业安全与防灾研究所、环境与安全卫生工程系、生物医学工程系等；也体现在增设通识学院和人文精神教育发展中心，把技职教育与人文精神融合起来。该校着力培育自己的特色专业，已形成诸如医护学院的护理专业，民生学院的餐饮、妆品专业，成为社会上享有盛誉的特色专业，仅护理专业就有 4000 多学生就读。该校把本科教育定位为培养应用型、职业技术型人才，开发研究型人才则由硕士班培育。该校在两岸教育合作交流方面已迈开步伐，已与湖南中医大学联办硕士专业。

（五）私立台湾首府大学

台湾首府大学的前身是致远管理学院，成立于 2000 年，2010 年更名为台湾首府大学，系由教育家、前"教育部"中部办公室主任王宫田与前"立法委员"黄秀孟伉俪捐资创办。创办以来，已快速发展成为以休闲产业为特色的教学型大学。2009～2010 学年度设有休闲产业、人文教育、管理等三大学群，12 个学系，5 个硕士班研究所，专任教师 169 人，在校生 6006 人。该院秉持"永续经营"的办学理念，以休闲产业为突出的办学特色。在现有 17 个系所中就有餐旅管理、观光事业管理、休闲事业管理、休闲资讯管理、休闲设施规划与管理、旅馆管理、数位娱乐与游戏设计等休闲产业专业。其中餐旅、观光是突出的特色专业。该校在高雄开设的莲潭国际会馆是亚洲最大的"教学旅馆"。该校设立台湾最具规模的汉学知识中心，其简体字图书馆拥有简体汉字藏书 20 余万册。该校在两岸教育合作步伐迈得较快，已与北京大学合作，送学生到北大游学、修学分；并与福建泉州黎明大学、泉州信息学院、泉州轻工学院签署合作协议，于两年内招收三校在校生 200 人，赴该校研习一学期，承认学分。

（六）台湾东海大学

东海大学是由基督教创办的私立大学。校址在台湾台中市西郊的大度山麓。1953 年 6 月，美国亚洲基督教大学联合董事会派美国奥柏林大学神学院院长葛兰翰博士赴台湾建立筹备处，同年 11 月开始建校，1955 年正式成立并开始招生。以"求真、笃信、力行"为校训，训练学生研习、理解、思索及创造，以基督博爱精神培养完善人格，服务人群。1994 年设有文、理、工、管理、法、农 6 个学院，中文、外文、历史、音乐、美术、哲学、日文、法律、经济、政治、公共行政、社会学、社会工作、企业管理、国际贸易、会计、统计、物理、化学、生物、数学、环境科学、信息科学、化学工程、建筑、工业工程、工业设计、畜产、食品科学、景观 30 个系，21 个研究所。修业年限本科除建筑系为 5 年外，其余均为 4 年，硕士班和博士班均为 2 年。1994 年有专职教师 567 人；在校学生 1.3 万余人，其中夜校生 3336 人；毕业生 3160 人。图书馆藏书 33 万余册。

（七）私立朝阳科技大学

私立朝阳科技大学的前身是私立朝阳技术学院。1994 年，台湾当局开放私人捐资创办私立技术学院。在私立高等教育体制中，建立技职院校与一般大专院校双轨并行体制。同年，长亿实业董事长杨天生捐资捐地创办的朝阳技术学院获"教育部"核准成立，校址设在台中县。朝阳技术学院的诞生，标志着台湾私立技职院校的发展进入一个新阶段。由于办学业绩卓著，该校于 1997 年升格为科技大学。

该校创办后茁壮成长。2003～2004 学年度设有理工、设计、人文社会、管理 4 个学院，19 个学系，4 个研究所，1 个博士班，17 个硕士班，在校生 1.4 万余人，成为台湾知名的私立科技大学，历届毕业生 1.5 万多人，深受社会欢迎。该校特别重视科技教育与人文教育的结合，培养高素质的科技人才，提出要使毕业生真正做到"手中有艺、腹中有墨、肩上有担、目中有人、心中有爱、脸上有笑，不但在台湾有竞争力也要与亚洲青年一比高低"。劳作教育是该校学生必修的零学分课程，是岛内高校的首创。该校重视学术研究，近年来，每年从"国科会""教育部"等单位委托承担的专题研究计划 300 多件、资助经费 2 亿元（台币），该校每年还拨出科研经费 1 亿多元（台币），资助校内的专题研究计划（每年有 30～40 件），并对校外承担的专题研究计划给予资助和适当减少技课时数，建立科研的激励机制。

五 台湾民办高等教育发展的动因及特点

（一）当代台湾地区民办高等教育发展的动因

台湾已成为世界上民办高等教育比较发达的地区。其发展动因可以归结为以下几个方面。

一是适应经济科技快速发展需要。在 20 世纪 60 年代，为适应经济起飞、外向型经济发展和进入 90 年代中期以来，为适应世界高新技术的迅速发展和岛内产业结构调整、工业升级的需要，都推动私立大专院校的快速发展。

二是政府的大力扶持，实行公私立大学并行发展，地位平等的发展战略是重要的关键。其一，鼓励私人包括企业家和社会热心人士捐资兴学。这也是台湾私立大专院校发达的关键之一，台湾所有私立大专院校全部是捐资创办的，对捐资者实行所得税税前的优惠政策，充分发挥社会资源的潜力和优势。其二，重视私立高等教育的立法。台"教育部"依法进行监督，在发展中规范、在规范中发展；各大专院校依法自治、自主办学，致力于培育各自的办学特色。其三，政府的奖补助。台湾当局自 20 世纪 70 年代起，对私立大专院校实施奖补助，并列入政府的年度财政预算，资助金额占学校正常收入的 15% ~20%。

三是企业家、社会人士热心捐资兴学、执着追求已成为传统。台湾的私立院校都是捐资创办的，按规定设校的捐资起点分别是：人文（1 亿元台币）、理工（2 亿元台币）、医农（3 亿元台币），创办人把该笔捐款作为财团法人基金存入银行生息，但不得动用本金。例如：亚洲大学创办人蔡长海教授（他也是私立中国医药大学董事长），已捐助亚洲大学 10 多亿元台币。又如最早创办的淡江大学，学校每年的盈余也都是存入校务基金银行户头，创办人分文不取。[①]

（二）台湾民办高等教育发展的特点

1. 独特的办学理念与鲜明的办学特色

台湾民办大专院校都有其独特的办学理念，并指导办学的实际活动。例如：淡江大学以"追求卓越、不断创新"为永续的办学理念。美国是世界上私立高等教育最发达的国家，淡江大学创办人张建邦每年暑假都到美国考察取经，并亲自主持一年一次的"教学与行政革新研讨会"，追求"日新又新"；又如弘光，把"以人为本、关怀生命"的办学理念，贯穿于学院、系、所专业的设置上，并着力于诸如护理、餐饮、妆品等特色专业的培育上。台湾民办大专院校也都有其鲜明的办学特色，已经形成"没有特色就

---

① 陈笃彬：《台港澳私立大专院校比较研究》，厦门大学出版社，2006，第 27~28 页。

没有私立大学"的一致认识。例如淡江大学以"三化"即"国际化、资讯化、未来化"作为鲜明的办学特色。"国际化"程度较高；"资讯化"，早在1968年就创设资讯中心，为岛内大学资讯化的先驱，并已成为全球第1个取得ISO2000（资讯服务管理）国际认证的学术单位；"未来化"，早在20世纪60年代，张建邦创办人已在核心课程中开设一系列未来学课程，曾被"世界未来研究联盟"评选为1999年度最佳的未来学教育机构；又如致远，着力打造以"休闲产业为特色的教学大学"，现有17个系所中，就有餐旅、观光、休闲资讯等8个相关的休闲专业，并着力培育诸如餐旅、观光等特色专业。

2. 两岸教育合作交流已迈开步伐

目前两岸在教育合作与交流问题上已迈开较大步伐，成为热点议题。例如淡江大学已与中国大陆的北大、南开、浙大、吉大、厦大等39所知名大学缔结姊妹校关系，相互交换学生、交换访问学者、举办学术研讨会。两岸教育合作与交流已进入新的发展阶段。

3. 国际化程度较高

随着经济全球化的进程，高等教育国际化是大势所趋。台湾民办大专院校国际化步伐迈得较大、程度较高。以淡江大学为例：该校自1950年英专建校以来，一直重视国际化，步伐也迈得较快。第一，早在1968年就与日本中央学院大学建立姊妹校关系，目前已与岛外104所知名大学建立姊妹校关系。第二，早在1992年，在全岛公私立大学中首设国际研究学院，现设有欧洲、美洲、亚洲、国际事务与战略5个研究所，为全岛区域研究最完整的学院。第三，全岛公私立大学中，首创"大三出国研习"。据统计，1994~2009学年度，大三出国留学一年的学生已达2500人。第四，招收外国留学生，2009学年度外国留学生和侨生453名。第五，已与法国、美国、日本、澳洲等地的5所大学合作培养双学位学生等。又如铭传，国际化步伐也迈得较大，除了如上面述及的，已与海外和大陆90所知名大学建立姊妹校关系、全校大一至大四都必修英文课（其中国际学院全英语授课），以及外国留学生数量居全岛大学的前列。该校由于校园英语气氛浓厚，2005年曾荣获台"行政院"颁发的"优质英语生活环境特等奖"的殊荣。

4. 法律、法规比较健全

台湾私立高等教育法律、法规比较健全。既在《"中华民国"宪法》《大学法》和相关的法律、法规中有相应规定，又有《私立学校法》的专门法律和《大学法施行细则》《私立学校法施行细则》等配套的规章；各私立大专院校又须依据《大学法》和《私立学校法》制订各校的《组织规程》（须经"教育部"核定），法律、法规比较健全。

台湾地区"教育部"的预算资助（包括奖励与补助），按年度编列财政预算。台"宪法"规定：政府对私人经营之教育事业成绩优良者给予奖励或补助；《私立学校法》又做了专门规定；台"教育部"还发布《私立学校奖助办法》的法规性文件（按：现已改名为《私立高级中等以上学校奖励、补助办法》），可以说是非常重视的。台"教育部"对私立大学之补助，是根据在校生人数，参酌学校健全发展之需要发给的；对私立大学之奖励，则是根据其办学绩效，通过评鉴发给的。在奖助的比例上，逐步扩大奖励的比例，现已占80%。据了解，政府的奖、补助占学校正常收入的10%~15%。台湾当局虽已制定达到20%的目标，但由于近几年来，台湾高等教育急速扩展，"僧多粥少"，奖励、补助金额反而逐年有所减少。《大学法》和《私立学校法》对大学评鉴都有专门条文规定，台"行政院"并于2007年颁发《大学评鉴办法》作为重要法源。"教育部"对大学评鉴始于1975年。43年来，历经直接办理、委托专业学术团体办理，至2005年改为组成财团法人团体"高等教育评鉴中心"，负责办理。大学评鉴的内容类别包括校务评鉴，系所评鉴；评鉴周期以4~7年为一周期。方法采用上下结合，在各大学自我评鉴基础上，"评鉴中心"组织实地视评，并广泛发动师生参与，公布评鉴结果。"教育部"对"办理完善、绩效卓著者"依法给予奖励，把奖励与绩效结合起来。

台湾公私立大学教师地位待遇平等。《教师法》规定：大学毕业生入职公私立院校，工薪起点一样；公私立大学校长、教师可以互转，互转时，其退休、抚恤、资历年资应依教师法规定合并计算，并由各级主管教育行政机关编列预算支付。

台湾私立院校实行董事会领导下的校长负责制，董事会职责定位为"经营决策权"，董事会的经营决策权与校长的行政管理权是严格分开的。校长依法"综理校务"，对行政管理负有全面负责的权限，法律禁止董事会干预学校行政管理。《私立学校法》规定：董事长及董事不得兼任校长或校内其他行政职务；并规定董事长、董事之配偶及直系亲属，及其三等亲以内血缘、姻亲，不得担任本校总务、会计、人事职务。由于董事会与校长的责权在立法上有明确规定，大部分校院校长与董事会关系比较融洽。

第二节　当代中国香港地区的民办教育

香港的私立教育，大部分由社会办学团体开办，学校接受政府资助。香港社会办学团体，按其背景及性质大致上可分为四类：①社会慈善机构，如具有悠久历史的东华三院、保良局、九龙乐善堂和博爱医院等。②同乡会及工商社团，如顺德联谊总会、东莞同乡会、五邑工商总会、中华厂商联合会、旅港福建商会等。③教会及宗教团体，其中如属于天主教的香港明爱、嘉诺撒仁爱女修会、喇沙修士会；属于基督教的信义会、浸信会、圣公会、中华基督教青年会；此外还有香港佛教联合会、香港道教联合会、中华回教博爱社、孔圣堂等。④私人机构或独立社团，如岭南教育机构，田家炳教育基金会、港九劳工教育促进、香岛中学校董会、汉华中学（法人团体）等。由于历史的原因，香港势力最大的办学团体是教会，1995年由天主教会办的中学有103所，约占全港中学总数的20%；由基督教会办的中学有132所，占全港中学总数1/4以上。至于佛教、伊斯兰教、道教等宗教团体，近20多年来，亦致力于发展教育事业，分别创办了多所中、小学和幼稚园。①

一　当代中国香港地区的民办基础教育

自香港开埠以来，民办教育一直是香港基础教育的主力军。香港通过向

---

① 张健、李燕杰：《中国社会力量办学大辞典》（上册），红旗出版社，1997，第512~513页。

民办学校购买学位，完成九年义务教育，民办学校因为向政府出售学位，自身的素质也得到相应的提升，办学水平有了明显的提高。

1995 年，香港政府教育署发表的统计显示：香港地区除大专学校以外，有中学 507 所，小学 860 所，幼稚园 731 所，另有特殊学校 68 所。在上述 2000 多所各类学校中，由政府直接主办的（即所谓官立的）中学有 39 所，小学 47 所，共 86 所，占全部学校总数还不足 5%。

（一）当代早期民办基础教育占绝对优势

据 1941 年日军占领香港之前的统计，全港共有学校 649 所，其中官立学校 9 所、津贴学校 20 所、补助学校 91 所、民办学校 529 所，占全部学校的 81.51%。到 1954 年，香港的学校增至 1106 所，其中官立 40 所、津贴 20 所、补助 327 所、民办 719 所，民办仍占优势。但官立及补助学校的发展势头强劲，政府对教育的控制日益增强。香港地区民办学校的大发展促进了香港九年义务教育的实施。香港地区 1971 年起开始实施免费小学教育，1978 年实施九年普及义务教育。香港九年义务教育得以实施的重要因素，就在于民办学校的大发展。1974～1975 年度，民办学校学额增加 36261 个，而政府及津贴学校的学额只增加了 38475 个，二者比例为 4.3∶1；1975～1976 年度，比例为 4∶1；1976～1977 年度，比例为 2∶1。

（二）20世纪80年代民办教育逐渐转为辅助

在 20 世纪 80 年代由于香港经济繁荣，政府财源充裕，香港政府积极筹建官立学校，日益扩展资助中学，学额紧缺的现象得以缓解，买位制度逐渐衰微。1974～1989 年，买位数字由高峰 3 万多下跌至 1 万，买位学校由 70 多所减至 23 所。尤其是在 1986 年，香港政府终止向 17 间民办学校购买中一学额 1500 个，同时又宣布将于 1987 年终止向 16 所民办学校购买中一学额 3500 个。民办学校受到严重冲击，许多民办中学由于资金短缺、生源不足相继宣布停办。据香港教育署 1987 年 3 月的统计数据，当时小学共计 714 所，其中官立小学 50 所，占 7%；资助小学 519 所，占 80.1%；民办小学 85 所，占 12.9%。中学及预科共计 417 所，其中官立 36 所，占 8.6%；资助中学 283 所，占 67.6%；民办学校 98 所，占 23.8%。可见，香港中小学教育在 20 世纪 80 年代官立及资助学校占到八成左右，政府负担了大部分经费，若把民办学校中的买位部分统计在内，比例则更高。但从学校当初的创办来看，情形正好相反。大部分学校在创办之初纯属民办，只是以后在发展过程中，由于经费、生源、质量上产生种种困难和问题，以及政府的政策性导向，才逐渐纳入了政策资助的范围，或成为买位民办学校，或成为资助学校，或成为官立学校，从而走出了民办学校不断问世又不断消融于公共教育体系之中的发展道路，形成了公共教育为主、民办学校为辅的总体格局。

（三）20世纪90年代始重新重视民办教育

1988 年，香港政府公布了教育统筹委员会第三号报告书，其中专门论述了民办学校所扮演的角色问题以及明确了民办学校今后的发展方向。报告指出，"在香港这个多元化社会，民办学校应该有在现行教育下发展的余地；民办学校不应被视为学额需求有变动时的缓冲，当局应认识到一个强大而独立的民办学校体制在教育上的利益"。另外，"买位制度对各有关方面都不合理想，建议 2000 年完全取消"，但是必须慎重，宜逐步推行。在 2000 年以前，政府准备实施直接资助计划。该计划主要针对那些已达到相当高教育水准的民办学校，包括达到资助学校标准的民办学校和所有资助学校。加入直接资助计划的学校可自由约见和挑选学生；可以收取学费，且不受管制；当局根据按学费收入评估的定额补助金制度，向其拨款，每所学校的补助金额相等于政府对学生人数相当的资助学校所需付出高费用与校方学费收入的差额。由于该计划的实施，到 2000 年后，香港的学校将只剩下官立学校、津贴学校（资助学校）和直接资助学校三类，买位学校和非买位学校都必须进入直接资助行列，从而形成三足鼎立的态势。在这一过程中香港政府鼓励私人办学，这有利于利用民间游资，发挥民办学校办学体制灵活、发展速度迅猛的优势，迅速扩大办学规模，满足人口剧增的需要。

二　当代中国香港地区的民办高等教育

香港民办高等教育始办于 1887 年。香港西医书院是香港第一所私立大专院校。当代以来，香港地区的民办高等教育经历了如下发展阶段，并呈现出不同的发展状况。

（一）20世纪50年代民办高等教育快速发展

1949 年开始，香港的人口急剧增加，由中国内地南迁的学者及青年学生当中不少人都渴望在香港成立民办大学。但由于香港政府对大学的法例都是依循英国本土的法例，对大学教育颁授权的管制非常严格。所以这些学者在港所创办的民办大专院校只能按港英政府的教育法案注册成为大专学院或书院。这些大专院校的教学语言以中文为主，任教的教师多是从内地到香港的学者，创校目的都是为有志求学的青年提供机会。虽然大部分院校均具有在内地办高等教育的经验，但它们的学术水平仍未得到港英政府承认为学位颁授机构。港英政府对民办大学的管制非常严格，但由于办学经费主要来自学费收入及社会人士或宗教团体捐助，且提供大量的大学学额，无形中减轻政府的负担，亦有助于政府发展大学教育，因而港英政府一方面不承认它们的学术地位，但另一方面又给予它们以注册形式存在。由于它们所颁授的学历没获得港英政府承认，故不少在港的民办大专院校均与台湾发展关系，并在台湾"教育部"立案，部分更接受台湾当局的财政资助。它们一旦成为台湾名下的大专院校后，便可以台湾的大学成员身份，得到台湾本土甚至欧美国家教育机构的承认，对学生将来继续深造或就业均有帮助。

到 20 世纪 50 年代，已经港英政府注册成立的大专院校有新亚书院（1949 年成立）、崇基书院（1951 年成立）、珠海书院（1949 年成立）、广大书院（1949 年成立）、香江书院（1949 年成立）、华侨工商学院（1946 年成立）、中华文法学院（1949 年成立）、广侨学院（1955 年成立）、平正商学院（1958 年成立）9 所。其中珠海、广大、中华文法 3 所，是 1949 年中国内地解放时，由广东迁入香港的；而珠海、广大、香江、华侨工商、中华文法、广侨、平正 7 所，既向港英政府注册，又经台湾"教育部"立案。民办大专院校的蓬勃发展，弥补了当时香港大学教育学位的不足。这些民办大专院校有它们的共同点，选取其中部分，与当时官办大专院校比较分析如下（见表 6 - 5）。

6-5 当代中国香港地区民办高校与官办高校的比较

	香港民办高校	香港官办/资助高校
背景	所设专业多以人文及社会科学为主。例如:语文、历史、社会科学、教育、哲学、艺术、音乐、新闻、商科、会计及金融等。只有平正商学院、珠海书院、广侨学院设有土木工程及建筑工程系。主要原因是民办大专院校资源有限,故不轻易办一些须要投入庞大资源及大规模实验设备的专业。	由港英政府觉察到社会需要,以顾问形式邀请英国教育专家或官员到港做调查研究,并做出报告书,由英国政府批准,港英政府在港建校,例如香港大学。
资源	政府没有资助,靠社会人士、团体捐助及学费收入,通常设在一所大厦里。由于香港民办大专院校缺乏营运经费,故校舍通常残破简陋,设备不足。	院校经费由政府全部承担。教师职员等级及工资全按政府规定;校舍、图书及有关设备完善。
学历地位	民办大专院校所颁授的学历文凭不被港英政府承认,不能以颁授的学历文凭投考政府职位。因而香港大部分民办大专院校也在台湾"教育部"立案,成为台湾的成员大学。学历被台湾承认后,欧美国家因承认台湾学历,透过台湾立案,也被欧美国家承认。	香港官立大学受政府的大学条例所保障,而港督又是官立大学的校监,因而这些大学所颁授的学位,除可在香港官立大学继续升学外并得到英国承认。毕业生可持学历文凭投考政府职位。
师资	多数是内地到香港的学者,学识高,但教师薪金微薄,并且多请客座教授担任授课。	多从欧美国家毕业生及研究学者中聘请,拥有高级学位,待遇比民办大专院校教师丰厚。
学制	一年制(中六)预科生可报读学位课程。采用四年制学位制度。以考试形式决定学生升级及毕业。	两年制(中七)预科生可报读学位课程,采用英式三年制学位制度。除考试外,还以论文决定学生升级及毕业。
系科专业	所设专业多以人文及社会科学为主。例如:语文、历史、社会科学、教育、哲学、艺术、音乐、新闻、商科、会计及金融等。只有平正商学院、珠海书院、广侨学院设有土木工程及建筑工程系。主要原因是民办大专院校资源有限,故不轻易办一些须要投入庞大资源及大规模实验设备的专业。	官立及政府资助的大专院校可分为文、理、商、医科及社会科学等学院;院校可办高科技、医学等学系。主要原因是院校校舍及设备均由政府资助,故有足够能力投入庞大资源进行高科技及尖端科学的研究。
办学目的	弘扬中华文化,为社会缔造文化遗产,培育年青一代成为有理想有抱负的人才。例如:新亚书院的宗旨是以中华人文学术之教学及研究为中心,以保存及发扬中华文化于当今世界为宗旨。	为社会的工商业发展提供人才,促进社会进一步发展。例如:香港大学宗旨是透过教学及研究,训练出全人毕业生,运用本人终身受用的能力,服务及带领社会。这与殖民地需要人才发展经济不谋而合。

（二）20世纪60～70年代民办高等教育进一步发展

在 20 世纪 50 年代后期，港英政府注意到中文中学的毕业生渐多，也需要为他们提供教育机会，因而在 1959 年开始筹办香港中文大学。港英政府首先委任英国赛彻斯大学校长富尔敦爵士领导一个教育顾问团，进行创办中文大学可行性调查。1960 年 3 月，富尔敦向香港港督柏立基爵士提交《香港专上学院发展报告书》，报告书建议创办一所中文为教学语言的大学，以结合中西方文化传统与现代学术为发展目标。富尔敦的报告书后来成为香港政府创办香港中文大学的蓝本。

与此同时，当时几所民办大专院校包括：崇基、新亚及由华侨、广侨、文化、光厦及平正等 5 所院校组成的联合书院（1956 年），于 1957 年 2 月组成香港中文专上学院协会，齐向建校的目标迈进。1959 年 6 月，港英政府宣布资助崇基、新亚及联合 3 所书院，并拨出沙田马料水地段作为校址。政府亦为此在 1960 年 5 月制定《专上学院条例》，使书院免受法例管辖，可以自由发展；并通过《专上学院补助条例》，拨款予书院提高教职员待遇，改善设备及添置图书。1963 年 9 月，立法局通过《香港中文大学条例》，决定由新亚、崇基、联合 3 所书院，合并升格设立以中文作为主要授课语言的联邦制大学——香港中文大学。

20 世纪 60～70 年代香港民办大专院校又有进一步发展。1967 年，香港岭南书院经港英政府注册成立，香港浸会书院于 1970 年根据《专上学院条例》注册成立，岭南书院于 1978 年根据《专上学院条例》注册。香港树仁学院于 1971 年创办，于 1979 年根据《专上学院条例》注册。此外，在 20世纪 60～70 年代，经港英政府注册，并经台湾"教育部"立案的民办大专院校，还有华夏书院、德明书院，逸仙书院、青华书院、远东书院、能仁书院 6 所。

1979 年，香港政府推出《专上教育发展白皮书》，并提出二二一学制（即两年预科、两年专科、一年学术教育），邀请浸会、岭南及树仁 3 校接受改制，并将会得到政府资助。3 所大专院校中，浸会及岭南接受改制并转为政府资助的大专院校。但树仁坚拒"二二一"学制而长期得不到政府资助。因为树仁认为"二二一"学制是不完整的大学课程，必将影响学术水平，而且难与海外及中国内地的大学接轨，不利于毕业生继续升学深造。港英政府虽然准许树仁可在《专上学院条例》中生存，但对树仁毫无资助。由于树仁不能加入港英政府的大学教育资助会员会，因而也不可以像其他资助及政府开办的大学及专上学院一样，向政府属下的科研基金机构申请科研经费。但是，树仁可以根据《专上教育发展白皮书》的建议，学院所颁发的文凭证书，成为政府承认的文凭，可以投考政府的若干职位。

（三）20世纪80～90年代中期民办高等教育逐步萎缩

香港回归祖国前，港英当局致力于发展公立高等教育，对私立院校采取压制措施，因而，在80年代至回归祖国前，除了教会新办的信义宗学院和明爱徐诚斌学院外，私立院校逐步萎缩。

当时的香港浸会学院及岭南学院，已接受政府的资助成为公办大学，并将从前的四年制大学课程改为三年。20世纪80～90年代，香港经济繁荣，港英政府为配合经济的发展，接纳当时香港高等及技术教育检讨委员会主席陶建报告书的建议，除扩大政府认可的专上教育外，并开始关注第二所理工学院的筹建问题，于1984年成立香港城市理工学院、创办第七及第八所工业学院，并于同年成立香港演艺学院。1985年，港英政府得到香港赛马会捐出第三所大学的兴建费用，两年后动工兴建香港科技大学。尽管港英政府大幅度提高学位课程数目，但还远不能满足香港人对高等教育的需求。

还是四年制的民办大专院校包括树仁学院，在20世纪80～90年代中期，并无任何大的发展。民办大专院校一直得不到任何资助，只靠学费及捐助维持；但另一方面，港英政府又不断地发展自身的教育体系，大幅度增加公立大专院校学位。在激烈的竞争下，民办大专院校的生存空间更是雪上加霜。因而在80年代除了新办两所教会学院（信义宗学院，基督教会创办，1981年经港英政府注册成立，并经台湾"教育部"立案；明爱徐诚斌学院，天主教会创办，1985年经港英政府注册成立）外，民办大专院校逐步萎缩，一批民办大专院校自行消失。到1997年香港回归祖国前，只剩下树仁、珠海、华夏、能仁及80年代创办的明爱徐诚斌学院等5所，在校生仅6000余人。

（四）香港回归祖国后民办高等教育的发展

香港于 1997 年 7 月 1 日回归祖国，香港民办大专院校进入了一个新的发展阶段。特区政府对私立院校采取鼓励、扶持等政策，拨款资助树仁、珠海等申办学位课程。

1999 年 7 月，香港特区政府发表《终身学习自强不息》教育改革建议咨询文件，并期望民办专上院校纳入持续进修学院的行列，也提供两年制的专上普通文凭课程。政府的初步构思引起树仁学院的反应，因树仁是四年制大学课程，在港英政府的殖民主义教育政策下，树仁学院的课程只能称为荣誉文凭课程，可算是有大学课程之实，但无大学课程之名。1999 年 11 月，树仁学院全体师生因此开会决定将来的路向，最终决定接受特区政府的评审方案，2000～2001 年，树仁学院先后 4 个学系包括会计、新闻、社工及中文系接受评审合格，行政长官会同香港行政会议通过批准开办 4 个学士学位课程，这是迈出了民办大学的第一步。2006 年 2 月，经香港学术评审局评审，特区政府批准，树仁、珠海两校开设的课程都已学位化（各设 10 个学位课程），共同向私立大学的目标迈进。明爱、能仁、华夏等校也在创造条件，争取成为可以授予学位的私立院校。

三 当代中国香港地区的民办名校介绍

（一）万石堂

原址在香港新界上水乡门口村。是廖族的祠堂、上水乡最古老的家塾。清乾隆十六年（1751）建立。除供族人祭祀、婚丧、集会外，也是教育子弟的学舍。1921～1927 年，廖柱梅在此执教，正式向香港教育司署申请注册为学校。上水凤溪公立学校一直设在这里，直至马会道新校舍落成，迁新址。1986 年重新修葺，恢复原貌，成为政府保护文物单位之一。

（二）旺角劳工子弟学校

港九劳工教育促进会于 1946 年创办。初在旺角官立学校内，1951 年迁九龙楠道（今公主道）自建校舍。1960 年增办初中。1975 年增办高中。1984 年开始办一年制大学预科。附设小学及幼稚园。

私立学校大多采用香港地区的课本。①

1991 年以前，澳门教育以私立教育机构的发展为主体，没有系统、完善的教育法规，没有统一的教育体制，呈自由发展状态。为改变教育制度涣散状态，澳门政府通过立法加大教育指导、协调和管理力度。1989 年提出《澳门教育基本法》草案，1991 年 8 月 29 日颁布了《澳门教育制度》。这标志着澳门政府开始以法律为手段管理教育和澳门教育制度的确立。1992 年颁布《澳门高等教育条例》，1993 年颁布《私立教育通则》，逐渐加强政府对私立学校的指导、协调作用。

由于历史原因，澳门教育在 20 世纪前半叶发展缓慢，虽然 20 世纪 60 年代靠民间力量逐步普及了初等教育，但澳门民办教育的发展却一直处于放任自流、自生自灭的状态，这在一定程度上促成了澳门教育的多样化格局。特别是中小学校的多样化，体现在办学体制多样化（官立、官制、民办）、学制多样化（中国大陆学制、中国台湾学制、中国香港学制、葡萄牙学制）、教学语言多样化（中文、葡文、英文）等多方面。

一 当代中国澳门地区的民办基础教育

澳门的中、小、幼教育自 16 世纪开埠以来，都是以民间办学为主，公立学校为辅。澳门的基础教育主要由公立、非牟利民办和牟利民办三类学校提供，当中以民间力量办学的非牟利民办学校服务了全澳门的 90% 以上的学生。

（一）澳门回归祖国前民办基础教育发展状况

澳门虽开埠四百多年，但由于幅员狭小、经济长期不发达、殖民文化严重，至 1991 年前，澳门政府只为葡国公民及公务员子女受教育开办为数极少的几所学校，所以澳门的教会率先办起了学校，澳门教育一直以私人办学为主，但是作为澳门基础教育主导的民办教育机构长期得不到政府的关注，始终处于"自生自灭"的状态。

---

① 张健、李燕杰：《中国社会力量办学大辞典》，第 536 页。

　　纵观澳门回归前的基础教育可以看出，长期以来澳门的学校分官立、官制和民办三种：官立教育由澳门政府开办，有官立的教学计划；官制教育由特别的实体开办，但接受政府财政支持，并以官立学校的教学计划为样本；民办教育则由社会团体及私人开办，办学经费自筹，各行自己的教学计划。《澳门教育制度》把教育机构分为官立、民办两种：教育机构的权利人为行政当局并受公共行政条例管辖者均为官立教育机构；教育机构的权利人为私人机构或人士者均为民办教育机构，按该法律规定享有行政及财政自主。截至1997 年，全澳门 110 所中小学中，官立学校约占 20%，民办学校约占 80%。但官立学校仅有不足 10% 的学生，90% 以上的学生在民办学校就读。民办学校中，又以教会办学为主，约占 50%，其他社会团体和个人办学约占 50%。

（二）澳门回归祖国后民办基础教育发展状况

　　澳门政府向来重视公立学校，给予公立学校学生免费中、小、幼教育。但随着澳门回归在即，因应政治、经济与社会的发展和要求，回归祖国前十数年，澳门政府开始加强教育服务的承担。

　　澳门政府于 1988 年筹组"教育委员会"，并于 1989 年委任八位民间或官方教育界代表，组成"教育委员会"做全面教育事务的计划与咨询工作，以改善全澳门的学校教育的质量。于 1991 年颁布 11/91/M 号教育法律以规范澳门公立和民办学校的管理与运作，以维持教育质量。其后从 1995 年推行全民"免费义务教育"，让民办学校自由参与"免费教育网络"（以下简称"入网"）学校计划，入网学校获得政府更充裕的财政资助，与公立学校一同为广大的市民提供七年免费教育。入网学校把澳门的三类型学校模式改变为公立、入网私校、不牟利私校和牟利私校四类型学校模式。1997 年起提供十年"免费义务教育"。从 2007～2008 学年开始，澳门全面实施 15 年免费教育，涵盖幼儿教育、小学教育、初中教育和高中教育各个阶段。在2008～2009 学年，澳门进一步调升免费教育津贴金额，高中教育阶段的每班津贴金额为 79 万澳门元，初中为 68 万澳门元，幼儿和小学为 50 万澳门元。澳门特区政府统计显示，15 年免费教育的推行，提升了澳门高中入学率，令中学教育更普及，并直接促使澳门高等教育毛入学率逐渐提高，已超过 50%。

二 当代中国澳门地区的民办高等教育

澳门的正规高等教育长期处于空白。1981年，香港人在澳门开办的第一所民办高校——东亚大学（即澳门大学前身）的成立打破了这种局面。东亚大学是1981年3月在澳门政府支持下，由私人募捐创办的。东亚大学设有本科学院、公开学院、预科学院、进修学院，1984年开办研究院。澳门政府于1988年2月通过澳门基金会收购东亚大学，并于1991年将其更名为澳门大学。

澳门回归前10年澳门高等教育仍以公立院校为主，如镜湖护理学院等专科民办院校，虽然一直存在并逐渐升格，但民办院校在澳门高教系统中，并未引起人们足够的重视。

（一）20世纪回归前民办高等教育的初创与发展

1594年，天主教耶稣会创办的圣保禄学院在澳门注册成立，该院是澳门第一所私立大专院校，也是远东最早的西式大专院校。该院于1835年毁于大火，办学历经241年。1727年，天主教耶稣会又在澳门创办圣若瑟修院，该院一直延续到20世纪30年代。这一段时间是西方传教士办学阶段。

华人办学起步于20世纪中期，开始的几所私立高等教育机构都没有成功。1949年内地解放后，在澳门立案的民办大专院校有华侨大学、华南大学、越海文商学院和中山教育学院。但因澳门经济发展缓慢，难以维持下来，不久均被迫停办。

20世纪80年代，澳门经济开始起飞，民办东亚大学随之崛起。东亚大学成立于1981年，学校设有研究生院、本科学院、理工学院、公开学院和预科学院，学制采用英制，本科三年，预科二年，以英语为主要授课语言。

中葡两国政府于1987年签署关于澳门主权回归中国的联合声明后，葡澳政府为了移交过渡期的需要，通过澳门基金会于1988年2月收购东亚大学。该校被一分为三，即葡澳政府收购的研究生院、本科学院和预科学院合并成立澳门大学，理工学院成为独立学院，未被收购的东亚大学公开学院成为独立学院——澳门东亚大学公开学院。1992年8月，经澳门政府批准，东亚大学公开学院与葡萄牙国立公开大学合作成立新的大学，命名为亚洲（澳门）国际公开大学。

20 世纪末期（澳门回归祖国前），澳门还创办澳门高等校际学院和澳门镜湖护理学院，但两校规模都较小。

（二）澳门回归祖国后民办高等教育快速发展

澳门回归后，民办大专院校得到了快速发展，在短短的两年内新成立 3 所民办大专院校。即澳门科技大学（2000 年 3 月）、澳门管理学院（2000 年 7 月）和中西创新学院（2001 年 8 月）。

统计资料显示，2004～2005 学年，澳门公私立大专院校在校数、在校生数比重上，私立院校分别占 60%、66.4%。截至 2014 年，澳门共有高等院校 12 所。其中，公立高校 4 所，民办高校 6 所，民办研究机构 2 个。从规模上看，除了澳门大学、澳门理工学院、澳门城市大学和澳门科技大学外，其他 8 所都是微型院校。从投资主体看，民办高校及研究机构经费都来自学生学费、政府补贴和举办企业或团体财政支援。例如，澳门镜湖护理学院是澳门镜湖医院慈善会的下属机构，而澳门中西创新学院由澳门博彩娱乐有限公司投资创办。

表 6 - 6   2003～2004 年度中国澳门高校教职员人数

类别	高等院校	教学人员	非教学人员	研究人员	总数
公立	澳门大学	358	320	16	694
	理工学院	368	215	—	583
	旅游学院	71	83	—	154
	保安高校	16	114	—	130
合计		817	732	16	1561
私立	公开大学	176	36	—	212
	校际大学	30	10	—	40
	镜湖大学	31	12	—	43
	科技大学	121	130	—	254
	管理学院	35	12	—	47
	中西学院	23	12	—	35
合计		416	212	16	631

表 6 - 7 2003~2004 年度中国澳门高校注册学生人数（按修读方式分）

类别	高等院校	全日制	夜读	兼读	总数
公立	澳门大学	3316	1817	26	5159
	理工学院	1230	1366	178	2774
	旅游学院	339	109	—	448
	保安高校	27	—	—	27
合计		4912	3292	204	8408
私立	公开大学	—	673	8859	9532
	校际大学	—	165		165
	镜湖大学	134	—		134
	科技大学	1661	721	9081	11463
	管理学院	—		265	265
	中西学院	61	229		290
合计		1856	1788	18205	21849

表 6 - 8 2003~2004 年度中国澳门本地生注册人数（按学位及文凭分）

类别	高等院校	博士学位课程	硕士学位课程	学位后文凭课程	学士学位课程	高等专科学位课程	文凭课程	总数
公立	澳门大学	18	869	138	3117	185	—	4327
	理工学院	—	—	—	489	1959	4	2452
	旅游学院	—	—	—	44	280	44	368
	保安高校	—	—	—	21			21
合计		18	869	138	3671	2424	48	7168
私立	公开大学	6	176	170	660	5	189	1206
	校际大学	3	123	1	8	—	19	154
	镜湖大学	—	—	—	133	1	—	134
	科技大学	34	320	—	1472	—	2087	3913
	管理学院	—	—	—	64	201	—	265
	中西学院	—	—	—			289	289
合计		43	619	171	2337	207	2584	5961

表 6 - 9 2003~2004 年度外地生注册人数（按学位及文凭分）

类别	高等院校	博士学位课程	硕士学位课程	学位后文凭课程	学士学位课程	高等专科学位课程	文凭课程	总数
公立	澳门大学	8	238	1	585	—	—	832
	理工学院	—	—	—	4	318	—	322

续表

类别	高等院校	博士学位课程	硕士学位课程	学位后文凭课程	学士学位课程	高等专科学位课程	文凭课程	总数
公立	旅游学院	—	—	—	21	59	—	80
	保安高校	—	—	—	6	—	—	6
合计		8	238	1	616	377	—	1240
私立	公开大学	14	5059	2488	755	—	10	8326
	校际大学	—	10	—	—	—	1	11
	镜湖大学	—	—	—	—	—	—	—
	科技大学	142	6697	—	711	—	—	7550
	管理学院	—	—	—	—	—	—	—
	中西学院	—	—	—	—	—	1	1
合计		156	11766	2488	1466	—	12	1588

资料来源：澳门特别行政区高等教育辅助办公室，2003~2004 年度教职员及学生人数。（说明：外地生指没有澳门居民身份证的学生，大部分是内地生。）

澳门回归祖国后，民办高等教育快速发展的动因有三：①

1. 中央和特区政府的大力扶持

澳门回归祖国后，实行"一国两制"，中央政府和特区政府对澳门高等教育事业采取大力扶持的政策，促使了私立大专院校的快速发展。如科技大学于 1999 年第三季度开始筹办，2000 年 3 月经特区政府批准成立并拨地 300 亩建校，当年 9 月正式招生，开设学士和硕、博士学位课程。中央政府也采取大力扶持政策，鼓励澳门高校到内地招生，与内地高校合作、联办博士点，特别是联办工商管理硕士课程（MBA），充分发挥内地优质教育资源的潜力，促进了科大、公开两所大学的跨越式发展。

2. 经济快速发展的需要

20 世纪 80 年代，特别是澳门回归祖国以来，澳门经济转型，博彩旅游、转口加工、金融航运、房地产业发展迅猛，急需大批高级专业人才。因而以高科技专业为重点的澳门科技大学和以博彩专业为特色的澳门中西创新学院应运而生。

---

① 陈笃彬：《台港澳私立大专院校比较研究》，厦门大学出版社，2006，第 38~39 页。

3. 学历文凭受到特区政府和教育部的双重承认

澳门回归祖国后，澳门公私立大专院校学历文凭，既为特区政府承认，又为教育部承认，这也是促使澳门私立大专院校快速发展的重要原因，特别是博士学历的双重承认，对内地在职人员更具有吸引力。据统计，2000、2001、2002、2003 四个学年度科大硕士课程外地生（绝大多数是内地生）的注册人数分别是 2984 人、7571 人、11396 人、6697 人；又如近年来公开大学与内地 18 个省（直辖市、自治区）知名大学联办了 33 个工商管理硕士（MBA）点。

三　当代中国澳门地区的民办名校介绍

（一）亚洲（澳门）国际公开大学

该校定位为高学位的成人高等教育。根据葡澳政府 196/92/M 法令，该校具有学士、硕士、博士学位授予权。2004～2005 学年度设有本科学院、研究院、专业进修学院和葡文学院 4 个学院；设置工商管理学士学位（中文/英文）、硕士学位（中文/英文）、博士学位（中文/英文）课程，管理学硕士学位（中文/英文）课程，国际商法硕士学位（中文）课程等多项课程。该校还在新加坡、马来西亚开设工商管理学士学位、硕士学位课程。近年来，由于优聘原国立华侨大学校长庄善裕教授为校长的"名牌效应"，大力开展了与内地知名大学合作办工商管理硕士学位课程，计与 18 个省（直辖市、自治区）的知名大学联办了 33 个硕士班。该校还经教育部批准，于2004 年秋开办全日制工商管理硕士学位课程，招生 20 多人。2004～2005 学年度，该校专任教师 176 人，注册学生 9532 人［兼（夜）读］。该校是一所以遥距教学为特色的国际性新型大学，特别重视国际性学术交流与合作。出版《亚洲（澳门）国际公开大学学报》，汇编科研成果。

（二）澳门科技大学

该校是一所以培养应用型人才为主的综合性大学。由于在创办伊始，就优聘原澳门大学校长周礼杲教授为校长，并得到澳门大学和内地一批著名大学的支持，从澳大和内地的清华、北大、复旦、南大、南京中医药等大学优聘了一批知名教授，因而一开办就"高起点、高速度"，在 2000 年 9 月开学时，同时招收攻读学士学位和硕士、博士学位学生。随后，又大力开展与内地名校联办工商管理硕士点。2004～2005 学年度该校设置资讯科技、行政与管理、法学、中医药、研究生、持续教育 6 个学院和大学先修班，提供学士和硕士、博士学位课程和大学先修课程，并成立可持续发展研究所、战略研究所。中医药是该校特色专业。2004～2005 学年度，该校专任教师 121 人，在校生 11463 人（其中全日制 1661 人，兼/夜读制 9802 人）。

该校重视开展学术研究。据统计，截至 2003 年，该校召开 11 次大型学术研讨会；2003～2005 年，该校承担澳门基金会和澳门科技发展基金会等单位委托研究的项目 33 项（其中重点项目 20 项），资助经费 75 万元（澳币），发表专著 5 部、学术论文 61 篇，并出版《澳门科技大学学术年报》予以汇编。

（三）澳门大学

澳门、香港地区社会力量联合集资于 1981 年创办澳门东亚大学。校址在凼仔岛观音岩。澳门著名金融家、实业家、社会活动家何贤当选为董事会首任主席。薛寿生博士应聘为校长。设有：①本科学院，内设语文与文化、中文、企业研究、区域研究、经济学、政治学等专业课程，学制 3 年，毕业后授予学士学位。②公开学院，以新式遥距教学手段为没有条件攻读全日制本科的青年提供机会，修满 192 个学分即授予学士学位。③预科学院，为准备报考本校本科学院或北美洲大学的中学毕业生提供预科课程。④继续教育学院，为社会各界业务进修，提供专业文凭课程。该学院后改组为理工学院。⑤研究院，设有教授指导下从事专业研究的硕士学位课程。主要经费来源为就读学生的学费。该校的创办，增加了港、澳地区学生与在职兼读人员接受高等教育的机会，满足当地经济与社会发展对于高层次人才的需求，亦改变了澳门地区无大学的历史。1988 年 2 月，澳葡政府辖下的澳门基金会以 1.3 亿澳元，收购该校业权，接办东亚大学。1991 年 9 月易名澳门大学。并就其结构做了进一步的调整，以适应 20 世纪 80 年代末 90 年代初澳门社会经济转型的需要，加快培养各类高层次专业技术人才。为此，澳门大学增设了一些新的学位课程，尤其是高级学位课程。据统计，1991～1992学年，澳门大学注册的学生有2028名；1996～1997学年增至3142名，增长了1.5倍。

1992年，澳门大学的理工学院正式脱离澳门大学，成为独立的澳门理工学院。根据教育暨青年司公布的统计数字显示：1992～1993学年，澳门理工学院注册生只有1005名；到1996～1997学年猛增至4598名，增长了4.6倍。1992年8月，澳门政府批准成立亚洲（澳门）国际公开大学；在此之前，1989年又成立了澳门高等警官学校；1995年，原旅游高等学校易名为旅游培训学院；1996年8月，澳门公教大学进修学院在澳门注册成立，并于次年4月在当地首次招生。这样，自20世纪80年代以来，澳门先后成立了6所高等院校，即澳门大学、澳门高等警官学校、澳门理工学院、亚洲（澳门）国际公开大学、旅游高等学校（旅游培训学院）和澳门公教大学进修学院等。由此可以看出，在澳门大学的带动下，本地高等教育在更高的层次上、更广的范围内进入了一个比较全面的发展阶段。

当代民办教育专题史 | 第二编

第七章

民办教育法规政策的形成与演进

　　民办教育是我国教育事业体系中不可缺少的重要组成部分，民办教育机构的发展需要多种条件的配合，其中法律法规政策是最重要的保障条件。民办教育法规政策的合理性、科学性及相应的政策环境的好坏，对民办教育的发展会产生明显的推动或阻碍作用。本章内容归纳并分类梳理了我国陆续出台的有关民办教育发展的相关法规政策，对完善民办教育政策、推动民办教育的健康发展具有一定的积极作用。

第一节　民办教育法律的形成与演进

　　在 2002 年之前，有关民办教育相应法律规定，散见于其他相关法律之中。从发展阶段来看，历经从无到有、从少到多、逐步规范的过程。自2002 年起，国家对民办教育支持和鼓励在法律之中逐步体现，并逐步完善。

一　与民办教育相关的宪法

（一）法规政策的产生及背景

　　1949 年 9 月 29 日，中国人民政治协商会议第一届全体会议选举了中央人民政府委员会，宣告了中华人民共和国的成立，并且通过了起临时宪法作用的《中国人民政治协商会议共同纲领》。《共同纲领》规定了新中国教育的性质和任务，指出新中国的文化教育为"新民主主义的，即民族的、科学的、大众的文化教育"，"应以提高人民文化水平，培养国家建设人才，肃清封建的、买办的、法西斯主义的思想，发展为人民服务的思想"。由此，体现出我国的社会主义办学理念。

1954年9月20日，中华人民共和国第一届全国人民代表大会第一次会议庄严地通过《中华人民共和国宪法》。这个宪法以1949年的《中国人民政治协商会议共同纲领》为基础，又是《共同纲领》的发展。此后又相继出台1975年、1978年、1982年几部宪法。

"五四宪法"作为我国的首部社会主义性质宪法，巩固了我国人民革命的成果和中华人民共和国建立以来政治上、经济上的新胜利，并且反映了国家在过渡时期的根本要求和广大人民建设社会主义社会的共同愿望。对我国文化教育事业作出了根本性规定，决定了社会主义教育事业的发展方向。

1975年1月，新中国第二部宪法出台，这部宪法把"文化大革命"合法化，使国家的工作着重点不可能转移到经济建设上来，使社会主义教育事业的发展处于基本停滞的状态。

1978年3月，第五届全国人大第一次会议通过了经重新修改制定的新中国第三部宪法，该部宪法强调要发扬社会主义民主、大力发展科学和教育事业。

1982年12月4日，新中国第四部宪法在第五届全国人大第五次会议上正式通过并颁布。这部宪法又称"八二宪法"，是我国的现行宪法，这部宪法对我国社会主义教育的办学主体作了具体阐述，体现出国家对民办教育发展的大力支持，从宪法层面予以保障。

（二）法规政策的分析

《中国人民政治协商会议共同纲领》（1949年9月29日，中国人民政治协商会议第一届全体会议通过）（失效）

1949年9月29日，中国人民政治协商会议第一届全体会议在北京召开，会议通过了《中国人民政治协商会议共同纲领》，这个纲领是在中国共产党领导下，在一定时期内，为统一行动，经过协商而制定的共同遵守的奋斗目标和方针政策。《共同纲领》中的"文化教育政策"明确规定了新中国教育的性质、内容以及对旧教育制度改革的重点与步骤，尤其它所强调的教育方法和教育内容的实用性，以及教育的公平和以人为本的教育理念，为我国现代教育制度的完善和发展奠定了坚实的理论基础。

《中华人民共和国宪法》（曾于1954年9月20日、1975年1月17日、1978年3月5日和1982年12月4日通过四个宪法，现行宪法为1982年宪法，并历经1988年、1993年、1999年、2004年四次修订）（有效）

1954年9月20日在首都北京，中华人民共和国第一届全国人民代表大会第一次会议庄严地通过《中华人民共和国宪法》。这部宪法以1949年的《中国人民政治协商会议共同纲领》为基础，又是"共同纲领"的发展。宪法巩固了我国人民革命的成果和中华人民共和国建立以来政治上、经济上的新胜利，并且反映了国家在过渡时期的根本要求和广大人民建设社会主义社会的共同愿望。其中第九十五条规定："中华人民共和国保障公民进行科学研究、文学艺术创作和其他文化活动的自由。国家对于从事科学、教育、文学、艺术和其他文化事业的公民的创造性工作，给以鼓励和帮助。"这对我国文化教育事业作出了根本性规定，决定了社会主义教育事业的发展方向。

1975年1月17日第四届全国人民代表大会第一次会议通过了修改后新的《中华人民共和国宪法》，此宪法的指导思想是毛泽东的无产阶级专政下继续革命的理论，是中国共产党第九次和第十次全国代表大会一再肯定的党的基本路线。这部宪法诞生于"文化大革命"后期，是在"左"的思想指导下形成的。因而，它在指导思想和具体规定上都存在许多缺陷。它大量地删减了宪法必须明确规定的内容。因修改宪法的指导思想是"继续开展阶级斗争"，在文化教育领域就有了第十二条："无产阶级必须在上层建筑其中包括各个文化领域对资产阶级实行全面的专政。文化教育、文学艺术、体育卫生、科学研究都必须为无产阶级政治服务，为工农兵服务，与生产劳动相结合。"这部宪法使国家的工作着重点不可能转移到经济建设上来。它把"文化大革命"合法化，有许多规定都对社会主义民主有很大影响，也使社会主义教育事业的发展处于基本停滞的状态。

1978 年 3 月 5 日，第五届全国人民代表大会第一次会议通过了经重新修改制定的《中华人民共和国宪法》，这是中华人民共和国的第三部宪法，这部宪法在结构上与前两部（1954 年、1975 年制定）宪法相同。主要内容继承了 1954 年宪法的一些基本原则，增加了实现四个现代化的任务，其中第十三条："国家大力发展教育事业，提高全国人民的文化科学水平。教育必须为无产阶级政治服务，同生产劳动相结合，使受教育者在德育、智育、体育几方面都得到发展，成为有社会主义觉悟的有文化的劳动者。"强调要发扬社会主义民主、大力发展科学和教育事业。

1982 年 12 月 4 日，中华人民共和国第四部宪法在第五届全国人民代表大会第五次会议上正式通过并颁布。这部宪法又称"八二宪法"，是我国的现行宪法，法律体系较为完备，宪法保障了我国的改革开放和社会主义现代化建设，促进了我国各项社会事业的发展。其中第十九条中，"国家鼓励集体经济组织、国家企业事业组织和其他社会力量依照法律规定举办各种教育事业"的规定，对我国社会主义教育的办学主体作了具体阐述，体现出了国家对民办教育发展的大力支持，从宪法层面予以保障。

（三）法规政策的作用及影响

宪法是国家的根本大法，具有最高的法律效力。从 1949 年《中国人民政治协商会议共同纲领》的颁布，到 1954 年《中华人民共和国宪法》的出台，再到 1982 年我国现行宪法的颁布实施，这当中历经了宪法的多次重新修改和制定，国家对文化教育事业的发展政策也在不断的发展变化之中。宪法中对文化教育的规定有过去的、现在的、未来的，也有合理的、不合理的，但宪法作为国家根本法，它不仅是各种教育法的法律渊源，而且是某一时期教育在国家各项事业中的地位、自身发展状况的缩影。

二　与民办教育相关的法律

（一）法规政策的产生及背景

1953 年 9 月 16 日，中央人民政府委员会第二十七次会议在北京召开，时任中央人民政府政务院文化教育委员会主任郭沫若做了关于文化教育方面的报告。报告总结了从新中国成立后到当时我国的教育现状和问题，为后来国家制定教育政策提供了依据。

进入 20 世纪 80 年代后，《中华人民共和国学位条例》《中华人民共和国义务教育法》等法律法规的相继出台，使我国的教育制度逐步完善，教育事业进入规范发展的时代。特别是 1985 年《中共中央关于教育体制改革的决定》的出台，对教育实行"调结构，改制度，扩规模"，激发了教育发展的活力，推进中国实现了从人口大国向人力资源大国的转变。

（二）法规政策的分析

《中央人民政府委员会关于文化教育工作的报告》（1953 年 9 月 16 日，该报告由中央人民政府政务院文化教育委员会主任郭沫若在中央人民政府委员会第二十七次会议上所作，并经同次会议讨论通过）

1953 年 9 月 16 日，中央人民政府委员会第二十七次会议在北京召开，时任中央人民政府政务院文化教育委员会主任郭沫若作了关于文化教育方面的报告，报告共分为人民的政治觉悟、人民的文化水平、干部教育的发展、现有的文化教育事业的改革和调整四个方面，为未来我国文化教育的发展指明了方向。

《中华人民共和国学位条例》（1980 年 2 月 12 日第五届全国人民代表大会常务委员会第十三次会议通过。2004 年 8 月 28 日第十届全国人民代表大会常务委员会第十一次会议根据《关于修改〈中华人民共和国学位条例〉的决定》修正）（有效）

1980 年 2 月 12 日，第五届全国人大常务委员会第十三次会议通过了《中华人民共和国学位条例》，1981 年 1 月 1 日实施，标志着中国学位制度正式建立，也开启了中国独立培养高层次人才的辉煌征程。学位制度从无到有，研究生培养能力从弱到强，研究生培养规模从小到大，极大地提高了我国学术科研水平，为我国经济社会发展各项事业培养了大批优秀的高级专门人才，对我国社会进步和发展做出了历史性的贡献。

《中共中央关于教育体制改革的决定》（中共中央）（1985 年 5 月 27 日发布）（有效）

1985 年 5 月 27 日，中共中央颁布了《中共中央关于教育体制改革的决定》，中国教育体制改革的序幕由此开启。推进"地方负责、分级管理"的九年制义务教育，调整中等教育结构，大力发展职业技术教育，改革高等学校的招生分配制度，扩大高等教育办学自主权，极大地激发了全民关心教育、支持教育、办好教育的积极性和创造性，极大地激发了教育的活力，推进中国实现了从人口大国向人力资源大国的转变。

《决定》中提到："发展职业技术教育，要充分调动企事业单位和业务部门的积极性，并且鼓励集体、个人和其他社会力量办学。"这就为民办职业技术教育提供了政策支持。

《中华人民共和国义务教育法》（1986 年 4 月 12 日第六届全国人民代表大会第四次会议通过，2006 年 6 月 29 日第十届全国人民代表大会常务委员会第二十二次会议修订）（有效）

1986 年，《中华人民共和国义务教育法》出台，该法将维护教育的公平公正、促进义务教育均衡发展作为一项重要指导思想，并重点对全面实施素质教育、保障义务教育投入、提高义务教育质量、推进义务教育均衡发展等方面作出了规定。2006 年 6 月通过修订，新法律着力建立和完善促进义务教育发展的各项制度，在很多方面有创新、有突破，为我国义务教育的持续、健康发展提供了有力的制度保证。新《义务教育法》的颁布实施，对于进一步深化教育体制改革、促进义务教育的发展是一件具有里程碑意义的大事。

《中华人民共和国教师法》（1993 年 10 月 31 日第八届全国人民代表大会常务委员会第四次会议通过，1993 年 10 月 31 日中华人民共和国主席令第 15 号公布，自 1994 年 1 月 1 日起施行）（有效）

《中华人民共和国教师法》从 1986 年开始起草，后经过八年酝酿、修改，于 1993 年 10 月 31 日经第八届全国人民代表大会常务委员会第四次会议通过，1994 年 1 月 1 日起施行。《教师法》的制定和颁布，对于提高教师的地位、保障教师的合法权益、造就一支具有良好的思想品德和业务素质的教师队伍、促进我国社会主义教育事业的发展有着重要的意义。

其中第三十二条规定："社会力量所办学校的教师的待遇，由举办者自行确定并予以保障。"对民办学校教师的待遇作出了规定。

《中华人民共和国教育法》（1995 年 3 月 18 日第八届全国人民代表大会第三次会议通过，1995 年 3 月 18 日中华人民共和国主席令第 45 号公布，自1995 年 9 月 1 日起施行。2015 年 12 月 27 日第十二届全国人民代表大会常务委员会第十八次会议表决通过《关于修改〈中华人民共和国教育法〉的决定》）（有效）

1995 年 3 月 18 日，第八届全国人民代表大会第三次会议通过《中华人民共和国教育法》，《教育法》的颁布是关系中国教育改革与发展和社会主义现代化建设全局的一件大事，对落实教育优先发展的战略地位、促进教育的改革与发展、建立具有中国特色的社会主义现代化教育制度、维护教育关系主体的合法权益、加速教育法制建设提供了根本的法律保障。在第十一条中，明确提出："国家适应社会主义市场经济发展和社会进步的需要，推进教育改革，促进各级各类教育协调发展，建立和完善终身教育体系。"对民办教育的发展起到了关键性作用。

《中华人民共和国职业教育法》（1996 年 5 月 15 日通过，1996 年 9 月 1日起施行）（有效）

20 世纪 70 年代末，我国作出了把工作重点转移到经济建设上来的重大决策。由于经济建设和对外开放急需大量的中、初级技术人才和熟练劳动者，社会对职业教育产生了强烈的需求。在党和国家的大力倡导下，职业教育迎来了灿烂的春天，得到了有史以来最快的发展。为了把党和政府关于发展我国职业教育事业的一系列重大方针、政策和决定、决策转变为体现国家意志、政府行为依据、社会言行准则的法律、法规，1996 年 5 月 15 日第八届全国人民代表大会常务委员会第十九次会议审议通过了《中华人民共和国职业教育法》。

其中本法第二十一条规定："国家鼓励事业组织、社会团体、其他社会组织及公民个人按照国家有关规定举办职业学校、职业培训机构。境外的组织和个人在中国境内举办职业学校、职业培训机构的办法，由国务院规定。"对民办职业教育作出了明确规定。

《中华人民共和国高等教育法》（1998 年 8 月 29 日第九届全国人民代表大会常务委员会第四次会议通过）（有效）

1998 年 8 月 29 日，第九届全国人民代表大会常务委员会第四次会议通过《中华人民共和国高等教育法》，其中第六条规定："国家根据经济建设和社会发展的需要，制定高等教育发展规划，举办高等学校，并采取多种形式积极发展高等教育事业。国家鼓励企业事业组织、社会团体及其他社会组织和公民等社会力量依法举办高等学校，参与和支持高等教育事业的改革和发展。"该条款针对我国的高等教育办学主体作了规定，国家采取多种形式积极发展高等教育事业，积极鼓励企业事业组织、社会团体及其他社会组织和公民等社会力量依法举办高等学校，逐步形成以政府办学为主体、社会各界共同参与、政府举办的高等学校和社会力量举办的高等学校共同发展的办学体制。

《中华人民共和国民办教育促进法》（由中华人民共和国第九届全国人民代表大会常务委员会第三十一次会议于 2002 年 12 月 28 日通过，予以公布，自 2003 年 9 月 1 日起施行）（有效）

2002 年 12 月 28 日，第九届全国人民代表大会常务委员会通过了《中华人民共和国民办教育促进法》，并决定自 2003 年 9 月 1 日起实施此法。这标志着中国民办教育的法律体系基本建立，我国的民办教育进入了依法治教的新阶段。

进入 21 世纪以来，我国经济社会迅速发展，社会全面进步，开始全面建设小康社会。人民群众对物质文化的需求不断增长，对教育的要求不断提高，教育需求呈现出日益多样化的趋势。近年来，异军突起的民办教育，为增加全社会的教育投入和教育供给方式的多样性和选择性、满足人民群众受教育的需要、扩大教育规模、培养大批国家需要的各类人才、提高全体公民的素质发挥了重要作用，成为教育领域的一个新亮点。《中华人民共和国民办教育促进法》就是一部规范民办学校的设立和办学活动的重要法律。

民办教育立法引起了全社会的广泛关注和讨论，其中对教育是否可以营利、民办学校出资人是否可以对民办学校享有产权、出资人是否可以从办学结余中取得合理回报、出资人是否可以收回民办学校清偿债务后的剩余财产等问题作出解答。[①]

《中华人民共和国民办教育促进法》的颁布大大地促进了科教兴国的战略，促进了民办教育事业的发展。这部法律的出台奠定了民办教育在社会主义教育事业中的重要地位，而且更好地指明了民办教育事业的正确发展方向，为民办教育事业提供了强有力的法律保障。

《中华人民共和国民办教育促进法》修订稿，于2016年11月7日获得全国人大常委会审议通过，并于2017年9月1日实施。新修订的《中华人民共和国民办教育促进法》有力推动了民间资本在教育领域的布局，打破了长期以来限制民办教育发展的桎梏，促进民办教育行业向优质、特色、高水平发展。

（三）法规政策的作用及影响

改革开放以来，党和国家一贯重视教育法制建设，我国教育法制建设取得了前所未有的成就，教育立法成果显著。全国人大及其常委会先后制定颁布了《中华人民共和国学位条例》《中华人民共和国义务教育法》《中华人民共和国教师法》《中华人民共和国教育法》《中华人民共和国职业教育法》《中华人民共和国高等教育法》等教育专门法律。其中，《中华人民共和国教育法》是依法治教的根本大法。教育从无法可依到初步形成了有中国特色的社会主义教育法律法规体系，使教育的重大问题和教育工作的重要方面都有了法律的依据和保障。这是一个根本性的变化，我国教育事业已初步走上法治的轨道，对教育在社会主义现代化建设全局中的地位、教育发展的宏观环境、教育体系和管理、运行机制等，都产生了重大的影响。

第二节 民办教育"行政法规"的形成与演进

在法律规范的范围内，根据不同发展阶段民办教育发展特点，政府及主

---

① 许安标、刘松山：《〈中华人民共和国民办教育促进法〉释义及实用指南》，民主法制出版社，2003。

管部门制定并颁行了相应的行政法规，从初步的规范调整，到后期的鼓励发展，促进了民办教育的发展。

一 1949～1977年民办教育行政法规

（一）法规政策的产生及背景

在新中国成立初期，国家根据经济恢复的需要，对旧的学校进行了接管和改造。1952 年以后，在各级学校中开展教学改革，尤其是私立技术类学校，创办和改造了一些私立技术中学，积极开展中等技术教育，规定了一切学校都向工农开放，实行人民助学金制度。1953 年国家建设进入"一五"时期，教育事业纳入国家计划轨道。在这个时期，教育事业得到了迅速的发展。其中，教育部提出倡导群众力量集资办学，还鼓励华侨投资、私人办学等多种社会力量办学形式兴起。

（二）法规政策的分析

《政务院关于整顿和发展中等技术教育的指示》（1952 年 3 月 31 日发布）（失效）

1952 年 3 月，政务院公布了《政务院关于整顿和发展中等技术教育的指示》，当时我们的国家正在积极地准备进行大规模的经济建设，培养技术人才是国家经济建设的必要条件，而大量地训练与培养中级和初级技术人才尤为当务之急。这也是新中国文化教育建设事业上的一个重要措施，是实施共同纲领"注重技术教育"的一个具体步骤，也是有关我国经济建设的一项大事件。这个指示不仅完全适合目前我国的现实情况和需要，并且对我国今后有计划地进行全国规模的建设有着重大的意义。

其中第八条规定："各地现有的各类私立中等技术学校和私立技术补习学校，对培养技术人才能起一定的作用，各级人民政府及所属各有关业务部门应鼓励此类学校的设置，并加强领导，使其有效地为国家建设服务。其办理有成绩而经费确实困难者，应予以适当的补助。"这为新中国成立初期的各类私立技术学校的发展指明了方向。

《华侨捐资兴办学校办法》（1957 年 8 月 2 日由国务院公布）（失效）

经第一届全国人大常委会第七十八次会议批准，1957 年 8 月 2 日国务院印发《华侨捐资兴办学校办法》，该办法规定华侨兴办学校，由创办人提出建校计划、筹措开办经费并且确定经费的来源。该办法极大地鼓励了华侨对华捐资兴办学校的热情，畅通了华侨对华捐资渠道，规范了华侨对华捐资办学管理，对于华侨对华捐资办学有很大的促进作用，有利于华侨对华捐资办学的健康发展，维护了华侨对华捐资办学的良好秩序。

（三）法规政策的作用及影响

随着中共中央"调整、巩固、充实、提高"方针的出台，1961～1963年对教育事业进行了大幅度调整。经过调整，各级各类学校的教学质量和高等学校的科研水平得到提高。在"文化大革命"之前，国家制定出台了相关的政策，教育工作开始了初步的规范和调整改革，初步改变了教育战线的形势，对我国的教育事业进行了第一次调整和规范。

二　1978～1992年民办教育行政法规

（一）法规政策的产生及背景

1978 年，国家实行"改革开放"政策，政府工作重点转移到社会主义现代化建设上，教育事业得到了迅速的发展。当时，中央相继颁布了关于经济体制改革、科技体制改革和教育体制改革 3 个决定，形成了 20 世纪 80 年代以体制改革为主的强劲旋律，极大地推动了社会主义现代化的进程。在此期间，国务院主持出台了《国务院关于普及小学教育若干问题的决定》《中华人民共和国学位条例暂行实施办法》《高等教育自学考试暂行条例》等多部行政法规，对我国教育事业发展有巨大的推动作用。

（二）法规政策的分析

《国务院关于普及小学教育若干问题的决定》（中发〔1980〕84 号，1980 年 12 月 3 日发布）（有效）

新中国成立以后，我国小学教育有很大发展，但是由于工作上的种种失误，特别是"文化大革命"的破坏，我国五年制小学教育尚未普及，新文盲继续大量产生。这种情况同经济发展对人才培养的要求很不适应，同建设现代化、高度民主、高度文明的社会主义强国的要求很不适应。为了切实改变这种状况，以利于新时期总任务的实现，普及小学教育，国务院于 1980 年 12 月出台《国务院关于普及小学教育若干问题的决定》。

其中专门就民办教师队伍的发展作出了规定："①国家给予民办教师的补助费应该有所增加，由各地根据实际情况，做出具体规定。②逐步减少民办教师比例，国家每年安排一定的专用劳动指标，经过严格考核，将合格的民办教师分期分批转为公办教师。民办教师中的骨干更应早转。另外，师范院校每年都要招收一部分民办教师。通过上述办法，在几年内使民办教师比例降到百分之三十以下。③国家给予民办教师的补助费应全部直接发给本人，同时，社队应按全劳力给他们记工分，切实执行男女同工同酬的原则。社队不要向民办教师派农活，也不应给他们分包产田。"由此改变中小学民办教师比重过大、待遇过低、队伍极不稳定的状况。

《中华人民共和国学位条例暂行实施办法》（国发〔1981〕89 号，1981 年 5 月 20 日国务院批准实施）（有效）

1981 年 5 月 20 日，国务院批准实施《中华人民共和国学位条例暂行实施办法》，该《实施办法》对《中华人民共和国学位条例》进行了更加细致的延伸，是对《学位条例》的细化，包括学士学位、硕士学位、博士学位、名誉博士学位、外籍学生等方面，使我国的学位制度更加完善。

《扫除文盲工作条例》（1988 年 2 月 5 日国务院通过发布第 122 号令实施，1993 年 8 月 1 日修正）（有效）

1988 年 2 月 5 日，国务院发布《扫除文盲工作条例》。《条例》指出，凡 15 周岁至 40 周岁的文盲、半文盲公民，除不具备接受扫除文盲教育能力的以外，不分性别、民族、种族，均有接受扫除文盲教育的权利和义务，鼓励 40 周岁以上的文盲、半文盲公民参加扫除文盲的学习。《条例》规定，农民识 1500 个汉字，企业和事业单位职工、城镇居民识 2000 个汉字，能够看懂浅显通俗的报刊、文章，能够记简单的账目，能够书写简单的应用文，即为脱盲。

其中第十条规定："鼓励社会上一切有扫除文盲教育能力的人员参与扫

除文盲教学活动。"这就为社会力量参与全国扫除文盲工作作出了明确规定。

《高等教育自学考试暂行条例》（国发〔1988〕15号，1988年3月3日国务院发布，2014年7月29日根据《国务院关于修改部分行政法规的决定》修改）（有效）

1988年3月3日，国家教育委员会总结了各地的经验，报国务院批准颁布了《高等教育自学考试暂行条例》，对自学考试制度的性质、任务、地位、机构、开考专业、考试办法、毕业生使用等，以国家行政立法的形式作出了明确规定，标志着我国高等教育自学考试事业走上了法制化的轨道。

其中第二十八条规定："国家鼓励企业、事业单位和其他社会力量，根据高等教育自学考试的专业考试计划和课程自学考试大纲的要求，通过电视、广播、函授、面授等多种形式开展助学活动。"这项规定明确了国家鼓励社会力量参与高等教育自学考试，为民办高等教育的发展奠定了基础。

《学校卫生工作条例》（1990年4月25日经国务院批准，1990年6月4日通过国家教委第10号令、卫生部第1号令发布）（有效）

1990年6月4日，李铁映签署国家教委第10号令，陈敏章签署卫生部第1号令，共同发布《学校卫生工作条例》。《学校卫生工作条例》的制定和颁布是为了加强学校卫生工作，提高学生的健康水平。条例规定，学校卫生工作的主要任务是：监测学生健康状况；对学生进行健康教育，培养学生良好的卫生习惯；改善学校卫生环境和教学卫生条件；加强对传染病、学生常见病的预防和治疗。教育行政部门负责学校卫生工作的行政管理。卫生行政部门负责对学校卫生工作的监督指导。

（三）法规政策的作用及影响

改革开放以来，国家加强了对教育事业的引导和管理，确保各项教育事业健康发展。对社会力量办学既要积极鼓励、大力支持，又要正确引导、加强管理，防止盲目发展、偏离方向。切实加强对社会力量办学的宏观指导，把民办学校发展纳入整个教育事业发展规划，统筹安排，合理布局，全面提高教育质量，全面提高学生素质。

三　1993~2002年民办教育行政法规

（一）法规政策的产生及背景

进入 20 世纪 90 年代以来，随着经济的快速发展和人民生活水平的日益提高，社会力量办学迅速发展，已成为我国教育事业的一个重要组成部分，逐步形成了以政府办学为主和社会各界参与办学相结合的办学体制。这一时期，我国政府相继出台《中国教育改革和发展纲要》《社会力量办学条例》等行政法规，为民办教育未来的发展指明了方向。

（二）法规政策的分析

《中国教育改革和发展纲要》（中发〔1993〕3 号，1993 年 2 月 13 日由国务院发布）（有效）

1992 年 10 月，中国共产党第十四次全国代表大会在建设有中国特色社会主义理论的指导下，确定了 20 世纪 90 年代我国改革和建设的主要任务，明确提出"必须把教育摆在优先发展的战略地位，努力提高全民族的思想道德和科学文化水平，这是实现我国现代化的根本大计"。为了实现党的十四大所确定的战略任务，指导 20 世纪 90 年代乃至 21 世纪初教育的改革和发展，使教育更好地为社会主义现代化建设服务，1993 年初，中共中央、国务院发布了《中国教育改革和发展纲要》。

其中第八条提到："充分调动各部门、企事业单位和社会各界的积极性，形成全社会兴办多种形式、多层次职业技术教育的局面。"再次提出国家鼓励社会力量参与职业技术教育办学。

第十六条明确提出："国家对社会团体和公民个人依法办学，采取积极鼓励、大力支持、正确引导、加强管理的方针。"就社会团体和公民个人参与到我国的教育事业作出了规定。

《教学成果奖励条例》（1994 年 3 月 14 日国务院第 151 号令发布）（有效）

1994 年 3 月，国务院发布第 151 号令，《教学成果奖励条例》出台。该条例对提高教学水平和教育质量，实现培养目标产生明显效果的教育教学方案具有积极作用。教学成果评奖制度的推行，对于推动教育事业的发展，促进教学改革，提高教学水平和教育质量具有重要意义。

《教师资格条例》（1995 年 12 月 12 日由国务院第 188 号令发布）（有效）

《教师资格条例》是《教师法》的第一个配套法律。教师资格制度对于教师队伍建设和发展具有深远意义，其意义表现在四个方面：实施教师资格制度是国家依法治教，使教师任用走上科学化、规范化和法制化轨道的重要保证，是依法建设教师队伍的法律手段。教师队伍建设是一项系统工程，涉及教师的认定、聘任、培训、考核、奖惩、工资待遇、申诉与仲裁等管理环节。

《社会力量办学条例》（1997 年 7 月 31 日由国务院第 226 号令发布）（失效）

1997 年《社会力量办学条例》是我国第一部全面规范民办教育的行政法规。《条例》的颁布标志着我国社会力量办学的法制建设已由原来的部门、地方性规章上升为国务院的行政法规，标志着社会力量办学进入了依法办学、依法管理和依法行政的新阶段，为制定《民办教育促进法》奠定了坚实的基础，同时表明我国教育立法领域在不断拓展教育法律法规体系在逐步走向系统化。

（三）法规政策的作用及影响

20 世纪 90 年代后，我国民办教育事业进入快速发展时期，各项政策法规的相继出台，也对民办教育的发展起到了规范和促进作用。尤其是 1997 年《社会力量办学条例》的颁布，这是我国第一部全面规范民办教育的行政法规，标志着社会力量办学进入了依法办学、依法管理和依法行政的新阶段。《条例》在学校建设、资金来源、教学管理、财务税收等方面做出了明确规定，使民办教育的发展路径更加明确。

四 2003～2017年民办教育行政法规

（一）法规政策的产生及背景

进入 21 世纪以来，我国基本建立起社会主义市场经济体制，各项事业的发展对于高素质人才的呼声越来越高。民办高等教育事业的兴起，给我国的教育体制注入了活力，推动了教育体制改革。在此期间，我国政府积极创造条件、鼓励民办高等教育发展，相继出台了多部法律法规，对民办教育的发展进行再规范，使我国的民办教育进入了一个新的发展时期。

（二）法规政策的分析

《中华人民共和国中外合作办学条例》（2003 年 9 月 1 日由国务院第 372 号令发布）（有效）

2003 年 3 月 1 日国务院通过《中华人民共和国中外合作办学条例》，并于 2003 年 9 月 1 日起施行。该条例从中外合作办学的主要问题即教育主权问题、营利性问题、质量保障问题等方面作出规定，并提出进一步需要明确的问题。

《中华人民共和国民办教育促进法实施条例》（2004 年 4 月 1 日由国务院第 399 号令发布）（有效）

国务院于 2004 年 4 月颁布了《中华人民共和国民办教育促进法实施条例》。《实施条例》的颁布标志着我国民办教育法律体系的基本建立，对于促进和规范民办教育发展具有重大的意义。

与《中华人民共和国民办教育促进法》相比，《中华人民共和国民办教育促进法实施条例》取得了不少重要突破和进步，对民办学校办学的优惠政策规定得更具体、更明确。其内容共分八章，规定了民办学校的设立、组织与活动、资产与财务管理、扶持与奖励，以及民办学校的法律责任等，更有利于民办学校的发展。

《国务院关于大力发展职业教育的决定》（国发〔2005〕35 号，2005 年 10 月 28 日由国务院发布实施）（有效）

2005 年国务院发布的《国务院关于大力发展职业教育的决定》有力地支持了职业教育的发展。2002 年全国职业教育工作会议以来，各地区、各部门认真贯彻《国务院关于大力推进职业教育改革与发展的决定》，加强了对职业教育工作的领导和支持，以就业为导向改革与发展职业教育逐步成为社会共识，职业教育规模进一步扩大，服务经济社会的能力明显增强。

《决定》第二条明确提出："'十一五'期间，继续完善政府主导、依靠企业、充分发挥行业作用、社会力量积极参与，公办与民办共同发展的多元办学格局和在国务院领导下，分级管理、地方为主、政府统筹、社会参与的管理体制。"

《决定》的颁布，大力发展职业教育，加快人力资源开发，是落实科教兴国战略和人才强国战略，推进我国走新型工业化道路、解决"三农"问题、促进就业再就业的重大举措；是全面提高国民素质，把我国巨大的人口压力转化为人力资源优势，提升我国综合国力、构建和谐社会的重要途径；是贯彻党的教育方针，遵循教育规律，实现教育事业全面协调可持续发展的必然要求。在新形势下，各级人民政府要以邓小平理论和"三个代表"重要思想为指导，落实科学发展观，把加快职业教育、特别是加快中等职业教育发展与繁荣经济、促进就业、消除贫困、维护稳定、建设先进文化紧密结合起来，增强紧迫感和使命感，采取强有力的措施，大力推动职业教育快速健康发展。建立职业教育与其他教育相互沟通和衔接的"立交桥"，使职业教育成为终身教育体系的重要环节，促进学习型社会建立。

《关于加强民办高校规范管理引导民办高等教育健康发展的通知》（国办发〔2006〕101号，2006年12月21日由国务院办公厅发布）（有效）

近年来，我国民办高校发展迅速并取得很大成绩，成为高等教育事业的重要组成部分。这对于满足人民群众接受高等教育的多样化需求、为国家培养各类适用人才，以及深化高等教育办学体制改革具有重要的积极作用。国家为了规范和解决一些民办高校在招生、管理、教学等方面的不少混乱现象和严重问题，于2006年出台《关于加强民办高校规范管理引导民办高等教育健康发展的通知》。

《国务院关于职业教育改革与发展情况的报告》（2009年4月22日在第十一届全国人民代表大会常务委员会第八次会议上教育部部长周济所作）（有效）

2009年国务院出台的《国务院关于职业教育改革与发展情况的报告》指出，进入21世纪，特别是党的十六大以来，国务院先后三次召开或批准召开全国职业教育工作会议，并于 2002 年和 2005 年两次作出关于大力发展职业教育的决定，明确把职业教育作为我国经济社会发展的重要基础和教育工作的战略重点，坚持"以服务为宗旨、以就业为导向"的职业教育办学方针，面向人人、面向全社会，在推动我国职业教育的改革发展方面取得了重大进展，实现了历史性突破。职业教育发展的政策环境、舆论环境和社会环境得到了明显改善。

其中提出："完善政府主导、依靠企业、充分发挥行业作用、社会力量积极参与、公办与民办共同发展的多元办学格局。"为以后的民办职业教育发展指明了方向。

《国家中长期教育改革和发展规划纲要（2010～2020 年）》（2010 年 5 月 5 日，国务院总理温家宝主持召开国务院常务会议，审议并通过）（有效）

2010 年 7 月 8 日，中共中央、国务院印发《国家中长期教育改革和发展规划纲要（2010～2020 年）》。《纲要》从我国现代化建设的总体战略出发，规划描绘了我国未来 10 年教育改革发展的宏伟蓝图，科学确定了到 2020 年我国教育改革发展的战略目标、工作方针、总体任务、改革思路和重大举措。

其中在"第十四章 办学体制改革"中，第四十三条明确提出"大力支持民办教育"。文中指出民办教育是教育事业发展的重要增长点和促进教育改革的重要力量。各级政府要把发展民办教育作为重要工作职责，鼓励出资、捐资办学，促进社会力量以独立举办、共同举办等多种形式兴办教育。完善独立学院管理和运行机制。支持民办学校创新体制机制和育人模式，提高质量，办出特色，办好一批高水平民办学校。依法落实民办学校、学生、教师与公办学校、学生、教师平等的法律地位，保障民办学校办学自主权。清理并纠正对民办学校的各类歧视政策。制定完善促进民办教育发展的优惠政策。对具备学士、硕士和博士学位授予单位条件的民办学校，按规定程序予以审批。建立并完善民办学校教师社会保险制度。健全公共财政对民办教育的扶持政策。政府委托民办学校承担有关教育和培训任务，拨付相应教育经费。县级以上人民政府可以根据本行政区域的具体情况设立专项资金，用于资助民办学校。国家对发展民办教育作出突出贡献的组织、学校和个人给予奖励和表彰。

其中第四十四条规定"依法管理民办教育"。教育行政部门要切实加强民办教育的统筹、规划和管理工作。积极探索营利性和非营利性民办学校分类管理。规范民办学校法人登记。完善民办学校法人治理结构，民办学校依法设立理事会或董事会，保障校长依法行使职权，逐步推进监事制度。积极发挥民办学校党组织的作用。完善民办高等学校督导专员制度。落实民办学校教职工参与民主管理、民主监督的权利。依法明确民办学校变更、退出机制。切实落实民办学校法人财产权。依法建立民办学校财务、会计和资产管理制度。任何组织和个人不得侵占学校资产、抽逃资金或者挪用办学经费。建立民办学校办学风险防范机制和信息公开制度。扩大社会参与民办学校的管理与监督。加强对民办教育的评估。

《纲要》的出台，有力地推动了教育事业科学发展，加快我国从教育大国向教育强国、从人力资源大国向人力资源强国迈进的步伐。

《国务院关于加快发展现代职业教育的决定》（国发〔2014〕19号，2014年5月2日由国务院发布）（有效）

2014年5月，国务院出台《国务院关于加快发展现代职业教育的决定》。我国职业教育事业快速发展，体系建设稳步推进，培养培训了大批中高级技能型人才，为提高劳动者素质、推动经济社会发展和促进就业做出了重要贡献。同时，当前职业教育还不能完全适应经济社会发展的需要，结构不尽合理，质量有待提高，办学条件薄弱，体制机制不畅。加快发展现代职业教育，是党中央、国务院做出的重大战略部署，对于深入实施创新驱动发展战略，创造更大人才红利，加快转方式、调结构、促升级具有十分重要的意义。

在第六条和第九条中分别规定，"引导普通本科高等学校转型发展，采取试点推动、示范引领等方式，引导一批普通本科高等学校向应用技术类型高等学校转型，重点举办本科职业教育。独立学院转设为独立设置高等学校时，鼓励其定位为应用技术类型高等学校"；"引导支持社会力量兴办职业教育。创新民办职业教育办学模式，积极支持各类办学主体通过独资、合资、合作等多种形式举办民办职业教育；探索发展股份制、混合所有制职业院校，允许以资本、知识、技术、管理等要素参与办学并享有相应权利。探索公办和社会力量举办的职业院校相互委托管理和购买服务的机制。引导社会力量参与教学过程，共同开发课程和教材等教育资源。社会力量举办的职业院校与公办职业院校具有同等法律地位，依法享受相关教育、财税、土地、金融等政策。健全政府补贴、购买服务、助学贷款、基金奖励、捐资激励等制度，鼓励社会力量参与职业教育办学、管理和评价"。这些规定中，专门提到了民办职业教育，对民办职业教育的发展意义重大。

《关于进一步完善城乡义务教育经费保障机制的通知》（国发〔2015〕67号，2015年11月25日由国务院发布）（有效）

2015年11月25日，国务院印发《关于进一步完善城乡义务教育经费保障机制的通知》，全面部署统筹城乡义务教育资源均衡配置，推动义务教育事业持续健康发展。

《通知》要求，"对城乡义务教育学校（含民办学校）按照不低于基准定额的标准补助公用经费，并适当提高寄宿制学校、规模较小学校和北方取暖地区学校补助水平"。建立城乡统一、重在农村的义务教育经费保障机制，是在基本公共服务领域主动适应新型城镇化建设和户籍制度改革、守住民生底线的重大体制机制突破，是健全城乡义务教育发展一体化、推动农业转移人口市民化的重大制度创新，是我国义务教育发展史上的又一个里程碑，对于促进教育公平、提高教育质量、实现相关教育经费可携带，都具有十分重要的意义。

《国务院关于鼓励社会力量兴办教育促进民办教育健康发展的若干意见》（国发〔2016〕81号）（有效）

《意见》指出，改革开放以来，民办教育不断发展壮大，有效增加了教育服务供给，为推动教育现代化、促进经济社会发展做出了积极贡献，已经成为社会主义教育事业的重要组成部分。发展民办教育要坚持"育人为本、德育为先，分类管理、公益导向，优化环境、综合施策，依法管理、规范办学，鼓励改革、上下联动"的原则，着重从六个方面部署推进。

一是加强党对民办学校的领导。切实加强民办学校党的建设，发挥党组织的政治核心作用。加强和改进思想政治教育，把社会主义核心价值观融入教育教学全过程、教书育人各环节，不断增强广大师生中国特色社会主义道路自信、理论自信、制度自信、文化自信。

二是创新体制机制。民办学校实行非营利性和营利性分类管理。建立差别化政策体系，积极鼓励和支持社会力量举办非营利性民办学校。放宽社会力量投入教育的准入条件，拓宽办学筹资渠道，探索多元主体合作办学。健全民办学校退出机制。

三是完善扶持制度。加大财政投入力度，创新财政扶持方式，建立健全政府补贴、购买服务、助学贷款、基金奖励、捐资激励等制度。落实学生同等资助政策，实行税费优惠、用地、收费等方面的差别化扶持政策。保障学校依法自主办学，进一步保障师生员工和举办者的合法权益。

四是加快现代学校制度建设。完善学校法人治理结构，健全董事会（理事会）和监事（会）制度，优化人员构成。健全党组织参与决策制度，推进党组织领导班子成员和决策机构、行政管理机构成员"双向进入、交叉任职"。健全资产管理和财务会计制度。

五是提高教育教学质量。引导学校科学定位，深化教育教学改革，创新人才培养机制，积极培育优质教育资源和品牌。加强教师队伍建设，全面提升教师师德素养和业务能力水平，吸引各类高层次人才到民办学校任教。

六是提高管理服务水平。进一步转变职能，改进政府管理方式，健全监督管理机制，规范学校办学行为。积极培育民办教育行业组织，支持行业组织在行业自律、交流合作、协同创新、履行社会责任等方面发挥桥梁和纽带作用。

《意见》强调，鼓励社会力量兴办教育，促进民办教育健康发展，是一项事关当前、又利长远的重要任务。各地各部门要进一步解放思想，切实加强宣传引导，抓紧出台符合地方实际的实施意见和配套措施，推动各项政策措施平稳有序落地。①

《民办学校分类等级实施细则》（教发〔2016〕19 号）

2016 年 11 月 7 日，全国人民代表大会常务委员会通过了《全国人民代表大会常务委员会关于修改〈中华人民共和国民办教育促进法〉的决定》，规定对民办学校实行非营利性和营利性分类管理，并以国家主席习近平签署的中华人民共和国主席令（第 55 号）予以公布。《国务院关于鼓励社会力量兴办教育促进民办教育健康发展的若干意见》（国发〔2016〕81 号，以下简称《若干意见》），全面部署了民办教育改革发展的各项政策措施。为深入贯彻落实党中央、国务院的决策部署，稳妥推进民办学校分类管理改革，特研究制定。

民办学校分类管理是党中央、国务院确定的重大改革方向，是贯彻落实《中华人民共和国民办教育促进法》修法精神的重要举措，是深化教育领域综合改革的重要内容。请各地务必高度重视，紧密结合《中华人民共和国民办教育促进法》和《若干意见》的贯彻落实，做好民办学校的分类管理与分类登记工作，明确任务，细化要求，落实责任，确保党中央、国务院决策部署的切实落地和教育系统的和谐稳定。②

《营利性民办学校监督管理实施细则》（教发〔2016〕20 号）

为贯彻落实《若干意见》，规范营利性民办学校办学行为，促进民办教育健康发展，根据《中华人民共和国教育法》《中华人民共和国民办教育促进法》和 2016 年 11 月 7 日《全国人民代表大会常务委员会关于修改〈中华人民共和国民办教育促进法〉的决定》等法律法规，制定本细则。本细则共 9 章 50 条，由教育部、人力资源和社会保障部、工商总局于 2016 年 12 月 30 日发布，有助于规范营利性学校的办学行为，促进民办教育健康发展。

《国家教育事业发展"十三五"规划》（国发〔2017〕4 号）

---

① 《国务院印发〈关于鼓励社会力量兴办教育促进民办教育健康发展的若干意见〉》http：//www. xinhuanet. com/politics/2017 – 01/18/c_ 1120334726. htm。

② 《教育部等五部门关于印发〈民办学校分类登记实施细则〉的通知》http：//www. gov. cn/xinwen/2017 – 01/18/content_ 5160937. htm#1 。

此规划明确了促进和规范民办教育发展，推进民办学校分类管理。鼓励社会力量进入教育领域。拓展社会力量参与教育发展的渠道和范围。

（三）政策法规的作用及影响

新中国成立以来，我国民办教育的规范工作取得了较大成绩，相关的民办教育政策法规一直处于不断发展变化中，它们不仅体现了我国政府根据民办教育发展实际出台和调整政策的战略，也反映了我国民办教育的发展历程，揭示了我国民办教育的时代特征、发展趋势和未来走向。《国家中长期教育改革和发展规划纲要（2010～2020年)》的颁布出台，对于我国教育事业的发展具有重要意义，它不仅规划了我国未来的教育改革发展方向，也为我国民办教育的发展指明了道路。

第三节　民办教育"行政规章"的形成与演进

有关民办教育的行政规章是国务院各部委根据宪法、法律和行政法规等制定和发布的，针对教育行政管理领域中某些特殊的、局部的、具体问题的规范性文件，在民办教育不同的发展阶段起到了不同的作用。

一　1949～1977年民办教育行政规章

（一）法规政策的产生及背景

新中国成立以前，经过多年战乱，我国在教育、经济等方面一直停滞不前，处于世界落后的地位。新中国成立之初，根据国家建设的需要，新中国对旧有学校进行了接管和改造。1952年以后，进行了高等学校的院系调整，在各级学校中开展教学改革，创办了工农速成中学，积极开展成人教育，规定了一切学校都向工农开放，实行人民助学金制度。1953年，新中国进入第一个五年计划时期，教育事业纳入国家计划轨道。在这个时期，教育事业得到了迅速的发展。其中，教育部提出倡导群众力量集资办学，还鼓励华侨投资、私人办学等多种社会力量办学形式兴起。1961年前后，国民经济处于暂时困难时期。随后，根据中共中央关于"调整、巩固、充实、提高"的方针，1961～1963 年对教育事业进行了大幅度调整。经过调整，各级各类学校的教学质量和高等学校的科研水平得到提高。在"文化大革命"之前，国家制定出台了相关的政策，教育工作开始了初步的规范和调整改革，初步改变了教育战线的形势，对我国的教育事业进行了第一次调整和规范。

（二）法规政策的分析

《私立高等学校管理暂行办法》（1950 年 6 月教育部召开的第一次全国高等教育会议通过，1950 年 8 月 14 日施行）（失效）

新中国成立后的一项重要任务是有计划有步骤地改造国民政府留下的旧教育，而对私立大学的改造是其中的重要内容。为了逐步接收改造私立大学，积极鼓励、正确引导兴办民办高等学校，维护民办高等学校的合法权益，加强对私立高等学校的管理，教育部于 1950 年 8 月 14 日印发了《私立高等学校管理暂行办法》。该办法是新中国成立后第一部关于私立高等教育的行政法规，规范私立高等学校的管理工作，维护国家、办学投资者、学校和受教育者的合法权益，促进我国民办教育事业健康发展，培养出一批能够为国家经济恢复工作做出贡献的人才。

《教育部关于处理接受美国津贴的教会学校及其他教育机关的指示》（1951 年 1 月 11 日）（失效）

在新中国成立之初，百废待兴，政府对某些教育机构和宗教团体，期待他们能恪守政府法令，容许他们暂时接受美国津贴。但是美帝国主义仍然不断地对一些文化教育救济机构和宗教团体暗中进行其反动的宣传和活动。在这种形势下，我国政府于 1951 年初出台了《教育部关于处理接受美国津贴的教会学校及其他教育机关的指示》，肃清美帝国主义在中国的影响，维护中国人民文化教育宗教事业等的自主权利，以及彻底制止美帝国主义分子利用文化教育救济机构和宗教团体进行反动活动。

《关于接办私立中小学的指示》（1952 年发布）（失效）

新中国成立后，国家教委在 1952 年根据"维持原状、逐步改造"的方针，制定并出台《关于接办私立中小学的指示》，对公立学校派出干部到校工作，逐步推行民主管理；对私立学校派出干部指导工作，依靠师生组织经济管理委员会、生活辅导委员会。这时大部分私立学校失去经费来源，政府虽给予补助，但仍不及公校，所以私立学校纷纷要求政府接受，改为公办。

《教育部关于加强领导私立技术补习教育的指示》（1952年8月29日）（失效）

新中国成立初期，我们的国家正在积极地准备进行大规模的经济建设。培养技术人才是国家经济建设的必要条件，而大量地训练与培养中级和初级技术人才尤为当务之急，但进行技术教育的学校很少，社会上存在众多的私立技术补习班。针对这种情况，政府出台了《教育部关于加强领导私立技术补习教育的指示》，加强对私立技术补习班的领导，规范其办学行为，培养出更多的技术人才，使其为我国经济建设作出应有的贡献。

《关于整顿和发展民办小学的指示》（1952年11月发布）（失效）

新中国成立以后，中央人民政府对公营和私营文教事业实行统筹兼顾的原则，有计划、有步骤地对旧的教育制度、教育内容和教学方法进行改造。1952年9月，国家教育部发出指示，决定自1952年下半年到1954年，将全国私立中小学全部由政府接办，改为公立。当时，全国有私立中等学校1412所、私立小学8925所，接办工作到1956年基本结束。1952年11月，教育部发出《关于整顿和发展民办小学的指示》，提出今后几年内发展小学教育的方针是政府有计划地增设公立小学。同时允许群众在完全自愿的基础上出钱出力有条件地发展民办小学，以满足群众送子女入学的要求。

《教育部关于处理私立补习学校问题的批复》（1953年9月8日）（失效）

《教育部关于提倡群众办学的通知》（1957年6月3日发布）（有效）

教育部就关于提倡群众办学问题，于1957年6月3日印发了《教育部关于提倡群众办学的通知》，该通知认为群众可根据需要、自愿和可能的原则，集资兴办学校。此外，还应鼓励华侨办学，并允许私人办学。所办学校不必强求正规，可以根据当地条件办理初中、小学或儿童识字班、文化补习班等各种形式。学校的管理，应由办学群众民主选举组成学校管理委员会或者董事会来负责筹措经费、聘请教师、商定教师的工资福利待遇并监督学校的日常工作。群众办学，应该贯彻勤俭办学的方针；经费的筹措办法，基本上应该根据谁上学谁出钱的原则，由学生家长合理负担。该通知对于促进民办学校发展有很大的推动作用，鼓舞了群众办学的热情，对于民办教育兴起起到了引导作用。

《中央对湖南湖北教育厅关于农村小学和"私塾"几个问题的意见》（1963 年 1 月 21 日）

1963 年初，教育部出台《中央对湖南湖北教育厅关于农村小学和"私塾"几个问题的意见》，各地陆续开展了私塾整顿工作，整顿内容涉及教师队伍、教学用书、私塾收费和塾师收入、招生等问题。私塾的开办，有利于农村文化教育的普及，减轻了国家负担，但由于公办小学学生流向私塾等因素，政府认为私塾的发展威胁到了公有制的地位。为了维护社会主义制度和公有制的地位，反击所谓封建主义和资本主义的复辟，国家以开展社会主义教育运动和阶级斗争的名义，对私塾进行整顿，这实际上是国家权力重新加紧向农村渗透的反映。但整顿私塾的行动没有被农民普遍认可，遇到了比较大的阻力，最终通过国家权力的强硬措施才将私塾勃兴的局面压制下去。

《教育部关于检查、处理私人举办的函授和文化补习学校的通知》（〔63〕教业刘字第 41 号，1963 年 8 月 24 日）（有效）

（三）法规政策的作用及影响

中华人民共和国成立初期，私立学校作为一种民间的办学模式，在整个国民教育体系中占有重要地位。当时私立学校受到了政府的重视，颁布了一系列有关私立学校保护和改造的教育政策。这些教育政策，影响和决定了私立学校的兴衰及其地位与作用，国家对私立学校改造的措施是十分有力的，取得了很大的成绩。

二　1978~1992年民办教育行政规章

（一）法规政策的产生及背景

1978 年中国共产党十一届三中全会以后，国家的工作重点转移到社会主义现代化建设上，从而教育工作的地位、作用也得到了不断提高和加强，教育事业得到了迅速的发展。1985 年 5 月颁布的《中共中央关于教育体制改革的决定》，是新时期教育的真正起点。当时，中央相继颁布了关于经济体制改革、科技体制改革和教育体制改革 3 个决定，形成了 20 世纪 80 年代以体制改革为主的强劲旋律，极大地推动了社会主义现代化的进程。在此期间，社会力量办学逐渐兴起，国家开始重视社会力量办学的重要性，对我国教育事业发展有巨大的推动作用。

（二）法规政策的分析

《教育部关于加速发展高等教育的报告》（国发〔1983〕76 号，1983 年 4 月 28 日由教育部、国家计委联合发布）（有效）

教育部同国家计委、财政部 1983 年 4 月 28 日印发了《教育部关于加速发展高等教育的报告》，该《报告》推动落实高等教育的加速发展，其中提到了"积极提倡大城市、经济发展较快的中等城市和大企业举办高等专科学校和短期职业大学，为本地区、本单位培养人才，办学方式，可以单独办，也可以与有基础的院校合办。此外，还要鼓励民主党派、群众团体和爱国人士举办这类学校"。

这是民办高等教育的开端，自此中国的民办高等教育开始起步，为我国的教育事业发展注入了新的活力，为国家的经济建设提供了人才支持。

《关于旧社会由私人创办的私立学校可否恢复原校名问题的复函》（〔86〕教中字 004 号，1986 年 3 月 21 日由国家教委批复）（有效）

1986 年 3 月，国家教委批复了《关于旧社会由私人创办的私立学校可否恢复原校名问题的复函》，《复函》中提到，1952 年 9 月，原教育部为了进一步巩固与发展人民教育事业，以适应国家建设需要，曾发文决定自 1952 年下半年至 1954 年，将全国私立中、小学全部由政府接办，改为公立。对于由民主党派、民主人士或知名人士创办的私立学校，海外华侨校友等对校名的要求要宽松对待。

《关于不得乱登办学招生广告的通知》（〔86〕教高三字 001 号，1986 年 1 月 20 日中共中央宣传部、国家教委联合发布）（有效）

1986 年，中共中央宣传部、国家教委发布《关于不得乱登办学招生广告的通知》。《通知》指出，当前社会力量办学发展较快，对广开学路、培养人才、促进办学体制改革、改变国家包办教育的状况起到了积极的作用。但在发展过程中，也存在着不少问题。《通知》的出台，对社会力量办学做出了一些纠偏性的规定，但都是不系统和不完备的，仅仅涉及社会力量办学的某个方面，社会力量办学在总体上，还长期处于无序和混乱状态。

《高等学校教师职务试行条例》（职改字国科发〔1986〕第 11 号，1986年 3 月 3 日由国家教委、中央职称改革工作领导小组发布）（有效）

1986 年 3 月 3 日，根据《中华人民共和国教师法》《高等学校教师职务试行条例》以及国家职称制度改革的有关规定，结合我国普通高等学校教师队伍实际情况而制定，国家教委发布《高等学校教师职务试行条例》。《条例》客观、公正、科学地评价我国高校教师的业务能力和水平，为培养造就一支高素质的高等学校教师队伍，促进高等教育事业的发展具有重要意义。

《关于中小学教师职务试行条例实施意见》（职改字〔1986〕第 112 号，1986 年 5 月 19 日由国家教委、中央职称改革工作领导小组发布）（有效）

1986 年 5 月，国家教委出台《关于中小学教师职务试行条例实施意见》。该意见遵循教育发展规律，按照深化职称制度改革的方向和总体要求，建立与事业单位聘用制度和岗位管理制度相衔接，符合教师职业特点，统一的中小学教师职称（职务）制度，充分调动广大中小学教师的积极性，为中小学聘用教师提供基础和依据，为全面实施素质教育提供制度保障和人才支持。

《关于社会力量办学的若干暂行规定》（〔87〕教高三字 014 号，1987年 7 月 8 日由国家教委发布）（有效）

1987 年 7 月，国家教委发布《关于社会力量办学的若干暂行规定》，该法规是推进我国教育事业改革和发展的一部重要的行政法规。它对于调动、保护和发挥社会力量办学的积极性，维护举办者、教育机构及其教职工和学生的合法权益，全面规范社会力量办学活动，全面提高办学质量水平具有重要意义。

《社会力量办学财务管理暂行规定》（〔87〕教审字 008 号，1987 年 12 月 28 日由国家教育委员会、财政部发布）（有效）

社会力量举办的各级各类学校是我国教育事业的组成部分，是国家办学的补充。为了加强对社会力量办学的财务管理，促进社会力量办学的健康发展，国家教育委员会 1987 年 12 月 28 日印发《关于社会力量办学财务管理暂行规定》，社会力量举办的学校，其经费自行筹集。学校应按当地教育行政部门会同有关部门制定的收费标准、办法向学员收取学杂费，也可以接受有关部门、单位或个人的捐助。严禁滥收费、强行募捐。社会力量举办的学校应贯彻勤俭办学的方针，严格执行国家财经制度。应本着取之于学员、用之于学员的原则，妥善安排使用学杂费。学校各项行政管理费用的开支，可参照国家行政事业单位的开支标准执行。严禁巧立名目侵占、挪用和私分学杂费。学校主办单位也不得从学校的收入中提成。该规定规范了社会力量办学的财务管理，对于社会力量办学的财务制度建立有很大的促进作用。

《关于社会力量办学几个问题的通知》（1988 年 10 月 17 日国家教委发布）（有效）

社会力量办学属地方教育事业，主要应为本地区经济建设和社会发展服务，社会力量举办面向社会招生的各级各类学校或教学管理机构，均须由其所在地教育行政部门根据国家有关规定和程序审批，并纳入地方教育行政部门统一管理。1988 年，国家教委印发了《关于社会力量办学几个问题的通知》，该通知从管理体制问题、跨省（市）设分校招生问题、学历文凭问题作出了详细具体的规定，对发展社会力量办学有很大的意义。

《社会力量办学教学管理暂行规定》（〔88〕教高三字 017 号，1988 年 10 月 24 日国家教委发布）（有效）

为了鼓励和支持社会力量办学，提高办学质量和效益，促进其健康发展，国家教育委员会 1988 年印发了《社会力量办学教学管理暂行规定》。该规定对社会力量举办的学校在培养目标、专业或课程设置、教学计划、教学大纲、教材建设、教师聘任、教学场所、学籍管理以及其他有关教学方面的指导和监督。教育行政部门应逐步制定对学校教学工作和教学质量的检查和评估办法；对教学管理工作做得好的学校，应给予表彰和奖励；对于教学管理混乱、教学质量低劣或办学与招生广告不符等造成恶劣影响的学校应酌情予以罚款、整顿，直至停办。该规定规范了社会力量办学秩序，及时遏制社会力量办学乱象。

《学校体育工作条例》（1990 年 2 月 20 日经国务院批准，1990 年 3 月 12 日通过国家体育运动委员会令第 11 号等发布）（有效）

1990 年 2 月，经国务院批准，国家体委发布了《学校体育工作条例》。《条例》是我国学校体育工作的最高法规，是开展和评估学校体育工作的根本依据。《条例》的颁布，标志着我国学校体育工作进一步走向法治的轨道，对推动我国学校事业的发展具有深远的战略意义。

《普通高等学校教育评估暂行规定》（1990 年 10 月 31 日由国家教委第 14 号令发布）（有效）

1990 年 10 月，国家教委颁布了《普通高等学校教育评估暂行规定》。这是在总结了我国开展高教评估研究和试点工作经验的基础上，将教育评估的一般规律同我国基本国情相结合的成果，标志着我国高教评估开始走向规范化的轨道。[①]

《普通高等学校举办非学历教育管理暂行规定》（教成〔1990〕023 号，1990 年 12 月 24 日由国家教委发布）（有效）

为加强对普通高等学校举办非学历教育的管理，针对非学历教育包括大学后继续教育和其他各类培训、进修、辅导（不含以获得高等教育自学考试毕业证书为目的的自学辅导）等。教育部于 1990 年底下发《普通高等学校举办非学历教育管理暂行规定》，其中第十三条规定："普通高校之间，或普通高校与其他学校、社会力量合作举办非学历教育，应以一方为主；为主一方对办学全面负责，并颁发结业证明。合作办学如以普通高校为主，应按本《规定》执行；如以普通高校之外的学校或社会力量为主，则按有关

---

① 赵淑梅：《关于完善〈普通高等学校教育评估暂行规定〉的几点思考》，《吉林教育科学》2000 年第 9 期，第 67～69 页。

规定或社会力量办学的规定管理。"该项规定对非学历教育管理进行规范，极大促进了非学历教育的健康发展。同时，对民办教育的发展也起到了促进作用。

《教育督导暂行规定》（1991 年 4 月 26 日国家教委通过第 15 号令发布）（有效）

新中国成立之初，我国有比较完备的教育督导制度。之后一段时期，我国教育督导制度被淡化以至取消了。在 1977 年邓小平同志关于拨乱反正讲话精神指引下，国家开始恢复重建教育督导工作。1991 年 4 月，国家教委发布了《教育督导暂行规定》（以下简称《规定》），这是新中国第一个关于教育督导制度的权威性文件，提高和统一了各级政府、教育行政部门和学校对教育督导工作的认识。《规定》对国内外教育督导的历史经验进行了认真、系统、全面的总结和提升，完全符合我国的国情和教情，成为此后我国教育督导工作的最重要最基本的依据。《规定》明确提出我国教育督导的范围包括"下级人民政府的教育工作、下级教育行政部门和学校的工作"，这就确立了中国教育督导"督政"和"督学"的双重任务，《规定》为国家已经决定出台的《教育督导条例》奠定了基本的内容和基础的框架。

《社会力量办学印章管理暂行规定》（1991 年 8 月 21 日由国家教育委员会令、公安部令第 17 号发布）（有效）

社会力量办学，系指具法人资格的国家企业事业组织、民主党派、人民团体、集体经济组织、社会团体，以及经国家批准的私人办学者举办的各级各类学校和教育培训机构（包括在社会上独立设置的补习、辅导、进修等教育组织）。为了保护社会力量办学的合法权益，加强对社会力量办学印章的管理，1991 年国家教育委员会令、公安部令第 17 号《社会力量办学印章管理暂行规定》发布。该规定从学校用印章行使权力范围，学校刻制印章审批，学校印章样式、尺寸，学校及其职能机构的印章所刊名称、刻章枚数，学校印章管理和印章丢失的处罚制度等各个方面作出详细具体的规定，对于加强社会力量办学的管理起到了引导作用，推动了社会力量办学的健康有序发展。

《关于加强社会力量办学收费管理的通知》［〔1991〕价费字548号，1991年11月18日国家物价局（已变更）、财政部发布］（失效）

为加强社会力量办学收费管理，保护办学者和就学者的合法权益，促进社会力量办学的健康发展，1991年，国家物价局、财政部印发《关于加强社会力量办学收费管理的通知》。该通知及时遏制乱办班、乱收费现象，维护了正常的教学培训秩序。

（三）法规政策的作用及影响

社会力量办学对推进学校管理体制、教学内容和教学方法改革，提高教育质量和办学效益有着十分重要而深远的影响。社会力量办学是改革开放的产物，作为一种全新的办学体制，具有两个鲜明的特点：一是自主办学，机制灵活。这是民办学校不断发展的内在动力。二是注重质量，特色鲜明。这是民办学校生存和发展的基础。20世纪80年代以后，国家出台了相关的政策法律法规，有力地促进了社会力量办学的发展，民办学校在自身发展的同时，对公办学校形成了一定的压力和挑战，这有利于推动公办学校的改革和发展。

三 1993~2002年民办教育行政规章

（一）法规政策的产生及背景

改革开放以来，特别是20世纪90年代以来，随着经济的快速发展和人民生活水平的日益提高，社会力量办学迅速发展，已成为我国教育事业的一个重要组成部分，逐步形成了以政府办学为主和社会各界参与办学相结合的办学体制。这个时期的教育发展，有两个主要的特征，一是"发展大于改革"，追求教育发展的规模、数量、速度，呈现"跨越式发展"。二是20世纪90年代中期之后，教育逐渐走上了一条被舆论称为"教育产业化"的特殊发展路径。

（二）法规政策的分析

《民办高等学校设置暂行规定》（教计〔1993〕129号，1993年8月17日国家教委发布）（失效）

民办高等学校是我国高等教育事业的组成部分。为了积极鼓励、正确引导兴办民办高等学校，维护民办高等学校的合法权益，完善对民办高等学校的管理，国家教委1993年印发《民办高等学校设置暂行规定》。该规定从民办高等学校的办学方针、设置标准、评议审批、管理、变更与调整等方面作出了详细具体的规定和解释。民办高校利用国办高校的条件共生、互利地发展，有利于探索高等教育发展形式的多样化，促进高等教育发展模式的创新，也有利于建立不同类型学校模式共同发展，共同办学的体制，在探索发展民办教育方面迈出更大步伐。

《关于民办学校向社会筹集资金问题的通知》（教财厅〔1994〕10号，1994年11月1日国家教委办公厅发布）（有效）

1994年，国家教委办公厅下发《关于民办学校向社会筹集资金问题的通知》。该通知从民办学校的社会集资、资金用途、资金审查审批制度做出了明确的规定，对于民办学校的教育资金问题做出解答，进一步规范了民办学校的发展。

《关于社会力量举办的非学历高等教育机构名称问题的批复》（教成〔1994〕13号，1994年11月1日国家教委批复）（有效）

近年来，我国社会力量办学发展较快。在此过程中，国家加强了对各办学单位的引导，要求其名称必须体现办学类别、层次，做到名副其实。对实施学历教育的学校的名称，坚持按国家有关规定办理；国家教委关于社会力量办学的名称虽早有规定，但比较原则。各地掌握不同，规定不一。为利于社会力量办学事业健康发展，国家教委在1994年下发《关于社会力量举办的非学历高等教育机构名称问题的批复》中就进一步规范社会力量举办的非学历高等教育机构名称给予具体规定，对促进非学历高等教育机构健康发展有很大意义。

《中外合作办学暂行规定》（教外综〔1995〕31号，1995年1月26日国家教委发布）（失效）

20世纪90年代初期，我国开始进行中外合作办学的尝试。随后，教育部于1995年制定和颁发了《中外合作办学暂行规定》，我国的中外合作办

任何借口变相集资。无论哪种形式的民办学校都必须全面贯彻党和国家的教育方针，不允许举办'贵族'学校。"

《意见》中对民办义务教育做出大量的具体规定，不仅对我国的义务教育进行了规范，而且有利于整个教育事业的健康发展。

四 2003～2017年民办教育行政规章

（一）法规政策的产生及背景

进入21世纪，我国基本建立起社会主义市场经济体制，现代化建设将进入产业结构战略性调整的关键时期，高新技术应用和技术结构升级，对高素质的劳动力和专门人才的需求十分迫切。民办教育事业的兴起，给我国的教育体制注入了活力，推动了教育体制改革，公办教育管理体制改革在取得突破性进展的同时，我国政府也做出创造条件、积极鼓励民办高等教育发展的重要决策，相继出台了诸多法律法规，再次对民办教育的发展进行规范，使我国的民办教育进入了一个新的发展时期。

（二）法规政策的分析

《关于规范并加强普通高校以新的机制和模式试办独立学院管理的若干意见》（教发〔2003〕8号，2003年4月23日教育部发布）（失效）

2003年4月教育部印发了《关于规范并加强普通高校以新的机制和模式试办独立学院管理的若干意见》。《意见》明确提出：独立学院一律采用民办机制，应具有独立的法人资格和独立的校园以及基本办学设施，实施相对独立的教学组织和管理，独立进行招生，独立颁发学历证书，独立进行财务核算等。①《意见》对独立学院举办者、经费来源、办学条件、办学模式等做出若干重要规定。最重要的是规定了试办独立学院要一律采用新的办学模式，要做到"七个独立"。即独立学院应具有独立的校园和基本办学设施，实施相对独立的教学组织和管理，独立进行招生，独立颁发学历证书，

---

① 顾美玲：《独立学院的发展历程与前景探析》，《四川师范大学学报》（社会科学版）2006年第2期，第38～44页。

独立进行财务核算，应具有独立法人资格，能独立承担民事责任。独立学院还可按国家有关教育事业统计工作的规定，独立填报《高等教育基层统计报表》。

《教育部关于对各地批准试办的独立学院进行检查清理和重新报批工作的通知》（教发函〔2003〕247号，2003年8月19日教育部发布）（有效）

教育部于2003年8月19日印发了《教育部关于对各地批准试办的独立学院进行检查清理和重新报批工作的通知》。《通知》提出，为确保独立学院持续、健康发展，对已经省级人民政府或省级教育行政部门批准试办的独立学院（原民办二级学院）进行检查清理和重新报批工作。

《财政部、国家税务总局关于教育税收政策的通知》（财税〔2004〕39号，2004年2月5日财政部、国家税务总局发布）（有效）

为进一步促进教育事业平稳发展，简化税收程序，2004年财政部、国家税务总局共同发布《财政部、国家税务总局关于教育税收政策的通知》。《通知》提出："由企业事业组织、社会团体及其他社会和公民个人利用非国家财政性教育经费面向社会举办的学校及教育机构，其承受的土地、房屋权属用于教学的，免征契税。"对民办教育进行了财政税收方面的政策扶持，让民办教育享受更好的政策优惠。

《教育部关于印发〈普通高等学校基本办学条件指标（试行）〉的通知》（教发〔2004〕2号，2004年2月6日教育部发布）（有效）

随着我国高等教育的发展和各项改革的推进，原国家教委1996年发布实施的《核定普通高等学校招生规模办学条件标准》和《"红"、"黄"牌高等学校办学条件标准》（教计〔1996〕154号）已不再适应当前普通高等学校发展的需要。为了适应新的形势，2004年教育部发布了《教育部关于印发〈普通高等学校基本办学条件指标（试行）〉的通知》，对普通高等学校的各类办学条件指标进行了规定，更好地促进高等教育的发展。

《国家教育考试违规处理办法》（2004年5月19日教育部第18号令发布，2012年1月5日修正）（有效）

2004年教育部颁布了第18号令，《国家教育考试违规处理办法》出台。

该法对于保障国家教育考试秩序、规范考试违规处理、打击考试舞弊行为起到了积极的作用。

为进一步保障考试安全，维护考试秩序，规范对国家教育考试中违规行为的处理，保障参加国家教育考试人员的合法权益，新的《国家教育考试违规处理办法》于 2012 年 1 月 5 日修正，2012 年 4 月 1 日起施行。

《中华人民共和国中外合作办学条例实施办法》（2004 年 6 月 2 日教育部第 20 号令发布，自 2004 年 7 月 1 日起施行）（有效）

为进一步实施《中华人民共和国中外合作办学条例》，继续扩大教育对外开放，积极引进境外优质教育资源，促进高等教育和职业教育方面的合作办学，教育部于 2004 年 7 月 1 日颁布了《中华人民共和国中外合作办学条例实施办法》。

《教育部等七部门关于进一步加强职业教育工作的若干意见》（教职成〔2004〕12 号，2004 年 9 月 14 日教育部、国家发展改革委、财政部、人事部、劳动保障部、农业部、国务院扶贫办联合发布）（有效）

2004 年教育部、国家发展改革委、财政部、人事部、劳动保障部、农业部、国务院扶贫办共同发布了《教育部等七部门关于进一步加强职业教育工作的若干意见》。《指导意见》制定了"十五"期间不同地区基础教育改革与发展的主要目标和质量要求，同时对有条件的地区提出了到 2010 年的总体要求。

《指导意见》中提出，"坚持以改革促发展，完善基础教育管理体制，以政府办学为主，积极鼓励社会力量办学，促进公办教育与民办教育共同发展"。此举提出了公办学校与民办学校共同发展，形成了新的格局，对我国的职业教育事业发展具有重要意义。

教育部《关于对浙江普通高等学校举办的独立院校予以确认的通知》（教发函〔2004〕373 号，2004 年 11 月 28 日教育部发布）（有效）

教育部 2004 年对于浙江普通高校举办独立学院专门发布《对关于浙江普通高等学校举办的独立院校予以确认的通知》。浙江大学城市学院是教育部首批确认的独立学院之一，对综合办学优势、专业设置、教学和管理、任课教师、管理干部选聘，尤其是独立颁发文凭等经验做出了细致规定，为后来教育部制定独立学院的若干规定提供了重要参考价值。

《教育部关于加快发展中等职业教育的意见》（教职成〔2005〕1 号，2005 年 2 月 28 日教育部发布）（有效）

2005 年以来，我国高中阶段教育有了很大发展，但是在高中阶段教育的发展中，出现了普通高中教育和中等职业教育发展"一条腿长、一条腿短"的不协调现象。2005 年初，教育部出台《教育部关于加快发展中等职业教育的意见》。《意见》提出："要大力发展民办中等职业教育，要把大力发展民办中等职业教育作为加快中等职业教育发展新的增长点，认真落实《中华人民共和国民办教育促进法》和《教育部等七部门关于进一步加强职业教育工作的若干意见》的有关规定，把民办中等职业教育纳入整个中等职业教育事业发展的总体规划，加快发展。同时，要依法加强对民办中等职业学校的管理，规范其办学行为。积极探索国有民办、民办公助、公办转制、股份制和中外合作等多种办学模式。在公办中等职业学校中引入民办教育的运行机制，积极推进公办中等职业学校人事制度、分配制度改革和运行机制创新，使职业学校真正成为面向社会、面向市场自主办学的实体。"

教育部此次公布的《意见》，以科学发展观为指导，大力推动中等职业教育快速健康持续发展，是一个时期内我国教育事业改革与发展的重大战略任务。

《教育部关于加强独立学院招生工作管理的通知》（教学〔2005〕3 号，2005 年 2 月 28 日教育部发布）（有效）

为进一步加强独立学院招生工作管理，促进独立学院健康发展，教育部于 2005 年下发《教育部关于加强独立学院招生工作管理的通知》，从领导职责、招生计划、招生宣传、录取管理、责任追究等五个方面提出具体要求，进一步规范了独立院校的招生工作，极大地促进独立院校健康有序的发展。

《民办教育收费管理暂行办法》（发改价格〔2005〕309 号，2005 年 3 月 2 日国家发展改革委、教育部、劳动和社会保障部联合发布）（有效）

为促进民办教育的健康发展，规范民办学校的收费行为，保障民办学校和受教育者的合法权益，根据《中华人民共和国价格法》《中华人民共和国民办教育促进法》和《中华人民共和国民办教育促进法实施条例》，2005年，国家出台《民办教育收费管理暂行办法》。

《普通高等学校学生管理规定》（2005 年 3 月 25 日教育部第 21 号令发布，2005 年 9 月 1 日起施行）（有效）

为了维护高等学校正常的教育教学秩序和生活秩序，保障学生的身心健康，促进学生德、智、体、美全面发展，2005 年 3 月，教育部发布第 21 号令，出台《普通高等学校学生管理规定》。

《关于做好清理整顿改制学校收费准备工作的通知》（发改价格〔2005〕2827 号，2005 年 12 月 30 日国家发展改革委、教育部发布）（有效）

近年来，公办中小学进行办学体制改革试点，在一定程度上拓宽了教育经费筹措渠道，利用社会资金促进了教育发展。但是，一些地方在进行公办中小学办学体制改革试点过程中，存在办学性质不清、改制行为不规范、收费过高等问题，甚至简单地出售、转让公办学校，偏离了教育宗旨和办学体制改革方向，在社会上产生了很大的负面影响，广大群众反映强烈。2005年 12 月 30 日，为全面规范中小学教育收费行为，促进教育事业健康发展，按照国务院领导要求，国家发改委、教育部共同发布《关于做好清理整顿改制学校收费准备工作的通知》。

《财政部国家税务总局关于加强教育劳务营业税征收管理有关问题的通知》（财税〔2006〕3 号，2006 年 1 月 12 日财政部、国家税务总局发布）（有效）

为保障我国教育事业的健康发展，促进教育劳务营业税征收工作的平稳有序进行，2006 年 1 月，财政部、国家税务总局共同发布了《财政部国家税务总局关于加强教育劳务营业税征收管理有关问题的通知》。《通知》强调："对民办托儿所、幼儿园予以免征营业税的养育服务收入是指，在报经当地有关部门备案并公示的收费标准范围内收取的教育费、保育费。"该项措施体现出了国家对民办学前教育的扶持力度，有效减轻了民办学前教育的办学负担。

《教育部关于当前中外合作办学若干问题的意见》（教外综〔2006〕5号，2006年2月7日教育部出台）（有效）

自《中外合作办学条例》及其实施办法公布施行以来，在国家扩大开放、规范办学、依法管理、促进发展方针的指引下，中外合作办学正在逐步走上规范发展的轨道。为了更好地促进中外合作办学的稳步健康发展，针对当前中外合作办学中存在的突出问题，教育部于2006年2月提出了《教育部关于当前中外合作办学若干问题的意见》。《意见》提出："收费标准还应当充分考虑当地经济社会发展的实际水平和受教育者的承受能力，注意与公办教育、民办教育保持适当的平衡。"体现出了国家对受教育者的政策保障，也适当地缩小了公办教育和民办教育的办学差距。

《教育部关于大力发展民办中等职业教育的意见》（教职成〔2006〕5号，2006年4月25日教育部发布）（有效）

2006年4月25日，教育部出台《教育部关于大力发展民办中等职业教育的意见》。《意见》指出："民办中等职业教育是我国教育事业的重要组成部分，也是我国职业教育的重要组成部分。近年来，我国民办中等职业教育有了一定发展，培养了一批适应经济社会发展需要的实用型人才。"《意见》的出台，从总体上看，我国民办中等职业教育还存在发展相对缓慢、规模总量偏小、发展不平衡、办学条件及教学质量有待提高等问题。

《教育部关于贯彻〈义务教育法〉进一步规范义务教育办学行为的若干意见》（教基〔2006〕19号，2006年8月24日教育部出台）（有效）

为贯彻落实新修订的《义务教育法》，严格依法行政、依法治教、依法办学，促进义务教育持续健康发展，教育部与2006年8月发出《关于贯彻〈义务教育法〉进一步规范义务教育办学行为的若干意见》。

《意见》要求，各地要依法加强省级统筹职能，落实县级政府规范办学行为的责任，要依法建立义务教育经费保障机制，严格规范公办学校收费行为，对依法规范教师职业行为、切实加强教师管理提出了要求，要依法加强督导检查，完善奖惩机制。

《普通高等学校辅导员队伍建设规定》（2006 年 5 月 20 日经部长办公会议讨论通过教育部第 24 号令发布，自 2006 年 9 月 1 日起施行）（有效）

辅导员是高等学校教师队伍和管理队伍的重要组成部分，具有教师和干部的双重身份。辅导员是开展大学生思想政治教育的骨干力量，是高校学生日常思想政治教育和管理工作的组织者、实施者和指导者。

为规范高等学校辅导员队伍建设和配备，2006 年教育部发布第 24 号令，出台实施《普通高等学校辅导员队伍建设规定》，明确岗位职责和工作要求，健全岗位管理制度，强化职业能力，推进队伍专业化建设与发展。

《教育部关于"十一五"期间普通高等学校设置工作的意见》（教发〔2006〕17 号，2006 年 9 月 26 日教育部发布）（有效）

为进一步贯彻落实科学发展观，优化高等学校布局结构，提高高等教育质量，促进高等教育全面协调可持续发展，教育部于 2006 年 9 月发布《教育部关于"十一五"期间普通高等学校设置工作的意见》，对高等学校设置工作面临的新形势和新任务提出了具体要求，以更好促进高校稳定发展。

《意见》提出："民办高等专科层次的学校，在办学条件较好、教育质量较高、毕业生届数超过三届以上，符合地方经济社会发展和高等教育事业发展的实际需要，并列入地方省级人民政府'十一五'期间高等学校设置规划的，可以在原有资源基础上申请组建本科学校。"对民办高等专科教育升格组建民办本科院校提供了政策支持。

《意见》还指出："独立学院视需要和条件按普通高等学校设置程序可以逐步转设为独立建制的民办普通高等学校。"这就为后来独立学院的转型发展提供了政策依据。

《教育部关于印发〈普通本科学校设置暂行规定〉的通知》（教发〔2006〕18 号，2006 年 9 月 28 日教育部发布）（有效）

2006 年 9 月 28 日，教育部发布《教育部关于印发〈普通本科学校设置暂行规定〉的通知》。要求做好高等学校设置工作，保证普通本科学校设置的质量，最大限度地优化我国的教育资源配置。

《民办高等学校办学管理若干规定》（2007 年 2 月 3 日教育部第 25 号令

发布，2015 年 11 月 10 日依《教育部关于废止和修改部分规章的决定》教育部第 38 号令修改）（有效）

2007 年，教育部颁布的《民办高等学校办学管理若干规定》，明确要求任何民办高校不得在办学许可证核定的办学地点之外办学，不得设立分支机构，不得出租、出借办学许可证。由于缺乏风险预警机制，个别民办学校举办者借办学之机敛财，在资金链断裂时恶意抽逃办学资金，导致学校难以为继，使师生权益受到侵害。民办学校设立风险保证金，归民办学校所有，专款专用于学校发生意外事故或其他突发事件的处理，这是民办教育管理上的一种探索与创新，也是有效规避办学风险、促进民办学校稳定发展的一项重要举措。

《教育部关于进一步规范中外合作办学秩序的通知》（教外综〔2007〕14 号，2007 年 4 月 6 日教育部发布）（有效）

《中华人民共和国中外合作办学条例》及其实施办法施行以来，我国教育部相继发布了一系列规范性文件，对加强中外合作办学的管理工作发挥了重要作用。但是，中外合作办学工作中仍存在一些突出问题，应当引起各地教育行政部门和各高校的高度重视。为此，2007 年 4 月，教育部下发了《教育部关于进一步规范中外合作办学秩序的通知》，更好地规范中外合作办学秩序。

《关于加强民办学前教育机构管理工作的通知》（教基〔2007〕16 号，2007 年 9 月 20 日教育部发布）（有效）

为进一步加强管理，确保广大学前儿童安全，使孩子们身心健康、茁壮成长，教育部在 2007 年 9 月印发《关于加强民办学前教育机构管理工作的通知》。《通知》要求，"民办学前教育机构必须把保护幼儿生命安全和促进幼儿健康成长放在一切工作的首位，用非常的细心、非常的呵护，确保学前儿童的生命安全。要建立健全各项管理制度，全面落实覆盖学前教育机构管理各个环节的安全防范措施。教育督导部门要进一步加强对民办学前教育机构的督导检查工作"。《通知》的出台，加强了对民办学前教育机构的监管，有效确保入学儿童的安全，使其能够全面健康成长。

《独立学院设置与管理办法》（2008年2月22日教育部令第26号发布，2008年4月1日实施，2015年11月10日通过《教育部关于废止和修改部分规章的决定》修改）（有效）

近年来，随着我国高等教育规模的快速增长，各项相关改革不断深化，一些地方和高校在高等教育办学机制方面进行了大胆探索，其中由普通高校按照新的机制和模式试办的相对独立的二级学院发展较快，在保证高等教育规模的增长，扩大高等教育资源等方面起到了积极作用。但是，由于种种原因，一些独立学院在办学过程中出现了不少问题和矛盾，教育部于2008年出台了《独立学院设置与管理办法》，对独立学院的设置、办学模式、教学管理等方面做出了规定，使独立学院的发展纳入法治轨道。

《关于修订和换发民办学校办学许可证的通知》（教发厅〔2008〕2号，2008年4月30日教育部办公厅发布）（有效）

2008年，教育部下发《关于修订和换发民办学校办学许可证的通知》，对民办学校核发办学许可证进行规范，依法规范民办学校审批、管理及民办学校办学行为，是促进民办教育事业健康发展的一项重要工作。

《高等学校档案管理办法》（2008年8月20日教育部第27号令发布）（有效）

2008年8月20日，根据《中华人民共和国档案法》和有关规定，教育部和国家档案局制定了《高等学校档案管理办法》，并自2008年9月1日起施行。这次以中华人民共和国教育部第27号令形式发布，由教育部部长周济、国家档案局局长杨冬权共同签署公布的《高等学校档案管理办法》，较1989年10月公布的《普通高校档案管理办法》有了很大改进，对档案工作的定位更加合理，要求更高，同时也对我们从事档案工作的人员提出了新的要求。

《高等学校消防安全管理规定》（2009年7月3日教育部第20次部长办公会议审议通过，并经公安部同意，由中华人民共和国教育部、中华人民共和国公安部令第28号发布，自2010年1月1日起施行）（有效）

随着社会的发展，我国高等教育事业迅猛发展，高等学校的规模快速膨胀，师生人数迅速增多。但是由于高校消防安全管理法规的缺位，消防安全管理工作和消防宣传、培训未能同步发展，致使高校的消防安全事故频发。2010 年《高等学校消防安全管理规定》的颁布实施，解决了长期以来制约高校消防安全管理工作发展的瓶颈问题，对于推动高等学校消防安全管理向科学化、制度化、规范化的方向发展，预防和减少火灾危害，具有十分重要的意义。

《教育部关于推进中等和高等职业教育协调发展的指导意见》（教职成〔2011〕9 号，2011 年 8 月 30 日教育部出台）（有效）

为全面落实《国家中长期教育改革和发展规划纲要（2010～2020 年）》关于到 2020 年形成现代职业教育体系和增强职业教育吸引力的要求，以科学发展观为指导，探索系统培养技能型人才制度，增强职业教育服务经济社会发展、促进学生全面发展的能力，因此教育部出台了《关于推进中等和高等职业教育协调发展的指导意见》。

《指导意见》的出台，正确把握方向，适应国家加快转变经济发展方式和改善民生的迫切要求；综合协调快速发展，奠定了建设现代职业教育体系的基础；实施紧密衔接，系统培养高素质技能型人才；加强保障，营造中等和高等职业教育协调发展的政策环境。

《高等学校章程制定暂行办法》（2011 年 7 月 12 日教育部第 21 次部长办公会议审议通过，通过教育部令第 31 号发布，自 2012 年 1 月 1 日起施行）（有效）

2011 年，教育部发布了《高等学校章程制定暂行办法》，高校章程如同国家的宪法，它不仅关系到高校与政府、社会之间以及教师与学生之间的良性互动，而且影响着校内行政权力与学术权力的博弈。《高校章程制定办法》在厘清高校的外部关系之外，也要求高校内部的组织建构以学术自由能否实现为标准。

《学校教职工代表大会规定》（2011 年 11 月 9 日第 34 次部长办公会议审议通过，并经中华全国总工会同意，通过教育部令第 32 号发布，自 2012 年 1 月 1 日起施行）（有效）

2011 年 11 月《学校教职工代表大会规定》发布，并于 2012 年起开始施行。《规定》的出台，是施行教育法律法规、贯彻落实教育规划纲要、完善学校内部管理体制、加强现代学校制度建设、全面推进学校民主管理进程的必然要求和重要举措。随着《规定》的颁布实施，高校民主管理建设再一次被提上日程，针对当前高校教职工代表大会制度在运行中存在的问题提出相应的对策，推动高校现代大学制度的建设与完善。

《教育部关于加快推进职业教育信息化发展的意见》（教职成〔2012〕5号，2012 年 5 月 4 日教育部发布）（有效）

为贯彻落实《国家中长期教育改革和发展规划纲要（2010～2020 年）》关于加快教育信息化进程的战略部署，切实推进职业教育广泛、深入和有效应用信息技术，不断提升职业教育电子政务能力、数字校园水平和人才信息素养，全面加强信息技术支撑职业教育改革发展的能力，以先进教育技术改造传统教育教学，以信息化促进职业教育现代化，2012 年 5 月 4 日，教育部出台《教育部关于加快推进职业教育信息化发展的意见》。

《关于鼓励和引导民间资金进入教育领域促进民办教育健康发展的实施意见》（教发〔2012〕10 号，2012 年 6 月 18 日教育部发布）（有效）

2012 年国务院印发《关于鼓励和引导民间资金进入教育领域促进民办教育健康发展的实施意见》。此举是贯彻落实国家、省和市推进民办教育发展政策的需要，是吸引民间资本通过举办教育培训机构、合作共建项目等来承担一部分优质的教育公共服务，缓解我国教育资源供需矛盾的需要，是打破行业垄断和市场壁垒，营造公办、民办学校公平竞争、协调发展的环境需要，是促进民办教育办学机构健康发展的需要，是提升城市教育竞争力的需要。

《关于进一步落实和扩大高校办学自主权完善高校内部治理结构的意见》（教改办〔2014〕2 号，2014 年 7 月 8 日国家教育体制改革领导小组办公室出台）（有效）

高等学校内部治理结构的完善是高校办学自主权得以落实与扩大的核心。我国高等学校内部治理结构存在着行政权力对学术权力的僭越、学术领域与行政领域边界模糊、学术人员在学术评价体系中缺位、监督权弱化等问题。为了高校内部治理结构的完善，充分发挥学术委员会的主导作用，扩大院系以及基层学术组织的自主权，建立和完善高等学校的监督机构，充分发挥教职工代表大会、学生会在高校办学中的作用，强化高校行政权力的服务功能，彰显高校的学术逻辑，从而建构学术权力本位的高校治理结构，国家于 2014 年 7 月 8 日出台《关于进一步落实和扩大高校办学自主权完善高校内部治理结构的意见》。

《现代职业教育体系建设规划（2014～2020 年）》（教发〔2014〕6 号，2014 年 6 月 16 日教育部、国家发展改革委、财政部、人力资源和社会保障部、农业部、国务院扶贫办联合发布）（有效）

为贯彻落实党的十八大和十八届三中全会精神，贯彻落实《国家中长期教育改革和发展规划纲要（2010～2020 年）》《国务院关于加快发展现代职业教育的决定》，加快发展现代职业教育，建设现代职业教育体系，服务实现全面建成小康社会目标，2014 年 6 月，教育部、国家发展改革委、财政部、人力资源和社会保障部、农业部、国务院扶贫办组织编制出台了《现代职业教育体系建设规划（2014～2020 年）》。

《规划》在"体系建设的重点任务中"提到，要"加快民办职业教育发展步伐，完善鼓励社会力量办学的政策环境，创新民办职业教育办学模式"。这对充分发挥社会力量举办职业教育对加快建立现代职业教育体系、激发职业教育发展活力起到了重要作用。

《关于深入推进教育管办评分离促进政府职能转变的若干意见》（教政法〔2015〕5 号，2015 年 5 月 4 日教育部出台）（有效）

2015 年 5 月 4 日，教育部发布了《关于深入推进教育管办评分离促进政府职能转变的若干意见》。《意见》对深入推进教育管办评分离、促进政府职能转变提出了具体的要求。要推进依法行政，形成政事分开、权责明确、统筹协调、规范有序的教育管理体制，要加大政府简政放权力度，加快国家教育基本标准建设，形成具有国际视野、富有中国特色的分层、分类教育标准体系，推进政校分开，建设依法办学、自主管理、民主监督、社会参与的现代学校制度。

其中在第十三条"完善学校内部治理结构"中提到,"进一步加强和改善党对学校的领导,在公办高等学校落实《中共中央办公厅关于坚持和完善普通高等学校党委领导下的校长负责制的实施意见》(中办发〔2014〕55号),在中小学、民办学校充分发挥基层党组织的政治核心作用"。进一步突出了党组织的政治核心作用,为民办学校的党建工作指明了方向。

《关于深化职业教育教学改革全面提高人才培养质量的若干意见》(教职成〔2015〕6号,2015年7月27日教育部出台)(有效)

2015年教育部出台的《关于深化职业教育教学改革全面提高人才培养质量的若干意见》,旨在全面贯彻党的教育方针,按照党中央、国务院决策部署,以立德树人为根本,以服务发展为宗旨,以促进就业为导向,坚持走内涵式发展道路,适应经济发展新常态和技术技能人才成长成才需要,完善产教融合、协同育人机制,创新人才培养模式,构建教学标准体系,健全教学质量管理和保障制度,以增强学生就业创业能力为核心,加强思想道德、人文素养教育和技术技能培养,全面提高人才培养质量。

《关于做好教育行政审批制度改革有关后续工作的通知》(教政法〔2015〕7号,2015年6月5日教育部发布)(有效)

党的十八大和十八届二中、三中、四中全会对全面深化改革、加快转变政府职能作出了部署、提出了要求。深化教育行政审批制度改革是教育系统贯彻落实党中央国务院决策部署的具体举措,是深化教育领域综合改革的重要组成部分,也是教育行政部门转变政府职能、推动教育治理体系和治理能力现代化的基本途径。为做好教育行政审批制度改革工作,2015年6月5日,教育部发布了《关于做好教育行政审批制度改革有关后续工作的通知》,保障教育部门简政放权、转变政府职能工作的正常进行。

《高等职业教育创新发展行动计划(2015~2018年)》(教职成〔2015〕9号,2015年10月19日教育部发布)(有效)

2015年,为贯彻落实《国务院关于加快发展现代职业教育的决定》和全国人大常委会职业教育法执法检查有关要求,推动高等职业教育创新发展,教育部编制发布了《高等职业教育创新发展行动计划（2015～2018年）》。

其中提到了"探索混合所有制办学"，深化办学体制改革，鼓励社会力量以资本、知识、技术、管理等要素参与公办高等职业院校改革。试点社会力量通过政府购买服务、委托管理等方式参与办学活力不足的公办高等职业院校改革。鼓励民间资金与公办优质教育资源嫁接合作，在经济欠发达地区扩大优质高等职业教育资源。鼓励企业和公办高等职业院校合作举办适用公办学校政策、具有混合所有制特征的二级学院。鼓励专业技术人才、高技能人才在高等职业院校建设股份合作制工作室。支持成立混合所有制高等职业院校联盟。鼓励行业企业办和民办高等职业院校建立教师年金制度。支持营利性民办高等职业院校探索建立股权激励机制。

文件中再次提到"支持民办教育发展"，创新民办高等职业教育办学模式，社会声誉好、教学质量高、就业有保障的民办专科高等职业院校，可由省级政府统筹、在核定的办学规模内自主确定招生方案。落实教育、财税、土地、金融等支持政策，鼓励各类办学主体通过独资、合资、合作等形式举办民办高等职业教育，稳步扩大优质民办职业教育资源。以政府规划、社会贡献和办学质量为依据，探索政府通过"以奖代补"、购买服务等方式支持民办高等职业教育发展和鼓励社会力量参与高等职业教育办学的办法。

《行动计划》是今后一个时期高等职业教育战线贯彻2014年全国职业教育工作会议精神和落实全国人大常委会职业教育法执法检查有关要求，深入推进改革发展的路线图。

《关于实施第三期学前教育行动计划的意见》（教基〔2017〕3号）（有效）

《意见》指出，积极鼓励社会力量举办幼儿园，扶持普惠性民办幼儿园。

2017年9月24日，中共中央办公厅、国务院办公厅印发《关于深化教育体制机制改革的意见》并发出通知，要求各地区各部门结合实际认真贯彻落实。

《意见》明确要健全支持和规范民办教育发展的制度，健全财政、土地、登记、收费等方面支持民办学校发展的相关政策，健全监管机制。

（三）政策法规的作用及影响

数十年来，我国民办教育经历了从无到有、从小到大、从非正轨到正轨教育领域的发展，在数量上的快速发展和办学体制、运行机制的改革深化方面，民办教育为我国教育的跨越式发展做出了积极贡献。然而在发展的过程中也随之产生一些问题，国家不断制定出台与之相匹配的政策法规，在最大限度上解决已经出现的问题。

截至目前，我国民办教育的规范工作取得了较大成绩，相关的民办教育政策法规一直处于不断发展变化中，它们不仅体现了我国政府根据民办教育发展实际出台和调整政策的战略，也反映了我国民办教育的发展历程，揭示了我国民办教育的时代特征、发展趋势和未来走向。

第八章
中国共产党对民办教育的领导

中国共产党的领导是中国特色社会主义最本质的特征和最大的政治优势。中国共产党对教育的领导来自宪法和法律。我们党在开辟中国特色社会主义教育发展道路的过程中，领导人民建立了中国特色社会主义教育体系，形成了公办教育和民办教育共同发展的格局，创造了人类教育史上的奇迹。民办教育作为中国特色社会主义教育事业的重要组成部分，是推动我国教育发展的一支重要力量。加强党对民办教育的领导，对于全面贯彻党的教育方针、坚持社会主义办学方向、确保民办学校健康发展具有十分重要的意义。

第一节 党中央高度重视民办教育

中国共产党的光辉历程是一部波澜壮阔的伟大史诗。党自成立之日起就始终重视教育工作，并把教育工作与党在各个时期的中心任务紧密联系在一起。从创立与发展新民主主义教育，到探索社会主义教育的发展道路和中国特色的社会主义教育事业，再到实施科教兴国战略、建设人力资源强国，中国的教育事业发生了根本变化、取得了辉煌成就、实现了跨越发展[1]。

十年动乱，我国的教育事业受到了严重摧残，社会力量办学事业几乎荡

---

[1] 《纪念中国共产党成立90周年伟大历程——本报推出伟大历程特刊》，《中国教育报》2011年5月20日，第1版。

然无存。党的十一届三中全会召开，在全党确立了解放思想、实事求是的思想路线，开启了我国改革开放新时代。随着全党工作重点向经济建设转移，教育再次被提升到国家战略的高度。党中央对教育工作作出了一系列新的论断和决策，我国教育事业得到了恢复，开始走上了蓬勃发展的道路，也滋润了社会力量办学的土壤。在党的光辉照耀下，社会力量办学如雨后春笋般发展起来。

一 党的代表大会非常关注民办教育

历经十年浩劫，教育成为重灾区，学校系统几近瘫痪，人才培养停滞不前。党的十一届三中全会吹响了改革的号角，人民对教育的需求日益强烈，发展教育成为中国共产党做出的一次历史性决定。1982～2017 年这三十五年间，中国共产党召开了八次代表大会，在每一次党的报告中都把教育摆在重要的位置，并时刻关注民办教育的发展。这充分体现了中国共产党在建设富强、民主、文明、和谐的社会主义国家的历史进程中对发展教育事业的高度重视，是我们党代表广大人民群众愿望的生动体现，也是我们党顺应时代潮流做出的战略抉择。

1978 年 12 月 22 日，中国共产党第十一届中央委员会第三次全体会议公报强调："大力加强实现现代化所必需的科学和教育工作。"

党的十二大，中国共产党把教育作为实现国民经济翻两番的重要保证，第一次把教育提高到现代化建设战略重点之一的地位。1982 年 9 月 1 日，胡耀邦同志在党的十二大报告中强调："一定要抓住农业、能源和交通、教育和科技这个根本环节，把它们作为经济发展的战略重点"，"必须大力普及初等教育，加强中等职业教育和高等教育，发展包括干部教育、职工教育、农民教育、扫除文盲在内的城乡各级各类教育事业，培养各种专业人才，提高全民族的科学文化水平"。

1987 年 10 月 25 日，赵紫阳同志在党的十三大报告中强调："必须坚持把发展教育事业放在突出的战略位置"，"坚持教育为社会主义现代化建设服务的方针"，"随着经济的发展，国家要逐年增加教育经费，同时继续鼓励社会各方面力量集资办学"。

1992 年 2 月，邓小平的南方谈话犹如春雷乍响，拉开了社会主义市场经济的大幕。邓小平在为中国经济腾飞出谋划策的时候，再一次高瞻远瞩地提出"经济发展得快一些，必须依靠科技和教育"。党的十四大，中国共产党在发展的道路上再一次选择了教育，第一次把教育摆到了优先发展的战略地位。1992 年 10 月 12 日，江泽民同志在党的十四大报告中强调："必须把教育摆在优先发展的战略地位，努力提高全民族的思想道德和科学文化水平，这是实现我国现代化的根本大计"，"鼓励多渠道、多形式社会集资办学和民间办学，改变国家包办教育的做法"。

以江泽民为核心的党的第三代领导集体，正式提出实施科教兴国战略，将其真正提升到执政党治国理念的高度和国家发展战略的层面予以推动和实施，使科教兴国成为全民族的广泛共识和实际行动。

1997 年 9 月 12 日，江泽民同志在党的十五大报告中强调："实施科教兴国战略"，"要切实把教育摆在优先发展的战略地位"，"发挥各方面的积极性，大力普及九年义务教育、扫除青壮年文盲，积极发展各种形式的职业教育和成人教育，稳步发展高等教育"。

2002 年 11 月 8 日，江泽民同志在党的十六大报告中强调："教育是发展科学技术和培养人才的基础，在现代化建设中具有先导性、全局性作用，必须摆在优先发展的战略地位"，"鼓励社会力量办学"。

党的十六大以来，以胡锦涛为总书记的党中央积极应对激烈的国际竞争，做出了"优先发展教育，建立人力资源强国"的英明决策，中国特色社会主义教育事业的改革与发展掀开了振奋人心的新篇章。

2007 年 10 月 15 日，胡锦涛同志在党的十七大报告中强调："优先发展教育，建设人力资源强国。教育是民族振兴的基石，教育公平是社会公平的重要基础"，"鼓励和规范社会力量兴办教育"。

2012 年 11 月 8 日，胡锦涛同志在党的十八大报告中强调："努力办好人民满意的教育。教育是民族振兴和社会进步的基石。要坚持教育优先发展，全面贯彻党的教育方针，坚持教育为社会主义现代化建设服务、为人民服务"，"鼓励引导社会力量兴办教育"。

党的十八大以来，以习近平同志为核心的党中央始终把教育摆在优先发展的战略地位，部署一系列重大教育改革、重大政策措施和重大工程项目。这一时期，民办教育的发展，有效增加了教育服务供给，不断满足了人民群众多样化教育需求，培养了大批合格人才，为创新教育体制机制、推动教育现代化、促进经济社会发展做出了积极贡献。

2017年10月18日，习近平同志在党的十九大报告中强调："建设教育强国是中华民族伟大复兴的基础工程，必须把教育事业放在优先位置，深化改革，加快教育现代化，办好人民满意教育"，"支持和规范社会力量兴办教育"。

二 党的重大决定鼓励发展民办教育

1985年5月15~20日，中共中央、国务院在北京召开了改革开放以来的第一次全国教育工作会议，讨论的中心议题是中共中央《关于教育体制改革的决定（草案）》，并研究贯彻执行的步骤和措施。邓小平同志在讲话中指出："经济的发展必然会带动教育的发展。我国城乡和社会各界，蕴藏着极大的办学热情，不少爱国侨胞也热心捐资办学。现在我们又有了一个正确的纲领。在这样的条件下，只要各级领导认真抓，我看教育的事情好办，悲观是没有根据的。扎扎实实抓它几年，中华民族教育事业空前繁荣的新局面，一定会到来。"①

1985年5月27日中共中央颁布的《关于教育体制改革的决定》在中国教育史上具有里程碑的意义，它明确了中国教育发展的方向和目标，提出了"教育必须为社会主义建设服务，社会主义建设必须依靠教育"的根本指导思想，文中强调："要动员和教育全党、全社会和全国人民关心和支持教育体制改革，发展教育事业。鼓励各民主党派、人民团体、社会组织、离休退休干部和知识分子、集体经济单位和个人，遵照党和政府的方针政策，采取多种形式和办法，积极地自愿地为发展教育贡献力量。"

---

① 《邓小平文选（第三卷）》，人民出版社，1993，第122页。

1993 年 11 月 14 日，中国共产党第十四届中央委员会第三次全体会议通过的《中共中央关于建立社会主义市场经济体制若干问题的决定》中"鼓励多渠道、多形式社会集资办学和民间办学"。

1995 年 9 月 28 日，中国共产党第十四届中央委员会第五次全体会议通过的《中共中央关于制定国民经济和社会发展第九个五年计划和二〇一〇年远景目标的建议》中提出："积极探索与社会主义市场经济体制相适应的办学机制和办学模式。逐步形成政府办学为主与社会各界参与办学相结合的新体制。"

1999 年 6 月 15 ~ 18 日，中共中央、国务院在北京召开改革开放以来的第三次全国教育工作会议，分析了面向 21 世纪的中国教育改革和发展的形势，阐述了全面推进素质教育的重要性，并提出了之后的工作任务。江泽民同志在讲话中指出："扩大现有高校和成人高校的招生规模，尽可能满足人民群众接受高等教育的要求。也可以动员社会力量办一点民办高校，作为现有高校的补充。"① 1999 年 6 月 13 日，中共中央、国务院颁布的《关于深化教育改革全面推进素质教育的决定》中提出："进一步解放思想、转变观念，积极鼓励和支持社会力量以多种形式办学，满足人民群众日益增长的教育需求，形成以政府办学为主体、公办学校和民办学校共同发展的格局。"

2000 年 10 月 11 日，中国共产党第十五届中央委员会第五次全体会议通过的《中共中央关于制定国民经济和社会发展第十个五年计划的建议》中提出："继续深化教育管理体制和办学体制改革，积极鼓励多种形式的社会办学。"

2003 年 10 月 14 日，中国共产党第十六届中央委员会第三次全体会议通过的《中共中央关于完善社会主义市场经济体制若干问题的决定》中提出："完善和规范以政府投入为主、多渠道筹措经费的教育投入体制，形成公办学校和民办学校共同发展的格局。"

2010 年 10 月 18 日，中国共产党第十七届中央委员会第五次全体会议

---

① 《江泽民文选（第二卷）》，人民出版社，2006，第 333 页。

通过的《中共中央关于制定国民经济和社会发展第十二个五年规划的建议》中提出："鼓励引导社会力量兴办教育。"

2015 年 10 月 29 日，中国共产党第十八届中央委员会第五次全体会议通过的《中共中央关于制定国民经济和社会发展第十三个五年规划的建议》中提出："支持和规范民办教育发展，鼓励社会力量和民间资本提供多样化教育服务。"

三 党和国家精心规划扶持民办教育

1982 年 12 月 10 日，第五届全国人民代表大会第五次会议通过的《中华人民共和国国民经济和社会发展第六个五年计划（1981～1985 年）》提出："试办一批花钱少、见效快、酌收学费、学生尽可能走读、毕业生择优录用的专科学校和短期职业大学。"

1986 年 3 月 25 日，在第六届全国人民代表大会第四次会议上《关于第七个五年计划的报告》提出："要广泛动员、鼓励和指导企业、集体和各方面的社会力量，努力举办多种形式的教育事业。"

1991 年 4 月 9 日，第七届全国人民代表大会第四次会议通过的《中华人民共和国国民经济和社会发展十年规划和第八个五年计划纲要》提出："进一步深化教育改革，优化教育结构，注重提高教育质量和办学效益，逐步增加对教育的投入，努力建立具有中国特色的、面向 21 世纪的社会主义教育体系。"

1993 年 2 月 13 日，中共中央、国务院颁布的《中国教育改革和发展纲要》，是一份事关中国教育改革和发展的纲领性文件，它作出了一系列非凡的决定，开启了中国教育改革与发展的新的历史时代。文中强调："改变政府包揽办学的格局，逐步建立以政府办学为主体、社会各界共同办学的体制。""国家对社会团体和公民个人依法办学，采取积极鼓励、大力支持、正确引导、加强管理的方针。"

1994 年 6 月 14～17 日，中共中央、国务院在北京召开了改革开放以来的第二次全国教育工作会议，进一步动员全党全社会认真实施《中国教育改革和发展纲要》，确立教育优先发展的地位。江泽民同志在讲话中指出："各级教育部门和学校的广大教育工作者要进一步解放思想、实事求是，积极探索社会主义市场经济条件下教育的新体制和发展新路子，努力建设有中国特色的社会主义教育体系。"[1] 同时，李岚清同志在讲话中指出："民办教育是我国社会主义教育事业的组成部分，发展民办教育，是当前教育体制改革的重要内容"，"民办教育正处在发展阶段，在办学和管理方面还存在着一些需要研究的问题"，"各地要在鼓励和支持发展民办教育的同时，加强引导和管理，促使其健康发展"，"民办教育自身也要扬长避短，办社会之所需，补国家办学之所缺"[2]。

1996 年 3 月 17 日，第八届全国人民代表大会第四次会议通过的《中华人民共和国国民经济和社会发展"九五"计划和 2010 年远景目标纲要》提出："积极探索与现阶段我国改革和发展相适应的办学机制和办学模式。逐步形成政府办学为主与社会各界参与办学相结合的新体制。"

1999 年 1 月 13 日，国务院批转教育部制定的《面向 21 世纪教育振兴行动计划》，是一份旨在落实科教兴国战略、谋划跨世纪教育改革和发展的实施蓝图。文中强调："深化办学体制改革，调动各方面发展教育事业的积极性"，"基本形成以政府办学为主体、社会各界共同参与、公办学校和民办学校共同发展的办学体制"。

2001 年 3 月 15 日，第九届全国人民代表大会第四次会议通过的《中华人民共和国国民经济和社会发展第十个五年计划纲要》提出："加快办学体制改革，积极鼓励、支持和规范社会力量以多种形式办学，基本形成政府办学为主，公办学校和民办学校共同发展的格局。"

2001 年 7 月 26 日，教育部颁布的《全国教育事业第十个五年计划》提出："积极鼓励支持各种民办教育尤其是民办高中阶段教育。对民办学校在招生、教师职务评聘、教研活动、表彰奖励等方面与公办学校一视同仁，在

---

① 《江泽民文选（第一卷）》，人民出版社，2006，第 373 页。
② 李岚清：《在全国教育工作会议上的总结讲话（摘要）》，《中国教育报》1994 年 6 月 22 日，第 1 版。

办学合法所得中，留足学校发展资金后，报经教育行政部门审核同意，可对学校举办者予以适当奖励。"

2002 年 8 月 24 日，国务院颁布的《关于大力推进职业教育改革与发展的决定》强调："深化职业教育办学体制改革，形成政府主导、依靠企业、充分发挥行业作用、社会力量积极参与的多元办学格局"，"鼓励和支持民办职业教育的发展"，"对举办民办职业教育有突出贡献的单位和个人予以表彰奖励"。

2005 年 12 月 28 日，国务院颁布的《关于大力发展职业教育的决定》强调："大力发展民办职业教育"，"把民办职业教育纳入职业教育发展的总体规划"，"加大对民办职业教育的支持力度"。

2006 年 3 月 14 日，第十届全国人民代表大会第四次会议通过的《中华人民共和国国民经济和社会发展第十一个五年规划纲要》提出："明确各级政府提供公共教育职责，制定和完善学校的设置标准，支持民办教育发展，形成公办教育与民办教育共同发展的办学格局。"

2007 年 5 月 18 日，国务院在批转教育部制定的《国家教育事业发展"十一五"规划纲要》中提出，"引导民办教育健康发展"，"依法落实对民办学校的有关扶持政策"，"各级政府要切实加强对民办学校的规范管理"。

2010 年 7 月 13～14 日，党中央、国务院在北京召开第四次全国教育工作会议，这也是在 21 世纪召开的第一次全国教育工作会议。胡锦涛同志在讲话中指出："要深化办学体制改革，坚持教育公益性原则，健全政府主导、社会参与，办学主体多元、办学形式多样、充满生机活力的办学体制，积极鼓励行业、企业等社会力量参与公办学校办学，引导社会资金以多种方式进入教育领域，大力支持民办教育，形成以政府办学为主体、全社会积极参与、公办教育和民办教育共同发展的格局。"①

2010 年 7 月 8 日，中共中央、国务院印发的《国家中长期教育改革和发展规划纲要（2010～2020 年）》，是一个影响未来 10 年中国教育走向的行

① 《胡锦涛文选（第三卷）》，人民出版社，2016，第 423 页。

动指南和纲领性文件，成为中国教育改革发展史上一个新的里程碑。文中强调："大力支持民办教育。民办教育是教育事业发展的重要增长点和促进教育改革的重要力量，各级政府要把发展民办教育作为重要的工作职责，鼓励出资办学，促进社会力量以独立举办、共同举办等多种形式兴办教育。"

2011年3月14日，第十一届全国人民代表大会第四次会议通过的《中华人民共和国国民经济和社会发展第十二个五年规划纲要》提出："鼓励引导社会力量兴办教育，落实民办学校与公办学校平等的法律地位，规范办学秩序。"

2012年6月14日，教育部颁布的《国家教育事业发展第十二个五年规划》提出，"完善民办教育制度"，"落实促进民办教育发展的政策"，"逐步建立民办学校分类管理制度"。2012年6月18日，教育部印发《关于鼓励和引导民间资金进入教育领域促进民办教育健康发展的实施意见》。

2014年5月2日，国务院颁布的《关于加快发展现代职业教育的决定》强调："引导支持社会力量兴办职业教育"，"创新民办职业教育办学模式，积极支持各类办学主体通过独资、合资、合作等多种形式举办民办职业教育"，"社会力量举办的职业院校与公办职业院校具有同等法律地位"。

2014年6月16日，教育部、国家发展改革委、财政部、人力资源和社会保障部、农业部、国务院扶贫办联合印发的《现代职业教育体系建设规划（2014～2020年）》强调："加快民办职业教育发展步伐"，"完善鼓励社会力量办学的政策环境"，"充分发挥社会力量举办职业教育对加快建立现代职业教育体系、激发职业教育发展活力的重要作用"。

2015年10月19日，教育部印发的《高等职业教育创新发展行动计划（2015～2018年）》强调："落实教育、财税、土地、金融等支持政策，鼓励各类办学主体通过独资、合资、合作等形式举办民办高等职业教育，稳步扩大优质民办职业教育资源。"

2015年4月1日，中共中央总书记、国家主席、中央军委主席、中央全面深化改革领导小组组长习近平主持召开中央全面深化改革领导小组第十一次会议并发表重要讲话。会议就鼓励社会力量兴办教育促进民办教育健康发展等问题进行了研究。

2016 年 3 月 16 日，第十二届全国人民代表大会第四次会议通过的《中华人民共和国国民经济和社会发展第十三个五年规划纲要》提出："建立分类管理、差异化扶持的政策体系，鼓励社会力量和民间资本提供多样化教育服务。"12 月 29 日，国务院印发《关于鼓励社会力量兴办教育促进民办教育健康发展的若干意见》，全面部署了民办教育改革发展的各项政策措施。

2017 年 1 月 10 日，国务院颁布的《国家教育事业发展"十三五"规划》提出："促进和规范民办教育发展"，"推进民办学校分类管理"，"鼓励社会力量进入教育领域"。

四　党领导制定法律法规规范民办教育

坚持党的领导，是社会主义法治的根本要求，是党和国家的根本所在、命脉所在。中国共产党充分发挥总揽全局、协调各方的领导核心作用，领导教育立法工作，确保依法治教的正确政治方向，保证了民办教育始终沿着正确的法治轨道健康发展。

1982 年 12 月 4 日，第五届全国人民代表大会第五次会议通过的《中华人民共和国宪法》规定："国家鼓励集体经济组织、国家企业事业组织和其他社会力量依照法律规定举办各种教育事业。"这是新中国成立以来，国家第一次对社会力量办学做出的法律规定，在原则上为发展民办教育提供了法律上的依据，赋予了民办教育的合法性地位。

在随后的 20 年中，一些法律法规的颁布实施，标志着民办教育被纳入国家的正常管理体系，得到了来自国家最高权力机构的认同。1986 年 4 月 12 日，第六届全国人民代表大会第四次会议通过的《中华人民共和国义务教育法》没有对举办民办学校做出规定。但是，1986 年 9 月 1 日，国务院办公厅转发的国家教育委员会、国家计划委员会、财政部、劳动人事部《关于实施〈义务教育法〉若干问题的意见》做出补充规定："小学、初级中等学校除国家举办外，鼓励集体经济组织、国家企事业单位、其他社会力量举办学校；对于个人依法举办学校，目前各地可进行试办。"1995 年 3 月

18 日，第八届全国人民代表大会第三次会议通过的《中华人民共和国教育法》规定："国家鼓励企业事业组织、社会团体、其他社会组织及公民个人依法举办学校及其他教育机构。" 1996 年 5 月 15 日，第八届全国人民代表大会常务委员会第十九次会议通过的《中华人民共和国职业教育法》规定："国家鼓励事业组织、社会团体、其他社会组织及公民个人按照国家有关规定举办职业学校、职业培训机构。" 1998 年 8 月 29 日，第九届全国人民代表大会常务委员会第四次会议通过的《中华人民共和国高等教育法》规定："国家鼓励事业组织、社会团体及其他社会组织和公民等社会力量依法举办高等学校，参与和支持高等教育事业的改革和发展。"

在这一时期，民办教育的政策建设也在逐步完善。一方面，国家对民办教育给予了大力支持；另一方面，针对民办教育发展中出现的各种问题，不断加强对民办教育的管理，提高了办学质量，民办教育的合法性地位逐渐得以确立。

1987 年 7 月 8 日，国家教委发布的《关于社会力量办学的若干暂行规定》，是国家针对民办教育制定的一个基本规章，成为推动民办教育发展的一部重要的法规。1997 年 7 月 31 日，国务院颁布的《社会力量办学条例》，是我国第一部专门规范民办教育的重要法规，标志着民办教育的法制建设已由原来的部门、地方性规章上升为国务院的行政法规，使民办教育进入了依法办学、依法管理、依法行政的新阶段。为具体落实好《社会力量办学条例》，1997 年 10 月 14 日，国家教委又印发了《关于实施〈社会力量办学条例〉若干问题的意见》。

在这十年中，民办教育进入快速发展期。为进一步规范和促进民办教育发展，国家相关部门相继出台政策文件，在学校建设、资金来源、教学管理、财务税收等方面做出了明确规定，使各项法律法规更加细化、执行更加到位。1987 年 12 月 28 日，国家教委、财政部发布《社会力量办学财务管理暂行规定》。1988 年 10 月 17 日，国家教委印发《关于社会力量办学几个问题的通知》。1988 年 10 月 4 日，国家教委发布《社会力量办学教学管理暂行规定》。1991 年 8 月 21 日，国家教委、公安部发布《社会力量办学印章管理暂行规定》。1991 年 11 月 18 日，国家物价局、财政部印发《关于加强社会力量办学收费管理的通知》。1993 年 8 月 17 日，国家教委出台的《民办高等学校设置暂行规定》，标志着民办高等教育正式结束了办学无章可循的状态，为规范民办高校发展提供了依据和可能。1994 年 11 月 1 日，国家教委办公厅印发《关于民办学校向社会筹集资金问题的通知》。1994 年 11 月 1 日，国家教委印发《关于社会力量举办的非学历高等教育机构名称问题的批复》。1996 年 3 月 27 日，国家教委印发《关于加强社会力量办学管理工作的通知》。1996 年 4 月 22 日，国家教委印发《关于社会力量办学管理经费问题的意见》。1997 年 12 月 4 日，国家教委办公厅、劳动部办公厅印发《关于实行社会力量办学许可证制度有关问题的通知》。1998 年 12 月 7 日，国家税务总局印发《关于社会力量办学征收个人所得税问题的批复》。1999 年 5 月 14 日，教育部印发《关于严格控制社会力量办学评比活动的通知》。2001 年 10 月 19 日，民政部、教育部发布《教育类民办非企业单位登记办法（试行）》。2002 年 5 月 13 日，教育部印发《关于进一步做好民办高等教育机构招生工作的意见》。2002 年 10 月 17 日，教育部印发《关于进一步规范民办教育机构办学秩序的通知》。

进入 21 世纪，国家作出了创造条件、积极促进民办教育发展的重要决策，不断出台诸多法律法规，进一步规范民办教育发展。2002 年 12 月 28 日，第九届全国人民代表大会常务委员会第三十一次会议通过了《中华人民共和国民办教育促进法》。2004 年 3 月 5 日，国务院颁布《中华人民共和国民办教育促进法实施条例》。这两部法律法规的实施，正式确立民办教育的法律地位，标志着中国民办教育的法律体系基本建立，奠定了民办教育在社会主义教育事业中的重要地位，指明了民办教育的正确发展方向，我国的民办教育进入了依法治教的新时期。2003 年 3 月 1 日，国务院颁布的《中华人民共和国中外合作办学条例》，是我国发展和规范中外合作办学活动的首部重要行政法规，对于规范中外合作办学行为，加强教育对外交流与合作，具有十分重要的意义。2005 年 3 月 2 日，国家发展和改革委员会、教育部、劳动和社会保障部印发的《民办教育收费管理暂行办法》，规范了民办教育机构的收费行为，保证了民办教育机构和受教育者的合法权益。2006年12月21日国务院办公厅印发的《关于加强民办高校规范管理引导民办高等教育健康发展的通知》和2007年2月3日教育部颁布《民办高等学校办学管理若干规定》，依法规范了民办高校办学行为，促进了民办高校内部管理规范化。2003年4月23日教育部印发的《关于规范并加强普通高校以新的机制和模式试办独立学院管理的若干意见》和2008年2月22日教育部颁布的《独立学院设置与管理办法》，都对规范和促进独立学院健康发展起到了重要作用。

2010年，中共中央、国务院颁布实施的《国家中长期教育改革和发展规划纲要（2010～2020年)》，对民办教育改革发展提出新要求。2012年，为了从法律层面破解民办教育发展面临的法人属性、产权归属、扶持政策、平等地位等方面的突出矛盾和关键问题，教育部启动了《中华人民共和国民办教育促进法》的修改工作。这次修法是贯彻落实中央教育改革战略部署的重要举措，对于全面促进教育事业发展、深化教育领域综合改革、构建公办民办教育共同发展的办学格局、加快推进教育现代化、满足人民群众日益增长的多样化教育需求和经济社会发展需要具有重要而深远的意义。2016年11月7日，第十二届全国人民代表大会常务委员会第二十四次会议审议通过的《关于修改〈中华人民共和国民办教育促进法〉的决定》，为深化教育领域综合改革、促进民办教育健康发展提供了法律保障，成为民办教育改革发展新的里程碑。

2016年4月18日，中共中央总书记、国家主席、中央军委主席、中央全面深化改革领导小组组长习近平主持召开中央全面深化改革领导小组第二十三次会议，审议通过了《民办学校分类登记实施细则》《营利性民办学校监督管理实施细则》。同时，新修订的《民办教育促进法》也规定对民办学校实行非营利性和营利性分类管理。12月30日，教育部、人力资源和社会保障部、民政部、中央编办、工商总局等五部门印发《民办学校分类登记实施细则》；同日，教育部、人力资源和社会保障部、工商总局等三部门印发《营利性民办学校监督管理实施细则》。民办学校分类管理是党中央、国务院确定的重大改革方向,是贯彻落实《中华人民共和国民办教育促进法》修法精神的重要举措,是深化教育领域综合改革的重要内容,必将进一步推动我国民办教育的健康发展。

第二节 加强民办学校党组织的建设

学校党的建设是中国特色社会主义教育的本质属性,是培养社会主义事业合格建设者和可靠接班人的重要保证。改革开放以来,我国民办学校党建工作与整个民办教育的发展紧密相连,民办学校的发展壮大推动着民办学校党建工作的进步,党建工作水平不断提高也有力地促进了民办学校的发展。从中央到地方,各级党委不断加强对民办教育的领导,高度重视民办学校党的建设,将民办学校党建工作摆上重要位置、列入重要议程,各级民办学校精心谋划、周密部署、扎实推进党的建设,促进了民办学校党建工作水平不断提升。

一 党和国家重视民办学校党组织建设

(一)出台政策文件

改革开放以来,随着教育体制改革的不断深化,在党和政府"积极鼓励、大力支持、正确引导、加强管理"方针的指导下,越来越多的企业事业组织、社会团体及其他社会组织和公民个人等社会力量投身到教育事业之中。社会力量办学事业快速发展,已成为我国教育事业的组成部分,为我国经济建设和社会发展培养了大批人才。

起初,关于民办学校要不要和能不能建立党组织,我们党和国家并没有明确的规定和要求。20 世纪 80 年代中后期,出于自身发展的需要,同时也由于民办学校中党员师生转接组织关系、开展组织生活以及德育和稳定工作的需要,一些民办学校开始追寻建立党的基层组织。一批办学较早的学校,如海淀走读大学(1985 年 2 月)、北京民族大学(1986 年 7 月)、黄河科技学院(1989 年 5 月)等先行建立了党的组织,在党员管理和学生思想政治教育方面发挥了积极作用。但是，由于没有专门的政策法规进行指导，党组织管理归口也不明确，再加上党员数量偏少、教师流动性大，大多数学校只是按照自己的理解来开展相关工作，因而造成组织构架多种多样，权责任务也模糊不清。因此，此时的民办学校党的建设还处于刚刚起步的萌芽时期。

20 世纪 90 年代初至 21 世纪初，处于探索时期的民办学校党的建设呈现了良好的发展态势。首先，1993 年 8 月 17 日，国家教委出台的《民办高等学校设置暂行规定》首次明确要求："学校要建立共产党、共青团和工会组织以及必要的思想政治工作制度。"其次，中共中央组织部、中共教育部党组 2000 年 6 月 6 日印发《关于加强社会力量举办学校党的建设工作意见》（中组发〔2000〕7 号），这是第一个针对民办学校党建工作的指导性文件，使民办学校党建工作在地位、任务和要求上得到了基本明确，并首次明确了民办学校"发挥政治核心作用"的地位，该文件成为民办学校党建工作逐步迈向规范化的重要依据。最后，随着党组织的所属地位和具体任务在实践中逐渐清晰，党建工作对促进民办学校的健康发展起到了非常重要的作用。在此期间，为贯彻落实《关于加强社会力量举办学校党的建设工作意见》，2000 年 11 月 28 日，共青团中央、中共教育部党组印发《关于加强社会力量举办的高等学校团的建设工作的意见》（中青联发〔2000〕62 号）；2002 年 6 月 17 日，全国总工会、教育部发布《关于在社会力量举办的学校建立工会组织的意见》（总工发〔2002〕12 号）。

进入 21 世纪，伴随《中华人民共和国民办教育促进法》颁布实施，我国的民办教育特别是民办高等教育迅速发展。总体上，各地各部门和民办高校按照中央有关要求，切实加强民办高校党建工作，民办高校党的组织体系逐步健全，党组织的创造力、凝聚力、战斗力不断增强。但是，有些地方对民办高校党建工作重视不够；有些民办高校忽视党的建设和思想政治工作，党组织的工作机制不够顺畅，党务干部队伍比较薄弱；有些民办高校党组织和党员不能充分发挥作用，导致个别地方和学校出现了影响社会稳定的群体性事件。民办高校中存在的这些亟待解决的问题，引起了党中央的高度重视。

2004 年 8 月 26 日，中共中央、国务院颁发的《关于进一步加强和改进大学生思想政治教育的意见》（中发〔2004〕16 号）中强调："要重视和加强民办高等学校党的建设和大学生的思想政治教育。"

2005 年 4 月 17 日，中共中央组织部、中共教育部党组、共青团中央印发的《关于加强和改进在大学生中发展党员工作和大学生党支部建设的意见》（中办发〔2005〕14 号）提出："支持、帮助和指导民办高校和中外合作办学高校在大学生中发展党员工作和大学生党支部建设，理顺党组织隶属关系，科学设置党的组织机构，充实党务工作干部力量，建立健全各项工作制度，保证工作质量。"

2006 年 12 月 21 日，国务院办公厅印发《关于加强民办高校规范管理引导民办高等教育健康发展的通知》（国办发〔2006〕101 号），提出"民办高校要建立健全党组织"，"依法建立政府对民办高校的督导制度，省级政府教育主管部门向民办高校委派督导专员"。同日，中共中央组织部、中共教育部党组印发《关于加强民办高校党的建设工作的若干意见》（教党〔2006〕31 号），从民办高校党组织的作用和职责、全面加强民办高校党组织自身建设、加强和改进民办高校大学生思想政治教育、维护民办高校安全稳定、切实加强对民办高校党建工作的领导等方面做出具体规定，提出明确要求；同时提出"根据工作需要，党委教育工作部门或教育行政部门党组织可选派德才兼备、熟悉教育工作的党员干部，到民办高校担任党组织负责人"，"党组织负责人兼任政府派驻学校的督导专员"。

2007 年 2 月 3 日，教育部颁布《民办高等学校办学管理若干规定》（25 号令），指出："民办高校必须根据有关规定，建立健全党团组织。民办高校党组织应当发挥政治核心作用，团组织应当发挥团结教育学生的重要作用。"这也是我国第一次以法规的形式对民办高校党组织"发挥政治核心作用"的地位做出的明确规定。5 月 18 日，国务院批转同意教育部制定的《国家教育事业发展"十一五"规划纲要》中提出："抓好民办高校党建工作，为民办高校的健康发展提供坚强有力的保证。"

从此，我国民办高校党的建设进入规范时期，由原先的根据相关文件的指导自主自为地开展工作转变为党和政府的直接推动和直接参与，党建工作的领导体制、制度措施、人员保障、作用发挥等各个环节开始得到全面加强和规范。

2010年7月8日，中共中央、国务院颁布的《国家中长期教育改革和发展规划纲要（2010～2020年）》进一步强调，要"积极发挥民办学校党组织的作用"，"加强民办学校党的建设，积极探索党组织发挥作用的途径和方法"。2012年6月14日，教育部颁布的《国家教育事业发展第十二个五年规划》也提出："进一步加强民办学校党的建设，积极探索党组织发挥作用的途径和方法。"

2016年，对于我国民办学校党建工作来说，必将是载入史册的重要一年。2月，中共中央办公厅、国务院办公厅印发的《关于做好新时期教育对外开放工作的若干意见》提出，要"创新工作方式，加强和改进中外合作办学机构党建工作"。4月18日，中共中央总书记、国家主席、中央军委主席、中央全面深化改革领导小组组长习近平主持召开中央全面深化改革领导小组第二十三次会议，审议通过了《关于加强民办学校党的建设工作的意见（试行）》。会议强调，支持和规范民办教育发展，要坚持和加强党对民办学校的领导，设立民办学校要做到党的建设同步谋划、党的组织同步设置、党的工作同步开展，确保民办学校始终坚持社会主义办学方向①。11月7日，第十二届全国人大常委会第二十四次会议通过的新修订的《中华人民共和国民办教育促进法》第九条规定：民办学校中的中国共产党基层组织，按照中国共产党章程的规定开展党的活动，加强党的建设。

2016年12月29日，《中共中央办公厅印发〈关于加强民办学校党的建设工作的意见（试行）〉的通知》（中办发〔2016〕78号）强调：各级党委（党组）要充分认识做好民办学校党建工作的重要性、紧迫性，按照全面从严治党要求，加强党对民办学校的领导，加强社会主义核心价值观培育，确保学校按照党的要求办学立校、教书育人。《通知》从加强民办学校党建工

① 新华社：《习近平主持召开中央全面深化改革领导小组第二十三次会议》，《人民日报》2016年4月19日，第1版。

作的重要性紧迫性、充分发挥民办学校党组织政治核心作用、推进党的组织和党的工作有效覆盖、选好管好民办学校党组织书记、建立健全党组织参与决策和监督机制、做好发展党员和党员教育管理工作、抓好思想政治教育和德育工作、加强对民办学校党建工作的领导等八个方面，提出了具体要求和措施。同日，国务院印发的《国务院关于鼓励社会力量兴办教育促进民办教育健康发展的若干意见》（国发〔2016〕81 号）强调：加强党对民办学校的领导。特别指出，要"切实加强民办学校党的建设。全面加强民办学校党的思想建设、组织建设、作风建设、反腐倡廉建设、制度建设，增强政治意识、大局意识、核心意识、看齐意识。完善民办学校党组织设置，理顺民办学校党组织隶属关系，健全各级党组织工作保障机制，选好配强民办学校党组织负责人。民办学校党组织要发挥政治核心作用，强化思想引领，牢牢把握社会主义办学方向，牢牢把握党对民办学校意识形态工作的领导权、话语权，切实维护民办学校和谐稳定"。

2017 年 1 月 10 日，国务院颁布的《国家教育事业发展"十三五"规划》提出："高度重视民办高校、中外合作办学中党的建设和思想政治工作，建立健全党组织，建立党组织参与决策和监督机制，探索党组织发挥政治核心作用的有效途径。"同年 7 月，中共中央组织部、中共教育部党组印发《关于加强高校中外合作办学党的建设工作的通知》（中组发〔2017〕13 号），就加强高校中外合作办学党的建设工作提出具体要求。

这表明，以习近平同志为核心的党中央高度重视加强民办学校党的建设，不仅第一次以法律的形式对民办学校加强党的建设做出了明确规定，而且从战略上对民办学校党建工作提出了原则要求和具体措施。这既为新形势下加强民办学校党的建设提供了最根本的法律遵循，又指明了进一步做好民办学校党建工作的前进方向。

（二）加强工作领导

20 世纪 90 年代中期以来，随着民办高校数量的增加和规模的扩大，党中央开始把民办高校党建工作作为一项重要工作来抓，要求各地党委教育工作部门或教育行政部门党组织深入调研，积极听取举办者与专家的意见建议，总结和借鉴公办高校党建工作经验，帮助民办高校组建党组织，指导党建工作开展。

1999 年，中组部、教育部党组在调研的基础上，就加强民办高校党的建设工作提出了指导性的工作意见。2000 年召开的第九次全国高校党建工作会议，第一次吸收民办高校的代表参加。2001 年，在教育部和共青团中央联合组织的第六次全国三好学生的评选和表彰中，第一次纳入了民办高校的学生。2001 年 4 月 24～27 日，全国高校思政教育研究会经教育部社会力量办学管理办公室的同意，在社会科学研究和思想政治教育司的支持下，在河南郑州召开了第一次民办高校思想政治教育专题座谈会。原国家教委副主任、全国高校思政教育研究会会长王明达出席会议，十多所学校介绍了他们开展党建和思想政治工作的初步实践成果。2002 年 11 月 5 日，在党的十六大召开之际，《中国教育报》以《民办高校党建工作新气象》为题，报道了民办高校积极开展党建和思想政治工作的情况。

2006 年以来，由中组部、中宣部、教育部党组联合召开的历次全国高校党建会，都对推动民办高校党建工作做了部署。2006 年 7 月 18 日，在陕西西安召开的部分民办高校党建与思想政治工作座谈会上，教育部党组成员、副部长李红卫在讲话中指出，加强民办学校党建工作不仅是巩固民办教育成果和发展民办教育的需要，也是民办学校自身生存和发展的需要，要认真研究民办教育的特点，探索加强民办学校党建和思想政治工作的规律①。2007 年，教育部专门组建督查组，对江西、四川、上海、湖北、浙江、江苏等省市贯彻落实《关于加强民办高校党的建设工作的若干意见》的情况进行督查。截至 2011 年 6 月底，我国民办高校中有校级党委 510 个、院（系）党委及党总支 2037 个、教职工党支部 5059 个、学生党支部 6430 个；学生党员达 34.39 万人，占民办高校学生总数的 8.1%，占全国学生党员总数的 11.3%②。

---

① 柯万昌：《民办高校要重视并加强党建和思想政治工作》，《中国教育报》2006 年 7 月 19 日，第 1 版。
② 杜玉波：《在全国民办高校党的建设工作座谈会上的讲话》，2012 年 7 月 20 日。

2012 年 1 月 4 日，在第二十次全国高校党建工作会议上，中央领导同志要求将加强民办高校党建工作作为高校党建工作的重点之一。2012 年 4 月，教育部要求各省、自治区、直辖市，通过自查、普查、实地调研等方式对全国民办高校党的建设情况进行督查调研，并于 5 月在西安、长春、杭州等地召开了 3 个片组会议，对 60 余所民办高校党建情况进行专项督查。同时，对全国 644 所（其中民办普通本科高校 383 所、独立学院 261 所）民办高校开展了党建专题调研。

2012 年 6 月 20 日，习近平同志在清华大学主持召开高校党建工作座谈会并发表重要讲话，深刻阐述了高校党建工作必须始终坚持和贯彻的四项指导原则，即高校党的建设要坚持围绕服务大局和促进高等教育事业科学发展这一主题来开展，要坚持围绕培养中国特色社会主义事业合格建设者和可靠接班人这一根本来推进，要坚持围绕贯彻好党委领导下的校长负责制这一领导体制来加强，要坚持围绕抓好基层打牢基础这一重要支撑来深化。习近平同志在讲话中专门就加强民办高校党的建设做出强调和部署。他要求，各级党委要把民办高校党建工作摆上重要议事日程，切实加强统一领导，按照中央组织部、教育部党组《关于加强民办高校党的建设工作的若干意见》的要求进一步做好工作，及时建立健全民办高校党组织，创新党组织活动方式，努力实现民办高校党组织全覆盖①。

2012 年 7 月 19 ~ 20 日，教育部在上海召开全国民办高校党的建设工作座谈会，深入学习贯彻习近平同志在高校党建工作座谈会上的重要讲话精神和第 20 次全国高校党建工作会议精神，总结交流《中共中央组织部中共教育部党组关于加强民办高校党的建设工作的若干意见》颁布以来各地各校的贯彻落实情况，以期进一步加强和改进民办高校党的建设，推动民办高等教育事业健康发展。教育部党组副书记、副部长杜玉波在会上指出，新时期推进民办高校党建工作，要妥善处理好党委与董事会、校长之间的关系、党建工作与教学行政工作之间的关系、监督指导与自主办学之间的关系、工作

---

① 杜玉波：《在全国民办高校党的建设工作座谈会上的讲话》，2012 年 7 月 20 日。

方法的继承与创新之间的关系；要继续选好配强民办高校党组织负责人，切实加强民办高校基层党组织建设，大力做好民办高校学生思想政治教育，着力维护校园和谐稳定，不断加强对民办高校党建工作的领导①。2012 年 8 月 29 日，《中国教育报》以《党建，构建和谐校园的精神动力——党的十七大以来我国民办高等学校党建工作纪实》为题，报道了民办高校在加强党的建设工作中取得的成绩。同样是在 2012 年 8 月，全国各选举单位选举产生的 2270 名党的十八大代表名单公布，北京城市学院党委书记、院长刘林跃然其中，他作为新中国成立以来第一位来自民办学校的党代表参加了党的第十八次代表大会；2015 年 10 月 26～29 日，刘林作为十八大代表又列席了党的十八届五中全会，为中央制定"十三五"规划建言献策。

2016 年 4 月 27 日，中共教育部党组发布的《中共教育部党组关于巡视整改情况定通报》中强调："加强党对民办高校的领导"，"制订加强民办学校党的建设工作、鼓励社会力量兴办教育促进民办教育健康发展等相关文件"，"要求民办学校党组织落实全面从严治党主体责任、确保学校全面贯彻党的教育方针"②。

2016 年 12 月 7～8 日，全国高校思想政治工作会议在北京召开。习近平总书记在讲话中强调："我们的高校是党领导下的高校，是中国特色社会主义高校"，"办好我国高等教育，必须坚持党的领导，牢牢掌握党对高校工作的领导权，使高校成为坚持党的领导的坚强阵地"，"要把民办高校、中外合作办学院校纳入高校思想政治工作整体布局，完善体制机制，延伸工作手臂，建立健全党组织，全面推行党组织书记选派，确保民办高校党建和思想政治工作全覆盖"③。12 月 4 日，印发的《中共中央国务院关于加强和改进新形势下高校思想政治工作的意见》（中发〔2016〕31 号）强调，要"加强和改善党对高校的领导"，"高度重视民办高校、中外合作办学中党的建设和思想政治工作，建立健全党组织，选派党组织书记，建立党组织参与

---

① 董少校：《切实加强民办高校基层党组织建设》，《中国教育报》2012 年 7 月 21 日，第 2 版。
② 中共教育部党组：《关于巡视整改情况的通报》，《中国教育报》2016 年 4 月 28 日，第 1 版。
③ 习近平：《在全国高校思想政治工作会上的讲话》，2016 年 12 月 7 日。

决策和监督机制，探索党组织发挥政治核心作用的有效途径"。

2017 年 11 月 19 日，全国民办高校党建工作推进会在武汉召开。教育部党组成员、部长助理刘大为在讲话中指出，各地各民办高校党委要用十九大精神统领民办高校党的建设，始终把牢正确政治方向、正确办学方向、正确服务面向，完善体制机制，延伸工作手臂，促进民办高校党的建设和思想政治工作全面提升、全面加强①。

（三）注重经验交流

从 2000 年起，由中组部、中宣部和中共教育部党组联合召开的每次全国高校党建工作会议，都选派民办高校代表参加或做大会经验交流。2000 年 7 月 5~7 日，第九次全国高校党建工作会议在北京召开，黄河科技学院党委书记、院长胡大白代表民办高校参加会议，开启了民办高校参加此项会议的先河。2003 年 10 月 29 日，西京学院在第十二次全国高校党建工作会议上做《夯实民办高校党建工作基础，切实做好发展党员工作》的大会交流发言。2005 年 12 月 24 日，浙江树人学院在第十四次全国高校党建工作会议上做《民办高校党建工作新路子》的大会交流发言。2006 年 12 月 27 日，青岛滨海学院在第十五次全国高校党建工作会议上做《构建平安和谐的民办大学校园》的大会交流发言。2008 年 12 月 20 日，黑龙江东方学院在第十七次全国高校党建工作会议上做《加强党建工作，促进民办高校健康发展》的大会交流发言。2010 年 12 月 15 日，上海市民办高校党工委在第十九次全国高校党建工作会议上做大会交流发言。2012 年 1 月 5 日，北京城市学院在第二十次全国高校党建工作会议上做《以高质量党建保障民办大学建设》的大会交流发言。2013 年 1 月 9 日，武汉生物工程学院、宁波诺丁汉大学在第二十一次全国高校党建工作会议上分别做《典型引领，促进学生成长成才》《明确定位，创新渠道，探寻接点》的大会交流发言。2013 年 12 月 25 日，云南工商学院在第二十二次全国高校党建工作会议上

---

① 程墨：《教育部召开全国民办高校党建工作推进会》，《中国教育报》2017 年 1 月 20 日，第 3 版。

做《探索党建新途径，推动学校新发展》的大会交流发言。2014 年 12 月 29 日，郑州科技学院在第二十三次全国高校党建工作会议上做《加强思想引领，强化服务功能，推动民办高校立德树人取得新成效》的大会交流发言。

2017 年 7 月 7~8 日，由中国民办教育协会主办的"贯彻民办教育新法新政，加强民办学校党建学习交流会"在北京举行。教育部党组成员、副部长孙尧，中国民办教育协会会长王佐书出席会议并讲话。北京城市学院、河北传媒学院、吉林华桥外国语学院、无锡太湖学院、泉州理工职业学院、江西科技学院、山东英才学院、黄河科技学院、湖南信息学院、湖南软件职业学院、西京学院、海口经济学院、金网国际教育管理集团等 13 家单位做经验交流发言。11 月 20~21 日，由教育部思想政治工作司主办的全国民办高校党组织书记培训班在武汉举行，黄河科技学院、河北传媒学院、黑龙江东方学院、北京工业大学耿丹学院、上海建桥学院、浙江育英职业技术学院有关负责同志做了交流发言。

（四）成立研究组织

2012 年 3 月，为进一步提高民办高校党建理论研究水平，在教育部思想政治工作司的领导和直接指导下，成立了全国民办高校党建研究分会。12 月，成立大会在北京举行，十八大代表，北京城市学院党委书记、院长刘林当选为理事长；同时，还召开了"全国民办高校学习宣传贯彻党的十八大精神座谈会"。

自全国民办高校党建研究分会成立以来，先后于 2013 年、2014 年、2015 年、2016 年，在西安、大连、厦门、北京分别召开了四届"全国民办高校党建工作论坛"，成功举办了四届"全国民办高校党的建设与思想政治工作优秀成果评选"活动和两次年度优秀论文评选活动，建立了全国民办高校党建研究分会的工作网站及民办高校党建和思想政治工作成果案例库。自 2014 年至今，组织实施了 2 期"全国民办高校党建与思想政治工作骨干培训班"，编辑出版了《探索与创新——全国民办高校党的建设与思想政治工作优秀成果集》。研究会的活动得到了中组部、教育部有关部门领导及各省、自治区、直辖市党委教育工作部门、教育厅（教委）的大力支持以及全国各地民办高校的积极响应，并产生热烈反响。

二　各省党委支持民办学校党组织建设

（一）建立相应机构

各省、自治区、直辖市结合自身实际，建立健全民办学校党建工作机构，加强与民办学校党组织的联系和沟通，定期对民办学校党的建设情况进行检查指导，提出意见建议，有效推动了民办学校党建工作的顺利开展。当前，从民办高校的具体情况看，驻地在省会的民办高校党组织，一般归口为省委高校工委或省委教育工委管理；驻地在其他地市的民办高校党组织，按照属地管理原则，一般归口为本地市委组织部门管理。但在具体实践中，也有省市专门成立党的机构加强对民办学校党组织的管理。例如，2001 年，上海市成立中共上海市民办高校工作委员会，江西省成立中共江西省教育厅社会力量举办学校委员会；2004 年，北京市成立了北京市委教育工委、市教委民办高校党建工作办公室；2009 年，内蒙古自治区高校工委成立呼和浩特地区民办高校党委，负责建立和统一领导本省市、本地区的民办高校党组织工作，积极探索和推进民办高校党的建设。

（二）制订政策文件

21 世纪以来，各省、自治区、直辖市先后出台多个加强民办高校党建工作的文件，为加强和改进民办高校党建工作提供了制度支撑，保障民办高校健康发展。

2000 年，中共中央组织部、中共教育部党组《关于加强社会力量举办学校党的建设工作意见》出台后，各省、自治区、直辖市积极贯彻落实文件精神。2001 年，上海市出台《关于加强上海市社会力量举办学校党的建设工作的若干意见》，江苏省印发《关于社会力量所办学校建立基层党组织的暂行办法》和《江苏省民办高校党组织工作暂行规定》。2002 年，浙江省出台《关于加强社会力量举办高校党的建设工作的实施意见》，重庆市印发《关于加强和改进民办高等学校党的建设和规范管理的若干意见》。2003 年，上海市出台《关于加强上海市民办高校党建工作的若干意见》，辽宁省印发《关于加强和改进民办高校党的建设工作的暂行意见》，四川省制定《四川省民办学校党的建设工作暂行办法》。2004 年，湖北省印发《关于加强湖北省民办高校党的建设工作的若干意见（试行）》。2005 年，上海市印发《关于加强上海民办高校大学生思想政治教育的若干意见（试行）》，北京市出台《关于加强和改进北京民办高校学生思想政治教育的意见（试行）》。

2006 年，中共中央组织部、中共教育部党组《关于加强民办高校党的建设工作的若干意见》出台后，各省、直辖市、自治区积极贯彻落实文件精神。当年，北京市出台《关于加强北京市民办高等学校党的建设工作的意见》。2007 年，辽宁省印发《关于深入贯彻落实中央组织部、教育部党组关于加强民办高校党的建设工作的若干意见的实施意见》，天津市出台《关于加强天津市民办高校和独立学院党的建设工作的实施意见（试行）》，河南省印发《关于加强民办高校党的建设工作的实施意见》，河北省出台《关于加强民办高校党的建设工作的实施意见（试行）》和《河北省民办高校党组织负责人（督导专员）委派任用工作实施办法》，江苏省印发《关于加强民办高校党的建设工作的意见》，安徽省出台《关于加强民办高校党的建设工作的实施意见》和《安徽省向民办高校委派督导专员实施办法（试行）》，广东省印发《关于加强民办高校党建工作的实施意见》，上海市出台《关于加强上海市民办高校党的建设工作的若干意见（暂行）》，重庆市印发《关于加强民办高等学校党的建设工作的意见》，湖南省出台《湖南省向民办普通高校委派党委书记、督导专员的实施办法（试行）》，江西省出台《关于进一步加强民办高校党的建设工作的实施意见》《江西省向民办高校委派督导专员的实施办法（试行）》和《江西省民办高校党建评估试点工作方案（试行）》，北京市印发《关于开展向北京民办高等学校委派督导专员兼党建工作联络员工作的意见》。

2008 年，吉林省出台《关于加强吉林省民办高等学校党的建设工作的意见》《关于加强民办高校薄弱基层党组织的工作措施》《吉林省民办高等学校党委书记选任和管理办法》《吉林省民办高校党委书记选任工作程序》

和《吉林省民办高校党委设立、换届及届中调整工作的暂行规定》，辽宁省印发《辽宁省民办高校党组织负责人选派和管理实施意见》，重庆市印发《关于进一步做好民办高校党的建设有关工作的通知》，天津市出台《选（委）派民办高校党委书记、督导专员暂行办法》，北京市印发《北京市民办高校党建和思想政治教育工作评估基本要求（试行）》和《北京市民办高校党建和思想政治教育工作评估指导指标体系》。2009 年，湖南省出台《湖南省民办高校党建工作评估活动方案》。2010 年，上海市印发《关于新形势下进一步加强上海市民办高校党建工作的若干意见》，云南省出台《云南省向民办高校选派党委书记（督导专员）的暂行办法》。2011 年，广西壮族自治区印发《关于进一步加强我区民办高校党的建设工作的意见》和《广西壮族自治区民办高校党组织负责人选派管理办法（试行）》。2012 年，广东省印发《广东省民办高校党建工作评估考核体系》，云南省出台《关于民办高校党委书记（督导专员）的管理办法》，江苏省印发《关于进一步加强民办高校党的建设工作的意见》《江苏省民办高校基层党组织建设工作考核办法》和《江苏省民办高校基层党组织建设工作考核基本标准》。2014 年，湖北省印发《关于进一步加强和改进民办高校党建工作的意见（试行）》。

在这一时期，黑龙江省印发《关于加强我省民办高校党的建设工作的实施意见》和《关于向民办高校选派党委书记和教育督导专员的办法》；福建省出台《福建省民办高等学校党组织工作暂行规定》《福建省民办高校党建工作基本标准》和《福建省民办高校（独立学院）党组织负责人和管理暂行办法》；宁夏回族自治区印发《宁夏回族自治区关于加强民办高校党的建设工作的意见》和《宁夏民办高校党委书记（政府督导专员）工作制度》；山东省先后出台《关于加强民办高校党的建设工作的若干意见》等 6 个文件，天津市也出台《关于加强天津民办高校和独立学院党的建设工作的实施意见（试行）》和《选（委）派民办高校党委书记、督导专员暂行办法》等文件，对民办高校党组织的建立、职责定位、工作开展等做了具体规定，提出了具体要求。

2016 年 12 月，中共中央办公厅印发《关于加强民办学校党的建设工作的意见（试行）》，开启了加强民办学校党建工作的新时代。各省认真贯彻落实，进一步加强党对民办学校的领导，切实加强和改进民办学校党建工作。2017 年 8 月，中共北京市委常委会专题听取民办学校党建工作情况汇报，研究通过《北京市贯彻落实〈关于加强民办学校党的建设工作的意见（试行）〉实施方案》。同年，山西省委办公厅印发《关于加强全省民办学校党的建设工作的实施意见（试行）》，黑龙江省委办公厅印发《关于加强民办学校党的建设工作的实施意见（试行）》，山东省委办公厅印发《关于加强全省民办学校党的建设工作的实施意见（试行）》等。

（三）选派党组织负责人

2007 年以来，各省、自治区、直辖市按照《关于加强民办高校党的建设工作的若干意见》向民办高校选派党组织负责人的要求，积极选派富有党建工作经验的干部到民办院校担任党组织负责人，使民办高校党组织建设水平得到进一步提升。多个省、自治区、直辖市先后研究制订选配民办高校党组织负责人的工作方案，挑选德才兼备、熟悉教育工作的党员干部，到民办高校担任党组织负责人，大多数都兼任政府派驻学校的督导专员。2007年，陕西省向 16 所民办普通高校委派了党委书记兼任督导专员；江西省向 10 所民办高校委派了督导专员兼党委书记；湖南省向 11 所民办高校委派了党委书记、督导专员；福建省向 12 所民办高校委派了党委书记，同时厦门市委在省里派出党组织负责人的基础上，又派出了党组织副职领导。2008年，山东省民办高校选派 22 名民办高校党建工作联络员、督导专员；北京市向民办高校和民办非学历高等教育机构选派了 15 名督导专员、党建工作联络员；河北省向 12 所民办高校选派了党委书记、督导专员。2010 年，河南省向 3 所民办高校委派了党委书记。2011 年，浙江省向 3 所民办高校选派了党委书记；云南省向 8 所民办高校选派了党委书记兼督导专员。截至 2012 年，吉林省已选任 6 名党委书记到民办高校任职；安徽省向 18 所民办高校选派了党委书记兼督导专员；广东省向 32 所民办高校选派了政府督导专员并兼任党委书记；宁夏回族自治区向 4 所民办高校委派了党委书记；广西壮族自治区选派 18 位优秀党员干部到民办高校任党委书记、督导专员，另外按照属地管理原则，南宁市委从 2009 年开始同时向邕江大学委派多位同志担任党委副书记或纪委书记。

这里，重点谈一谈陕西省的情况。作为民办高等教育大省，陕西省一直高度重视民办高校的党建工作。陕西省民办高校党建工作一直坚持走创新之路，在总结公办高校党建工作经验的基础上，坚持继承发展与创新发展齐头并进。1998 年，省委就组织召开了 6 次民办高校党建工作座谈会，印发了100 多份民办高校党组织和党员情况调查表。1999 年，省委组织部和省委教育工委联合下发了《关于加强陕西省民办高校党组织建设的意见》，明确了党组织和学校行政组织同步组建的原则；同年 11 月又下发了《关于任命民办高校党组织临时负责人的通知》，创造性地为尚未建立党组织的民办高校全部任命了党组织临时负责人。2001 年，省委教育工委又适时制定了《陕西省民办高校党的建设工作基本标准》及评估体系，召开了第一次全省民办高校党建工作会议。2002 年，省委教育工委充分利用本省公办院校丰富的人力物力资源，开展了公办院校和民办院校"结对子"联系指导制度。2007 年，民办普通高校党组织划归省委高教工委管理，并向 16 所民办普通高校委派了党委书记，并兼任督导专员。2008 年，中共陕西省委办公厅、陕西省人民政府办公厅印发《关于加强和改进民办高等学校党的建设和规范管理的若干意见》。2012 年，《陕西省民办高校党建工作情况自查报告》显示，18 所民办普通高校中设有校级党委 17 个、分党委 9 个、党总支 83 个、党支部 555 个、党小组816 个；有党员 23749 人，占总人数的 10.64%，其中教职工党员 4747 人，占教职工人数的 33.54%；学生党员 19002 人，占学生总数的 9.08%，党组织设置较为合理，党员队伍不断壮大①。2013 年 10 月 21 日，来自在西安举行的第一届全国民办高校党建工作论坛的消息称，陕西省的 78 所民办高校（含非学历办学机构）都建立了党组织，覆盖率达 100%，民办高校的党建工作已经步入规范和提高的阶段，发展态势良好。

2017 年，陕西共有民办普通高校 18 所，党组织关系隶属省委高教工

---

① 教育部思政司：《各地民办高校党建工作情况自查报告汇编》，2012 年 7 月，第 162～163 页。

委，党的基层组织 736 个（校级党委 18 个，分党委、党总支 133 个，党支部 585 个），党员 1.8 万名。中共陕西省委印发《关于加强和改进民办普通高等学校党的建设工作的实施意见》，明确了民办本科高校党委书记从公办高校现职领导人员中选派，民办高职院校党委书记从公办高校退休领导人员中选派，同时兼任政府督导专员。同时，规范民办高校党委书记的薪酬待遇。明确选派到民办本科高校任职的党委书记，享受正厅实职待遇，行政关系保留原工作单位，工资和岗位津贴由原工作单位发放，省级财政每人每年发放 3 万元工作补贴。选派到民办高职院校任职的党委书记，省级财政每人每年发放 3.5 万元工作补贴。另外，推进党政班子"双向进入、交叉任职"，实现党委书记通过法定程序进入董（理）事会，董（理）事会和行政班子成员中的党员进入学校党委班子①。这些措施的实施，有效提升了民办高校的党建工作水平。

三　地方党委扶持民办学校党组织建设

（一）全国市县的整体情况

据资料显示，民办中小学的党建工作应该始于 20 世纪 90 年代初期。始建于 1994 年 2 月的私立武汉光华学校，于当年 11 月成立了党支部，1998 年被武汉市洪山区教委党委授予"先进党组织"称号。1999 年 11 月 18 日，由武汉市教育工委组织部举办的武汉市民办学校党建工作研讨会在私立武汉光华学校召开②。

2000 年，河北省藁城市先后出台了《民办学校党建工作条例》和《进一步加强民办学校党的建设工作的实施意见》，建立健全了民办学校党的基层组织，建立党委 1 个、党总支 1 个、党支部 3 个③。

---

① 中共陕西省委教育工作委员会：《通过强化指导规范管理提升民办高校党建工作水平》，《中国教育报》2017 年 11 月 20 日，第 10 版。
② 学校党建与思想教育杂志记者：《民办学校党建工作研讨会在汉召开》，《学校党建与思想教育》1999 年第 12 期，第 42 页。
③ 张建英主编《石家庄藁城年鉴（1997~2001 年卷）》，第 69 页。

2004 年，中共福州市委组织部、宣传部，市教育工委联合出台《福州市关于加强民办学校党的建设工作的意见》，并建立党组织的学校有 36 所，其中职业学校 4 所、中学 27 所、小学 5 所、幼儿园 2 所①。2006 年 12 月 22 日，泉州市委教育工委召开各县（市、区）委教育工委常务（专职）副书记座谈会，研究部署全市民办职业中专、中小学（幼儿园）党建工作调研活动②。2007 年，福建省开始在福州市、漳州市、宁德市等部分设区的地级市开展向民办中小学选派党组织负责人试点工作；2010 年 1 月，出台《福建省民办高中阶段学校党组织负责人、政府督导专员选派和管理暂行办法》，并在当年 9 月份基本完成党组织设置和党组织负责人、政府督导专员选派工作③。

2004 年，徐州市制定《加强民办中小学校党建工作的意见》，指导和规范民办中小学校党组织设置，完善党组织工作运行机制，保证民办中小学校党组织作用发挥④。

2004 年 3 月，青岛市教育局党委向首批 20 所民办学校选派了 7 名党建工作指导员，以加快民办学校党建工作的步伐，使党组织建设规范化、正规化。此前，已先后出台了《关于加强社会力量举办学校党的建设工作的意见》《民办学校党员发展工作程序》《民办学校接转组织关系须知》《民办学校建立党组织试行办法》《关于向民办学校选派党建工作指导员的意见》等文件⑤。

2006 年 5 月，济南市召开全市民办学校党建工作会议，并印发《关于进一步加强和改进民办学校党建工作的意见》。此文件特别指出，凡是正式党员不足 3 人的学校，可按"挂""靠""联"的办法，打破学校区域界限，建立联合党支部，也可把党员划归为当地教育行政部门或挂靠编入相应层次

---

① 郭榕生主编《福州教育年鉴（2005 年卷）》，第 92 页。
② 王亚君主编《泉州年鉴（2007 年卷）》，第 168 页。
③ 张志刚：《选派民办中小学党组织负责人的探索》，《学校党建与思想教育》2011 年第 1 期，第 24 页。
④ 刘艳主编《徐州市教育年鉴（2005 年卷）》，第 66 页。
⑤ 孙军：《青岛：选派"党建工作指导员进民校"》，《中国教育报》2004 年 3 月 30 日，第 3 版。

学校党组织管理。当时，济南市已有 26 所民办学校建立了党组织，党员总数达到 820 人①。

2008 年 1 月 4 日，《中国教育报》报道：河南省方城县教体局选派公办学校教师党员彭玉柱就任红星学校党支部书记，标志着该县开始向民办学校选派党组织负责人②。

2011 年 9 月，昆明市 152 所民办学校和 715 所幼儿园中共有党员 1051人，建立基层党组织 50 个，其中建立党委 1 个、党总支 3 个、党支部 39个、党小组 7 个③。

2012 年 11 月，郑州市教育局从局机关处室负责人中，向民办学校选派首批 18 名党建工作指导员，对口联络指导市教育局审批的 36 所民办学校④。

2016 年 3 月 11 日，洛阳市召开中国共产党洛阳市民办教育促进中心党总支成立大会，选举产生了第一届委员会，这成为洛阳民办教育党建工作的一个里程碑。在洛阳市区经市教育局批准成立的 27 所民办学校，除 2个不具备成立党组织条件外，已有 24 所学校建立了党支部，还有 1 所学校递交了成立党组织的申请，市属民办学校党组织的覆盖率达到 90%以上⑤。

2017 年 3 月 1 日，广州市教育局党委组织召开全市民办学校党建工作座谈会，研究贯彻落实中共中央办公厅《关于加强民办学校党的建设工作的意见（试行）》的要求，进一步加强和改进广州市民办学校党建工作。同年，中共安庆市委组织部、市教体工委出台《关于加强民办学校党的建

---

① 王瑞鹏：《民办学校党建工作将加强》，《济南日报》2006 年 5 月 27 日，第 1 版。
② 朱全永：《河南方城县：向民办学校派驻党支部书记》，《中国教育报》2008 年 1 月 4 日，第 8 版。
③ 昆明市教育局：《昆明市民办学校基层党建工作基本情况》，http：//www.doc88.com/p-9991671066257.html。
④ 刘艳：《市教育局建立民办学校党建工作指导员制度加强民办学校党建工作》，http：//www.zzjy.gov.cn/jydt/sjyjdt/11/1101783.shtml。
⑤ 李见新、张运昌：《洛阳民办学校党组织覆盖率 90% 以上》，http：//www.jyb.cn/china/gnxw/201606/t20160629_663641.html。

设工作的实施意见》，对全市民办学校党组织地位作用、党组织设置、党务工作者队伍建设、决策和监督机制、发展党员和党员教育等方面提出明确要求。

（二）上海市及其辖区情况

1997 年 10 月，中共上海市委组织部、市教卫党委颁发了《关于加强上海市民办中小学党建工作的若干意见（试行）》。2001 年 7 月，上海市教育党委又下发了《关于加强上海市社会力量举办学校党的建设工作的若干意见》。2003 年，上海市 124 所民办中小学已有 121 所学校建立了党组织，其中 1997 年 12 月前建立的有 28 所，占总数的 23.1%；在 1998 年 1 月至 1999 年 12 月建立的有 39 所，占总数的 32.2%；2000 年 1 月后建立的有 41 所，占总数的 33.9%。另有 13 所学校建立党组织的具体时间不清，占总数的 10.7%。在 121 所民办学校中，独立党支部 88 所，占 72.7%；与其他企事业或学校建立联合党支部的 9 所，占 7.4%；挂靠公办学校党组织的 24 所，占 19.8%。党组织书记是专职的 33 所，占 27.3%；校长兼书记的 43 所，占 35.5%；书记兼副校长或教导主任或人事干部的 43 所，占 35.5%[①]。

2006 年 7 月，上海市奉贤区教育局民办教育党工委成立。按照"成熟一个、组建一个、巩固一个"的原则，本着党员活动"就近、方便"的原则，分区域建立联合党支部；对有法人资格，符合单独建立党组织条件的民办非学历学校，建立独立党支部；对不具备建立独立党组织或联合党支部的，分类划分，成立了两个"党员服务站"，分别建立综合党支部。至 2011 年 11 月，奉贤区教育局民办教育党工委下设党支部 16 个，其中独立党支部有 14 个、综合党支部 2 个，拥有党员 178 人[②]。

2009 年，上海市闵行区教委对 100 余所民办学校采取挂靠、归口、联合等形式，建立和完善了党建工作网络，使 24 所学校和幼儿园建立了党组

---

① 上海市普教系统党建研究会：《上海市民办中小学党建工作的调查与思考》，《思想·理论·教育》2003 年第 1 期，第 61 页。
② 上海市奉贤区委组织部：《上海奉贤民办教育党建助区域教育均衡发展》，http：// dangjian. people. cn/GB/16125198. html。

织，并对尚未建立党组织的民办学校都选派了党建工作联络员①。

2011 年，上海市召开民办中小学党建工作会议，出台《关于进一步加强上海市民办中小学校党的建设工作的若干意见》。同年，上海市虹口区召开民办中小学党建工作推进会，并印发《关于进一步加强虹口区民办中小学校党的建设工作的实施意见》。而这一年，上海市杨浦区的 11 所民办中小学全部建立了党组织，有党员 242 名②。

2017 年 9 月，上海虹桥区教育局党工委已在区内教育系统的 9 所民办中小学中，8 所成立了独立党支部，1 所新建民办小学成立了联合党支部，实现了组织和工作的全覆盖。民办学校党组织由区教育局党工委直接领导，9 所民办学校的书记全部通过法定程序进入学校董（理）事会，党组织班子成员都进入了学校管理层，有的学校校长还兼任副书记，进一步畅通了党政沟通协调的渠道③。

（三）浙江省及其地市的情况

2002 年 10 月至 12 月，中共温州市委组织部、瓯海区委组织部、瓯海区教育局党委联合在瓯海区民办学校中开展党建试点工作④。2010 年 11 月 25 日，温州市召开民办学校党建工作暨创新争优活动现场推进会，一批民办学校被授予"党建工作示范点"称号；同年，温州市已建立民办学校党组织 167 个⑤。2012 年 11 月 10~20 日，温州市开展民办中小学党建工作专题调研活动。

2010 年，金华市教育局党委建立了党委成员联系民办学校制度，向民办学校选派了党建特派员。对已符合建立党组织条件的 35 所学历教育学校

---

① 沈则瑾：《上海闵行区：做好民办学校党建工作》，《经济日报》2008 年 11 月 26 日，第 2 版。

② 上海市杨浦区教育局党委：《紧贴教育改革发展大局，推进民办学校党建工作》，《组织人事报》2011 年 12 月 22 日，第 5 版。

③ 虹口区教育局党工委：《着力强化民办中小学党建工作》，http://www.shanghai.gov.cn/nw2/nw2314/nw2315/nw15343/u21aw1260486.html。

④ 陈又新主编《温州年鉴（2003 年卷）》，第 382 页。

⑤ 陈里雅：《促进民办教育健康发展，进一步加强民办学校党建工作》，《温州日报》2010 年 11 月 26 日，第 2 版。

建立了党委或党支部，部分规模以上民工子弟学校也建立了党组织，规模以上幼儿园和非学历教育机构全部建立党组织，规模较小尚不具备建立党组织条件的民办教育机构也开展了有关党建工作①。

2012年6月和2014年9月，浙江省教育工委先后两次开展民办中小学党建工作调研活动。2014年4月24日，浙江省委教育工委委员、省教育厅副巡视员吴永良一行在东阳市副市长龚俊俊的陪同下调研东阳市民办中小学党建工作。

2017年10月17日，浙江省在全省民办学校党建工作座谈会上，表彰了首批22个省级民办学校党建工作示范基地。据统计，浙江全省民办学校有党员30717名、基层党组织1767个。省委两新组织工委书记、省委组织部副部长张学伟在会上表示，将压紧压实主体责任，层层传导工作压力，形成工委牵头、部门主抓、属地协同、整体推进的工作格局，推动民办学校把党组织建设有关内容纳入学校章程，把出资人队伍建设纳入党建工作范围，努力形成重视民办学校党建工作的良好氛围②。

（四）建立行业或协会党组织情况

探索成立民办教育协会党委，进一步扩大了民办学校党建工作覆盖面，积极发挥党组织战斗堡垒作用，引领民办教育健康有序发展。

2003年3月，江西省南昌市教育局建立了"南昌市社会力量办学机构党委"，督促、指导民办教育机构组建党的组织。2003年底，南昌市民办教育机构党委已考察任命32位民办学校党支部书记，批准34所民办学校成立党支部，占市管民办教育机构的95%③。

2004年，大连市民办教育协会党委成立，全市各民办校的总支、支部都纳入民办教育协会党委的统一领导，理顺了该市民办学校党的组织关系。

---

① 吴永良主编《浙江教育年鉴（2011年卷）》，第241页。
② 逄润鹏、汤馨怡：《民办高校党建工作这样做》，http://www.fgdjw.gov.cn/fgdjw/system/2017/10/31/030491002.shtml。
③ 徐光明：《凝聚在党的旗帜下——江西南昌市民办学校党建工作纪实》，《中国教育报》2003年12月31日，第1版。

大连华南中学是 1997 年成立的民办学校，在抓好教学质量的同时，一直重视党建工作。该校成立不久就由其所在主办企业党委批准建立了党总支，2004 年划归大连市民办教育协会党委管理。2006 年、2009 年两次被中共大连市委授予"先进党总支部"称号；2011 年 6 月，被中共辽宁省教育厅党组授予"先进党总支部"称号的同时，又被中共辽宁省委授予"先进党总支部"称号，成为唯一受省委表彰的民办中学。

2009 年 12 月，长沙市教育局党委成立民办教育党委，领导和指导全市民办教育党建工作。民办教育党委成立以后，长沙市积极开展公办民办校党组织共建活动。第一批选派 4 名优秀年轻后备干部到民办学校担任专职党组织书记，选派 6 名基层党组织书记兼任民办学校党建指导员①。

2010 年 10 月，经中共锦州市委组织部、锦州市教育局党委批准同意，锦州市民办教育协会党委成立，加强对民办学校党建工作的领导。至 2015 年，锦州市民办教育机构共成立 44 个党支部，实现了党组织在民办学校、特别是非学历业余培训机构的全覆盖②。

2012 年 9 月 19 日，杭州首家民办教育协会党委——下城区民办教育协会党委成立，辖有 7 个党支部、50 多名党员③。

2013 年 10 月 15 日，吉林市民办教育协会党委成立，并举行第一次党员大会，选举产生了吉林市民办教育协会党委第一届委员会④。

2014 年 1 月 22 日，经中共太原市委组织部、太原市教育局党委批准同意，太原市民办教育协会党委成立。有关文件要求，对有正式党员 3 人以上的市属民办学校和民办培训单位成立独立党支部，对党员人数不足 3 人的市

---

① 高伟山：《长沙设市民办教育党委，公办民办校党组织共建》，《中国教育报》2010 年 1 月 29 日，第 1 版。

② 马岩、张智富、赵晓强：《锦州市探索创新民办教育党建模式》，《辽宁日报》2015 年 4 月 29 日，第 7 版。

③ 刘粉莉、曹辉：《杭州市首家民办教育协会党委在下城区成立》，http：//edu. zjol. com. cn/system/2012/09/19/018821973. shtml。

④ 李光：《吉林市民办教育协会党委成立暨协会党委第一次党员大会隆重召开》，http：//www. jledu. com. cn/html/NewsCenter/jiaoyuyaowen/2013/1016/10175. html。

属民办培训学校要按片区成立联合党支部，分别成立了迎泽区（含 15 个学校、党员 25 人）、杏花岭区（含 13 个学校、党员 16 人）、小店区（含 12 个学校、党员 14 人）、万柏林区（含 7 个学校、党员 11 人）四个联合党支部①。

2014 年 6 月，江苏省灌南县教育局党委成立灌南县民办教育协会党委，积极开展民办学校党建工作，并于当年在符合条件的 10 所民办学校、幼儿园分别建立了党支部，6 所民办学校、幼儿园成立了党小组②。

第三节　发挥民办学校党组织的作用

民办教育作为我国教育事业的重要组成部分，加强党对民办学校的领导是民办学校把好办学方向、持续健康发展的根本保证。改革开放以来，我国民办学校特别是民办高校的党组织建设取得了长足进步，党组织的政治核心作用也得到了充分发挥。这里，结合民办高校的类型和特点，重点选取几所民办高校的代表，展示我国民办学校加强党建工作的做法和经验。

一　北京城市学院：中国第一个民办高校党组织建立者③

1984 年，海淀走读大学（北京城市学院的前身）刚成立时，有 13 位工作人员，其中 6 位是离退休的教育工作者，共产党员有 7 位，其中 5 位党的关系在原单位。老党员党的观念很强，在 1984 年 5 月间就主动研究决定，成立临时党小组。有关形势政策的学习和讨论办学重要问题时，都通知党员来参加，并对党员提出"在办学过程的攻坚克难中发挥模范带头作用"的要求。

---

① 太原市民办教育协会党委筹备组：《关于成立联合党支部的通知》，http：//www.tymbjy. com/news/view.asp? id = 11654。
② 孙荪、李亚东：《灌南县成立民办教育协会党委办学校的党员有了自己的"家"》，http：//www.0518. biz/news/gn/2015 - 07 - 07/56290.html。
③ 参照陈宝瑜《北京城市学院创建初期党组织建设情况回顾》，《中国民办教育》2016 年第 5 期，第 27 页。

1985 年 2 月开学时，中共海淀区委组织部以（85）第 10 号通知，批准海大建立党支部。这也是全国民办高校中的第一个党支部。海大党支部为海淀区委直属支部。党支部分工：书记傅正泰、组织委员李成吉、宣传委员陈宝瑜。离退休党员的组织关系不在海淀走读大学的，由原单位党委组织部开介绍信，在海大党支部参加组织生活。

到 1987 年 9 月开学时，学校发展为 20 多个专业，在校生达 1600 多人，学校按专业群分为 3 个学院，分散在 3 处办学。理工学院在地大附中；经管学院在双榆树二中；东方健身学院开始在成府小院（海大创生地），后移往北清路皇后店。党员已有 18 名，最小的学部党员人数也有 3 名。根据党的基层组织建设传统"支部建在连上"的精神，这时党支部向海淀区委报告，把海大党支部扩展为党总支，在 3 个学院分别建立党支部。1988 年 5 月，中共海淀区委组织部批准海大建立党总支委员会，总支委员会成员还是傅正泰（书记）、李成吉、陈宝瑜。经管学院支部书记是成运花，理工学院支部书记是赵佳因，东方健身学院支部书记是丁梅。

1992 年以后，海淀走读大学进入了快速发展时期。到 1996 年，在校生人数（计划内和计划外）已达 4000 余人，有 10 个学院、30 多个专业，14 个党支部、62 名党员，还有申请入党的积极分子 206 人。此时的海淀走读大学，还是多学区办学。根据这种情况，在 1996 年，党总支换届时，报中共海淀区委批准，适时地建立了中共海淀走读大学党委。党委委员 7 人，党委书记是傅正泰，党委副书记是陈宝瑜，其他 5 名委员是曹世平、冉楠、成运花、沈晓武、庞东辉。从海淀走读大学到北京城市学院，党组织已经历了临时党小组、党支部、党总支和 4 届党的基层委员会。

海大的办学体制是民办公助（2003 年转为公有民办），内部管理体制是董事会决策下的校长负责制。在这样的办学体制和管理体制下，民办学校要不要建立党组织？党组织的任务和职责是什么？在实现其任务和职责的时候，同公办大学比较，怎样适应民办体制的新情况？这一直是民办高校在不断探索的重大问题。

海淀走读大学要不要建立党组织，在 1984 年 5 月向党员同志征求意见的时候，大家异口同声都同意要尽快建立党组织，发挥党员的集体作用，所以当年 5 月就建立了临时党小组。

新建立起来的党支部经大家讨论后认为：民办大学建立党的基层组织的目的和任务与公办大学应该是一致的。它要起政治核心作用，要保证学校的社会主义办学方向，贯彻党的教育方针，在办学实践中起战斗堡垒作用，党员在办学工作中要发挥模范带头作用。

只是党的基层组织不能替代校长负责制，不能替代董事会的决策地位，而要支持校长负责制体系的工作，要重点做好调动一切积极力量办好学校的政治思想工作和全面协调工作，使学校董、政、党齐心协力地办好社会主义民办大学。

由于民办学校的办学体制和管理体制与公办大学不同，所以党组织在工作方法和形式上要创造新模式。海淀走读大学的党组织在工作实践中探索了如下一些做法：

第一，从决策环节来说，党组织的主要成员要参加董事会和校委会，以保证党组织在办学重要事务中的决策权。学校还采用党委书记和校长一人兼的模式。此外，党委还重视通过在决策组织中工作的党员发挥积极作用。

第二，学校的政治思想工作建立了以党委领导为主，党政工团齐抓共管的思想政治工作体制。海大在学生政治思想和德育工作中建立了党委领导、党政合一的学生工作委员会（简称"学工委"）。

第三，基层党支部的工作更强调发挥共产党员在各项工作中的模范带头作用，在宣传和落实党的方针政策中的主动引领作用。党支部在布置、检查和总结工作时，都把这一条放在重点位置。

第四，加强党组织对学校工会、共青团等群众组织的直接领导，引导和支持它们围绕党和学校中心工作、按照各自章程独立地开展工作。注意积极培养和吸收教职员工和学生中的优秀分子入党。

正是基于以上的党建历史积淀，北京城市学院的党员队伍不断壮大，党组织的凝聚力、战斗力、号召力不断增强，党员的先锋模范作用和基层党组织的战斗堡垒作用得到充分发挥，为学校各项工作的顺利开展提供了坚强有力的政治保证。

二 珠海外经贸专修学院：民办非学历教育的党建样板①

珠海外经贸专修学院原是珠海市外经贸委下属的培训中心，2001 年改制后，经广东省教育厅正式批准成立的以高等自学考试、成人教育、资格培训、企业培训和职业技能培训教育为办学模式的民办非学历高等教育机构。学院于 2005 年 6 月成立党总支，2007 年 9 月成立党委，归属中共珠海市新社会组织委员会管理。在实践中，坚持以"三权保障法""三感教育模式""两抓一题三重视活动"为载体，加强党建和思想政治工作，有效促进了学院的健康发展。

一是坚持以"三权保障法"发挥政治核心作用。民办高校党委政治核心地位的保证，主要在于落实党委政治上的领导权、管理上的参与权和行为上的监督权。"三权保障法"就是学院党委通过落实党委政治上的领导权、管理上的参与权和行为上的监督权，充分保证党组织的政治核心地位。

二是坚持以"三感教育模式"创新党建工作。"三感教育模式"是指以培育教职员工的认同感为党建工作的切入点，以培育教职员工的归属感为党建工作的支撑点，以培育教职员工的自豪感为党建工作的闪光点，有效地促进学院党建工作的创新发展。

三是通过"两抓一题三重视活动"提升党建工作实效性。"两抓"即抓智商、情商、德商、政治素养的提高和抓硬实力、软实力、巧实力的增强，"一题"即以创新精神设立党建工作新主题，"三重视"即重视契机、重视实践、重视效果，不断提升学院党建工作的实效性。

2008 年，是珠海外经贸专修学院党建史上值得铭记的一年。1 月 11 日，学院获批珠海市"两新"组织党员教育培训基地；3 月 10 日，中央政策研究室党建局局长江金权，带领中共中央党建工作领导小组一行来学院调研党

① 重点参照了珠海外经贸专修学院校园网上的资料，http：//www.ibeedu.com/。

建工作；4月15日，中央政策研究室第 27 号（总第 762 号）《送阅件》以
"党建工作保证民办高校发展壮大"为题，介绍该学院党建经验；4月16
日，中央政治局委员、国务委员刘延东在送阅件上批示："请周济同志并教
育部阅。要认真总结民办高校党建的经验，促进民办高校健康发展。"8月
6日，中共中央党建工作领导小组再次到学院调研党建工作；8月25日，中
共中央党建工作领导小组在第 32 期（总第 304 期）《党建要报》上，以
"'三权保障法'保证民办高校党委发挥政治核心作用"为题，报道学院开
展党建工作的情况。

2009 年以来，珠海外经贸专修学院党委根据自身实际，紧密结合学习
实践科学发展观、创先争优、群众路线教育等活动，在"抓机构，破组织
建设难，基层组织覆盖面明显扩大""抓队伍，破组织活动开展难，组织活
动有效开展""抓保障，破组织发挥作用难，党组织的影响力不断增强"等
三个方面下功夫，积极探索和创新党建工作，取得显著成效，多次受到上级
党组织的表彰。2009 年 6 月，被授予首批"珠海市党员教育基地"；2011
年 6 月，党委书记施隆光被广东省委授予"广东省优秀党务工作者"称号；
2012 年 6 月，被珠海市委组织部授予"创先争优先进基层党组织"称号；
2013 年 7 月，荣获珠海市社会组织系统"先进基层党组织"称号；2014 年
7 月，荣获珠海市新社会组织"优秀基层党组织"称号。珠海外经贸专修学
院的党建工作在促进学校各项事业发展的过程中发挥了重要作用，为学院的
可持续健康发展发挥了引领作用。

三 宁波诺丁汉大学：中外合作办学的党建模式

中外合作办学是我国为了适应改革开放的需要，积极引进国外优质教
育资源，在办学模式和人才培养等方面进行大胆探索、创新、改革的崭新
的办学体系。2004 年，宁波诺丁汉大学获得中国教育部批准筹建，成为中
国第一所引进世界一流大学优质教学资源、具有独立法人资格和独立校区
的中外合作大学。2006 年，时任浙江省委书记的习近平在出席宁波诺丁汉
大学校园落成典礼时说，宁波诺丁汉大学的创建和成立，开中国高等教育

与国外优质高等教育相结合的先河，为中国教育走向世界创造了一种全新的模式①。

（一）党建工作基本情况②

2004年，宁波诺丁汉大学建校伊始就建立了党委。2006年，中共浙江省委教育工委根据学校的发展和实际情况，组建了新一届党委领导班子，加强了党委力量，完善了党的基层组织建设。

2006年5月，建立了行政员工党支部和后勤员工党支部；10月，学生党总支成立，下设7个党支部（4个本科生支部和3个研究生支部）。2012年9月，学校党委根据学校党建的实际工作需要，将教工支部拆分为六个教工党支部和一个后勤党支部，将学生总支拆分为本科生党总支和研究生党总支，本科生党总支下设8个本科生党支部和一个流动党员支部，研究生党总支下设5个研究生党支部。本科生党总支书记、委员及本科生党支部书记均由老师兼任，研究生党总支书记由老师担任，研究生党总支委员及各个研究生党支部书记由在本科学习阶段有学生党建工作经验的研究生党员担任。基本健全了党建组织架构，为有效顺利地开展学校党建工作提供了组织保障。

宁波诺丁汉大学学生党建工作总的思路是：建立健全党的基层组织，充分发挥基层党支部的组织作用和师生党员及骨干学生党员的先锋模范作用，以实际行动感染和带动青年学生树立正确的人生观、价值观、世界观。在重大政治问题和关乎国家民族利益的大是大非面前，带领广大学生据理力争，全力维护党和国家的利益，维护中华民族的尊严。以爱国主义教育为主线，增强中国师生的爱国意识和民族意识，自觉维护国家利益和民族利益；以党校为阵地，加强对学生的思想政治教育和引导，加强对学生的国情国史国学教育；以学生支部活动为载体，开展丰富多彩的组织生活和社会活动，培养学生学会做人、学会做事、学会承担社会责任；以志愿者活动为品牌，组织师生服务社会、回报社会，展示宁诺学子与众不同的精神面貌。

---

① 原春琳：《宁波"娶"了诺丁汉》，《中国青年报》2015年10月23日，第4版。
② 《宁波诺丁汉大学8年学生党建实践向党的十八大献礼》，http://blog.renren.com/share/601361444/14635886501。

学生党总支根据工作实际先后制定了《中共宁波诺丁汉大学学生总支委员会工作条例》《宁波诺丁汉大学 2 + 2 专业海外学生入党培养、教育、发展和管理工作条例》《中共宁波诺丁汉大学党校学员管理条例》，内容涉及学生入党程序，海外正式党员、预备党员、入党积极分子培养条例，学生党员党费收缴规定，学生党员组织关系接转规定，党员、非党员学生组织档案的接受、保管和转移规定，各学生支部党建经费使用暂行规定，党校学员管理规定等多项内容。这些工作条例的内容几乎涵盖了当前组织工作中面临的所有问题，为学生党建工作流程的规范、合理和明晰提供了制度保障。

（二）耐人寻味的党建故事①

2003 年，宁波诺丁汉大学的中国主办方浙江万里教育集团与英国诺丁汉大学的谈判一度陷入了僵局：浙江万里教育集团董事长徐亚芬坚持中外合作大学必须设立党委，英方则不能接受这一点：这是我的分校，为什么要有党委？

后来，还是长期担任英国政府中国事务顾问、时任英国诺丁汉大学执行校长的柯林·坎贝尔爵士说服了英方。

尽管顶层合作已经达成一致，但是，来自民间的不认同声音，依然存在。

英国诺丁汉大学工会组织曾经质疑：为什么在我们中国校区，会有中国的共产党组织？

时任英国诺丁汉大学和宁波诺丁汉大学两所学校校长的中国科学院院士杨福家，当面回应了工会的质疑：英国人主张保护人权。在中国，青年加入共产党是人权的一部分，如果没有党委，青年学生加入共产党的权利被剥夺了。你们是保护人权还是剥夺人权？

质疑声没有了。但是对不少外籍教师来说，党委依然是一个神秘的组织。

每当看到中方教职员工聚集在一起用中文，而不是用英文在讨论事情，一些外籍教师就会互相发邮件：中国教职员工又在"秘密集会"了！

鲁俊生是宁波诺丁汉大学党委副书记。2006 年他刚到这所学校工作的

---

① 原春琳：《宁波"娶"了诺丁汉》，《中国青年报》2015 年 10 月 23 日，第 4 版。

时候，也被看作神秘组织的神秘人物。当时，鲁俊生的地位确实有些特殊：宁波诺丁汉的核心管理层都有行政职务，但是党委副书记不属于行政职务。可是，每次，他这个没有行政职务的党委副书记，还要参加等同于国内校长办公会的管理会议。

后来，鲁俊生兼任宁波诺丁汉大学后勤集团总经理。不少外籍教师带着家属来中国工作，想给家属找点事情做。他们看中了当时校内的商业街店面，就找到这个党委副书记问计。

慢慢地，这所中外合作大学的老外发现：党委是有用的。遇到生活方面的问题，"找党委"成了在宁波诺丁汉工作的老外们的共识。

"我们做的是打太极拳，不是南拳北腿，硬邦邦的。既要让外籍师生了解中国社会，也要通过温和的方式，让他们接受起来不困难。"鲁俊生说。

宁波诺丁汉大学党委书记华长慧把党委的职责定位为 4 点：监督、保证、沟通和传播。"我们做的事情不是拆台，是帮忙。"

2006 年秋季，宁波诺丁汉的第一批学生出国交换。半年后，当他们回来时，宁波诺丁汉第一期党校已经结束了。让人惊讶的是：这批学生主动要求加办一期党校。

在 2007 年的春季学期，宁波诺丁汉办了两期党校，有一期是专门为这些出去交换的 60 多名同学办的。其中，将近 40 名同学入了党。没有入党的，有的人是因为学习成绩不够好，自己放弃了。

鲁俊生很自豪地对第二任执行校长罗杰·伍兹说，我发展的党员一定是最优秀的。他说了几个人的名字，问：你说他们怎么样？罗杰点头：他们的确都是最棒的。

到 2015 年，宁波诺丁汉党委发展了 50 名教职工党员和 900 多名学生党员。学生党员中，很多都是社团负责人，品学兼优。

英方管理者对党委的态度也在慢慢改变。党委的工作终于从"地下"转到了"地上"。2012 年，华长慧向宁波诺丁汉大学理事会建议，在预算中增加一项内容——党的工作经费，一年 50 多万元。没有任何质疑，这笔经费很快通过预算。

2015 年 8 月，克瑞斯·鲁德受英国诺丁汉大学委派到宁波诺丁汉大学任第五任执行校长。刚来中国两个多月的他，发现党委在学校的和谐沟通机制方面，比如申请科研基金、与政府部门打交道起了重要作用。"以前英方不了解党委，没有把它作为学校的一部分。"克瑞斯·鲁德说。

他分别找党委书记华长慧和党委副书记鲁俊生谈话，准备给党委的工作加码：学校将与党委一起，寻找优质生源，推广学校品牌。而党委书记华长慧还领导学校的教育基金会，"这是我们未来发展的重点，给学生提供更多获得奖学金的机会"。

克瑞斯·鲁德本人也在寻求党委"帮助"。作为一名新材料领域的专家，他带着自己的科研课题和两名学生来到中国。他发现，在科研领域，可以有非常多的合作机会，于是，他申报了浙江省的"千人计划"。在去杭州参加"千人计划"答辩之前，他还特地向党委"请教"。

（三）向全国介绍党建经验

2013 年 1 月 8～9 日，在第 21 次全国高等学校党的建设工作会议上，宁波诺丁汉大学党委书记华长慧做了题为《明确定位，创新渠道，探寻接点，开创中外合作高校党建工作新思路》的经验交流发言。

一是明确定位，把握中外合作高校党建工作基调。首先，创设党委。学校筹建之初就明确提出，党建工作要与学校发展同步考虑、同步推进。与英方协调后，在合作办学协议中写明，学校建立党委，开展党建工作。其次，确立定位。学校党委提出了"监督、保证、传播、沟通"的党建工作原则，这一定位也得到了合作方的赞同。最后，建好党支部。学校设有 6 个行政教工党支部和一个后勤员工党支部；在学生中分设本科生党总支部和研究生党总支部。

二是创新渠道，增强中外合作高校党建工作活力。首先，创新党校教育，引导学生爱党。党校第一课，讲授"从学会做人起步，走向伟大的中国共产党"，让学生正确认识做人与入党的关系。通过小组讨论、分组辩论、影片赏析、参观实践、优秀党员展示等多样化的方式，增强学生对党的认识。其次，创新党员发展，注重民主公开。经过党支部培养，符合条件的入党积极分子，在公开评议后，需要自我陈述，并接受现场提问。再次，创新支部建设，提升组织活力。在本科生各党支部中按年级学业情况设置"引导、培育、拓展、积淀"四大特色模块，开展主题教育、志愿服务、社会实践、感恩行动四类活动，做到党支部建设内容明确、形式多样、时段分期、循序渐进。最后，创新海外模式，实现培养同步。针对面向"2＋2"专业的学生，在英国诺丁汉大学建立海外党小组。授权海外党小组接收入党申请书；培养入党积极分子、管理党员；组织视频党校学习、网络党支部会议。

三是探寻接点，提升中外合作高校党建工作实效。首先，引导学生从做人起步。新生开学第一课是"学会做人、学会学习、学会承担社会责任"。每年党支部结对组织暑期社会实践。其次，激励党员发挥主体意识。在全校范围公开评选年度"优秀党员""优秀支部""党员示范寝室"，实行新生党支部与"优秀党支部"结对，参观"党员示范寝室"。最后，完善党团组织架构。学校成立团委，负责指导全校学生组织、学生社团活动的开展。

宁波诺丁汉大学的实践证明，"监督、保证、传播、沟通"是中外合作大学党建工作原则。监督就是党委通过"知情、参与、建议、督促"，让中外合作大学的运行遵循中国的法律法规，坚持高校正确的办学方向；保证就是为学校按照英国诺丁汉大学先进的教育理念、教学内容和教学方法组织教育教学活动提供支持、做好服务；传播就是介绍马克思主义中国化过程中我国所取得的革命建设改革成就，使学生了解中国国情，确立祖国意识；沟通就是沟通中英双方及学校与社会之间的关系，促进中英双方合作共赢，促进学校与经济社会的结合。

四 黄河科技学院：始终坚定党建工作的正确方向①

黄河科技学院是我国民办高等教育事业的开拓者，也是我国民办高校党建工作的先行者。学校始终把坚持党的领导、加强党的建设作为学校创业发

---

① 重点参照了黄河科技学院的党建经验材料。

展、改革创新的政治保证和力量源泉，紧紧围绕教育教学的中心工作和人才培养的根本任务，进行积极的探索和有益的尝试，不断创新工作机制和方式方法，先后建立了"党组织发挥政治核心作用"的长效机制、"以党建为核心，全面加强思想政治工作"的思政模式、"以党校和校卫队为抓手，积极培养发展学生党员"的组织工作格局等特色，有效发挥了党组织的政治核心作用，有力促进了学校各项事业科学发展。

（一）创办人的大力支持是必要条件

民办高校实行的是董事会或理事会领导下的校长负责制，只有取得创办人的大力支持，民办高校党建工作才能有效开展，党组织的政治核心作用才能真正发挥。

党的建设作为黄河科技学院创业史的重要组成部分，经历了艰苦曲折、探索前进的历程。这个过程中，创办人胡大白始终坚定对党的信仰，坚定在学校建立党组织的执着追求。1984 年，学校创办初期，胡大白就有了在学校建立党组织的愿望。她认为，要办好社会主义民办大学，必须有一个坚强的政治领导核心，引领学校坚持社会主义办学方向，保证党的教育方针得以贯彻落实，促进学校持续健康发展。加之当时学校领导班子的不稳定性、教职工队伍结构的复杂性，特别是由于学校没有党组织，党员教职工的组织关系转不进来，不能开展组织活动，对有入党愿望的青年师生也不能培养其加入党组织。基于此，胡大白要求在学校建立党组织的愿望日趋强烈。

当时，对民办学校能否建立党组织、如何建立党组织、隶属关系怎么归属，国家都没有明确的政策规定，也没有先例。所以，追寻建立党组织的道路并不平坦。起初，学校先建立了团组织，挂靠在郑州大学团委。之后的几年，胡大白多次请示区、市、省的有关部门，表达学校要求建立党组织的愿望。直到 1989 年 5 月，经中共郑州市委直属机关党委批准，学校建立了临时党支部，开始了党的组织活动。1994 年 6 月，参照"科技系统的民营机构可以建立党组织"的有关政策，经上级组织部门批准，学校建立了党总支，组织关系挂靠在郑州市科委党委，标志着学校正式建立了党的组织。胡大白"十年找党"的故事，也随之传为"佳话"。1997 年 5 月，经中共郑州市委组织部批准建立了党委，黄河科技学院的党建工作开始向逐步规范和创新发展的阶段迈进。2000 年 7 月，学院党委书记、院长胡大白作为民办高校的代表，参加了第九次全国高校党建工作会议。

在黄河科技学院，胡大白按照国家政策要求，在人力、物力、财力上全力支持党建工作开展。学校每年都将党建工作列入工作计划，并通过召开年度党建工作会议，对党建工作进行详细安排部署。在经费保障上，除日常活动经费由党费支出外，凡属重大活动所需经费都由校行政支出，并做到合理安排、随用随批；在机构设置上，党办、组织部、宣传部、统战部、学工部、党校、纪委办公室等机构齐全；在人员配备上，按照素质优良、精干高效、专兼结合的原则，配备各级专兼职党务工作干部；在办公条件上，机关党务部门和基层组织都有固定的办公场所，并配备了现代化办公设施。基于此，民办高校党组织的政治核心作用才能够正常发挥。

（二）围绕中心服务大局是基本途径

民办高校党的建设，必须紧紧围绕教育教学的中心工作，服务于改革、发展、稳定的大局，将思想与行动统一到学校的工作目标上来，努力形成推动学校又好又快发展的强大动力。

一是把握正确方向。坚持社会主义办学方向是民办高校党组织首要的政治任务。在黄河科技学院，各级党组织都把践行"为国分忧，为民解愁，为社会主义现代化建设服务"的办学宗旨作为坚持社会主义办学方向的具体体现，渗透学校 30 多年的办学实践中，根植于广大师生的心灵深处，推进了学校全面、协调、可持续发展。

二是参与重大决策。参与决策是民办高校党组织发挥政治核心作用的重要内容。在黄河科技学院，为了便于党委参与决策，支持董事会和校长依法行使职权，党委书记和另外 3 位党委班子成员进入董事会，同时学校党委通过建立和落实党委书记与董事长、校长沟通机制、党政联席会议机制、共同负责分工协作机制等，积极参与学校重大问题的决策，从而保证党和国家的方针政策在学校的贯彻实施；监督学校遵守法律法规，推进依法办学和依法治校。

三是凝聚发展力量。密切与师生员工的联系，凝聚师生员工的力量，是高校党组织的政治优势。在黄河科技学院，党组织在加强自身建设的同时，紧紧围绕教育教学的中心工作和培养人才的根本任务，组织动员全校师生，调动一切积极因素，形成强大合力，发挥整体优势，推动学校各项事业又好又快地发展。这些都是民办高校党组织围绕中心服务大局，发挥政治核心作用的根本所在。

（三）抓好党员队伍建设是坚实基础

加强党员队伍建设是民办高校党组织的重要职责，要通过创新教育方式，不断增强党员意识，发挥党员先锋模范作用，不断提高党员队伍的创造力、凝聚力和战斗力，为充分发挥党组织的政治核心作用奠定坚实基础。

一是注重党员发展。黄河科技学院紧紧围绕人才培养的需要，创立了"以党校和校卫队为抓手，积极培养发展学生党员"的组织工作格局。首先，坚持早发现、早选苗，着力扩大入党积极分子队伍。在新生入校的军训中就注重入党教育，激发广大学生追求政治进步的热忱，每年有90%以上的新生提出入党申请。随后，对他们分期分批进行党校培训，不断扩大入党积极分子队伍。其次，坚持把党校作为培养入党积极分子和党员的主要阵地。入党申请人在成为正式党员之前，必须参加"积极分子、培养对象、发展对象、预备党员"四个层次的党校培训。十八大以来，共举办各级培训班294个班次，培训学员51232人次。党校先后荣获"郑州市先进基层党校"和"河南省先进基层党校"称号。再次，坚持把校卫队作为考察入党积极分子的有效载体。校卫队是学校党委领导下的、学生党员和入党积极分子组成的先进学生自律组织。积极分子在入党前，必须在校卫队中接受培养锻炼。一方面与党校配合，对他们进行思想再教育；另一方面以校卫队为平台，让他们以实际行动接受党组织的考察。最后，坚持标准，严格程序，切实保证党员发展质量。严格按照发展党员的方针，从培养环节、材料审查、规范程序等方面严格把关，把真正优秀的学生吸纳入党，保证发展质量。十八大以来，共发展党员5713名。截至2017年底，普招本专科在校生党员比例为5.29%，在学生中形成了积极靠拢党组织、追求政治进步的良好氛围，增强了党的凝聚力和战斗力。

二是加强党员教育。黄河科技学院规定，凡是学校的专职教工，只要能证明党员身份，都要编入党的支部，参加党的组织活动。首先，开展日常教育。充分利用"三会一课"等形式，开展经常性教育活动，提高了教育效果。其次，开展学英模、重传统教育。通过邀请英雄模范、成功人士来校作报告，组织党员到革命圣地参观学习，提升了思想政治素质。最后，开展专题教育和主题教育。近年来，集中开展了学习实践科学发展观、创先争优、群众路线、"两学一做"等专题教育活动。在学习实践科学发展观活动中，学校被省委树为全省高校的典型之一，多家主流媒体进行了报道；在创先争优、群众路线、"两学一做"活动中，学校经验先后在全省高校进行了交流。同时，每年都开展主题教育活动。比如，先后在教师党员中开展"学三平精神，做三平教师""我是党员我争先，立足岗位做贡献""践行公开承诺，服务学生成才"等活动，在学生党员中开展"为党旗增辉，为祖国成才""党员做先锋，文明伴我行""学雷锋、树新风，做表率、创佳绩"等活动。通过这些教育活动，使广大党员在各项工作中保持了先进性，先后涌现出舍己救人的"河南省优秀大学生"曹阳、躬耕讲台的"河南省教学名师"柴远波、身残志坚的"全国大学生自强之星标兵"段志秀、敬业奉献的"全国优秀教师"黄涛等一批优秀党员，起到了可敬、可亲、可学的示范效应。

三是发挥党员作用。在黄河科技学院，党组织按照分类指导的原则，要求广大党员自觉发挥先锋模范作用，永葆党员先进性。干部党员，要增强责任意识，解放思想，与时俱进，大胆创新，努力使工作出亮点、创一流、上台阶。教师党员，要增强奉献意识，加强师德修养，严谨治学，争做教学改革的先锋、教书育人的模范、科学研究的中坚。职工党员，要增强服务意识，立足本职岗位，创新管理方式，不断提高服务师生的能力和水平。学生党员，要坚定理想信念，刻苦学习专业知识，提高综合素质，全面成长成才，努力成为社会主义事业的合格建设者和可靠接班人。比如，在科研获奖项目和学科竞赛获奖项目中，教师党员和学生党员均占80%以上。仅2015

年，全校教师在党员骨干的带领下，共立项地厅级以上课题 368 项，其中国家级 3 项、省部级 57 项；获得地厅级以上科研奖励 242 项，其中省部级 18 项；发表学术论文 1238 篇，其中全国中文核心期刊 255 篇、三大检索论文 141 篇；获得国家授权专利 404 项；出版著作或教材 134 部，实现成果数量与质量齐头并进、大幅提升。同时，以学生党员为骨干的参赛选手，在省级以上各类学科竞赛中荣获 1665 个奖项，其中国家级奖项 217 个，充分展示了学生党员的亮丽风采。

（四）强化思想政治工作是必然要求

加强思想政治工作既是民办高校党组织的重要职责，也是民办高校和谐稳定的重要保证。黄河科技学院充分发挥党组织在思想政治工作中的政治优势和组织优势，不断探索思想政治工作新方法，在工作实践中提出了"以党建为核心，全面加强思想政治工作"的思政模式。

一是构建"大思政"工作机制。紧扣立德树人中心环节，从全员、全过程、全方位上加强思政工作。首先，形成了"党委统一领导、党政群齐抓共管、相关部门各负其责、师生员工积极参与"的全员思政教育工作格局。其次，形成了"入学教育—日常管理—创业就业"三位一体的全过程思政教育服务体系。最后，形成了"课程育人、科研育人、实践育人、文化育人、网络育人、心理育人、管理育人、服务育人、资助育人、组织育人"相结合的全方位思政教育工作合力。

二是加强思想政治理论课改革。在加强理论教学上，任课教师兼任授课年级的辅导员，授课年级的辅导员兼任课程助教，使理论课教学与学生思想实际紧密结合。在强化实践教学上，将理论课教学实践与学生社会实践相结合。在深化理论课考试改革上，将理论课考试与学生平时的学习态度、实际表现相结合。

三是抓好思政工作队伍建设。思想政治理论课教师大多数是共产党员，具备相关专业硕士以上学位，兼任班主任、辅导员工作。专职辅导员严格按照不低于 1∶200 的标准配备，并通过外派培训、以会代训、专题讲座、经验交流、学习考察等形式，有计划、有步骤地加强培训，推进辅导员职业化、专业化建设，保持辅导员队伍的稳定性。

四是积极推进师德师风建设。按照"四有"好老师标准，加强政治理论学习，强化理想信念教育，提升思想政治素质。制定《黄河科技学院教师职业道德规范》《黄河科技学院关于加强和改进师德建设的意见》《黄河科技学院教师上课"十做到""十不准"》等制度，大力加强师德师风建设，通过"道德讲堂"等载体开展宣传师德典型、深化学术诚信教育等活动，严格落实师德"一票否决制"，增强教书育人的责任担当。

五是强化校园安全稳定工作。紧密结合学校实际，发挥各级党组织和广大党员在维护安全稳定中的重要作用。以构建和谐校园为宗旨，以树立安全意识为主线，以强化管理责任制为核心，以落实具体措施为重点，建立维护安全稳定工作长效机制，确保学校在防控有力、安定有序的良好环境中发展。

六是倾心关注师生利益诉求。在党组织的积极推动下，学校每年为教职工例行免费体检、发放生日礼品，为困难教职工发放生活补助，举办青年教职工集体婚礼；不断提高教职工的工资和福利待遇，建设分配了经济适用房，提高了学生的奖学金比例，设立了贫困生自立自强基金等。这些工作得到了广泛认可，赢得了信任和拥护，有效地调动了师生的学习和工作积极性，广大师生拼搏实干、敬业奉献，有力推进了学校健康持续发展。

党建工作的有效开展，促进了黄河科技学院各项事业科学发展，办学条件得到明显改善，师资队伍水平不断提高，教育教学质量稳步提升，科学研究实力持续增长，服务经济社会发展的能力日益显现。黄河科技学院党委被授予"河南省先进基层党组织""河南省创先争优先进基层党组织""河南省高等学校先进党委""河南省高等学校党建工作先进单位"等荣誉称号，《人民日报》《光明日报》《河南日报》《党建》《党的生活》等媒体先后报道过黄河科技学院的党建工作经验。

第九章
民办教育管理机构与行业组织建设

当代民办教育从新中国成立起，经历了改造、艰难复兴、规范发展、全面提升等阶段，历经 60 余年，进入了大规模、高层次、高质量的成熟期。纵观其跌宕起伏、曲折发展的经历，国家的政策变化、政府管理职能作用的发挥，民间行业组织推进力量的辅助始终影响着它的成长史。

新中国成立初期，随着单一的社会主义公有制结构的逐步形成，带着旧社会烙印的私立学校被改造接办是社会发展需要的必然；改革开放之后，民办教育复苏兴起亦是社会形态发生变革的必然。对待民办教育，政府管理部门由开始的默许、控制，到"积极鼓励，大力支持，正确引导，加强管理"十六字方针的贯彻落实，经历了十多年的认知过程。社会上对民办教育从"添乱论""多余论""牟利论"再到"成就论"，亦反映着民办教育发展的艰难历程。直到 1993 年 5 月，新中国第一个民办教育管理机构——国家教育委员会社会力量管理办公室成立，由此，自上而下逐步形成了中央、省、市、县四级管理机构。

第一节　各级政府中的民办教育管理机构

一　新中国成立后教育行政部门的设置与演变

1949 年 10 月 1 日中华人民共和国成立。10 月中旬，"中华人民共和国教育部"成立。教育部是国家政务院主管全国教育工作的综合职能部门，也是国家管理教育事业的最高行政机构。1952 年 11 月，增设国家高等教育部，1958 年 2 月，高等教育部并入教育部。6 年之后的 1964 年 7 月，高教部再次恢复。仅两年时间，又再次并入教育部。直到 1970 年 6 月，中共中央决定撤销教育部，设立国务院科教组。

1975 年 1 月，第四届全国人大决定恢复教育部。1985 年 6 月 18 日，六届全国人大常委会第十一次会议决定撤销教育部，设立国家教育委员会。其职责任务是：负责制定国家中长期教育规划，制定教育、教学政策法规，宏观指导、组织协调教育工作，推进教育体制改革，管理教育部直属高等学校，督导全国各类学校教育工作等。

1998 年 3 月 10 日，根据第九届全国人大第一次会议通过的《关于国务院机构改革的决定》，国家教育委员会更名为教育部，至 2018 年尚无变动。

随着中央政权的建立，1949 年 10 月，国家设立了六个行政大区，分别管辖各省（市、区），即东北区、华北区、西北区、华东区、中南区和西南区。在文化教育事业方面各区在行政管理机构中设立了文教科或教育科，管理指导各省（市、区）的文化、教育事业。到了 1954 年 10 月，六大行政区撤销，中央直接管辖各省（市、区）。

中华人民共和国教育部在 1949 年 10 月中旬成立之后，全国各省一级人民政府机构中，也纷纷建立了专管当地文化、教育事业的文教厅（局）或教育厅（局）。1952 年，根据中央精神，省级政府机构中设立了文化教育委员会，后改为文教办。同时，也曾因国家增设了高等教育部，随之各地设立了高等教育厅（局）。到了 1985 年国家撤销了教育部，设立国家教育委员会，各地亦将教育厅（局）撤销设立教育委员会。1998 年后再次恢复教育厅（局）。地方教育行政机构的设立与撤销大都与中央保持了一致性。

新中国成立后，在省与县之间设立专区行政专员公署机构，20 世纪 70 年代，专区改称"地区"，成为"地区行政专员公署"，作为地（市、州）级政府，随着城市化进程，行政公署已经越来越少了，都已经转为市级人民政府。在行署中设文教科，管理地方的文化和教育工作。成为市级政府后，则成为教育局。

1954 年，根据《地方各级人民政府组织法》规定，在县级政府中设教育科（或文教科），后来都改为教育局，是县人民政府下属的专门管理教育的职能机构。有的县（市、区）因编制或其他原因将科技、教育统揽，设为科技教育局。

二 新中国成立后国家对民办学校的管理与政策

据 1949 年 12 月中央人民政府召开的第一次全国教育工作会议统计，当时全国解放地区（除西南六省、西北三省）共有私立中等学校 1467 所，占中等学校总数的 48%；私立中等学校学生共有 366000 余人，占学生总数的 42%。仅京、津、沪、宁、武汉五个城市的统计：共有私立小学 1452 所，占小学总数的 56%，共有私立小学学生 307400 余人，占 44%；共有私立中等学校 439 所，占中等学校总数的 84%，共有私立中等学校学生 136200 余人，占 73%。[1] 1949 年以前，旧中国接受外国津贴的教会大学共有 21 所，其中受美国津贴控制的近 2/3；教会小学 1133 所，其中受美国控制的约占半数。到 1952 年，全国有私立中等学校 1412 所、教职工 3.4 万余人，有学生 53.3 万余人，占全国中等学校学生总数的 26% 强；有私立小学 8925 所，教职工 5.5 万余人，有学生 160 余万人，占全国小学总数的 3% 强。[2]

1949 年 12 月，教育部在北京召开第一次全国教育工作会议，提出了对中国人办的私立学校采取"保护维持、加强领导、逐步改造"的方针。在可能的条件下，设法改善教育工作者的物质待遇和政治待遇。会议明确了私立学校在新中国教育中的地位和工作方针，为新中国成立初期教育事业的稳定提供了保证。

1950 年 6 月上旬，教育部在北京召开第一次全国高等教育会议，毛泽

---

[1] 毛礼锐、沈灌群主编《中国教育通史》（第六卷），山东教育出版社，1998，第 25 页。

[2] 李国钧、王炳照主编《中国教育制度通史》（第八卷），山东教育出版社，2000，第 187 页。

东主席、周恩来总理亲自到会场接见了参会代表。这次会议通过了《高等学校暂行规程》《私立高等学校管理暂行办法》等 5 个文件。

《私立高等学校管理暂行办法》明确提出："私立高等学校的行政权、财政权及财产所有权均应由中国人掌握""私立高等学校经大行政区教育部或文教部审查，其办理成绩优良而经费确属困难者，得报请中央人民政府教育部批准酌予补助""私立高等学校办理不善或违背法令时，大行政区教育部得报请中央教育部批准令其改组校董会，更换校长，改组或停办学校"，①并要求全国的私立高等学校重新申请立案。私立高等学校校（院）长及副校（院）长由校董会任免，并报经大行政区教育部核准后转报中央教育部备案。私立高等学校不得以宗教课目为必修课或强迫学生参加宗教仪式与活动。各项方针政策的制定，表明中央政府对私立大学的管理趋于严格和细致。

1950 年 10 月 12 日，人民政府宣布接办由罗马教廷资办的辅仁大学，仍任命原校长陈垣为校长。将辅仁大学接收自办，标志着国家收回教育主权的开端。

1951 年 1 月，为维护教育主权，肃清帝国主义影响，在抗美援朝运动的大背景下，中央人民政府政务院决定对接受外资津贴的学校一律收归人民自办。教育部为此召开会议，确定接收原则、办法和具体政策、措施。同年末，将燕京大学、津沽大学、协和医学院、铭贤学院、金陵大学、金陵女子文理学院、协和大学、华南女子文理学院、华中大学、文华图书馆专科学校、华西协和大学、沪江大学、东吴大学、圣约翰大学、之江大学、齐鲁大学、岭南大学、求精商学院、复旦大学、震旦女子文理学院等 20 所接受外资津贴的高等学校接收完毕。连同 1950 年 10 月接办的辅仁大学，共 21 所。其中，接收后改为公办的 12 所；接收后改为中国人民自办、仍维持私立、政府予以补助的 9 所。

---

① 中华人民共和国教育部办公厅：《高等教育文献法令汇编》（1949～1952），中华人民共和国教育部办公厅，1958，第 30 页。

至 1953 年，对于外资津贴的中等学校 514 所，初等学校约 1500 所的接收工作也顺利完成。自此，外国宗教团体在中国境内办学的历史宣告结束。1952 年 6 月 14 日，为了改造旧教育和发展新中国教育事业的政策措施，毛泽东在有关报告上批示："如有可能，应全部接管私立中小学。"①

同年 9 月 10 日，教育部发出《关于接办中小学的指示》，决定将全国由社会团体或个人举办的私立学校一律接办，改为公立学校。接办工作从 1952 年下半年开始至 1956 年基本结束。在全国有 1412 所私立中等学校和 8925 所私立小学，按先接办外资举办和办校成绩较坏、经费困难的，后接办中国人自办的、办校成绩好和经费还能维持的接办步骤，先接办中等学校，后接办小学。私立学校较少的东北、西北和华北地区先期完成，私立学校较多的华东、中南和西南地区用 3 年多的时间完成接办工作。在高等学校院系调整中，全国 65 所私立高等学校按发展专门学院、整顿和加强综合性大学、重点培养工业建设人才和师资为重点的方针，进行院系科的合并后，由人民政府接办，全部改为公立。

1957 年 3 月，教育部在北京召开第三次全国教育行政会议。会上就民办（私立）教育的办学问题提出：小学教育必须打破由国家包下来的思想。要提倡街道、机关、厂矿企业办学；在农村要提倡群众集体办学，可以允许私人办学。中学的设置今后应适当分散，改变过去规模过大、大部分集中在城市的缺点。特别是初中，今后要面向农村，开办民办农业、职业中学。1958 年，全国农村和城市出现了兴办民办农业中学和民办职业中学的热潮。

同年，教育部发布了《关于提倡群众办学的方针》，提出了"今后，除了国家办学外，还必须大力提倡群众办学的方针，还应鼓励华侨办学，允许私人办学"的思想。

1963 年 11 月 24 日，中央教育部提出管理农村私塾的方针是：不要轻易取消，也不能放任不管。对农村私塾应根据国家的教育方针、政策法令和群众的实际需要，加以领导和管理，提供适当的教师和教材。私塾教师应当

---

① 《中华人民共和国教育大事记（1949～1982）》，教育科学出版社，1983，第 59 页。

由具有中华人民共和国公民资格、有一定文化知识和政治上不反动的人担任。私塾的教材可以选用国家出版的通用课本，也可以选自其他适当的课本，但是不能采用政治上反动的、封建迷信毒素很重的书作课本，对农村公办小学撤点过多和撤点不适当的地区，应在条件可能时，适当发展一些民办小学。

1963 年 8 月 24 日，中央教育部发的文件指出，鉴于一些不法分子借口举办函授学校大登广告，招摇撞骗，有些私立补习学校教师散布资产阶级腐朽思想，毒害学生等问题，要求各地对私人举办的函授和文化补习学校进行一次认真的检查处理。规定私人办学必须报请当地政府批准。函授学校原则上不许私人举办。私人举办的文化补习学校，经过检查，对办得好的应予以表扬；对合乎条件而未报政府批准的，应当补办申请立案手续；对不符合条件的，应设法取缔。要求各地制定管理办法，把这类学校管起来，加强经常性的监督和检查。

这是新中国成立到"无产阶级文化大革命"开始这一阶段，国家教育管理机构对民办（私立）教育的方针政策和管理要求。1966 年"文革"开始到 1978 年的十多年间，民办教育处于断层期。

三 改革开放后对民办教育的管理和政策

1978 年 12 月中旬，党的第十一届三中全会在京召开，开启了我国解放思想、改革开放的历史新时期，中断了十多年的民间办学悄然复苏。自 1978 年至 1980 年底，仅仅两年时间，在上海、北京、山西、湖南、湖北、广东等地，各类民间办学已经突破禁区，应需而生，破土而出。面对改革开放之后出现的社会力量办学的新生事物并迅速发展的态势，国家教育行政管理部门既未肯定，也未否定，以默许的态度静观其变。各地社会力量办学呈现的态势不一。

1979 年 12 月，北京市工农教育办公室设立社会教育处，把民办教育（社会力量办学）纳入行政管理范围。这也是当时省、市、区教育部门最早管理民办教育的机构。1981 年 4 月 1 日，北京市人民政府颁发了《北京市私人办学暂行管理办法》。同年，天津市人民政府批转了《天津市第二教育局（关于试行个人办学问题的请示）》。紧接着，1982 年 10 月，河北省出台了《河北省私人办学暂行办法》。以上政策法规对个人办学条件、审批、运行等做了具体规定。这也是改革开放以来地方对民办教育（社会力量办学）最初的管理文件。

1982 年 12 月，经第五届全国人大第五次会议通过的《中华人民共和国宪法》颁布以后，社会力量办学得到"根本大法"的肯定与鼓励，蕴藏在民间的办学热情被进一步激发起来，各类办学日渐发展，遍布全国各地。自1983 年到《中华人民共和国民办教育促进法》出台的 2002 年，全国各省（市、区）陆续出台了社会力量办学管理办法，或试行办法、暂行规定等。自 1995 年以后，黑龙江、广东、山西、陕西、四川、辽宁、青海、河北等出台了社会力量办学条例和有关实施细则。

1985 年 1 月，教育部和全国政协教育组联合在一些省、市就社会力量办学情况进行了专项调研，提出改革开放以来社会力量办学存在的问题是：一些办学单位或个人办学思想不明确，学校性质混乱；高分数、低水平，忽视人才培养层次；两套教学制度（学校教学制度与高等教育自学考试制度）矛盾，忽视实验课，教学环节脱节。建议：①国家尽快制定社会力量办学管理条例；②加强对社会力量办学大专班的管理，明确其应以助学和短期培训为主；③社会力量办学有学校发结业证书，不必由国家承认学历；④社会力量办学单位要配备与办学规模相应的管理队伍，加强管理。这次调查对摸清社会力量办学实际情况，加强法律、法规建设和规范办学管理起到促进作用。[①]

此次调研，首次给国家教育行政部门提出了加强法律、法规建设和规范办学管理的建议。1985 年 6 月 18 日，教育部撤销，设立国家教育委员会。国家教委成立后不久，针对社会力量办学增多、一些未经批准的学校自行刊登招生广告、一些人借办学行骗等问题，国家教委联合中宣部于 1986 年 1

---

① 北京学苑文化研究中心编《中国社会力量办学大辞典》（上册），红旗出版社，1997，第 75 页。

月 20 日发出《不得乱登办学招生广告的通知》。

1987 年 8 月，国家教委发布了《关于社会力量办学的若干暂行规定》，这是我国改革开放后第一个较全面的有关社会力量办学的规定。规定明确社会力量办学是我国教育事业的重要组成部分，是国家办学的补充，应予以鼓励和支持。其范畴包括具有法人资格的国家企事业单位、民主党派、人民团体、集体经济组织、社会团体、学术团体以及经国家批准的私人办学等。各省、自治区、直辖市根据本规定，结合本地区实际，相继制定了地方社会力量办学法规，社会力量办学开始逐渐走上依法办学轨道。

随后，国家教委连续发布了《社会力量办学财务管理暂行规定》《关于社会力量办学几个问题的通知》《社会力量办学教学管理暂行规定》等规范性文件。1991 年 8 月 21 日，国家教委与公安部联合发布了《关于社会力量办学印章管理暂行规定》。这一系列的规定和要求，体现着国家教育行政机构对社会力量办学的管理工作日趋重视。

1992 年 8 月 20 日，在全国高等成人教育工作会议上，国家教委对我国社会力量办学明确提出了"积极鼓励，大力支持，正确引导，加强管理"的"十六字方针"。1993 年，"十六字方针"写进中共中央、国务院印发的《中国教育改革和发展纲要》。为了积极鼓励和正确引导兴办民办高等教育，维护民办高等学校的合法权益、完善对民办学校的管理，1993 年 8 月 17 日，国家教委颁布了《民办高等学校设置暂行规定》，明确了民办高等学校由所在地方省级教育行政部门负责管理。

1994 年 11 月 1 日，针对社会办学机构名称不规范问题和民办学校向社会筹集资金问题，一天连发两份规定性文件，即《关于社会力量举办非学历高等教育机构名称问题的批复》《关于民办学校向社会筹集资金问题的通知》。为了制止各种违反国家自学考试原则和教育规律的错误行为，防止把助学变为助考，坚持"教考分离"，创造公正、有序的助学环境，国家教委于 1995 年 11 月 3 日发布了《关于高等教育自学考试社会助学工作的意见》。

1996 年 3 月 27 日，国家教委针对社会力量办学中出现的一些问题，发布了《关于加强社会力量办学管理工作的通知》，其第一条"提高认识，加强领导和管理"中明确提出："社会力量办学是我国社会主义教育事业的组成部分，是加快教育事业发展的重要途径，是当前教育体制改革的重要内容。各级教育行政部门要认真贯彻'积极鼓励，大力支持，正确引导，加强管理'的方针，把社会力量办学纳入本地区教育事业的发展规划和本部门管理工作的范围，制定和完善有关规章，及时研究、解决办学中出现的问题，切实加强领导和管理。要根据本地区社会力量办学发展的实际情况，确定一名负责同志抓社会力量办学的管理工作，设置必要的管理机构，明确主管处（科）、室和有关处（科）、室的职责，配备和充实管理人员，落实管理责任和管理经费，保证本地区社会力量办学健康发展。"

其第二条"建立健全社会力量办学的审批制度"中明确了审批权限、审批程序，即"实施高等学历教育的学校，按照《民办高等学校设置暂行规定》，由国家教委负责审批。不具有颁发学历文凭资格的高等教育机构由省、自治区、直辖市、计划单列市教育行政部门负责审批，并抄报国家教委。中等和中等以下层次的学校，其设置标准和审批权限由省、自治区、直辖市教育行政部门规定"。①

1997年7月31日，国务院第226号令发布《社会力量办学条例》。这是我国民办学校复兴以来第一个较全面、系统的全国民办教育最高行政法规，标志着我国民办教育事业的发展将在规范化、法制化的道路上走向依法办学、依法管理、依法行政的新阶段。

1998年8月，经第九届全国人大第四次会议通过的《中华人民共和国高等教育法》颁布实施，这是全国高等教育发展史上一件有里程碑意义的大事，是《教育法》的配套法律。本法第六条规定："国家企事业组织，社会团体及其他社会组织和公民等依法举办高等学校。"本条针对性地修正了一年前发布的《社会力量办学条例》第五条规定："国家严格控制社会力量举办高等教育机构。"同年同月，国务院转发教育部《关于义

---

① 见原国家教委《关于加强社会力量办学管理工作的通知》，教成〔1996〕7号。

务教育阶段办学体制改革试验工作若干意见》。针对各地义务教育阶段"公办民助""一校两制"等办学中出现的问题做出了规范性要求和应遵守的原则。

1999 年 1 月 13 日，国务院批转教育部制定的《面向 21 世纪教育振兴行动计划》发布。《计划》中明确提出：今后 3~5 年，基本形成以政府办学为主体、社会各界共同参与、公办学校和民办学校共同发展的办学体制。为了加强党对社会力量筹办学校及其他教育机构的领导，促进社会力量办学的健康发展，2000 年 6 月 6 日，中共中央组织部、中共教育部党组联合印发了《关于加强社会力量举办学校党的建设工作的意见》。

2001 年 10 月 19 日，民政部、教育部下发了《教育类民办非企业单位登记办法（试行）》，民办学校法人性质引起了争议。2002 年 12 月 28 日，第九届全国人大第三十一次会议通过了《中华人民共和国民办教育促进法》，这是我国第一部规范和促进民办教育发展的法典，对于我国民办教育的发展具有里程碑意义。本法将原"十六字方针"中的"加强管理"明确为"依法管理"。

2004 年 6 月 28 日，教育部印发《关于取消高等教育自学考试试点的通知》（部教发〔2004〕24 号），引起了民办教育界较大反响。

2006 年 12 月 21 日，由于江西等地发生了民办高校校园学生群体事件，国务院办公厅发布了《关于加强民办学校规范管理，引导民办高等教育健康发展的通知》。

2010 年 7 月 29 日，《国家中长期教育改革和发展规划纲要（2010~2020）》颁布实施。2010 年 11 月，教育部公布了"民办学校办学体制试点地区学校"。

2012 年 6 月 18 日，教育部颁布《关于管理引导民间资金进入教育领域促进民办教育健康发展的实施意见》。2013 年 9 月 5 日，国务院法制办发出了《关于教育法律一揽子修订草案稿》公开征求意见的通知。

至此，国家有关部门颁布的重要民办教育方针、政策、法规为统筹规划、综合协调和宏观管理我国民办教育的发展提供了依据。

四 民办教育政府四级管理机构的设置

自改革开放以来，面对逐步复苏、发展壮大的我国社会力量办学事业，在认识、引导和管理工作的实践中，逐步形成了我国民办教育四级管理机构。

（一）国家民办教育行政管理机构的设置

国家教委是国家教育行政的执行机构，主管全国的社会力量办学工作，其主要职责是，制定社会力量办学的行政规章以及协调国务院各部委有关社会力量办学工作；决定民办高等学校的设置标准；审批具有国家承认学历资格的民办高等学校。

面对全国蓬勃发展的民办教育状况，加强管理成为必然，而加强管理首要的一项是建立归口管理、独立建制的职能机构。自 1982 年我国第四部《宪法》颁布，到《社会力量办学条例》出台的 10 多年时间里，国家教育管理机构对社会力量办学管理没有专门机构，主要由成人教育司负责管理、统筹、调控。

《社会力量办学条例》规定："国务院教育行政部门、劳动行政部门和其他有关部门在国务院规定的职责范围内负责有关的社会力量办学工作。"政出多门，出现有人管又无人管，有关部门互相推诿等诸多现象。例如民办学校设立的审批部门为教育部、劳动部、社科部、民政部等有关部门，这种多头审批造成管理的不统一和混乱，标准宽严不一，不利于民办学校的管理和发展。又如各种社会力量办学统一归口教育行政部门的成人教育机构管理，用成人学校的管理办法管理民办中小学未必合理。再如对不同性质、类型、层次的社会力量办学以及民办学校和私立学校统一管理，缺乏针对性。[①]

1993 年 5 月，国家教委在机构改革中，专门成立了"国家教育委员会社会力量管理办公室"，成为国家教委归口管理社会办学的、独立设置的职能部门，并向全国各省、自治区、直辖市教育部门下发了通知，启用了印

---

① 金忠明等主编《中国民办教育史》，中国社会科学出版社，2003，第 307~308 页。

章。这是新中国成立以来，国家教育部门建立的首个民办教育的专门管理机构。它的职责和任务有三项：

一是归口和对外联系社会力量办学的有关工作；二是管理社会力量办学举办的成人高等、中等学历教育及非学历教育；三是负责管理社会力量办学的评估验收和学历认定考试工作。首任主任为王志强同志。

国家教委社会力量管理办公室独立设置以来，依据有关民办教育法规和政策性文件，社管办的同志深入各地民办学校，调研考察，组织研讨，参与有关会议指导，积极履行职责，依法、依规管理，为推动我国民办教育事业做出了努力和贡献。

1995 年 5 月，国家教委副主任王明达在部分省、市社会力量办学管理座谈会上就管理体制问题指出："各级教育行政部门要依据《教育法》《纲要》及其实施意见，在政府的支持下，理顺社会力量办学的管理体制，建立起教育行政部门统筹规划、综合协调、归口主管，其他有关部门分工负责的管理体制，国家教委将进一步与其他部门协调。力争在《社会力量办学条例》中把这样的体制确定下来。当然，社会力量办学的管理不同于政府办学的管理，涉及方方面面，许多部门，我们也要注意调动有关部门在各自的职权范围内参与管理的积极性，发挥他们的管理职能，共同管好社会力量办学。在教育行政部门内部，也要建立归口主管和分工负责相结合的管理体制。对各类民办学校的教育行政管理应由一个处（科）、室统筹归口，教学业务的指导和管理分别由相关处（科）、室分工负责。特别是一些共性的问题以及审批学校、审核广告、财产财务管理等工作一定要归口，但是，主管处（科）、室要和业务处（科）、室相互配合，相互协调，不能代替业务处（科）、室的管理。应明确主管处（科）、室和有关处（科）、室的管理职责，落实管理责任。"同时，王明达指出："管理社会力量办学是教育行政部门应该履行的职责，各级教育行政部门要在机构、编制、人员、经费等方面给予保障，切实负起责任，采取措施，加强社会力量办学的管理工作。"①

---

① 张健、李燕杰：《中国社会力量办学大辞典》（上册），红旗出版社，1997，第 984 页。

1998 年 3 月 10 日，国家教育委员会更名为教育部。根据第九届全国人大第一次会议关于进行政府机构改革精神，国务院办公厅于 1998 年 7 月 21 日下发了《关于教育部职能配置内设机构和人员编制规定的通知》，教育部在当年年底基本完成了"定岗、定编、定机构"的调整工作。原在岗 800 余人，调整后有 470 人，内设 18 个司（厅、室）。在此机构改革中，于 1993 年 5 月由原国家教委成立的社会力量管理办公室将被合岗、合编。

教育部办公厅于 1999 年 1 月 26 日向各省、自治区、直辖市教委发出教发厅〔1999〕3 号文件称：为进一步推动社会力量办健康发展，根据《国务院办公厅关于教育部职能配置、内设机构和人员编制规定的通知》精神，教育部设立社会力量办学管理办公室，挂靠发展规划司规划处。2001 年教育部在发展规划司设立了综合处，负责社会力量办学管理工作，其职能明确如下：

一、研究定制社会力量办学的方针、政策、规章；在办学体制、办学资格等方面指导各省（自治区、直辖市）对社会力量办学的工作；

二、根据《社会力量办学条例》的规定，具体负责办学许可证的式样设计和印制的组织工作；负责国家高等学历文凭考试的资格认定管理工作；

三、筹建并鼓励国家社会力量办学表彰奖励基金。

此外，教育部基础教育司负责指导社会力量举办基础教育各类学校及教育机构的工作；职业与成人教育司负责指导社会力量举办各类中等职业教育学校的工作；高等教育司负责指导社会力量举办高等学校的工作。这样的机构设置体现的是：统筹规划、综合协调、宏观管理与分层分类管理、各司其职的思想。

机构设置是领导管理体系的核心，是地位的体现。因此，从职能转变入手，明确工作任务，科学设置机构，认真配备管理人员是加强和改善管理工作的十分重要的问题。但就民办教育发展的历程、现状和重要作用、地位来看，"政府现行管理组织、管理体制不能适应社会力量办学的迅猛发展，管理机构缺乏权威性，尤其是中央一级专门管理机构——教育部社会力量办学管理办公室定位于处级，难以确立教育部主管社会力量办学的权威地位，更不符合社会力量办学在有中国特色社会主义教育体系中的重要位置和作用"。①

（二）省级民办教育行政管理机构的设置

自 1993 年原国家教委设立"社管办"之后，全国各省、自治区、直辖市教育部门也在机构改革中建立了社会力量办学管理办公室（处），有的是单独设置的，有的是与成人教育处合署办公。较早建立办公室（处）的有山西、湖南、辽宁、上海等。北京市成人教育局成立"社办处"，天津市第二教育局成立"社教处"。

我国省级教育行政部门民办教育管理机构的设置大体上有以下三种情况：①到 2002 年为止，天津、辽宁、江西、陕西四省（市）设立了单独的"社会力量办学管理办公室"或"社会力量办学管理中心"，并配备了相应的编制。②北京、吉林、黑龙江、浙江、安徽、山东、湖北、湖南、重庆、四川等十省（市）设立了"社管办"，挂靠有关处（室）。③按照民办教育机构的不同类别，由教育行政部门的相关处室分别管理，如"高等教育处""基础教育处""职成教处""发展规划处"等。②

各省（市、区）教育行政管理部门行使对本地区社会力量办学工作的行政管理职能。其主要的职责是，根据国家教育部门和当地政府的有关规定，制定相应的管理规则；对本地区社会力量办学工作进行系统规划、综合协调、信息指导、提供服务；审批和管理实施非学历教育的民办高等学校。

各地社管办（处）的职责是统筹、协调、指导全省（市、区）社会力量办学工作。负责牵头制定当地社会力量办学发展规划和计划，并组织实施；负责对外协调有关部门共同制定扶持和管理社会力量办学的政策和办法，实行综合归口，宏观调控；负责当地办学许可证的核发、年检，对办学单位的行政处罚和对社会乱办学的清理；归口负责民办学校的有关问题仲裁，提供服务；负责指导其他行政部门对社会力量办学的审批、管理等。

---

① 金忠明等主编《中国民办教育史》，中国社会科学出版社，2003，第 282 页。
② 教育部发展规划司、上海教育科学研究院编著《2002 年中国民办教育绿皮书》，上海教育出版社，2003，第 23 页。

1999 年 1 月，教育部设立社会力量办学管理办公室，挂靠发展规划司规划处之后，国家教育行政部门的机构改革的动态直接影响到各省、自治区、直辖市的教育部门。2001 年后，许多省、自治区、直辖市民办教育的综合管理职能划转到规划处，也有的省划到职成处、成教处、法规处等管理。全国各省（区、市）独立设置管理社会力量办学机构的未增反减。其设置情况如下：

北京市教委发展规划处（社会力量办学管理办公室）；

天津市教委社会力量办学处；

河北省教育厅发展规划处；

山西省教育厅成教处；

内蒙古自治区教育厅职成教处；

辽宁省教育厅社会力量办学管理办公室；

吉林省教育厅发展规划处（社会力量办学管理办公室）；

黑龙江省教育厅政策法规处（社会力量办学管理办公室）；

上海市教委发展规划处；

江苏省教育厅发展规划处；

浙江省教育厅职成教处（民办教育办公室）；

安徽省教育厅职成教处（社会力量办学管理办公室）；

江西省教育厅社会力量办学管理处；

福建省教育厅发展规划处；

山东省教育厅发展规划处（社会力量办学管理办公室）；

河南省教育厅发展规划处；

湖北省教育厅发展规划处（社会力量办学管理办公室）；

湖南省教育厅发展计划处（社会办学处）；

广东省教育厅政策法规处；

海南省教育厅发展规划处；

广西壮族自治区教育厅发展规划处；

重庆市教委职成教处（社会力量办学管理办公室）；

四川省教育厅政策法规处（社会力量办学管理办公室）；

贵州省教育厅政策法规处；

云南省教育厅职成教处；

陕西省教育厅社会力量办学管理中心；

甘肃省教育厅发展规划处；

青海省教育厅发展规划处；

宁夏回族自治区教育厅职成教处；

新疆维吾尔自治区教育厅发展规划处；

西藏自治区教育厅（不详）。

据 2001 年 12 月 18 日《中国教育报》的"记者来信"《社会力量办学管理机构不能撤》一文中反映，全国有的地市教育局在精简机构的改革中，首先撤掉了社会力量办学管理机构。这是十分不妥的做法。教育部要求各地教育行政部门，都应根据本地区社会力量办学发展的实际，调整、配备、充实管理人员。要选择那些坚持原则、公正廉洁、勇于开拓、有组织协调能力的干部充实社会力量办学和管理队伍。

（三）地（市）、县（区）级民办教育行政管理机构

随着我国省一级民办教育管理机构的陆续建立，各地地（市）级、县（区）级民办教育行政管理机构也相继建立。逐步形成和完善了中央、省、市、县四级管理机制。有力地促进了各地民办教育事业健康、规范、有序的发展局面。

广州市是全国最早建立三级民办教育管理机构的城市。"1983 年，广州市政府实施机构改革，成立广州市成人教育局，专门负责成人教育、民办教育工作，以改变市教育局被戏称为'城市的基础教育局'的状况。1995 年并入原广州市教育委员会。12 年期间，广州市成人教育局在市政府的直接领导下，统筹规划民办教育事业。市成人教育局内设社会力量办学管理小组（附在职工教育处内），区、县一级的管理机构为区、县成人教育局（办）。其时，市成人教育局分别与市教育局、市劳动局、市卫生局、市文化局、市体委、市工会、市科协等业务主管部门联合发文，对社会力量举办的各类专业性校、班的审批和管理做出具体规定,按办学单位的行政隶属关系或所办校、班的层次与类别交由业务主管部门进行分类管理。1995 年,广州市教育机构改革,原广州市教育委员会、广州市教育局、广州市成人教育局三个机构合并为广州市教育局,内设社会力量办学管理办公室,主管全市民办教育工作。"①

各地地(市)级、县(区)级民办教育行政管理机构两级是当地教育行政部门管理当地社会力量办学工作的职能部门,其主要职责是,贯彻执行国家及省、自治区、直辖市有关社会力量办学的法规、法令方针、政策;审批本辖区域内的社会力量办学;负责制定本地区社会力量办学相关配套文件并会同有关部门实施执法监督和管理;负责对社会力量办学的评估、年检、表彰、总结、交流和培训以及调查研究等。这两级的执行机构有的叫社会力量办学管理办公室,有的叫社会力量办学管理科(股),有的由其他科室(股)代管。但必须看到,各地各级有关领导对管理机构的设置,人员配备重视程度不一,因而出现了有的地方机构不完善、人员缺乏等问题,特别是地(市)、县级教育行政管理机构的建设更是薄弱的一环。

第二节　全国性民办教育行业组织的建设

在我国民办事业的发展进程中,国家、政府的宏观管理——即规划指导、立法监督、组织协调、提供服务是关键。中介机构的社会管理,发挥其作用是教育管理科学化、民主化不可缺少的条件。建立为民办教育服务的中介机构,发挥其作用是必要的社会性管理。行业管理或者是中介机构参与管理,应承担的是政府不宜承担的和单个学校又难以承担的协调、服务等功能,以充分发挥它的桥梁和纽带作用。

一　民办教育社团的酝酿、建立及活动

自 1978 年 12 月,党的十一届三中全会召开以来,改革开放的春风,使

---

① 陈峰:《民办教育创新:区域和学校的探索》,暨南大学出版社,2011,第 11 页。

我国民办（私立）教育得以复苏，如雨后春笋，勃勃生机，全国各民主党派、人民团体、离退休干部和知识分子为国分忧、为民解愁，为培养人才铺路，采用多种方式举办不同层次、不同类型的民办教育机构，并得以蓬勃发展。特别是民办高等教育机构发展速度快、数量多、规模大，成了全国社会力量办学的亮点。

在我国民办教育发展的起初阶段，由丁国家教育部门管理力量薄弱、针对性的政策法规缺乏、沟通联系的渠道不畅通，一些民办学校的创办人和有识之士，迫切希望建立一个自己的"组织"，以便加强业内间的学习、交流，积极向政府教育管理部门反映问题，表达心声，促进民办教育事业发展。

1989年1月6~9日，由湖北函授大学校长游清泉联系牵头，在武汉召开了全国性的民办高等教育研讨会，出席会议的有全国各地一百余所民办高等教育机构的负责人。会上大家一致同意成立"全国民办高等教育研究会（筹备组）"。会上确定了筹备组分片联系人为：湖北函数大学校长游清泉、北京海淀走读大学常务副校长陈宝瑜、黄河科技学院校长胡大白、西安培华女子学院姜维之、安徽江淮职业大学詹卓、四川凉山大学黄步青、鞍山对外经贸高等专业学校校长宋延英等。

这个自发性的全国民办高等教育研究会（筹）所开展的研讨交流、沟通、反映等一系列工作，为推动建立合法性全国民办教育社团组织奠定了基础。

1989~1994年召开的全国人大和全国政协会议上，不少社会知名人士和人大代表、政协委员都以提案和建议的形式呼吁成立全国性民办教育社团组织。

1991~1995年，一些退休的老干部、社会高层人士：熊复（曾任《红旗》杂志主编，全国人大教科文卫委委员）、王国权（曾任民政部常务副部长）、刘培植（曾任全国政协委员、农业部副部长）、杨海波（曾任国家教委副主任、全国人大教科文卫委委员）、高沂（曾任教育部副部长、全国政协委员）、安刚（曾任《经济时报》社社长、中国公关协会主席）、陈明邵（曾任九三学社中央副主席、全国政协委员）、于北辰（曾任中央教育行政学院党委书记、中国高等教育协会副会长）、王路宾（曾任北京大学副校长）、张萍（曾任北京大学副校长）、浦通修（曾任教育部副部长）等人，以及各民主党派的有关负责同志曾向党中央、国务院、教育部、民政部提出成立全国性民办教育社团组织的呼请信。他们多方联系协商、奔走，向有关部门多次报告，为该组织的建立付出了不少心血。

1994 年 5 月 9 日，国家教委办公厅以教厅办〔1994〕54 号文同意中国成人教育协会下设全国民办高等教育协会，并抄送民政部。

由于所定会名不符合民政部的规定而未被批准，1994 年 11 月 12 日，该组织筹备委员会的同志召开会议，确定本会名称为："中国成人教育协会民办高等教育委员会"，即"协会"改为"委员会"再报国家教委。

1995 年 1 月 27 日，国家教委办公厅以教厅值〔1995〕12 号文批复同意中国成人教育协会下设民办高等教育委员会，并抄送民政部社团管理司。随后民政部审批，履行了有关登记手续。至此，我国改革开放以来第一个全国性、专业性民办高等教育社团组织合法诞生。

1995 年 5 月 29 日，来自全国各地的民办高校负责同志百余人和有关部门的领导汇聚一堂，隆重而热烈地召开了成立大会。会议选举了原农业部副部长、民办高教委员会筹委会负责人刘培植为主任；德高望重的老一辈革命家王国权同志和原中央教育行政学院党委书记、原内蒙古大学校长于北辰同志为名誉主任。会议选举北京大学原副校长、全国政协委员王路宾同志和湖北函授大学校长游清泉同志为常务副主任，北京海淀走读大学常务副校长陈宝瑜同志为副主任兼任秘书长，黄河科技学院院长胡大白等为副主任。委员会成立了办公室、组织联络部、学术活动部、宣传教育部、立法护权部等五个职能部门。会议决定将《中国成人教育信息报》《民办教育天地》杂志作为委员会的会报、会刊。会议期间，国务院副总理李岚清同志给会议打来祝贺电话，国家教委成教司司长董明传和国家教委社管办主任王志强同志出席了会议并讲了话。

（全国）民办高等教育委员会成立以后，积极宣传党和国家有关民办教育的方针政策，加强民办学校之间的相互联系和信息交流，开展专项调研，组织国内外学习考察，表彰先进，反映诉求，编辑出版民办教育研究专著等，有力地推动了我国民办高等教育事业的健康发展。但值得提出的是，随着工作的开展，组织内的个别负责人的个人主义、不良作风和不按章程、制度办事的随意性加剧，导致组织机构内纷争迭起，工作受到较大的影响。到了 2001 年底，经教育部、民政部有关领导约谈该会有关负责人，提出终止本会活动的谈话。至此，历经五六年的（全国）民办高等教育委员会结束了它的历史使命。

二　中国民办教育协会成立及组织建设

2005 年以来，一些德高望重的教育界的老领导和有关民主党派的负责人陶西平、王佐书、胡大白等同志，为了促进社会各界关心支持民办教育事业的健康发展，提升民办学校办学水平和管理水平，团结广大民办教育办学机构开展交流与合作活动，在教育部和有关部门的大力支持下，在充分总结（全国）民办高等教育委员会工作经验和教训基础上开始筹建中国民办教育协会。经过一年多时间的认真筹备，经国务院同意和教育部、民政部正式批准，协会成立水到渠成。

中华人民共和国教育部于 2006 年 5 月 31 日以教办函〔2006〕12 号文《教育部关于同意筹建中国民办教育协会的函》致民政部，全文如下：

民政部：

根据新世纪教育发展的需要，为促进中国民办教育事业的健康与规范发展，经研究，我部同意筹建中国民办教育协会。

我部为该协会的挂靠单位和业务主管单位。

附件：1. 关于筹备成立中国民办教育协会的申请书

2. 中国民办教育协会章程（草案）

3. 中国民办教育协会办公用房证明

4. 中国民办教育协会注册资金证明

二〇〇六年五月三十一日

2008 年 6 月 11 日，教育部办公厅以教办厅函〔2008〕44 号文《教育部办公厅关于同意中国民办教育协会成立登记的函》致民政部民间组织管理局，全文如下：

民政部民间组织管理局：

根据《民政部关于中国民办教育协会筹备成立的批复》（民函〔2008〕17 号），经审核，中国民办教育协会已按规定要求完成了筹备成立的各项工作，据此，我部同意该会办理成立登记手续。

请予核准。

二〇〇八年六月十一日

2008 年 5 月 17 日，中国民办教育协会暨第一次会员代表大会在北京会议中心隆重召开。中共中央政治局委员、国务委员刘延东，全国人大常委会副委员长陈至立分别给大会发来贺信。全国人大常委会副委员长严隽琪、全国政协副主席张榕明出席大会。中国民办教育协会名誉会长许嘉璐在会上做报告。时任教育部副部长、党组副书记袁贵仁到会并讲话。民政部、人力资源和社会保障部代表到会致辞。民办学校、有关机构代表 500 余人参加了会议。大会组委会在现场发起为"汶川地震"灾区人民献爱心的"祥云行动"，现场募集善款 480 万元。

中国民办教育协会是我国整个民办教育领域第一个经过法定程序由政府批准的全国性国家一级社团组织，是由全国各级各类民办教育机构和民办教育工作者自愿结成的、行业性的、全国性非营利性的社会组织。其主管单位为教育部，登记管理机关为民政部。经大会民主选举产生了中国民办教育协会第一届理事会及领导机构：

名誉会长：第九、十届全国人大常委会副委员长许嘉璐；

会长：国家总督学顾问、著名教育家陶西平；

常务副会长：全国人大常委会委员、民进中央副主席王佐书；

监事会主席：第十届全国人大代表、黄河科技学院院长胡大白；

秘书长：全国政协委员赵光华；

副秘书长：北京市人民政府督学王文源。

2008 年 7 月 10 日，中华人民共和国民政部以民函〔2008〕第 207 号文《民政部关于中国民办教育协会成立登记的批复》复函中国民办教育协会，全文如下：

中国民办教育协会发起人：

你们关于中国民办教育协会成立的申请及有关材料收悉，经审查，符合法律法规的条件，根据《社会团体登记管理条例》，决定准予中国民办教育协会成立登记，你会业务主管单位为教育部。

中国民办教育协会成立登记后，应当严格遵守宪法、法律、法规和国家政策，依照我部核准的章程开展活动，自觉接受业务主管单位、登记管理机关以及有关部门的指导和监督管理，为促进我国经济，社会的发展，构建和谐社会做出积极贡献。

二〇〇八年七月十日

协会成立以来，在陶西平会长的领导下，依照总体工作部署，加快制度建设、组织建设，先后依法完成协会各项注册登记手续；确定办公场所、落实人员和基本办公条件；建立多项规章制度；开展任职登记和会费收缴工作。依法设立办公室、事业发展部、法律事务部和民办教育研究院四个内设机构。并结合调研与服务开展有关培训、交流和研讨活动。

自 2008 年 10 月至 2009 年 12 月，陆续成立了协会的分支机构：学前教育专业委员会、民办中小学专业委员会、培训教育专业委员会和高等教育专业委员会。

2011 年 11 月 6 日，中国民办教育协会第二次会议代表大会在云南昆明召开，全国各级各类民办教育单位的代表和有关方面的人员共 500 余人参加了会议，会议进行了换届工作，依章、依规选举了中国民办教育协会第二届常务理事会。

名誉会长：第九、十届全国人大常委会副委员长许嘉璐，国家总督学顾问、著名教育家陶西平；

会长：全国人大常委会委员、民进中央副主席王佐书；

监事会主席：第十届全国人大代表、黄河科技学院董事长胡大白；

秘书长：北京市人民政府督学、研究员王文源。

2012～2014年，各分支机构的换届工作也相继完成。

中国民办教育协会自成立以来，坚持以服务为宗旨，广泛团结全国各级各类民办教育机构和民办教育工作者，以马列主义、毛泽东思想和邓小平理论为指导，全面贯彻"三个代表"重要思想，坚持党的基本路线，坚持科学发展观，全面贯彻科教兴国、人才强国战略。遵守宪法、法律、法规和国家政策，遵守社会道德风尚。努力贯彻《中华人民共和国民办教育促进法》和《〈中华人民共和国民办教育促进法〉实施条例》，在宣传民办教育的意义和作用，促进社会各方面关心支持民办教育事业的发展；开展民办教育科学研究，促进民办学校办学质量不断提高，推广民办教育科研成果和经验；为政府部门对民办教育的决策提供咨询服务；组织编辑有关民办教育报刊和资料，交流民办教育信息；组织开展民办教育的对外交流与合作活动；开展民办教育的行业规范、行业自律和行业维权活动等方面做出了不懈努力，特别是在组织开展《国家中长期教育改革和发展规划纲要》的调研建议、为国家有关民办教育的扶持政策提供参考意见、为国家有关教育法律的修订开展征求意见方面，充分发挥了协会的职能作用，为促进中国民办教育的持续、规范、健康发展做出了突出贡献。为此，2015年12月17日，中华人民共和国民政部发出《关于表彰全国先进社会组织的决定》，授予中国民办教育协会"全国先进社会组织"称号。

三　其他民办教育社团的组织建设

1. 中国管理科学学会民办教育管理专业委员会

1996年5月21日，经国家民政部批准，中国管理科学学会民办教育管理专业委员会在北京成立，这是中国管理科学学会下属的全国性学术性分支机构，简称"民办教育管委会"。

2. 全国民办教育工作者联谊会

2002 年 6 月 3 日，全国民办教育工作者联谊会成立，该会是经中国科学技术协会学会管理服务中心批准的全国性民办教育行业团体。全国人大常委会原副委员长许嘉璐任该会的名誉主席，全国人大常委会原委员柳斌和北京市社会科学界联合会主席陶西平任民办教育工作者联谊会主席，黄河科技学院院长胡大白等为副主席。

3. 全国民办高校德育研究会

全国民办高校德育研究会（全称为"全国高校思想政治教育委员会民办高校德育研究会"，以下简称"研究会"）成立于 2005 年，是在教育部思想政治工作司的领导和直接指导下开展工作，旨在推动民办高校思想政治教育的研究，开展理论研讨、学习培训、经验交流活动，组织实施重点课题的研究，促进民办高校思想政治教育的建设和发展。北京城市学院是研究会的理事长单位和秘书处单位。

研究会自成立以来积极开展工作。相继在北京、上海、杭州、郑州、江西、长春、武汉等地连续成功举办了十届全国民办高校德育论坛（每年一届，每年均有近百名全国民办高校党建与德育工作负责人、专家、学者与会），论坛的任务：一是认真传达中央有关会议精神。二是充分认识并准确定位民办高校思想政治教育工作，总结提炼来自工作第一线的新鲜经验和行之有效的方式方法，切实增强民办高校学生思想政治工作的针对性和有效性。同时开展课题研究工作，在历届德育论坛基础上，结合科研课题研究，正式出版了《我国民办高校党建与德育工作探析》和《求索思索探索——第九届全国民办高校思想政治教育论坛论文集》。《我国民办高校党建与德育工作探析》被北京市党建研究会评为优秀党建读物。为反映民办高校思想政治教育研究成果，研究会还编辑了《民办高校德育研究优秀文集》在全国民办高校中发行。

4. 全国民办高校党建研究分会

全国民办高校党建研究分会（全称为"全国党建研究会高校党建研究

专业委员会民办高校分会"，以下简称"研究会"）成立于 2012 年，是在教育部思想政治工作司的领导和指导下，全国民办高校自愿发起成立的组织，旨在搭建全国民办高校党组织的交流合作平台，加强民办高校党的建设理论与实践问题的研究，推动民办高校党建工作科学化水平不断提升，促进民办高等教育事业持续健康发展。

研究会成立以来，在教育部、中组部的高度重视和关心指导下，针对民办高校党建与思想政治工作理论和实践研究开展了一系列活动。配合教育部思政司于 2012 年 7 月完成了教育部在上海召开的"全国民办高校党的建设工作座谈会"和在西安、吉林、杭州三地召开的"民办高校党建工作调研座谈片组会"的组织工作。同时对全国 644 所（其中民办普通高校 383 所、独立学院 261 所）民办高校开展了党建专题调研，完成了可供主管部门进行决策参考的调研报告。成功举办了三届"全国民办高校党的建设与思想政治工作优秀成果评选"活动，与教育部思政司共同组织开展了两届有 100 余所民办高校的党组织负责人和相关同志参加培训的"全国民办高校党建与思想政治工作骨干培训班"。

研究会开展活动期间，在教育部思政司的支持下，编辑出版了《探索与创新——全国民办高校党的建设与思想政治工作优秀成果集》，建立了全国民办高校党建研究分会的工作网站和民办高校党建与思想政治工作成果案例库。

第三节　各地区民办教育社团组织建设

在民办教育事业不断发展的进程中，各地民办教育机构的办学人和民办教育工作者对于学习贯彻党和国家的民办教育方针政策、研究探索民办教育发展的理论与实践、搭建与政府有关部门沟通的桥梁、反映办学诉求、不断提高办学质量的愿望日渐强烈。各地政府职能部门为了促进民办教育事业的发展，积极鼓励引导、支持、组织广大民办教育工作者建立自己行业协会的共识也日趋明确。20 世纪 90 年代初，我国省一级的"社会力量办学协会"

开始诞生。到了 2003 年，随着《中华人民共和国民办教育促进法》的贯彻实施，"民办教育"一词已成为法定用语，各地社会力量办学协会也纷纷更名为"民办教育协会"。各地民办教育行业组织的建立，为我国民办教育的发展起到了积极的推动作用。

一　河南省民办教育协会的组织建设

河南省民办教育协会（原为河南省社会力量办学协会）成立于 1994 年 11 月，是全省民办教育工作者自愿组成的非营利性、群众性专业团体，业务主管部门是河南省教育厅。协会自成立以来，紧密围绕宣传贯彻党和国家有关民办教育方针政策、加强民办学校之间的相互联系和信息交流、推动民办教育的发展等中心任务，承上启下，发挥桥梁和纽带作用。加强会员单位之间的联系，进行经验交流，表彰先进办学单位。组织参观考察省内外民办学校、组织调研活动、开展学术交流、召开研讨会议等。

2005 年 4 月，经河南省教育厅和河南省民政厅批准，变更名称为河南省民办教育协会。协会内设机构为秘书处和民办教育研究所。分支机构为高等教育工作委员会和基础教育工作委员会。经省新闻出版局批准，从 1999 年开始创办内部刊物《河南省民办教育通讯》。

协会第一任会长是原河南省教育委员会主任亓国瑞，副会长为姚聚川、李文成、胡大白、许抱忠、王树青等，会址设在省教委成教处。1998 年 12 月，按照中共中央办公厅、国务院办公厅《关于党政机关领导干部不兼任社会团体领导职务的通知》文件精神，省教委对所属社团组织进行整顿，经省教委党组研究决定：河南省社会力量办学协会会长由胡大白担任，副会长由刘文魁、王左生、代涛等担任，付建堂担任秘书长，张大策担任副秘书长，后召开协会常务理事扩大会议，通过了上述意见。1999 年 3 月，河南省民政厅为协会办理了重新登记手续，发放了社团法人证书。

第一届：1995 年 11 月～1998 年 12 月。会长：亓国瑞；副会长：胡大白、姚聚川、李文成、刘文魁、王树青、许抱忠、张甦奇、王广亚。

第二届：1999 年 1 月～2004 年 11 月。会长：胡大白；副会长：刘文魁、王左生、代涛、张甄奇；秘书长：付建堂；副秘书长：张大策、刘静新、侯松彦。

第三届：2004 年 11 月 20 日~2008 年 12 月 16 日。会长：胡大白；副会长：刘文魁、王左生、杨雪梅、代涛、张甄奇、乔鸿钧、朱柏生；秘书长：杨雪梅；副秘书长：张大策、刘静新、侯松彦、涂兴召、赵遂欣、张清献、王磊。

第四届：2009 年 3 月 24 日~2015 年 5 月。协会顾问：王日新、介新、蒋笃运、肖新生、郭俊民；会长：贾连朝；执行会长：胡大白；常务副会长兼秘书长：杨雪梅；副会长：喻新安、刘文魁、王左生、乔鸿钧、李光宇、侯春来、牛钦民、李海燕、王裕清、王淑芳、赵国运、王国平、任晓林；副秘书长：涂兴召、张大策、汤保梅、侯松彦、陈绍海、邵泽河、秦小刚、刘福信、吕雁文、张祥海、王清海、薛成林、谷萃健、段志伟、王磊、艾长存。

二　山西省民办教育协会的组织建设

山西省民办教育协会（原为山西省社会力量办学协会）于 1993 年 4 月 16 日在太原成立。协会是全省民办教育机构和广大民办教育工作者自愿成立的非营利性、行业性、中介性、学术性社会团体，协会的职能是团结广大民办教育工作者，学习党和国家的民办教育方针、政策和法律、法规，研究民办教育的理论和实践，维护民办学校的合法权益，搭建与政府有关部门沟通的桥梁，反映会员诉求，推动社会各界关心支持民办教育事业，努力推进山西民办教育健康持续发展。

协会成立后，先后成立了内设机构：办公室、山西民办教育通讯编辑部、山西民办教育网站等；分支机构：高等教育专业委员会、中小学教育专业委员会、职业培训教育专业委员会、学前教育专业委员会。

第一届理事会（1993 年成立）名誉会长：太原工学院原党委书记刘梅。会长：山西省教委原副主任赵美英；秘书长：山西省教委社管办原主任温彭年。

第二届理事会（1996 年成立）名誉会长：刘梅；会长：山西省教育厅原副

厅长赵美英；秘书长：山西省教委社管办原主任温彭年。

第三届理事会（2000 年成立）名誉会长：山西省教育厅原副厅长赵美英；会长：山西省教育厅原副厅长郭耀洲；常务副会长：山西大学师范学院原副院长董文有；秘书长：山西省教委社管办原主任贾真真。

第四届理事会（2005 年成立）名誉会长：山西省教育厅原副厅长赵美英、山西省教育厅巡视员马世豹等；会长：山西省教育厅教育厅原副厅长郭耀洲；常务副会长：山西大学师范学院原副院长董文有、王济民、原山西省吕梁市教育局局长许海瀛；秘书长：许海瀛兼。

第五届理事会（2010 年成立）名誉会长：山西省教育厅原副厅长郭耀洲、山西大学师范学院原副院长董文有、山西省康乐幼儿园原园长赵琴；会长：省人大常委、山西工商学院院长牛三平；常务副会长：山西省教育厅成教处处长张铭东；秘书长：《中国民办教育》总编张忠泽副会长兼。

第六届理事会（2016 年成立）名誉会长：山西省康乐幼儿园原园长赵琴、壶关县育栋学校董事长牛长青；会长：全国人大代表、山西工商学院院长牛三平；秘书长：由张忠泽副会长兼。

三 山东省民办教育协会的组织建设

山东省民办教育协会（原为山东省社会力量办学协会）成立于 1995 年 12 月 20 日，是由山东省各级各类民办教育机构和民办教育工作者自愿组成的群众性、行业性社会团体，是非营利性社会组织。它的办会宗旨是广泛团结全省民办教育工作者，面向社会开展民办教育科学理论与实践研究，开展行业自律、行业维权与其他行业服务活动。协会内设秘书处、学术委员会、民办高等教育专业委员会、民办职业教育专业委员会、民办基础教育专业委员会、民办学前教育专业委员会、民办教育培训专业委员会等机构。

第一届理事会会长：山东省教育厅原厅长吕可英；秘书长：山东省教委计划处处长谭晓防。

第二届理事会会长：山东省教育厅原厅长吕可英；常务副会长：山东省教育厅总督学马钊；秘书长：山东省教育厅职成教处调研员张兆松。

第三届理事会会长：山东省教委原副主任马钊；秘书长：山东省职业教育与成人教育研究所所长尚志平副会长兼。

2011 年 10 月 28 日，山东省民办教育协会召开会员代表大会，通过了第三届理事会领导机构调整意见。根据省教育厅推荐，并经省委组织部批准，大会选举山东省教育厅副巡视员刘士祥接替马钊担任会长。

协会成立以来，组织开展了大量有利于促进民办教育发展的工作和丰富多彩的活动，取得了显著成绩，深受广大民办教育办学单位和工作者的欢迎和好评，为促进山东省民办教育事业的发展起到了不可替代的作用。

四 湖北省民办中小学幼儿园协会的组织建设

湖北省民办中小学幼儿园协会成立于 1996 年 9 月。主管部门为省教育厅，会员单位主要是省内民办中小学、民办幼儿园及相应教育机构的董事长、校长、园长。截至 2015 年底，协会共有会员单位 500 多个，其中民办中小学会员单位 150 个、民办幼儿园会员单位 350 多个。

协会设有网站 1 个、内刊 1 个，及时传递全省以及国内外教育信息、交流各民办教育机构办学（园）经验和成果。内设民办幼儿园专业委员会。专业委员会理事长由协会副会长张维春兼任。

协会遵循"协调、指导、维权、服务"的办会宗旨，每年召开一次会员大会和不少于两次主题鲜明、有指导性的参观和学习交流活动。协会先后于 2006 年和 2013 年获得省 4A 级社团组织荣誉称号。

协会第一届、第二届理事会会长：湖北省原教委副主任朱定昌；秘书长：瞿顺言；第三届、第四届理事会会长：省教育厅原督导室主任曾庆宏；秘书长：雷敬忠。

五 湖南省民办教育协会的组织建设

湖南省民办教育协会（原为湖南省社会力量办学协会）于 1999 年 4 月成立。

协会四届理事会共有理事 405 人，其中常务理事 205 人、副会长 42 人、常务副会长 2 人。秘书处驻会工作人员为 9 人，设有办公室、维权服务部、科研培训部、会刊编辑部和网络部等内设机构。下辖分支机构有学前教育分会、基础教育分会和培训教育分会。《湖南民办教育》会刊于 2001 年创办，双月出版；自 2015 年 1 月起改为月刊，每月 1 期，至 2015 年底已出版 91 期。

第一届理事会（前半届 1999 年 4 月 ~ 2001 年 12 月）会长：湖南省政协原副主席龙禹贤（2001 年 12 月因病逝世）。第一届（后半届 2002 年 4 月至 2003 年 5 月）会长：湖南省人大常委会原副主任刘玉；秘书长：湖南省教育科学研究院原院长张学军。

第二届理事会会长：湖南省人大常委会原副主任刘玉娥；秘书长：湖南省教育报刊社原社长唐仲扬。

第三、四届（2008 年 7 月 ~ 2015 年）会长：湖南省人民政府原副省长、省人大常委会原副主任唐之享；常务副会长：湖南省军区原副政委魏永景；秘书长：湖南省教育科学研究院原院长张学军副会长兼。

湖南省共有 14 个市（州），截至 2015 年底，已有 13 个市（州）成立了民办教育协会，一部分民办教育发达的县（市、区）也成立了民办教育协会。

六 浙江省民办教育协会的组织建设

浙江省民办教育协会（原为浙江省民办中小学协会）成立于 1999 年 9 月 26 日，是由全省各级各类民办学校、民办教育机构和民办教育工作者自愿结成的行业性、全省性、非营利性的社会组织。

协会宗旨是遵守宪法、法律、法规和国家政策，遵守社会道德风尚；加强自身建设，充分发挥专业服务、反映诉求、行业规范和自律等方面的作用；维护会员单位的合法权益，引导和促进我省民办教育健康发展。

协会业务范围：一是学习有关法律、法规、政策，制定行规行约，倡导诚实守信，引导会员单位坚持依法办学，提高教育质量；二是开展民办教育调查研究，向政府部门反映有关情况和诉求，为政府决策提供建议和依据；三是指导会员单位创新机制和育人模式，提高质量，办出特色；四是组织会员单位交流工作经验，开展参观、访问、学习等活动，加强与省内、省外和境外的交流与合作；五是举办各类培训、论坛、联谊活动，为会员单位提供信息、咨询等服务；六是根据会员单位需要，推荐和提供有利于提高教育质量的优秀教材、音像资料、设备和物品；七是办好《浙江民办教育》杂志和浙江民办教育网；八是接受省教育厅的委托，承担起全省民办学校教育科研、质量评估等行业管理和自律职能；九是开展先进集体和个人的评比和表彰；十是开展其他有关部门委托的工作。

协会下辖高等教育分会、高等教育助学与培训分会、中等职业教育分会、中小学教育分会和学前教育分会，有会员单位近400家。协会由常务理事会、监事会、秘书处组成管理机构，同时设立办公室、科研与法律事务部、浙江民办教育编辑部3个内设机构。

协会历史沿革及主要负责人：1999年9月26日，在原浙江省民办中小学协会（1994年设立，会长孙祖瑛）的基础上注册登记浙江省民办学校协会，选举产生协会第一届常务理事会，会长：全国人大常务委员会原委员毛昭晰；常务副会长孙祖瑛；副会长黄新茂等11人；秘书长孙祖瑛。

2004年6月18日换届，会员代表大会选举产生协会第二届常务理事会，会长：浙江省教委原副主任黄新茂；副会长黄纪云等18人；秘书长邓威。

2006年11月28日，浙江省民政厅批准更名为浙江省民办教育协会。2010年12月26日换届，会员代表大会选举产生协会第三届常务理事会，会长：黄新茂（2013年7月10日，黄新茂卸任，华长慧接任会长）；常务副会长：陈永昊；副会长：黄纪云等28人；秘书长：钟心诚；监事会主席：陈五爱。

2015年12月17日换届，会员代表大会选举产生协会第四届常务理事会，会长：葛为民；常务副会长：叶向群；副会长：黄纪云等26人；秘书长：林晓鸣；监事会主席：王建华。

七 河北省民办教育协会的组织建设

河北省民办教育协会（原为河北省社会力量办学协会）2001年6月成

立，协会内设秘书处、《河北民办教育》编辑部；科研机构为：河北民办教育研究所、河北民办教育研究基地。

第一届（前期）会长：原省教委社会力量办学管理处处长李建通；（后期）会长：原河北省教育委员会党组书记田洪波；（前期）秘书长：河北省教育厅发展规划处处长朱智国；（后期）秘书长：原省教委社会力量办学管理处处长李建通。

第二、三届会长：原河北省教育委员会党组书记田洪波；秘书长：原省教委社会力量办学管理处处长李建通。

第四届会长：河北省教育厅原常务副厅长、党组副书记闫春来；秘书长：河北医科大学继续教育学院原院长刘桂玲。

八　四川省民办教育协会的组织建设

四川省民办教育协会于 2003 年 6 月正式成立，协会作为民办教育行业自律、维权和服务的全省性群团组织，遵循国家有关民办教育的法律法规，团结全省各级各类民办教育机构和民办教育工作者，开展民办教育科学理论与实践研究，着力构建民办学校相互沟通、交流、借鉴和学习的平台；开展行业自律、行业维权与其他行业服务活动，反映举办者和办学者的心声，促进民办学校自律和规范；进一步优化民办教育发展的内外部环境，营造民办教育发展的良好氛围，为促进全省民办教育协调健康发展服务。

协会内设秘书处：负责统筹协调、组织、外联、宣传、财务与会员管理等协会日常工作；权益保障部：负责维权、自律和相关法律服务等工作；研究机构：负责民办教育研究所、报刊和网站工作。

协会设立分支机构：高等教育专业委员会（2010 年 5 月成立）、中小学教育专业委员会（2012 年 3 月成立）、学前教育专业委员会（2012 年 4 月成立）、中等职业技术教育专业委员会（2011 年 3 月成立）和社会培训教育专业委员会（2014 年 7 月成立）。

2003 年协会成立到 2009 年，会长由时任四川省教育厅政策法规处处长刘莉兼任。

协会于 2009 年 12 月 19 日召开第一届理事会,第一届理事会会长:全国政协常委、民革中央副主席、省人大常委会副主任钮小明;常务副会长:成都艺术职业学院党委书记、执行院长刁纯志;秘书长:由四川省教育厅政策法规处处长傅明兼任,2013 年始由刘莉担任。

九 云南省民办教育协会的组织建设

云南省民办教育协会成立于 2002 年 12 月,原名"云南省民办教育促进会",2006 年 6 月更名为"云南省民办教育协会"。

协会会员包括副会长、常务理事、理事三个层次。协会内设有民办高校、民办中职学校、民办中小学、民办学前教育、民办培训五个专业委员会和法律事务部、金融服务部、对外交流部三个业务部门。

协会成立以来,紧密依靠广大会员单位,坚持实践"促进为目的、服务求支持"的建会宗旨,积极配合教育主管部门宣传国家的教育方针和政策;沟通协调各方关系,反映民办学校的意见和要求,维护民办教育机构的合法权益;组织有关民办教育的项目论证,为民办学校提供实质性帮助;为政府、组织和个人提供有关民办教育的咨询和建议;努力推动民办教育机构之间的合作,开展理论研讨及学术交流与协作;组织培训考察和对外交流活动,开展课余文艺竞赛活动,扩大民办教育的宣传和影响。协会的成立及其活动,对云南民办教育的发展起到了积极的促进作用。

第一届理事会会长:张从信;秘书长:把宗泽。

第二届理事会会长:张从信;秘书长:訾鸣。

第三届理事会会长:梁公卿;秘书长:张从信。

第四届理事会会长:梁公卿;常务副会长:吴贵荣;秘书长:何庆敏。

十 江西省民办教育协会的组织建设

江西省民办教育协会于 2003 年 9 月正式成立,选举产生了第一届理事会。名誉会长:时任江西省教育厅副厅长郑守华;会长:江西省人大常委、江西科技学院董事长于果;常务副会长:江西省教育考试院党委书记万普海；秘书长：江西省教育厅发展规划处调研员方火才副会长兼。

2013 年 11 月 28 日，协会召开了第二次会员代表大会，选举产生了第二届理事会。会长：江西城市学院督导专员、党委书记汪忠武；常务副会长：江西省人大常委、江西科技学院董事长于果，江西省教育厅发展规划处处长王江华；秘书长：江西省教育厅发展规划处调研员方火才。

十一 黑龙江省民办教育协会的组织建设

黑龙江省民办教育协会（原为黑龙江省民办教育发展促进会）成立于 2003 年 11 月 7 日，2008 年 8 月 8 日更名为黑龙江省民办教育协会，协会设有民办普通高校专业委员会、民办助学高校专业委员会、民办中小学专业委员会、民办学前教育专业委员会、培训部、编辑部等职能部门。协会现有团体会员近 500 个。

黑龙江省民办教育协会成立以来，认真贯彻民办教育法律法规，积极发挥桥梁纽带作用，切实加强自身建设，不断提高服务能力，在民办学校师资队伍建设、交流合作、维权自律等方面发挥了积极作用。协会设有网站和会刊《民办教育实践与研究》，已成为黑龙江民办教育方面政策研究、经验交流、工作信息反馈的重要平台和阵地。

第一届理事会名誉会长：黑龙江省政协原副主席黄枫；理事会会长：黑龙江省教育厅原副厅长王普庆；常务副会长（法定代表人）：黑龙江省政策法规处处长任铭越；秘书长：黑龙江省教育厅政策法规处副处长董成。

第二届理事会会长：黑龙江省人大教科文卫委员会原副主任委员陈龙俊；秘书长：黑龙江省教育厅政策法规处副处长董成。

第三届理事会会长：黑龙江省教育厅原巡视员张信；秘书长：黑龙江中华职业教育社办公室主任黄冬艳。

十二 辽宁省民办教育协会的组织建设

辽宁省民办教育协会成立于 2003 年 12 月 22 日，是由辽宁省内从事民办教育办学、管理、研究、咨询、服务等工作的机构和个人，以及其他致力于推动民办教育发展的团体和个人自愿组成的非营利性社会团体。协会的业务主管单位为辽宁省教育厅，秘书处设在辽宁教育研究院民办教育研究所。目前，协会有团体会员 178 个、个人会员 50 名，会长郭燕杰、第一副会长郝庆堂、常务副会长孙杰夫、秘书长黄元维。协会下设民办高等学校、民办高等教育机构、基础教育、职业教育、学前教育、非学历培训和中外合作办学七个专业委员会。

协会积极为会员单位服务，主办的辽宁省民办教育家、优秀学校、优秀校长、优秀论文、科研立项评选以及专题报告会、培训会等活动赢得各界好评。协会自建会以来，协会遵守宪法、法律和社会道德规范，贯彻、执行国家方针、政策和法规，维护民办学校的合法权益，加强民办教育行业的内部自律，促进民办学校之间的交流与合作，为民办学校、相关组织和个人提供服务，推动辽宁省民办教育事业健康发展。

十三　福建省民办教育协会的组织建设

福建省民办教育协会于 2004 年 2 月成立，其前身为"福建省教育学会民办教育委员会"。协会系福建省各类民办教育机构和热心民办教育事业的教育工作者自愿结合的具有中介性、联谊性、学术性、服务性和非营利性的地方教育行业性组织。

主要业务范围：开展社会力量办学的调查、研究和咨询工作；组织学术研讨与经验交流；维护会员的合法权益，为会员进行教育教学活动提供可能的服务；宣传国家有关政策方针，为领导决策当好参谋，发挥桥梁作用；加强与兄弟省区市和港澳台地区及国际民办教育机构和研究单位的交流与合作；在政府以及有关部门授权下，参与对民办学校进行办学资格论证和教育检查、评估等工作。

协会内设办公室和管理信息中心，成立学前教育专业委员会。

第一届理事会会长：原省教委副主任马长冰；常务副会长兼秘书长：原省教育督导室副主任廖焕基。

2012 年 7 月 4 日，福建省民办教育协会召开了第二次会员代表大会，选举产生了第二届理事会。第二届理事会名誉会长：全国人大常委会委员、省人大原副主任林强；会长：原省教委副主任马长冰；常务副会长：原省教育督导室副主任廖焕基；秘书长：廖焕基（兼任）；副秘书长：陈达辉、林晶。

十四　北京民办教育协会的组织建设

北京民办教育协会成立于 2004 年 7 月，由北京地区民办学校、民办教育中介组织及其他民办教育机构自愿联合发起成立，是经北京市社会团体登记管理机关核准登记的非营利性社会团体。协会宗旨是：以马列主义、毛泽东思想、邓小平理论及"三个代表"重要思想为指导，落实科学发展观，全面贯彻党的教育方针，遵守宪法、法律、法规和国家政策，遵守社会道德风尚。坚持服务社会、服务政府、服务会员的工作思路，积极履行"枢纽型"社会组织职能，团结全市民办教育单位及民办教育工作者，通过为会员提供服务、维护会员合法权益、保护公平竞争，积极促进社会和谐，推动本市民办教育事业健康、稳定、持续发展。

协会最高权力机构为会员代表大会。理事会是会员代表大会的执行机构，在会员代表大会闭会期间领导协会开展日常工作，对会员代表大会负责。协会现有基础教育分会、农民工子女教育分会、互联网教育分会等分支机构。协会的日常办事机构为秘书处，下设办公室、评估部、会员部、研究部、事业部和国际交流部等部门。

协会第一届理事会理事长：原北京市教委主任耿学超；秘书长：北京城市学院院长刘林。

第二届理事会理事长：原北京市教委主任耿学超；秘书长：北京市海淀区政协委员马学雷。

十五　上海市民办教育协会的组织建设

上海市民办教育协会由原"上海市民办高等教育协会"（2005 年 5 月成立）和"上海市民办中小学协会"（2005 年 3 月成立）合并而成。经上海市教育委员会同意、上海市民政局批准，协会于 2012 年 4 月正式成立。其工作范围覆盖全市民办大中小学、幼儿园及民办培训教育机构。

协会的宗旨是：以邓小平理论和"三个代表"重要思想为指导，坚持党的基本路线，遵守宪法、法律、法规和国家政策，遵守社会道德风尚，贯彻国家教育方针，团结全市的民办教育工作者，学习政策法规，加强民办教育的自律和自主管理，沟通政群关系，反映民意民情，规划学校发展，维护学校权益，开展学术交流，提供咨询服务，推动改革研究，分享改革经验，持续地促进上海民办教育事业的健康发展。上海市民办教育协会内设机构：办公室、民办教育研究所；分支机构：学前教育专业委员会、中小学教育专业委员会、高等教育专业委员会、培训教育专业委员会（筹）。

第一届理事会会长：上海市政协常委、教科文卫体委员会主任李宣海；常务副会长：上海市教育委员会副主任高德毅；秘书长：上海市民办高校工委书记杨月民。

第二届理事会会长：上海市政协常委、教科文卫体委员会主任李宣海；常务副会长：上海市政协常委、民进上海市委副主委胡卫；秘书长：由上海市民办高校工委书记杨月民副会长兼任。

监事会监事长：上海市教育委员会副主任高德毅。

十六　重庆市民办教育协会的组织建设

重庆市民办教育协会是由西南大学育才学院、重庆海联职业技术学院等10所当地民办学校共同发起，经重庆市教育委员会批准，于2008年1月10日成立。

协会的宗旨是：以中国特色社会主义理论为指导，坚持科学发展观，全面贯彻党的教育方针，遵守宪法、法律、法规和国家政策，遵守社会道德风尚，团结一切从事民办教育和热心民办教育事业的社会人士，努力提高民办教育质量，加强民办教育行业自律，维护民办学校合法权益，为民办学校及相关组织和个人提供服务，推动重庆市民办教育事业健康、持续发展。

重庆民办教育协会按照协调、自律、维权、服务的工作职能，认真贯彻落实《中华人民共和国民办教育促进法》及其他相关法律法规，进一步推进依法管理、依法办学、依法治校，加强民办教育行业自律，维护民办学校及其师生、员工的合法权益，促进重庆民办教育协调、持续、健康发展。

协会先后成立了民办中小学专业委员会、学前教育专业委员会、高等职业院校专业委员会等分支机构。

会长：重庆市人大常委原副主任陈雅棠；执行会长：重庆人文科技学院、重庆应用职业技术学院董事长李学春；负责日常工作副会长：重庆市人大常委会原副秘书长陈传文；秘书长：重庆南岸区教委原主任陈晓风。

十七 天津市民办教育协会的组织建设

天津市民办教育协会是以天津地区民办学校、民办教育界人士自愿组成的以促进民办教育发展为目的，专业性、非营利性社会组织。

名誉会长：王成怀、周绍熹；会长：龙德毅；常务副会长：岳腾仑；副会长：朱连庸、郭宝奎、李金迎；秘书长：靳莹。

十八 广东省民办教育协会的组织建设

广东省民办教育协会成立于 2009 年 6 月 4 日，是广东省教育厅主管、经广东省民政厅批准成立的社团法人组织。

协会的宗旨是：坚持以邓小平理论和"三个代表"重要思想为指导，认真贯彻党的十七大、十七届三中全会和省委十届四次全会精神，深入贯彻落实科学发展观。坚持党的基本路线，坚持科学发展观，全面贯彻科教兴国、人才强国战略。遵守宪法、法律、法规和国家政策，遵守社会道德风尚。团结全省各民办教育机构和民办教育工作者，努力贯彻《中华人民共和国民办教育促进法》和《〈中华人民共和国民办教育促进法〉实施条例》，面向社会开展民办教育科学理论与实践研究，开展行业自律、行业维权与其他行业服务活动，为培养有理想、有道德、有文化、有纪律的社会主义建设者和接班人，提高劳动者素质，促进广东民办教育的健康发展而努力。

协会下设学前教育、中小学教育、职业与成人教育等三个专业委员会，另外还设立了民办高校校长联席会、学术委员会、协调委员会等。

第一届理事会会长：广东省高教厅原厅长许学强；秘书长：广东岭南职业学院院长俞仲文。2014年已成功换届，会长暂空缺，秘书长由文传道担任。

十九　陕西省民办教育协会的组织建设

陕西省民办教育协会是经陕西省教育厅和陕西省民政厅正式批准，于2013年1月6日正式成立的全省性民办教育行业团体。协会由118个团体会员，26名个人会员组成。首任会长由陕西省委教育工委原副书记、陕西广播电视大学原党委书记董祥林担任，副会长由陕西省教育厅原副巡视员李维民等14人担任，秘书长先后由陕西省教育厅财务处原处长陈晓福和陕西省教育厅原副巡视员马三焕担任。协会下设四个专业委员会：高等教育专业委员会、中小学教育专业委员会、学前教育专业委员会、培训教育专业委员会。协会内设四个职能部门：研究部、综合部、评估部、培训部。

协会业务范围：①宣传民办教育的意义和作用，促进社会各方面关心支持民办教育事业的发展；②开展民办教育科学研究，促进民办学校办学质量和管理水平的提高，开展民办教育评估活动；推广民办教育科研成果和经验；③为政府部门对民办教育的决策提供咨询服务；④培训民办教育工作者和研究人员；⑤组织编辑有关民办教育报刊和资料，交流民办教育信息；⑥组织开展民办教育的对外交流与合作活动；⑦开展民办教育的行业规范、行业自律和行业维权活动；⑧提供符合本会宗旨的其他民办教育方面的服务。

二十　广西壮族自治区民办教育协会的组织建设

广西壮族自治区民办教育协会于2013年12月9日在南宁成立，协会是由广西区内民办高校、民办中等职业学校、民办中小学、民办幼儿园、民办教育培训机构以及其他民办教育机构自愿结成地方性、行业性、非营利性的社会组织。截至2015年12月，计有会员单位618个。其业务范围：

（一）发挥行业代表作用，担当政府与民办教育领域之间的桥梁与纽带，向有关民办教育的决策制定和政策研究部门提供相关信息；建立与其他企业行业协会之间的交流与合作平台；

（二）就民办教育事业的发展现状和趋势，进行广泛、深入的研究与探讨；组织专题论坛，研析国内外民办教育的成功经验和发展动态，引导各类民办教育机构的研究、交流活动，开展民办教育科研成果的推广工作；

（三）积极探索民办教育发展规律，坚持科学发展观为指导，坚持理论与实践相结合，开展民办教育的业务培训、信息咨询、技术支持、研究交流和其他有利于广西民办教育发展的服务工作；

（四）依据我国国情及广西具体情况，制定广西民办教育的行规行约；

（五）依章程规定，维护本会会员的合法权益；

（六）组织会员开展国际交流与合作；

（七）承担政府部门委托的教育教学改革实验项目、办学质量评估、年检以及其他有关任务。

协会下设立 5 个二级机构：学前教育专业委员会、中小学教育专业委员会、高等教育专业委员会、培训教育专业委员会和中职教育专业委员会。

协会第一届理事会顾问：广西高校原工委书记、教育厅巡视员孙海；会长：广西经济职业学院董事长兼院长、广西十一届政协委员肖开宁；秘书长：广西教育厅政策法制处原处长、广西教育科学研究所研究员吴桂就。

二十一　青海省民办教育协会的组织建设

青海省民办教育协会 2014 年 5 月 13 日在西宁成立。协会由省内各民办教育机构和民办教育工作者志愿组成，按照《青海省民办教育协会章程》，以全面提升青海民办教育的信誉度、促进全省民办教育事业的发展目的，坚持"协调、服务、维权、管理"的原则，团结全省各级各类民办教育机构和民办教育工作者，大力开展民办教育科学研究、为政府提供服务、受政府委托开展民办学校教育督导评估、培训民小学校教师和管理人员、开展民办教育行业规范、行业自律和行业维权等活动。

第一届理事会会长：青海省教育厅原副厅长、国家督学杨全玮；秘书长：西宁市教育局党委原副书记马生庆。

二十二　宁夏回族自治区民办教育协会的组织建设

宁夏回族自治区民办教育协会于 2015 年 7 月 8 日在银川成立。宁夏民办教育协会成立后，加强自身建设，充分发挥联系政府和学校的桥梁纽带作用，发挥行业服务、自律管理作用，广泛团结全区各级各类民办学校依法依章开展活动，努力把协会建成行为规范、运作有序、代表性强、共信力高的社会组织，为全区民办教育事业发展做出新的更大贡献。

第一届理事会会长：宁夏理工学院校长赵惠娥；秘书长：宁夏理工学院常务副校长姚远。

二十三　安徽省民办教育协会的组织建设

安徽省民办教育协会于 2015 年 12 月 9 日在合肥成立。第一次会员代表大会上审议通过了协会章程、会员管理办法、协会选举办法、会费征收管理办法等，选举产生了安徽省民办教育协会首届理事会。

第一届理事会会长：安徽省人大常委会委员、安徽农业大学督导员赵良庆；秘书长：安徽省教育厅民办教育管理处处长张尔桂（副会长兼）。

二十四　甘肃省民办教育协会的组织建设

甘肃省民办教育协会于 2016 年 10 月 28 日在兰州市举行了成立大会暨第一次会员代表大会。大会表决通过了《甘肃省民办教育协会章程》《甘肃省民办教育协会会费征收和管理办法》，选举产生了甘肃省民办教育协会第一届理事会。白银市平川中恒学校董事长房忠同志当选为第一届理事会会长；张弢同志当选为第一届理事会秘书长。

协会主要业务范围：一是接受政府委托，制定民办教育行业行规行约及本行业职业道德准则，开展行业诚信建设与行业自律活动；二是为会员提供培训、指导、咨询、信息服务，搭建会员交流平台，反映会员诉求；三是编辑会刊、开办协会网站等。

协会设置办公室（秘书处）、事业发展部、通信联络部等 3 个业务部门；设置高等与中等职业教育、中小学教育、幼儿教育、培训与辅导等 4 个专业委员会；设置 15 个市（州）联络站。协会有会员单位 320 个，遍布全省各市（州）。

二十五 江苏省工商联民办教育协会的组织建设

江苏省工商联民办教育协会是江苏省民办学校投资人和办学人组成的行业组织，协会自 2002 年 6 月成立以来，开展了卓有成效的工作，得到了会员单位的认可。协会充分发挥政府和商会成员之间的桥梁纽带作用和政府管理民办教育的助手作用，开展行业自律和互助，加强对成员的团结、帮助、引导、教育，服务政府，服务社会，服务成员，推动江苏民办教育事业的健康发展。

2010 年 1 月 9 日，江苏省工商联民办教育协会第四届理事会在南京召开，全国人大代表、江苏翔宇教育集团董事长王玉芬当选新一届会长，江南大学太湖学院执行董事长金秋萍、南京航空航天大学金城学院董事黄飞建当选执行会长，金肯学院鲍莉萍等 10 位省内民办教育机构领导当选常务副会长。

2013 年 10 月 27 日，协会召开了第五届理事会议，选举产生了第五届理事会领导班子。第四届理事会会长、翔宇教育集团董事长王玉芬被聘为荣誉会长，无锡太湖学院董事长金秋萍当选为 2013 ~ 2015 年会长，南航金城学院董事长黄飞建当选为 2015 ~ 2017 年会长，陈逸、鲍莉萍、马自雄、李焕亮、单强、周肖兴、王益民、马骏、金开明、薛福阳、于广树当选为副会长。

我国各省（区、市）民办教育行业组织自 20 世纪 90 年代初相继建立（自截稿时仍有几个省、区尚未组建），尽管成立的时间、背景不同，成立后职能作用的发挥程度不同，社会影响力也有不同，但对促进各地民办教育的发展起到了积极的推动作用。

在省级民办教育行业组织相继建立的同时，各地市级、县（市、区）级的民办教育行业组织也纷纷建立，有些省份地市级民办教育协会已经全部建立。在县级民办教育协会不断建立的基础上，有些地方的乡镇、街道一级的民办教育行业组织也相继出现。我国民办教育行业组织呈现的五级形态，充分反映了我国民办教育事业国家重视，政策扶持，社会认可，民办教育有为、有位的现实。

第十章
当代中国不同区域民办教育的发展

从 1949 年以来，我国民办教育走过了改造、恢复初创、快速发展、法规规范和法律规范这一运行轨迹。中国当代民办教育基本上是随着改革开放逐步发展起来的。30 多年来，民办教育经历了从少到多、从弱到强、从单一到多元的发展历程，形成了类型多样、充满活力、独具特色的教育体系。民办教育已成为我国社会主义教育事业的重要组成部分和新的增长点。

据 2017 年全国教育事业发展统计公报统计显示，全国共有各级各类民办学校 17.76 万所，比上年增加 6668 所；招生 1721.86 万人，比上年增加 81.63 万人；各类教育在校生达 5120.47 万人，比上年增加 295.10 万人。其中：民办幼儿园 16.04 万所，在园儿童 2572.34 万人；民办普通小学 6107 所，在校生 814.17 万人；民办普通初中 5277 所，在校生 577.68 万人；民办普通高中 3002 所，在校生 306.26 万人；民办中等职业学校 2069 所，在校生 197.33 万人；民办高校 747 所（含独立学院 265 所），在校生 628.46 万人，包括硕士研究生在校生 1223 人；民办的其他高等教育机构 800 所，各类注册学生 74.47 万人。

我国民办教育经过多年的发展，因各地对民办教育政策不一，有的地方非常重视民办教育的发展，出台了一系列的优惠政策和配套措施，有的地方公办教育实力强大，民办教育的发展相对滞后，民办教育呈现出区域发展不平衡的现状。本章既涵盖法规规范阶段前、法规规范阶段、法律规范阶段三个时期不同区域的民办教育发展状况，又选取了陕西和温州两个典型地区，分别对民办高等教育的"陕西现象"和基础教育的"温州模式"进行阐述与分析，以期增进对当代中国不同区域的民办教育的发展状况的系统了解。

第一节 各地民办教育发展的不平衡状况

本节以民办教育的法规规范阶段前、法规规范阶段、法律规范阶段三个发展阶段为主线，选取具有代表性的省、自治区、直辖市的民办教育发展状况进行列举与阐述。

一 法规规范阶段前不同区域的民办教育

1978～1996 年是民办教育的恢复初创、快速发展阶段。党的十一届三中全会以后，全国的民办教育进入恢复初创时期，特别在一些大城市发展较快，如北京、上海等。这部分我们将 1978～1995 年，即国务院《社会力量办学条例》颁布前，各地依照当地有关法规、政策而开展的民办教育的大体情况进行介绍。这一时期民办教育的主要特征是区域之间的发展极不平衡，东中部快于西部，大城市优于中小城市，办学类型多以短期培训和自考助学为主，完全实施国家学历教育的大中小学为数极少。

（一）北京市

北京市社会力量办学 20 世纪 80 年代初期只有几十所学校、几十个专业、几百名学生、八十多名教职工。到 1995 年底，有社会力量举办的高等、中等层次的学校和培训中心 2068 所，其中有民办高等学校 100 所，中外合作举办的学校和教育机构 20 余所；有培训班 12561 个、在校学生和学员 623706 人，累计教育、培训人数为 584 万人次；有社会力量举办的中小学和幼儿园 115 所，其中普通中学 19 所、高级职业中学 5 所、小学 6 所、幼儿园 85 所，有教学班 344 个，招生学生 422 人，毕业生为 1538 人，在校生为 8245 人。民办高校从 1982 年创办到 1995 年，已达 100 所，多以培养应用型、职业型、外向型专业人才为主，接受高等层次教育（包括面授和函授）的人数达 126 万人，其中通过参加高等教育自学考试取得国家承认的大学专科、本科学历证书的毕业生为 1 万人。国家学历文凭考试 1993 年国家教委首批试点在北京地区 15 所民办高校 15 个专业进行，在校生有 1 万人，1995 年已有 323 人毕业，取得了大学专科毕业证书。①

（二）上海市

1995 年，上海市社会力量办学在学人数达 130 余万人次，社会力量举办的非学历教育的院校已达 1188 所，中外合作办学有 38 所。

建立上海市社会力量办学管理办公室。其主要职责是贯彻执行国家和上海市有关社会力量办学的方针、政策、法规、规章等；管理上海的社会力量举办的非学历教育；负责对外联系社会力量办学的有关工作。

开展社会力量举办院校办学水平评估。由市委专门成立的评估小组按照《上海市社会力量举办的院、校办学水平评估体系（试行稿）》的要求，评估本市社会力量举办院校的办学水平。1995 年已对 8 所学院进行了市级评估。

对社会力量办学进行重新登记和换发《办学许可证》。全市共有 1116 所社会力量举办的院校予以重新登记并换发了《办学许可证》，另有约 90 所院校或暂缓重新登记或不予登记，个别学校被取消办学资格。

加强自学考试社会助学的管理。上海市教委同市教育考试院制定了《上海市自学考试社会助学管理现行规定》。

开展社会力量办学院校长岗位培训，实行持证上岗制度。此外，市教委还会同市文化局制定了《关于对上海市业余艺术教育教师施行持证上岗制的通知》。经培训、考核，1995 年已有近 3000 名从事艺术教育的教师持证上岗。②

---

① 张健、李燕杰：《中国社会力量办学大辞典》（下册），红旗出版社，1997，第 675 页。
② 张健、李燕杰：《中国社会力量办学大辞典》（下册），红旗出版社，1997，第 676 页。

（三）黑龙江省

黑龙江省是从 1979 年开始恢复对社会力量办学管理工作的。1982 年 7 月原省工农教育办召开座谈会，传达原教育部成人教育司在长春召开部分省市社团和私人办学座谈会精神，推广了哈尔滨市社会力量办学管理办法，提出了办学方针、原则、办学范围、审批程序、收费标准、播发广告等十条意见。1985 年原省工农教育委员会会同省委宣传部、省教育厅、物价局、公安厅、劳动局联合下达黑工农教办联字〔85〕2 号文件《黑龙江省社会团体和私人办学若干问题的暂行规定》。1989 年 5 月 1 日省政府第五次常务会议审议通过了《黑龙江省社会力量办学管理暂行规定》，即黑龙江省人民政府令第七号。1994 年 12 月 3 日黑龙江省第八届人民代表大会常务委员会第十二次会议通过了《黑龙江省社会力量办学条例》。

截至 1995 年底，全省社会力量办学已发展到 3858 所，其中有民办高校、助学高校和中专 59 所，中学 64 所，小学 39 所，幼儿园 2125 所，职业技术教育和社会文化生活教育学校 1571 所，各级各类社会力量办学在校生达 30 万人。十几年来全省社会力量办学累计培训 300 万人次，专兼职教职工达 13204 人，其中专任教师有 5052 人。办学经费达 21867 万元，拥有图书 221.6 万册、校舍 315353 平方米、教学仪器设备价值 5129.8 万元。全省涌现出一大批办学思想端正、教育质量较高、社会效益显著的学校。社会力量办学已成为全省经济建设和社会发展中一支不可忽视的力量。①

（四）山西省

为了规范社会力量办学行为，促进这项事业的健康发展，提高教育质量和社会效益，从 1994 年以来山西省教委主要抓两方面的工作：一是全面进行评估检查；二是结合山西省实际，进一步完善规章制度，搞好法规建设，加快立法步伐，颁布实施了《山西省社会力量办学管理条例》，使全省社会力量办学事业逐步走向依法办学和依法管理的轨道，初步形成健康的发展

---

① 张健、李燕杰：《中国社会力量办学大辞典》（下册），红旗出版社，1997，第 677 页。

态势。

据 1995 年底统计，全省社会力量举办的各级各类的学校和教育机构达 1167 所；有教职工 13501 人，其中专职教师 5927 人；有在校生 95248 人，毕业生达 84029 人。在 1167 所学校中，非学历高等教育机构有 97 所。①

（五）陕西省

截至 1995 年底，陕西省有社会力量举办的各类学校和教育培训机构 998 所，其中具备颁发学历文凭资格的高等学校 1 所、不具备颁发学历文凭资格的高等教育机构 121 所，民办中学 28 所、民办小学 58 所，各类职业培训、文化补习、社会文化生活教育机构 790 所。同期在校生有 18.26 万人，全年培养、培训可达 32 万人。同时，有民办幼儿园（班）597 所、入园儿童 3.87 万人。有专职教师 5530 人、专职管理人员 3712 人、兼职教师 5925 人。校园占地面积为 150.71 万平方米，校舍建筑面积为 66.76 万平方米。拥有图书资料 125.14 万册、教学设备 68080 件资产总值达 3564.28 万元。17 年来，全省社会力量举办的学校或教育机构已累计培养、培训各类人员 250 万余人，一个多渠道、多层次、多形式、多规格的办学格局基本形成。为社会解了忧，为成才者铺了路，为教育改革发展添了力。②

（六）山东省

改革开放以来，山东省社会力量办学得到较快发展。截至 1995 年底，全省各级各类社会力量办学已达 2504 处，其中社会力量举办的高等教育机构 94 处。有各级各类学校在校生 28.76 万人、教职工 1.45 万人、开设专业已达 200 多个。1978 年以来，全省社会力量办学累计培养、培训各类人员 170 万人，其中毕业 15 万人、结业 155 万人。办学结构和层次从过去单一的职业技术培训扩展到基础教育和高等教育，办学范围从幼儿教育到老年教

① 张健、李燕杰：《中国社会力量办学大辞典》（下册），红旗出版社，1997，第 676 页。
② 张健、李燕杰：《中国社会力量办学大辞典》（下册），红旗出版社，1997，第 678 页。

育，从非学历教育到学历教育，从职业技术培训到社会文化生活教育，涵盖了教育的各个领域。①

（七）湖南省

湖南省社会力量办学在起步阶段，创办学校的主体主要是民主党派、社会团体、离退休的教师和干部，且大多以短训为主。1983年，当时的省教育厅经过调查研究后，拟订了《湖南省社会团体、私人办学试行办法》，并以湖南省人民政府的名义颁发。随后各地（州、市）县教育局也纷纷结合本地的实际情况相继制定了实施细则和暂行规定，并以此为依据对社会力量办学进行登记、审批、备案和管理。进入20世纪90年代，特别是《中国教育改革和发展纲要》颁发以后，湖南社会力量办学事业在"改革办学体制"和"积极鼓励、大力支持"社会力量办学的方针指引下，湖南的社会力量办学得到了较大的发展。

截至1996年6月底，全省社会力量办学机构共计1431所，其中幼儿园313所、小学38所、中学130所、中等专业学校146所，不具有颁发国家学历文凭资格的高等学校有84所，其他社会力量办学性质的电大站、函授站、各级各类补习、辅导班、辅导站有720个；拥有专职行政人员3155人、专任教师6749人、兼任教师10248人；自有校舍面积57.9万平方米，租借校舍面积85.4万平方米，校舍占地总面积达285万平方米；拥有图书资料356.8万册，拥有仪器设备价值8529.1万元；拥有教学经费23025万元；在校学员为20.3万人，历年毕、结业生数达148.5万余人。这些学校尤其是中等及中等以上的学校大多分布在长沙、岳阳、湘潭、衡阳等经济较为发达、文化生活水平较高的地区。中等以下层次的学校较为均匀地分布在全省14个地、州、市。1996年进行了全市范围内的社办学校集中统一招生的试验，收到了较好的效果，博得了学校和社会的好评。②

---

① 张健、李燕杰：《中国社会力量办学大辞典》（下册），红旗出版社，1997，第679页。
② 张健、李燕杰：《中国社会力量办学大辞典》（下册），红旗出版社，1997，第679~680页。

（八）河南省

为了适应市场经济的需要，增强竞争力，社会力量办学根据办学自身特点，积极探索和实践与市场经济相适应的办学机制，逐步形成了市场导向的调节机制、以需定招的招生机制、优胜劣汰的竞争机制、多劳多得的分配机制、择优录用的人才机制、奖勤罚懒的激励机制等一整套办学机制，使社会力量办学具有较强的适应性、灵活性和生命力。同时，不断探索完善校长负责制，努力探索集资办学合作制和校董事会领导下的校长负责制，积极开展多种形式的联合办学和对教育质量不高、办学效益低的学校实行整顿、调整直至停办，全方位加大改革力度，从而进一步完善了社会力量办学的机制，增强了学校参与竞争的能力。

截至1996年6月，社会力量办学已遍布全省城乡，学校（中心）已达2503所（绝大多数为非学历教育的学校或机构），其中，高等层次（含非独立设置的教学点、站）占6%，中等层次占23.1%，初等层次占70.9%。在校生达28万余人，其中，高等层次占42.5%，中等层次占23.2%，初等层次占34.3%（中初等层次多为短期培训）。

到1996年6月，河南省社会力量办学自有土地达1.5万余亩，校舍建筑面积达215万多平方米，图书资料达384万册。许多学校已从"三无"发展为"三有"，即有校舍、有设备、有师资。另外，社会力量办学还长期租赁数以百万平方米计的校舍，数以百万元计的设备、图书，数以亩计的土地。社会力量办学开辟了一条挖掘社会潜在教育资源为国育才的途径，对完善国家办学体制，改革教育体制和办学模式做出了有益探索。[1]

（九）云南省

云南省社会力量办学从1978年开始兴起，最初办学的有华英夜大、中山业余大学、昆明会计业余学校、中华业余大学、社会大学等几所学校，办学内容主要是高考补习和职工"双补"，办学形式主要是业余班，办学规模

---

[1] 张健、李燕杰：《中国社会力量办学大辞典》（下册），红旗出版社，1997，第681页。

最大的仅有 300 多人。经过 18 年的发展，云南省社会力量办学已有了长足的发展。据 1995 年底的不完全统计，云南省已有社会力量举办的各级各类学校 450 多所，在校生人数达 15 万人。办学内容更加广泛，幼儿教育、中小学教育、中等教育、高等教育、学历教育、非学历教育都有，专业达 150 多个，基本涵盖了社会生活的方方面面；办学形式更加多样，全日制、半日制、业余、长班、短班、面授、函授都有；办学规模更加扩大，有的学校在校生已突破 2000 人；办学范围更广泛，已从省会城市、地（州）所在地向县（区）甚至农村扩展。①

（十）青海省

1987 年以来，青海省制定了相关的行政法规、政策和规定，如省人民政府颁发的《关于加强社会力量办学暂行管理办法》，省教育厅、工商行政管理局、税务局等部门联合发布的《关于加强社会力量办学管理工作的若干补充规定》，省教育厅、财政厅、物价局等部门联合发布的《关于对社会力量办学收费标准和代课酬金几个问题的通知》等。教育行政部门对社会力量办学在加强宏观管理和指导职能的同时，积极争取其他业务部门的支持，保证了全省社会力量办学健康、有序地发展。初创阶段的办学特点是以西宁地区为主开展各类文化教育和短期职业技术培训。有学校 35 所、在校学生 4417 人，结业生为 35547 人。

1992～1994 年，青海的社会力量办学层次由原来的初等教育为主逐步向中等、高等教育发展；自学考试辅导蓬勃兴起，开展了多种形式的联合办学，如青海会计师事务所高等教育自学考试辅导学校以陕西财经学院作为自己的主考院校，既加强了教学管理，扩大了招生范围，又提高了教育教学质量，并取得了良好的社会效益。学校数发展到 56 所，在校学生达 12621 人，毕（结）业生为 11131 人。

1995～1996 年，为认真落实国家对社会力量办学"积极鼓励、大力支持、正确引导、加强管理"的方针，加强对社会力量办学的规范化管理，

---

① 张健、李燕杰：《中国社会力量办学大辞典》（下册），红旗出版社，1997，第 682 页。

促进社会力量办学健康发展，省教委会同工商、税务等部门联合发布了《社会力量办学几个问题的通知》，省教委下发了《关于管理体制有关问题的通知》和《青海省社会力量办学评估标准（试行）》等一系列政策、规定，进一步理顺了管理体制，增强了省教委对社会力量办学的宏观管理和指导，扩大了市（州、地）、区（县）管理社会力量办学的权限，严格了社会力量办学的审批、教学、财务、招生广告等方面的规定，实行了办学许可证、年度检查评估、办学资格审查、招生广告审查等四项制度，规范了学校名称，促进社会力量办学的规范化、制度化建设。经 1995 年全省社会力量办学检查评估，撤销了 25 所学校，限期整顿 5 所学校，优化了学校布点和专业布局。经过调整、整顿，尽管学校数减少了，教学质量却得到了提高，赢得了社会、家长、学生的满意。①

二 法规规范阶段不同区域的民办教育

1997 年《社会力量办学条例》颁布，全国民办教育进入依规发展的新阶段。这一时期的主要特征是办学法规规章意识增强，从学校（机构）设立、收费、宣传、管理、发证等主要环节步入法治化。全国除地区之间的差异继续存在外，同时出现在同一地区的民办学校（机构）之间的办学条件、办学水平差异性增大、良莠不齐现象明显。国家政策也呈现扶持与管理并举的局面。这一时期大发展，为后期依法办学、依法管理奠定了重要基础。

（一）上海市

据上海市教委统计，到 2001 年上海市各级各类民办学校已发展到 241 所，其中有幼儿园 61 所，占全部幼儿园的 25.3%；有小学 32 所，占全部小学的 13.3%；有中学 134 所，占全部中学的 55.6%；有民办院校（包括民办学院〈筹〉）14 所，占全部高校的 5.8%。各类民办学校在校学生共计 12.7 万人，其中幼儿园有 1.41 万人，占幼儿园在校生

---

① 张健、李燕杰：《中国社会力量办学大辞典》（下册），红旗出版社，1997，第 678 页。

11.1%；小学有 3.36 万人，占小学在校生的 26.5%；中学有 6.78 万人，占中学在校生 53.4%；民办院校有 1.15 万人，占高校在校生 9.0%。有社会力量举办的高等或中等专业但不具备颁发学历文凭资格的教育机构 1178 所，其中进修学院 166 所、进修学校 1012 所，在校人数为 109.73 万人，包括了初级、中级、高级技术等级培训和大学后的继续教育等。

（二）浙江省

据浙江省教育厅统计，浙江省社会力量举办的教育机构有 1.3 万余个，约占全国同类机构总数的 1/5，总资产达 81.22 亿元。其中有幼儿园 11489 所，入园幼儿达 63.5 万余人，占入园幼儿的 58.62%。各类各级学校共有 1608 所，在校生近 70 万人。民办小学在校生达 38491 人，占全省小学在校人数的 2.17%；普通高中在校生达 65868 人，占全省高中在校生人数的 13.31%；职高在校生达 113155 人，占全省职业高中在校生人数的 39.92%。有非学历高等教育机构 43 所、中小学（含初中、高中、职业中学）522 所、各类成人学校 1103 所。社会力量兴办的 522 所中小学，共占地 1.35 万亩，自建校舍 312.3 万平方米，总资产达 41.5 亿元，其中兴办者投入达 21.5 亿元。

（三）四川省

多年来，四川省积极采取有力措施，深化办学体制改革，使民办教育呈现良好的发展势头。据 2000 年底统计，经四川省各级教育行政部门审批的各类民办学校（以下简称民办学校）有 11656 所，在校生总数为 96.61 万人，较 1999 年分别增长了 35.4% 和 15.1%。其中有幼儿园 8478 所，在园儿童为 39.08 万人；有小学 1726 所，在校生为 12.13 万人；有中学 100 所，在校生为 3.58 万人；有中等专业学校 13 所，在校生为 1 万人；有民办高等学校 52 所（其中，具有独立颁发学历文凭资格的民办高校 1 所，高等教育学历文凭考试试点学校 20 所），在校生为 4.6 万人；有其他教育机构 1287 所，在校生为 36.22 万人。此外还有一批民办学校与公办学校联合举办的中等和高等学历教育机构。至 2000 年，民办学校资产总值为 25.43 亿元。其中仅 2000 年，全省民间投资办教育新增总额就达 13.84 亿元，在 1999 年的基础上增长了 119%。

通过典型引路，四川省已树立了一批具有良好社会声誉、办学质量较好、能够满足不同教育需求的"示范"和"窗口"民办学校。一些地区（尤其是成都市）建立了一批起点较高、富有特色、具有现代化气息的学校，为民办教育塑造了良好形象。"九五"期间，四川省民办教育机构培养各级各类人才 380 万余人，为四川省的经济建设和社会发展做出了突出贡献。

四川省政府对民办教育的管理颇有特色：

一抓法治建设。四川省高度重视民办教育的法规建设。早在 1994 年 5 月，省政府就以 44 号令颁布了《四川省社会力量办学管理办法》。随后，省教委印发了《四川省社会力量办学管理办法实施意见》及相应的配套文件，各地政府也因地制宜，纷纷出台地方性法规及规范性文件。在此基础上，1998 年 12 月，四川省人大常委会正式颁布《四川省社会力量办学条例》。

二抓政策扶持。为了贯彻落实《社会力量办学条例》，面对西部大开发的新形势，四川省各地政府纷纷出台优惠政策，加大扶持力度。2000 年以来，除省政府印发《关于加快发展民办教育的若干意见》外，成都市人民政府又印发了《鼓励发展民办初等和中等学历教育意见的通知》，泸州市人民政府印发了《关于加快社会力量办学改革与发展的通知》，南充市人民政府印发了《关于进一步鼓励支持社会力量办学的通知》，雅安地区行政公署印发了《关于大力发展我区社会力量办学的通知》。此外，还有不少市、地政府正在出台有关的鼓励政策。

（四）陕西省

截至 2000 年底，陕西省有民办高等教育机构 66 所，约占全国总数的 5%，其中包括民办高校 5 所、高等教育学历文凭考试试点院校 32 所、高等教育自学考试助学机构 33 所。在校生共计 10.7 万人，约占全国总数的 10%。

陕西已拥有一批规模大、在全国有一定影响力的学校和教育机构。在校生人数达1000人以上的学校有15所。其中西安翻译职业学院在校生达2.3万人，位居全国民办高校前列，西安外事职业学院、西安欧亚职业学院、西京职业学院在校生人数也均在万人以上。

西安思源学院、西安高新科技学院等院校在1998年、1999年经批准筹建，自2001年秋季开始，在校生人数已近8000人。学校走上了规模、效益、发展的快速路。

陕西省民办高等教育涵盖了多种发展模式、多种学历层次、多学科门类。从模式看，陕西省民办高校大体可分为四种类型：一是以租赁办学场所为起点，以兼职人员为主体，逐年积累、滚动发展的模式；二是以盘活社会闲置资产为特征的发展模式；三是以自有资金加银行贷款、硬件先行的发展模式；四是以企业集团投资建校为特征的发展模式。从学历层次看，包括研究生，自考本、专科，学历文凭考试，高职，中职等多种层次。从学科门类看，以外语、信息工程学科为主，包括人文、法律、经济、建筑、园林、艺术、外贸、会计、营销、文秘、服装、汽车驾驶等门类。

陕西省民办高校学生大部分来自外省市，有20多个省市的学生在陕西省民办高等学校学习。

陕西省在强化指导和加强管理的前提下，加大了扶持的力度。省政府于2000年初颁布了《关于进一步办好民办高等教育的决定》，在鼓励民办高校进行试验、完善投资渠道、享受与公办高校师生同等待遇、减免配套建设费、自主聘用教师等方面，制定了相应的扶持政策。陕西省颁布了《社会力量办学条例实施细则》《非学历民办教育机构设置审批暂行条例》《国家学历文凭考试试点学校评估方案》等文件。学校依照法律规章，自筹资金，自主办学，自我发展。教育部门对民办高等学校进行评估管理，对不合格或招不到学生的机构实行关、停、并、转。由于评估和调整工作细致，照顾了办学者的利益，两年间共撤销、调整78所高等教育机构，实现了对民办高等学校平稳的动态管理。

（五）宁夏回族自治区

2001 年，全区经教育行政部门批准的民办学校及教育机构有 216 所，在校生达 2.51 万人，专职教师达 2400 余人，累计毕业、结业人数达 20 万人。其中有民办高校 2 所、高等教育机构 20 所，在校生 1.46 万人；有民办中等学校 20 所；在校生 1770 余人；有民办中小学 136 所、在校生 7370 余人，有民办幼儿园 38 所，在园人数 1300 余人。民办学校占全区学校总数的 5.2%，占在校生数的 2.2%。民办教育的发展，在一定程度上缓解了宁夏教育的供求矛盾，增加了教育资源，填补了公办教育的不足，增加了就学和择校的机会，满足了社会上对多样教育的需求，缓解了自治区教育资源供给不足的矛盾。多形式、多层次、多种类的民办教育开始形成，为宁夏社会经济的发展做出了一定的贡献。

自治区各级政府及教育行政部门积极鼓励和支持民办教育，先后制定出台了《宁夏回族自治区社会力量办学管理办法》《关于加强社会力量办学管理工作若干规定》《宁夏回族自治区实施〈社会力量办学条例〉办法》等行政性法规与规章。这些政策法规对民办学校的设置审批、招生广告、学费收取、办学许可证、年检、评估等方面做出了规定。为了进一步促进民办教育的发展，自治区人大和政府正在积极制定《宁夏回族自治区关于积极鼓励社会力量办学，大力发展民办教育的意见》并积极准备出台《宁夏回族自治区实施〈社会力量办学条例〉的办法》。自治区从实际出发，采取了一些宽松的鼓励政策。如在审批民办学校时，对某些办学目的明确、积极性高、具备一定办学条件的学校，适当放宽标准，容许其在筹办期间试招生，待条件具备后再正式批准。宁政发〔1999〕63 号文件还提出，要鼓励厂（场）办学校向民办教育转轨。有些地区市政府也结合本地区的实际情况，出台了《关于鼓励和支持社会力量办学的若干规定》。

（六）广东省

广东省有一批投入比较大的学校，主要是收"储备金"的学校。有 30 多所收"储备金"的学校投入超过 1 亿元，最高达 3 亿元。学校占地一般在 100 亩以上，最大达 600 亩。在这类学校鼎盛的时候，广东省有近 40 所收取"储备金"的学校，吸纳社会资金近百亿元。

广东省高等教育学历文凭考试试点学校是从 1996 年开始的，当时招生院校仅有侨光、白云、南洋 3 所专修学校，加上 10 所成人高校，共招生 2600 多人；1997 年有 6 所专修学院，加上 11 所成人高校招生，共招了 3500 多人；1998 年扩大到 15 所专修学院、16 所成人高校及 15 所普通高校，共招学历文凭考试学生 11000 多人；1999 年，停止了普通高校和成人高校的招收学历文凭考试班，全部由民办专修学院试点招生，共招生 6000 多人；2000 年学历文凭考试招生 5000 人；2001 年大概与此持平。在此之后广东省仍在进行学历文凭考试试点的学校有 37 所。广东省高等教育学历文凭考试共设有 16 个专业，均为应用型、职业型或社会急需的专业，如机动车维修与运用、电子设备维修技术、英语、工商企业管理、会计、工业与民用建筑、计算机应用、会计电算化、经济管理、金融、法律、行政管理、外贸英语、市场营销、服装设计、环境艺术设计。

2001 年，广东省有独立设置的民办普通高校 7 所，待批的有 4 所。在校学生约为 2 万人，吸纳社会资金约为 8 亿元。从投资主体、运作和管理的形式划分，广东省民办普通高校大致可以分为以下几种办学模式：

国有民助模式。如民办南华商学院，其办学主体和投资主体是省总工会。工会办学属民办性质，但省总工会是政府社团，故办学模式可视为"国有"，而办学的经费主要来自学费，可视为"民助"。

民办公助形式。如民办培正商学院，其投资主体是培正校友会，主要是依靠境外广大校友和热心教育人士投资办学。花都市政府无偿提供了 400 亩办学用地。

民有办学模式。如私立华联学院、民办白云职业技术学院和筹建中的民办华立职业技术学院、民办环洋职业技术学院、民办岭南职业技术学院，其投资主体均是自筹资金。

校企联合模式。如华南师范大学康大学院，由香港康大公司投资近 1 亿元创办，华南师范大学在管理、师资等方面予以支持，共同办学。

三　法律规范阶段不同区域的民办教育

2002 年后，《中华人民共和国民办教育促进法》及实施条例相继颁布，全国民办高校及各级各类民办教育进入依法办学、依法管理的新阶段。其中可以取得合理回报的规定成为其中的重要亮点。十几年来，全国民办教育在国家法律的框架内，各地也相继出台了一系列配套政策，这对落实"积极鼓励、大力支持、正确引导、依法管理"十六字方针发挥了积极作用。全国民办教育真正走上了健康、稳定、可持续发展的康庄大道。一批有特色、有水平的民办高校应运而生，并开始引领民办教育不同层次、不同类别的民办学校的前进方向，焕发出生机勃勃的民办教育新景象。

（一）北京市

2010 ~ 2011 年度北京共有各级各类民办学校 637 所，在校生人数达317130 人，教职工达 37656 人。其中有民办高等学校（学历民办高校）15所（包括 1 所本科院校、9 所高职学校、5 所独立学院），共有本专科在校生 73047 人，教职工达 8939 人，其中专任教师有 4447 人。民办其他高等教育机构（非学历民办高等教育机构）为 62 所，以全日制自学考试助学辅导为主，同时举办短期业余培训、函授等教育，在校生达 84281 人，教职工达7840 人，其中专任教师有 3122 人。民办普通高中有 57 所，在校生达 15044人，教职工达 3869 人。民办中等职业教育学校有 21 所，在校生达 6794 人，教职工达 1147 人。民办初中阶段教育学校有 16 所，在校生达 21548 人。民办小学有 21 所，在校生达 32686 人，教职工达 2295 人。民办幼儿园有 445所，在园人数达 83730 人，教职工达 13566 人。

北京另有在教育行政部门注册的民办职业技术培训机构（或称民办教育培训机构）1194 所，年培训学员 1191672 人次。

学历民办高校、非学历民办高等教育机构和民办幼儿园在各级各类民办学校在校生人数整体中所占比重几乎相当，约各占民办学校在校生总数的 1/4。

各级各类民办学校教职工数在民办学校整体中所占的比重，民办幼儿园比重最大，占到 1/3 以上，民办小学比重最小。各层次的教职工数基本上与各层次的在校生规模相符合。[①]

与 2009～2010 年度相比，除民办幼儿园有较大幅度增加、学历民办高校数量保持不变外，其他层次和类型的民办教育学校数均小幅度减少，基本与入学适龄人口数减少相匹配。

与 2009～2010 年度相比，民办幼儿园在园人数比例有大幅度增长，非学历民办高等教育机构在校生比例大幅度下降约 1/3，面临生源危机，需要面向社会和市场的需要开设课程和调整办学模式。其他层次和类型的民办学校在校生人数变化幅度不明显。

与 2009～2010 年度相比，学历民办高校和非学历民办高等教育机构教职工数均呈现减缩趋势，学历民办高校减缩幅度约 9%。随着生源数量的持续减少，教职工数也将持续逐年减缩。其他层次和类型民办学校教职工人数各有不同程度的增加，民办幼儿园增幅最快。各级各类民办学校教职工数变化程度与学校数量、在校生数量变化程度基本匹配。

另外职业技术培训机构与 2009～2010 年度相比，除教职工数略有减少外，机构数量和年培训人次均有所增长，其中年培训人次幅度增长显著。[②]

2010～2011 年度民办高等教育（含学历民办高校和非学历民办高等教育机构）学校为 77 所，占北京市属高等学校的 44%，比 2009～2010 年度同期减少 0.9%；在校生总计 157328 人，占北京市属高校在校生总人数的 14.7%，比 2009～2010 年度同期减少 4.9%；教职工为 16779 人，占北京市属高校教职工总人数的 11.7%，比 2009～2010 年度同期减少 0.6%。

民办中等教育机构学校为 94 所，占全市民办中等学校数的 12.1%，比 2009～2010 年度同期减少 1.1%；在校生为 43386 人，占全市中等教育在校生总人数的 5.9%，基本与 2009～2010 年度持平；教职工为 5016 人，

[①] 中国民办教育协会：《中国民办教育发展报告（2010～2012 年）》，上海人民出版社，2012，第 149～150 页。

[②] 中国民办教育协会：《中国民办教育发展报告（2010～2012 年）》，上海人民出版社，2012，第 152～153 页。

517

占全市中等教育教职工总人数的 5.6%，比 2009 ~ 2010 年度同期增加 0.4%。

民办小学学校为 21 所，占全市民办小学学校数的 1.9%，比 2009 ~ 2010 年度同期减少 0.2%；在校生为 32686 人，占全市小学在校生总人数的 5%，比 2009 ~ 2010 年度增加 0.3%；教职工为 2295 人，占全市小学教育教职工总人数的 3.8%，比 2009 ~ 2010 年度同期增加 0.5%。

民办幼儿园园所数为 445 所，占全市民办幼儿园园所数的 35.7%，比 2009 ~ 2010 年度同期增加 3.1%；在园人数为 83730 人，占全市学前教育机构在校生总人数的 30.2%，比 2009 ~ 2010 年度增加 2.2%；教职工为 13566 人，占全市学前教育教职工总人数的 36.4%，比 2009 ~ 2010 年度同期增加 1.7%（见表 10 - 1）。

表 10 - 1　北京市 2009 ~ 2010 年度、2010 ~ 2011 年度民办教育与全市教育情况比较①

		2010 ~ 2011 年度			2009 ~ 2010 年度		
		民办教育	全市教育	比重(%)	民办教育	全市教育	比重(%)
高等教育	学校数(所)	77	175 *	44	80	178 *	44.9
	在校学生数(人)	157328	1069128 **	14.7	208863	1068138 **	19.6
	教职工数(人)	16779	143648	11.7	17597	141017	12.3
中等教育	学校数(所)	94	779	12.1	106	804	13.2
	在校学生数(人)	43386	727741	5.9	44530	740396	6.0
	教职工数(人)	5016	89203	5.6	4766	91877	5.2
小学教育	学校数(所)	21	1104	1.9	24	1160	2.1
	在校学生数(人)	32686	653255	5.0	30630	647101	4.7
	教职工数(人)	2295	60038	3.8	1970	60428	3.3
幼儿园	学校数(所)	445	1245	35.7	409	1253	32.6
	在校学生数(人)	83730	276994	30.2	69529	247778	28.0
	教职工数(人)	13566	37227	36.4	12138	34937	34.7

* 不包括研究生培养机构，** 不包括在职人员攻读博士、硕士学位和网络本专科生。
资料来源：北京市教育事业统计资料（2010 ~ 2011 年度）和北京市教育事业统计资料（2009 ~ 2010 年度）。

① 中国民办教育协会：《中国民办教育发展报告（2010 ~ 2012 年）》，上海人民出版社，2012，第 154 页。

培训机构培训人次已达 119 万人之多，几乎承担起北京的全部培训工作。

以上是通过数据反映出的 2010～2011 年度北京民办教育总体情况，也是民办教育发展至"十一五"结束、"十二五"开局时的一个状况。从学校数量、在校生规模和师资力量等指标可以看出，民办教育已成为北京教育事业的重要组成部分，获得稳定发展，特别是学前教育各项指标持续增长，毛入园率继续上升；义务教育普及与巩固水平进一步提高，中等教育规模保持相对稳定，比例结果更趋优化；高等教育规模理性回归，重点转向专业结构优化与教学模式改革；在培训教育市场，民办培训教育机构已经成为北京培训领域的主力。全市各级各类民办学校和教育机构为满足社会多样化教育需求和首都社会经济发展做出了重要贡献。[①]

（二）浙江省

2011 年，浙江省共有独立设置的民办普通高校 13 所、独立学院 22 所。民办普通本专科（含高职）招生为 8.36 万人，较上年增加 0.33 万人，增长 4.1%；在校生为 29.58 万人，比上年增加 0.63 万人，增长 2.2%，招生、在校生各占全省普通本专科招生、在校生总规模的 30.8%、32.6%，其中独立学院共招生 4.42 万人，比上年增加 0.16 万人；在校生为 17.29 万人，比上年增加 0.08 万人；独立学院的本科招生 4.4 万人、在校生为 17.12 万人，分别占全省普通本科招生数和在校生数的 30.1%、31.3%。

浙江省有民办高中 163 所，在校生为 19.25 万人，占普通高中在校生总数的 21.4%；有民办中等职业学校 109 所，在校生为 9.79 万人，占中等职业教育在校生总数的 15%；有民办普通初中 200 所，在校生为 18.39 万人，占普通初中在校生总数的 11.9%；有民办普通小学 187 所，在校生为 36.95 万人，占普通小学在校生总数的 10.7%；有民办幼儿园 7571 所，在园学生为 123.25 万人，占在园幼儿总数的 65.9%。[②]

---

① 中国民办教育协会：《中国民办教育发展报告（2010～2012 年）》，上海人民出版社，2012，第 154～155 页。

② 浙江省教育厅：《2011 浙江省教育事业发展统计报告》。

浙江省各级各类民办学校专任教师总数为 11.59 万人，占教师总数的 21.3%。其中，民办幼儿园为 6.41 万人，民办小学为 1.26 万人，民办普通中学为 2.17 万人，民办中等职业学校为 0.37 万人，民办高校为 1.39 万人。2009~2011 年，浙江省各类民办学校（不包含非学历教育）在校生占全省在校生规模的比例均没有大的起伏：高等教育保持在全省近 1/3 规模，普通高中保持在 21% 以上，中职保持在 15% 左右，义务教育阶段保持在 11% 左右，幼儿园始终保持在 65% 以上。

在相同时期内，全国民办教育总规模（在校学生数、学校数）增长幅度和年均增速均超过浙江省，说明浙江省的民办教育已经进入稳定规模和优胜劣汰阶段。

2009~2011 年江浙省民办教育各类学校发展的数量变化见表 10-2、表 10-3、表 10-4、表 10-5。

表 10-2　浙江省民办高等教育比较

单位：所，万人

年份	民办初中			民办小学			民办幼儿园		
	学校数量	在校生	全省比例（%）	学校数量	在校生	全省比例（%）	学校数量	在校生	全省比例（%）
2009	186	19.97	11.3	197	30.85	9.5	8086	108.4	65.8
2010	172	19.68	11.8	186	34.03	10.2	7850	119.74	65.4
2011	200	18.39	11.9	187	36.95	10.7	7571	123.25	65.9

表 10-3　浙江省民办普通高中和中等职业学校比较

年份	民办普通高中			民办中等职业学校		
	学校数量（所）	在校生（万人）	全省比例（%）	学校数量（所）	在校生（万人）	全省比例（%）
2009	180	18.64	21.8	120	9.83	15.7
2010	172	19	21.6	113	9.89	15.4
2011	163	19.25	21.4	109	9.79	15

表 10 – 4　浙江省民办初中、小学和幼儿园比较

单位：所，万人

年份	民办初中			民办小学			民办幼儿园		
	学校数量	在校生	全省比例（％）	学校数量	在校生	全省比例（％）	学校数量	在校生	全省比例（％）
2009	186	19.97	11.3	197	30.85	9.5	8086	108.4	65.8
2010	172	19.68	11.8	186	34.03	10.2	7850	119.74	65.4
2011	200	18.39	11.9	187	36.95	10.7	7571	123.25	65.9

表 10 – 5　浙江省民办学校专任教师数量比较

单位：万人

年份	教师总数	全省比例（％）	幼儿教师	小学教师	中学教师	中职教师	高校教师
2009	10.82	20.9	5.65	1.21	2.26	0.41	1.29
2010	11.34	21.2	6.13	1.23	2.24	0.39	1.35
2011	11.59	21.3	6.41	1.26	2.17	0.37	1.39

（三）辽宁省

据辽宁省教育信息中心统计，截至 2010 年，辽宁省各级各类民办学校和教育机构达 10911 所（不包括教育网站、网校），其中有独立学院 20 所、民办高等职业学院 16 所（含具有本科层次的辽宁对外经贸学院、辽宁财贸学院、大连东软学院、大连艺术学院）、高等教育自学考试助学机构 79 所、民办普通高中 52 所、民办中等职业学校 96 所、民办初中 33 所、民办小学 26 所、民办幼儿园 6043 所、非学历教育培训机构 4528 所、中外合作办学机构 18 所。在 10911 所民办教育机构中，幼儿园文化、职业培训机构占了绝大多数，幼儿园占 55.4％，培训机构占 41.5％，而实施学历教育的民办学校仅占 2.2％。

从各级各类民办学校、在校学生在同类学校所占比例看，民办幼儿园所占比例最高，截至 2010 年底，其数量已占全省幼儿园的 70.2％。民办幼儿园已经成为学前教育的重要力量，而实施学历教育的民办学校在同类学校所占比例仍然偏低。

从 2005～2010 年各级各类民办学校和教育机构的发展态势看，由于教

育政策的调整，高教自考助学机构数从 2006 年开始大幅度缩减；由于国企和就业形势的变化，加之国家对职业教育的大力支持，民办中等职业学校办学规模从 2005 年开始稳步增长；其中，民办幼儿园、非学历教育培训一直发展较快，独立学院、中外合作办学机构近四年来机构数持续不变。值得注意的是，绝大多数民办教育机构已从最初的重点发展规模数量的阶段转向注重质量内涵发展的新阶段。

近年来，辽宁各级各类民办学校的办学条件不断改善。以民办高校为例，拥有产权的校园占地面积已由 2005 年的 7823890 平方米增加到 8154668 平方米，增加 330778 平方米；拥有产权的学校藏书已由 2005 年的 572.9 万册增加到 1080.1 万册，增加 507.2 万册。

2010 年，辽宁省各级各类实施学历教育的民办小学专任教师总数已从 2005 年的 13522 人增加到 17493 人（不包括教育网站、网校），增加了 3971 人，增长 29.4%。专任教师与聘请机构外教师的比例已从 2005 年的 3.38：1 提高到 5.20：1。[1]

（四）江西省

截至 2010 年，全省共有各级各类民办学校（幼儿园）8668 所，占全省的 34.2%；在校生（幼儿）为 163.27 万人，占全省的 16.4%。其中民办普通高校有 27 所（含独立学院 13 所），占全省高校数的 31.76%；在校本专科生（统招）达 19.02 万人，占全省的 23.29%；民办普通高校举办的其他大专以上层次教育（学历文凭考试、高教自考、学业证书）在校生达 4.33 万人；民办高等教育机构（专修学院）为 23 所，在校生（高教自考、学业证书等）达 1.76 万人。民办中等职业学校为 193 所，占全省中职学校数的 32.99%；在校生达 17.56 万人，占全省的 21.47%；举办中专部的民办普通高校为 7 所，在校中职生为 0.16 万人。民办普通高中为 120 所，占全省的 26.55%；在校生为 10.1 万人，占全省的 13.7%。民办初中为 153 所，占全

---

① 中国民办教育协会：《中国民办教育发展报告（2010～2012 年）》，上海人民出版社，2012，第 197 页。

省初中数的 7.3%；在校生达 14.65 万人，占全省的 7.3%。民办小学为 61 所，占全省小学数的 0.48%；在校生达 8.72 万人，占全省的 2%。民办幼儿园为 8091 所，占全省的 95%，在园幼儿达 86.96 万人，占全省的 70.4%。应当说，经过这些年的发展，江西的民办教育已经构建起纵向有学前教育、初等教育、中等教育和高等教育四个层次，横向有普通教育和职业教育两大门类，公办教育与民办教育共同发展的良好格局。①

（五）河北省

截至 2010 年底，全省共有各级各类民办学校 3150 所（不含短期培训机构）、在校生 142.8411 万人。学校数量与在校生规模分别占全省教育的 9.72%、9.64%。其中有民办幼儿园 2258 所、在园儿童 38.1874 万人，分别占全省幼儿园的 27.07%、17.77%；有民办普通小学 301 所、在校生 24.5935 万人，分别占全省普通小学的 1.71%、3.83%；有民办普通初中 193 所、在校生 20.7578 万人，分别占全省普通初中的 7.47%、9.51%；有民办普通高中 95 所、在校生 11.3053 万人，分别占全省普通高中的 19.21%、9.44%；有民办中等职业学校 269 所、在校生 18.6483 万人，分别占全省中等职业学校的 33.58%、15.2%；有民办普通高校 16 所、在校生 8.7470 万人，分别占全省普通高校的 13.33%、7.0%；有独立学院 18 所、在校生 20.6018 万人。

另外，有非学历高等教育机构 49 所、在校生 1.06 万人；有短期培训机构 3000 余所，每年培训约 230 万人次。

2010 年底，河北民办学校在校生共有 142.8411 万余人，按年平均每个学生消费 5000 元计算，一年消费约为 71.42 亿元，这些消费直接拉动了建筑、交通、餐饮、印刷、零售等相关行业的发展。全省 3150 所民办学校吸纳专任教师 74153 人，有的是刚刚毕业的大学生，有的是下岗人员再就业，为造福民众、社会稳定做出了重要贡献。

---

① 中国民办教育协会：《中国民办教育发展报告（2010～2012 年）》，上海人民出版社，2012，第 220～221 页。

民办教育体制是市场经济的产物，伴随市场经济的不断完善，人们对教育的"个性化"需求越来越迫切，只有发展民办教育才能满足社会多种多样的教育需求。从办学实践看，公办学校有的办学形式和内容，民办教育基本都有；公办学校没有的，只要社会需求，民办学校也有。截至 2010 年，河北省民办教育只接近全国平均水平，与形成共同发展格局的目标还有较大差距。①

（六）广东省

截至 2011 年 4 月，全省普通高校有 130 所（含独立学院），其中民办高校有 30 所，占全省高校数的 23.08%。

广东最早成立的民办高校是民办南华工商学院（1993 年成立），随后出现的两所民办高校分别是私立华联学院（1994 年成立）和私立培正商学院（1996 年成立），民办大学的发展势头逐渐壮大。然而，由于 1997 年 7 月 31 日颁布的《国务院社会力量办学条例》第五条"国家严格控制社会力量举办高等教育机构"的规定，广东刚刚崛起的民办大学曾一度停滞。但进入 1999 年后，颁布了《面向 21 世纪教育振兴行动计划》和《中华人民共和国民办教育促进法》，又一度在广东掀起了民办大学的高潮。自 1999 年起，广东民办高校一直积极稳健地不断发展壮大。2004 年新增民办高校多达 8 所，更为可喜的是 2005 年 3 月，广东白云职业技术学院、民办培正商学院两所民办院校升格为本科院校，更名为广东白云学院、广东培正学院，填补了广东民办高等教育没有本科的空白，具有里程碑意义，是广东民办教育的重大突破。2011 年 4 月，东莞南博职业技术学院升格为本科院校并更名为广东科技学院，成为广东省内由社会力量投资兴办的第三所民办本科院校。到 2007 年，广东民办高校已有 28 所，截至 2011 年 4 月已有 30 所。1993～2014 年只有一家民办高校（广东建华职业学院）倒闭，民办高校的整体办学条件越来越好，办学规模越来越大，今后我国高等教育的增量部分将主要

---

① 中国民办教育协会：《中国民办教育发展报告（2010～2012 年）》，上海人民出版社，2012，第 227～229 页。

靠民办高等教育来实现。

广东有民办高校 30 所，共有 33 个校区，分布在 11 个市，但这种分布是不均匀的，发展是不平衡的。珠江三角洲地区 9 市，面积 5.47 万平方公里，约占全省面积的 30.5%，该地区有 110 所普通高校，其中民办高校有 28 所，共有 30 个民办校区，民办高校数占总数的 93.3%。东西两翼地区 7 市，面积共 4.47 万平方公里（东翼 4 市 1.57 万平方公里，西翼 3 市 3.17 万平方公里）占全省面积的 26.5%，该地区有 14 所普通高校，其中民办高校有 2 所，共有 2 个民办校区，民办高校数仅占总数的 6.7%。粤北山区 5 市，面积 7.71 万平方公里，占全省面积的 43%，该地区有 6 所普通高校，民办高校几乎空白，仅民办南华工商学院在该地区有一个分校区。

广东民办高校的办学地点多分布于广州地区，最早成立的 4 所民办高校都设在广州，到 2010 年 30 所中就有 18 所在广州，占广东民办高校数的 60%，其中 4 所本科院校有 2 所在广州。

广州市有民办综合大学 10 所，其中增城市有 3 所，天河区、萝岗区和从化市各有 2 所，白云区有 1 所；有民办理工院校 2 所，白云区和从化市各有 1 所；有民办财经院校 6 所，其中天河区和花都区各有 2 所，白云区和增城市各有 1 所。广州市 2 所民办本科院校分别位于白云和花都区。①

（七）河南省

截至 2009 年，河南已有民办普通高等学校 13 所、独立学院 10 所，在校生达 23.38 万人，占普通高等教育在校生总数比例达 17.14%。但是，在河南民办高等教育的发展中也存在着不容忽视的问题。首先，河南的民办高校吸引力正在逐步下降，这几年每年都有数万名学生舍近求远，报考外省的民办高校，河南民办高校不仅没有闯出河南，也没有实现自己的品牌效应。其次，相对于国外私立高等教育的成熟发展和国内兄弟省份民办高等教育的发展，河南民办高等教育在日趋激烈的竞争中已显滞后和保守。根据有关数

---

① 中国民办教育协会：《中国民办教育发展报告（2010～2012 年）》，上海人民出版社，2012，第 233、236、237 页。

据资料分析，河南民办高校从数量上处于全国中游序列，如若按千万人拥有民办高校数，河南则处于下游序列，从河南民办高等教育规模占全省高等教育总量的比例来看，在全国也处于下游序列。

从总量上看，河南省有民办普通高校 13 所、独立学院 10 所，与人口大省的基数相比，显得数量不足、规模不大。2000 年，河南民办高等教育机构是 118 所，到 2009 年仅存 64 所。进入 21 世纪后，省内十几所医学类民办专修院校发展缓慢、处境维艰，尤其是 2004 年学历文凭考试制度取消，使一大批民办专修院校先后淡出人们视野。现有的几十所民办专修院校，大部分虽已开办二十多年，但规模较小、办学模式单一，缺乏抗风险能力和转型活力。①

第二节　民办高等教育的"陕西现象"

陕西省位于中国西北部，是丝绸之路经济带陆路起点城市，为东、西部的交会处。陕西历史悠久，是人类祖先的发祥地之一，古长安融会了中华民族和世界文化的精华，孕育了中华民族和中华文明，先后有 13 个王朝在此建都，有着 1100 年的辉煌历史。西安市有 3100 余年的建城史，是世界四大古都之一，也是中国最早打开国门、走向世界的城市。如今西安已成为以历史人文景观为主要特征的闻名遐迩的东方国际旅游热点城市。西安不仅是一座历史文化名城，还是中国西部地区的工业、科技重镇及信息、金融、文化旅游中心。陕西是高等教育大省，特别是民办高等教育的发展引人注目，在国内享有较高声誉，受到了国家、省市领导及社会各界的充分肯定和极大关注。本节中的"陕西现象"特指民办高等教育的"陕西现象"。

一　民办高等教育"陕西现象"的现状

"现象"一词在《现代汉语大词典》中是指人或事物在发展、变化中所

---

① 中国民办教育协会：《中国民办教育发展报告（2010～2012 年）》，上海人民出版社，2012，第 253 页。

表现出来的外部形态。2003 年 7 月 24 日，《陕西日报》刊载了专家杨永善的署名文章《"陕西现象"值得关注》，在社会各界引起了重大反响。他对"陕西现象"的表现进行了总结与诠释：高新科技与比较滞后的经济并存，先进的文化与保守的思想观念并存，蓬勃发展的高等教育与落后的基础教育并存，全国综合竞争力评价中，知识化、网络化的高名次与经济发展指标的低名次并存等。① 这些不协调的问题和特殊现象即为"陕西现象"，它严重制约了全省社会经济持续、快速、健康地向前发展。他认为"陕西现象"实质是陕西人才现象。

然而，在这种不协调的二元经济结构的作用与反作用下，陕西教育特别是民办高等教育异军突起，在办学规模和内涵发展方面均取得了显著成效，在中国民办教育史上产生了重要影响，被冠以民办高等教育中的"陕西现象"而盛传至今。2005 年，时任陕西省委书记李建国在中共陕西省委十届七次会议上指出："陕西民办高等教育发展居全国第一。"

（一）民办高等教育"陕西现象"的形成

在高度计划经济和有计划的市场经济条件下，任何文化教育现象的出现都不完全是根据区域的进步和发展需求自然生成的，而是有着很深的历史渊源和政治背景，中国高等教育的"陕西现象"也不例外。

陕西民办教育历史悠久，早在 1928 年，经陕西省教育厅批准，陕西女子职业教育促进会筹办成立了"西安第一女子平民职业学校"，也就是如今的西安培华学院，由此拉开了民办高等教育在陕西蓬勃发展的序幕。20 世纪 80 年代初，随着改革开放后民办教育的恢复和发展，陕西民办高等教育再次开始起步。历经 30 多年的发展，取得了长足的发展，形成了陕西优秀的民办高校群落。到 2001 年，陕西有非学历高等教育机构 63 所、学历文凭试点学校 36 所，民办高校有 5 所。民办高校招生 62636 人，在校学生规模达到 139928 人，约为全省公办高校在校生总数的 40%，占全国民办高校在校生数的 14.2%，已形成固定资产 15.3 亿元，其中仪器设备价值 2.61 亿

---

① 杨永善：《"陕西现象"值得关注》，《陕西日报》2003 年 7 月 23 日，第 2 版。

元。学校占地面积为 9906 亩，校舍建筑面积为 238.6 万平方米。西安培华学院、西安翻译学院、西安外事学院、西安欧亚学院、西京学院等在校生人数均已超过 1 万人，成为全国民办高校中的"超级大校"。2005 年，陕西已有万人民办高校 5 所，占全国万人以上规模民办高校的一半，陕西省有民办本科高校 5 所，占全国民办本科高校的 1/5，在衡量民办高校的六项主要指标中均列全国第一。陕西民办高等教育在全国处于领先地位。

2008 年，陕西省民办高等教育在全国已处于领先地位。截至 2008 年底，陕西省经教育部批准的民办本科院校有 7 所，占全国民办本科高校的 20%。经省政府批准的高职院校有 11 所，民办高等教育机构有 24 所。在 17 所民办高校中已有 9 所办学规模在万人以上，各类在校生达 23.9 万人，占全国民办高校在校生总数的 10.5%。陕西民办本科高校数、万人以上民办高校数、在校学生数等项指标在全国名列第一。同时，陕西在民办高等教育法规、制度建设、学校内涵建设、教育教学质量诸方面都走在全国前列。这些骄人的办学业绩，说明陕西民办高等教育的改革发展已经走在全国的前列，并获得了普遍赞誉，从而产生了较大的社会影响。

通过对陕西民办高等教育发展历史的系统梳理，可知"陕西现象"是对陕西民办高等教育发展形态和发展模式的高度概括，它是一个动态呈现和发展的过程，反映了陕西民办高教从无到有、从兴起到规模壮大所经历的发展阶段、办学成就及其社会影响力的综合指标。

（二）民办高等教育"陕西现象"现状

截至 2015 年，陕西省共有民办普通高等学校 30 所，其中有民办普通本科高校 9 所、独立学院 12 所、民办高职高专院校 9 所、万人以上规模高校 13 所（包括独立学院 5 所），在校学生有 32 万余人，研究生有 64 人，本科生达 210977 人；独立学院在校生达 87061 人；现有教职工 2.3 万人，其中专任教师为 1.5 万人，另有兼任教师 3231 人、外籍教师 40 余人。2015 年，全国共有民办高校 734 所，其中陕西民办本科高校排名第 4、独立学院排名第 8、高职院校排名第 8、陕西民办高校总排名第 10。

陕西民办普通高校数 2008～2015 年保持不变。2015 年民办本科高校数较之 2010 年增加了 2 所。2013 年陕西民办高校在校生首次突破 30 万人，校均超过 1 万人。其中本科院校为 15.5 万人，独立学院为 9.8 万人，高职为 6.1 万人。万人以上学校数达 17 所，其中 5 所突破 2 万人。

二 民办高等教育"陕西现象"的特征

民办高校在国家没有投资、没有人员编制的情况下得到长足发展，关键在于扶持政策起到了根本作用。若没有国家政策的支持和鼓励，就没有中国民办高等教育的今天。陕西民办高等教育同样如此，"陕西现象"在形成与发展过程中呈现如下特征。

（一）社会资本有效共享，聚集效应显著

陕西民办高校以群落形式出现。这种现象之所以产生，其中一个重要的原因是早期各个民办高校创办者之间对社会资本的共享。有学者认为，社会资本是镶嵌在社会结构中有助于提高组织吸收能力的各种联系网络，既是实现知识尤其是隐性知识有效传递与整合的重要途径，也是促成企业或企业集群产生和发展的重要因素。合理地共享社会资本，能够促进新思想的产生以及加速现有知识的整合。

在"陕西现象"的发展过程中，最具有代表性的本科高校分别是西安培华学院、西安翻译职业学院、西安外事学院、西安欧亚职业学院、西京学院、西安思源学院、陕西国际商贸学院、陕西服装工程学院和西安交通工程学院。这些民办高校的举办者都是对市场经济发展具有敏锐洞察力的捕捉者，其中较早办学的丁祖诒（西安翻译学院）、黄藤（西安外事学院）和胡建波（西安欧亚学院）之间更是存在着共享社会资本所产生的"内部裂变效应、链式衍生效应、连锁模仿效应"。

陕西民办高校具有群发优势，在相对集中的时间节点，同时拥有一批规模大、实力强、错位发展的民办高校，学校之间虽然存在竞争，但呈良性状态，相互学习、交流、共同发展，起到了积极的作用。

（二）办学类型丰富多样，办学定位精准明确

陕西民办高校办学类型多样，而且多数办学水平高的学校早在办学之初

就明确了自己的办学定位,形成了自己的办学特色,其中最大的特色就是着重培养学生的实际知识和技能,在职业技术教育方面具有明确的实用性、灵活性和多样性,进而让学校在激烈的竞争中保持绝对的竞争力。

民办高校想要站稳脚跟、不被市场淘汰,就必须定位明确、特色鲜明。西安翻译学院坚持实施"外语 + 专业 + 现代化技能"和"专业 + 外语 + 现代化技能"的应用型人才培养模式,这种特色教育有别于具有办学历史较长的公办高校的办学模式,而是根据市场需求,培养出大量服务区域经济社会发展需要的高级专门人才。西安欧亚学院以商科为载体,创新教育理念,改变了传统的商科知识结构、教学环境、教学模式、教学内容和考核方式,并且与阿里巴巴、百度等多家知名企业建立稳定的校企合作关系,形成了从招生、教学到就业一体化的合作模式,这种将学习基于岗位的课程体系为学生将来走向社会奠定了扎实的基础。西安思源学院创建于西安交通大学机械工程学院,学院多位高级管理人员均来自西安交通大学,与交大建立了长期的对口帮扶关系,以工科为特色,引进先进的实验实训设备,并且与陕西多家知名企业实现校企合作,为培养卓越人才提供了坚实保证。[①]

(三)突出特色,实现转型和内涵发展

集中优势,突出高等职业教育特点是民办高校快速发展的主要手段。民办高校是以高等职业教育为培养目标。陕西民办高校注重根据社会需求并结合学校特点,准确定位,加强学科建设、专业建设、教材建设和师资队伍建设,建成了一批能满足人才培养所需的就业、实习、实训基地。一些民办高校坚持以学科特色为抓手,把传统学科与新兴学科结合,注意文理渗透、理工结合,推动学科综合化,这些高校在经济类、语言文学类、管理类专业建设上因投入小、市场需求量大,逐步形成了规模优势。西安思源学院、西安高新科技职业学院都注意向工科转型。还有一些单科性的院校,注重在重点领域与国计民生联系紧密的行业发展,建成了一批与衣、食、住、行、美、

---

① 梁克荫:《"陕西现象"与民办高等教育发展》,《高等教育研究》2002 年第 4 期,第 38 ~ 40 页。

医等相关的专业群。如陕西服装艺术职业学院、陕西电子科技职业学院、西安汽车科技职业学院、西安海棠职业学院、西安医学高等专科学校等，这些专业特色鲜明的学校办学规模均在万人左右，生源充足，发展迅速，就业率高，前景广阔。目前，陕西民办本科院校和高职院校的布局日趋合理，专业定位初见端倪，各校特色日益显现。

（四）政府政策扶持与规范管理并举

陕西民办高校结构设置规范合理。陕西省政府在"陕西现象"的形成与发展过程中发挥着至关重要的作用。作为民办高校发展的决策部门和主管部门，政府的扶持与管理方式必然影响民办高校的存在和发展。陕西省政府尤其是教育相关部门采取实地调研的方式，基于各个民办高校的发展需求，制定了一系列相关的有力政策，促进陕西省民办高校不断向前发展。早在2011年，陕西省人民政府就下发了《陕西省人民政府关于进一步支持和规范民办高等教育发展的意见》，其中已涉及分类管理等先进的制度理念，对全国的民办高等教育发展起到示范引领的作用。另外，从2012年开始，省财政部门每年向民办高校提供3亿元的专项资金，且已连续实施这一措施，为民办高校的资产积累增砖添瓦，收效明显。30多年来，陕西民办高校不仅为国家积累了百亿元的固定资产，同时还带动了教育产业及相关产业的发展，成为激活区域经济发展的一个新的增长点。

2016年11月国家颁布了新版《中华人民共和国民办教育促进法》，陕西省教育厅根据新法精神，实时组织实地调研省内多所民办学校，切实了解民办学校举办者的客观需求和发展困境，根据实际情况制定实施意见及细则，为促进陕西省民办教育事业的健康发展、维护民办学校和受教育者的合法权益做出了积极的探索与研究。

三 民办高等教育"陕西现象"的成因

为什么在经济并不发达的陕西会成长起来如此大规模的民办高等教育，并逐渐形成"陕西现象"？对此，学者进行了多方探讨，比较有代表性的观点认为，陕西民办高校群聚现象之所以产生，最根本的原因是环境因素和人的因素。我们对"陕西现象"的成因进行深入分析，归纳为以下几个因素。

（一）坚实的物质基础：文化积淀深厚、教育资源丰富、地理位置优越

陕西西安是十三朝古都，是中华民族和中华文化的发源地之一，文化积淀厚重。陕西又处在西部大开发桥头堡的位置，具有得天独厚的区位优势。同时，陕西共有各类科研机构 1200 多所、各类专业技术人员 100 多万人，是我国重要的科研基地，综合科技开发能力位居全国前列。全省有各类普通高等院校 108 所、在校学生 1526 万余人、教职工 106 万人、专任教师 687 万人。这为陕西民办高等教育的发展提供了优越的外部环境。加之陕西消费水平较低，学生上学的成本低，也是民办高等教育快速发展的重要因素。

（二）宽松的政策环境：政府积极的政策支持与科学规范的管理

在国家有关民办高等教育政策的支持下，陕西省委、省政府又积极出台地方性的扶持政策。1996 年 11 月，省人大通过了《陕西省社会力量办学条例》；1999 年，省委组织部、省委教工委联合下发了《关于加强陕西省民办高等学校党组织建设的意见》；2000 年 1 月，省政府颁发了《陕西省人民政府关于进一步办好民办高等教育的决定》；2004 年 12 月，省人大又通过了《陕西省民办高等教育促进条例》；2011 年 12 月，省人民政府出台了《关于进一步支持和规范民办高等教育发展的意见》；2014 年 10 月，省人民政府出台了《关于规范民办学校和教育培训机构审批管理的意见》等，这些法规政策的颁布对促使陕西民办高等教育快速健康发展发挥了重要的积极作用。政府在充分保障民办高等学校享有的办学自主权的同时，在民办高等学校征地、税收、建校、贷款等方面都给予了优惠。其中最大亮点是从 2012 年开始，每年财政单列 3 亿元专项资金用于 18 所民办高校的建设和发展，在全国产生了积极影响。与此同时，政府管理部门加强对学校的规范管理，坚持退出机制，对一批无力坚持办学者和严重违规的办学者进行清理，净化办学队伍、促进民办高校健康发展。

（三）充沛的财力支持：多元化的筹资渠道和科学化的资金管理

陕西省民办高等学校起步阶段基本采取滚动式发展，发展阶段主要采取负债经营，即"自有资金＋规模化贷款"的筹资方式。在依靠学费收入进行滚动式发展的同时，积极争取商业银行贷款，各校还通过租赁、贷款和共建等方式进行融资和吸纳社会投资，开辟多元化的投资融资渠道，解决了上档次、上规模建校资金的需求。陕西省民办高等学校每年的资金是学费收入的 2 倍左右，不仅保证了日常运作所需的经费，还保证了学校进一步发展壮大所需的资金。目前，陕西民办高校每年用于学校再发展的投入在 10 亿元左右。

（四）自身的创新与探索：与时俱进，不断探索民办高教发展规律

民办高等教育发展既要适应教育规律，也要适应市场规律。陕西民办高校尤其是高等职业院校在专业设置、培养目标、学生就业等方面密切关注市场动向，严格按照市场需求设置专业，不断调整办学类型、办学模式、专业设置，努力提高办学层次，形成了多样化的办学格局。原来，民办高校在创办初期因办学历史短和自身的不完善，很难被社会认可，但近年来，由于各个民办高校充分利用现代信息传播手段和各类新闻媒体，广泛深入地宣传民办高等教育的意义、地位和作用，宣传学校的办学理念和发展前景，逐步提高了社会、家长与考生对民办高等学校的认可度。同时，民办高校坚持"筹资、建校、规模、质量"并举的方针，既注重规模发展，又注重质量提升。注重招聘优秀教师，实施科学管理，采用现代化教学手段，购进先进设备，加快教学改革，努力提高教学质量，赢得了学生和社会的认可，从而大大提升了陕西民办高校的社会声誉，促进了民办高等教育的快速健康发展。

（五）强烈的竞争意识：以创新求发展，群体优势明显

民办高等教育的发展，既取决于它配置稀缺教育资源的综合实力，即配备办学条件能力，聘用优秀教师能力和教学管理、学生管理能力等，又取决于社会环境和办学氛围。陕西省民办高等学校数量多、规模大，尤其是十余所发展情况较好的民办高校，在人才竞争、师资竞争、环境竞争、设施竞争、生源竞争、宣传竞争、质量竞争、管理竞争、就业竞争等方面都有许多独到之处。如办学指导思想、教育教学理念、人才培养模式、学校管理体制、规划预期目标等都力求以创新求发展。民办高等学校的竞争虽然激烈，但良性竞争的结果不仅有利于提升民办高等学校的地位，扩大办学规模，规范办学行为，提高教学质量，更有利于学校的稳步健康发展。陕西民办高校正是通过竞争优胜劣汰，形成了在全国处于领先地位的一个办学群体，不断提高整体实力和竞争力。

（六）卓越的引路人：有一批热爱民办教育事业的创办者、办学者

30多年来，陕西民办高等教育涌现出一批思维敏捷、具有创新和开拓精神的带头人。他们不断研究民办高等教育的规律，提出办学的新思路、新举措，同时具有实干、苦干精神。由于他们的锲而不舍、勤奋努力，实现了学校建设的跨越式发展和办学层次、水平的跃升。如姜维之、丁祖诒、黄藤、任万钧、胡建波、赵步长、周延波、李瑞明、张明、李健唐、张晋生等一批民办高校的创办者，他们的奋斗精神和取得的骄人业绩，对全省乃至全国民办高等教育事业的发展起到了积极的推动作用。近年来，一批后起之秀也崭露头角，登上民办高等教育的舞台，如姜波、丁晶、任芳等，成为一支不容忽视的新生力量，承上启下，把陕西的民办高等教育推向一个新高度、新领域。

在高等教育科学理论指导下，陕西民办高校经过大胆探索，形成了符合客观实际的发展模式和多样化的领导体制与运行机制。目前，多数民办高校实行董事会领导下的校（院）长负责制，也有部分实行校（院）委会领导下的校（院）长负责制，少数实行理事会领导下的校（院）长负责制。在管理工作中，陕西民办高校聘任了一批既谙熟教育发展规律，又具备很强的管理能力的校（院）长，如西安外事学院的陈爱民院长、西安思源学院的李维民院长、陕西服装工程学院执行院长李立等，实行适应市场经济规律的快速决策机制、引进人才自主聘任机制、自筹资金的资本运作机制、自我约束的管理机制、按劳分配的激励机制、优胜劣汰的竞争机制和重视党组织建设的监督保证机制等。

四 民办高等教育"陕西现象"的经验

迄今为止，陕西形成了由一批民办教育家支撑的大校组成的民办高校集

团，形成了适宜于民办高等教育发展的民办高校群落，"陕西现象"也不断得到完善和发展，这一模式取得了成功，为全省乃至全国民办高等教育的发展提供了有益借鉴与参考。特别是 2011 年陕西省人民政府印发《关于进一步支持和规范民办高等教育发展的意见》，被誉为陕西民办教育界的新政，产生了深远影响。

为适应陕西现代职业教育体系建设和白鹿原大学城建设和发展的需要，整合白鹿原大学城优质教育资源，构建紧密合作办学体制机制，形成优势互补、资源共享的新型联合体，努力打造白鹿原教育品牌，推动白鹿原职业教育园区建设，为建设丝绸之路经济带新起点提供智力支持和人才保证。在西安东郊白鹿原上的一批民办高校发起成立了"白鹿原大学城高校联盟"，西安思源学院院长李维民任首届理事长。该联盟旨在充分发挥各民办高校的优势，在人力、财力、物力、学科、专业、师资、管理等方面优势互补，资源共享，相互促进，共同发展，进一步丰富和拓展"陕西现象"的内涵。

在互联网经济发展与时代变迁的新背景下，陕西民办高等教育机遇与挑战并存，在未来发展道路上如何突破、不断创新，是陕西民办高等教育面临的新课题。

（一）"陕西现象"的经验

1. 进行高教体制的改革和创新，形成了新的办学格局

陕西民办高等教育的快速发展，改变了长期以来由国家包办教育的单一模式，调动了社会力量投资兴办教育的积极性，扩大了教育资源，建立和完善了适应社会主义市场经济体制的、以政府投入为主、多渠道筹措经费的教育投入体制，形成了公办高校和民办高校共同发展的新格局。

陕西民办高校的后勤社会化、教师聘任制、精简机构、建立考核评价体系等许多做法带有创新性，并借鉴企业的管理方法取得成功。民办高等教育作为市场经济的产物，它在改革开放中诞生、在市场中博弈、在竞争中发展。与有着几十年甚至上百年历史的公办高校相比，只能算是个初生牛犊，但就是这头敢闯敢拼的牛犊以一种全新的教育观适应了市场，走出了中国高等教育的新天地，也为公办高校在经济转轨时期如何适应社会发展和促进高

等教育体制改革提供了新视角。

民办高校首次将市场意识、资源意识、投资意识和效益意识引入办学活动中，通过合法有效的经营与合理配置资源获取了社会效益、经济效益和办学效益的最大化。如果说国家法律赋予了陕西民办高等教育充分的办学自主权是其活力的源泉，那么求生存、谋发展的执着意志则是其前进的动力，而充分利用竞争机制则是其发展的催化剂。他们向市场经济学习经营、向公办高校学习教育规律，面向社会求得生源、财源。民办高校犹如海绵一般从周边尽力汲取着生存发展所需的一切社会资源。公办高校、企事业单位等一批具有丰富教学、党务、行政工作经验的领导干部、教师及各类管理人员积极受聘到民办高校工作，丰富和优化了民办高校的人员结构，西京学院等民办高校也积极选派中青年干部、教师到公办高校挂职学习或进修学习提高。

民办高校具有区别于公办高校的诸多特征，充分体现了它对市场经济的适应性、应变性和针对性，也为公办高校的教育改革与发展提供了有益的借鉴。目前陕西民办高等教育在全省高等教育的比重已达 1/3 左右，成为全省高等教育的重要组成部分，公办高校和民办高校既存在管理体制、运行机制的不同，同时也存在许多趋同之处。双方经过多年的互相借鉴、学习、交流，在许多领域取长补短、互为补充，逐渐形成良性竞争的环境。同时也不断演化出趋同现象，即公办高校的"公"已不那么"纯"，许多方面向社会靠拢，争取社会资金，面向市场调整专业，重视学生就业等。而民办高校的"民"也已不那么"纯"，许多方面向公办高校学习，如强调教育规律，重视教学质量，加强组织领导等。

2. 盘活社会资源，扩大了高等教育资源的增量和存量

陕西民办高校的固定资产多来自社会自筹和滚动积累，不仅对社会资源进行了有效整合，并吸纳、盘活了许多国有资源和社会资源。原在计划经济条件下形成的国有资源和社会资源进入市场经济运作状态后，有一部分成为闲置资产。西安翻译职业学院有效整合了原西安国营第一钟表机械厂的 200亩土地、6 万平方米建筑及相关的配套设施等。西安欧亚职业学院有效整合了原西安现代化养鸡场的 300 亩土地、2 万平方米的建筑及相关设施等。此

举不仅给国有企业带来生机，也为民办高校的发展带来机遇，形成企业、学校双赢的局面。西安外事职业学院与鱼化寨合作，把乡镇企业闲置的设施、村委会自建的鱼化公园等盘活后用于办学，给当地农村建设和学校的发展都带来希望。陕西大部分民办高校采取滚动发展模式，其初创阶段主要是利用闲置的社会资源维系办学活动。如果没有这些社会资源的注入，陕西民办高校不可能有今天的辉煌。

3. 陕西新政：地方民办高等教育政策创新的典范

2011 年 12 月 30 日，陕西省人民政府印发了《关于进一步支持和规范民办高等教育发展的意见》（以下简称《意见》）。《意见》分 9 部分共计 34 条，分别就继续加大支持力度、建立和完善分类管理体制、健全管理和运行机制、强化教学管理、鼓励开展科学研究、努力提升教师队伍的整体水平、加强学生管理和学校安全稳定工作、规范财产和财务管理、明确部门职责等九大问题逐一提出建设性意见，基本涵盖了目前陕西省民办高校发展中所涉及的热点、重点、难点问题，可谓是一部在全国领先、具有创造性地支持民办高校发展的地方性民办教育规章，被教育界誉为"陕西新政"。《意见》的颁布受到教育部及各省教育行政部门的肯定和好评，点燃了民办高校再创辉煌的信念和力量。

在《意见》草拟阶段，教育部鲁昕副部长曾提出，希望陕西在该政策制定中实现五个突破，即分类管理、事业法人、教师待遇、法人治理和规范管理。这些问题正是我国民办教育发展中急需解决的重大问题。《意见》在制定过程中，抓重点，抓难点，不仅有效解决了这些问题，而且还在其他诸多方面实现了突破：

一是实现了分类管理。把民办高校按捐资办学、不要回报办学、要回报办学、营利性办学分类进行了制度设计。

二是实现了事业法人。对非营利性学校，即捐资办学、不要回报办学、要回报办学按自收自支事业单位对待。

三是落实了教师待遇。保障了教职工的一系列合法权益，完善了教职工社会保险制度。

四是提出混合制民办高等教育办学模式。支持各类办学主体通过合资、合作、股份制等方式举办民办高等教育。积极探索国有资本、集体资本和非公有资本以多种形式举办混合制民办高等教育的办学模式。

五是拓宽筹资渠道。探索建立陕西民办高等教育基金会，引入公益融资机制，允许信用担保贷款和长期低息贷款，允许非教学资产作抵押、学费收费权作质押申请贷款。鼓励个人、企业和社会组织捐赠，并税前扣除。

六是落实税费和用地优惠政策。民办高校与公办高校享受同等的税费优惠政策。其具体内容多达 13 项。凡民办高校在办学中涉及的主要税费问题基本都予以解决。

七是落实合理回报政策。除按国家有关规定扣除相应费用外，回报额可占办学结余的 40%。这一比例在全国目前所有政策中最高。为了避免对回报额纳税，特别指出这是对出资人的奖励。使要求取得合理回报的学校将是未来中国民办高校的重要选择。因这类学校更易吸纳社会资金，更具办学的积极性和创造性，对办学过程也更具责任心和自信心，这些反而是捐资办学和不要回报办学所欠缺的原动力。

八是推进招生制度改革。支持民办本科高校扩大招生自主权；高职院校实施注册入学；年度新增招生计划向民办高校倾斜。

九是扩大办学自主权。支持民办高校自主设置专业、调整专业方向、开设课程。教师职称评审与公办高校教师享有同等待遇。支持民办高校申请学位授予权。西京学院 2011 年获得专业学位研究生培养资格即是这一政策的具体体现。

十是加强制度建设，规范办学行为。从《意见》题目中即旗帜鲜明地强调了规范办学的必要性和重要性。特别在规范民办高等教育助学机构办学、强化年检制度、保障学校法人财产权、严格会计制度、建立审计制度、财政性资金专款专用制度、风险防范机制等方面都有新的规定。

《意见》在实现以上突破的基础上，同时还对民办高等教育的地位和作用的认识、对非营利性民办高校给予与公办高校同等扶持力度、加大各部门统筹规划与综合协调力度、鼓励开展科学研究、建立民办高校和公办高校教师合理流动机制、加强质量监控等方面都有不同程度的政策突破，充分彰显了陕西省政府在民办高校政策上的大手笔、大思维。正如分管民办教育的陕西省教育厅副厅长郭立宏所言："该《意见》是 2012 年来扶持我省民办高等教育力度最大、措施最实、针对性最强的好政策。"[①]

4. 专项资金：为陕西民办高等教育发展注入新的活力

专项资金是陕西新政的最大亮点。经过一年多的实践，陕西新政在全国的最大影响是 3 亿元专项资金的设立并实施。这一新政已成为全国民办教育 2012 年十大新闻之首，在民办教育界反映强烈，也产生了重要作用。

一是提升了民办高校的地位。一个省级地方政府每年能单列 3 亿元专项资金用于支持民办高校未来的发展，可见政府对民办高校的认可和支持力度之大，从过去的政策支持向现在的资金支持转变。社会各界及政府部门对民办高校的认识不断提高，已视民办高校为整个教育事业的重要组成部分，是从事公益性教育活动，为地方培养应用技术、技能型人才的主要载体，为当地的民生建设、社会就业、经济发展、城乡一体化、社会稳定等做出了重要贡献。

二是解决了民办高校的投资缺口。民办高校发展中面临的两大难题：其一是资金，其二是人才，解决人才问题又与资金相关。从 3 亿元专项资金的投向看，每所民办高校一次性获得专项资金多则 3000 万元，少则数百万元。连续数年累计投资，将超过一些举办者的投资，有助于缓解举办者的投资压力，解决部分高校设备购置、实训基地建设、教师"五险一金"的缴纳等费用投入。

三是提升了民办高校的办学能力。民办高校办学历史短、积累少、底子薄，专项资金可以解决教师引进、实验购置、实训基地建设、科研项目立项等方面的问题，有效提高了民办高校的教学能力、科研能力和师资水平，促使学校的管理提高到一个新水平。生源质量逐年攀升，办学层次不断提高。

---

① 郭立宏、李维民：《地方民办高等教育政策创新的典范》，《陕西日报》2012 年 5 月 15 日，第 10 版。

四是加强了民办高校的资产管理。有了经费的投入，政府对民办高校的监管力度加大、范围扩大，这对规范民办高校的资产管理具有积极意义，特别在民办高校发展到一定水平，总资产达到数亿元甚至更多时，尤显重要。一个规范的财务管理体系，才能保证国有资产不流失，为促进民办高等教育发展发挥积极作用。①

（二）几点思考

近年来，我国民办高等教育发展迅速，陕西民办高等教育原有的领先地位已面临比较严峻的挑战。目前，陕西万人以上规模民办高校数虽然仍居全国第一，另有西京学院取得专业硕士研究生教育资格两个亮点外，其他多项指标名次优势已不明显，并正在迅速消退。而山东、广东、河南、福建、江苏、浙江、辽宁等省民办高等教育发展迅速。如果在近几年再无大的发展，陕西民办高等教育势必明显落后于其他省份。

生源是民办高校发展的生命线。陕西教育人口基数总量减少的趋势使省内民办高校面临巨大的生存危机和发展困境。想要克服招生困难，首先要理顺政府与民办高校的关系，政府切实履行职能，落实相关法律法规；省内少数民办高校办学特色不够突出，导致经营困难，影响陕西整体民办高校的健康发展；省内民办高校办学经费紧张，制约了民办高校的内涵发展，政府需要在资金援助方面采取重要举措，学校自身也要拓宽经费来源渠道；师资队伍专兼结构不合理，生师比高，高学历、高职称师资流动大，政府与学校应当有效提高教师待遇，稳定教师队伍；民办高校的法人治理结构和科学治理能力有待进一步提高，可以向国内外做法先进的高校学习，如建立监事会、教授会，有效提高民办高校的办学竞争力。

陕西民办高等教育后续发展还需要政府、社会和民办高校三方形成合力，通过不断深化民办教育改革，破除发展瓶颈。

1. 政府层面

一要树立科学发展观，推动陕西民办教育尤其是民办高等教育持续、协

---

① 李维民等：《民办高等教育专项资金制度建设研究》，《现代教育管理》2015年第12期，第78~82页。

调、健康发展。二要做好全省教育事业的整体发展规划，引导各级各类民办学校合理定位，办出特色。三要进一步落实新版《中华人民共和国民办教育促进法》中的相关规定，制定更加明确的规章制度，加大对民办教育的扶持力度。四要加强对民办高校的监督、评估和宏观指导。五要设立民办教育研究机构，加大对民办教育的理论研究。六要在"十三五"期间继续加大民办教育专项资金的扶持力度。

2. 社会层面

一要进一步拓宽融资渠道。应给民办学校创立良好的外部融资环境，让民办高校能够走上正常的融资道路。分解民办高校融资风险，降低操作难度。二要加大扶持力度。省教育行政部门应会同财政部门、税收部门、土地部门、公安部门、人事部门、水电部门等，从民办高校发展的实际需要出发，在政策规定的范围内，切实为民办高校解决实际问题。三要发挥中介组织作用。应当建立针对民办高等教育的中介机构，特别是具有权威性的评估中介机构和适应"一带一路"发展战略需求的研究咨询机构。

3. 学校层面

一要以科学发展观为指导，明确学校的科学定位和发展，走健康、协调、可持续的"质量—效益型"的内涵式发展道路。二要严格按照新版《中华人民共和国民办教育促进法》和《陕西省民办教育促进条例》的新规定，依法治校，依法规范管理。三要以观念更新为先导，建设现代大学制度。四要以教学为中心，以人才培养为根本，切实提高教育教学质量。五要以师资建设为前提，加强教育教学质量的基础。六要深化教学改革，推进质量工程，不断提高教育教学质量。

陕西省民办高等教育经过30多年的发展，取得了令人瞩目的成绩，在全国已处于领先地位。同时，我们也要清醒看到在当今互联网经济迅速发展和科学技术不断迭代更新的新形势下，我国民办高等教育在发展中也面临诸多困难和挑战，需要不断探索、实践、总结和创新。

第三节　民办基础教育的"温州模式"

温州市属于浙江省的一个地级市，简称"瓯"，是浙江省三大中心城市之一。温州历史悠久，有 2000 余年的建城历史，是中国民营经济发展的先发地区与改革开放的前沿阵地，在改革开放初期，以"南有吴川，北有温州"享誉全国，温州人被国人称为"东方犹太人"。温州位于浙江省东南部，瓯江下游南岸。全市陆域面积 12065 平方公里，海域面积约 11000 平方公里。全市共有 4 个市辖区：鹿城区、龙湾区、瓯海区、洞头区；5 个县：永嘉县、平阳县、泰顺县、文成县、苍南县；代管 2 个县级市：瑞安市、乐清市。温州教育，源远流长。立校施教，肇始于西晋，兴盛于南宋，崛起于晚清，繁荣于现代。2016 年 4 月，温州被国务院批准成为国家历史文化名城。本节中"温州模式"特指民办基础教育的"温州模式"。

一　民办基础教育"温州模式"的现状

"模式"是一种理论分析、论证、评价的参照框架，是对区域经济发展历史进程、主要特点及其走向的一种概括。可见，模式不是一成不变的，因此"温州模式"也不是固定的模式，而是过程的模式，即"温州模式"是随着温州经济的发展而发展的，它不是一成不变的静态模式，而是与时俱进的动态模式。

（一）民办教育"温州模式"的形成

1985 年 5 月 12 日，一则题为《乡镇工业看苏南，家庭工业看浙南——温州三十三万人从事家庭工业》的长篇报道在《解放日报》头版头条刊发，首次公开提出"温州模式"的概念，在全国产生了强烈的反响。"温州模式"即"家庭工业加专业市场"，是市场经济区域化的集中体现，它反映了这个地区的经济特征。如果说温州在建立和发展社会主义市场经济体制方面创造了"温州模式"，那么，在办学体制改革和发展方面，温州也逐步形成了民办教育的"温州模式"。

　　作为我国改革开放的前沿阵地，也是我国民营经济的发源地，温州民间资金充裕，民办教育起步早、总量多，开展改革试点具有天时地利人和的独特优势。温州素有民间办学传统，历代官府积极鼓励民间办学，私塾、家塾及私立书院遍布各地。改革开放后，民营经济得到迅速发展，相对宽松的政策环境为温州民办教育的成长壮大奠定了良好基础，重新兴起并得以蓬勃发展的民间办学热潮，是温州教育史上继南宋、晚清之后出现的第三个民间办学高峰。1982 年，乐清县虹桥镇诞生了温州第一家民办股份制幼儿园。1984 年，随着温州九年义务教育的深入发展，第一家民办聋哑学校、普通初中相继创立；1986 年，第一家民办职业高级中学创立；1987 年，第一家民办普通高级中学创立；1988 年，第一家民办高校创立。20 世纪 90 年代以来，富裕起来的温州人提出"学在温州"的教育思想，积极投入资本办学，率先推行允许自聘教师、自定工资、自主收费、自取回报等政策，为民办教育提供了广阔的发展空间，使温州成为浙江乃至全国民办教育发展的先行地区。

　　根据《国家中长期教育改革和发展规划纲要（2010～2020 年）》部署，2010 年国务院在部分地区和学校开展 425 项国家教育改革试点，其中涉及民办教育的有十多项，温州市是其所在浙江省承担国家民办教育综合改革试点工作的唯一试点城市，肩负着探索营利性和非营利性民办学校分类管理模式的重任。自承担试点任务以来，温州市以敢为人先的探索精神和前所未有的大手笔，解放思想、勤于实践、勇于首创、大胆突破，坚持加强顶层设计和摸着石头过河相结合，整体推进和重点突破相促进，率先开展了民办教育综合改革试验，推出了一系列在全国颇有影响的新举措，创造了诸多全国第一。在分类登记管理、公共财政扶持、投融资体制改革、税费优惠政策、土地优惠举措、教师待遇保障等方面大胆改革创新，积累了有效经验，取得了显著成效，涌现了一大批优质特色民办学校，为温州民办教育的发展注入了新的活力。在中国民营经济最发达的地区闯出了一条地方政府深化民办教育综合改革的新路子，形成了独具中国特色、时代特征和温州特点的民办教育"温州模式"，被业界誉为"温州样本"。

（二）温州民办教育现状

随着改革试点工作的不断推进，温州民办教育事业保持持续良好发展态势。试点以来温州民办教育整体办学规模优势明显，办学条件逐步改善，师资结构不断优化，人民群众多样化的教育需求不断得到满足。

从教育经费总量上来看，温州市民办教育 2011～2013 年的教育经费从 24.77 亿元增长到 32.39 亿元，总增幅达 30%。2013 年，温州市民办教育经费收入构成中，事业收入为 32.39 亿元、公共财政收入为 5.90 亿元、举办者收入为 0.74 亿元、捐赠收入为 2.20 亿元，其他投入（含校办产业）为 4.76 亿元，分别约占民办学校经费总收入的 60%、16%、2%、7% 和 15%。① 2014 年全市民办学校获得的财政补助比 2011 年增长 350%。民办学校教师参加事业单位保险人数为 3260 人、医疗保险人数为 3581 人。全市民办中小学完成 36 笔收费权质押贷款，总授信额度达 9.36 亿元，已贷金额为 1.21 亿元。试点以来，社会力量举办教育的热情空前高涨，共吸引民间资金进入教育领域多达 70 亿元，有效缓解了财政经费压力。仅 2014 年民办教育就为财政节省 40 多亿元教育经费。②

截至 2016 年底，全市有各级各类学校 2568 所、在校生 148.14 万人，其中有民办学校 1476 所，在校生为 49.09 万人，占全市在校生总数比例达 31%，承担了全市近 1/3 的教育任务。民办学校各阶段在校生数占全市在校生总数的比例，学前教育为 86%，小学为 13%，初中为 17%，普高为 32%，中职为 23%。

二　民办基础教育"温州模式"的特征

改革开放后，民营经济的迅速发展、相对宽松的政策环境都为温州民办教育的发展培育了沃土。经过 30 多年的发展，温州民办教育不断探索创新，取得了令人瞩目的成就，成为浙江省乃至全国当代民办教育界的标杆，产生

---

① 戚德忠等主编《温州民办教育发展报告（2010～2015）》，科学教育出版社，2017，第 9～10 页。
② 戚德忠等主编《温州民办教育发展报告（2010～2015）》，科学教育出版社，2017，第 298 页。

了很强的示范引领作用。温州民办教育的发展同其民营经济一样，都走过了一条比较坎坷的道路，其间遇到了许多困难，克服了很多阻力。正是基于这样的情况，温州民办教育才逐步形成富有区域特色和时代特征的"温州模式"，温州的民办教育也不断实现跨越发展，进入日臻成熟的新阶段。"温州模式"在形成与发展过程中呈现出的主要特征可归纳如下。

（一）办学重心低，门类、渠道、主体丰富

"温州模式"在发展过程中融合了区域民办教育发展的共性与特性，呈现出低重心、多门类、多渠道、多主体的特征。"低重心"是指温州的民办教育多集中于基础教育阶段，而基础教育中又有85%以上集中在学前教育阶段。温州整个基础教育阶段有近1/3的适龄儿童选择民办学校就读，比例远高于同期的浙江省水平和全国水平。"多门类"即办学形式多样。随着市场经济的迅猛发展，温州小型、分散多元的经济成分，对社会各种实用技能技术型人才的需求程度与日俱增。这促使教育举办者不得不面向市场，以市场需求为导向，培养适应和服务社会经济发展需要的学生，由此塑造了形式多样化的办学格局。民办学校顺应大形势，逐步发展成既有全日制学校又有短期培训机构，既有升学预备教育又有职业培训教育的办学模式。这些学校或机构以灵活的机制和鲜明的特色，在广大学生、家长和社会各界中备受青睐和欢迎，有的还产生了积极的品牌效应，收到了良好的经济效益和社会效益。"多渠道"与"多主体"密切相关，投资主体的多元化必然带来经费来源的多元化。

（二）温州民办教育办学模式多元化

温州民办教育发展初期，基本上是个人投资或出资、征用土地、兴建校舍来办学校。截至1996年底，全市民办中小学有40所，在校学生达1万多人。在这40所民办学校中，其中28所完全是由个人办的，12所是集体办的（其中也有个人的成分）。① 温州民间资金雄厚，民营企业组织众多，教

---

① 王彦才：《民办教育上海模式、广东模式、温州模式比较研究》，《教育科学》1999年第3期，第17页。

育需求旺盛，加之政府积极鼓励并支持社会各界人士投资办教育，目前，温州民办教育由个人投资为主，逐步转变为民主党派、企事业单位、离退休干部、社会团体、公民个人、委托管理、PPP 模式（政府和社会资本合作）等投资主体多元化的办学格局，有效推动了社会力量办学的蓬勃发展。而经费来源既有企事业单位投资、借贷投资、乡镇村集体筹募，又有学生家长捐款、海外侨胞捐资、其他社会资助等。办学模式的多元化使温州民办教育根植民间，为其自身创新发展提供了机会，激励办学者不断探索创新办学思路。

经过多年的发展，温州民办教育逐步形成了多元化的办学模式：

1. 国有民办的办学模式

该模式通常由政府前期投资建学校，土地、校舍、设备属国有，学校实行民办教育的管理体制，享受最大限度的办学自主权。多年后，国家停止或基本停止拨款，经费主要依靠学校自筹。近年来，温州市政府为了整合高中的优质教育资源，加大高中入学的普及率，积极推进高中学校国有民办改制的尝试。提出了"公办不择校、择校找民校、名校办民校"的改革要求。温州中学、温州二中、瓯海中学、平阳中学等重点中学相继创办温州五十一中、温州五十二中、温州六十一中、平阳十一中等民办学校。通过公办学校举办民校，在一定程度上满足了温州人对优质教育和特色教育的迫切需求。

2. 民办公助的办学模式

民办公助的学校是由个人或团体出面承办，部分经费、条件由教育等有关部门予以解决。这类学校一般具有两方面的积极性：办学者大都是长期从事教育，关心、热爱教育事业的老教育工作者，具有丰富的办学经验，并有办学的积极性；教育行政部门为了探索教育改革的路子，也给予积极的鼓励与支持。平阳职教中心是由公办改为民办的方式建成的。改制后，平阳县职教中心成为由教职工出资80%、社会各界占20%股份的温州创伟教育发展有限公司承办的民办公助学校。采取股份制运作，自主经营，自负盈亏。学校的地位、功能及教职员工身份不变，享受民办学校优惠政策，县政府分别给予资金、用地、政策等方面的"公助"政策。职教中心从原先4个班扩大到 56 个班，在校生从 150 人增加到 2791 人，占地从 4 亩扩大到 160 亩，总投资达 8000 万元，先后顺利通过省级示范性职业中学、省一级重点职业学校、国家级重点职业学校评估验收。

3. "教育储备金"的办学模式

"教育储备金"是教育收费的一种特殊形式，也是教育与产业结合的一种探索。家长送子女入学时，将一笔钱存入学校基金，作为"本钱"；办学者（或单位）按银行的中期储蓄利率，向学校基金贷款，用于学校建设和运作。温州市童之梦幼儿园是一所以寄宿制为主的股份制民办学校，它的特色教育、与众不同的捐资方式（即"教育储备金"），吸引着温州各地区外出经商的人纷纷将小孩送入园中。温州的幼儿园不管是公办还是民办的，只要具备一定规模的，通常都要收取捐资费，几千元至几万元不等。童之梦幼儿园则采用了"教育储备金"模式，几年的捐资一次性缴清，孩子毕业后，如数归还。

4. "教育凭证式"的办学模式

从 2002 年开始，瑞安实行扶持民办教育发展的教育凭证制度。民办普高和职高学校每多招收 1 名学生，政府财政分别奖励学校 200 元和 300 元。民办高中持有瑞安教育局编制的相当于有价证券的新生名册和毕业生名册，在新生入学和毕业时分两次领取奖励金。①

（三）政府积极参与，政策大力支持，保障措施到位

由于温州的大量资金集中在民间，政府经济实力相对薄弱，对教育的投入有所欠缺，从而影响了公办教育机构的办学质量。伴随着市场经济的迅速发展，群众对教育的需求大幅增加，市场对人才的需求也呈现多元、专业化趋势。人才供给与市场需求的不平衡，引起了政府对民办教育的关注。根据温州经济状况，政府出台了一系列相应政策调动与鼓励社会多方力量支持教育事业，从而促进了温州民办教育的再次兴起与合理化发展。

---

① 刘吟：《教育民营化的发展——温州模式的启迪》，《教育评论》2008 年第 4 期，第 108 ~ 109 页。

改革开放以后，温州市政府制定了《关于加快温州教育改革和发展的若干规定》《温州市教育发展纲要》《温州教育现代化建设纲要》等政策法规，在政府行政扶持、干预的情况下，形成了以政府为主、全社会办教育的局面。随着民办教育的迅速崛起、发展壮大。为了规范民办学校的办学行为，保证民办学校的办学质量和社会信誉，形成在民办教育的良性发展，温州市人民政府迅速制定并颁发了《温州市社会力量办学暂行规定》《温州市社会力量办学财务管理办法》《温州市社会力量办学师资管理若干规定》等政策法规。在这些政策法规中，就民办教育的办学条件、报批程序、资金筹措、领导体制和督导评估各方面做出了具体的明确的规定，对民办教育给予了许多实实在在的优惠政策，积极鼓励、支持和引导温州民办教育走上可持续的发展道路。显然，在民办教育发展的整个过程中，温州市政府发挥的作用是非常重大的，政策的效果是非常明显的。

（四）面向民众，按需办学，确保生源

生源是民办学校生存和发展的关键所在，生源数量和生源质量的高低直接关系到一所学校的办学质量、经济效益和社会效益等。但与之相对应、相关联的是学校的定位、学科建设、课程设置、教学质量的高低、学习内容是否恰当、教学设施的优劣、教师队伍的强弱，以及毕业生的就业等，这些问题能否有效解决又影响着学校生源的优劣。温州民办教育在发展中高度重视，慎重处理这些矛盾。

1. 民办学校的定位强调按需办学，面广量大，以实用为主，多门类、多层次、多形式，以短取胜、产教结合为特征的"温州模式"。"温州模式"的形成与温州所有制结构有关，反映出多种经济成分并存发展要求多方面、多层次人才的状况，同时也反映出民办教育只有服务于社会，服务于不同人群的需要才具有强大的生命力。

2. 民办学校的办学形式具有高度的灵活性，创办多种形式、多种层次、长短结合的民办教育机构，如全日制学校、短训机构、升学预备教育机构、职业培训教育机构、创建了浙江东方专修学院等，避免了民办学校与公办学校的冲突，又突出了民办教育的优势，以其灵活多样、适应性强等特色和较高的办学质量吸引了不少生源。

3. 民办学校实行弹性收费，为不同经济状况的受众提供不同的教育服务。在不以营利为目的的大前提下，按学校、专业、分数和教学质量、学校设施、食宿条件等的不同建立不同的收费标准，使民办教育既可面向已经富裕起来的一部分群体，也能面向广大工薪阶层，从而扩大了民办学校的生源。值得指出的是，不少民办学校对家庭困难的优等生制定了减免学杂费等优惠政策，这不仅具有社会效益，而且进一步吸引了学生，特别是高质量的学生。

三 民办基础教育"温州模式"的成因

（一）温州市场经济的快速发展是"温州模式"形成的外部力量

"温州模式"的形成与其经济发展有着内在联系。从某种意义上说，民办教育的"温州模式"是由温州市场经济模式孕育而形成的。在党的十一届三中全会以后，温州市委、市政府认真贯彻党中央的方针政策，从温州的实际出发，走出一条有区域特色的社会主义市场经济发展的路子，成为我国14个沿海开放城市中民营经济最活跃的地区。1995年底统计表明，在工商部门登记的工商户，全市达21.5万户，私营企业达300多家，股份制合作企业达3.7万家。近年来，温州民营经济更是突飞猛进，民营经济所占的比重越来越大，伴随着经济的发展，产业结构也不断变化，第一产业下降，第二、三产业上升。经济结构的变化促进了人民群众对教育需求的多样化。

（二）温州人对教育的迫切需求是"温州模式"形成的必要条件

随着经济的发展，温州人充分认识到接受教育的重要性。早在20世纪90年代，富裕起来的温州人就提出"学在温州"的教育思想。温州市委、市政府积极倡导"科教兴市、以法治市、质量立市"，把教育真正放在重要的战略位置上。在发展教育事业方面，温州坚定不移地坚持"两条腿走路"的方针，大力提倡社会力量办学，积极鼓励和支持民办学校的发展。长期以来，温州教育与经济发展是不相适应的。学校数量不足、质量不高，劳动者素质低，小学毕业升初中的比例只有40%左右，初中毕业升高中只有30%左右，在各个县市区，随着普及九年义务教育步伐的加快，广大群众迫切要求自己的子女能够进入高中阶段的学习，公办学校是无法满足这些要求的，如果在 20 世纪末温州 60% 的初中毕业生全部升入高中，单靠政府办学是做不到的，温州在 20 世纪 70 年代计划生育失控，比宁波、杭州多了 100 万人，到 20 世纪末，小学毕业生每年要在 12 万 ~ 13 万人，假如 60% 的学生能够升入高中，单靠政府是不行的，所以要大力举办民办学校。同时，随着经济的发展，一部分先富起来的人迫切需要提高自己的文化素质，他们率先打破国家包揽教育的局面，出现了自费就读的现象，加之温州存在大量的流动人口，他们需要建立一批寄宿制民办学校。当时，温州流传 3 个 "一百万"：有一百万人口在外面经商，全国各地除台湾外都有温州商人；另一百万人是外地民工在温州打工的；还有一百万人是流来流去。这 3 个一百万人很多需要有寄宿学校来解决其子女入学受教育问题。①

（三）教育改革与制度创新是 "温州模式" 不断突破的内部驱动

2011 年，温州市承担了浙江省实施国家民办教育综合改革试点任务。同年 3 月，温州市委、市政府全面研究部署改革试点工作，组织教育、教研、发改、财政、国资、人事、金融、社保、土地、规划等部门牵头开展 6 项相关课题研究。课题组分别对温州市民办教育发展历史及现状，上海、深圳、昆明等地发展民办教育的做法，国外先进地区私立教育发展经验以及现阶段我国民办教育发展策略和政策导向等方面开展深入调查研究，通过 7 个多月的调研和论证，形成系统的《温州实施民办教育综合改革试点课题调研总报告》和 7 个子课题调研报告，概括了法人属性、队伍建设、财政扶持、土地优惠、税收优惠等 10 个方面的民办教育政策障碍。同年 11 月，在调研基础上，温州市委市政府出台了《关于实施国家民办教育综合改革试点加快教育改革与发展的若干意见》（简称 "1 + 9" 文件）。2012 年是温州市民办教育综合改革政策 "试水" 之年，同时又增补 5 个子文件，出台收费政策补充规定、金融支持办法、最低工资指导线、会计核算办法、社保补

---

① 王彦才：《民办教育上海模式、广东模式、温州模式比较研究》，《教育科学》1999 年第 3 期，第 19 页。

充规定等 5 个配套补充政策，形成了温州市民办教育综合改革试点"1 +
14"政策体系。即 1 个纲领性文件和 14 项配套实施办法，从民办学校登记
管理、财政扶持、融资政策、队伍建设、产权属性、合理回报、税费优惠、
土地政策、治理结构、办学体制、金融支持办法、最低工资指导线、会计核
算办法、社保补充规定等方面进行制度重建，对原有体制机制实现创新与突
破。2013 年 8 月，在市委市政府的高度重视下，又调整完善出台了"1 +
14"升级版政策。温州市民办教育综合改革试点"1 + 14"政策体系是我国
目前民办教育领域综合性、配套性最完善的制度设计体系，扫除了新时期阻
碍民办教育发展的政策性障碍。

四 民办基础教育"温州模式"的经验

2010 年 12 月，国务院办公厅印发《关于开展国家教育体制改革试点的
通知》，确定了上海市、浙江省、深圳市及吉林华桥外国语学院为国家民办
教育综合改革试点地及单位。

温州确立了系统改革和顶层设计的原则，进行了制度重建。改革政策的
总体思路是：以大力发展民办教育为出发点，以解决实际问题着手，按照分
类管理的办法，清理各种民办教育歧视性政策。从登记管理、财政扶持、融
资政策、队伍建设、产权属性、合理回报、税费优惠、土地政策、治理结
构、办学体制等十个方面进行制度重建，建立了营利性与非营利性民办学校
分别对应的公共政策体系。

温州人的大胆与务实又使其走在了全国民办教育的前列。温州为自己设
定了时间表：力争通过 5 年在教育改革与实践探索方面，不断创新，有所突
破，推动温州民办教育从"改革试验区"成为"改革示范区"，创造民办教
育改革的"温州样本"，为"温州模式"注入新的活力，形成"温州模式"
的新形态。

（一）民办教育"温州模式"的经验

1. 妥善处理多方关系

温州率先迈出"政府为主，全社会办大教育"的步伐，在民营教育方

面取得了一定的成就。作为新生事物，民办教育的发展道路并不平坦，教育界人士也对民营教育的发展褒贬不一。以下从利益相关者（政府、投资者、学生、社会）的角度，来分析民办教育的发展与其相互影响。

（1）地方政府发挥着不可或缺的主导作用。作为民办教育的设计者、管理者，温州市政府提出"保中间、放两头、活全局"的教育发展思路，保中间是指明确要求九年义务教育必须由政府来办，放两头指非义务教育阶段推行公共教育民营化、市场化。教育民营化促成教育资金来源多样化，加快教育事业的发展，减轻了政府沉重的教育负担，集中财力办好义务教育。在公共教育民营化的同时，一些转制的学校如何明确产权、防止国有资产的流失，是政府要解决的首要问题。同时，转变政府职能，要从微观的教学管理活动转为着眼于规范办学与管理的宏观调控，加大监管力度。政府要加强民办教育的地方立法，运用公共资源大力扶持民办教育，创造一个良好的发展环境，合理引导，公平竞争。

（2）投资者的权益得到有效保护。从民营化的角度来讲，作为教育的投资者或举办者是要追求利益的最大化。但是，教育是特殊的产业。新版《民办教育促进法》规定："民办学校的举办者可以自主选择设立非营利性或者营利性民办学校……非营利性民办学校的举办者不得取得办学收益，学校的办学结余全部用于办学。"从中可以看出，教育投资允许有一定的赢利空间，但教育的公益性促使举办者不能单纯追求经济利益的最大化，而是要兼顾社会效益。追求社会效益也是学校长期运营下去的必然选择。遵循教育规律，加大投入，按需办学，创建品牌，注重特色，是民办学校能够持续发展的动力。形成良性循环后，投资者也就能得到更多的合理回报。

（3）学生成为民办教育发展的直接受益者。学生是受教育的主体，也是受益的主体。民办教育的出现，有效地增加了教育供给，使更多的学龄儿童、社会成员获得了受教育的机会。优质资源的整合和扩大，还使更多的学龄儿童、社会成员获得了选择受教育的机会。民办学校多样化的办学风格和教学目标、灵活的课程设置及实效的教学方法，促进了学生个性的发展和素质教育的落实。

（4）社会资源得到充分利用。公共教育的民营化促成教育资金来源的多样化、教育体制的多元化，进而在教育领域内形成竞争机制，提高了教育质量。民办教育的快速发展和有效供给，缓和优质教育资源短缺，满足广大人民群众日益增长的多元化教育需求，提高非义务教育阶段的普及率，进而提高了国民的整体素质。

2. 制度建设走在全国前列

温州民办教育分类管理的"1+14"政策，创下几个率先：

一是率全国之先出台分类管理政策体系，全面进行制度创新和突破，被教育部称作"全面回应民办教育改革的十大难题"。

二是率全国之先进行营利性和非营利性民办学校分类登记，目前登记学校达537所，其中非营利性民办学校有443所，营利性民办学校有94所。2015年12月完成新增700所左右学校的分类登记工作。

三是落实平等待遇，保障民办学校教师与公办教师享受同等的退休费、医疗保险和住房公积金等待遇。目前参加事业单位保险达3255人、医疗保险达3576人。

四是创新融资支持政策，实现全国基础教育阶段首例收费权质押贷款。目前全市共完成36笔民办学校向金融机构贷款，总授信额度达9.36亿元，已经贷款1.21亿元。目前正在探索产权或举办权质押的P2P融资产品。

五是创新产权制度，立足现实国情，明确规定出资财产属于民办学校出资人所有，出资人产（股）权份额可以转让、继承、赠予，但学校后续期间不得抽回资金。同时，建立非营利性民办学校奖励制度，规定企业法人的民办学校可以按企业机制获取利润。

六是创新办学体制，探索了委托管理、PPP模式、公民合作、捐资办学、混合所有制等多种办学模式。永嘉县首次通过PPP模式创办翔宇中学，首次通过混合所有制举办永嘉职业教育集团。

3. 政策落实取得显著实效

通过建立部门联席会议制度、区县政府考绩通报制度、人大执法检查制度、政协视察督办制度等，温州改革试点取得显著成效。

一是政策环境不断优化，民办学校焕发生机。试点以来，政府专项奖补资金和购买服务资金额达 5.85 亿元，是 2010 年的 350%。最低工资制、社保政策的跟进，使民办学校骨干教师流失率大大下降，教师招聘形势良好，部分学校投档与招录比达到 100∶1。招生形势也逐年趋好，不少学校招生报名人数与招生数之比为 10∶1 以上。

二是教育质量大幅提升，满足社会多元需求。引进江苏翔宇、杭州建兰、北京新东方、上海协和、上海新纪元等一批国内知名教育集团，吸引60 多亿元社会资金进入教育领域举办优质高端学校。试点以来引进高级职称教师、特级教师、省名师名校长等 600 人以上，民办幼儿园教师持证率比2012 年提高了近 25 个百分点，2013 年以来全市新增 100 多所学校，学前教育阶段等级幼儿园覆盖率达 83.12%。

三是缓解财政经费压力，增强教育供给能力。民办教育承担了温州基础教育近 1/3 的任务，全市现有民办学校 1524 所、在校生 43 万人，每年至少替两级财政"节省"40 多亿元教育经费。

4. 示范辐射引领地方改革

温州试点项目在组织领导、制度创新、政策成效等方面都发挥了很好的示范作用，国家部委数十次来温州调研，均给予高度肯定。教育部、中民协、省政府多次将有关会议放在温州举行。温州经验被广泛传播，教育部副部长鲁昕同志曾专门给全国各省分管领导写信推荐温州经验，中国民办教育协会连续五次在发展大会上让温州做经验介绍。全国 100 多个地方来温州考察，温州政策被很多地方借鉴。全国各地专家学者、各级新闻媒体对温州改革均给予充分肯定。

（二）民办教育"温州模式"的几点思考

"温州模式"是温州民办教育发展过程中形成的一种范式，它代表着民办教育的一种形态和发展态势，经过多年的探索与改革，"温州模式"的经验已被全国其他地区和众多学者研究学习、参考借鉴，当然它在发展中也出现一些问题，需要寻求有效的解决途径，值得我们深思。

温州民办教育改革尽管在"十二五"期间取得突破性进展，但由于涉及部门多，政策性强，复杂程度高，改革难度大，还存在不少问题：一是民办教育综合改革"1＋14"政策体系涉及税收优惠、法人登记、教师社保等政策，亟须获得国家层面法律政策的支持；二是产权制度是民办教育制度的核心，国家层面的法律如果取消合理回报制度，且无法满足推出办学后出资人对资产处置的诉求，温州的制度会受到影响，民间办学积极性将大受影响；三是温州民办教育改革逐步进入深水区，办学体制机制改革、营利性民办学校监管、融资制度创新等领域，还有很多课题需要深入研究，需要获得教育部、省政府、中民协等更多指导和支持。

"十三五"是国家民办教育改革发展非常重要的时期，特别是2016年，可谓是里程碑意义的一年，因为国家层面修订了民办教育相关法律，国务院酝酿出台了民办教育新政策，以期民办教育改革能在新的五年有所突破。

1. 尊重出资人产权诉求

只有产权制度明晰科学，尊重出资人的合理诉求，社会力量兴办教育者才会有积极性。我们认为，立足社会主义初级阶段的现实，必须尊重出资人希望通过办学获取回报的心理。实施分类管理政策后，对于非营利性民办学校，如果要取消合理回报制度，在取消合理回报制度的同时，应该建立政府奖励制度；在出资资产和增值资产处置方面，要尊重出资人的贡献，健全相应的资产奖励制度。

2. 加快简政放权步伐

郡县治则天下安。中国幅员辽阔，并且发展不均衡，国家法律很难进行统一规定，民办教育也同样。国家法律和政策宜确定民办教育改革的大原则大方向和基本底线，但是保持一定的弹性，具体授权地方政府确定。比如，政府对非营利性民办学校举办者进行奖励的标准，应由地方政府制定更为合理。民办学校的设置标准，也应由地方制定较为符合实际，避免因标准过高导致民间资金无法进入，或标准过低沦为低小散教育资源。

3. 规范和开放要齐头并进

营利性民办学校出现后，要加强适度监管，不允许暴利。民办学校招生、收费、教师招聘等，都要纳入法律框架内进行规范。无证无照民办学校的治理，需要从法律角度明确执法主体、程序、方式等。同时，民办学校的办学自主权要充分。办学自主权是民办学校最优势的机制，办学自主权不充分，民办学校发展就不健康。要借修法或者通过法律解释等方式，对民办学校招生、收费、课程设置等自主权的具体内涵和外延进一步明确，使教育行政部门和民办学校有章可循。

4. 分类管理宜尽早推进

从温州实践来看，这是理顺教育价值、政策障碍、理论纠纷的有效方式，并且对民间资金进入教育领域积极性的提升、民办学校办学质量的提高都非常有效。

"十三五"期间，浙江省、温州市两级政府领导都高度重视民办教育发展。浙江省省长李强同志指出，温州是社会力量办学办医的先行地区，政府要通过市场化手段，让民间力量介入公共服务，积累探索更多经验。温州市委书记陈一新同志要求，要抓住关键环节和重点任务，深化民办教育综合改革，创建国家民办教育综合改革示范区。前不久，温州市召开了联席会议，部署推进示范区建设各项任务，审议通过《温州民办教育改革与发展规划（2015～2020 年）》。未来五年，温州将继续开拓创新，深化改革，续写民办教育的"温州模式"。

民办教育综合改革是一个知易行难的系统工程，所以国家才投入如此多的智力和精力去研究和破解。但是，只有行动才会有收获，温州愿以自己作为一个案例、一个切片，供大家参考、借鉴和评点。国家层面改革新政呼之欲出，使我们在民办教育改革的路上增添了信心、坚定了信念。我们将继续不断总结，不断突破，继续探索民办教育改革创新之策，推进民办教育事业的科学发展。

附：

《中共温州市委、温州市人民政府关于深入实施国家民办教育综合改革试点加快教育改革与发展的若干意见》"1＋14"文件目录

1. 《关于民办学校分类登记管理的实施办法》（试行）

2. 《关于进一步加强民办学校教师队伍建设的实施办法》（试行）

3. 《关于完善民办教育社会保障制度的实施办法》（试行）

4. 《关于公共财政补助民办教育的实施办法》（试行）

5. 《关于非营利性民办学校财务管理的实施办法》（试行）

6. 《关于明确非营利性民办学校法人财产权的实施办法》（试行）

7. 《关于落实民办学校优惠政策的实施办法》（试行）

8. 《关于加强民办学校现代学校制度建设的实施办法》（试行）

9. 《关于民办学校办学水平评估的实施办法》（试行）

10. 《非营利性民办学校会计核算办法》（试行）

11. 《关于县（市）民办学校教师在市本级临时性参加社会保险的暂行规定》

12. 《关于落实民办学校金融支持和优惠政策的实施办法》（试行）

13. 《关于民办非企业法人学校改制为企业法人学校的办法》（试行）

14. 《关于进一步加强民办学校党建工作的若干意见》

第十一章
当代中国民办学校倒闭个案追思

民办教育是市场经济的产物，在激烈的市场竞争中，必然要遵循优胜劣汰的市场法则，经营不好，倒闭则是必然的。经过 30 多年的市场淘汰，第一批民办学校已经有一大部分不存在了，或转制或关闭。从教育部发布的《全国教育事业发展数据统计公报》得知，2007 年全国民办小学比 2006 年减少 363 所，民办初中减少 68 所，民办高中减少 145 所，此后每年都有减少，民办高中减少特别多，直到 2013 年民办中小学才逐渐有所增加。

第一节　民办学校倒闭的宏观背景

纵观民办教育的发展历程，不难发现，民办学校倒闭与国家民办教育政策的变化、与国家经济环境的变化、与民办教育生态环境的变化紧密相关，更重要的是与民办学校自身能力的因素，特别是内部管理的关系极大。

一　国家政策变化对民办学校的影响

先看国家有关政策的变化给民办教育发展带来的影响。取消高等学历文凭考试，部分民办院校因未能及时调整或转型而陷入困境，不得不关停并转。

1993 年，国家教委率先在北京中华社会大学等 15 所民办高校中的 15

个专业，进行高等教育学历文凭考试试点；1996 年国家教委颁布了《关于进一步做好高等教育学历文凭考试试点工作的意见》《高等教育学历文凭考试试点工作（考试部分）实施意见》和《关于同意吉林、福建、陕西、四川、广东五省进行高等教育学历文凭考试试点的批复》，高等教育学历文凭考试试点逐步扩大。然而 2003 年《国务院关于取消第二批行政审批项目和改变一批行政审批项目管理方式的规定》要求"取消对实施高等教育学历文凭考试试点省份的资格审批"；2004 年《国务院关于第三批取消和调整行政审批项目的决定》又要求"取消省级对实施高等教育学历文凭考试试点学校的资格审批"。

教育部于 2004 年 7 月 2 日通知，"结束高等教育学历文凭考试试点工作，取消高等教育学历文凭考试"。通知还说，"教育部在通知发布后将不再对学历文凭考试试点省份进行资格审批，已具有文凭考试试点资格的省级教育行政部门，一律不再对文凭考试试点机构进行资格审批，并切实做好各项善后工作"。鼎盛时期，仅北京的自考非学历教育的民办高校一度有 120 余所，停招自考生后依然在办的不足 50 所；2008 年，全国民办非学历高等教育机构共有 866 所，比 2003 年减少了 238 所；民办教育网和全国民办高教委 2001 年发布的一份总数为 1134 家的全国民办教育机构名单的跟踪调查表明，已有超过半数的学校停办或无法查询，超过一成的学校被其他教育机构兼并，正常运行的学校不足总数的四成。"两免一补"（对义务教育阶段家庭经济困难学生免费提供教科书、免杂费和补助寄宿生生活费）政策施行后，那些农村"乡镇"民办学校就不断萎缩；2008 年 9 月 1 日，全国实现城乡义务教育全部免除学杂费以来，大量民办学校学生回流公办学校，"乡镇"民办中小学校又经历了生死一劫。

二 国家经济环境对民办学校的影响

再看国家经济环境的变化给民办教育发展带来的影响。利用教育储备金（简称储备金）筹资办学，当时被认为是一种创举，通过这种方式，确实使许多民办学校在短期内得以建立并迅速发展。

1993 年，我国经济过热，通货膨胀率较高，不少金融机构高息揽储，保值储蓄的年利率甚至超过 20%，在这种利好的经济环境下，广东英豪学校率先利用储备金筹资办学。所谓储备金，就是学生入学时一次性向学校缴纳一笔大额资金（各地各时期数额在 2 万~30 万元不等），学校承诺学生在校期间无须再缴纳其他费用，学生毕业或离校一定时间（半年或一年不等）后学校全额（无息）退还储备金本金，学校通过储备金的利息或进行资金运作获利来维持学校的运转和发展。

1994 年 6 月 13 日，广东省教育厅颁发的《广东省教育收费管理规定》中肯定了储备金的收费项目，明确支持利用储备金筹资办学。到 1999 年，广东全省共有 47 家储备金模式的民办学校，收取储备金总额达 100 多亿元；全国达近千家，储备金总额达 1000 亿元之多。一时间，被媒体称为"贵族学校"的储备金模式民办学校成了舆论喧嚣的热点，于是引起了中央高层的关注。国务院分管教育的李岚清副总理严肃指出："教育事业历来都不能以营利为目的，对那些以教育为名牟取高利尤不能容忍，请各地区、各部门注意，并对此进行清理、妥善处理。"国家教委办公厅于 1994 年 11 月以教财厅〔1994〕10 号文下发《关于民办学校向社会筹集资金的通知》指出，"目前对于申请举办收取高额储备金的学校，暂不审批"。并且规定，"学校不得以营利为目的，也不得通过办学为企业或其他部门集资或变相集资"，"民办学校依法收取的教育费用和筹集的资金应当全部用于学校的建设和发展，对尚未投入学校建设的资金应专项设立教育基金"。但政府的控制并没有限制住储备金模式学校的发展，各地教育主管部门也是睁一只眼闭一只眼。

1996 年底国家开始宏观调控，加之 1998 年东南亚金融危机的影响，为了刺激内需央行连续 6 次降息，鼓励消费；因而储备金的负担逐渐变成了套在学校脖子上的绞索。多数学校并没有将储备金存放于银行，而是用于学校的基础设施建设，或者用于其他投资，致使学校资金周转发生困难，广东就有 10 多所高收费民办学校因"储备金危机"相继倒闭。

由于问题的存在，2000 年 2 月，广东省人民政府办公厅转发省教育厅

《关于解决我省民办学校教育储备金问题的意见》的通知，要求"民办学校一律不得以吸引教育储备金的方式办学，以前已收取教育储备金的学校，应加大清退力度，或转为收取学生的学杂费"。文件的下达，等于割断了学校用新生储备金支付老生储备金的资金渠道，大批学校遇到了空前的资金困难；然而学校与家长的储备金协议行为对双方都有利，多年一直都在运行。

2004 年 4 月 1 日，《中华人民共和国民办教育促进法实施条例》正式落地实施，各地陆续颁布了类似的规定，明令禁止向学生、家长筹集资金举办学校规定出台，储备金模式学校面临更大的经济压力。著名的南洋教育集团、江苏徐州金山桥集团、山东临沂双月园集团等都是借助于储备金起步而兴盛，后来也是因为偿还储备金困难而倒闭，广东储备金模式学校最终幸存下来的也只有 10 多所了。

三 民办教育生态环境变化的影响

再看民办教育生态环境的变化给民办教育发展带来的变数。民办二级学院最早产生于浙江，之后，江苏、湖南、辽宁、上海等地的高校相继开办。2000 年以来，各地纷纷效仿，广东省教育厅也于 2001 年 5 月正式下达《关于普通高等学校与社会力量合作举办二级学院的暂行规定（试行）》。借鉴二级学院的运行模式，中小学公立名校出品牌就与房地产商合作在居民小区建立学校，各地兴起了"名校办民校"热潮；由于他们有较稳定的资金后盾及强势的教育品牌，无疑给投资者举办的民办学校带来了巨大冲击。

2002 年，广东省教育厅正式发文，鼓励重点学校开办民办学校，运用名校的无形资产筹措资金，用非财政投入，可按社会力量办学的标准收费。2004 年 4 月 1 日起施行的《中华人民共和国民办教育促进法实施条例》肯定了"名校办民校"及二级学院的办学实践。尽管政策规定，"公办学校参与举办民办学校，不得利用国家财政性经费，不得影响公办学校正常的教育教学活动"；"公办学校参与举办的民办学校应当具有独立的法人资格，具有与公办学校相分离的校园和基本教育教学设施，实行独立的财务会计制度，独立招生，独立颁发学业证书"。然而由于政府在起主导作用，相关政策不仅鼓励甚至还向这类学校倾斜，例如鼓励公办重点学校招收择校生，公办学校利用自己先天的优势抢录尖子生，造成了生源的失衡发展，使优质教育资源的分布更不合理；有的教育行政部门对政策和法律明令禁止的"校中校"、民校与名校不分的现象听之任之。这些现象的产生，不仅流失了国有教育资源，加重了学生家长的经济负担，滋生了腐败，而且还恶化了投资者办学的生存环境，一些民办学校因为生源萎缩不得不停办。

据媒体披露，截至 2004 年底，河南省民办学校倒闭了一大批：商丘南开附中于 2003 年 8 月倒闭；洛阳凯通外国语学校于 2003 年 2 月倒闭；洛阳育良中学于 2001 年倒闭；倒闭的学校还有洛阳三明中学、焦作市新世纪学校、开封盖亚学校等；洛阳市光华学校，学生数最多时约有 2600 名，后来只有 300 多名学生；郑州市亿龙学校、先锋学校、绿荫学校、国栋学校等高峰时学生数都在 1000 名以上，后来只有 200～300 名，根本不够维系学校的正常运行。山东也是如此：济南致远学校于 2004 年春倒闭；齐鲁私立学校于 2003 年秋被"济南市铁路第一中学"兼并；建于 1999 年的聊城市文轩学校被聊城一中收购；1993 年开办的潍坊英才学府在 2001 秋开学时仅有 100 多名学生，只好卖掉；2001 年开办的孔阜中英文学校 2003 年秋学生不足 40 人；2003 年建成的泰山国际学校一片冷清，设计 3000 人的办学规模，招生不到 300 人。从《全国教育事业发展数据统计公报》的对比中可以发现，《中华人民共和国民办教育促进法实施条例》施行后，民办中、小学校萎缩现象非常严重。据 2009 年 1 月中新网报道，当时全国有各级各类民办学校 6.12 万所、在校学生 1115.97 万人。短短 4 年中，民办学校减少了 1.88 万所，学生规模缩减了 653 万人①。

---

① 李剑平：《民办学校萎缩：中国民办教育遭遇前所未有的考验》，《中国青年报》2009 年 5 月 18 日。

四　民办学校内部管理自身能力的影响

20 世纪 90 年代中后期，大批民办学校在"积极鼓励""大力支持"的政策环境中应运而生，"民办""私立"学校遍地开花，由于审批把关不严、管理滞后以致出现参差不齐的混乱局面。这时，国家教委颁布的一系列有关民办教育的政策规章，大都属于事后监督；在相关文件出台时，民办办学已经出现了这样那样的问题，有的非理性地"投机办学"，有的利用办学坑蒙拐骗。由于政府对民办教育的管理缺乏经验和认识，红灯少了，不规范的现象时有发生，学校自生自灭的倒闭现象在所难免。我们根据学校地域分布、社会影响和倒闭原因等方面的代表性，筛选了 23 家高收费民办中、小学和培训机构的倒闭个案，试图通过其倒闭过程的介绍，分析其倒闭原因，反思其办学教训。倒闭的民办中、小学和培训机构，影响最大、数量最多的是储备金模式学校，我们将其作为一个专题放在第二部分；第三、四两部分则从学校倒闭原因方面归类（每一所倒闭学校都是多方面因素造成的，我们只按主要因素归类解读）。

第二节　储备金模式民办学校倒闭个案

对于储备金模式学校来说，如果宏观经济环境好、融资环境好，回笼的现金流大，可以用新收的储备金偿还该退的储备金；如果举办者经济实力雄厚，随时都有足够的资金可以退还家长的储备金；如果学校生源稳定，学校经费来源稳定，学校发展就可能进入良性循环。然而，事实并非如此。其一，我国银行利率已经下调到非常低的水平；其二，学校利用教育储备金进行商业投资难免有风险，甚至难逃"挪用教育资金"之罪名；其三，高标准建校需要大量资金，学校不可能还有大量的现金储备；其四，由于储备金数额较大，招生对象有限，招生数下降在所难免；加之政府缺乏对储备金的有效监管，又没有任何制度约束，这就注定了储备金模式学校潜在巨大的财务隐患，学校的办学危机随时都可能爆发。储备金模式学校就有一批因资金链断裂而倒闭。

一 案例一：举办人因挪用资金而获刑

1994 年，广东省珠海华夏学校成立，学校向每位学生收取 19 万 ~ 25 万元的储备金。1995 年 11 月至 1997 年 12 月，学校举办人戴某某从储备金中提取 3162 万元与其他单位共同成立武汉民意百货实业有限公司；1997 年 3 月至 1999 年 12 月，戴某某又抽出 1880 万元储备金与其他单位共建华夏阳江学校；1998 年 1 月至 1999 年 5 月，他再次提取 1422 万元与人合资成立珠海玉雅园房地产发展有限公司。戴某某的投资失败，导致 6464 万多元的储备金血本无归，华夏学校终于难以支撑，于 2000 年关闭，学生家长却讨不回预交的储备金。2000 年 9 月 21 日，出逃在外的戴某某被公安机关抓获。2002 年 6 月 21 日，珠海市香洲区法院以挪用资金罪等罪名，判处戴某某有期徒刑 11 年（戴某某因另有两项犯罪行为被判有期徒刑 3 年，罚款 400 万元）[①]。

民办学校从融资方式到资金经营，与银行和教育部门的许多规定并不一致。储备金的收费模式很容易被扣上乱集资的罪名；用储备金从事经营活动，也容易被当成挪用教育经费处理。珠海华夏学校董事长是广东发生的十几起民办学校因资金困难倒闭的事件中，首个被追究刑事责任的负责人。

二 案例二：办学者因非法集资而被追责

从 1993 年起，一个姓何的转业军人用储备金方式先后办起了 10 余所"私立光华学校"。2003 年上半年，办了 8 年的位于江夏区的私立武汉光华学校，以 9600 万元出售给某教育学院；随后，学校整体迁建至蔡甸区玉贤镇，2004 年 9 月投入使用。2005 年 10 月，因拖欠老师工资、拖欠建筑商工程款，最终被告上法庭。法院审理，武汉光华学校各类纠纷达 197 件，涉诉当事人近 4000 人，涉案标的额达 7300 万元。执行法官迅速查封、冻结学校

---

① 《挪用储备金 6464 万 贵族学校董事长入狱 11 年》，http：//edu. 163. com/edu_ 2001/edit/020625/020625_ 75040. html。

相关财产，行程 3000 余公里赴江苏、上海、湖南、广东等地，最后在广州花都第一看守所找到了何先生，查清财物关系，送达法律文书。[①]

私立福州光华学校已于 1997 年 9 月关闭，1000 多名学生缴纳的近 6000 万元"教育储备金"却退不回来。1995 年 11 月，福州市教委外调小组到北京、洛阳、广州花都查证，发现私立福州光华学校不入账汇往其他光华学校的款项共 829 万元，何本人已在广州花都光华学校报销的小汽车发票和在洛阳光华外语学校报销的推土机发票，又在福州光华学校报销，且小汽车多报 1 万元，推土机多报 10.69 万元。[②]

何先生自身管理的缺位和无休止的扩张办学，造成了全国各地私立光华学校与上海光华教育投资管理有限公司的财务混淆不清，埋下了日后诉讼缠身的隐患；何先生亦因涉嫌非法集资、拒不履行法院生效判决，而被多家司法部门追究法律责任。

三 案例三：南洋集团因资金链断裂而崩盘

南洋教育集团以"集团投资，连锁办学，专家治校，滚动发展"的策略，从 1993 年起，依靠储备金方式，获得了惊人的扩张。高峰时，拥有 12 所 15 年一贯制的大规模、高档次学校，在校师生达 2 万余名，成为中国民办教育的第一品牌。其储备金从起初山西南洋的 12 万元，涨价到 2004 年济南南洋的 32 万元。

2004 年 10 月，在即将到来的"储备金"归还高峰前，董事长任先生将南洋教育集团转让给佳木斯金帝造纸有限公司董事长帅某某，自己举家移民新西兰。帅某某上任后并未按承诺向南洋注入资金，而将下属八校收取的新学年学费和储备金全部上缴集团，仅昆明南洋前后就被调走 1500 万元，此后学校的办学经费却一直没有足额下发；10 月底，集团又将各校的年度预算下调了 30%，致使旗下学校陷入财务危机。

---

① 吴汉：《民办学校为何频频消失？光华倒闭的背后》，http://www.360doc.com/content/10/0203/10/34294_14989697.shtml。

② 《光华学校——私立学校中的骗子》，http://bbs.tianya.cn/post-140-557932-1.shtml。

2005 年秋，青岛南洋学校因无法偿还到期储备金爆发危机，从而引发全国南洋学校的挤兑。山西太原、大同，山东青岛、济南，辽宁大连等地的南洋学校相继发生成群学生家长讨要储备金事件；山西、山东、辽宁等省的公安部门迅速以涉嫌诈骗罪分别立案调查。年底，济南、青岛南洋学校停办，大同、洛阳等校由各地政府接管，董事长帅某某以涉嫌集资诈骗罪被定为 A 级通缉犯并被抓捕。

2006 年 5 月，济南南洋学校的两任校长和一任财务主管被押上法庭，被控犯有 "非法吸收公共存款罪"。2006 年 1 月 10 日，苦撑了几个月的洛阳南洋学校被迫关闭；1 月 18 日，山西南洋学校停办。为了维持正常的教学秩序，太原市教育局在山西南洋学校原址挂上了 "太原市第三实验中学" 的校牌。教育局声明，只是 "借用" 南洋学校的校舍办学，南洋学校的学生和老师一概留校，而学校的一切运行费用，目前都由教育局承担。

南洋集团办学的财务核算是以整个集团为单位，使每个分校都成为捆绑在集团船体上的风险共同体，于是一个分校出现问题，马上会波及其他分校的正常运行。由于财务核算体制的集权化管理，加之异地教育主管机构监控的缺位，便为经营者随意抽逃资金创造了便利空间；帅某某被抓，实属罪有应得。尽管南洋的经营失败，但就其资产及负债状况而言，总体上是资产大于负债；如果严格按照市场化运作，全盘清算，各地学生家长所交储备金不仅能够偿还，还会有不少盈余。南洋教育集团连锁学校多米诺骨牌式的坍塌，对民办教育的发展造成了极大的冲击波，其社会影响犹如一场地震①。

四 案例四：金山桥学校因经营不善而坍塌

创办于 1995 年的金山桥教育集团，以 "创办国际一流学校，造就未来世界主人" 为办学目标，开办了 11 所分校、4 个幼儿园，师生员工共 1 万余人；2000 年被江苏省教委授予社会力量办学先进单位。2005 年 9 月，连

---

① 朱雨晨：《中国最大民办教育集团——南洋教育集团崩溃始末》，http：//blog. sina. com. cn/ s/blog_ 5e44eedd01014fc8. html。

云港金山桥学校由于管理不善，出现家长集中兑付储备金现象，家长和学校的冲突骤然升级，学校单方面停止办学。连云港市中级人民法院审理查明，2004 年 8 月 26 日、9 月 2 日，学校通过银行分别向金山桥集团转款 60 万元和 100 万元，此前，集团还从连云港金山桥学校抽走了 310 万元。2005 年 10 月，徐州市金山桥寄宿学校已无力支付正常运转所需的各项费用，教师工资长期拖欠、优秀教师外流、学生大量转学，出现了停水、停电、食堂无钱开伙的情况，集团对此束手无策，引起师生的强烈不满，10 月 15 日，学校教职员工集体上访到徐州市委、市政府，造成恶劣的社会影响。市金山桥寄宿学校、市金山桥外语培训学院、市金山桥艺术学校由于无法进行正常的教育教学活动，而被市教育局于 2006 年 7 月 4 日吊销办学许可证、终止办学[1]。

金山桥教育集团在恶性膨胀过程中，缺乏科学的运行机制，缺少有效的管理和监控。明显的是，集团对安徽阜阳金山桥学校的管理就完全失效：当集团获知承包人经营不善，且不按约定办事，本应及时终止承包合同，这是集团可控的，然而集团依然听任卷款事件的发生；商丘金山桥学校的前身本是一所被教育储备金困死的学校，集团居然以承担由此形成的债务为条件来合作办学，这个决策本身就很荒唐，后来学校易主承包出现问题，政府公权介入，集团更是无可奈何。[2]

五　案例五：家长集中挤兑，学校被迫关闭

山东临沂双月园学校创办于 1997 年，到 2001 年有学生 4800 多人。2004 年以前，学生随走储备金可以随退，没有拖欠。然而集团尚有 6 亿元左右的土地储备集中于北京和青岛，由于所处城市规划等原因无法开发而套现，导致集团资金断流。从 2005 年起，共拖欠 1500 名学生家长储备金 1.78 亿元；2004 年中考前 100 名学生中就流失六七十人，此后学校招收的学生

---

[1] 范利祥：《河南商丘金山桥学校风波调查》，http：//learning. sohu. com/20040812/n221496535. shtml。

[2] 《金山桥，沉痛的回忆》，http：//blog. 163. com/lichongwh @ 126/blog/static/562982492007 11152356686/。

不足百人，学校难以维持。2005 年，罗庄区"现代实验学校"的办学者，因不能退还家长教育储备金而入狱，导致家长恐慌，双月园学校便出现了家长集中挤兑储备金现象。2006 年 7 月 11 日，临沂市罗庄区政府下发通告，"鉴于双月园学校所欠的储备金金额较大，且集团效益较差，生源不足，学校收费不够办学成本，难以继续办学，经临沂市有关部门与双月园集团多次协商，达成意向：由临沂市政府整合出售市区内 5 所公办职业中专的土地校产资源，所筹资金收购双月园学校，组建临沂职业技术学院"。通告强调，"双月园学校转让的资金足够保证偿还家长的教育储备金"。政府成立了资金监管小组，负责监督双月园学校转让金的流向，设立专门账户，确保监管到位；学生学籍问题由省、市、区三级教育主管部门协商、妥善地解决了①。

双月园之败，败就败在挪用储备金搞土地开发而套现。罗庄区政府在处置家长集中挤兑储备金的事件中，决策果断、措施得力，及时帮助学校举办人化解了引起社会震荡的挤兑危机。否则，学校举办人将会因挪用教育资金而获刑。

临沂市罗庄区，停办的民办学校还有以教育储备金起家的美澳学校和现代实验学校，在校学生都在千人以上，前者 2006 年 7 月停办，后者在 2005 年就已关闭②。

六　案例六：办学资金断流，校方宣布停课

湖南冠亚实验学校是 1994 年经长沙市教委批准成立的民办学校，1998 年归口省教育厅管理。建校过程中，该校在银行贷款 3000 多万元，收取的储备金 4100 多万元。开办之初有教职员工 200 多人、学生 1500

---

① 《民校"航母"再崩盘——临沂双月园学校败走"教育储备金"》，http：//news. sina. com. cn/c/edu/2006 - 08 - 03/10439647356s. shtml。
② 江北最大民校集中地——临沂投资上亿元各大名校纷纷破产》，http：//bbs. tianya. cn/post - develop - 97107 - 1. shtml。《临沂市私立学校发展前景令人担忧》，http：//blog. sina. com. cn/liuchangqi777。

人，学校在英语、美术、足球、计算机、出国留学等方面有一定特色。2000 年 9 月，因学校教育质量达不到家长要求等因素的影响，学生数呈现负增长，新学期各项收入仅 400 多万元，须退还的储备金达 600 多万元，每月日常开支还需 60 多万元；某银行又将所收学杂费抽走还贷，仅留下 40 余万元，让学校无法维持。因到期的储备金无法退还，每天来学校讨债的家长络绎不绝，一些家长还采取过激行为；在这种危境中，老师连续三个月未发工资。2001 年 1 月 15 日，在多方协调下，另有投资人介入，学校似乎有了新的希望，两个月后的 4 月 12 日学校校长突然出走，新投资方则宣布，学校因无力按期退还家长储备金、日常开支无法保证，学校只好全面停课①。

学校倒闭后，政府及时介入，600 多名学生得到了安置，学校财产得到了保全。依当时的《社会力量办学管理条例》，民办学校只能是解散，而解散过程中债务问题的处理却遭遇了法律上的空白，湖南省委政法委组织相关部门经过调查后，建议法院作为民事案件受理"冠亚"学校相关案件。2002 年 6 月，长沙县人民法院成立了专案组，先后审结系列案件 787 宗，涉案标的额近 9000 万元（未含利息）。法律文书生效后，法院委托了拍卖公司，在第三次拍卖会上，长沙师范以 6300 万元的价格整体拍得冠亚学校资产；在法院督促下，2003 年 11 月，冠亚学校所有债权人的债务及时得到了兑付②。

冠亚学校在创办过程中形成了大量债务，举办人又将部分储备金用于其他投资，因经营不善无利可图；加之学生人数不断减少，收入减少，学校入不敷出；收取的储备金不能如期退还，家长感到风险太大于是集中挤兑，从而导致学校倒闭。

---

① 黄斌：《新星的陨落——湖南冠亚实验学校倒闭的再思考》，《教师之友》2003 年第 5 期，第 64～65 页。
② 《一所学校为何惹出 800 个案子——"冠亚"事件拷问民办教育立法空白》，http：//www.docin.com/p‐394487953.html。

七 案例七：学校资不抵债，开创清算先例

1993 年 3 月，占地 120 余亩的重庆华桦实验学校诞生。学校凭借其优美的校园环境和以艺术为特长的教育，吸引了重庆和邻近地区学生就读，家长们为此须缴纳 10 万 ~ 20 万元的储备金。高峰时学生数超过 6000 人，2000 年后，该校只有 600 多人。办学之初，学校欲从软件和硬件上与公办学校比拼：软件上比升学率，虽然高薪聘请了不少老师，仍不是日益强大的公办学校的对手，还落得个"教学质量不高"的名声。比硬件则需要经费，建校过程中，先后投入 7000 余万元，因而出现了资金链的断裂，学校无法退还家长 3000 万元的储备金，教师工资连续数月不能兑现。一些家长日夜守在学校要求退还血汗钱，有的甚至采取了过激行为[①]。

2003 年 4 月，重庆市相关部门决定华桦实验学校终止办学并进行清算；清算过程中，发现该校已资不抵债，应由人民法院组织清算。2004 年 1 月 18 日，重庆市一中院依照《中华人民共和国民办教育促进法》受理并立案，当年 3 月 9 日裁定宣告华桦学校清算还债。但清算程序的适用、清算启动的主体、清算组的组成等问题均无相关法律规定，给法院审理带来了适法障碍。重庆一中院在充分研讨的基础上，参照《破产法》中企业法人清算破产的相关程序启动了该案的清算工作。学校资产评估值为 3031 万元，大部分债权人为个人，其债权是否实现直接涉及个人及其家庭的基本生存，于是清算组联系拍卖机构，启动了学校资产的拍卖工作，最终由渝中区求精中学参与竞拍。政府从区级教育资金中拿出 3000 万元拍得华桦实验学校近 100 亩的土地、33 幢房屋以及办公设备等，交由求精中学办分校，债权人的债务得到了偿还[②]。

坚持依法清算，是民办学校有序退出市场的程序保障，也是民办教育事业可持续发展的前提。关于组织民办学校的清算问题虽在《中华人民共和国民办教育促进法》第五十八条中有规定，但对于破产清算的申请主体及

---

① 《重庆："贵族学校"的没落……》，http：//news. sina. com. cn/c/2003 - 11 - 11/09141095744s. shtml。

② 张力：《华桦学校停办咋付个人欠债》，《重庆时报》2005 年 12 月 15 日。

清算程序等问题并未进一步明确。重庆市一中院根据《中华人民共和国民办教育促进法》,参照《破产法》中企业法人清算破产的相关程序启动了华桦实验学校的清算工作,妥善地推进了清算案件的审理,在法律空白的情况下对包括民办教育机构在内的事业法人清算的法律程序进行了有益探索,开创了民办学校破产清算之先例。

重庆市教委在对包括华桦实验学校在内的收取学生储备金的其他学校,如启蒙学校、方倩学校、开明学校等终止办学、资产重组、债务清偿等方面进行处置,逐步解决了储备金带来的遗留问题。重庆地区内,与华桦实验学校同期创办的 20 多所民办学校,接连几乎全部倒闭①。

八 案例八:老板获罪羁押,学校破产清算

深圳市华茂园(含华茂实验学校、广东香港人子弟学校、深圳台商子弟学校)开办于 1996 年,该校是广东省首届十佳民办学校、省教育厅推荐国家教委表彰公示通过的民办学校、深圳市和宝安区人民政府多次表彰的先进单位。由于举办人资金链断裂,加之 2004 年暑期招生所收的学费全部被银行调走,致使教师 8~10 月的工资迟迟不能发放,媒体进行了曝光。是年 12 月 29 日公安机关将身为深圳市政协常委的学校董事长王先生拘禁起来,随即查抄学校账户,发现有近 8000 万元被卷入其公司账户(实际上公司投入学校的资金远大于这个数字),另有 378 万元汇入私人账户(是当时银行贷款需要支付给存款人的利率差),便由市检察院以王挪用教育资金罪和商业行贿罪提起公诉,市中院经过 2 次开庭审理,判处王有期徒刑 6 年,王不服,上诉至省高院,省高院发回重审;市中院最终以商业行贿罪判王 3 年有期徒刑(这时王已被关押 3 年),2007 年 12 月 29 日将王放出。

王被拘押期间,政府派工作组进驻华茂园,清理学校债务,垫资维持学校运作,市区领导多次到校稳定师生员工并承诺"政府保证华茂学校不会

---

① 刘建银:《重庆民办教育地方立法的比较与思考》,《重庆师范大学学报》(哲学社会科学版)2008 年第 2 期,第 111~117 页。

倒"。在学校重组流产的情况下，2006 年 6 月 28 日，宝安区教育局向华茂教职员工宣布"深圳市华茂实验学校、广东香港人子弟学校、深圳台商子弟学校终因资不低债，宣布终止办学"。此间，2005 年高考，学校还涌现过 1 名广东省物理单科状元和总分状元；获得了一批教育行政部门认可的有关竞赛和评比奖项；到政府宣布终止办学前，学校仍有学生 2200 多人。①

政府对于华茂园的处置预案就是破产清算。2005 年 8 月 1 日，深圳市宝安区教育局以债权人身份向深圳市中级人民法院递交了清算申请书。深圳市中级人民法院受理时，当时的法律对于法院适用何种程序组织清算没有具体规定；深圳中院向广东省高级人民法院提交了请示，省高院于 2005 年 8 月 24 日向最高人民法院提交了华茂学校终止清算的请示，最高人民法院于 2006 年 4 月 20 日答复说："人民法院根据《民办教育促进法》第五十八条的规定，对因资不抵债无法继续办学而被终止的民办学校组织清算时，如果该民办学校不属于企业法人，则可以参照民事诉讼法中的破产还债程序进行清算。其债务清偿顺序应当适用民办教育促进法第五十九条规定。"其后，深圳市中级人民法院根据此答复意见，审理了华茂学校的破产清算案②。

王先生没有组建一个精明的决策班子，没有一个优秀的管理团队，而是自己拍脑袋个人说了算。长期以来，学校财务管理混乱，致使资金链断裂，这是导致学校危机的根本原因。然而王被"商业行贿罪"羁押了整 3 年，造成学校的自救和重组均无希望，一所在政府工作组驻校正常运转了 2 年的优质民办学校，最终破产清算，王的教育梦随之破灭。

第三节　民办学校自身原因倒闭个案

可以说，"私立""民办"学校的败落是自己淘汰自己，原因有四。一是在中小学教育需求量有限的情况下盲目发展；二是生源结构单一，校方往

---

① 余拱焰：《广东高收费民办校今若何》，《中国民办教育》2016 年第 1 期，第 41 页。
② 陈英、李学辉：《广东省深圳市华茂实验学校等申请破产清算案——民办学校终止清算的法律适用》，http：//www.pkulaw.cn/case_ es/PFnl_ 1970324838736339.html。

往不敢在管理和教学质量方面严格要求，培养出的学生很难被社会所认可；三是投资者不量力而行，投资过度，把大量资金套牢在基础设施上；四是举办者素质偏低，自己不懂教育，却集学校经营管理大权于一身，瞎指挥、乱办学，这样的学校必然衰败。

一 案例九：家族经营造成学校倒闭

"宏昌"作为山西民办教育的一个品牌，呈现过后来居上的势头。短短几年，宏昌学校开办了18所分校，一时间令同行难以望其项背。遗憾的是，"家族思想"主导了举办人马某某的头脑，其弟和女儿先后入主宏昌，成为"宏昌马家军"的核心成员，学校的财务、后勤等要害部门均由马家"自己人"把持，重金聘来的校长只是凭借其不凡的资历为学校装潢门面，并无多少实权。如此模式，有效地保证了"马氏家族"利益的最大化，在一定时期内运作得顺风顺水。阳泉宏昌学校数千万元的储备金发生偿还危机后，阳泉市有关部门对该校进行了财务审计，结果令人震惊：这些资金被全部调出了阳泉，流向了至今不为人知的神秘领域。移居加拿大的马某某之弟于2003年前后接管了宏昌学校，成为长治等分校的新一代法人代表。长治市有关部门在懊恼之余，随之发表声明，承认批准宏昌更换法人代表存在失误，宣布更换无效。但为时已晚，宏昌突然"不玩了"，200多名学生一夜之间失去了课堂，被紧急疏散到各公办学校。2005年2月5日，阳泉学校突然提出停办，要求改制，并将法人代表更换为马某某的弟弟，阳泉市教育主管部门批示，"阳泉宏昌学校在未还清所有学生储备金之前不得更换法人代表"。面对残局，曾经一味躲避、不愿正视的马某某，终于遭遇了"滑铁卢"。为了维护家长的利益，公安机关不得不抓他归案。①

家族式管理办学，不乏其例。此种管理模式在学校的整体决策、发展思路上一般都不科学，在财务运行、资金调度上一般都不规范，难免会出问题；一出问题就是大问题。行政主管部门应该严格把关才是。

---

① 郭风情：《"宏昌王朝"没落之路：千万教育基金被挪用幕后》，《山西晚报》2005年6月24日。

二 案例十：管理混乱引发办学危机

安徽文达集团（简称文达）一度被誉为民办教育的标杆。20 世纪 90 年代起，文达以电脑培训起家，1995 年办起了职业教育，后来规模越做越大，创办了安徽文达信息工程学院、安徽文达电脑专修学院、安徽蓝天国际飞行学院，以及湖北、江苏、浙江、河南、辽宁、福建等近 30 家电脑教育和就业安置机构。此外，文达还把业务扩展到电脑销售、动漫游戏、生态园林和金融服务等领域。然而，2014 年 10 月以来，文达信息工程学院拖欠教师工资且未及时缴纳公积金，甚至因拖欠水电费被地方要求停水停电。随后安徽省有关部门派驻工作组协调解决相关问题，补发了拖欠的教师工资；然而不久之后，文达集团再次陷入困境：旗下的安徽蓝天国际飞行学院无法开展正常教学；有 1 万余名学生、500 多名教师的全日制本科高校——安徽文达信息工程学院也面临困境；集团在合肥市内从事中小学同步辅导的爱森司培训学校陆续倒闭，遭到不少学生家长的投诉。董事长谢某某证实，由于经营不善，培训学校已亏损近 3000 万元，为了回笼资金，关停无法避免。进驻文达集团的专家团队经过盘点，发现文达的债务接近 26 亿元，牵涉 1000 多名员工、近 500 个债权人、多家金融机构等。而且，文达还面临 100 多起诉讼，其有价值的资产、股权、账户均被依法查封，资产面临被分解的风险。

导致文达集团办学危机的主要原因：一是盲目扩张。不计成本的一味"超前"，给集团的发展布下了"地雷"。二是财务管理混乱。借学校平台违规融资，无论是银行贷款还是民间借款，都以旗下企业相互担保，集团还向内部员工进行过集资，甚至学校负责人一个电话就可把上亿元的学费划走挪作他用。三是内部管理无序，制度形同虚设。管理层特别是核心层都是集团负责人的家人亲友，教育主管部门的督学难以介入学校的监督；集团注册的是非法人教育集团，但其下属各企业却均注册为独立法人；学院的土地、房屋同时落在文达学院和文达电子有限公司名下，"一物两证"。

类似文达的风险在全国其他民办院校也出现了苗头。据报道，2013 年

11 月，有 15 年历史的上海易思教育关门停办，老板卷款出走；2015 年初，西安联合学院涉嫌非法集资，校长跑路……①

三　案例十一：夫妻反目导致学校停办

2003 年，泸州市江阳区十二年一贯制、寄宿制的泸州黄冈实验学校成立。初期，学校一度辉煌，2005 年首届高考上线率达 100%，本科上线率超过 86%。该校被泸州市教育局命名为"教育教学管理优秀民办学校"，还获得过"全国民办教育百强学校""川南教育诚信品牌媒体榜"等殊荣。学校办起来了，身为投资人的校长越来越独断专行了，致使教师流动频繁，几年间先后有 400 多名教师在该校工作过。这时校长的家庭矛盾也开始升级，校长和妻子闹着离婚，家事不能不影响学校的管理，加之没有资金支持、没有好的运营手段，学校还出现拖欠工资、奖金的现象，优秀教师不断离职，留任教师工作消极，校风越来越差、社会影响越来越坏，生源每况愈下。

妻子和校长在夫妻关系存续期间，参与过学校的管理，离婚诉讼提交后，妻子便利用掌握的生源资料逐一联系学生家长，透露学校的负面信息，散布不利言论，导致大量学生流失。从 2010 年起不断有人在网络发帖对学校及校长本人进行攻击，致使学校声誉大损。该年 9 月 10 日，曾经风生水起的泸州黄冈实验学校因学生锐减，收入无法维持学校运转而被迫破产。一位教师在回答记者提问时回答，原本估计两三年时间学校会出现现在的局面，没想到竟然这么快就停办了②。

家和万事兴，学校的发展需要有一个和谐的内部环境。黄冈实验学校举办者兼校长的后院起火了，必然分散其管理精力、必然带来负面影响，必然影响学校的发展。泸州黄冈实验学校的停办，固然有多方面因素，然而夫妻反目不能说不是一个重要原因。

---

① 《民办教育的标杆安徽文达集团濒临倒闭》，http：//hzdaily. hangzhou. com. cn/dskb/html/2015 - 05/20/content_ 1967537. htm。

② 《泸州黄冈"名"校破产后的思索》，http：//shhu2008. blog. sohu. com/160512860. html。

四 案例十二：培训机构关张，老板携款"跑路"

英特国际教育集团（简称"英特国际"）成立于2001年9月，总部位于北京，旗下包括英特国际少儿英语、英特国际英语、英特实境英语，其培训资格获得了北美语言文化协会的认证。2013年，老板携款逃往国外的消息给教育培训市场，尤其是发展迅猛的少儿英语培训行业带来震动。2014年2月，英特国际在北京的18家教育中心停摆，近3000名学生无法上课。留下的学生大都预交了数万元学费，许多家长还预交了两三年学费，总金额近亿元；英特国际还拖欠了200多位老师两个月的工资，总额近400万元。英特国际的倒闭并非偶然，培训业务早已开始萎缩，学生流失严重，不仅总部和北京英特科技发展有限公司所在地已是人去楼空，其他分校也早已搬走①。

从英特国际老板跑路的事情看，管理、经营不善是主要原因，但因政策变化带来的市场压力也是不可忽视的因素。北京市教委于2013年10月出台的中高考改革方案指出，2016年高考将大幅降低英语分值，同时提高语文分值；北京市教委表示，小学一、二年级有可能取消英语教学；这在很大程度上影响家长对孩子进行英语培训的教育投入。

近年教育培训机构"跑路"事件频发。2013年10月，北京瀚林新思维东直门、上地、人民大学和公主坟四个分校同时关门，老板卷走40余名学生百万元学费；2013年11月，有15年历史在上海从事中小学教辅的易思教育因资金链断裂关门，老板卷款逃走并拖欠员工工资；2014年2月，北京引航思培训机构突然倒闭，拖欠近40位学生家长的费用共计约30万元；2014年2月，重庆渝中优维语言培训学校（对外简称"南瓜英语"）因破产关门引发退费纠纷，招致数百名家长围堵，造成现场混乱②。

五 案例十三：学校盛极而衰，祸因超常投入

1993年5月，杭州远东外国语学校挂牌，其小班化、双语教学、艺术

---

① 刘腾：《英特老板跑路英语培训市场萎缩严重》，《中国经营报》2014年6月21日。

② 王远征：《英特国际少儿英语老板跑路或因资金链断裂》，《新京报》2014年5月5日。

特色等新鲜的教育词汇，吸引了学生和家长的目光，很快成为杭州优秀民办学校之一。可是，学校扩张太快，办学成本大大增加，其运作主要依靠银行贷款，可贷款不能到位，导致资金困难，于是引发危机，这种危机很快影响到了学校的整体风气。由于拖欠教师工资，使得优秀教师流失严重，教师更换频繁，管理就跟不上了。2000 年以后，浙江民办学校纷纷成立，生源被稀释；为了招足生源，条件放宽，导致学生素质参差不齐，在校生（尤其是中学段）开始出现明显的自由散漫情况。就在"远东"风雨飘摇的时候，2006 年 12 月，4 名家长联合向学校索退学费，杭城的媒体给予批评曝光，成为压垮骆驼的最后一根稻草。2007 年放暑假时，去学校接孩子的家长们被告知：远东外国语学校下学期不办了①。

初期办学人很多是老教育工作者，他们懂得教育规律，但市场意识不够，跟在公办校后面走，生源又不如人家，最后被淘汰；企业家办学对市场比较敏感，但为了解决市场需要而超量投入、盲目发展，最后投入和产出达不到持平，学校便出现困难，甚至发生倒闭危机；只有既懂教育又懂市场的办学者才能胜出。

六 案例十四：一场经济纠纷，毁了一所学校

1992 年 9 月 10 日，董老师租赁南大郭一所废弃学校开办了邢台市私立旭光中学，桌椅是贷款购得，书本是董自己手刻而成，1998 年，旭光中学迁新址。到 2007 年，该校已发展成拥有 2 个校区、6 个分校和 1 个校办企业的教育集团，教职员工 200 余人，在校学生 3200 人，成为当时邢台市"创建最早、规模最大、综合实力最强的十二年一贯制民办学校"。办学伊始，旭光中学就把"传播儒家文化、坚持育人为本"作为办学原则，通过诵读《弟子规》《治家格言》《增广贤文》等培养学生的良好习惯，以提高修养，树立理想，增强信心，让学生懂得"仁、义、礼、智、信"，严守

---

① 兰杨萍：《"远东"之痛追踪杭州一所民办学校的消亡之路》，《钱江晚报》2008 年 10 月 27 日。

"温、良、恭、俭、让"。由于教育模式远离应试教育而未得到社会广泛认可，恰逢国家免费义务教育政策出台，导致生源紧张，旭光中学便在"升学率"的指挥棒下艰难地求索。2008 年，董老师与邢台某中专学校合作时发生经济纠纷，最终以"合同诈骗"罪名锒铛入狱，直至当年 11 月 6 日被取保候审出狱，这一经历令董遭受了巨大的打击。2009 年 1 月 6 日晚 11 时，董自称要去洗浴，然而一去不返。2009 年 7 月 1 日晚，租赁邯郸某汽车专修学校继续办学的出租方，召集社会人员将旭光学校设备全部拉走。董的妻子在丈夫离开人世后，对于他的未竟事业坚持到这个时候已经无能为力，学校只好停办[1]。

邓小平南方谈话之后，董老师率先在私立教育中试水，且风生水起，靠个人诚信奋斗，一度辉煌。之后，国家政策调整，其教育模式并未得到社会广泛认可，学校发展步履维艰。但不期而至的牢狱之灾，让这个充满浓郁理想色彩的领航人无奈、以让后人惋惜的方式作别，这是董的个人悲剧，也是民办教育发展过程中的悲剧案例。

七 案例十五：扩大规模不成，缘自决策失误

1996 年 6 月成立的云南世诚学校共收储备金 5000 多万元。1998 年，世诚学校在校生 300 多人，投资了 1800 多万元的一期工程趋于饱和。由于银行存款利率下调，储备金息金大幅下降，而学生的培养成本不能降低，经费显然入不敷出，从 1999 年上半年起，学校急剧衰退。这时，老板王某某就把希望寄托在扩大招生规模上，企图通过一流的硬件环境来吸引更多的生源；于是追加投入 3600 多万元、着手二期工程建设，配套了语音室、电脑、钢琴等设施，总建筑面积达到 3 万多平方米，可容纳学生 2000 多人；老板不仅把收取的储备金全部投进了工程，还欠工程款 1100 多万元。原打算2000 年 9 月份招到新生后，用新收取的储备金来弥补，然而 6 月中旬学校

---

① 张会武：《河北第一民办中学之死》，http://wenku.baidu.com/view/4c04fbaa0029bd64783e2cdb.html。

发生的打架事件被媒体曝光，到学期结束时，100 多名学生家长提出了转学要求，并要求如数退还他们所交的储备金。由于拿不出钱退给家长，学校步入了恶性循环，拖欠教师工资使队伍不稳定，教育管理和教学质量持续下滑，这时合作办学的师大附小和昆明三中也相继中止了合作。2000 年 9 月起，世诚学校几乎招不到学生了，直至 2003 年 2 月彻底关闭。世诚学校全线溃败后，共欠款 57 914 881 元及利息①。

2003 年 1 月 13 日，昆明中院查封了学校位于西山区碧鸡镇富善村世诚学校的全部资产、土地及地上建筑物，并委托昆明锦易拍卖有限公司组织拍卖，标的物拍卖评估价为 4300 万元，后以流拍告终。②

世诚学校由辉煌走向拍卖的主要原因有二：一是学校的两位投资人基本没有文化，不懂教育，有了一定资金积累后，就把巨大的资金投放到自己陌生的事业上；二是投资过猛，共投资 7000 多万元，把收取储备金全部投了进去；又无其他资金来源，欠学生家长 3000 多万元的储备金无力退还而把学校拖垮。

2002 年教师节那天，以世诚学校被 120 位学生家长集体逼讨储备金为标志，昆明的高收费学校随着"清华学校""华帅学校"的倒闭进入了由盛至衰的垂死期，昆明"清华学校"的校长被学生家长逼债无法解脱，甚至在法院庭审间隙跳楼寻短见③。

八 案例十六：民校破产清算，再无适法障碍

2003 年，民革遵义市委委员刘某某投资 1.37 亿元兴建了遵义中山中学，学校规模为 84 个教学班，可容纳学生 4200 人。建成后的中山中学拥有校舍 11 万平方米，绿化面积为 11.5 万平方米，设备设施高档齐全。中山中学以一股"只争上游"的气势在遵义市声名鹊起，一度还出现过新生入学难，曾被誉为"黔北民办教育的璀璨明珠"。为创办中山中学，刘某某投入

① 陈昌云：《"贵族学校"路在何方?》，《羊城晚报》2002 年 9 月 21 日。
② 温星：《民办学校负巨债　昆明中院拍卖世诚学校》，《生活新报》2006 年 3 月 2 日。
③ 陈昌云：《"贵族学校"路在何方?》，《羊城晚报》2002 年 9 月 21 日。

了自己的全部资产、银行贷款和政府借款以及民间的高息借款。刘本以为学校资产可抵押贷款，然而相关政策并不允许将学校资产作为贷款抵押物。刘没有后续资金再投入，建设中背负的3.5亿元债务无法解决，学校发展陷入困境，生源日渐萎缩。

2005年4月，市委书记特地到该校现场办公，协调解决贷款问题，并明确由遵义县财政对中山中学提供5年的贴息贷款。由于多方面的原因，贷款只到位1000万元，贴息并未到位，学校资金链断裂，从而官司不断，众多债主经常到学校逼债，学校教学秩序得不到保证。2008年8月，名噪一时的中山中学被教育主管部门宣布终止办学。时至2011年4月18日，停办4个年头的中山中学才由遵义县人民法院受理进行破产清算，正式进入破产清算程序，其原因是法院认为对民办学校如何组织清算，遭遇了法律上的空白，经过层层请示，才得到最高人民法院审判委员会第1506次会议通过的有关如何组织清算问题的批复。

2011年11月29日上午，中山中学被摆上了拍卖桌，随着拍卖师手起槌落，学校的土地、校舍、车辆、绿化花草等所有资产，被遵义县一中以1.701506亿元的价格买走。刘某某不仅名校梦灭，还因被控非法吸收公众存款7000余万元，于2011年11月11日被终审判刑5年，并处罚金20万元。①

附：《最高人民法院关于对因资不抵债无法继续办学被终止的民办学校如何组织清算问题的批复》已于2010年12月16日由最高人民法院审判委员会第1506次会议通过，现予公布，自2010年12月31日起施行。

二○一○年十二月二十九日

贵州省高级人民法院：

你院《关于遵义县中山中学被终止后人民法院如何受理"组织清

---

① 李勋：《遵义县一中1.7亿拍下原中山中学》，《贵州日报》2011年12月1日。

算"的请示》（〔2010〕黔高研请字第 1 号）收悉。经研究，答复如下：

> 依照《中华人民共和国民办教育促进法》第九条批准设立的民办学校因资不抵债无法继续办学被终止，当事人依照《中华人民共和国民办教育促进法》第五十八条第二款规定向人民法院申请清算的，人民法院应当依法受理。人民法院组织民办学校破产清算，参照适用《中华人民共和国企业破产法》规定的程序，并依照《中华人民共和国民办教育促进法》第五十九条规定的顺序清偿。[①]

答复表明，民办学校破产清算的法律障碍终被排除。民办学校具备法人资格，是事业单位法人，其法律性质属于非企业法人，享有破产清算的资格，具备破产能力。其破产申请的主体是：民办学校，民办学校债权人以及民办学校清算责任人；资不抵债时，审批机关可以做出终止决定；民办学校破产财产清偿顺序为：①应退受教育者的学费、杂费和其他费用；②应发教职工的工资及所欠的款项应当划入教职工个人账户的基本养老保险、基本医疗保险费用；③教职工的医疗、伤残补助，抚恤费用，以及法律、行政法规规定应当支付给职工的补偿金；④民办学校所欠的除前项规定以外的社会保险费用和所欠税款；⑤普通破产债权。

第四节　监管不当导致民办学校倒闭个案

我们知道，民办教育的发展离不开政府的支持和鼓励。可是，有的主管部门玩忽职守、监管不力；有的部门对民办学校的纠纷不当处置、伤害校方；有的地方对民办学校百般挑剔，甚至强势打压；在这些地方的民办教育发展往往困难重重，发展起来的民办学校往往限于困境，下面几个案例足见一斑。

[①] 唐正平：《遵义中山中学借贷办学破产"惊动"最高法院》，《贵州都市报》2011 年 6 月 18 日。

一 案例十七：穿上小鞋的电子学校

1996年，广东青年赖志坚投资创办了梧州市电子工业学校（简称电子学校），并首创"订单办学"职业教育新模式，培养了来自贫困地区的数以万计的毕业生，并全部安排就业。从2000年起每年报读该校的学生达万人之多，高峰时达1.6万人。由于报名人数不断增多，赖于2007年前后，筹资1.6亿元兴建新校区。可是因为电费纠纷导致学校停水断电造成的恶劣影响以及政府开办的职教中心垄断了生源，电子学校可容纳7800名全寄宿生的三个校区（钱鉴校区、红岭小区校区、红岭新校区）2007年秋季只招到510名新生，致使刚刚建成的新校区被迫闲置。

为寻求出路，电子学校与北京师范大学基础教育对外合作部商定，创办"北京师范大学梧州附属实验学校"，并于2007年12月7日向市政府呈报了《关于筹建北京师范大学梧州附属实验学校的请示》，却被梧州市政府"三秘"签署了"取消"二字。情急之下，赖又将"请示"再次呈送梧州市教育局，仍无结果。直到2008年3月18日，第三次向市教育局呈送请示后，才于4月1日被批复同意。可这迟来的批复，却让该校丧失了与北京师范大学合作的机会。

梧州市相关部门曾计划拟以9000万元收购电子学校红岭新校区，作为开办梧州市职教中心之用。2008年8月，梧州市政府和市教育局有关领导与学校领导磋商了处理新校区的具体步骤，并确定由市政府副秘书长和教育局领导负责开展电子学校红岭新校区资产价值的评估工作。为此市教育局于8月22日还下发了《关于成立梧州市电子工业学校红岭校区资产评估工作小组的通知》。但是，北京奥运会过后，市教育局领导在资产评估工作小组会上否认了市政府有将电子学校红岭新校区用于建设梧州市职教中心的想法。然而政府却以高价收购了一所规模远小于电子学校的民办学校作为开办梧州市职教中心之用。与北师大合作办学被延误，让政府收购红岭新校区的出路又被堵死，教职员工即将面临失业。因此，他们自发到梧州市信访办上访，引起了中新社南宁支社等新闻单位的高度关注，却触怒了时任市委领

导，使学校拍卖工作接连受阻。无奈之下某某只好望天长叹，只能为学校的前途和还在校区坚守的教师命运充满无尽的忧虑……①

梧州市电子工业学校因与不具有电力供应经营资质的中船华南船舶机械有限公司在实际用电量基础上加收 20% 的线路损耗费的纠纷得不到解决，使得学校元气大伤；电子学校解危的规划遭到了政府有关部门的压制；教师上访缘由被媒体曝光触怒了有关领导，打击接二连三，一所在全国颇具影响力的民办职业学校悄然倒下。

二　案例十八：岂能服人的法院判决

2006 年 2 月，深圳市桃李文化教育服务有限公司（简称桃李公司）同肇庆能源公司（肇庆国资委的下属企业）签订了租赁协议，租赁肇庆能源公司位于"七星岩"附近的工厂 7000 平方米建筑、4.5 万平方米土地用来办学，租期为 15 年。学校创办初期，桃李公司还向政府捐资 50 万元人民币，帮助农村青年自主创业贴息贷款。2006 年 5 月 29 日，肇庆市教育局为尚德中等职业学校颁发了办学许可证。该校采取灵活有特色的办学模式：一是全日制常规模式；二是教育部倡导的提供家庭贫困学生零学费的工学结合、半工半读模式。为了将职校办出成绩，公司用于购买教学设备、修建新建校舍及其他相关投资超过 1200 余万元。

学校开办期间，校方曾多次向出租方提出购买租赁场地产权的要求，但能源公司不愿出让，说要独立经营。能源公司还一再表示，愿意新建学生宿舍与校方合作做大做强肇庆尚德中等职业学校。就在所租办学场地被暗箱贱卖过程中，肇庆国资委副主任和新任能源公司董事长还一起考察了学校并和校方商讨如何加强合作、出资兴建学生宿舍事宜。2008 年 3 月 12 日，学校突然接到能源公司"产权已出让给肇庆市国联金属制品厂有限公司（简称国联公司）"的通知（能源公司场地的拍卖时间为 2008 年 2 月 2 日，与通知办学

---

① 葛树春、付丁、朱晓：《广西梧州市电子工业学校遇公权驱商陷入绝境》，http：//blog. sina. com. cn/s/blog_ 4c26961c0100lltd. html。

方的时间相差 40 天，然而在当地及省级大众报纸均未见到拍卖公告）。国联
公司要求学校搬走，交回办学用地，并于 2008 年 8 月 12 日向肇庆市端州区人
民法院提出三个诉请：①确认桃李公司的租赁协议已经解除；②桃李公司和
肇庆尚德中等职业学校立即撤离现租赁场地；③赔偿经济损失 1 万余元、违约
金 20 万元，承担一切诉讼费用。法院审理认为，桃李公司跟能源公司签订租
赁协议有效，却并未自行使用租赁物，而是一直将其交给肇庆尚德中等职业学
校使用；肇庆尚德中等职业学校和桃李公司是两个法人主体，国联公司的三个
诉讼请求竟然全被法院支持。经过了两年多的官司纠纷，致使学校无立足之地
而倒闭，1000 多名学生失学，百多名教职员工失业，办学者血本无归。①

　　法院的判决值得质疑。桃李公司租赁能源公司的场地，目的就是办学。
法院却变成"公司没有实际租赁，实际租赁的是学校"。桃李公司租赁这块
场地办学已近两年，能源公司从未提出过"场地转租"的异议；《最高人民
法院关于审理城镇房屋租赁合同纠纷案件具体应用法律若干问题的解释》
（2009 年 9 月 1 日起施行）第十六条规定，"出租人知道或者应当知道承租
人转租，但在六个月内未提出异议，其以承租人未经同意为由请求解除合同
或者认定转租合同无效的，人民法院不予支持"。肇庆市中级人民法院于
2009 年 9 月 29 日做出的终审判决书理应按照这个规定、判决出租方违约单
方面解除租赁合同；可是法院却裁定，被告租赁厂房用来办学，是"擅自
转租"②。这种判决岂能服人。

三　案例十九：公权介入的商丘风波

　　商丘金山桥学校原是商丘市房产局 1997 年开办的濒临倒闭的立博学校，
2000 年 9 月 26 日，金山桥教育集团与其签订联合办学协议，原立博学校以总
价款 4256 万元的价格转让给金山桥教育集团，其中包括储备金、信用社贷款
和其他欠款等 3 部分。金山桥教育集团接手后累计投入 1000 多万元，一年后

---

① 《广东肇庆千余民办中职生面临失学》，http：//bbs. tianya. cn/post－law－244013－1. shtml。
② 《肇庆国资委暗箱贱卖国有资产导致学校倒闭民怨上访不断》，http：//blog. sina. com. cn/s/
　blog_ 3e3c1a7f0100kppj. html。

学生数由 200 人发展到 700 多人，形势初步扭转。但当金山桥教育集团依约于 2002 年 9 月支付完第一批应退的储备金后，却迟迟拿不到学校的房产证和土地使用权证（后来证实，商丘方面隐瞒了房产证与土地证都已抵押的事实；且原商丘立博学校在信用社的贷款本金只有 1700 万元，但是协议中却将利息计入本金写明为 2200 万元），遂拒绝继续偿还债务。2004 年 7 月 7 日，由原立博集团和立博学校的股东分别组成清算组向其发出了《解除合同通知书》，宣布解散金山桥学校，"单方接收财产"。7 月 9 日，一群人强行介入后撤走学校保安，封锁并"占领"了学校，几天后，商丘市政府一位副秘书长率政府工作组公开对媒体称："商丘方面单方面中止了与徐州金山桥教育集团长达 4 年的联合办学协议。"7 月 23 日，工作组负责人告诉记者："明天，你们就可以看到，我们在校址上将挂上我们的新校牌——河南景园学校。'北有景山，南有景园。'现在虽然还没有批下来，但我们要把牌子先挂起来。"①

商丘金山桥学校风波，就是因为政府误信了市房地产管理局提供的虚假信息，又以政府工作组的名义加以放大，最终形成房管局长和工作组长就是市政府的局面（无论是调查组，还是工作组，名义上是政府旗号，实质上是以市房管局为主导的临时组织），最终由政府承担其造成的恶劣影响和严重后果。风波中，在没有合作办学的金山桥教育集团参与的情况下，政府工作组单方面解散并占领商丘金山桥学校明显违法；以"河南商丘立博（集团）有限公司清算组""商丘立博学校清算组"名义组织学校财产清算显然也是违法的②。

四 案例二十：主管部门坐上被告席

私立武汉新世纪外国语学校（简称"新世纪"）于 1995 年 6 月正式招生。学生入校须缴 10 万、20 万甚至 30 万元不等的储备金（五年共收 5000

---

① 范利祥：《房管局办学乱象河南商丘市金山桥学校风波调查》，http：//news. sohu. com/20040812/n221487716. shtml。

② 张筱梅：《从商丘金山桥学校风波看政府依法行政中的制度缺陷》，http：//blog. sina. com. cn/s/blog_ 40c25c5501011ldj. html。

余万元）。2000 年 12 月 15 日上午，武汉市桥口区法院的 9 辆司法用车入校查封校产。四天后武汉市教委宣布"新世纪"停办。虽然学校收取了高昂的费用，但却是一副"穷相"：经常拖欠教师工资、竟然无钱购买课本、经常面临供电部门拉闸的威胁、食堂甚至无米下锅、债主天天登门讨债，原来"新世纪"居然负债 4000 多万元（其中银行贷款 1965 万元，需退还给家长的教育储备金 1550 万元，拖欠教师工资 70 万元，学校伙食赊账 300 万元，基建工程欠款 286 万元）。"新世纪"董事长田某某在学校倒闭后下落不明，然而他的生活奢华却是有目共睹的：乘坐的是奔驰 600，戴的是白金手表，经常出入赌场且出手十分阔绰。

讨要储备金的"学生家长代表小组"经多次上访未果，他们便直接走进了教育部。教育部批示湖北省教育厅按规定妥善处理，李岚清副总理、陈至立部长、湖北省省长张国光等对于此案都过问或批示过。因此，江岸区教委组成工作组着手解决"新世纪"的问题，但学生家长未能与工作组达成解决问题的一致意见。于是"学生家长代表小组"将武汉市教委、江岸区教委告上法庭。家长们一致认为，学校倒闭，主要是武汉市教委审批其办学资质把关不严，要求法院确认武汉市教委违法批准设立武汉市私立新世纪外国语学校，确认武汉市教委没有对武汉市私立新世纪外国语学校履行监管职责；要求被告限期清理私立武汉市新世纪外国语学校财产，并责令该校退还违法收取的储备金及预收的学杂费。武汉市中级人民法院一审判决认为教育主管部门的审批行为有瑕疵，但不违法①。

"新世纪"学生家长状告教育行政部门侵权案已成为中国教育界涉案人数最多、案情最复杂、索赔金额最大的一起集团诉讼案。有证据显示，"新世纪"自始至终存在严重的违规行为，虚假出资，乱收费用，挥霍学校资产或投入其他领域，但每年都通过了武汉市、区教委的各种"审查"，还连年获得教委授予的各种"先进学校"荣誉。主管部门没有严格地按照办学

---

① 晏耀斌：《武汉：辉煌民校刹那间"土崩瓦解"》，http://www.dzwww.com/xinwen/200207/t20020712_ 245785. htm。

标准来审查，之后又没有及时地进行年检和财务监督，这是有过错的。然而侵害学生权益的违法行为是主办者而不是主管部门，因而还不能确认主管部门违法。

另外，私立武汉香梅高中盗用陈香梅女士名义兴办学校，虚假出资，却轻轻松松得以审批过关；该校存在严重的资金违规行为，却年年"年检合格"继续招生，教委还将其列为"模范学校"。2001 年 3 月 22 日，110 名香梅高中学生依法向湖北省高级人民法院递交了状告武汉市教委等单位的行政侵权诉状：请求法院确认被告批准设立武汉香梅高中、同意学校招生的行政行为违法，并要求赔偿经济损失。同时，倒闭的武汉信息科技专修学校的 151 名学生也将湖北省教育厅推上了被告席①。

五 案例二十一：非法开办的华清中学

北京香山画院院长戴先生于 2002 年成立梁山县美术学校（十翼艺专），因校名审批受阻，次年他申请自筹资金创办梁山公明中学，很快获得批准。随着工程完工和教学进行，资金短缺的困扰（欠工程款数百万元）特别突出。2004 年 11 月 3 日，戴外出筹钱时，将学校交给了儿子打理。其子于 12 月 9 日，与荣某某、侯某甲、侯某乙、孙某某等债权人，签订了《梁山公明中学合资入股协议书》，将四人的债权变更为股权共同经营该校。随后，认为该入股协议无效的戴先生将儿子和其他几名"股东"告上法庭。

2006 年，梁山县人民法院和济宁市中级人民法院的两次判决中，均判定该入股协议书合法有效；但在 2008 年 11 月济南市槐荫区人民法院的判决中，判定戴的儿子与他人签订入股协议书的行为，超越了戴先生给予的授权范围，判决该入股协议书无效。就在戴先生和荣某某等人为那份入股协议书纠缠不清时，2005 年愚人节那天，公明中学又吸纳李某某为新股

---

① 黄广明、陈琴：《武汉民办学校缘何接连倒闭》，http://edu. enorth. com. cn/system/2001/10/15/000165015. shtml。

东。同年 8 月 24 日，为尽快兑换到现金的荣某某等人在没有戴先生父子签名同意的情况下，将公明中学以 777 万元的价格卖给了李某甲和李某乙，当年 12 月 24 日，李某甲又将全部股份转让给了李某乙。次日，独掌学校的李某乙将原公明中学改名为华清中学，梁山县教育局为其颁发了办学许可证。

为了讨回自己建造的学校，戴先生于 2007 年底，将梁山县教育局告上法庭，要求撤销发放给李某乙和华清中学的办学许可证；两个月后法院以梁山县教育局批复证据不足、程序违法，判令教育局撤销设立华清中学的批复和颁发的办学许可证。2008 年 6 月，济宁市中院驳回了梁山县教育局的上诉，终审判决维持原判；当年 9 月 16 日法院判决戴的儿子与他人签订的入股协议书无效，并判令将公明中学归还戴先生；两天后，梁山县教育局依据法院的判决吊销了华清中学的办学许可证。次年李某乙又将华清中学更名为"梁山开发区中学"，继续招生办学。

2010 年 8 月，梁山县法院、梁山县教体局和梁山县经济开发区管委会张贴《公告》，"梁山县法院于 2008 年 3 月 20 日撤销了华清中学的办学资格，在执行梁山县农村信用合作社等申请执行的戴先生（华清中学前董事长）、梁山公明中学（华清中学前身）等 24 件案件中，依当事人申请，于 2010 年 7 月 15 日查封了原梁山公明中学的动产和不动产，因被执行人不能完全履行生效法律文书确定的义务，将查封该校财产进行评估拍卖"。8 月 31 日，法院已接受学生家长要求李某乙退还学费的诉讼 812 起，涉案金额 205 万元，这时李某乙却失去了联系。不过梁山县法院表示，将尽快敲定评估及拍卖机构，拍卖所得款项首先用于退还学生们的预交费用①。

戴先生创办的公明中学，就是因为出现资金困难的问题，才导致后来的一系列股权、债权纷争，最终走上了消亡的老路。产权归戴先生所有的梁山县公明中学，却被批准为李某乙所有的梁山县华清中学，这就非常荒唐；早

---

① 冀强：《梁山知名民办中学倒闭　近千学生被迫重新择校》，http://learning.sohu.com/20120903/n352195083.shtml。

就被吊销办学许可证的华清中学违规续办了 3 年，学生却照样参加中考，学校照评先进单位，行政主管部门居然心照不宣，亦是怪事一桩。始建于 1994 年的梁山县梁山宏志中学，曾是当地赫赫有名的中学；兴盛时期，在校生达 6000 人之多，因资金链断裂及管理问题，最终于 2006 年破产。①

六 案例二十二："接管"的处罚何时中止

1995 年，河北邯郸人刘先生经市教委批准创办了该市首家寄宿制的邯郸志成学校。1998 年，经河北省教委验收达标，颁发了办学许可证。学校创办时，1800 万元的固定资产中有 800 万元为自筹，200 万元为银行贷款，另有 800 万元为学生的集资款（类似于教育储备金：新生入学时预收集资款，待学生毕业、离校后退还，学校利用集资款滚动发展）。志成学校因到期的集资款不能返还，与学生家长发生纠纷。2001 年 3 月 20 日河北省教育厅调查后，决定对志成学校实施接管，并委托邯郸县教委实施接管行为。学校被接管时，教职员工被赶出了校门，刘先生本人也不准走进校园。刘不服，遂向教育部提出行政复议。

2001 年 10 月 8 日，教育部的教行复〔2001〕3 号《复议决定书》维持了河北省教育厅的接管决定。《复议决定书》解释："由于接管行为直接涉及有关公民及法人组织的重大利益和具体权益，有关教育行政部门在实施接管行为的过程中，应当切实保障学校及其举办者、教师、学生的合法权益。"《复议决定书》进一步解释："接管行为不是暂时或终止学校的办学行为，也不能导致学校法人资格的终止，而是行政机关根据需要组织有关人员对教育机构直接实施管理，在一段期限内，依法对学校的领导与管理机构、教育、教学管理等进行整改，以促进学校教育教学质量的提高，使学校最终逐步做到能够自主管理，平稳发展。"《复议决定书》最后提出，"对接管后的行政行为，河北省教育厅应依据有关法律法规及有关规定，在妥善保护学校、举办者以及教师、学生合法权益的前提下，明确相关的程序与要求，依法进行"。

---

① 牛其昌：《一民营中学倒闭震荡》，《经济导报》2012 年 9 月 3 日。

2003 年 9 月 1 日，《中华人民共和国民办教育促进法》实施，对志成学校作出接管决定时所依据的法规——《社会力量办学条例》同时废止，但此后，志成学校的"接管"行为并未中止；而且学校已被易名为芳园中学，校长和教师由官方委派。刘先生看到找政府部门解决不了问题，就开始打官司，从一审到二审，法院判决均认可了教委的"接管"行为；上诉到省高院，2009 年 11 月，省高院行政庭发出（2008）行监字第 288 号行政审判通知书。通知书说，"河北省教育厅的接管行为具有法律依据，符合当时相关法律规定……你在邯郸志成学校的合法财产权益如果认为依法应当得到合理的补偿，可请求河北省教育厅依法做出处理"。2010 年，刘先生向河北省教育厅提出申请，请求解除对志成学校的接管，申请提出后，至 2011 年 5 月 30 日《法制日报》记者发稿止，一直没有回音；记者就此问题联系河北省教育厅，有关部门也未予回复①。

接管是一种行政强制措施。在接管决定做出之初，就应明确接管期限；接管所要达到的行政目的实现之后，应该结束接管。做出接管决定和实施接管行为的机关应当遵循基本程序：第一，审批机关成立调查组，对学校是否存在管理混乱、教育教学质量低下的状况，且这种状况是否达到非经接管不能改善的程度进行调查、核实；第二，审批机关向学校发出通知，限期整改；第三，学校没能履行整改义务，或者虽经整改仍无法改善教学管理和教育质量，行政机关做出接管决定并予以公告（接管决定须包括如下内容：被接管学校名称、接管理由、接管期限、接管的组织，以及利害关系人可以提出异议的期限）；第四，异议期限届满，利害关系人无异议或者其异议理由不成立的，审批机关可以实施接管②。

接管不是具有没收性质的行政处罚。接管期间，财产的所有权并不发生变化，接管机关只是临时性占有学校财产，学校的性质没有也不可能因此而

---

① 曹天健：《河北一民办学校被官方接管长达 10 年　创办人净身出户》，《法制日报》2011 年 5 月 11 日。
② 曹天健、张维：《民办学校被接管长达十年》，http：//news.sina.com.cn/c/sd/2011 – 07 – 12/151222800482.shtml。

发生改变；刘先生的财产权益必须得到保护，这是宪法修正案第二十二条、《社会力量办学条例》中都予以明确规定的。

七 案例二十三：校长开溜的培训机构

墙上挂有"宁波市年度最具影响力教育品牌""宁波市外经贸专业引进教育机构"等牌匾的宁波美亚英语培训机构于 2009 年开办，主管单位宁波市教育局每年都对其进行年检。2012 年已发现"美亚英语"有亏损，其年检结果为"基本合格"，并在宁波民办教育网上进行了公布。从 2013 年 11 月起"美亚英语"开始拖欠员工工资，并有 7 个月没给他们缴纳社保；然而 2014 年 1 月 15 日该培训机构却被告知停课，两名外教也被告知此后"不用来了"；没有上完课的学员共有 300 多人，每个人都预交了 1 万多元的学费。在"美亚英语"停课前，校长兼法人代表已携款"人间蒸发"。宁波市教育局已向"美亚英语"的校长发出了最后"通牒"，要求其必须在 2015 年 1 月 22 日之前到市教育局协助调查，并决定对"美亚英语"以及法人代表茅某某进行资产清算。如果茅某某迟迟不出现，他们将向公安部门报告。

宁波市教育局对于民办培训机构本有风险保证金制度约束，但是"美亚英语"并未交足保证金的数量，可是教育局却不再过问，显然是监管不力。据不完全统计，宁波地区的民办培训机构达 80 多个，这些机构大多采用预付式消费，拉长消费时间，这对消费者存在极大的消费风险；面对此类情况，教育主管部门却不闻不问，抑或听之任之，监管何曾到位①。

第五节 民办学校倒闭个案的若干反思

民办学校的倒闭，对举办者是损失，对教师和学生是伤害，对政府主管部门是压力，对社会是震荡，确实使人痛心。然而，并非全是坏事，作为民

---

① 《宁波美亚英语培训机构倒闭 法人携 400 万学费人间蒸发》，http://edu.zjol.com.cn/system/2014/01/23/019827989.shtml。

办教育的举办者、管理者、研究者，对这些倒闭学校的问题进行认真的反思，不仅可以澄清民办教育发展过程中的若干问题的认识，可以吸取学校经营管理的有益教训，还可以获得稳步健康地发展民办教育的宝贵经验；对于政府坚持"正确引导、依法管理"民办教育也有重要的借鉴意义。前述23家倒闭学校的案例，具有一定的典型意义，从中我们可以得到一些有益的启示，如下几个问题值得反思。

一 应该历史、辩证地看待教育储备金

风行十多年的"教育储备金"模式是在我国特定的历史条件下，民办教育发展过程中出现的一种摸索，历史已经为它画上了句号。储备金模式学校接连倒闭的时候，媒体一致认为"都是储备金惹的祸"；有的还断言，"靠教育储备金支撑的学校，倒闭是迟早的事"。一时间，储备金成了过街老鼠，人人喊打。回过头来反思一下，这种说法并非完全正确。倒闭的储备金学校，大多是因挪用储备金投资其他项目造成学校资金链的断裂所致，有的是抽逃储备金使学校经费短缺而引爆。

储备金属于社会闲散资金，在其没有投入教育之前，高收入家庭一般投向三个方面：一是投入经营，二是投入消费，三是投入储蓄。这笔钱投入学校办学，确实是件好事。应该说，这是教育体制改革的重要成果，使教育投入由过去单一型、输血型向多元型、造血型方向发展。关键问题是这笔钱如何使用、如何保值与增值、如何避免风险以及由谁来监管和担保。事实证明，储备金难以成为学校稳定的收入来源，这种收入方式蕴含着巨大的财务风险。然而非储备金模式学校同样有经济风险，也有倒闭的。当初储备金模式学校至今仍有幸存的一些办得很红火（如广东碧桂园学校、广东外语外贸大学附设外语学校、深圳石岩公学等），可见学校倒闭的原因并不全在储备金本身。诚然，在募集资金方面储备金有似著名的庞氏骗局，可是当初地方政府相关部门并没有对此持有异议。

储备金模式办学策源地的广东省人民政府对此是支持的、肯定的。然而在政府几乎没有任何监管教育储备金措施的情况下，因资金问题引起学校的

办学危机以致倒闭，也是情理之中的事，政府应当承担一定的责任。当初全国储备金模式学校吸纳办学资金达 1000 亿元，这在办学建校得不到国家财政资金和银行贷款支持的情况下，这在捐资办学尚未形成风潮、投资办学仍是民办教育主体模式的情况下，储备金的贡献是功不可没的。开办成功的第一批高收费学校就是得益于储备金的操作。我们应该历史地辩证地看待教育储备金才是。

二 民办学校进行业务扩张一定要谨慎

学校是培养人才的地方，办学校不同于办企业，企业和学校追求的价值目标不一致。企业以利润最大化为目标，学校以育人为目的，服务于我国现代化建设，服务于人民对教育的需求；企业垮了只是经济上的损失，学校垮了不仅有经济上的损失，重要的是影响学生的学习和成长发展。举办人无论是一心一意办教育，还是企图"营利"获得"合理回报"，都必须把学校办好，要能保证学校的正常运作。学校办得红红火火，不能得意忘形；学校有钱了，也不要急于进行办学扩张，更不能抽取学校的资金去投资其他项目。

珠海华夏学校的倒闭、临沂现代学校的停办，都是因为举办人盲目投资其他项目失败而导致学校出现经济危机的；深圳市华茂实验学校的董事长也是摊子铺得太大，到 2000 年以后，他办了近 20 家本人管不到而又并不在行的公司和企业，经济上总是拆了东墙补西墙，出问题只是迟早的事；南洋教育集团的崩盘，个中原因很多，但与前任董事长任先生把摊子铺得太大、一下子在全国办了 12 所学校不无关系；摊子太大，一是管理不可能全部到位，二是经济压力太大。"城门失火，殃及池鱼"，蝼蚁之漏，大堤可毁，一旦一处出了问题，必然殃及其他。要是任先生尽全力只办二三所学校，或许南洋教育集团今天依然风光；山西宏昌集团的坍塌也与学校办得太多有关。东莞市的东华学校已经是民办中小学的巨无霸（现在三校一园共有学生 2 万多人）了，又在东莞市生态园办了一所占地 500 多亩、可容纳 1.8 万学生的大学校。是否能如东华老板之所愿，只能让历史去回答。

三 民办学校要坚持教育的公益性原则

教育是事业，事业的意义在于奉献，因此，要求民办学校的举办者也要有奉献精神。在我国，捐资办学是公益性事业，投资办学也是公益性事业，尽管我国将对民办学校进行分类管理，但是，民办教育的公益性原则必须坚持。民办学校在办学过程中积累的财产应作为社会公共资源，不得分配，有些举办者却将办学作为牟取个人和组织利益的途径，注重经济效益，追求利润的最大化；由于会计制度的不完善、税收政策的缺位、中介组织的不成熟和违法成本较低等因素，有的民办学校在博弈过程中忽视教育的宗旨和规律，总是从模糊的制度中寻求有利于自身利益的运作方式，这绝对不是民办教育发展的方向。

在民办学校分类管理政策的实施方案（营利性学校如何营利）还未落地之前，许多民办学校的营利色彩已成公认事实，不少投资者通过各种方式取得学校的举办权或经营权，成功地实现了对学校财权的控制，并以各种方式获得回报以赚取暴利。倒闭学校中，有的就是因为举办人将学校资金挪作他用失败所致；很显然，这些举办人就是为了赚钱而开办学校，他们置师生利益于不顾。国家支持营利性民办学校开办，如果投资人以营利为目的，必然违背教育规律，导致以学生为中心，讨好、顺从学生，甚至克扣教师薪酬，致使优秀教师流失。只要民办学校实现了育人目标，达到了相应的教学标准，并不排斥营利；营利是为了更好地改善办学条件，为发展教育增强后劲，也能调动办学者的积极性，这完全合乎情理。通常情况是，在教育基础较好的国家和地区，私立学校的办学者并不需要过多地考虑钱的问题，因为投资者是较大的资本拥有者，他们投资开办学校，绝不是为了通过学校的经营去赚取经济利益，而是另外意义上的获取，这种获取虽然无形，但可能更大。

可以预料，随着国家改革的深入和教育事业的发展，投资者的市场行为一定会逐步被引导到真心实意办学上来，一定会使有"营利"行为的学校朝着非营利性的公益性方向发展的。

四　靠自身能力保障民办学校的健康发展

"民办"与"学校"联系起来，在公共教育的含义上，更具社会性和文化的意味。关于民办学校依靠自身能力发展问题的讨论旷日持久，似乎已成共识而无须多谈；可是至今怨天尤人者、说三道四者不乏其人。他们中有的抱怨政策环境不佳，有的责怪教育市场不公，有的指责主管部门压制，凡此种种、不一而足。前3节列举的22家倒闭学校都与自身能力不足的因素有关。所谓自身能力，就是学校的内功，在同样的环境条件下，全国健康发展的民办学校还是大多数。事实证明，只有那些教育质量过硬，真正具有特色的民办学校才能在激烈的市场竞争中发展壮大。

现存的第一批高收费学校虽然经历了若干磨难，然而依靠自身努力（取得政府支持也得靠自身努力）积极开拓市场，还是克服了重重困难而获得重生；广东新生代高收费学校雨后春笋般矗立，就是因为他们顺应了市场的需要，有了社会认可的质量和特色，建立了学校信誉。我们认为，学校有了先进的理念可以引领自身发展，有了鲜明的特色可以促进自身发展，有了过硬的质量可以保证自身发展，有了灵活的机制可以把握自身发展，有了充足的财力可以支撑自身发展。如果没有先进的教育理念，没有属于自己的教育品牌，就不能得到社会的认可；影响教育质量的因素十分复杂，并不是有好的教师、好的条件就一定有好的质量。如果教育质量达不到家长的要求，学校就将失去家长和社会的信任。只有能够把社会责任承担起来的学校才是好学校，好学校才有生命力。学校的信誉关乎举办者的实力，财力雄厚，支付能力就强，不仅能够保证学校的正常运转，而且偿还债务的能力能让社会毋庸置疑，学校的发展肯定顺风顺水。

五　高收费学校能提供优质的教育资源

高收费民办学校的开办，是办学体制改革不断深入的结果，是多形式、多渠道社会力量办学所呈现的新的发展趋势。一方面它适应并满足了一部分富裕家庭"望子成龙、望女成凤"的欲望和子女教育的需求；另一方面作为投资者和经营者创办这类学校既可培养人才，又可筹措一笔巨额资金以作融资，兼收社会效益和经济效益之利；作为政府，不花财政一分钱，能建起设备设施齐全、高档漂亮的校园，弥补了教育投入的不足，有助于加快教育事业的发展，这是三全其美的大好事。媒体习惯性地将高收费学校冠以"贵族学校"之名，其实不然。中国没有贵族，没有贵族开办的学校，也没有为贵族而开办的学校。

高收费学校开办之初，社会一致谴责，甚至有停办的危险。而今不仅有储备金模式改制成功的高收费学校，而且还有一批发展势头较好的新生代高收费学校。这就说明，高收费学校的开办是社会的需要；在市场经济条件下，它是市场经济的必然产物。现在的家长选择学校基本回归理性、回归现代教育的需求、致力于人的健全发展，靠广告忽悠的时代一去不复返了。他们选择高收费学校，不仅选择学校的办学条件，还要选择学校的品牌、特色、质量和服务。

高收费学校普遍走"国际教育本土化、本土教育国际化"的"国际化特色之路"，这是一般公立学校所不具备的，也就成了吸引家长的原因之一。另外，而今选择高收费学校的家长，并非先富起来的那一批人，而是广大家长教育投入的自觉选择，他们希望自己的孩子今后能够出国深造，或者希望得到学校较好的呵护、照顾；一句话，他们是通过购买教育服务而把孩子送到高收费学校的；他们认为这样的学校适合自己的需要，就不管别人怎么去评说了。国家实行改革开放并选择市场经济体制以后，按计划经济模式运行的传统公办教育体制就不能适应市场经济对资源自由流动的基本要求了，民办学校已成为缓解教育资源紧缺、提供优质教育资源的重要力量。因此，只要中国坚持社会主义市场经济，民办教育的存在就是这个体制的内在要求，中国特色教育体系中的高收费学校必然存在，这就是规律。

六　拯救民办学校办学危机是政府的职责

在民办学校出现办学危机的时候，不少地方政府积极介入，使之化险为夷，广东省东莞市教育局在化解东方明珠学校的办学危机上功不可没，深圳市宝安区教育局为解决深圳东方英文书院的经济危机可谓功高至伟，山东省临沂市罗庄区教育局在处理双月园学校家长集体挤兑储备金问题时的措施是果断的、及时的。然而令人遗憾的是，不少地方是在学校倒闭了、家长闹事了，政府才出面介入，有的倒闭学校（广东省湛江市春晖学校便是）的遗留问题至今没有解决，有的则不了了之。湛江春晖学校周边就有公司愿意收购，可是无人出面协理，至今家长讨不到学费，老师讨不到工资，政府形象严重受损。民办学校提供的"产品"不是普通商品，它的倒闭对社会造成的冲击往往比公司等其他法人组织要大得多。

在举办者和民办学校承担有限责任的情况下，应该加强对民办学校日常动态的监管，设立风险预警，完善退出机制，促进民办教育的优胜劣汰。教育行政部门若不能及时处理和化解民办教育中存在的金融风险、教育风险和安全风险等多重隐患，倒闭学校由盛至衰的运作轨迹，难免成为民办教育机构的某种宿命。高投入办学的高收费学校伴随着办学的高风险，如何规避办学风险，不仅是学校必须注意的问题，也是政府必须考虑的问题，甚至是检验政府执政能力的问题。

可以说，深圳市华茂实验学校的停办是政府处置学校办学危机的一个败笔。学校举办人王先生的问题最终就是以商业行贿罪判他 3 年拘禁；在公安、检察部门认定他挪用学校资金和商业行贿都是证据不力的情况下，完全可以作为取保候审放他出监、让他自己去解决学校的危机；政府花那么大精力、垫了近亿元资金维持学校运作 2 年，倒不如借给他 2000 万 ~ 3000 万元，学校的难关也就过去了（2005 年 1 月银行有笔贷款可以发放）。现在学校没有了，王先生倾家荡产了，多少家长、老师、供货商倒霉了，政府在华茂 2 年的维稳工作功亏一篑，市区两级领导在华茂的庄严承诺"政府保证华茂学校不会倒"最终成为笑谈，这是社会不愿看到的。这与政府拯救民办学校危机的作为如何关系极大。

民办教育在增加教育供给、改善教育公平、提高教育效率和扩大教育自由等方面的优异表现为发展中国家快速发展本国的教育事业提供了典型经验，为重新思考中国教育未来发展方向和建设中国特色社会主义教育体系贡献了宝贵思路，中国民办教育的世界意义正在逐步显现。前事不忘，后事之师。在民办教育进入提升品质、提高品位、创新业态来打造品牌，提供更多更好教育消费的转型期，做大做强民办教育，一定要认真吸取倒闭民办学校的惨痛教训，坚持内涵式的科学发展。发展民办教育，不仅是一个教育集团或者教育机构的发展问题，而且是关系到整个国家教育事业供求矛盾的缓解的问题。随着国家对民办教育支持、鼓励政策的落实，民办教育作为中国特色教育体系中重要组成部分的目标一定能够实现。

第十二章
中国民办教育国际化的构建与发展

　　民办教育是市场经济的产物，顺应了经济社会发展需要和人民群众多元化教育需求，是我国社会主义教育事业的重要组成部分。与西方发达国家相比，我国民办教育的发展起步较晚，但改革开放以来，国家高度重视民办教育的发展，中共中央国务院颁发的《国家中长期教育改革和发展规划纲要（2010～2020年）》明确了"积极鼓励、大力支持、正确引导、加强管理"的"十六字方针"，为民办教育的发展开辟了新天地。党的十八大以来，我国民办教育发展迎来了又一个机遇期，国家鼓励和支持民办教育的政策逐步完善，我国民办教育发展已经驶入了快车道。民办教育缓解了高等教育供给不足的困境，而且盘活了现有教育资源和社会资源，满足了公众对教育多样化、个性化的需求，促进了教育公平和效率。尤其值得注意的是，在教育国际化、大众化、市场化的潮流中，我国民办教育正日益从边缘走向前台，成为社会主义教育体系的重要组成部分。

　　近年来，我国民办教育利用其体制机制优势，积极吸引国外优质教育资源，借鉴国外先进教育思想、教育理念、优秀教材、外籍教师等。举办了数所国际学校、双语学校、培训机构，开展了大量的多种形式的中外合作交流项目。民办教育的国际交流，提升了民办教育国际影响力，培养了一批具有国际视野、了解国际教育发展的国际化人才。随着世界经济全球化、信息化的到来，教育国际化成为教育发展的必然趋势，为民办教育的发展注入了新的活力，民办教育迎来了新的"春天"，面临着前所未有的发展机遇。与此同时，我们也必须清醒地认识到，民办教育面临着严峻的挑战，教育国际化背景下必然带来教育理念、教育内容、教育手段等各方面的变化，如何在教育国际化的潮流下激流勇进，成为民办教育在新时期新形势下面临的新挑战。

第一节　我国民办教育国际化的因由与必然

随着世界经济全球化、信息化的到来，民办教育国际化成为教育发展的必然趋势。民办教育国际化的发展趋势，使得相对封闭的传统教育体系和教育模式难以满足现代社会对教育的需要。各国教育都在向国际社会开放，在开放中相互合作、互相借鉴、共同发展。随着我国改革开放的逐步深入，民办教育及其国际化问题越来越成为中国教育乃至整个社会发展的前沿性问题。尤其是在 2001 年 12 月中国加入 WTO 以后，民办教育国际化更加成为我们无法回避，且亟待解决的重大课题。通过分析当今国际背景及民办教育的发展状况可以看出，以下几个因素促进了民办教育国际化的萌芽与发展。

一　经济一体化的必然要求——现实基础

经济全球化是当今世界经济发展的显著特征和重要趋势之一，也是世界经济发展不容置疑的客观趋势。联合国开发计划署 1999 年《人类发展报告》称："经济全球化不仅意味着资本和商品在国际上的自由流动，它同时使各国人民生活在一个不断缩小的空间、不断缩小的世界里，使各国人民之间的相互依赖与日俱增。"经济全球化促使了各种生产要素在全球范围内自由流动，国际服务贸易也因此而迅速发展。经济全球化在推动商品、服务、技术、知识、信息、资金以及人力等资源要素的跨国界流动和全球性配置的同时，既为民办教育国际化创造了条件，同时也推动着民办教育的国际化。

在经济全球化的背景下，现代科学技术迅速发展，现代信息技术、网络技术把世界联结为一个整体,形成了全球性的信息一体化,从而打破了国家与地域之间的界限,打破了人们观念、文化上的界限,为各国的信息交流提供了条件,同时也为教育的国际化创造了条件。它改变了传统教育主客体的时空概念,为人们最广泛地接受教育提供了机会。

因此,经济全球化也推动了民办教育的国际化,加强了各国在教育资源方面的交流,迫使各国的教育市场向全球开放。从民办教育国际化的内涵属性来看,就是要加强国际教育的交流与合作,积极向各国开放国内教育市场,并充分利用国际教育市场,不断提升自身的教育教学水平,在教育内容、教育方法上适应国际交往和发展的需求,培养有国际意识、国际交往能力、国际竞争能力的人才。

经济全球化也要求民办教育必须国际化。在经济全球化的背景下,作为教育主体的教师应掌握本学科最前沿的动态和最尖端的科技,不断丰富和更新自己的知识体系,使自己始终站在学术的前沿。而要做到这些,就必然要参与到国际合作和交流中去。同时,作为教育中另一主体的学生对知识和能力的渴求应是没有国界的,尤其是在当今世界经济全球化的背景下,学生更渴望学习世界各国的新知识、新观念,了解其他国家和民族的知识,以获取在国际社会的生存和竞争能力。

无论从教育的上层建筑属性还是生产力属性看,教育既然要适应经济的发展,又要促进经济的发展。因此,民办教育的国际化是世界经济全球化进程的必然结果与必然要求。

二　教育国际化潮流——外在驱动

教育国际化的本质就是要"面向世界"积极开展教育国际交流合作,博采世界各国教育之长,推进本国教育的现代化。从民办教育的可持续发展角度来看,民办教育的国际化是21世纪民办教育发展的必然趋势。全球化不只体现在经济方面,也体现在文化、教育以及其他领域。伴随着全球经济一体化的趋势,教育也必然走向全球化、国际化。

从一种现象来说,教育跨国交流的历史可以追溯到古代的"游学"与

"游教"之风。当然，由于受到交通工具的限制，虽然盛行"游学"和"游教"之风，但当时的教育跨国交流行为，不管是从范围上看还是从模式上看，都是非常有限的，既没有达到制度化的程度，也谈不上教育的国际化，却产生了国际教育化的一些思想①。近代以来，尤其是工业革命之后，经济的跨国经营更加频繁，为教育的国际化打下了坚实的基础。

1948 年美国率先制定了《美国新闻与教育交流法》，将国际的文化、教育交流纳入政府对外交流、合作与援助范畴。1966 年，美国制定了《国际教育法》，它成为世界上第一部专门的国际教育交流的国家法律，对世界各国的教育交流产生了重大影响。美国前总统克林顿也一再强调美国大学要注意培养"有全球意识的人""有国际眼光的人"。

1999 年，英国开始实施第一个《首相国际教育计划》，通过该计划英国成功吸引了大约 12 万名海外学生。1992 年美国进一步提出："国际化已成为高等教育发展的关键性问题。"此后，英国首相布莱尔宣布开始实施旨在保持英国国际教育优势的第二个《首相国际教育计划》。在该计划中，英国政府计划在今后 5 年内再招收 10 万名海外学生，同时加强英国大学与国外高校的合作。布莱尔强调，在全球化的今天，教育逐渐打破国界，只有国际化的教育才能保证青年人有能力迎接全球化经济的挑战。而吸引外国学生的同时，英国大学和国外高校也能建立长久深入的合作关系。

20 世纪 50 年代中期，日本政府就意识到，"以国际化观点进行改革是关系到我国生存与发展的重要问题"。1995 年，日本文部省在《教育白皮书》中提出，"为了增进国际理解，确保世界和平与国际关系的稳定，必须继续有计划地推进教育、文化、体育领域的交流与合作，建立国际信赖关系，并且进一步对外开放"。

20 世纪 90 年代，新加坡政府制定了名为《新的起点》的跨世纪战略，确定了国家经济发展的国际化战略，要求优先发展服务业，特别是国际服务业，

---

① 温雪梅：《教育国家化与中国高等教育国际化服务发展研究》，湖南师范大学博士学位论文，2010。

使之成为国家经济发展的中心。为此，政府明确了高等教育的国际化战略，希望能充分利用国际的人才和资源，使新加坡发展成为国际学术文化中心。

20世纪90年代初，韩国与60多个国家签订了双边合作协议，积极参与由国际团体组织的交流计划。到2003年1月止，韩国政府已经与87个国家签订了双边文化交流协议，与5个国家签订了教育交流协议。韩国为适应教育国际化的发展，还专门成立了"21世纪委员会"，提出的教育国际化培养目标是：努力提高学生国际化的意识，包括提高外国语言能力，增强"自主的世界公民意识"，加深学生对各国多种多样的社会、文化知识的理解，制订系统的国际问题研究计划，加强对世界各国政治、经济、社会、历史、宗教等问题的研究，强化国际交流与合作，加强国际间的相互理解。

教育的国际化已经成为一种势不可当的发展趋势，而且在各国展开国际交流合作的同时，国际竞争也是教育国际化的重要组成部分。总体而言，当前教育的国际竞争主要表现为：①争夺教育"市场"；②争夺师资；③争夺生源；④争夺教育资源。总之，教育国际化与国家利益是息息相关的，且教育国际化已经成为一种时代潮流，必将影响着世界各国的教育事业，而且也将对民办教育事业的改革和发展起着推动作用。

三　民办教育自身发展的需求——内在动力

任何国家的教育都具有本土性，同时也具有国际性，尤其是在人类活动日益走向全球化的今天，教育只有不断借鉴他国经验，紧跟国际化步伐，才能获得自身发展。在开展国际合作已成为高等教育一项新的社会职能的背景下，民办教育自身的发展壮大也需要国际化潮流的推动。

民办院校与公办院校相比存在着办学资金不足、师资力量薄弱、生源不足等内在问题，这成为民办教育发展过程中最大的阻碍。民办院校只有打破这些内部因素的阻挠，才能为民办院校的长远发展奠定基础。作为教育对象的学生，想要成为21世纪的主人，就必须开阔视野，学习他国文化，具有国际视野，形成国际交往能力与国际竞争能力，从而在国际竞争中处于有利地位；作为施教者——教师，需要具有国际化的教育思想与教育理念，采用国际先进的教育方式，才能培养出适应国际化需求的优秀人才；作为学术的推动者——学者们在学术上要不断创新，需要与时俱进，洞悉本学科在国际上的最新发展动态，并与同行专家进行交流合作；而作为民办学校自身，要提高自身的办学水平和声誉地位，需要学习和借鉴他国的成功经验。如果在国际化的浪潮中采取不参与甚至回避的态度，那么就会极大地阻碍教育的发展，因此民办院校自身的诉求是民办教育国际化的内在动力。

改革开放以来，中国民办教育已经从无到有、从小到大，目前已经基本步入规范发展的轨道，并逐步成为中国教育进步的重要推动力量。但从其发展特点来看，主要是办学数量和规模的扩大。随着教育形势的发展，公众对民办教育的需求不再是数量和规模，人们更为注重的将是教育质量。作为民办教育新阶段的评价指标也已不再是数量和规模的竞争，而是教学质量、教育品牌的竞争，教育品牌与教育质量是目前民办教育发展的生命线。在此种背景下，中国的民办教育为了自身更好地生存与发展，必须顺应时代发展的潮流，积极实施"引进来，走出去"战略，与国外的民办教育进行交流合作，引进国外优越的师资力量，借鉴发达国家较为成熟的教育办学经验、办学理念，共享教育资源，为我国民办教育的发展提供新的思路与方向。

四　信息化社会与通信科技的发展——技术支撑

21 世纪是一个由信息产业占主导地位的时代。随着网络技术在全球的迅速发展，科学技术已经走向全球化。世界范围内的科学技术特别是信息技术、通信技术以惊人的速度迅速发展。以电脑、电视和通信卫星为主体的现代信息网络已经把世界联结为一个整体，形成了全球性的信息一体化趋势，达到了全球性的信息同步，从而打破了国家和地域之间的界限，打破了人们观念、文化上的界限，为世界各国之间的信息交流提供了条件，也为民办教育国际化提供了条件。慕课（MOOC）的发展和"互联网＋"行动计划的推出便是当前时期信息化社会发展的主要体现。

在线教育是在我国教育资源短缺下办好教育的明智措施。2012 年以来，MOOC 课程在中国同样受到了很大关注，Coursera 的联合创始人和董事长吴恩达（Andrew Ng）在参与果壳网 MOOC 学院 2014 年度的在线教育主题论坛时的发言中谈道，现在每 8 个新增的学习者中，就有一个人来自中国。果壳网 CEO、MOOC 学院创始人姬十三也重点指出，和一年前相比，越来越多的中学生开始利用 MOOC 提前学习大学课程。以 MOOC 为代表的新型在线教育模式，为那些有超强学习欲望的"90 后""95 后"提供了前所未有的机会和帮助。Coursera 现在也逐步开始和国内的一些企业合作，让更多中国大学的课程出现在 Coursera 平台上。由此可见，以"慕课"为代表的在线教育让世界范围内的共享学习成为可能。

目前，最有代表性的便是"互联网＋"行动计划在教育领域中的应用。2015 年 3 月 5 日十二届全国人大三次会议上，李克强总理在政府工作报告中首次提出"互联网＋"行动计划。"互联网＋"行动计划打破了"一所学校、一位老师、一间教室的传统教育格局"，重构了新的"互联网＋教育"，即"一张网、一个移动终端，几百万学生，学校任你挑、老师由你选"。在教育领域，面向中小学、大学、职业教育、IT 培训等多层次人群开放课程，可以足不出户在家上课。"互联网＋教育"的结果，将会使未来的一切教与学活动都围绕互联网进行，老师在互联网上教，学生在互联网上学，信息在互联网上流动，知识在互联网上成型，线下的活动成为线上活动的补充与拓展。

第二节　我国民办教育走向国际化的发展进程

民办教育经历了新中国成立以来的改造与接办、改革开放之后的酝酿、复兴与探索几十年的风雨求索历程，伴随着民办教育的从小到大、从弱到强的发展足迹，民办教育由于其自身办学的灵活性，再加上近年来经济全球化和教育国际化的催动，民办教育的国际化道路也随着教育的主旋律呈现出相应的蛰伏、觉醒、探索及崛起等历程。

一　我国民办教育国际化的蛰伏

经过 14 年抗战与解放战争的十余年的洗劫，中国的教育在战争中受到

重创，民办教育遭遇了历史性的沉寂。1949 年，全国学龄儿童入学率仅为
20%，人口中文盲率达 80% 以上，15 岁以上人口平均受教育 1.6 年，初等
教育当年仅相当于日本明治维新前夕的水平，低于美国和英国 1820 年的水
平，学龄儿童入学率也只相当于日本 1890 年左右的水平。① 面对如此艰难、
薄弱的教育情况，"教育兴邦"的理想便在国家领导人和亿万国民心中扎根发
芽，中国政府把提高民族素质、普及义务教育当作义不容辞的责任。1949 年 9
月，中国人民政治协商会议第一届全体会议通过的《中国人民政治协商会议
共同纲领》规定，要"有计划有步骤地实行普及教育"。1956 年 9 月，党的八
大提出："必须用极大的努力逐步扫除文盲，并且在财政力量许可的范围内，
逐步地扩大小学教育，以求在十二年内分区分期普及小学义务教育。"

但从民办教育的发展来看，新中国建立初期，私立学校无论从数量上还
是质量上都难以维持。1951 年和 1952 年，我国实行院系调整，私立高校在
1952 年全部改为国立，教会学校全部收归国有。1956 年前后，由于国家财
政实在难以负担庞大的国民教育系统，曾一度允许民办学校的开办，但也是
在限制和逐步取消的原则下进行的。1963 年后，教育推行"两条腿走路"
的方针，社会力量办学一度获得发展。"文革"十年动乱，又受到冲击，出
现了一个断层②。新中国成立后，外患虽除、内忧犹在的时代环境，直接或
间接地制约了民办教育及国际化的交流发展。在这 30 年的历史长河里，民
办教育出现引进国外优质教育资源、进行人员交流与对话等国际交流的举措
的现象并未显露，民办教育的国际化交流进入了蛰伏期。

二 我国民办教育国际化的觉醒

改革开放初期，百业待兴，而"文化大革命"对教育事业的冲击，导
致社会人才的青黄不接，学校院所少，难以满足众多学子求学的愿望是当时
主要的教育困境。在 1977 年冬天，党中央恢复了高考制度。1978 年，邓小

---

① 中国教育与人力资源问题报告课题组：《从人口大国迈向人力资源强国》，高等教育出版
社，2003。
② 曾向东主编《民办教育论》，南京出版社，2001。

平同志在全国科学大会开幕式上的讲话中提出："教育事业绝不只是教育部门的事，各行各业都要支持教育，大力兴办教育事业"①，也为民办教育的发展及走出国门、放眼看世界奠定了基础。党的十一届三中全会恢复了实事求是的思想路线。在邓小平理论的指引下，经过拨乱反正、正本清源，尤其是随着党的"科教兴国"战略的落实，在沉寂 20 多年之后，我国的民办教育逐步得到恢复发展，并成为我国教育事业的有机组成部分。② 1982 年《中华人民共和国宪法》规定：国家鼓励集体经济组织、国有企业和其他社会力量依照法律举办各种教育事业。民办教育从限制论走向补充论。③ 1983 年 9 月，邓小平为北京景山学校题词"教育要面向现代化，面向世界，面向未来"，1985 年 5 月 27 日《中共中央关于教育体制改革的决定》再一次提到，教育必须面向现代化，面向世界，面向未来。这为处于蛰伏沉睡的民办教育国际化吹来了一缕春风。到 2002 年，全国各级各类民办教育学校已有 6.12 万所、在学人数 1115.97 万人④。

自对外开放以来，在民办教育发展中，爱国华侨积极发挥自己的力量，举力兴学。1987 年，爱国华侨吴庆星先生及其家族设立的仰恩基金会在福建泉州创建了仰恩大学，这是民办高等教育逐步迈向国际化的线索之一。从 1994 年 7 月起，仰恩大学作为中国教育改革的试点，由仰恩基金会独立办学，是全国第一所具有颁发国家本科学历证书和授予学士学位资格的私立大学。作为教育改革的试点，仰恩大学深受中央领导、教育部、福建省政府和省教育厅的重视，同时还受到国外大学的关注。仰恩大学自办学起实行英汉双语教学，各专业除严格按照教育部规定的各类课程进行教学外，特别加强英语、计算机的教学。学校聘请有 50 多名来自美国、英国、加拿大等国家的专家、教授在校执教。学校四年一贯开设英语课程。三年级开始，学校各专业设立"专

① 《邓小平文选》第二卷，人民出版社，1994，第 59 页。
② 曾向东主编《民办教育论》，南京出版社，2001，第 16 页。
③ 曹勇安：《我国民办教育的历史、现状与未来》，《浙江树人大学学报》（人文社会科学版）2013 年第 2 期。
④ 胡卫、丁笑炳：《聚焦民办教育立法》，教育科学出版社，2001。

业英语课"。各专业的部分主干课程采用国外大学使用的原版英文教材，由外国专家教授用英语讲授，并把英语、计算机和专业课三者结合进行教学。几乎与仰恩大学同步，其他民办院校的国际化举措纷纷涌现，如 1987 年由丁祖诒先生成立的西安翻译培训学院（现西安翻译学院）开设培训优秀外语人才的相关课程，并负责翻译、出版中外书籍，为对外开放后中外沟通交流培养急需人才。

与此同时，民办中小学的国际化也逐步开展，主要有 1993 年成立的北京市 21 世纪实验学校（现北京市 21 世纪国际学校），1995 年在大连成立的枫叶国际学校，1996 年创办的上海世界外国语中学等。大连枫叶国际学校是大连市教委和辽宁省教育厅批准、教育部备案的中加合作学校，也是加拿大 BC 省认可的第一所海外学校。枫叶坚持中西教育结合，实施素质教育的办学思想，致力于不分国籍、种族、肤色，为所有学生提供一流的教育服务，其办学理念是"中西教育优化结合，培育国际精英人才"。枫叶教育集团专注于基础教育领域，截至目前，枫叶教育集团已经形成幼教、小学、初中、高中为一体的基础教育体系。目前在全国范围内有幼儿园 13 所、初小学 10 所、高中 5 所、外籍子女学校 2 所、共 30 所学校。全国共八个校区：大连、武汉、天津、重庆、镇江、河南洛阳、内蒙古鄂尔多斯、上海。全体教职工人数达 2338 人，其中中方员工为 1988 人，外籍教师为 350 人①。

在 20 世纪 80 年代以后，国际留学培训机构也如雨后春笋般先后涌现，主要有启德教育集团（20 世纪 80 年代中期）、新东方（1993 年）、新通国际教育集团（1996 年）、环球雅思国际英语连锁学校（1997 年）、威久国际教育集团（1998 年）、金吉利教育集团（1999 年）等。目前中国最大的民营教育机构——新东方教育科技集团由 1993 年 11 月 16 日成立的北京新东方学校发展壮大而来，学校陆续开展对新东方学员留学指导与人生规划工作；1996 年的新东方出国咨询服务中心正式成立，包括出国留学咨询、文书写作及签证服务等项目。2000 年 5 月，枫叶东方咨询有限公司正式注册成立，主要办理美加留学、移民等工作。这是新东方教育科技集团紧抓改革

---

① 《大连枫叶国际学校官网》，http://mapleleaf.s.edu.runsky.com/。

开放策略，立足国内，走向世界的第一步，也代表了中国民办教育培训机构国际化发展的步伐。

改革开放之风吹醒了沉睡中的民办教育及其国际化，在此阶段中，各级各类民办教育大多是在国家政策的号召之下成立，还处在朦胧的探索之中，并未形成系统的发展战略。其交流的举措多为人员的交流，包括引进国外优秀师资、吸引外国留学生来华及往国外输送人员开阔视野等。

三　我国民办教育国际化的发展

2002 年，全国人大颁布《中华人民共和国民办教育促进法》，指出："国家对民办教育实行积极鼓励、大力支持、正确引导、依法管理的方针。"并于 2003 年开始正式实施，民办教育自此进入了快速发展阶段。2010 年发布的《国家中长期教育改革和发展规划纲要（2010~2020 年）》（以下简称《教育规划纲要》）中明确提出"坚持以开放促改革、促发展，开展多层次、宽领域的教育交流与合作，提高我国教育国际化水平"。《教育规划纲要》赋予民办教育两个重要历史使命："民办教育是教育事业发展的重要增长点，民办教育是促进教育改革的重要力量。"国家对于民办教育的重视逐渐增强，鼓励和支持民办教育的政策逐步完善，这对民办教育的发展提供了动力和支持，再加上教育国际化力量的推动，学习借鉴世界其他国家私立教育先进的教育理念，认真总结我国民办教育国际化进程中的已有经验及有待改进之处，探索民办教育国际化发展的途径，提升我国民办高等教育国际化水平，就显得尤为必要和十分迫切。

2002 年以后，民办高校走向国际化的步伐大幅度加快，这一方面是具有国际化意识，并积极行动的院校数量增加；另一方面是国际化交流合作的形式突破了以往单纯的人员交流，形式更加多样化。西安外事学院、北京城市学院、厦门南洋学院、西安欧亚学院、湖南涉外经济学院、黄河科技学院等民办高校均先后进入对外交流合作的浪潮中，以吸收借鉴国外优质资源来带动自身的发展。以西安外事学院为例，西安外事学院是陕西省民办高校中最早获准开展国际合作教育和留学生教育的民办高校。自 2003 年开始招收外国留学生，至今已有来自美、日、韩等 15 个国家近 1100 余名学生就读。
2008 年至今，共计 1200 余名学生赴日、韩、法、美、澳等国学习或实习。
与澳大利亚西南悉尼学院联合培养国际商务人才，至今共培养学生 638 名，
其中 45% 的学生毕业后赴国外深造。2008 年起，与美国湖郡学院开展"中
国一学期"项目，该校学生在该校就读一学期，选修汉语和有关专业课程，
由该校教师按照对方学校提供的教学大纲，用英语承担具体教学工作，对方
学校承认学分，开辟了留学生教育的新模式。此外，西安外事学院先后于
2004 年、2006 年和 2011 年在西安举办了三次中国民办高等教育国际研讨
会；作为"高等教育国际化发展全球论坛"的发起单位之一，先后于 2012
年和 2013 年分别在俄罗斯、罗马尼亚举办了两次国际学术会议，使中国民
办高等教育得到国际社会的广泛关注。而办学时间相对较晚的厦门南洋学院
（由海内外热心教育的 15 位学者、企业家于 2000 年联合发起创办），在办
学之初便采用国际化的办学定位，继 2000 年办学之初的国际化办学定位、
2006 年建起现代简欧风格的校园、2009 年开展闽台教育合作、2011 年取得
外国留学生培养资格、2012 年进行广泛的国际考察与交流之后，南洋学院
的国际化办学路径更为清晰，并筹办南洋学院国际学院，加快国际化办学进
程。2013 年，该校着手与美国和加拿大相关大学合作开展"2＋1""2＋2"
教育项目。这表明在国际化的浪潮中，作为民办教育主力军的民办高校采取
积极应对的姿态，结合自身发展实际情况，积极探索适合自身发展的国际化
发展道路。

　　中外合作办学是中国民办高校教育国际化发展的重要趋势之一。自
2003 年国务院发布《中华人民共和国中外合作办学条例》以来，中外合作
办学在我国发展迅速，这为民办高校进行中外合作办学提供了有力的环境支
持。具体而言，中外合作办学是"外国教育机构同中国教育机构在中国境
内合作举办以中国公民为主要招生对象的教育机构的活动"。① 截至 2015 年

---

　　① 《中华人民共和国中外合作办学条例》，http：//www. gov. cn/test/2005－06/29/content_
　　10930. htm。

10 月，民办高校设立或举办的中外合作办学机构、项目共 120 个。① 其中，具有代表性的是英国诺丁汉大学与浙江万里学院合作创办的宁波诺丁汉大学、加拿大派特森学院与安徽新华学院合作创办的新华派特森学院、浙江越秀外国语学院与美国百年老校印第安纳波利斯大学共同举办的国际合作办学机构浙江越秀外国语学院印第安纳波利斯大学国际学院等。这里我们以宁波诺丁汉大学的发展为例来透视下当今民办中外合作办学的发展情况。宁波诺丁汉大学是中国第一家经教育部批准引进世界百强优质高教资源的中外合作大学，颁发与英国诺丁汉大学相同的文凭。宁波诺丁汉大学的创办，使中国学生能以远低于海外的留学费用、不出国门就可以享受到世界一流大学的教育资源。在国际交流方面，宁波诺丁汉大学为学生提供真正的国际化教育——诺丁汉体验，即位于英国和马来西亚的校区为学生提供丰富多彩的交换学习机会。此外，作为国际顶尖研究型大学团体 U21 的创始成员之一，已和遍布 18 个国家和地区的近 50 所高校建立合作关系②。

在基础教育方面，民办中小学正在向国际交流发展的更高阶段迈进，由国外学校或者个人直接在中国办立国际化学校，让学生接受完全的西方化的贵族化教育，这种办学形式在国内大规模显现。如 2002 年英国 Nord Anglia 教育集团在上海建立的上海英国学校、2014 年英国惠灵顿公学在上海开设的上海惠灵顿国际学校等。

民办教育培训机构在国际化的浪潮中呈现规模化的发展趋势和多样化的服务功能。以成立于 1993 年的新东方教育科技集团为例，从其成立起，便以滚雪球式的发展方式在全国相继成立子学校，到目前为止，在全国范围内 53 个城市设立了学校，而且新东方还尝试走出国门。2004 年 5 月，董事长俞敏洪在多伦多发布了新东方教育科技集团的全球战略计划，北美分公司宣布成立。2006 年 9 月 7 日，新东方在美国纽约证券交易所成功上市。新东方是中国教育界第一家在海外上市的中国教育培训公司，为上千万怀揣留学

① 薛卫洋：《民办高校中外合作办学发展的现状、困境及突破》，《复旦教育论坛》2016 年第 3 期。

② 宁波诺丁汉大学官网，http：//www. nottingham. edu. cn/cn/index. aspx。

梦的学生进行培训。

2002年以来，民办教育的国际化走上了一个新的台阶，民办教育院校在数量上呈快速上升趋势，与此同时民办教育国际化的模式及内容都在探索中取得了新突破，模式更加多样化，合作内容更加丰富多彩。整体而言，这一时期的国际化主要是采取"引进来"的策略，引进国外优质教育资源、办学理念、办学模式等，中国民办教育"走出去"的国际交流举措还未崭露头角。中国民办教育国际化的进程道阻且坚，需要民办教育继续去潜心求索。

第三节　我国民办教育国际化发展新趋势

近年来，众多的专家和学者从不同的角度深化和发展了教育国际化的思想，使之不断系统化和理论化。国际化是当今教育的一个重要发展趋势，也是它的一个本质特征。随着科技信息技术的发展，对于起步较晚，但发展迅速的民办教育而言，国际化已成为教育改革中不可回避的发展趋势。厘清我国民办教育发展的进程以及取得的成就与有待提升的空间，可以为民办教育在接下来的国际化探索提供方向性的指导。

一　我国民办教育走向国际化的构建

总体而言，民办教育的国际化的核心内容可以归结为以下几个方面：

（一）教育理念国际化

具有国际化的教育理念，从全球的视角认识高等教育改革和发展中的问题，是民办教育国际化的前提。日本政府早在20世纪50年代中期就意识到："以国际化观念进行教育改革是关系到国家生存与发展的重要问题。"[1]教育国际化的一个重要目标就是努力培养适应经济全球化，信息全球化、有国际意识、国际交往和国际竞争能力的人才。民办教育国际化的前提首先在于要有国际化的教育理念，国际化的教育理念就是要从全球的视角出发来认

---

[1]　陈学飞：《高等教育国际化：跨世纪的大趋势》，福建教育出版社，2002，第8页。

识教育的改革与发展。

国际化的新的教育观念应包含以下内容：①具有全球化战略思维和国际化战略眼光；②具有将教育产业化、市场化与追求人类共同理想相统一的意识；③具有国际竞争意识与国际合作交流意识；④具有按照国际通行的规则办学和兑现入世后对教育贸易服务的有关承诺的意识；⑤敢于和善于学习和吸收世界上一切优秀教育成果为我所用的意识。

因此，民办教育理念的国际化要从以下两个方面着手：一方面是在思想上培养学生的国际意识，使学生能够深刻理解多元文化的现状，能够在国际文化交流中充分沟通思想，从国际社会的广阔视野出发判断事物。另一方面是在能力上培养学生的国际市场竞争力，使他们掌握一些在国际社会中生活和工作所必备的知识和技能。在这种国际化的教育理念下，所培养的人才应该懂科技、通外语、会经营、善管理，具有较强的国际意识，通晓国际贸易、金融、法律知识，能够适应国外工作和生活环境。

（二）培养目标国际化

培养目标是教育目的在各级各类学校教育机构的具体化。民办教育国际化一个重要目标就是"努力培养适应经济全球化、信息全球化、有国际意识、国际交往和国际竞争能力的人才"。

在教育国际化方面走在国际前列的是美国，早在 20 世纪 90 年代初，美国制定的《美国 2000 年教育目标法》中提出了明确的培养目标：通过采用"新面貌、与众不同"的培养方法，使每个学生所学的知识都能达到世界级的标准；并通过国际交流，使学生的"全球意识"和"国际化观念"得到提高，同时不断调整培养目标和规格要求，加强教育市场的开放，吸收大量来自国外的留学生[①]。

实施民办教育国际化的最终目的是为了实现人的国际化，是为社会主义现代化建设培养更多的国际性人才。因此，我国民办教育要打破传

---

① 温雪梅：《教育国家化与中国高等教育国际化服务发展研究》，湖南师范大学博士学位论文，2010 年。

统人才培养的模式，借鉴发达国家的国际化经验并以我国实际情况为出发点，培养学生具有国际观念和国际意识，树立向全球开放的观念；培养学生具有国际交往能力，能与外国人和谐相处，尊重外国的风俗和宗教信仰，维护中国的民族尊严和法律权威；培养学生至少熟练地掌握一门外语。

（三）课程设置国际化

课程是实施教育目标的载体，课程的国际化正从以往教育国际化的边缘逐步成为核心内容，成为各国提高教育质量、实现民办教育国际化的主要手段之一。美国学者曾指出，一个学科如果只体现本国经验，而排斥其他国家的经验，就是欺骗学生，反映的是一种愚蠢的沙文主义①。教育的国际化问题带来了课程国家化的问题，一方面要求增设具有国际意义的课程，另一方面一般课程具有国际意义以适应教育内容的国际化要求。

国际化的课程是一种为国内外学生设计的课程，在内容上趋向国际化，旨在培养学生能在国际化和多元文化的社会工作环境下生存的能力。课程的国际化基本上有以下几种方式：①开设专门的国际教育课程；②开设注重国际主题的新课题；③在已有课程中增加一些国际方面的内容；④推进国际普遍关注的重大课题的研究；⑤注重地区研究；⑥建立校际联系，把到国外参观学习与课程联系起来。

澳大利亚和日本的国际化课程设置是教育国际化过程中的典范。例如，2000年5月，澳大利亚组织第七届全国课程大会，提出了一个全新的课程概念"全球化课程"，并指出这不是一门具体课程，而是一种教育和课程的新理念，强调的是课程的全球观，要增进各民族和各国人民的相互认识与理解。之后，澳大利亚的大学注重在全球化的国际大背景下来构建具体的课程体系和课程目标。而日本在应对国际化潮流方面采取的对策是：①扩大人文、社会学科方面的课程设置。如增设国际贸易、国际金融、国际关系、地

---

① 杨德广：《从经济全球化到教育国际化的思考》，《河北大学学报》（哲学社会科学版）2000年第4期，第5~11页。

区文化、国别史等更多的国际教育课程，使学生接受正确反映国际社会政治、文化、经济、历史等状况的"全方位的国际化教育"；②加大外语教学力度，以掌握国际交流、国际对话、国际谈判、国际研究的工具；③增设各种涉外专业，国际政治、金融、贸易、外交和国际法等方面的专业增设最多，以掌握国际竞争的武器，培养更多从事国际事务和专事外事研究的人才，与国际日益频繁的经贸、外交活动相适应。

我国公办及民办院校在课程体系和教育内容上比较重视专业性和系统性的特性，因此，我国民办院校若要适应教育国际化，就必须在课程体系保持专业性和系统性的基础上，在课程结构和专业设置上做较大的改革。首先，在自然学科或新兴学科的部分教学中，可以适当选用国际上最先进的外文原版教材或者教学参考书，用英语或双语教学；其次，加强开发一些国际性课程和专业，如国际政治、国际经济、国际关系、国际贸易、国际文化以及介绍外国历史、地理、风俗等方面的课程与专业；最后，应在本专业、本学科的教学内容中及时补充国外最先进的科学文化知识和科技成果，如选用国际上最先进的教材，吸引外国专家、学者来校讲学等。

（四）人员交流国际化

人员的国际交流是教育国际化中最活跃的方面，而且随着时代的发展，教育国际化的内容和形式得到不断的丰富和扩展。但总体而言，包括学生的国际交流和教师的国际交流两个部分。重视学生、教师交流以及国际学术交流与合作是各发达国家教育国际化的重要表现形式。通过学生交流、教师交流、举办国际学术研讨会、共同开展国际性课题研究等途径和方式，达到了交流信息、增进了解、共同提高教育质量的目的。在民办教育国际化的进程中也应将学生与教师的交流置于关键地位。

1. 学生的国际交流。学生的跨国流动是民办教育国际化的主要标志之一。据联合国教科文组织调查，目前大约有百万名以上的学生在其祖国之外继续中学后教育。大规模的学生留学国外，不仅有助于各国学生之间的相互学习，而且有利于扩展课程内容的国际广度，开展跨文化的研究与讨论，招聘更多的具有国际经验的专家。民办院校学生的国际交流的有效实施应从以下几个方面着手：一是在不同成员国民办院校之间建立合作网络；二是为学生去其他国家学习一段时间提供物质资助；三是改善成员国之间对证书和学习时间的认可制度；四是为学生和教师成立的国际交流协会、出版物提供资助。

2. 教师的国际交流。教师的国际流动是民办教育国际化的一个核心部分，也是实现教育国际化的一条捷径。具有国际知识和经验的教师可以直接推动教学、科研向着国际化的方向发展。因此，近年来许多国家的院校，尤其是高校都采取多种形式增加教师出国访问进修的数量，同时还面向世界招聘教师和学者。在世界知名大学，教员来自世界各地，大部分专业教师拥有世界名校的博士学位。另外，许多高校还邀请国际知名学者、专家进行短期访问和讲学，或聘请著名学者为名誉教授或客座教授。这样一方面使教师队伍趋于国际化，另一方面也使教育思想、观念、课程和教学向着国际化的方向发展。具体而言，要做到教师交流的国际化，政府层面应采取鼓励教师出国交流的政策与国际学术交流制度，如美国实行的学术假期制度使众多高等学校教师利用假期到国外大学讲学、考察研究、参与合作。

鉴于国外教育国际化的成功经验，民办院校在教师的国际交流方面也应做到：一是聘请高水平教师来校任教；二是邀请国际知名学者、专家来校进行短期访问和交流；三是从国外聘请有识之士担任学校管理人员和专业教师；四是提高教师的外语水平，外语水平是衡量一位教师能否开展国际学术交流和合作研究的重要尺度。

（五）学术交流国际化

联合国教科文组织 1995 年提交的《关于高等教育的变革与发展的政策性文件》中指出：国际合作是世界学术界的共同目标，而且是确保高等教育机构的工作性质和效果所不可缺少的条件①。由此可见，大力开展国际学术交流与合作研究，是教育国际化的又一重要内容。因为，这不仅对学术研

---

① 尤碧珍：《欧盟国家高等教育国际化研究》，山东师范大学硕士学位论文，2006 年。

究有着重要意义，而且有利于国际人才的培养。

从发达国家的国际化实践来看，国际学术交流与合作研究的途径主要有三种方式。一是通过有关机构和组织进行学术交流与合作研究；二是进行校际交流与合作研究。即学校之间进行学者互访、讲学或者共同合作开展某个项目的研究；三是通过国际会议进行学术交流与合作研究。

（六）教育资源国际化

目前，教育资源国际化主要体现在信息资源国际化和物质资源国际化。

信息资源国际化主要是指基于现代信息技术的发展，国际互联网的应用使世界各国各地的学校之间可以克服地域的限制，通过网络进行学术和学习等方面的交流，从而节省了开支并且扩大了教育资源，能够实现较大范围内的教育资源共享，例如在线学习、虚拟大学、电子图书馆等设施都为民办教育国际化提供了平台和条件，促进民办教育国际化的提高。物资资源的国际化，主要是指先进的设备、仪器、软件等资源被跨越国界引入和使用。

二 我国民办教育走向国际化的新趋势

20世纪以来，一股新的教育国际化浪潮在全球范围内悄然兴起，成为一种国际潮流。在教育观念、课程、人员交流、学术交流与合作、办学条件等方面呈现国际化的特点，并表现出一些新的发展趋势：交流的主体发生了改变、交流内容更为丰富多彩、课程设置和内容更加注重国际化、交流空间更加扩大、国际交流朝着教育贸易的方向发展。进一步认识、探索我国教育国际化的发展趋势，有利于推动我国民办教育的现代化进程。整体而言，我国民办教育的国际化主要体现在以下几个方面。

（一）国际交流形式多样化

最初的民办教育国际化主要表现为外在的、不同国家和地区间的人员流动，留学生教育是早期教育国际化的主要内容，也是民办教育国际化的一个最重要的形式。

随着经济全球化的发展，民办教育国际化交流的内容不仅表现在传统的学生、教师和科研人员的国际性交流方面，而且更多地表现在信息资料和多种教学仪器设备和教育观念等资源的共享方面，以及包括学位制度在内的各种相互兼容的教育制度的建立都是民办教育国际交流的内容。而且近几年来，课程国际化从以往教育国际化的边缘地带逐步成为核心内容，成为不少国家提高教育质量、实现国际型人才培养目标的重要手段。此外，区域性民办学校合作计划与组织的制定和建立以及跨国教育的开展等也将丰富民办教育国际化交流的方式。

（二）国际理解教育的普遍化

现代世界是一个多元化的世界，有越来越多的问题不单单是某个国家或地区单独可以解决的问题。比如环境问题、人口问题、和平问题等。这些问题的解决需要世界各个国家加强相互理解和合作。因此，国际化不仅意味着了解和掌握国外的语言文字，更重要的是要形成从全人类利益出发，以全球观点考虑问题，理解国际社会，关心和宽容异国文化的品性和风范。

在全球化视野下，人们将在全球范围内最大限度地形成普遍共识，共同遵守普遍的社会生产生活秩序、标准和行为规范。而且随着世界经济一体化进程的不断加快，世界各国相互理解将成为化解彼此矛盾、彼此分歧的重要手段之一。民办教育要面向世界，培养国际性的人才，开展国际性的课程是先决条件。1996 年颁布的《教育 – 财富蕴藏其中》指出：国际理解教育是指世界各国在国际社会组织的倡导下，以"国际理解"为教育理念而开展的教育活动。其目的是增进不同文化背景的，不同种族的，不同宗教信仰的和不同区域、国家、地区的人们之间相互了解和相互宽容；加强他们之间相互合作，以便共同认识和处理全球社会存在的重大共同问题；促使每个人都能够通过对世界的进一步认识来了解自己和了解他人。促进整个人类及地球上各种生物与自然和睦相处、共同繁荣与发展为旨归的一种教育。实施有效的国际理解教育具体而言，需要普遍加强国际知识的教学，以培养具有国际战略眼光的人才。为了推进国际知识的教学，诸如国际关系、比较政治、比较经济体制、国际法、国际组织等课程需纳入学校的教学之中。上海市世界外国语中学创办于 1996 年，是上海市最受欢迎的、办学有特色的、学生气质好的初级中学之一。学校本着"积极参与、努力实践"的办学理念，以培养"走向世界的现代中国人"为培养目标，旨在造就具有外语和计算机特长的德智体美全面发展的接班人。学校开设丰富多样的拓展性课程，如双语、二外、世外星空和各类知识、技能、体艺课程，以拓宽学生的知识面，发展学生个性；还组织学生积极参与校内外、国内外实践交流活动，引导他们学会做人、学会合作和创新、增进国际理解。

（三）教育贸易化的推进

20 世纪 90 年代以来，由于经济全球化的推动，教育产业的国际化发展趋势进一步加强，成为世界经济领域发展的一个最新动向，全球对其关注度增加。在新时代背景下，国际教育服务已经成为服务贸易的不可或缺的一部分，是各国在国际竞争中较量的一个重要方面。近年来，教育国际化最重要的表现之一是各国教育服务业迅速扩张，世界上几乎所有的国家都受到了这种扩张趋势的影响，中国正是受这种扩张趋势影响最大的国家之一。[①] 目前，中国每年有 18 万人出国留学，其中 80% 是接受学历教育，外流资金达100 亿美元。而每年各国的外国留学生到中国留学的有 20 万人，其中 80%为短期培训、进修[②]。

教育服务业是指为生产发展提供各种教育和培训服务的机构。它包括营利性质和非营利性质的教育机构及公司内部的培训部门。其中教育机构主要指小学、中学、大学和高等专业教育机构。教育产业的国际化必然对教育服务业的全球化起着推动作用，主要表现为：首先，出国留学、接受跨国教育的人数在增多。其次，为了满足学生留学需求，跨国教育服务机构和海外办学服务迅速崛起，多样化的远程教育方式也得到很大的发展。这些新的发展趋势对国家的经济起着直接影响，并提升了服务业进出口贸易额和使政府财政收支发生了改变，并间接引起了国内就业机会的增减、消费水平的波动和

---

① 温雪梅：《教育国家化与中国高等教育国际化服务发展研究》，湖南师范大学博士学位论文，2010 年。

② 李维民：《中国民办高等教育未来发展十大趋势》，《浙江树人大学学报》（人文社会科学版）2010 年第 4 期，第 6～11 页。

国际资本的流动①。在新时代的背景下，教育服务贸易已经成为服务贸易中的重要部分，并成为在国际市场上有利可图的产业。

（四）中外合作办学日益凸显

通过引进国外优质教育资源，对丰富教育资源供给，高素质国际化人才培养，教育教学体制、机制改革，高校国际化发展等方面均有明显助推作用。通过发展中外合作办学，对破解民办高校目前发展面临的诸多困境不失为一条有利途径②。合作办学是国际教育资源整合的一个最为方便和有效的途径，设立专门的教育机构、发展海外课程、实施跨境办学、建立海外分校是国际合作办学的主要形式，并且把教育当作一种产业运营③。合作办学是民办教育资源优势互补并取得最佳配置的有效途径，通过合作办学，双方还可以在教学、课题研究等方面进行合作以推动科研上的共同进步，它能较好地实现国际教育资源的共享，使合作双方达到双赢。自 1995 年原国家教委发布《中外合作办学暂行规定》以来，尤其自 2003 年国务院发布《中华人民共和国中外合作办学条例》以来，中外合作办学在我国发展迅速。

目前，中外合作办学模式大致分为两类：一种是某一大学和国外同行共同新建一所大学，合作开展教学和科研工作，如诺丁汉大学在世界各地（如在中国的宁波诺丁汉大学）建立了分校。另一种是某所高校在境外与外国大学联合培养大学生。其授课方式又可分为以下两种：一是在境外实施教学的全过程，即由国外高校派人授课，所招学生在当地教育机构读完所有课程；二是学生在当地读完两年或大部分课程，最后一年或最后一阶段转入国外大学继续就读，如 2＋2 模式、1＋2＋1 模式和 3＋2 模式等；学生读完规定的课程并取得合格的成绩，便可获得国外大学颁发的学位和资格证书。这种跨国合作模式结合了不同国家的教育优势，也为学生节约了一定的经费，

---

① 孙玉洁：《中国高中教育国际化研究》（1983～2013 年），华东师范大学硕士学位论文，2014 年。

② 薛卫洋：《民办高校中外合作办学发展的现状、困境及突破》，《复旦教育论坛》2016 年第 3 期。

③ 普女女：《我国高等职业教育国际化研究》，东华理工大学硕士学位论文，2012 年。

比较受学生欢迎。

　　总体来看，中外合作办学的发展趋势是健康平稳的，目前已经形成了一批教育质量高、有特色、受欢迎的中外合作办学机构或项目。一些中外合作办学机构在办学实践中，积极引进国外优质教育资源，大胆探索新的办学模式和人才培养模式，积累了丰富的办学经验。近年来，中外合作办学正逐渐成为我国教育对外交流合作的一种新形式。